Großkommentare der Praxis

BRUCK-MÖLLER

Kommentar zum
Versicherungsvertragsgesetz
und zu den Allgemeinen Versicherungsbedingungen
unter Einschluß des Versicherungsvermittlerrechtes

begründet von
Prof. Dr. jur. ERNST BRUCK †

8. Auflage

herausgegeben von
Prof. Dr. jur. Dr. h. c. HANS MÖLLER †
Prof. Dr. jur. KARL SIEG
Rechtsanwalt Dr. jur. RALF JOHANNSEN

Fünfter Band, Erster Halbband
Kraftfahrtversicherung
(Pflichtversicherungsgesetz und §§ 158 b − k VVG)
einschließlich Fahrzeugversicherung
ohne Kraftfahrtunfallversicherung
von
Dr. RALF JOHANNSEN
Rechtsanwalt zu Hamburg

1994

WALTER DE GRUYTER · BERLIN · NEW YORK

Zitiermethode
Bruck-Möller-Johannsen VVG Bd V

Erscheinungsdaten der Lieferungen:

Band V, Teil 1, Lieferung 1: November 1993
Band V, Teil 1, Lieferung 1 a: August 1983
Band V, Teil 1, Lieferung 1 b: November 1993
Band V, Teil 1, Lieferung 2: Oktober 1978

Die Deutsche Bibliothek — *CIP-Einheitsaufnahme*

Kommentar zum Versicherungsvertragsgesetz und zu den allgemeinen Versicherungsbedingungen unter Einschluß des Versicherungsvermittlerrechtes / begr. von Ernst Bruck. Hrsg. von Hans Möller ... — Berlin ; New York : de Gruyter.
 (Großkommentare der Praxis)
 Auf d. Haupttitels. auch: Bruck-Möller
NE: Bruck, Ernst [Begr.]; Möller, Hans [Hrsg.]; Versicherungsvertragsgesetz

Bd. 5., Halbbd. 1. Kraftfahrtversicherung :
 (Pflichtversicherungsgesetz und §§ 158 b — k VVG) ; einschließlich Fahrzeugversicherung ohne Kraftfahrtunfallversicherung / von Ralf Johannsen. — 8. Aufl.
 — 1993
 ISBN 3-11-014277-5
NE: Johannsen, Ralf

© Copyright 1978/1983/1993 by Walter de Gruyter & Co., D-10785 Berlin
Dieses Werk einschließlich aller seiner Teile ist urheberrechtlich geschützt. Jede Verwertung außerhalb der engen Grenzen des Urheberrechtsgesetzes ist ohne Zustimmung des Verlages unzulässig und strafbar. Das gilt insbesondere für Vervielfältigungen, Übersetzungen, Mikroverfilmungen und die Einspeicherung und Verarbeitung in elektronischen Systemen.
Printed in Germany
Satz und Druck: Arthur Collignon GmbH, Berlin
Buchbinderische Verarbeitung: Lüderitz & Bauer GmbH, Berlin

Inhaltsübersicht

Untergliederungen finden sich am Anfang der Unterabschnitte

A. Rechtsquellen und Entwicklung der Kraftfahrzeughaftpflichtversicherung (1993)

	Anm.	Seite
I. Rechtsquellen (mit Hinweisen auf die Fundstellen der Erläuterungen) und deren Einordnung	A 1–21	A 1–81
II. Entwicklung	A 22	A 81–87

B. Institutionelle Eigenheiten der Kraftfahrzeughaftpflichtversicherung unter besonderer Berücksichtigung der Stellung des geschädigten Dritten (1983) ... B 1–148 ... 1–274

Schrifttum	B 1	1– 2
I. Vorbemerkung	B 2– 3	2– 6
II. Rechtsstellung des geschädigten Dritten	B 4–145	6–267
III. Reflexwirkungen der Haftpflichtversicherung	B 146–148	267–274

C. Abschluß und Verbriefung des Kraftfahrzeughaftpflichtversicherungsvertrages (1993)

| I. Abschluß des Kraftfahrzeughaftpflichtversicherungsvertrages | C 1–36 | 275–319 |
| II. Verbriefung des Kraftfahrzeughaftpflichtversicherungsvertrages | C 37 | 319 |

D. Dauer des Kraftfahrzeughaftpflichtversicherungsvertrages (1993)

| I. Beginn der Kraftfahrzeughaftpflichtversicherung | D 1– 6 | 320–329 |
| II. Beendigung des Versicherungsvertrages | D 7–52 | 329–380 |

E. Rechtspflichten des Versicherungsnehmers (1993)

Schrifttum	E 1	381
I. Vorbemerkung	E 2	381–382
II. Tarifbindung in der Kraftfahrzeughaftpflichtversicherung	E 3– 8	382–389
III. Berechnungsgrundsätze für die Tarifprämie	E 9–19	389–399
IV. Fälligkeit	E 20	399
V. Dauer der Prämienzahlungsverpflichtung	E 21–27	399–406
VI. Verlust des Versicherungsschutzes wegen Zahlungsverzuges	E 28–32	406–412

	Anm.	Seite

F. Obliegenheiten des Versicherungsnehmers in der Kraftfahrzeughaftpflichtversicherung (1993)

	Anm.	Seite
Schrifttum	F 1	413
I. Zur Entwicklung des Obliegenheitsrechts in der Kraftfahrzeughaftpflichtversicherung	F 2	413–417
II. Obliegenheiten bei Vertragsabschluß	F 3	417–421
III. Obliegenheiten vor Eintritt des Versicherungsfalles	F 4– 81	421–557
IV. Obliegenheiten nach Eintritt des Versicherungsfalles	F 82–154	558–657

G. Rechtspflichten des Kraftfahrzeughaftpflichtversicherers (1993)

I. Hauptpflichten des Kraftfahrzeughaftpflichtversicherers	G 1– 94	658–806
II. Nebenpflichten des Kraftfahrzeughaftpflichtversicherers	G 95–100	806–815

H. Beteiligung Dritter am Kraftfahrzeughaftpflichtversicherungsvertrag (1993)

Schrifttum	H 1	816
I. Vorbemerkung	H 2– 3	817–819
II. Kreis der Versicherten	H 4– 11	819–838
III. Rechtsverhältnis zwischen Versichertem und Versicherer	H 12– 43	838–883
IV. Rechtsverhältnis zwischen Versichertem und Versicherungsnehmer	H 44– 45	883–887
V. Rechtsverhältnis zwischen Versicherungsnehmer und Versicherer	H 46– 47	887–890

J. Fahrzeugversicherung (1978)

I. Rechtsquellen und Entwicklung der Fahrzeugversicherung	J 1– 4	F 1– 10
II. Begriff und Einteilung der Fahrzeugversicherung	J 5– 9	F 10– 14
III. Vorläufige Deckungszusage	J 10– 12	F 14– 17
IV. Obliegenheiten des Fahrzeugversicherungsnehmers	J 13– 21	F 17– 37
V. Rechtspflichten des Fahrzeugversicherers	J 22–157	F 37–240
VI. Beteiligung Dritter am Fahrzeugversicherungsvertrag	J 158–180	F 240–269

Sachregister		271–289

Schrifttum

Asmus Kraftfahrtv = Kraftfahrtv, 5. Aufl., Wiesbaden 1991, Bäumer Zukunft = Hat das deutsche Kraftfahrzeug-Haftpflichtv-System eine Zukunft, Karlsruhe 1982, Bauer Kraftfahrtv = Die Kraftfahrtv, 2. Aufl., München 1983, Baumann Entschädigungsfonds = Leistungspflicht und Regreß des Entschädigungsfonds für Schäden aus Kraftfahrzeugunfällen, Karlsruhe 1969, Bd IV = Bruck-Möller-Johannsen, Allgemeine Haftpflichtv, 8. Aufl., Berlin 1970, Conradt-Golz-Hoenen = Tarifbestimmungen in der Kraftfahrzeug-Haftpflichtv, Loseblatt-Komm., Karlsruhe 1991, Karlsruhe 1992, Fleischmann-Deiters in Thees-Hagemann = Thees-Hagemann, Das Recht der Kraftfahrzeug-Haftpflichtv, 2. Aufl., Berlin 1958, neubearbeitet von Fleischmann-Deiters, Fromm = Kraftfahrzeug-Pflichtv und Vsbedingungen, 2. Aufl., Berlin 1961, Müller-Stüler Direktanspruch = Der Direktanspruch gegen den Haftpflichtver, Karlsruhe 1966, Pienitz-Flöter[4] = Allgemeine Bedingungen für die Kraftfahrtv mit Einschluß des Pflicht- und Ausländerpflichtvsgesetzes, 4. Aufl., Berlin 1976 (Stand 1.V.1989), Prölss-Martin[25] VVG, 25. Aufl., München 1992 (und Vorauflagen), Seidel Struktur = Zur Struktur und zum Inhalt der Rechtsbeziehungen in der Kraftfahrzeughaftpflichtv, Karlsruhe 1979, Sieg Ausstrahlungen = Ausstrahlungen der Haftpflichtv – Geschichtliche, materiellrechtliche und prozessuale Studien zur Stellung des Drittgeschädigten, Hamburg 1952, Stiefel-Hofmann[15] = Kraftfahrtv, 15. Auflage, München 1992 (und Vorauflagen); weitere umfangreiche Schrifttumsnachweise sind den jeweiligen Erläuterungen in den einzelnen Abschnitten vorangestellt.

A. Rechtsquellen und Entwicklung der Kraftfahrzeughaftpflichtversicherung

Gliederung:

I. Rechtsquellen
1. Texte mit Hinweisen auf Erläuterungsfundstellen
   a) Gesetz über die Pflichtv für Kraftfahrzeughalter (PflichtvsG) A 1
   b) Gesetz über die Haftpflichtv für ausländische Kraftfahrzeuge und Kraftfahrzeuganhänger A 2
   c) §§ 158 b–158 k A 3
   d) Allgemeine Bedingungen für die Kraftfahrtv (AKB) A 4
   e) Geschäftsplanmäßige Erklärungen der Ver A 5
   f) Allgemeine Bedingungen für die Grenzv A 6
   g) Sonderbedingungen zur Haftpflicht- und Fahrzeugv für Kraftfahrzeug-Handel und -Handwerk A 7
   h) Hinweise auf weitere Sonderbedingungen A 8
   j) VO über die Tarife in der Kraftfahrzeughaftpflichtv A 9
   k) Muster-Tarifbestimmungen in der Kraftfahrzeughaftpflichtv A 10
2. Zur Rechtsnatur der AKB und der geschäftsplanmäßigen Erklärungen Schrifttum A 11
   a) Einordnung der AKB A 12–13
      aa) Vorbemerkung A 12
      bb) Vertragscharakter der AKB A 13
      cc) Konsequenzen A 14–16
         aaa) Abweichungen von den AKB A 14
         bbb) Zur Auslegung der AKB A 15
         ccc) Kontrolle nach AGBG-Kriterien A 16
   b) Bewertung der geschäftsplanmäßigen Erklärungen A 17–20
      aa) Vertragscharakter eines Teils der geschäftsplanmäßigen Erklärungen A 17
      bb) Verhältnis der AKB zu den in den geschäftsplanmäßigen Erklärungen enthaltenen Vertragsbestimmungen A 18
      cc) Änderung von Vertragsregelungen in geschäftsplanmäßigen Erklärungen A 19
      dd) Umgestaltungsüberlegungen A 20
3. Einordnung der Tarifbestimmungen A 21

II. Entwicklung der Kraftfahrzeughaftpflichtv A 22

I. Rechtsquellen

[A 1] 1. Texte mit Hinweisen auf Erläuterungsfundstellen

a) Gesetz über die Pflichtversicherung für Kraftfahrzeughalter (Pflichtversicherungsgesetz)

Vom 5.IV.1965 (BGBl. I S. 213), abgeändert durch Gesetz vom 24.V.1968 (BGBl. I S. 503), Verordnung vom 23.VI.1971 (BGBl. I S. 1109), Gesetz vom 2.III.1974 (BGBl. I S. 469), Gesetz vom 18.III.1975 (BGBl. I S. 705), Gesetz vom 18.XII.1975 (BGBl. I S. 3139), Gesetz vom 11.V.1976 (BGBl. I S. 1181), Verordnung vom 22.IV.1981 (BGBl. I S. 394), Gesetz vom 29.III.1983 (BGBl. I S. 377) und Gesetz vom 22.III.1988 (BGBl. I S. 358).

Anm. A 1 A. Rechtsquellen und Entwicklung der Kraftfahrzeughaftpflichtv

Erster Abschnitt: Pflichtversicherung

§ 1

Der Halter eines Kraftfahrzeugs oder Anhängers mit regelmäßigem Standort im Inland ist verpflichtet, für sich, den Eigentümer und den Fahrer eine Haftpflichtversicherung zur Deckung der durch den Gebrauch des Fahrzeugs verursachten Personenschäden, Sachschäden und sonstigen Vermögensschäden nach den folgenden Vorschriften abzuschließen und aufrechtzuerhalten, wenn das Fahrzeug auf öffentlichen Wegen oder Plätzen (§ 1 des Straßenverkehrsgesetzes) verwendet wird.

A 22, B 3, 20, 46, 72, 80, 87, 92, 96, C 2, 6, D 46, E 4, F 3, G 54, 57, H 1, 39, 44, 47

§ 2

(1) § 1 gilt nicht für
1. die Bundesrepublik Deutschland,
2. die Länder,
3. die Gemeinden mit mehr als einhunderttausend Einwohnern,
4. die Gemeindeverbände sowie Zweckverbände, denen ausschließlich Körperschaften des öffentlichen Rechts angehören,
5. juristische Personen, die von einem nach § 1 Abs. 3 Nr. 3 des Versicherungsaufsichtsgesetzes von der Versicherungsaufsicht freigestellten Haftpflichtschadenausgleich Deckung erhalten.
6. Halter von
   a) Kraftfahrzeugen, deren durch die Bauart bestimmte Höchstgeschwindigkeit sechs Kilometer je Stunde nicht übersteigt,
   b) selbstfahrenden Arbeitsmaschinen (§ 18 Abs. 2 Nr. 1 der Straßenverkehrs-Zulassungs-Ordnung), deren Höchstgeschwindigkeit zwanzig Kilometer je Stunde nicht übersteigt, wenn sie den Vorschriften über das Zulassungsverfahren nicht unterliegen,
   c) Anhängern, die den Vorschriften über das Zulassungsverfahren nicht unterliegen.

B 21, 63, 92–96, 108, 115, 117, 139, 143, C 3, 4, 6, F 114

(2) Die nach Absatz 1 Nrn 1 bis 5 von der Versicherungspflicht befreiten Fahrzeughalter haben, sofern nicht auf Grund einer von ihnen abgeschlossenen und den Vorschriften dieses Gesetzes entsprechenden Versicherung Haftpflichtversicherungsschutz gewährt wird, bei Schäden der in § 1 bezeichneten Art für den Fahrer und die übrigen Personen, die durch eine auf Grund dieses Gesetzes abgeschlossene Haftpflichtversicherung Deckung erhalten würden, in gleicher Weise und in gleichem Umfange einzutreten wie ein Versicherer bei Bestehen einer solchen Haftpflichtversicherung. Die Verpflichtung beschränkt sich auf

B 15, 21, 63, 92–96, 117, 139, C 3

I. 1. a) Gesetz über die Pflichtv für Kraftfahrzeughalter   Anm. A 1

den Betrag der festgesetzten Mindestversicherungssummen. Die Vorschriften des Sechsten Titels des Zweiten Abschnitts des Gesetzes über den Versicherungsvertrag und des § 3 sowie die von der Aufsichtsbehörde genehmigten Allgemeinen Bedingungen für die Kraftverkehrsversicherung sind sinngemäß anzuwenden. Erfüllt der Fahrzeughalter Verpflichtungen nach Satz 1, so kann er in sinngemäßer Anwendung des § 3 Nrn 9 bis 11 Ersatz der aufgewendeten Beträge verlangen, wenn bei Bestehen einer Versicherung der Versicherer gegenüber dem Fahrer oder der sonstigen mitversicherten Person leistungsfrei gewesen wäre; im übrigen ist der Rückgriff des Halters gegenüber diesen Personen ausgeschlossen.

§ 3

Für die Haftpflichtversicherung nach § 1 gelten an Stelle der §§ 158c bis 158f des Gesetzes über den Versicherungsvertrag die folgenden besonderen Vorschriften:	B 2, 5, 11, 13, 72, 73, 77, 82, 93, 95, H 47
1. Der Dritte kann im Rahmen der Leistungspflicht des Versicherers aus dem Versicherungsverhältnis und, soweit eine Leistungspflicht nicht besteht, im Rahmen der Nummern 4 bis 6 seinen Anspruch auf Ersatz des Schadens auch gegen den Versicherer geltend machen. Der Versicherer hat den Schadensersatz in Geld zu leisten.	B 4, 6, 9, 13–15, 17–21, 27, 35, 38, 69, 91, D 32, C 3, 4, 14, 18, 25, 46, 89
2. Soweit der Dritte nach Nummer 1 seinen Anspruch auf Ersatz des Schadens auch gegen den Versicherer geltend machen kann, haften der Versicherer und der ersatzpflichtige Versicherungsnehmer als Gesamtschuldner.	B 18, 20, H 40
3. Der Anspruch des Dritten nach Nummer 1 unterliegt der gleichen Verjährung wie der Schadensersatzanspruch gegen den ersatzpflichtigen Versicherungsnehmer. Die Verjährung beginnt mit dem Zeitpunkt, mit dem die Verjährung des Schadensersatzanspruchs gegen den ersatzpflichtigen Versicherungsnehmer beginnt; sie endet jedoch spätestens in zehn Jahren von dem Schadensereignis an. Ist der Anspruch des Dritten bei dem Versicherer angemeldet worden, so ist die Verjährung bis zum Eingang der schriftlichen Entscheidung des Versicherers gehemmt. Die Hemmung oder Unterbrechung der Verjährung des Anspruchs gegen den Versicherer bewirkt auch die Hemmung oder Unterbrechung der Verjährung des Anspruchs gegen den ersatzpflichtigen Versicherungsnehmer und umgekehrt.	B 9, 18, 31–34, 43, 123, G 16, 20
4. Dem Anspruch des Dritten nach Nummer 1 kann nicht entgegengehalten werden, daß der Versicherer dem ersatzpflichtigen Versicherungsnehmer gegenüber von	A 22, B 5, 9–11, 14–17, 19–21, 41–44, 47–49, 51, 52, 54, 55, 57, 59, 61,

Anm. A 1   A. Rechtsquellen und Entwicklung der Kraftfahrzeughaftpflichtv

der Verpflichtung zur Leistung ganz oder teilweise frei ist.	63, 65 – 68, 72, 73, 75, 76, 78, 95, 98, 107, 108, 110, 117, 131, 135, 139, 143, 145, C 5, 16, D 31, E 22, F 20, 27, 52 – 78, 114, G 24, 33, 46, 56, 64, 68, 81, 87, 93, H 2, 3, 7, 9, 13, 16, 33, 37, 38, 40, 42
5. Ein Umstand, der das Nichtbestehen oder die Beendigung des Versicherungsverhältnisses zur Folge hat, kann vorbehaltlich des Satzes 4 dem Anspruch des Dritten nach Nummer 1 nur entgegengehalten werden, wenn das Schadensereignis später als einen Monat nach dem Zeitpunkt eingetreten ist, in dem der Versicherer diesen Umstand der hierfür zuständigen Stelle angezeigt hat. Das gleiche gilt, wenn das Versicherungsverhältnis durch Zeitablauf endigt. Der Lauf der Frist beginnt nicht vor der Beendigung des Versicherungsverhältnisses. Ein in den Sätzen 1 und 2 bezeichneter Umstand kann dem Anspruch des Dritten auch dann entgegengehalten werden, wenn vor dem Zeitpunkt des Schadensereignisses der hierfür zuständigen Stelle die Bestätigung einer entsprechend § 1 für das Fahrzeug abgeschlossenen neuen Versicherung zugegangen ist.	A 22, B 5, 9 – 11, 14, 15, 19 – 21, 38, 41, 42, 44 – 49, 51, 52, 54, 57, 59, 61, 63, 65 – 68, 72, 73, 75, 76, 78, 82, 83, 95, 98, 107, 108, 110, 111, 131, 135, 139, 143, 145, C 5, 16, 27, D 31, E 22, 27, F 20, 27, 52, 114, G 24, 45, 56, 64, 68, 81, H 2, 3, 9, 13, 33, 37, 38, 40, 42
6. In den Fällen der Nummern 4 und 5 gilt § 158 c Abs. 3 bis 5 des Gesetzes über den Versicherungsvertrag sinngemäß; soweit jedoch die Leistungsfreiheit des Versicherers in dem Fall der Nummer 4 darauf beruht, daß das Fahrzeug den Bau- und Betriebsvorschriften der Straßenverkehrs-Zulassungs-Ordnung nicht entsprach oder von einem unberechtigten Fahrer oder von einem Fahrer ohne die vorgeschriebene Fahrerlaubnis geführt wurde, kann der Versicherer den Dritten nicht auf die Möglichkeit verweisen, Ersatz seines Schadens von einem anderen Schadensversicherer oder von einem Sozialversicherungsträger zu erlangen. Die Leistungspflicht des Versicherers entfällt auch dann, wenn und soweit der Dritte in der Lage ist, von einem nach § 2 Abs. 1 Nrn 1 bis 5 von der Versicherungspflicht befreiten Fahrzeughalter Ersatz seines Schadens zu erlangen.	A 22, B 9, 11, 15, 16, 23, 41, 42, 47, 48, 52, 61, 63, 72, 95, 100, 108, 111, 112, 122, 143, C 17, F 2, 78, 114, G 64, 81, 84, H 3, 37, 38, 41
7. Der Dritte hat ein Schadensereignis, aus dem er einen Anspruch gegen den Versicherer nach Nummer 1 herleiten will, dem Versicherer innerhalb von zwei Wochen nach dem Schadensereignis schriftlich anzuzeigen; durch die Absendung der Anzeige wird die Frist gewahrt. Der Dritte hat die Verpflichtungen nach § 158 d Abs. 3 des Gesetzes über den Versicherungsvertrag zu erfüllen; verletzt er schuldhaft diese Verpflichtungen, so gilt § 158 e Abs. 1 des Gesetzes über	B 20, 26 – 29, 33, 34, 47, F 91, 141, 146, G 10

I. 1. a) Gesetz über die Pflichtv für Kraftfahrzeughalter   Anm. A 1

den Versicherungsvertrag sinngemäß. § 158e Abs. 2 des Gesetzes über den Versicherungsvertrag findet auf den Anspruch gegen den Versicherer nach Nummer 1 entsprechende Anwendung.

8. Soweit durch rechtkräftiges Urteil festgestellt wird, daß dem Dritten ein Anspruch auf Ersatz des Schadens nicht zusteht, wirkt das Urteil, wenn es zwischen dem Dritten und dem Versicherer ergeht, auch zugunsten des Versicherungsnehmers, wenn es zwischen dem Dritten und dem Versicherungsnehmer ergeht, auch zugunsten des Versicherers.   B 9, 18, 20, 21, 23, 27, 28, 37–39, 114, 126, 149, F 154, G 10, 11

9. Im Verhältnis der Gesamtschuldner (Nummer 2) zueinander ist der Versicherer allein verpflichtet, soweit er dem Versicherungsnehmer gegenüber aus dem Versicherungsverhältnis zur Leistung verpflichtet ist. Soweit eine solche Verpflichtung des Versicherers nicht besteht, ist in ihrem Verhältnis zueinander der Versicherungsnehmer allein verpflichtet.   B 16, 18, 41, 62, 64–71, 95, 128, D 21, 39, F 28, G 10, 14, 84, 97, H 27, 34, 37, 40

10. Ist der Anspruch des Dritten gegenüber dem Versicherer durch rechtkräftiges Urteil, durch Anerkenntnis oder Vergleich festgestellt worden, so muß der Versicherungsnehmer, gegen den von dem Versicherer Ansprüche auf Grund von Nummer 9 Satz 2 erhoben werden, diese Feststellung gegen sich gelten lassen, sofern der Versicherungsnehmer nicht nachweist, daß der Versicherer die Pflicht zur Abwehr unbegründeter Entschädigungsansprüche sowie zur Minderung oder zur sachgemäßen Feststellung des Schadens schuldhaft verletzt hat. Der Versicherer kann Ersatz der Aufwendungen verlangen, die er den Umständen nach für erforderlich halten durfte.   B 40, 65–70, 95, 127, E 17

11. Die sich aus Nummer 9 und Nummer 10 Satz 2 ergebenden Ansprüche verjähren in zwei Jahren. Die Verjährung beginnt mit dem Schluß des Jahres, in dem der Anspruch des Dritten erfüllt wird.   B 69, 95, 127, 128, G 36

§ 4

(1) Der Versicherungsvertrag für Fahrzeuge mit regelmäßigem Standort im Geltungsbereich dieses Gesetzes muß den von der Aufsichtsbehörde genehmigten allgemeinen Versicherungsbedingungen entsprechen. Die Aufsichtsbehörde hat die allgemeinen Versicherungsbedingungen zu genehmigen, wenn sie mit den gesetzlichen Vorschriften sowie den Grundsätzen der Versicherungsaufsicht in Einklang stehen und dem Zweck dieses Gesetzes gerecht werden. Die Genehmigung ist zu versagen, wenn die allgemeinen Versicherungsbedingungen den Anforderungen des Europäischen Übereinkommens vom 20. April 1959 über die obligatorische Haftpflichtversicherung für Kraftfahrzeuge (Bundesgesetzbl. 1965 II S. 281) nicht entsprechen.   A 13, 14, 17, B 3, 148, C 11, 34, 35, D 15, G 37, 49

Anm. A 1   A. Rechtsquellen und Entwicklung der Kraftfahrzeughaftpflichtv

Die Aufsichtsbehörde kann die Genehmigung versagen, wenn bei Erteilung der Genehmigung die Einheitlichkeit der allgemeinen Versicherungsbedingungen nicht mehr hinreichend gewährleistet wäre. Um die Einheitlichkeit der allgemeinen Versicherungsbedingungen sicherzustellen, kann der Bundesminister der Finanzen durch Rechtsverordnung ohne Zustimmung des Bundesrates die aufsichtsbehördlich genehmigten allgemeinen Versicherungsbedingungen, die dem Zweck dieses Gesetzes am besten gerecht werden, gegenüber allen zum Betrieb der Kraftfahrzeug-Haftpflichtversicherung befugten Versicherungsunternehmen für verbindlich erklären.

(2) Die Mindesthöhe der Versicherungssumme ergibt sich aus der Anlage. Der Bundesminister der Justiz wird ermächtigt, im Einvernehmen mit dem Bundesminister für Verkehr und dem Bundesminister für Wirtschaft durch Rechtsverordnung ohne Zustimmung des Bundesrates die in der Anlage getroffene Regelung zu ändern, wenn dies erforderlich ist, um bei einer Änderung der wirtschaftlichen Verhältnisse oder der verkehrstechnischen Umstände einen hinreichenden Schutz der Geschädigten sicherzustellen. Ergeben sich auf Grund der Platzzahl des Personenfahrzeugs, auf das sich die Versicherung bezieht, erhöhte Mindestversicherungssummen, so haftet der Versicherer in den Fällen des § 3 Nrn 4 und 5 für den einer einzelnen Person zugefügten Schaden nur im Rahmen der nicht erhöhten Mindestversicherungssummen.

B 13, 50, 94, C 11, 17, G 28, 30

§ 5

(1) Die Versicherung kann nur bei einem im Inland zum Betrieb der Kraftfahrzeug-Haftpflichtversicherung befugten Versicherungsunternehmen genommen werden.

B 84

(2) Die im Geltungsbereich dieses Gesetzes zum Betrieb der Kraftfahrzeug-Haftpflichtversicherung befugten Versicherungsunternehmen sind verpflichtet, den in § 1 genannten Personen nach den gesetzlichen Vorschriften Versicherung gegen Haftpflicht zu gewähren.

A 14, 17, B 3, C 6, 8, 11, 32, D 6, 14, 17, 19–21, 48, E 8, F 3, 76, 95

(3) Der Antrag auf Abschluß eines Haftpflichtversicherungsvertrags gilt als angenommen, wenn das Versicherungsunternehmen ihn nicht innerhalb einer Frist von zwei Wochen vom Eingang des Antrags an dem Antragsteller gegenüber schriftlich ablehnt. Durch die Absendung der Ablehnungserklärung wird die Frist gewahrt.

C 6, 9, 11, 13–20, 28, 32, D 11, 14, 23, 37, F 8

(4) Der Antrag darf nur abgelehnt werden,
1. wenn sachliche oder örtliche Beschränkungen im Geschäftsplan des Versicherungsunternehmens dem Abschluß des Vertrags entgegenstehen,
2. wenn nach dem für das Versicherungsunternehmen geltenden Beitragstarif für die Versicherung ein Beitragszuschlag verlangt werden kann und der Antragsteller

A 17, B 148, C 7–10, 15–17, 20–22, 25, 28, 29, D 2, 14, 16, 17, 21, 24, 27, 36, 50, F 3, 8, 76, G 45

sich nicht zur Zahlung dieses Beitragszuschlags bereit erklärt, oder
3. wenn der Antragsteller bereits bei dem Versicherungsunternehmen versichert war und das Versicherungsunternehmen
   a) den Versicherungsvertrag wegen Drohung oder arglistiger Täuschung angefochten hat,
   b) vom Versicherungsvertrag wegen Verletzung der vorvertraglichen Anzeigepflicht oder wegen Nichtzahlung der ersten Prämie zurückgetreten ist, oder
   c) den Versicherungsvertrag wegen Prämienverzugs oder nach Eintritt eines Versicherungsfalls gekündigt hat.

(5) Das Versicherungsunternehmen hat dem Versicherungsnehmer bei dem Beginn des Versicherungsschutzes eine Versicherungsbestätigung auszuhändigen. Die Aushändigung kann von der Zahlung der ersten Prämie abhängig gemacht werden.

C 15, 22, 25, 28, D 2, 14, E 20, F 8

§ 6

(1) Wer ein Fahrzeug auf öffentlichen Wegen oder Plätzen gebraucht oder den Gebrauch gestattet, obwohl für das Fahrzeug der nach § 1 erforderliche Haftpflichtversicherungsvertrag nicht oder nicht mehr besteht, wird mit Freiheitsstrafe bis zu einem Jahr oder mit Geldstrafe bestraft.

(2) Handelt der Täter fahrlässig, so ist die Strafe Freiheitsstrafe bis zu sechs Monaten oder Geldstrafe bis zu einhundertachtzig Tagessätzen.

(3) Ist die Tat vorsätzlich begangen worden, so kann das Fahrzeug eingezogen werden, wenn es dem Täter oder Teilnehmer zur Zeit der Entscheidung gehört.

§ 7

Der Bundesminister für Verkehr wird ermächtigt, zur Durchführung des Ersten Abschnitts dieses Gesetzes im Einvernehmen mit dem Bundesminister der Justiz und dem Bundesminister für Wirtschaft durch Rechtsverordnung mit Zustimmung des Bundesrates Vorschriften zu erlassen über
1. die Form des Versicherungsnachweises;
2. die Prüfung der Versicherungsnachweise durch die Zulassungsstellen;
3. die Erstattung der Anzeige nach § 29 c der Staßenverkehrs-Zulassungs-Ordnung;
4. Maßnahmen der Verkehrsbehörden, durch welche der Gebrauch nicht oder nicht ausreichend versicherter Fahrzeuge im Straßenverkehr verhindert werden soll.

Anm. A 1 A. Rechtsquellen und Entwicklung der Kraftfahrzeughaftpflichtv

Zweiter Abschnitt: Tarife in der Kraftfahrzeug-Haftpflichtversicherung

§ 8

(1) Die im Geltungsbereich dieses Gesetzes zum Betrieb der Kraftfahrzeug-Haftpflichtversicherung befugten Versicherungsunternehmen dürfen vom 1. Januar 1968 ab Versicherungsverträge nach § 1 nur auf der Grundlage von Tarifen (Beiträgen und Tarifbestimmungen) abschließen, die nach Maßgabe des Absatzes 2 behördlich genehmigt sind. C 11, 33, E 3—5

(2) Für die Erteilung der Genehmigung ist die Aufsichtsbehörde zuständig. Die Tarife gelten nicht als Bestandteil des Geschäftsplans im Sinne der §§ 5 und 13 des Versicherungsaufsichtsgesetzes. Die Genehmigung ist zu erteilen, C 11, E 3

1. wenn durch den Tarif ein unter Berücksichtigung des Schaden- und Kostenverlaufs des einzelnen Versicherungsunternehmens sowie des gesamten Schadenverlaufs aller Versicherungsunternehmen angemessenes Verhältnis von Versicherungsbeitrag und Versicherungsleistung dauernd gewährleistet ist,
2. wenn durch den Tarif das Schutzbedürfnis der Geschädigten, das Bedürfnis der Versicherten, einen wirksamen Versicherungsschutz zu haben, und das Interesse der Versicherungspflichtigen an der Gewährung des Versicherungsschutzes zu einem angemessenen Beitrag hinreichend gewahrt sind, und
3. wenn die nach § 9 Abs. 1 Nrn 1 bis 3 durch Rechtsverordnung erlassenen Vorschriften beachtet sind.

§ 9

(1) Der Bundesminister für Wirtschaft wird ermächtigt, durch Rechtsverordnung ohne Zustimmung des Bundesrates Vorschriften über die Gestaltung, Berechnung und Anwendung der Tarife sowie über das anzuwendende Verfahren zu erlassen, wenn dies erforderlich ist, um die in § 8 Abs. 2 Nrn 1 und 2 genannten Belange zu wahren, um die Vergleichbarkeit der Tarife untereinander zu gewährleisten und die reibungslose Abwicklung des Genehmigungsverfahrens sicherzustellen und um eine gerechte Verteilung entstandener Überschüsse herbeizuführen. Er kann insbesondere A 21, C 33, E 3

1. Vorschriften über den allgemeinen Aufbau der Tarife erlassen,
2. Grundsätze für die Berechnung der Tarife aufstellen und hierbei anordnen, daß die Beiträge nach eindeutig abgrenzbaren und durch gleichartige Gefahrenmerkmale gekennzeichnete Gruppen, die ihrer Größe nach

einen versicherungstechnischen Ausgleich ermöglichen, gestaffelt sein müssen,
3. die Voraussetzungen bestimmen, unter denen neue Tarife eingeführt und bestehende Tarife geändert werden können,
4. für Mitversicherungsverträge sowie für die Versicherung bestimmter Arten oder Gruppen von Fahrzeugen Abweichungen von den genehmigten Tarifen zulassen,
5. Vorschriften über die Ermittlung technischer Überschüsse bei den Versicherungsunternehmen und die Verteilung dieser Überschüsse an die Versicherungsnehmer erlassen,
6. bestimmen, daß nach Ablauf einer in der Verordnung genannten Frist die nach § 8 Abs. 1 erforderliche Genehmigung als erteilt gilt, wenn die Aufsichtsbehörde dem von einem Versicherungsunternehmen vorgelegten Tarif nicht vorher widersprochen hat, und
7. Vorschriften über die Bildung eines Beirats erlassen, der aus Vertretern der Versicherer und der Versicherungsnehmer bestehen soll und an der Vorbereitung der Rechtsverordnungen gemäß Absatz 1 Nrn 1 bis 6, Absätze 2 und 3 beratend zu beteiligen ist.

(2) Um zu verhindern, daß die Versicherungsnehmer durch die Gewährung unangemessener Vergütungen an Versicherungsvermittler übermäßig belastet werden, kann der Bundesminister für Wirtschaft durch Rechtsverordnung ohne Zustimmung des Bundesrates das Ausmaß der Entgelte für haupt- und nebenberufliche Versicherungsvermittler als Höchstsätze bestimmen und deren Höhe von Art und Umfang der Tätigkeit des Vermittlers abhängig machen.

(3) Der Bundesminister für Wirtschaft wird ferner ermächtigt, durch Rechtsverordnung ohne Zustimmung des Bundesrates zu bestimmen, daß auch die Tarife in der Fahrzeugvollversicherung, in der Fahrzeugteilversicherung und in der Kraftfahrtunfallversicherung einer Genehmigung nach § 8 Abs. 1 und Abs. 2 Satz 1 und 2 bedürfen, wenn und solange dies im Hinblick auf die engen wirtschaftlichen Bindungen zwischen den einzelnen Versicherungsarten der Kraftfahrtversicherung erforderlich ist, um für die Kraftfahrzeug-Haftpflichtversicherung die Wahrung der in § 8 Abs. 2 Nrn 1 und 2 genannten Belange sicherzustellen. In diesem Falle finden § 8 Abs. 2 Satz 3 und § 9 Abs. 1 und 2 sinngemäß Anwendung. Die Rechtsverordnung kann auch bestimmen, daß bei der Ermittlung und Verteilung technischer Überschüsse von den Versicherungsunternehmen gemeinsame Überschußverbände für alle oder für einige Versicherungsarten der Kraftfahrtversicherung (Kraftfahrzeug-Haftpflichtversicherung, Fahrzeugvollversicherung, Fahrzeugteilversicherung, Kraftfahrtunfallversicherung) gebildet werden.

Anm. A 1   A. Rechtsquellen und Entwicklung der Kraftfahrzeughaftpflichtv

§ 10

Wird die Änderung eines Tarifs genehmigt, so findet der geänderte Tarif auch auf die in diesem Zeitpunkt bestehenden Versicherungsverhältnisse vom Beginn der nächsten Versicherungsperiode ab Anwendung. es sei denn, daß in dem Tarif oder bei der Erteilung der Genehmigung etwas anderes bestimmt wird.

C 33, 34, E 5

§ 11

(1) Ordnungswidrig handelt, wer vorsätzlich oder fahrlässig

E 3, 4, 5

1. als Inhaber oder Angehöriger eines Unternehmens, das Versicherungsverträge abschließt oder vermittelt, oder sonst als Vermittler
   a) Beiträge oder Leistungen für die Kraftfahrtversicherung fordert, verspricht, vereinbart, annimmt oder gewährt, die einem Tarif entsprechen, für den die nach diesem Gesetz erforderliche Genehmigung nicht vorliegt,
   b) dem Versicherungsnehmer neben den Leistungen auf Grund des Versicherungsvertrages Zuwendungen oder sonstige Vergünstigungen verspricht oder gewährt oder mit diesem vereinbart, oder
   c) für die Vermittlung von Kraftfahrtversicherungen höhere als die in einer nach § 9 Abs. 2 oder § 9 Abs. 3 in Verbindung mit § 9 Abs. 2 ergangenen Rechtsverordnung festgesetzten Entgelte fordert, verspricht oder gewährt oder annimmt, vereinbart oder annimmt,
2. als Mitglied des zur gesetzlichen Vertretung berufenen Organs eines Versicherungsunternehmens oder mit der Ermittlung technischer Überschüsse oder der Verteilung dieser Überschüsse in eigener Verantwortung Beauftragter nicht nach dem vorgeschriebenen Verfahren die Ermäßigungsbeträge aus technischem Überschuß ermittelt und an die anspruchsberechtigten Versicherungsnehmer zurückerstattet.

(2) Die Ordnungswidrigkeit kann mit einer Geldbuße bis zu fünfzigtausend Deutsche Mark geahndet werden.

Dritter Abschnitt: Entschädigungsfonds für Schäden aus Kraftfahrzeugunfällen

§ 12

(1) Wird durch den Gebrauch eine Kraftfahrzeugs oder eines Anhängers im Geltungsbereich dieses Gesetzes ein Personen- oder Sachschaden verursacht, so kann derjenige, dem wegen dieser Schäden Ersatzansprüche gegen den Halter, den Eigentümer oder den Fahrer des Fahrzeugs

A 22, B 3, 9–11, 42, 88, 97–131

I. 1. a) Gesetz über die Pflichtv für Kraftfahrzeughalter   Anm. A 1

zustehen, diese Ersatzansprüche auch gegen den „Entschädigungsfonds für Schäden aus Kraftfahrzeugunfällen" (Entschädigungsfonds) geltend machen,

1. wenn das Fahrzeug, durch dessen Gebrauch der Schaden verursacht worden ist, nicht ermittelt werden kann,   B 88, 105–107, 115, 117–119, 121, 128, 129, 131, G 45
2. wenn die auf Grund eines Gesetzes erforderliche Haftpflichtversicherung zugunsten des Halters, des Eigentümers und des Fahrers des Fahrzeugs nicht besteht oder   B 44, 46, 105, 107, 115–118, 122, 128, C 5, G 56
3. wenn für den Schaden, der durch den Gebrauch des ermittelten oder nicht ermittelten Fahrzeugs verursacht worden ist, eine Haftpflichtversicherung deswegen keine Deckung gewährt oder gewähren würde, weil der Ersatzpflichtige den Eintritt der Tatsache, für die er dem Ersatzberechtigten verantwortlich ist, vorsätzlich und widerrechtlich herbeigeführt hat.   B 15, 41, 51, 95, 98, 108, 117, 118, 122, 128, G 64, 81, 85, 87

Das gilt nur, soweit der Ersatzberechtigte weder von dem Halter, dem Eigentümer oder dem Fahrer des Fahrzeugs noch von einem Schadensversicherer oder einem Verband von im Geltungsbereich dieses Gesetzes zum Geschäftsbetrieb befugten Haftpflichtversicherern Ersatz seines Schadens zu erlangen vermag. Die Leistungspflicht des Entschädigungsfonds entfällt, soweit der Ersatzberechtigte in der Lage ist, Ersatz seines Schadens nach den Vorschriften über die Amtspflichtverletzung zu erlangen, oder soweit der Schaden durch Leistungen eines Sozialversicherungsträgers, durch Fortzahlung von Dienst- oder Amtsbezügen, Vergütung oder Lohn oder durch Gewährung von Versorgungsbezügen ausgeglichen wird. Im Falle einer fahrlässigen Amtspflichtverletzung geht abweichend von § 839 Abs. 1 Satz 2 des Bürgerlichen Gesetzbuches die Ersatzpflicht auf Grund der Vorschriften über die Amtspflichtverletzung der Leistungspflicht des Entschädigungsfonds vor. Die Leistungspflicht des Entschädigungsfonds entfällt ferner bei Ansprüchen des Bundes, der Länder, der Gemeinden und der Gemeindeverbände als Straßenbaulastträger sowie bei Ansprüchen der Deutschen Bundesbahn als Baulastträgerin für verkehrssichernde oder verkehrsregelnde Einrichtungen an Bahnübergängen.   B 98, 100, 104, 109–117, 122, 126, 127, 129, 131, 145

(2) In den Fällen des Absatzes 1 Nr. 1 können gegen den Entschädigungsfonds Ansprüche nach § 847 des Bürgerlichen Gesetzbuches nur geltend gemacht werden, wenn und soweit die Leistung einer Entschädigung wegen der besonderen Schwere der Verletzung zur Vermeidung einer groben Unbilligkeit erforderlich ist. Für Sachschäden am Fahrzeug des Ersatzberechtigten besteht in den Fällen des Absatzes 1 Nr. 1 keine Leistungspflicht des Entschädigungsfonds. Für sonstige Sachschäden beschränkt sich in diesen Fällen die Leistungspflicht des Entschädigungsfonds auf den Betrag, der eintausend Deutsche Mark übersteigt.   B 3, 106–109, 115, 117–121, 123, G 81

(3) Der Anspruch des Ersatzberechtigten gegen den Entschädigungsfonds verjährt in drei Jahren. Die Verjährung beginnt mit dem Zeitpunkt, in dem der Ersatzberechtigte von dem Schaden und von den Umständen Kenntnis erlangt, aus denen sich ergibt, daß er seinen Ersatzanspruch gegen den Entschädigungsfonds geltend machen kann. Ist der Anspruch des Ersatzberechtigten bei dem Entschädigungsfonds angemeldet worden, so ist die Verjährung bis zum Eingang der schriftlichen Entscheidung des Entschädigungsfonds und, wenn die Schiedsstelle (§ 14 Nr. 3) angerufen worden ist, des Einigungsvorschlags der Schiedsstelle gehemmt. B 123

(4) Im übrigen bestimmen sich Voraussetzungen und Umfang der Leistungspflicht des Entschädigungsfonds sowie die Pflichten des Ersatzberechtigten gegenüber dem Entschädigungsfonds nach den Vorschriften, die bei Bestehen einer auf Grund dieses Gesetzes abgeschlossenen Haftpflichtversicherung für das Verhältnis zwischen dem Versicherer und dem Dritten in dem Falle gelten, daß der Versicherer dem Versicherungsnehmer gegenüber von der Verpflichtung zur Leistung frei ist. In den Fällen des Absatzes 1 Nr. 2 und 3 haben der Halter, der Eigentümer und der Fahrer des Fahrzeugs gegenüber dem Entschädigungsfonds die einen Versicherungsnehmer nach Eintritt des Versicherungsfalles gegenüber dem Versicherer treffenden Verpflichtungen zu erfüllen. B 100, 103, 114, 122, 126—128, 139

(5) Der Entschädigungsfonds kann von den Personen, für deren Schadensersatzverpflichtungen er nach Absatz 1 einzutreten hat, wie ein Beauftragter Ersatz seiner Aufwendungen verlangen. B 114, 127, 128

(6) Der Ersatzanspruch des Ersatzberechtigten gegen den Halter, den Eigentümer und den Fahrer des Fahrzeugs sowie ein Ersatzanspruch, der dem Ersatzberechtigten oder dem Halter, dem Eigentümer oder dem Fahrer des Fahrzeugs gegen einen sonstigen Ersatzpflichtigen zusteht, gehen auf den Entschädigungsfonds über, soweit dieser dem Ersatzberechtigten den Schaden ersetzt. Der Übergang kann nicht zum Nachteil des Ersatzberechtigten geltend gemacht werden. Gibt der Ersatzberechtigte seinen Ersatzanspruch oder ein zur Sicherung des Anspruchs dienendes Recht auf, so entfällt die Leistungspflicht des Entschädigungsfonds insoweit, als er aus dem Anspruch oder dem Recht hätte Ersatz erlangen können. B 100, 103, 106, 114, 127—131

§ 13

(1) Zur Wahrnehmung der Aufgaben des Entschädigungsfonds wird eine rechtsfähige Anstalt des öffentlichen Rechts errichtet, die mit dem Inkrafttreten dieses Gesetzes als entstanden gilt. Organe der Anstalt sind der Vorstand und der Verwaltungsrat. Die Anstalt untersteht der Auf- B 99, 100, 115, 117, 131

sicht des Bundesministers der Justiz. Das Nähere über die Anstalt bestimmt die Satzung, die von der Bundesregierung durch Rechtsverordnung ohne Zustimmung des Bundesrates aufgestellt wird. Die im Geltungsbereich dieses Gesetzes zum Betrieb der Kraftfahrzeug-Haftpflichtversicherung befugten Versicherungsunternehmen und die Haftpflichtschadensausgleiche im Sinne von § 1 Abs. 4 des Versicherungsaufsichtsgesetzes sowie die nach § 2 Nrn 1 bis 4 von der Versicherungspflicht befreiten Halter nichtversicherter Fahrzeuge sind verpflichtet, unter Berücksichtigung ihres Anteils am Gesamtbestand der Fahrzeuge und der Art dieser Fahrzeuge an die Anstalt Beiträge zur Deckung der Entschädigungsleistungen und der Verwaltungskosten zu leisten. Das Nähere über die Beitragspflicht bestimmt der Bundesminister der Justiz im Einvernehmen mit dem Bundesminister für Verkehr, dem Bundesminister für Wirtschaft und dem Bundesminister der Finanzen durch Rechtsverordnung mit Zustimmung des Bundesrates.

(2) Der Bundesminister der Justiz wird ermächtigt, im Einvernehmen mit dem Bundesminister für Verkehr, dem Bundesminister für Wirtschaft und dem Bundesminister der Finanzen durch Rechtsverordnung ohne Zustimmung des Bundesrates die Stellung des Entschädigungsfonds einer anderen bestehenden juristischen Person zuzuweisen, wenn diese bereit ist, die Aufgaben des Entschädigungsfonds zu übernehmen, und wenn sie hinreichende Gewähr für die Erfüllung der Ansprüche der Ersatzberechtigten bietet. Durch die Rechtsverordnung kann sich der Bundesminister der Justiz die Genehmigung der Satzung dieser juristischen Person vorbehalten und die Aufsicht über die juristische Person regeln.

(3) Der Bundesminister der Justiz wird ferner ermächtigt, im Einvernehmen mit den in Absatz 2 genannten Bundesministern durch Rechtsverordnung ohne Zustimmung des Bundesrates zu bestimmen, von welchem Zeitpunkt ab die Anstalt (Absatz 1) oder die durch Rechtsverordnung (Absatz 2) bezeichnete juristische Person von Ersatzberechtigten in Anspruch genommen werden kann, und zu bestimmen, daß eine Leistungspflicht nur besteht, wenn das schädigende Ereignis nach einem in der Verordnung festzusetzenden Zeitpunkt eingetreten ist. Die Anstalt kann jedoch spätestens zwei Jahre nach dem Inkrafttreten dieses Gesetzes wegen der Schäden, die sich nach diesem Zeitpunkt ereignen, in Anspruch genommen werden, sofern nicht bis zu diesem Zeitpunkt den Ersatzberechtigten durch Rechtsverordnung die Möglichkeit gegeben worden ist, eine andere juristische Person in Anspruch zu nehmen.

(4) Der Entschädigungsfonds ist von der Körperschaftsteuer, der Gewerbesteuer und der Vermögensteuer befreit.

§ 14

Der Bundesminister der Justiz wird ermächtigt, im Einvernehmen mit dem Bundesminister für Verkehr, dem Bundesminister für Wirtschaft und dem Bundesminister für Finanzen durch Rechtsverordnung ohne Zustimmung des Bundesrates

1. zu bestimmen, daß der Entschädigungsfonds in den Fällen des § 12 Abs. 1 Nr. 1 auch für Schäden einzutreten hat, die einem Deutschen außerhalb des Geltungsbereichs dieses Gesetzes entstehen und nicht von einer Stelle in dem Staat ersetzt werden, in dem sich der Unfall zugetragen hat, wenn dies erforderlich ist, um eine Schlechterstellung des Deutschen gegenüber den Angehörigen dieses Staates auszugleichen;
2. zu bestimmen, daß der Entschädigungsfonds Leistungen an ausländische Staatsangehörige nur bei Vorliegen der Gegenseitigkeit erbringt, wenn dies erforderlich ist, um einer Schlechterstellung deutscher Geschädigter gegenüber den eigenen Staatsangehörigen in ausländischen Staaten vorzubeugen oder entgegenzuwirken; dies gilt jedoch nur, soweit nicht Verträge der Bundesrepublik Deutschland mit anderen Staaten dem entgegenstehen;
3. zu bestimmen,
   a) daß beim Entschädigungsfonds eine Schiedsstelle gebildet wird, die in Streitfällen zwischen dem Ersatzberechtigten und dem Entschädigungsfonds auf eine gütliche Einigung hinzuwirken und den Beteiligten erforderlichenfalls einen begründeten Einigungsvorschlag zu machen hat,
   b) wie die Mitglieder der Schiedsstelle, die aus einem die Befähigung zum Richteramt besitzenden, sachkundigen und unabhängigen Vorsitzenden sowie einem von der Versicherungswirtschaft benannten und einem dem Bereich der Ersatzberechtigten zuzurechnenden Beisitzer besteht, zu bestellen sind und wie das Verfahren der Schiedsstelle einschließlich der Kosten zu regeln ist,
   c) daß Ansprüche gegen den Entschädigungsfonds im Wege der Klage erst geltend gemacht werden können, nachdem ein Verfahren vor der Schiedsstelle vorausgegangen ist, sofern nicht seit der Anrufung der Schiedsstelle mehr als drei Monate verstrichen sind.

I. 1. a) Gesetz über die Pflichtv für Kraftfahrzeughalter   Anm. A 1

Vierter Abschnitt: Übergangs- und Schlußvorschriften

§ 15

Die im Bereich der Kraftfahrtversicherung auf Grund des Preisgesetzes ergangenen Rechtsverordnungen treten erst am 1. Januar 1968 außer Kraft.

§ 16

Dieses Gesetz tritt in der vorliegenden Fassung am ersten Tage des auf die Verkündung folgenden sechsten Kalendermonats in Kraft. Die in den §§ 12 und 13 Abs. 4 getroffene Regelung wird erst in dem Zeitpunkt wirksam, von dem an der Entschädigungsfonds in Anspruch genommen werden kann (§ 13 Abs. 3).

Anlage zu § 4 II PflichtvsG

Mindestversicherungssummen

1. Die Mindesthöhe der Versicherungssumme beträgt bei Kraftfahrzeugen einschließlich der Anhänger eine Million DM für Personenschäden, 400 000 DM für Sachschäden und 40 000 DM für die weder mittelbar noch unmittelbar mit einem Personen- oder Sachschaden zusammenhängenden Vermögensschäden (reine Vermögensschäden). Für den Fall der Tötung oder Verletzung mehrerer Personen beträgt die Mindesthöhe der Versicherungssumme für Personenschäden eineinhalb Millionen DM.   B 13, 50, 94, C 11, 17, G 28, 30, 32, 58
2. Bei Kraftfahrzeugen, die der Beförderung von Personen dienen und mehr als neun Plätze (ohne den Fahrersitz) aufweisen, erhöhen sich diese Beträge für das Kraftfahrzeug unter Ausschluß der Anhänger
    a) für den 10. und jeden weiteren Platz bis zum 80. Platz
        um 15 000 DM für Personenschäden,
        1 000 DM für Sachschäden und
        200 DM für reine Vermögensschäden,
    b) vom 81. Platz ab für jeden weiteren Platz
        um 8 000 DM für Personenschäden,
        1 000 DM für Sachschäden und
        200 DM für reine Vermögensschäden.
    Dies gilt nicht für Kraftomnibusse, die ausschließlich zu Lehr- und Prüfungszwecken verwendet werden.
3. Bei Anhängern entspricht die Mindesthöhe der Versicherungssumme für Schäden, die nicht mit dem Betrieb

des Kraftfahrzeugs im Sinne des § 7 des Straßenverkehrsgesetzes im Zusammenhang stehen, und für die den Insassen des Anhängers zugefügten Schäden den in Nummer 1, bei Personenanhängern mit mehr als neun Plätzen den in Nummern 1 und 2 genannten Beträgen.
4. Zu welcher dieser Gruppen das Fahrzeug gehört, richtet sich nach der Eintragung im Kraftfahrzeug- oder Anhängerbrief.

[A 2] b) Gesetz über die Haftpflichtversicherung für ausländische Kraftfahrzeuge und Kraftfahrzeuganhänger

Vom 24.VII.1956 (BGBl. I S. 667), berichtigt gemäß BGBl. 1957 I S. 368, geändert durch Gesetze vom 26.XI.1964 (BGBl. I S. 921), vom 5.IV.1965 (BGBl. I S. 213), vom 24.V.1968 (BGBl. I S. 503), vom 11.I.1974 (BGBl. I S. 43), vom 2.III.1974 (BGBl. I S. 469) und vom 18.III.1975 (BGBl. I S. 705).

§ 1 Notwendigkeit und Nachweis des Versicherungsschutzes

(1) Kraftfahrzeuge (auch Fahrräder mit Hilfsmotor) und Kraftfahrzeuganhänger, die im Inland keinen regelmäßigen Standort haben, dürfen im Geltungsbereich dieses Gesetzes auf öffentlichen Straßen oder Plätzen nur gebraucht werden, wenn für den Halter, den Eigentümer und den Führer zur Deckung der durch den Gebrauch verursachten Personen- und Sachschäden eine Haftpflichtversicherung nach den §§ 2 bis 6 besteht.   B 80

(2) Der Führer des Fahrzeugs hat eine Bescheinigung des Versicherers über die Haftpflichtversicherung (Versicherungsbescheinigung) mitzuführen. Sie ist auf Verlangen dem zuständigen Beamten zur Prüfung auszuhändigen § 8 a bleibt unberührt.   B 81

(3) Besteht keine diesem Gesetz entsprechende Haftpflichtversicherung oder führt der Führer des Fahrzeugs die erforderliche Versicherungsbescheinigung nicht mit, so darf der Halter des Fahrzeugs nicht anordnen oder zulassen, daß das Fahrzeug im Geltungsbereich dieses Gesetzes auf öffentlichen Straßen oder Plätzen gebraucht wird.

(4) Fehlt bei der Einreise eines Fahrzeugs die erforderliche Versicherungsbescheinigung, so müssen es die Grenzzollstellen zurückweisen. Stellt sich der Mangel während des Gebrauchs heraus, so kann das Fahrzeug sichergestellt werden, bis die Bescheinigung vorgelegt wird.   B 145

(5) Die Absätze 1 bis 4 gelten nicht für Fahrzeuge der ausländischen Streitkräfte, die zum Aufenthalt im Geltungsbereich dieses Gesetzes befugt sind.   B 91

§ 2 Zugelassene Versicherer

(1) Die Haftpflichtversicherung kann genommen werden   B 80–82, 86, 91, 111, F 113

I. 1. b) Gesetz über die Haftpflichtv für ausländische Kraftfahrzeuge Anm. A 2

a) bei einem im Geltungsbereich dieses Gesetzes zum Geschäftsbetrieb befugten Versicherer,
b) bei einem anderen Versicherer nur dann, wenn neben ihm ein im Geltungsbereich dieses Gesetzes zum Geschäftsbetrieb befugter Versicherer oder ein Verband solcher Versicherer die Pflichten eines Haftpflichtversicherers nach den folgenden Vorschriften übernimmt.

(2) Für die Zwecke dieses Gesetzes können sich Versicherer, die im Geltungsbereich dieses Gesetzes die Kraftfahrzeughaftpflichtversicherung betreiben, zu einer Versicherungsgemeinschaft zusammenschließen. Die Satzung der Versicherungsgemeinschaft bedarf der Genehmigung des Bundesaufsichtsamts für das Versicherungs- und Bausparwesen.

B 83

§ 3 Pflicht der Versicherer zum Vertragsschluß

(1) Die Versicherer, die im Geltungsbereich dieses Gesetzes zum Abschluß von Verträgen über die Haftpflichtversicherung für Kraftfahrzeuge und Anhänger befugt sind, haben den Haltern, den Eigentümern und Führern der in § 1 genannten Fahrzeuge nach den gesetzlichen Bestimmungen Versicherung gegen Haftpflicht zu gewähren.

B 82, 85

(2) Der Versicherer darf den Antrag auf Abschluß eines Versicherungsvertrages nur ablehnen, wenn sachliche oder örtliche Beschränkungen im Geschäftsplan des Versicherers dem Abschluß entgegenstehen oder wenn der Antragsteller bei dem Versicherer bereits versichert war und dieser

a) den Versicherungsvertrag wegen Drohung oder arglistiger Täuschung angefochten hat oder
b) vom Versicherungsvertrag wegen Verletzung der vorvertraglichen Anzeigepflicht oder wegen Nichtzahlung der ersten Prämie zurückgetreten ist oder
c) den Versicherungsvertrag wegen Prämienverzugs oder nach Eintritt eines Versicherungsfalls gekündigt hat.

§ 4 Versicherungsbedingungen und Mindestversicherungssummen

(1) Der Versicherungsvertrag nach § 3 muß den allgemeinen Versicherungsbedingungen entsprechen, die von der Aufsichtsbehörde genehmigt sind.

B 82, G 67

(2) Die für Kraftfahrzeuge und Anhänger mit regelmäßigem Standort im Inland geltenden Bestimmungen über den Inhalt, die Genehmigung und die Verbindlicherklärung der allgemeinen Versicherungsbedingungen, über die Bildung der Versicherungstarife sowie über die Mindestversicherungssummen sind sinngemäß anzuwenden.

B 82

§ 5 Befristung der Versicherungsbescheinigung, Vorauszahlung der Prämie

Der Versicherer kann die Geltung der Versicherungsbescheinigung (§ 1) befristen und die Aushändigung von der

B 82

Zahlung der Prämie für den angegebenen Zeitraum abhängig machen. Wird die Geltung nicht befristet, so kann der Versicherer die Aushändigung von der Zahlung der ersten Prämie abhängig machen.

§ 6 Haftung in Ansehung von Dritten

(1) § 3 Nr. 1 bis 4 und 6 bis 11 des Pflichtversicherungsgesetzes ist anzuwenden, an die Stelle von § 3 Nr. 5 des Pflichtversicherungsgesetzes tritt die Regelung des Absatzes 2.   B 82

(2) Ein Umstand, der das Nichtbestehen oder die Beendigung des Versicherungsverhältnisses zur Folge hat, kann dem Anspruch des Dritten nach § 3 Nr. 1 des Pflichtversicherungsgesetzes nur entgegenhalten werden, wenn er aus der Versicherungsbescheinigung ersichtlich oder wenn die Versicherungsbescheinigung dem Versicherer zurückgegeben worden ist. Weiterhin muß, wenn das Versicherungsverhältnis durch Zeitablauf beendet oder die Versicherungsbescheinigung dem Versicherer zurückgegeben worden ist, zwischen dem in der Versicherungsbescheinigung angegebenen Zeitpunkt der Beendigung des Versicherungsverhältnisses oder dem Zeitpunkt der Rückgabe der Versicherungsbescheinigung und dem Schadensereignis eine Frist von fünf Monaten, im Falle einer Gesamtlaufzeit des Versicherungsverhältnisses von weniger als zehn Tagen eine Frist von fünf Wochen verstrichen sein.   B 46, 82, 83, D 16

§ 7 Durchführungsbestimmungen

Zur Durchführung der §§ 1 bis 5 können erlassen
a) der Bundesminister für Verkehr mit Zustimmung des Bundesrates Rechtsverordnungen über den Inhalt und die Prüfung der Versicherungsbescheinigungen und die beim Fehlen der Bescheinigung nötigen Sicherungsmaßnahmen;
b) der Bundesminister der Finanzen ohne Zustimmung des Bundesrates Rechtsverordnungen über die Maßnahmen der Versicherer zur Gewährleistung der Möglichkeit, Versicherungsverträge nach diesem Gesetz zu schließen;
c) der Bundesminister für Verkehr mit Zustimmung des Bundesrates allgemeine Verwaltungsvorschriften.

§ 7a Erfordernis erweiterten Versicherungsschutzes

Zur Erfüllung völkerrechtlicher Verpflichtungen oder zur Durchführung von Rechtsakten des Rates oder der Kommission der Europäischen Gemeinschaften wird der Bundesminister für Verkehr ermächtigt, für Fahrzeuge ohne regelmäßigen Standort im Geltungsbereich dieses

I. 1. b) Gesetz über die Haftpflichtv für ausländische Kraftfahrzeuge **Anm. A 2**

Gesetzes durch Rechtsverordnung ohne Zustimmung des Bundesrates nach Anhörung der obersten Landesbehörden zu bestimmen, daß sie auf öffentlichen Straßen oder Plätzen im Geltungsbereich dieses Gesetzes nur gebraucht werden dürfen und ihnen die Einreise hierin nur gestattet werden darf, wenn die durch das Fahrzeug verursachten Schäden in allen Staaten, in die das Fahrzeug ohne die Kontrolle einer Versicherungsbescheinigung weiterreisen kann, nach den dort geltenden Vorschriften gedeckt sind. Die Rechtsverordnung kann auch Vorschriften über den Abschluß der Haftpflichtversicherung, deren Nachweis durch eine Versicherungsbescheinigung, den Inhalt und die Prüfung der Versicherungsbescheinigung und die beim Fehlen der erforderlichen Bescheinigung nötigen Sicherungsmaßnahmen enthalten.

§ 8 Ausnahmen

(1) Zur Pflege der Beziehungen mit dem Ausland kann der Bundesminister für Verkehr Einzelausnahmen von diesem Gesetz oder den auf § 7 Buchstabe a beruhenden Rechtsverordnungen genehmigen, wenn die Entschädigung der Verkehrsopfer gewährleistet bleibt.

(2) Zur Pflege der Beziehungen mit dem Ausland, zur Erfüllung völkerrechtlicher Verpflichtungen oder zur Durchführung von Rechtsakten des Rates oder der Kommission der Europäischen Gemeinschaften kann der Bundesminister für Verkehr unter derselben Voraussetzung durch Rechtsverordnung ohne Zustimmung des Bundesrates nach Anhörung der obersten Landesbehörden allgemeine Ausnahmen von § 1 Abs. 1 bis 4 oder von den Vorschriften über den Inhalt von Versicherungsbescheinigungen genehmigen.

§ 8 a Wegfall des Erfordernisses der Versicherungsbescheinigung

(1) Hat für die Fahrzeuge, die bei der Einreise das B 111
vorgeschriebene Kennzeichen eines bestimmten ausländischen Gebietes führen, ein im Geltungsbereich dieses Gesetzes zum Geschäftsbetrieb befugter Versicherer oder ein Verband solcher Versicherer die Pflichten eines Haftpflichtversicherers nach den Vorschriften dieses Gesetzes übernommen, so kann der Bundesminister für Verkehr durch Rechtsverordnung ohne Zustimmung des Bundesrates nach Anhörung der obersten Landesbehörden bestimmen, daß für die das vorgeschriebene Kennzeichen dieses Gebietes führenden Fahrzeuge die Ausstellung einer Versicherungsbescheinigung nicht erforderlich ist.

(2) Ist nach Absatz 1 die Ausstellung einer Versiche- B 46, 82
rungsbescheinigung nicht erforderlich, so kann abweichend von § 6 Abs. 2 ein Umstand, der das Nichtbestehen oder die Beendigung der nach Absatz 1 übernommenen Ver-

pflichtungen zur Folge hat, dem Anspruch des Dritten nach § 3 Nr. 1 des Pflichtversicherungsgesetzes nicht entgegengehalten werden, wenn sich das Fahrzeug im Zeitpunkt des Schadensereignisses mit dem bei der Einreise geführten Kennzeichen im Geltungsbereich dieses Gesetzes befunden hat.

§ 9 Straftaten

(1) Wer im Geltungsbereich dieses Gesetzes ein Fahrzeug auf öffentlichen Wegen oder Plätzen gebraucht oder einen solchen Gebrauch gestattet, obwohl für das Fahrzeug das nach § 1 erforderliche Versicherungsverhältnis nicht oder nicht mehr besteht und die Pflichten eines Haftpflichtversicherers auch nicht nach § 2 Abs. 1 Buchstabe b oder § 8a Abs. 1 von einem im Geltungsbereich dieses Gesetzes zum Geschäftsbetrieb befugten Versicherer oder einem Verband solcher Versicherer übernommen worden sind, wird mit Freiheitsstrafe bis zu einem Jahr oder mit Geldstrafe bestraft.

(2) Handelt der Täter fahrlässig, so ist die Strafe Freiheitsstrafe bis zu sechs Monaten oder Geldstrafe bis zu einhundertachtzig Tagessätzen.

(3) Ist die Tat vorsätzlich begangen worden, so kann das Fahrzeug eingezogen werden, wenn es dem Täter oder Teilnehmer zur Zeit der Entscheidung gehört.

§ 9a Ordnungswidrigkeiten

(1) Ordnungswidrigkeit handelt, wer vorsätzlich oder fahrlässig
1. als Führer eines Fahrzeugs entgegen § 1 Abs. 2 die erforderliche Versicherungsbescheinigung nicht mit sich führt oder auf Verlangen nicht aushändigt oder als Halter des Fahrzeugs einen solchen Verstoß duldet, oder
2. als Führer oder Halter eines Fahrzeugs einer Vorschrift einer nach § 7 Buchstabe a oder § 7a erlassenen Rechtsverordnung zuwiderhandelt, soweit die Rechtsverordnung für einen bestimmten Tatbestand auf diese Bußgeldvorschrift verweist.

(2) Die Ordnungswidrigkeit kann mit einer Geldbuße geahndet werden.

(3) Verwaltungsbehörde im Sinne des § 36 Abs. 1 Nr. 1 des Gesetzes über Ordnungswidrigkeiten ist die Straßenverkehrsbehörde.

§ 10 Geltung in Berlin

Dieses Gesetz gilt nach Maßgabe des § 13 Abs. 1 des Dritten Überleitungsgesetzes vom 4. Januar 1952 (Bundesgesetzbl. I S. 1) auch im Land Berlin. Rechtsverordnun-

I. 1. c) §§ 158 b – k VVG

gen, die aufgrund dieses Gesetzes erlassen werden, gelten im Land Berlin nach § 14 des Dritten Überleitungsgesetzes.

§ 11 Inkrafttreten

Dieses Gesetz tritt am ersten Tage des auf die Verkündung folgenden sechsten Kalendermonats in Kraft.

[A 3] c) §§ 158 b – k VVG

§ 158 b

Für eine Haftpflichtversicherung, zu deren Abschluß eine gesetzliche Verpflichtung besteht (Pflichtversicherung), gelten die besonderen Vorschriften der §§ 158 c bis 158 k.

§ 158 c

(1) Ist der Versicherer von der Verpflichtung zur Leistung dem Versicherungsnehmer gegenüber ganz oder teilweise frei, so bleibt gleichwohl seine Verpflichtung in Ansehung des Dritten bestehen.

A 22, B 10, 11, 19, 20, 41–43, 54, 57, 58, 71–73, 126, H 1, 7, 32

(2) ¹Ein Umstand, der das Nichtbestehen oder die Beendigung des Versicherungsverhältnisses zur Folge hat, wirkt in Ansehung des Dritten erst mit dem Ablauf eines Monats, nachdem der Versicherer diesen Umstand der hierfür zuständigen Stelle angezeigt hat. ²Das gleiche gilt, wenn das Versicherungsverhältnis durch Zeitablauf endigt. ³Der Lauf der Frist beginnt nicht vor der Beendigung des Versicherungsverhältnisses. ⁴Die Vorschriften dieses Absatzes gelten nicht, wenn eine zur Entgegennahme der Anzeige nach Satz 1 zuständige Stelle nicht bestimmt ist.

A 22, B 10, 19, 20, 41, 42, 44, 46, 51, 54, 57, 72, 73, 126, H 1, 7, 32

(3) Der Versicherer haftet nur im Rahmen der amtlich festgesetzten Mindestversicherungssummen und der von ihm übernommenen Gefahr.

B 13, 15–17, 41, 43, 46–48, 50–52, 55, 65, 68, 108, 122, 139, C 17, F 78, G 28, 64, 81, 84, 87, H 3, 7, 9, 16, 31, 41

(4) Der Versicherer haftet nicht, wenn und soweit der Dritte in der Lage ist, Ersatz seines Schadens von einem anderen Schadensversicherer oder von einem Sozialversicherungsträger zu erlangen.

A 22, B 16, 23, 41, 48–50, 52–54, 56–58, 62, 65, 66, 68, 71, 95, 100, 104, 111, F 2, 27, 114, H 2, 32, 38, 40

(5) ¹Trifft die Leistungspflicht des Versicherers nach den Absätzen 1 oder 2 mit einer Ersatzpflicht auf Grund fahrlässiger Amtspflichtverletzung zusammen, so wird die Ersatzpflicht nach § 839 Abs. 1 des Bürgerlichen Gesetzbuches nicht dadurch ausgeschlossen, daß die Voraussetzungen für die Leistungspflicht des Versicherers vorliegen. ²Satz 1 gilt nicht, wenn der Beamte nach § 839 des Bürgerlichen Gesetzbuches persönlich haftet.

B 60–62, 112, 145, H 33

(6) Ein Recht des Dritten, den Versicherer unmittelbar in Anspruch zu nehmen, wird durch diese Vorschriften nicht begründet.

B 4, 10, 40, 78

§ 158 d

(1) Macht der Dritte seinen Anspruch gegen den Versicherungsnehmer geltend, so hat er dies dem Versicherer innerhalb von zwei Wochen schriftlich anzuzeigen.

B 26, 27, 73, 142

(2) Macht der Dritte den Anspruch gegen den Versicherungsnehmer gerichtlich geltend, so hat er dies dem Versicherer unverzüglich schriftlich anzuzeigen.

B 20, 27

(3) [1]Der Versicherer kann von dem Dritten Auskunft verlangen, soweit sie zur Feststellung des Schadensereignisses und der Höhe des Schadens erforderlich ist. [2]Zur Vorlegung von Belegen ist der Dritte nur insoweit verpflichtet, als ihm die Beschaffung billigerweise zugemutet werden kann.

B 28

§ 158 e

(1) [1]Verletzt der Dritte die Verpflichtungen nach § 158 d Abs. 2, 3, so beschränkt sich die Haftung des Versicherers nach § 158 c auf den Betrag, den er auch bei gehöriger Erfüllung der Verpflichtungen zu leisten gehabt hätte. [2]Liegt eine Verletzung der Verpflichtung nach § 158 d Abs. 3 vor, so tritt diese Rechtsfolge nur ein, wenn der Dritte vorher ausdrücklich und schriftlich auf die Folgen der Verletzung hingewiesen worden ist.

B 26, 28, 29

(2) Die Vorschrift des Absatzes 1 Satz 1 gilt sinngemäß, wenn der Versicherungsnehmer mit dem Dritten ohne Einwilligung des Versicherers einen Vergleich schließt oder dessen Anspruch anerkennt; § 154 Abs. 2 findet entsprechende Anwendung.

B 20, 34, F 141, 146, 154

§ 158 f

Soweit der Versicherer den Dritten nach § 158 c befriedigt, geht die Forderung des Dritten gegen den Versicherungsnehmer auf ihn über. [2]Der Übergang kann nicht zum Nachteil des Dritten geltend gemacht werden.

B 62, 64, 66, 68–71, 127, E 17, F 40

§ 158 g

§ 35 b findet in Ansehung des Dritten keine Anwendung.

B 17

§ 158 h

Die Vorschriften über die Veräußerung der versicherten Sache gelten sinngemäß.

B 67, D 39, 44–52, E 25

I. 1. d) Allgemeine Bedingungen für die Kraftfahrtv Anm. A 4

§ 158 i

Ist bei der Versicherung für fremde Rechnung der Versicherer dem Versicherungsnehmer gegenüber von der Verpflichtung zur Leistung frei, so kann er dies einem Versicherten, der zur selbständigen Geltendmachung seiner Rechte aus dem Versicherungsvertrag befugt ist, nur dann entgegenhalten, wenn die der Leistungsfreiheit zugrundeliegenden Umstände in der Person dieses Versicherten vorliegen oder wenn diese Umstände dem Versicherten bekannt oder grob fahrlässig nicht bekannt waren. Der Umfang der Leistungspflicht bestimmt sich nach § 158 c Abs. 3. § 158 c Abs. 4 findet keine Anwendung; § 158 c Abs. 5 ist entsprechend anzuwenden. Soweit der Versicherer Leistungen nach Satz 1 gewährt, kann er gegen den Versicherungsnehmer Rückgriff nehmen.

A 22, F 2, G 87, H 2, 3, 28 – 35, 43, 44

Bis zum 31.XII.1990 geltende Fassung des § 158 i: Ist bei der Versicherung für fremde Rechnung der Versicherer dem Versicherungsnehmer gegenüber wegen der Verletzung einer Obliegenheit von der Verpflichtung zur Leistung frei, so kann er wegen einer dem Dritten gewährten Leistung gegen einen Versicherten, der zur selbständigen Geltendmachung seiner Rechte aus dem Versicherungsvertrage befugt ist, nur dann Rückgriff nehmen, wenn die der Leistungsfreiheit des Versicherers zugrunde liegenden Umstände in der Person dieses Versicherten vorliegen.

A 22, B 57, 128, F 2, H 2, 6, 13, 35

§ 158 k

Die Vorschriften über die Pflichtversicherung finden auch insoweit Anwendung, als der Versicherungsvertrag eine über die gesetzlichen Mindestanforderungen hinausgehende Deckung gewährt.

B 13, 42, 47, 103, C 17, D 17, 48, H 3

[4] d) Allgemeine Bedingungen für die Kraftfahrtversicherung — (AKB)

in der Fassung der Bekanntmachung vom 26.VII.1988 BAnZ 1988 S. 3658 = VA 1988 S. 299 mit den Änderungen zum 1.I.1992 gemäß BAnZ 1991 S. 8274 = VA 1992 S. 9; den Werdegang der vielfachen Änderungen seit der Bekanntmachung des BAV vom 18.XII.1970 (BAnZ Nr. 243 vom 31.XII.1970 = VA 1971 S. 4 – 13) weisen folgende Fundstellen aus: BAV-Bekanntmachung vom 16.VII.1971 (BAnZ Nr. 134 vom 24.VII.1971 = VA 1971 S. 239), 14.I.1975 (BAnZ Nr. 18 vom 28.I.1975 = VA 1975 S. 72 – 73), 12.I.1977 (BAnZ Nr. 19 vom 28.I.1977 = VA 1977 S. 48 – 50), 15.II.1982 (BAnZ Nr. 49 vom 12.III.1982 = VA 1982 S. 191 – 197), vom Juni 1982 (BAnZ Nr. 110 vom 22.VI.1982 = VA 1982 S. 344 – 345), 8.II.1984 (BAnZ Nr. 46 vom 6.III.1984

Anm. A 4   A. Rechtsquellen und Entwicklung der Kraftfahrzeughaftpflichtv

S. 2021 = VA 1984 S. 162–166) und 13.XII.1984 (BAnZ 1985 S. 222 = VA 1985 S. 81–85).

Die Kraftfahrtversicherung umfaßt je nach dem Inhalt des Versicherungsvertrages folgende Versicherungsarten:
  I. die Kraftfahrzeug-Haftpflichtversicherung (B §§ 10 bis 11);
  II. die Fahrzeugversicherung (C §§ 12 bis 15);
  III. die Kraftfahrtunfallversicherung (D §§ 16 bis 23).

A. Allgemeine Bestimmungen

§ 1 Beginn des Versicherungsschutzes

(1) Der Versicherungsschutz beginnt mit Einlösung des Versicherungsscheines durch Zahlung des Beitrages und der Versicherungsteuer, jedoch nicht vor dem vereinbarten Zeitpunkt.

D 2, 4, 5

(2) Soll der Versicherungsschutz schon vor Einlösung des Versicherungsscheines beginnen, bedarf es einer besonderen Zusage des Versicherers oder der hierzu bevollmächtigten Personen (vorläufige Deckung). Die Aushändigung der zur behördlichen Zulassung notwendigen Versicherungsbestätigung gilt nur für die Kraftfahrzeug-Haftpflichtversicherung als Zusage einer vorläufigen Deckung. Die vorläufige Deckung endet mit der Einlösung des Versicherungsscheines. Sie tritt rückwirkend außer Kraft, wenn der Antrag unverändert angenommen, der Versicherungsschein aber nicht spätestens innerhalb von vierzehn Tagen eingelöst wird und der Versicherungsnehmer die Verspätung zu vertreten hat. Der Versicherer ist berechtigt, die vorläufige Deckung mit Frist von einer Woche schriftlich zu kündigen. Dem Versicherer gebührt in diesem Falle der auf die Zeit des Versicherungsschutzes entfallende anteilige Beitrag.

A 17, B 17, 44–46, C 5, 14, 27, 29, D 4, 5, 7–14, E 28, 32, F 8

§ 2 Einschränkung des Versicherungsschutzes

(1) Geltungsbereich: Die Versicherung gilt für Europa, soweit keine Erweiterung dieses Geltungsbereichs vereinbart ist.

A 22, B 15, 51, 75, 78, 79, 105, G 42–43

(2) Obliegenheiten vor Eintritt des Versicherungsfalles: Der Versicherer ist von der Verpflichtung zur Leistung frei,
a) wenn das Fahrzeug zu einem anderen als dem im Antrag angegebenen Zweck verwendet wird;

E 6, F 2, F 4–29, G 45

b) wenn ein unberechtigter Fahrer das Fahrzeug gebraucht. Die Verpflichtung zur Leistung bleibt jedoch gegenüber dem Versicherungsnehmer, dem Halter oder Eigentümer bestehen;

B 22, 43, 50, F 29, 30, 43, 50, 79, 80, H 5, 7–9, 14, 16–27

I. 1. d) Allgemeine Bedingungen für die Kraftfahrtv   Anm. A 4

c) wenn der Fahrer des Fahrzeugs bei Eintritt des Versicherungsfalles auf öffentlichen Wegen oder Plätzen nicht die vorgeschriebene Fahrerlaubnis hat. Die Verpflichtung zur Leistung bleibt gegenüber dem Versicherungsnehmer, dem Halter oder dem Eigentümer bestehen, wenn dieser das Vorliegen der Fahrerlaubnis bei dem berechtigten Fahrer ohne Verschulden annehmen durfte oder wenn ein unberechtigter Fahrer das Fahrzeug gebraucht.   B 148, D 21, F 3, 5, 23, 31 – 51, G 6, 46, H 5, 19, 20, 23

d) In der Kraftfahrzeug-Haftpflichtversicherung, wenn das Fahrzeug zu behördlich nicht genehmigten Fahrtveranstaltungen, bei denen es auf Erzielung einer Höchstgeschwindigkeit ankommt, oder bei den dazugehörigen Übungsfahrten verwendet wird;   F 52, 53, G 93

(3) Ausschlüsse:
Versicherungsschutz wird nicht gewährt,
a) in der Fahrzeug-, Kraftfahrtunfallversicherung für Schäden, die durch Aufruhr, innere Unruhen, Kriegsereignisse, Verfügungen von hoher Hand oder Erdbeben unmittelbar oder mittelbar verursacht werden;

b) für Schäden, die bei Beteiligung an Fahrtveranstaltungen, bei denen es auf Erzielung einer Höchstgeschwindigkeit ankommt, oder bei den dazugehörigen Übungsfahrten entstehen; in der Kraftfahrzeug-Haftpflichtversicherung gilt dies nur bei Beteiligung an behördlich genehmigten Fahrtveranstaltungen oder den dazugehörigen Übungsfahrten;   B 51, F 52, G 93

c) für Schäden durch Kernenergie.*   G 94

§ 3 Rechtsverhältnisse am Vertrage beteiligter Personen

(1) Die in § 2 Abs. 2, §§ 5, 7, 8, 9, 10 Abs. 9, § 13 Abs. 3 und 7, § 14 Abs. 2 und 5, §§ 15 und 22 für den Versicherungsnehmer getroffenen Bestimmungen gelten sinngemäß für mitversicherte und sonstige Personen, die Ansprüche aus dem Versicherungsvertrag geltend machen.   H 13, 15

(2) Die Ausübung der Rechte aus dem Versicherungsvertrag steht, wenn nichts anderes vereinbart ist (siehe insbesondere § 10 Abs. 4 und § 17 Abs. 3 Satz 2), ausschließlich dem Versicherungsnehmer zu; dieser ist neben dem Versicherten für die Erfüllung der Obliegenheit verantwortlich. In der Kraftfahrtunfallversicherung darf die Auszahlung der auf einen Versicherten entfallenden Versicherungssumme an den Versicherungsnehmer nur mit Zustimmung des Versicherten erfolgen.

(3) Ist der Versicherer dem Versicherungsnehmer gegenüber von der Verpflichtung zur Leistung frei, so gilt dies auch gegenüber allen mitversicherten und sonstigen Personen, die Ansprüche aus dem Versicherungsvertrag geltend machen. Be-   H 39

---

* Der Ersatz dieser Schäden richtet sich ausschließlich nach dem Atomgesetz.

ruht die Leistungsfreiheit auf der Verletzung einer Obliegenheit, so kann der Versicherer wegen einer dem Dritten gewährten Leistung Rückgriff nur gegen diejenigen mitversicherten Personen nehmen, in deren Person die der Leistungsfreiheit zugrunde liegenden Umstände vorliegen.

(4) Die Versicherungsansprüche können vor ihrer endgültigen Feststellung ohne ausdrückliche Genehmigung des Versicherers weder abgetreten noch verpfändet werden.   B 22, D 48, G 3, 4

§ 4 Vertragsdauer, Kündigung

(1a) Der Versicherungsvertrag kann für die Dauer eines Jahres oder für einen kürzeren Zeitraum abgeschlossen werden. Beträgt die vereinbarte Vertragsdauer ein Jahr, so verlängert sich der Vertrag jeweils um ein Jahr, wenn er nicht spätestens drei Monate vor Ablauf gekündigt wird. Dies gilt auch, wenn die Vertragsdauer nur deshalb weniger als ein Jahr beträgt, weil als Beginn der nächsten Versicherungsperiode ein vom Vertragsbeginn abweichender Termin vereinbart worden ist. Bei anderen Verträgen mit einer Vertragsdauer von weniger als einem Jahr endet der Vertrag, ohe daß es einer Kündigung bedarf. Fällt in den Zeitraum von drei Monaten vor Vertragsablauf das Inkrafttreten einer Änderung des genehmigten Tarifs, die eine Beitragserhöhung zur Folge hat, so ist eine Kündigung der einzelnen Versicherungsart oder des gesamten Vertrages auch noch bis 14 Tage vor Vertragsablauf zulässig.   B 45, 46, C 33, D 14–17, 19, 28, 40, 50

(1b) Auf Verträge, die sich auf ein Fahrzeug beziehen, welches ein Versicherungskennzeichen führen muß, finden keine Anwendung die Bestimmung des Absatzes 1 a Satz 2, wenn die Parteien die Verlängerung des Vertrages ausgeschlossen haben, und die Bestimmung des Absatzes 1 a Satz 4, sofern die Parteien vereinbart haben, daß der Vertrag sich jeweils um ein Jahr verlängert, wenn er nicht spätestens drei Monate vor Ablauf gekündigt wird.   B 45, 46, D 16

(2) Hat nach dem Eintritt eines Versicherungsfalles der Versicherer die Verpflichtung zur Leistung der Entschädigung anerkannt oder die Leistung der fälligen Entschädigung verweigert, so ist jede Vertragspartei berechtigt, den Versicherungsvertrag zu kündigen. Das gleiche gilt, wenn der Versicherer dem Versicherungsnehmer die Weisung erteilt, es über den Anspruch des Dritten zum Rechtsstreite kommen zu lassen, oder wenn der Ausschuß (§ 14) angerufen wird.   B 45, 46, D 19, 28–32

(3) Die Kündigung im Versicherungsfall ist nur innerhalb eines Monats seit der Anerkennung der Entschädigungspflicht oder der Verweigerung der Entschädigung, seit der Rechtskraft des im Rechtsstreite mit dem Dritten ergangenen Urteils oder seit der Zustellung des Spruchs des Ausschusses zulässig. Für den Versicherungsnehmer beginnt die Kündigungsfrist erst von dem Zeitpunkt an zu laufen, in   D 32–34, 48

I. 1. d) Allgemeine Bedingungen für die Kraftfahrtv   Anm. A 4

welchem er von dem Kündigungsgrund Kenntnis erlangt. Der Versicherer hat eine Kündigungsfrist von einem Monat einzuhalten. Der Versicherungsnehmer kann nicht für einen späteren Zeitpunkt als den Schluß des laufenden Versicherungsjahres (bzw. der vereinbarten kürzeren Vertragsdauer) kündigen.

(4 a) Kündigt der Versicherungsnehmer im Versicherungsfall, so gebührt dem Versicherer gleichwohl der Beitrag für das laufende Versicherungsjahr bzw. die vereinbarte kürzere Vertragsdauer. Kündigt der Versicherer, so gebührt ihm derjenige Teil des Beitrages, welcher der abgelaufenen Versicherungszeit entspricht.   D 35

(4 b) Kündigt der Versicherer wegen nicht rechtzeitiger Zahlung einer Folgeprämie, so gebührt dem Versicherer derjenige Teil des Beitrages, welcher der abgelaufenen Versicherungszeit entspricht. Fällt die Kündigung in das erste Versicherungsjahr, so gebührt dem Versicherer ein entsprechend der Dauer der Versicherungszeit nach Kurztarif berechneter Beitrag.

(5) Eine Kündigung kann sich sowohl auf den gesamten Vertrag als auch auf einzelne Versicherungsarten beziehen; sie kann ferner, wenn sich ein Vertrag auf mehrere Fahrzeuge bezieht, sowohl für alle als auch für einzelne Fahrzeuge erklärt werden. Ist der Versicherungsnehmer mit der Kündigung von Teilen des Vertrages nicht einverstanden, was er dem Versicherer innerhalb von zwei Wochen nach Empfang der Teilkündigung mitzuteilen hat, so gilt der gesamte Vertrag als gekündigt.   D 19, 26, E 30

(6) Bleibt in der Kraftfahrzeug-Haftpflichtversicherung die Verpflichtung des Versicherers gegenüber dem Dritten bestehen, obgleich der Versicherungsvertrag beendet ist, so gebührt dem Versicherer der Beitrag für die Zeit dieser Verpflichtung. Steht dem Versicherer eine Geschäftsgebühr gemäß § 40 Abs. 2 Satz 2 VVG zu, so gilt ein entsprechend der Dauer des Versicherungsverhältnisses nach Kurztarif berechneter Betrag, jedoch nicht mehr als 40 v. H. des Jahresbeitrages, als angemessen.   E 22, 24, 26, 27

(7) Alle Kündigungen sollen durch eingeschriebenen Brief ausgesprochen werden und müssen innerhalb der Kündigungsfrist zugehen.   D 18, 25

§ 5 Vorübergehende Stillegung

(1) Wird das Fahrzeug vorübergehend aus dem Verkehr gezogen (Stillegung im Sinne des Straßenverkehrsrechts), so wird dadurch der Versicherungsvertrag nicht berührt. Der Versicherungsnehmer kann jedoch Unterbrechung des Versicherungsschutzes verlangen, wenn er eine Abmeldebescheinigung der Zulassungsstelle vorlegt und die Stillegung mindestens zwei Wochen beträgt. In diesem Fall richten sich die beiderseitigen Verpflichtungen nach den Absätzen 2 bis 6.   D 3, 40, F 66, 78, 79, G 48

(2) In der Kraftfahrzeug-Haftpflichtversicherung wird Versicherungsschutz nach den §§ 10 und 11, in der Fahrzeugversicherung nach § 12 Abs. 1 I und Abs. 2 und 3 gewährt. Das Fahrzeug darf jedoch außerhalb des Einstellraumes oder des umfriedeten Abstellplatzes nicht gebraucht oder nicht nur vorübergehend abgestellt werden. Wird diese Obliegenheit verletzt, so ist der Versicherer von der Verpflichtung zur Leistung frei, es sei denn, daß die Verletzung ohne Wissen und Willen des Versicherungsnehmers erfolgt und von ihm nicht grobfahrlässig ermöglicht worden ist. — D 3, 40–42, E 23, F 43, 50, 66, 77–81, G 45, 48, H 13

(3) In der Kraftfahrtunfallversicherung, die sich auf ein bestimmtes Fahrzeug bezieht, wird kein Versicherungsschutz gewährt.

(4) Wird das Fahrzeug zum Verkehr wieder angemeldet (Ende der Stillegung im Sinne des Straßenverkehrsrechts), lebt der Versicherungsschutz uneingeschränkt wieder auf. Dies gilt bereits für Fahrten im Zusammenhang mit der Abstempelung des Kennzeichens. Das Ende der Stillegung ist dem Versicherer unverzüglich anzuzeigen. — D 3, 41, E 24, F 56, 66, 78–81

(5) Der Versicherungsvertrag verlängert sich um die Dauer der Stillegung. — D 40, E 23

(6) Wird nach Unterbrechung des Versicherungsschutzes das Ende der Stillegung dem Versicherer nicht innerhalb eines Jahres seit der behördlichen Abmeldung angezeigt und hat sich der Versicherer innerhalb dieser Frist dem Versicherungsnehmer oder einem anderen Versicherer gegenüber nicht auf das Fortbestehen des Vertrages berufen, endet der Vertrag mit Ablauf dieser Frist, ohne daß es einer Kündigung bedarf. Das gleiche gilt, wenn das Fahrzeug nicht innerhalb eines Jahres seit der Stillegung wieder zum Verkehr angemeldet wird. Für die Beitragsabrechnung gilt § 6 Abs. 3 mit der Maßgabe, daß an die Stelle des Tages des Wagniswegfalls der Tag der Abmeldung des Fahrzeugs tritt. — D 40–42, E 23

(7) Die Bestimmungen des Absatzes 1 Satz 2 und 3 und der Absätze 2 bis 6 finden keine Anwendung auf Verträge für Fahrzeuge, die ein Versicherungskennzeichen führen müssen, auf Verträge für Wohnwagenanhänger sowie auf Verträge mit kürzerer Versicherungsdauer als ein Jahr mit Ausnahme von Verträgen im Sinne des § 4 Abs. 1 a Satz 3. — D 40, 43, E 23

§ 6 Veräußerung

(1) Wird das Fahrzeug veräußert, so tritt der Erwerber in die Rechte und Pflichten des Versicherungsnehmers aus dem Versicherungsvertrag ein. Dies gilt nicht für Kraftfahrtunfallversicherungen. Für den Beitrag, welcher auf das zur Zeit der Veräußerung laufende Versicherungsjahr entfällt, haften Veräußerer und Erwerber als Gesamtschuldner. Die Veräußerung ist dem Versicherer unverzüglich anzuzeigen. — D 44–52, E 24, 25

(2) Im Falle der Veräußerung sind Versicherer und Erwerber berechtigt, den Versicherungsvertrag zu kündigen. — A 17, D 49, E 24

I. 1. d) Allgemeine Bedingungen für die Kraftfahrtv Anm. A 4

Das Kündigungsrecht des Versicherers erlischt, wenn es nicht innerhalb eines Monats, nachdem er von der Veräußerung Kenntnis erlangt, dasjenige des Erwerbers, wenn es nicht innerhalb eines Monats nach dem Erwerb bzw. nachdem er Kenntnis von dem Bestehen der Versicherung erlangt, ausgeübt wird. Der Erwerber kann nur mit sofortiger Wirkung oder zum Ende des laufenden Versicherungsjahres oder der vereinbarten kürzeren Vertragsdauer, der Versicherer mit einer Frist von einem Monat kündigen. § 4 Abs. 5 bis 7 findet Anwendung.

(3) Kündigt der Versicherer oder der Erwerber, gebührt dem Versicherer nur der auf die Zeit des Versicherungsschutzes entfallende anteilige Beitrag. Hat das Versicherungsverhältnis weniger als ein Jahr bestanden, so wird für die Zeit vom Beginn bis zur Veräußerung der Beitrag nach Kurztarif oder, wenn innerhalb eines Jahres eine neue Kraftfahrtversicherung bei demselben Versicherer abgeschlossen wird, der Beitrag anteilig nach der Zeit des gewährten Versicherungsschutzes berechnet. D 40, E 23–25

(4) Für Fahrzeuge, die ein Versicherungskennzeichen führen müssen, gilt abweichend von den Bestimmungen des Absatzes 3: E 24

Dem Versicherer gebührt der Beitrag für das laufende Verkehrsjahr, wenn der Vertrag für das veräußerte Fahrzeug vom Versicherer oder dem Erwerber gekündigt wird. Dem Versicherer gebührt jedoch nur der Beitrag für die Zeit des Versicherungsschutzes nach Kurztarif, wenn der Versicherungsnehmer ihm den Versicherungsschein sowie das Versicherungskennzeichen des veräußerten Fahrzeugs aushändigt und die Kündigung des Erwerbers vorliegt. Schließt der Versicherungsnehmer gleichzeitig bei demselben Versicherer für ein Fahrzeug mit Versicherungskennzeichen eine neue Kraftfahrtversicherung ab, so gilt der nicht verbrauchte Beitrag als Beitrag für die neue Kraftfahrtversicherung.

(5) Wird nach Veräußerung bei demselben Versicherer, bei dem das veräußerte Fahrzeug versichert war, innerhalb von sechs Monaten ein Fahrzeug der gleichen Art und des gleichen Verwendungszwecks (Ersatzfahrzeug im Sinne der Tarifbestimmungen) versichert und die hierfür geschuldete erste oder einmalige Prämie nicht rechtzeitig gezahlt, so gilt § 39 VVG. § 1 Abs. 2 Satz 4 sowie § 38 VVG finden keine Anwendung. Wird das Versicherungsverhältnis in den Fällen des Satzes 1 gemäß § 39 Abs. 3 VVG gekündigt, so kann der Versicherer eine Geschäftsgebühr verlangen, deren Höhe nach § 4 Abs. 6 Satz 2 zu bemessen ist. D 5, 6, E 22, 32

§ 6 a Wagniswegfall

(1) Fällt in der Fahrzeugversicherung das Wagnis infolge eines zu ersetzenden Schadens weg, so gebührt dem D 39, E 25, F 24

Versicherer der Beitrag für das laufende Versicherungsjahr oder die vereinbarte kürzere Versicherungsdauer.

(2) In allen sonstigen Fällen eines dauernden Wegfalls des versicherten Wagnisses wird der Beitrag gemäß § 6 Absatz 3 berechnet.   E 25

(3) Für Fahrzeuge, die ein Versicherungskennzeichen führen müssen, gilt abweichend von den Bestimmungen des Absatzes 2:   E 25

Dem Versicherer gebührt der Beitrag für das laufende Verkehrsjahr oder die vereinbarte kürzere Dauer, wenn das Wagnis dauernd weggefallen ist. Dem Versicherer gebührt jedoch nur der Beitrag für die Zeit des Versicherungsschutzes nach Kurztarif, wenn der Versicherungsnehmer ihm den Versicherungsschein und das Versicherungskennzeichen des versicherten Fahrzeugs aushändigt. Schließt der Versicherungsnehmer gleichzeitig bei demselben Versicherer für ein Fahrzeug mit Versicherungskennzeichen eine neue Kraftfahrtversicherung ab, so gilt der nicht verbrauchte Beitrag als Beitrag für die neue Kraftfahrtversicherung.

(4) § 6 Absatz 5 findet entsprechende Anwendung.   D 6, E 32

§ 7 Obliegenheiten im Versicherungsfall

I. (1) Versicherungsfall im Sinne dieses Vertrages ist das Ereignis, das einen unter die Versicherung fallenden Schaden verursacht oder — bei der Haftpflichtversicherung — Ansprüche gegen den Versicherungsnehmer zur Folge haben könnte.   F 85, G 41, 81, H 7, 13

(2) Jeder Versicherungsfall ist dem Versicherer vom Versicherungsnehmer innerhalb einer Woche schriftlich anzuzeigen. Einer Anzeige bedarf es nicht, wenn der Versicherungsnehmer einen Schadenfall nach Maßgabe der Sonderbedingungen zur Regelung von kleinen Sachschäden selbst regelt. Der Versicherungsnehmer ist verpflichtet, alles zu tun, was zur Aufklärung des Tatbestandes und zur Minderung des Schadens dienlich sein kann. Er hat hierbei die etwaigen Weisungen des Versicherers zu befolgen. Wird ein Ermittlungsverfahren eingeleitet oder wird ein Strafbefehl oder ein Bußgeldbescheid erlassen, so hat der Versicherungsnehmer dem Versicherer unverzüglich Anzeige zu erstatten, auch wenn er den Versicherungsfall selbst angezeigt hat.   B 20, 117, 126, F 82–101, G 41, H 15, F 92, 102–136, G 6, H 15, F 90

II. (1) Bei Haftpflichtschäden ist der Versicherungsnehmer nicht berechtigt, ohne vorherige Zustimmung des Versicherers einen Anspruch ganz oder zum Teil anzuerkennen oder zu befriedigen. Das gilt nicht, falls der Versicherungsnehmer nach den Umständen die Anerkennung oder die Befriedigung nicht ohne offenbare Unbilligkeit verweigern konnte.   B 20, 34, F 139–149, G 11, 14, 15, H 15

(2) Macht der Geschädigte seinen Anspruch gegenüber dem Versicherungsnehmer geltend, so ist dieser zur Anzeige   B 33, F 88, 89, 91, 134

I. 1. d) Allgemeine Bedingungen für die Kraftfahrtv   Anm. A 4

innerhalb einer Woche nach der Erhebung des Anspruches verpflichtet.

(3) Wird gegen den Versicherungsnehmer ein Anspruch gerichtlich (Klage oder Mahnbescheid) geltend gemacht, Prozeßkostenhilfe beantragt oder wird ihm gerichtlich der Streit verkündet, so hat er außerdem unverzüglich Anzeige zu erstatten. Das gleiche gilt im Falle eines Arrestes, einer einstweiligen Verfügung oder eines Beweissicherungsverfahrens.   F 89, 134

(4) Gegen Mahnbescheid, Arrest und einstweilige Verfügung hat der Versicherungsnehmer zur Wahrung der Fristen die erforderlichen Rechtsbehelfe zu ergreifen, wenn eine Weisung des Versicherers nicht bis spätestens zwei Tage vor Fristablauf vorliegt.   F 125, 132, 134, G 24

(5) Wenn es zu einem Rechtsstreit kommt, hat der Versicherungsnehmer die Führung des Rechtsstreites dem Versicherer zu überlassen, auch dem vom Versicherer bestellten Anwalt Vollmacht und jede verlangte Aufklärung zu geben.   B 20, 82, F 114, 117, 125, 132, 134, 137, 142, 149, G 24

III. Bei einem unter die Fahrzeugversicherung fallenden Schaden hat der Versicherungsnehmer vor Beginn der Wiederinstandsetzung die Weisung des Versicherers einzuholen, soweit ihm dies billigerweise zugemutet werden kann. Übersteigt ein Entwendungs- oder Brandschaden sowie ein Wildschaden (§ 12 (1) I d) den Betrag von DM 300,—, so ist er auch der Polizeibehörde unverzüglich anzuzeigen.

IV. (1) Nach einem Unfall, der voraussichtlich eine Leistungspflicht herbeiführt, ist unverzüglich ein Arzt hinzuzuziehen und der Versicherer zu unterrichten. Der Versicherte hat den ärztlichen Anordnungen nachzukommen und auch im übrigen die Unfallfolgen möglichst zu mindern.

(2) Der Versicherte hat darauf hinzuwirken, daß die vom Versicherer angeforderten Berichte und Gutachten alsbald erstattet werden.

(3) Der Versicherte hat sich von den vom Versicherer beauftragten Ärzten untersuchen zu lassen. Die notwendigen Kosten einschließlich eines dadurch entstandenen Verdienstausfalles trägt der Versicherer.

(4) Die Ärzte, die den Versicherten — auch aus anderen Anlässen — behandelt oder untersucht haben, andere Versicherer, Versicherungsträger und Behörden sind zu ermächtigen, alle erforderlichen Auskünfte zu erteilen.

(5) Hat der Unfall den Tod zur Folge, so ist dies innerhalb von 48 Stunden zu melden, auch wenn der Unfall schon angezeigt ist. Die Meldung soll telegrafisch erfolgen. Dem Versicherer ist das Recht zu verschaffen, eine Obduktion durch einen von ihm beauftragten Arzt vornehmen zu lassen.

V. (1) Wird in der Kraftfahrzeug-Haftpflichtversicherung eine dieser Obliegenheiten vorsätzlich oder grobfahrlässig verletzt, so ist der Versicherer dem Versicherungsnehmer gegenüber von der Verpflichtung zur Leistung in den in den Abs. 2 und 3 genannten Grenzen frei. Bei grobfahrlässi-   A 16, 22, B 20, 29, 121, 148, F 3, 96, 101, 105, 109—122, 127, 129, 131, 134, 145, 146, 148, 152, H 15, 41 ger Verletzung bleibt der Versicherer zur Leistung insoweit verpflichtet, als die Verletzung weder **Einfluß auf die Feststellung des Versicherungsfalles** noch auf die Feststellung oder den Umfang der dem Versicherer obliegenden Leistung gehabt hat.

(2) Die Leistungsfreiheit des Versicherers ist auf einen Betrag von DM 1000,— beschränkt. Bei vorsätzlich begangener Verletzung der Aufklärungs- oder Schadenminderungspflicht (z. B. bei unerlaubtem Entfernen vom Unfallort, unterlassener Hilfeleistung, Abgabe wahrheitswidriger Angaben gegenüber dem Versicherer), wenn diese besonders schwerwiegend ist, erweitert sich die Leistungsfreiheit des Versicherers auf einen Betrag von DM 5000,—.

A 22, B 48, 52, 117, F 2, 27, 83, 94, 96, 100, 105, 109, 112–118, 121, 122, 128, 132, 140, 143, 145–148, 152, 154, G 6, 8, 10, 25, H 3, 39, 41

(3) Wird eine Obliegenheitsverletzung in der Absicht begangen, sich oder einem Dritten dadurch einen rechtswidrigen Vermögensvorteil zu verschaffen, ist die Leistungsfreiheit des Versicherers hinsichtlich des erlangten rechtswidrigen Vermögensvorteils abweichend von Absatz 2 unbeschränkt. Gleiches gilt hinsichtlich des erlangten Mehrbetrages, wenn eine der in II. genannten Obliegenheiten vorsätzlich oder grobfahrlässig verletzt und dadurch eine gerichtliche Entscheidung rechtskräftig wurde, die offenbar über den Umfang der nach Sach- und Rechtslage geschuldeten Haftpflichtentschädigung erheblich hinausgeht; es wird vermutet, daß die Obliegenheitsverletzung mindestens auf grober Fahrlässigkeit beruht.

F 2, 96, 100, 109, 113, 116, 117, 122, 131, 133–135, 140, 146–148, 152, 154, G 6, 10, H 39

(4) Wird eine dieser Obliegenheiten in der Fahrzeug- oder Kraftfahrtunfallversicherung verletzt, so besteht Leistungsfreiheit nach Maßgabe des § 6 Abs. 3 VVG.

F 101, 122

§ 8 Klagefrist, Gerichtsstand

(1) Hat der Versicherer einen Anspruch auf Versicherungsschutz dem Grunde nach abgelehnt, so ist der Anspruch vom Versicherungsnehmer zur Vermeidung des Verlustes innerhalb von sechs Monaten gerichtlich geltend zu machen. Die Frist beginnt erst, nachdem der Versicherer den Anspruch unter Angabe der mit dem Ablauf der Frist verbundenen Rechtsfolgen schriftlich abgelehnt hat. In der Kraftfahrtunfallversicherung gilt zusätzlich die Ausschlußfrist des § 22 Abs. 5.

B 16, 95, F 114, G 6, 12, H 12, 13

(2) Für Klagen, die aus dem Versicherungsverhältnis gegen den Versicherer erhoben werden, bestimmt sich die gerichtliche Zuständigkeit nach dem Sitz des Versicherers oder seiner für das jeweilige Versicherungsverhältnis zuständigen Niederlassung. Hat ein Versicherungsagent den Vertrag vermittelt oder abgeschlossen, ist auch das Gericht des Ortes zuständig, an dem der Agent zur Zeit der Vermittlung oder des Abschlusses seine gewerbliche Niederlassung oder bei Fehlen einer gewerblichen Niederlassung seinen Wohnsitz hatte.

I. 1. d) Allgemeine Bedingungen für die Kraftfahrtv   Anm. A 4

§ 9 Anzeigen und Willenserklärungen

Alle Anzeigen und Erklärungen des Versicherungsnehmers sind schriftlich abzugeben und sollen an die im Versicherungsschein als zuständig bezeichnete Stelle gerichtet werden; andere als die im Versicherungsschein bezeichneten Vermittler sind zu deren Entgegennahme nicht bevollmächtigt. Für Anzeigen im Todesfall gilt § 7 IV (5).   C 14, 15, F 95, H 13

§ 9 a Bedingungs- und Tarifänderungen

(1) Änderungen der Allgemeinen Bedingungen und der Tarife für die Kraftfahrzeug-Haftpflichtversicherung finden auf die zu diesem Zeitpunkt bestehenden Versicherungsverhältnisse vom Beginn der nächsten Versicherungsperiode ab Anwendung, es sei denn, daß in dem Tarif oder bei der Erteilung der Genehmigung etwas anderes bestimmt wird. Wird bestimmt, daß eine Tarifänderung von einem festgesetzten Zeitpunkt ab gilt, ist der Unterschiedsbetrag für die Zeit bis zur nächsten Fälligkeit zu zahlen oder zu erstatten. Entsprechen bei laufenden Verträgen die Versicherungssummen infolge einer Änderung der gesetzlichen Vorschriften nicht mehr den Mindestversicherungssummen, die für das Fahrzeug vorgeschrieben sind, so gelten mit dem Inkrafttreten der geänderten Vorschriften Versicherungssummen in Höhe der neuen Mindestversicherungssummen als vereinbart.   A 19, B 13, C 33–36, E 5, E 20, F 7, G 37

(2) Erhöht sich bei einer Änderung der Tarife in der Kraftfahrzeug-Haftpflichtversicherung gemäß Abs. 1 der Beitrag, den der Versicherungsnehmer zu zahlen hat, pro Jahr um mehr als 5 v. H. des zuletzt gezahlten Beitrags oder um mehr als 25 v. H. des Erstbeitrags, ohne daß sich der Umfang der Versicherung ändert, so kann der Versicherungsnehmer nach Eingang der Mitteilung des Versicherers innerhalb einer Frist von zwei Wochen mit sofortiger Wirkung, frühestens jedoch zum Zeitpunkt des Wirksamwerdens der Beitragserhöhung unter Beachtung des § 4 Abs. 7 kündigen. Bei der Berechnung des Vomhundertsatzes der Beitragserhöhung werden Änderungen der Einstufung in Schaden- bzw. Schadenfreiheitsklassen berücksichtigt. Die Kündigung kann sich nur auf die Kraftfahrzeug-Haftpflichtversicherung oder auf den gesamten Vertrag beziehen. Fällt dabei ein Teil der Versicherungszeit in die Zeit nach Wirksamwerden der Tarifänderung, so wird der Beitrag für die Kraftfahrzeug-Haftpflichtversicherung für diese Zeit nach dem neuen Tarif anteilig berechnet.   D 25

(3) Änderungen der Allgemeinen Bestimmungen (§§ 1–9 a) finden auch auf die zu diesem Zeitpunkt bestehenden Versicherungsverhältnisse in der Fahrzeug- und Kraftfahrtunfallversicherung vom Beginn der nächsten

Anm. A 4 A. Rechtsquellen und Entwicklung der Kraftfahrzeughaftpflichtv

Versicherungsperiode ab Anwendung, es sei denn, daß bei der Genehmigung etwas anderes bestimmt wird; dasselbe gilt für Änderungen der Liste der mitversicherten Fahrzeug- und Zubehörteile (§ 12 Abs. 1).

(4) In der Fahrzeugversicherung richten sich Änderungen der Typklassenzuordnung oder Regionalklassenzuordnung und eine Beitragsanpassung nach den §§ 12 a, 12 b, 12 c und 12 d.

B. Kraftfahrzeug-Haftpflichtversicherung

§ 10 Umfang der Versicherung

(1) Die Versicherung umfaßt die Befriedigung begründeter und die Abwehr unbegründeter Schadenersatzansprüche, die auf Grund gesetzlicher Haftpflichtbestimmungen privatrechtlichen Inhalts gegen den Versicherungsnehmer oder mitversicherte Personen erhoben werden, wenn durch den Gebrauch des im Vertrag bezeichneten Fahrzeugs	B 12, 14, 19−21, 57, 64, 67, 86, 101−103, 106, D 29, F 150, G 2, 9, 18, 22, 25, 33, 45−47, H 3, 7, 9, 37, 44
a) Personen verletzt oder getötet werden,	G 58
b) Sachen beschädigt oder zerstört werden oder abhanden kommen,	G 58
c) Vermögensschäden herbeigeführt werden, die weder mit einem Personen- noch mit einem Sachschaden mittelbar oder unmittelbar zusammenhängen.	F 85, G 48, 58, 67
(2) Mitversicherte Personen sind:	B 3, 12, 21, 34, 92, 103, 126, C 3, G 18, 29, 47−49, 54, 55, 59, 74, 85−87, H 1−47
a) der Halter,	B 71, D 45, 46, F 76, G 70, H 5
b) der Eigentümer,	H 6, G 71
c) der Fahrer,	B 22, 71, H 7, 16−27
d) Beifahrer, d. h. Personen, die im Rahmen ihres Arbeitsverhältnisses zum Versicherungsnehmer oder Halter den berechtigten Fahrer zu seiner Ablösung oder zur Vornahme von Lade- und Hilfsarbeiten nicht nur gelegentlich begleiten,	H 8
e) Omnibusschaffner, soweit sie im Rahmen ihres Arbeitsverhältnisses zum Versicherungsnehmer oder Halter tätig werden,	B 103, H 9
f) Arbeitgeber oder öffentlicher Dienstherr des Versicherungsnehmers, wenn das versicherte Fahrzeug mit Zustimmung des Versicherungsnehmers für dienstliche Zwecke gebraucht wird.	B 103, H 10
(3) (entfällt)	

I. 1. d) Allgemeine Bedingungen für die Kraftfahrtv   **Anm. A 4**

(4) Mitversicherte Personen können ihre Versicherungsansprüche selbständig geltend machen.

H 12, 28, 40, 46, 47

(5) Der Versicherer gilt als bevollmächtigt, alle ihm zur Befriedigung oder Abwehr der Ansprüche zweckmäßig erscheinenden Erklärungen im Namen der versicherten Personen abzugeben.

B 20, 40, 95, F 137, G 14, 18–20, 24

(6) Für die Leistung des Versicherers bilden die vereinbarten Versicherungssummen die Höchstgrenze bei jedem Schadenereignis. Aufwendungen des Versicherers für Kosten werden unbeschadet Satz 4 nicht als Leistungen auf die Versicherungssumme angerechnet. Mehrere zeitlich zusammenhängende Schäden aus derselben Ursache gelten als ein Schadenereignis. Übersteigen die Haftpflichtansprüche die Versicherungssummen, so hat der Versicherer Kosten eines Rechtsstreites nur im Verhältnis der Versicherungssumme zur Gesamthöhe der Ansprüche zu tragen. Der Versicherer ist berechtigt, sich durch Hinterlegung der Versicherungssumme und des hierauf entfallenden Anteils an den entstandenen Kosten eines Rechtsstreites von weiteren Leistungen zu befreien.

B 114, G 22, 26–34, 38

F 138, G 17, G 22

(7) Hat der Versicherungsnehmer an den Geschädigten Rentenzahlungen zu leisten und übersteigt der Kapitalwert der Rente die Versicherungssumme oder den nach Abzug etwaiger sonstiger Leistungen aus dem Versicherungsfall noch verbleibenden Restbetrag der Versicherungssumme, so wird die zu leistende Rente nur im Verhältnis der Versicherungssumme bzw. ihres Restbetrages zum Kapitalwert der Rente erstattet. Bei der Berechnung des Verhältniswertes wird der Kapitalwert der Rente sowie die Höhe der Deckung nach der hierzu der zuständigen Aufsichtsbehörde gegenüber abgegebenen geschäftsplanmäßigen Erklärung bestimmt. Diese kann nach Genehmigung der Aufsichtsbehörde auch mit Wirkung für bestehende Versicherungsverhältnisse geändert werden.

A 17, 18, B 13, C 36, G 35–37

(8) War für das Fahrzeug eine am Tage des Schadenereignisses gültige internationale Versicherungskarte ausgestellt oder wurde durch eine Zusatzvereinbarung zum Abkommen über die internationale Versicherungskarte darauf verzichtet, so richtet sich bei Auslandsfahrten innerhalb Europas die Leistung des Versicherers mindestens nach den Versicherungsbedingungen und Versicherungssummen, die nach den Gesetzen des Besuchslandes, über die Pflichtversicherung vereinbart werden müssen.

A 22, B 75, 78, 82, 87, G 27, 43

(9) Falls die von dem Versicherer verlangte Erledigung eines Haftpflichtanspruchs durch Anerkenntnis, Befriedigung oder Vergleich an dem Verhalten des Versicherungsnehmers scheitert, ist der Versicherer für den von der Weigerung an entstehenden Mehrschaden an Hauptsache, Zinsen und Kosten dem Versicherungsnehmer gegenüber von der Verpflichtung zur Leistung frei, sofern dieser vom Versicherer hierauf hingewiesen wurde.

B 2, 43, 51, F 138, G 22, H 13, 15

Anm. A 4   A. Rechtsquellen und Entwicklung der Kraftfahrzeughaftpflichtv

§ 10 a Versicherungsumfang bei Anhängern

(1) Die Versicherung des **Kraftfahrzeuges** umfaßt auch Schäden, die durch einen Anhänger verursacht werden, der mit dem Kraftfahrzeug verbunden ist oder der sich während des Gebrauchs von diesem löst und sich noch in Bewegung befindet. Mitversichert sind auch der Halter, Eigentümer, Fahrer, Beifahrer und Omnibusschaffner des Anhängers. Schäden der Insassen des Anhängers sind bis zur Höhe der Grundversicherungssummen eingeschlossen.
    B 51, 101, C 4, G 52 – 57, H 8, 11

(2) Die Haftpflichtversicherung des **Anhängers** umfaßt nur Schäden, die durch den Anhänger verursacht werden, wenn er mit einem Kraftfahrzeug nicht verbunden ist oder sich von dem Kraftfahrzeug gelöst hat und sich nicht mehr in Bewegung befindet, sowie Schäden, die den Insassen des Anhängers zugefügt werden. Mitversichert sind auch der Halter, Eigentümer, Fahrer, Beifahrer und Omnibusschaffner des Kraftfahrzeuges.
    D 46, G 53, 54, 57, H 8, 11, 17

(3) Als Anhänger im Sinne dieser Vorschrift gelten auch Auflieger sowie für die Anwendung des Absatzes 1 auch Fahrzeuge, die abgeschleppt oder geschleppt werden, wenn für diese kein Haftpflichtversicherungsschutz besteht.
    G 53, 54, 56

§ 11 Ausschlüsse

Ausgeschlossen von der Versicherung sind:
1. Haftpflichtansprüche, soweit sie auf Grund Vertrags oder besonderer Zusage über den Umfang der gesetzlichen Haftpflicht hinausgehen;
    B 15, 51, 95, H 13
G 66
2. Haftpflichtansprüche des Versicherungsnehmers, Halters oder Eigentümers gegen mitversicherte Personen wegen Sach- oder Vermögensschäden;
    A 22, B 12, 104, G 67 – 75, 100, H 13
3. Haftpflichtansprüche wegen Beschädigung, Zerstörung oder Abhandenkommens des Fahrzeugs, auf das sich die Versicherung bezieht, oder der mit diesem beförderten Sachen. Diese Bestimmung findet keine Anwendung auf das nicht gewerbsmäßige Abschleppen betriebsunfähiger Fahrzeuge aus Gefälligkeit im Rahmen der Ersten Hilfe;
    B 49, G 41, 46, 51, 53, 61, 63, 67, 71, 75 – 79, 100, H 13, 37
4. Haftpflichtansprüche aus solchen reinen Vermögensschäden, die auf bewußt gesetz- oder vorschriftswidriges Handeln des Versicherten sowie auf Nichteinhaltung von Liefer- und Beförderungsfristen zurückzuführen sind.
    G 48, 58, 77, 90 – 92, H 15

I. 1. d) Allgemeine Bedingungen für die Kraftfahrtv Anm. A 4

C. Fahrzeugversicherung

Für die Textverweisungen zur Fahrzeugv vgl. S. F 1–6

§ 12 Umfang der Versicherung

(1) Die Fahrzeugversicherung umfaßt die Beschädigung, die Zerstörung und den Verlust des Fahrzeugs und seiner unter Verschluß verwahrten oder an ihm befestigten Teile einschließlich der durch die beigefügte Liste in der jeweiligen Fassung als zusätzlich mitversichert ausgewiesenen Fahrzeug- und Zubehörteile.

I. in der Teilversicherung
 a) durch Brand oder Explosion;
 b) durch Entwendung, insbesondere Diebstahl, unbefugten Gebrauch durch betriebsfremde Personen, Raub und Unterschlagung. Die Unterschlagung durch denjenigen, an den der Versicherungsnehmer das Fahrzeug unter Vorbehalt seines Eigentums veräußert hat, oder durch denjenigen, dem es zum Gebrauch oder zur Veräußerung überlassen wurde, ist von der Versicherung ausgeschlossen;
 c) durch unmittelbare Einwirkung von Sturm, Hagel, Blitzschlag oder Überschwemmung auf das Fahrzeug. Als Sturm gilt eine wetterbedingte Luftbewegung von mindestens Windstärke 8. Eingeschlossen sind Schäden, die dadurch verursacht werden, daß durch diese Naturgewalten Gegenstände auf oder gegen das Fahrzeug geworfen werden. Ausgeschlossen sind Schäden, die auf ein durch diese Naturgewalten veranlaßtes Verhalten des Fahrers zurückzuführen sind;
 d) durch einen Zusammenstoß des in Bewegung befindlichen Fahrzeugs mit Haarwild im Sinne des § 2 Abs. 1 Nr. 1 des Bundesjagdgesetzes;

II. in der Vollversicherung darüber hinaus:
 e) durch Unfall, d. h. durch ein unmittelbar von außen her plötzlich mit mechanischer Gewalt einwirkendes Ereignis; Brems-, Betriebs- und reine Bruchschäden sind keine Unfallschäden;
 f) durch mut- oder böswillige Handlungen betriebsfremder Personen.

(2) Der Versicherungsschutz erstreckt sich in der Voll- und Teilversicherung auch auf Bruchschäden an der Verglasung des Fahrzeugs und Schäden der Verkabelung durch Kurzschluß.

(3) Eine Beschädigung oder Zerstörung der Bereifung wird nur ersetzt, wenn sie durch ein Ereignis erfolgt, das gleichzeitig auch andere versicherungsschutzpflichtige Schäden an dem Fahrzeug verursacht hat.

§ 12 a Typklassen für Personenkraftwagen

(1) In der Fahrzeugversicherung richtet sich der Beitrag für Versicherungsverträge von Personenkraftwagen nach dem Typ des Fahrzeugs. Fahrzeuge desselben Herstellers und mit gleichem Aufbau bilden einen Fahrzeugtyp. Maßgeblich für die Zuordnung der Fahrzeuge nach Hersteller und Typ sind die Eintragungen im Kraftfahrzeugschein, hilfsweise im Kraftfahrzeugbrief oder in anderen amtlichen Urkunden. Die Fahrzeugtypen werden getrennt für die Fahrzeugvoll- und Fahrzeugteilversicherung zu Typklassen zusammengefaßt, denen Beiträge zugeordnet werden (Beitragsklassen.)

(2) Die Fahrzeugtypen werden nach den Indexwerten ihres Schadenbedarfs zu 31 Typklassen zusammengefaßt. Schadenbedarf ist der Quotient aus den gesamten Schadenaufwendungen für die im Kalenderjahr gemeldeten Versicherungsfälle eines Fahrzeugtyps und der Zahl der Jahreseinheiten (nach der Versicherungsdauer im Kalenderjahr ermittelte Zahl der Verträge) dieses Fahrzeugtyps; für die Ermittlung des Schadenbedarfs gelten

Anm. A 4 A. Rechtsquellen und Entwicklung der Kraftfahrzeughaftpflichtv

Nr. 5 bis Nr. 12 der Erläuterungen zur Anlage 2 der Verordnung über die Tarife in der Kraftfahrzeug-Haftpflichtversicherung vom 5. Dezember 1984. Der Indexwert gibt das Verhältnis des Schadenbedarfs eines Fahrzeugtyps zum vergleichbaren Schadenbedarf aller Fahrzeugtypen wieder. Für die Ermittlung der Indexwerte kann eine Übersicht über den Schadenverlauf zugrunde gelegt werden, die ein Verband von zum Betrieb der Fahrzeugversicherung zugelassenen Versicherungsunternehmen durch Erfassung einer genügend großen Zahl von Übersichten der Unternehmen gefertigt hat (Typenstatistik). Bei neuen Fahrzeugtypen wird der Schadenbedarf geschätzt; dabei werden in der Fahrzeugvollversicherung die voraussichtlichen Reparaturkosten für die Beseitigung typischer Unfallschäden (Typschaden) sowie die zu erwartende Schadenhäufigkeit, in der Fahrzeugteilversicherung der Schadenbedarf vergleichbarer Modelle, berücksichtigt. Jede Typklasse umfaßt eine Anzahl von Indexwerten mit folgender Einteilung:

Typklasse	Schadenbedarfs-Indexwerte	Typklasse	Schadenbedarfs-Indexwerte
10	bis 39	26	190 – 199
11	40 – 49	27	200 – 209
12	50 – 59	28	210 – 219
13	60 – 69	29	220 – 229
14	70 – 79	30	230 – 239
15	80 – 89	31	240 – 249
16	90 – 99	32	250 – 299
17	100 – 109	33	300 – 349
18	110 – 119	34	350 – 399
19	120 – 129	35	400 – 449
20	130 – 139	36	450 – 499
21	140 – 149	37	500 – 599
22	150 – 159	38	600 – 699
23	160 – 169	39	700 – 799
24	170 – 179	40	800 und mehr
25	180 – 189		

(3) Die Zuordnung eines Fahrzeugtyps zu einer der 31 Typenklassen wird geändert, wenn nach der Typenstatistik des letzten abgelaufenen Kalenderjahres der Indexwert des Schadenbedarfs dieses Fahrzeugtyps die Grenzen der Typklasse, der er bisher zugehörte, über- oder unterschritten hat. Die Änderung der Zuordnung kann unterbleiben, wenn von dem Fahrzeugtyp weniger als 5000 Jahreseinheiten erfaßt sind. In der Fahrzeugvollversicherung wird ein Fahrzeugtyp, solange nur ein nach Abs. 2 Satz 5 geschätzter Schadenbedarf festgestellt wurde, einer niedrigeren Typklasse zugeordnet, wenn und soweit der Hersteller nachgewiesen hat, daß dies wegen der voraussichtlichen Ersparnis beim durchschnittlichen Reparaturaufwand eines Typschadens gerechtfertigt ist.

(4) Die für die einzelnen Fahrzeugtypen maßgeblichen Typklassen ergeben sich aus dem Typklassenverzeichnis. Das Typklassenverzeichnis wird von einem unabhängigen Treuhänder geführt. Der Treuhänder wird durch eine Klassifizierungskommission beraten, der je ein Vertreter des Kraftfahrt-Bundesamtes und des in Abs. 2 Satz 4 genannten Verbandes angehören müssen. Das Typklassenverzeichnis und seine Änderungen werden vom Treuhänder am 1. Oktober eines jeden Jahres aufgestellt und im Bundesanzeiger veröffentlicht; Einstufungen neuer Fahrzeugtypen nach Abs. 2 Satz 5 und Umstufungen nach Abs. 3 Satz 3 werden unverzüglich veröffentlicht. Ein Abdruck des bei Vertragsab-

schluß gültigen Typklassenverzeichnisses wird dem Versicherungsnehmer auf Verlangen vom Versicherungsunternehmen kostenlos ausgehändigt.

(5) Jeder Typklasse entspricht eine Beitragsklasse. Verändert sich die Typklasse des Fahrzeugtyps wegen einer Änderung des Typklassenverzeichnisses nach Abs. 3 Satz 1, bewirkt diese Änderung den Übergang des Vertrages in die entsprechende Beitragsklasse ab Beginn der nächsten, auf den 30. September folgenden Versicherungsperiode. Eine Änderung des Typklassenverzeichnisses nach Abs. 3 Satz 3 bewirkt den Übergang des Vertrages in die entsprechende Beitragsklasse mit dem Ablauf des Tages der Veröffentlichung. Der neue Beitrag ergibt sich aus den Beitragsklassen des Tarifs, der bei Vertragsabschluß zugrunde gelegt wurde. Veränderungen nach §§ 12 b und 12 c werden dabei berücksichtigt. Ein Abdruck des Tarifs in seiner jeweiligen Fassung wird dem Versicherungsnehmer auf Verlangen vom Versicherungsunternehmen kostenlos ausgehändigt; den bei Vertragsabschluß geltenden Tarif erhält der Versicherungsnehmer als Bestandteil des Versicherungsscheines.

§ 12 b Beitragsangleichung in der Fahrzeugversicherung

(1) Ein unabhängiger Treuhänder ermittelt für die Fahrzeugvoll- und die Fahrzeugteilversicherung zum 1. Oktober eines jeden Jahres für das vorangegangene Kalenderjahr
a) den Zahlungsbedarf und den Verwaltungskostensatz des Versicherers sowie
b) den durchschnittlichen Zahlungsbedarf und den durchschnittlichen Verwaltungskostensatz einer genügend großen Zahl zum Betrieb der Fahrzeugversicherung zugelassener Versicherungsunternehmen.

Für die Beitragsangleichung stellt der Treuhänder fest, um welchen Prozentsatz sich der Zahlungsbedarf des Versicherers einerseits und der durchschnittliche Zahlungsbedarf andererseits jeweils im Verhältnis zum Vorjahr verändert hat. Dabei werden vom Veränderungssatz des Zahlungsbedarfs des Versicherers der Verwaltungskostensatz des Versicherers abgezogen und die gemäß Abs. 5 und 6 vorgetragenen Veränderungssätze berücksichtigt; vom Veränderungssatz des durchschnittlichen Zahlungsbedarfs wird der durchschnittliche Verwaltungskostensatz abgezogen.

(2) Der Treuhänder ermittelt diese Prozentsätze in der Fahrzeugvollversicherung getrennt für
— Krafträder, Personenkraftwagen (außer Selbstfahrervermietfahrzeuge, Mietwagen und Droschken), Camping-Kraftfahrzeuge und Wohnwagenanhänger,
— alle übrigen Wagnisse;
in der Fahrzeugteilversicherung getrennt für
— Personenkraftwagen (außer Selbstfahrervermietfahrzeuge, Mietwagen und Droschken), Camping-Kraftfahrzeuge und Wohnwagenanhänger,
— Krafträder, die ein amtliches Kennzeichen führen müssen,
— landwirtschaftliche Zugmaschinen, Raupenschlepper und Anhänger, die ein amtliches grünes Kennzeichen führen,
— alle übrigen Wagnisse;
darüber hinaus in der Fahrzeugvoll- und Fahrzeugteilversicherung getrennt für Versicherungsverträge mit einer Selbstbeteiligung für Schäden gemäß § 12 (1) I und (2) und Versicherungsverträge ohne Selbstbeteiligung für diese Schäden.

(3) Im Falle einer Erhöhung seines Zahlungsbedarfs ist der Versicherer berechtigt, im Falle einer Verminderung verpflichtet, die Folgejahresbeiträge zu verändern (Beitragsangleichung).

(4) Im Falle der Erhöhung darf der Versicherer die Folgejahresbeiträge bis zu dem Betrag anheben, der sich aus dem nach Abs. 1 und 2 errechneten Prozentsatz ergibt. Im Falle der Verminderung sind die Folgejahresbeiträge um den Betrag, der sich aus dem nach Abs. 1 und 2 errechneten Prozentsatz ergibt, zu senken.

(5) Über- oder unterschreitet der nach Abs. 1 und 2 errechnete Veränderungssatz des Versicherers den entsprechenden durchschnittlichen Veränderungssatz um mehr als 3 Prozentpunkte, so tritt an die Stelle des nach Abs. 4 maßgebenden Prozentsatzes der um 3 Prozentpunkte erhöhte, bzw. der um 3 Prozentpunkte ermäßigte durchschnittliche Veränderungssatz. Die Differenz zwischen dem Veränderungssatz des Versicherers und dem erhöhten bzw. ermäßigten durchschnittlichen Veränderungssatz wird in den folgenden Jahren berücksichtigt.

(6) Macht der Versicherer von der Möglichkeit zur Beitragserhöhung ganz oder teilweise keinen Gebrauch, so kann der nicht ausgenutzte Veränderungssatz in den folgenden Jahren berücksichtigt werden.

(7) Folgejahresbeiträge sind alle Beiträge, die ab Beginn der nächsten auf den 30. September folgenden Versicherungsperiode fällig werden. Die Höhe der neuen Beiträge wird dem Versicherungsnehmer mit der ersten Beitragsrechnung bekanntgegeben. Veränderungen nach §§ 12 a und 12 c werden dabei berücksichtigt.

(8) Die Absätze 1–7 gelten nicht für Verträge über Fahrzeuge, die ein Versicherungskennzeichen führen müssen.

§ 12 c Regionaleinteilung für Personenkraftwagen

(1) In der Fahrzeugversicherung kann sich der Beitrag für Versicherungsverträge von Personenkraftwagen nach der Region, in welcher der Wohnort des Versicherungsnehmers liegt, richten. Dabei werden die Regionen nach Maßgabe der Tarifbestimmungen nach den Indexwerten ihres Schadenbedarfs zu Regionalklassen zusammengefaßt, denen Beiträge zuzuordnen sind.

Ein unabhängiger Treuhänder ermittelt zum 1. Oktober eines jeden Jahres durch Zusammenfassung einer genügend großen Zahl von Übersichten der zum Betrieb der Fahrzeugversicherung zugelassenen Versicherungsunternehmen die Indexwerte des Schadenbedarfs der Zulassungsbezirke. Dabei wird der Schadenverlauf der letzten erfaßten fünf Kalenderjahre zugrundegelegt. Die Indexwerte des Schadenbedarfs der Zulassungsbezirke werden nach den vom Versicherer im Tarif verwendeten Regionen zusammengefaßt (Regionalstatistik).

(2) Die Zuordnung einer Region zu einer Regionalklasse wird geändert, wenn nach der jeweils letzten Regionalstatistik der Indexwert des Schadenbedarfs der Region die im Tarif festgelegten Grenzen der Regionalklasse, der die Region bisher angehörte, über- oder unterschritten hat. Die bei Vertragsabschluß geltenden Regionen sowie die Einteilungen der Regionalklassen nach den Indexwerten (Klassengrenzen) werden dem Versicherungsnehmer im Versicherungsschein bekanntgegeben.

(3) Verändert sich die Zuordnung einer Region zu den Regionalklassen nach Abs. 2 Satz 1, bewirkt diese Änderung den Übergang des Vertrags in die entsprechende Regionalklasse ab Beginn der nächsten auf den 30. September folgenden Versicherungsperiode. Der neue Beitrag ergibt sich aus den Beitragsklassen des Tarifs, der bei Vertragsabschluß zugrundegelegt wurde. Veränderungen nach §§ 12 a und 12 b werden dabei berücksichtigt.

§ 12 d Sonderkündigungs- und Umwandlungsrechte in der Fahrzeugversicherung

Bewirkt eine Änderung der Zuordnung eines Fahrzeugtyps zu einer der 31 Typenklassen gemäß § 12 a Abs. 3 oder eine Beitragsangleichung gemäß § 12 b Abs. 3 oder eine Änderung der Zuordnung einer Region zu einer Regionalklasse gemäß § 12 c Abs. 2, daß sich der Beitrag für eine Fahrzeugversicherung erhöht, kann der Versicherungsnehmer zu dem Zeitpunkt, zu dem die Beitragserhöhung wirksam wird,
– die Fahrzeugversicherung kündigen oder
– verlangen, daß eine Fahrzeugvollversicherung mit einer Selbstbeteiligung oder mit einer höheren Selbstbeteiligung fortgesetzt oder in eine Fahrzeugteilversicherung

mit oder ohne Selbstbeteiligung umgewandelt wird, oder eine Fahrzeugteilversicherung ohne Selbstbeteiligung in eine Fahrzeugteilversicherung mit Selbstbeteiligung umgewandelt wird.

Beitragsveränderungen durch die Zuordnung zu einer neuen Typklasse, durch eine Beitragsangleichung und durch die Zuordnung zu einer neuen Regionalklasse werden zusammengefaßt, wenn sie gleichzeitig in Kraft treten.

§ 13* Ersatzleistung

(1) Der Versicherer ersetzt einen Schaden bis zur Höhe des Wiederbeschaffungswertes des Fahrzeugs oder seiner Teile am Tage des Schadens, soweit in den folgenden Absätzen nichts anderes bestimmt ist. Wiederbeschaffungswert ist der Kaufpreis, den der Versicherungsnehmer aufwenden muß, um ein gleichwertiges gebrauchtes Fahrzeug oder gleichwertige Teile zu erwerben.

(2) Bei Personenkraftwagen im Sinne der Tarifbestimmungen — mit Ausnahme von Droschken, Mietwagen, Selbstfahrervermietwagen und Campingfahrzeugen bzw. Wohnmobilen — erhöht sich für Schäden, die in den ersten beiden Jahren nach der Erstzulassung des Fahrzeugs eintreten, die Leistungsgrenze auf den Neupreis des Fahrzeugs, wenn sich das Fahrzeug bei Eintritt des Versicherungsfalles im Eigentum dessen befindet, der es als Neufahrzeug unmittelbar vom Kraftfahrzeughändler oder Kraftfahrzeughersteller erworben hat. Neupreis ist der vom Versicherungsnehmer aufzuwendende Kaufpreis eines neuen Fahrzeugs in der versicherten Ausführung oder — falls der Fahrzeugtyp nicht mehr hergestellt wird — eines gleichartigen Typs in gleicher Ausführung.

(3) a) Leistungsgrenze ist in allen Fällen der vom Hersteller unverbindlich empfohlene Preis am Tage des Schadens.

b) Rest- und Altteile verbleiben dem Versicherungsnehmer. Sie werden zum Veräußerungswert auf die Ersatzleistung angerechnet.

(4) a) Bei Zerstörung oder Verlust des Fahrzeugs gewährt der Versicherer die nach den Absätzen 1 bis 3 zu berechnende Höchstentschädigung.

b) Die Höchstentschädigung nach Abs. 2 Satz 1 i. V. mit Absatz 3 wird auch gewährt bei Beschädigung von Personenkraftwagen im Sinne der Tarifbestimmungen — mit Ausnahme von Droschken; Mietwagen, Selbstfahrervermietwagen und Campingfahrzeugen bzw. Wohnmobilen —, wenn sich das Fahrzeug bei Eintritt des Versicherungsfalls im Eigentum dessen befindet, der es als Neufahrzeug unmittelbar vom Kraftfahrzeughändler oder Kraftfahrzeughersteller erworben hat und die erforderlichen Kosten der Wiederherstellung im 1. Jahr nach der Erstzulassung 80 v. H. im 2. Jahr nach der Erstzulassung 70 v. H. des Neupreises (Abs. 2) erreichen oder übersteigen.

(5) In allen sonstigen Fällen der Beschädigung des Fahrzeugs ersetzt der Versicherer bis zu dem nach den Absätzen 1 bis 3 sich ergebenden Betrag die erforderlichen Kosten der Wiederherstellung und die hierfür notwendigen einfachen Fracht- und sonstigen Transportkosten. Entsprechendes gilt bei Zerstörung, Verlust oder Beschädigung von Teilen des Fahrzeugs. Von den Kosten der Ersatzteile und der Lackierung wird ein dem Alter und der Abnutzung entsprechender Abzug gemacht (neu für alt). Der Abzug beschränkt sich bei Krafträdern, Personenkraftwagen sowie Omnibussen bis zum Schluß des vierten, bei allen übrigen Fahrzeugen bis zum Schluß des dritten auf die Erstzulassung des Fahrzeuges folgenden Kalenderjahres auf Bereifung, Batterie und Lackierung.

---

* Gemäß VA 1993 S. 154–155 ist eine Fassung des § 13 AKB genehmigt worden, durch die (für das Neugeschäft) die bisherige Neuwertsregelung teilweise entfällt.

(6) Veränderungen, Verbesserungen, Verschleißreparaturen, Minderung an Wert, äußerem Ansehen oder Leistungsfähigkeit, Überführungs- und Zulassungskosten, Nutzungsausfall oder Kosten eines Ersatzwagens und Treibstoff ersetzt der Versicherer nicht.

(7) Werden entwendete Gegenstände innerhalb eines Monats nach Eingang der Schadenanzeige wieder zur Stelle gebracht, so ist der Versicherungsnehmer verpflichtet, sie zurückzunehmen. Nach Ablauf dieser Frist werden sie Eigentum des Versicherers. Wird das entwendete Fahrzeug in einer Entfernung von in der Luftlinie gerechnet mehr als 50 km von seinem Standort (Ortsmittelpunkt) aufgefunden, so zahlt der Versicherer die Kosten einer Eisenbahnfahrkarte zweiter Klasse für Hin- und Rückfahrt bis zu einer Höchstentfernung von 1500 km (Eisenbahnkilometer) vom Standort zu dem dem Fundort nächstgelegenen Bahnhof.

(8) Eine Selbstbeteiligung gilt für jedes versicherte Fahrzeug besonders.

(9) In der Teilversicherung wird nur der Teil des Schadens ersetzt, der DM 300,— übersteigt. Es kann jedoch auch eine Teilversicherung ohne Selbstbeteiligung vereinbart werden. In der Vollversicherung wird der Schaden abzüglich einer vereinbarten Selbstbeteiligung ersetzt. Eine in der Vollversicherung vereinbarte Selbstbeteiligung von mehr als DM 300,— gilt jedoch nur in den Fällen des § 12 Abs. 1 II.

(10) Ergibt die Berechnung der Entschädigungsleistung nach Absatz 2 in Verbindung mit Absatz 3 eine höhere Leistung als bei Zugrundelegung des Wiederbeschaffungswertes nach Absatz 1 in Verbindung mit Absatz 3, so erwirbt der Versicherungsnehmer einen Anspruch auf Zahlung des Teiles der Entschädigung, der über diesen Wert hinausgeht, nur insoweit, als die Verwendung der Entschädigung zur Wiederherstellung oder zur Wiederbeschaffung eines anderen Fahrzeugs innerhalb von 2 Jahren nach Feststellung der Entschädigung sichergestellt ist.

§ 14 Sachverständigenverfahren

(1) Bei Meinungsverschiedenheiten über die Höhe des Schadens einschließlich der Feststellung des Wiederbeschaffungswertes oder über den Umfang der erforderlichen Wiederherstellungsarbeiten entscheidet ein Sachverständigenausschuß.

(2) Der Ausschuß besteht aus zwei Mitgliedern, von denen der Versicherer und der Versicherungsnehmer je eines benennt. Wenn der eine Vertragsteil innerhalb zweier Wochen nach schriftlicher Aufforderung sein Ausschußmitglied nicht benennt, so wird auch dieses von dem anderen Vertragsteil benannt.

(3) Soweit sich die Ausschußmitglieder nicht einigen, entscheidet innerhalb der durch ihre Abschätzung gegebenen Grenzen ein Obmann, der vor Beginn des Verfahrens von ihnen gewählt werden soll. Einigen sie sich über die Person des Obmanns nicht, so wird er durch das zuständige Amtsgericht ernannt.

(4) Ausschußmitglieder und Obleute dürfen nur Sachverständige für Kraftfahrzeuge sein.

(5) Bewilligt der Sachverständigenausschuß die Forderung des Versicherungsnehmers, so hat der Versicherer die Kosten voll zu tragen. Kommt der Ausschuß zu einer Entscheidung, die über das Angebot des Versicherers nicht hinausgeht, so sind die Kosten des Verfahrens vom Versicherungsnehmer voll zu tragen. Liegt die Entscheidung zwischen Angebot und Forderung, so tritt eine verhältnismäßige Verteilung der Kosten ein.

§ 15 Zahlung der Entschädigung

(1) Die Entschädigung wird innerhalb zweier Wochen nach ihrer Feststellung gezahlt, im Falle der Entwendung jedoch nicht vor Ablauf der Frist von einem Monat

I. 1. d) Allgemeine Bedingungen für die Kraftfahrtv   Anm. A 4

(§ 13 Abs. 7). Ist die Höhe eines unter die Versicherung fallenden Schadens bis zum Ablauf eines Monats nicht festgestellt, werden auf Verlangen des Versicherungsnehmers angemessene Vorschüsse geleistet.

(2) Ersatzansprüche des Versicherungsnehmers, die nach § 67 VVG auf den Versicherer übergegangen sind, können gegen den berechtigten Fahrer und andere in der Haftpflichtversicherung mitversicherte Personen sowie gegen den Mieter oder Entleiher nur geltend gemacht werden, wenn von ihnen der Versicherungsfall vorsätzlich oder grobfahrlässig herbeigeführt worden ist.

D. Kraftfahrtunfallversicherung*

§ 16 Versicherungsarten und Leistungen

(1) Die Kraftfahrtunfallversicherung kann abgeschlossen werden
a) als Insassenunfallversicherung nach dem Pauschalsystem,
b) als Insassenunfallversicherung für eine bestimmte Zahl von Personen oder Plätzen,
c) als Berufsfahrerversicherung,
d) als namentliche Versicherung sonstiger Personen.

(2) Die Leistungen des Versicherers (§ 20) richten sich nach den Versicherungssummen, die im Vertrag für
a) den Fall der dauernden Beeinträchtigung der körperlichen oder geistigen Leistungsfähigkeit (Invalidität)
b) Tagegeld
c) Krankenhaustagegeld mit Genesungsgeld
d) den Fall des Todes
vereinbart sind.

(3) Nach dem Pauschalsystem ist jede versicherte Person mit dem der Anzahl der Versicherten entsprechenden Teilbetrag der vereinbarten Summe versichert. Bei zwei und mehr Versicherten erhöhen sich die Versicherungssummen um 50 Prozent.

(4) Sind bei der Versicherung für eine bestimmte Zahl von Personen oder Plätzen zur Zeit des Unfalls mehr Personen versichert als Personen oder Plätze angegeben sind, so wird die Entschädigung für die einzelne Person entsprechend gekürzt.

§ 17 Versicherte Personen

(1) Versicherte Personen sind bei der Insassenunfallversicherung nach dem Pauschalsystem oder bei der Insassenunfallversicherung für eine bestimmte Anzahl von Personen und Plätzen die berechtigten Insassen des im Vertrag bezeichneten Fahrzeugs unter Ausschluß von Kraftfahrern und Beifahrern, die beim Versicherungsnehmer als solche angestellt sind (Berufsfahrer). Berechtigte Insassen sind Personen, die sich mit Wissen und Willen der über die Verwendung des Fahrzeugs Verfügungsberechtigten in oder auf dem versicherten Fahrzeug befinden oder im ursächlichen Zusammenhang mit ihrer Beförderung beim Gebrauch des Fahrzeugs im Rahmen des § 18 l tätig werden.

(2) Die Berufsfahrerversicherung bezieht sich entweder
a) auf den jeweiligen Kraftfahrer oder Beifahrer des im Vertrag bezeichneten Fahrzeugs oder
b) unabhängig von einem bestimmten Fahrzeug auf namentlich bezeichnete Kraftfahrer und Beifahrer oder

---

* Kommentiert durch Wagner in Bd VI,1.

c) unabhängig von einem bestimmten Fahrzeug und ohne Namensnennung auf sämtliche beim Versicherungsnehmer angestellten Kraftfahrer oder Beifahrer.

(3) Die namentliche Versicherung sonstiger Personen ist unabhängig von einem bestimmten Fahrzeug. Namentlich versicherte Personen können ihre Versicherungsansprüche selbständig geltend machen.

§ 18 Umfang der Versicherung

I. Gegenstand der Versicherung

(1) Die Versicherung bezieht sich auf Unfälle, die dem Versicherten während der Wirksamkeit des Vertrages zustoßen und in ursächlichem Zusammenhang mit dem Lenken, Benutzen, Behandeln, dem Be- und Entladen sowie Abstellen des Kraftfahrzeugs oder Anhängers stehen. Unfälle beim Ein- und Aussteigen sind mitversichert.

(2) Die Leistungsarten, die versichert werden können, ergeben sich aus § 16 Abs. 2; aus Antrag und Versicherungsschein ist ersichtlich, welche Leistungsarten jeweils versichert sind.

II. Unfallbegriff

(1) Ein Unfall liegt vor, wenn der Versicherte durch ein plötzlich von außen auf seinen Körper wirkendes Ereignis (Unfallereignis) unfreiwillig eine Gesundheitsschädigung erleidet.

(2) Als Unfall gilt auch, wenn durch eine erhöhte Kraftanstrengung an Gliedmaßen oder Wirbelsäule
a) ein Gelenk verrenkt wird oder
b) Muskeln, Sehnen, Bänder oder Kapseln gezerrt oder zerrissen werden.

§ 19 Ausschlüsse

Nicht unter den Versicherungsschutz fallen:

(1) Unfälle durch Geistesstörung oder schwere Nervenleiden, Schlaganfälle, epileptische Anfälle oder andere Krampfanfälle, die den ganzen Körper des Versicherten ergreifen sowie Unfälle des Fahrers infolge von Bewußtseinsstörungen, auch soweit diese durch Trunkenheit verursacht sind. Versicherungsschutz besteht jedoch, wenn diese Störungen oder Anfälle durch ein Unfallereignis verursacht waren, das unter diesen Vertrag oder unter eine für das Vorfahrzeug bestehende Insassen-Unfallversicherung fällt.

(2) Unfälle, die dem Versicherten dadurch zustoßen, daß er vorsätzlich eine Straftat ausführt oder versucht.

(3) Unfälle bei Fahrten, die ohne Wissen und Willen der über die Verwendung des Fahrzeugs Verfügungsberechtigten vorbereitet, ausgeführt oder ausgedehnt werden.

(4) Infektionen

Versicherungsschutz besteht jedoch, wenn die Krankheitserreger durch eine Unfallverletzung im Sinne von § 18 II in den Körper gelangt sind.

Nicht als Unfallverletzungen gelten dabei Haut- oder Schleimhautverletzungen, die als solche geringfügig sind und durch die Krankheitserreger sofort oder später in den Körper gelangen; für Tollwut und Wunderstarrkrampf entfällt diese Einschränkung.
Für Infektionen, die durch Heilmaßnahmen verursacht sind, besteht Versicherungsschutz, wenn die Heilmaßnahmen durch einen unter diesen Vertrag fallenden Unfall veranlaßt waren.

(5) Bauch- oder Unterleibsbrüche

Versicherungsschutz besteht jedoch, wenn sie durch eine unter diesen Vertrag fallende gewaltsame, von außen kommende Einwirkung entstanden sind.

(6) Schädigungen an Bandscheiben sowie Blutungen aus inneren Organen und Gehirnblutungen.
Versicherungsschutz besteht jedoch, wenn ein unter diesen Vertrag fallendes Unfallereignis im Sinne von § 18 II (1) die überwiegende Ursache ist.
(7) Krankhafte Störungen infolge psychischer Reaktionen, gleichgültig, wodurch diese verursacht sind.
(8) Außerdem gelten die in § 2 (3) a—c aufgeführten Ausschlüsse.

§ 20 Voraussetzungen und Umfang der Leistungen

Für die Entstehung des Anspruchs und die Bemessung der Leistungen gelten die nachfolgenden Bestimmungen.

I. Invaliditätsleistung

(1) Führt der Unfall zu einer dauernden Beeinträchtigung der körperlichen oder geistigen Leistungsfähigkeit (Invalidität) des Versicherten, so entsteht Anspruch auf Kapitalleistung aus der für den Invaliditätsfall versicherten Summe. Hat der Versicherte bei Eintritt des Unfalles das 65. Lebensjahr vollendet, so wird die Leistung als Rente gemäß § 23 erbracht.

Die Invalidität muß innerhalb eines Jahres nach dem Unfall eingetreten sowie spätestens vor Ablauf einer Frist von weiteren drei Monaten ärztlich festgestellt und geltend gemacht sein.

(2) Die Höhe der Leistung richtet sich nach dem Grad der Invalidität.

a) Als feste Invaliditätsgrade gelten — unter Ausschluß des Nachweises einer höheren oder geringeren Invalidität — bei Verlust oder Funktionsunfähigkeit

eines Armes im Schultergelenk	70 Prozent
eines Armes bis oberhalb des Ellenbogengelenks	65 Prozent
eines Armes unterhalb des Ellenbogengelenks	60 Prozent
einer Hand im Handgelenk	55 Prozent
eines Daumes	20 Prozent
eines Zeigefingers	10 Prozent
eines anderen Fingers	5 Prozent
eines Beines über der Mitte des Oberschenkels	70 Prozent
eines Beines bis zur Mitte des Oberschenkels	60 Prozent
eines Beines bis unterhalb des Knies	50 Prozent
eines Beines bis zur Mitte des Unterschenkels	45 Prozent
eines Fußes im Fußgelenk	40 Prozent
einer großen Zehe	5 Prozent
einer anderen Zehe	2 Prozent
eines Auges	50 Prozent
des Gehörs auf einem Ohr	30 Prozent
des Geruchs	10 Prozent
des Geschmacks	5 Prozent

b) bei Teilverlust oder Funktionsbeeinträchtigung eines dieser Körperteile oder Sinnesorgane wird der entsprechende Teil des Prozentsatzes nach a) angenommen.

c) Werden durch den Unfall Körperteile oder Sinnesorgane betroffen, deren Verlust oder Funktionsunfähigkeit nicht nach a) oder b) geregelt sind, so ist für diese maßgebend, inwieweit die normale körperliche oder geistige Leistungsfähigkeit unter ausschließlicher Berücksichtigung medizinischer Gesichtspunkte beeinträchtigt ist.

d) Sind durch den Unfall mehrere körperliche oder geistige Funktionen beeinträchtigt, so werden die Invaliditätsgrade, die sich nach (2) ergeben, zusammengerechnet. Mehr als 100 Prozent werden jedoch nicht angenommen.

(3) Wird durch den Unfall eine körperliche oder geistige Funktion betroffen, die schon vorher dauernd beeinträchtigt war, so wird ein Abzug in Höhe dieser Vorinvalidität vorgenommen. Diese ist nach (2) zu bemessen.

(4) Tritt der Tod unfallbedingt innerhalb eines Jahres nach dem Unfall ein, so besteht kein Anspruch auf Invaliditätsleistung.

(5) Stirbt der Versicherte aus unfallfremder Ursache innerhalb eines Jahres nach dem Unfall oder — gleichgültig aus welcher Ursache — später als ein Jahr nach dem Unfall und war ein Anspruch auf Invaliditätsleistung nach (1) entstanden, so ist nach dem Invaliditätsgrad zu leisten, mit dem aufgrund der zuletzt erhobenen ärztlichen Befunde zu rechnen gewesen wäre.

II. Tagegeld

(1) Führt der Unfall zu einer Beeinträchtigung der Arbeitsfähigkeit, so wird für die Dauer der ärztlichen Behandlung Tagegeld gezahlt. Das Tagegeld wird nach dem Grad der Beeinträchtigung abgestuft. Die Bemessung des Beeinträchtigungsgrades richtet sich nach der Berufstätigkeit oder Beschäftigung des Versicherten.

(2) a) Bei Versicherten unter 16 Jahren wird das Tagegeld für jeden Kalendertag gezahlt, an dem sich der Versicherte wegen eines Unfalles (§ 18 II) aus medizinischen Gründen in stationärer Krankenhausbehandlung befindet. Aufnahme- und Entlassungstag werden je als ein Kalendertag gerechnet. Die Leistungen entfallen für einen Aufenthalt in Sanatorien, Erholungsheimen und Kuranstalten.

b) Findet keine stationäre Behandlung statt, werden statt des Tagegeldes die notwendigen Kosten des Heilverfahrens bis zur Höhe des versicherten Tagegeldes ersetzt.

(3) Das Tagegeld wird längstens für ein Jahr, vom Unfalltage an gerechnet, gezahlt.

III. Krankenhaustagegeld mit Genesungsgeld

(1) Krankenhaustagegeld wird für jeden Kalendertag gezahlt, an dem sich der Versicherte wegen des Unfalles in medizinisch notwendiger vollstationärer Heilbehandlung befindet, längstens jedoch für zwei Jahre vom Unfalltage an gerechnet.

(2) Krankenhaustagegeld entfällt bei einem Aufenthalt in Sanatorien, Erholungsheimen und Kuranstalten.

(3) Genesungsgeld wird für die gleiche Anzahl von Kalendertagen gezahlt, für die Krankenhaustagegeld geleistet wird, längstens jedoch für 100 Tage, und zwar

für den 1. bis 10. Tag	100 Prozent
für den 11. bis 20. Tag	50 Prozent
für den 21. bis 100. Tag	25 Prozent

des Krankenhaustagegeldes.

Mehrere vollstationäre Krankenhausaufenthalte wegen desselben Unfalls gelten als ein ununterbrochener Krankenhausaufenthalt.

Der Anspruch auf Genesungsgeld entsteht mit der Entlassung aus dem Krankenhaus.

IV. Todesfalleistung

(1) Führt der Unfall innerhalb eines Jahres zum Tode, so entsteht Anspruch auf Leistung nach der für den Todesfall versicherten Summe.

Zur Geltendmachung wird auf § 7 IV (5) verwiesen.

(2) Bei Versicherten unter 14 Jahren beträgt die Leistung für den Todesfall höchstens DM 10 000,—. Bei der Versicherung nach dem Pauschalsystem wird der auf

andere Versicherte entfallende Teilbetrag aus der versicherten Todesfallsumme um den durch diese Summenbegrenzung frei werdenden Betrag verhältnismäßig erhöht, jedoch ist der Anteil des einzelnen Versicherten auf die im Vertrag vereinbarte Versicherungssumme beschränkt; § 16 (3) Satz 2 findet insoweit keine Anwendung.

§ 21 Einschränkung der Leistungen

Haben Krankheiten oder Gebrechen bei der durch ein Unfallereignis hervorgerufenen Gesundheitsschädigung oder deren Folgen mitgewirkt, so wird die Leistung entsprechend dem Anteil der Krankheit oder des Gebrechens gekürzt, wenn dieser Anteil mindestens 25 Prozent beträgt.

§ 22 Fälligkeit der Leistungen

(1) Sobald dem Versicherer die Unterlagen zugegangen sind, die der Versicherungsnehmer zum Nachweis des Unfallhergangs und der Unfallfolgen sowie über den Abschluß des für die Bemessung der Invalidität notwendigen Heilverfahrens beizubringen hat, ist der Versicherer verpflichtet, innerhalb eines Monats — beim Invaliditätsanspruch innerhalb von drei Monaten — zu erklären, ob und in welcher Höhe er einen Anspruch anerkennt.

Die ärztlichen Gebühren, die dem Versicherungsnehmer zur Begründung des Leistungsanspruches entstehen, übernimmt der Versicherer

bei Invalidität bis zu 1 Promille der versicherten Summe,
bei Tagegeld bis zu einem Tagegeldsatz,
bei Krankenhaustagegeld bis zu einem Krankenhaustagegeldsatz.

(2) Erkennt der Versicherer den Anspruch an oder haben sich Versicherungsnehmer und Versicherer über Grund und Höhe geeinigt, so erbringt der Versicherer die Leistung innerhalb von zwei Wochen.

Vor Abschluß des Heilverfahrens kann eine Invaliditätsleistung innerhalb eines Jahres nach Eintritt des Unfalles nur beansprucht werden, wenn und soweit eine Todesfallsumme versichert ist.

(3) Steht die Leistungspflicht zunächst nur dem Grunde nach fest, so zahlt der Versicherer auf Verlangen des Versicherungsnehmers angemessene Vorschüsse.

(4) Versicherungsnehmer und Versicherer sind berechtigt, den Grad der Invalidität jährlich, längstens bis zu drei Jahren nach Eintritt des Unfalles, erneut ärztlich bemessen zu lassen. Dieses Recht muß seitens des Versicherers mit Abgabe seiner Erklärung entsprechend (1), seitens des Versicherungsnehmers innerhalb eines Monats ab Zugang dieser Erklärung ausgeübt werden.

Ergibt die endgültige Bemessung eine höhere Invaliditätsleistung, als sie der Versicherer bereits erbracht hat, so ist der Mehrbetrag mit 5 Prozent jährlich zu verzinsen.

(5) Vom Versicherer nicht anerkannte Ansprüche sind ausgeschlossen, wenn der Versicherungsnehmer ab Zugang der schriftlichen Erklärung des Versicherers eine Frist von sechs Monaten verstreichen läßt, ohne die Ansprüche gerichtlich geltend zu machen. Die Frist beginnt mit dem Zugang der abschließenden Erklärung des Versicherers. Die Rechtsfolgen der Fristversäumnis treten nur ein, wenn der Versicherer in seiner Erklärung auf die Notwendigkeit der gerichtlichen Geltendmachung hingewiesen hatte.

§ 23 Rentenzahlung bei Invalidität

(1) Soweit bei Invalidität Rentenzahlung vorgesehen ist (§ 20 I. (1)), ergeben sich für eine Kapitalleistung von DM 1000,— die folgenden Jahresrentenbeträge. Der Berechnung wird das am Unfalltag vollendete Lebensjahr zugrunde gelegt.

Anm. A 4   A. Rechtsquellen und Entwicklung der Kraftfahrzeughaftpflichtv

Alter	Betrag der Jahresrente für	
	Männer	Frauen
65	106,22	87,89
66	110,52	91,34
67	115,08	95,08
68	119,90	99,13
69	125,01	103,52
70	130,41	108,29
71	136,12	113,46
72	142,16	119,08
73	148,57	125,16
74	155,38	131,75
75 und darüber	162,65	138,89

(2) Die Rente wird vom Abschluß der ärztlichen Behandlung, spätestens vom Ablauf des auf den Unfall folgenden Jahres an, bis zum Ende des Vierteljahres entrichtet, in dem der Versicherte stirbt. Sie wird jeweils am Ersten eines Vierteljahres im voraus gezahlt.

(3) Versicherungsnehmer und Versicherer können innerhalb von drei Jahren nach erstmaliger Bemessung der Rente jährlich eine Neubemessung verlangen.

(4) Die (1) genannten Jahresrentenbeträge können mit Zustimmung der Aufsichtsbehörde auch für bestehende Versicherungen geändert werden.

Liste der mitversicherten Fahrzeug- und Zubehörteile
(für die frühere Fassung vgl. Anm. J 23, S. F 41–44)

Präambel

Die Liste der mitversicherten Fahrzeug- und Zubehörteile ist in ihrer jeweiligen Fassung Vertragsinhalt gemäß § 9a Abs. 3 AKB. Sie erläutert die Begriffe „unter Verschluß verwahrte" und „am Fahrzeug befestigte" Fahrzeugteile und umschreibt gleichzeitig den Deckungsumfang der Fahrzeugversicherung bezüglich weiterer, in der Liste als mitversichert ausgewiesener Fahrzeug- und Zubehörteile. Die prämienfrei mitversicherten und die gegen Zuschlag versicherbaren Zubehörteile sind in der Liste erschöpfend aufgezählt; für in der Liste nicht erwähnte Teile bleibt es bei der Grundregel des § 12 Abs. 1 AKB, soweit sie für das versicherte Fahrzeug zugelassen und unter Verschluß verwahrt oder an dem Fahrzeug befestigt sind.

1) Prämienfrei mitversichert sind folgende Teile, soweit sie im Fahrzeug eingebaut oder unter Verschluß gehalten oder mit dem Fahrzeug durch entsprechende Halterungen fest verbunden sind:

Ablage-Vorrichtung
Abschlepp-Vorrichtung
Abschleppseil
Airbag-Gurtstrammer-Rückhaltesystem
Alarmanlage

I. 1. d) Allgemeine Bedingungen für die Kraftfahrtv Anm. A 4

Anhänger-Vorrichtung
Antiblockiersystem (ABS)
Auspuffblenden
Außenspiegel (auch mechanisch oder elektrisch einstellbar)
Außenthermometer
Autoapotheke
Automatisches Getriebe
Batterien
Batterie-Starterkabel
Beinschilder für Mofa, Moped
Bremskraftverstärker
CB-Funk-Gerät (nur Einzelgerät, Kombigeräte siehe unter Radio)
Cockpit-Persenning
Cockpit-Verkleidung für Krafträder
Dachträger für Fahrräder, Ski und Surfbretter
Diebstahlsicherung einschließlich Zentralverriegelung
Drehzahlmesser
Elektrische Betätigung für Schiebedach, Türfenster
Ersatzbirnenset
Fahrtschreiber
Feuerlöscher
Fotoapparat (bis DM 70,–)
Funkanlage in Taxen mit Antenne (fest oder in Halterung eingebaut)
Fußbodenbelag
Gepäckabdeckung (Netz, Rollo oder dergl. zum Insassenschutz)
Gepäckträger
Halogen-Lampen
Hardtop mit/ohne Haftlampen
Heizbare Heckscheibe
Heizung (auch nachträglich zusätzlich eingebaut)
Hydraulische Strömungsbremse oder elektrische Wirbelstrombremse
Jod-Lampen
Katalysatoren und andere schadstoffverringernde Anlagen
Kennzeichen (auch reflektierende)
Kennzeichen-Unterlage
Kindersitz
Klappspaten
Klimaanlage (außer in Omnibussen)
Kopf-/Nacken-Stützen
Kotflügel-Schmutzfänger
Kühlerabdeckschutz
Kühlerjalousie
Lautsprecher (auch mehrere) bis zusammen DM 1000,–
Leichtmetallfelgen
Leichtmetallräder
Leselampe
Liegesitze
Mehrklanghorn (soweit zulässig)
Nebellampen (vorne und hinten)
Niveauregulierung

Anm. A 4   A. Rechtsquellen und Entwicklung der Kraftfahrzeughaftpflichtv

Packtaschen an Zweirädern (verschweißt oder verschraubt oder mit integriertem Sicherheitsschloß am Träger befestigt)
Panoramaspiegel
Parkleuchten
Plane und Gestell für Güterfahrzeuge
1 Radio, 1 Tonbandgerät, 1 Plattenspieler, 1 Cassetten-Recorder oder 1 CB-Funk-Gerät, kombiniert mit Radio (auch Mehrzweckgerät), fest oder in Halterung eingebaut bis zusammen DM 1000,–
Radioantenne
Radzierkappen und -zierringe
Räder mit Winterbereifung (1 Satz)
Reifenwächteranlage
Reservekanister (einer)
Reserveräder (soweit serienmäßig)
Rückfahrscheinwerfer
Rück-Sonnenschutzjalousie
Rücken-Stützen
Scheibenantenne
Scheibenwischer für Heckscheibe
Scheinwerferwasch- und wischanlage
Schiebedach
Schlafkojen in Güterfahrzeugen
Schneeketten
Schonbezüge – auch mit Bändern oder Gurten befestigte Sitzfelle (keine losen Decken und keine Edelpelze)
Schutzhelme für Zweiradfahrer, wenn über Halterung mit Zweirad so verbunden, daß unbefugte Entfernung ohne Beschädigung des Helmes und/oder Fahrzeugs nicht möglich ist
Seitenschürze
Servolenkung
Signalhorn
Sitzheizung
Sitzhöhenverstellung
Skihalterung
Sondergetriebe (z. B. 5-Gang-Getriebe)
Sonnendach
Speicherblenden
Sperrdifferential
Spezialsitze
Spiegel
Spoiler
Sportlenkrad
Stoßdämpfer (verstärkte)
Stoßstangen (zusätzlich)
Sturzbügel für Krafträder
Suchscheinwerfer
Tankdeckel (auch abschließbar)
Taxameter
Taxibügel mit Taxischild
Trennscheibe bei Droschken und Mietwagen
Überrollbügel

I. 1. d) Allgemeine Bedingungen für die Kraftfahrtv   Anm. A 4

Ventilator
Verbundglas
Verkehrsrundfunk-Decoder
Wagenheber (soweit serienmäßig)
Wärmedämmende Verglasung
Warndreieck
Warnfackel
Warnlampe
Werkzeug (soweit serienmäßig)
Windabweiser am Schiebedach
Windschutzscheiben für Krafträder und Beiwagen
Zusatzarmaturen (Öl-Temperatur- und -Druckmesser, Amperemeter, Voltmeter, Verbrauchsmeßgerät)
Zusatztank (soweit serienmäßig)

2) Gegen Zuschlag versicherbare Teile, soweit sie im Fahrzeug eingebaut oder unter Verschluß gehalten oder mit dem Fahrzeug durch entsprechende Halterungen fest verbunden sind:

Wenn der Neuwert der gegen Zuschlag versicherbaren Teile insgesamt DM 1000,— nicht erreicht, wird auf eine Zuschlagsberechnung verzichtet. Wird dieser Wert nicht erreicht, besteht keine Meldepflicht. Überschreitet der Neuwert DM 1000,—, so errechnet sich der Zuschlag aus dem gesamten Neuwert (nicht abzüglich DM 1000,—).

Automatischer Geschwindigkeitsregler (Tempomat)
Bar
Beschläge (Monogramm usw.)
Beschriftung (Reklame)
Bordcomputer (soweit nicht serienmäßig)
Bootsträger (Dach)
Dachkoffer
Diktiergerät (fest oder in Halterung eingebaut)
Doppelpedalanlage
Doppel- und Mehrfachvergaseranlage, soweit zulässig (soweit nicht serienmäßig)
Fernseher mit Antenne (fest oder in Halterung eingebaut)
Funkanlage mit Antenne außer in Taxen (fest oder in Halterung eingebaut)
Gas-Anlage
Gasflaschen für Wohnwagenanhänger und Wohnmobile
Hydraulische Ladebordwand für LKW
Kaffeemaschine (fest oder in Halterung eingebaut)
Klima-Anlage (für Omnibusse)
Kotflügelverbreiterung (soweit zulässig)
Kühlbox (fest eingebaut)
Lautsprecher (auch mehrere), sofern durch 1) nicht gedeckt
Lederpolsterung (soweit nicht serienmäßig)
Mikrofon und Lautsprecheranlage (außer in Omnibussen)
Panzerglas
Postermotive unter Klarlack
1 Radio, 1 Tonbandgerät, 1 Plattenspieler, 1 Cassettenrecorder oder 1 CB-Funk-Gerät kombiniert mit Radio (auch Mehrzweckgerät), fest oder in Halterung eingebaut, sofern durch 1) nicht gedeckt

Anm. A 5   A. Rechtsquellen und Entwicklung der Kraftfahrzeughaftpflichtv

Rundumlicht (Blaulicht etc.)
Schutzhelme mit Lautsprecher bzw. Funkanlage für Zweiradfahrer, wenn über Halterung mit Zweirad so verbunden, daß unbefugte Entfernung ohne Beschädigung des Helmes und/oder Fahrzeugs nicht möglich ist
Spezialaufbau
Spezial-Auspuffanlage
Telefon
Turbolader (soweit nicht serienmäßig)
Vollverkleidung für Krafträder (soweit nicht serienmäßig)
Vorzelt
Wohnwageninventar (fest eingebaut)
Zugelassene Veränderungen am Fahr- und/oder Triebwerk aller Art zur Leistungssteigerung und Verbesserung der Fahreigenschaften
Zusatzinstrumente (soweit nicht serienmäßig), z. B. Copilot, Höhenmesser, Innenthermometer

(3) Nicht kaskoversicherbar (soweit nicht unter 1) und 2) genannt) sind beispielsweise:

Atlas
Autodecke oder Reiseplaid oder Edelpelz
Autokarten
Autokompaß
Campingausrüstung (soweit lose)
Cassetten
Ersatzteile
Fahrerkleidung
Faltgarage, Regenschutzplane
Fotoausrüstung
Funkrufempfänger
Fußsack
Garagentoröffner (Sendeteil)
Heizung (lose)
Kühltasche
Magnetschilder
Maskottchen
Plattenkasten und Platten
Rasierapparat
Staubsauger
Tonbänder

[A 5] e) Geschäftsplanmäßige Erklärungen für die Kraftfahrtversicherung
    VA 1987 S. 169–173, VA 1988 S. 313–318 = BAnZ 1988 S. 3658

I. Allgemeines

1. Für Anträge und Versicherungsscheine werden wir die   D 3
vom HUK-Verband mit der Aufsichtsbehörde abgestimmten Vordrucke verwenden. Sachlich erforderliche

I. 1. e) Geschäftsplanmäßige Erklärungen für die Kraftfahrtv   Anm. A 5

Abweichungen werden wir nur im Einvernehmen mit der Aufsichtsbehörde vornehmen.

Auf der Rückseite der Antragsvordrucke werden wir die vom HUK-Verband bekanntgegebenen Begriffsbestimmungen zu den tariflichen Erkennungsmerkmalen sowie den wesentlichen Inhalt der Tarifbestimmungen über Einordnung in Tarifgruppen und Einstufung in Schadenfreiheits- und Schadenklassen aufnehmen. Auf die Rückseite des Versicherungsscheinvordruckes werden wir die Verhaltensregeln des HUK-Verbandes setzen.

2. *Wir werden bei dem Druck der Allgemeinen Versicherungsbedingungen sowie der Antrags- und Versicherungsscheinvordrucke dafür sorgen, daß sie gut leserlich sind. Die Farbe des Papiers werden wir nicht zu kräftig und nicht zu dunkel wählen.*

3. *Die Bindungsfrist im Antragsvordruck werden wir nicht länger als mit einem Monat angeben.*   C 18

4. *Eine Aufstellung über die Nebengebühren in der Fahrzeug- und Kraftfahrtunfall-Versicherung werden wir dem Bundesaufsichtsamt vorlegen und Änderungen der Gebühren- und Kostensätze stets anzeigen. Im Antragsvordruck werden wir die Nebengebühren so aufführen, daß der Versicherungsnehmer die Richtigkeit der Berechnung nachprüfen kann. Bei Verzicht auf Nebengebühren werden wir dies im Antrag und im Versicherungsschein zum Ausdruck bringen. Der Aufstellung der Nebengebühren bzw. dem Vermerk, daß keine Nebengebühren erhoben werden, werden wir in besonders hervorgehobener Weise anfügen:*

„Weitere Gebühren und Kosten für die Aufnahme des Antrags oder aus anderen Gründen werden nicht erhoben."

5. *Wir verpflichten uns, bei Antragsaufnahme eine Abschrift des Antrages auszuhändigen, sofern keine Blockpolice (z. B. Versicherung für Fahrrad mit Hilfsmotor) ausgestellt wird.*

6. *Wir verpflichten uns, in unseren Annahmerichtlinien für den Außendienst jeden Hinweis zu unterlassen, der als Verstoß gegen den Annahmezwang angesehen werden könnte.*   C 24—25

7. a) *Wir werden unseren Mitarbeitern verbieten, die bei anderen Unternehmen Versicherten früher als ein Jahr vor Ablauf des bestehenden Vertrages zu veranlassen, einen Versicherungsantrag bei unserem Unternehmen zu stellen. Ferner werden wir unsere Mitarbeiter anweisen, sich keine Verpflichtungserklärungen aushändigen zu lassen, durch die sich die Versicherungsnehmer, welche noch länger als ein Jahr bei einem anderen Versicherungsunternehmen versichert sind, verpflichten, nach Vertragsablauf*   A 17

ihre Versicherung ganz oder teilweise auf unsere Gesellschaft zu übertragen. Aus Verpflichtungserklärungen, die uns trotzdem vorgelegt werden, werden wir keine Rechte herleiten.

b) Uns ist bekannt, daß es verboten ist, vorgedruckte oder sonst auf mechanische Weise vervielfältigte Kündigungsschreiben zu verwenden, insbesondere sie Versicherungsinteressenten zur Unterzeichnung vorzulegen, und daß es auch unzulässig ist, Kündigungsschreiben zu den mit einem anderen Versicherungsunternehmen abgeschlossenen Verträgen dem Versicherungsnehmer unaufgefordert zu diktieren oder für ihn zu schreiben.

c) Wir werden dafür sorgen, daß Kündigungsschreiben spätestens innerhalb Monatsfrist nach ihrer Unterzeichnung an das andere Versicherungsunternehmen abgesandt werden, soweit nicht der Versicherungsnehmer das Schreiben selbst abschickt.

8. *Wir verpflichten uns, die für Abfindungserklärungen und Quittungen vorgesehenen Drucksachen dem Amt vorher zur Prüfung vorzulegen.*

In die Vordrucke für die Quittungen über die erhaltene Entschädigung werden wir Abfindungserklärungen nicht aufnehmen. Für diese werden vielmehr besondere Vordrucke verwendet mit der deutlichen Überschrift „Abfindungserklärung".

II. Zu gesetzlichen Vorschriften und AKB-Bestimmungen

1. *Wir werden für den Fall, daß ein Erstbeitrag nicht unverzüglich eingelöst wird, den Versicherungsschutz erst versagen, wenn wir den Versicherungsnehmer schriftlich auf die Folgen einer nicht unverzüglichen Zahlung hingewiesen haben (Beginn des Versicherungsschutzes erst mit Zahlung des Beitrages bzw. rückwirkender Verlust des Versicherungsschutzes bei vorläufiger Deckung).*   D 4, 9, 13, E 28

2. *Wir verpflichten uns, dafür zu sorgen, daß Versicherungsbestätigungen nach § 29 a StVZO erst ausgehändigt werden, wenn bereits Versicherungsschutz gegenüber den versicherten Personen auch in Form der vorläufigen Deckung besteht und daß die Ausfüllung oder Ergänzung dieser Vordrucke nicht durch Personen oder Stellen vorgenommen wird, die hierzu nicht ständig bevollmächtigt sind.*   C 30

Die Werbung für den Abschluß von Versicherungsverträgen vor Zulassungsstellen werden wir nur in einer dem Ansehen der Versicherungswirtschaft nicht abträglichen Weise und in Einklang mit den gesetzlichen Bestimmungen vornehmen lassen.

I. 1. e) Geschäftsplanmäßige Erklärungen für die Kraftfahrtv   **Anm. A 5**

3. *In Fällen von Leistungsfreiheit wegen Verletzung einer vor Eintritt des Versicherungsfalles zu erfüllenden Obliegenheit oder wegen Gefahrerhöhung (§ 23 ff. VVG) werden wir in der K-Haftpflichtversicherung auf die Geltendmachung unserer gesetzlichen Rückgriffsansprüche gegen den Versicherungsnehmer und mitversicherte Personen mit folgender Maßnahme verzichten:*   A 20, F 27–29, G 8, H 27

   Der Verzicht erstreckt sich auf denjenigen Betrag, der DM 5000 bei dem einzelnen Rückgriffsschuldner überschreitet. Er gilt nicht gegebenüber einem Fahrer, der das Fahrzeug durch eine strafbare Handlung erlangt hat.

4. *In den Fällen, in denen ein Versicherungsnehmer die Erst- bzw. Folgeprämie nicht gezahlt hat und der Versicherer deshalb leistungsfrei ist, werden wir in der K-Haftpflichtversicherung auf die Geltendmachung des aus diesem Grunde bestehenden gesetzlichen Rückgriffsanspruchs gegen mitversicherte Personen verzichten, es sei denn, daß die mitversicherte Person von der Nichtzahlung wußte oder grobfahrlässig keine Kenntnis hatte.*   A 17, 22, H 38

   Der Verzicht gilt für alle zur Zeit der Abgabe der Erklärung noch nicht abgewickelten und künftigen Regreßfälle.

   Er gilt nicht, soweit für die mitversicherten Personen anderweitig Versicherungsschutz besteht.

5. *Wir werden der Zulassungsstelle Anzeige nach § 29 c StVZO erst erstatten, wenn das Versicherungsverhältnis beendet ist. Uns ist bekannt, daß es nicht zulässig ist, vor Ablauf des Versicherungsvertrages auf Grund einer Kündigung nach § 39 Abs. 3 VVG, also bereits bei Mahnung oder aufgrund der Unterbrechung des Versicherungsschutzes nach § 39 Abs. 1 und 2 VVG die Anzeige abzusenden.*

6. *Bei Veräußerung eines versicherten Fahrzeuges werden wir von unserem Kündigungsrecht nach § 6 Abs. 2 AKB nur Gebrauch machen, wenn hinsichtlich des Erwerbers begründete erhebliche Bedenken bestehen, wenn die Fortsetzung des Vertrages einem sachlich oder örtlich beschränkten Geschäftsplan entgegensteht oder wenn der Erwerber die Zahlung eines im Tarif vorgesehenen Beitragszuschlages ablehnt.*   A 17, D 50, F 76

7. *Für die Versicherung von Fahrzeugen mit Versicherungskennzeichen erklären wir:*   A 17, F 76

   Wir verzichten auf eine uns nach § 71 VVG zustehende Leistungsfreiheit, wenn die Anzeige über die Veräußerung eines Kraftfahrzeuges, das ein Versicherungskennzeichen führen muß, weder vom Erwerber noch vom Verkäufer erstattet wird.

8. *Wir werden Versicherungsschutz wegen unwahrer oder unvollständiger Angaben nur dann versagen, wenn wir*   A 17, F 110, 111

den Versicherungsnehmer vorher auf den drohenden Anspruchsverlust infolge unwahrer oder unvollständiger Angaben hingewiesen haben, auch wenn sie für die Schadenfeststellung folgenlos geblieben sind. Wir werden zum Geschäftsplan erklären, in welcher der nachstehend angeführten Form wir die Belehrung durchführen werden:
  a) auf dem Vordruck der Schadenmeldung durch hervorgehobenen Druck;
  b) in einem besonderen Schreiben.
9. Bei einem Wildschaden werden wir uns weder bei einer Fahrzeugteil- noch einer Fahrzeugvollversicherung im Falle der Verletzung der Meldepflicht nach § 7 III Satz 2 AKB auf § 6 Abs. 3 VVG berufen, wenn die Verletzung weder auf die Feststellung des Versicherungsfalles noch auf die Feststellung oder den Umfang der Leistung Einfluß hat.
10. Wir werden, falls aufgrund von § 9a Abs. 2 Satz 1 und 2 AKB gekündigt wird, die Verträge pro rata temporis abrechnen.
11. Für die noch nicht endgültig abgewickelten Schadenfälle, die sich vor dem 1. Oktober 1965 ereignet haben, werden wir in Ansehung des Verkehrsopfers die Personenschaden-Mindestversicherungssumme von DM 250 000 entsprechend der Anlage zu § 4 Abs. 2 des Gesetzes über die Pflichtversicherung für Kraftfahrzeughalter in der Fassung des Gesetzes vom 5. April 1965 (BGBl. I S. 213) vom Zeitpunkt der Abgabe dieser Erklärung an zugrunde legen, wenn und soweit dies unter Berücksichtigung seiner wirtschaftlichen Verhältnisse zur Vermeidung einer unbilligen Härte erforderlich erscheint.
Diese Regelung gilt demnach:
  1. soweit der Schadenersatz durch Entrichtung einer Geldrente zu leisten ist, nur für diejenigen Rentenbeträge, die nach Abgabe dieser Erklärung fällig werden;
  2. dann nicht,
     a) wenn vor Abgabe dieser Erklärung dem Ersatzberechtigten durch rechtskräftiges Urteil statt einer Geldrente ein Kapitalbetrag zuerkannt worden ist,
     b) wenn der Ersatzpflichtige und der Ersatzberechtigte sich vor Abgabe dieser Erklärung dahin geeinigt haben, daß als Schadenersatz für die Zukunft ein Kapitalbetrag zu entrichten ist,
     c) wenn und so weit die Ersatzansprüche auf einen anderen übergegangen sind.
12. Wir werden die Rechnungsgrundlagen für die Deckungsrückstellung in Zukunft auf ihre Tragbarkeit

G 31

I. 1. e) Geschäftsplanmäßige Erklärungen für die Kraftfahrtv **Anm. A 5**

überprüfen und etwa notwendig werdende Geschäftsplanänderungen veranlassen.
13. *Wir werden den nach § 10 Abs. 7 AKB für Rentenverpflichtungen zu ermittelnden Rentenbarwert in der Kraftfahrzeug-Haftpflichtversicherung für Versicherungsfälle, die nach dem 1. Januar 1969 eingetreten sind, aufgrund der allgemeinen Sterbetafeln für die Bundesrepublik Deutschland 1949/51 — Männer bzw. Frauen — und eines Zinsfußes von jährlich 3,5% berechnen. Nachträgliche Erhöhungen oder Ermäßigungen der Rente werden wir zum Zeitpunkt des ursprünglichen Rentenbeginns mit dem Barwert einer aufgeschobenen Rente nach der vorher genannten Rechnungsgrundlage berücksichtigen. Bei Berechnung von Waisenrenten werden wir das vollendete 18. Lebensjahr als Endalter festlegen.*

A 17, C 36, G 35

Bei der Berechnung von Geschädigtenrenten werden wir bei unselbständig Tätigen das vollendete 65. Lebensjahr, bei selbständig Tätigen das vollendete 68. Lebensjahr als Endalter festlegen, sofern nicht durch Urteil, Vergleich etc. etwas anderes bestimmt wird oder sich die der Festlegung zugrundegelegten Umstände ändern.

Bei der Prüfung der Frage, ob der Kapitalwert der Rente die Versicherungssumme bzw. die nach Abzug sonstiger Leistungen verbleibende Restversicherungssumme übersteigt und mit welchem Betrage sich der Versicherungsnehmer an laufenden Rentenzahlungen beteiligen muß, werden wir eine um 25 v. H. erhöhte Versicherungssumme zugrunde legen. Die sonstigen Leistungen werden wir bei dieser Berechnung mit ihrem vollen Betrag von der Versicherungssumme absetzen.

14. §§ 12a—12c AKB/Bestellung eines unabhängigen Treuhänders*
VA 1988 S. 313—316

Wir werden den Treuhänder gemäß §§ 12a, 12b und 12c AKB erst dann beauftragen, wenn unsere Aufsichtsbehörde ihr Einverständnis mit der Person des Treuhänders erklärt hat.
Das Auftragsverhältnis wird nach den folgenden Grundsätzen ausgestaltet:

I. Datenmaterial für die Feststellungen gem. §§ 12a—12c AKB

1. Wir werden dem Treuhänder und dem Verband der Haftpflichtversicherer, Unfallversicherer, Autoversicherer und Rechtsschutzversicherer e. V. (HUK-Verband), Glockengießerwall 1, 2000 Hamburg 1, in dem nachstehend beschriebenen Umfang Daten über den Verlauf unseres direkten deutschen Geschäfts in der Fahrzeugversicherung zur Verfügung stellen.

---

* Für weitere geschäftsplanmäßige Erklärungen im Zusammenhang mit dem angestrebten (teilweisen) Wegfall der Neuwertv vgl. VA 1993 S. 155.

Anm. A 5 A. Rechtsquellen und Entwicklung der Kraftfahrzeughaftpflichtv

a) Bis zum 31. März eines jeden Jahres werden wir für das vorangegangene Kalenderjahr dem HUK-Verband einen Datensatz für jedes versicherte Wagnis in der Fahrzeugvoll- und in der Fahrzeugteilversicherung liefern.
b) Jeder Datensatz wird folgende Mindestangaben enthalten:
— Art des Wagnisses
— Amtliches Kennzeichen des versicherten Fahrzeugs
— Fahrzeugstärke
— Hersteller- und Typschlüsselnummer bei Personenkraftwagen
— Dauer der Versicherung
— Selbstbeteiligung für Schäden gem. § 12 Abs. 1 I und 2 AKB, gegliedert nach Verträgen
  — ohne Selbstbeteiligung und
  — mit einer Selbstbeteiligung
— Anzahl der gemeldeten Schäden
— Höhe der Schadenzahlungen
— Höhe der Schadenrückstellungen
— Höhe der Schadenregulierungsaufwendungen
— in der Fahrzeugvollversicherung darüber hinaus
  — Dauer der Schadenfreiheit
  — Tarifgruppe
  — Selbstbeteiligung für Schäden gem. § 12 Abs. 1 II AKB, gegliedert nach Verträgen
    — ohne Selbstbeteiligung
    — mit DM   300,— Selbstbeteiligung
    — mit DM   650,— Selbstbeteiligung
    — mit DM 1000,— Selbstbeteiligung
    — mit DM 2000,— Selbstbeteiligung
    — mit DM 5000,— Selbstbeteiligung

Die Daten werden wir gemäß den Vorgaben des Handbuches zur Erstellung der K-Statistiken des HUK-Verbandes liefern.

2. Wir werden dem Treuhänder und dem HUK-Verband bis zum 31. Mai eines jeden Jahres für das vorangegangene Kalenderjahr die Bruttobeitragseinnahme in der Fahrzeugvoll- und in der Fahrzeugteilversicherung sowie die Verwaltungskosten in der Fahrzeugvoll- und in der Fahrzeugteilversicherung mitteilen. Diese Angaben werden wir der von unserem Abschlußprüfer geprüften versicherungstechnischen Gewinn- und Verlustrechnung gem. § 4 der Verordnung über die Rechnungslegung von Versicherungsunternehmen gegenüber dem Bundesaufsichtsamt für das Versicherungswesen (interne VUReV) entnehmen. Die Bruttobeitragseinnahmen werden wir gem. den Angaben im Formblatt 300 Seite 1, Zeile 01, Spalte 03, die Verwaltungskosten gem. den Angaben im Formblatt 300 Seite 3, Zeile 02, Spalte 04, aufgeben. Dem Treuhänder werden wir das Formblatt 300 zur Einsichtnahme übersenden.

3. Wir werden den HUK-Verband beauftragen, die von uns gelieferten Daten in der vom Treuhänder geforderten Aufbereitung bzw. Zusammenfassung mit den Daten anderer Unternehmen an den Treuhänder weiterzugeben.

4. Wir werden dem Treuhänder das Recht einräumen, diese Daten nach seinem Ermessen in unserem Hause zu prüfen. Hierzu werden wir ihm auf Verlangen alle Bücher, Belege und Schriften vorlegen, die für die Prüfung unseres Zahlenmaterials bedeutsam sind. Wir werden dafür Sorge tragen, daß der HUK-Verband dem Treuhänder die gleiche Prüfungsmöglichkeit einräumt.

I. 1. e) Geschäftsplanmäßige Erklärungen für die Kraftfahrtv   **Anm. A 5**

II. Typklassen für Personenkraftwagen (§ 12 a AKB)

Wir werden den Treuhänder beauftragen,
jährlich durch Auswertung der Daten (Abschnitt A I 1) einer genügend großen Zahl von Versicherungsunternehmen,
die Schadenbedarfe der einzelnen Fahrzeugtypen, die sich als Quotienten aus den gesamten Schadenaufwendungen für die im Kalenderjahr gemeldeten Versicherungsfälle eines Fahrzeugtyps und der Zahl der Jahreseinheiten dieses Fahrzeugtyps ergeben, sowie
den vergleichbaren Schadenbedarf aller Fahrzeugtypen und
die Indexwerte des Schadenbedarfs
festzustellen, Neueinstufungen nach Bedarf vorzunehmen und das Typklassenverzeichnis zu führen.

III. Beitragsangleichung in der Fahrzeugversicherung (§ 12 b AKB)

1. Wir werden den Treuhänder beauftragen,
jährlich durch Auswertung der Daten (Abschnitt A I 1) einer genügend großen Zahl von Versicherungsunternehmen,
für jede Anpassungsgruppe gem. § 12 b Abs. 2 AKB
den durchschnittlichen Zahlungsbedarf, der sich als Quotient aus der Summe der bis zum Jahresende geleisteten Zahlungen (ohne Schadenregulierungsaufwendungen) für die neu gemeldeten Schäden und der Zahl der Jahreseinheiten ergibt, sowie
den vergleichbaren Zahlungsbedarf des Vorjahres
zu ermitteln und
den Veränderungsprozentsatz festzustellen.

2. Wir werden den Treuhänder beauftragen,
jährlich durch Auswertung unserer Daten (Abschnitt A I 1) für jede Anpassungsgruppe gem § 12 b Abs. 2 AKB
den Zahlungsbedarf unseres Unternehmens sowie
den vergleichbaren Zahlungsbedarf des Vorjahres
zu ermitteln und
den Veränderungsprozentsatz festzustellen.

3. Wir werden den Treuhänder beauftragen,
durch Auswertung der Daten (Abschnitt A I 2) einer genügend großen Zahl von Versicherungsunternehmen, die sich am Beitragsangleichungsverfahren beteiligen und entsprechende Daten zur Verfügung gestellt haben,
für die Fahrzeugvoll- und die Fahrzeugteilversicherung
einen durchschnittlichen Verwaltungskostensatz, der sich als Prozentsatz der Verwaltungskosten dieser Unternehmen, bezogen auf die Bruttobeitragseinnahme dieser Unternehmen ergibt,
zu ermitteln.

4. Wir werden den Treuhänder beauftragen,
jährlich durch Auswertung unserer Daten (Abschnitt A I 2) für die Fahrzeugvoll- und die Fahrzeugteilversicherung den Verwaltungskostensatz unseres Unternehmens
zu ermitteln.

5. Wir werden den Treuhänder beauftragen,
jährlich aus dem durchschnittlichen Veränderungsprozentsatz des Zahlungsbedarfs gem. Ziff. 1 und dem durchschnittlichen Verwaltungskostensatz gem.

Anm. A 5 A. Rechtsquellen und Entwicklung der Kraftfahrzeughaftpflichtv

Ziff. 3 den um die durchschnittlichen Verwaltungskosten bereinigten Veränderungsprozentsatz des durchschnittlichen Zahlungsbedarfs festzustellen und dabei folgende Rechenformel anzuwenden:

(bereinigter durchschnittlicher Veränderungsprozentsatz) = (Veränderungsprozentsatz gem. Ziff. 1) $\times \dfrac{(100 - \text{Verwaltungskostensatz gem. Ziff. 3})}{100}$

6. Wir werden den Treuhänder beauftragen,
aus dem Veränderungsprozentsatz unseres Zahlungsbedarfs gem. Ziff. 2 und unserem Verwaltungskostensatz gem. Ziff. 4 den um die Verwaltungskosten bereinigten Veränderungsprozentsatz unseres Zahlungsbedarfs festzustellen und dabei die in Ziff. 5 genannte Rechenformel sinngemäß anzuwenden.

7. a) Wir werden den Treuhänder beauftragen, die gem. § 12 b Abs. 5 AKB vorgetragenen Veränderungssätze des Zahlungsbedarfs mit den nach Ziff. 6 ermittelten Sätzen nach Maßgabe der Vorschrift

verrechneter Veränderungsprozentsatz =

$$\left[\left(\dfrac{100 + \text{vorgetragener Veränderungsprozentsatz}}{100} \right) \times \left(\dfrac{100 + \text{Veränderungsprozentsatz gem. Ziff. III 6}}{100} \right) - 1 \right] \times 100$$

zu verrechnen.

b) Sofern die gemäß § 12 b Abs. 6 AKB ganz oder teilweise nicht ausgenutzten Veränderungssätze verrechnet werden sollen, werden wir den Treuhänder beauftragen, die Verrechnung unter sinngemäßer Anwendung der in Ziff. 7 a genannten Rechenformel vorzunehmen.

8. Wir werden den Treuhänder beauftragen,
auf der Grundlage der verrechneten Veränderungsprozentsätze gemäß Ziffer 7 und unter Beachtung der Vorschriften des § 12 b Abs. 5 AKB die für die Beitragsangleichung anwendbaren Prozentsätze zu ermitteln.

9. a) Sofern die verrechneten Veränderungsprozentsätze gemäß Ziffer 7 von den anwendbaren Prozentsätzen gemäß Ziffer 8 abweichen, werden wir den Treuhänder beauftragen, den Vortrag für das Folgejahr gemäß § 12 b Abs. 5 AKB nach der Vorschrift

vorgetragener Veränderungsprozentsatz =

$$\left[\dfrac{100 + \text{verrechn. Veränderungsprozentsatz gem. Ziff. 7}}{100 + \text{anwendbarer Prozentsatz gem. Ziff. 8}} - 1 \right] \times 100$$

zu errechnen.

b) Sofern gemäß § 12 b Abs. 6 AKB ganz oder teilweise nicht ausgenutzte Veränderungssätze vorgetragen werden sollen, werden wir dem Treuhänder und dem HUK-Verband bis zum 31. Mai eines jeden Jahres mitteilen, ob und in welchem Umfang wir im Vorjahr von einer Erhöhungsmöglichkeit Gebrauch gemacht haben. Gegebenenfalls werden wir hierzu für jede Anpassungsgruppe gem. § 12 b Abs. 2 AKB den von uns verwendeten Anpassungssatz mitteilen und den Treuhänder beauftragen, die vorgetragenen Veränderungssätze aus den anwendbaren Prozentsätzen gemäß Ziffer 8 und den ausgenutzten Veränderungssätzen unter sinngemäßer Anwendung der in Ziffer 9 a genannten Rechenformel zu errechnen.

10. Sollte der Treuhänder die erforderlichen Feststellungen ganz oder teilweise nicht treffen können, weil die Daten (Abschnitt A I) nicht oder unvollständig geliefert wurden, erklären wir uns damit einverstanden, daß der Treuhänder unsere Aufsichtsbehörde durch Übersendung der erforderlichen Unterlagen informiert. Die Lieferung oder Ergänzung der Daten werden wir unverzüglich nachholen. Den Treuhänder werden wir beauftragen, das erst nach Ermittlung der Veränderungssätze gelieferte Datenmaterial nach seinem Ermessen im Rahmen der nächsten Feststellung zu berücksichtigen.

11. Sollten sich die von uns gelieferten Daten nachträglich als fehlerhaft oder unvollständig erweisen, werden wir den Treuhänder beauftragen, nach seinem Ermessen eine Korrektur im Rahmen der nächsten Feststellung vorzunehmen.

12. Bei Meinungsverschiedenheiten zwischen dem Treuhänder und unserem Unternehmen über die Verwendbarkeit und/oder die Auswertung unserer Daten werden wir die beim HUK-Verband gebildete Schlichtungsstelle, der
   — ein unabhängiger Sachverständiger
   — der Vorsitzende des K-Fachausschusses des HUK-Verbandes bzw. sein Vertreter und
   — der Vorsitzende der K-Statistik-Kommission des HUK-Verbandes bzw. sein Vertreter
   angehören, anrufen und uns einem Schlichtungsspruch unterwerfen.

IV. Regionaleinteilung für Personenkraftwagen (§ 12 c AKB)

1. Wir werden den Treuhänder beauftragen,
   jährlich durch Auswertung der für die letzten fünf Kalenderjahre zusammengefaßten Daten (Abschnitt A I 1) einer genügend großen Zahl von Versicherungsunternehmen,
   für die Fahrzeugvollversicherung, getrennt nach den Tarifgruppen R und B und für die Fahrzeugteilversicherung
   die Schadenbedarfe der einzelnen Zulassungsbezirke, die sich als Quotienten aus den gesamten Schadenaufwendungen für die gemeldeten Versicherungsfälle der im Zulassungsbezirk zugelassenen Personenkraftwagen und der Zahl der PKW-Jahreseinheiten des Zulassungsbezirks ergeben, sowie
   den vergleichbaren Schadenbedarf aller Zulassungsbezirke und die Indexwerte des Schadenbedarfs
   festzustellen.

2. Wir werden den Treuhänder beauftragen,
   jährlich durch Zusammenfassung der gemäß Ziff. 1 festgestellten Indexwerte die Indexwerte des Schadenbedarfs für die in unserem Tarif verwendeten Regionen festzustellen.
   Die Regionen werden wir auf der Grundlage der Zulassungsbezirke bilden und dem Treuhänder die Zusammensetzung mitteilen.

V. Behandlung von besonderen Schadenereignissen

Wir werden den Treuhänder beauftragen, bei besonderen Schadenereignissen, die zu erheblichen zufallsbedingten Verzerrungen der marktbezogenen Treuhänderfeststellungen führen, in Abstimmung mit dem BAV sachgerechte Modifizierungen der Auswertungen vorzunehmen.

Anm. A 5 A. Rechtsquellen und Entwicklung der Kraftfahrzeughaftpflichtv

VI. Berichterstattung des Treuhänders

Wir werden den Treuhänder beauftragen,
jährlich einen Prüfbericht zu erstellen und unserer Aufsichtsbehörde sowie dem HUK-Verband eine Kopie zu übersenden.

VII. Bevollmächtigung des HUK-Verbandes

Wir werden uns bei der Erfüllung der uns aufgrund des mit dem Treuhänder bestehenden Vertragsverhältnisses obliegenden Verpflichtungen der Hilfe des HUK-Verbandes bedienen und den HUK-Verband bevollmächtigen
— die Aufbereitung, Zusammenfassung und Weiterleitung unserer Daten vorzunehmen,
— die hierfür erforderlichen mathematisch-statistischen Verfahren mit dem Treuhänder abzustimmen und festzulegen sowie
— Kopien der Prüfberichte, Rechnungen etc. entgegenzunehmen.

15. Wir werden bei allen Versicherungsverträgen in der Kraftfahrtunfallversicherung die „Besondere Bedingung für die Gewährung von Krankenhaustagegeld bei Anlegen von Sicherheitsgurten in der Kraftfahrtunfallversicherung" vereinbaren.

III. Zum Tarif

1. Wir verpflichten uns, bei einem Hinweis auf die gewinnabhängige Beitragsrückvergütung jeden Eindruck zu vermeiden, daß mit gleichen oder ähnlichen Ergebnissen für die Zukunft gerechnet werden kann.
2. Wir werden für die nach § 19 Abs. 1 Satz 2 der Verordnung über die Tarife in der Kraftfahrzeug-Haftpflichtversicherung geforderten Nachweise die vom HUK-Verband mit der Aufsichtsbehörde abgestimmten Vordrucke verwenden.
3. Wir werden den Nachweis der Voraussetzungen nach TB Nr. 9a oder Nr. 9b vom Versicherungsnehmer bei jedem Fahrzeugwechsel erneut verlangen. Findet ein Fahrzeugwechsel nicht binnen vier Jahren nach Abschluß des Versicherungsvertrages statt, so werden wir den Nachweis unabhängig davon verlangen.
4. Bei Anwendung der Tarifbestimmung Nr. 12 Abs. 2 werden wir bei Risiken ohne Schadenfreiheitsrabatt den geltenden Tarifbeitrag (ohne Versicherungsteuer), bei Risiken mit Schadenfreiheitsrabatt den kalkulierten Versicherungsbeitrag zugrunde legen. Kalkulierter Versicherungsbeitrag ist der Beitrag gemäß Spalte 15a des Berechnungsbogens, gegebenenfalls multipliziert mit dem v. H.-Satz der kalkulatorischen Veränderung zur Angleichung an die letzte Schadenentwicklungsprognose sowie mit weiteren v. H.-Sätzen aus linearen Tarifveränderungen. Bei Kraftfahrzeug-Haftpflichtversicherungen für Personenkraftwagen gilt als Mittelwert in den Tarifgruppen R der Wert der Regionalklasse RL III und in den Tarifgruppen B der Wert der Regionalklasse BL II. Diesen Beitrag werden wir bei der Beitragsvereinbarung mit dem Versicherungsnehmer nicht unterschreiten und höchstens um 150 v. H. überschreiten.
5. Nach Tarifbestimmung Nr. 26 (4) kann der Versicherungsnehmer dann, wenn das ausgeschiedene Fahrzeug nicht ersetzt wird, beanspruchen, daß ein anderer auf seinen Namen lautender Versicherungsvertrag über ein Fahrzeug derselben oder der niedrigeren Fahrzeuggruppe nach Tarifbestimmung Nr. 26 (1) nach der Dauer der Schadenfreiheit und der Anzahl der Schäden des beendeten Vertrages eingestuft wird, wenn er glaubhaft macht, daß die Anrechnung des Schadenverlaufs des beendeten Vertrages auf den fortbestehenden Versicherungsvertrag gerechtfertigt ist.

I. 1. f) Allgemeine Bedingungen für die Grenzv Anm. A 6

Wir werden als Versicherer des ausgeschiedenen Fahrzeugs auf Verlangen eine Bescheinigung über den Verlauf des beendeten Vertrages erteilen und Maßnahmen treffen, daß die Bescheinigung nur einmal erteilt wird.

6. Nach Tarifbestimmung Nr. 26 (5) kann der Versicherungsnehmer dann, wenn er ohne Veräußerung oder Wegfall des Wagnisses (§§ 6, 6a AKB) ein weiteres Fahrzeug derselben oder der niedrigeren Fahrzeuggruppe nach Tarifbestimmung Nr. 26 (1) versichert, beanspruchen, daß der auf dieses Fahrzeug lautende Versicherungsvertrag nach der Dauer der Schadenfreiheit und der Anzahl der Schäden des Vertrages des zuerst versicherten Fahrzeuges eingestuft wird, wenn er glaubhaft macht, daß die Anrechnung des Schadenverlaufs des zuerst versicherten Fahrzeuges auf den des weiteren Fahrzeuges gerechtfertigt ist.

Wir werden als Versicherer des zuerst versicherten Fahrzeuges auf Verlangen eine Bescheinigung über den Verlauf des Vertrages des zuerst versicherten Fahrzeugs ausstellen und Maßnahmen treffen, daß die Bescheinigung nur einmal erteilt wird.

7. Wir werden dafür sorgen, daß für Anträge auf Übertragung des Schadenfreiheitsrabattes auf Ersatzfahrzeuge nach Tarifbestimmung Nr. 26 (4) und (5) sowie Anträge auf Übertragung oder Anrechnung des Schadenverlaufs aus Verträgen Dritter nach Tarifbestimmung Nr. 28 nur Formulare verwendet werden, die dem Verbandsmuster entsprechen. Die Überprüfung der Voraussetzungen für die Einstufung der Risiken nach Tarifbestimmung Nr. 28 werden wir nur durch besondere Beauftragte des Vorstandes unter dessen Verantwortung durchführen und dem Bundesaufsichtsamt jeweils am Ende des Kalenderjahres die Anzahl der entschiedenen Fälle — aufgeteilt nach den verschiedenen Tatbeständen — zur Verfügung stellen. Treten bei der Behandlung eines Einzelfalles besondere Schwierigkeiten auf, werden wir uns vor der Entscheidung des Falles mit dem Bundesaufsichtsamt in Verbindung setzen.

8. Nach Tarifbestimmung Nr. 28 kann der Versicherungsnehmer die Schadenfreiheit aus dem Vertrag eines Dritten übertragen oder angerechnet erhalten.

Wir werden als Versicherer des Fahrzeuges des Dritten auf Verlangen eine Bescheinigung über den Verlauf des Vertrages des Dritten erteilen, Maßnahmen treffen, daß die Bescheinigung nur einmal erteilt wird, und in den Fällen des Abs. 1 den Vertrag des Dritten wie einen erstmalig abgeschlossenen behandeln.

[A 6] f) Allgemeine Bedingungen für die Grenzversicherung B 83

VA 1987 S. 173

Nr. 1 Umfang des Versicherungsschutzes

Die Versicherung erstreckt sich auf die Haftpflichtgefahren im Rahmen der z. Zt. des Versicherungsabschlusses gültigen deutschen Allgemeinen Bedingungen für die Kraftfahrversicherung (Teil A und B der AKB). Im übrigen regeln sich die gegenseitigen Rechte und Pflichten nach dem Gesetz über die Haftpflichtversicherung für ausländische Kraftfahrzeuge und Kraftfahrzeuganhänger vom 24. Juli 1956 in der Fassung des Gesetzes vom 18. März 1975 und nach den sonstigen deutschen gesetzlichen Vorschriften.

In Abänderung von § 2 Abs. 1 AKB gilt die Versicherung für die Mitgliedstaaten der Europäischen Gemeinschaften sowie ab 1. Januar 1987 für Österreich und die Schweiz (die Mitgliedstaaten der Europäischen Gemeinschaften sind ebenso wie Österreich und die Schweiz auf der beiliegenden grünen Karte bezeichnet, ebenso Namen und Adressen der dort zuständigen Büros).

Anm. A 7 A. Rechtsquellen und Entwicklung der Kraftfahrzeughaftpflichtv

§ 10 Abs. 8 AKB wird dahin geändert, daß anstelle der Internationalen Versicherungskarte der Grenzversicherungsschein tritt. Versicherungsschutz wird gewährt im Rahmen der im Bereich der Europäischen Gemeinschaften, Österreichs und der Schweiz geltenden Gesetze und Versicherungsbedingungen.

Nr. 2 Versicherungsdauer

Die Versicherung beginnt mit der Uhrzeit des Tages der Ausstellung und endet um 24.00 Uhr mit dem Tage des Ablaufes des Grenzversicherungsscheins.

Nr. 3 Gemeinschaft der Grenzversicherer

Die Versicherung wird vom

> Verband der Haftpflichtversicherer, Unfallversicherer, Autoversicherer und Rechtschutzversicherer e. V.
> Telefon: 32 10 71, Telex: 2161 642
> Glockengießerwall 1, 2000 Hamburg 1

für die Gemeinschaft der Grenzversicherer ausgegeben, der diejenigen Mitglieder des HUK-Verbandes angehören, die in der Bundesrepublik Deutschland einschl. West-Berlin die Kraftfahrzeug-Haftpflichtversicherung als Erst-Versicherer betreiben.

Die Anteile der Gesellschafter am Gewinn und Verlust der Grenzversicherergemeinschaft bemessen sich mit Wirkung vom 1. Januar 1982 nach ihren Anteilen an der direkten Beitragseinnahme des vorletzten Kalenderjahres in der Kraftfahrzeug-Haftpflichtversicherung.

[A 7] g) Sonderbedingungen zur Haftpflicht- und Fahrzeugversicherung für Kraftfahrzeug-Handel und -Handwerk

VA 1981 S. 235–237 (für die früheren Fassungen vgl. VA 1970 S. 322–324 und VA 1972 S. 164)

I. Gegenstand der Versicherung

Die Versicherung bezieht sich bei einheitlicher Art und einheitlichem Umfang, vorbehaltlich der Ausschlüsse in den Abschnitten III und IV, auf alle

1. Fahrzeuge, wenn und solange sie mit einem dem Versicherungsnehmer von der Zulassungsstelle zugeteilten amtlich abgestempelten roten Kennzeichen oder mit einem roten Versicherungskennzeichen nach § 29 g StVZO versehen sind;   F 19, 56, G 45
2. eigenen Fahrzeuge des Versicherungsnehmers, die nach § 18 StVZO der Zulassungspflicht unterliegen, aber nicht zugelassen sind, bzw. nach § 29 e StVZO ein gültiges Versicherungskennzeichen führen müssen, aber nicht führen, sowie auf Leichtkrafträder, die nach § 18 Abs. 4 StVZO ein amtliches Kennzeichen führen müssen, aber nicht führen. Als eigene gelten auch Fahrzeuge im Sinne von Satz 1, die einem anderen zur Sicherung übereignet, aber im Besitz des Versicherungsnehmers belassen sind. Fahrzeuge, die der Versicherungsnehmer unter Eigentumsvorbehalt

I. 1. g) Sonderbedingungen zur Haftpflicht- und Fahrzeugv

verkauft und übergeben hat, gelten vom Zeitpunkt der Übergabe an nicht mehr als eigene Fahrzeuge;

3. eigenen Fahrzeuge, die noch auf einen anderen zugelassen sind, die der Versicherungsnehmer aber in unmittelbarem Besitz hat, bis zum Zeitpunkt der Umschreibung, Abmeldung oder Vornahme eines Händlereintrages, höchstens für die Dauer von 7 Tagen, seit das Fahrzeug in den unmittelbaren Besitz des Versicherungsnehmers gelangt ist. Gleiches gilt für eigene Fahrzeuge, die auf einen Käufer bereits zugelassen sind, bis zum Zeitpunkt der Übergabe, höchstens jedoch für die Dauer von 7 Tagen nach Zulassung auf den Käufer;

4. fremden Fahrzeuge, wenn und solange sie sich zu irgendeinem Zweck, der sich aus dem Wesen eines Kraftfahrzeughandels- oder eines -werkstattbetriebes ergibt, in der Obhut des Versicherungsnehmers oder einer von ihm beauftragten oder bei ihm angestellten Person befinden.

II. Art und Umfang des Versicherungsschutzes

1. Die Versicherung ist je nach dem Inhalt des Vertrages im Rahmen der Allgemeinen Bedingungen für die Kraftfahrtversicherung (AKB) und dieser Sonderbedingung

   a) eine Haftpflichtversicherung,

   b) eine Fahrzeugversicherung einschließlich Haftpflichtversicherungsschutz für Folgeschäden.

   Der Vertrag kann auf eine Haftpflichtversicherung für Risiken nach Abschnitt I Ziff. 1 beschränkt werden.

   Ist eine Fahrzeugversicherung abgeschlossen und ein darunter fallender Schaden gegeben, so besteht bei fremden Fahrzeugen zusätzlich Haftpflichtversicherungsschutz für den VN und seine Betriebsangehörigen für Ansprüche wegen der Kosten eines Ersatz- bzw. Mietfahrzeuges, wegen Nutzungs- oder Verdienstausfalles sowie weiterer Sach- und Sachfolgeschäden (Hotelübernachtung u. a.). Das gilt auch dann, wenn für den Schaden am Fahrzeug selbst wegen grober Fahrlässigkeit gemäß § 61 VVG kein Versicherungsschutz besteht.

2. Als Versicherungsperiode gilt der Zeitraum eines Jahres, auch wenn Vierteljahresbeiträge vereinbart sind.

3. In der Haftpflichtversicherung kann der Dritte, soweit es sich aus den Vorschriften über die Pflichtversicherung nicht ohnehin ergibt, seinen Anspruch auf Ersatz des Schadens auch gegen den Versicherer geltend machen. § 3 des Pflichtversicherungsgesetzes ist mit der Maßgabe sinngemäß anzuwenden, daß der

G 75

Versicherer nur in Anspruch genommen werden kann, wenn der Dritte ein Schadenereignis, aus dem er einen Anspruch gegen den Versicherer herleiten will, diesem innerhalb zweier Wochen nach Eintritt des Schadenereignisses schriftlich anzeigt, wenn er ein unter den Voraussetzungen des § 3 Nr. 8 des Pflichtversicherungsgesetzes ergehendes Urteil gegen sich gelten läßt und wenn er die Verpflichtungen nach § 158 d Abs. 3 des Versicherungsvertragsgesetzes erfüllt. Weitere Voraussetzung ist, daß der Dritte seine Ersatzansprüche in Höhe der zu leistenden Entschädigung an den Versicherer abtritt.
4. In Abänderung von § 11 Ziff. 2 AKB bezieht sich die Haftpflichtversicherung für fremde Fahrzeuge nach Abschnitt I Ziff. 4 auch auf Ansprüche des Eigentümers oder Halters gegen den jeweiligen Fahrer.
5. In der Fahrzeugversicherung für Fahrzeuge, die nach Abschnitt I Ziff. 2 bis 4 versichert sind, beschränkt sich die Leistung für das einzelne Schadenereignis auf den Betrag von DM 500 000.

Diese Beschränkung kann durch besondere Vereinbarung geändert oder ausgeschlossen werden. Übersteigt die nach § 13 AKB zu berechnende Entschädigungsleistung den Betrag von DM 500 000 oder den vereinbarten höheren Betrag, so besteht für weitere DM 250 000 Vorsorgeversicherung, wenn die bei dem Schadenereignis beschädigten oder zerstörten Fahrzeuge nach dem letzten vor dem Schadenereignis liegenden Stichtag in das Eigentum, den unmittelbaren Besitz oder die Obhut des Versicherungsnehmers gelangt sind.

Wurde der Versicherer im Rahmen der Vorsorgeversicherung in Anspruch genommen und kommt zwischen Versicherer und Versicherungsnehmer innerhalb eines Monats nach Aufforderung durch den Versicherer keine Vereinbarung über eine Neufestsetzung der Leistungsgrenze zustande, so fällt die Vorsorgeversicherung nach Ablauf dieser Frist fort.

III. Ausschlüsse

In der Fahrzeugversicherung sind vom Versicherungsschutz ausgeschlossen
1. eigene und fremde Fahrzeuge, die nach § 18 StVZO der Zulassungspflicht unterliegen, aber nicht zugelassen sind, bzw. nach § 29 e StVZO ein gültiges Versicherungskennzeichen führen müssen, aber nicht führen, sowie Leichtkrafträder, die nach § 18 Abs. 4 StVZO ein amtliches Kennzeichen führen müssen, aber nicht führen während ihrer Verwendung auf öffentlichen Wegen oder Plätzen, ohne daß sie mit einem dem Versicherungsnehmer von der Zulassungsstelle zugeteilten amtlich abgestempelten roten Kennzeichen oder mit einem roten Versicherungskennzeichen nach § 29 g StVZO versehen sind. Dieser Risikoausschluß gilt nicht gegenüber dem Versicherungsnehmer, dem Halter oder dem Eigentümer, wenn ein unberechtigter Fahrer das Fahrzeug gebraucht;

I. 1. g) Sonderbedingungen zur Haftpflicht- und Fahrzeugv   Anm. A 7

2. Schäden an fremden Fahrzeugen, welche bei dem Versicherungsnehmer garagenmäßig untergestellt sind oder untergestellt werden sollen, sofern die Schäden ausschließlich im Zusammenhang mit der Unterstellung eintreten;
3. Schäden an Fahrzeugen, mit denen der Versicherungsnehmer z. Z. des Schadeneintritts gegen Entgelt Personen oder Güter auf Fahrten befördert, die nicht dem Abschleppen von Fahrzeugen dienten, und Schäden an Güterfahrzeugen, auf deren Ladefläche z. Z. des Schadeneintritts mehr als 8 Personen befördert wurden, die in keiner Beziehung zum Gewerbebetrieb des Versicherungsnehmers standen;
4. Schäden an Fahrzeugen, wenn und solange der Versicherungsnehmer die Fahrzeuge mit oder ohne Stellung eines Fahrers in Ausübung eines Vermietgewerbes vermietet.
Die Ausschlüsse unter Ziff. 2 bis 4 gelten auch dann, wenn die Fahrzeuge mit einem dem Versicherungsnehmer von der Zulassungsstelle zugeteilten amtlich abgestempelten roten Kennzeichen oder mit einem roten Versicherungskennzeichen nach § 29 g StVZO versehen sind bzw. waren.

IV. Ausschlüsse auf Antrag

Vom Versicherungsschutz können, soweit sich der Vertrag nicht auf eine Haftpflichtversicherung von Risiken nach Abschnitt I Ziff. 1 bezieht, durch besondere Vereinbarung ausgeschlossen werden:
1. in der Haftpflicht- und Fahrzeugversicherung
   a) alle einkaufsfinanzierten Fahrzeuge, solange sie im Eigentum des Herstellers stehen und von diesem nachweislich versichert sind;
   b) alle zugelassenen fremden Fahrzeuge in Werkstattobhut;
2. in der Fahrzeugversicherung
   a) alle eigenen Fahrzeuge (Abschnitt I Ziff. 2) des Versicherungsnehmers;
   b) Fahrzeuge, die auf der Ladefläche von Güterfahrzeugen oder auf Eisenbahnwagen überführt werden.
Die Ausschlüsse unter Ziff. 1 b) und 2 gelten auch dann, wenn die Fahrzeuge mit einem dem Versicherungsnehmer von der Zulassungsstelle zugeteilten amtlich abgestempelten roten Kennzeichen oder mit einem roten Versicherungskennzeichen nach § 29 g StVZO versehen sind bzw. waren.

V. Obliegenheiten vor Eintritt des Versicherungsfalls

Der Versicherer ist in der Haftpflichtversicherung von der Verpflichtung zur Leistung frei:
1. Wenn der Versicherungsnehmer gegen Entgelt Personen oder Güter auf Fahrten befördert, die nicht dem Abschleppen von Fahrzeugen dienen, oder auf der Ladefläche von Güterfahrzeugen mehr als 8 Personen befördert, die in keiner Beziehung zum Gewerbebetrieb des Versicherungsnehmers stehen;
2. wenn und solange der Versicherungsnehmer ein Fahrzeug mit oder ohne Stellung eines Fahrers in Ausübung eines Vermietgewerbes vermietet;
3. wenn und solange der Versicherungsnehmer ein fremdes Fahrzeug, welches bei ihm garagenmäßig untergestellt ist oder untergestellt werden soll, mit einem ihm von der Zulassungsstelle zugeteilten amtlich abgestempelten roten Kennzeichen oder mit einem roten Versicherungskennzeichen nach § 29 g StVZO versehen hat. Abschnitt I Ziff. 4 bleibt unberührt.
4. wenn eigene und fremde Fahrzeuge, die nach § 18 StVZO der Zulassungspflicht unterliegen, aber nicht zugelassen sind, bzw. nach § 29 e StVZO ein gültiges Versicherungskennzeichen führen müssen, aber nicht führen, sowie Leichtkrafträ-

der, die nach § 18 Abs. 4 StVZO ein amtliches Kennzeichen führen müssen, aber nicht führen, auf öffentlichen Wegen oder Plätzen verwendet werden, ohne daß sie mit einem dem Versicherungsnehmer von der Zulassungsstelle zugeteilten amtlich abgestempelten roten Kennzeichen oder mit einem roten Versicherungskennzeichen nach § 29 g StVZO versehen sind.

Die Verpflichtung zur Leistung bleibt jedoch gegenüber dem Versicherungsnehmer, dem Halter oder Eigentümer bestehen, wenn ein unberechtigter Fahrer das Fahrzeug gebraucht.

Die Leistungsfreiheit nach Abs. 1 Ziff. 1 und 2. gilt auch dann, wenn die Fahrzeuge mit einem dem Versicherungsnehmer von der Zulassungsstelle zugeteilten amtlich abgestempelten roten Kennzeichen oder mit einem roten Versicherungskennzeichen nach § 29 g StVZO versehen sind bzw. waren.

VI. Meldeverfahren

1. Der Versicherungsnehmer hat dem Versicherer zur Beitragsberechnung die erforderlichen Angaben in einem Meldebogen zu machen, der bei Beginn der Versicherung und zu den vereinbarten Stichtagen dem Versicherer unverzüglich einzureichen ist. Der Versicherer ist berechtigt, bei der Ausfüllung des Meldebogens durch einen Beauftragten mitzuwirken.
2. Füllt der Versicherungsnehmer den Meldebogen nicht ordnungsgemäß aus oder unterläßt er es, trotz vorheriger Erinnerung den Meldebogen dem Versicherer fristgerecht vorzulegen, so beträgt der Beitrag das Eineinhalbfache des zuletzt gezahlten Beitrages. Werden die Angaben nachträglich, aber innerhalb zweier Monate nach Empfang der Zahlungsaufforderung gemacht, so ist der Beitrag nach dem Meldebogen abzurechnen.
3. Unrichtige Angaben zum Nachteil des Versicherers berechtigen diesen,
   a) in der Haftpflichtversicherung eine Vertragsstrafe bis zur dreifachen Höhe des festgestellten Beitragsunterschiedes vom Versicherungsnehmer zu erheben;
   b) in der Fahrzeugversicherung nur den Teil der Leistung zu erbringen, der dem Verhältnis zwischen dem gezahlten Beitrag und dem Beitrag, der bei richtigen Angaben im Meldebogen hätte gezahlt werden müssen, entspricht. In der Fahrzeugversicherung besteht für Schäden, die ein nicht angezeigtes Fahrzeug oder ein Fahrzeug mit nicht angezeigtem, dem Versicherungsnehmer von der Zulassungsstelle zugeteiltem, amtlich abgestempeltem roten Kennzeichen oder mit einem roten Versicherungskennzeichen nach § 29 g StVZO betreffen, kein Versicherungsschutz.
4. Die Rechtsfolgen nach Ziff. 3 treten nicht ein, wenn Angaben oder Anzeigen ohne Verschulden des Versicherungsnehmers unrichtig gemacht worden oder unterblieben sind.

[A 8] h) Hinweise auf weitere Sonderbedingungen

aa) Sonderbedingung 1 für Berufskraftfahrer

VA 1981 S. 238

Die Versicherung bezieht sich im Rahmen der AKB in der jeweils geltenden Fassung mit Ausnahme des § 9 a AKB auf die gesetzliche Haftpflicht des im Vertrag bezeichneten Versicherten aus dem Gebrauch fremder versicherungspflichtiger Kraftfahrzeuge, soweit nicht aus einer für das Fahrzeug abgeschlossenen Haftpflichtversicherung Deckung besteht.

I. 1. j) VO über die Tarife in der Kraftfahrzeughaftpflichtv Anm. A 9

Haftpflichtansprüche wegen Beschädigung, Zerstörung oder Abhandenkommens des genutzten Fahrzeugs oder der mit diesem Fahrzeug beförderten Sachen sind ausgeschlossen.

Der Versicherungsschutz bezieht sich nicht auf die Haftpflicht als Halter des genutzten Fahrzeugs.

bb) Sonderbedingung 2 für den gelegentlichen Fahrer fremder versicherungspflichtiger Fahrzeuge

VA 1981 S. 238

Die Versicherung bezieht sich im Rahmen der AKB in der jeweils geltenden Fassung mit Ausnahme des § 9 a AKB auf die gesetzliche Haftpflicht des im Vertrag bezeichneten Versicherten aus dem gelegentlichen Gebrauch fremder versicherungspflichtiger Kraftfahrzeuge, soweit nicht aus einer für das Fahrzeug abgeschlossenen Haftpflichtversicherung Deckung besteht.

Haftpflichansprüche wegen Beschädigung, Zerstörung oder Abhandenkommens des genutzten Fahrzeugs sind abweichend von § 11 Ziff. 3 Satz 1 AKB eingeschlossenen. Ausgeschlossen sind Haftpflichtansprüche wegen Beschädigung, Zerstörung oder Abhandenkommens der mit dem genutzten Fahrzeug beförderten Sachen.

Der Versicherungsschutz bezieht sich nicht auf die Haftpflicht als Halter des genutzen Fahrzeugs oder als Berufskraftfahrer (Kraftfahrer oder Beifahrer, die als solche angestellt sind).

cc) Bedingung zu § 2 II a AKB F 8, 22

VA 1990 S. 176—177

Vgl. den Abdruck in Anm. F 8.

dd) Sonderbedingung für Bagatellschäden F 87, 140

VA 1990 S. 177 (vorher VA 1979 S. 176)

Vgl. den Abdruck in Anm. F 87.

ee) Besondere Bedingungen zur Fahrzeug- und zur Kraftfahrtunfallversicherung

Vgl. dazu VA 1990 S. 177 und zum Schadenfreiheitsrabattsystem in der Fahrzeugvollv VA 1990 S. 25—29.

[A 9] j) Verordnung über die Tarife in der Kraftfahrzeug-Haftpflichtversicherung vom 5. Dezember 1984 B 94, E 3, F 14

BGBl. I 1984 S. 1437—1477 = VA 1985 S. 6—40 mit den Änderungen durch die Verordnungen vom 14.VI.1988 BGBl. I S. 833—836 = VA 1988 S. 328—330, vom 3.XI.1989 BGBl. I S. 1946 = VA 1989 S. 49—50, 16.VII.1990 BGBl. I S. 1476 = VA 1990 S. 440—447, 16.VII.1991 BGBl. I S. 1535, 1574 = VA 1991 S. 388.

Von dem ursprünglich geplanten Abdruck dieser Verordnung ist mit Rücksicht darauf Abstand genommen worden, daß zum 1.VII.1994 Tariffreiheit eintritt (vgl. Anm. A 22). Das fiel um so leichter, als der juristische

Anm. A 13　　A. Rechtsquellen und Entwicklung der Kraftfahrzeughaftpflichtv

Gehalt dieser Reglementierungsbestimmungen aus zivilrechtlicher Sicht durchweg keine Besonderheiten aufweist.

[A 10] k) Muster-Tarifbestimmungen in der Kraftfahrzeug-Haftpflichtversicherung

Vgl. dazu für das Tarifgebiet West VA 1991 S. 3–14 und VA 1992 S. 10–12 und für das Tarifgebiet Ost VA 1990 S. 351–355.
Von dem Abdruck dieser Reglementierungsbestimmungen wurde aus den in Anm. A 9 dargestellten Gründen Abstand genommen. Ergänzend darf insoweit auch auf den Abdruck in dem Loseblatt-Kommentar dazu von Conradt-Golz-Hoenen verwiesen werden.

A 21, D 6, 21, 22, E 6, 7, 9–19, 22, 24, 27, F 3, 7, 14, 87, G 98

[A 11] 2. Zur Rechtsnatur der AKB und der geschäftsplanmäßigen Erklärungen

Schrifttum:

Vgl. dazu die Nachweise in Anm. B 1, 148 und J 4, ferner Bruck-Möller Bd I Einl. Anm. 20 und 24, Deppe-Hilgenberg, Direktanspruch, Regreß, Regreßbeschränkungen und Reflex im Rahmen der Kfz-Haftpflichtv, Diss. Bochum, Karlsruhe 1992, (zit. Deppe-Hilgenberg Direktanspruch), Johannsen, Rechtsfragen zur Kraftfahrzeug-Haftpflichtv, Frankfurter Vorträge, Heft 11, 1984, (zit. Johannsen Rechtsfragen).

[A 12] a) Einordnung der AKB

　　aa) Vorbemerkung

Der die Kraftfahrzeughaftpflichtv betreffende Teil der AKB gehört zu den wesentlichen Grundlagen des einzelnen Pflichtvsvertrages. Anfänglich wurde zwischen den AKHB und den AKB unterschieden. Die ersteren waren die Bedingungen für eine isoliert genommene Kraftfahrzeughaftpflichtv, die letzteren waren das Bedingungswerk für alle vier Arten der Kraftfahrtv (Haftpflicht-, Fahrzeug-, Gepäck- und Insassenunfallv). In der Praxis und auch in den Verlautbarungen des BAV wird heute entgegen früherer Übung (vgl. dafür noch Bruck-Möller Bd I Einl. Anm. 20) nur noch die Abkürzung AKB verwendet, unabhängig davon, ob der Vertrag sich allein auf die Haftpflichtv erstreckt oder ob er eine Fahrzeug- oder eine Insassenunfallv miterfaßt (dafür, daß die Gepäckv mit Wirkung vom 1.I.1984 aus den AKB herausgenommen worden ist, vgl. VA 1984 S. 162). Diesem Sprachgebrauch wird hier gefolgt. Zu beachten ist aber, daß die nachfolgenden Bemerkungen sich speziell auf die Kraftfahrzeughaftpflichtv beziehen, bei der eine eigenartige Gemengelage zwischen dem gesetzlich vorgeschriebenen Mindestinhalt des einzelnen Haftpflichtvsvertrages und den überkommenen Grundsätzen der Vertragsfreiheit besteht.

[A 13] bb) Vertragscharakter der AKB

Bei dem die Haftpflichtv betreffenden Teil der AKB handelt es sich nach heute einhelliger Meinung um **vertragsrechtliche Bestimmungen** im Sinne vorformulierter Allgemeiner Geschäftsbedingungen (in der Spezialform allgemeiner Vsbedingungen) und nicht etwa um **Gesetzesrecht** (vgl. dafür nur BGH 21.III.1990 BGHZ Bd 111 S. 29–35 m. w. N., Bruck-Möller Bd I Einl. Anm. 20 und 24, Fleischmann-Deiters in Thees-Hagemann S. 132, 217–219, Prölss-Martin-Knappmann[25] Anm. 1 vor § 1 AKB, S. 1396, Stiefel-Hofmann[15] Einf. Anm. 5–7, S. 29–31, sämtlich m. w. N.; a. M. Fromm[2] S. 305 m. w. N.). Vom BGH 22.XII.1976 NJW 1977

I. 2. a) Einordnung der AKB
Anm. A 13

S. 533–535 = VersR 1977 S. 272–275 wird diese Erkenntnis zu Recht ohne besondere Problematisierung seiner Entscheidung zur Unwirksamkeit des § 7 V 1 AKB a. F. zugrunde gelegt (ebenso BGH 3.VI.1977 VersR 1977 S. 734). Es ist allerdings die Besonderheit zu konstatieren, daß es in § 4 I 1 PflichtvsG heißt, daß der Vsvertrag für Fahrzeuge mit Standort im Geltungsbereich dieses Gesetzes den von der Aufsichtsbehörde genehmigten Allgemeinen Vsbedingungen entsprechen müsse. Diese Bestimmung ist vom BGH 27.V.1981 BGHZ Bd 80 S. 332–345 in einer inzwischen zu Recht aufgegebenen Rechtsprechung (vgl. BGH 5.X.1983 BGHZ Bd 88 S. 296–301) zur Wirkung eines vertraglichen Regreßverzichts auf die Rechtsstellung eines an einem solchen Vertrage nicht beteiligten Gläubigers so hoch bewertet worden, daß er den AKB eine weit über den üblichen Rahmen von AGB hinausgehende Bedeutung beimessen wollte. Dieser „überhöhten" Betrachtungsweise der AKB, die einer verkappten Einordnung als Gesetzesrecht gleichkommt, ist aus systematischen Gründen entgegenzutreten (dazu auch Anm. B 148). Vorzuziehen ist die nüchterne und rechtssoziologisch zutreffende Feststellung in BGH 21.III.1990 a. a. O. (zur Fahrzeugv), daß die Bedeutung der AKB über die von gewöhnlichen AGB in der Beziehung hinausgehen, daß von ihnen der Standard der in der Bundesrepublik für Kraftfahrzeuge abgeschlossenen Haftpflichtvsverträge festgelegt werde (vgl. dazu Anm. A 14). Als Grundsatz ist festzuhalten, daß § 4 I 1 PflichtvsG keine Norm ist, der eine Außenwirkung im Verhältnis zwischen Ver und Vmer beigemessen werden darf. Viemehr betrifft sie lediglich das für den Ver vorgeschriebene Genehmigungsverfahren bezüglich der von ihm nach dem Geschäftsplan zu verwendenden Vsbedingungen. Erläuternd heißt es in diesem Sinne dazu in § 4 I 2 PflichtvsG, daß die Aufsichtsbehörde die Allgemeinen Vsbedingungen zu genehmigen hat, wenn sie mit den gesetzlichen Vorschriften sowie den Grundsätzen der Vsaufsicht im Einklang stehen und dem Zweck des PflichtvsG gerecht werden. Ein Genehmigungsermessen des BAV ist ausgeschlossen, wenn die Allgemeinen Vsbedingungen den Anforderungen des Europäischen Übereinkommens über die obligatorische Haftpflichtv für Kraftfahrzeuge vom 20.IV.1959 (BGBl. II S. 281–296 = VA 1965 S. 108–111) nicht entsprechen. Dann muß das BAV die Genehmigung vielmehr nach § 4 I 3 PflichtvsG versagen. Das ist verständlich aus der Überlegung heraus, daß die Bundesrepublik Deutschland dieses Abkommen ratifiziert und in innerstaatliches Recht umgesetzt hat. Mit Rücksicht auf diese Transformation in das Kfz-Haftpflichtvsrecht hätte es allerdings der zusätzlichen Erwähnung des Verstoßes gegen das genannte Abkommen in § 4 I 3 PflichtvsG eigentlich nicht bedurft. Immerhin kann die genannte Bestimmung dem BAV eine Argumentationshilfe in denjenigen Fällen bieten, in denen sich eine unbewußte Abweichung des deutschen Gesetzgebers von dem genannten Abkommen zeigen sollte (eine solche Diskrepanz hat sich allerdings nach dem bisherigen Stand der Erkenntnisse aus Wissenschaft und Praxis nicht ergeben). Bemerkenswert ist weiter, daß das BAV nach § 4 I 4 PflichtvsG die Genehmigung versagen kann, wenn bei einer solchen Erteilung der Genehmigung die Einheitlichkeit der Allgemeinen Vsbedingungen nicht mehr hinreichend gewährleistet wäre. Man kann gewiß darüber streiten, welcher materielle Wert in einer solchen Einheitlichkeit der Vsbedingungen aller Marktwettbewerber erblickt werden könnte. Bemerkenswert ist jedenfalls, daß das BAV eine gewisse Bandbreite von Abweichungen von dieser Einheitlichkeit hinnehmen muß. Das ergibt sich aus der im Gesetz verankerten Ausdrucksweise darüber, daß dem BAV eine Versagung nur gestattet ist, wenn die Einheitlichkeit nicht mehr hinreichend gewährleistet ist. Denn daraus ist zu schließen, daß nur nicht mehr überschaubare Abweichungen von dieser Einheitlichkeit nicht zu tolerieren sind. Jedenfalls ergibt die Gesetzesfassung, daß das BAV nicht schlechthin einem Ver jede Abweichung von dem für die Pflichthaft-

Anm. A 14   A. Rechtsquellen und Entwicklung der Kraftfahrzeughaftpflichtv

pflichtv geltenden Teil der AKB in ihrer heutigen Fassung im Genehmigungsverfahren versagen dürfte. Vielmehr muß es sich um gravierende Unterschiede handeln, die zugleich dem Durchblick des Vmers wesentliche Schwierigkeiten bereiten. Sicherlich darf die gesetzliche Regelung nur so verstanden werden, daß sie in diesem Zusammenhang allein den Schutz des Vmers, des Vten und des geschädigten Dritten bezweckt (und keineswegs z. B. den der Wettbewerber des mit einer Innovation zugunsten der Vmer auftretenden Vers). Zu beachten ist aber, daß über die genannte Regelung nach § 4 I 4 PflichtvsG hinaus dem Bundesminister für Finanzen die Möglichkeit gegeben ist, bezüglich der Kraftfahrzeughaftpflichtv auf eine gänzliche Einheitlichkeit des Bedingungswerks hinzuwirken. Diese Möglichkeit ergibt sich aus § 4 I 5 PflichtvsG. Nach dieser Bestimmung kann nämlich der Bundesminister der Finanzen durch Rechtsverordnung ohne Zustimmung des Bundesrats die aufsichtsbehördlich genehmigten Allgemeinen Vsbedingungen, die dem Zweck des PflichtvsG am besten gerecht werden, gegenüber allen zum Betrieb der Kraftfahrzeughaftpflichtv befugten Vern für verbindlich erklären. Eine solche Rechtsverordnung ist bisher noch nicht ergangen, wie die Durchsicht der Gesetzesblätter ergibt (so zutreffend Asmus Kraftfahrtv[5] S. 62, Stiefel-Hofmann[15] Einf. Anm. 3, S. 28; a. M. Bäumer Zukunft S. 39, Deppe-Hilgenberg Direktanspruch S. 8, beide ohne eigenständige Begründung; mißverständlich Prölss-Martin[25] Vorbem. I B 6 d a. E., S. 10, da nicht deutlich gemacht wird, daß tatsächlich eine solche Verbindlichkeitserklärung bisher nicht erfolgt ist; ähnlich mißverständlich Knappmann a. a. O. Anm. 1 vor § 1 AKB, S. 1396, wenn dort von der Allgemeinverbindlichkeit gemäß § 4 I 1 PflichtvsG gesprochen wird). Daraus, daß es eine Delegationsnorm gibt, die den Erlaß einer solchen Rechtsverordnung möglich macht, darf gewiß nicht geschlossen werden, daß § 4 I 4 PflichtvsG schon jetzt so auszulegen sei, als wären die AKB gegenüber den zum Betrieb der Kraftfahrzeughaftpflichtv zugelassenen Vern für verbindlich erklärt.

[A 14] cc) Konsequenzen

aaa) Abweichungen von den AKB

Geht man von diesen Erkenntnissen aus, so ergibt sich, daß ungeachtet des in § 4 I 1 PflichtvsG zum Ausdruck gebrachten Grundsatzes über die Verwendung der genehmigten AKB eine Abweichung davon durch den Ver lediglich einen Verstoß gegen seinen Geschäftsplan darstellt. Es ist aber anerkannt, daß Verstöße des Vers gegen seinen Geschäftsplan grundsätzlich die zivilrechtliche Wirksamkeit der von ihm auf dieser Basis abgeschlossenen Vsverträge nicht berühren (vgl. Bruck-Möller Bd I Einl. Anm. 23 m. w. N.). Demgemäß können auch **rechtswirksam Abweichungen von den AKB zwischen dem Ver und dem Vmer vereinbart werden, allerdings nur solche, in denen von den AKB nicht zu Lasten des Vmers abgewichen wird** (ebenso [wenn auch ohne eine solche Differenzierung] Bruck-Möller Bd I Einl. Anm. 24, Fleischmann-Deiters in Thees-Hagemann[2] S. 132, 218, Prölss-Martin-Knappmann[24] Anm. 1 zu § 1 AKB, S. 1108, letztere mit dem Bemerken, daß zwar eine Abweichung von den AKB ohne aufsichtsbehördliche Genehmigung den Vern untersagt sei, daß aber eine eindeutige individuell abweichende Vereinbarung Vorrang habe [in der 25. Aufl. fehlen diese Bemerkungen, was auf einen Meinungswechsel schließen läßt, insbesondere auch deshalb, weil Knappmann a. a. O. in Anm. 1 vor § 1 AKB, S. 1396 davon auszugehen scheint, daß die AKB für allgemein verbindlich erklärt worden seien, was indessen nicht der Fall ist, vgl. Anm. A 13 a. E.]; a. M. Fromm S. 219, Pienitz-Flöter[4] Vorbem. III S. 4, Bäumer Zukunft S. 60, LG Aachen 31.III.1989 r + s 1989 S. 206–207 = ZfS 1989 S. 312–313 [gek.]; vgl. auch Anm. J 4, S. F 8–9 sowie Anm. B 148). Dieser Auffas-

I. 2. a) Einordnung der AKB Anm. A 15

sung sind auch Stiefel-Hofmann[15] Einf. Anm. 15, S. 34; sie bemerken allerdings einschränkend, daß das nur dann gelte, wenn der Vmer sich der Abweichung des Vers vom Geschäftsplan nicht bewußt sei und mithin an dem Verstoß gegen § 140 VAG nicht vorsätzlich teilnehme (dafür, daß eine solche Abweichung entgegen Stiefel-Hofmann[15] a. a. O. keine Straftat sondern nur eine Ordnungswidrigkeit darstellt, vgl. Sieg ZVersWiss 1983 S. 204, 1990 S. 328 [Rezensionen zur 12. und 14. Aufl. des genannten Kommentars]). Abgesehen davon, daß eine solche Unkenntnis auf seiten des Vmers der Regelfall sein dürfte, liegt es näher, es auch bei einer Kenntnis des Vmers über das sich aus dem Geschäftsplan ergebende Gebot an den Ver, von diesem nicht planmäßig abzuweichen, bei der zivilrechtlichen Wirksamkeit der die AKB zugunsten des Vmers abändernden Vereinbarung zu belassen. Denn der Sinngehalt der Regelungen verbietet es nicht, den Vmer günstiger als nach den AKB zu stellen.

Bedenklich ist es dagegen, Abweichungen zu Lasten des Vmers (Vten oder Dritten) zuzulassen. Vielmehr ist diesen die rechtliche Anerkennung zu versagen. Das folgt daraus, daß eine entgegengesetzte Auslegung im Widerspruch zu dem in § 5 II PflichtvsG verankerten Annahmezwang stehen würde. Es tritt in diesen Fällen an die Stelle der die Rechtsposition des Vmers verschlechternden Individualbestimmung nach dem Sinn und Zweck des mit der Pflichtv verbundenen Annahmezwangs die AKB-Regelung (gegebenenfalls auch AVB-Regelung gemäß geschäftsplanmäßigen Erklärungen), auf deren Vereinbarung der Vmer einen Rechtsanspruch hat (vgl. Anm. C 6, 11, 21). Es bedarf daher nicht einer Umwegkonstruktion über einen deliktischen Anspruch, wie sie von Stiefel-Hofmann[15] Einf. Anm. 17, S. 34—35 (ähnlich auch Fleischmann-Deiters in Thees-Hagemann[2] S. 132) unter Bezugnahme auf RG 17.III.1919 RGZ Bd 95 S. 156—160, 13.XII.1932 JW 1933 S. 1837 = VA 1933 S. 75—76 Nr. 2518 vorgenommen wird (abgesehen davon, daß durchaus darüber gestritten werden könnte, ob ein solcher deliktischer Anspruch überhaupt gegenüber einem im Inland zugelassenen Ver auf § 140 VAG i. V. m. § 823 II BGB gestützt werden könnte; die aufgeführten Entscheidungen belegen das jedenfalls nicht, da es sich um Klagen wegen der Tätigkeit von Vern gehandelt hat, die im Inland zum Geschäftsbetrieb gerade nicht zugelassen waren; in Betracht kommt aber — außerhalb der hier nach den Schutzprinzipien des Pflichtvsgedankens gefundenen Lösung — in den sonstigen Vszweigen eine Schadenersatzpflicht des Vers aus § 823 II BGB i. V. m. § 10 III VAG, vgl. dazu Bruck-Möller-Sieg Feuerv Anm. A 48 m. w. N.).

[A 15] bbb) Zur Auslegung der AKB

Vielfach heißt es in Wissenschaft und Rechtsprechung, daß AVB-Bestimmungen objektiv und gesetzesähnlich auszulegen seien (vgl. nur die Nachweise bei Bruck-Möller Bd I Einl. Anm. 69—75 und vor allem aus neuerer Zeit bei Bruck-Möller-Winter Lebensv Anm. A 53—64 und bei Prölss-Martin[25] Vorbem. III A.9.a), b), S. 31—33). Dem ist Möller a. a. O. Anm. 72 entgegengetreten. Er hat insbesondere — wenn auch mit differenzierenden Einschränkungen — an der Geltung der Unklarheitenregelung festgehalten (vgl. Möller a. a. O. Anm. 73, 74). Diese Überlegungen gelten verstärkt für die Zeit nach dem Inkrafttreten des AGB-Gesetzes. Abzulehnen ist danach im Prinzip eine gesetzesähnliche Interpretation (a. M. Winter Lebensv Anm. A 55). Das ergibt sich schon daraus, daß es den Verwendern von AVB an einer rechtlichen Legitimation fehlt, Vertragsbestimmungen schaffen zu können, die wie Gesetze auszulegen sind. Die Gegenmeinung läuft im Grunde genommen auf eine Fiktion des Inhalts hinaus, daß es sich bei AVB wie bei Gesetzesrecht um von unabhängigen gesetzgeberischen Gremien geschaffene Normen zur objektiven Konfliktsregelung handeln würde. Tatsächlich ist es aber so,

Anm. A 15   A. Rechtsquellen und Entwicklung der Kraftfahrzeughaftpflichtv

daß es lediglich um die Bewertung der vom Verwender vorformulierten Vertragsklauseln geht. Die Auslegung darf dabei gewiß nicht außer acht lassen, daß es sich um typisierte Regelungen handelt, die für eine Vielfalt von Fällen gelten sollen, was an und für sich eine generelle Auslegung nahelegt (vgl. Möller a. a. O. Einl. Anm. 66 und 72). Es sind solche **Vertragsklauseln** aber vor allem wesentlich **vom Standpunkt des verobjektivierten Erklärungsempfängers** zu interpretieren. Dagegen kommt eine objektive Interpretation im Sinne einer gesetzesähnlichen Auslegung nicht in Betracht. Ohne Bedeutung ist in diesem Zusammenhang, daß solche AVB – wie die AKB – von dem BAV genehmigt worden sind. Erst recht gilt das von AVB-Regelungen aus geschäftsplanmäßigen Erklärungen (vgl. dazu Anm. 17–21), die ohne formelle Genehmigung lediglich zwischen BAV und Ver zuvor abgestimmt worden sind. Das ergibt sich schon daraus, daß auch dem BAV keine rechtsetzende Legitimation zusteht. Demgemäß sind solche Genehmigungen von AVB durch das BAV lediglich ein Indiz dafür, daß die Sachbearbeiter des BAV der Meinung waren, daß das betreffende Bedingungswerk einer AGB-Kontrolle wohl standhalten werde. Ob dem eine vertretbare Auffassung zugrunde liegt und ob es sich um eine objektiv die Interessen beider Vertragsteile abgewogen berücksichtigende Bestimmung handelt, ist vom Richter genauso zu prüfen, als wenn es sich nicht um behördlich genehmigte Bedingungen handeln würde.

Ein gutes Beispiel für eine derart wesentlich am Verständnishorizont des Vmers orientierte Interpretation der AVB ist BGH 16.VI.1982 BGHZ Bd 84 S. 268–280 zu entnehmen. Das Gericht führt zwar zunächst a. a. O. S. 272 aus, daß es h. M. und ständiger Rechtsprechung des BGH entspreche, daß AGB nach ihrem objektiven Inhalt und typischen Sinn einheitlich so auszulegen seien, wie sie von verständigen und redlichen Vertragspartnern unter Abwägung der Interessen der normalerweise beteiligten Kreise verstanden werden. Anschließend heißt es dann aber (unter Bezugnahme auf BGH 26.I.1973 BGHZ Bd 60 S. 174–177 [177], nicht vsrechtliche Entscheidung), daß es auch in diesem genannten objektiven Rahmen auf die Verständnismöglichkeit eines durchschnittlichen Vertragspartners des Verwenders der AGB (hier also eines durchschnittlichen Vmers ohne vsrechtliche Spezialkenntnisse) und damit – auch – auf seine Interessen ankomme. Das bedeutet aber, daß gewiß keine gesetzesähnliche Auslegung vorgenommen wird. Auch wird nur eingeschränkt auf den typischen Sinn der Bedingungsregelung abgestellt. Vielmehr wird maßgebend der Horizont des durchschnittlichen Erklärungsempfängers berücksichtigt. Zwar schwächt der BGH dieses Ergebnis dadurch ab, daß er ausführt, daß die in concreto ausgelegte Klausel über den materiellen Vsbeginn in einem Lebensvsfall keine von gesetzesähnlicher Art sei. Da aber zuvor treffend ausgeführt worden ist, daß eine derartige Bestimmung im Antragsformular als eine Regelung im Sinne des § 1 I AGBG zu bewerten sei, handelt es sich letzten Endes nur um ein Zurückweichen vor dem Ausspruch der der Entscheidung zugrundeliegenden Erkenntnis, daß in Wirklichkeit nicht eine objektive Interpretation im Sinne einer gesetzesähnlichen Auslegung vorgenommen wird. Denn das Abstellen auf die Verständnismöglichkeiten eines durchschnittlichen Vmers, und zwar eines solchen ohne vsrechtliche Spezialkenntnisse, und „auch" auf seine Interessen, zeigt deutlich, daß Kriterien angelegt werden, die dem klassischen Interpretationsmuster für individuelle Willenserklärungen entnommen sind. Diese Erkenntnisse werden durch weitere BGH-Entscheidungen bestärkt. So heißt es in BGH 2.X.1985 VersR 1986 S. 177–179 zu § 13 II AKB a. F., daß dem Ausgangspunkt des Berufungsrichters, daß es darauf ankomme, was mit der Klausel allenfalls gemeint sein könnte, nicht zugestimmt werden könne. Maßgeblich sei für die Auslegung von AVB nicht, was sich der Verfasser der Bedingungen bei der Abfassung vorstelle, vielmehr wie sie ein durchschnittlicher Vmer bei dem Abschluß eines Vsvertrages bei verständiger Würdi-

I. 2. a) Einordnung der AKB   Anm. A 16

gung verstehen müsse. In diesem Sinne auch BGH 13.VII.1988 BGHZ Bd 105 S. 140–153 für eine AVB-Bestimmung in der Kraftfahrzeughaftpflichtv, die in einer geschäftsplanmäßigen Erklärung enthalten war (teilweiser Regreßverzicht bei Verletzungen von Obliegenheiten, die vor Eintritt des Vsfalls zu erfüllen waren; vgl. dazu Anm. A 17 und F 27–29). Als maßgebend für die Auslegung solcher vertragliche Rechte begründender Erklärungen wird angesehen, wie ein verständiger, juristisch und vstechnisch nicht vorgebildeter Vmer den Text der geschäftsplanmäßigen Erklärung verstehen würde.

Das Gesagte schließt allerdings nicht aus, daß bei der Auslegung einer Klausel auch der mit ihr verfolgte vswirtschaftliche Zweck berücksichtigt wird, soweit er in der Klausel mit hinreichender Deutlichkeit zum Ausdruck kommt. BGH 25.I.1978 VersR 1978 S. 362–365 m. w. N. war (in einer im Ergebnis durchaus zutreffenden Entscheidung zum Vsbeginn in der privaten Krankenv) noch der Meinung, daß ein solcher vswirtschaftlicher Zweck auch dann berücksichtigt werden dürfe, wenn er im Text der Bedingung nur unvollkommen zum Ausdruck gekommen sei. Das wird man aber in denjenigen Fällen nicht halten können, in denen ein durchschnittlicher Vmer solche „dunklen" Hinweise nicht nachvollziehen kann. Etwas anderes kann allerdings in denjenigen Fällen gelten, in denen die AVB das dispositive Recht lediglich wiederholen.

[A 16] ccc) Kontrolle nach AGB-Kriterien

Aus der Erkenntnis, daß es sich bei den AKB um Vertragsrecht in der Form Allgemeiner Geschäftsbedingungen handelt, folgt ferner, daß die AKB — wie alle anderen AVB auch — den Bestimmungen des AGBG unterliegen. Dem entspricht es, daß der BGH die AKB schon vor Inkrafttreten des AGBG einer Inhaltskontrolle nach § 242 BGB unterworfen hat, wie das insbesondere durch die die Leistungsfreiheit des Vers aus Obliegenheitsverletzungen einschränkende Relevanzrechtsprechung geschehen ist (vgl. dazu Anm. F 112 m. w. N.). Als weiteres Beispiel sei auf BGH 30.VI.1969 BGHZ Bd 52 S. 88–89 verwiesen, in der zum Ausdruck gebracht worden ist, daß eine Regelung wie in § 7 V AKB a. F. nicht toleriert werden könne, nach der der Vmer bei einer nur vermuteten vorsätzlichen Verletzung der Aufklärungslast des Vsschutzes verlustig gehe (zur Neuregelung der Beweislast in diesem Bereich vgl. § 7 V 1 AKB und dazu Anm. F 122).

Auf die AKB findet insbesondere auch die Unklarheitenregelung gemäß § 5 AGBG Anwendung. Von dieser ist vom BGH zunächst außerhalb der AKB im Bereich der Lebens-, der Haftpflicht und der Krankenhaustagegeldv Gebrauch gemacht worden (BGH 16.VI.1982 BGHZ Bd 84 S. 268–280 [273], 21.IX.1983 BGHZ Bd 88 S. 228–230, 11.IV.1984 BGHZ Bd 91 S. 98–105 [103–104]). Es gibt aber keinen einleuchtenden Grund dafür, diesen Auslegungsgrundsatz nicht auch im Bereich der AKB anzuwenden. Die erste die Unklarheitenregel auch insoweit anwendende Entscheidung ist zu § 13 II AKB a. F. getroffen worden (BGH 2.X.1985 VersR 1986 S. 177–179), so daß sich die optimistische Prognose, daß im Bereich der Fahrzeugv trotz grundsätzlicher Geltung dieses Auslegungsgrundsatzes ohne seine Anwendung judiziert werden könne (vgl. Anm. J 4, S. F 8), als unzutreffend erwiesen hat. Es zeigt sich vielmehr immer wieder, daß noch so gut gemeinte Bedingungsformulierungen in sich einen auch dem Verwender häufig gar nicht bewußten Doppelsinn tragen können. Als weitere Entscheidung auf dem Gebiet der Kraftfahrtv, in der es zur Anwendung der Unklarheitenregelung gekommen ist, ist auf BGH 13.VII.1988 BGHZ Bd 105 S. 140–153 zu verweisen. Die Entscheidung bezieht sich zwar nicht auf die AKB, sondern auf die Auslegung der in der geschäfts-

Anm. A 17 A. Rechtsquellen und Entwicklung der Kraftfahrzeughaftpflichtv

planmäßigen Erklärung VA 1975 S. 157 zum Regreßverzicht enthaltenen Regelungen (vgl. dazu Anm. F 27–29). Der BGH bewertet jene geschäftsplanmäßige Erklärung aber im Ergebnis treffend wie eine AVB-Regelung (vgl. dazu Anm. A 17 m. w. N.). Es ist daher konsequent, auch auf das Auslegungsmittel der Unklarheit im Sinne des § 5 AGBG zurückzugreifen (wenngleich diese zusätzliche Begründung in concreto eigentlich nicht erforderlich war). Denn der Sache nach handelt es sich in beiden Fällen um kontrollbedürftige AGB-Regelungen.

Daß man sich davor hüten muß, auch untergeordnete Zweifelsfragen zu einer den Rechtsstreit entscheidenden „Unklarheit" hochzustilisieren, ist eine andere Frage. Eine solche Tendenz ist der Rechtsprechung des BGH auch nicht zu entnehmen, vielmehr lediglich im gewissen Umfang ein Berufen auf die Unklarheitenregelung im Sinne einer zusätzlichen und vielleicht gelegentlich auch nicht mehr erforderlichen Begründung. Jedenfalls kann an der grundsätzlichen Anwendbarkeit dieses Auslegungsmittels nicht gezweifelt werden. Das Gesagte gilt um so mehr, wenn ein Betrachter sich bei divergierenden Auslegungsmöglichkeiten unter Berücksichtigung der in Anm. A 15 dargelegten Prämissen nicht für eine bestimmte Auslegung zu entscheiden vermag. Dann bietet sich unter Umständen § 5 AGBG als letztes Interpretationsmittel für einen unentschlossen zweifelnden Betrachter an.

Als weiteres AGBG-spezifisches Auslegungskriterium kann neben der Unklarheitenregelung auch das Verbot überraschender Klauseln gemäß § 3 AGBG zur Anwendung kommen. Das gilt auch, soweit AVB-Regelungen in Tarifbestimmungen enthalten sind (dazu Anm. E 13).

Wichtig ist, daß man sich stets vergegenwärtigt, daß die AKB und die sonstigen generellen Vertragsregelungen der Kraftfahrtv systembedingt vollen Umfangs der normalen AGB-Kontrolle unterliegen. Demgemäß ist auch eine Angemessenheitskontrolle nach § 9 AGBG durchzuführen.

[A 17] b) Bewertung der geschäftsplanmäßigen Erklärungen

aa) Vertragscharakter eines Teils der geschäftsplanmäßigen Erklärungen

Eine vsrechtliche Eigenart ist es, daß sich die Ver in sog. **geschäftsplanmäßigen Erklärungen** gegenüber dem BAV zu bestimmten Verhaltensweisen verpflichten, ohne daß das in der Vspolice oder in den entsprechenden AVB zum Ausdruck kommt (vgl. für den Text der auf die Kraftfahrtv bezogenen Erklärungen Anm. A 5). Solche geschäftsplanmäßigen Erklärungen wurden in der Vergangenheit in dem Sinne bewertet, daß ihnen **keinerlei unmittelbare Auswirkungen** auf das zwischen dem Ver und dem Vmer bestehende **Vertragsverhältnis** zukomme. Es handle sich vielmehr um Erklärungen, die allein dem öffentlich-rechtlichen Bereich zwischen Ver und BAV zuzuordnen seien. Dem Vmer bleibe keine andere Möglichkeit als die, sich bei einem den geschäftsplanmäßigen Erklärungen widerstreitenden Verhalten des Vers **beschwerdeführend an das BAV** zu wenden (vgl. zu dieser früher h. M. Bruck-Möller Bd I Einl. Anm. 30 m. w. N.). Eine solche Auslegung konnte von dem Zeitpunkt an nicht mehr aufrechterhalten werden, von dem an die Ver dazu übergingen, wesentliche Punkte des Vertragsrechts nicht mehr in den AKB oder in der Police zu regeln, sondern durch **geschäftsplanmäßige Erklärungen, die darüber hinaus zur möglichen Kenntnis aller Vmer veröffentlicht worden sind**. So ist z. B. der Rgreßverzicht in der Kraftfahrzeughaftpflichtv nicht nur in VA 1973 S. 103, 1975 S. 157 publiziert, sondern darüber hinaus der Öffentlichkeit im weitesten Sinne durch Erklärungen der Ver über die Tagespresse und andere Medien bekanntgegeben worden. Hier war es geboten, die Ver an derartige Versprechen aus dem Gesichtspunkt der „**Erklärung an die Öffent-**

I. 2. b) Bewertung der geschäftsplanmäßigen Erklärungen

lichkeit" zu binden, wie das von Möller (in Abweichung von dem ursprünglich vertretenen Standpunkt) schon bei der Diskussion um die Einführung des Regreßverzichts befürwortet worden ist (AnwBl 1973 S. 244). In diesem Sinne haben sich Rechtsprechung und Schrifttum in der Folgezeit ausnahmslos für eine Verbindlichkeit des Regreßverzichts mit unterschiedlichen Gründen ausgesprochen (vgl. dazu Anm. J 15 m. w. N.), wobei die Rechtsprechung der Instanzgerichte zumeist ohne eigenständige Begründung von der Wirksamkeit des Regreßverzichts ausgegangen ist (positive Ausnahme: OLG Koblenz 20.XI.1981 VersR 1982 S. 260–262 = r + s 1982 S. 69–71). Grundlegende Ausführungen sind nunmehr in der das Problem intensiv beleuchtenden Entscheidung BGH 13.VII.1988 BGHZ Bd 105 S. 140–153 (150–153) zu finden. Das Gericht kommt zu dem Ergebnis, daß eine veröffentlichte geschäftsplanmäßige Erklärung wie die zum Regreßverzicht als eine Vertragsbestimmung zu bewerten sei, die den sonstigen zum Vertrag vereinbarten AVB gleichstehe (im Ergebnis ebenso BGH 5.II.1992 NJW 1992 S. 1507–1509 = VersR 1992 S. 485–487, Bruck-Möller-Sieg Feuerv Anm. A 21, Bruck-Möller-Winter Lebensv Anm. A 31, sämtlich m. w. N.; anders noch – in Übereinstimmung mit Möller Bd I a. a. O. – Bruck-Möller-Wagner Unfallv Anm. A 34–35). Den Gründen ist dabei zu entnehmen, daß diese Vertragseigenschaft sowohl aus der Abstimmung der einzelnen Erklärungen mit dem BAV wie auch aus der Veröffentlichung hergeleitet wird. Dem ist speziell für den Regreßverzicht uneingeschränkt beizupflichten (für Einzelheiten zum Regreßverzicht vgl. Anm. F 27–29). Wenn die Entscheidung des BGH aber vom Einzelfall gelöst und gemäß dem Wortlaut der Urteilsgründe dahin interpretiert wird, daß allen veröffentlichten geschäftsplanmäßigen Erklärungen als AVB Vertragscharakter beizumessen sei, so müßte dem aus rechtstatsächlichen Gründen entgegengetreten werden. Denn es ist zu bedenken, daß in der Kraftfahrtv sämtliche geschäftsplanmäßigen Erklärungen der Ver veröffentlicht worden sind (VA 1987 S. 169–173, VA 1988 S. 313–318; vgl. auch deren Abdruck unter A 5) und nicht nur solche, die sich erkennbar auf die Vertragsverhältnisse zu den einzelnen Vmern beziehen. Eine Durchsicht der gesamten Erklärungen zeigt, daß es sich vielfach lediglich um vom Ordnungssinn des BAV geprägte Regelungen handelt, die keinen vertragsrechtlichen Bezug im engeren Sinne aufweisen.

Es ist demgemäß für jede Einzelregelung zu untersuchen, ob es sich um vertragstypische Regelungen handelt, die als Vertragsergänzung zu bewerten sind oder nicht. Eine solche Bestimmung ist z. B. das Versprechen, sich bei der **Veräußerung von Fahrzeugen mit Vskennzeichen** nicht auf die Leistungsfreiheit nach § 71 zu berufen, wenn die Anzeige über die Veräußerung eines solchen Fahrzeugs weder vom Veräußerer noch vom Erwerber erstattet worden ist (so Nr. II, 7 der geschäftsplanmäßigen Erklärungen; zum generell eingeschränkten Umfang des § 71 für die Kraftfahrzeughaftpflichtv vgl. ergänzend Anm. F 76). Ferner ist die für Kraftfahrzeuge aller Art abgegebene Erklärung gemäß Nr. II, 6 der geschäftsplanmäßigen Erklärung, daß von dem **Kündigungsrecht** nach § 6 II AKB nur Gebrauch gemacht werde, wenn hinsichtlich des **Erwerbers erhebliche Bedenken** bestehen, wenn die Fortsetzung des Vertrages einem sachlich oder örtlich beschränkten Geschäftsplan entgegenstehe oder wenn der Erwerber die Zahlung des im Tarif vorgesehenen Beitragszuschlags ablehnt, als eine solche vertragsergänzende Bestimmung zu bewerten (wenn mit den „erheblichen" Bedenken in der ersten Alternative dieser Erklärung die in § 5 IV Ziff. 3 PflichtvsG aufgeführten Tatbestände gemeint sein sollten, handelt es sich im übrigen nur um eine deklaratorische Wiederholung dessen, was sich aus dem wohlverstandenen Sinn des Annahmezwangs gemäß § 5 II PflichtvsG ergibt; vgl. dazu Anm. D 50).

Anm. A 18   A. Rechtsquellen und Entwicklung der Kraftfahrzeughaftpflichtv

Weiter hat Vertragscharakter Nr. II, 8 der geschäftsplanmäßigen Erklärungen, in der die BGH-Rechtsprechung über die Belehrungspflicht bezüglich der Folgen vorsätzlicher Verletzung von Obliegenheiten, die nach Eintritt des Vsfalls zu erfüllen sind und durch die der Vsschaden nicht vergrößert wird, niedergelegt worden ist (vgl. dazu Anm. F 110 – 111). Das gleiche gilt von Nr. II, 4, in der eine Belehrungspflicht des Vers teilweise gemäß entsprechender BGH-Rechtsprechung über die Gefahr des Wegfalls des Vsschutzes bei nicht pünktlich erfolgter Zahlung der Erstprämie verankert ist (vgl. dazu Anm. D 4, 13 m. w. N.; dafür, daß ungeachtet dieser Belehrung Billigkeitsbedenken gegen den rückwirkenden Wegfall des Vsschutzes gemäß § 1 II 4 AKB bestehen, vgl. Anm. D 9).

Als Beispiel für eine Regelung mit Vertragscharakter ist ferner die aus Nr. II, 13 der geschäftsplanmäßigen Erklärungen aufzuführen, in der für einen Schadenersatzanspruch in Rentenform Berechnungsgrundsätze für die Abgrenzung zwischen dem vom Ver und dem vom Vmer zu tragenden Teil des Schadens im Sinne des § 155 verankert sind (vgl. dazu Anm. G 35; da § 10 VII 2 AKB ausdrücklich auf diese geschäftsplanmäßige Erklärung Bezug nimmt, wäre hier allerdings auch schon nach überkommenen Grundsätzen der Vertragscharakter zu bejahen).

Zu den Regelungen, die dem Vmer vertragliche Ansprüche gegen den Ver gewähren, gehört auch Nr. I, 7 a der geschäftsplanmäßigen Erklärungen. Danach sind die Mitarbeiter des Vers anzuweisen, keine Verpflichtungserklärungen zur Übertragung von Ven von solchen Vmern entgegenzunehmen, die noch länger als ein Jahr bei einem anderen Ver vert sind. Geschieht das doch, so werden die Ver nach dem ausdrücklichen Wortlaut der Erklärung daraus keine Rechte herleiten. Der Vmer wird damit davor bewahrt, weit in der Zukunft liegende Verpflichtungen zu übernehmen. Das erscheint als nachvollziehbar. Dennoch gibt dieser Teil der geschäftsplanmäßigen Erklärungen für die Kraftfahrtv wenig Sinn, da nach § 4 I a AKB der Vsvertrag im Regelfall nur für die Dauer eines Jahres oder für einen kürzeren Zeitraum abgeschlossen wird (vgl. dazu Anm. D 15).

Ohne vertragliche Relevanz sind dagegen das Versprechen nach Nr. I, 1 Abs. I der geschäftsplanmäßigen Erklärungen, daß bestimmte Antragsformulare benutzt werden, und das nach Nr. I, 2, daß die Farbe des Papiers für Allgemeine Vsbedingungen sowie der Antrags- und Vsscheinvordrucke nicht zu kräftig und nicht zu dunkel gewählt werde.

[A 18] bb) Verhältnis der AKB zu den in den geschäftsplanmäßigen Erklärungen enthaltenen Vertragsbestimmungen

Wenngleich es sich nach den Ausführungen in Anm. A 17 bei einem Teil der geschäftsplanmäßigen Erklärungen um solche handelt, denen Vertragscharakter zuzusprechen ist, darf doch eine Besonderheit im Verhältnis zu den AKB nicht außer acht gelassen werden. Diese Besonderheit ist die, daß in der Police und in den AKB durchweg kein Hinweis auf das in den geschäftsplanmäßigen Erklärungen enthaltene Vertragsrecht enthalten ist (wenn man von dem Sonderfall des § 10 VII 2, 3 AKB absieht, vgl. dazu Anm. G 35). Das bedeutet, daß der durchschnittliche Vmer, der sich anhand der Vertragsurkunde und der AKB über den vertraglichen Umfang der Rechte und Pflichten orientiert, von diesen geschäftsplanmäßigen Erklärungen mangels besonderen Hinweises keine Kenntnis erlangen kann. Der Vmer braucht daher nicht damit zu rechnen, daß ihm gemäß einer geschäftsplanmäßigen Erklärung geringere Rechte als nach den AKB und nach dem sonstigen standardisierten Inhalt der Vertragsurkunde zustehen. Würde sich daher in den geschäftsplanmäßigen Erklärungen eine derartige Klausel befinden, so wäre sie als überraschend im Sinne

I. 2. b) Bewertung der geschäftsplanmäßigen Erklärungen   Anm. A 20

des § 3 AGBG zu bewerten und demgemäß unwirksam. Es dürfte sich dabei nach dem heutigen Inhalt der geschäftsplanmäßigen Erklärungen nur um ein theoretisches Problem handeln. Denn die gegenwärtig in den geschäftsplanmäßigen Erklärungen enthaltenen Vertragsklauseln weisen erkennbar das Bestreben des BAV aus, entweder das Bedingungswerk zu verbessern oder eine Auslegung der AKB im Sinne der höchstrichterlichen Rechtsprechung sicherzustellen. Ungeachtet dessen ist aber als Grundsatz festzuhalten, daß der dem Vmer günstigeren Regelung aus den AKB stets der Vorrang gegenüber etwaigen verschlechternden Bestimmungen aus den geschäftsplanmäßigen Erklärungen zusteht. Den geschäftsplanmäßigen Erklärungen kommt somit eine vertragsergänzende Wirkung nur insoweit zu, als sich dadurch die Rechtsstellung des Vmers verbessert.

[A 19] cc) Abänderung von Vertragsregelungen in geschäftsplanmäßigen Erklärungen

Des weiteren ist zu bedenken, daß die Einordnung der auf den Vsvertrag bezogenen Regelungen in den Vertragsinhalt auch Konsequenzen in bezug auf eine Änderungsbefugnis des Vers hat. Soweit diese geschäftsplanmäßigen Erklärungen dem Vmer rechtliche Vorteile gegenüber den Regelungen der AKB bieten, können sie nach vertragsrechtlichen Grundsätzen — sofern nicht rechtswirksam ein Änderungsvorbehalt vereinbart worden ist — nicht durch einseitige Erklärung des Vertragspartners außer Kraft gesetzt werden. Das sei hier deshalb betont, weil die geschäftsplanmäßigen Erklärungen gegenüber dem BAV aus öffentlich-rechtlicher Sicht gewiß jederzeit geändert werden können, ohne daß der Vmer auf dieses öffentlich-rechtliche Verhältnis Einfluß nehmen könnte. Dadurch, daß einem Teil der geschäftsplanmäßigen Erklärungen in bezug auf das einzelne Vsverhältnis aber eine positiv den Vertragsinhalt ergänzende Funktion beigemessen wird, ist zugleich ein Doppelcharakter dieser geschäftsplanmäßigen Erklärungen zu konstatieren in dem Sinne, daß es sich auch um bereitliegende AVB-Regelungen mit vertragsergänzendem Charakter handelt. Dieser bürgerlich-rechtliche Teil wird bei dem jeweiligen Vertragsabschluß zum Bestandteil des Vsverhältnisses und durch eine nachträgliche Änderung der öffentlich-rechtlichen Erklärung gegenüber dem BAV nicht verändert, und zwar auch nicht für künftige Vsfälle. Diese Bemerkungen beziehen sich aber — das sei klarstellend bemerkt — nicht auf die mit einer Änderung der geschäftsplanmäßigen Erklärungen verbundenen Verbesserungen der Rechtsstellung des Vmers. Soweit diese in geänderten geschäftsplanmäßigen Erklärungen enthalten sind, werden sie aus dem in Anm. A 17 hervorgehobenen Gesichtspunkt der „Erklärung an die Öffentlichkeit" Vertragsbestandteil. Für bereits eingetretene Vsfälle gilt das Gesagte aber nur, wenn das sich aus dem Inhalt der Publikation eindeutig ergibt.

Dafür, daß Bedenken dagegen bestehen, eine Änderung der geschäftsplanmäßigen Erklärungen unter § 9 a I AKB zu subsumieren, wird auf Anm. C 34 verwiesen.

[A 20] dd) Umgestaltungsüberlegungen

Die Ausführungen in Anm. A 17—19 zeigen, daß das Nebeneinander von AKB und geschäftsplanmäßigen Erklärungen mit Vertragscharakter im Sinne von AVB die Gefahr von Mißverständnissen mit sich bringt. Es gibt keinen einleuchtenden Grund dafür, daß ein solches Nebeneinander von Vertragsbedingungen besteht. Eine solche Unübersichtlichkeit verstößt gegen das anzustrebende Ziel der Vertragsklarheit. Es bereitet rechtstechnisch keine Schwierigkeit, den vertragsrechtlichen Teil der geschäftsplanmäßigen Erklärungen in die AKB einzuarbeiten. Das sollte daher im Sinne einer übersichtlichen und klaren Vertragsgestaltung geschehen. Es mag bei der Aufnahme von den Vmer begünstigenden Regelungen in die geschäftsplanmäßigen

Anm. A 21   A. Rechtsquellen und Entwicklung der Kraftfahrzeughaftpflichtv

Erklärungen und nicht in die AKB der Gedanke Pate gestanden haben, daß es leichter sein könne, sich in der Zukunft von Konzessionen gegenüber dem Vmer (wie sie z. B. mit der teilweisen Regreßverzichtsregelung gemäß VA 1973 S. 103, 1975 S. 157 [jetzt Nr. II, 3 der geschäftsplanmäßigen Erklärungen] gewährt worden sind [vgl. dazu Anm. F 27–29]) bei geschäftsplanmäßigen Erklärungen zu lösen, als wenn das durch eine Änderung der AKB zu Lasten des Vmers erfolgen müßte. Diese Überlegung ist indessen fehlsam. Sie wäre nur richtig, wenn durch solche geschäftsplanmäßigen Erklärungen entsprechend älterer Lehre keine vertraglichen Rechte des Vmers begründet werden würden. Daß aber solche Rechtsansprüche zuzusprechen waren, war indessen bei einem in aller Öffentlichkeit bekanntgegebenen Regreßverzicht zu erwarten, so daß eigentlich nur um die juristischen Konstruktionen dieses unabweisbaren Ergebnisses gestritten werden konnte. Macht man sich im Anschluß an BGH 13.VII.1988 BGHZ Bd 105 S. 140–153 [150–153] diese Überlegungen klar, so liegt es nahe, diesem verwirrenden Nebeneinander ergänzender vertragsrechtlicher Regelungen ein Ende zu bereiten. Dabei ist zu bedenken, daß es für den Vmer nicht einfach ist, diese Regelungen zu durchschauen und daß er deshalb unter Umständen von einer ihm günstigen Regelung in den geschäftsplanmäßigen Erklärungen keine Kenntnis erlangt. Einem solchen theoretisch gewiß nicht auszuschließenden Übelstand sollte durch Einarbeitung der vertraglichen Regelungen aus den geschäftsplanmäßigen Erklärungen in die AKB gesteuert werden (vgl. ergänzend Johannsen Rechtsfragen S. 27–37).

[A 21] 3. Einordnung der Tarifbestimmungen

Schrifttum:

Asmus, Festgabe für Möller, Karlsruhe 1972, S. 11–19, Conradt-Golz-Hoenen, Tarifbestimmungen in der Kraftfahrzeug-Haftpflichtv, Komm., Karlsruhe 1991.

Die Berechnungsgrundsätze für die Tarife in der Kraftfahrzeughaftpflichtv sind der VO über die Tarife in der Kraftfahrtv vom 5.XII.1984 BGBl. I S. 1437–1477 = VA 1985 S. 6–40 (mit den diversen seitdem vorgenommenen Änderungen, vgl. dazu die Fundstellen in Anm. A 9) zu entnehmen (im nachfolgenden TarifVO genannt). Ihren praktischen Niederschlag hat diese auf § 9 PflichtvsG beruhende TarifVO in den Mustertarifbestimmungen in der Kraftfahrzeug-Haftpflichtv (im nachfolgenden TB-KH genannt) gefunden (vgl. dazu die letzte vollständige Fassung für das Tarifgebiet West in VA 1991 S. 3–4 und VA 1992 S. 10–12 und für das Tarifgebiet Ost in VA 1990 S. 351–355). Diese TB-KH sind vom HUK-Verband in Abstimmung mit dem BAV erarbeitet worden (Asmus Festgabe für Möller S. 16). Sie enthalten neben den Prämiensätzen auch sehr ins einzelne gehende Begriffsbestimmungen und Abgrenzungen sowie sonstige vertragsrechtlich bedeutsame Regelungen. Bei diesem Teil des Tarifwerks handelt es sich im materiell-rechtlichen Sinne um Vsvertragsbedingungen (Asmus a. a. O. S. 11–19; Conradt-Golz-Hoenen Einführung Anm. 7, 8). Für den einzelnen Ver gelten die Regelungen aus den TB-KH, soweit es sich nicht um Wiederholungen aus der TarifVO handelt, in aufsichtsrechtlicher Beziehung mit der Genehmigung durch das BAV. Aus zivilrechtlicher Sicht bedürfen diese Tarifregelungen der Einbeziehung in den einzelnen Vsvertrag durch übereinstimmende Willenserklärungen der Vertragsparteien. Im Regelfall findet sich auf dem Standardantragsformular ein deutlicher Hinweis des Inhalts, daß der Ver nur nach Maßgabe seines Tarifs abschließe. Durchweg wird ein solcher Hinweis auch auf dem Vsschein wiederholt. Wird derart vorgegangen, so werden nicht nur die im Tarifwerk genannten Vsprämien Bestandteil des Einzelvertrages, sondern auch die im Tarifwerk enthaltenen materiell-rechtlichen

II. Entwicklung der Kraftfahrzeughaftpflichtv   **Anm. A 22**

Vsbedingungen. Dabei findet § 23 III AGBG auf diese Vsbedingungen Anwendung. Danach werden die von der zuständigen Behörde genehmigten Allgemeinem Geschäftsbedingungen bei einem Vsvertrag auch dann in den Vertrag einbezogen, wenn die in § 2 I Nr. 1 und 2 AGBG bezeichneten Erfordernisse nicht eingehalten sind.

Soweit sich allerdings ergibt, daß in den in den Tarifbestimmungen enthaltenen Allgemeinen Vsbedingungen zum Nachteil des Vmers von den AKB abgewichen wird, bestehen dagegen rechtliche Bedenken. Hier müßte der AKB-Regelung deshalb ein Vorrang eingeräumt werden, weil andernfalls nicht bedacht wird, daß ein Vmer nicht damit rechnet, daß die in den AKB verbrieften Vertragsrechte durch Tarifregelungen abgeändert werden könnten. Es gilt demgemäß insoweit das gleiche, was in Anm. A 18 über das Verhältnis zwischen den in den AKB und den in den geschäftsplanmäßigen Erklärungen enthaltenen Vertragsbestimmungen gesagt worden ist. Das bedeutet, daß wohl Verbesserungen der Position des Vmers durch in den Tarifbestimmungen erhaltene Vertragsregelungen im Verhältnis zu den AKB Rechtswirksamkeit erlangen, nicht aber Vertragsverschlechterungen. Mit diesen braucht ein Vmer bei üblicher Vertragsgestaltung nicht zu rechnen, so daß andernfalls ein **Überraschungseffekt** im Sinne des § 3 AGBG zugrundeliegenden Rechtsgedankens vorliegen würde.

Da es sich bei den Vertragsbestimmungen aus den TB-KH um Allgemeine Vsbedingungen handelt, findet auf diese Vertragsregelungen im übrigen auch die Unklarheitenregelung nach § 5 AGBG Anwendung (anders noch vor Inkrafttreten des AGBG Asmus a. a. O. S. 19).

[A 22] II. Entwicklung der Kraftfahrzeughaftpflichtversicherung

Schrifttum:

Vgl. vor allem Sieg, Ausstrahlungen der Haftpflichtv, Hamburg 1950, S. 17–81, ferner Bd IV Anm. A 9 m. w. N. und aus neuerer Zeit Feyock VW 1991 S. 1376–1382, Hübner, 29. Verkehrsgerichtstag 1991, S. 156–168, Lemor VW 1992 S. 17–23, Präve VW 1992, S. 596–601, 656–670, Steffen VersR 1987 S. 528–533, Wiesel, 29. Verkehrsgerichtstag 1991, S. 141–155, Zech VW 1991 S. 1206–1212, ferner Anm. B 4 m. w. N.

In dem 1970 erschienenen Bd IV ist in Anm. A 9 die Entwicklung der Haftpflichtv in gedrängter Form unter Einschluß der Kraftfahrzeughaftpflichtv dargestellt worden. Damals wurde berichtet, daß der durch das Gesetz vom 7. November 1939 (RGBl. I S. 2223) geschaffene **Schutz des geschädigten Dritten** für den Fall der Leistungsfreiheit des Vers gesetzgeberisch seinen wesentlichen Abschluß durch das PflichtvsG vom 5. April 1965 (BGBl. I S. 213) gefunden habe (vgl. über die Entwicklung zum Direktanspruch auch Anm. B 4). Durch dieses Gesetz ist nicht nur der **Direktanspruch** im Sinne einer Verdeutlichung der Verstärkung der Rechtsstellung des geschädigten Dritten geschaffen worden. Materiell war vielmehr ebenfalls sehr bedeutsam, daß gleichzeitig gemäß § 12 PflichtvsG ein **Verkehrsopferfonds** mit einem gesetzlich verankerten **Rechtsanspruch** des geschädigten Dritten für die Schadenherbeiführung durch unidentifizierte oder systemwidrig ohne Vsschutz in den Verkehr gebrachte Fahrzeuge geschaffen worden ist. Beide Rechtsfiguren beruhen auf entsprechenden Vorgaben durch das von der Bundesrepublik Deutschland ratifizierte Europäische Abkommen über die obligatorische Haftpflichtv für Kraftfahrzeuge vom 20.IV.1959 (BGBl. II 1965 S. 281–296 = VA 1965 S. 108–111).

Gesetzgeberisch ist weiter eine erhebliche Verbesserung zugunsten des geschädigten Dritten dadurch vorgenommen worden, daß durch das Gesetz über die Entschädigung der Opfer von Gewalttaten (OEG) vom 11.V.1976 (BGBl. I S. 1181) die

Anm. A 22 A. Rechtsquellen und Entwicklung der Kraftfahrzeughaftpflichtv

Vorsatzschäden unter die Eintrittspflicht des Entschädigungsfonds für Schäden aus Kraftfahrzeugunfällen gestellt worden sind (§ 12 I PflichtvsG).

Neben diesen Schutzregelungen zugunsten des geschädigten Dritten ist in den letzten Jahren ein Trend zur Verbesserung der Rechtsstellung des Vten zu konstatieren. Im Verantwortungsbereich des Gesetzgebers ist das deutlich der 1965 geschaffenen Bestimmung des § 158 i a. F. zu entnehmen. Danach durfte der Ver, der wegen einer Obliegenheitsverletzung des Vmers leistungsfrei auch im Verhältnis zum Vten geworden ist, bei diesem Vten keinen Regreß nehmen, wenn nicht die die Leistungsfreiheit begründenden Umstände auch in der Person des geschädigten Dritten liegen. Durch diese Regelung war der Schutz des Vten wesentlich verbessert. Allerdings ist in diesem Zusammenhang darauf hinzuweisen, daß vom BGH 14.XII.1967 BGHZ Bd 49 S. 130—140 ohnedies aus dem Gesamtzusammenhang der Bestimmungen über die Pflichthaftpflichtv der Grundsatz entwickelt worden ist, daß dem Vten solche Obliegenheitsverletzungen des Vmers nicht schaden, die nach Eintritt des Vsfalls begangen worden sind. Daran war auch nach der Einführung des § 158 i a. F. festzuhalten (streitig, vgl. Anm. H 28 und 39 m. w. N.). Aus § 158 i a. F. hat der BGH dann in rechtsschöpferischer Tat für den Vten einen ergänzenden Schutz abgeleitet, indem er aus dieser Bestimmung folgerte, daß die Sozialvsträger oder anderen Ver, deren Eintrittspflicht nach § 158 c IV der überobligationsmäßigen Haftung des Vers aus § 3 Ziff. 4, 5 PflichtvsG vorgeht, einen solchen Regreß gegen den Vten ebenfalls nicht nehmen dürfen (BGH 14.VII.1976 BGHZ Bd 67 S. 147—151). Hingegen ist es vom BGH abgelehnt worden, § 158 i a. F. auch auf eine Leistungsfreiheit des Vers wegen Nichtzahlung der Erst- oder Folgeprämie entsprechend anzuwenden (vgl. BGH 20.I.1971 BGHZ Bd 55 S. 281—288 und ergänzend zum Streitstand gemäß § 158 i a. F. Anm. H 36—38 m. w. N.). Die Rechtsstellung des Vten ist dann über 2 geschäftsplanmäßige Erklärungen gemäß VA 1973 S. 103, VA 1975 S. 157 (vgl. auch den Abdr. unter II, 4 in den geschäftsplanmäßigen Erklärungen in Anm. A 5) verbessert worden. Danach haben sich die Ver u. a. verpflichtet, keinen Regreß gegen einen Vten zu nehmen, der von einer Leistungsfreiheit wegen unterlassener Prämienzahlung keine Kenntnis hatte und bei dem diese Unkenntnis auch nicht auf grober Fahrlässigkeit beruhte. Die Lücke, die sich hier auftat, bestand dann darin, daß der Vte der Regreßforderung des an dieser vertraglichen Absprache gemäß geschäftsplanmäßiger Erklärung nicht beteiligten Sozialvers oder sonstigen Privatvers ausgesetzt war (BGH 13.I.1988 BGHZ Bd 103 S. 52—58). Es folgte dann zum 1.I.1991 eine starke Verbesserung der Rechtsstellung des Vten durch die Neufassung des § 158 i. Danach kann der Ver dem Vten eine Leistungsfreiheit — gleich aus welchem Grund — nur dann entgegenhalten, wenn die der Leistungsfreiheit des Vers zugrundeliegenden Umstände in der Person dieses Vten liegen oder wenn diese Umstände dem Vten bekannt oder grob fahrlässig nicht bekannt waren (für Einzelheiten vgl. Anm. H 29—34).

Aber auch die Rechtsposition des Vmers ist verstärkt worden. Zunächst war durch VA 1973 S. 103 ein limitierter Regreßverzicht bei Obliegenheitsverletzungen aller Art verankert worden. Ein solcher Regreßverzicht gilt auch heute noch bei Verletzungen von Obliegenheiten, die vor Eintritt des Vsfalls zu erfüllen sind (vgl. dazu Anm. F 27—29). Diese für den Vmer günstige Regelung wurde dann 1976 in der Weise verstärkt, daß in § 7 V Nr. 1, 2 AKB für die Mehrzahl der Verletzungen von nach Eintritt des Vsfalls zu erfüllenden Obliegenheiten nur noch eine limitierte Leistungsfreiheit des Vers verankert wurde (vgl. dazu Anm. F 96, 114—117). Mit dieser nur teilweisen Verwirkung des Vsschutzes im Bereich vorsätzlicher Verletzungen von Obliegenheiten, die nach Eintritt des Vsfalls zu

II. Entwicklung der Kraftfahrzeughaftpflichtv

erfüllen sind, ist für den Vmer eine nahezu optimale Regelung geschaffen worden, für die es bisher kaum vergleichbare Beispiele im Bereich anderer Vssparten gibt.

Eine weitere **vertragliche Verbesserung** des Vsschutzes liegt in den 1977 neugefaßten Ausschlußtatbeständen (VA 1977 S. 48–50). Nach § 11 AKB n. F. gibt es **nicht mehr** den **Ausschluß** von **Schadenersatzansprüchen der Angehörigen** des Vmers. Auch sind nach § 11 Nr. 2 AKB n. F. nur noch die Haftpflichtansprüche des Vmers, Halters oder Eigentümers gegen mitvte Personen wegen **Sach- oder Vermögensschäden** vom **Vsschutz** ausgeschlossen, also nicht die Haftpflichtansprüche dieses Personenkreises wegen **Körperschäden** (vgl. dazu Anm. G 67–74). Diese Fassung des § 11 AKB ist wesentlich besser als die Regelung in § 4 II Ziff. 2 AHB und die in § 4 Ziff. 6 AHBVerm, so daß den AKB insoweit Vorbildfunktion für andere Haftpflichtvsarten zukommen könnte.

Nachzutragen ist, daß die zugunsten des Dritten geltenden Grundsätze über die überobligationsmäßige Haftung des Vers durch das erste Gesetz zur Änderung des PflichtvsG vom 22.III.1988 (BGBl. I S. 358) mit Wirkung vom 1.VII.1988 geändert worden sind. Die Änderung mußte nach Maßgabe der zweiten Richtlinie des Rates der EG vom 30.XII.1983 betreffend die Angleichung der Rechtsvorschriften der Mitgliedstaaten bezüglich der Kfz-Haftpflichtv vorgenommen werden (vgl. EG-AmtsBl. 1984 Nr. L 8/17 Art. 2). Der materielle Änderungsgehalt zugunsten des originär geschädigten Dritten ist dabei als gering anzusehen. Die erste der beiden Änderungen ist dabei eine solche zum Anwendungsbereich des § 158c IV. Es heißt jetzt nämlich sinngemäß in dem neu geschaffenen zweiten Halbsatz des § 3 Ziff. 6 S. 1 PflichtvsG, daß der nach § 3 Ziff. 4 PflichtvsG überobligationsmäßig haftende Ver in drei Fällen den Dritten nicht auf die Möglichkeit verweisen könne, Ersatz seines Schadens von einem anderen Schadenver oder von einem Sozialvsträger zu erlangen. Diese drei Fälle sind folgende:

1. das Fahrzeug entsprach nicht den Bau- und Betriebsvorschriften der StVZO oder
2. es wurde von einem unberechtigten Fahrer oder
3. von einem Fahrer ohne die vorgeschriebene Fahrerlaubnis geführt.

Der Dritte kann nach dieser Neuregelung darüber entscheiden, ob er seinen privaten Schadenver in Anspruch nimmt oder sich an den überobligationsmäßig haftenden Ver des Schadenstifters hält oder nicht. Wozu diese Änderung gut sein soll, ist nicht recht einzusehen (kritisch auch Steffen VersR 1987 S. 533). Denn Unzuträglichkeiten, die sich aus der Differenzhaftung des nur überobligationsmäßig im Risiko befindlichen Haftpflichtvers ergeben hätten, sind nicht bekanntgeworden. – Als geradezu mißverständlich muß es erscheinen, wenn es heißt, daß der nur nach § 3 Ziff. 4 PflichtvsG haftende Ver den Dritten nicht auf die Möglichkeit verweisen könne, Ersatz von einem Sozialvsträger zu erlangen. Denn dabei wird nicht berücksichtigt, daß sich der Forderungsübergang auf den Sozialver gemäß § 116 SGB X im Zeitpunkt des Eintritts des Schadenereignisses vollzieht. Wenn diese Bestimmung durch den Zusatz zu § 3 Ziff. 6 S. 1 PflichtvsG geändert werden sollte, hätte das nach überkommener deutscher Gesetzestechnik in anderer Art und Weise zum Ausdruck gebracht werden müssen, etwa durch einen Hinweis auf eine Abweichung von den sonst für § 116 SGB X geltenden Grundsätzen. Da nicht einzusehen ist, warum die materielle Haftungslage sich bei einem gestörten Haftpflichtvsverhältnis anders gestalten soll als bei einem Schädiger mit intaktem Vsschutz, ist dahin zu entscheiden, daß trotz des Zusatzes zu § 3 Ziff. 6 S. 1 PflichtvsG auch der nur überobligationsmäßig haftende Ver einwenden darf, daß der Dritte mit Rücksicht

Anm. A 22   A. Rechtsquellen und Entwicklung der Kraftfahrzeughaftpflichtv

auf den bereits erfolgten gesetzlichen Forderungsübergang in Höhe der Leistungspflicht des Sozialvers nicht mehr anspruchsberechtigt ist. Folgt man dieser Argumentation, so verbleibt als verdeckter Sinn dieser Abänderung des Anwendungsbereichs des § 158c IV für den Bereich der Kraftfahrzeughaftpflichtv der, daß der andere Schaden- oder Sozialver als Dritter im Sinne des § 3 Ziff. 4 PflichtvsG anzusehen ist. Die eigentümlich unpräzise Ausgestaltung der Änderung läßt darauf schließen, daß das Problem im Gesetzgebungsverfahren zwar klar erkannt worden ist, daß man aber die Frage, ob der überobligationsmäßig haftende Ver in den drei aufgeführten Fällen die Rückgriffsansprüche des anderen Schadenvers oder des Sozialvsträgers befriedigen muß, der Entscheidung der Gerichte anvertrauen wollte. Bedenkt man, daß es vom BGH bisher abgelehnt worden ist, den Kreis der durch § 158c I, II geschützten Dritten auf die originär Geschädigten zu begrenzen (vgl. nur BGH 8.X.1952 BGHZ Bd 7 S. 244–252, 17.X.1957 BGHZ Bd 25 S. 330–340 m. w. N., ferner Anm. B 52), so liegt es nahe, § 3 Ziff. 4 PflichtvsG entsprechend zu interpretieren. Bedenklich aus dem Gesamtzusammenhang der bisher systemgerechten Lösung ist die Änderung im übrigen auch deshalb, weil sie zur Konsequenz hat, daß in den aufgeführten drei Fällen der Geschädigte auch nicht mehr an einen im Risiko befindlichen Haftpflichtver eines Mitschädigers verwiesen werden kann (vgl. insoweit zur Rechtslage bei bis zum 1.VII.1988 eingetretenen Schadenfällen Anm . B 55).

Eine weitere durch das Gesetz vom 22.III.1988 herbeigeführte Änderung betrifft § 3 Ziff. 5 PflichtvsG. In diese Vorschrift ist ein Satz 4 eingefügt worden. Dieser besagt, daß ein in § 3 Ziff. 5 S. 1, 2 bezeichneter Umstand (Nichtbestehen oder Beendigung des Vsverhältnisses) dem Anspruch des Dritten auch dann entgegengehalten werden kann, wenn vor dem Zeitpunkt des Schadenereignisses der hierfür zuständigen Stelle die Bestätigung einer entsprechend § 1 PflichtvsG für das Fahrzeug abgeschlossenen neuen V zugegangen ist. Der Änderungsgehalt dieser Regelung erscheint als gering. Denn wenn der neue Ver im Risiko ist, so konnte sich der alte ohnedies gegenüber dem geschädigten Dritten auf § 158c IV berufen. So bleibt als mutmaßlicher Änderungsgrund der, daß auch das neue Vsverhältnis zum Zeitpunkt des Schadeneintritts ein gestörtes ist (oder es später wird, z. B. durch eine nach Eintritt des Vsfalls begangene Obliegenheitsverletzung). Sind alter und neuer Ver vertraglich nicht im Risiko, so ist sinnvollerweise bisher eine gesamtschuldnerische überobligationsmäßige Haftung angenommen worden (vgl. Anm. B 55). Das kann man gewiß ändern, wenngleich es möglich sein müßte, das Gewollte sprachlich klarer auszudrücken.

Auf dem Gebiet der Kraftfahrzeughaftpflichtv ist für die Zukunft aufgrund der Umsetzung europäischer Vorgaben mit einschneidenden Veränderungen zu rechnen. Diese Änderungen bezwecken die Herstellung eines einheitlichen EG-Wirtschaftsmarktes. Der nationale Gesetzgeber ist verpflichtet, den Richtlinien des EG-Rates in den gesetzten Fristen Folge zu leisten. Folgt er dieser Verpflichtung nicht, so treten die Regelungen der Richtlinien, soweit dem nationalen Gesetzgeber kein Ermessensspielraum gelassen worden ist, unmittelbar im nationalen Bereich des Mitgliedstaates, der seiner Transformationspflicht nicht nachgekommen ist, in Kraft (ständige Rechtsprechung, vgl. EuGH 17.XII.1970 SACE ./. Italienische Rep. Slg. 1970 S. 1213–1225, 1.II.1977 Nederlandse Ondernemingen ./. Inspecteur der Invoerechten en Accijnzen Slg. 1977 S. 113–129, 20.IX.1988 Moormann ./. Kreis Borken Slg. 1988 S. 4716–4726, 30.V.1991 Karella und Karellas ./. Ypourgou viomichanias, energeias kai technologias u. a. Slg. 1991 S. 2710–2721; w. N. bei v. d. Groeben-Thiesing-Ehlermann Komm. zum EWG-Vertrag, 4. Aufl., Baden-Baden 1991, Bd 4, Anm. 41 zu Art. 189).

II. Entwicklung der Kraftfahrzeughaftpflichtv

Für die Kraftfahrzeughaftpflichtv ist hier zunächst auf die dritte Kraftfahrzeughaftpflichtvsrichtlinie vom 14.V.1990 (Amtsblatt der EG vom 19.V.1990 Nr. L 129/33 = VA 1990 S. 372) hinzuweisen. Diese Richtlinie hat das Ziel, den Schutz der Vten und der Unfallgeschädigten zu verbessern. Für die Bundesrepublik Deutschland ergeben sich allerdings aus dieser Richtlinie nur geringe Änderungen, da die in Art. 1 geforderte Abdeckung aller Haftpflichtansprüche von Fahrzeuginsassen für Personenschäden (mit Ausnahme des Fahrers) bereits seit der Bedingungsänderung zum 1.I.1977 (VA 1977 S. 48 – 50; vgl. dazu Anm. G 67) verwirklicht ist (vgl. dazu auch Wezel 29. Verkehrsgerichtstag 1991 S. 134 – 136). Entsprechendes gilt für das Gebot nach Art. 2, daß die Pflichtvsverträge zur Haftpflicht für die Nutzung von Fahrzeugen auf der Basis einer einzigen Prämie das gesamte Gebiet der Gemeinschaft abdecken und auf der Grundlage dieser Prämie den in dem Mitgliedstaat gesetzlich vorgeschriebenen Vsschutz bzw. den in dem Mitgliedstaat, in dem das Fahrzeug seinen gewöhnlichen Standort hat, gesetzlich vorgeschriebenen Vsschutz gewährleisten, wenn letzterer höher ist. Nach § 2 I AKB erstreckte sich der Vsschutz traditionell schon immer auf das gesamte Europa. Auch wird der im Ausland vorgeschriebene Vsschutz durch § 10 VIII AKB zusätzlich gewährt (vgl. dazu Möller ZVersWiss 1972 S. 232 und Anm. G 27 und G 43).

Hingegen lösen Art. 3 und 4 für die Bundesrepublik Deutschland bedeutsame Änderungen aus. Sie betreffen die Leistung des Verkehrsopferfonds. Nach Art. 3 darf dieser die Zahlung von Schadenersatz nicht mehr davon abhängig machen, daß der Geschädigte in irgendeiner Form nachweist, daß der Haftpflichtige zur Schadenersatzleistung nicht in der Lage ist oder die Zahlung verweigert. Dazu steht § 12 I 2 PflichtvsG im Widerspruch, der die Ersatzpflicht des Verkehrsopferfonds u. a. davon abhängig macht, daß der Ersatzberechtigte weder von dem Halter, dem Eigentümer oder dem Fahrer Ersatz seines Schadens zu erlangen vermag (vgl. dazu Anm. B 110). Diese Bestimmung war bis zum 31. Dezember 1992 abzuändern. Erfolgt keine Umsetzung in das nationale Recht, so findet die im Widerspruch zum EG-Recht stehende Bestimmung nach Maßgabe der oben zitierten EuGH-Entscheidungen auf Ersatzansprüche der durch nicht vte und nicht ermittelte Fahrzeuge Geschädigten keine Anwendung. Es ist zu erwarten, daß der Verkehrsopferfonds demgemäß für Schadenfälle ab 1.I.1993 diesen Subsidiaritätseinwand nicht mehr erhebt, und zwar auch nicht für den in den Richtlinien nicht ausdrücklich erwähnten Fall der Vorsatzschäden, zumal da den deutschen Verhandlungspartnern im EG-Bereich bis zur Ergänzung des § 12 I PflichtvsG durch Ziff. 3 immer diese Schwäche des Schutzsystems des deutschen Rechts in bezug auf die Absicherung der Geschädigten vorgehalten worden war (vgl. zur Kfz-Haftpflichtv im europäischen Vergleich ergänzend Wiesel 29. Verkehrsgerichtstag 1991 S. 141 – 155).

Bis zum 31.XII.1992 war ferner nach Art. 4 bei einem Streit zwischen dem Verkehrsopferfonds und dem Haftpflichtver darüber, wer dem Geschädigten Schadenersatz zu leisten hat, durch entsprechende Maßnahmen zu bestimmen, wer unter den Parteien dem Geschädigten unverzüglich vorläufigen Schadenersatz zu leisten hat. Es ist zu erwarten, daß der Verkehrsopferfonds diese Leistung ab 1.I.1993 vorerbringt, da der Gesetzgeber bis zum genannten Zeitpunkt die Umsetzung in das nationale Recht nicht bewerkstelligt hat. Eine solche Handhabung liegt im wohlverstandenen Interesse des Ansehens aller Kraftfahrzeughaftpflichtver und ist in Härtefällen auch bisher als dem Pflichtvsgedanken entsprechende Regulierungspraxis des Verkehrsopferfonds zu beobachten gewesen. Rechtlich erzwungen werden könnte ein solches Verhalten von einem Dritten ohne gesetzliche Transformationsmaßnahmen nicht, da das Gericht nicht den Ermessenspielraum des nationalen Gesetzgebers gestalten darf; somit wäre der Dritte auf die Geltendmachung eines Schadenersatzanspruchs gegen die Bundesrepublik Deutschland angewiesen. Da ein

Anm. A 22 A. Rechtsquellen und Entwicklung der Kraftfahrzeughaftpflichtv

solches Vorgehen aber genauso lange dauert wie das Ausprozessieren gegen den Ver oder den Verkehrsopferfonds und überdies § 839 I 2 BGB zu überwinden wäre (Subsidiarität der Staatshaftung, weil der Verletzte auf andere Weise Ersatz zu erlangen vermag), ist dem Dritten mit diesen Überlegungen kaum zu helfen.

Weiter ist für die künftige Entwicklung des Kraftfahrtvsrechts die **Richtlinie des Rates vom 8.XI.1990** (Amtsblatt der EG vom 29.XI.1990 Nr L 330/44) zu beachten. Die darin vorgesehenen Rechtsänderungen sind gemäß Art. 12 binnen 18 Monaten in das innerstaatliche Recht einzufügen und binnen weiterer 6 Monate anzuwenden. Die Bekanntgabe an die Mitgliedsstaaten ist am 20.XI.1990 erfolgt, eine Änderung der deutschen Rechtsvorschriften aber bisher nicht vorgenommen worden. Da die Richtlinien den Mitgliedsstaaten in den Kernpunkten der Änderungsvorgaben keinen Ermessensspielraum einräumen, ist nach Maßgabe der eingangs zitierten Rechtsprechung des EuGH von der unmittelbaren Geltung der Änderungsbestimmungen ab 21.XI.1992 auszugehen.

Der Hauptpunkt der Änderungen liegt in der Sonderbehandlung der sog. **Großrisiken** im Kraftfahrzeugvsgeschäft (vgl. dazu vor allem auch die kritische Darstellung durch Hübner, 29. Verkehrsgerichtstag 1991, S. 156–168 und Lemor VW 1992 S. 18–19). In diesem Zusammenhang ist daran zu erinnern, daß durch die **Zweite Koordinierungsrichtlinie zur Schadenv vom 22.VI.1988** (Amtsblatt EG Nr L 172 vom 4.VII.1988) die Ver partiell für sog. Großrisiken von der Vorlage der Tarife und der allgemeinen Vsbedingungen bei den Aufsichtsbehörden befreit worden sind. Die Kraftfahrzeughaftpflichtv und die Fahrzeugv wurden ursprünglich von dieser durch § 5 VI VAG (in der Fassung des Zweiten Durchführungsgesetzes EG zum VAG vom 20.VI.1990, BGBl. I S. 1249) nicht erfaßt. Das ist durch die Richtlinie vom 8.XI.1990 geändert worden. Nunmehr greift für **Großrisiken in der Kraftfahrzeug-Kaskov und in der Kraftfahrzeughaftpflichtv auch eine Sonderregelung ein.** Danach gibt es im Bereich der Großrisiken für die **Fahrzeugv keine Genehmigungspflicht für das Bedingungswerk mehr und es gibt auch keine Verpflichtung, das Tarifwerk vorzulegen.** Für die **Kraftfahrzeughaftpflichtv** besteht dagegen auch für Großrisiken weiterhin eine **Genehmigungspflicht für die Bedingungen, dagegen bedarf der Tarif in diesem Bereich keiner Genehmigung mehr.**

Der **Begriff der Großrisiken** ist in § 5 VI VAG (in Übereinstimmung mit der Vorgabe in der Zweiten Schaden-Koordinierungsrichtlinie) definiert. Maßgebend wird darauf abgestellt, wie hoch die **Bilanzsumme und die Nettoumsatzerlöse des vten Unternehmens sind und wieviele Arbeitnehmer im Jahresdurchschnitt** beschäftigt werden. Dafür sind Schwellenwerte angegeben, nämlich eine Bilanzsumme von 6,2 Millionen ECU, ein Nettoumsatzerlös von 12,8 Millionen ECU und 250 Arbeitnehmer. Überschreitet ein Unternehmen bei zwei von diesen drei Begriffen den aufgeführten Schwellenwert, so liegt ein Großrisiko im Sinne des EG-Rechts vor. Ergänzend ist zu bemerken, daß diese Freiräume für den Bereich der Großrisiken auch dann zum Tragen kommen, wenn die Vsnahme über eine Niederlassung eines ausländischen Vers erfolgt oder von ihm im Wege des Dienstleistungsverkehrs erbracht wird. Das bedeutet, daß ein ausländischer Ver aus dem EG-Bereich in der Weise im Großrisikobereich von der BAV-Aufsicht freigestellt ist, daß im Kaskovsgeschäft weder Bedingungen noch Tarife vorzulegen sind, während im Kraftfahrzeughaftpflichtvssektor die Bedingungsaufsicht noch besteht. Hübner a. a. O. S. 157–158 bemerkt dazu treffend, daß ein Ver aus einem Mitgliedsstaat der EG im Großrisikobereich vom BAV unkontrolliert auf dem deutschen Kaskovsmarkt tätig sein könne. Das ist nicht kritisch zu verstehen, da eine Gleichstellung der in- und ausländischen Ver aus dem EG-Bereich im gesamten einheitlichen Markt dem Vertragsziel des EG-Vertrages auch auf dem Gebiet des Vswesens entspricht.

II. Entwicklung der Kraftfahrzeughaftpflichtv

Erwähnenswert ist im übrigen, daß Unternehmen, die im Großrisikenbereich das Kraftfahrzeughaftpflichtvsgeschäft im Dienstleistungsverkehr betreiben, sich im System der Grünen Karte dem Vsbüro des betreffenden Staates anschließen müssen und sich an der Finanzierung des Garantiefonds (Verkehrsopferfonds) zu beteiligen haben. Auch muß ein derartiges Unternehmen einen in dem betreffenden Staatsgebiet ansässigen oder niedergelassenen Vertreter ernennen, der alle erforderlichen Informationen über Schadenfälle zusammenträgt und über ausreichende Befugnisse verfügt, um das Unternehmen gegenüber Geschädigten zu vertreten, die Schadenersatzansprüche geltend machen können, einschließlich der Befugnis zur Auszahlung des Schadenersatzes. Dieser Vertretungsbefugte muß auch berechtigt sein, den Ver vor den Gerichten und Behörden des betreffenden Mitgliedsstaates in bezug auf diese Schadenersatzansprüche zu vertreten oder vertreten zu lassen.

Es ist zu erwarten, daß zum 1.VII.1994 aufgrund der Verabschiedung der Dritten EG-Koordinierungsrichtlinie zur Schadenv vom 18.VI.1992 (ABl EG vom 11.VIII.1992 Nr. L 228/1 – 23) für die Kraftfahrzeughaftpflichtv die Genehmigungspflicht für die Vsbedingungen entfällt. Das kann im Bereich der Pflichtv eigentlich nicht verantwortet werden. Gegen diesen Standpunkt spricht allerdings, daß ein derartiges System im Ausland funktioniert. Es muß jedenfalls von dem genannten Zeitpunkt an mit unterschiedlichen Bedingungswerken gerechnet werden. Es kann bezweifelt werden, daß das eine Verbesserung der Rechtsposition der Vmer und der geschädigten Dritten zur Folge haben wird. Es ist vielmehr zu befürchten, daß das Gegenteil der Fall sein wird. Indessen muß eine solche dynamische Entwicklung abgewartet werden. Gleichzeitig wird zum 1.VII.1994 die Tarifgenehmigungspflicht im Bereich der Kraftfahrzeughaftpflichtv aufgehoben werden. Das braucht im Prinzip keine nachteiligen Folgen für den einzelnen Vmer oder den geschädigten Dritten zu haben, sofern entsprechend vorsichtig kalkuliert und gewirtschaftet wird.

Ferner ist zu erwarten, daß die heute gemäß § 5 II PflichtvsG bestehende Annahmepflicht entfällt (dagegen aus rechtspolitischer Sicht Hübner a. a. O. S. 162 – 163, dafür Feyock VW 1991 S. 1382, Lemor VW 1992 S. 20, Zech VW 1991 S. 1206). Das erscheint deswegen als bedauerlich, weil der Staat, der dem einzelnen Vmer den Abschluß einer V zur Pflicht macht, eigentlich auch dafür sorgen müßte, daß ein Ver zur Annahme eines solchen Pflichtvsantrages verpflichtet ist. Der gegenteilige Standpunkt läuft darauf hinaus, daß man es getrost den Kräften des Marktes überlassen könne, wie nämlich der einzelne Vmer einen Ver findet, der bereit ist, mit ihm zu kontrahieren. Es bleibt abzuwarten, ob daraus Mißstände in einem Umfang erwachsen, die ein gesetzgeberisches Eingreifen erforderlich machen, sei es notfalls auch in der Form, daß eine Einigung mit den europäischen Partnern über eine Abänderung erfolgt.

Als bedauerlich ist es anzusehen, daß von den deutschen Vern geplant ist, den Solidarhilfevertrag aufzukündigen (so Lemor VW 1992 S. 21; zur Erläuterung der bisherigen Rechtslage vgl. Anm. B 132 – 144). Es war ein wesentliches Werbemittel für die deutschen Ver, daß sie in einer Gesamtaktion die Vmer und die geschädigten Dritten durch einen solchen Solidarhilfevertrag so gestellt haben, als wenn ein stets solventer Ver für die Befriedigung der Ansprüche des geschädigten Dritten zur Verfügung steht. Ob der deutsche Gesetzgeber eingreift, um eine Ersatzlösung zu schaffen, bleibt abzuwarten (zu den Zukunftsprognosen vgl. Hübner a. a. O. S. 158 – 164, Zech VW 1991 S. 1206 – 1212, Feyock VW 1991 S. 1376 – 1382 und zu den möglicherweise bevorstehenden Änderungen des Vsvertragsrechts Präve VW 1992 S. 596 – 601, 656 – 670 m. w. N.). Es bleibt zu hoffen, daß die Gesamtreform nicht zu einer Verschlechterung der Position des Vmers oder des geschädigten Dritten führt.

B. Institutionelle Eigenheiten der Kraftfahrzeughaftpflichtversicherung unter besonderer Berücksichtigung der Stellung des geschädigten Dritten

Gliederung:
Schrifttum B 1
I. Vorbemerkung B 2–3
  1. Verknüpfung des Direktanspruchs mit den für die allgemeine Haftpflichtv geltenden Grundsätzen B 2
  2. Überblick über wesensmäßige Besonderheiten der Kfz-Haftpflichtv B 3
II. Rechtsstellung des geschädigten Dritten B 4–145
  1. Entwicklung zum Direktanspruch B 4
  2. Rechtstheoretische Gestaltungsmöglichkeiten B 5
  3. Rechtliche Einordnung des Direktanspruchs B 6–11
     (weitere Untergliederung vor B 6)
  4. Zum Begriff des geschädigten Dritten B 12
  5. Direktanspruch im ungestörten Haftpflichtvsverhältnis B 13–35
     (weitere Untergliederung vor B 13)
  6. Bindungswirkungen B 36–41
     (weitere Untergliederung vor B 36)
  7. Leistungspflicht des Vers im gestörten Vsverhältnis B 42–71
     (weitere Untergliederung vor B 42)
  8. Zur Rechtsposition des auf dem traditionellen Wege vorgehenden Dritten B 72–73
     (weitere Untergliederung vor B 72)
  9. Internationalprivatrechtliche Aspekte der Kfz-Haftpflichtv B 74–91
     (weitere Untergliederung vor B 74)
  10. Zusätzliche Haftung der von der Vspflicht nach § 2 I Ziff. 1–5 PflichtvsG befreiten Halter B 92–96
     (weitere Untergliederung vor B 92)
  11. Eintrittspflicht des Entschädigungsfonds B 97–131
     (weitere Untergliederung vor B 97)
  12. Eintrittspflicht des Solidarhilfevereins wegen Zahlungsunfähigkeit des Vers B 132–144
     (weitere Untergliederung vor B 132)
  13. Exkurs: Staatshaftung für Versehen der Zulassungsstelle und der Grenzbehörde B 145
III. Reflexwirkungen der Haftpflichtv B 146–148
  1. Schmerzensgeldbemessung B 146
  2. Billigkeitshaftung nach § 829 BGB B 147
  3. Anspruchsverlust wegen fehlenden Haftpflichtvsschutzes B 148

[B 1] Schrifttum:

Asmus, Kraftfahrtv, 2. Aufl., Wiesbaden 1982, v. Bar AcP Bd 181 (1981) S. 289–327, Bäumer, Hat das deutsche Kraftfahrzeug-Haftpflichtvs-System eine Zukunft? Eine rechtsvergleichende Untersuchung über die Entwicklung in der Kraftfahrzeug-Haftpflichtv, Karlsruhe 1982, (zit. Bäumer Zukunft), Bauer, Die Kraftfahrtv, München 1976, Baumann, Leistungspflicht und Regreß des Entschädigungsfonds für Schäden aus Kraftfahrzeugunfällen, Karlsruhe 1969, (zit. Baumann Entschädigungsfonds), Baumann ZVersWiss 1970 S. 193–226, Böhm, 18. Verkehrsgerichtstag, Hamburg 1980, S. 128–137, Bott, Der Schutz des Unfallgeschädigten durch die Kraftfahrzeug-Pflichtv, Karlsruhe 1964, (zit. Bott Schutz des Unfallgeschädigten), Breuer, Die internationalprivatrechtliche Behandlung des Direktanspruchs gegen eine inländische Kraftfahrzeughaftpflichtv bei Verkehrsunfällen im Ausland, Diss. Münster 1979, (zit. Breuer Direktanspruch), Bringezu VersR 1968 S. 533–537, Büchner, Zur Theorie der obligatorischen Haftpflichtven, Karlsruhe 1970, (zit. Büchner Obligatorische Haftpflichtven), Clemm, Der Rückgriff des subsidiär haftenden Kfz-Haftpflichtvers, Berliner Diss. 1968, Deinhardt VersR 1980 S. 412–415 = 18. Verkehrsgerichtstag, Hamburg 1980, S. 138–147, Deiters VW 1965 S. 1100–1105, Deiters, Festschrift für Reimer Schmidt, Karlsruhe

Anm. B 2 B. Kraftfahrzeughaftpflichtv Stellung des geschädigten Dritten

1976, S. 379–394, Denck VersR 1979 S. 973–975, Denck VersR 1980 S. 9–12, Ebel, Berichtigung, transactio und Vergleich-Untersuchungen zu Schuldversprechen und Vergleichsvertrag des Zivilrechts, Tübingen 1978, (zit. Ebel Vergleich), Ebel VersR 1980 S. 158–159, Feuerstein JRPV 1941 S. 201–203, Feyock VW 1965 S. 318–321, Fleischmann VersR 1958 S. 137–139, Fleischmann VersR 1961 S. 1–5, Fromm, Kraftfahrzeug-Pflichtv und Vsbedingungen, Komm., 2. Aufl., Berlin 1961, Geyer VersR 1966 S. 512–514, Gülde-Schmidt = Rost, Die Kraftfahrzeugpflichtv, Erläuterungen, Berlin 1940, Haindl, 18. Verkehrsgerichtstag, Hamburg 1980, S. 148–157, Hoegen VersR 1978 S. 1081–1083, Hofmann, Wandlungen des Trennungsprinzips, Festschrift für Sieg, Karlsruhe 1976, S. 185–210, Hübner VersR 1977 S. 1069–1076, Johannsen VersArch 1956 S. 279–368, Karcher, Kollisionsrechtliche Fragen bei der Kraftfahrzeug-Haftpflichtv, Karlsruhe 1973, (zit. Karcher Kollision), Keilbar, Die Rechtsstellung des Drittgeschädigten gegenüber dem Kraftfahrzeug-Haftpflichtver nach dem Pflichtvsänderungsgesetz vom 5. April 1965, Diss. Berlin 1967, (zit. Keilbar Rechtsstellung), Keilbar ZVersWiss 1970 S. 441–454, Keilbar ZVersWiss 1976 S. 705–719, Keßler Iher Jb Bd 88 S. 293–350, Küppersbusch VersR 1983 S. 193–212, Landwehr VersR 1965 S. 1113–1117, Lappe NJW 1977 S. 95, Malchow, Die rechtliche Stellung des geschädigten Dritten in der Haftpflichtv im Falle des § 158c VVG, Hamburger unveröffentlichte Diss. (Maschinenschrift) 1951, (zit. Malchow Diss.), Möller VersR 1950 S. 3–4, 16–17, Möller ZVersWiss 1963 S. 409–470, Müller-Stüler, Der Direktanspruch gegen den Haftpflichtver, Karlsruhe 1966, (zit. Müller-Stüler Direktanspruch), Ossewski VersR 1958 S. 4–8, H. Plagemann NJW 1983 S. 423–427, E. Prölss NeumannsZ 1939 S. 1044–1046, E. Prölss JRPV 1941 S. 211–212, NJW 1965 S. 1737–1743, J. Prölss VersR 1977 S. 367–368, Reichert-Facilides VersR 1955 S. 65–66, Rodopoulos, Kritische Studie der Reflexwirkungen der Haftpflichtv auf die Haftung, Diss. Hamburg, Frankfurt a. M. 1981, Roeder ÖffrV 1941 S. 289–291, 302–306, Roth-Stielow NJW 1972 S. 1357–1358, Schantl MDR 1982 S. 450–453, Schirmer, Die Vertretungsmacht des Haftpflichtvers im Haftpflichtverhältnis, Karlsruhe 1969, (zit. Schirmer Vertretungsmacht), H. W. Schmidt DAR 1965 S. 232–234, Seidel, Zur Struktur und zum Inhalt der Rechtsbeziehungen in der Kraftfahrzeughaftpflichtv, Diss. Mannheim, Karlsruhe 1979, (zit. Seidel Struktur), Sendtner-Voelderndorff, Ausgleichsansprüche nach dem Pflichtvs-Änderungsgesetz vom 5. IV. 1965, Diss. Berlin 1967, Sieg, Ausstrahlungen der Haftpflichtv – Geschichtliche, materiellrechtliche und prozessuale Studien zur Stellung des Drittgeschädigten, Hamburg 1952, (zit. Sieg Ausstrahlungen), Sieg ZVersWiss 1965 S. 357–384, Sieg VersR 1966 S. 101–104, Sieg VersR 1982 S. 913–914, Sperner VersR 1976 S. 516–518, Stiefel-Hofmann, Kraftfahrtv, 12. Aufl., München 1983, Thees ZVersWiss 1940 S. 11–19, Thees-Hagemann, Das Recht der Kraftfahrzeug-Haftpflichtv, 2. Aufl., Berlin 1958, neubearbeitet von Fleischmann-Deiters, Wahle ZVersWiss 1960 S. 51–104 m.w.N., weitere Schrifttumsnachweise in Anm. B 31, B 36, B 74, B 97, B 124 und B 132, ferner in Bd IV Anm. B 1, B 9, B 56, B 76, B 109 und G 8.

I. Vorbemerkung

[B 2] 1. Verknüpfung des Direktanspruchs mit den für die allgemeine Haftpflichtversicherung geltenden Grundsätzen

Zu den begrifflichen Grundlagen der allgemeinen Haftpflichtv im System des bürgerlichen Rechts und zu den wesentlichen Besonderheiten des Haftpflichtvsverhältnisses ist in Bd IV Anm. B 1–66 Stellung genommen worden. Diese Abgrenzungen gelten im Prinzip auch für die Kfz-Haftpflichtv, so daß insoweit zur begrifflichen Klärung auf das a.a.O. Gesagte Bezug genommen werden darf. Es werden daher in dem nachfolgenden Abschnitt in Anm. B 4–145 in erster Linie die Besonderheiten der Kfz-Haftpflichtv dargestellt. Diese Besonderheiten ergeben sich namentlich durch die Zubilligung des Direktanspruchs gemäß § 3 PflichtvsG. Das Verhältnis zwischen Haftpflichtanspruch und Haftpflichtvsforderung hat dadurch im Vergleich zur Haftpflichtv überkommener Art einen bedeutsamen Wandel erfahren, aus dem sich eine Fülle von Zuordnungsproblemen ergibt. Kompliziert wird die Betrachtung dadurch, daß dem Dritten neben diesem Direktanspruch die Möglichkeit offen gelassen worden ist, den Ver in überkommener Weise nach vorheriger Klage gegen den Vmer als dessen

I. Vorbemerkung
Anm. B 2

Rechtsnachfolger über eine Pfändung und Überweisung der Haftpflichtvsforderung in Anspruch zu nehmen. Für diesen Fall gelten im Prinzip die Ausführungen aus Bd IV Anm. B 51—54 über die Übertragung der Haftpflichtvsforderung weiter (vgl. zur eingeschränkten Wirkung des Abtretungsverbots aber auch Anm. B 22) wie auch der Abschnitt über die Bindungswirkung (Bd IV Anm. B 61—65). Dabei handelt es sich allerdings aus der Sicht der Kfz-Haftpflichtv um **Ausnahmefälle ohne symptomatische Bedeutung**. Das Schwergewicht der Besonderheit der Kfzhaftpflichtv liegt daher gewiß nicht in der Überschneidung des neuen Rechtsinstituts des Direktanspruchs mit den früher entwickelten Grundsätzen zur Einordnung der Rechtsstellung des geschädigten Dritten. Vielmehr ist der Kernpunkt die **systematische Erfassung und Darstellung** dieses neu geschaffenen Instituts. In diesem Zusammenhang ist aber als Besonderheit auch auf die **Schutzvorschriften zu Gunsten des geschädigten Dritten im Falle eines gestörten Vsverhältnisses** einzugehen. Allerdings gelten entsprechende Bestimmungen nach § 158 c ohnedies für alle Pflichthaftpflichtven. Der Schutz des Dritten ist insoweit durch die Einräumung eines Direktanspruchs nicht verbessert worden. Eine Darstellung dieser Problematik des Schutzes des Dritten in Anm. B 42—63 war aber mit Rücksicht darauf unumgänglich, daß der Bereich der sonstigen Pflichthaftpflichtven in Bd IV nicht abgehandelt worden ist. An der speziellen Regelung für die Kfz-Haftpflichtv ist insoweit im übrigen zu tadeln, daß sie außerhalb des VVG in einem besonderen Gesetz erfolgt ist und daß man sich nicht auf die Darstellung der Besonderheiten der Kfz-Haftpflichtv beschränkt hat. Es wäre doch ohne weiteres möglich gewesen, auf die §§ 158 a—158 k ergänzend Bezug zu nehmen und nicht ein Kombination von Wiederholungen und Verweisungen zu wählen (vgl. einerseits die Übereinstimmung zwischen § 158 c I und II mit § 3 Ziff. 4 und 5 PflichtvsG und andererseits die Bezugnahme auf § 158 c III—IV in § 3 Ziff. 6 PflichtvsG). Ein Problemkreis besonderer Art ist die herkömmliche Konstruktion des Haftpflichtvsanspruchs als **Befreiungsverbindlichkeit** (vgl. dazu Bd IV Anm. B 33—34). Ein solcher Befreiungsanspruch steht dem Vmer auch weiterhin nur zu und lediglich in Ausnahmefällen ein Zahlungsanspruch (vgl. dazu Bd IV Anm. B 39—41). Des Schutzgedankens dieser Rechtskonstruktion und des noch weiter gehenden relativen Verfügungsverbots nach § 156 I (vgl. dazu Bd IV Anm. B 87—93) bedarf aber der den Weg des Direktanspruchs beschreitende Dritte nicht mehr, da er nunmehr ohnedies insoweit **eigenständiger Rechtsinhaber** geworden ist (vgl. dazu Anm. B 16—17). Festzuhalten ist in diesem Zusammenhang aber, daß die **Verteilungsverantwortung** des Vers bei nicht ausreichenden Vssummen gemäß § 156 III auch hinsichtlich des Direktanspruchs in der Kfz-Haftpflichtv gilt (vgl. dazu Sieg ZVersWiss 1965 S. 362, E. Prölss NJW 1965 S. 1738 und Baumann Entschädigungsfonds S. 72—74, a. M. nur Müller-Stüler Direktanspruch S. 148—149, vgl. ergänzend Anm. B 13). Bedeutungslos ist dagegen für den Dritten in der Kfz-Haftpflichtv auch die Bestimmung des § 157 über das Absonderungsrecht im Konkurs des Vmers geworden. Denn der Direktanspruch enthebt ihn der Durchsetzung seines Anspruchs nach Maßgabe dieser Sondernorm für den Konkurs seines Haftpflichtschuldners.

Daß der Vsschutzanspruch in der Haftpflichtv eine **doppelte Komponente** hat, nämlich die **Befreiung von begründeten und von unbegründeten Ansprüchen eines Dritten**, gilt gewiß auch für die Kfz-Haftpflichtv. Hervorzuheben ist dabei, daß diese Befreiungs- und Rechtsschutzverpflichtungen verschiedenartige Ausgestaltungen des einheitlich vorzustellenden Anspruchs auf Haftpflichtvsschutz sind (vgl. dazu Bd IV Anm. B 36 m.w.N.). Ein fehlerhaftes Beurteilungsermessen des Vers in der Abgrenzung zwischen begründeten und unbegründeten Haftpflichtansprüchen schlägt aber in der Kfz-Haftpflichtv wegen des dem Dritten gegen den Ver eingeräumten Direktanspruchs ohne Umweg über die traditionelle Bindungswirkung in der Haftpflichtv auf den Ver durch. Als Folge dieser Regelung häufen sich im übrigen die Fälle, in denen die Ver entgegen den Auffassungen ihrer Vmer ihnen als begründet erscheinende Forderungen der Dritten befriedigen (vgl. z. B. LG München 11. IV. 1973 VersR 1974 S. 155 m.w.N., AG Saarbrücken 8. VII. 1975 VersR 1976 S. 360 m. Anm. von Kaulbach a. a. O. S. 676, LG Bremen 16. XII. 1976 VersR 1977 S. 1120–1121, LG Köln 11. II. 1981 VersR 1981 S. 1124, AG Bremen 29. IX. 1981 VersR 1982 S. 1045). Der Ver ist nicht nur berechtigt, sondern verpflichtet, einen unbegründeten Regulierungswiderspruch des Vmers nicht zu beachten. Das bedeutet auch, daß der die Folgen eines solchen Widerspruchs regelnde § 10 IX AKB gegenstandslos geworden ist (insoweit wird ergänzend auf die künftigen Ausführungen im Abschnitt F. verwiesen). Diese Entwicklung ist im Interesse einer schnellen Erfüllung begründeter Ansprüche im Prinzip zu begrüßen, mag es auch in dem einen oder anderen Fall den Vmer schmerzlich berühren, daß gar zu geschwind seiner Meinung nach unbegründete Ansprüche von dem Ver anders beurteilt und als begründete befriedigt werden (soweit der Ver hierbei im übrigen ermessensmißbräuchlich gehandelt hat, geht das in seinen vertraglichen Konsequenzen nicht zu Lasten des Vmers).

Wie für die allgemeine Haftpflichtv stellt sich auch für die Kfz-Haftpflichtv die Frage nach der Bestimmung des Begriffs des Vsfalls. Als Anknüpfungspunkte kommen dabei das Ursachenereignis, der äußerlich sichtbare Schadeneintritt oder gar erst die Erhebung von Schadenersatzansprüchen in Betracht (vgl. dazu Bd IV Anm. B 9–29). § 7 I Ziff. 1 AKB hat diesen Vsfall dahin definiert, daß es sich um das Ereignis handle, das Ansprüche gegen den Vmer zur Folge haben könnte. Die damit wörtlich übereinstimmende Bestimmung in § 5 I AHB ist vom BGH 4. XII. 1980 NJW 1981 S. 870–873 = VersR 1981 S. 173–176 entgegen früherer Rechtsprechung (vgl. BGH 27. VI. 1957 BGHZ Bd 25 S. 34–47) und weitverbreiteter Auslegung (vgl. die Nachweise in Bd IV Anm. B 30) mit Rücksicht auf eine etwas abweichende Wortfassung in §§ 1 und 3 AHB a.F. dahin interpretiert worden, daß das Ursachenereignis und nicht das sich äußerlich dokumentierende Schadenereignis gemeint sei. Das stimmt in der Grundtendenz mit der in Bd IV Anm. B 23 vertretenen Auffassung überein, daß die gesetzliche Regelung gemäß § 149 in diesem Sinne zu interpretieren sei. Davon unabhängig ist allerdings zu prüfen, ob nicht doch § 7 I Ziff. 1 AKB eine abweichende Regelung vertraglicher Art zu entnehmen ist (vgl. für die AHB die durch die genannte BGH-Entscheidung veranlaßte Änderung der §§ 1 und 3 AHB gemäß VO vom 15. I. 1982 BAnz 1982 Nr. 19 vom 29. I. 1982 = VA 1982 S. 122–123, mit der vom Standpunkt der h.M. lediglich eine Klarstellung erfolgt ist, und dazu die Begründung in VA 1982 S. 65–66 und die dazu gehörigen, a.a.O. S. 66 veröffentlichten geschäftsplanmäßigen Erklärungen der Ver). Diese Frage wird aber aus systematischen Gründen im Rahmen der Leistungspflicht des Vers im Abschnitt G. erörtert werden. Vgl. in diesem Zusammenhang auch BGH 15. X. 1962 MDR 1963 S. 29–30 = VA 1963 S. 27–28 Nr. 353: Dort hatte der Fahrer A einem Dritten B, der keine gültige Fahrerlaubnis besaß, das Steuer des Wagens zum Fahren übergeben; für die gegen A gerichteten Schadenersatzansprüche wurde vom BGH unter Hinweis darauf, daß dieser zum Zeitpunkt des Eintritts des Schadenereignisses nicht Fahrer gewesen sei, der Vsschutz verneint.

[B 3] 2. Überblick über wesensmäßige Besonderheiten der Kfz-Haftpflichtversicherung

Ohne Vorbild in der allgemeinen Haftpflichtv und daher eingehender Darstellung bedürftig sind dagegen folgende fünf Problemkreise:

(1) Durch § 12 PflichtvsG ist für die Kfz-Haftpflichtv ein Entschädigungsfonds geschaffen worden, der einen Teil der Systemschutzlücken zugunsten des Verkehrsopfers beseitigt. Der Darstellung der drei gemäß § 12 I Ziff. 1–3 PflichtvsG erfaßten Fallgruppen ist daher verhältnismäßig breiter Raum gewährt worden (vgl. Anm. B 97–131). Dabei ergab eine vergleichende Interpretation der Entschädigungsleistungssysteme für

I. Vorbemerkung

die drei erfaßten Fallgruppen, daß gegen die einschränkende Regelung in § 12 II PflichtvsG **verfassungsrechtliche Bedenken** bestehen (vgl. Anm. B 117).

(2) Eine Besonderheit des Kfz-Haftpflichtvsrechts stellt auch das von den Kfz-Haftpflichtvern geschaffene Institut der **Eintrittspflicht eines Solidarhilfevereins** dar. Dieser Verein will ebenfalls Systemlücken ausgleichen, und zwar solche, die sich aus dem **wirtschaftlichen Zusammenbruch eines Kfz-Haftpflichtvers** ergeben können. Die Systemwidrigkeit ist dabei in der vom Gesetzgeber der Pflichthaftpflichtv gar nicht bedachten Möglichkeit einer solchen Zahlungsunfähigkeit eines Vers zu sehen; denn der Kfz-Ver soll doch nach dem Grundgedanken der Pflichthaftpflichtv in der bei uns verwirklichten Erscheinungsform gerade der Garant für einen Schutz des Dritten (aber auch des Vmers und des Vten) sein. Ist er das aber nicht, so wird das Netz des durch den Pflichtvsgedanken geknüpften Sozialschutzes zerrissen und der Gedanke der Lösung sozialer Probleme durch Einschaltung privatwirtschaftlich geführter Ver in Frage gestellt. Aus diesem Gedankengang wird es verständlich, daß die Ver ohne gesetzgeberischen Zwang in einer Selbsthilfeaktion dieses Problem, wenn auch nicht ohne jede Lücke, weitgehend gelöst haben. Das ist in der Weise geschehen, daß dem genannten Verein von den Vern die Geldmittel zur Verfügung gestellt werden, um begründete Haftpflichtansprüche aus dem Betrieb eines Kfz gegen den zahlungsunfähig gewordenen Ver zu erfüllen. Aus der komplizierten Regelung dieses Problemkreises ergibt sich eine Fülle von Einzelfragen (vgl. Anm. B 132–144).

(3) Schließlich waren besonderer Darstellung bedürftig die **internationalprivatrechtlichen Aspekte der Kfz-Haftpflichtv**, die aus dem in Europa weitgehend liberalisierten grenzüberschreitenden Verkehr resultieren. Hier spielt die rechtliche Einordnung des Direktanspruches eine besondere Rolle (vgl. Anm. B 76–78). Manches würde sich hier allerdings vereinfachen, sofern von der Bundesrepublik Deutschland das Haager Übereinkommen vom 4. V. 1971 über das auf Straßenverkehrsunfälle anzuwendende Recht (englischer und französischer Text in RabelsZ Bd 33 [69] S. 342–353, deutsche Übersetzung bei Jayme-Hausmann, Internationales Privat- und Verfahrensrecht, München 1978, S. 90–93) ratifiziert werden würde. Es würde allerdings auch dann noch eine Fülle von Einzelfragen verbleiben, die sich zum Teil schon aus der komplizierten Regelung dieses Vertragswerkes ergibt (vgl. Anm. B 79). In dem Zusammenhang internationalprivatrechtlicher Aspekte war auch auf die besondere **interlokale Beziehung zwischen der Bundesrepublik Deutschland und der Deutschen Demokratischen Republik** einzugehen und die hier bestehenden Sonderabreden bezüglich der Regulierung von Haftpflichtschäden (vgl. dazu Anm. B 84–90).

(4) Das Wesen der Kfz-Haftpflichtv wird als **Pflichtv** im Gegensatz zur allgemeinen Haftpflichtv ferner durch den den Vern auferlegten **Annahmezwang** mitgeprägt. Er ist zu verstehen als notwendige Ergänzung für die getroffene Entscheidung des Gesetzgebers, die Verantwortung für die Regulierung von Kfz-Haftpflichtschäden als Teil der **sozialen Daseinsvorsorge** den Individualvern zu übertragen. Wenn im Prinzip alle Kfz-Halter verpflichtet sind zu versichern, so muß auch sichergestellt sein, daß die Vsabschlußanträge eines Vmers auch angenommen werden. Diese sich aus § 5 PflichtvsG ergebende Besonderheit und die vom Annahmezwang bestehenden Ausnahmen werden im einzelnen im Abschnitt C. über den Abschluß des Kfz-Haftpflichtvsvertrages erörtert werden.

(5) Eine institutionelle Besonderheit der Kfz-Haftpflichtv stellt es ferner dar, daß sich kraft **zwingenden Rechts der Vsschutz stets auch auf mitvte Personen erstreckt**, insbesondere den Fahrer des vten Kfz. Die Einzelheiten dieser gesetzlichen Regelung gemäß §§ 1 und 4 PflichtvsG i.V.m. § 10 II AKB, die den Schutz dieser Pflichthaftpflichtv jetzt insgesamt 6 Personengruppen als Vten zusätzlich zukommen läßt und die durchaus als wesensprägend anzusehen sind, werden aus systematischen Gründen im

Abschnitt H. über die Erstreckung der Kfz-Haftpflichtv auf dritte Personen dargestellt. Dort ist insbesondere die Abgrenzung vorzunehmen, inwieweit die Rechtsstellung des Vten durch und über § 158 i hinaus von der des Vmers unabhängig ist.

II. Rechtsstellung des geschädigten Dritten

[B 4] 1. Entwicklung zum Direktanspruch

Bis zum 1. X. 1965, dem Tage des Inkrafttretens des durch das *Gesetz zur Änderung von Vorschriften über die Pflichtv für Kraftfahrzeughalter vom 5. IV. 1965* (BGBl. I 1965 S. 213–221) in das PflichtvsG eingefügten § 3 Ziff. 1, war es fester Grundsatz des deutschen Haftpflichtvsrechts, daß der geschädigte Dritte den Ver nicht ohne den Umweg über die Rechtsposition des Vmers in Anspruch nehmen konnte. Vgl. dazu die Nachweise aus Rechtsprechung und Schrifttum in Bd IV Anm. B 79. Dabei ist unter diesem „Umweg" die Nachfolge des geschädigten Dritten in die Rechtsposition des Vmers durch Pfändung und Überweisung des Vsanspruchs oder durch eine allerdings nur ausnahmsweise zulässige Abtretung dieses Anspruchs zu verstehen. Dieses Trennungsprinzip ist für die Kfz-Haftpflichtv durch die Einführung des Direktanspruchs aufgegeben worden. Keilbar Rechtsstellung S. 23 Anm. 10 hat vorgeschlagen, diesen durch § 3 Ziff. 1 PflichtvsG geschaffenen Anspruch nicht als Direkt-, sondern als Drittanspruch zu bezeichnen. Dabei hat er zutreffend auf die im Ausdruck Direktanspruch liegende Tautologie verwiesen. Schrifttum und Rechtsprechung sind aber überwiegend bei der Ausdrucksweise Direktanspruch verblieben, so daß ihr hier mit dem Hinweis darauf gefolgt wird, daß die Sprachentwicklung auch sonst nicht immer nach logischen Gesichtspunkten verläuft.

§ 3 Ziff. 1 PflichtvsG bestimmt, daß der Dritte seinen Anspruch auf Ersatz des Schadens auch gegen den Ver geltend machen kann. Damit hat ein langer Streit über die rechtspolitische Zweckmäßigkeit der Einführung des Direktanspruchs in das deutsche Rechtssystem sein Ende gefunden (vgl. dazu nur Möller ZVersWiss 1963 S. 409–468 m.w.N.) Das Motiv für diese zunächst auf den Widerstand der deutschen Haftpflichtverstoßende Systemänderung ist in einem begrüßenswerten Bestreben nach einer europäischen Rechtvereinheitlichung zu sehen. Dabei war zu bedenken, daß das System des unmittelbaren Anspruchs des geschädigten Dritten gegen den Ver sich in Europa schon vorher in Frankreich und der Schweiz und – mit Einschränkungen auch in Großbritannien – durchgesetzt hatte (vgl. dazu Bott, Der Schutz des Unfallgeschädigten durch die Kraftfahrzeug-Pflichtv, Karlsruhe 1964 S. 37–49 m.w.N.). Unmittelbarer Ausgangspunkt für diese deutsche gesetzgeberische Initiative war das am 20. IV. 1959 in Straßburg abgeschlossene „Europäische Abkommen über die obligatorische Haftpflichtv für Kraftfahrzeuge" (abgedruckt BGBl. II 1965 S. 281–296 = VA 1965 S. 108–111). In diesem Staatsvertrag haben sich die Bundesrepublik Deutschland und die anderen Abkommenspartner gegenseitig verpflichtet, dem geschädigten Dritten ein Recht auf unmittelbare Inanspruchnahme des Kfz-Haftpflichtvers einzuräumen. Wörtlich heißt es in Art. 6 I des Anhangs I zu dem genannten Abkommen, daß „a direct claim against the insurer" (un droit propre contre l'assureur) einzuräumen sei. Zur rechtstheoretischen Einordnung dieses Forderungsrechts gegen den Ver vgl. Anm. B 6–11.

Verfehlt ist es, § 3 Ziff 1 PflichtvsG auf andere Haftpflichtven entsprechend anzuwenden. Es handelt sich vielmehr um eine auf die Kfz-Haftpflichtv beschränkte Sonderregelung. Für alle anderen Haftpflichtvsverträge bleibt es bei dem Grundsatz, daß der geschädigte Dritte den Ver nicht unmittelbar in Anspruch nehmen kann. Das gilt auch für diejenigen Haftpflichtven, für die eine gesetzliche Abschlußverpflichtung besteht. Vgl. in diesem Zusammenhang insbesondere auch § 158c VI, der deutlich von

II. 1. Entwicklung zum Direktanspruch **Anm. B 4**

der Aufrechterhaltung des Trennungsprinzips für die sonstigen Pflichthaftpflichtven ausgeht. Die gegenteilige Auffassung von Büchner (Zur Theorie der obligatorischen Haftpflichtven, Karlsruhe 1970, S. 76−94), der für alle Pflichthaftpflichtven nach Feststellung der Haftpflichtforderung dem geschädigten Dritten ein unmittelbares Forderungsrecht gegen den Ver einräumt, läßt sich auf dem Boden des geltenden Rechts nicht überzeugend begründen. Der an sich zutreffende Hinweis auf das im Rahmen des § 157 gegebene Recht des geschädigten Dritten, den Ver im Konkurs des Vmers nach Feststellung der Haftpflichtforderung ohne besonderen Zwischenakt unmittelbar in Anspruch zu nehmen (vgl. dazu Bd IV Anm. B 102−106), besagt in diesem Zusammenhang nichts. Dabei handelt es sich um eine singuläre Rechtsentwicklung für den Konkurs, die nicht zum Ansatzpunkt für eine Systemänderung ohne gesetzgeberische Initiative genommen werden kann.

Für einen Ausnahmefall wird man allerdings eine analoge Anwendung des § 3 Ziff. 1 PflichtvsG befürworten müssen. In dem Entwicklungshelfer-Gesetz vom 18. VI. 1969 (BGBl. I S. 549−554) ist ebenfalls eine Pflichthaftpflichtv verankert. Für diese bestimmt § 6 III EhfG, daß im Haftpflichtvsvertrag vorzusehen sei, daß dem Geschädigten ein unmittelbarer Anspruch gegen den Ver eingeräumt werde. Hier wird demgemäß eine von § 3 Ziff. 1 PflichtvsG abweichende Konstruktion gewählt. Der Anspruch gegen den Ver beruht nicht unmittelbar auf dem Gesetz. Dieses schreibt vielmehr nur vor, wie der Pflichthaftpflichtvsvertrag für den Entwicklungshelfer auszugestalten sei, ohne aber die Rechtsfolgen einer Verletzung dieses gesetzgeberischen Gebots zu regeln. Diese Lücke ist nach dem erkennbaren Sinn der gesetzlichen Regelung durch entsprechende Anwendung des § 3 Ziff. 1 PflichtvsG zu schließen. Dieses Entwicklungshelfer-Gesetz gibt zugleich Hinweise für die künftige Rechtsentwicklung. Setzt sich diese Tendenz fort, so mag sich eines Tages die von Büchner a.a.O. vertretene Auffassung, daß für alle Pflichthaftpflichtsverträge der Direktanspruch nach Feststellung der Haftpflichtforderung gegeben sei, durchsetzen; ja, das Erfordernis der vorangegangenen Feststellung ebenfalls entfallen. Für die Gegenwart ist aber außerhalb der Kfz-Haftpflichtv am überkommenen Trennungssystem festzuhalten.

Bemerkenswert ist der im Gesetz zur Neuordnung des Arzneimittelrechts vom 24. VIII. 1976 (BGBl. 1976 I S. 2445−2482) gewählte Weg. Für die Deckungsvorsorge ist in § 94 I AMG entweder ein inländischer Haftpflichtver oder ein inländisches Kreditinstitut vorgesehen. Sowohl für den Ver als auch das Kreditinstitut wird in § 94 II, III AMG die Geltung der §§ 158c−k angeordnet. Das bedeutet, daß kein Direktanspruch besteht, wie § 158c VI deutlich ergibt. Sieht man von der für das Kreditinstitut dadurch gegebenen Haftungsanomalie ab, so wird diese aus der Sicht des Haftpflichtvers klare Regelung durch die in § 40 I Ziff. 8, III AMG vorgesehene V eigener Art (Probandenv) verdunkelt. § 40 III AMG schreibt nämlich vor, daß diese Probandenv zugunsten der von der klinischen Prüfung betroffenen Person abzuschließen ist. Damit ist der Weg einer V für fremde Rechnung im Sinne der §§ 74−80 gewählt worden, in der die Rechte aus dem Vsvertrag gemäß § 75 I dem Vten zustehen. Die Vermengung des Rechtsinstituts der V für fremde Rechnung, in dem wie hier gemäß § 12 I 2 AVB Probanden (VA 1978 S. 88−91) dem Vten auch das Recht zur unmittelbaren Geltendmachung zusteht, mit dem Gedankengut des durch § 3 PflichtvsG gewährten Direktanspruchs ergibt sich durch die besondere Ausgestaltung der Probandenv. Diese geht dahin, daß gemäß § 40 III 3 AMG die Leistungen aus der Probandenv auf begründete Haftpflichtansprüche angerechnet werden (gesetzgeberisches Vorbild ist insoweit ersichtlich § 50 S. 3 LuftVG) und daß die Probandenv (entgegen der durch § 50 S. 1, 2 LuftVG erfolgten Ausgestaltung der Fluggastunfallv) als Schadenv mit konkreter Bedarfsdeckung konzipiert ist (vgl. § 6 I AVB Probanden und zur rechtlichen Einordnung der Probandenv Klingmüller, Festschrift für Fritz Hauß, Karlsruhe 1978, S. 169−179).

[B 5] 2. Rechtstheoretische Gestaltungsmöglichkeiten

Die Verwirklichung einer Haftung des Vers für die Haftpflichtschuld des Vmers ist durch § 3 PflichtvsG in der Weise erfolgt, daß dem Dritten mit dem Ver ein **zusätzlicher Schuldner für die Haftpflichtschuld** zur Verfügung gestellt worden ist. Rechtstheoretisch möglich wäre es ohne weiteres auch gewesen, die Haftung des Vmers (oder des Vten) ganz entfallen zu lassen. Allerdings hätte das – wenn man den zivilrechtlichen Gleichklang der Haftung des Vers mit der des Vmers (oder des Vten) hätte erreichen wollen – auch bedeutet, daß dann die Haftung des Vers summenmäßig unbeschränkt hätte ausgestaltet werden müssen. Eine mögliche Gestaltungsform wäre es als Zwischenlösung gewesen, wenn man sich nicht für eine unbegrenzte Haftung des Vers entscheiden wollte, die Eigenhaftung des Vmers oder des Vten nur im Umfang der Haftung des Vers entfallen zu lassen, den Vmer (oder Vten) also nur insoweit haften zu lassen, als der Anspruch des Dritten durch die gesetzlichen Mindestvssummen oder die höher vereinbarten vertraglichen Vssummen nicht gedeckt ist. In diesem Zusammenhang hätte sich allerdings rechtspolitisch die Frage gestellt, wieso es eigentlich dem einzelnen Schädiger gesetzlich im Rahmen der Verschuldenshaftung zugemutet wird, summenmäßig unbeschränkt zu haften, während man dem Ver, der sich doch durch Abschluß geeigneter Rückvsverträge weitaus besser sichern kann, das nicht zumuten will, wie der Streit um die Zulässigkeit summenmäßig unbeschränkter Vssummen in der Kfz-Haftpflichtv zeigt (allerdings kommt die in § 8 II TarifVO in der Fassung der 14. ÄnderungsVO vom 5. V. 1981 VA 1981 S. 207 [vgl. auch die vollständige redaktionelle Neufassung in VA 1982 S. 200–210 unter Einbeziehung der 15. ÄnderungsVO vom 11. XI. 1981 VA 1982 S. 15] gefundene Kompromißlösung, daß eine unbegrenzte Vssumme mit der Einschränkung gestattet wird, daß pro geschädigter Person nicht mehr als DM 7.500.000.– geleistet werden dürfen, nach den heutigen Währungsverhältnissen einer summenmäßig unbegrenzten Haftung nahezu gleich, da höhere Schäden aus dem Betrieb eines Kfz bisher nicht bekannt geworden sind und auch kaum erwartet werden können; vgl. zum Streit darüber, ob früher genehmigte gänzlich unbegrenzte Vssummen aufrechterhalten bleiben dürfen oder nicht, Beschlußkammerentscheidung vom 1. VII. 1981 VA 1982 S. 62–64 und dazu Kaulbach VersR 1982 S. 526–527). Der Gesetzgeber hat sich jedoch für diese denkbaren Gestaltungsmöglichkeiten nicht entschieden, sondern einen Weg gewählt, der eine gesamtschuldnerische Haftung des Vers im Rahmen seiner vsrechtlichen Eintrittspflicht (oder im gestörten Vsverhältnis gemäß § 3 Ziff. 4 und 5 PflichtvsG) mit dem Vmer und dem Vten vorsieht. Diese gesamtschuldnerische Mithaftung des Vers hätte gesetzlich auch in der Weise ausgestaltet werden können, daß der Dritte stets sowohl den Ver als auch den Vmer (und/oder Vten) verklagen muß (vgl. für die unterschiedlichen Regelungen dieser Fragen in anderen europäischen Rechtsordnungen Bott Schutz des Unfallgeschädigten S. 87–88). Auch für eine solche Lösung, die im Prinzip auf eine notwendige Streitgenossenschaft hinausläuft, hat sich der Gesetzgeber nicht entschlossen, so daß es im Ermessen des Dritten liegt, ob er zunächst gegen den Vmer oder gegen den Ver vorgeht (vgl. dazu ergänzend B 23 und B 36–40 m.w.N.). Auf der Basis dieser gesetzlichen Grundentscheidung gemäß § 3 PflichtvsG stellt sich die Frage, ob der Dritte, der zunächst den Vmer (oder Vten) in Anspruch genommen hat, anschließend – nach einem rechtskräftigen Obsiegen in einem solchen Haftpflichtprozeß – gegen den Ver auf dem klassischen Wege der Pfändung und Überweisung der Haftpflichtvsforderung vorgehen sollte oder ob es genügt, daß der Dritte dann den Ver im Umfang des festgestellten Anspruchs im Wege der Direktklage in Anspruch nimmt. In Anm. B 39 wird die Auffassung vertreten, daß dann, wenn der Ver nach den überkommenen, wenn auch ungeschriebenen allgemeinen Grundsätzen des Haftpflichtvsrechts das Ergebnis des Haftpflichtprozesses gegen sich gelten lassen müsse (weil er diesen Prozeß für den Vmer selbst geführt oder die Führung vertragswidrig unterlassen habe), sich diese klassische Bindungswirkung des Haftpflichtprozesses auch auf den Direktanspruch

II. 3. Rechtliche Einordnung des Direktanspruchs   Anm. B 6

auswirke. Aus diesem Gesichtspunkt heraus wird man demgemäß eine dennoch erfolgende Pfändung und Überweisung des Haftpflichtvsanspruchs als überflüssig anzusehen haben. Angesichts dessen aber, daß von namhaften Autoren und vor allem auch vom BGH 3. III. 1971 NJW 1971 S. 940 = VersR 1971 S. 611, wie in Anm. B 39 im einzelnen dargetan worden ist, die gegenteilige Auffassung vertreten wird, ist dem Dritten zur Sicherung seiner derart bestrittenen Ansprüche auch das Recht zu gewähren, die Ansprüche aus dem Haftpflichtvsverhältnis zu pfänden und sich überweisen zu lassen (vgl. auch OLG Hamburg 21. XII. 1971 VersR 1972 S. 631). Nimmt er allerdings anschließend an diesen Pfändungs- und Überweisungsakt den Ver in Anspruch, so ist zu vermuten, daß er **einheitlich sowohl den Direktanspruch als auch den Anspruch aus dem gepfändeten Vsverhältnis** geltend macht. Allerdings handelt es sich bei dieser Doppelkonstruktion in letzter Konsequenz nur um eine Doppelbegründung ein und desselben Anspruchs. Es ergibt sich daraus, daß ein solches Vorgehen des Dritten über einen Pfändungsakt eine notwendige Maßnahme darstellt, die nur dann als überflüssige Kostenkumulation im Sinne des § 254 BGB anzusehen ist, wenn der Dritte eine Unterrichtung des Vers unterlassen hat, obwohl ihm diese möglich gewesen wäre (vgl. ergänzend B 20).

3. Rechtliche Einordnung des Direktanspruchs

Gliederung:

a) Skizzierung der vertretenen Auffassungen B 6–8
   aa) Schuldbeitritt B 6
   bb) Vsrechtliche Konstruktionen B 7
   cc) Sonderwertungen B 8
b) Stellungnahme B 9

c) Rechtstheoretische Besonderheiten zur Haftung des Vers im gestörten Vsverhältnis B 10–11
   aa) Zu § 158c vertretene Auffassungen B 10
   bb) Einwendungsausschuß gemäß § 3 Ziff. 4, 5 PflichtvsG B 11

[B 6] a) Skizzierung der vertretenen Auffassungen
      aa) Schuldbeitritt

Die rechtliche Einordnung des Direktanspruchs ist umstritten. Das liegt daran, daß Anknüpfungspunkte sowohl dem Delikts- als auch dem Vertragsrecht entnommen werden können. Diese Verquickung des Haftpflichtanspruchs des Geschädigten mit dem Haftpflichtvsanspruch des Schädigers hat Möller ZVersWiss 1963 S. 462 schon vor der Einführung des Direktanspruchs dahin charakterisiert, daß eine **merkwürdige Zwiespältigkeit und Doppelnatur** dieser Rechtsmacht gegeben sei. Im Anschluß an Sieg ZVersWiss 1965 S. 378 wird von der h.M. im deutschen Rechtskreis angenommen, daß es sich bei der in § 3 Ziff. 1 PflichtvsG angeordneten Mithaftung des Vers zur Haftpflichtschuld des Vmers (oder Vten) um einen **gesetzlichen Schuldbeitritt** handle (so BGH 23. XI. 1971 BGHZ Bd 57 S. 269–270 m.w.N., 4. XII. 1974 BGHZ Bd 65 S. 7, 3. V. 1977 BGHZ Bd 69 S. 156, 7. XI. 1978 NJW 1979 S. 272 = VersR 1979 S. 31, 18. XII. 1980 NJW 1981 S. 925 = VersR 1981 S. 324; Asmus Kraftfahrtv[2] S. 65, Bäumer Zukunft S. 26–27, Bronisch-Cuntz-Sasse-Starke Anm. 4b zu § 158b, S. 213–214, Bringezu VersR 1968 S. 536, Feyock VW 1965 S. 318, Möller Vsvertragsrecht[3] S. 53, Möschel in Münch. Komm., 1979, Anm. 11 vor § 414 BGB, Müller-Stüler Direktanspruch S. 142, E. Prölss NJW 1965 S. 1737, Prölss-Martin[22] Anm. 2 zu § 3 Ziff. 1, 2 PflichtvsG, S. 869, H. W. Schmidt DAR 1965 S. 233, Stiefel-Hofmann[12] Anm. 25 zu § 2 AKB, S. 86, Wussow Unfallhaftpflichtrecht[12] Anm. 944, S. 523–524; ferner auch schon Begr. IV S. 15). Daraus wird dann von den genannten Autoren auf die **deliktsrechtliche Qualifikation** dieses Direktanspruchs geschlossen, dem allerdings auch vsvertragliche Grenzen immanent seien (abweichend allerdings Eichler[2] S. 443, der zwar ebenfalls von einer gesetzlichen Schuldmitübernahme ausgeht, aber dennoch eine Zuordnung des Direktanspruchs zum Deliktsrecht ablehnt; vgl. dazu auch die Ausführungen in Anm. B 7). Vom BGH ist diese Haftung des Vers auch als „Annex" des Haftpflichtanspruchs bezeichnet worden, der durch den gesetzlichen Schuldbeitritt des Vers zur leichteren und sicheren Durchsetzung verstärkt worden sei (so BGH 7. XI. 1978 NJW 1979 S. 272 = VersR 1979 S. 31). Mehrfach wird in diesem Zusammenhang auch von einer quasideliktischen Haftung des Vers gesprochen (vgl. BGH 23. XI. 1971 BGHZ Bd 57 S. 265, 23. I. 1979 NJW 1979 S. 1047 = VersR 1979 S. 272) oder von einem gesetzlichen Anspruch überwiegend deliktsrechtlicher Natur (so BGH 11. XI. 1981 NJW 1982 S. 1399 = VersR 1982 S. 133). Bemerkenswert auch BGH 25. V. 1982 NJW 1982 S. 2322 = VA 1982 S. 497 Nr. 755, wenn dort von einem gesetzlichen Haftpflichtanspruch gesprochen wird, der gegenüber den vertraglichen Ansprüchen aus dem Vsverhältnis eigenständig sei, allerdings begrenzt durch das vte Risiko und die Vssummen.

[B 7] bb) Versicherungsrechtliche Konstruktionen

Gegenüber dieser überwiegend auf das Institut des gesetzlichen Schuldbeitritts mit dominierend deliktsrechtlicher Qualifikation abstellenden Auffassung stehen die Vertreter einer vsrechtlichen Einordnung dieses Rechtsinstituts. Als erster hat Bott Schutz des Unfallgeschädigten S. 76—83 versucht, eine dogmatische Rechtfertigung des im französischen Rechtskreis entwickelten Direktanspruchs — zugleich aus rechtsvergleichender Sicht unter dem Blickwinkel des englischen und des Schweizer Rechts — durch die Konstruktion dieser Rechtsmacht als einer „gesetzlichen Forderungsv der Haftpflichtv" zu finden. Dabei hat er durchaus die Möglichkeit einer kumulativen Schuldübernahme gesehen (a.a.O. S. 69—73), diese jedoch — wie auch die ebenfalls denkbare Konstruktion einer V für fremde Rechnung (dazu Bott a.a.O. S. 74—75) — als nicht ideale Sachlösung verworfen. Zu bedenken ist aber bei der Auswertung der von Bott entwickelten Gedankengänge, daß es sich nicht um Äußerungen zu dem zu dieser Zeit noch gar nicht neu gefaßten PflichtvsG handelt, sondern um die Frage der rechtstheoretisch „besten" oder „idealen" Ausgestaltung der dem geschädigten Dritten im Zusammenhang mit der Zubilligung des Direktanspruchs einzuräumenden Rechtsposition. Die Ausführungen von Bott a.a.O. dürfen demgemäß nicht als Votum gegen die oben skizzierte Qualifizierung des Direktanspruchs durch einen gesetzlichen Schuldbeitritt mit der Konsequenz einer überwiegend deliktsrechtlichen Prägung mißverstanden werden. Auch Möller ZVersWiss 1963 S. 409 hat de lege ferenda auf die Möglichkeit einer solchen Lösung — also einer Forderungsv — hingewiesen, ohne daß daraus eine Stellungnahme gegen die vom Gesetz nach h. A. schließlich gewählte Lösung eines Schuldbeitritts hergeleitet werden könnte.

Zum geltenden Recht ist der Direktanspruch erstmals von Landwehr VersR 1965 S. 1114—1115 als ein vsrechtlicher qualifiziert worden (so auch Wussow Unfallhaftpflichtrecht[10] Anm. 944, S. 413, anders aber Wussow Unfallhaftpflichtrecht[12] Anm. 944, S. 523—524). Nach Landwehr ist der geschädigte Dritte als Vter im Sinne einer gesetzlich angeordneten V für fremde Rechnung anzusehen. — Eine vsrechtliche Konstruktion findet sich auch bei Keilbar Rechtsstellung S. 162—169. Anknüpfend an die Überlegungen von Bott wird der Sache nach folgendes ausgeführt: Der Direktanspruch stelle sich nicht als eine gesetzliche Forderung dar, sondern als Forderung aus dem gesetzlich zu einem Vertrag zugunsten Dritter ausgestalteten Kraftfahrzeughaftpflichtvsvertrag. Der Dritte habe die Rechtsstellung eines Mitgläubigers des Befreiungsanspruchs erhalten. Das beruhe auf dem gesetzlich zu einem Vertrage zugunsten Dritter ausgestalteten Haftpflichtvsvertrag. Dieser Deutung stehe die Gesamtschuldnerschaft des Vers und Vmers nicht entgegen, da der Befreiungsanspruch ebenso wie der Haftpflichtanspruch selbst auf die Tilgung der Haftpflichtschuld gerichtet sei. Diese Konstruktion gebe dem

II. 3. Rechtliche Einordnung des Direktanspruchs   Anm. B 8

Geschädigten aber nicht die Stellung eines Vten in der Haftpflichtv. Die Leistung bestehe nicht in der Tragung einer Gefahr des Dritten, sondern in der Befreiung des Vmers von dessen Haftpflichtverbindlichkeiten. Hier sei nicht wie in den §§ 74–79 ein fremdes Interesse vert, es handele sich vielmehr um eine V eigenen Interesses, bei der der Anspruch auf die Leistung einem anderen von vornherein zugewandt worden sei. – Eine überwiegend vsrechtliche Qualifikation nimmt auch Eichler[2] S. 443–444 vor. Er geht zwar von einem gesetzlich angeordneten Schuldbeitritt aus, verneint aber eine deliktische Haftung des Haftpflichtvers mit der Begründung, daß Delikthaftung eine Täterhaftung sei. Eichler verweist dann auf bürgschaftsähnliche Züge, läßt die Subsumtion unter dieses Rechtsinstitut aber daran scheitern, daß beide Schuldner gleichzeitig haften und die Haftung des Vers nicht etwa der des Vmers subsidiär sei. Während Eichler[2] S. 443 zunächst ausführt, daß der Anspruch des Dritten sich rechtlich nicht auf einem Vsvertrag gründe, weil der Dritte nicht Vertragspartner sei, nimmt er a.a.O. auf S. 444 letztlich doch eine vsrechtliche Qualifikation vor. Denn dort heißt es, daß der Direktanspruch eher vs- als deliktsrechtlich nuanciert sei, möge er auch von der Haftpflichtv als solcher unabhängig sein. Es bleibe zu beachten, daß der Haftpflichtver mit der Befriedigung des Dritten seine Verpflichtungen aus dem Haftpflichtvsvertrage erfülle. Dieser rechtliche Zusammenhang, der sich aus der gesamtschuldnerischen Haftung ergebe, lasse es zu, von einem eigenartigen vsrechtlichen Drittanspruch zu sprechen, von einem vsrechtlichen Schuldverhältnis auf gesetzlicher Basis.

Eine eingehende dogmatische Untersuchung des Wesens des Direktanspruchs ist durch Seidel Struktur S. 46–96 erfolgt. Er lehnt a.a.O. S. 48 ebenfalls eine deliktische Haftung ab, verwirft auch die Theorie einer Schuldmitübernahme (a.a.O. S. 52–59) und entscheidet sich für eine vsrechtliche Lösung (a.a.O. S. 59–96). Im Anschluß an Landwehr a.a.O. qualifiziert er dann den Direktanspruch als eine gesetzliche Fremdv zugunsten des Drittgeschädigten, begründet durch rechtsgeschäftlichen Kontakt zwischen dem Haftpflichtver und dem Vmer (a.a.O. S. 66–67). Dabei hebt er die Besonderheit hervor, daß mit Rücksicht auf das gleichzeitig bestehende Haftpflichtvsverhältnis eine Doppelfunktion des Vers im ungestörten Haftpflichtvsverhältnis zu konstatieren sei (a.a.O. S. 80–82).

[B 8] cc) Sonderwertungen

Gegenüber diesen teils auf dem Delikts-, teils auf dem Vsvertragsrecht fußenden Theorien stehen Autoren, die eine von diesen beiden Rechtsinstituten unabhängige Qualifikation in dem Sinne vornehmen, daß der neu geschaffene Direktanspruch im Grunde genommen keinem der bisherigen Rechtsinstitute des Schuldrechts zugeordnet werden könne. Hervorzuheben ist hier insbesondere Büchner Obligatorische Haftpflichtven S. 94–97. Er weist jede juristische Konstruktion mit dem Hinweis darauf zurück, daß es einer solchen nicht bedürfe. Es genüge zu wissen, daß der Gesetzgeber den Ver als akzessorisch auf Geldersatz haftenden Gesamtschuldner des Dritten neben den Vten gestellt und ihm gewisse Einwendungen genommen, andere belassen habe. Diese klare, ohne jede Schwierigkeit aus dem Gesetz selbst abzulesende Entscheidung gelte es zu verstehen, anzuwenden, notfalls zu ergänzen, fortzuentwickeln und nicht zuletzt immer wieder unter rechtspolitischen Gesichtspunkten neu zu überdenken; nur an einer Konstruktion, ihrer dogmatischen Rechtfertigung sei gar nichts gelegen. – In diesem Zusammenhang ist auch auf die Ausführungen von Hübner VersR 1977 S. 1072–1073 hinzuweisen. Er untersucht den Direktanspruch speziell aus der Sicht des internationalen Privatrechts. Sein Ergebnis ist, daß der Direktanspruch gleichermaßen und nebeneinander delikts- wie vsrechtliche Züge habe. Es bestehe eine Gemengelage, die jedenfalls bei der Einordnung nach den Grundsätzen des internationalen Privatrechts zu einem „qualifikatorischen non-liquet" führe (vgl. dazu aber auch Anm. B 76–78 m.w.N.; für eine Sonderwertung auch Ebel Vergleich S. 180—183 mit berechtigtem Hinweis darauf, daß eine Lösung allein unter Hinweis auf die „Rechtsnatur" eines Anspruchs problematisch sei).

[B 9] b) Stellungnahme

Die Wertung der Rechtsinstitution des Direktanspruchs ergibt, daß der herrschenden Meinung darin zu folgen ist, daß die gesetzliche Konstruktion als ein **Schuldbeitritt** aufzufassen ist. Wäre nicht die von Anfang an bestehende gesamtschuldnerische Haftung gegeben, so käme allerdings auch die Qualifikation als **gesetzliche Bürgschaft** in Betracht, wie sie im Sinne einer **Ausfallbürgschaft** hinsichtlich des Entschädigungsfonds gemäß § 12 PflichtvsG von Baumann, Leistungspflicht und Regreß des Entschädigungsfonds für Schäden aus Kraftfahrzeugunfällen, Karlsruhe 1969, vorgenommen worden ist (vgl. dazu Anm. B 100). Allerdings ist die Bürgschaft eines Vollkaufmanns gemäß § 349 HGB auch stets eine selbstschuldnerische. Deshalb kann allein mit dem Hinweis auf die mangelnde Subsidiarität der Bürgschaftscharakter des Direktanspruchs entgegen der Annahme von Eichler[2] S. 443 nicht verneint werden. Das besondere ist aber doch dieses, daß der Hauptschuldner und der Bürge eben nicht als Gesamtschuldner haften, und zwar auch nicht bei einer selbstschuldnerischen Bürgschaft (vgl. BGH 25. III. 1968 WPM 1968 S. 918 m.w.N. aus der ständigen höchstrichterlichen Rechtsprechung). Damit scheidet die Figur der Bürgschaft aus. Das schließt aber nicht aus, daß einzelne Schutzregelungen des Bürgschaftsrechts zugunsten des Gläubigers, im Kfz-Haftpflichtvsrecht also des Dritten, auf Grund des typischen Gleichklangs der Interessenlage entsprechend anzuwenden sind, so z. B. die Bestimmung des § 767 BGB (vgl. dazu Anm. B 20). Es verbleibt aber im übrigen als treffendes Einordnungsbild im Hinblick auf die klassischen Schuldrechtsinstitute die Subsumtion unter die von der Rechtspraxis entwickelte Schuldmitübernahme. Für die Annahme eines solchen gesetzlichen Schuldbeitritts spricht insbesondere eine auf den Wortsinn des § 3 Ziff. 1 PflichtvsG abstellende Interpretation. Diese Einordnung wird noch zusätzlich verdeutlicht durch die bereits erwähnte Regelung in § 3 Ziff. 2 PflichtvsG, daß der Ver und der ersatzpflichtige Dritte als Gesamtschuldner haften. Das Recht des Dritten ergibt sich dabei unmittelbar aus dem Gesetz; es besteht als gesetzliches Forderungsrecht. Diese gesetzliche Schuldmitübernahme wird dabei allerdings durch die Besonderheit charakterisiert, daß es sich um einen antizipierten Schuldbeitritt handelt, da ein Gläubiger zunächst nicht vorhanden ist (Sieg ZVersWiss 1965 S. 378). Das steht der Einordnung als Schuldmitübernahme jedoch gewiß nicht entgegen, da eine solche — ebenso wie bei der Bürgschaft — auch für erst zukünftige Forderungen eingegangen werden kann (so auch Landwehr VersR 1965 S. 1114 Anm. 12). Als Besonderheit dieses gesetzlichen Schuldbeitritts ist dabei ferner zu konstatieren, daß eine von den Bestimmungen des § 425 I, II BGB abweichende Abhängigkeit zwischen Haftpflichtforderung und Direktanspruch gegeben ist. Das ist gesetzlich ausdrücklich in der Verjährungsregelung gemäß § 3 Ziff. 3 PflichtvsG zum Ausdruck gekommen (vgl. dazu Anm. B 31—34), ferner in § 3 Ziff. 8 PflichtvsG bezüglich der Bindungswirkung eines den Haftpflicht- oder Direktanspruch verneinenden gerichtlichen Erkenntnisses (dazu Anm. B 36—40). Außerdem ist eine solche Abhängigkeit abweichend von § 425 II BGB gemäß dem Sinn der gesetzlichen Regelung auch für Vergrößerungen der Haftpflichtschuld durch Verzug und durch Rechtsstreitigkeiten (Kosten einer Rechtsverfolgung) anzunehmen (streitig, vgl. dazu Anm. B 20 m.w.N.). Dagegen ist die Konstruktion eines eigenen Vsverhältnisses zwischen dem Dritten und dem Ver in allen Varianten als gekünstelt zurückzuweisen. Sie tut der gesetzlichen Regelung Gewalt an. Von der herrschenden Meinung wird durchaus zutreffend in den Vordergrund gestellt, daß der Anspruch, für den der Ver im Wege des gesetzlichen Schuldbeitritts hafte, in der Mehrheit der Fälle deliktsrechtlicher Art sei. Dar-

II. 3. Rechtliche Einordnung des Direktanspruchs   Anm. B 9

aus ist zu folgern, daß dieser Direktanspruch insoweit auch ein deliktsrechtlicher ist. Allerdings kommen bei Bestehen eines entsprechenden vertraglichen Bandes zwischen Schädiger und Geschädigtem auch vertragliche Schadenersatzansprüche in Betracht. Das wird in der Diskussion um die Einordnung des Direktanspruchs mit Rücksicht darauf, daß es sich in der Mehrheit der Fälle allerdings um deliktische Ansprüche handelt, oft übersehen (vgl. auch Anm. B 77), kann aber im Grunde genommen nur zu einer definitorischen Ausdrucksverbesserung dahin führen, daß der Direktanspruch als überwiegend deliktsrechtlicher, als haftungsrechtlicher oder als quasi-deliktischer Anspruch bezeichnet wird. Jedenfalls scheidet die Annahme einer Forderungsv oder einer V für fremde Rechnung aus. Die gesetzliche Regelung hat sich für solche Rechtsinstitute nicht entschieden. Zutreffend ist an allen diesen vsrechtlichen Theorien nur, daß unbestreitbar vsrechtliche Einflüsse insofern gegeben sind, als sich die Grenzen des Direktanspruchs auch nach dem Vsvertrag richten. Das bedeutet z. B., daß der Ver nicht über die im Vsvertrag übernommenen Haftungssummen hinaus einzutreten hat (vgl. dazu Anm. B 13) und daß auch die Ausschlußtatbestände der Kfz-Haftpflichtv dem Dritten entgegengehalten werden dürfen (dazu Anm. B 15). Die vsrechtliche Abhängigkeit ist auch insofern gegeben, als Verstöße des Vmers gegen die Obliegenheiten oder die Prämienzahlungspflicht sich grundsätzlich auf den Bestand des so limitierten Direktanspruchs auswirken, wenngleich hier eine Sicherstellung des Dritten im Rahmen des Einwendungsausschlusses gemäß § 3 Ziff. 4, 5 PflichtvsG (wie auch sonst im Bereich der Pflichthaftpflichtven gemäß § 158c I, II) vorgenommen worden ist. Wenn auch die deliktsrechtliche – genauer gesagt „schadenersatzrechtliche" – Natur des Direktanspruchs überwiegt, so darf doch diese vsrechtliche Komponente nicht vernachlässigt werden. Es entspricht zum Beispiel dem immer wieder anzutreffenden Hang zu starren Konstruktionen, daß vielfach angenommen wird, daß bei der Geltendmachung des Direktanspruchs im Anschluß an einen vorangegangenen Haftpflichtstreit gegen den Vmer keine Bindungswirkung im Sinne des traditionellen Haftpflichtvsrechts gegeben sei, weil der Dritte nicht durch eine Pfändung und Überweisung Rechtsnachfolger des Vmers bezüglich der Haftpflichtvsforderung geworden sei (vgl. für diese Auffassung die Nachweise in Anm. B 39). Indessen ist hier dem Direktanspruch eine eigenständige Bedeutung aus der vsrechtlichen Komponente zuzubilligen mit dem Ergebnis, daß dem Ver im gleichen Maße eine Bindungswirkung wie in den Fällen zuzurechnen ist, in denen auch noch eine solche Pfändung und Überweisung des Vsanspruchs erfolgt ist (vgl. dazu im einzelnen Anm. B 39). In dieser Art und Weise strahlen allerdings vsrechtliche Elemente aus dem Haftpflichtvsverhältnis auf den Direktanspruch aus. Dazu zählt auch die Überlegung, daß unabhängig von der Bestimmung des § 156 I jetzt schon allein aus der Tatsache der Schaffung des Direktanspruchs herzuleiten ist, daß der Vmer nicht mehr die Möglichkeit hat, durch eigene Erklärungen auf den auch auf dem Vsvertrag wurzelnden Direktanspruch des Dritten durch einen Verzicht auf den Vsschutz einzuwirken. Das ist zwar nur eine theoretische Überlegung, da hilfsweise immer noch eine Stütze in § 156 I gefunden werden könnte. Es geht aber um das Prinzip, durch das verdeutlicht werden soll, daß dem Dritten ein unentziehbares Recht gewährt worden ist. Damit stimmt überein die neuere Rechtsprechung des BGH, daß durch eine Fristsetzung gemäß § 12 III gegenüber dem Vmer der Drittanspruch in keiner Weise beeinträchtigt werde (vgl. dazu BGH 4. XII. 1974 BGHZ Bd 65 S. 1–9, 18. XII. 1980 NJW 1981 S. 925–926 = VersR 1981 S. 323–325 und Anm. B 16 m.w.N.).

Was speziell die Ausführungen von Büchner Obligatorische Haftpflichtven S. 94–97 anbetrifft, so ist ihnen insoweit beizustimmen, als Büchner vor übertriebener Konstruktionswut warnt. Doch ist zu beachten, daß Konstruktionen und dogmatische Unterscheidungen im rechtswissenschaftlichen Bereich Teil des Gesamtsystems der Geisteswissenschaften sind. Ohne die durch die Jahrhunderte gehende Typisierung der Rechtsinstitute würde die Rechtsordnung in ein reines Fallrecht abgleiten, dessen Schwächen das angelsächsische Recht deutlich aufzeigt. Der Hinweis darauf, daß die Annahme der Konstruktion eines gesetzlichen Schuldbeitritts schon an der Frage der Anwendbarkeit des § 417 II BGB scheitere, übersieht im übrigen, daß hier in § 3 Ziff. 1 in Verb. m. § 3 Ziff. 4−6 PflichtvsG eine spezielle Regelung getroffen worden ist, die § 417 II BGB ausschließt. Überdies läßt sich nicht übersehen, daß die Erkenntnis, daß der Gesetzgeber den Ver als akzessorisch auf Geldersatz haftenden Gesamtschuldner neben den Dritten gestellt und ihm gewisse Einwendungen genommen habe, jedenfalls im ersten Teil auch nur eine Umschreibung des „Rechtsphänomens" der gesetzlichen Schuldmitübernahme mit anderen Worten darstellt.

[B 10] c) Rechtstheoretische Besonderheiten zur Haftung des Versicherers im gestörten Versicherungsverhältnis
aa) Zu § 158c VVG vertretene Auffassungen

Nach § 3 Ziff. 4 PflichtvsG kann dem Dritten nicht entgegengehalten werden, daß der Ver dem ersatzpflichtigen Vmer gegenüber von der Verpflichtung zur Leistung ganz oder teilweise frei sei (vgl. dazu Anm. B 43). Darüber hinaus bestimmt § 3 Ziff. 5 PflichtvsG, daß ein Umstand, der das Nichtbestehen oder die Beendigung des Vsverhältnisses zur Folge habe, dem Drittanspruch nur entgegengehalten werden könne, wenn das Schadenereignis später als einen Monat nach dem Zeitpunkt eingetreten sei, in dem der Ver diesen Umstand der hierfür zuständigen Stelle angezeigt habe (vgl. dazu Anm. B 44−46). Ihr gesetzgeberisches Vorbild haben diese beiden Bestimmungen in § 158c I, II.

Die rechtstheoretische Einordnung dieser im Jahre 1939 in das VVG eingefügten Bestimmungen des § 158c hat zu recht unterschiedlichen Deutungsversuchen aus rechtsdogmatischer Sicht geführt. So ist von Keßler Iher Jb Bd 88 S. 293−337 die Ansicht vertreten worden, daß § 158c ein Novum in der deutschen Rechtswelt sei, für das sich eine rechtsdogmatische Stütze im geltenden Recht nicht finden lasse; deshalb sei die Rechtseinrichtung des § 158c überhaupt als verfehlt abzulehnen. Damit wurden dann allerdings Zweck und Wesen der Rechtsdogmatik verkannt. Von Prölss[6] Anm. 1 zu § 158c, S. 414 und NeumannsZ 1939 S. 1044−1046 ist ursprünglich versucht worden, § 158c als eine Bürgschaft im Sinne des BGB zu erklären. Diese Deutung ist von Baumann S. 89−113 für die Haftung des Entschädigungsfonds gemäß § 12 PflichtvsG in modifizierter Form übernommen worden (vgl. dazu Anm. B 100). Von J. v. Gierke II S. 319 wurde § 158c mit den Worten erklärt, daß es sich um eine „eigenartige mittelbare Gewährleistung des Vers für seine Verpflichtung aus einem formal gültigen Haftpflichtvsverhältnis" handle. Thees ZVersWiss 1940 S. 18 hat zur Erläuterung des § 158c auf die Parallele zum Rechtsinstitut der Geschäftsführung ohne Auftrag verwiesen. Es handle sich darum, daß der Ver, der über seine eigentliche vertragliche Leistungspflicht hinaus leiste, damit „ein Geschäft des Vmers" führe. Das ist freilich − bildhaft gesprochen − richtig, berücksichtigt aber nicht genügend die Besonderheit in der Rechtsstellung des Vers, die sich daraus ergibt, daß er zu diesem Handeln nach der Fiktion des § 158c verpflichtet ist.

Sieg Ausstrahlungen S. 155−156 hat § 158c als Unterfall des § 156 erklärt. Beide Bestimmungen seien als gesetzliches relatives Veräußerungsverbot im Sinne des § 135 BGB aufzufassen. Es handle sich um Verfügungssperren, präziser Entziehungssperren. Da § 158c über § 156 hinausgehe, sei die erstgenannte Bestimmung im Verhältnis zu § 156 als erweiterte Entziehungssperre anzusehen. Gülde-Schmidt = Rost Anm. 7 zu § 158c haben § 158c damit erklärt, daß ein Rechtsschein für die Gültigkeit des Haftpflichtvsvertrages bestehe. Mit dieser Überlegung wurde ange-

II. 3. Rechtliche Einordnung des Direktanspruchs   Anm. B 10

knüpft an eine entsprechende Bemerkung in der Amtlichen Begründung (vgl. Begr. II S. 1774). Diese – auf den ersten Blick dogmatisch unschwer widerlegbar erscheinende – Einordnung ist von Baumann Entschädigungsfonds S. 25–38 für die Haftung des Vers bei Ausstellung einer Vsbestätigung mit beachtlichen Überlegungen neu begründet worden (vgl. dazu auch Anm. B 44).

Möller VersR 1950 S. 3–4, 16–17 hat sich mit diesen Einordnungsversuchen vom rechtslogischen Standpunkt aus kritisch auseinandergesetzt und seinerseits folgende Abgrenzung vorgenommen: § 158c sei aus der Unterscheidung zwischen Schuld, Verurteilbarkeit und Haftung zu erklären. Aus § 158c V (§ 158c VI n.F.) ergebe sich, daß dem geschädigten Dritten vom Haftpflichtver nichts geschuldet werde und daß dementsprechend der Dritte auch nicht im Wege einer Leistungsklage vorgehen könne. Andererseits sei aber dem geschädigten Dritten eine Zugriffsmöglichkeit auf das Vermögen des Haftpflichtvers eröffnet; letzterer hafte im rechtstechnischen Sinne des Wortes. Diese Haftung werde auf einem Umweg realisiert, der in der Pfändung der in Wahrheit nicht bestehenden – lediglich fingierten – Forderung des Vmers gegen den Ver bestehe. Es werde demnach dem geschädigten Dritten eine fingierte Forderung des Vmers als Zugriffsobjekt zur Befriedigung seiner Schadenersatzansprüche zur Verfügung gestellt.

Büchner Obligatorische Haftpflichtven S. 43–45 kritisiert diese Art der Einordnungsversuche und kommt dann im weiteren Verlauf seiner Arbeit für den Direktanspruch (S. 94–97) zu der bereits in Anm. B 9 abgehandelten These, daß solche rechtstheoretischen Abgrenzungen als gewissermaßen unfruchtbare Denkartistik zu verwerfen seien. Rühmend wird dagegen hervorgehoben, daß Esser (Schuldrecht^2 S. 708) über § 158c geschrieben hat: Diese Deckung des Unfallschadens auch bei einer nicht (mehr) rechtsgültigen oder „leistungsfrei" gewordenen V sei ein Novum, das sachlich die Zuständigkeit eines Vsvertragsgesetzes übersteige; ein Legalschuldverhältnis eigener Art. Indessen wird damit der Sache nach nichts Neues gesagt. Schon Keßler Iher Jb Bd 88 S. 293–337 hat die Regelung als Novum bewertet und gerade deshalb, weil nach der Auffassung aller Beteiligter die neugeschaffene Rechtsinstitution nicht nahtlos in das bisherige Rechtssystem paßte, wurden die Ähnlichkeiten mit vorhandenen Einrichtungen erörtert und das Für und Wider abgewogen. Unklar ist überdies, was Esser mit dem Zusatz sagen will, daß dieses Novum „die sachliche Zuständigkeit eines Vsvertragsgesetzes übersteige". Unter solchen Formulierungen kann man sich im Grunde genommen alles vorstellen, weil Esser nicht expressis verbis sagt, was er meint. Die Aussage schließlich, daß es sich um ein Legalschuldverhältnis eigener Art handelt, bringt auch keinen zusätzlichen Gewinn und unterscheidet sich von dem von J.v. Gierke II S. 319 gebrauchten Ausdruck der eigenartigen mittelbaren Gewährleistung, der ebenfalls nur als Rechtsbild und nicht als konkreter Hinweis zu verstehen ist, nur um Nuancen. Büchner a.a.O. S. 67–76 beanstandet schließlich besonders, daß man sich durchweg mit dem Hinweis auf die gesetzgeberische Fiktion begnügt habe, ohne den sozialen Charakter der Regelung vertieft zu erkennen. Was Büchner vermißt, wird besonders deutlich durch seinen Hinweis auf Wieacker, Privatrechtsgeschichte der Neuzeit, 2. Aufl. 1967. Von Wieacker wird a.a.O. S. 537 zur Einführung des Direktanspruchs u.a. folgendes bemerkt: Es gewähre einen tiefen Einblick in die sozialstaatliche Umstrukturierung des privaten Rechts und spreche für einen Vertragstypus unmittelbar die Tendenz aus, die die Rechtsprechung ganz allgemein verfolge, nämlich die Konzeption des Vertrages als Mittel zur Gewährleistung sozialer Existenz, die notwendig die strenge Intersubjektivität – Relativität – des klassischen Forderungsbegriffs sprengen müsse. Büchner S. 76–94 kommt schließlich zur Annahme eines gesetzlichen Schuldverhältnisses zwischen Ver und geschädigtem Dritten mit „verzögertem" Direktanspruch. Entgegen § 158c VI bejaht Büchner diesen Drittanspruch, der allerdings erst mit der Feststellung der Haftpflichtforderung fällig werde. Die dagegen stehende h.A. über die Zweigleisigkeit des Haftpflichtvssystems (vgl. die Nachweise in Bd IV Anm. B 79) wird von Büchner als dem formalen Rechtsdenken zugehörig verworfen (vgl. dagegen Anm. B 9). Soweit sich Büchner S. 84–85 dabei im übrigen auf Fleischmann VersR 1961 S. 3 als Vorläufer für seine Auffassung beruft, ist ihm nicht zu folgen. Isoliert betrachtet könnten allerdings folgende Bemerkungen von Fleischmann a.a.O. so aufgefaßt werden: Die herbe Kritik von Wahle ZVersWiss 1960 S. 89ff. an dieser Rechtsprechung entbehre nicht einer gewissen Rechtfertigung, solange man daran festhalte, daß dem Geschädigten ein eigener Anspruch gegen den Ver nicht zustehe (§ 158c VI), und solange versucht werde, die dem Ver übertragene „soziale Aufgabe" in das Schema des Vsvertrags zu pressen, anstatt anzuerkennen, ... daß hier ein Legalanspruch des Geschädigten gegen den Ver geschaffen worden sei, der außerhalb des Vsverhältnisses und neben diesem stehe. – Indessen dürften diese Ausführungen von Fleischmann als ein verständliches Plädoyer für die Änderung des Gesetzes durch Einführung des Drittanspruchs zu verstehen seien. Das zeigt deutlich der kurz vorher a.a.O. gegebene Hinweis, daß der BGH der Konstruktion des § 158c folge und davon ausgehe, daß auch im Falle des „kranken" Vertrages der Geschädigte auf Grund der im Haftpflichtprozeß erwirkten rechtskräftigen Entscheidung den (fingierten) Entschädigungsanspruch des Schädigers gegen den Haftpflichtver pfänden lassen müsse.

[B 11] bb) Einwendungsausschluß gemäß § 3 Ziff. 4, 5 PflichtvsG

Der in Anm. B 10 dargestellte Meinungsstreit über die rechtliche Einordnung des § 158c ist wesentlich dadurch geprägt worden, daß der Gesetzgeber bei der Schaffung der genannten Bestimmung von der überkommenen Konstruktion der Haftpflichtv ausgegangen ist. Das PflichtvsG ist nunmehr eigene Wege gegangen. Der verdienstvollen Konstruktions- und Abgrenzungsversuche zur Erläuterung des gesetzgeberischen „Kunstgriffs" bedarf es jetzt für die Kfz-Haftpflichtv in dieser Form nicht mehr. Das liegt vor allem daran, daß nunmehr nicht mehr mit einer Fiktion zu Gunsten des Verkehrsopfers gearbeitet zu werden braucht (Begr. IV S. 16, vgl. ferner Möller Vsvertragsrecht[3] S. 53, Seidel Struktur S. 51). Es wird nicht mehr expressis verbis wie in § 158c im Verhältnis zu dem Dritten das Haftpflichtvsverhältnis als bestehend behandelt. Vielmehr wird – ausgehend von der aus Gründen des Sozialschutzes gesetzlich gewährten Anspruchsberechtigung in der Form des Drittanspruchs – diese sozialpolitische Grundkonzeption verstärkt durch den vom Bestand des Vsschutzes im Umfang der Bestimmungen des § 3 Ziff. 4–6 PflichtvsG unabhängigen Drittanspruch. Dabei ist im übrigen Büchner S. 43–45, 67–76 entgegenzuhalten, daß das vswissenschaftliche Schrifttum bei seinen Konstruktionsversuchen den sozialpolitischen Zweck des § 158c nicht verkannt hat. Dieser sozialpolitische Gedanke der neuen Rechtsinstitution war in aller Deutlichkeit in der der Einführung der Pflichtv für Kraftfahrzeughalter vorausgegangenen rechtspolitischen Diskussion herausgearbeitet worden. Die amtliche Begründung (Begr. II S. 1774) enthält darüber hinaus treffend den Hinweis, daß die Neuregelung zum möglichst lückenlosen Schutz des Verkehrsopfers geschaffen worden sei. Wenn das im vswissenschaftlichen Schrifttum bei der Diskussion der Konstruktion der in § 158c geschaffenen Regelung nicht mehr besonders hervorgehoben worden ist, so letzten Endes deshalb, weil denjenigen, die mit der Materie vertraut waren, diese Konzeption des Gesetzes ohnedies als Ausgangsbasis aller Überlegungen diente und von ihnen diese Kenntnis bei ihren Lesern auch vorausgesetzt werden konnte. Auf der anderen Seite ist es verständlich, daß von Wieacker bei einer Erwähnung einer solchen Rechtsinstitution in einer Privatrechtsgeschichte der Neuzeit für einen ganz anders zusammengesetzten Leserkreis die soziale Grundkonzeption erneut hervorgehoben werden mußte. Im übrigen sei in diesem Zusammenhang

II. 4. Zum Begriff des geschädigten Dritten   Anm. B 12

ergänzend auf die verständnisvollen Ausführungen von Müller-Stüler Direktanspruch S. 40–43 verwiesen, mit denen er § 158c treffend als „Vorschrift eines sozialen Privatrechts" qualifiziert. Das gleiche gilt gewiß von der sachlich weithin übereinstimmenden Regelung in § 3 PflichtvsG und wird noch verstärkt durch die in §§ 12–14 PflichtvsG getroffenen Bestimmungen über die Bildung eines Entschädigungsfonds für Schäden aus Kraftfahrzeugunfällen (vgl. dazu Anm. B 97–131). Alle diese Bestimmungen sind bei Baumann Entschädigungsfonds S. 6–7 als Schutzvorschriften im Rahmen der staatlichen Daseinsvorsorge aufzufassen.

Es wäre allerdings verfehlt, den vom Gesetzgeber aus sozialpolitischen Gründen verfügten gesetzlichen Schuldbeitritt des Haftpflichtvers für diejenigen Fälle wiederum einer besonderen Konstruktion zu unterziehen, in denen nach Maßgabe der Bestimmungen in § 3 Ziff. 4–6 PflichtvsG der Ver an sich gegenüber dem Vmer leistungsfrei ist. Ein formales Argument böte sich hier freilich an, nämlich der Hinweis darauf, daß nach § 417 II BGB bei einer vertraglichen Schuldübernahme aus dem ihr zu Grunde liegenden Rechtsverhältnis zwischen dem Übernehmer und dem bisherigen Schuldner Einwendungen gegenüber dem Gläubiger nicht erhoben werden dürfen. Indes ist streitig, ob § 417 II BGB überhaupt auf die im BGB als Rechtsinstitut nicht geregelte kumulative Schuldübernahme Anwendung findet (dagegen BGH 5. XII. 1975 DB 1976 S. 332–333 m.w.N., Möschel in Münch. Komm., 1979, Bd II, Bem. 16 vor § 414 m.w.N., Palandt-Heinrichs[42] Bem. 2a vor § 414, Soergel-R. Schmidt[10] Anm. 6 vor § 414 m.w.N.; für eine differenzierende Anwendung Larenz Schuldrecht[13] I § 35 II, S. 554 m.w.N.). Selbst wenn man sich aber insoweit der von Larenz a.a.O. vertretenen Auffassung anschließt, nach der bei der vereinbarten Schuldmitübernahme § 417 II BGB entsprechend anzuwenden sei, wäre damit doch nur eine formelle Ähnlichkeit aufgezeigt, die die gesetzgeberischen Intentionen nicht näher erklärt. Die ratio läßt sich aber wie zu § 158c in seiner früheren und jetzigen Fassung nicht anders als mit dem Hinweis auf die sozialpolitische Verpflichtung des Staates erklären, für die Verkehrsopfer in besonderem Maße zu sorgen. Diese verstärkte sozialpolitische Verpflichtung folgt für die Kfz-Haftpflichtv aus der Erkenntnis, daß in der modernen Industriegesellschaft durch die fortschreitende Motorisierung („Automation") trotz aller Fortschritte Dritte fast zwangsläufig Schäden erleiden. Die in diesem Zusammenhang gemachten Erfahrungen gehen weiter dahin, daß die verantwortlichen Täter sehr häufig nicht die finanziellen Mittel besitzen, um die angerichteten Schäden auszugleichen. Auf diesen einfachen Überlegungen basieren letzten Endes alle Pflichthaftpflichtven. Aus dieser sozialen Verantwortlichkeit des Staates sind die Vorschriften des § 3 PflichtvsG und des § 158c zu verstehen. Es handelt sich danach bei diesen Normen um einen Teilbereich der sozialen Vorsorge des Staates (der Sache nach ebenso Müller-Stüler Direktanspruch S. 40–43 mit dem Hinweis darauf, daß es sich um „Vorschriften eines sozialen Privatrechts" handle).

[B 12] 4. Zum Begriff des geschädigten Dritten

Zum Begriff des geschädigten Dritten ist bereits in Bd IV Anm. B 78 und H 22 Stellung genommen worden. Auf jene Ausführungen und Nachweise sei zur Vermeidung von Wiederholungen verwiesen. Festzuhalten ist hier, daß Dritter im Sinne des Haftpflichtvsrechts jede nicht mit dem Vmer identische Person sein kann. Diese Definition geht aus von einem Vsverhältnis, in dem es lediglich einen Einzelvmer gibt, der gegen die Gefahr einer Inanspruchnahme mit begründeten oder unbegründeten Schadenersatzansprüche geschützt werden will. Begrifflich ist diese Definition im Fall der V für fremde Rechnung dahin zu ergänzen, daß in dieser Vsart jede nicht mit dem Vten identische Person Dritter im Sinne des Schutzbereiches jener Haftpflichtv für fremde Rechnung sein kann. Diese Aussage bedeutet, daß auch der Vmer in der Haftpflichtv für fremde Rechnung Dritter im Verhältnis zum Vten ist.

Als generelle Erkenntnis aus diesen beiden Überlegungen ist bei einer Kombination der beiden eben aufgeführten Haftpflichtvsarten zu konstatieren, daß dann, wenn eine V für die Gefahr einer eigenen Inanspruchnahme des Vmers gekoppelt ist mit einer V für fremde Rechnung, sowohl der Vmer als auch der Vte im Rahmen dieses Haftpflichtvsverhältnisses begrifflich geschädigte Dritte sein können. Das bedeutet, daß der Vmer im Hinblick auf den Fremdvsteil der Kfz-Haftpflichtv, wie er immer gemäß § 10 II AKB gegeben ist (vgl. auch Anm. B 3 a.E.), geschädigter Dritter ist. Umgekehrt ist der Vte begrifflich als Dritter im Verhältnis zum eigenen Gefahrenbereich des Vmers anzusehen, wenn nämlich der Vmer dem Vten durch den Gebrauch eines Fahrzeugs im Sinne des § 10 I AKB einen Schaden zufügt.

Diese Grunderkenntnisse, die lange Zeit durch entgegenstehende Bestimmungen in den Haftpflichtvsverträgen verdeckt waren, sind vom BGH 7. I. 1965 BGHZ Bd 43 S. 42–46 in einem Fall zum Deckungsbereich der allgemeinen Haftpflichtv mit aller erforderlichen Klarheit herausgearbeitet worden. Es wäre daher nicht angebracht, nochmals die Gegenmeinung zu widerlegen, die nicht genügend zwischen dem jeweils vereinbarten Vertragsinhalt und den schuldrechtlich möglichen Konstruktionen unterschied. In der Zwischenzeit ist im Bereich der AKB durch die Neufassung des Bedingungsrechts zum 1. I. 1977 der Vsschutz wesentlich verbessert worden. Jetzt sind gemäß § 11 Ziff. 2 AKB nur noch Sach- oder Vermögensschadenhaftpflichtansprüche des Vmers, Halters oder Eigentümers gegen mitve Personen ausgeschlossen. Ziel dieser Reform des Bedingungsrechts war es gerade, für Haftpflichtansprüche des Vmers (Halters oder Eigentümers) gegen mitve Personen wegen Körperschäden Deckung herbeizuführen. Heute vertritt daher niemand mehr die im Grunde genommen begriffsscholastisch anmutende Auffassung, daß eine solche Vertragsgestaltung dem Wesen der Haftpflichtv zuwiderlaufe und womöglich als nicht rechtswirksam angesehen werden könne.

Soweit mehrere Vmer in einem Vsvertrag zusammengefaßt sind, gilt das Gesagte in gleichem Maße. Auch hier ist davon auszugehen, daß ein Vmer im Verhältnis zum anderen als Dritter angesehen werden kann. Abzugrenzen ist hier lediglich, daß verhindert werden muß, daß über eine solche Aufspaltung auch ein Eigenschaden desjenigen Vmers ersetzt wird, der von dem anderen Vmer haftpflichtig gemacht wird. Das bezieht sich auf einen Eigenschaden am Aktivvermögen des schädigenden Vmers, wenn nämlich z. B. eine Sache beschädigt wird, die im gemeinsamen Eigentum zweier Vmer steht. Das wird ergänzend unter den Rechtspflichten des Vers unter G. bei der Erörterung des Deckungsbereichs der Kfz-Haftpflichtv dargestellt werden. Hier geht es nur um die grundsätzliche Problematik, wer im Bereich des Drittanspruchs Dritter sein kann. Ergänzend ist ferner festzuhalten, daß auch ein Vter im Verhältnis zu einem anderen Vten Dritter im Sinne des Haftpflichtvsrechts ist. Solche Fälle werden rechtstatsächlich sogar häufiger als die Beteiligung mehrerer Vmer am Vsvertrag vorkommen, da § 10 II AKB institutionell immer mehrere Haftpflichtvsverträge für fremde Rechnung vorsieht.

Dritter ist auch jeder Ausgleichsgläubiger gemäß § 426 I, II BGB oder verwandter Vorschriften (vgl. Anm. B 57 und Bd IV Anm. G 60 m.w.N.). Die von Prölss-Martin[22] Anm. 1 zu § 3 Ziff. 1, 2 PflichtvsG, S. 868 im Anschluß an KG 2. III. 1978 VersR 1978 S. 435–436 vertretene Auffassung, daß ein Mitschädiger bezüglich seines an sich deckungsfähigen Ausgleichsanspruchs nicht Dritter sei, steht mit dem Zweck des PflichtvsG nicht im Einklang (vgl. dagegen OLG Köln 6. III. 1972 VersR 1972 S. 651–652 und Anm. B 14 m.w.N.). Das gilt auch im gestörten Vsverhältnis (streitig, vgl. dazu Anm. B 57 m.w.N.).

II. 5. Direktanspruch im ungestörten Haftpflichtversicherungsverhältnis **Anm. B 13**

5. Direktanspruch im ungestörten Haftpflichtversicherungsverhältnis

Gliederung:
a) Vsrechtliche Grenzen B 13–17
  aa) Vssummen B 13
  bb) Verhältnis zu § 10 I AKB B 14
  cc) Örtliche und zeitliche Begrenzungen sowie vsrechtliche Ausschlüsse B 15
  dd) Klagausschlußfrist und Direktanspruch B 16
  ee) Auswirkungen von Verfügungen über die Haftpflichtvsforderung auf den Direktanspruch B 17
b) Haftungsrechtliche Ausprägung des Direktanspruchs B 18–35
  aa) Identitätsgrundsatz B 18

  bb) Naturalrestitution B 19
  cc) Vergrößerung der Haftpflichtforderung B 20
  dd) Mehrheit von Direktansprüchen B 21
  ee) Abtretung und Pfändung B 22
  ff) Akzessorietätsproblematik im Prozeß B 23
  gg) Fälligkeit B 24
  hh) Darlegungs- und Beweislast B 25
  ii) Obliegenheiten des Dritten B 26–29
    (weitere Untergliederung vor B 26)
  jj) Verjährung B 30–34
    (weitere Untergliederung vor B 30)
  kk) Gerichtsstand B 35

[B 13] a) Versicherungsrechtliche Grenzen
aa) Versicherungssummen

Nach § 3 Ziff. 1 S. 1 PflichtvsG kann der geschädigte Dritte den Ver im ungestörten Haftpflichtvsverhältnis „im Rahmen der Leistungspflicht aus dem Vsverhältnis" in Anspruch nehmen. Das bedeutet als wohl wesentlichsten Faktor eine Beschränkung der Haftung des Vers auf die zu dem jeweiligen Kfz-Haftpflichtvsvertrag vereinbarten Vssummen (allgem. Meinung, vgl. nur BGH 25. V. 1982 NJW 1982 S. 2322 m.w.N. = VA 1982 S. 497 Nr. 755). Über diese hinaus haftet der Ver grundsätzlich nicht. Der Schutz des Dritten wird dabei für die Regelfälle dadurch gewährleistet, daß die gemäß § 4 II PflichtvsG (in Verbindung mit der dazugehörigen Anlage) vorgeschriebenen Mindestvssummen bei dem Abschluß eines Pflichthaftpflichtvsvertrages einzuhalten sind. – Diese Mindestvssssummen sind seit dem Inkrafttreten der VO vom 22. IV. 1981 (BGBl. I S. 394) am 1. VII. 1981 erfreulich hoch. Sie betragen nämlich immerhin 1.000.000,– DM für Personenschäden, 400.000,– DM für Sachschäden und 40.000,– DM für die sog. reinen Vermögensschäden. Wichtig ist dabei ferner, daß für den Fall einer Verletzung oder Tötung mehrerer Personen sich die Mindestvssummen für Personenschäden auf 1.500.000,– DM erhöhen (vgl. ergänzend den rechtspolitisch sehr instruktiven und vor allem wirksamen Aufsatz von Deinhardt VersR 1980 S. 412–415 = 18. Deutscher Verkehrsgerichtstag, Hamburg 1980, S. 138–147, ferner Böhm a.a.O. S. 128–137 und Haindl a.a.O. S. 148–157). – Soweit – versehentlich oder absichtlich – niedrigere Vssummen vereinbart werden, treten nach dem Sinn der gesetzlichen Regelung an deren Stelle diese gesetzlich vorgeschriebenen Mindestvssummen (anders Fleischmann-Deiters in Thees-Hagemann[2] Anm. 1, 2 zu § 4 PflichtvsG, S. 143, die nur eine Haftung im Verhältnis zum geschädigten Dritten für gegeben halten, ähnlich Fromm[2] S. 225, der von einer Nichtigkeit eines Vertrages mit zu niedriger Vssumme ausgeht). Denn der wohlverstandene Sinn des § 4 II PflichtvsG geht dahin, auch den Vmer zu schützen. Für eine solche Interpretation der Gesetzesregelung spricht im übrigen auch deren sinnvolle Ergänzung in § 9 a I 3 AKB, wonach gesetzliche Erhöhungen der Mindestvssummen mit ihrem Inkrafttreten auch für laufende Vsverträge gelten.

Ein Direktanspruch ist aber auch gegeben, soweit höhere Vssummen als die gesetzlich vorgeschriebenen vereinbart worden sind. Das ergibt sich schon aus der Formulierung in § 3 Ziff. 1 S. 1 PflichtvsG, daß der geschädigte Dritte den Ver im Rahmen der Leistungspflicht aus dem Vsverhältnis in Anspruch nehmen könne. Ergänzend ist das aber auch aus dem ohne Einschränkungen für die Kfz-Haftpflichtv geltenden § 158k zu folgern, in dem es heißt, daß die Vorschriften über die Pflichtv auch insoweit Anwendung finden, als der Vsvertrag eine über die gesetzlichen Mindestanforderungen hinausgehende Deckung gewähre (dafür, daß das allerdings nicht im gestörten Vsverhältnis mit Rücksicht auf die in § 158c III getroffene Sonderregelung gilt, vgl. Anm. B 47 m.w.N.).

Die Beschränkung der Haftung des Vers auf die vertraglichen Vssummen ist im Prozeß nicht von Amts wegen zu berücksichtigen. Es ist vielmehr Aufgabe des Vers, auf diesen Umstand im Rechtsstreit hinzuweisen. Unterläßt er das, so ist ein Gericht berechtigt und verpflichtet, davon auszugehen, daß gegenüber dem geltend gemachten Anspruch der Einwand einer summenmäßig begrenzten Haftung nicht erhoben werde. Liegt ein rechtskräftiges Feststellungsurteil für den Zukunftsschaden ohne Beschränkung auf die Vssummen vor, so verstößt ein Dritter regelmäßig nicht gegen Treu und Glauben, wenn er sich in einem späteren Leistungsprozeß auf dieses Urteil beruft; das gilt selbst dann, wenn das Gericht des Vorprozesses eine derartige Einschränkung hätte einfügen müssen, weil sich aus dem insoweit unstreitigen Vorbringen beider Parteien ergab, daß der Ver im Verhältnis zum Vmer leistungsfrei war, so daß nach § 158c III nur eine Haftung des Vers zu den Mindestvssummen in Betracht kam (vgl. für diesen Fall BGH 23. I. 1979 NJW 1979 S. 1046–1048 = VersR 1979 S. 272–273). Der Ver hätte vielmehr das insoweit fehlerhafte Urteil nicht rechtskräftig werden lassen dürfen. Etwas anderes gilt allerdings dann, wenn sich zwar nicht aus dem Urteilstenor, wohl aber aus den Urteilsgründen ergibt, daß nur zu einer eingeschränkten Haftung verurteilt werden sollte. Vgl. dazu BGH 22. IX. 1981 NJW 1982 S. 447–448 m.w.N. In jenem Fall war es so gewesen, daß in der Urteilsformel die Verpflichtung zum Ersatz des Zukunftsschadens uneingeschränkt ausgesprochen worden war; den Urteilsgründen war aber zu entnehmen, daß nur Ansprüche nach den Grundsätzen des Straßenverkehrsgesetzes aus dem Gesichtspunkt der Gefährdungshaftung zugesprochen werden sollten. Das wurde noch dadurch verdeutlicht, daß gleichzeitig die Schmerzensgeldforderung mangels Verschuldens abgewiesen wurde.

Reichen die Vssummen nicht aus, um den Dritten zu befriedigen, so geht dieser, sofern er seine Differenzforderung nicht von dem Vmer oder einem der Vten beitreiben kann, insoweit leer aus. Das ist eine sich aus dem System der Pflichthaftpflichtv mit Mindestvssummen ergebende gesetzliche Konsequenz, die nicht etwa aus Billigkeitsgründen zu Lasten des Vers durchbrochen werden darf, wie es auch systemwidrig wäre, eine nach bürgerlichrechtlichen Grundsätzen gegebene Schadenersatzpflicht des Vmers oder des Vten wegen mangelnden Haftpflichtvsschutzes zu verneinen (bedenklich daher für einen Sonderfall BGH 27. V. 1981 BGHZ Bd 80 S. 332–345; vgl. dazu Anm. B 148 m.w.N.).

Hinsichtlich der Einzelheiten zur Bemessung der Haftpflichtvssummen und deren Abgrenzung zu Kosten und Zinsen, speziell auch hinsichtlich der Besonderheiten in denjenigen Fällen, in denen Rentenzahlungen geschuldet werden, wird auf die künftigen Ausführungen zu den Rechtspflichten des Vers im Abschnitt G. verwiesen. Dort sind auch die von den Vern im Zusammenhang mit den Mindestvssummen abgegebenen geschäftsplanmäßigen Erklärungen (vgl. VA 1969 S. 78–79, VA 1976 S. 350) zu erörtern. Hervorzuheben ist in diesem Zusammenhang, daß auf den Direktanspruch auch § 155 I Anwendung findet (BGH 30. IV. 1975 NJW 1975 S. 1278 = VersR 1975 S. 560. 25. V. 1982 NJW 1982 S. 2322 m.w.N. = VA 1982 S. 497 Nr. 755). Nach dieser Bestimmung kann der Vmer, wenn die Vssumme den Kapitalwert der von dem Vmer dem Dritten geschuldeten Haftpflichtvsrente nicht erreicht, nur einen verhältnismäßigen Teil dieser Rente verlangen (gemeint ist im Sinne der modernen Ausgestaltung des Haftpflichtvsrechts die Befreiung von diesem Teil der Rente; vgl. generell zur Einordnung der Haftpflichtvsforderung als Befreiungsanspruch Bd IV Anm. B 33–36 m.w.N.). Auf die Rechtsposition des Dritten übertragen, bedeutet dieses, daß er in einem derart ausgestalteten Fall vom Ver ebenfalls nur einen verhältnismäßigen Anteil einer

II. 5. Direktanspruch im ungestörten Haftpflichtversicherungsverhältnis Anm. B 13

laufenden Rente ersetzt verlangen kann. Hinsichtlich der Einzelheiten der hier entstehenden Berechnungsprobleme muß auf die künftige Darstellung im Abschnitt G. dieses Kommentars unter den Rechtspflichten des Vers verwiesen werden; dies gilt um so mehr, als es in erster Linie darum geht, die in Bd IV Anm. G 38–40 dargestellten Grundsätze kritisch zu überprüfen und dabei die neueren Erkenntnisse aus Wissenschaft und Rechtsprechung angemessen zu berücksichtigen. Erwähnenswert ist in diesem Zusammenhang § 10 VII 1 AKB. Dort wird in Übereinstimmung mit § 3 III Ziff. 2 S. 1 AHB bestimmt, daß vor der Verhältnisrechnung im Sinne des § 155 I sonstige Leistungen, also z. B. Zahlungen auf entstandene Sachschäden, abzusetzen seien. Schantl MDR 1982 S. 450–453 hält diese Bestimmung im Verhältnis zum Dritten und auch zum Vmer für unwirksam. Indessen wird dabei die Wertneutralität dieses Berechnungsprinzips verkannt und zum Teil auf der Basis einer mißbräuchlichen Interpretation der Rentenberechnungsbestimmungen durch die verhandelnden Partner des Einzelfalls argumentiert. Eine rechtsmißbräuchliche Verhandlungsführung im Einzelfall kann aber die generelle Auslegung der Bestimmung des § 10 VII 1 AKB nicht beeinflussen. Diese Vorschrift ist daher gemäß den Ausführungen in Bd IV Anm. G 40 m.w.N. grundsätzlich als wirksam zu behandeln. Sie findet aber in Wahrung der auch für den Direktanspruch geltenden Bestimmung des § 156 III (BGH 30. IV. 1975 NJW 1975 S. 1278 = VersR 1975 S. 560, 25. V. 1982 NJW 1982 S. 2322 m.w.N. = VA 1982 S. 497 Nr. 755; vgl. ferner Baumann Entschädigungsfonds S. 72–74, E. Prölss NJW 1965 S. 1738, Seidel Struktur S. 41 m.w.N. in Anm. 14, Sieg ZVersWiss 1965 S. 362; a.M. nur Müller-Stüler Direktanspruch S. 148–149, derselbe VersR 1967 S. 967) in denjenigen Fällen keine Anwendung, in denen bei unzureichenden Vssummen dem Ver mehrere Dritte gegenüberstehen.

Bemerkenswert ist die klare Darstellung der Verteilungsprinzipien gemäß § 156 III durch BGH 25. V. 1982 NJW 1982 S. 2322–2323 = VA 1982 S. 496–499 Nr. 755. Das Gericht arbeitet folgende Erkenntnisse heraus: Grundsätzlich habe der Ver die drohende Erschöpfung der Vssumme, wenn sie sich schon im Erkenntnisverfahren abzeichne, zur Vermeidung eines Ausschlusses mit diesem Vorbringen bereits in diesem Verfahrensabschnitt geltend zu machen. Es sei über sein Vorbringen auch schon hier zu befinden. Freilich könne die Verbindung des Direktanspruchs mit dem Verteilungsverfahren nach § 156 III die gerichtliche Durchsetzung dann erheblich erschweren, wenn im Zeitpunkt der letzten mündlichen Verhandlung vor dem Tatrichter die Schadensentwicklung aus dem Unfall noch nicht völlig abgeschlossen sei und deshalb noch nicht die sämtlichen in die Verteilung einbezogenen Ersatzansprüche auch der Höhe nach schon feststünden, so daß der auf die Forderung entfallende Anteil zunächst nur annähernd geschätzt werden könne. In diesem Fällen sei der Geschädigte nicht gehalten, mit der Durchsetzung seines Direktanspruchs so lange zu warten, bis eine abschliessende Berechnung möglich sei. Das würde nicht nur § 156 III widersprechen, sondern auch mit dem gesetzgeberischen Zweck des Direktanspruchs, der die Stellung des Verkehrsopfers bei der Schadenregulierung verstärken solle, nicht zu vereinbaren sein. Deshalb müsse die Feststellung nach dem derzeitigen Erkenntnisstand, könne aber andererseits nur unter dem Vorbehalt möglicher Korrekturen nach oben oder unten aufgrund einer späteren genaueren Berechnung getroffen werden. Die sich hieraus ergebenden materiellen, prozessualen und kostenrechtlichen Probleme ließen sich jedoch nicht dadurch entschärfen, daß das Erkenntnisverfahren über den Direktanspruch von der Verteilung gemäß § 156 III freigehalten, diese vielmehr erst später bei der Vollstreckung des Anspruchs berücksichtigt werde. Einem solchen Verfahren stehe der Grundsatz des § 767 II ZPO entgegen. Eine entsprechende Anwendung der für die beschränkte Erbenhaftung geltenden Vorschriften verbiete sich, weil jene Beschränkungen mit Ausnahme des Sonderfalls in § 1991 IV BGB auf einer „Verteilung" der Haftungsmasse nach dem Prioritätsprinzip aufbauen, während die Haftungsgrenze des § 3 Ziff. 1 PflichtvsG ihre Wirkungen unabhängig davon entfalte, ob und in welcher zeitlichen Reihenfolge die konkurrierenden Direktansprüche gegen den Haftpflichtver auch durchgesetzt würden. Deshalb sei (auf Vorbringen des Vers) über die Erschöpfung der Deckungssumme und die sich hieraus für die Höhe des geltend gemachten Direktanspruchs ergebenden Beschränkungen grundsätzlich bereits im Erkenntnisverfahren zu befinden.

Diesen Überlegungen des BGH ist vollen Umfangs beizupflichten. Sie bedeuten, daß ein Ver, der sich im Erkenntnisverfahren nicht auf eine Summenbeschränkung gemäß § 156 III berufen hat, das später durch eine Zwangsvollstreckungsgegenklage gemäß § 767 ZPO nur erreichen kann, wenn nach dem Schluß der mündlichen Verhandlung neue Gründe für eine solche Verteilung entstanden sind. Umgekehrt bedeuten diese Überlegungen aber auch, daß dann, wenn später eintretenden Tatsachen eine bessere Berechnung zugunsten eines Dritten ergeben, dieser durch Rechtskraftsgrundsätze nicht gehindert ist, eine erneute Klage zu erheben (vgl. dafür den Beispielsfall aus Bd IV Anm. G 39 a.E.).

Im übrigen wird ergänzend auf die in Bd IV Anm. B 94—98 dargestellten Grundsätze verwiesen. Aufzugeben ist allerdings angesichts der überzeugenden Ausführungen in BGH 7. XI. 1978 NJW 1979 S. 271—272 = VersR 1979 S. 30—31 die in Bd IV Anm. B 97 anklingende Auffassung, daß sich das Quotenvorrecht des Sozialvers auf unzureichende Vssummen erstrecke. Vielmehr ist der Meinung des BGH beizupflichten, daß bei nicht ausreichender Vssumme dem Verletzten ein Befriedigungsvorrecht vor dem Sozialvsträger zustehe. Ebenso BGH 25. V. 1982 NJW 1982 S. 2323 = VA 1982 S. 498—499 Nr. 755 (vgl. ergänzend Deinhardt VersR 1980 S. 413—415 = 18. Deutscher Verkehrsgerichtstag a.a.O. S. 141—142) mit dem zutreffenden Hinweis darauf, daß dieser Nachrang des Sozialvers nur im Verhältnis zu seinem Sozialvten bestehe, nicht auch gegenüber weiteren Gläubigern (für den Fall des gestörten Vsverhältnisses vgl. Anm. B 48—49). Vgl. auch § 116 SGB (X), der mit Wirkung vom 1. VII. 1983 (BGBl. 1982 I S. 1450—1466) den Übergang von Schadenersatzansprüchen des Sozialvten auf den Sozialvsträger (oder Träger der Sozialhilfe) neu regelt. In § 116 II SGB (X) wird bestimmt, daß dann, wenn der Anspruch auf Ersatz eines Schadens durch Gesetz der Höhe nach begrenzt ist, er auf den Vsträger oder Träger der Sozialhilfe nur insoweit übergehe, als er nicht zum Ausgleich des Schadens des Geschädigten oder seiner Hinterbliebenen erforderlich ist. Das bedeutet eine gänzliche Neuregelung des Quotenvorrechts (vgl. Küppersbusch VersR 1983 S. 202—203). Diese Bestimmung stellt ab auf eine nach den Spezialgesetzen gegebene summenmäßige Haftungsbeschränkung (z. B. nach § 12 StVG). Der Fall der nicht ausreichenden Vssummen wird von dieser Bestimmung expressis verbis nicht geregelt. Er wird aber von § 116 IV SGB (X) erfaßt. Dort heißt es nämlich, daß ein Vorrang des Geschädigten und seiner Hinterbliebenen bestehe, wenn der Durchsetzung der Ansprüche auf Ersatz eines Schadens tatsächliche Hindernisse entgegenstehen. Unter diese tatsächlichen Hindernisse lassen sich aber unschwer die Fälle unzureichender Vssummen subsumieren (Küppersbusch VersR 1983 S. 203—204, H. Plagemann NJW 1983 S. 426). Das gilt auch dann, wenn höhere als die gesetzlichen Mindestvssummen vereinbart worden sind, diese aber immer noch nicht ausreichen. — Bedeutsam für § 156 III ist ferner, daß das Vorrechtsprinzip des § 116 II in § 116 III SGB (X) für den Fall modifiziert wird, daß ein wegen Mitverschuldens oder Mitverantwortlichkeit geminderter Anspruch mit einer gesetzlichen Anspruchsbegrenzung zusammentrifft. Hier können sich überaus schwierige Berechnungsfragen ergeben (vgl. dazu Küppersbusch VersR 1983 S. 203).

Zu beachten ist, daß die gesetzlichen Mindestvssummen (oder die höheren vereinbarten Vssummen) auch dann nur einmal pro Schadenfall zur Verfügung stehen, wenn der Vmer und der Vte (oder mehrere Vte) aus ein und demselben Schadenereignis in Anspruch genommen werden. Zwar fehlt es in den AKB an einer § 3 II Ziff. 2 S. 2 AHB entsprechenden ausdrücklichen Bestimmung, daß die Vssumme auch dann die Grenze der Leistungspflicht des Vers bilde, wenn sich der Vsschutz auf mehrere entschädigungspflichtige Personen erstrecke. In Bd IV Anm. G 51 ist dazu für die allgemeine Haftpflichtv ausgeführt worden, daß bei Fehlen einer solchen Bestimmung durchaus die Auffassung vertreten werden könne, daß die Vssumme für jeden Vmer oder Vten gesondert gestellt werde. Für die Kfz-Haftpflichtv ist aber eine solche Auslegung nicht zu wählen. Vielmehr ergibt die gesetzliche Regelung, daß die aus dem Gebrauch eines bestimmten Fahrzeugs resultierende Haftpflichtgefahr pro Schadenfall durch eine einheitlich bemessene Vssumme abgedeckt sein soll, ohne daß dabei auf den zufälligen Umstand abgestellt wird, daß der Vmer nicht auch zugleich Fahrer des vten Fahrzeugs war.

Der in § 156 III zum Ausdruck kommende Grundsatz der gleichmäßigen Verteilung unter mehreren Anspruchstellern findet entsprechende Anwendung, wenn zwar nur ein Dritter vorhanden ist, dem aber der Vmer und der Vte nach bürgerlichen Grundsätzen in unterschiedlichem Umfang haften. Nicht etwa kann der Vmer einen Befriedigungsvorrang bezüglich des ihn betreffenden Teils der Schadenersatzforderung des Dritten verlangen. Beispiel: Aus einem schweren Verkehrsunfall entsteht dem geschädigten Dritten ein Schadenersatzanspruch wegen seines materiellen Schadens in Höhe von DM 1.000.000,- und ein Schmerzensgeldanspruch in Höhe von DM 400.000,-. Die Haftung des Vmers sei nur eine solche als Halter und demgemäß auf den materiellen Teil des Schadens in Höhe von DM 500.000,- beschränkt (§ 12 I Ziff. 1 StVG). Unterstellt, daß nur die gesetzlichen Mindestvssummen vereinbart seien, so stehen nach der Anlage zu § 4 II PflichtvsG in der Fassung der VO vom 22. IV. 1981 (BGBl. I S. 394) für diesen Schaden insgesamt nur DM 1.000.000,- zur Regulierung zur Verfügung. Es würde daher für den Vmer am günstigsten sein, wenn von der unzureichenden Vssumme vorrangig ein Betrag von DM 500.000,- auf den Halterhaftungsanteil geleistet werden würde. Indessen ist die Berechnung in entsprechender Anwendung des § 156 III so vorzunehmen, daß auf den materiellen Schaden aus der insgesamt zur Verfügung stehenden Leistung des Vers 10/14 von 1 Million DM erbracht werden = DM 714.285,71 und auf das Schmerzensgeld von DM 400.000,- ein Betrag von 4/14 von ebenfalls 1 Million DM = 285.714,29 DM. Das bedeutet, daß das restliche Schmerzensgeld in Höhe von DM 114.285,71 von dem Vten allein zu bezahlen ist. Hinsichtlich des materiellen Schadens könnte man im ersten Augenblick annehmen, daß die Differenz zum materiellen Schaden je zur Hälfte in Höhe von DM 142.857,15 von dem Vmer und dem Vten aus eigener Tasche zu erbringen sei. Die entsprechende Anwendung des § 156 III bedeutet aber, daß der Ver den Vmer und den Vten als Dritte im Sinne jener Vorschrift anzusehen hat und unter Wahrung der Grundsätze des § 156 III dann seine Leistungen an den Geschädigten zu erbringen hat. Hier ist bedeutsam, daß der Vmer und der Vte Gesamtschuldner bezüglich der sich aus dem Straßenverkehrsgesetz ergebenden Gefährdungshaftung bis zum Betrage von DM 500.000,- sind. Hinsichtlich des weitergehenden Betrages von DM 500.000,- ist allein der Vte aufgrund des Umstandes Schuldner, daß es sich hier um eine Verschuldenshaftung nach BGB-Grundsätzen handelt. Demgemäß ist die Situation so, daß Vmer und Vter gegenüber dem Ver bezüglich des erstgenannten materiellen Schadenteils beide die Befreiung verlangen können. Die Anspruchskürzung ist für jede dieser Haftungsgruppen entsprechend vorzunehmen. Demgemäß hat der Ver auf beide Teile des materiellen Schadens in Höhe von je DM 500.000,- je mit entsprechender Bestimmung an den geschädigten Dritten DM 357.142,85 zu leisten. Der Vte haftet dem Dritten allein für einen Betrag von DM 142.857,15 bezüglich des allein nach bürgerlichrechtlichen Verschuldensmaßstäben ungetilgten Teil des Schadens, während der Vte und der Vmer gesamtschuldnerisch weiterhin für einen entsprechenden Betrag von DM 142.857,15 in Anspruch genommen werden können. Vgl. ergänzend

Anm. B 50 für das entsprechende Problem im gestörten Vsverhältnis. – Dafür, daß sich bei unzureichenden Vssummen aus dem Arbeitsvertrag ein Freihalteanspruch des Vten gegen den Vmer ergeben kann, vgl. Anm. B 94 m.w.N.

[B 14] bb) Verhältnis zu § 10 I AKB

Nach § 10 I AKB umfaßt die Kfz-Haftpflichtv die **Befriedigung begründeter und die Abwehr unbegründeter Schadenersatzansprüche**, die aufgrund gesetzlicher Haftpflichtbestimmungen privatrechtlichen Inhalts gegen den Vmer oder mitve Personen aus dem Gebrauch des im Vsvertrag bezeichneten Fahrzeugs erhoben werden. Für Einzelheiten zur Bestimmung des Haftpflichtanspruchs im Sinne der genannten Bestimmung wird vorab auf die Ausführungen in Bd IV Anm. G 58 – G 69 verwiesen. Das kann deshalb geschehen, weil die Einordnungsproblematik bei § 10 I AKB insoweit im Prinzip die gleiche wie bei § 1 AHB und § 1 AHBVerm ist. Wesentlich ist, daß es sich um **Schadenersatzansprüche** oder jedenfalls um **schadenersatzähnliche Ansprüche** handelt (vgl. dazu Bd IV Anm. G 64 m.w.N.). Im einzelnen wird angesichts des regelmäßig gegebenen Gleichklangs zwischen begründeten Haftpflichtansprüchen und ihrer vsrechtlichen Deckung auf die (künftigen) Ausführungen zum Rechtspflichtenbereich des Vers im Abschnitt G. dieses Kommentars verwiesen. Hervorzuheben ist aber, daß die auf deliktischen oder vertraglichen Schadenersatzansprüchen beruhenden **Ausgleichsansprüche** unter Gesamtschuldnern gesetzliche Haftpflichtbestimmungen privatrechtlichen Inhalts im Sinne des Haftpflichtvsrechts darstellen (vgl. Bd IV Anm. G 60 m.w.N.). Daraus ist die Konsequenz zu ziehen, daß diesem Ausgleichsanspruchsgläubiger auch der **Direktanspruch** nach § 3 Ziff. 1 PflichtvsG zusteht (ebenso OLG Köln 6. III. 1972 VersR 1972 S. 651–652; a.M. Prölss-Martin[22] Anm. 1 zu § 3 Ziff. 1, 2, PflichtvsG, S. 868 und KG 2. III. 1978 VersR 1978 S. 435–436; vgl. dazu weiter Anm. B 12 a.E. und zur Behandlung solcher Ausgleichsansprüche im Falle eines gestörten Vsverhältnisses Anm. B 57 m.w.N.). – Ferner sei eines besonderen Falles ausdrücklich gedacht, der vom BGH 4. VII. 1978 BGHZ Bd 72 S. 151–155 entschieden worden ist. Ein Direktanspruch ist dort in einem Fall verneint worden, in dem ein Vierter einen bei dem Abfüllen von Öl aus einem Tankfahrzeug entstandenen Ölschaden ohne Auftrag beseitigt hatte. Vom BGH ist ausgeführt worden, daß ein solcher angeblicher Anspruch auf Ersatz der Aufwendungen nur unter den Tatbestand einer Geschäftsführung ohne Auftrag subsumiert werden könne. Das sei aber ein Anspruch, der keinesfalls dem Schutzzweck des PflichtvsG, das dem Verkehrsopfer einen zusätzlichen Schuldner für die Haftpflichtforderung geben wolle, zugeordnet werden könne (ebenso BGH 4. VII. 1978 VersR 1978 S. 962–963 in einem am gleichen Tag entschiedenen weiteren Fall dieser Art). Die Besonderheit aus vsrechtlicher Sicht ist bei dieser Entscheidung die, daß der Vmer gegenüber einem solchen Anspruch aus Geschäftsführung ohne Auftrag Deckungsschutz in erweiternder Auslegung des § 10 I AKB begehren kann. Zwar ist der Ausgangspunkt der Entscheidung des BGH zutreffend, daß für Ansprüche aus Geschäftsführung ohne oder mit Auftrag und für Ansprüche aus ungerechtfertigter Bereicherung grundsätzlich kein Vsschutz nach § 10 I AKB zu gewähren sei (ebenso Bd IV Anm. G 63 m.w.N.). Zu bedenken ist aber, daß ausnahmsweise auch für einen Anspruch aus ungerechtfertigter Bereicherung Vsschutz zu bejahen ist, wenn nämlich die Bereicherung des Vmers darin liegt, daß er aufgrund einer Leistung eines Vierten von einem unter den Vsschutz fallenden Schadenersatzanspruch eines geschädigten Dritten befreit wird und deshalb diesem Bereicherungsanspruch des Vierten ausgesetzt ist (vgl. BGH 5. III. 1964 VersR 1964 S. 474). Vom Standpunkt des Schutzzwecks der Haftpflichtv ist in der Tat nicht einzusehen, warum für eine solche „Ersatzobligation" nicht der Haftpflichtver in entsprechender Anwendung des § 10 I AKB einstehen soll. Das gleiche gilt für den Fall, daß eine in den

II. 5. Direktanspruch im ungestörten Haftpflichtversicherungsverhältnis   Anm. B 14

Deckungsbereich der Haftpflichtvspolice fallende Schuld des Vmers in Geschäftsführung ohne Auftrag durch einen Vierten getilgt worden ist und diesem gegenüber dem Vmer ein solcher Anspruch aus § 670 BGB zuzubilligen ist (vgl. dazu BGH 26. XI. 1959 VersR 1960 S. 73–75, 5. III. 1964 a.a.O.; w.N. in Bd IV Anm. G 63). Im Ergebnis ist der Entscheidung des BGH aber durchaus beizupflichten; denn für solche auf allgemeinen Rechtsgedanken beruhende Ansprüche aus dem Gesichtspunkt der Geschäftsführung ohne Auftrag oder der ungerechtfertigten Bereicherung ist der überwiegend schadenersatzrechtlich profilierte Direktanspruch nicht gedacht. Daß der Haftpflichtver hier im Wege der ergänzenden Vertragsauslegung zur Leistung heranzuziehen ist, ist allerdings nicht zu verkennen. Damit ist aber nicht zwingend eine Erstreckung der Drittanspruchsgewährung auch auf solche Sonderfälle verbunden. Dem als Geschäftsführer ohne Auftrag oder als Bereicherungsgläubiger den Vmer oder Vten in Anspruch Nehmenden bleibt somit nur der Weg offen, auf dem klassischen Wege vorzugehen; d. h. nach Erlangung eines Titels gegen den Vmer oder den Vten dann den allerdings nach Maßgabe der eben zitierten BGH-Entscheidung doch gegebenen Befreiungsanspruch des Vmers gegen den Ver pfänden und sich überweisen zu lassen. Dem Vierten ist allerdings bei Kenntnis dieses Sachverhalts dringend davon abzuraten, derart in Vorlage zu treten, da für eine solche an die Stelle des Haftpflichtanspruchs tretende „Ersatzobligation" zwar grundsätzlich die Deckung durch den Haftpflichtvsvertrag zu bejahen ist, aber im Falle eines gestörten Vsverhältnisses eine entsprechende Anwendung des § 3 Ziff. 4, 5 PflichtvsG (oder § 158c I, II) anders als in den in Anm. B 72 abgehandelten Fällen abzulehnen ist.

Als zutreffend erscheint im übrigen die Auffassung des BGH 4. VII. 1978 BGHZ Bd 72 S. 153, daß ein unmittelbarer Anspruch dieses Vierten aus Geschäftsführung ohne Auftrag gegenüber dem Haftpflichtver nicht begründet sei. Im Falle BGH 22. V. 1970 BGHZ Bd 54 S. 160–161 konnte sich das Gericht angesichts dessen, daß es sich um einen Schaden handelte, der vor Einführung des Direktanspruchs zum 1. X. 1965 eingetreten war, noch damit begnügen, daß eine nur mittelbare Beziehung nicht ausreiche, um die durchgeführte Maßnahme als Besorgung eines Geschäfts des Haftpflichtvers anzusehen. Diese Formulierung findet sich dann auch in der Entscheidung vom 4. VII. 1978 a.a.O. S. 153 wieder, obwohl doch in der Zwischenzeit der Dritte grundsätzlich durch den Direktanspruch nach § 3 PflichtvsG geschützt wird. Immerhin ist zu bedenken, daß jener Anspruchsteller selbst nicht zu dem Personenkreis gehörte, dem aus dem eingetretenen Schaden direkt ein Anspruch zustand, sondern daß er nur für einen solchen Geschädigten oder Schädiger gehandelt hat. Es erscheint demgemäß im Ergebnis als durchaus sachgerecht, daß direkte Ansprüche aus Geschäftsführung ohne Auftrag und auch aus ungerechtfertigter Bereicherung gegen den Haftpflichtver verneint worden sind. Was die Geschäftsführung ohne Auftrag anbetrifft, so ist hier für die institutionelle Abgrenzung besonders bedeutsam, daß von dem Haftpflichtver keine Naturalrestitution geschuldet wird. Vielmehr ist in § 3 Ziff. 1 S. 2 PflichtvsG als Besonderheit des Direktanspruchs im Verhältnis zu sonstigen Gesamtschuldverhältnissen festgelegt, daß der Ver den Schadenersatz nur in Geld zu leisten habe. Daß der gesetzliche Krankenver nicht nur zu Geldleistungen, sondern auch zu Krankenfürsorgeleistungen verpflichtet ist, hat bei der Zubilligung eines Anspruchs aus Geschäftsführung ohne Auftrag in dem exzeptionellen Fall BGH 23. VIII. 1958 BGHZ Bd 33 S. 251–259 demgegenüber ein wesentliches Moment in der Argumentation dargestellt. Allerdings verbleiben dessenungeachtet Zweifel, ob das Institut der Geschäftsführung ohne Auftrag in jenem Fall zu Recht eingesetzt worden ist. Es ging darum, daß eine Frau von einem geisteskranken Täter mit einem Hammer niedergeschlagen worden war. Ein Dritter hörte die Hilferufe, eilte herbei, sah die verletzte Frau und wurde zu diesem Zeitpunkt von dem Geisteskranken ebenfalls mit dem Hammer niedergeschlagen. Für den materiellen Schaden des Helfers wurde vom BGH in entsprechender Anwendung des § 670 BGB ein der Sache nach als schadenersatzrechtlich zu qualifizierender Ersatzanspruch gegen den Krankenver der verletzten Frau dem Grunde nach zugesprochen. Soweit ein solcher Anspruch gegen jene Frau zugesprochen worden wäre, würde das (vorbehaltlich der Abgrenzung zu § 539 I Ziff. 9a RVO) überkommener Rechtsprechung zu diesem schon bei der Schaffung des BGB gesehenen, aber ausdrücklich nicht geregelten, sondern Wissenschaft und Rechtsprechung zur Lösung überlassenen Problemkreis entsprechen (vgl. auch Bd IV Anm. G 64 m.w.N.). Will man den Tatbestand der Geschäftsführung ohne Auftrag nicht institutionell ausufern lassen, so ist die Konsequenz aus den genannten haftpflichtsrechtlichen Entscheidungen BGH 22. V. 1970 BGHZ Bd 54 S. 160–161, 4. VII. 1978 BGHZ Bd 72 S. 151–155 eigentlich unabweisbar, auch in diesem Krankenvsfall die letztlich doch gekünstelt erscheinende Konstruktion einer Geschäftsführung ohne Auftrag aufzugeben. – Einen weiteren Sonderfall behandelt OLG Köln 16. IV. 1982 VersR 1983 S. 288–289. Die Bundesrepublik Deutschland verlangt dort u. a. die Kosten für unfallbedingte Absperrmaßnahmen. Das Gericht verneinte einen Anspruch aus Geschäftsführung ohne Auftrag gegen den Ver, bejahte aber einen solchen gegen den Vmer. Für diesen Anspruch wurde das Eingreifen einer Haftung des Vers aus § 3 PflichtvsG bejaht. Die Entscheidung ist im Ergebnis zutreffend. Letzten Endes handelt es sich um einen deckungswürdigen Anspruch, der materiell dem Schadenersatzrecht zuzuordnen ist.

Keine Entsprechung findet der Direktanspruch im Hinblick auf die Leistung des Vers bezüglich der Abwehr unbegründeter Ansprüche. Diese Nachtseite des Haftpflichtrechts, daß nämlich unbegründete Ansprüche geltend gemacht werden und vom Ver abzuwehren sind, paßt nicht in die gesetzliche Konstruktion des Sozialschutzes des Dritten, die zu Recht von dem Denkmodell der Durchsetzung begründeter Haftpflichtansprüche geprägt ist.

Zur Abgrenzung des in § 10 I AKB verwendeten Begriffs des Gebrauchs eines Kfz, der den Direktanspruch wesentlich prägt, wird ebenfalls auf die Ausführungen im Abschnitt G. unter den Rechtspflichten des Vers verwiesen.

[B 15] cc) Örtliche und zeitliche Begrenzungen sowie versicherungsrechtliche Ausschlüsse

Nach § 2 I AKB gilt die V für Europa, soweit keine Erweiterung dieses Geltungsbereichs vereinbart worden ist. Diese räumliche Begrenzung greift gemäß § 3 Ziff. 1 PflichtvsG auch für den Direktanspruch ein. In Ausnahmefällen ist es denkbar, daß es zwar nicht zu der in § 2 I AKB angesprochenen vertraglichen Erweiterung des räumlichen Geltungsbereichs des Vsschutzes gekommen ist, daß der Ver dem Vmer aber wegen unrichtiger Erklärungen des Vsvertreters auf Schadenersatz haftet. Dabei kann gemäß einem speziell für das Vsrecht geltenden Gewohnheitsrechtssatz eine Haftung für das Erfüllungsinteresse gegeben sein (vgl. nur BGH 20. VI. 1963 BGHZ Bd 40 S. 22–31 m.w.N. [Kaskovsfall], w.N. bei Möller in Bruck-Möller Anm. 69 zu § 44 und bei Prölss-Martin[22] Anm. 7 zu § 43, S. 253–256, ferner bei Reichert-Facilides VersR 1977 S. 208–213). Der Vmer wird dabei so gestellt, als wäre der Vertrag in Übereinstimmung mit den unzutreffenden Angaben des Vsvertreters abgeschlossen worden. Es kann aber auch nur eine Haftung auf das sog. negative Interesse gemäß den zur culpa in contrahendo entwickelten Grundsätzen gegeben sein, wenn nämlich den Vmer in dieser Situation ein erhebliches Eigenverschulden anzulasten ist (vgl. BGH 20. VI. 1963 a.a.O.). Es fragt sich, ob solche vsvertraglichen Schadenersatzansprüche eine hinreichende Grundlage für den Direktanspruch bilden oder ob der Dritte in diesem Ausnahmefall darauf verwiesen werden muß, erst gegen den Vmer vorzugehen, um anschließend als dessen Rechtsnachfolger (im Regelfall durch Pfändung und Überweisung des Schadenersatzanspruchs) den Ver in Anspruch nehmen zu können.

II. 5. Direktanspruch im ungestörten Haftpflichtversicherungsverhältnis **Anm. B 15**

Soweit es sich um einen Schadenersatzanspruch nach dem genannten Gewohnheitsrechtssatz handelt, sind im Interesse des geschädigten Dritten dogmatische Bedenken zurückzustellen, die dahin gehen, daß § 3 Ziff. 1 PflichtvsG einen vertraglichen Erfüllungsanspruch aus dem Vsvertrag gedanklich voraussetze, soweit nicht der Sonderfall der überobligationsmäßigen Eintrittsverpflichtung des Vers gemäß § 3 Ziff. 4 und 5 PflichtvsG gegeben ist. Dabei ist zu bedenken, daß die Interessenlage die nämliche ist, wie sie bei einem wirksamen Abschluß einer örtlichen Deckungserweiterung gegeben ist. Demgemäß ist eine entsprechende Anwendung des § 3 Ziff. 1 PflichtvsG geboten. Diese Lösung dient der Wahrung der Rechtseinheit und erreicht damit, daß das das Kfz-Haftpflichtvsrecht nunmehr beherrschende Prinzip der Direktklage nicht um aus der Sicht des Dritten nicht verständliche Ausnahmefälle aufgesplittert wird (vgl. auch Anm. B 96, wo letzten Endes aus diesem Gesichtspunkt heraus entgegen verbreiteter Auffassung in denjenigen Fällen die Direktklage bejaht worden ist, in denen ein gemäß § 2 II PflichtvsG von der Vspflicht befreiter Halter eine Kfz-Haftpflichtv abgeschlossen hat). Das Gesagte gilt um so mehr, als in denjenigen Fällen, in denen ein im ganzen rechtsunwirksamer Vsvertrag mit in diesem aber vorgesehener örtlicher Deckungserweiterung vorliegt, dem Dritten gemäß § 3 Ziff. 4, 5 PflichtvsG i.V.m. § 158c III auch bezüglich dieser „übernommenen" Gefahrerweiterung die Direktklage zuzubilligen wäre (vgl. Anm. B 51). Zu beachten ist in dem hier erörterten Fall allerdings noch als Besonderheit, daß angesichts der deliktischen Anknüpfung des Direktanspruchs die wesentliche Vorfrage die sein wird, ob das ausländische Recht einen solchen Direktanspruch überhaupt kennt (vgl. zu dieser internationalprivatrechtlichen Anknüpfung Anm. B 76–77). Ist das aber zu bejahen, so ist ein Schutzbedürfnis des Vers, von dem Dritten in diesem Fall nicht direkt in Anspruch genommen zu werden, nicht zu erkennen. Da es in der Kfz-Haftpflichtv das in den anderen Haftpflichtvssparten geltende Trennungsprinzip nicht mehr gibt, erscheint es als konsequent, das Prinzip der direkten Haftung des Vers gegenüber dem Dritten auch in Sonderfällen der vorliegenden Art zur Anwendung zu bringen. Der Rückgriff auf das für die anderen Haftpflichtvsarten geltende Trennungsprinzip wäre geradezu ein Rückschritt in eine frühere Entwicklungsphase des Kfz-Haftpflichtvsrechts. Dabei würde verkannt, daß das beherrschende Prinzip der Kfz-Haftpflichtv nach der Gesetzesänderung nunmehr der Direktanspruch ist. – Was allerdings den vertraglichen Schadenersatzanspruch aus culpa in contrahendo anbetrifft, gibt es ein zusätzliches Bedenken gegen eine entsprechende Anwendung des § 3 Ziff. 1 PflichtvsG. Im vorerörterten Fall des Gewohnheitsrechtssatzes ging es lediglich darum, den letzten Endes aus der Sicht der materiellen Gerechtigkeitsfindung nur noch als spitzfindig erscheinenden Einwand des Vers zurückzuweisen, daß er den Vmer zwar von den Haftpflichtansprüchen des Dritten zu befreien habe, daß diese Befreiungsverpflichtung ihre Grundlage aber nur in einem vsrechtlichen Schadenersatz- und nicht in einem vsrechtlichen Erfüllungsanspruch habe. Die Komplikation bei einem Schadenersatzanspruch aus culpa in contrahendo liegt darin, daß dieser Anspruch in den hier erörterten Sonderfällen regelmäßig mit Rücksicht auf das erhebliche Mitverschulden des Vmers gemäß § 254 I BGB nur auf einen Teil des Schadens gerichtet ist und daß es zudem noch vom Einzelfall abhängt, ob der grundsätzlich auf das negative Interesse gerichtete Schadenersatzanspruch aus culpa in contrahendo den Umfang eines auf das positive Interesse gerichteten Schadenersatzanspruchs erreicht (vgl. zu dieser Grundsatzproblematik nur BGH 29. I. 1965 NJW 1965 S. 812–814 = WPM 1965 S. 315–317 m.w.N., 6. VI. 1974 BB 1974 S. 1039–1040; ferner Palandt-Heinrichs[42] Anm. 6 C zu § 276 BGB m.w.N.). Das zuletzt genannte Hindernis wird sich allerdings in tatsächlicher Hinsicht zumeist ausräumen lassen, wenn dargetan und bewiesen wird, daß der Vmer bei richtiger Belehrung durch den Vsvertreter einen Vsvertrag mit entsprechender örtlicher Erweiterung des Vsschutzes abgeschlossen hätte. Was bleibt, ist die Anspruchskürzung gemäß § 254 I BGB, die eine atypische Einwendung im System des Direktanspruchs darstellt, da sie sich hier nicht auf den Eintritt des Haftpflichtschadens, sondern auf die vsrechtliche Deckung bezieht. Da die Gerichte aber nach der Durchbrechung des Trennungsprinzips auch sonst in der Kfz-Haftpflichtv vsrechtlichen Grenzen und Einwendungen aller Art nachgehen müssen, ist nicht einzusehen, warum nicht auch darüber in einem Prozeß entschieden werden soll. Dabei ist auch zu bedenken, daß sich häufig am Beginn eines solchen Rechtsstreits nicht vorhersehen läßt, ob eine wirksame Vertragserweiterung vorliegt oder nicht und ob der Ver vollen Schadenersatz gemäß dem Gewohnheitsrechtssatz oder nur teilweisen aus culpa in contrahendo zu leisten hat.

Zu den vsrechtlichen Elementen des Direktanspruchs gehört auch die **zeitliche Begrenzung** des Vsschutzes. Der Ver haftet dem Dritten nur im Rahmen der vertraglichen Laufzeit des materiellen Vsschutzes (abgesehen von dem Sonderfall des gestörten Vsverhältnisses und der dort den Dritten gemäß § 3 Ziff. 5 PflichtvsG schützenden Monatsfrist, vgl. dazu Anm. B 46). Bei der zeitlichen Begrenzung dürften Ausnahmesituationen gemäß den in dem vorangegangenen Absatz erörterten Schadenersatzgrundsätzen (Haftung für unrichtige Erklärungen von Vsvertretern) kaum auftreten. Sollte das doch einmal der Fall sein, so gilt das Gesagte hinsichtlich einer entsprechenden Anwendung des § 3 Ziff. 1 PflichtvsG sinngemäß.

Der Hinweis in § 3 Ziff. 1 PflichtvsG, daß der Dritte nur im Rahmen der Leistungspflicht des Vers diesen in Anspruch nehmen könne, ist ferner insbesondere von Bedeutung für die **Ausschlußtatbestände** der Haftpflichtv, wie sie in § 152 und in § 11 Ziff. 1–5 AKB verankert sind. Es besteht Gleichklang zwischen der vsrechtlichen Deckung und dem Direktanspruch, so daß insoweit auf die Ausführungen zu den Ausschlußtatbeständen in der Kfz-Haftpflichtv im Abschnitt Rechtspflichten des Vers unter G. verwiesen werden darf. Zu beachten ist, daß diese Ausschlußtatbestände gemäß §§ 3 Ziff. 6 PflichtvsG, 158 c III auch im gestörten Vsverhältnis eingreifen, so daß die überobligationsmäßige Haftung des Vers hier nicht zum Tragen kommt (vgl. dazu Anm. B 51). Erwähnenswert ist allerdings in diesem Zusammenhang die Besonderheit der Kfz-Haftpflichtv, daß nämlich für die **Vorsatzschäden** eine Eintrittspflicht des Entschädigungsfonds durch § 12 I Ziff. 3 PflichtvsG geschaffen worden ist. (vgl. dazu Anm. B 108). Im übrigen ist insoweit von besonderer Bedeutung, daß die Vsansprüche eines jeden Vmers oder Vten grundsätzlich voneinander selbständige Risikobereiche betreffen (vgl. zu diesem Prinzip für den Fall einer Mehrheit von Vmern Anm. B 65 und Bd IV Anm. B 55 m.w.N.; für die Besonderheiten der Kfz-Haftpflichtv hinsichtlich der Rechtsstellung des Vten muß hier auf die [künftige] Darstellung im Abschnitt H. verwiesen werden; vgl. auch Anm. B 66). Demgemäß ist stets sorgsam zu prüfen, ob und inwieweit der jeweilige Haftpflichtvsanspruch durch ein vorsätzliches Handeln des betreffenden Vmers (oder Vten) vom Vsschutz ausgeschlossen ist. Nicht selten ist es so, daß zwar einer der Beteiligten vorsätzlich gehandelt hat und deshalb keinen Vsschutz genießt, daß aber weitere Beteiligte den Schaden ebenfalls nach Haftpflichtgrundsätzen zu ersetzen haben, ohne daß sie ein Vorsatzvorwurf trifft. Ausnahmsweise muß sich der einzelne Vmer oder Vte allerdings das Verhalten eines anderen zurechnen lassen, wenn es sich nämlich um seinen Repräsentanten gehandelt hat (vgl. zu diesem Rechtsbegriff die eingehende Darstellung bei Möller in Bruck-Möller-Sieg Anm. 70–77 zu § 61 m.w.N.).

[B 16] dd) Klagausschlußfrist und Direktanspruch

An die mit der Anspruchserhebung durch den Dritten eintretende Fälligkeit des Haftpflichtvsanspruchs wird im Haftpflichtvsverhältnis regelmäßig die Möglichkeit des Vers geknüpft, dem Vmer eine **Klagausschlußfrist** nach § 12 III (§ 8 I AKB) zu setzen (vgl. Bd IV Anm. B 44 m.w.N.). Da es sich bei dem Direktanspruch nicht um

II. 5. Direktanspruch im ungestörten Haftpflichtversicherungsverhältnis Anm. B 16

einen Anspruch aus dem Vsvertrag handelt (vgl. Anm. B 5–8), kann der Ver dem geschädigten Dritten eine solche Klagausschlußfrist nicht setzen (BGH 4. XII. 1974 BGHZ Bd 65 S. 7–8, 12. XII. 1975 VersR 1976 S. 874, 18. XII. 1980 NJW 1981 S. 926 = VersR 1981 S. 324; so schon E. Prölss NJW 1965 S. 1737–1738, ferner Prölss-Martin[22] Anm. 2 zu § 3 Ziff. 1, 2 PflichtvsG, S. 869, J. Prölss VersR 1974 S. 661 m.w.N., Stiefel–Hofmann[12] Anm. 74 zu § 8 AKB, S. 401; anders Wussow Unfallhaftpflichtrecht[10] Anm. 944, S. 413; wie hier aber auch Seidel Struktur S. 103–104, was bemerkenswert ist, da dieser Autor von einer vsrechtlichen Einordnung des Direktanspruchs ausgeht).

Die sich in diesem Zusammenhang als nächstes stellende Frage, ob der geschädigte Dritte eine fruchtlos gegenüber dem Vmer abgelaufene Klagausschlußfrist nach § 12 III gegen sich gelten lassen müsse, ist vom BGH verneint worden (BGH 4. XII. 1974 BGHZ Bd 65 S. 1–9, 18. XII. 1980 NJW 1981 S. 925–926 = VersR 1981 S. 323–325). Zutreffend wird vom BGH 18. XII. 1980 a.a.O. im Anschluß an die Verneinung der Möglichkeit, dem Dritten eine eigene Frist zur Klageerhebung zu setzen, u.a. folgendes ausgeführt: Ebensowenig wäre es gerechtfertigt, dem Ver die Möglichkeit zu geben, sich seiner einmal begründeten deliktsrechtlichen Haftung gegenüber dem geschädigten Dritten (ganz oder teilweise) zu entziehen, indem er das einseitige Rechtsklärungsverfahren gemäß § 12 III gegen seinen anderen (vertraglichen) Gläubiger einleite und diesem gegenüber Leistungsfreiheit herbeiführe ... Nicht nur bei Sozialvsträgern, sondern bei allen geschädigten Dritten (oder ihren Rechtsnachfolgern) würde es den Grundsatz des rechtlichen Gehörs berühren, wenn § 12 III auch ihnen gegenüber eingriffe, obwohl sie an dem Rechtsklärungsverfahren nicht beteiligt gewesen seien. Würde einem geschädigten Dritten auf diese Weise die Möglichkeit abgeschnitten, die Entziehung des Vsschutzes durch den Ver mit Hilfe der Direktklage auf ihre materielle Berechtigung selbständig prüfen zu lassen, dann würde damit der ... Direktanspruch dem Zweck des PflichtvsG zuwider stark entwertet. Vor allem aber wäre es nicht gerechtfertigt, die Rechte des geschädigten Dritten durch ein solches abgekürztes, einseitiges Rechtsklärungsverfahren beeinträchtigen zu lassen, weil eine solche Wirkung (mangels Rechtskrafterstreckung) nicht einmal einem rechtskräftigen Urteil zukäme, durch das dem Vmer der Anspruch auf den Vsschutz abgesprochen würde ...

Dieser Auffassung ist beizupflichten. Sie wird der sozialpolitischen Intention des Gesetzgebungswerks gegenüber der insoweit unvollkommenen Wortfassung vollen Umfangs gerecht. Es ist faszinierend, die Entwicklung nachzuvollziehen, die zu dieser sachgerechten Erkenntnis geführt hat. Ausgangspunkt war dabei die besondere Situation der Sozialvsträger, die gemäß § 3 Ziff. 6 PflichtvsG i.V.m. § 158c IV im Fall eines gestörten Vsverhältnisses den an sich leistungsfreien Haftpflichtver nicht in Anspruch nehmen können (vgl. dazu Anm. B 48). Diese an sich einleuchtende gesetzliche Lastenverteilung wäre in ihr Gegenteil verkehrt, wenn ohne Nachprüfung der Gründe für die Versagung des Vsschutzes die Leistungsfreiheit des Vers im Verhältnis zum Sozialvsträger allein aus der Nichtausübung des Klagerechts durch den Vmer folgen würde. Ursprünglich erkannte der BGH dennoch die Fristsetzung nach § 12 III grundsätzlich auch im Verhältnis zum Sozialver als wirksam an, verwehrte dem Ver aber, sich auf eine aus dieser Bestimmung folgende Leistungsfreiheit zu berufen, wenn er dem Sozialträger nicht bei der Anmeldung seiner Ersatzansprüche mitgeteilt hatte, ob und wann von ihm dem Vmer (oder dem Vten) eine Frist zur gerichtlichen Geltendmachung des Anspruchs auf Vsschutz gesetzt worden sei. Dadurch sollte es dem Sozialvsträger möglich gemacht werden, den übergegangenen Schadenersatzanspruch innerhalb der Frist geltendzumachen (so BGH 3. VI. 1970 NJW 1970 S. 1640–1642 = VersR 1970 S. 755–758, 21. X. 1970 VersR 1971 S. 70–71). Da der dadurch für die Sozialvsträger erlangte Schutz gegenüber letzten Endes unberechtigten Ablehnungen als noch zu schwach erschien, wurde dann mit BGH 4. XII. 1974 BGHZ Bd 65 S. 1–10 der

Anm. B 17 B. Kraftfahrzeughaftpflichtv Stellung des geschädigten Dritten

kühne Lösungsweg gewählt, solche Fristsetzungen gemäß § 12 III im Bereich der Pflichthaftpflichtv für Kfz-Halter im Verhältnis zum Sozialvsträger überhaupt für unwirksam zu erklären. Zu Recht nahm der BGH a. a. O. S. 9 an, daß hier ein vom Gesetzgeber nicht gelöstes Regelungsproblem vorliege, weshalb die Aufgabe der lückenfüllenden Rechtsprechung einsetze. Nachdem dieser grundsätzliche Ausgangspunkt gewonnen worden war, ergab sich zwangsläufig die Erkenntnis, daß auch die Stellung anderer Dritter nicht durch materiell unberechtigte Deckungsablehnungen allein aufgrund eines Fristablaufs nach § 12 III VVG geschmälert werden dürfe (vgl. auch Stiefel-Wussow-Hofmann[11] Anm. 73 zu § 8 AKB, S. 399, die schon vor jener mutigen Entscheidung vom 18. XII. 1980 a. a. O. die Erkenntnisse aus BGH 4. XII. 1974 a. a. O. auf andere Schadenver im Sinne des § 158c IV angewendet wissen wollten). Bedeutsam war das im konkreten Fall deshalb, weil in jenem Vsvertrag Vssummen vereinbart waren, die über den gesetzlichen Mindestvssummen im Sinne des § 158c III lagen (vgl. dazu Anm. B 47–50). So hat die Einführung des Direktanspruchs für diese Sonderfälle ohne besondere gesetzliche Verankerung doch eine wesentliche Verbesserung der Rechtsstellung des Dritten herbeigeführt. Diese Grundsätze wird man allerdings nicht ohne weiteres auf die sonstigen Pflichthaftpflichtven, in denen es den Direktanspruch nicht gibt, übertragen können. Indessen ist dort jedenfalls bezüglich des Sozialvsträgers eine Benachrichtigungspflicht des Vers anzunehmen, wie das vom BGH für die Kfz-Haftpflichtv für die Zeit vor Einführung des Direktanspruchs auch schon ausgesprochen worden ist (BGH 3. VI. 1970 NJW 1970 S. 1640–1642 = VersR 1970 S. 754–755).

Zu beachten ist aber, daß der Ver nach geltendem Recht weiterhin im Verhältnis zum Vmer zur Fristsetzung nach § 12 III berechtigt ist. Allerdings kann hier dann bei einem Verstreichenlassen der Klagfrist durch den Vmer oder Vten ein „gespaltenes" Rechtsverhältnis entstehen, weil nämlich der Ver im Verhältnis zum Dritten leistungspflichtig, im Verhältnis zum Vmer aber leistungsfrei ist. BGH 16. XII. 1981 NJW 1982 S. 1042 = VersR 1982 S. 282–283 hat in einem derartigen Fall, in dem der Ver die Ansprüche des Sozialvers befriedigt hatte, ein Regreßrecht des Vers nach § 3 Ziff. 9 S. 2 PflichtvsG verneint. Das Gericht hat dazu ausgeführt, daß die genannte Vorschrift bei einer sinnvollen Auslegung so verstanden werden müsse, daß dem Ver nur dann ein Rückgriffsrecht zustehe, wenn der Ver gegenüber dem Geschädigten deshalb leistungspflichtig sei, weil er ihm gemäß § 3 Ziff. 4 PflichtvsG seine Leistungsfreiheit nicht entgegenhalten könne; § 3 Ziff. 4 PflichtvsG gelte jedoch gemäß § 3 Ziff. 6 nicht für Ansprüche des Sozialvsträgers. Es fragt sich aber, ob nicht nach Bejahung des Vssschutzes im Prozeß zwischen dem Ver und einem sonstigen Dritten im Prinzip ein Gleiches zu gelten habe. Man denke an den Fall, daß der Dritte mit Rücksicht auf die materiell unberechtigte Ablehnung durch den Ver den Ersatz eines Schadens über die gesetzlichen Mindestvssummen im Sinne des § 158c III hinaus durchsetzt. Es liegt nahe, hier den Regreß des Vers jedenfalls insoweit zu verneinen, als es sich um denjenigen Teil des Schadens handelt, der die Mindestvssummen überschreitet. Nur ausnahmsweise wird man aber in diesem Fall den Regreß des Vers insgesamt als rechtsmißbräuchlich anzusehen haben; vielmehr ist hier von einer gespaltenen Rechtssituation auszugehen (vgl. auch Anm. B 41 und B 68).

[B 17] ee) Auswirkung von Verfügungen über die Haftpflichtversicherungsforderung auf den Direktanspruch

Nach § 156 I sind Verfügungen des Vmers über die Entschädigungsforderung aus dem Vsverhältnis dem Dritten gegenüber unwirksam. Das Gesetz geht somit von einer Verfügungsbefugnis des Vmers aus. Den Dritten schützt aber das 1939 zu seinen Gunsten geschaffene relative Verfügungsverbot (vgl. dazu Bd IV Anm. B 87–93 m.w.N., sowie zum älteren Schutzgedanken des Befreiungsanspruchs Bd IV Anm. B 33). Durch-

II. 5. Direktanspruch im ungestörten Haftpflichtversicherungsverhältnis   Anm. B 18

weg wird ausdrücklich oder stillschweigend angenommen, daß § 156 I auch für den Direktanspruch gelte (so z.B. BGH 25. V. 1982 NJW 1982 S. 2322 m.w.N., Sieg ZVersWiss 1965 S. 361–362; vgl. auch Anm. B 13 m.w.N. für die Anwendung des auch vom hier vertretenen Standpunkt aus eingreifenden § 156 III). Indessen liegt es näher, die gesetzliche Konstruktion eines eigenen Anspruchs des Dritten gegen den Ver so zu verstehen, daß der mit dem Vsfall entstandene Direktanspruch durch Verfügungen des Vmers und des Vers überhaupt nicht mehr berührt wird. Eine solche Wertung der gesetzlichen Konstruktion stimmt überein mit der in Anm. B 16 dargestellten Rechtsprechung des BGH bezüglich der Unabhängigkeit des Direktanspruchs von einer Klagfristsetzung des Vers gegenüber dem Vmer. Die entgegengesetzte Annahme widerstreitet dem mit der Schaffung des Direktanspruchs verfolgten Ziel, die Rechtsstellung des Dritten bei der Durchsetzung seines Haftpflichtanspruchs – ungeachtet der vsrechtlichen „Anbindung" dieses Direktanspruchs – möglichst unabhängig zu gestalten. Eine vsrechtliche Abhängigkeit des Direktanspruchs im Rahmen des § 3 Ziff. 1 PflichtvsG ist demgemäß nur im Rahmen eines verständigerweise anzuerkennenden Schutzbedürfnisses des Vers zu akzeptieren. Ein solches Schutzbedürfnis des Vers ist aber hinsichtlich einer Verfügung über den Vsschutzanspruch nicht erkennbar. Praktische Bedeutung kommt dieser Überlegung allerdings im Ergebnis nicht zu; denn wollte man dieser Konstruktion nicht folgen, so wäre der Dritte durch § 156 I geschützt. Dabei ist bedeutsam, daß der durch § 156 I gegebene Schutz nicht auf die Mindestvssummen im Sinne des § 158c III beschränkt ist. Davon abgesehen, ist aber für die rechtliche Einordnung des Direktanspruchs die konstruktive Klarstellung der Unabhängigkeit von Verfügungen durch den Vmer oder den Ver von Bedeutung.

Diese Erkenntnis über die partielle Selbständigkeit des Direktanspruchs, wie sie vom BGH in der in Anm. B 16 dargestellten Rechtsprechung zu § 12 III herausgearbeitet worden ist, greift auch dann ein, wenn zwischen dem Vmer und dem Ver vereinbart wird, daß bei Nichtzahlung einer Prämie rückwirkend der Vsschutz außer Kraft trete. Eine solche in § 1 II 4 AKB enthaltene Vereinbarung über die Beendigung einer vorläufigen Deckungszusage mit rückwirkender Kraft für bereits eingetretene Vsfälle entfaltet demgemäß im Verhältnis zum geschädigten Dritten keine Wirkung. Auch zu diesem Ergebnis kann man aber im übrigen durch eine Interpretation des § 156 I kommen, wenn man nämlich jene zitierte Bedingungsbestimmung als eine im voraus getroffene Verfügung über die Entschädigungsforderung erkennt (vgl. Bd IV Anm. B 88; zur Interpretation des § 1 II 4 AKB im Verhältnis zum Vmer muß auf die künftigen Ausführungen verwiesen werden). Daß die vsrechtliche Unabhängigkeit des Direktanspruchs in der gesetzlichen Ausgestaltung nicht soweit geht, daß nach Eintritt des Vsfalls durch den Vmer begangene Obliegenheitsverletzungen den Bestand des Direktanspruchs unberührt lassen, ergeben die Bestimmungen über das „gestörte" Vsverhältnis in § 3 Ziff. 4 PflichtvsG mit aller Deutlichkeit (vgl. dazu Anm. B 43–46).

Zum Bereich der Eigenständigkeit des Direktanspruchs gehört es auch, daß der Ver gegen diesen nicht mit Forderungen gegen den Vmer oder Vten aufrechnen kann. Da § 158g wie für alle Pflichtven weiterhin auch für die Kfz-Haftpflichtv gilt, bedarf es keiner weiteren Ausführungen darüber, daß sich entgegen § 35b ein gleiches auch aus der schadenersatzrechtlichen Qualifikation des Direktanspruchs ergeben würde (vgl. zum Aufrechnungsproblem im Rahmen eines nicht den Pflichtvsbestimmungen unterliegenden Haftpflichtvsverhältnisses Bd IV Anm. B 90 m.w.N.).

[B 18] b) Haftungsrechtliche Ausprägung des Direktanspruchs
   aa) Identitätsgrundsatz

Die wesentliche Ausprägung des Direktanspruchs liegt, wenn man von den vorerörterten vsrechtlichen Grenzen (vgl. Anm. B 13–17) absieht, in der haftungsrechtlichen

Identität mit dem gegen den Vmer (oder Vten) gerichteten Schadenersatzanspruch. Diese kommt in § 3 Ziff. 1 S. 1 PflichtvsG mit den Worten zum Ausdruck, daß der geschädigte Dritte seinen Anspruch auf Ersatz des Schadens auch gegen den Ver geltend machen könne. Verstärkt wird diese Aussage noch durch den ausdrücklichen Hinweis des Gesetzgebers in § 3 Ziff. 2 PflichtvsG, daß der Ver und der ersatzpflichtige Vmer (oder Vte) dem Dritten als Gesamtschuldner haften. – Dieser im Gesetzesaufbau ungewöhnliche Hinweis, der der Sache nach in § 3 Ziff. 9 PflichtvsG einleitend wiederholt wird, führt im übrigen zu der Zweifelsfrage, ob sich diese Gesamtschuldnerschaft des Vers auch auf Mittäter des Vmers (die nicht vom Vsschutz seines Kfz-Haftpflichtvsvertrages erfaßt werden) und deren Kfz-Haftpflichtver erstreckt (vgl. dazu Anm. B 21). – Eine partielle Einschränkung dieser haftungsrechtlichen Identität folgt allerdings aus der Sonderregelung in § 3 Ziff. 1 S. 2 PflichtvsG, daß der Ver gegenüber dem Dritten nicht auf Naturalrestitution hafte (vgl. dazu Anm. B 19). Weiter ergeben sich Abgrenzungsschwierigkeiten daraus, daß im Gesetz nicht geregelt ist, welcher Zeitpunkt für die grundsätzlich doch als Identität zu denkende Haftung des Vmers und des Vers gegenüber dem Dritten maßgebend ist (vgl. dazu Anm. B 20). Denn nur für den Teilbereich der Verjährung (vgl. § 3 Ziff. 3 PflichtvsG und dazu Anm. B 30–34) und den einer rechtskräftigen Abweisung der Haftpflichtklage gegen den Vmer (Vten) oder Ver (vgl. dazu § 3 Ziff. 8 PflichtvsG und Anm. B 37–38) liegen hier ausdrückliche gesetzliche Regelungen vor.

[B 19] bb) Naturalrestitution

§ 3 Ziff. 1 S. 2 PflichtvsG modifiziert die nach § 3 Ziff. 1 S. 1 gegebene gesamtschuldnerische Haftung dahin, daß der Ver keine Naturalrestitution schuldet, sondern den Schadenersatz lediglich in Geld zu leisten hat. Diese Vorschrift stimmt wörtlich mit § 49 überein und ist deshalb von einem Teil der Anhänger der vsrechtlichen Einordnung des Direktanspruchs (vgl. dazu Anm. B 7) als Argument für die Ablehnung der Theorie vom gesetzlichen Schuldbeitritt gebraucht worden. Indessen handelt es sich nicht um eine solche Grundsatzentscheidung für das Rechtsinstitut der V. Vielmehr wurde der Gesetzgeber von vordergründigen Praktikabilitätserwägungen geleitet. Dem auf Zahlungsverkehr ausgerichteten Geschäftsbetrieb des Vers war nach diesen Überlegungen eine Naturalrestitution nicht zuzumuten. Demgegenüber ist aus haftungsrechtlicher Sicht festzuhalten, daß dem Grundsatz des § 249 S. 1 BGB, nach dem der Zustand herzustellen ist, der bestehen würde, wenn der zum Ersatz verpflichtende Umstand nicht eingetreten wäre, in der Rechtswirklichkeit der Gegenwart ohnedies kaum Bedeutung zukommt. Allerdings kann sich das ändern, wenn nämlich wirtschaftliche Verhältnisse eintreten, in denen eine Sachknappheit vorliegt, bei der eine Geldzahlung in Höhe des nominellen Wertes der beschädigten oder vernichteten Sache nicht zu einem gerechten Ausgleich führt, weil tatsächlich jene raren Sachen für dieses Geld nicht erworben werden können. Zu beachten ist aber, daß § 49 auf die Leistungen des Haftpflichtvers in der traditionell überkommenen Form des Haftpflichtvsvertrages ohnedies nicht zur Anwendung kommt (vgl. nur Möller in Bruck-Möller Anm. 13, 14 zu § 49 und Prölss-Martin[22] Anm. 2 zu § 49, S. 274). Das folgt daraus, daß der Ver nicht Zahlung schuldet, sondern Befreiung des Vmers von begründeten und unbegründeten Haftpflichtansprüchen (vgl. Bd IV Anm. B 33–36 m.w.N.). In § 10 I AKB kommt dieser Grundsatz mit den Worten zum Ausdruck, daß die V die Befriedigung begründeter und die Abwehr unbegründeter Schadenersatzansprüche umfasse. Wenn daher der Vmer ausnahmsweise nicht auf eine Geldzahlung sondern auf Naturalrestitution verklagt wird, ist der Ver gegenüber dem Vmer nach § 10 I AKB auch insoweit im Risiko. Keineswegs ist der Haftpflichtvsschutz auf die Befreiung von auf Geld gerichteten Schadenersatzansprüchen beschränkt. Das bedeutet, daß hier eine Diskrepanz zwischen dem Umfang

II. 5. Direktanspruch im ungestörten Haftpflichtversicherungsverhältnis **Anm. B 20**

des Vsschutzes und dem des Direktanspruchs gegeben ist. Verfehlt wäre es, § 3 Ziff. 1 S. 2 PflichtvsG auf den Vsschutzanspruch anzuwenden. Insoweit greift vielmehr allein § 10 I AKB ein. So betrachtet, ist § 3 Ziff. 1 S. 2 PflichtvsG letzten Endes ein Beleg dafür, daß den Gesetzesverfassern der traditionelle Umfang des Haftpflichtvsschutzes bei der Konzipierung dieser Vorschrift nicht gegenwärtig war (vgl. auch Anm. B 39 dafür, daß entgegen der Annahme der Gesetzesredaktoren die positive Bindungswirkung in der Kfz-Haftpflichtv in der überkommenen Form weiterhin gegeben ist). Will man in dem hier erörterten Ausnahmefall die nach dem Gesagten im Grunde genommen sachlogisch nicht mehr verständliche Regelung des § 3 Ziff. 1 S. 2 PflichtvsG nicht ignorieren, so verbleibt dem Dritten in diesem Ausnahmefall zur Durchsetzung seines Naturalersatzanspruchs auch gegen den Ver nur der Weg, nach erfolgreichem Abschluß des Haftpflichtprozesses gegen den Vmer dessen Befreiungsanspruch zu pfänden und sich überweisen zu lassen. Soweit das Vsverhältnis „gestört" ist, stellt sich alsdann wieder die Frage der entsprechenden Anwendung der Schutzregelungen aus §§ 3 Ziff. 4, 5 PflichtvsG, 158c I, II (vgl. dazu Anm. B 72).

[B 20] cc) Vergrößerung der Haftpflichtforderung

In § 3 Ziff. 1 PflichtvsG heißt es lediglich, daß der Dritte seinen Anspruch auf Ersatz des Schadens auch gegen den Ver geltend machen könne. § 3 Ziff. 2 PflichtvsG ergänzt diese Regelung dahin, daß der Ver und der Vmer insoweit als Gesamtschuldner haften. Es findet sich aber im Gesetz keine spezielle Bestimmung darüber, auf welchen Zeitpunkt diese gesetzliche Schuldmitübernahme abstellt und ob Veränderungen der Haftpflichtschuld, speziell Vergrößerungen, grundsätzlich von der Haftung des Vers mitumfaßt werden oder nicht. Ungeachtet des Fehlens einer solchen ausdrücklichen Regelung ergibt eine auf den sozialen Sinngehalt der Neuschöpfung abstellende Gesetzesinterpretation aber, daß eine akzessorische Haftung des Vers im Sinne einer fortlaufenden Abhängigkeit vom Umfang des haftungsrechtlichen Ersatzanspruchs besteht (Sieg ZVersWiss 1965 S. 379–380, Baumann Entschädigungsfonds S. 63). Verfehlt wäre es daher, aus dem Schweigen des Gesetzgebers zur Frage, ob der Ver für eine Vergrößerung der Haftpflichtforderung einzustehen hat, die auf Verschulden oder auf Verzug des Vmers (oder Vten) zurückzuführen ist, auf eine Anwendung des § 425 II BGB zu schließen. Das gleiche gilt für die ebenfalls nicht ausdrücklich geregelte Frage, ob zum Ersatz des Schadens auch die Kosten einer Rechtsverfolgung des Dritten gegen den Vmer oder Vten gehören. Daß diese Fragen gesetzlich nicht geregelt sind, muß um so mehr verwundern, als sich im Bürgschaftsrecht eine ausdrücklich diese drei Fragen zugunsten des Gläubigers regelnde Bestimmung findet (vgl. § 767 BGB). Es entspricht einer sachgerechten Abgrenzung des Direktanspruchs, diese Bestimmung des bürgerlichen Rechts entsprechend anzuwenden. Zwar ist der Direktanspruch nicht als eine gesetzliche Bürgschaftsform anzusehen (vgl. Anm. B 6–11). Die Ähnlichkeit zwischen einer Bürgschaftsverpflichtung und der Konstruktion eines gesetzlichen Schuldbeitritts ist aber so groß, daß jene Bestimmung nach der Interessenlage unbedenklich auf den Direktanspruch übertragen werden darf, wie auch bei einem Verständnis des Direktanspruchs als eine gesetzliche Vsform zugunsten des Dritten (vgl. Anm. B 7) ein solches Ergebnis anzustreben wäre. Denn der Direktanspruch soll doch in seiner Verwobenheit mit dem Haftpflichtanspruch für den Dritten letzten Endes mindestens eine solche Rechtsstellung herbeiführen, die bei einer Entscheidung des Gesetzgebers für eine solche selbstschuldnerische Bürgschaft gegeben wäre. Ein Anknüpfungspunkt für eine gesetzgeberische Absicht, den Dritten schlechter als im Verhältnis zu einem Bürgen zu stellen, ist nicht gegeben. BGH 3. V. 1977 BGHZ Bd 69 S. 153–159 hat allerdings bezüglich der Kosten der Rechtsverfolgung eine der hier vertretenen Auffassung diametral entgegengesetzte Rechtsposition bezogen, indem er die Kosten eines gegen den Dritten geführten Haftpflichtprozesses nicht dem Schutzbereich des Direktanspruchs zugeordnet hat. Diese Entscheidung ist insoweit aber aus den in Anm. B 73 dargestellten Gründen abzulehnen (zustimmend aber u. a. Bäumer Zukunft S. 59, Prölss-Martin[22] Anm. 5 zu § 3 Ziff. 2 PflichtvsG, S. 873; wohl auch Denck VersR 1979 S. 973–974). Für die Auffassung, daß § 3 Ziff. 1 PflichtvsG nur unter § 149 zu subsumierende Ansprüche erfasse, gibt es haftungsrechtlich keine überzeugende Begründung. Der Hinweis des BGH darauf, daß die Kostentragungspflicht des Vers in § 150 gesondert geregelt sei, ändert doch nichts daran, daß diese Kosten letzten Endes Teil des materiellen Schadenersatzanspruchs sind. Demgemäß erscheint es als sachgerecht, den materiellen Schadenersatzanspruch auch insoweit, als er auf die Erstattung von Kosten gerichtet ist, prinzipiell unter § 3 Ziff. 1 PflichtvsG einzuordnen. Jedenfalls kann aber der Deckungsumfang des Direktanspruchs nach § 3 Ziff. 1 PflichtvsG nicht allein aus § 149 gewonnen werden, zumal da diese Bestimmung auf Grund ihrer weiten Fassung stets der ergänzenden Interpretation aus der primären Risikobeschreibung des einzelnen Haftpflichtvsvertrages bedarf, d. h. im Bereich der Kfz-Haftpflichtv aus § 10 I AKB i.V.m. der Grundnorm des § 1 PflichtvsG. Wenn man aber wie der BGH den Kostenerstattungsanspruch nicht als Unterfall des Schadenersatzanspruchs aus § 149 ansieht, so ist doch jedenfalls der Weg geboten, daß in den Umfang des Direktanspruchs auch die Haftung des Vers für Kosten der Rechtsverteidigung gemäß § 150 fällt. Dabei ist sogar diese Bestimmung nach dem Schutzzweck des § 3 Ziff. 1 PflichtvsG dahin zu interpretieren, daß darunter entgegen dem Wortlaut des § 150 1 auch solche Kosten fallen, die als nicht notwendig im Sinne des § 150 zu qualifizieren sind. Der Ansatzpunkt für eine solche Interpretation ist dabei, daß hinsichtlich solcher objektiv nicht notwendiger Kosten, die durch ein Verhalten des Vmers oder Vten verursacht worden sind, ein Schutz des Vers durch die von dem Vmer (oder Vten) nach Eintritt des Vsfalls zu erfüllenden Obliegenheiten gemäß § 7 II AKB gegeben ist, bei deren Verletzung gemäß § 6 III (§ 7 V AKB) in abgestufter Form ohnedies Leistungsfreiheit eintritt (insoweit muß auf die künftigen Ausführungen im Abschnitt F. über die Obliegenheiten des Vmers verwiesen werden). Wichtig ist aber, daß durch eine solche Interpretation ein Schutz des Dritten, wenn auch nur über § 3 Ziff. 4 und 5 PflichtvsG, hinsichtlich solcher vermeidbarer Erhöhungen des Haftpflichtschadens gegeben ist (vgl. dazu auch Anm. B 72). Beizupflichten ist allerdings der letztlich der Entscheidung des BGH zu Grunde liegenden These, daß die Entstehung überflüssiger Kosten tunlichst zu vermeiden ist. Demgemäß ist der Dritte gehalten, keine solchen überflüssigen Kosten entstehen zu lassen. Handelt der Dritte diesem Gebot zuwider, so darf sich der Ver gegenüber einer derartigen Vermehrung des Schadens auf § 254 II BGB berufen, so daß dann ungeachtet der ansonsten zwischen dem Haftpflicht- und dem Direktanspruch gegebenen Akzessorietät eine Haftungsdifferenz auftreten kann, die der Ver nach Treu und Glauben nicht auszugleichen braucht. Dabei ist allerdings als gesetzgeberische Entscheidung zu respektieren, daß es im Ermessen des Dritten steht, ob er allein den Vmer, allein den Ver oder beide zusammen, letztere unter Umständen auch in getrennten Prozessen, verklagt (vgl. auch Amn. B 73). Dergestalt entstehende zusätzliche Kosten sollen nicht dem Bereich des § 254 BGB in dem hier verstandenen Sinne zugeordnet werden. Der Verstoß gegen § 254 BGB ist vielmehr regelmäßig darin zu sehen, daß solche Prozesse angefangen werden, ohne dem Ver Gelegenheit zur außergerichtlichen Regulierung zu geben. Ein Ver, dem eine solche Chance zur außergerichtlichen Erledigung geboten worden ist, der sie aber nicht nutzt, darf sich dann nicht auf § 254 II BGB berufen (vgl. auch OLG Düsseldorf 11. III. 1976 NJW 1976 S. 1459; das Gericht geht im Sinne der hier vertretenen Auffassung davon aus, daß die Kosten eines solchen Vorprozesses dem Schutzbereich der Haftungsnorm zuzuordnen seien, wendet aber § 254 BGB an; den Entscheidungsgründen ist aber die wesentliche Frage nicht zu ent-

II. 5. Direktanspruch im ungestörten Haftpflichtversicherungsverhältnis **Anm. B 20**

nehmen, ob dem Ver vor der Einleitung des Rechtsstreits eine außergerichtliche Regulierung möglich war und ob er von dem Prozeß gegen den Vmer unterrichtet worden war). Zwar sieht das Gesetz in § 3 Ziff. 7 PflichtvsG keine Rechtsfolge für die Verletzung der Anzeigelast vor, mit Bringezu VersR 1968 S. 533—537 ist aber aus den in Anm. B 28 dargestellten Gründen § 254 II BGB entsprechend heranzuziehen. Aus diesem Grunde ist auch für die Beschreitung des Gerichtsweges gegen den Vmer die entsprechende Anwendung des § 158 d II befürwortet worden (vgl. Anm. B 27). Die Richtigkeit der hier vertretenen Auffassung läßt sich am besten anhand eines Extremfalles überprüfen. Der Dritte möge von einem Vmer mittels eines Fahrzeugs geschädigt werden, dessen Kennzeichen ihm, dem Dritten, zunächst nicht bekannt ist. Der Vmer verweigert die Angabe des Vers und des Kennzeichens des Fahrzeugs. Alle Bemühungen des Dritten fruchten nichts. Deshalb verklagt er den Vmer und erfährt erst durch Abgabe der eidesstattlichen V im Sinne des § 807 ZPO den Namen des Vers. Es möge sich im übrigen auch um ein gestörtes Vsverhältnis handeln. Weiter sollen die Umstände des Falles so gestaltet sein, daß dem Dritten die Nichtanzeige des Ereignisses und die der gerichtlichen Geltendmachung nicht als schuldhaft zuzurechnen sind. Es leuchtet ein, daß ein solcher Dritter schutzwürdig im Sinne der Bestimmungen des PflichtvsG ist. Den Ver hier nicht haften zu lassen, ergäbe keinen verständigen Sinn. Der konstruktive Weg führt demgemäß dahin, entgegen der Auffassung des BGH § 3 Ziff. 1 PflichtvsG nicht allein aus § 149 zu erklären, sondern zu erkennen, daß die zusätzlichen Kosten letztlich auch den Umfang des Haftpflichtanspruchs bestimmen, so daß jedenfalls § 150 in der dargestellten modifizierten Form ergänzend heranzuziehen ist. — Dafür, daß der Ver in diesem Fall überobligationsmäßig für die Mehrkosten auch dann einzustehen hat, wenn der Dritte den klassischen Weg einer Pfändung und Überweisung des Vsanspruchs geht, vgl. Anm. B 73, wo entgegen BGH 3. V. 1977 BGHZ Bd 69 S. 157 und h. M. eine entsprechende Anwendung der Regelungen aus § 3 Ziff. 4, 5 PflichtvsG und § 158 c I, II befürwortet wird.

Die vorstehenden Ausführungen hatten diejenigen Fälle zum Gegenstand, in denen sich die Haftpflichtschuld durch ein Verhalten des Dritten vergrößert hat. Es ist aber gewiß auch möglich (und wohl sogar häufiger), daß eine Schadensvergrößerung durch ein Handeln des Vers eintritt. Das liegt daran, daß der Ver gemäß §§ 7 II Ziff. 5 und 10 V AKB Herr des Regulierungsgeschehens ist. In diesen Fällen gibt es die vorstehend erörterten Begründungsschwierigkeiten nicht. Insbesondere gilt nicht etwa umgekehrt auch ein Rechtssatz des Inhalts, daß der Haftpflichtanspruch akzessorisch vom Direktanspruch geprägt werde. Vielmehr ergibt sich die Identität bezüglich des Haftungsumfangs hier schon daraus, daß zu vermuten ist, daß der Ver stets zugleich als Eigenschuldner und als gemäß § 10 V AKB Bevollmächtigter des Vmers handelt und angesprochen wird. Zutreffend hat demgemäß OLG Nürnberg 30. IV. 1974 NJW 1974 S. 1950—1951 angenommen, daß dann, wenn der Haftpflichtver in Verzug gesetzt werde, ein solcher Verzug auch bezüglich des Haftpflichtanspruchs eintrete.

Eine Veränderung der Haftpflichtschuld kann ferner dadurch eintreten, daß der Vmer (oder Vte) den geltend gemachten Anspruch des Dritten, obwohl er ganz oder teilweise unbegründet war, a n e r k e n n t oder darüber ohne Zustimmung des Vers einen Vergleich abschließt. Für diesen Fall ist die Akzessorietät zwischen Haftpflichtanspruch und Direktanspruch kraft ausdrücklicher Regelung in Höhe der Differenz zwischen der nach der materiellen Rechtslage gegebenen Ersatzverpflichtung und der nach dem Anerkenntnis oder dem Vergleich geschaffenen Schuld d u r c h b r o c h e n. Das ergibt sich aus § 3 Ziff. 7 S. 3 PflichtvsG, durch § 158 e II auf den Direktanspruch für anwendbar erklärt wird. Nach dieser Vorschrift beschränkt sich die Haftung des Vers bei Abschluß eines Vergleiches zwischen dem Vmer (oder dem Vten) und dem Dritten auf denjenigen Betrag, den der Ver ohne diese Maßnahme des Vmers zu leisten gehabt hätte. Das gleiche gilt für den Fall, daß der Vmer (oder der Vte) entgegen der Rechtslage den Anspruch des Dritten anerkannt hat. Demgemäß hat BGH 14. VII. 1981 VersR 1981 S. 1158—1160 auch zu Recht dahin erkannt, daß bei einem solchen Auseinanderdriften von Haftpflicht- und Direktanspruch bei Abweisung des Direktanspruchs § 3 Ziff. 8 PflichtvsG einer Zubilligung des Haftpflichtanspruchs aus dem Gesichtspunkt des Anerkenntnisses nicht entgegenstehe (vgl. weiter Anm. B 38). Zu beachten ist allerdings weiter, daß auch § 154 II sinngemäß gilt. Das bedeutet, daß der Ver dann für eine durch ein Anerkenntnis oder einen Vergleich entstehende Vergrößerung der Haftpflichtschuld im Rahmen des Direktanspruchs einzustehen hat, wenn der Vmer (oder der Vte) ein solches Anerkenntnis oder einen solchen Vergleich nicht ohne offenbare Unbilligkeit verweigern konnte (vgl. dazu auch Bd IV Anm. F 104—108). Liegt aber der Ausnahmetatbestand des § 154 II nicht vor, so kann ein Verstoß gegen das Anerkenntnisverbot eine Durchbrechung der Akzessorietät zwischen Haftpflicht- und Direktanspruch dergestalt zur Folge haben, daß wohl hinsichtlich des ersteren, nicht aber bezüglich des letzteren der Einwand des Mitverschuldens (oder der mitwirkenden Betriebsgefahr) gegeben ist (so im Fall LG Nürnberg-Fürth 6. VI. 1973 VersR 1974 S. 560).

§ 158e II hindert ein Gericht im übrigen nicht daran, bei der Entscheidung über den Direktanspruch ein gegenüber dem Ver an sich nicht wirkendes Schuldanerkenntnis als Indiz im Rahmen der Beweiswürdigung zu verwerten (so LG Freiburg 20. X. 1981 MDR 1982 S. 232—233 = VersR 1982 S. 810—811). Der Richter wandelt hier allerdings auf sehr schmalem Grat, da der Gesetzesbestimmung die an sich verständliche Konzeption zugrunde liegt, daß der Dritte nicht mehr erhalten soll, als ihm nach der Rechtslage zusteht. Andererseits ist zu bedenken, daß der Vmer vom Standpunkt eines auf die wirklich gegebene Rechtslage abstellenden Betrachters gewiß berechtigt ist, sich wahrheitsgemäß zum tatsächlichen Verlauf eines Schadenhergangs zu äußern, vgl. auch Bd IV Anm. F 94. Außerdem ist es dem Vmer auch gestattet, seine Meinung über einen von ihm schuldhaft begangenen Verstoß gegen die Vorschriften des Straßenverkehrsrechts kundzutun (vgl. Bd IV Anm. F 94 und 96). Beide Verhaltensweisen des Vmers stellen keinen Verstoß gegen das durch § 7 II Ziff. 1 AKB statuierte Anerkenntnisverbot dar und können dennoch im Rahmen der insoweit gegebenen Akzessorietät des Direktanspruchs zu dem gleichen Haftungsumfang führen, wie ein dem Vmer untersagtes (zumeist deklaratorisches) Schuldanerkenntnis. — Die akzessorische Verwobenheit zwischen Haftpflicht- und Direktanspruch verkennt LG Köln 7. XII. 1973 VersR 1974 S. 916; das Gericht weist — ohne § 3 Ziff. 7 PflichtvsG oder § 158e II auch nur zu erwähnen — im Falle eines deklaratorischen Schuldanerkenntnis die Direktklage mit der unzutreffenden Begründung ab, daß es sich um einen vom Vsschutz nicht erfaßten vertraglichen Anspruch handle (kritisch dazu Ebel Vergleich S. 143—146, 210—211).

Der Umfang der Haftpflichtforderung kann sich ferner im Sinne der Durchsetzbarkeit nach Rechtskraftgrundsätzen verändern. Dabei handelt es sich u. a. um das Problem des Fehlentscheidungsrisikos, wie es auch aus der Abgrenzung der Haftpflichtvsschutzalternativen der Befreiung von begründeten und der Abwehr von unbegründeten Ansprüchen bekannt ist (vgl. dazu Bd IV Anm. B 36 und 38 m.w.N.). Gedanklich wäre es möglich gewesen, das Verhältnis zwischen Direkt- und Haftpflichtanspruch in der Weise auszugestalten, daß positive und negative Entscheidungen im Prozeß über den Haftpflichtanspruch sich immer auch auf den Bestand des Direktanspruchs auswirken oder umgekehrt diesen gar nicht berühren. Das gleiche Regelungsproblem ergibt sich, wenn der Dritte zunächst gegen den Ver vorgeht. Der Gesetzgeber hat aber einen Mittelweg gewählt, indem er in § 3 Ziff. 8 PflichtvsG bestimmt hat, daß ein für den Dritten negatives Urteil aus einem Prozeß gegen den Ver auch für den Vmer (Vten) und ein solches negatives Urteil aus einem Rechtsstreit gegen den Vmer (Vten) auch für den Ver wirke. Für Einzelheiten zu dieser negativen Bindungswirkung vgl. Anm. B 38. Als

II. 5. Direktanspruch im ungestörten Haftpflichtversicherungsverhältnis **Anm. B 21**

bemerkenswerte Parallele aus dem Bürgschaftsrecht sei dazu erwähnt, daß auch der Bürge sich auf ein die verbürgte Forderung verneinendes Urteil berufen darf; dieses Ergebnis wird aus § 768 I BGB abgeleitet, wo davon die Rede ist, daß der Bürge die dem Hauptschuldner zustehenden Einreden geltend machen kann (vgl. RG 10. VI. 1909 JW 1909 S. 419 m.w.N., BGH 17. II. 1965 WM 1965 S. 579–580, 24. XI. 1969 NJW 1970 S. 279 = WPM 1970 S. 12–13; ebenso das Schrifttum, vgl. nur Palandt-Thomas[42] Anm. 2e zu § 767 BGB, Pecher, Münch. Komm., 1980, Anm. 6 zu § 768 BGB, ferner Fenge NJW 1971 S. 1920–1923 m.w.N.). Ergänzend ist aber darauf hinzuweisen, daß es im Kfz-Haftpflichtvsrecht auch – anders als im Bürgschaftsrecht (vgl. dazu nur die Nachweise bei Palandt-Thomas a.a.O. und Pecher a.a.O.) – eine positive Bindungswirkung aus einem vorangegangenen Rechtsstreit zwischen dem Dritten und dem Vmer gibt. Das folgt über § 3 Ziff. 8 PflichtvsG hinaus aus den traditionellen Rechtsgrundsätzen des Haftpflichtvsrechts, an denen sich insoweit durch die Einführung des Direktanspruchs nichts geändert hat. Vgl. dazu Anm. B 39.

[B 21] dd) Mehrheit von Direktansprüchen

Bei der Bewertung der gesamtschuldnerischen Haftung zwischen Vmer und Ver im Verhältnis zum geschädigten Dritten ist zu bedenken, daß sehr häufig neben dem Vmer auch einer der Vten (mitvte Personen im Sinne des § 10 II AKB) für den dem Dritten entstandenen Schaden einzustehen hat. Vmer und Vter haften dann regelmäßig nach § 840 BGB als Gesamtschuldner. Es entstehen dann mehrere auf dieselbe Leistung gerichtete Direktansprüche gegen den Ver. Sie stehen zueinander in Idealkonkurrenz. Wenn diese verschiedenen Direktansprüche auch gedanklich zu trennen sind, so ist doch bei der Erhebung eines Direktanspruchs des Dritten gegen den Ver regelmäßig bis zum Beweis des Gegenteils zu vermuten, daß von dem Dritten sämtliche in Betracht kommenden Direktansprüche geltend gemacht werden. Nur ausnahmsweise darf kraft ausdrücklicher Erklärung eines Dritten angenommen werden, daß er etwa nur den aus dem Verhalten des Vmers oder des Vten abgeleiteten Direktanspruch erheben wolle. Das hat dann auch Konsequenzen in bezug auf die erweiterte Rechtskraftsbindung gemäß § 3 Ziff. 8 PflichtvsG (vgl. dazu Anm. B 38). Äußert sich der Dritte nur zur Verantwortung des Vmers und erwähnt er mit keinem Wort das schuldhafte Verhalten des Fahrers, so darf daraus keineswegs geschlossen werden, daß der den vten Fahrer betreffende Direktanspruch nicht erhoben werde. Demgemäß wäre es daher sachlich verfehlt, wenn ein Gericht in dieser Situation angesichts des feststehenden Verschuldens des Fahrers einem Entlastungsbeweisantritt im Sinne des § 831 I 2 BGB nachgehen würde. Es handelt sich hierbei um eine logische Konsequenz, die aus der Mehrheit von Direktansprüchen in diesen Fällen folgt. Das materielle Haftungsrecht wird dadurch nicht abgeändert; denn wenn der Dritte hier trotz unmißverständlicher Belehrung darauf beharrt, daß er nur den vom Haftungspotential des Vmers abgeleiteten Direktanspruch geltend machen wolle, so kann sich das Gericht eine Beweisaufnahme nicht ersparen (vgl. zu dieser Problematik der Beschränkung der Klage auf einen bestimmten Anspruchsgrund Georgiades, Die Anspruchskonkurrenz im Zivilrecht und Zivilprozeßrecht, München 1968, S. 268–271 m.w.N. und Anm. B 72). Eine materiellrechtliche teilweise Abänderung des § 831 I 2 BGB bedeutet dagegen die Regelung in § 2 II 1 PflichtvsG, daß die nach § 2 I Ziff. 1–5 PflichtvsG von der Vspflicht befreiten Halter in gleicher Weise und in gleichem Umfang einzutreten haben wie ein Ver bei Bestehen einer solchen Pflichthaftpflichtv (vgl. dazu Anm. B 92–96).

Wie zu vermuten ist, daß der Dritte alle in Betracht kommenden Direktansprüche erhebt, so ist gleichermaßen anzunehmen, daß die Leistung des Vers für alle diese Direktansprüche, aber auch für die Erfüllung der gegen den Vmer und Vten erhobenen und begründeten Haftpflichtansprüche erfolgt. Gleichzeitig leistet der Ver auch zur Erfüllung seiner Verpflichtungen aus den Haftpflichtvsverhältnissen. Etwas anderes gilt nur dann, wenn das Vsverhältnis zwar hinsichtlich des Vmers intakt, hinsichtlich des Vten aber gestört ist. Dann ist bei Vorliegen einer deckungsgleichen Haftung beider Personen anzunehmen, daß der Ver nur Leistungen auf das intakte Vsverhältnis und die damit korrespondierenden Direkt- und Haftpflichtansprüche erbringe (vgl. weiter Anm. B 65–66). Dabei ist zu beachten, daß nach der Rechtsprechung des BGH zu denjenigen Fällen, in denen die Leistungsfreiheit des Vers nur durch Fristversäumung gemäß § 12 III eintritt, eine vorher erfolgende Leistung des Vers auch dann schuldtilgende Wirkung im Vsverhältnis hat, wenn der Ver der Meinung ist, daß er allein auf Grund der Schutzbestimmungen gemäß § 3 Ziff. 4, 5 PflichtvsG leiste (vgl. nur BGH 26. III. 1956 BGHZ Bd 20 S. 237, 18. XII. 1974 VersR 1975 S. 229–230 und Anm. B 68 m.w.N.). Die in Anm. B 68 dargestellten Grundsätze, daß es insoweit auf den Erfüllungswillen des Vers nicht ankomme, sind dahin zu ergänzen, daß das auch dann gilt, wenn der Ver bei einer Mehrheit von Vmern und Vten seine Leistung nach ausdrücklicher Erklärung nur für denjenigen Vmer (oder Vten) erbringt, dessen Vsverhältnis allein (nach Meinung des Vers) intakt ist. Maßgebend ist insoweit nur, ob zum Zeitpunkt der Leistung Vsschutz auch noch für den anderen Vmer (oder Vten) bestand.

Fraglich ist, ob sich die gesamtschuldnerische Haftung des Vers auch auf solche Mittäter des Vmers oder Vten erstreckt, die nicht an dem die Grundlage für den Direktanspruch bildenden Vsvertrag beteiligt sind. Gedacht sei z. B. daran, daß durch den Zusammenstoß zweier Fahrzeuge ein Dritter, der sich auf einem Fußgängerweg befand, verletzt wird. Hier haften beide Ver gemäß den Bestimmungen über den Direktanspruch gesamtschuldnerisch mit ihren Vmern(Vten). Diese Schädiger haften dem Dritten auch gesamtschuldnerisch. Es besteht jedoch keine gesamtschuldnerische Haftung des Vers des Täters A mit dem Täter B und auch nicht mit dessen Kfz-Haftpflichtver (streitig, wie hier Bäumer Zukunft S. 76–77 m.w.N., Baumann ZVersWiss 1970 S. 196–199 m.w.N., Geyer VersR 1966 S. 512, Prölss-Martin[22] Anm. 3 zu § 3 Ziff. 1, 2 PflichtvsG, S. 871, OLG Hamm 21. III. 1975 VersR 1976 S. 142, KG 2. III. 1978 VersR 1978 S. 436; a.M. OLG Celle 25. VI. 1979 VersR 1980 S. 563 [ohne daß es allerdings auf diese Frage entscheidungserheblich angekommen wäre, da ohnedies ein Forderungsübergang nach § 67 I 1 erfolgt war] und für das österreichische Recht Migsch ZVerkR 1976 S. 265; vgl. weiter Anm. B 62 und 71; abzulehnen ist im übrigen die vom Kammergericht 2. III. 1978 a. a. O. vertretene Auffassung, daß ein Ausgleichsgläubiger, gegen dessen Anspruch der Vmer Vsschutz gemäß § 10 I AKB hat, nicht auch Inhaber eines Direktanspruchs nach § 3 Ziff. 1 PflichtvsG sei, vgl. dazu Anm. B 12, 14 und 57 m.w.N.).

[B 22] ee) Abtretung und Pfändung

Nach § 3 IV AKB können die Vsansprüche vor ihrer endgültigen Feststellung ohne ausdrückliche Genehmigung des Vers weder abgetreten noch verpfändet werden. Diese Vorschrift ist für die Kfz-Haftpflichtv im Bereich des Direktanspruchs gegenstandslos geworden. Es wäre mangels Schutzinteresses des Vers verfehlt, jene Bestimmung auf den Direktanspruch analog anzuwenden. Vielmehr ist von dem Grundsatz der **freien Übertragbarkeit des Direktanspruchs** auszugehen.

Es erscheint darüber hinaus als überlegenswert, § 3 IV AKB überhaupt nicht mehr auf die Kfz-Haftpflichtv anzuwenden. Das würde bedeuten, daß dem Dritten, der auf dem traditionellen Wege vorgeht, indem er zunächst allein den Vmer verklagt, nach Erlaß eines Urteils eine Abtretung des Vsanspruchs durch den Vmer regelmäßig genügt, (so OLG Hamburg 21. XII. 1971 VersR 1972 S. 631; ohne jede Problemerörterung in einem Fall eines Quasivers der öffentlichen Hand auch BGH 20. X. 1971 VersR 1971 S. 1161–1162), wenn man eine solche mit Rücksicht auf den dem Dritten daneben zustehenden Direktanspruch überhaupt für erforderlich hält (vgl. ergänzend Anm.

B 5 und 39). Das Gesagte gilt um so mehr, als das Abtretungsverbot schon bisher einschränkend interpretiert worden ist. Denn schon vor Einführung des Direktanspruchs ist teils die Auffassung vertreten worden, daß das Abtretungsverbot entgegen dem Bedingungswortlaut in der Haftpflichtv mit der Feststellung der Haftpflichtforderung im Sinne des § 154 I 1 entfalle (so Sieg Ausstrahlungen S. 196–199; vgl. ferner Bd IV Anm. B 51), teils ist angenommen worden, daß der Ver nach Vorliegen eines Vollstreckungstitels die Genehmigung zu einer Abtretung nach Treu und Glauben nicht mehr verweigern dürfe (vgl. Hofmann, Festschrift für Sieg, Karlsruhe 1976, S. 186 m.w.N. in Anm. 9; verfehlt ist allerdings die Interpretation von Hofmann a.a.O. S. 193–195, der die von ihm als „rudimentär" bezeichneten Bestimmung des § 3 IV AKB als ein „vertragliches Beweisverbot" wertet; denn in eine solche unserem Prozeßrecht wesensfremde Regelung läßt sich der schlichte Bedingungswortlaut gewiß nicht umdeuten, so daß nur ergänzend darauf hinzuweisen ist, daß eine ausdrückliche Bestimmung mit dem Inhalt, daß die öffentlich-rechtlich verankerte Verpflichtung des Staatsbürgers zur Zeugenaussage beeinträchtigt werde, als nichtig anzusehen wäre).

Der enge Zusammenhang zwischen Haftpflichtforderung und Direktanspruch zeigt sich auch im Falle einer Abtretung. Wird die Haftpflichtforderung abgetreten, ohne daß der Direktanspruch erwähnt wird, so ist nach einer sinnvollen Interpretation dieses Vorgangs aus der typischen Interessenlage anzunehmen, daß die Abtretung der Haftpflichtforderung gegen den Schädiger auch den Direktanspruch erfaßt. Hätte sich der Gesetzgeber für eine Bürgschaftskonstruktion entschieden, so würde sich dieser Übergang des Direktanspruchs als eines Nebenrechts aus § 401 BGB ergeben. Eine ergänzende Interpretation des Abtretungsvorgangs im dargestellten Sinn ist ferner geboten, wenn der Direktanspruch abgetreten wird, ohne daß des Haftpflichtanspruchs bei dieser Abtretung im Wortlaut der Abtretungsurkunde gedacht wird. Eine solche sinnvolle ergänzende Auslegung des Parteiwillens scheidet aber aus, wenn die Parteien des Abtretungsvertrages etwa ausdrücklich erklären, daß der Direkt- oder der Hapftpflichtanspruch nicht mit abgetreten werden solle. Dann stellt sich die Frage, ob eine solche isolierte Abtretung zu akzeptieren ist oder ob beide Ansprüche stets nur zusammen übertragen werden können. Die Zulassung einer solchen aufspaltenden Abtretung bedeutet, daß eine Gesamtgläubigerschaft eigener Art zwischen Ursprungsgläubiger (geschädigtem Dritten) und Abtretungsempfänger mit der Folge entsteht, daß bei einer Leistung an einen der Gesamtgläubiger sowohl die Haftpflichtforderung als auch der Direktanspruch erlöschen. Ein sinnvolles wirtschaftliches Argument für eine solche Aufspaltung der Forderungsrechte ist eigentlich nicht erkennbar. Wäre die gesetzliche Regelung die, daß die Haftung des Vers nicht über eine Schuldmitübernahme begründet worden wäre, sondern über eine selbstschuldnerische Bürgschaft, so wäre eine solche isolierte Abtretung nicht möglich. Das würde sich aus dem Nebenrechtscharakter der Bürgschaft ergeben (vgl. nur BGH 24. I. 1980 WPM 1980 S. 372 m. w. N.). Ungeachtet dessen, daß die gesetzliche Konstruktion der Schuldmitübernahme durch den in Anm. B 20 hervorgehobenen Grundsatz der akzessorischen Haftung des Vers im Sinne einer laufenden Abhängigkeit vom Umfang des haftpflichtrechtlichen Ersatzanspruchs gekennzeichnet ist (vgl. Sieg ZVersWiss 1965 S. 379–380, Baumann Entschädigungsfonds S. 63), wird man hier aber nicht ohne weiteres solche Grundsätze des Bürgschaftsrechts übernehmen können. Die Problematik ähnelt allerdings im gewissen Sinne der, daß von einer Mehrheit von auf dieselbe Leistung gerichteten Forderungen (Anspruchskonkurrenz) nur eine an einen Neugläubiger abgetreten werden soll. Vom BGH 5. III. 1975 BGHZ Bd 64 S. 67–72 ist dazu entschieden worden, daß eine Gesamtgläubigerschaft an einer bestehenden Forderung ohne Mitwirkung des Schuldners vertraglich nicht begründet werden könne (zum Streitstand der BGH 5. III. 1975 a. a. O. zu Grunde liegenden Problematik der Anspruchskonkurrenz vgl. im übrigen ergänzend Arens AcP

Bd 70 (1970) S. 406–413 m. w. N. und vor allem die von ihm a. a. O. besprochene Schrift von Georgiades, Die Anspruchskonkurrenz im Zivilrecht und im Zivilprozeßrecht, München 1968). Der entscheidende Unterschied zu dem vom BGH a. a. O. entschiedenen Fall ist aber der, daß der Ver in dem hier interessierenden Verhältnis ohnedies stets mit zwei selbständig durchsetzbaren Ansprüchen zu tun hat, deren Regulierung fest in seiner Hand ist. Die Lage des Vers wird durch eine solche isolierte Abtretung hinsichtlich der ihm obliegenden Verpflichtung der Erfüllung begründeter Ansprüche nur unwesentlich erschwert. Denn er kann nach der gewählten Gesetzeskonstruktion ohnedies nach Wahl des Dritten gezwungen werden, sich in mehreren gleichzeitig bei verschiedenen Gerichten laufenden Prozessen über den Direkt- und den Haftpflichtanspruch mit dem Begehren des Dritten auseinanderzusetzen. Der einzige Unterschied ist nur der, daß jetzt nicht die Leistung an den Dritten sowohl den Haftpflicht- als auch den Direktanspruch zum Erlöschen bringt, sondern daß der Ver jetzt die Wahl hat, ob er beide Ansprüche durch eine Leistung entweder an den Abtretungsempfänger oder an den Dritten tilgt. Das Gesagte gilt um so mehr, als eine isolierte Pfändung z. B. des Haftpflichtanspruchs in denjenigen Fällen von der Rechtsordnung ermöglicht werden muß, in denen weder dem Dritten noch dessen Gläubiger der Name des betreffenden Vers bekannt ist (wie sich umgekehrt auch Ausnahmefälle konstruieren lassen, in denen nur der Ver, aber nicht der Name des Vten bekannt ist, während der Vmer aus materiellrechtlichen Gründen nicht haftet; Fall des unerkannt gebliebenen Diebes, dessen Fahrzeugnutzung von dem Halter nicht gemäß § 7 III StVG schuldhaft ermöglicht worden ist, vgl. in diesem Zusammenhang auch § 2 II b i. V. m. § 10 II c AKB). Allerdings ließe sich eine solche Pfändung auch bei Verneinung der hier zur isolierten Abtretung vertretenen Auffassung aus einer entsprechenden Interpretation der eine differierende Lösung zulassenden Bestimmung des § 851 II ZPO rechtfertigen.

[B 23] ff) Akzessorietätsproblematik im Prozeß

Die Akzessorietät des Direktanspruchs von der Haftpflichtforderung kommt in besonderem Maße zum Ausdruck, wenn der Ver und der Vmer im nämlichen Prozeß verklagt werden. Dieser Zusammenhang zwischen Haftpflichtforderung und Direktanspruch darf aber mangels entsprechender gesetzlicher Verankerung nicht in dem Sinne verstanden werden, daß hier eine **notwendige Streitgenossenschaft** vorliege. Das ist vielmehr vom BGH 10. VII. 1974 BGHZ Bd 63 S. 51–57 im Anschluß an Sieg ZVersWiss 1965 S. 372 zu Recht verneint worden (ebenso BGH 13. XII. 1977 BGHZ Bd 71 S. 344). Der BGH hat dabei zutreffend darauf hingewiesen, daß die Erstreckung der Urteilswirkung gesetzlich auf den Fall begrenzt sei, daß über den Schadenersatzanspruch negativ entschieden werde. Überzeugend ist insbesondere der a. a. O. S. 55 gegebene Hinweis, daß durchaus die Notwendigkeit für differierende Entscheidungen gegeben sein könne, wenn der Ver infolge eines Risikoausschlusses nicht eintrittspflichtig sei oder seine nur subsidiäre Haftung gemäß § 3 Ziff. 6 PflichtvsG in Verbindung mit § 158 c IV geltend mache. Zutreffend war daher auch schon vom OLG Düsseldorf 9. VII. 1973 VersR 1974 S. 229–230 aus Anlaß eines Konkurses eines Vmers bei gemeinschaftlicher Klage gegen den Vmer und Ver eine Unterbrechung des Rechtsstreits auch gegen den Ver verneint worden. Es leuchtet ein, daß es gerade aus der Sicht des sozialen Schutzzwecks des Direktanspruchs nicht sinnvoll wäre, wenn wegen eines Konkurses über das Vermögen des Vmers auch der gleichzeitig gegen den Ver geführte Prozeß unterbrochen werden würde, da dadurch eine Befriedigungsverzögerung eintreten würde. Für eine notwendige Streitgenossenschaft hatten sich aber u. a. ausgesprochen: Prölss-Martin[19] Anm. 1 zu § 3 Ziff. 8 PflichtvsG, S. 710–711, Stiefel-Wussow-Hofmann[9] Anm. 2 zu § 10 AKB, S. 422; ferner in der Rechtsprechung OLG Oldenburg 24. VII. 1968 VersR 1969 S. 47, OLG Köln 16. III. 1970 VersR 1970 S. 678–679, 2. XI.

II. 5. Direktanspruch im ungestörten Haftpflichtversicherungsverhältnis **Anm. B 24**

1973 VersR 1974 S. 64–65, w. N. aus dem älteren Schrifttum bei BGH 10. VII. 1974 a. a. O. S. 53. Bemerkenswert ist, daß diese Auffassung auch vom ÖOGH 5. VI. 1973 VersR 1974 S. 708–710 mit kritischer Anmerkung von Call a. a. O. S. 710–712 vertreten wird. Zum deutschen Recht hat sich aber mit der erwähnten Entscheidung des BGH vom 10. VII. 1974 die durchaus zutreffende Auffassung über die Verneinung einer notwendigen Streitgenossenschaft durchgesetzt (vgl. außer Sieg ZVersWiss 1965 S. 372 nur Bauer KraftfahrtV S. 132, Möller Vsvertragsrecht[3] S. 53, jetzt auch Prölss-Martin[22] Anm. 1 zu § 3 Ziff. 8 PflichtvsG, S. 883, Stiefel-Hofmann[12] Anm. 19 zu § 10 AKB, S. 433; ferner OLG Köln 6. XI. 1981 VersR 1982 S. 861).

Eine andere Frage ist es, daß dann, wenn der Dritte den Ver und den Vmer gleichzeitig verklagt, aus sachlogischen Gründsätzen, soweit nicht eine vsrechtliche Haftungsbegrenzung des Vers gemäß den in Anm. B 12–16 dargestellten Grenzen gegeben ist oder aber einer der Ausnahmefälle vorliegt, in denen eine Vergrößerung der Haftpflichtforderung nicht zu Lasten des Vers geht (vgl. dazu Anm. B 20), ein Gericht eigentlich nur einheitlich entscheiden darf. Mißachtet ein Gericht diesen akzessorischen Zusammenhang, so kann es wegen der Bindungswirkung nach § 3 Ziff. 8 PflichtvsG zu frappierenden Ergebnissen kommen (vgl. dazu die Nachweise in Anm. B 38). Durch diese Überlegung wird ein Gericht aber sicherlich nicht daran gehindert, wie vom BGH 10. VII. 1974 a. a. O. hervorgehoben, ein Teilurteil gegen einen der beiden Beklagten zu erlassen. Für einen Beispielfall vgl. OLG Düsseldorf 30. V. 1974 VersR 1974 S. 965. Dort hatte das Landgericht durch Teilurteil die Klage gegen den niederländischen Ver mit der unzutreffenden Begründung abgewiesen, daß insoweit kein Direktanspruch gegeben sei. Das Oberlandesgericht setzte das Berufungsverfahren in entsprechender Anwendung des § 148 ZPO aus bis zur Entscheidung des Landgerichts über die Klage gegen den Vmer (vgl. dafür, daß die Entscheidung zwar insoweit prozeßökonomisch ist, jedoch zu Unrecht auf § 3 Ziff. 8 PflichtvsG gestützt wird, Anm. B 38 a. E.).

Die Qualifikation des Direktanspruchs als überwiegend haftungsrechtlicher Art kann sich im Prozeß auch in einem Nebenpunkt, nämlich bei der Streitwertbemessung, auswirken. BGH 11. XI. 1981 NJW 1982 S. 1399 = VersR 1982 S. 133 hat dahin entschieden, daß bei dem in Rentenform erhobenen Direktanspruch die 5-Jahresbegrenzung gemäß § 17 II 1 GKG zu beachten sei und nicht die für Deckungsprozesse maßgebliche Bestimmung des § 9 ZPO (vgl. insoweit BGH 12. VII. 1974 VersR 1974 S. 1222 m. w. N.).

[B 24] gg) Fälligkeit

§ 271 I BGB bestimmt, daß die Fälligkeit einer Forderung regelmäßig mit ihrer Entstehung eintritt, d. h. sofort. Diese für den Haftpflichtanspruch geltende Bestimmung ist in § 11 I für Geldleistungen eines Vers dahin abgeändert worden, daß diese erst mit der Beendigung der zur Feststellung des Vsfalls und des Umfangs der Leistung des Vers nötigen Erhebungen fällig werden. Das PflichtvsG enthält keine derartige, vom allgemeinen Schuldrecht abweichende Regelung, so daß angesichts des Gleichklangs der Haftung des Vmers und des Vers davon auszugehen ist, daß der Direktanspruch **sofort mit seiner Entstehung fällig wird** (so auch Begr. IV S. 15, Deiters VW 1965 S. 1102, Möller ZVersWiss 1963 S. 463, Seidel Struktur S. 52, anders aber S. 103). Prölss-Martin[22] Anm. 2 zu § 3 Ziff. 1, 2 PflichtvsG, S. 870 bemerken dazu, daß eine solche sofortige Fälligkeit so zu verstehen sei, daß der Ver Gelegenheit gehabt haben müsse, den Sachverhalt aufzuklären (ebenso Seidel Struktur S. 103, wohl auch OLG Hamburg 14. IX. 1973 VersR 1974 S. 277). Das ist indessen nicht richtig. Mit dieser Definition würde vielmehr im Ergebnis § 11 angewendet (so Seidel a. a. O. S. 103 ausdrücklich) und vom bürgerlichrechtlichen Begriff der Fälligkeit ohne Not abgewichen werden. Die Frage, ob der Ver Gelegenheit gehabt hat, den Sachverhalt aufzuklären, ist allerdings unter Umständen von erheblicher Bedeutung. Das gilt jedoch nicht für die Fälligkeit, sondern für die Frage, ob ein Verzug des Vers vorliegt (vgl. dafür, daß der Ver im Rahmen des Direktanspruchs für einen Verzug des Vmers grundsätzlich, aber nicht immer einzustehen hat, Anm. B 20) oder ob Veranlassung für einen Prozeß im Sinne des § 93 ZPO gegeben war. Wenn der Dritte zu der ungewöhnlichen Maßnahme greift, den Ver ohne vorherige Aufklärung des Sachverhalts zu verklagen, so hilft § 93 ZPO. Dem Dritten müssen nach dieser Bestimmung die Prozeßkosten auferlegt werden, sofern der Ver nach erstmaliger Vorlage der Unterlagen sofort anerkennt. Vgl. für einen Anwendungsfall dieser Bestimmung auf den Direktanspruch AG Braunschweig 8. II. 1967 VersR 1967 S. 573. Es darf dieser Entscheidung aber nicht etwa das allgemeine Prinzip entnommen werden, daß dem Ver in jedem Fall vor einer Regulierung die Einsichtnahme in die amtliche Ermittlungsakte ermöglicht werden müsse. Vielmehr ist ganz auf die Umstände des Einzelfalls abzustellen. Maßstab ist dabei das Verhalten eines verantwortungsbewußten Vers, der die soziale Zielsetzung des zusätzlichen Schutzes des Verkehrsopfers für begründete Ansprüche im Auge behält. Für ein Gegenbeispiel vgl. OLG Hamburg 14. IX. 1973 a. a. O. S. 277–279, das bei einer Entscheidung nach § 91 a ZPO dem als Quasiver verklagten HUK-Verband die Kosten auferlegte, da es seinem Verantwortungsbereich zuzurechnen sei, daß er erst im Lauf des Rechtsstreits sichere Kenntnis vom Vorliegen einer „gültigen" internationalen Vskarte erhalten hatte (anders aber OLG Düsseldorf 20. VI. 1973 VersR 1974 S. 182, das diesen Risikobereich im konkreten Fall dem Dritten zurechnete; vgl. weiter LG Aachen 12. II. 1974 VersR 1974 S. 473–474). Zur Anwendung der Bestimmung des § 93 ZPO bei Erhebung einer Vsschutzklage des Vmers ohne Veranlassung durch den Ver vgl. auch BGH 26. XI. 1959 VA 1960 S. 146 Nr. 258 = VersR 1960 S. 74.

[B 25] hh) Darlegungs- und Beweislast

Darlegungs- und beweispflichtig für das Bestehen des Direktanspruchs ist der geschädigte Dritte; es gelten hier die gleichen Grundsätze, wie sie für den deliktischen oder vertraglichen Schadenersatzanspruch zur Anwendung kommen, der dem Direktanspruch zugrunde liegt (BGH 13. XII. 1977 BGHZ Bd 71 S. 343–347). Viel beschäftigt haben die Rechtsprechung diejenigen Fälle, in denen Verdachtsmomente dafür bestehen, daß ein fingiertes oder gestelltes Schadenereignis vorliege. Die Besonderheit dieser Fälle liegt dabei nicht darin, daß keine einheitliche Frontstellung zwischen Ver und Vmer besteht und daß der Vmer die Angaben des Dritten bestätigt und damit für eine Befriedigung der erhobenen Ansprüche eintritt. Denn jeder Mensch mit Charakter und Urteilsvermögen wird sich bei einem von ihm verschuldeten Unfall so verhalten (ebenso, wenn es sich um einen derjenigen Fälle handelt, in denen den Vmer zwar kein Verschulden trifft, aber eine Ersatzpflicht nach Gefährdungshaftungsgrundsätzen gegeben ist). Vielmehr liegen in der Regel zusätzliche Umstände vor, die ein solches Mißtrauen des Vers als verständlich erscheinen lassen. Als Grundsatz ist nach der Rechtsprechung des BGH (BGH 13. XII. 1977 BGHZ a. a. O. S. 345–346, 13. XII. 1977 VersR 1978 S. 866, 5. XII. 1978 VersR 1979 S. 281, 6. III. 1979 VersR 1979 S. 514) davon auszugehen, daß es dann, wenn das Vorliegen eines Schadenereignisses bewiesen ist, dem Ver obliegt, darzutun und zu beweisen, daß eine Einwilligung des Dritten vorgelegen habe, so daß es der Unfreiwilligkeit des Geschehens ermangele. Die vom OLG Köln 26. V. 1975 VersR 1975 S. 1128–1130 vorgenommene Übertragung vsrechtlicher Grundsätze zur Unfallv, wie sie vor Einfügung des § 180 a von der Rechtsprechung zur Beweislast des Vmers für die Unfreiwilligkeit eines eingetretenen Körperschadens entwickelt worden waren (vgl. dazu die Nachweise bei Bruck-Möller-Wagner Unfallv Bd VI, 1 Anm. G 74), ist in der Grundsatzentscheidung BGH 13. XII. 1977 BGHZ Bd 71 S. 339–346 mit Nachdruck zurückgewiesen worden. Dabei ist zu

II. 5. Direktanspruch im ungestörten Haftpflichtversicherungsverhältnis **Anm. B 25**

Recht auf die insoweit dominierend schadenersatzrechtliche Qualifikation des Direktanspruchs abgestellt worden (vgl. auch die kritische Anmerkung von Weber VersR 1981 S. 163–164 zu OLG Frankfurt a. M. 27. III. 1980 VersR 1980 S. 978–979, das ohne Erwähnung dieser festen Rechtsprechung des BGH auf jene vsrechtlichen Gedankengänge zur Beweislast zurückgekommen war). BGH 13. XII. 1977 a. a. O. S. 346 hält es, wenn auch nur in Ausnahmefällen, für möglich, daß ein Anscheinsbeweis für eine solche betrügerische Vortäuschung eines Unfallgeschehens eingreifen könne. Eine Begründung wird dazu nur in der Parallelentscheidung des BGH 13. XII. 1977 VersR 1978 S. 866 mit den Worten gegeben, daß eine „Unfallvereinbarung" betrügerischer Art nicht etwa einen „individuellen Willensentschluß" im Sinne eines in der Außenwelt nicht greifbar gewordenen inneren Vorgangs darstelle, der nach der Rechtsprechung des BGH dem Anscheinsbeweis nicht zugänglich sei. Es liege gerade in der Natur solcher Machenschaften, daß sie darauf zielen, ein echtes Unfallgeschehen nicht nur möglich, sondern sogar wahrscheinlich erscheinen zu lassen. Die Entkräftung eines etwa für das Betrugsmanöver sprechenden Anscheins sei also in den Fällen, in denen ein solches wirklich vorliege, in den vom Gericht zu beurteilenden Sachverhalt bewußt „eingebaut". Damit werde sich ein Betrug ... im Wege des ersten Anscheins nur in Ausnahmefällen beweisen lassen, in denen den mutmaßlichen Betrügern ein offenbarer Fehler unterlaufen sei.

Dazu ist zu bemerken, daß sich wohl über die Grundsatzfrage, ob der Anscheinsbeweis in bezug auf die Ermittlung von höchstindividuellen Vorgängen anwendbar ist oder nicht, streiten läßt. Das zeigt deutlich der Umstand, daß die höchstrichterliche Rechtsprechung dazu im Laufe der Jahrzehnte unterschiedlich ausgefallen ist (vgl. dazu Möller in Bruck-Möller-Sieg Anm. 50 zu § 61 m. w. N.; ferner in diesem Bd Anm. J 89 m. w. N.). Wenn man sich aber zu der durchaus zutreffenden Anschauung durchringt, daß für die Feststellung höchstindividueller Willensvorgänge der Anscheinsbeweis nicht anwendbar sei, so kann man ihn auch nicht ausnahmsweise für den Schluß auf ein betrügerisches Verhalten zulassen. Insoweit ist daher entgegen den Andeutungen des BGH a. a. O keine Ausnahme zu machen. Es obliegt vielmehr einer verantwortungsvollen Prüfung durch den Tatrichter, ob er den vollen Beweis des Gegenteils als geführt ansehen kann oder nicht. Dabei muß der Tatrichter aber auch den Mut zur Überzeugungsbildung haben und darf diese Beweisführung nicht im Sinne einer mathematisch lückenlosen Gewißheit auffassen (so BGH 13. XII. 1977 a. a. O. S. 346 m. w. N., vgl. auch Weber DAR 1979 S. 125–126). Im konkreten Fall gab der BGH 13. XII. 1977 a. a. O. deutlich zu erkennen, daß entgegen der Auffassung des Tatrichters aus der Häufung der Indizien auf ein gestelltes Schadenereignis geschlossen werden durfte. Diese Indizien waren neun Ermittlungsverfahren gegen den Dritten wegen des Verdachts des Vsbetruges, ferner die Unrichtigkeit verschiedener prozeßerheblicher Behauptungen des Dritten über die Herkunft des vom Vmer gefahrenen, fast wertlosen Wagens und darüber, ob sich der Dritte und der Vmer vor dem behaupteten Schadenereignis schon gekannt hatten; außerdem hatte der Vmer vor Beginn des Rechtsstreits unrichtige Angaben gegenüber dem Ver gemacht und die darauf erfolgende Entziehung des Vsschutzes widerspruchslos hingenommen.

Im übrigen ist es dann, wenn nach Beweislastgrundsätzen die Tatsache eines Schadenereignisses feststeht, immer noch Sache des Dritten, auch die Höhe des Schadens zu beweisen. Zwar gilt grundsätzlich, daß, wenn ein Fahrzeug unmittelbar nach einem, wenn auch ganz leichten Zusammenstoß von der Fahrbahn abkommt, der erste Anschein für einen ursächlichen Zusammenhang hinsichtlich der hinterher festgestellten Schäden spricht (BGH 13. XII. 1977 a. a. O. S. 347–348, 13. XII. 1977 VersR 1978 S. 866). Vom BGH ist aber in beiden Fällen auf Grund der eigenartigen Besonderheiten der Tatumstände eine Entkräftung dieses ersten Anscheins angenommen worden. Eine

Entkräftung des Beweises des ersten Anscheins kann aber gewiß auch aus weniger spektakulären Umständen folgen, wie z. B. daraus, daß ein Sachverständiger überzeugend darlegt, daß ein Teil der behaupteten Unfallschäden denkgesetzlich nicht auf das bewiesene oder unstreitige Schadengeschehen zurückgeführt werden kann. Dann muß der Dritte den vollen Beweis auch bezüglich des anderen Teils des Schadens führen, der an sich durchaus von diesem Zusammenstoß herrühren könnte.

ii) Obliegenheiten des geschädigten Dritten

Gliederung:
aaa) Vorbemerkung B 26
bbb) Anzeigelast B 27–28

α) Umfang B 27
β) Verletzungsfolgen B 28
ccc) Auskunftsobliegenheit B 29

[B 26] aaa) Vorbemerkung

Im PflichtvsG sind dem Dritten Anzeige- und Aufklärungsobliegenheiten auferlegt. Das sind Begriffe, die als spezielle Rechtsinstitute des Vsrechts bekannt sind. Es läßt sich daher gewiß die Auffassung vertreten, daß ihre Verankerung in § 3 Ziff. 7 PflichtvsG für den vsrechtlichen Charakter des Direktanspruchs spreche (so die in Anm. B 7 zitierten Anhänger einer vsrechtlichen Einordnung des Direktanspruchs). Diskutabel ist aber jedenfalls der Standpunkt, daß es sich bei diesen Obliegenheiten um vsrechtliche Elemente des Direktanspruchs handle (so die überwiegende Meinung, vgl. die Nachweise in Anm. B 6). Jedoch ist zu bedenken, daß beide Obliegenheiten dem geschädigten Dritten auch in dem außerhalb der Kfz-Haftpflichtv geltenden Bereich der Pflichthaftpflichtven gemäß §§ 158 d und e auferlegt worden sind, ohne daß dort von einer vsrechtlichen Einbindung des Dritten auszugehen wäre. Eine abgewogene Betrachtung der typischen Interessenkonstellation muß ohnedies zu einer stärkeren Rückführung des Obliegenheitsrechts in die allgemeinen Grundsätze des bürgerlichen Rechts führen (vgl. dazu grundlegend Reimer Schmidt, Die Obliegenheiten, Studien auf dem Gebiet des Rechtszwanges im Zivilrecht unter besonderer Berücksichtigung des Privatvsrechts, Karlsruhe 1953). Demgemäß erscheint es als angebracht, § 3 Ziff. 7 PflichtvsG weniger den vertrackten Regeln des vsrechtlichen Obliegenheitsrechts zuzuordnen, als in dieser Bestimmung eine Modifikation des § 254 II BGB zu sehen. So betrachtet ist § 3 Ziff. 7 PflichtvsG eine Vorschrift des common sense, getragen von dem vernünftigen und für jedermann nachvollziehbaren Gedanken, einen Schaden tunlichst so gering wie möglich zu halten. Wertet man die Vorschrift derart, so leuchtet ein, daß sie letzten Endes nach haftpflichtrechtlichen (d. h. schadenersatzrechtlichen) Grundsätzen zu interpretieren ist und jene ergänzenden Rechtspflichten des Dritten eigentlich gar keiner besonderen Verankerung bedurft hätten. Von dieser Grundkonzeption ausgehend, fällt es auch nicht schwer, die den Dritten treffenden Anzeigeobliegenheiten entgegen dem unvollständigen Gesetz um eine zusätzliche Anzeigelast bezüglich eines isolierten gerichtlichen Vorgehens des Dritten nur gegen den Vmer (oder Vten) zu ergänzen (vgl. Anm. B 27). Eine solche Verbindung zu den allgemeinen bürgerlichrechtlichen Grundsätzen ist um so wichtiger, als gerade die speziellen Besonderheiten des deutschen Obliegenheitsrechts im Vsbereich eine isolierte Rechtsentwicklung darstellen, der es vielfach an einer rechtsinstitutionellen Entsprechung in den anderen europäischen Ländern fehlt.

II. 5. Direktanspruch im ungestörten Haftpflichtversicherungsverhältnis **Anm. B 27**

[B 27] bbb) Anzeigelast
    α) **Umfang**

§ 3 Ziff. 7 S. 1 PflichtvsG legt dem Dritten eine Anzeigelast auf, die gegenüber dem Ver zu erfüllen ist. Nach dem Wortlaut dieser Bestimmung hat der Dritte ein Schadenereignis, aus dem er einen Anspruch gegen den Ver herleiten will, innerhalb von 2 Wochen nach dem Schadenereignis schriftlich anzuzeigen. Durch die Absendung der Anzeige wird die Frist gewahrt. Anders als § 158 d I, der nur im gestörten Vsverhältnis gilt (vgl. nur BGH 11. VII. 1956 NJW 1956 S. 1797 = VersR 1956 S. 707, Prölss[22] Anm. 1 zu § 158 d, S. 844; a. M. Fleischmann-Deiters in Thees-Hagemann Anm. 1 zu § 158 d, S. 275), bezieht sich § 3 Ziff. 7 PflichtvsG sowohl auf den Direktanspruch im gesunden als auch auf den im „kranken" Vsverhältnis. Als eigenartig gewählt erscheint der Wortlaut des § 3 Ziff. 7 PflichtvsG insofern, als an den Willen des Dritten als Voraussetzung für die Anzeigelast angeknüpft wird. Prölss[17] Anm. 2 zu § 3 Ziff. 7 PflichtvsG, S. 633 bemerkte dazu ursprünglich, daß der Ver kaum jemals in der Lage sein werde nachzuweisen, daß der Dritte von vornherein beabsichtigte, ihn unmittelbar in Anspruch zu nehmen. Vgl. auch amtl. Begr. IV S. 17, wo es sogar heißt, daß die Meldelast an die Absicht des Geschädigten geknüpft sei, gegen den Ver einen unmittelbaren Anspruch nach § 3 Ziff. 1 PflichtvsG geltend zu machen. Bringezu VersR 1968 S. 534—535 interpretiert demgegenüber § 3 Ziff. 7 S. 1 PflichtvsG dahin, daß die Anzeigelast grundsätzlich mit dem Eintritt des Schadenereignisses entstehe, ohne daß es auf den Willen oder die Absicht des Dritten ankomme, den Ver in Anspruch zu nehmen. Für diese Auslegung spricht, daß andernfalls der Lauf der 2-Wochen-Frist vom Schadenereignis an nicht recht verständlich wäre (so jetzt auch Prölss-Martin[22] Anm. 2 zu § 3 Ziff. 7 PflichtvsG, S. 881, aber auch schon Prölss[18] Anm. 2 zu § 3 Ziff. 7 PflichtvsG, S. 696, vgl. auch OLG Karlsruhe 21. I. 1970 MDR 1970 S. 425). Große Bedeutung kommt dieser Streitfrage indessen vom hier vertretenen Standpunkt aus nicht zu, da die Verletzung der Anzeigelast grundsätzlich folgenlos ist, soweit sich durch ein durch den Dritten verschuldetes Unterlassen der Haftpflichtschaden nicht vergrößert hat (vgl. Anm. B 28). Daß durch die Absendung der Anzeige die Frist gewahrt wird, entspricht § 153 III und wird im übrigen von der h. A. auch für die Meldung nach § 33 angenommen (vgl. nur Möller in Bruck-Möller Anm. 14 zu § 33 und Prölss-Martin[22] Anm. 3 zu § 33, S. 207).

Bemerkenswert ist, daß der Dritte nach dem Gesetzeswortlaut nur den Eintritt des Schadenereignisses anzuzeigen braucht, nicht aber auch die gerichtliche Geltendmachung. Hier liegt eine Abweichung von § 158 d II vor, der in der Pflichthaftpflichtv für das gestörte Vsverhältnis die Anzeige einer solchen gerichtlichen Inanspruchnahme des Vmers oder Vten durch den Dritten vorsieht. Solche Anzeige ist gewiß auch entbehrlich, soweit der Dritte gegen den Ver klagt, man hätte sie aber doch verankern sollen für diejenigen Fälle, in denen der Dritte auf dem traditionellen Wege gegen den Vmer und nicht gegen den Ver gerichtlich vorgeht. Zwar sieht § 3 Ziff. 8 PflichtvsG in diesen Fällen keine gesetzliche Bindung des Vers an das Ergebnis des Haftpflichtprozesses vor. Zu bedenken ist aber, daß das im Rahmen der überkommenen Bindung am Ergebnis des Haftpflichtprozesses im anschließenden Deckungsstreit dann nicht gilt, wenn der Ver für den Vmer den Haftpflichtprozeß geführt oder er diesem zu Unrecht den Vsschutz versagt hat (vgl. zu dieser Streitfrage Anm. B 39 m. w. N.). Aus diesen Gesichtspunkten wäre daher im Interesse des Dritten eine gesetzliche Verankerung einer solchen sinnvollen Unterrichtungspflicht des Vers nützlich gewesen. Hat man erst einmal diese Erkenntnis gewonnen und bedenkt man, daß es sich letzten Endes um Verkörperungen des Schadenminderungsgebots nach § 254 BGB handelt (vgl. Anm. B 26), so fällt es leicht, den unvollständigen Gesetzestext um eine Anzeigelast des Dritten zu ergänzen. Diese Anzeige betrifft die Fälle eines isolierten gerichtlichen Vorgehens des Dritten gegen den Vmer (oder Vten). Mit dieser Zusatzkonstruktion wird ein vernünftiger Gesamtaufbau der Anzeigelasten erreicht. Dem Ver wird damit im Regelfall die Möglichkeit der Prozeßführung eröffnet. Es wird ihm dann im gestörten Vsverhältnis auch ein klärender Hinweis möglich, daß er nur überobligationsmäßig hafte und daher entsprechend h. M. für die zusätzlichen Prozeßkosten eines solchen Rechtsstreits gegen seinen Vmer nicht einzutreten habe (vgl. die Nachweise für diese h. M. in Anm. B 72 und dort auch die gegen diese Auffassung sprechenden Argumente).

[B 28] β) Verletzungsfolgen

Für die Verletzung der Anzeigelast nach § 3 Ziff. 7 PflichtvsG ist im Gesetz keine Sanktion vorgesehen. In der amtlichen Begründung (IV S. 17) heißt es dazu, daß wie nach geltendem Recht (§ 158 e I) eine Sanktion für den Fall der Nichterfüllung dieser Meldepflicht nicht vorgesehen sei; der Geschädigte, der seinen Anspruch zu spät anmelde, laufe allerdings Gefahr, in einem nach § 156 III durchgeführten Verfahren zur Verteilung einer unzureichenden Vssumme nicht mehr berücksichtigt zu werden. Im Anschluß an diese Bemerkungen wird überwiegend die Auffassung vertreten, daß die Verletzung der Anzeigelast als solche — abgesehen von der Gefahr einer Nichtberücksichtigung im Sinne des § 156 III — dem Dritten keine Nachteile bringe (BGH 19. XI. 1974 NJW 1975 S. 261 = VersR 1975 S. 279, AG Marburg 10. III. 1967 VersR 1967 S. 847–848, LG Paderborn 21. III. 1969 BB 1969 S. 698, OLG Saarbrücken 30. I. 1976 VersR 1976 S. 553, OLG Köln 17. IX. 1976 VersR 1977 S. 344, Bronisch-Cuntz-Sasse-Starke Anm. zu § 3 Ziff. 7 PflichtvsG, S. 214 e, Deiters VW 1965 S. 1105, Keilbar Rechtsstellung S. 82–83, Pienitz, Die neuen Vorschriften über die Pflichtv deutscher und ausländischer Kfz-Halter, Berlin 1965, S. 44, Sieg ZVersWiss 1965 S. 364; anders zunächst Prölss NJW 1965 S. 1740, ferner Prölss[17] Anm. 2 zu § 3 Ziff. 7 PflichtvsG, S. 643; dort ging er allerdings von seinem von der h. M. abweichenden Standpunkt aus, daß auch aus Obliegenheitsverletzungen Schadenersatzverpflichtungen entstehen könnten [vgl. dagegen nur Möller in Bruck-Möller Anm. 7–11 zu § 6 m. w. N.]). Demgegenüber tritt Bringezu VersR 1968 S. 533–537 für eine Anwendung des § 254 II BGB auf die Anzeigepflicht ein (ebenso jetzt Prölss-Martin[22] Anm. 2 zu § 3 Ziff. 7 PflichtvsG, S. 881, offen gelassen worden ist diese Frage vom BGH 19. XI. 1974 NJW 1975 S. 261 = VersR 1975 S. 279, andeutungsweise für eine solche Lösung aber auch schon OLG Karlsruhe 21. I. 1970 MDR 1970 S. 425, ferner OLG Saarbrücken 30. I. 1976 a. a. O., OLG Köln 17. IX. 1976 a. a. O.). Dieser Auffassung ist beizupflichten. Zwar sind die in der amtl. Begr. a. a. O. niedergelegten Gedanken durchaus überlegenswert. Zu wahren ist aber auch die Einheit mit den ansonsten geltenden Grundsätzen des bürgerlichen Rechts. Dabei ist insbesondere zu beachten, daß es sich bei der vom Gesetzgeber gewählten Konstruktion eines gesetzlichen Schuldbeitritts um eine haftpflichtrechtliche Lösung des Problems, wie das Verkehrsopfer aus sozialen Gründen besonders zu schützen sei, handelt. Diese Wertung schließt es aus, die dem Dritten auferlegten „Hilfsobliegenheiten" allein nach vsrechtlichen Grundsätzen zu behandeln und schlicht von dem nach h. A. geltenden Grundsatz auszugehen, daß vsrechtliche Obliegenheitsverletzungen ohne vertraglich oder gesetzlich vorgesehene Verwirkungsfolgen nicht zu einer Anspruchskürzung führen (vgl. dazu Möller in Bruck-Möller Anm. 17 zu § 6 m. w. N.). Denn unabhängig von dieser vsrechtlichen Beurteilung der Anzeigelast nach § 3 Ziff. 7 PflichtvsG ist mit Bringezu a. a. O. auf ein derartiges Verhalten des Dritten § 254 BGB anzuwenden. Gemeint sind damit diejenigen Fälle, in denen sich der Schaden durch eine unterlassene Anzeige und dadurch nicht mögliche Regulierung vergrößert hat. War der Ver zu einer solchen Schadenregulierung bereit und ist ihm das mangels eines entsprechenden Hinweises des Dritten nicht möglich gewesen, so ist es sachgerecht, in diesen Fällen eine Anspruchskürzung aus dem Gesichtspunkt des

II. 5. Direktanspruch im ungestörten Haftpflichtversicherungsverhältnis **Anm. B 29**

Mitverschuldens hinsichtlich der Vergrößerung des Schadens anzunehmen. Dieser Lösungsweg hat den Vorteil, daß er sich nicht nur auf die unterlassene Anzeige einer gerichtlichen Geltendmachung bezieht, sondern auch auf sonstige Umstände, aus denen eine Vergrößerung des Schadens entstehen kann. Gedacht sei z. B. an einen unterlassenen Hinweis darauf, daß eine Kreditaufnahme bei nicht rechtzeitiger Regulierung erfolgen müsse. Das Grundsatzproblem ist dabei dieses, inwieweit der Direktanspruch nach seiner Entstehung dem Haftpflichtanspruch akzessorisch verbunden bleibt, ob und in welchem Umfang der Ver nämlich als Schuldner des Direktanspruchs auch für eine auf Verzug oder Verschulden des Vmers oder Vten beruhende Vergrößerung der Haftpflichtschuld einzustehen hat. Das gleiche gilt für eine Vergrößerung des Haftpflichtschadens durch die Führung eines Prozesses gegen den Vmer bezüglich der dadurch entstehenden Kosten. Vgl. zu diesem Problemkreis ergänzend Anm. B 20 m. w. N.

Aus dem Gesagten ergibt sich, daß es entgegen der Auffassung von Sieg ZVersWiss 1965 S. 364 auch rechtspolitisch nicht zu beanstanden ist, daß im PflichtvsG keine spezielle Sanktion für eine Verletzung der in § 3 Ziff. 7 PflichtvsG statuierten Anzeigelast vorgesehen ist. Es trifft auch nicht zu, daß es sinnvoller gewesen wäre, wenn der Direktanspruch mit einer § 15 StVG entsprechenden Verwirkungsvorschrift verknüpft worden wäre. Diese weithin unbekannte Vorschrift, nach der der Ersatzberechtigte seine Rechte verliert, wenn er den Unfall nicht spätestens innerhalb von 2 Monaten anzeigt, entbehrt der inneren Berechtigung und sollte daher tunlichst bei einer weiteren Reform des Haftungsrechts entfallen. Der Hauptgesichtspunkt, der gegen eine solche Anspruchsverwirkung und überhaupt gegen spezielle Sanktionen bei Verletzung der hier behandelten Anzeigelast spricht, ist letzten Endes der, daß damit der soziale Zweck des Pflichthaftpflichtvsschutzes gefährdet werden würde. Auch die weniger gewandten Verkehrsopfer müssen geschützt werden. Bestimmungen, die nur dem wachen und schnell handelnden Rechtsbürger die Rechte erhalten, sollten im Sinne eines gerechten Entschädigungssystems tunlichst vermieden werden.

Bei der Würdigung der Anzeigelast ist im übrigen zu beachten, daß – abgesehen von der hier geforderten Anwendung des § 254 II BGB – vom Gesetzgeber über den Rahmen der möglichen Benachteiligung durch eine Nichtbeachtung im Verteilungsverfahren gemäß § 156 III (Begr. IV S. 17) hinaus insofern eine gewisse relative Sanktion vorgesehen ist, als ohne eine Anzeige des Schadenereignisses die in § 3 Ziff. 3 S. 3 PflichtvsG vorgesehene Hemmung der Verjährung nicht eintritt (vgl. dazu Anm. B 33).

[B 29] ccc) Auskunftsobliegenheit

In § 3 Ziff. 7 PflichtvsG ist verankert, daß der Dritte die Verpflichtungen nach § 158 d III zu erfüllen habe. Nach dieser Bestimmung kann der Ver von dem Dritten **Auskunft** verlangen, soweit sie zur **Feststellung des Schadenereignisses und der Höhe des Schadens** erforderlich ist. Dazu gehört auch die Vorlage von Belegen. Das ergibt sich aus § 158 d III 2, wo es heißt, daß der Dritte zu deren Vorlage nur insoweit verpflichtet sei, als ihm die Beschaffung billigerweise zugemutet werden könne. Die Bestimmung des § 158 d III ist § 34 nachgebildet worden. Es darf daher bezüglich der Abgrenzung des objektiven Tatbestandes des § 158 d III auf die Ausführungen von Möller in Bruck-Möller Anm. 3–33 zu § 34 m. w. N verwiesen werden, ferner auf die künftigen Ausführungen im Abschnitt F. zur Auskunfts- und Aufklärungsobliegenheit des Vmers. Eine wesentliche Abweichung gegenüber der vsrechtlichen Regelung ist hingegen bei den Verletzungsfolgen gegeben. Hier bestimmt § 3 Ziff. 3 S. 2 PflichtvsG, daß bei einer schuldhaften Verletzung der Auskunfts- und Belegobliegenheit § 158 e I sinngemäß gelte. Anders als dem Vmer, der bei einer Verletzung der Auskunfts- und

Aufklärungsobliegenheit gemäß § 7 V Ziff. 1 AKB nur Nachteile zu befürchten hat, wenn er grob fahrlässig oder gar vorsätzlich gehandelt hat, schadet dem Dritten also auch eine auf leichter Fahrlässigkeit beruhende Nichterfüllung seiner Obliegenheit aus § 158 d III. Das wird aber dadurch ausgeglichen, daß ein strenges Kausalitätsprinzip zugunsten des Dritten eingeführt ist. Das ergibt sich aus § 158 e I. Dort heißt es nämlich zunächst in S. 1, daß sich die Haftung des Vers bei einer Verletzung der Verpflichtungen aus § 158 d III auf den Betrag beschränke, den er auch bei gehöriger Erfüllung der Verpflichtungen zu leisten gehabt hätte. Damit wird § 158 d III als verständige Konkretisierung des Schadenminderungsgrundsatzes nach § 254 II BGB ausgestaltet. Zu unbilligen Ergebnissen kann es insoweit insbesondere auch deshalb nicht kommen, weil dem Dritten in der Regel schon nach natürlichem Rechtsempfinden klar sein dürfte, daß es ein Gebot eigenen Interesses darstellt, einen geltend gemachten Anspruch zu begründen und zu belegen. Ferner ist es einleuchtend, daß ein solcher Verstoß gegen seine eigenen Interessen ihm Nachteile zufügt, wenn dadurch eine Vergrößerung des Schadens eintritt.

Eine weitere Absicherung des Dritten ist dadurch gegeben, daß eine Anspruchsminderung nur eintritt, wenn der Dritte vorher ausdrücklich und schriftlich von dem Ver auf die Folgen der Verletzung hingewiesen worden ist (vgl. § 158 e I 2).

jj) Verjährung

Gliederung:
Schrifttum B 30

aaa) Grundsatz der einheitlichen Verjährung B 31

bbb) Ausnahmeregelung in § 3 Ziff. 3 S. 2 PflichtvsG B 32
ccc) Hemmung durch Anspruchsanzeige B 33
ddd) Verstärkte Wechselwirkungen zwischen Haftpflicht- und Direktanspruch B 34

[B 30] Schrifttum:
V. Bar NJW 1977 S. 143–144, Deiters VW 1965 S. 1100, derselbe ZVersWiss 1967 S. 329–337, Müller-Stüler Direktanspruch S. 146–147, Prölss NJW 1965 S. 1738–1739.

[B 31] aaa) Grundsatz der einheitlichen Verjährung

Nach § 3 Ziff. 3 S. 1 PflichtvsG unterliegt der Direktanspruch der gleichen Verjährung wie der Schadenersatzanspruch des Dritten gegen den ersatzpflichtigen Vmer. Das bedeutet, daß die Länge der für den jeweiligen Haftpflichtanspruch vom materiellen Haftungsrecht vorgeschriebenen Verjährungsfrist für den Direktanspruch maßgebend ist. Diese Gleichstellung ist sinnvoll im Rahmen der gesamtschuldnerischen Haftung und entspricht dem Denkkonzept der gesetzlichen Schuldmitübernahme. In § 3 Ziff. 3 S. 2 (1. H. S.) PflichtvsG wird dieser Grundsatz noch einmal verdeutlicht. Dort wird bestimmt, daß der Lauf der Verjährung zu dem Zeitpunkt beginne, zu dem die Verjährung des Schadenersatzanspruchs gegen den ersatzpflichtigen Dritten anfange. Es versteht sich, daß das gleiche für einen Direktanspruch gilt, der aus einem gegen einen Vten gerichteten Schadenersatzanspruch resultiert. Wie denn überhaupt als allgemeiner Grundsatz der Schutzbestimmungen des PflichtvsG festzuhalten ist, daß überall dort, wo von dem Vmer die Rede ist, eine entsprechende Anwendung vorzunehmen ist, wenn es sich um einen gegen den Vten gerichteten Ersatzanspruch handelt (vgl. dazu nur BGH 21. XII. 1971 NJW 1972 S. 446 = VersR 1972 S. 273 m.w.N., 19. XI. 1974 NJW 1975 S. 260–261 = VersR 1975 S. 279, 2. III. 1982 VersR 1982 S. 547, OLG München 16. IX. 1974 VersR 1975 S. 511, ferner Sieg BB 1965 S. 1431; w.N. in Anm. B 66). Die

II. 5. Direktanspruch im ungestörten Haftpflichtversicherungsverhältnis **Anm. B 32**

Bedeutung der Regelung in § 3 Ziff. 3 S. 2 (1. H.S.) PflichtvsG ist allerdings als gering anzusehen, da dem Dritten im Regelfall kurz nach Eintritt des Schadenereignisses sowohl der Name des Vmers (oder Vten) als auch der des Vers bekannt sein dürfte. Immerhin wird durch diese Vorschrift sichergestellt, daß nicht deshalb von den Gerichten ein unterschiedlicher Verjährungsbeginn angenommen wird, weil der Dritte von der Person des Vers erst Tage, Wochen oder gar Monate später Kenntnis im Sinne des § 852 I BGB erlangt hat. Zu beachten ist, daß § 3 Ziff. 3 S. 2 (1. H.S.) PflichtvsG den dargestellten Grundsatz nicht auch für den umgekehrten Fall aufstellt, daß nämlich der Dritte ausnahmsweise zuerst Kenntnis von der Person des Vers erlangt. In diesen Fällen kann sich demgemäß hinsichtlich des Direktanspruchs ein Zeitraum ergeben, innerhalb dessen die Verjährung überhaupt nicht läuft.

Ist der Dritte berechtigt, in gesamtschuldnerischer Haftung sowohl von dem vten Fahrer als auch von dem vten Halter Schadenersatz zu verlangen, so ist zu bedenken, daß hier zwei in Anspruchskonkurrenz stehende Direktansprüche gegeben sind, die auf den Ausgleich des nämlichen Schadens gerichtet sind (vgl. Anm. B 21). Erfährt der Dritte z. B. den Namen des Fahrers am 1. II. 1980, den des Halters aber erst am 1. V. 1980 und liegt eine einheitliche Hemmung im Sinne des § 3 Ziff. 3 S. 3 PflichtvsG von drei Monaten vor, so verjähren der deliktische Anspruch gegen den Fahrer und der damit korrespondierende Direktanspruch mit dem Ablauf des 1. V. 1983, der gleichartige Anspruch gegen den Halter und der damit gesamtschuldnerisch verbundene Direktanspruch aber erst mit dem Ablauf des 1. VIII. 1983.

[B 32] bbb) Ausnahmeregelung in § 3 Ziff. 3 S. 2 (2. H.S.) PflichtvsG

In § 3 Ziff. 3 S. 2 (2. H.S.) PflichtvsG findet sich dann allerdings eine Bestimmung, die von der Einheitskonstruktion abweicht. Es heißt dort, daß die Verjährung des Direktanspruchs spätestens in zehn Jahren von dem Schadenereignis an ende. Als Grund für diese Sonderregelung wird in der amtl. Begr. IV S. 16 ausgeführt, daß der Ver auf einen möglichst baldigen Abschluß seines Rechnungswerkes Wert legen müsse; das sei eine ähnliche Erwägung wie die, die § 12 III zu Grunde liege (zustimmend Prölss NJW 1965 S. 1739, Prölss-Martin[22] Anm. 1 zu § 3 Ziff. 3 PflichtvsG, S. 874). Indessen ergibt eine Abwägung, daß ein einleuchtender Grund für eine derartige teilweise Aufgabe des Akzessorietätsprinzips zwischen Haftpflicht- und Direktanspruch nicht vorhanden ist. Eine unzumutbare wirtschaftliche Belastung des Vers ist nicht ersichtlich. Nur in Ausnahmefällen dürfte dem Dritten der Vmer oder der Vte erst zu einem so späten Zeitpunkt bekannt werden. Es ist nicht einzusehen, warum in diesen Ausnahmefällen der Direktanspruch früher als der Haftpflichtanspruch verjähren soll. Mit dem Abschluß des Rechnungswerkes des Vers läßt sich das nicht rechtfertigen. Bei dieser Konstellation ist vielmehr davon auszugehen, daß der Ver bis dahin von dem Schadenfall gar nichts wußte, so daß dieser buchmäßig gar nicht erfaßt war. War dem Ver aber der Schadenfall und auch die Person des Dritten bekannt, so hätte der Ver nach dem Sinn des Pflichtvsgedankens angesonnen werden dürfen, sich mit dem Dritten in Verbindung zu setzen. Hat der Ver das etwa nicht getan, um nichts zahlen zu müssen, so ist sein Interesse am Abschluß seines Rechnungswerkes gegenüber dem Verlangen des Dritten, einen berechtigten Anspruch befriedigt zu erhalten, als nachrangig anzusehen. Wußten Vmer und Ver nicht, wer der Dritte war, so ergibt sich durch § 3 Ziff. 3 S. 2 (2. H.S.) PflichtvsG unter Umständen sogar die eigenartige Konsequenz, daß zwar der Direktanspruch verjährt ist, daß ein gleiches aber nicht für den Haftpflichtanspruch und vor allem nicht für den Vsschutzanspruch des Vmers (oder Vten) gilt. Dabei ist zu bedenken, daß Voraussetzung für den Beginn der Verjährungsfrist hinsichtlich des Vsschutzanspruchs eine Inanspruchnahme des Vmers (oder Vten) durch den Dritten ist (vgl. Bd IV Anm. B 48–49 m.w.N.). Das führt zu dem eigenartigen Ergebnis, daß der

Dritte, obwohl der Direktanspruch verjährt ist, den Ver zu einer Leistung auf dem klassischen Wege über eine Pfändung und Überweisung des Vsschutzanspruchs zwingen kann. Diese Überlegungen mögen Anlaß dafür sein, bei einer Reform der Bestimmungen des PflichtvsG § 3 Ziff. 3 S. 2 (2. H.S.) ganz entfallen zu lassen. Damit würde die Einheit zu § 852 I BGB hergestellt werden. Denn nach dieser Vorschrift verjähren Schadenersatzansprüche aus unerlaubter Handlung ohne Rücksicht auf die Kenntnis von dem Schaden und der Person des Ersatzpflichtigen in dreißig Jahren von der Begehung der Handlung an. § 3 Ziff. 3 S. 2 (2. H.S.) darf im übrigen nicht dahin mißverstanden werden, daß für alle Haftungsfälle des Direktanspruchs eine Verjährung auf jeden Fall nach zehn Jahren eintrete. Vielmehr handelt es sich um nur das Sonderproblem der sog. Unbekanntfälle. Ist der Schadenstifter bekannt und der Schaden ordnungsgemäß anerkannt worden, z. B. durch laufende Zahlungen, so kann sich die Haftung des Vers aus dem Direktanspruch ohne weiteres auch über den genannten Zeitraum von 10 Jahren hinaus erstrecken.

[B 33] ccc) Hemmung durch Anspruchsanzeige

Eine Sonderregelung zugunsten des Dritten stellt dagegen § 3 Ziff. 3 S. 3 PflichtvsG dar. Nach dieser Vorschrift bewirkt eine **Anmeldung des Anspruchs des Dritten bei dem Ver, daß die Verjährung bis zum Eingang der schriftlichen Entscheidung des Vers gehemmt ist.** Das bedeutet, daß die Zeit ab Zugang der Anspruchsanzeige bei dem Ver bis zum Zugang der schriftlichen Entscheidung des Vers für den Lauf der Verjährungsfrist nicht mitgerechnet wird (vgl. § 205 BGB). Für diese Regelung fehlt es an einer entsprechenden Bestimmung im Recht der unerlaubten Handlung. Hingegen ist eine solche Regelung im Vsrecht zu finden (vgl. § 12 II). Vor allem sieht aber auch das „Straßburger Abkommen" (Europäisches Abkommen über die obligatorische Haftpflichtv für Kraftfahrzeuge, BGBl. II 1965 S. 281–296 = VA 1965 S. 108–111) eine solche Hemmungswirkung — wenn auch mit anderem Wortlaut — vor. In Art. 8 II S. 1 Anh. I heißt es nämlich, daß die außergerichtliche schriftliche Geltendmachung eines Anspruchs die Verjährung gegenüber dem Ver bis zu dem Tage hemme, an dem dieser schriftlich erkläre, die Verhandlungen abzubrechen. Der deutsche Gesetzgeber hat demgegenüber im Interesse einer tunlichst einheitlichen Rechtstechnik den in § 12 II vorgeformten Wortlaut übernommen. Angesichts dieser Entstehungsgeschichte ist es verfehlt, aus dem gleichen Wortklang zu schließen, daß die Regelung in § 3 Ziff. 3 S. 3 PflichtvsG auf einen speziell vsrechtlichen Charakter des Direktanspruchs hinweise (vgl. aber dagegen die in Anm. B 7 zitierten Anhänger einer vsrechtlichen Einordnung des Direktanspruchs). Vielmehr bekräftigt dieser Werdegang eher die Theorie, daß der Direktanspruch kein Anspruch aus dem Vsvertrag, sondern überwiegend schadenersatzrechtlicher Natur sei, ungeachtet dessen, daß er infolge seiner Anknüpfung an das Vsverhältnis gewisse vsrechtliche Züge aufweise (vgl. nur BGH 23. XI. 1971 BGHZ Bd 57 S. 270 m.w.N.; speziell zu § 3 Ziff. 3 S. 3 PflichtvsG BGH 7. XII. 1976 BGHZ Bd 67 S. 373–374 [auch zur Entstehungsgeschichte]; ferner Deiters ZVersWiss 1967 S. 329–337, der sich im einzelnen mit der von Müller-Stüler Direktanspruch S. 146–147 vertretenen Gegenmeinung auseinandersetzt; w.N. in Anm. B 6). Im übrigen spricht — abgesehen von diesem Werdegang der Vorschrift — gegen die Annahme, daß auf Grund des Gleichklangs im Wortlaut mit § 12 II hier ein typisch vsrechtliches Element zu finden sei, aber auch eine systembezogene Überlegung. Diese ist darin zu sehen, daß ein sachspezifischer Grund, warum eine solche Vorschrift wie § 12 II gerade im Vsrecht gilt und warum nicht schlechterdings auch sonst im Bereich vertraglicher Erfüllungs- oder Schadenersatzansprüche sowie im Bereich der unerlaubten Handlung, nicht festzustellen ist. In diesem Zusammenhang sei darauf hingewiesen, daß die entsprechende Bestimmung in § 40 IV 1 KVO sich durchaus bewährt hat, so daß es überlegenswert wäre, eine solche Regelung generell auch im

Recht der unerlaubten Handlung zu verankern. Im gewissen Umfang ist das im übrigen seit dem 1. I. 1978 dadurch geschehen, daß in § 852 BGB ein neuer Absatz II eingefügt worden ist. In dieser Bestimmung ist jetzt generell für den Bereich der unerlaubten Handlung verankert, daß für die Dauer von Verhandlungen zwischen dem Ersatzpflichtigen und dem Ersatzberechtigten über den zu leistenden Schadenersatz die Verjährung gehemmt ist, bis der eine oder der andere Teil die Fortsetzung der Verhandlung verweigert. Diese Regelung, die für die Gefährdungshaftung aus dem Betrieb eines Kraftfahrzeuges gemäß § 14 II StVG a.F. schon vorher galt, ist bei Verjährungsfragen zur Kfz-Haftpflichtv neben § 3 Ziff. 3 S. 3 PflichtvsG stets zu beachten (vgl. zum alten Rechtszustand BGH 7. XII. 1976 a.a.O. S. 374–375). Im Regelfall wird es allerdings so sein, daß sich durch § 3 Ziff. 3 S. 3 PflichtvsG eine längere Erstreckung der Hemmungswirkung ergibt.

Voraussetzung für die Anwendbarkeit des § 3 Ziff. 3 S. 3 PflichtvsG ist es, daß der Anspruch des Dritten bei dem Ver angemeldet worden ist. Eine solche Meldung wird in aller Regel schriftlich erfolgen. Unter § 3 Ziff. 3 S. 3 PflichtvsG fällt aber auch eine mündliche Anspruchserhebung, da im Gesetz eine bestimmte Form nicht vorgeschrieben ist (BGH 2. III. 1982 VersR 1982 S. 547). Eine solche mündliche Anspruchserhebung ist aber in einem bloßen Anruf bei dem Ver, in dem um Übersendung von Schadenanzeigen für Anspruchsteller gebeten wird, nicht zu sehen (AG Charlottenburg 20. I. 1975 RuS 1975 S. 251–252, zustimmend Prölss-Martin[22] Anm. 1 zu § 3 Ziff. 3 PflichtvsG, S. 874). Erhebt der Dritte seinen Anspruch gegenüber dem Vmer oder einem Vten, so erfüllt das grundsätzlich nicht die Voraussetzungen für die Anwendung des § 3 Ziff. 3 S. 3 PflichtvsG. Bittet der Dritte aber den Vmer, das Anspruchsschreiben an jenen Ver weiterzuleiten, so tritt die Wirkung des § 3 Ziff. 3 S. 3 PflichtvsG mit dem Zugang des Schreibens bei dem Ver ein (so im Fall BGH 19. XI. 1974 NJW 1975 S. 260–261 = VersR 1975 S. 279). Das gleiche gilt, wenn der Vmer oder Vte ein solches Anspruchsschreiben unaufgefordert an den Ver weiterleitet (ebenso OLG München 16. IX. 1974 VersR 1975 S. 511). Unterläßt der Vmer aber eine solche Weiterleitung, so geht das zu Lasten des Dritten, dem eine unmittelbare Kontaktaufnahme mit dem Ver durch ein gesondertes Schreiben durchaus zuzumuten ist. Die Schadenanzeige des Vmers allein – wenn sie also nicht mit einer Weiterleitung des Anspruchsbegehrens des Dritten verbunden ist – löst die Rechtswirkungen des § 3 Ziff. 3 S. 3 PflichtvsG nicht aus (so auch OLG München 16. IX. 1974 a.a.O. und Prölss-Martin[22] Anm. 1 zu § 3 Ziff. 3 PflichtvsG, S. 874).

In der Anspruchsanmeldung des Dritten bei dem Ver braucht der Forderungsbetrag nicht spezifiziert aufgeführt zu sein; es genügt vielmehr, daß ein bestimmtes Schadenereignis geschildert und zu erkennen gegeben wird, daß aus diesem Ersatzansprüche hergeleitet werden (BGH 17. I. 1978 VersR 1978 S. 423, 12. VI. 1979 BGHZ Bd 74 S. 396, 12. VI. 1979 VersR 1979 S. 1104–1105 m.w.N., 2. III. 1982 VersR 1982 S. 547, 20. IV. 1982 MDR 1982 S. 920 = VersR 1982 S. 675). BGH 2. III. 1982 a.a.O. formuliert ergänzend dahin, daß es genüge, daß der Ver eine Vorstellung vom ungefähren Umfang des durch den Unfall bewirkten Schadens und damit seiner Leistungspflicht vermittelt bekomme. Zutreffend weist BGH 12. VI. 1979 VersR 1979 S. 1105 darauf hin, daß nach § 3 Ziff. 7 PflichtvsG vom Geschädigten eine Anmeldung des Schadenereignisses innerhalb von 2 Wochen gefordert werde, obwohl innerhalb dieser kurzen Frist in den meisten Fällen noch kein Überblick über das endgültige Schadenausmaß zu gewinnen sei. Treffend ist aber vor allem auch der vom BGH 12. VI. 1979 a.a.O. gegebene Hinweis, daß durch die Einführung des Direktanspruchs und des § 3 Ziff. 3 S. 3 PflichtvsG die Stellung des Dritten verbessert werden sollte. Daraus folgt, daß eine großzügige Interpretation zugunsten des Dritten am Platze ist. Demgemäß genügt grundsätzlich auch ein Schreiben, in dem um ein Anerkenntnis dem Grunde nach gebeten wird (überholt nach dieser Rechtsprechung LG Koblenz 28. III. 1977 VersR 1978 S. 475, mißverständlich insoweit noch Prölss-Martin[22] Anm. 1 zu § 3 Ziff. 3 PflichtvsG, S. 874). Vgl. ferner v. Bar NJW 1977 S. 143, der zwar auch eine unsubstantiierte Aufforderung, die Schadenersatzpflicht dem Grunde nach anzuerkennen, für nicht ausreichend hält, aber eine Schilderung des Unfalles mit dem Bemerken, daß Ersatz verlangt werde, genügen läßt, ohne zusätzlich eine spezifizierte Aufstellung zu verlangen. Voraussetzung ist nur, daß eine ernsthafte Anspruchserhebung vorliegt. Es versteht sich, daß nicht nur keine Bezifferung der Ansprüche erforderlich ist, sondern daß auch die Rechtsgrundlage des Anspruchs nicht angegeben zu werden braucht (BGH 21. XII. 1971 VersR 1972 S. 273 [in NJW 1972 S. 445–447 insoweit nicht mit abgedruckt]; vgl. ferner BGH 17. I. 1978 a.a.O., 12. VI. 1979 a.a.O.).

Die zu § 14 II StVG a.F. (jetzt § 852 II BGB) entwickelten Grundsätze über die Begrenzung der verjährungshemmenden Wirkung von Verhandlungen auf den vom Geschädigten „konkretisierten Schaden" finden auf § 3 Ziff. 3 S. 3 PflichtvsG keine Anwendung (BGH 12. VI. 1979 BGHZ Bd 74 S. 396–397; noch offen gelassen in BGH 7. XII. 1976 BGHZ Bd 67 S. 378).

Meldet eine Witwe einen Ersatzanspruch nach dem Unfalltod ihres Ehemannes an, so erfaßt die Hemmungswirkung regelmäßig auch die Ansprüche der Kinder, soweit die Mutter zu diesem Zeitpunkt deren gesetzliche Vertreterin war (BGH 12. VI. 1979 a.a.O. S. 397–400). Es ist dabei nicht erforderlich, daß in der Anmeldung besonders auf die Ansprüche der minderjährigen Kinder hingewiesen wird. Vielmehr geht der BGH a.a.O. ganz pragmatisch davon aus, daß der Ver sich erkundigen könne und daß er bei dem Tode eines Ehepartners nach der Lebenserfahrung ohnedies im Regelfall damit rechnen müsse, daß auch minderjährige Kinder mit einem entsprechenden Unterhaltsschaden vorhanden seien. Ein Berufen auf die dergestalt eintretende Hemmungswirkung könne allerdings in Ausnahmefällen rechtsmißbräuchlich sein. Das liege etwa dann vor, wenn der Anmeldende aus besonderem Anlaß Ansprüche eines von ihm vertretenen Schadenersatz- und Unterhaltsberechtigten nicht habe anmelden wollen oder entsprechende Angaben zur Person dieses Berechtigten absichtlich verschwiegen habe.

Zu betonen ist allerdings, daß diese Erstreckung der Anmeldungswirkung auf dritte Personen eine Ausnahme darstellt, die aus der besonderen familienrechtlichen Situation und aus dem Sachzusammenhang bei der Berechnung derartiger Ersatzansprüche wegen entgangenen Unterhalts abgeleitet wird. Im übrigen ist von dem Grundsatz auszugehen, daß bei einer Mehrheit von Gläubigern, die durch dasselbe Schadenereignis getroffen worden sind, grundsätzlich zu fordern ist, daß jeder von ihnen seinen Ersatzanspruch bei dem Ver anmeldet; um die Hemmung der Verjährung auszulösen, genügt es demgemäß nicht, daß einer der mehreren Ersatzberechtigten das Schadenereignis anzeigt (so ausdrücklich BGH 12. VI. 1979 BGHZ Bd 74 S. 397–398). § 3 Ziff. 3 S. 3 PflichtvsG ist damit im Prinzip hinsichtlich des Begriffs der Anmeldung des Anspruchs genauso auszulegen wie § 7 II Ziff. 2 AKB bezüglich der anzeigepflichtigen Geltendmachung eines Anspruchs (vgl. dazu Bd IV Anm. F 37 und die künftigen Bemerkungen in dem entsprechenden Abschnitt F. dieses Bandes). Der Unterschied liegt allein darin, daß die Anspruchserhebung im Sinne des § 7 II Ziff. 2 AKB gegenüber dem Vmer (oder Vten) erfolgt, während § 3 Ziff. 3 S. 3 PflichtvsG zu Recht auf die Anzeige des Anspruchs bei dem Ver abstellt, da dieser Herr des Regulierungsverfahrens ist und es deshalb auf seine Entscheidung über den geltend gemachten Anspruch ankommt.

Die Wirkung der Hemmung der Verjährung durch die Anzeige des Dritten tritt hinsichtlich des gesamten Schadenersatzanspruchs ein, also auch bezüglich desjenigen Teils des Schadens, der über die summenmäßige Begrenzung der Leistungspflicht des Vers hinausgeht (so zu Recht in Übereinstimmung mit dem Schutzgedanken der Regelung BGH 2. III. 1982 a.a.O.; vgl. dazu auch Anm. B 34 a.E.). Wenn der Ver allerdings wegen Eingreifens eines Ausschlußtatbestandes überhaupt nicht im Risiko ist, greift § 3

II. 5. Direktanspruch im ungestörten Haftpflichtversicherungsverhältnis   Anm. B 33

Ziff. 3 PflichtvsG nicht ein. § 3 Ziff. 3 S. 3 PflichtvsG findet auch auf den Regreßanspruch des Sozialvsträgers Anwendung (BGH 21. XII. 1971 NJW 1972 S. 446–447 = VersR 1972 S. 273 m.w.N., 17. I. 1978 VersR 1978 S. 423, KG 8. XII. 1977 a.a.O.). Dabei ist es gleichgültig, ob es sich um einen nach § 1542 RVO – künftig gemäß § 116 SGB (X) – übergegangenen Anspruch oder um einen originären Ersatzanspruch nach § 640 RVO handelt (BGH 21. XII. 1971 a.a.O., Sieg ZVersWiss 1965 S. 366). Daß der Sozialvsträger dabei irrig seinen Anspruch als solchen aus § 1542 RVO bezeichnet, obwohl er sich bei zutreffender Beurteilung der Rechtslage aus § 640 RVO ergibt, beeinträchtigt die Hemmungswirkung nicht (BGH 21. XII. 1971 a.a.O.). Das gleiche gilt im übrigen auch für den Regreß nehmenden privaten Schadenver, wenn dieser sich, wie das nicht selten zu beobachten ist, auf eine Abtretung seines Vmers stützt, während es sich in Wahrheit um einen kraft Gesetzes übergegangenen Anspruch handelt.

BGH 20. IV. 1982 MDR 1982 S. 920 = VersR 1982 S. 674–675 formuliert dahin, daß die Anmeldung des Schadenereignisses durch den Geschädigten, sofern kein Anhaltspunkt für einen anderen Erklärungswillen besteht, alle in Betracht kommenden Ersatzansprüche umfasse, auch soweit solche möglicherweise auf einen Sozialvsträger übergegangen seien. Diese Begründung geht über den zu entscheidenden Sonderfall hinaus, wenn man sie so versteht, daß in allen Fällen, in denen ein Sozialvsträger im Risiko ist, die Anmeldung des Sozialvten bei dem Ver Hemmungswirkung für den Sozialver im Sinne des § 3 Ziff. 3 S. 3 PflichtvsG auslöst. Zu beachten ist hier aber, daß grundsätzlich die Anmeldung durch den Anspruchsberechtigten oder einen legitimierten Vertreter erfolgen muß, um Rechtswirkungen auszulösen. Insofern ist die Ausgangslage zwischen dem Sozialvsträger und dem privaten Schadenver unterschiedlich, als sich ersterer grundsätzlich nicht auf eine die Verjährung hemmende Anzeige des Dritten als dessen Rechtsnachfolger nicht berufen kann. Das folgt daraus, daß der Ersatzanspruch im Falle des § 1542 RVO bereits mit dem Eintritt des Schadenereignisses übergeht (vgl. nur BGH 10. VII. 1967 BGHZ Bd 48 S. 181–193) und daß der originäre Anspruch aus § 640 RVO niemals in der Hand des Dritten gewesen ist. Hingegen ist es im Anwendungsbereich des § 67 I 1 ohne weiteres denkbar, daß ein Dritter zunächst seinen gesamten Schadenersatzanspruch anmeldet, sich dann aber wegen einer Regulierungsverzögerung dazu entschließt, den eigenen Schadenver in Anspruch zu nehmen. Dann kommt diesem Schadenver die Hemmungswirkung nach § 3 Ziff. 3 S. 3 PflichtvsG zugute. Das Gesagte bezüglich der Sozialvsträger ist im übrigen in einem Punkt zu korrigieren. Gedacht ist an diejenigen Fälle, in denen es ausnahmsweise entgegen dem § 1542 RVO zu Grunde liegenden Prinzip erst zu einem späteren Zeitpunkt zu einem Forderungsübergang auf den Sozialver kommt. Mit einem solchen Ausnahmefall hat sich BGH 2. III. 1982 VersR 1982 S. 546–548 befaßt. Dort war die Ersatzpflicht des Sozialvers erst durch eine drei Jahre nach Eintritt des Schadenereignisses erfolgte Eheschließung des Geschädigten ausgelöst worden. Zu Recht ist vom BGH a.a.O. dem Sozialver die die Verjährung hemmende Anzeige des Verletzten zugerechnet worden. In diese Denkkategorie gehört letztendlich auch der Fall BGH 20. IV. 1982 MDR 1982 S. 920 = VersR 1982 S. 674–675. Dort war ursprünglich die Leistungspflicht eines sozialen Krankenvers gegeben gewesen, der den Sozialvten aber später aussteuerte. Der Dritte erhielt Leistungen eines Trägers der öffentlichen Sozialhilfe. Der BGH ließ diesem Träger der Sozialhilfe, der seine Überleitungsverfügung erst zu einem sehr späten Zeitpunkt erlassen hatte, eine Mitteilung des Dritten an den Ver zu Gute kommen, in der dieser die Aussteuerung durch die AOK ankündigte und das Verlangen stellte, daß der Ver von diesem Zeitpunkt an für den Unterhalt zu sorgen habe; außerdem war darauf hingewiesen worden, daß der Dritte weiter arbeitsunfähig krank sei und ambulant behandelt werde. Diese Anzeige wirkt gewiß für den Träger der Sozialhilfe. Dagegen spricht auch nicht der auf die AOK erfolgte Anspruchsübergang gemäß § 1542 RVO, denn dieser bezog sich nicht auf die Zeit, in der die AOK gesetzlich nicht mehr zur Leistung verpflichtet war. Es war hier im Grunde genommen sogar der Kernfall einer Anspruchsanmeldung durch einen Berechtigten gegeben gewesen. Verfehlt wäre es aber, eine Anmeldung des Dritten dem Sozialver auch in einem Falle ungebrochener Leistungsverpflichtung zu Gute kommen zu lassen. Insoweit gehen die Gründe dieser Entscheidung in ihrer generellen Betrachtungsweise zu weit. Vielmehr muß es in erster Linie immer der Anspruchsberechtigte selbst sein, der für anspruchshemmende Anzeigen zu sorgen hat.

BGH 21. XII. 1971 VersR 1972 S. 273 (in NJW 1972 S. 445–447 insoweit nicht mitabgedruckt) bemerkt, daß Voraussetzung für die Hemmungswirkung nach § 3 Ziff. 3 S. 3 PflichtvsG sei, daß der Dritte den Ver als Gesamtschuldner neben dem Vmer oder Vten in Anspruch nehmen wolle, was indessen zu vermuten sei (ebenso Prölss-Martin[22] Anm. 1 zu § 3 Ziff. 3 PflichtvsG, S. 875, Prölss NJW 1965 S. 1739, Deiters VW 1965 S. 1100). Indessen darf diese Bemerkung nicht mißverstanden werden. Für die Rechtswirkung der genannten Bestimmung ist nämlich nicht erforderlich, daß auch eine Inanspruchnahme des Vmers oder Vten als Gesamtschuldner erfolgt. Immer wenn der Ver direkt in Anspruch genommen wird, greift die Hemmungswirkung ein. Das gilt selbst dann, wenn der Dritte nicht weiß, daß der Ver ihm direkt haftet und er ihn daher ausdrücklich nur als Vertreter des Vmers oder des Vten anschreibt. Denn für einen objektiven Betrachter ist das Anschreiben des Vers als Vertreter des Vmers zugleich auch als Geltendmachung des Direktanspruchs zu bewerten (vgl. auch BGH 2. III. 1982 a.a.O. S. 548, der zu Recht im Rahmen der ähnlich gelagerten Problemstellung bei der Auslegung des § 3 Ziff. 3 S. 4 PflichtvsG betont, daß es nicht darauf ankomme, ob der Ver bei seinen Erklärungen beabsichtigt habe, Rechtswirkungen auch für den Vmer herbeizuführen).

Die Hemmungswirkung endet mit dem Eingang der schriftlichen Entscheidung des Vers. Keine Auswirkung auf die Hemmungswirkung nach § 3 Ziff. 3 S. 3 PflichtvsG hat es, wenn der Vmer (oder der Vte) die Forderung des Dritten zurückweist; denn das Gesetz stellt allein auf die Erklärungen des Vers ab (BGH 2. III. 1982 a.a.O. S. 547). Lehnt der Ver nur mündlich, nicht aber schriftlich den Anspruch des Dritten ab, so genügt das den Anforderungen des § 3 Ziff. 3 S. 3 PflichtvsG nicht (BGH 14. XII. 1976 NJW 1977 S. 675 = DAR 1977 S. 103). Eine Korrektur dieses Ergebnisses dahin, daß eine beweisbare mündliche Ablehnung genügen müsse, um die Verjährungsfrist wieder laufen zu lassen, ist abzulehnen. Der Sinn dessen, daß eine schriftliche Entscheidung zum Ingangsetzen der Verjährung verlangt wird, liegt nicht auf der Ebene der Beweisbarkeit. Vielmehr geht der Gesetzgeber davon aus, daß eine schriftliche Entscheidung regelmäßig besser durchdacht sein wird. Die schriftliche Darstellung soll damit in erster Linie den Dritten vor übereilten und nicht genügend durchdachten Ablehnungen durch den Ver schützen. § 3 Ziff. 3 S. 3 PflichtvsG ist daher hinsichtlich des Erfordernisses der schriftlichen Entscheidung des Vers streng nach dem Wortlaut zu interpretieren (so ausdrücklich BGH 14. XII. 1976 a.a.O.). Anders als nach § 852 II BGB (damals § 14 II StVG a.F.) endet die Verjährung also nicht durch einen Abbruch der Verhandlungen (BGH 14. XII. 1976 NJW 1977 S. 674–675 = DAR 1977 S. 102–103, 15. XI. 1977 VersR 1978 S. 93–94, OLG München 22. IV. 1975 VersR 1976 S. 153, a.M. OLG München 16. IX. 1974 VersR 1975 S. 511, OLG Nürnberg 28. IX. 1976 VersR 1977 S. 235 [durch BGH 15. XI. 1977 a.a.O. aufgehoben]). Vom BGH 14. XII. 1976 a.a.O. wird hervorgehoben, daß nur ganz ausnahmsweise nach Treu und Glauben etwas anderes gelten könne, wenn für den Geschädigten keinerlei Schutzbedürfnis mehr bestehe. Das werde z. B. dann der Fall sein, wenn die Erteilung eines schriftlichen Bescheids durch den Ver keinen vernünftigen Sinn mehr haben und nur eine reine Förmelei darstellen würde, weil der Geschädigte die von ihm zunächst angemeldeten Ansprüche inzwischen offensichtlich nicht mehr weiterverfolge, daher auf einen endgültig ablehnenden Bescheid des Vers gar nicht mehr warte. Bei derartiger Gestaltung sei es unbillig, diesem zuzumuten, noch einen schriftlichen Bescheid zu erteilen, um die Verjährungshemmung zu beseitigen ... Die bloße Untätigkeit des Geschädigten während eines längeren Zeitraums berechtige keineswegs zu der Annahme, der schriftliche Bescheid sei überflüssig und sinnlos. – Entschieden worden ist das für einen Fall, in dem der Dritte trotz einer Bitte des Vers nach näherer Spezifikation 2 Jahre und 10 Monate untätig geblieben war (nahezu gleichgelagert der Fall BGH 15. XI. 1977 a. a. O.). Vgl. aber auch OLG München 22. IV. 1975 VersR 1976 S. 153, das auch eine 5½ Jahre während Untätigkeit des Dritten nicht als Verwirkungsfall ansieht; das Gericht weist dabei zutreffend darauf hin, daß der bloße Zeitablauf nicht für die Annahme eines Verstoßes gegen Treu und Glauben genüge, zumal da der Ver es in der genannten Zeit in der Hand gehabt habe, durch eine abschließende Erklärung die Hemmungswirkung zu beseitigen.

Einen Verstoß gegen Treu und Glauben wegen eines Berufens auf die Hemmungswirkung des § 3 Ziff. 3 S. 3 PflichtvsG nimmt dagegen BGH 17. I. 1978 VersR 1978 S. 423–425 an. Es ging um einen Fall, in dem die Bundespost als Eigenver Heilbehandlungskosten reklamiert und ersetzt erhalten hatte, aber erst rund 6 Jahre und 2 Monate nach dem Schadenereignis den Ver auch auf Ersatz für die von ihr dem Geschädigten gezahlte Unfallrente in Anspruch nahm. Die entsprechende Erklärung gegenüber dem Ver erfolgte rund 5 Jahre und 8 Monate nach der Anzeige im Sinne des § 3 Ziff. 3 S. 3 PflichtvsG. Entgegen der Auffassung des BGH a. a. O. ist eine solche verspätete Geltendmachung aber weder nach subjektiven noch nach objektiven Gesichtspunkten als ein Verstoß gegen Treu und Glauben zu werten. Insbesondere ist nicht zu erkennen, was anderes gegen die Durchsetzung des Anspruchs sprechen sollte als nur der reine Zeitablauf. Wollte man eine Rechtsanalogie zum Institut der Verwirkung ziehen, so hätte man verlangen müssen, daß der Ver sich in seinen Vermögensdispositionen darauf eingerichtet habe, insoweit nicht (mehr) in Anspruch genommen zu werden. Insoweit ließe sich nur vortragen, daß der Ver wohl gehofft habe, daß der Bearbeitungsfehler auf seiten der Bundespost nicht so bald entdeckt werde. Das reicht aber für die Annahme eines Verstoßes gegen Treu und Glauben nicht aus (die Entscheidung ist im Ergebnis aber dennoch zutreffend, da die Anspruchshemmung durch eine vorangegangene positive Entscheidung des Vers im Sinne des § 3 Ziff. 3 S. 3 PflichtvsG beseitigt worden war; vom BGH a. a. O. war diese Frage offengelassen worden; vgl. dazu auch KG 8. III. 1977 VersR 1980 S. 157 und die w.N. im Verlauf dieser Anm.).

Vom BGH wird anhand dieser gesetzlichen Regelung immer wieder betont, daß grundsätzlich nicht eine Handlung des Dritten sondern nur eine Entscheidung des Vers über den angezeigten Anspruch die Hemmungswirkung gemäß § 3 Ziff. 3 S. 3 PflichtvsG beseitige (vgl. BGH 14. XII. 1976 a.a.O., 15. XI. 1977 VersR 1978 S. 93, 17. I. 1978 VersR 1978 S. 423). Allerdings entfällt auch ohne Entscheidung des Vers im Sinne des § 3 Ziff. 3 S. 3 PflichtvsG die Hemmungswirkung dann, wenn der Dritte dem Ver mitteilt, daß er die geltend gemachten Ansprüche fallen lasse oder gar auf sie verzichte (BGH 14. XII. 1976 a.a.O.). Durch eine solche Mitteilung wird die Hemmungswirkung aber nicht nachträglich beseitigt, als wäre der Anspruch nicht geltend gemacht worden. Vielmehr bleibt sie für die Zeit der Anmeldung erhalten.

Es kann sich ergeben, daß die von dem Dritten vorgetragenen Umstände so unvollständig sind, daß dem Ver eine endgültige Entscheidung darüber, ob berechtigte Ansprüche gegeben sind oder nicht, nach objektiven Grundsätzen nicht möglich ist. Kommt der Dritte in einem solchen Fall der Aufforderung nicht nach, den Anspruch näher zu spezifizieren, so bleibt dem Ver eigentlich keine andere Möglichkeit, als entweder die Hemmungswirkung für unbestimmte Zeit hinzunehmen oder aber abzulehnen, obwohl nicht geklärt ist, ob die Ansprüche nicht doch begründet sind. BGH 14. XII.

Anm. B 33 B. Kraftfahrzeughaftpflichtv Stellung des geschädigten Dritten

1976 a. a. O. weist den Ver hier treffend auf den Weg, den Dritten mit hemmungsbeseitigender Wirkung dahin zu bescheiden, daß er sich auf Grund des ihm bisher unterbreiteten Vortrags nicht zu einer Schadenersatzleistung entschließen könne. Allerdings wird man nicht annehmen können, daß dann eine erneute Anzeige wiederum den Hemmungseffekt nach § 3 Ziff. 3 S. 3 PflichtvsG auslöse. Die Bestimmung ist vielmehr dahin auszulegen, daß bezüglich desselben geltend gemachten Anspruchs nur die erste Anzeige eine Hemmungswirkung herbeiführt (OLG Celle 29. V. 1975 VersR 1977 S. 1045–1046). An diesem Grundsatz ist auch für Fälle der vorliegenden Art festzuhalten. Unbillige Ergebnisse treten dadurch nicht ein, da regelmäßig eine solche ergänzte Anzeige den Neubeginn von Verhandlungen im Sinne des § 852 II BGB darstellt, so daß nach den Grundsätzen dieser Vorschrift hier zunächst eine Hemmungswirkung nach allgemeinen Deliktsgrundsätzen eintritt, bei der allerdings anders als bei § 3 Ziff. 3 S. 3 PflichtvsG die Hemmung bereits in dem Zeitpunkt endet, zu dem eine Antwort des Ersatzberechtigten auf die letzte Äußerung des Ersatzverpflichteten spätestens zu erwarten gewesen wäre (BGH 7. XII. 1962 VersR 1963 S. 145–147, 13. X. 1964 VersR 1965 S. 157, 7. III. 1967 VersR 1967 S. 503 m.w.N.).

Als eine Sachentscheidung im Sinne des § 3 Ziff. 3 S. 3 PflichtvsG ist es auch anzusehen, wenn der Ver jede weitere Prüfung der Ansprüche des Dritten ablehnt, weil er diese für verjährt hält (OLG Düsseldorf 17. XI. 1975 VersR 1976 S. 674). Hingegen stellt die ohne Anerkennung des Anspruchs abgegebene Erklärung, die Einrede der Verjährung nicht erheben zu wollen, keine abschließende Entscheidung des Vers im Sinne der genannten Vorschrift dar (BGH 17. I. 1978 VersR 1978 S. 423, KG 8. XII. 1977 VersR 1980 S. 157). Unterbreitet der Ver ein Vergleichsangebot, in dem er erklärt, daß er im Fall der Ablehnung überhaupt jede Zahlung verweigere, so stellt das dagegen eine abschließende Entscheidung dar. Gibt der Ver aber lediglich zu bedenken, daß auch ein Mitverschulden in Betracht komme, dessen Geltendmachung er sich vorbehalte, wenn man sich nicht zu einem späteren Zeitpunkt über eine Gesamtabfindung hinsichtlich der noch zu spezifizierenden Ansprüche einige, so ist das wiederum keine endgültige Entscheidung. Das gleiche gilt, wenn der Ver gegenüber dem noch unspezifizierten Anspruch des Sozialsträgers eine Aufteilung 2:1 anregt (KG 8. XII. 1977 a.a.O.). Anders ist aber zu entscheiden, wenn der Ver unmißverständlich zu erkennen gibt, daß er jeden über 2/3 des Schadens hinausgehenden Anspruch ablehnt. Schreibt der Ver, der in einem Brief die Ansprüche des Dritten errechnet und die Überweisung des ermittelten Betrages ankündigt, daß er sich eine Erhöhung vorbehalte, sofern der Dritte einen höheren Schaden in geeigneter Weise nachweise, so bedeutet dieses noch keine endgültige Entscheidung (vgl. OLG Celle 26. VI. 1975 VersR 1976 S. 737). Ein derartiges Schreiben kann allerdings auch im Sinne von BGH 14. XII. 1976 a.a.O. so aufzufassen sein, daß der Ver sich aufgrund des bisherigen Vortrages insoweit nicht zu einer Schadenersatzleistung entschließen könne. Es sind stets alle Umstände des Einzelfalles bei der Auslegung derartiger Erklärungen des Vers in Betracht zu ziehen.

Zu beachten ist, daß die Hemmungswirkung im Sinne des § 3 Ziff. 3 S. 3 PflichtvsG nicht nur bei einer negativen Erklärung des Vers endet, sondern auch bei einer für den Dritten günstigen Entscheidung. Ebenso KG 8. III. 1977 VersR 1980 S. 157, v. Bar NJW 1977 S. 143, Prölss-Martin[22] Anm. 1 zu § 3 Ziff. 3 PflichtvsG, S. 874; offen gelassen von BGH 17. I. 1978 VersR 1978 S. 423 unter Hinweis auf den abweichenden Wortlaut der Ausgangsbestimmung in Art. 8 II S. 1 Anh. I des „Straßburger Abkommens"; vgl. auch BGH 7. XII. 1976 BGHZ Bd 67 S. 375, wo nur von der schriftlichen Ablehnung die Rede ist; dabei ist aber zu bedenken, daß in jenem Fall eine positive Entscheidung des Vers nicht zur Diskussion stand. Um die Einheit des europäischen Haftungsrechts braucht dabei im Hinblick auf die zitierte Bestimmung des Straßburger Abkommens nicht gebangt zu werden. Es ist vielmehr anzunehmen, daß die Vertragsschließenden nur den Fall eines Abbruchs der Verhandlungen durch einen negativen Bescheid bedacht haben. Auch besteht im Normalfall einer positiven Entscheidung kein Schutzbedürfnis des Dritten bezüglich einer weiteren Hemmung der Verjährung, da dann regelmäßig mit Zahlungen des Vers zu rechnen ist (abgesehen davon, daß eine positive Entscheidung zumeist auch ein Anerkenntnis im Sinne des § 208 BGB darstellt). Im übrigen ist auf den zusätzlichen Schutz durch die systemverwandte Bestimmung des § 852 II BGB hinzuweisen, bei der es auf den Abbruch der Verhandlungen ankommt. – Erfolgt eine solche positive Entscheidung des Vers mündlich, so läßt sich allerdings der Standpunkt vertreten, daß der mutmaßliche Zweck der Vorschrift, den Dritten vor nicht durchdachten Ablehnungen zu schützen, nicht berührt werde. Im Interesse einer einheitlichen Auslegung der Vorschrift ist aber auch in diesem Fall davon auszugehen, daß der Dritte bezüglich des Laufs der Verjährung auf den Zugang der das Gespräch bestätigenden schriftlichen Entscheidung des Vers warten darf, ehe er mit dem Ende der Hemmungswirkung im Sinne des § 3 Ziff. 3 S. 3 PflichtvsG zu rechnen braucht. Beweispflichtig für den Zugang der Anzeige im Sinne des § 3 Ziff. 3 S. 3 PflichtvsG ist der Dritte, für den Eingang der positiven oder negativen abschließenden Entscheidung der Ver. Der im Gesetz gebrauchte Ausdruck Eingang ist dabei dem Rechtsbegriff des Zugangs im Sinne des § 130 BGB gleichzusetzen. Der Nachweis der Absendung der Anzeige oder der Entscheidung des Vers genügt den Beweisanforderungen für den Zugang nicht; der Tatsache des Nachweises der Absendung kommt vielmehr nur indizielle Bedeutung zu. Die Anwendung des prima-facie-Beweises ist insoweit ausgeschlossen, und zwar auch dann, wenn die Absendung mit eingeschriebenem Brief nachgewiesen wird (vgl. nur BGH 27. V. 1957 BGHZ Bd 24 S. 312–314 m.w.N., der für den gleichgelagerten Fall des Zugangs eines Einschreibens gemäß § 39 der gegenteiligen Meinung von Möller in Bruck-Möller Anm. 25 zu § 39 nicht gefolgt ist).

[B 34] ddd) Verstärkte Wechselwirkung zwischen Haftpflicht- und Direktanspruch

Nach § 3 Ziff. 3 S. 4 PflichtvsG bewirkt die Hemmung oder Unterbrechung der Verjährung des Anspruchs gegen den Ver auch die Hemmung oder Unterbrechung der Verjährung des Anspruchs gegen den ersatzpflichtigen Vmer und umgekehrt. Damit ist in Ergänzung der Bestimmung des § 3 Ziff. 3 S. 1 PflichtvsG die Einheitlichkeit der Verjährung hinsichtlich des Haftpflicht- und des Direktanspruchs gewahrt. Ob der Ver bei einem derartigen Rechtsakt, der zu einer Hemmung oder Unterbrechung führt, Rechtswirkungen auch für gegen den Vmer oder Vten gerichtete Haftpflichtansprüche auslösen wollte, ist in diesem Zusammenhang nach der gesetzlichen Regelung unerheblich (BGH 2. III. 1982 NJW 1982 S. 1763 = VersR 1982 S. 548). Besonders bemerkenswert ist dabei, daß nicht allein auf Umstände abgestellt wird, die in der Person des Vers liegen. Vielmehr führen umgekehrt auch Umstände, die allein in den Verhältnissen des Vmers (oder Vten) begründet sind, zur gemeinschaftlichen Änderung des Laufs der Verjährungsfrist. Wenn also der Vmer (oder der Vte), ohne den Schaden zunächst dem Ver anzuzeigen (oder auch trotz einer solchen Schadenanzeige), in Verhandlungen im Sinne des § 852 II BGB mit dem Dritten eintritt, die zu einer Hemmung der Verjährung führen, so wirkt sich das auch auf den Direktanspruch aus. Das gilt selbst dann, wenn der Ver von den Verhandlungen keine Kenntnis hat (v. Bar NJW 1977 S. 144). Es spielt dabei auch keine Rolle, daß der Vmer grundsätzlich dem Ver die Regulierung des Schadenfalles zu überlassen hat und unter Umständen eine Obliegenheitsverletzung nach § 7 II Ziff. 1 AKB begeht, wenn er den Anspruch des Dritten anerkennt oder befriedigt (vgl. dazu Bd IV Anm. F 90–109 und die künftigen Ergänzungen in diesem Bd in Abschnitt F.). Ein solches Anerkenntnis bindet den Ver auch in der Kfz-Haftpflichtv grundsätzlich nicht (vgl. § 3 Ziff. 7 S. 3 PflichtvsG i.V.m. § 158e II und dazu Anm. B 20). Als Doppelwirkung tritt aber auf Grund des insoweit wiederum für die

Zeit nach der Entstehung der Haftpflichtschuld gewahrten Akzessorietätsprinzips gemäß § 3 Ziff. 3 S. 4 PflichtvsG i.V.m. § 208 BGB auch für den Direktanspruch eine Unterbrechung der Verjährung ein.

Dem Vmer stehen auch hier die Vten gleich (BGH 21. XII. 1971 NJW 1972 S. 446 = VersR 1972 S. 273 m.w.N.). Zu beachten ist aber, daß Handlungen des Vten sich wohl im Sinne des § 3 Ziff. 3 S. 4 PflichtvsG auf den Direktanspruch auswirken, nicht aber auf den gegen einen weiteren Vten oder den Vmer gerichteten Haftpflichtanspruch und auch nicht auf den diesbezüglichen gesamtschuldnerischen Direktanspruch. Hingegen ist bei Handlungen des Vers, die zu einer Hemmung oder Unterbrechung der Verjährung führen, in tatsächlicher Beziehung zu vermuten, daß sie sich auf alle unter § 10 II AKB fallende Personen beziehen.

BGH 2. III. 1982 NJW 1982 S. 1761–1763 = VersR 1982 S. 547–548 vertritt die Auffassung, daß die gegenseitige Abhängigkeit auch dann gegeben sei, wenn der geltend gemachte Anspruch die Deckungssumme übersteige (ebenso Prölss-Martin[22] Anm. 1 zu § 3 Ziff. 3 PflichtvsG, S. 875). Dem ist im Prinzip aus den vom BGH a. a. O. hervorgehobenen Schutzgesichtspunkten zuzustimmen. Indessen ist entgegen BGH a.a.O. eine Einschränkung dahin vorzunehmen, daß das dann nicht mehr gilt, wenn der Dritte von der Überschreitung der Vssumme Kenntnis hat und der Vmer den Dritten unmißverständlich darauf hingewiesen hat, daß er dem Ver jegliche Handlung bezüglich desjenigen Teils des Schadens untersagt habe, der vom Vsschutz nicht erfaßt werde (vgl. auch Bd IV Anm. G 15, wo dem Vmer für diesen Fall ein beschränktes Widerrufsrecht der Regulierungsvollmacht zugebilligt worden ist; die Gegenmeinung wird eingehend dargestellt durch Schirmer Vertretungsmacht S. 139–145 m.w.N.; vgl. ferner Wahle ZVersWiss 1960 S. 83–87). In solchen eindeutigen Fällen ist für eine extensive Auslegung des § 3 Ziff. 3 S. 4 PflichtvsG keine Notwendigkeit mehr gegeben. Solche Fälle sind es aber auch nicht, die zu Fristversäumnissen führen. Denn bei entsprechend deutlichen Hinweisen an den Dritten wird dieser in der Regel ungesäumt den Rechtsweg beschreiten. Die Praxis geht auch dahin, daß verantwortungsbewußte Ver – schon um nicht in einen Streit mit ihren Vmern zu geraten – bei Erkenntnis der Gefahr einer Vssummenüberschreitung den Dritten sofort darauf hinweisen, daß sie künftig nur im Rahmen ihrer Vssummen handeln und darüber hinaus keine rechtsverbindlichen Erklärungen irgendwelcher Art abgeben wollen (vgl. z. B. BGH 12. XII. 1978 NJW 1979 S. 867–868 = VersR 1979 S. 284–285).

[B 35] kk) Gerichtsstand
Schrifttum:

Schade VersR 1974 S. 738, Theil VersR 1980 S. 810–811

Der Dritte hat die Wahl, ob er den Ver im Gerichtsstand der unerlaubten Handlung nach § 32 ZPO verklagen will oder nach § 17 ZPO am Sitz des Vers. Der Gerichtsstand der unerlaubten Handlung bezieht sich dabei auf das Schadenereignis, für das der Ver neben dem Vmer (und/oder dem Vten) gemäß § 3 Ziff. 1 PflichtvsG auf Schadenersatz haftet. Dagegen kann der Ver von dem geschädigten Dritten nicht im Gerichtsstand des Wohnorts des Vmers oder des Vten verklagt werden. Streitig ist, ob der Ver im Gerichtsstand der Niederlassung nach § 29 ZPO verklagt werden kann (dafür Landwehr VersR 1965 S. 1117, dagegen Prölss-Martin[22] Anm.2 zu § 3 Ziff. 1, 2 PflichtvsG, S. 870). Da der Anspruch des geschädigten Dritten gegenüber dem Ver kein vertraglich begründeter ist, sondern aus der vom Gesetz gewählten Konstruktion eines gesetzlichen Schuldbeitritts folgt, ist die unmittelbare Anwendung des § 29 ZPO ausgeschlossen. Erwägenswert wäre allerdings eine analoge Anwendung der genannten Bestimmung aus der Überlegung heraus, daß bei einem – auch nach der Einführung des

II. 6. Bindungswirkungen   **Anm. B 36–37**

Direktanspruchs stets als zulässig anzusehenden, vgl. dazu Anm. B 5, 20, 72–73 m.w.N. – Vorgehen des Dritten auf dem traditionellen Wege, also über eine Klage gegen den Vmer mit anschließender Pfändung und Überweisung des Vsanspruchs, dem Dritten dieser Gerichtsstand offensteht. Indessen ist ein schutzwürdiges Bedürfnis für eine solche analoge Anwendung des § 29 ZPO auf den Direktanspruch nicht ersichtlich. Eine streng am Wortsinn orientierte Interpretation der genannten Ordnungsvorschrift ist daher vorzuziehen. Das Gesagte muß um so mehr gelten, als dem Dritten mit dem Gerichtsstand der unerlaubten Handlung nach § 32 ZPO (§ 20 StVG) stets ein Vorgehen gegen den Vmer und Ver in einem gemeinsamen Prozeß möglich ist. Macht der Dritte allerdings den Direktanspruch und zugleich als Rechtsnachfolger des Vmers (nach vorangegangener Pfändung und Überweisung) auch den Vsanspruch gegen den Ver geltend (vgl. dazu Anm. B 72), so wäre es als rechtsmißbräuchlich zu werten, wenn der Ver einwendet, daß das angerufene Gericht wohl zur Entscheidung über den Vsanspruch, dagegen nicht über den Direktanspruch zuständig sei.

Prölss-Martin[22] Anm. 2 zu § 3 Ziff. 1, 2 PflichtvsG, S. 870 meinen, daß der Direktanspruch zwar nicht im Gerichtsstand der Niederlassung, wohl aber in dem der Agentur nach § 48 (vgl. zum Anwendungsbereich dieser Vorschrift Möller in Bruck-Möller Anm. 20–26 zu § 48) geltend gemacht werden könne (ebenso LG Hanau 27. IV. 1970 VersR 1971 S. 661, Landwehr VersR 1965 S. 117, Schade VersR 1974 S. 738, dagegen LG München 11. IV. 1974 VersR 1974 S. 738, Seidel Struktur S. 104, Theil VersR 1980 S. 810–811). Das ist indessen inkonsequent und muß aus den oben für den Gerichtsstand der Niederlassung dargelegten Gründen abgelehnt werden.

6. Bindungswirkungen

Gliederung:

Schrifttum B 36

a) Rechtskrafterstreckung einer den Haftpflichtanspruch verneinenden Entscheidung B 37–38
   aa) Rechtsnatur der Regelung in § 3 Ziff. 8 PflichtvsG B 37
   bb) Einzelheiten B 38

b) Wirkung der den Haftpflichtanspruch bejahenden Entscheidungen B 39–40
   aa) Vorangegangener Haftpflichtstreit gegen den Vmer B 39
   bb) Vorangegangener Rechtsstreit über den Direktanspruch B 40
c) Versicherungsschutzprozeß und Direktanspruch B 41

[B 36] Schrifttum:

Deiters, VW 1965 S. 1100–1105, Denck VersR 1980 S. 704–710, Hirschberg VersR 1973 S. 504–506, Hoegen VersR 1978 S. 1081–1083, Hofmann, Festschrift für Sieg, Karlsruhe 1976, S. 185–210, Keilbar ZVersWiss 1970 S. 441–454, Keilbar ZVersWiss 1976 S. 705–719, E. Prölss NJW 1965 S. 1740–1741, derselbe NJW 1967 S. 786–787, Schubert JR 1975 S. 67–68.

[B 37] a) Rechtskrafterstreckung einer den Haftpflichtanspruch verneinenden Entscheidung
      aa) Rechtsnatur der Regelung in § 3 Ziff. 8 PflichtvsG

Nach der vom Gesetzgeber zugunsten des Verkehrsopfers gewählten Lösung eines „gesetzlichen Schuldbeitritts" des Vers steht es dem geschädigten Dritten frei, ob er nur den Vmer oder nur den Ver oder beide zusammen verklagt. Daneben hat der Dritte auch noch die Möglichkeit, den vten Fahrer, Halter, Eigentümer, Omnibusschaffner oder Beifahrer, sowie den Arbeitgeber oder öffentlichen Dienstherrn des Vmers im Sinne des § 10 II AKB im Klageweg auf Schadenersatz in Anspruch zu nehmen. Nach § 425 II BGB wirkt im Gesamtschuldverhältnis ein rechtskräftiges Urteil, das für oder gegen einen Gesamtschuldner ergangen ist, nicht zugunsten oder zuungunsten des Mitschuldners. Dieser Grundsatz ist von § 3 Ziff. 8 PflichtvsG dahin abgeändert worden, daß ein Urteil, durch das im Prozeß zwischen dem Dritten und dem Vmer (oder dem Vten) rechtskräftig festgestellt wird, daß dem Dritten ein Anspruch auf Ersatz des Schadens nicht zustehe, auch zugunsten des nicht am Prozeß beteiligten Vers wirkt. Die gleiche Wirkung tritt zugunsten des Vmers (oder des Vten) ein, wenn ein solches die Schadensersatzpflicht verneinendes Urteil im Rechtsstreit zwischen dem Dritten und dem Ver ergangen ist. Da § 3 Ziff. 8 PflichtvsG ausdrücklich nur vom Vmer spricht, sei hervorgehoben, daß jene Regelung im Rahmen der in der Kfz-Haftpflichtv institutionell immer gegebenen V für fremde Rechnung auch für den Vten gilt, wie das auch für alle sonstigen Bestimmungen im Rahmen des Kfz-Haftpflichtvsvertrages (mit Ausnahme der Prämienzahlungsverpflichtung) der Fall ist. Vgl. z. B. BGH 29. V. 1979 VersR 1979 S. 841–843, 14. VII. 1981 VersR 1981 S. 1156–1157, wo als selbstverständlich von diesem von keiner Seite in Zweifel gezogenen Grundsatz ausgegangen wird (ausdrücklich wird auf dieses Analogieproblem noch hingewiesen durch OLG Stuttgart 6. X. 1978 VersR 1979 S. 563; vgl. für diesen Grundsatz ergänzend Anm. B 31, 34 und 66 m. w. N.).

Wenn in § 3 Ziff. 8 PflichtvsG davon die Rede ist, daß festgestellt sein müsse, daß dem Dritten der Anspruch nicht zustehe, so darf das nicht in dem Sinne verstanden werden, daß der Anwendungsbereich dieser Bestimmung auf Feststellungsurteile beschränkt ist. Der Gesetzgeber hat sich vielmehr der in Wissenschaft und Rechtsprechung üblichen Terminologie zur Bestimmung des Umfangs der Rechtskraftswirkung bedient. § 3 Ziff. 8 PflichtvsG gilt nicht nur für ein eine Leistungs- oder Feststellungsklage des Dritten abweisendes Urteil, sondern auch für eine einer negativen Feststellungsklage des Vers oder Vmers stattgebende Entscheidung (ebenso Keilbar ZVersWiss 1970 S. 443 m. w. N. in Anm. 9; sinngemäß auch Begr. IV S. 18). Es handelt sich bei dieser gesetzlichen Regelung um eine Rechtskrafterstreckung in Erweiterung der Grundvorschrift in § 322 ZPO (allgem. M., vgl. nur BGH 29. V. 1979 VersR 1979 S. 841–842, 14. VII. 1981 VersR 1981 S. 1156–1157, Begr. IV S. 18, Keilbar Rechtsstellung S. 121, Prölss–Martin[22] Anm. 1 zu § 3 Ziff. 8 PflichtvsG, S. 882, Sieg ZVersWiss 1965 S. 373–374; anders jetzt Keilbar ZVersWiss 1970 S. 446 Anm. 26 [vgl. dazu Anm. B 41]). – Die Vorschrift geht zurück auf die Kritik von Möller ZVersWiss 1963 S. 460, der gegenüber dem ursprünglichen Entwurf (vgl. ZVersWiss 1963 S. 468–470) das Fehlen einer solchen vom Gesetzgeber angeordneten Bindungswirkung bemängelte.

Zu beachten ist, daß § 3 Ziff. 8 PflichtvsG sich nicht auf diejenigen Fälle beschränkt, in denen der Ver im Risiko ist. Die Regelung findet vielmehr nach Wortlaut und Sinn auch im „gestörten" Vsverhältnis Anwendung (bezüglich des Verkehrsopferfonds vgl. Anm. B 126 m. w. N.).

[B 38] bb) Einzelheiten

Bei der Auslegung des § 3 Ziff. 8 PflichtvsG ist zu beachten, daß nur im Rahmen der Rechtskraftswirkung des Vorprozesses eine Bindung zugunsten des (regelmäßig) nicht am Prozeß beteiligt gewesenen Vmers oder Vers eintritt. Die Formulierung, daß eine Bindung zugunsten des nicht am Prozeß beteiligten Vmers oder Vten eintrete, ist im übrigen nicht ganz präzise. Denn von der Vorschrift des § 3 Ziff. 8 PflichtvsG werden ihrem Wortlaut und Zweck entsprechend auch die Sonderfälle erfaßt, in denen zwar Vmer (Vter) und Ver am Prozeß beteiligt waren, dann aber versehentlich oder absichtlich nach einer Abweisung der Klage gegen beide nur für den Ver oder nur für den Vmer Berufung eingelegt wird (vgl. dazu BGH 14. VII. 1981 VersR 1981 S. 1156–1157 m. w. N., 14. VII. 1981 VersR 1981 S. 1158–1159, OLG Stuttgart 6. X. 1978 VersR 1979 S. 562–563 = DAR 1979 S. 312). Entscheidend ist, daß durch ein rechtskräftiges

II. 6. Bindungswirkungen

Anm. B 38

Urteil das Bestehen der Haftpflichtforderung verneint wird. Für einen Sonderfall, in dem vom Gericht erster Instanz die Akzessorietät des Direktanspruchs vom Haftpflichtanspruch gegen den Vmer (oder Vten) verkannt worden ist, vgl. BGH 29. V. 1979 VersR 1979 S. 841–842. In jenem Fall hatte das LG die Klage gegen den später in den Prozeß einbezogenen Fahrer entgegen § 3 Ziff. 3 S. 4 PflichtvsG (vgl. dazu Anm. B 34) wegen Verjährung abgewiesen, der rechtzeitig erhobenen Direktklage aber entsprochen (gleichzeitig war die gegen die Halterin gerichtete Klage wegen fehlenden Anspruchsgrundes abgewiesen worden). Die nur von dem Ver eingelegte Berufung wurde durch das Berufungsgericht mit der Begründung zurückgewiesen, daß § 3 Ziff. 8 PflichtvsG seinem Wortlaut nach das LG nicht gehindert habe, den Ver bei Abweisung der Klage gegen den Vten zu verurteilen, so daß diese Vorschrift nicht dahin interpretiert werden dürfe, daß sie auch Fälle erfasse, in denen das Parallelurteil nachträglich rechtskräftig werde. Vom BGH 29. V. 1979 a.a.O. S. 842 wurde diese Frage offen gelassen und dem Dritten in der Weise geholfen, daß das Verhalten des Vers als Verstoß gegen Treu und Glauben angesehen wurde, dem gegenüber auf jeden Fall die erweiterte Rechtskraftsbindung zurückzustehen habe, wie auch anerkannt sei, daß derjenige, der ein erkennbar unrichtiges Urteil bewußt für sich ausnutze, sittenwidrig handle. Hervorgehoben wurde insbesondere, daß der Ver den Erlaß des unrichtigen Urteils durch die nur für den mitvten Fahrer in Mißachtung der Bestimmung des § 3 Ziff. 3 S. 4 PflichtvsG erhobene Einrede der Verjährung mitverursacht habe. Sieht man von dieser Berücksichtigung der Mitwirkung des Vers bei der Herbeiführung der fehlerhaften Entscheidung ab, der erkennbar nur die Bedeutung eines Zusatzarguments zukommt, so bedeutet die vom BGH gefundene Lösung, daß eigentlich in fast allen Fällen, in denen von einem Gericht entgegen dem Akzessorietätsgrundsatz derartig gespaltene Entscheidungen erlassen werden, der Ver durch Ausnutzung dieses Fehlers gegen Treu und Glauben verstoßen würde. Wäre es so, daß in diesen Sonderfällen sogar ausnahmslos das Berufen auf § 3 Ziff. 8 PflichtvsG als Verstoß gegen Treu und Glauben anzusehen ist, so wäre allerdings eine Überprüfung überlegenswert, ob nicht in dieser exzeptionellen Situation § 3 Ziff. 8 PflichtvsG überhaupt nicht eingreift, die Vorschrift demgemäß von vornherein einschränkend zu interpretieren ist. Das ist indessen nicht der Fall. Es sind vielmehr Sachverhaltsgestaltungen denkbar, in denen der Ver in dieser ohnedies atypischen Situation nicht gegen Treu und Glauben verstößt. Das ist z. B. der Fall, wenn der Ver die Einrede der Verjährung sowohl für den Vmer als auch für sich erhoben hat, das Gericht aber dennoch gespalten entscheidet, weil es in Verkennung der Rechtslage nur den Anspruch des Dritten gegen den Vten für verjährt hält. Weist hier der Ver den Dritten rechtzeitig auf diesen Fehler des Gerichts hin und auf seine – des Vers – Absicht, Berufung einzulegen mit der Folge, daß § 3 Ziff. 8 PflichtvsG eingreife, wenn der Dritte nicht seinerseits Berufung gegen das auf jeden Fall wegen des Verstoßes gegen das Akzessorietätsprinzip unrichtige Urteil einlege, so ist für eine Durchbrechung der erweiterten Rechtskraftwirkung nach Treu und Glauben kein Raum mehr. Ein solcher Fall wäre vielmehr genauso zu Lasten des Dritten zu entscheiden wie der, daß der Dritte bei einheitlicher Abweisung aller Ansprüche nur gegen den den Ver (oder den Vmer/Vten) betreffenden Teil des Urteils Berufung einlegt.

Einen Sonderfall der entsprechenden Anwendung des § 3 Ziff. 8 PflichtvsG behandelt OLG Köln 6. XI. 1981 VersR 1982 S. 860–861. In jenem Fall war der Vmer in der Berufungsinstanz nicht vertreten. Der Erlaß eines Versäumnisurteils wurde abgelehnt, weil die von dem Dritten eingelegte Berufung auf Grund der gleichzeitig mit dem Säumnisfall ablaufenden Verhandlung zurückzuweisen war und diese Parallelentscheidung nicht der Revision unterlag.

Stehen dem Dritten außer dem Vmer mehrere Vte als vermeintliche Anspruchsschuldner gegenüber, verklagt er aber davon nur einen, so hindert ein die Schadenersatzverpflichtung verneinendes Urteil nicht eine Klage gegen den anderen Vten oder gegen den Ver wegen seiner behaupteten Mithaftung neben dem anderen Vten. Das wird zutreffend schon in der amtlichen Begründung hervorgehoben (IV S. 18; ebenso Keilbar ZVersWiss 1970 S. 444). Keine Anwendung findet § 3 Ziff. 8 PflichtvsG, wenn zwar die Klage gegen den Ver rechtskräftig abgewiesen worden ist, die Klage gegen den Vmer aber lediglich aufgrund eines von diesem ohne Einwilligung des Vers abgegebenen deklaratorischen Schuldanerkenntnisses erfolgreich ist (BGH 14. VII. 1981 VersR 1981 S. 1158—1160; vgl. dafür, daß hier einer der Fälle vorliegt, in denen die anfängliche und regelmäßig auch weiterhin gegebene Akzessorietät zwischen Haftpflicht- und Direktanspruch unterbrochen wird, Anm. B 20 m. w. N.).

Schwieriger ist die Abgrenzung der Erweiterung der Rechtskraftswirkung, wenn nicht der Vmer oder ein Vter verklagt worden ist, sondern der Ver. Wenn hier neben dem Ver und Vmer mehrere Vte als Schadenersatzschuldner in Betracht kommen, kann man, wenn alle in Betracht kommenden Schadenersatzforderungen gegen den Ver geltend gemacht worden sind, von einer Erstreckung der Rechtskraftswirkung des die Klage abweisenden Urteils auf sämtliche Vmer oder Vte ausgehen. Es bedarf hier aber stets einer sorgsamen Prüfung der Urteilsbegründung zur Feststellung des Umfangs der personell erweiterten Rechtskraftswirkung. Stellt sich dabei heraus, daß der Dritte im Vorprozeß ausnahmsweise ausdrücklich erklärt hatte, daß er den Ver nur wegen seiner Schadenersatzforderung gegen den Vten, nicht aber wegen der gegen den Vmer in Anspruch nehme, so kann — sofern sich das Gericht an diese Anspruchsbeschränkung bei seiner Entscheidung gehalten hat — der Ver erneut verklagt werden und gewiß auch erstmals der Vmer (vgl. auch Anm. B·21 dafür, daß bei einer Mehrheit von Direktansprüchen regelmäßig zu vermuten ist, daß gegen den Ver sämtliche in Betracht kommenden Ansprüche erhoben werden). Bei der Abgrenzung der durch § 3 Ziff. 8 PflichtvsG **personell erweiterten Rechtskraftswirkung** ist nach dem Gesagten zunächst stets die Frage zu prüfen, inwieweit der Dritte, der den Vorprozeß gegen den Vmer, den Vten oder den Ver geführt hat, durch das rechtskräftig seine Klage abweisende Urteil nach den von Rechtsprechung und Wissenschaft zu § 322 ZPO entwickelten Grundsätzen gehindert ist, erneut gegen den Partner des Vorprozesses zu klagen. In dem gleichen Umfang steht einer Klage gegen den nicht am Vorprozeß beteiligt gewesenen Ver oder Vmer (Vten) die Rechtskraft jenes Urteils entgegen.

Klagt der Dritte gegen den Vmer nicht auf Zahlung einer bestimmten Geldsumme, sondern — ein seltener Fall — auf **Naturalrestitution** und wird diese Klage wegen Fehlens der Zumutbarkeit der Wiederherstellung im Sinne des § 251 II BGB abgewiesen, so ist er nach Rechtskraftsgrundsätzen nicht gehindert, den Vmer auf Zahlung zu verklagen; demgemäß wäre es verfehlt, eine Rechtskraftserstreckung nach § 3 Ziff. 8 PflichtvsG anzunehmen (zutreffend Keilbar ZVersWiss 1970 S. 444—445). Einen Grenzfall stellt es dar, wenn eine derartige Klage mit der Begründung abgewiesen worden ist, daß dem Dritten ein Schadenersatzanspruch überhaupt nicht zustehe; Keilbar a.a.O. S. 445 will hier § 3 Ziff. 8 PflichtvsG anwenden. Indessen gilt das nur, wenn der Dritte nach Rechtskraftsgrundsätzen daran gehindert ist, den Vmer auf Zahlung in einem neuen Prozeß in Anspruch zu nehmen. Vom BGH 22. V. 1981 NJW 1981 S. 2306—2307 m.w.N. sind anhand eines anderen Grenzfalles nicht vsrechtlicher Art die Grundsätze der modernen Erkenntnisse über das **Wesen** und den **Umfang der Rechtskraft** wie folgt zusammengefaßt worden: Maßgebend für Umfang und Tragweite der materiellen Rechtskraftswirkung sei die Urteilsformel; zu ihrer Auslegung seien auch Tatbestand und Entscheidungsgründe des Urteils mit dem darin in Bezug genommenen Parteivorbringen heranzuziehen, falls sich erst hieraus abgrenzen lasse, was Streitgegenstand des Urteils gewesen sei... Denn von dem Streitgegenstand, über den das Urteil entschieden habe, hänge ab, wie weit die Rechtskraft reiche und ob sie einen neuen Rechtsstreit

II. 6. Bindungswirkungen
Anm. B 38

zwischen den Parteien des Vorprozesses unzulässig mache. Der Streitgegenstand werde bestimmt von dem Grund des zur Entscheidung gestellten Anspruchs und von dem zugehörigen Lebenssachverhalt, aus dem dieser Anspruch hergeleitet werde ..., in welchem dieser Elemente auch immer begriffsmäßig der Schwerpunkt zu sehen sein möge (vgl. dazu Rosenberg-Schwab, ZPR, 13. Aufl., § 96 III). Unterscheide sich deshalb der in einem neuen Prozeß vorgetragene Sachverhalt seinem Wesen nach von dem des Vorprozesses, so stehe der neuen Klage die materielle Rechtskraft des Urteils nicht entgegen, und zwar auch dann nicht, wenn das Klageziel äußerlich unverändert geblieben sei und die Tatsachen, die der neuen Klage zugrundegelegt seien, schon im Vorprozeß hätten geltend gemacht werden können.

Geht man von diesen Grundsätzen aus, so ist bei vergeistigter Betrachtung in dem hier erörterten Fall Streitgegenstandsidentität zu bejahen. Letzten Endes haben beide Klagen das nämliche Ziel, nämlich den Ausgleich ein und desselben Schadens. Demgemäß ist mit Keilbar a.a.O. eine solche Klagsperre zu bejahen. Auch ist ein im Anschluß an eine rechtskräftige Abweisung einer Zahlungsklage ausnahmsweise auf denselben Sachverhalt gestütztes Begehren auf Naturalrestitution nach Rechtskraftsgrundsätzen nicht hinzunehmen. Eine Bindungswirkung tritt dagegen dann nicht ein, wenn der Dritte den Ver entgegen § 3 Ziff. 1 S. 2 PflichtvsG nicht auf Geldzahlung sondern auf Naturalrestitution verklagt hat und deshalb abgewiesen worden ist (Begr. IV S. 18, Keilbar ZVersWiss 1970 S. 444, Sieg ZVersWiss 1965 S. 373). Das ergibt sich im übrigen auch daraus, daß es *insoweit* an der von § 3 Ziff. 8 PflichtvsG nach der gesetzlichen Regelung vorausgesetzten gesamtschuldnerischen Haftung fehlt (vgl. ergänzend Anm. B. 19).

Nicht mit Rechtskraftsgrundsätzen zu vereinbaren ist dagegen die Meinung von Keilbar a.a.O. S. 445–446, daß bei Abweisung einer gegen den Vmer gerichteten Klage mangels eines haftungsbegründenden Verhaltens eine auf den Eintritt eines weiteren Schadens gestützte Klage nach dem Sinn und Zweck des § 3 Ziff. 8 PflichtvsG weder gegen den Ver noch gegen den Vmer Erfolg haben könne. Keilbar a.a.O. S. 446 Anm. 26 führt selbst aus, daß sich dieses Ergebnis allerdings nicht aus der Charakterisierung der in § 3 Ziff. 8 PflichtvsG angeordneten Bindungswirkung als Rechtskraftserstreckung herleiten lasse. Er meint aber, daß das aus den Grundsätzen über die Feststellungswirkung des Haftpflichturteils auf den Deckungsprozeß folge und daß § 3 Ziff. 8 PflichtvsG auch nur nach diesen Prinzipien verstanden werden dürfe. Indessen ist der Kernpunkt doch der, ob der Dritte nach Rechtskraftsgrundsätzen überhaupt daran gehindert ist, den Vmer in einem solchen Fall erneut wegen eines weiteren Schadens zu verklagen. Da diese Frage nach § 322 I ZPO zu verneinen ist, weil über diesen Anspruch im Vorprozeß gerade nicht entschieden worden ist, wäre eine Anwendung des § 3 Ziff. 8 PflichtvsG systemwidrig. Denn diese Vorschrift bezweckt keine Erweiterung der Rechtskraftswirkung gegenüber demjenigen Schuldner des Dritten, der im Vorprozeß Beklagter war. Es ist vielmehr so, daß § 3 Ziff. 8 davon ausgeht, daß eine solche Rechtskraftsbindung zwischen den Partnern des Vorprozesses besteht. Daran erst knüpft § 3 Ziff. 8 PflichtvsG mit dem Ziel an, den Vorteil der Rechtskraft einer den Anspruch des Dritten verneinenden Entscheidung dem anderen Gesamtschuldner so zukommen zu lassen, als wäre er selbst der Partner des Vorprozesses gewesen. Entgegen der Annahme von Keilbar a.a.O. S. 446 Anm. 26 ergibt sich etwas Abweichendes auch nicht aus der dem Haftpflichturteil zukommenden Bindungswirkung in bezug auf das Haftpflichtvsverhältnis (vgl. dazu Anm. B 39). Nach diesen Prinzipien gibt es zwar eine außerhalb der Rechtskraftsgrundsätze entwickelte Bindungswirkung, die gedanklich einer Rechtskraftserstreckung gemäß § 3 Ziff. 8 PflichtvsG ähnelt. Sie bewirkt aber keine Erweiterung der Rechtskraft zwischen den Parteien des Haftpflichtprozesses. Deren Situation ist vielmehr in einem neuen Prozeß genauso wie die anderer Kontrahenten, die einen zweiten Rechtsstreit gegeneinander führen. Demgemäß wird der Sinn der Regelung in § 3 Ziff. 8 PflichtvsG verfehlt, wenn diese Bestimmung in sachlicher Beziehung weiter ausgelegt wird, als die Rechtskraftsgrundsätze zwischen den Parteien des Ausgangsprozesses wirken. – Nach dem Gesagten ist auch die von Keilbar a.a.O. S. 446 weiter vertretene Auffassung abzulehnen, daß bei Eintritt eines weiteren Schadens dieser nach § 3 Ziff. 8 PflichtvsG nicht vollen Umfangs zugesprochen werden dürfe, wenn im Vorprozeß nur eine Quote des damals bekannten Schadens zuerkannt worden war (anders aber dann, wenn im Vorprozeß dem Feststellungsantrag auf Ersatz des Zukunftsschadens nur unter Abzug eines Mithaftungsanteils entsprochen worden ist; vgl. zur materiellen Rechtskraft bei verdeckten Teilklagen in der Rechtsprechung des BGH Kuschmann, Festschrift für Schiedermair, München 1976, S. 351–376 m.w.N.).

Das Wesen der nur in personeller Beziehung erweiterten Rechtskraftsbindung wird allerdings auch vom BGH 14. VII. 1981 VersR 1981 S. 1158 verkannt. In jenem Fall hatte der Ver vorprozessual DM 8.000,– als Vorschuß gezahlt. Der Dritte klagte weitere DM 2425,80 ein. Der Ver erhob Widerklage auf Rückzahlung des geleisteten Vorschusses von DM 8.000,–. Die sowohl gegen den Ver als auch gegen den Vten gerichtete Klage wurde abgewiesen und der Widerklage des Vers auf Rückzahlung von DM 8.000,– stattgegeben. Zur Begründung war im erstinstanzlichen Urteil im wesentlichen ausgeführt worden, daß der Dritte nicht bewiesen habe, daß der geltend gemachte Schaden unfallbedingt sei. Der Dritte legte gegen dieses Urteil nur insoweit Berufung ein, als es sich auf die gegen den Ver gerichtete Klage und dessen Widerklage bezog. Das hatte zur Folge, daß die gegen den Ver gerichtete Klage ohne weitere sachliche Überprüfung aufgrund der rechtskräftigen Feststellung, daß ein Anspruch gegen den Vten nicht gegeben war, gemäß § 3 Ziff. 8 PflichtvsG abgewiesen werden mußte. Der BGH ging aber einen Schritt weiter, indem er diese Rechtskraftwirkung auch auf die Widerklage erstreckte. Zur Begründung wurde ausgeführt, die Bindungswirkung des § 3 Ziff. 8 PflichtvsG erstrecke sich jedenfalls bei einer Fallgestaltung . . ., bei der der Ver vor eingehender Würdigung der Gesamtsituation eine a-conto-Zahlung in Höhe eines Teiles des verlangten Betrages geleistet habe, auch auf den Bereicherungsanspruch des Vers, sofern sich dieser Anspruch gerade aus der rechtskräftigen Abweisung der Zahlungsklage überhaupt ergebe, wie das hier der Fall sei. Mit diesen Bemerkungen wird aber verkannt, daß im „Vorprozeß", wenn das rechtskräftige Urteil erster Instanz einmal so genannt werden darf, nur über einen Betrag von DM 2.425,80 entschieden worden ist. Nur insoweit besteht zwischen dem Dritten und dem Vten eine Rechtskraftsbindung, die nach § 3 Ziff. 8 PflichtvsG auf den Prozeß zwischen dem Dritten und dem Ver ausstrahlen kann. Das wird deutlich, wenn der Dritte von Anfang an nur den Ver verklagt und dieser ebenfalls Widerklage erhoben hat. Wird dann von dem Dritten das die Klage abweisende Urteil nicht angefochten, wohl aber Berufung bezüglich der Widerklage eingelegt, so kann das Berufungsgericht nach Rechtskraftsgrundsätzen aus dem Teilerfolg des Vers in der ersten Instanz nichts für die Behandlung der Widerklage herleiten. Folgt aber aus der rechtskräftigen Abweisung der gegen den Ver gerichteten Klage nicht eine Rechtskraftserstreckung auf die Widerklage, so kann ein solches mit Rechtskraftprinzipien nicht zu vereinbarendes Ergebnis auch nicht aus einer analogen Anwendung des § 3 Ziff. 8 PflichtvsG gewonnen werden. Nur am Rande sei erwähnt, daß die Beweislastverteilung dahin geht, daß der Ver alle Voraussetzungen für das Vorliegen einer ungerechtfertigten Bereicherung beweisen muß; dieser Entscheidung durfte das Gericht sich nicht unter Hinweis auf § 3 Ziff. 8 PflichtvsG entziehen.

Ist die Klage des Dritten im Vorprozeß aus **formellen Gründen** abgewiesen worden, z. B. wegen örtlicher Unzuständigkeit, so ist der Geschädigte nach Rechtskraftsgrundsätzen nicht gehindert, den Partner des Vorprozesses nach Behebung des formellen Hindernisses erneut zu verklagen. § 3 Ziff. 8 PflichtvsG findet demgemäß dann keine

II. 6. Bindungswirkungen

Anwendung (allgemeine Meinung, vgl. nur BGH 14. VII. 1981 VersR 1981 S. 1159; Begr. IV S. 18, Keilbar ZVersWiss 1970 S. 444, Prölss-Martin[22] Anm. 1 zu § 3 Ziff. 8 PflichtvsG, S. 882).

Unanwendbar ist § 3 Ziff. 8 PflichtvsG grundsätzlich überhaupt immer dann, wenn die Klage des Dritten gegen den Vmer oder den Ver aus anderen Gründen als wegen des Nichtbestehens des Haftpflichtanspruchs abgewiesen worden ist. Von Sieg ZVersWiss 1965 S. 373 wird hier als Beispielsfall die Abweisung einer Klage genannt, weil der Kläger wegen eines vertraglichen oder gesetzlichen Übergangs der Haftpflichtforderung nicht mehr aktivlegitimiert sei. Indessen ist hier zu unterscheiden. Teilweise wird auch dieser Fall noch vom Zweck des § 3 Ziff. 8 PflichtvsG erfaßt. Denn damit wird nach Rechtskraftsgrundsätzen festgestellt, daß diesem Dritten die Haftpflichtforderung nicht zusteht. Verklagt er daher nach rechtskräftiger Abweisung der Klage gegen den Vmer nunmehr den Ver (oder umgekehrt) und haben sich die tatsächlichen Verhältnisse nicht geändert (z. B. durch eine Rückabtretung), so greift § 3 Ziff. 8 PflichtvsG ein. Dagegen steht § 3 Ziff. 8 PflichtvsG der Klage des Abtretungsempfängers nicht entgegen. Im übrigen ist der Dritte nach Rechtskraftsgrundsätzen und demgemäß auch durch § 3 Ziff. 8 PflichtvsG nicht daran gehindert, erneut gegen den Vmer oder Ver zu klagen, wenn in der Zwischenzeit eine Rückabtretung vorgenommen worden ist.

Beizupflichten ist dagegen den Ausführungen von Sieg ZVersWiss 1965 S. 373, daß § 3 Ziff. 8 PflichtvsG dann keine Anwendung finde, wenn die Drittklage abgewiesen worden sei, weil zugunsten des Vers ein Risikoausschluß eingreife, z. B. nach § 152 (ebenso BGH 14. VII. 1981 VersR 1981 S. 1159, Schubert JR 1975 S. 68), oder weil sich das Schadenereignis außerhalb der zeitlichen Grenzen der Nachhaftung nach § 3 Ziff. 5 PflichtvsG zugetragen habe. Das Gesagte gilt auch dann, wenn die Klage gegen den Ver aus einem der in § 3 Ziff. 6 PflichtvsG aufgeführten Gründe abgewiesen worden ist (ebenso BGH 14. VII. 1981 a.a.O. S. 1159, Schubert JR 1975 S. 68).

Einen eigenartig gelagerten Fall behandelt OLG Düsseldorf 30. V. 1974 VersR 1974 S. 965. Dort waren sowohl der Schädiger (ein niederländischer Staatsangehöriger) als auch sein niederländischer Haftpflichtver verklagt worden. In erster Instanz war die Klage durch Teilurteil gegen den niederländischen Ver mit der unzutreffenden Begründung abgewiesen worden, daß gegen diesen niederländischen Ver kein Direktanspruch gegeben sei (vgl. zu der Grundsatzproblematik dieses Fragenkreises Anm. B 76–77 und Anm. B 80–83). Das Oberlandesgericht setzte das Verfahren gemäß § 148 ZPO aus, um die Entscheidung der ersten Instanz über den Haftpflichtanspruch abzuwarten. Zur Begründung führte das Gericht aus, daß eine Abhängigkeit im Sinne des § 3 Ziff. 8 PflichtvsG von der noch ausstehenden Entscheidung des LG bestehe. Prozeßökonomisch war eine solche Verfahrensweise sicherlich. Das Gericht durfte jedoch zur Begründung nicht § 3 Ziff. 8 PflichtvsG heranziehen. Diese Vorschrift bezieht sich nicht auf eine künftige Erkenntnis eines anderen Gerichts. Vielmehr kommt es darauf an, welche Instanz zuerst entscheidet. Eine früher ergehende Entscheidung des OLG würde im Verhältnis zum Landgericht genauso die Wirkung des § 3 Ziff. 8 PflichtvsG auslösen wie umgekehrt.

[B 39] b) Wirkung der den Haftpflichtanspruch bejahenden Entscheidungen
aa) Vorangegangener Haftpflichtstreit gegen den Versicherungsnehmer

Keine Regelung hat die Frage einer Bindungswirkung im PflichtvsG für den Fall gefunden, daß im isolierten Prozeß gegen den Vmer (oder gegen den Vten) ein Gericht die Haftpflichtforderung ganz oder teilweise rechtskräftig zugesprochen hat. Der Regelfall wird dabei der sein, daß über einen Zahlungsanspruch entschieden worden ist; es kann sich die Frage nach dem Bestehen einer Bindungswirkung einer positiven Erkenntnis aus dem Vorprozeß aber auch bezüglich eines die Ersatzpflicht für Zukunftsschäden

Anm. B 39 B. Kraftfahrzeughaftpflichtv Stellung des geschädigten Dritten

ganz oder teilweise bejahenden Feststellungsurteils ergeben. In der amtlichen Begründung (IV S. 18) heißt es zur Frage einer Bindungswirkung des den Haftpflichtanspruch zuerkennenden Urteils:

„Bei Urteilen zugunsten des Geschädigten ist eine Erstreckung der Urteilswirkung schon aus grundsätzlichen Erwägungen nicht möglich, denn sie würde bedeuten, einen am Verfahren nicht beteiligten Dritten zur Befriedigung eines Anspruchs zu zwingen, gegen den er seine Verteidigungsmittel überhaupt nicht vorbringen konnte ..."

Nicht bedacht worden ist in dieser Bemerkung in der amtlichen Begründung, daß es von jeher eine Bindungswirkung in der Haftpflichtv gegeben hat, die außerhalb des Instituts der Rechtskraft als aus dem Wesen der Haftpflichtv folgend entwickelt worden ist (vgl. dazu die Nachweise in Bd IV Anm. B. 61–66). Der Umfang dieser Bindungswirkung ist im einzelnen umstritten. Fest steht aber als Grundsatz, daß der Ver, dem der Vmer den Haftpflichtprozeß zur Führung überlassen hat, im anschließenden Deckungsprozeß die Entscheidung des Haftpflichtprozesses nicht infrage stellen darf (vgl. die Nachweise aus der ständigen Rechtsprechung des RG und des BGH in Bd IV Anm. B 61 und die dortigen Schrifttumshinweise). Nimmt der Dritte daher, nachdem er ein rechtskräftiges Zahlungsurteil gegen den Vmer (oder gegen den Vten) erstritten hat, anschließend den Ver in Anspruch, so sind zwei Fallgestaltungen möglich. Es kann nämlich der Dritte den umständlichen Weg gehen, der vor Einführung des Direktanspruchs allein zur Realisierung der Haftpflichtvsforderung möglich war, daß nämlich die Haftpflichtvsforderung gepfändet und dem Dritten zur Einziehung überwiesen wird. Entschließt sich der Dritte nach Durchführung des Haftpflichtprozesses, dergestalt gegen den Ver vorzugehen und nicht den Direktanspruch geltend zu machen, so kann er sich im Rahmen dieser Bindungswirkung, die schon immer im Haftpflichtvsrecht gegolten hat, auf die Erkenntnis des Vorprozesses berufen. Dem Ver ist es dann versagt, in dem an die Pfändung der Vsforderung anschließenden Prozeß gegen ihn das Ergebnis des Haftpflichtprozesses infrage zu stellen. Etwas anderes gilt nur dann, wenn der Ver über den Haftpflichtprozeß nicht unterrichtet war und deshalb keine Gelegenheit hatte, diesen Prozeß zu führen. Denn die Bindungswirkung folgt für den normalen Haftpflichtvsfall gerade daraus, daß der Haftpflichtprozeß unter der Prozeßmuntschaft des Haftpflichtvers für den Vmer geführt worden ist und daß es dem Ver nach dieser Konstruktion des Haftpflichtvsschutzes versagt sein soll, gewissermaßen den Haftpflichtprozeß zweimal zu führen. Daß der Ver, der den Vmer durch eine unberechtigte Deckungsablehnung im Stich gelassen hat, dann nach dieser unberechtigten Deckungsablehnung ebenfalls an das Ergebnis des Haftpflichtprozesses gebunden ist, stellt dabei nur eine sich aus dem vertragsuntreuen Verhalten des Vers ergebende Konsequenz und Weiterentwicklung des Bindungsgrundsatzes dar (vgl. insoweit die Nachweise in Bd IV Anm. B 66).

Eine Bindungswirkung für diesen Sonderfall, daß der Dritte also auch in der Kfz-Haftpflichtv den „Umweg" über eine Pfändung und Überweisung der Haftpflichtvsforderung wählt und nicht aus dem eigens geschaffenen Rechtsinstitut der Direktklage vorgeht, wird jetzt überwiegend bejaht (vgl. Deiters VW 1965 S. 1102, Hoegen VersR 1978 S. 1081–1082, Keilbar Rechtsstellung S. 126, derselbe ZVersWiss 1970 S. 450, Prölss [22]Anm. 2 zu § 3 Ziff. 8 PflichtvsG, S. 884; ferner für die entsprechende Problematik im Verhältnis zum Entschädigungsfonds Sieg VersR 1967 S. 326, dazu Anm. B 126 m.w.N.; zum Weiterbestehen der Bindungswirkung nach österreichischem Recht vgl. ÖOGH 28. III. 1974 VersR 1975 S. 363–364). Dieser Auffassung ist beizupflichten. Es ist in der Tat nicht recht einzusehen, warum die in langen Jahren entwickelten Grundsätze über die Bindungswirkung des Haftpflichtprozesses im nachfolgenden Vsschutzrechtsstreit in der Kfz-Haftpflichtv nur deshalb nicht mehr gelten sollen, weil dem

II. 6. Bindungswirkungen   Anm. B 39

Dritten jetzt auch die Möglichkeit einer unmittelbaren Inanspruchnahme des Vers gegeben ist. BGH 3. III. 1971 NJW 1971 S. 940 = VersR 1971 S. 611 könnte allerdings als Beleg dafür aufgefaßt werden, daß das Gericht zu diesem Zeitpunkt davon ausging, daß die überkommenen Grundsätze der Bindungswirkung im Haftpflichtvsrecht nicht mehr gelten. Denn das genannte Gericht führt, obwohl jener Dritte den Anspruch aus dem Haftpflichtvsvertrag gegen den Ver hatte pfänden und sich zur Einziehung überweisen lassen, nur kurz aus, daß es keine Rechtskraftswirkung des von der Klägerin gegen den Vmer erstrittenen Haftpflichturteils zu Lasten der Beklagten gebe. Man könnte allerdings überlegen, ob das deshalb geschehen sei, weil dem Tatbestand nicht zu entnehmen ist, ob eine Überlassung der Prozeßführung an den Ver vorgelegen hat; dagegen spricht, daß der Ver den Deckungsschutz verneint hatte. Hoegen VersR 1978 S. 1081 löst dieses Rätsel durch den Hinweis darauf, daß sich aus dem Tatbestand des Berufungsurteils ergebe, daß die Klage nicht auf die durch die Pfändung und Überweisung gewonnene Rechtsposition gestützt war, sondern allein auf den Direktanspruch gegründet gewesen sei. Eine solche ausdrückliche Beschränkung auf einen bestimmten Sachverhalt wird man prozessual akzeptieren müssen (vgl. die Nachweise bei Georgiades, Die Anspruchskonkurrenz im Zivilrecht und Zivilprozeßrecht, München 1968, S. 268–271). Normalerweise ist allerdings von einer Vermutungstatsache des Inhalts auszugehen, daß ein Kläger seinen Anspruch auf alle sich aus dem vorgetragenen Sachverhalt ergebenden Anspruchsgründe stützen will. Hätte demgemäß im konkreten Fall nicht eine solche Beschränkung auf die Geltendmachung des Direktanspruchs vorgelegen, deren rechtsvernünftige Basis nicht ohne weiteres einzusehen ist, so wären die oben dargestellten klassischen Bindungswirkungen hinsichtlich des Haftpflichtstreits auf den Deckungsprozeß eingetreten, der in diesem Sinne die „unverrückbare" Grundlage bildet (so RG 18. XI. 1913 VA 1914 S. 39–40 Nr. 803).

Es läßt sich aber nicht leugnen, daß jedenfalls dieser BGH-Entscheidung vom 3. III. 1971 a.a.O. die allein auf § 3 Ziff. 8 PflichtvsG gestützte Auffassung zugrunde liegt, daß ein vorangegangener Haftpflichtstreit zwischen dem Dritten und dem Vmer, der rechtskräftig zugunsten des Dritten abgeschlossen ist, keine Wirkung auf den Direktanspruch habe. Auch in dem Schrifttum wird überwiegend bei einem Vorgehen des Dritten im Wege des Direktanspruchs nach vorangegangenem Haftpflichtstreit gegen den Vmer (oder gegen den Vten) die Bindungswirkung verneint, wenn es an einer solchen Pfändung und Überweisung fehlt (vgl. nur Deiters VW 1965 S. 1102, Hoegen VersR 1978 S. 1081–1082 m.w.N., Keilbar ZVersWiss 1970 S. 450, E. Prölss NJW 1965 S. 1740–1741). So im übrigen auch ohne nähere Begründung OLG Düsseldorf 4. II. 1971 VersR 1972 S. 1015 = DAR 1971 S. 330 in einem Fall, in dem diese Frage insbesondere deshalb rechtserheblich war, weil – anders als im Falle BGH 3. III. 1971 a.a.O. – nicht zusätzlich eine Pfändung und Überweisung der Haftpflichtvsforderung gegeben war. Hoegen a.a.O. hat zur dogmatischen Begründung und Vertiefung dieser Auffassung folgendes ausgeführt: Der Direktanspruch sei kein Vsvertragsanspruch, sondern ein deliktischer Haftpflichtanspruch, der lediglich an das Bestehen eines Haftpflichtsvsverhältnisses zwischen dem Schädiger (Vmer oder Vten) und dem Ver anknüpfe und einzelne vsrechtliche Züge trage. Mit der Drittschuldnerklage gegen den Ver verfolge der Geschädigte hingegen den gepfändeten und ihm überwiesenen vsvertraglichen Deckungsanspruch des Vten. Dann handele es sich um einen Deckungsprozeß. Nur im Deckungsprozeß habe die sogenannte Bindungswirkung im vsrechtlichen Sinne ihren Platz. Das ergebe sich aus der Begründung, mit der sie in der Rechtsprechung bejaht worden sei. Hiernach folge sie aus der Natur der Haftpflichtv, dem Wesen des Haftpflichtvsvertrages, das u. a. darin bestehe, daß der Ver den Vten im Rahmen des übernommenen Risikos von einer einem Dritten gegenüber bestehenden Haftpflicht freizustellen habe. Von einer solchen Haftpflicht sei im Verhältnis zwischen den Partnern des

Vsvertrages „unverrückbar" auszugehen, wenn die Haftpflicht des Vten im Haftpflichtprozeß rechtskräftig festgestellt sei. Indem der Dritte bei herkömmlichem Vorgehen aufgrund Pfändung und Überweisung des vertraglichen Deckungsanspruchs des Vten in dessen Rechtsstellung gegenüber dem Ver einrücke, also insoweit selbst in das Vsvertragsverhältnis eindringe, könne auch er sich in dem nunmehr von ihm geführten Deckungsprozeß gegenüber dem Ver als Drittschuldner auf diese vertraglich begründete Bindungswirkung hinsichtlich der Haftpflicht berufen. Darin liege keine Erstreckung der prozessualen Wirkungen des Haftpflichturteils; vielmehr erwerbe der geschädigte Dritte eine vsvertragliche Rechtsposition des Vten kraft Rechtsnachfolge durch Zwangsvollstreckung. Dies alles bleibe im Rahmen des vsvertraglichen Deckungsverhältnisses.

Anders liege es bei der Direktklage. Sie leite einen Haftpflichtprozeß ein. Da der Dritte nicht in vertraglichen Beziehungen zu dem Ver stehe und in diesem Falle auch nicht aufgrund einer Pfändung und Überweisung des vertraglichen Deckungsanspruchs in die Rechtsstellung des Vten einrücke, könne hier eine Bindungswirkung des Haftpflichturteils gegen den Vten im Verhältnis zwischen dem Dritten und dem Ver nicht aus dem Wesen des Haftpflichtvsvertrages hergeleitet werden. Sie sei auch nicht aus § 3 Ziff. 1 PflichtvsG zu begründen, wonach der Dritte „im Rahmen der Leistungspflicht des Vers aus dem Vsverhältnis" seinen Schadenersatzanspruch auch gegen diesen geltend machen könne. Durch diese Vorschrift sollten keine vertraglichen Rechte oder Rechtspositionen des Vten auf den Dritten übertragen werden, sondern nur die Grenzen abgesteckt werden – insbesondere hinsichtlich des vten Risikos und der Vssummen –, innerhalb derer der deliktische Schadenersatzanspruch auch gegen den Ver verfolgt werden könne.

Im Hinblick auf die Natur des Direktanspruchs als eines deliktischen Haftpflichtanspruchs und die Haftung des Vten und des Vers als Gesamtschuldner ... könne eine Bindungswirkung des gegen den Vten ergangenen Haftpflichturteils im Direktanspruch gegenüber dem Ver ebensowenig begründet werden, wie eine entsprechende Erstreckung der Urteilswirkung sonst im Verhältnis zwischen verschiedenen Schuldnern, selbst Gesamtschuldnern (§ 425 BGB), soweit sich nicht aus den §§ 325 ff ZPO etwas anderes ergebe, was hier aber nicht in Betracht komme.

Dogmatisch sind diese Ausführungen von Hoegen a.a.O. von bestechender Klarheit. Indessen wird dabei zu sehr auf den deliktischen Charakter des Direktanspruchs abgestellt und nicht auf die insoweit doch in den Vordergrund zu stellende vsrechtliche Komponente. Dabei muß man sich immer vergegenwärtigen, daß die Einführung des Direktanspruchs den Dritten besserstellen sollte als bisher. Wenn ein Dritter in der bis zur Einführung des Direktanspruchs allein möglichen Art und Weise vorgeht, daß er nämlich den Vmer (Schädiger) verklagt, so hat ein erfolgreicher Prozeßabschluß im Verhältnis zwischen Vmer und Ver die Wirkung einer Feststellung im Sinne des § 154 I 1. Unterstellt, daß der Ver den Vorprozeß für den Vmer geführt hat, so ist nicht einzusehen, warum dann nicht auch im Rahmen des Direktanspruchs die gleiche Bindungswirkung als vsrechtliche Ausstrahlung des Doppelcharakters des Direktanspruch gegeben sein soll. Die Gegenmeinung führt dazu, daß eine Aufspaltung zwischen dem Vsanspruch und dem Direktanspruch eintritt, die tunlichst zu vermeiden ist. Der Dritte müßte dann in jedem Fall eine Pfändung und Überweisung durchführen lassen. Dabei handelt es sich zwar um verhältnismäßig geringfügige Kosten. Es ist aber nicht einzusehen, warum eine solche Aufspaltung vorgenommen werden soll, wenn eine Lösung des Problems unschwer dadurch stattfinden kann, daß das Gedankengut, das zur Bindungswirkung in der Haftpflichtv in klassischer Form entwickelt worden ist, auf den im Anschluß an den Haftpflichtprozeß stattfindenden Direktanspruchsrechtsstreit übertragen wird. Dabei ist zu bedenken, daß die Grundsätze zur Bindungswirkung letzten Endes aus Treu und Glauben entwickelt worden sind. Es besteht keine Veranlassung, hier nicht im Rahmen

II. 6. Bindungswirkungen   Anm. B 40

dieses Rechtsinstituts eine Erweiterung vorzunehmen, die dem Sinn einer Vereinfachung und der materiellen Fallgerechtigkeit entspricht. Demgemäß ist eine Bindungswirkung im anschließenden Direktanspruchsprozeß zu bejahen, sofern eine solche nach den überkommenen Grundsätzen des Haftpflichtsrechts im Verhältnis zwischen Vmer und Ver ohnedies gegeben ist. Die einleuchtende Begründung ist dabei darin zu sehen, daß der Gegeneinwand des Vers als ein Verstoß gegen Treu und Glauben anzusehen ist. Denn der an das Ergebnis des Haftpflichtprozesses gebundene Ver verstößt gegen Treu und Glauben, wenn er nur aus der formalen Ausgangsposition, daß das Gesetz eine solche Bindungseinwirkung für den Direktanspruch expressis verbis nicht vorsieht, die doch tatsächlich im Vsverhältnis gegebene Bindungswirkung im Direktanspruchsprozeß leugnet. Einem solchen Verkennen der Schutzwirkung der Haftpflichtv zugunsten des Dritten mit allein formalen Betrachtungen ist entgegenzutreten. Im Ergebnis ebenso Prölss-Martin[22] Anm. 2 zu § 3 Ziff. 8 PflichtvsG, S. 884; denn dort wird zwar dogmatisch die gleiche Ausgangsposition wie die von Hoegen a.a.O. bezogen, am Schluß aber ausgeführt, daß der Ver gegen Treu und Glauben verstoße, wenn er, sofern ihm die Führung des Haftpflichtprozesses überlassen war, sich darauf berufe, daß eine solche Haftung nicht bestehe. Vgl. ferner Hirschberg VersR 1973 S. 506, der ebenfalls eine Bindungswirkung über Treu und Glauben herstellt. Bemerkenswert ist in diesem Zusammenhang auch der Meinungswandel, der bei E. Prölss zu konstatieren ist. Er hat nämlich zunächst in NJW 1965 S. 1741 jede Bindungswirkung für den hier erörterten Fall verneint, wenig später aber in NJW 1967 S. 787 im Widerstreit zwischen dogmatischer Grundkonstruktion und dem Streben nach Fallgerechtigkeit gegen den Ver die exceptio doli zugebilligt, weil dessen Infragestellen der Haftung angesichts der besonderen Fallkonstellation als Verstoß gegen Treu und Glauben anzusehen sei. Eine solche Lösung ist letzten Endes einer dogmatischen Prinzipienentscheidung vorzuziehen. Das Gesagte gilt umso mehr, als sich aus der amtl. Begr. IV S. 18 mit aller Deutlichkeit ergibt, daß deren Verfassern die Grundsätze der traditionellen Bindungswirkung in der Haftpflichtv unbekannt waren, so daß über die im Rechtssinne immer gegebene Unverbindlichkeit solcher Meinungsäußerungen hinaus auch ein zusätzliches Bedürfnis nach einer sach- und systemgemäßen Interpretation der Gesetzesvorschriften gegeben ist. Schließlich ist die vsrechtlich gemäß § 154 I 1 eingetretene Bindungswirkung im Rahmen der vsrechtlichen Komponente des Direktanspruchs so wesentlich, daß die Rechtsverteidigung des Vers in diesen Fällen eigentlich nur noch auf eine sinnentleerte Förmelei hinausläuft. Vgl. auch Büchner Obligatorische Haftpflichtven S. 76–94, der sogar entgegen dem Wortlaut des § 158c VI in den sonstigen obligatorischen Haftpflichtven (außerhalb der Kfz-Haftpflichtv) nach Feststellung der Haftpflichtforderung im Sinne des § 154 I 1 eine direkte Inanspruchnahme des Vers ohne Pfändung und Überweisung der Haftpflichtvsforderung befürwortet. Dem ist freilich angesichts der Gesetzeskonstruktion nicht zu folgen (vgl. auch Anm. B 4). Der geringere Schritt im Sinne einer Ausstrahlung der Bindungswirkung auf den Drittanspruch unter den genannten einschränkenden Bedingungen (Prozeßmuntschaft des Vers im vorangegangenen Haftpflichtstreit oder grundlose Deckungsverweigerung unter Ablehnung der Prozeßführung oder der außergerichtlichen Regulierung durch den Ver, vgl. Bd IV Anm. B 61–66) ist aber ungeachtet aller konstruktiver Bedenken geboten.

[B 40] bb) Vorangegangener Rechtsstreit über den Direktanspruch

Soweit es darum geht, daß der geschädigte Dritte gegen den Ver ein Urteil über den Direktanspruch erwirkt hat, ist der Bemerkung in der amtlichen Begründung im Prinzip beizupflichten, daß es hier für die Anordnung einer Bindungswirkung schon an einem **praktischen Bedürfnis** fehle, da mit einer Befriedigung durch den Ver nach einem gegen diesen ergangenen Urteil gerechnet werden könne (Begr. IV S. 18). Zu beachten

Anm. B 41 B. Kraftfahrzeughaftpflichtv Stellung des geschädigten Dritten

ist aber, daß diese Bemerkungen sich nur auf die schadenersatzrechtliche Komponente des Direktanspruchs beziehen. Gesondert zu betrachten sind diejenigen Fälle, in denen die Verpflichtung des Vers zur Gewährung von Vsschutz im Streit ist und entscheidungserheblich diese Auffassung des Vers im Direktanspruchsprozeß bestätigt oder zurückgewiesen worden ist (vgl. dazu Anm. B 41 a. E.). Wenn solche vsrechtlichen Streitfragen nicht gegeben sind und wider Erwarten eine Befriedigung des Dritten durch den Ver infolge besonders eigenartig gelagerter Umstände unterbleibt, fehlt es jedenfalls an einer Bindungswirkung zu Lasten des Vmers. Insbesondere kann § 3 Ziff. 10 PflichtvsG nicht entsprechend angewendet werden, da er erkennbar allein die Rechtslage zwischen dem Ver und dem Vmer im kranken Vsverhältnis regeln soll. Anders als in dem in Anm. B 39 abgehandelten Fall eines vorangegangenen Verfahrens gegen den Vmer kann nicht auf eine nach Treu und Glauben in Literatur und Rechtsprechung in der Vergangenheit entwickelte Bindungswirkung zurückgegriffen werden, da es vor Einführung des Direktanspruchs keine derartige Konstellation der vorangegangenen Inanspruchnahme des Vers gegeben hat. Aus der Interessenlage ist auch kein stichhaltiges Argument für die Entwicklung eines solchen neuen Grundsatzes ersichtlich. Derartige Sonderfälle sind auch bisher nicht eingetreten. Akut kann die Frage eigentlich nur bei einer Insolvenz des Vers werden. Für einen solchen Fall des Vermögensverfalls des vom Staat als Garanten des sozialen Schutzgedankens der Pflichthaftpflichtv gedachten Vers fehlt es allerdings an einer gesetzlichen Lösung. Die Ver haben aber durch Gründung des Solidarhilfevereins die Stellung des Dritten erheblich verbessert (vgl. Anm. B 132–144). Im Rahmen der Leistungspflicht dieses Vereins ist auch eine Bindungswirkung in § 2 III 4 des Solidarhilfevertrages vorgesehen (vgl. dazu Anm. B 144). Demgemäß besteht keine Veranlassung, hier eine zusätzliche Bindungswirkung im Verhältnis zu dem in diesen Fällen ohnedies schutzbedürftigen Vmer anzunehmen. Von einer im Prozeß erfolgenden Feststellung des Umfangs des Direktanspruchs zu unterscheiden ist eine solche durch eine entsprechende Vereinbarung zwischen dem Ver und dem Dritten. Auch insoweit fehlt es allerdings an einer traditionell überlieferten Bindungswirkung zu Lasten des Vmers. Zu beachten ist aber, daß der Ver zur rechtsgeschäftlichen Vertretung des Vmers nach § 10 V AKB befugt ist und daß seine Erklärungen und Rechtshandlungen sich im Zweifel sowohl auf den Drittanspruch als auch auf die Haftpflichtforderung beziehen (vgl. dazu für den Empfang von Erklärungen durch den Ver OLG Nürnberg 30. IV. 1974 NJW 1974 S. 1950–1951 und auch Anm. B 20). In diesem Rahmen ist demgemäß unter Umständen eine weitergehende Bindung als im eindeutig nur auf den Drittanspruch bezogenen Prozeß gegeben.

[B 41] c) Versicherungsschutzprozeß und Direktanspruch

Es ist denkbar, daß dem Prozeß über den Direktanspruch ein Deckungsstreit zwischen dem Vmer und dem Ver vorangegangen ist, den der Vmer gewonnen hat. Wenn der Dritte danach aufgrund eines im Haftpflichtprozeß gegen den Vmer erstrittenen Urteils den Vsschutzanspruch pfänden und sich überweisen läßt, so kann der Ver ihm gegenüber nach § 325 ZPO nicht einwenden, daß kein Vsschutz bestehe. Geht jetzt der Dritte aber nicht über den „klassischen" Weg einer Klage gegen den Vmer mit anschließender Pfändung und Überweisung des Haftpflichtvsanspruchs vor, sondern im Wege der unmittelbaren Inanspruchnahme des Vers durch den Direktanspruch, so läßt sich formell konstruieren, daß der Ver gegenüber dem Dritten nicht gehindert sei, sich auf mangelnden Vsschutz im Rahmen des § 3 Ziff. 6 PflichtvsG in Verbindung mit § 158c III, IV zu berufen. Zu bedenken ist indessen, daß ein solches Handeln gegen den durch das rechtskräftige Urteil gegebenen Rechtszwang verstoßen würde. Aufgrund des Zusammenhangs zwischen Haftpflicht- und Haftpflichtvsanspruch ist ein solches Verhalten des Vers als rechtsmißbräuchlich anzusehen. Es ist von einer zusätzlichen

II. 6. Bindungswirkungen Anm. B 41

Bindungswirkung auszugehen, die aus der Eigenart des Haftpflichtvsrechts folgt und im weiteren Sinne auch nach dem Grundsatz „dolo petit qui petit quod statim redditurus est" gerechtfertigt ist. Wenn im Schrifttum (so Hofmann, Festschrift für Sieg, Karlsruhe 1976, S. 197–198, Keilbar ZVersWiss 1970 S. 451–453 und Prölss NJW 1965 S. 1741 Anm. 26 [Sieg ZVersWiss 1965 S. 363 beantwortet diese Frage entgegen der Annahme von Keilbar a.a.O. nicht abschließend]) eine derartige Bindungswirkung wegen Fehlens einer ausdrücklichen Vorschrift verneint wird, so wird damit die dem Direktanspruch immanente vsrechtliche Komponente nicht genügend beachtet. Gemäß den Grundsätzen einer auf die Interessenlage abstellenden Interpretation des „Dreiecksverhältnisses" muß nach Treu und Glauben eine solche Bindungswirkung außerhalb der Regeln der Rechtskraft bejaht werden. Anders zu entscheiden, bedeutet, um formeller Prinzipien den Sinn der im Interesse des Dritten eingeführten unmittelbaren Klage in das Gegenteil zu verkehren, indem nämlich im Rahmen des Drittanspruchs der Dritte wiederum schlechter gestellt werden würde als bei einem Vorgehen auf dem überkommenen Wege; denn nach einer Pfändung und Überweisung des Haftpflichtvsanspruchs wird diese Bindungswirkung auch von der Gegenmeinung bejaht (vgl. nur Hofmann a.a.O.). Das Gesagte schließt aber gewiß nicht aus, dann eine Bindungswirkung zu verneinen, wenn das Urteil im Deckungsprozeß „erschlichen" worden ist oder wenn sonst einer der Gründe vorliegt, in denen sich der Ver nach der Rechtsprechung auf eine Durchbrechung der Rechtskraftwirkung nach Treu und Glauben berufen könnte. Die Beweislast für ein solches arglistiges Verhalten trägt dann der Ver. Bejaht man so die Bindung des Vers im Rahmen des Drittanspruchs an eine für ihn ungünstige Entscheidung im Deckungsprozeß, so stellt sich ergänzend die Frage, ob dem Dritten im Rahmen einer Geltendmachung des Drittanspruchs auch entgegengehalten werden kann, daß die Vsschutzklage rechtskräftig abgewiesen worden sei. Die Situation liegt hier allerdings insofern anders, als der Dritte, zu dessen Nachteil eine solche Bindungswirkung angenommen wird, anders als der Ver im zunächst erörterten Fall eines Obsiegens des Vmers im Deckungsprozeß nicht Partei des Vorprozesses gewesen ist. Dessen ungeachtet ließe sich aber so argumentieren, daß aus Gründen der Systemgerechtigkeit anzunehmen sei, daß der Dritte sich auch eine negative Entscheidung des Vorprozesses über die Deckungsfrage entgegenhalten lassen müsse (so Keilbar ZVersWiss 1970 S. 453–454, wenn auch nicht mit dieser Begründung [widerspruchsvoll ist allerdings dazu seine a.a.O. S. 451–453 vertretene Auffassung, daß einer zugunsten des Vmers ergangenen Entscheidung keine Bindungswirkung zukomme]; a. M. Prölss NJW 1965 S. 1741 Anm. 26). Für eine solche Annahme spricht, daß der auf dem klassischen Wege vorgehende Dritte, der den Vsanspruch pfänden und sich überweisen läßt, an das Ergebnis des Vorprozesses gebunden ist. Auch der Schutzgedanke des Pflichtvsgesetzes und der sonstigen Schutzvorschriften des Haftpflichtvsrechts (§§ 156, 157, 158c) stehen einer solchen Annahme nicht prinzipiell entgegen. Es gehen die Schutzbestimmungen in § 3 Ziff. 4,5 PflichtvsG und § 158c I, II vielmehr ersichtlich sogar von dem Grundsatz aus, daß das Verhalten des Vmers für den Bestand des Vsschutzes von Bedeutung ist. Um aber soziale Härten zu vermeiden, wurde in § 158c I, II in den Fällen solcher Leistungsfreiheit eines Vers die Weiterhaftung im Verhältnis zum geschädigten Dritten fingiert und ist im Rahmen des § 3 Ziff. 4, 5 PflichtvsG eine Haftung unabhängig vom Bestehen des Vsschutzes geschaffen worden. Zu beachten ist aber, daß die Stellung des Dritten durch die Einführung des Direktanspruchs zusätzlich verstärkt werden sollte. Dieser Anspruch steht dem Dritten nunmehr originär zu. Vom BGH ist aus dieser Stellung des Dritten als eigenem Rechtsträger des durch haftpflicht- und vsrechtliche Komponenten geprägten Direktanspruchs die zutreffende Erkenntnis gewonnen worden, daß eine Fristsetzung des Vers gegenüber dem Vmer (oder Vten) nach § 12 III keine Wirkung gegenüber dem Dritten auslöse (BGH 4. XII. 1974 BGHZ Bd 65 S. 1–9, 18. XII. 1980 NJW 1981

S. 925–926 = VersR 1981 S. 323–325; über die Entwicklung, die zu dieser Rechtsprechung geführt hat, vgl. Anm. B 16 m. w. N. und ergänzend auch Anm. B 17). Es ist aber konsequent, diese Gedankengänge auch auf ein erfolgloses Bemühen einer gerichtlichen Durchsetzung des Vsanspruchs durch den Vmer zu übertragen. Der Vmer verliert nur seine eigenen Rechte. Dem Dritten ist aber die Möglichkeit zu eröffnen, den Direktanspruch durch einen eigenen Prozeß auch in vsrechtlicher Beziehung überprüfen zu lassen (so der Sache nach auch Hofmann, Festschrift für Sieg, a.a.O. S. 198–200, wenngleich es am Schluß unvermittelt heißt, daß es im Interesse des Vers, aber auch der Rechtssicherheit vorzuziehen wäre, wenn in einem späteren Direktklageprozeß überhaupt nicht mehr geprüft werden dürfe, ob der Schadenfall unter das vte Wagnis falle). – Aus dem soeben bejahten eigenständigen Überprüfungsrecht des Dritten bezüglich der vsrechtlichen Komponente des Direktanspruchs ergibt sich, daß die von der Rechtsprechung zur allgemeinen Haftpflichtv entwickelte Befugnis des Dritten, im Falle einer Untätigkeit des Vmers für diesen eine Feststellungsklage hinsichtlich des Bestehens des Vsschutzes erheben zu dürfen (vgl. dazu Bd IV Anm. B 82 m. w. N.), in der Kfz-Haftpflichtv zu verneinen ist. Für eine solche Klage gibt es angesichts des direkten Zugriffsrechts des Dritten und mit Rücksicht auf die Unabhängigkeit des Direktanspruchs von negativen Entscheidungen der Gerichte im Deckungsverhältnis kein Rechtsschutzbedürfnis.

Eine den Vsschutz im Streit über den Direktanspruch bejahende Entscheidung ändert an der Rechtskraftswirkung des zwischen dem Ver und dem Vmer ergangenen Urteils aus dem Vsschutzprozeß grundsätzlich nichts. Die Rechtskraftsbindung bleibt bestehen. Der Fall ist nicht anders zu behandeln, als wenn das seltsame Ergebnis eintritt, daß einer von zwei Dritten seinen den Vsschutz bejahenden Standpunkt im Prozeß durchsetzt, der andere aber bei einem anderen Gericht zum gleichen Problemkreis unterliegt. Es ist ein solches den Vsschutz bejahendes Urteil aus dem Direktanspruchsprozeß aber dennoch von Bedeutung für den Vmer, wenn nämlich der Ver Regreß nach § 3 Ziff. 9 S. 2 PflichtvsG nehmen will. Verwiesen sei insoweit auf BGH 16. XII. 1981 NJW 1982 S. 1042 = VersR 1982 S. 282–283. In diesem Fall hatte der Vmer die Klagausschlußfrist nach § 12 III versäumt, der Sozialver aber später im Prozeß seinen Standpunkt durchgesetzt, daß Vsschutz bestehe, so daß der Ver ihm gegenüber nicht Leistungsfreiheit nach § 158c IV einwenden konnte (vgl. dafür, daß die Versäumung der Klagausschlußfrist die Rechtsstellung des Dritten nicht berührt, Anm. B 16 m. w. N.). Das Gericht verneinte hier ein Regreßrecht des Vers gegen den Vmer mit der Begründung, daß ihm ein solches Rückgriffsrecht nur zustehe, wenn er dem Dritten gemäß § 3 Ziff. 4 PflichtvsG seine Leistungsfreiheit nicht entgegenhalten könne; das sei jedoch mit Rücksicht auf § 158c IV für Ansprüche des Sozialvsträgers nicht denkbar. Letzten Endes beruht diese Entscheidung weniger auf solchen konstruktiven Erwägungen als auf dem Grundsatz von Treu und Glauben (vgl. weiter Anm. B 68). Eine entsprechend zu beurteilende Situation kann sich ergeben, wenn der Dritte im Direktanspruchsprozeß entgegen dem Ausgang des Deckungsprozesses den Standpunkt durchsetzt, daß der Vmer nicht vorsätzlich gehandelt habe, so daß der Ver sich ihm gegenüber nicht erfolgreich auf § 158c III berufen könne. Ferner ist es denkbar, daß der Dritte in einer solchen Ausnahmesituation Leistungen des Vers über die Mindestvssummen im Sinne des § 158c III mit der Begründung durchsetzt, daß die Ablehnung des Vsschutzes zu Unrecht erfolgt sei. Hier ist der Regreß des Vers aus den vom BGH 16. XII. 1981 a.a.O. dargestellten Gründen jedenfalls insoweit zu verneinen, als der Dritte Leistungen über die Mindestvssummen hinaus durchgesetzt hat. Ob in einem solchen Fall nach Treu und Glauben ohne die begriffliche Hilfe des § 3 Ziff. 9 S. 2 PflichtvsG dem Ver auch der Regreß bezüglich der Leistungen, die innerhalb der Mindestvssummen in einem solchen Ausnahmefall erbracht sind, versagt werden kann, richtet sich nach den Umständen des Einzelfalles und Treu und Glauben. Im Prinzip müßte eine gespaltene Rechtssituation in der Weise anerkannt werden, daß im Rahmen der Mindestvssummen ein solcher Regreß möglich ist. Dabei ist auch zu bedenken, daß Ausführungen des Richters über die Berechtigung oder Nichtberechtigung der Deckungsablehnung im Urteil über den Direktanspruch entscheidungserheblich nur für denjenigen Teil des Schadens sind, der jene Mindestvssummen überschreitet (vgl. weiter Anm. B 16 a.E. und Anm. B 68).

Theoretisch denkbar ist ohne weiteres auch der Fall, daß der Prozeß über den Direktanspruch eher entschieden wird als der Rechtsstreit zwischen dem Vmer und Ver über den Vsschutz. Dabei kann sich die Besonderheit ergeben, daß der Direktanspruch aus vsrechtlichen Gründen ganz oder teilweise abgewiesen wird. Als Beispielfall für eine gänzliche Abweisung sei eine vorsätzliche Schadenzufügung durch den Vmer angenommen, die nach § 3 Ziff. 6 PflichtvsG i. V. m. § 158c III auch gegenüber dem Dritten wirkt (vgl. dazu auch Anm. B 51 und für die gemäß § 12 I Ziff. 3 PflichtvsG gegebene Eintrittspflicht des Entschädigungsfonds Anm. B 108). Hier tritt hinsichtlich des Begehrens des Vmers, für die unmittelbar gegen ihn erhobenen Haftpflichtansprüche dieses Dritten Deckung zu erhalten, keine Bindungswirkung durch die Entscheidung aus dem Direktanspruchsprozeß ein. Das läßt sich auch durch eine Streitverkündung des Vers an den Vmer nicht ändern; denn § 74 I ZPO betrifft einen für den Streitverkünder ungünstigen Ausgang des Rechtsstreits und nicht den hier vorliegenden, daß die gegnerische Partei unterliegt. Gewinnt hier anschließend der Vmer den Deckungsprozeß (für den entgegen der Annahme von Hofmann, Festschrift für Sieg, a.a.O. S. 201 nur dann kein Rechtsschutzbedürfnis gegeben wäre, wenn der Dritte den Vmer nicht in Anspruch nehmen würde), so kann dem Dritten nicht über die Zubilligung einer erneuten Direktklage geholfen werden. Dieser steht vielmehr entgegen, daß über den Direktanspruch – auch in vsrechtlicher Hinsicht – abschließend rechtskräftig entschieden worden ist. Diese Rechtskraft steht aber der Möglichkeit des Vorgehens im überkommenen Sinne, d. h. durch Pfändung und Überweisung der Haftpflichtvsforderung, nicht im Wege.

Soweit der Direktklage stattgegeben worden ist und dabei vsrechtliche Elemente des Direktanspruchs entscheidungserheblich bejaht worden sind, z. B. die Nichtanwendung des § 3 Ziff. 6 PflichtvsG im Verhältnis zum Sozialver, gibt es angesichts der Neuschöpfung des Instituts des Direktanspruchs keine verfestigte Rechtsprechung über eine Bindungswirkung im überkommenen Sinne. Das hindert aber entgegen der Annahme von Hofmann, Festschrift für Sieg, a.a.O. S. 201 (und der die Gesamtproblematik nicht abschließend erfassenden Bemerkung in der amtl. Begr. IV S. 18) nicht daran, aus den gleichen Grundsätzen heraus, die für die Entwicklung im allgemeinen Haftpflichtvsrecht maßgebend waren, eine solche Bindungswirkung im nachfolgenden Deckungsprozeß anzunehmen (vgl. dazu Bd IV Anm. B 63 m.w.N.). Zusätzlich kommen hier die selbst nach Ablauf der Klagausschlußfrist gemäß § 12 III den Rückgriff verneinenden Überlegungen aus BGH 16. XII. 1981 NJW 1982 S. 1042 = VersR 1982 S. 282–283 zum Tragen (vgl. Anm. B 68).

7. Leistungspflicht des Versicherers im gestörten Versicherungsverhältnis

Gliederung:

a) Vorbemerkung B 42
b) Fallgruppen des § 3 Ziff. 4 PflichtvsG B 43
c) Erläuterung des § 3 Ziff. 5 PflichtvsG B 44–46
   aa) Nichtbestehen des Vsverhältnisses B 44

bb) Beendigung des Vsverhältnisses B 45
cc) Anzeige bei der zuständigen Stelle B 46
d) Eingrenzungen der überobligationsmäßigen Haftung B 47–64
   aa) § 158c III B 47–51 (weitere Untergliederung vor B 47)

bb) Eintrittspflicht eines anderen Vers im Sinne des § 158c IV B 52–59 (weitere Untergliederung vor B 52)
cc) Zum Anwendungsbereich des § 158c V B 60–62 (weitere Untergliederung vor B 60)
dd) Ersatzpflicht eines Quasivers der öffentlichen Hand B 63

e) Regreßansprüche des Vers B 64–71
aa) Rückgriff nach § 3 Ziff. 9 S. 2 PflichtvsG, § 426 I, II BGB B 64–69 (weitere Untergliederung vor B 64)
bb) Aufwendungsersatzanspruch nach § 3 Ziff. 10 S. 2 PflichtvsG B 70
cc) Regresse gegen außerhalb des Vsverhältnisses stehende Dritte B 71

[B 42] a) Vorbemerkung

Nach § 3 Ziff. 4 PflichtvsG kann dem Drittanspruch nicht entgegengehalten werden, daß der Ver dem ersatzpflichtigen Vmer gegenüber von der Verpflichtung zur Leistung ganz oder teilweise frei ist. Diese Bestimmung entspricht der in § 158c I für alle Pflichthaftpflichtven getroffenen Regelung. Es wird demgemäß in § 3 Ziff. 4 PflichtvsG (wie auch in § 3 Ziff. 5 PflichtvsG) nur ein seit der Gesetzesänderung aus dem Jahre 1939 geltendes Schutzprinzip zugunsten des Dritten wiederholt. Deshalb sei auch hier betont, daß entgegen dem Wortlaut des Gesetzes und der darauf gegründeten h. M. die Schutzvorschriften über die Pflichthaftpflichtv gemäß § 3 Ziff. 4, 5 PflichtvsG (§ 158c I, II) auf diejenigen Dritten, die nicht aufgrund des Drittanspruchs gegen den Ver vorgehen, sondern auf dem traditionellen Weg zunächst den Ver verklagen und dann dessen Befreiungsanspruch pfänden und sich überweisen lassen, nach dem Sinn und Zweck der gesetzlichen Regelung entsprechend anzuwenden sind (vgl. Anm. B 72). Die Berechtigung einer solchen Analogie erscheint um so einleuchtender, wenn man die fast wörtliche Übereinstimmung der Schutzvorschriften und die Verzahnung der Rechtsgebiete durch die Verweisungen in § 3 Ziff. 6 und 7 PflichtvsG betrachtet und bedenkt, daß insgesamt die Bestimmungen in § 3 PflichtvsG sinnvoll nur als Teil des VVG verstanden werden können. Im Sinne einer systematisch verständlichen Darstellung wäre es ohnedies besser gewesen, wenn die Regelungen aus § 3 PflichtvsG (wie auch die aus § 12 PflichtvsG) im Anschluß an § 158k als „Besondere Bestimmungen für die Kfz-Haftpflichtv" Bestandteil des VVG geworden wären (vgl. auch Anm. B 2).

Weiter wird in § 3 Ziff. 5 PflichtvsG bestimmt, daß ein Umstand, der das Nichtbestehen oder die Beendigung des Vsverhältnisses zur Folge hat, dem Drittanspruch nur entgegen gehalten werden kann, wenn das Schadenereignis später als einen Monat nach dem Zeitpunkt eingetreten ist, in dem der Ver diesen Umstand der hierfür zuständigen Stelle angezeigt hat. Auch hier besteht volle Übereinstimmung mit der Regelung in § 158c II. Zu ergänzen ist, daß diese Verzahnung sich auch auf die wörtliche Übereinstimmung der Bestimmungen in § 3 Ziff. 5 PflichtvsG und § 158c II bezüglich einer etwaigen Beendigung des Vsverhältnisses durch Zeitablauf bezieht und daß in beiden Vorschriften festgelegt ist, daß der Lauf dieser Monatsfrist nicht vor der Beendigung des Vsverhältnisses beginnt. Der Zusammenhang zwischen dem PflichtvsG und der Regelung in § 158c wird weiter verdeutlicht durch die Verweisung in § 3 Ziff. 6 PflichtvsG auf die Regelung in § 158c III–V. Aus dieser Gesamtverknüpfung der Rechtsgebiete rechtfertigt sich gewiß die in Anm. B 72 näher begründete analoge Anwendung der Schutzvorschriften des § 158c und des § 3 PflichtvsG auf den auf dem traditionellen Wege vorgehenden Dritten.

[B 43] b) Fallgruppen des § 3 Ziff. 4 PflichtvsG

§ 3 Ziff. 4 PflichtvsG weist mit seiner Formulierung „von der Verpflichtung zur Leistung frei" typisch auf die Leistungsfreiheit des Vers bei Obliegenheitsverletzungen hin. Zu Recht wird demgemäß in Rechtsprechung und Schrifttum ausnahms-

II. 7. Leistungspflicht im gestörten Versicherungsverhältnis **Anm. B 43**

los angenommen, daß eine Leistungsfreiheit wegen Verstoßes gegen eine Obliegenheit unter § 3 Ziff. 4 PflichtvsG falle. Problematisch kann hier lediglich sein, ob eine Vertragsbestimmung, die ein bestimmtes Verhalten des Vmers für die Gewährung von Vsschutz voraussetzt, im konkreten Fall als Obliegenheit oder als objektive Risikobeschränkung einzuordnen ist. Aus der Sicht des Schutzes des Dritten im gestörten Vsverhältnis ist es dabei gewiß unbedenklich, wenn die Folgen eines Verhaltens, für das auch bei Anlegen eines strengen Maßstabes eine objektive Risikobeschränkung hätte gewählt werden dürfen, dem Obliegenheitsrecht unterstellt werden. Denn dadurch wird die Stellung des Vmers und damit auch die des Dritten verbessert. Als Beispiel sei dafür auf die Regelung in § 2 II b i. V. m. § 10 II c AKB verwiesen. Durch diese wird das Verbot des unberechtigten Fahrens (Schwarzfahren) als Obliegenheit ausgestaltet. Der Dritte sieht sich demgemäß nicht der Schranke des § 158c III gegenüber, wenn er gegen den Ver nur aus der Person des Schwarzfahrers abgeleitete Ersatzansprüche geltend macht. – Dagegen ist die Lehre von den „verhüllten" Obliegenheiten (vgl. zur Grundsatzproblematik Möller in Bruck-Möller Anm. 13–15 zu § 6 m.w.N., Möller VsRdsch 1970 S. 329–341 m.w.N., ferner die umfangreichen Nachweise aus Rechtsprechung und Schrifttum bei Bischoff VersR 1972 S. 799–808, Hübner VersR 1978 S. 981–988, Klingmüller, Festschrift für Reimer Schmidt, Karlsruhe 1976, S. 753–769, Sieg BB 1970 S. 108–110), die besagt, daß äußerlich im Gewand von Ausschlußbestimmungen im Vsvertrag enthaltene Regelungen in Wirklichkeit den den Vmer schützenden Bestimmungen des Obliegenheitsrechts zu unterwerfen sind, in der Kfz-Haftpflichtv auch für den geschädigten Dritten von Bedeutung. Denn der Ver kann sich insoweit nicht auf § 158c III im Sinne einer objektiven Begrenzung der übernommenen Gefahr berufen. Als Beispiel sei auf § 10 IX AKB verwiesen. Nach dieser Bestimmung ist der Ver dann, wenn die von ihm verlangte Erledigung eines Haftpflichtanspruchs durch Anerkenntnis, Befriedigung oder Vergleich an dem Verhalten des Vmers scheitert, für den von der Weigerung an entstehenden Mehrschaden an Hauptsache, Zinsen und Kosten gegenüber dem Vmer von der Verpflichtung zur Leistung frei, sofern der Vmer vom Ver hierauf hingewiesen worden ist. Diese der Sache nach mit § 3 III Ziff. 3 AHB übereinstimmende Regelung hat für die Kfz-Haftpflichtv durch die Einführung des Direktanspruchs ihre praktische Bedeutung verloren (so Stiefel-Hofmann [12]Anm. 181 zu § 10 AKB, S. 497, Prölss-Martin [22]Anm. 9 zu § 10 AKB, S. 1006). Sie widerspricht vor allem der Stellung des Vers als eigenständigem Schuldner des Direktanspruchs. Wenn man die Bestimmung aber nicht als im Widerspruch zum Wesen des Direktanspruchs ansehen will und demgemäß als wirksam betrachtet, so ist sie jedenfalls mit der h. A. genau so wie § 3 III Ziff. 3 AHB als „verhüllte" Obliegenheit anzusehen (so OLG Hamm 2. VI. 1950 VersR 1950 S. 163, w.N. in Bd IV Anm. F 86; für die Gegenposition vgl. auch heute noch Prölss-Martin [22]Anm. 9 zu § 10 AKB, S. 1006). – Unter § 3 Ziff. 4 PflichtvsG sind weiter diejenigen Fälle zu subsumieren, in denen der Ver aus dem Gesichtspunkt der Gefahrerhöhung gemäß §§ 23–29a leistungsfrei geworden ist (vgl. als Beispielsfall OLG München 25. XI. 1977 VersR 1978 S. 611–612). Einhelligkeit besteht auch darüber, daß der Ver in den nach §§ 38 II, 39 III eintretenden Fällen der Leistungsfreiheit nach § 3 Ziff. 4 PflichtvsG gegenüber dem geschädigten Dritten im Risiko ist. Der erstgenannte Fall ist dabei insofern bemerkenswert, als der Ver noch niemals die Gefahr getragen hat. Ein Vergleich mit den in § 3 Ziff. 5 PflichtvsG geregelten Tatbeständen ergibt jedoch, daß § 3 Ziff. 4 PflichtvsG interessegemäß auch einen derartigen Fall erfassen will. Der Begriff der Leistungsfreiheit in § 3 Ziff. 4 PflichtvsG ist weit auszulegen (Möller DAR 1955 S. 14 zu dem inhaltlich übereinstimmenden § 158c I). Vom BGH ist aus dem Sinn und Zweck des Direktanspruchs die zutreffende Erkenntnis gewonnen worden, daß eine dem Vmer (oder Vten) gesetzte Klagausschlußfrist gemäß § 12 III keine Auswirkung auf den rechtlichen Bestand des Direktanspruchs habe (BGH

Anm. B 43 B. Kraftfahrzeughaftpflichtv Stellung des geschädigten Dritten

4. XII. 1974 BGHZ Bd 65 S. 1–9, 18. XII. 1980 NJW 1981 S. 925–926 = VersR 1981 S. 323–325; vgl. ergänzend Anm. B 16 m. w. N.). Aus diesem zusätzlichen Schutz des geschädigten Dritten in der Kfz-Haftpflichtv folgt, daß begrifflich, anders als bei § 158c I, ein Fall des Ablaufs der Ausschußfrist gemäß § 12 III nicht unter die direkte Anwendung des § 3 Ziff. 4 PflichtvsG zu subsumieren ist (etwas anderes kann für eine der h. M. aber widerstreitende entsprechende Anwendung der genannten Vorschrift in denjenigen Fällen gelten, in denen der Dritte nicht aus dem Direktanspruch vorgeht, sondern auf dem klassischen Weg als Rechtsnachfolger des Dritten nach vorangegangener Pfändung und Überweisung des Haftpflichtvsanspruchs, vgl. dazu Anm. B 72).

Dadurch, daß in der Kfz-Haftpflichtv dem Dritten ein eigenes Klagerecht gegeben worden ist, das gemäß § 3 Ziff. 3 PflichtvsG eigenen Verjährungsprinzipien unterliegt (vgl. dazu Anm. B 30–34), stellt sich zu § 3 Ziff. 4 PflichtvsG auch nicht die für § 158c I früher umstritten gewesene Frage, ob die Verjährung des Vsanspruchs unter jene Vorschrift zu subsumieren sei oder nicht (vgl. dazu nur BGH 20. I. 1971 NJW 1971 S. 658 = VersR 1971 S. 334, von dem eine entsprechende Anwendung des § 158c I auf diesen Fall vorgenommen worden ist; für abweichende Konstruktionen vgl. Sieg Ausstrahlungen S. 153, Möller DAR 1955 S. 14, Müller-Stüler Direktanspruch S. 35–36, ferner Johannsen VersArch 1956 S. 283–284, sämtlich auch m. w. N. – ergänzend sei dazu bemerkt, daß der Auffassung des BGH für § 158c I aus der Interessenlage unter Aufgabe der früher geäußerten gegenteiligen Auffassung beizupflichten ist). Von der Verjährung des Vsanspruchs zu unterscheiden ist die Frage, ob die dem Dritten durch § 158c verliehene Rechtsposition, also der nur zu seinen Gunsten fingierte Deckungsanspruch, verjähren konnte, ob mit anderen Worten dem Dritten entgegengehalten werden kann, daß der Anspruch des Vmers, wenn er bestünde, verjährt wäre (Bruck-Möller Anm. 10 zu § 12). Auch das wurde überwiegend bejaht (vgl. Möller DAR 1955 S. 14 und die Nachweise bei Johannsen VersArch 1956 S. 292–293; ferner Müller-Stüler Direktanspruch S. 35). Vom BGH wird aber der geschädigte Dritte hier noch besonders geschützt, indem nämlich angenommen wird, daß die Verjährung der für den Dritten fingierten Haftpflichtvsforderung erst mit der Zugriffsmöglichkeit gegenüber dem Ver nach abgeschlossenem Haftpflichtprozeß beginne, demgemäß im Regelfall also erst **nach Pfändung und Überweisung der fingierten Haftspflichtvsforderung** (BGH 23. IX. 1965 NJW 1965 S. 2344–2345 = VersR 1965 S. 1168–1169, 15. II. 1968 VersR 1968 S. 362–363, 27. XI. 1968 VersR 1969 S. 127–128, 20. I. 1971 NJW 1971 S. 658 = VersR 1971 S. 334, ebenso OLG Frankfurt a. M. 16. VI. 1967 VersR 1968 S. 542). Bemerkenswert ist dabei allerdings die vom BGH 23. IX. 1965 a.a.O. vorgenommene Einschränkung, daß das für den Zeitraum nicht gelte, in dem der Dritte ohne verständigen Grund nach Ablehnung des Haftpflichtanspruchs diesen gegen den Vmer nicht gerichtlich geltend gemacht habe. Entsprechendes ist anzunehmen, wenn der Dritte nach Abschluß des Haftpflichtprozesses nicht zur Pfändung und Überweisung des fingierten Zugriffsobjektes schreitet. Diese Grundsätze über die Behandlung der Verjährungsfrage im Rahmen des § 158c gelten aber nicht für den Drittanspruch. Vielmehr ist § 3 Ziff. 3 PflichtvsG über seinen Wortlaut hinaus als erschöpfende Sondervorschrift für den Drittanspruch im „gesunden" und im „kranken" Vsverhältnis anzusehen. Anderer Auffassung ist allerdings Müller-Stüler Direktanspruch S. 145. Er führt dazu a.a.O. folgendes aus: Da die Ausdrucksweise des § 3 Ziff. 4 weitgehend mit der des § 158 c I übereinstimme, müsse man annehmen, daß dem Ver, wie schon früher, der Einwand der Verjährung des Vsanspruchs möglich sei. Hiergegen schütze den Dritten auch nicht § 3 Ziff. 3, der die Hemmung oder Unterbrechung der Verjährung des Direktanspruchs nur auf den Haftpflichtsanspruch, nicht aber auch auf die Vsforderung erstrecke. Unterlasse es der Vmer, diese Forderung bei dem Ver anzumelden und würde mithin deren Verjährung nicht gemäß § 12 II gehemmt, so könne es geschehen, daß während langandauernder Verhandlungen oder während eines

II. 7. Leistungspflicht im gestörten Versicherungsverhältnis **Anm. B 43**

Prozesses über den Direktanspruch der Vsanspruch inzwischen verjähre und demzufolge der Ver auch als Direktschuldner des Dritten frei werde. — Gegen diese Auffassung hat sich in besonders eindrucksvollen Ausführungen Deiters ZVersWiss 1967 S. 329—337 gestellt. Er plädiert in erster Linie für eine weite Auslegung des § 3 Ziff. 4 PflichtvsG. Wörtlich führt er a.a.O. S. 332—333, nachdem er zunächst Zweifel daran angemeldet hat, ob die Auslegung des § 158c durch die damals h. M. in bezug auf die Verjährung zutreffend sei, u. a. folgendes aus: Die neue Vorschrift befasse sich mit den Einwendungen gegen einen unmittelbaren eigenen Rechtsanspruch des Geschädigten und müsse aus dieser Sicht auf ihre Tragweite geprüft werden. Der Zweck der Vorschrift gehe dahin, den Schutz der Verkehrsopfer des Straßenverkehrs zu vervollkommen, indem Einwendungen aus dem Vsverhältnis, die nach § 3 Ziff. 1 an sich gegenüber dem direkten Anspruch erhoben werden könnten, im Verhältnis zum Geschädigten ausgeschlossen werden. Dieser Sinn und Zweck dürfe für eine weite Auslegung der Vorschrift sprechen und die Auffassung rechtfertigen, daß § 3 Ziff. 4 PflichtvsG gegebenenfalls auch die Einrede der Verjährung des Deckungsanspruchs ausschließe. Die systembedingten Hindernisse, die bei § 158c VVG einer weiten Auslegung entgegenstehen könnten, bestünden hier jedenfalls nicht. — Ergänzend vertritt Deiters a.a.O. S. 333—337 die Auffassung, daß jedenfalls § 12 II analog anzuwenden sei, so daß gegenüber dem geschädigten Dritten die Verjährungsfrist erst mit dem Zugang einer Ablehnung des Vers zu laufen beginne. Im Ergebnis ist der Auffassung von Deiters zuzustimmen. Systematisch erscheint es dabei als gerechtfertigt, der Vorschrift des § 3 Ziff. 3 PflichtvsG umfassende Bedeutung beizumessen in dem Sinn, daß nur in dem dort genannten Rahmen gegenüber dem geschädigten Dritten eine Verjährung des Haftpflicht- oder Vsanspruchs geltend gemacht werden kann. Dabei ist darauf abzustellen, daß das PflichtvsG einen möglichst lückenlosen Schutz des Verkehrsopfers anstrebt und daß es einer unbefangen vernünftigen Auslegungstechnik entspricht, der genannten Verjährungsvorschrift eine umfassende Bedeutung über den nur unvollkommen geratenen Wortlaut hinaus beizumessen. Eine solche Abgrenzung entspricht der Zielsetzung des Gesetzes, praktikable und verständige Abgrenzungskriterien zu schaffen (im Ergebnis ebenso Keilbar Rechtsstellung S. 76—77 und vor allem dem Sinne nach BGH 20. I. 1971 NJW 1971 S. 658 = VersR 1971 S. 334).

Zu prüfen ist auch, ob der bei einer Rückwärtsv denkbare Fall einer Leistungsfreiheit des Vers nach § 2 II 2 unter § 3 Ziff. 4 PflichtvsG zu subsumieren ist. Dabei handelt es sich allerdings im Grunde genommen nur um eine theoretische Überlegung, da solche Rückwärtsven in der Kfz-Haftpflichtv kaum vorstellbar sind. Aus den Eigenarten der Kfz-Haftpflichtv, daß nämlich einesteils nach dem gesetzlichen Wirkungsschema im Geltungsbereich des Pflichtvsgrundsatzes ein Kfz nicht ohne Haftpflichtvsschutz zugelassen werden darf und daß andererseits der Vmer regelmäßig wissen wird, ob durch seinen Wagen in der Vergangenheit ein Schaden angerichtet worden ist, ergibt sich, daß nur ausnahmsweise eine Rückwärtsv abgeschlossen wird. Demgemäß darf selbst dann, wenn eine Vsbestätigung zurückdatiert worden ist, daraus nicht typisch geschlossen werden, daß auch rückwirkend Vsschutz gewährt werden sollte (OLG Braunschweig 22. XI. 1955 VersR 1956 S. 188 = ZfV 1956 S. 176—177). Für die Fälle, in denen aber ungeachtet dieser Überlegungen nach dem übereinstimmenden Willen der Parteien doch eine Rückwärtsv abgeschlossen wird (vgl. für einen solchen Ausnahmefall einer vereinbarten Rückwärtsv BGH 29. XI. 1956 VersR 1957 S. 23), gegen deren Gültigkeit zivilrechtlich ungeachtet dessen, daß eine solche Möglichkeit in den AKB nicht vorgesehen ist, keine Bedenken bestehen (BGH 29. XI. 1956 a.a.O., OLG Braunschweig 22. XI. 1955 a.a.O., LG Würzburg 24. III. 1954 VersR 1954 S. 321, ebenso Prölss VersR 1952 S. 1, VersR 1954 S. 323; a.M. nur Wussow ZfV 1956 S. 273), ist eine Anwendung des § 3 Ziff. 4 PflichtvsG bei einer Leistungsfreiheit des Vers wegen Kenntnis des Vmers von dem bereits eingetretenen Schadenfall im Sinne des § 2 II 2 zu verneinen. Das ergibt sich

Anm. B 44 B. Kraftfahrzeughaftpflichtv Stellung des geschädigten Dritten

ungeachtet des auf § 3 Ziff. 4 PflichtvsG hinweisenden Textes in § 2 II 2 („von der Verpflichtung zur Leistung frei") aus der Überlegung, daß zur Zeit des Eintritts des Schadensfalles kein Vsvertrag oder auch nur der äußere Anschein eines solchen vorgelegen hat. So: BayObLG 24. I. 1957 VersR 1957 S. 216–217 (für den Fall einer analogen Anwendung des § 2 II 2 auf eine „versteckte" Rückwärtsv), LG Würzburg 24. III. 1954 a.a.O. S. 321 (für Anfechtung einer Rückwärtsv wegen arglistiger Täuschung); ebenso Baumann Entschädigungsfonds S. 38 [der dabei allerdings von der unzutreffenden Prämisse ausgeht, daß der Ver bei Aushändigung einer Vsbestätigung immer erst vom Zeitpunkt der Zulassung des Fahrzeugs hafte], Müller-Stüler Direktanspruch S. 118; a.M. Prölss VersR 1952 S. 1 (ebenso wie hier aber für den in der Interessenlage doch gleichliegenden Fall der Anfechtung einer Rückwärtsv).

[B 44] c) Erläuterung des § 3 Ziff. 5 PflichtvsG

aa) Nichtbestehen des Versicherungsverhältnisses

Ein Umstand, der das Nichtbestehen eines Vsverhältnisses zur Folge hat, ist in folgenden Fällen gegeben: Unwirksamkeit des Vsvertrages wegen Geschäftsunfähigkeit, §§ 104–105 BGB, Minderjährigkeit, §§ 108–113 BGB, oder versteckten Einigungsmangels (Dissens), § 155 BGB. Ferner wird erfaßt die Nichtigkeit des Vsvertrages wegen Irrtumsanfechtung nach § 119 BGB oder arglistiger Täuschung nach § 123 BGB (in Verbindung mit § 22). Der Rücktritt ist dagegen zu den Fällen der Beendigung des Vsvertrages zu rechnen (so Sieg Ausstrahlungen S. 153, Malchow Rechtsstellung S. 65–66; a.M. Müller-Stüler Direktanspruch S. 34, Prölss-Martin [22]Anm. 4 zu § 158c, S. 838, die hier einen Fall des Nichtbestehens des Vsvertrages annehmen). Nicht unter § 3 Ziff. 5 PflichtvsG fällt der offene Dissens oder die Ablehnung des Vertragsantrages des Vmers durch den Ver (ebenso: Bronisch-Cuntz-Sasse-Starke Anm. 4 zu § 158c, Müller-Stüler Direktanspruch S. 34 m.w.N. in Anm. 176, Prölss-Martin [22]Anm. 4 zu § 158c, S. 838, Sieg Ausstrahlungen S. 154; vgl. auch Johannsen VersArch 1956 S. 284–285). Der Grund dafür ist der, daß § 3 Ziff. 5 PflichtvsG (in Übereinstimmung mit § 158c II) von den Abschlußstörungen des bürgerlichen Rechts ausgeht. Fehlt es auch am äußeren Anschein von übereinstimmenden Erklärungen, so ist für die Anwendung dieser Schutzvorschrift kein Raum. Etwas besonderes gilt allerdings, wenn der Vmer im Besitz einer Vsbestätigung nach § 29a I StVZO ist. Die Aushändigung einer solchen Vsbestätigung stellt aber auch in der Regel die Erteilung einer vorläufigen Deckungszusage dar (vgl. BGH 25. VI. 1956 BGHZ Bd 21 S. 122–128, 29. XI. 1956 VersR 1957 S. 23, 8. VI. 1964 VersR 1964 S. 841 [insoweit in VA 1965 S. 148 und NJW 1964 S. 1902 nicht mitabgedruckt], 8. X. 1969 VersR 1969 S. 1088–1089, OLG Köln 17. III. 1970 VersR 1970 S. 734–735 und zu den Besonderheiten für die Kaskov Anm. J 10–11). Davon geht auch der zum 1. I. 1971 (vgl. VA 1971 S. 4) eingefügte § 1 II 2 AKB aus, wenn es dort heißt, daß die Aushändigung der zur behördlichen Zulassung notwendigen Vsbestätigung nur für die Kfz-Haftpflichtv als Zusage einer vorläufigen Deckung gelte. Wenn der Vmer im Besitz einer solchen Vsbestätigung ist (bzw. war, nämlich vor Aushändigung an die Zulassungsstelle), so greift zu seinen Gunsten auch eine tatsächliche Vermutung des Inhalts ein, daß er rechtmäßig in den Besitz dieser Bestätigungskarte gekommen und daß ihm gegenüber die erwähnte vorläufige Deckungszusage abgegeben worden sei. Dabei ist es unter Umständen auch von Bedeutung, daß die Ver sich geschäftsplanmäßig verpflichtet haben, Vsbestätigungen erst auszuhändigen, wenn bereits Vsschutz besteht (VA 1969 S. 78–79; dafür, daß veröffentlichte geschäftsplanmäßige Erklärungen entgegen früher herrschender Auffassung unmittelbare Rechtswirkungen vertraglicher Art zugunsten des Vmers oder des Vten auslösen können, vgl. Anm. J 15 m.w.N.). Dem Ver ist es aber

II. 7. Leistungspflicht im gestörten Versicherungsverhältnis **Anm. B 44**

gewiß im Verhältnis zum Vmer (oder Vten) nicht verwehrt, Tatsachen darzutun und zu beweisen, aus denen sich ergibt, daß der Regelfall der Erteilung einer vorläufigen Deckungszusage nicht gegeben sei. Als Ausnahmefall sei der genannt, daß vom Ver bewiesen wird, daß der Vmer sich widerrechtlich in den Besitz einer Vsbestätigung gesetzt habe. In solchen und ähnlich gelagerten Fällen, in denen nach bürgerlich-rechtlichen Grundsätzen trotz Vorliegens einer Vsbestätigung kein Vsschutz besteht, ist im Einzelfall sorgsam zu prüfen, ob nicht dessenungeachtet eine Haftung des Vers im Verhältnis zum geschädigten Dritten nach § 3 Ziff. 4 oder 5 PflichtvsG gegeben ist. Keine Haftung des Vers nach § 3 Ziff. 5 PflichtvsG ist dabei − um mit einem krassen Grenzfall zu beginnen − anzunehmen, wenn der Vmer dem Ver die Vsbestätigungskarte gestohlen hatte (Fromm S. 233, Möller DAR 1955 S. 13, DAR 1962 S. 317, Müller-Stüler Direktanspruch S. 118, Prölss-Martin [22]Anm. 4 zu § 158c, S. 838; weitere Nachweise bei Johannsen VersArch 1956 S. 288 Anm. 45; a.M. Würffel VersArch 1958 S. 61 [unausgesprochen wohl auch LG Düsseldorf 14. X. 1955 VersR 1955 S. 675]). Anders aber vor allem Baumann Entschädigungsfonds S. 40−42, dem eine Haftung des Vers nach § 3 Ziff. 5 PflichtvsG auf jeden Fall dann angezeigt erscheint, wenn der Ver das Abhandenkommen der unterschriebenen Vsbestätigung verschuldet habe. Zur Begründung dieser Auffassung greift Baumann a.a.O. S. 30−38 in sehr eindringlichen Ausführungen zurück auf den in der Amtlichen Begründung (Begr. II S. 1774) gebrauchten Ausdruck „Rechtsschein"; aus diesem heraus entwickelt er die Haftung des Vers nach wertpapierrechtlichen Grundsätzen in Kombination mit den zu der Haftung aus ausgestellter Bescheinigung im bürgerlichen Recht geltenden Prinzipien. Indessen ist eine derart weit ausdehnende Auslegung des § 3 Ziff. 5 PflichtvsG (und des § 158c II) abzulehnen. Es fehlt für solche Billigkeitskorrekturen im Interesse des geschädigten Dritten an einer Grundlage im Haftungssystem des § 3 Ziff. 5 PflichtvsG (und des § 158c II), das erkennbar auf das Rechtsverhältnis zwischen Ver und Vmer abstellt und nicht auf das Verhältnis des Vers zur Zulassungsbehörde oder deren Vertrauen auf die Richtigkeit der vorgelegten Bescheinigung oder gar auf die für die überobligationsmäßige Haftung des Vers gänzlich bedeutungslose Überlegungen eines künftig Geschädigten, ob sein Unfallgegner vert sei oder nicht. Im Bereich der Kfz-Haftpflichtv wird dem Verkehrsopfer im übrigen durch § 12 I Ziff. 2 PflichtvsG geholfen; denn nach dieser Bestimmung hat der „Entschädigungsfonds für Schäden aus Kraftfahrzeugunfällen" einzutreten, wenn die auf Grund eines Gesetzes erforderliche Haftpflichtv zugunsten des Halters, des Eigentümers und des Fahrers des Fahrzeugs nicht besteht (vgl. dazu Anm. B 107). Es erscheint überhaupt als kein sachgerechter Abgrenzungsmaßstab, wenn der in der Amtlichen Begründung erkennbar nur bildhaft gebrauchte Ausdruck „Rechtsschein" so in den Mittelpunkt der Auslegung gerückt wird, als wenn er Inhalt der Bestimmung des § 3 Ziff. 5 PflichtvsG wäre. Darüber, daß der Ausdruck „Rechtsschein" dogmatisch verfehlt ist, vgl. Möller VersR 1950 S. 4 (ferner Malchow Diss. S. 28−29).

Ein weiterer Grenzfall ist der, daß sich der Vmer nach Eintritt eines Schadensfalles im dolosen Zusammenspiel mit dem Agenten des Vers eine Vsbestätigung besorgt, die den Vsbeginn für die Zeit vor dem Schadenseintritt bestätigt. So im Falle BayObLG 24. I. 1957 VersR 1957 S. 215−217, dem folgender Sachverhalt zugrunde lag: Das Fahrzeug des Vmers N war am 13. IV. 1946 ohne den Nachweis des Bestehens einer Haftpflichtv zugelassen worden. Am 24. VI. 1946 kam es zu einem Zusammenstoß mit einem Radfahrer. Erst am 26. VI. 1946 beantragte N den Abschluß einer Haftpflichtv und erhielt eine vorläufige Deckungszusage per 22. VI. 1946 durch den aufnehmenden Agenten, der gleichzeitig gegenüber dem Ver der Wahrheit zuwider bestätigte, daß der Vsantrag bei ihm bereits am 22. VI. 1946 eingegangen sei. Zu Recht ist vom BayObLG 24. I. 1957 a.a.O. eine Verpflichtung des Vers aus einer solchen für den Vmer erkennbaren Überschreitung der Vollmacht des Agenten verneint und auch eine Anwendung des § 158c I, II (jetzt § 3 Ziff. 4 und 5 PflichtvsG) abgelehnt worden. Ebenso in einem ähnlich gelagerten Fall: OLG Braunschweig 22. XI. 1955 VersR 1956 S. 188 = ZfV 1956 S. 176—177, zustimmend Baumann Entschädigungsfonds S. 38, Prölss-Martin ²²Anm. 4 zu § 158c, S. 838—839; a.M. aber Wussow ZfV 1956 S. 273, der den Inhalt der Vsbestätigungskarte schlechthin für maßgebend hält. In einem solchen Fall handelt es sich nicht um eine „echte" Rückwärtsv (vgl. dazu, daß bei Vorliegen der Voraussetzungen des § 2 II aber § 3 Ziff. 4 PflichtvsG ebenfalls nicht eingreift, Anm. B 43); vielmehr ist ein solcher Sachverhalt durchaus denjenigen Fällen gleichzusetzen, in denen sich der Vmer durch einen Diebstahl in den Besitz einer Vsbestätigungskarte gesetzt hat.

Eine Haftung des Vers ist auch zu verneinen, wenn vom „Vmer" für die Zulassung des Fahrzeugs keine Originalvsbestätigung eingereicht worden ist, sondern ein im Wege der Urkundenfälschung selbst hergestelltes „Dokument". Schwieriger ist schon der etwas wirklichkeitsnähere Fall zu beurteilen, daß eine echte Vsbestätigung durch Vordatieren verfälscht wird. Auch hier fehlt es aber im Verhältnis der Vertragsparteien zueinander für den vordatierten Zeitraum an dem äußeren Anschein eines Vertragsverhältnisses; jedoch haftet der Ver im Rahmen des § 3 Ziff. 5 PflichtvsG für die Zeit der ursprünglich vorgesehenen Vertragsdauer. Händigt der Ver dem Vmer aber eine Blankovsbestätigung aus und wird diese abredewidrig ausgefüllt, so ist eine Haftung des Vers nach § 3 Ziff. 5 PflichtvsG zu bejahen.

Ist in der Vsbestätigung als Beginn des Vsschutzes der 1. XII. 1983 vorgesehen, wird das Fahrzeug aber infolge eines Versehens der Zulassungsstelle schon zum 1. XI. 1983 zugelassen, so haftet der Ver für die Zeit bis zum 30. XI. 1983 grundsätzlich nicht (ebenso Baumann Entschädigungsfonds S. 38). Divergieren Vsbestätigung und Vsantrag in dem Sinne, daß nach dem Antrag der Vsschutz erst zu einem späteren Zeitpunkt beginnen soll als in der Bestätigungskarte vorgesehen, so ist im Rahmen der Haftung nach § 3 Ziff. 5 PflichtvsG ebenfalls die Vsbestätigung maßgebend (Baumann a.a.O. S. 38).

Kommt es in den eingangs erwähnten Fällen des offenen Dissenses oder der Vertragsablehnung eigenartigerweise dennoch zur Aushändigung einer Vsbestätigung, so ist damit der für § 3 Ziff. 5 PflichtvsG zu fordernde äußere Anschein eines Vsverhältnisses regelmäßig erfüllt. Insoweit ist demgemäß — vor allem im Anschluß an die instruktiven Überlegungen von Baumann Entschädigungsfonds S. 18—42, speziell S. 38—39, — eine Korrektur der in VersArch 1956 S. 284—285 vertretenen Auffassung geboten. Dabei ist auch zu bedenken, daß bei Aushändigung von Vsbestätigungskarten die Einlassung des Vers, er habe dennoch nicht den dort bekundeten Vsschutz gewähren wollen, aus der Sicht des Verkehrsopfers und aus dem Blickwinkel einer auf die Gesamtzusammenhänge abstellenden Auslegung als rechtsmißbräuchlich anzusehen ist, so daß jedenfalls eine entsprechende Anwendung des § 3 Ziff. 5 PflichtvsG als angemessene Lösung anzusehen ist. Im Ergebnis ebenso: OLG Karlsruhe 2. XI. 1956 VersR 1956 S. 776 (der Entscheidung ist nicht zu entnehmen, wie der Vmer in den Besitz der Vsbestätigungskarte gekommen ist; es ergibt sich aus den Gründen lediglich, daß von den Parteien übereinstimmend vorgetragen war, daß kein Vsverhältnis bestehe), OLG Nürnberg 10. I. 1961 VersR 1961 S. 605, LG Düsseldorf 14. X. 1955 VersR 1955 S. 675, AG Hannover 4. XI. 1955 VersR 1956 S. 91; vgl. ferner Bott Schutz des Unfallgeschädigten S. 50—51, Fleischmann-Deiters in Thees-Hagemann Anm. 3 zu § 158b, S. 263, Fromm S. 231—232, Malchow Diss. S. 70, Wussow ZfV 1956 S. 273, Würffel VersArch 1958 S. 60—62; a.M. Möring VersR 1966 S. 171—172 (und früher Johannsen VersArch 1956 S. 286—287 m.w.N. und VersArch 1958 S. 69). Damit werden weitgehend die Gedankengänge von Baumann Entschädigungsfonds S. 36—38 übernommen, der

II. 7. Leistungspflicht im gestörten Versicherungsverhältnis   Anm. B 44

wesentlich auf das Vertrauen der Zulassungsstelle abstellt. Doch erscheint es als mit dem Haftungssystem des § 3 Ziff. 4 und 5 PflichtvsG (§ 158c I, II) nicht vereinbar, den Ver darüber hinaus auch in denjenigen Fällen haften zu lassen, in denen der „Vmer" sich durch einen Diebstahl in den Besitz einer Vsbestätigungskarte gesetzt hat oder den Inhalt dieser Karte durch eine Urkundenfälschung verändert hatte. Mit Rücksicht auf den Ausnahmecharakter solcher krimineller Handlungen sind die Ausführungen über die Bedeutung der Vsbestätigung dahin zu ergänzen, daß im Zweifel zu vermuten ist, daß eine rechtmäßige Aushändigung erfolgte. Demgemäß müßte vom Ver im Prozeß dargetan und bewiesen werden, daß sich der Vmer mittels solcher krimineller Handlungen in den Besitz der Vsbestätigungskarte gebracht hat. Mit Rücksicht auf den exzeptionellen Charakter eines solchen kriminellen Geschehens und unter besonderer Berücksichtigung des den Bestimmungen des § 3 Ziff. 4 und 5 PflichtvsG zugrunde liegenden sozialen Schutzgedankens wäre es verfehlt, vom Ver lediglich den Beweis von Tatsachen zu verlangen, die die ernsthafte Möglichkeit eines atypischen Geschehensablaufs eröffnen. Die Lösung der Grenzfälle sollte demgemäß nicht den Grundsätzen über die Anwendung des prima-facie-Beweises folgen. Vielmehr obliegt dem Ver der volle Nachweis für die behauptete Nichtaushändigung. Läßt sich daher im Prozeß nicht aufklären, wie der Vmer in den Besitz einer solchen Vsbestätigung gekommen ist, so ist eine Haftung nach § 3 Ziff. 5 PflichtvsG zu bejahen. So z.B. im Falle LG Düsseldorf 14. X. 1955 VersR 1955 S. 675, das allerdings mit dem lapidaren Satz, daß eine Haftung nach § 158c deshalb gegeben sei, weil die Vsbestätigung bei der Zulassungsstelle hinterlegt worden sei, im Sinne der hier vertretenen Auffassung nicht genügend differenziert.

Eine Haftung des Vers nach § 3 Ziff. 5 PflichtvsG ist im Prinzip auch dann zu bejahen, wenn die Vsbestätigung von einem falsus procurator ausgehändigt worden ist (Möller DAR 1955 S. 12, DAR 1962 S. 319). Dabei ist allerdings zu betonen, daß ein Vmer regelmäßig davon ausgehen darf, daß ein Angestellter oder Agent des Vers, der im Besitz von formularmäßigen Vsbestätigungen ist, auch berechtigt ist, vorläufige Deckungszusagen zu erteilen (vgl. Möller DAR 1962 S. 317 und die weiteren Nachweise am Beginn dieser Anm.). Es leuchtet aber ein, daß der Ver dann nicht für das Handeln eines falsus procurator im Sinne des § 3 Ziff. 5 PflichtvsG einzustehen hat, wenn es sich bei diesem Vertreter ohne Vertretungsmacht weder um einen Angestellten noch um einen Agenten handelt, sondern um einen Dritten, der dem Ver solche Vsbestätigungskarten gestohlen hat.

Die wesentliche Bedeutung der Vsbestätigung für die Zulassung eines Kfz darf aber nicht in dem Sinn verstanden werden, daß Vsschutz (oder gar die Haftung nach § 3 Ziff. 4 PflichtvsG) nur gegeben ist, wenn eine solche Vsbestätigung bei der Zulassungsstelle hinterlegt worden ist. Vielmehr greift der Schutzzweck des § 3 Ziff. 4 PflichtvsG schon vorher ein (BGH 1. XII. 1960 NJW 1961 S. 310 = VersR 1961 S. 20–21 m.w.N.). Zu bedenken ist dabei auch, daß der Abschluß eines Kfz-Haftpflichtvsvertrages keiner Formvorschrift unterliegt; will der Ver erst von einem gewissen Zeitpunkt, etwa erst ab Zulassung des Fahrzeugs, im Risiko sein, so muß er das unmißverständlich in der Vsbestätigung zum Ausdruck bringen (für den Sonderfall der vorübergehenden Stillegung ist hier ohnedies eine für den Dritten günstige „Obliegenheitsregelung" in § 5 II 2, 3 AKB gefunden worden; vgl. auch § 5 IV AKB). Andernfalls ist der dort angegebene Zeitpunkt maßgebend; darauf, daß es vor dem Eintritt des Schadenereignisses nicht zur Hinterlegung der Vsbestätigung bei der Zulassungsstelle gekommen ist, darf im Rahmen der überobligationsmäßigen Haftung des Vers nach § 3 Ziff. 4 und 5 PflichtvsG (§ 158c I, II) nicht abgestellt werden. Demgemäß ist eine derart die Rechtsstellung des geschädigten Dritten entgegen dem Wortlaut des Gesetzes einschränkende Auslegung abzulehnen; dabei ist zu bedenken, daß ein zusätzlich verbotenes Tun des Vmers, nämlich das Fahren mit einem nicht zugelassenen Fahrzeug, keinen Grund für eine Schlechterstellung des Dritten darstellt, wenn der Ver zu diesem Zeitpunkt bereits den Vsschutz zugesagt hatte, aber aus vertragsrechtlichen Gründen dennoch nicht mehr im Risiko ist (wie hier: Möller ZVersWiss 1963 S. 448, Riebesell, Die Vsbestätigung, Hamburger Dissertation 1955 (Maschinenschrift) S. 46; a.M. Baumann Entschädigungsfonds S. 38 m.w.N., Roeder DöV 1941 S. 303, Würffel VersArch 1958 S. 62). – Aus den vorstehenden Ausführungen ergibt sich, daß es entgegen der Auffassung von Riebesell a.a.O. S. 45–46 für die Anwendung des § 3 Ziff. 5 PflichtvsG nicht darauf ankommt, ob ein Antrag des Vmers auf Abschluß eines Vsvertrages vorgelegen hat oder nicht.

[B 45] bb) Beendigung des Versicherungsverhältnisses

Die Fälle, in denen der Ver gemäß § 3 Ziff. 5 PflichtvsG nach Beendigung des Vsvertrages haftet, bereiten nicht so große Abgrenzungsschwierigkeiten wie die in Anm. B 44 vorgenommene Auslegung des Tatbestandsmerkmals „Nichtbestehen". Hier sind schwerwiegende Auslegungsdifferenzen nicht aufgetreten, so daß es nur relativ kurzer Bemerkungen bedarf. Unter § 3 Ziff. 5 PflichtvsG fällt die Beendigung des Vsverhältnisses durch Kündigung, Rücktritt, Zeitablauf, Erlöschen (gemäß § 13) und einverständliche Aufhebung. Kündigungsfälle dieser Art sind gesetzlich z.B. gegeben gemäß §§ 6 I 3, 14, 24 I, 27 I, 39 III 1, 2, 158 und 158h. Erwähnenswert ist ferner die außerordentliche Kündigung aus wichtigem Grund (vgl. dazu Möller in Bruck-Möller Anm. 25–26 zu § 8). Bedeutsam sind vor allem das ordentliche Kündigungsrecht nach § 4 Ia AKB, die Aufkündigung einer vorläufigen Deckungszusage nach § 1 II 5 AKB und das Schadenkündigungsrecht gemäß § 158 in Verbindung mit § 4 II–IV AKB. Der Erwähnung des Kündigungsrechts nach § 14 kommt schließlich nur theoretische Bedeutung zu, da es in den AKB an einer Vereinbarung über eine solche Kündigungsmöglichkeit des Vers für den Fall der Eröffnung des Vergleichs- oder Konkursverfahrens über das Vermögen des Vmers fehlt. Der rückwirkende Wegfall eines Vertrages infolge Rücktritts (§§ 20, 38 I) ist ebenfalls zu den Fällen der Beendigung eines Vsverhältnisses im Sinne des § 3 Ziff. 5 PflichtvsG zu rechnen. Ebenso Malchow Diss. S. 65–66, Sieg Ausstrahlungen S. 154. Anders Müller-Stüler Direktanspruch S. 34 und Prölss-Martin [22]Anm. 4 zu § 158c, S. 838, die diesen Lebensvorgang unter das Nichtbestehen des Vsverhältnisses im Sinne der genannten Vorschrift einordnen. Da die Rechtsfolgen identisch sind, bedarf es eines näheren Eingehens auf diese Frage nicht.

Nach § 4 Ia 2 AKB ist das Außerkrafttreten eines Vsvertrages durch Zeitablauf für „unterjährige" Vsverträge vorgesehen. Derartige Verträge sind selten, so daß eine Beendigung des Vsvertrages auf diese Art und Weise eine Ausnahme darstellt (vgl. aber auch die Sonderregelung in § 4 Ib AKB für Fahrzeuge mit Vskennzeichen). Bedeutungslos ist schließlich die Erwähnung des Erlöschens des Vsvertrages nach § 13 im Falle des Konkurses des Vers. Die Weiterhaftung eines zahlungsunfähigen Vers hilft dem geschädigten Dritten nicht. Hier liegt eine gedankliche Lücke im Schutzsystem des Pflichtvsgesetzes und auch im Geltungsbereich des § 158c vor. Der zahlungsunfähige Ver ist aus der Sicht dieser Bestimmungen, deren Sinn es gerade ist, dem geschädigten Dritten im Wege der Daseinsvorsorge das Insolvenzrisiko bezüglich des haftpflichtigen Schädigers abzunehmen, eine Anomalie. Im Bereich der Kfz-Haftpflichtv ist diese Lücke in der Schutzkonzeption wesentlich dadurch abgemildert worden, daß von den Kfz-Vern ein Solidarhilfeverein gegründet worden ist, der dieses Risiko weitgehend abdeckt (vgl. dazu Anm. B 132–144).

II. 7. Leistungspflicht im gestörten Versicherungsverhältnis

[B 46] cc) Anzeige bei der zuständigen Stelle

In § 29c I StVZO ist festgelegt, daß der Ver der Zulassungsstelle Anzeige zu erstatten hat, wenn die für die Zulassung erforderliche Vsbestätigung ihre Geltung verloren hat. Die danach sowohl in § 3 Ziff. 5 PflichtvsG als auch in § 29c I StVZO niedergelegte Anzeigepflicht des Vers ist als eine einheitliche anzusehen, die sowohl vsrechtliche als auch öffentlich-rechtliche Wirkungen auslöst (BGH 13. II. 1974 VA 1974 S. 339 Nr. 666 = VersR 1974 S. 458 m.w.N.).

Nach § 3 Ziff. 5 PflichtvsG kann dem Anspruch des Dritten gemäß § 3 Ziff. 1 einer der in Anm. B 44–45 erörterten Umstände, die das Nichtbestehen oder die Beendigung des Vsverhältnisses zur Folge haben, nur dann entgegengehalten werden, wenn das Schadenereignis später als einen Monat nach dem Zeitpunkt eingetreten ist, in dem der Ver diesen Umstand der hierfür zuständigen Stelle angezeigt hat. Um diese Schutzfrist nicht durch verfrühte Meldungen zu verkürzen, ist in § 3 Ziff. 5 S. 2 PflichtvsG ausdrücklich festgelegt, daß der Lauf der Frist nicht vor der Beendigung des Vsverhältnisses beginnt. Dementsprechend heißt es in Abs. I der Ausführungsvorschrift zu § 29c StVZO, daß verfrühte Anzeigen zurückzuweisen seien (abgedruckt bei Jagusch Straßenverkehrsrecht[26] in RN 1–4 zu § 29c StVZO). Darüber hinaus haben sich die Ver auch in den veröffentlichten geschäftsplanmäßigen Erklärungen zur Kfz-Haftpflichtv verpflichtet, solche Anzeigen erst zu erstatten, wenn das Vsverhältnis beendet ist (vgl. VA 1969 S. 78–79).

Beweispflichtig für den Zugang der Anzeige bei der Zulassungsstelle ist der Ver (LG Bremen 20. VII. 1950 VersR 1951 S. 290–291, AG Bremen 15. XII. 1950 VersR 1951 S. 291 mit abl. Anm. von Becker VersR 1951 S. 291–292, OLG Celle 14. VII. 1954 VersR 1954 S. 427–428). Läßt sich daher nicht ermitteln, ob (und wann) eine Anzeige zugegangen ist, so geht das zu Lasten des Vers. Daraus, daß vom Ver die Absendung einer Anzeige bewiesen wird, kann nicht prima facie auf den Zugang dieser Mitteilung geschlossen werden, wenn von der Zulassungsstelle der Eingang der Anzeige in Abrede gestellt wird. Vgl. BGH 27. V. 1957 BGHZ Bd 24 S. 312–315: Dort wird bei einem Streit über den Zugang von Mitteilungen des Vers an den Vmer auch bei deren bewiesener Absendung durch eingeschriebenen Brief die Anwendung des prima-facie-Beweises verneint (anders noch Möller in Bruck-Möller Anm. 25 zu § 39).

Zuständig für die Entgegennahme der Anzeige ist gemäß § 29c I StVZO diejenige Zulassungsstelle, die nach § 28a II StVZO dem Ver nach Vorlage der Vsbestätigung das amtliche Kennzeichen des Fahrzeugs mitgeteilt hat. An einer zuständigen Behörde fehlt es begrifflich, wenn dem Vmer eine Vsbestätigung mit bestimmtem Vsbeginn ausgehändigt wird, vom Vmer das Fahrzeug auch gefahren, aber gesetzeswidrig keine Zulassung herbeigeführt wird. Erfährt der Ver davon, so ist ihm eine Lösung des Vsverhältnisses jedenfalls nach § 1 II 5 AKB möglich. Darüber hinaus ist für den Lauf der Frist nach § 3 Ziff. 5 PflichtvsG eine Anzeige bei derjenigen Zulassungsstelle erforderlich, die zum Eingreifen verpflichtet gewesen wäre, wenn der Vmer das Fahrzeug nach Maßgabe seiner gesetzlichen Verpflichtung ordnungsgemäß zur Zulassung gebracht hätte. Ungeachtet dessen, daß diese Verwaltungsbehörde nicht die für den Normalfall vorgesehene Tätigkeit entfalten kann, nämlich das Einziehen des Kfz-Scheines und das Entstempeln des Kennzeichens, erscheint zum Schutz des Verkehrsopfers eine entsprechende Anwendung des § 3 Ziff. 5 PflichtvsG als geboten, mag die Anzeige auch nur dazu führen, daß die Zulassungsstelle die Polizei oder Staatsanwaltschaft über den gesetzeswidrigen Zustand unterrichtet. Zu einem anderen Ergebnis kommen diejenigen Autoren, die die Wirksamkeit der Vsbestätigung erst mit dem Zeitpunkt der Zulassung beginnen lassen (vgl. dazu Anm. B 44 a.E.); indessen wird die hier vertretene Auffassung der verwirrenden Vielfalt der Grenzfälle besser gerecht. Mit der hier vertretenen

Auffassung stimmt es überein, daß es in Abs. III der Ausführungsvorschrift zu § 29c StVZO (abgedruckt bei Jagusch Straßenverkehrsrecht [26]RN 3 zu § 29c StVZO) heißt, daß die Anzeige auch bei vorübergehend stillgelegten oder endgültig abgemeldeten Fahrzeugen entgegenzunehmen und dem Ver Bescheid zu erteilen sei.

Für Kleinkrafträder mit einer durch die Bauart bestimmten Höchstgeschwindigkeit von nicht mehr als 40 km/h (auch Mopeds genannt), Fahrräder mit Hilfsmotor und maschinell angetriebene Krankenfahrstühle, deren Halter nach § 1 PflichtvsG zum Abschluß einer Kfz-Haftpflichtv verpflichtet sind, bedarf es nach § 29e I StVZO keiner amtlichen Zulassung. Es gilt die Besonderheit, daß der Halter oder berechtigte Fahrer eines solchen Fahrzeugs dieses in Betrieb setzen darf, wenn ein gültiges Vskennzeichen geführt wird. Dieses wird vom Ver zusammen mit einer Bescheinigung über das Bestehen einer dem PflichtvsG entsprechenden Kfz-Haftpflichtv ausgehändigt (vgl. § 29e II StVZO). Vskennzeichen und Bescheinigung verlieren ihre Geltung mit dem Ablauf des jeweiligen Verkehrsjahres, das vom 1. März bis zum Ablauf des Monats Februar des nächsten Jahres gerechnet wird. Zuständig für die Anzeige eines vorzeitigen Außerkrafttretens eines derartigen Vsverhältnisses, also einer Beendigung vor dem Ablauf des jeweiligen Verkehrsjahres, ist nach § 29h StVZO die örtliche Verwaltungsbehörde, also regelmäßig die Zulassungsstelle des Wohnorts des Halters (§ 68 II StVZO). Da sämtliche Vskennzeichen mit dem Ablauf des jeweiligen Verkehrsjahres (Ende Februar, vgl. § 29e II 5 StVZO) ihre Wirksamkeit verlieren, könnte man annehmen, daß es einer besonderen Anzeige einer Beendigung des Vsverhältnisses im Sinne des § 3 Ziff. 5 PflichtvsG nicht bedürfe. Das ist aber ein Fehlschluß. Die Dauer des Vsverhältnisses braucht vielmehr mit dem Gültigkeitszeitraum des jeweiligen Vskennzeichens nicht übereinzustimmen; denn auch für solche Fahrzeuge kann die Grundregel nach § 4 Ia AKB eingreifen, daß sich das Vertragsverhältnis von Jahr zu Jahr verlängert, wenn es nicht drei Monate vor Ablauf des Vertrages aufgekündigt wird (vgl. § 4 Ib AKB). Demgemäß sieht § 29f I Ziff. 5 StVZO auch eine Meldung des Zeitpunkts der Beendigung des Vsverhältnisses gemäß § 3 Ziff. 5 PflichtvsG bei dem Kraftfahrt-Bundesamt vor. Zweckmäßiger wäre freilich eine gesetzliche Regelung, nach der auch diese Anzeige an die örtliche Zulassungsstelle zu richten wäre.

Über den Inhalt der Anzeige gemäß § 3 Ziff. 5 PflichtvsG ist in dieser Bestimmung selbst nichts gesagt. Es ist aber der Zusammenhang mit § 29c StVZO zu beachten. Nach dieser Vorschrift ist der Ver gehalten, eine formalisierte Meldung gemäß einem amtlich vorgeschriebenen Muster abzugeben. Es leuchtet ein, daß die Anzeigen nach § 3 Ziff. 5 PflichtvsG und die nach § 29c StVZO identisch sind (so im Anschluß an H. Wussow VersR 1962 S. 1035 BGH 13. II. 1974 VA 1974 S. 339 Nr. 666 = VersR 1974 S. 458; ebenso Prölss-Martin [22]Anm. 6 zu § 3 Ziff. 4–6 PflichtvsG, S. 877; anders noch E. Prölss VersR 1954 S. 481; vgl. auch Johannsen VersArch 1956 S. 290–291 Anm. 58 m.w.N.). Der Vorgang ist dabei so zu bewerten, daß die Erfüllung dieser einheitlichen Anzeigepflicht sowohl vsrechtliche wie auch öffentlich-rechtliche Wirkungen auslöst (BGH 13. II. 1974 a.a.O.).

Eine ordnungsgemäße Anzeige im Sinne des § 3 Ziff. 5 PflichtvsG ist nur dann gegeben, wenn der Ver das Fahrzeug, für das der Haftpflichtvsschutz beendet ist, genau angibt. Anzeigen mit unzureichenden oder unzutreffenden Angaben lösen die Wirkungen des § 3 Ziff. 5 PflichtvsG grundsätzlich nicht aus. Die Frist beginnt in diesen Fällen erst von dem Zeitpunkt an zu laufen, in dem die Behörde das zutreffende Kennzeichen erfährt. Das gilt auch dann, wenn die Behörde es unterläßt, sofort nachzufragen oder die Anzeige an den Ver gemäß Abs. II der Ausführungsverordnung zu § 29c StVZO (abgedruckt bei Jagusch Straßenverkehrsrecht [26]RN 2 zu § 29c StVZO) zurückzusenden. Für einen Sonderfall, in dem der Ver zwar ein unrichtiges Kennzeichen angegeben hatte, dieses aber mit demjenigen Kennzeichen übereinstimmte, das dem Ver zuvor von der

II. 7. Leistungspflicht im gestörten Versicherungsverhältnis **Anm. B 46**

Zulassungsstelle für den Beginn der Zulassung aufgegeben worden war, ist vom BGH 13. II. 1974 VA 1974 S. 338–339 Nr. 666 = VersR 1974 S. 458–59 allerdings angenommen worden, daß eine Wirksamkeit der Anzeige unabhängig von der Aufklärung der Unstimmigkeit eintrete. Dem ist nach der Interessenlage beizupflichten; denn der Ver durfte darauf vertrauen, daß die Mitteilung der Zulassungsstelle richtig sein würde; dabei hat der BGH a.a.O. zu Recht hervorgehoben, daß es keine Rolle spiele, daß der Ver bei Vsbeginn an der unrichtigen Mitteilung der Zulassungsstelle dadurch mitgewirkt habe, daß er dieses unrichtige Kennzeichen bei der Abgabe der Vsbestätigung gemäß § 29b StVZO in der Annahme, daß es das richtige sein werde, eingetragen gehabt habe; denn es war Sache der Behörde, diese Angabe anhand der eigenen Unterlagen zu überprüfen und gegebenenfalls zu berichtigen (anders allerdings bei augenscheinlich gleichgelagertem Sachverhalt ÖOGH 26. I. 1978 VersR 1978 S. 1031–1032).

Für einen Sonderfall, in dem der Ver zu Unrecht eine Mitteilung über eine angebliche Beendigung des Vsverhältnisses an die Zulassungsstelle im Sinne des § 29c StVZO gab, vgl. OLG Hamm 11. VI. 1975 VersR 1976 S. 724–725. In jenem Fall war es entgegen der Auffassung des Vers weder zu einer wirksamen Kündigung noch zu einer einverständlichen Aufhebung des Vsvertrages gekommen. Dem Vmer wurde sogar das Recht zugesprochen, im Wege der einstweiligen Verfügung die Ausstellung einer Vsbestätigung nach § 29a StVZO durchzusetzen. Abgesehen von diesem Sonderfall ist in der Praxis zu beobachten, daß gelegentlich in Fällen der Veräußerung des vten Fahrzeugs Anzeigen im Sinne des § 29c StVZO erfolgen, obwohl keine rechtswirksame Abstimmung mit dem Erwerber vorliegt. Das kann dazu führen, daß eine volle Vshaftung ungeachtet der das Gegenteil besagenden Anzeige nach § 29c StVZO besteht.

Die Monatsfrist des § 3 Ziff. 5 PflichtvsG ist vom Gesetzgeber gewählt worden, damit die Behörden die notwendigen Schritte einleiten können, um gemäß § 29d II StVZO den Fahrzeugschein einzuziehen und das Kennzeichen zu entstempeln. Ist das geschehen, so ist gewissermaßen mit öffentlich-rechtlicher Wirkung ersichtlich, daß jenes Fahrzeug nicht auf zum öffentlichen Verkehrsbereich zählenden Grund gebraucht werden darf. An die Vornahme eines solchen Behördenaktes innerhalb der Frist des § 3 Ziff. 5 PflichtvsG knüpft sich die Frage, ob mit diesem behördlichen Einschreiten die Nachhaftungszeit des Vers erlischt oder ob er weiter bis zum Ende der Monatsfrist überobligationsmäßig im Verhältnis zum geschädigten Dritten im Risiko bleibt. Zu § 158c II ist vom BGH 1. XII. 1960 NJW 1961 S. 310 = VersR 1961 S. 20–21 im letztgenannten Sinn entschieden worden. Das Gericht führte dazu aus, daß sich allerdings aus der amtlichen Begründung ergebe, daß der Zeitraum der Nachhaftung des Vers auf einen Monat begrenzt worden sei, weil nach Ablauf dieser Zeit in aller Regel entweder ein ordnungsgemäßer Haftpflichtvsvertrag abgeschlossen oder aber dem Vmer die Möglichkeit zur Anrichtung von Haftpflichtschäden durch behördliche Maßnahmen genommen sein werde. Hieraus könne aber nicht gefolgert werden, daß es der Zweck des Gesetzes sei, den Schutz der geschädigten Dritten durch eine Nachhaftung des Vers nur bis zu dem Zeitpunkt zu erstrecken, in dem das den Gegenstand der V bildende Kfz gemäß § 29d II StVZO aus dem Verkehr gezogen werde ... eine solche einengende Auslegung des Gesetzes scheitere schon daran, daß § 158c nicht nur für die Kfz-Haftpflichtv gelte, sondern nach § 158b in gleicher Weise auch für alle anderen Haftpflichtven, zu deren Abschluß eine gesetzliche Verpflichtung bestehe ... Außerdem gebe es sogar unter den Kfz solche, die zwar der Vs-, nicht aber der Zulassungspflicht unterliegen, bei denen also Maßnahmen der Zulassungsstelle nach § 29d II StVZO überhaupt nicht möglich seien ... Da eine unterschiedliche Behandlung dieser Fälle im Rahmen des § 158c nicht sinnvoll gewesen wäre, habe es schon aus diesem Grunde für den Gesetzgeber nahe gelegen, die Nachhaftung des Haftpflichtvers auch bei vs- und zulassungspflichtigen Kfz nicht in dem Zeitpunkt enden zu lassen, in dem das Fahrzeug wieder aus dem Verkehr gezogen werde, sondern einheitlich bei allen Fällen der Pflichthaftpflichtv eine zeitlich klar abgrenzbare Frist für die Nachhaftung des Vers zu setzen und damit im Interesse des geschädigten Dritten für alle diese Fälle klare Verhältnisse zu schaffen. Hinzu komme, daß das Gesetz die zilvilrechtliche Haftung des Haftpflichtvers selbst bei vs- und zulassungspflichtigen Fahrzeugen auch sonst nicht an die öffentlich-rechtliche Zulassung des Fahrzeugs zum Verkehr knüpfe . . .; ebenso wie der Beginn der Haftung des Kfz-Haftpflichtvers nicht von der Zulassung des Kfz abhängig sei, ende auch diese Haftung wieder ohne weiteres schon mit dem Zeitpunkt, in dem das Fahrzeug wieder aus dem Verkehr gezogen werde. Diese gesetzliche Regelung sei darin begründet, daß schon vor der Zulassung und auch nach ihrem Ende Haftpflichtfälle eintreten könnten . . .

Ungeachtet dessen, daß die Regelung für die Kfz-Haftpflichtv seit 1965 in einer besonderen gesetzlichen Regelung, nämlich in § 3 Ziff. 5 PflichtvsG, enthalten ist, muß dieser Auffassung des BGH unter Aufgabe der in VersArch 1956 S. 290 vertretenen Gegenmeinung gefolgt werden. Dafür sprechen die vom BGH a.a.O. hervorgehobenen Ordnungsprinzipien. Zwar würde der Dritte heute mit Rücksicht auf die in § 12 I Ziff. 2 PflichtvsG vorgesehene Eintrittspflicht des Entschädigungsfonds nicht mehr schutzlos sein. Es entspricht aber die Lösung des BGH den allen Fristregelungen immanenten Ordnungsprinzipien, die immer mit gewissen Härten für den Einzelfall verbunden sein können (ebenso OLG Karlsruhe 14. XII. 1972 VersR 1973 S. 213–214 und OLG Saarbrücken 30. I. 1976 VersR 1976 S. 553–554 m.w.N.). OLG Karlsruhe 14. XII. 1972 a.a.O. geht dabei so weit, die Nachhaftung des Vers andauern zu lassen, wenn der Ver keine Anzeige erstattet hat und die Zulassungsstelle das Fahrzeug lediglich auf Abmeldung des Vmers aus dem Verkehr gezogen hatte. Das Gericht bemerkt dazu, daß es nicht darauf ankomme, ob die Behörde auf eine solche Mitteilung des Vers noch Wert lege; anders als Vorinstanz LG Konstanz 26. III. 1971 VersR 1972 S. 597, das in einem solchen Fall die Monatsfrist von dem Zeitpunkt an rechnete, in dem das Fahrzeug von der Behörde aus dem Verkehr gezogen worden war. Dieser Auffassung ist auch ÖOGH 20. I. 1977 VersR 1978 S. 579–580; sie entspricht einer auf den Sinn der Regelung abstellenden Interpretation.

Berechnet wird die Monatsfrist gemäß § 3 Ziff. 5 S. 1 PflichtvsG nach § 187 I BGB, d.h. der Tag, an dem die Anzeige bei der zuständigen Stelle eintrifft, wird nicht mitgerechnet (LG Hamburg 12. XII. 1952 VersR 1953 S. 396). Vgl. ergänzend § 188 II, III BGB.

Bemerkenswert ist die Sonderregelung gemäß § 8a II AuslPflvsG für unter das Kennzeichensystem fallende Fahrzeuge (vgl. Anm. B 81). Danach kann ein Umstand, der das Nichtbestehen oder die Beendigung der nach § 8a I AuslPflvsG übernommenen Verpflichtungen zur Folge hat, dem Anspruch des Dritten nicht entgegengehalten werden, wenn sich das Fahrzeug zum Zeitpunkt des Schadenereignisses mit dem bei der Einreise geführten Kennzeichen im Geltungsbereich des genannten Gesetzes befunden hat. Es entfällt damit für diese ausländischen Fahrzeuge jede Befristung der überobligatorischen Haftung. Für andere aus dem Ausland kommende Fahrzeuge gilt gemäß § 6 II AuslPflvsG eine Nachhaftungszeit von entweder 5 Monaten oder von 5 Wochen (letzteres bei einer Gesamtlaufzeit des Vsverhältnisses von weniger als 10 Tagen). Das Bedürfnis nach einer solchen Sonderregelung ergab sich u.a. daraus, daß es für solche Fälle im Inland an einer zuständigen Stelle für eine Anzeige nach §§ 3 Ziff. 5 PflichtvsG, 29c StVZO fehlt. Vgl. ergänzend Anm. B 82.

Wenn der Schaden höher liegt als die gesetzlichen Mindestvssummen, ist von Bedeutung, ob der Ver von dem Dritten gemäß § 823 II BGB i.V.m. § 29c StVZO wegen Unterlassung der dort vorgesehenen Anzeige auf Schadenersatz in Anspruch genommen werden kann. BGH 4. IV. 1978 MDR 1978 S. 1014 = VersR 1978 S. 609–611 hat die sehr umstrittene Frage, ob die Anzeigelast nach § 29c StVZO ein

II. 7. Leistungspflicht im gestörten Versicherungsverhältnis Anm. B 47

Schutzgesetz zugunsten des Dritten im Sinne des § 823 II BGB sei (vgl. dazu die umfangr. N. bei BGH a.a.O.) offen gelassen. Das Gericht hat den Standpunkt eingenommen, daß jedenfalls keine höhere Haftung des Vers als die nach § 158c III bejaht werden könne, da in dieser Vorschrift eine abschließende Sonderregelung zu erblicken sei. Dieser Argumentation ist beizupflichten. Dabei ist zu bedenken, daß dem Ver überdies schon eine ungewöhnliche überobligationsmäßige Haftung auferlegt worden ist. Dafür, daß davon abweichend der Staat bei Verletzung der Verpflichtung nach § 29d II StVZO summenmäßig unbeschränkt haftet, vgl. BGH 22. III. 1965 NJW 1965 S. 1524–1526 = VersR 1965 S. 591–592, 5. II. 1980 VersR 1980 S. 458 und Anm. B 145. – Durch eine verzögerte Anzeige bei der Zulassungsstelle verletzt der Ver begrifflich auch keine Rechtspflicht gegenüber seinem Vmer, so daß sich dieser ihm gegenüber im Regreßprozeß nicht auf eine darin liegende Mitschuld berufen kann (OLG Nürnberg 7. VI. 1973 VersR 1973 S. 1135–1136). Das gilt auch dann, wenn ein Erwerber erst zu einem Zeitpunkt Vmer und Eigentümer des Fahrzeugs wird, in dem das Vsverhältnis schon gestört war; denn es war Sache dieses neuen Vmers, sich zu vergewissern, ob der Vsschutz in Ordnung war oder nicht (vgl. OLG Hamm 13. XI. 1981 VersR 1982 S. 765–766). Zur besonderen Situation bezüglich der Rechtsstellung des Mitvten im Sinne des § 10 II AKB wird auf die (künftigen) Ausführungen im Abschnitt H. verwiesen. Hier sei nur festgehalten, daß dem Gesetzgeber bei der Schaffung der Anzeigepflicht gemäß § 29c StVZO lediglich der Schutz des Dritten, nicht aber der der mitvten Personen vorschwebte. Demgemäß wäre es verfehlt, aus einer in sich zugunsten des Dritten geschlossen geregelten Materie eine Anzeigepflicht als Schutzgesetz im Sinne des § 823 II BGB zugunsten der mitvten Personen (oder gar zugunsten des Vmers) zu konstruieren. Insoweit ist OLG Nürnberg 7. VI. 1973 a.a.O. durchaus zuzustimmen (ebenso OLG Köln 3. III. 1975 NJW 1975 S. 1746–1747 = VersR 1975 S. 725–727; w.N. bei BGH 4. IV. 1978 a.a.O.). Angesichts der besonderen Schutzwürdigkeit des Vten, der regelmäßig nicht die Möglichkeit hat, sich zu vergewissern, ob für das von ihm gefahrene Fahrzeug des Vmers Haftpflichtvsschutz besteht oder nicht, kann aber im Einzelfall mit Roth-Stielow NJW 1972 S. 1357–1358 durchaus angenommen werden, daß ein an sich bestehender Regreßanspruch des Vers an der Bestimmung des § 254 II BGB scheitert.

d) Eingrenzungen der überobligationsmäßigen Haftung
aa) § 158c III VVG

Gliederung:

aaa) Mindestvssummen B 47–50
 α) Grundsätzliches, Verhältnis zu § 158k B 47
 β) Auswirkung der Leistungspflicht anderer Ver im Sinne des § 158c IV auf die Haftungsbegrenzung nach § 158c III B 48–49
  αα) Leistungspflicht von Sozialvsträgern und anderen Schadenvern im Sinne des § 158c IV (mit Ausnahme der von Haftpflichtvern) B 48
  ββ) Leistungspflicht anderer Haftpflichtver B 49
  γ) Besonderheiten bei der Beteiligung mehrerer Personen am Vsvertrag mit teils intaktem, teils gestörtem Vsverhältnis B 50
bbb) Übernommene Gefahr B 51

[B 47] aaa) Mindestversicherungssummen
α) Grundsätzliches, Verhältnis zu § 158k VVG

Gemäß § 3 Ziff. 6 PflichtvsG gilt in den Fällen des § 3 Ziff. 4 und 5 PflichtvsG sinngemäß die Bestimmung des § 158c III. Danach haftet der Ver nur im Rahmen der amt-

Anm. B 48   B. Kraftfahrzeughaftpflichtv Stellung des geschädigten Dritten

lich festgesetzten Mindestvssummen (zuletzt erhöht durch VO vom 22. IV. 1981, BGBl. I S. 394). Die Haftung des Vers im gestörten Vsverhältnis erstreckt sich demgemäß nicht auf Vssummen, die über die amtlich festgesetzten Mindesvssummen hinausgehend vereinbart worden sind. An dieser seit dem Inkrafttreten des Gesetzes über die Einführung der Pflichthaftpflichtv für Kraftfahrzeughalter vom 7. XI. 1939 (RGBl. I S. 2223) geltenden Regelung hat sich durch den zum 1. X. 1965 neugeschaffenen § 158k nichts geändert. Zwar heißt es in dieser auch für die Kfz-Haftpflichtv geltenden Bestimmung, daß die Vorschriften über die Pflichtv auch insoweit Anwendung finden, als der Vsvertrag eine über die gesetzlichen Mindestanforderungen hinausgehende Deckung gewährt. § 158c III ist aber gegenüber § 158k als speziellere Vorschrift anzusehen, die durch § 158k hinsichtlich der Beschränkung der überobligationsmäßigen Haftung auf die Mindestvssummen nicht geändert werden sollte. Vgl. dazu BGH 30. IV. 1975 VersR 1975 S. 559 (in NJW 1975 S. 1277–1278 insoweit nicht mitabgedruckt): Die Beschränkung der Haftung auf den Rahmen der amtlich festgesetzten Mindestvssummen stelle lediglich die Festlegung der Obergrenzen dar, bis zu denen der „kranke" Ver nach den besonderen Vorschriften des PflichtvsG einzutreten habe. Es werde angeordnet, daß diese übervertragliche Haftung in keinem Fall weiter reiche; insbesondere also auch dann nicht, wenn dem Vsvertrag höhere als die amtlich festgesetzten Mindestvssummen zugrunde gelegt worden seien. Ebenso Bauer Kraftfahrtv S. 136, Prölss-Martin [22] Anm. 2 zu § 158k, S. 860, vgl. auch Begr. IV S. 32, ferner OLG Frankfurt a. M. 4. I. 1972 VersR 1974 S. 49–50, das allerdings ebenso wie BGH 30. IV. 1975 a.a.O. § 158k und dessen Verhältnis zu § 158c III nicht ausdrücklich abgehandelt hat. – Soweit nur eine Teilleistungsfreiheit des Vers vorliegt (z. B. nach § 7 V Ziff. 2 AKB), gelten diese Grundsätze über die Beschränkung der Haftung des Vers auf die Mindestvssummen gewiß nicht (vgl. auch Anm. B 52).

[B 48] β) Auswirkung der Leistungspflicht anderer Versicherer im Sinne des § 158c IV VVG auf die Haftungsbegrenzung nach § 158c III VVG

αα) **Leistungspflicht von Sozialversicherungsträgern und anderen Schadensversicherern im Sinne des § 158c IV VVG (mit Ausnahme der von Haftpflichtversicherern)**

Liegt der Schaden des Dritten höher als die erwähnten Mindestvssummen, so ist es von besonderer Bedeutung, ob der Ver diese Mindestvssummen für die Erfüllung begründeter Ansprüche auch dann vollen Umfangs zur Verfügung stellen muß, wenn der geschädigte Dritte Ersatz von einem anderen Ver im Sinne des § 158c IV erlangt oder erlangen kann (vgl. dazu Anm. B 52–55). Denkbar sind hier drei Auslegungsmöglichkeiten. Die für den geschädigten Dritten günstigste Interpretation ist die, daß die Leistungen anderer Ver im Sinne des § 158c IV die überobligationsmäßige Haftung des Vers im gestörten Vsverhältnis hinsichtlich seiner Eintrittspflicht im Rahmen der gesetzlichen Mindestvssummen nicht berührt. Die für den überobligationsmäßig haftenden Ver optimale Lösung wäre die, daß Leistungen solcher Ver im Sinne des § 158c IV voll auf die Mindestvssummen angerechnet werden. BGH 30. IV. 1975 NJW 1975 S. 1277–1278 = VA 1975 S. 312–313 Nr. 664 hat hier einen zuerst von Preußner ZfV 1967 S. 526–527 skizzierten Mittelweg eingeschlagen. Es ging dabei um einen Fall, in dem der materielle Schaden eines querschnittgelähmten Dritten durch Leistungen des Sozialvers ausgeglichen war. Der Sozialver erbrachte eine Rente von zuletzt monatlich DM 1.563,70, die sich kapitalisiert auf mehr als DM 250.000,– stellte. Der überobligationsmäßig haftende Ver wurde nur wegen eines Schmerzensgeldes in Anspruch genommen, das trotz der schweren Verletzung mit Rücksicht auf ein erhebliches Mitverschulden des Dritten nur mit DM 30.000,– beziffert worden war. Der Ver war der Auf-

II. 7. Leistungspflicht im gestörten Versicherungsverhältnis　　　　　Anm. B 48

fassung, daß er überhaupt nichts zu leisten habe, während das Berufungsgericht den Standpunkt vertrat, daß Leistungen des Sozialvers oder anderer Ver im Sinne des § 158c IV die überobligationsmäßige Haftung in Höhe der Mindestvssummen nicht berühre. Vom BGH wurde in diesem Zusammenhang ausgeführt, daß der geschädigte Dritte die Leistungsfreiheit nach § 158c IV gegen sich gelten lassen müsse. Er könne nicht in den gesetzlich haftungsfreien Raum mit eigenen, ihm verbliebenen Ansprüchen nachrücken, die bei zulässigem Regreß des Sozialvers keine Erfüllung finden würden. Die Mindestvssumme stelle lediglich die Obergrenze der Eintrittspflicht des „kranken" Vers dar und somit auch nicht einen Betrag, den der Dritte unter allen Umständen ausschöpfen dürfe, solange und soweit seine Haftungsansprüche nicht befriedigt seien. Die Vssumme stehe ihm vielmehr in dem Umfang zur Verfügung, wie es bei uneingeschränkter Eintrittspflicht des Ver der Fall wäre. Im übrigen, d. h. soweit die Deckungssumme durch den Ausschluß von Regreßansprüchen verschont werde, brauche der Ver sie nicht aufzuwenden. Es bestehe kein Grund, diesen allein bei einem „kranken" Vsverhältnis entstehenden Vorteil im Ergebnis dem Dritten zusätzlich zuzuwenden. Ein Anspruch hierauf könne auch nicht im Einzelfall daraus hergeleitet werden, daß der Vsvertrag zu einer höheren als der Mindestvssumme abgeschlossen worden sei mit der Folge, daß der Dritte bei voller Eintrittspflicht des Vers keinen Ausfall erleiden würde. Der Dritte könne nur erwarten, daß die gesetzlich vorgeschriebene Pflichtv bestehe und nur in diesem Vertrauen schütze ihn die folgerichtig auf die Mindestvssummen beschränkte Forthaftung des „kranken" Vers. Aber auch insoweit verbleibe es nach § 3 Ziff. 4–6 PflichtvsG grundsätzlich bei der Leistungsfreiheit des Vers; sie könne lediglich dem Dritten nicht entgegengehalten werden. Dem Dritten solle mithin aus der Störung des Vsverhältnisses, soweit dessen Bestehen vorgeschrieben sei, kein Nachteil erwachsen; darüber hinaus sollten die Rechte des Vers nicht beeinträchtigt werden. Das gelte auch für seine vollständige Haftungsbefreiung nach § 158c IV und dem hieraus folgenden Ausschluß von Regreßansprüchen des Sozialvsträgers. Dieser der gesamten Regelung zugrunde liegenden Absicht werde nur eine Aufteilung der Mindestvssumme nach dem Schlüssel gerecht, der auch im Fall eines ungestörten Vsverhältnisses gelten würde. Wäre die Bekl. nicht leistungsfrei, so müßte, wenn die Vssumme nicht ausreiche, das Verteilungsverfahren nach §§ 155, 156 stattfinden, an dem der Kl. mit seinem Schmerzensgeldanspruch, der Sozialvsträger mit den nach § 1542 RVO übergangenen Forderungen beteiligt wäre. Bei dem vorliegenden „kranken" Vsverhältnis sei entsprechend zu verfahren mit dem alleinigen Unterschied, daß der sonst auf den Regreß des Sozialvsträgers entfallende Anteil dem Haftpflichtver kraft seiner Leistungsfreiheit nach § 158c IV verbleibe.

Gegen diese Auslegung hat sich Ritze NJW 1975 S. 2284–2285 mit zwei Argumenten gewandt. Das erste Argument ist ein Hinweis auf das Straßburger Abkommen (Europäisches Abkommen über die obligatorische Haftpflichtv für Kraftfahrzeuge vom 20. IV. 1959, BGBl. II 1965 S. 281–296 = VA 1965 S. 108–111), in dem in Anh. I Art. 6 II von mehreren geschädigten Personen gesprochen werde, deren Ansprüche anteilig bei nicht ausreichender Vssumme herabzusetzen seien. Von fiktiven Leistungen sei nicht die Rede; sie dürften daher auch nicht berücksichtigt werden. Dazu ist jedoch zu sagen, daß ein hochspezieller Sonderfall wie der vorliegende von Art. 6 II nicht erfaßt und die vom BGH gefundene Lösung dem Sinn jenes Abkommens in keiner Weise widerspricht. Dabei ist auch Art. 5 des Straßburger Abkommens zu beachten. In dieser Bestimmung ist festgestellt, daß dann, wenn der Ersatz eines durch ein Kfz verursachten Schadens sowohl die Pflichtv für Kraftfahrzeuge als auch die Regelung der sozialen Sicherheit berühre, sich die Rechte der geschädigten Person und die Rechtsbeziehungen zwischen Pflichtv und sozialer Sicherheit nach dem innerstaatlichen Recht bestimme. Betrachtet man diese Vorschrift wertend, so ist als deren Sinn zu erkennen, daß sie gewiß den Ausschluß der Haftung des nur überobligationsmäßig im Risiko befindlichen Vers gestattet, wenn und soweit ein Sozialver eintrittspflichtig ist. Von diesem Standpunkt aus ist es konsequent, wenn eine solche Leistung des Sozialvers bei einer Verteilungsrechnung nach § 156 III beachtet wird. Andernfalls würde der geschädigte Dritte besser stehen als im gesunden Vsverhältnis mit der gesetzlich vorgeschriebenen Mindestvssumme. Dieser letzten Endes entscheidende Gesichtspunkt führt zu dem Ergebnis, daß eine gleiche Berechnungsweise bei einer Ersatzleistung eines Schadenvers des geschädigten Dritten im Sinne des § 158c IV vorzunehmen ist, unabhängig davon, ob die Leistung eines solchen Vers den Bestimmungen der sozialen Sicherheit im Sinne des Art. 5 des Straßburger Abkommens zugerechnet werden könnte oder nicht. Da das Straßburger Abkommen aber sowieso kein unmittelbar innerstaatlich geltendes Recht ist, sondern lediglich als Auslegungsquelle des nach seinem Geist geschaffenen PflichtvsG in der Fassung des Jahres 1965 herangezogen werden kann, kommt den Hinweisen auf dieses Abkommen letzten Endes auch nur in Ausnahmefällen eine entscheidende Bedeutung zu. – Das zweite von Ritze a.a.O. gegen das BGH-Urteil hervorgehobene Argument ist ein Hinweis darauf, daß das gefundene Ergebnis unpraktikabel sei und zu schwierigen Abgrenzungen hinsichtlich der dann bei dieser Abrechnung zu berücksichtigenden fiktiven Regreßforderungen des Sozialvers führe. Indessen wird hier übersehen, daß die Abrechnungssituation die gleiche ist wie bei einem gesunden Vsverhältnis mit für die Befriedigung der Gesamtansprüche nicht ausreichender Mindestvssumme. Auch dort ist für den Dritten die Vorschrift des § 156 III zu beachten (vgl. dazu auch Anm. B 13). Die Situation ist auch nicht unüberschaubar. Der Dritte weiß vielmehr genau, welche Leistungen er von dem Sozialvsträger oder von den Schadenvern im Sinne des § 158c IV erhält. Bleiben Unklarheiten, so geht das zu Lasten des Vers, der das Bestehen und den Umfang fiktiver Regreßansprüche genauso beweisen muß, wie er im Streitfall im Rahmen des § 158c IV die Leistungspflicht eines anderen Vers nachzuweisen hat (vgl. Anm. B 59). Entsprechendes gilt für die Zeit ab 1. VII. 1983, dem Zeitpunkt des Inkrafttretens des § 116 SGB (X). Das bedeutet, daß zunächst wie bisher eine Verteilungsberechnung nach Maßgabe der Neuregelung auf der Basis einer Leistungspflicht des Vers im ungestörten Vsverhältnis vorzunehmen ist. Alsdann ist die Subsidiarität der Eintrittspflicht des Vers gemäß § 158c IV in der Weise zu beachten, daß der Dritte in Höhe der Leistungspflicht des Sozialvers den nur überobligationsmäßig haftenden Ver nicht in Anspruch nehmen kann und daß weiterhin der dadurch freiwerdende Teil der Mindestvssummen nicht zusätzlich für den Zugriff des Dritten zur Verfügung steht.

[B 49] ββ) Leistungspflicht anderer Haftpflichtversicherer

Abzugrenzen von den im vorangegangenen Abschnitt dargestellten Abrechnungsfällen, in denen fingiert wird, daß nach § 158c IV ausgeschlossene Regreßansprüche zu berücksichtigen seien, sind Sachverhalte, die durch das Bestehen anderweitigen Haftpflichtvsschutzes im Sinne jener Vorschrift gekennzeichnet sind. Zu beachten ist, daß es hier eine Reihe unterschiedlicher Fallgruppen gibt. Soweit es darum geht, daß für ein und dasselbe Kfz ein Haftpflichtver im Risiko ist, der andere aber aus einem der in § 3 Ziff. 4, 5 PflichtvsG genannten Gründen leistungsfrei ist, muß die Entscheidung dahin gehen, daß das Ausscheiden des an sich nicht zur Leistung verpflichteten Vers gemäß § 158c IV endgültig ist. Es verbleibt keine subsidiäre Haftung. Vielmehr kommt auch hier der vom BGH 30. IV. 1975 a.a.O. hervorgehobene Grundsatz zum Tragen, daß durch das System des Pflichtvsschutzes erreicht werden soll, daß für jedes vspflichtige Fahrzeug die Mindestvssummen zur Befriedigung der geschädigten Dritten zur Verfügung stehen (ebenso Fleischmann-Deiters in Thees-Hagemann Anm. 4c zu § 158c, S. 273, Preußner ZfV 1967 S. 527). Liegt der Fall so, daß für das den Schaden anrichtende Kfz beide Ver gemäß § 3 Ziff. 4, 5 PflichtvsG nicht im Risiko sind, so findet eine Verdoppelung der

II. 7. Leistungspflicht im gestörten Versicherungsverhältnis **Anm. B 49**

Mindestvssumen ebenfalls nicht statt. Es findet vielmehr § 59 entsprechende Anwendung (vgl. Anm. B 55). Zu bedenken ist aber, daß § 158c IV auch dann Anwendung findet, wenn ein Dritter durch zwei Fahrzeuge geschädigt wird, von denen der Ver des einen Kfz leistungspflichtig ist, während der andere lediglich überobligationsmäßig gemäß § 3 Ziff. 4, 5 PflichtvsG im Risiko ist (vgl. dazu Anm. B 55 m.w.N.). Es wird dabei unterstellt, daß Fahrer oder Halter beider Fahrzeuge dem Dritten ersatzpflichtig seien. In einem solchen Fall wird der nur überobligationsmäßig haftende Ver gemäß § 158c IV nicht endgültig von der Haftung befreit. Er ist vielmehr bis zur Höhe der Mindestvssumen subsidiär eintrittspflichtig, soweit der Schaden nämlich durch den Ver des anderen Kfz nicht auszugleichen ist. Das ergibt sich aus der dem Gesetzsystem zugrunde liegenden Konzeption, daß für jedes vspflichtige Fahrzeug die Mindestvssumen zur Verfügung zu stehen haben. Das Gesagte gilt aber dann nicht, wenn der im Risiko befindliche Ver zu höheren als den Mindestvssumen abgeschlossen hat. Vielmehr entfällt hinsichtlich desjenigen Teils der Vssummen, der die gesetzlichen Mindestvssummen überschreitet, eine solche ergänzende Subsidiärhaftung des Vers (vgl. Anm. B 47). — Will es der Zufall, daß ein Dritter durch zwei Fahrzeuge mit gestörten Vsverhältnissen geschädigt wird mit gesamtschuldnerischer Haftung beider Fahrer oder Halter, so kann der geschädigte Dritte beide Ver in Anspruch nehmen (vgl. dafür, daß bei einer Mehrheit von Direktansprüchen, die nicht auf dem nämlichen Vsvertrag beruhen, zwischen den Vern kein echtes Gesamtschuldverhältnis besteht, Anm. B 21 a.E.m.w.N.). Insgesamt stehen dem Dritten dann die doppelten Vssummen zur Befriedigung seiner Ansprüche zur Verfügung. Die beiden Ver haften aber jeder nur mit ihren Vssummen (vgl. dazu auch Anm. B 55). Denkbar sind im Rahmen des § 158c IV bei gesamtschuldnerischer Haftung mehrerer Schädiger auch Fallgestaltungen, in denen Leistungspflichten aus Haftpflichtvsverträgen, die ohne gesetzlichen Zwang abgeschlossen worden sind, in Konkurrenz zu der überobligationsmäßigen Haftung eines Pflichthaftpflichtvers stehen (vgl. ergänzend Anm. B 55). Gedacht sei z. B. daran, daß die private Haftpflichtv eines Fußgängers, der den Unfall eines Dritten mitverschuldet hat, im Sinne des § 158c IV die Ersatzpflicht des an sich leistungsfreien Pflichthaftpflichtvers zurücktreten läßt. Hier gelten wiederum die vom BGH 30. IV. 1975 a.a.O. erarbeiteten Grundsätze. Der überobligationsmäßig haftende Ver braucht danach nur insoweit einzutreten, als die Vssummen des Privathaftpflichtvers die Mindestvssummen der Kfz-Haftpflichtv nicht erreichen. Damit wird der Grundsatz des Pflichtvssystems gewahrt, daß in dessen Rahmen nur die Zurverfügungstellung dieser Mindestvssummen unter Einbeziehung anrechenbarer anderer Vsleistungen im Sinne des § 158c IV erwartet werden kann.

Etwas anderes gilt aber dann, wenn der andere, im Sinne des § 158c IV zur Entschädigungsleistung mitverpflichtete Haftpflichtver seinerseits ein Pflichthaftpflichtver ist. Hier ist zu bedenken, daß dieser doppelte Schutz zweier Pflichtvssysteme auch im Fall des Notleidens eines dieser beiden Vsverhältnisse zum Zuge kommen muß. Der Fall ist dem oben abgehandelten der Beteiligung zweier Fahrzeuge an einem Schaden eines Dritten gleichzusetzen. Eine subsidiäre Haftung des Vers des notleidenden Vertrages ist, soweit nicht durch die Leistungen des im Risiko befindlichen Haftpflichtvers die zusammengezählten Mindestvssummen beider Systeme erreicht werden, zu bejahen. Praktisch kann etwas derartiges z. B. in den Fällen werden, in denen eine solche „Haftungskonkurrenz" zwischen einer gestörten KVO-Pflichthaftpflichtv und einer notleidenden Kfz-Haftpflichtv besteht. Dabei sei zur Vermeidung von Mißverständnissen betont, daß hier zwei Fahrzeuge am Unfall beteiligt sein müssen, da sich die Kfz-Haftpflichtv nach § 11 Ziff. 3 AKB nicht auf die Beschädigung beförderter Sachen bezieht. Daß hier unterschiedliche Ergebnisse gewonnen werden, je nachdem, ob es sich um einen der KVO- oder der CMR-Haftung unterliegenden Transport handelt, weil nur für KVO-Transporte eine gesetzliche Verpflichtung zum Abschluß einer Haftpflichtv besteht (vgl. § 10 I Ziff.

4 GüKG i. V. m. § 38 KVO), ist eine systematische Ungereimtheit, die sich aber durch eine ergänzende Interpretation nicht beseitigen läßt. Denn sie beruht auf der bewußten gesetzgeberischen Entscheidung, grenzüberschreitende Transporte nicht dem höheren Schutz des Dritten im gesetzlichen Pflichthaftpflichtvssystem zu unterwerfen.

[B 50] γ) Besonderheiten bei der Beteiligung mehrerer Personen mit teils intaktem, teils gestörtem Versicherungsverhältnis

Die Mindestvssummen stehen auch dann nur einmal pro Schadenereignis zur Verfügung, wenn sich die Ansprüche des Dritten aus einem solchen einheitlichen Schadenereignis sowohl gegen den Vmer als auch gegen einen Vten (oder mehrere Vte) richten (vgl. dazu Anm. B 13 a.E.). Das ist zu beachten, wenn der Fall so liegt, daß wohl der Vmer Vsschutz genießt, nicht aber der Vte. Haftet der Vmer dann für den eingetretenen Schaden in gleichem Maße wie der Vte, so stellen sich keine besonderen Probleme. Es ist im Rahmen der vereinbarten Vssumme zu regulieren. Reicht diese nicht aus, so greift das Verteilungsverfahren nach § 156 III ein (vgl. Anm. B 13). Eine Anwendung der Bestimmung des § 158c III scheidet in einem solchen Fall einer gesamtschuldnerischen Haftung des Vsschutz genießenden Vmers und des vsschutzlosen Vten begrifflich aus (zum Regreß des Vers in diesen Fällen vgl. Anm. B 66a.E.). Der Sachverhalt kann aber auch so gestaltet sein, daß der Vmer in dem angenommenen Ausgangsfall nur für einen Teil des Schadens ersatzpflichtig ist. Beispiel: Der Vmer haftet lediglich nach § 7 III StVG, weil er die ohne sein Wissen und Wollen erfolgende Benutzung seines Fahrzeugs schuldhaft ermöglicht hat. Diese Haftung des Vmers für den materiellen Teil des Körperschadens des Dritten ist begrenzt auf höchstens DM 500.000,– (§ 12 I Ziff. 1 StvG). Hingegen haftet der Schwarzfahrer, für den der Ver wegen Obliegenheitsverletzung nach § 2 IIb AKB nicht eintrittspflichtig ist, für einen verschuldeten Unfall summenmäßig unbegrenzt nach den Bestimmungen des bürgerlichen Rechts. Hat der Dritte hier einen Gesamtschaden von DM 750.000,– erlitten, so haftet der Ver aus dem gesunden Teil des kombinierten Haftpflichtvsverhältnisses auf Zahlung von DM 500.000,– und aus dem gestörten Vsverhältnis auf weitere DM 250.000,–, da der Schaden insgesamt in der gemäß der VO vom 22. IV. 1981 (Anlage zu § 4 II PflichtvsG) geltenden neuen Pflichtvssumme von DM 1.000.000,– liegt. Erreicht der Schaden des Dritten etwa den hohen Betrag von DM 1.500.000,–, so erhöht sich die Leistungspflicht des Vers nicht etwa um deswillen, weil mehrere Vsverhältnisse nebeneinander stehen. Es entspricht vielmehr dem gesetzlichen Pflichthaftpflichtvssystem, daß insgesamt zur Befriedigung der Ersatzansprüche des Dritten nur DM 1.000.000,– zur Verfügung stehen. Berücksichtigt man dabei, daß dem Dritten bei nicht ausreichender Vssumme im Verhältnis zum Sozialver nach der Rechtsprechung des BGH ein Befriedigungsvorrecht zusteht, das Quotenvorrecht also (anders als wenn ihm wegen eines Mitverschuldens nur ein Ersatzanspruch bezüglich eines Teils des Schadens zusteht) insoweit gerade nicht zum Tragen kommt (vgl. dazu BGH 7. XI. 1978 NJW 1979 S. 271–272 = VersR 1979 S. 30–31 und Anm. B 13 m.w.N.), so ergeben sich für die geschädigten Dritten in der Masse der Fälle durchweg auch rechtspolitisch akzeptable Ergebnisse (zur Änderung der Regreßsituation des Sozialvers ab 1. VII. 1983 vgl. § 116 [X] SGB, BGBl. 1982 I S. 1450–1466, und dazu Anm. B 13). Auf einen Irrweg in der Verteilung der Vssummen würde man im gesunden Vsverhältnis dann geraten, wenn man bezüglich der gegen den Vmer gerichteten begründeten Ansprüche in Höhe von 500.000,– einen Befriedigungsvorrang des Vmers zur Befreiung der gegen ihn gerichteten Ansprüche konstruiert, etwa mit der Begründung, daß es sich ausschließlich um den von ihm abgeschlossenen Vsvertrag handle, der demgemäß in erster Linie dazu bestimmt sei, daß die gegen den eigenen Vertragspartner gerichteten Ansprüche befriedigt werden. Vielmehr ist mangels einer abweichenden Regelung im Gesetz von einer Gleichrangig-

II. 7. Leistungspflicht im gestörten Versicherungsverhältnis **Anm. B 51**

keit der Rechtspositionen des Vmers und des Vten auszugehen. Das bedeutet, daß die Ansprüche des (oder der) Geschädigten in bezug auf die Verteilung der insgesamt zur Verfügung gestellten Vssummen gleichwertig zu behandeln sind, einerlei ob sie gegen den Vmer oder einen der Vten gerichtet sind (vgl. ergänzend Anm. B 13 a.E. zur analogen Anwendung des § 156 III). Es fragt sich aber, ob diese für die gesunden kombinierten Vsverhältnisse aufgestellten Grundsätze auch für ein gestörtes Vsverhältnis gelten. Das könnte mit Rücksicht auf die Überlegungen in BGH 30. IV. 1975 NJW 1975 S. 1277–1278 = VA 1975 S. 312–313 Nr. 664 als bedenklich erscheinen. Indessen ging es dort um die Abgrenzung der Rechtsposition des Dritten und seines Sozialvers. Die in diesem Zusammenhang entwickelten Grundsätze hindern aber nicht eine ergänzende Auslegung des Vsvertrages dahin, daß dann, wenn der Vsvertrag nur im Verhältnis zum Vten, nicht aber im Verhältnis zum Vmer notleidend ist (und umgekehrt), die Vssummen vorrangig für die gegen den Vmer gerichteten begründeten Haftpflichtansprüche zur Verfügung stehen. Die Grenze einer solchen Interpretation ist dabei die, daß die Leistungen für den Dritten – unter Einbeziehung der Leistungen anderer Ver im Sinne des § 158 c IV – im Ergebnis nicht unter die Mindestvssummengarantie des § 158 c III fallen dürfen.

[B 51] bbb) Übernommene Gefahr

Durch § 158 c III wird die überobligationsmäßige Haftung des Vers nicht nur auf die Mindestvssummen beschränkt sondern auch auf die übernommene Gefahr. Erkennbarer Sinn dieser Bestimmung ist eine Klarstellung des Inhalts, daß die zugunsten des Dritten fingierte Haftung des Vers nicht über die Leistungsverpflichtung aus einem gesunden Haftpflichtvsverhältnis hinausgeht. Unter der „übernommenen Gefahr" ist demgemäß der sich aus den primären und sekundären Risikoabgrenzungsbestimmungen ergebende Vsschutzbereich zu verstehen. Voraussetzung für die zugunsten des Dritten fingierte Eintrittsverpflichtung des Vers ist somit, daß das Schadenereignis, aus dem Haftpflichtansprüche hergeleitet werden, ein gemäß §§ 149, 150 und §§ 2 I, 10 I–VIII, 10a AKB vtes Risiko ist und daß keine der Ausschlußbestimmungen gemäß § 152 und §§ 2 III b, 11 AKB eingreift. Prölss-Martin[22] Anm. 9 zu § 158 c, S. 840 formulieren dahin, daß der Ver nur im Rahmen der örtlichen, zeitlichen und sachlichen Grenzen der Gefahrübernahme hafte. Das ist hinsichtlich des Hinweises auf die örtlichen und sachlichen Grenzen zutreffend, gilt jedoch für die erwähnten zeitlichen Grenzen der Gefahrübernahme mit Rücksicht auf die Sonderregelung in § 158 c II nur sehr eingeschränkt. – Soweit ein Schadenereignis außerhalb Europas eintritt, also nicht innerhalb des normalen Deckungsbereichs der Kfz-Haftpflichtv gemäß § 2 I AKB, greift grundsätzlich die überobligationsmäßige Haftung des Vers nicht ein. Ist es aber so, daß zu jenem gestörten Kfz-Haftpflichtvsvertrag, wie in § 2 I AKB schon als Möglichkeit vorgesehen, ein über Europa hinausgehender räumlicher Vsschutz vereinbart worden ist, so besteht insoweit grundsätzlich auch eine überobligationsmäßige Eintrittsverpflichtung des Vers. Dieser kann sich also in diesem Spezialfall nicht darauf berufen, daß er in anderen Vsverträgen wegen Fehlens einer solchen besonderen Abrede nicht im Risiko wäre. Zu beachten ist bei diesem Beispiel aber, daß es umstritten ist, nach welcher Rechtsordnung es sich bei Schadenereignissen im Ausland bestimmt, ob Schutzbestimmungen des Vsrechts (im konkreten Fall § 3 Ziff. 4, 5 PflichtvsG) zur Anwendung kommen (vgl. dazu Anm. B 78). Aus dem Gesagten folgt weiter, daß der Dritte sich in allen denjenigen Grenzfällen, in denen z. B. das Vorliegen eines Gebrauchs des Kfz im Sinne des § 10 I AKB verneint worden ist, nicht auf den durch § 3 Ziff. 4, 5 PflichtvsG geschaffenen Schutz berufen kann, wenngleich bei gewissen Ersatzobligationen, die an die Stelle von durch § 3 PflichtvsG erfaßten Schadenersatzansprüchen treten, eine entsprechende Anwendung dieser Schutzbestimmungen durchaus diskutabel wäre (vgl. dazu ergänzend Anm. B 14 m.w.N. und Anm. B 72). Schutzlos ist der Dritte auch, soweit die zitierten Ausschlußklauseln eingreifen. Das ist in der Vergangenheit insbesondere in denjenigen Fällen als bedauerlich angesehen worden, in denen der Ver wegen **vorsätzlicher Herbeiführung des Vsfalles** durch den Vmer oder durch einen Vten nicht im Risiko ist (vgl. für die nicht gegebene Eintrittspflicht des Vers in solchen Vorsatzfällen z. B. BGH 15. XII. 1970 NJW 1971 S. 459 = VersR 1971 S 240, OLG Köln 12. I. 1960 MDR 1960 S. 678–679 = VersR 1960 S. 410–411, LG Bochum 6. XII. 1971 VersR 1973 S. 148, LG München 11. I. 1974 VersR 1975 S. 225, OLG Frankfurt a. M. 9. III. 1976 VersR 1978 S. 221, OLG Köln 16. IV. 1982 VersR 1983 S. 289). Diese Lücke im gesetzlichen Schutzsystem ist nunmehr dadurch geschlossen worden, daß die Vorsatzschäden gemäß § 12 I Ziff. 3 PflichtvsG in die Eintrittsverpflichtung des Entschädigungsfonds einbezogen worden sind (vgl. in diesem Zusammenhang auch den Hinweis von Deiters, Festschrift für Reimer Schmidt, Karlsruhe 1976, S. 383–384, daß bei Verhandlungen im internationalen Bereich der deutschen Delegation diese Lücke hinsichtlich der im übrigen als vorbildlich anerkannten deutschen Pflichtvsgesetzgebung immer wieder vorgeworfen wurde; zu § 12 I Ziff. 3 PflichtvsG vgl. Anm. B 108). Aus § 3 Ziff. 4 PflichtvsG ergibt sich mit aller Deutlichkeit, daß nicht zu dem durch § 158c III gemeinten Gefahrenbereich der der Leistungsfreiheit des Vers wegen Obliegenheitsverletzungen zählt. Prölss-Martin [22]Anm. 9 zu § 158c, S. 840 bemerken in diesem Zusammenhang sinngemäß, daß wegen dieser unterschiedlichen Regelung der Abgrenzung zwischen Obliegenheiten, deren Verletzung dem Dritten nicht schade, und objektiven Risikobeschränkungen für die Pflichthaftpflichtv eine bedeutende Rolle zufalle. Damit wird der Problembereich der „verhüllten" Obliegenheiten angesprochen (vgl. dazu Anm. B 43 m.w.N.). Für die Kfz-Haftpflichtv ist indessen nach dem gegenwärtigen Bedingungsstand der AKB nur eine solche verhüllte Obliegenheit zu ermitteln, nämlich die nach § 10 IX AKB. Dabei handelt es sich aber um eine Bestimmung, die ohnedies durch die mit der Einführung des Drittanspruchs herbeigeführte Systemänderung obsolet geworden ist (vgl. Anm. B 43 m.w.N.).

bb) Eintrittspflicht eines anderen Versicherers im Sinne des § 158c IV VVG

Gliederung:
aaa) Grundsatz B 52
bbb) Zur Abgrenzung zwischen Schaden- und Summenvsverträgen B 53
ccc) Ausländischer Ver B 54
ddd) Besonderheiten bei einem Zusammentreffen mehrerer Haftpflichtver B 55

eee) Nachträglicher Verlust des Vsschutzes aus einer anderweitigen V B 56
fff) Ausgleichsanspruch eines Mitschädigers im Interessenwiderstreit des § 158c IV B 57
ggg) Subsidiaritätsklauseln B 58
hhh) Beweislast B 59

[B 52] aaa) Grundsatz

Gemäß § 3 Ziff. 6 PflichtvsG findet auf den Drittanspruch im gestörten Vsverhältnis auch § 158c IV Anwendung. Nach dieser Bestimmung haftet der Ver nicht, wenn und soweit der Dritte in der Lage ist, Ersatz seines Schadens von einem anderen **Schadenver** oder von einem **Sozialvsträger** zu erlangen. In der bis zum 1. X. 1965 geltenden Fassung des § 158c IV war lediglich bestimmt worden, daß der Ver nicht hafte, insoweit ein anderer Haftpflichtver dem Vmer gegenüber eintrittspflichtig sei. Diese Bestimmung war vom BGH im Anschluß an Möller VersR 1950 S. 17 erweiternd dahin ausgelegt worden, daß die überobligationsmäßige Haftung des an sich leistungsfreien Vers auch insoweit entfalle, als ein Sozialver gegenüber dem geschädigten Dritten im Risiko sei (BGH 8. X. 1952 BGHZ Bd 7 S. 250–252, 17. X. 1957 BGHZ Bd 25 S. 322–330).

II. 7. Leistungspflicht im gestörten Versicherungsverhältnis   Anm. B 52

Auch wurde § 158 c IV a. F. dahin interpretiert, daß die fingierte Haftung des im Verhältnis zum Vmer (oder Vten) nicht im Risiko befindlichen Haftpflichtvers auch insoweit zurücktrete, als dem geschädigten Dritten ein sonstiger Ver aus einem Schadenvsverhältnis zur Leistung verpflichtet sei (BGH 17. X. 1957 a.a.O. S. 333). Durch die seit dem 1. X. 1965 geltende Fassung ist diese Rechtsprechung im Gesetz verankert worden. Das ist zu begrüßen, da durch die Anpassung der Normfassung an die Rechtswirklichkeit Fehlinterpretationen eines nur am Gesetzeswortlaut orientierten Lesers vermieden werden. Eine entsprechende Anwendung der Vorschrift auf alle diejenigen Fälle, in denen dem geschädigten Dritten zwar keine Zugriffsmöglichkeit gegenüber einem anderen Ver zur Verfügung steht, aber ein weiterer solventer Schuldner haftet, ist vom BGH zu § 158c IV a.F. verneint worden, und zwar auch für den Fall, daß es sich bei diesem dem Dritten haftenden Schuldner um den Staat handelt, z. B. hinsichtlich der Versorgungsbezüge eines unfallgeschädigten Beamten (BGH 17. X. 1957 BGHZ Bd 25 S. 330–340 m. w. N.). Diese Ablehnung einer Auslegung des § 158c IV über den Kreis der dort aufgeführten Ver hinaus gilt im gleichen Maße für die neugefaßte Vorschrift (die in VersArch 1956 S. 311–315 bezüglich versorgungsberechtigter Beamter vertretene gegenteilige Auffassung wird angesichts der überzeugenden Abgrenzung durch BGH 17. X. 1957 a.a.O. aufgegeben). Der Anwendungsbereich dieser Bestimmung ist demgemäß auf solche dem geschädigten Dritten zustehende Ersatzmöglichkeiten beschränkt, die aus Vsverhältnissen herrühren. Die von Denck VersR 1980 S. 9–12 neuerdings befürwortete Ausdehnung des § 158c IV auf die Verpflichtung des Arbeitgebers zur Fortzahlung des Lohnes an einen unfallgeschädigten Dritten ist demgemäß abzulehnen (zutreffend AG Nürnberg 9. V. 1972 VersR 1973 S. 516–517; zweifelnd Prölss-Martin [22] Anm. 10 zu § 158c, S. 842). Das Gesagte hat zur Konsequenz, daß die privaten (oder öffentlich-rechtlichen) Schadenver und die Sozialver sich nicht im Regreßwege bei dem an sich leistungsfreien Ver erholen können. Unerheblich ist dabei, ob es sich um einen Träger der gesetzlichen Renten-, Kranken- oder Unfallv handelt. Auch spielt es für die Anwendung des § 158c IV keine Rolle, ob es sich um einen gemäß § 1542 RVO (ab 1. VII. 1983 gemäß § 116 [X] SGB) übergegangenen Anspruch oder um ein originäres Regreßrecht nach § 640 RVO handelt. Einen Sonderfall stellt es allerdings dar, wenn eine AOK wegen der Lohnfortzahlung durch den Arbeitgeber Regreß nimmt. Hier ist die Situation aus der Position des Arbeitgebers zu beurteilen und die nur zur Vereinfachung der Auszahlung an den Arbeitnehmer im Wege des Umlageverfahrens eintretende AOK nicht als anderer Ver im Sinne des § 158c IV anzusehen (zutreffend AG Nürnberg a.a.O., ablehnend Denck a.a.O., zweifelnd Prölss-Martin [22] a.a.O.). Sozialver im Sinne des § 158c IV ist auch der Träger der gesetzlichen Arbeitslosenv, soweit er zur Leistung von Arbeitslosengeld verpflichtet ist. Das gilt aber nicht für die Arbeitslosenhilfe, die gemäß § 1 S. 2 AVAVG als Teilaspekt des staatlichen Fürsorgeleistungsprinzips der Bundesanstalt für Arbeitsvermittlung und Arbeitslosenv als staatliche Auftragsverwaltung übertragen ist. Zu Recht ist daher für einen Regreß der genannten Bundesanstalt wegen der Zahlung von Arbeitslosenhilfe die Eintrittspflicht des nur überobligationsmäßig haftenden Vers bejaht worden (BGH 23. IX. 1965 BGHZ Bd 44 S. 166–171). In prägnant klaren Ausführungen bemerkt der BGH a.a.O. S. 170–171 dazu u.a. folgendes:

> „Für eine Anwendung des § 158c IV ist ... kein Raum. Denn diese Bestimmung setzt einmal voraus, daß der Verletzte unabhängig von der Leistung oder Nichtleistung des Haftpflichtvers vollen Schadenersatz erhält. Schon an dieser Voraussetzung fehlt es, wenn der Verletzte auf die Leistung des Vers angewiesen ist, durch dessen Nichtleistung bedürftig wird und deshalb unterstützt werden muß. Den Verletzten vor dieser Notlage und der dann notwendigen Inanspruchnahme

> der öffentlichen Fürsorge zu bewahren, ist gerade der Sinn des § 158c. Er erlaubt keine Leistungsfreiheit des Haftpflichtvers gegenüber einem Dritten, der sich mit einer nur subsidiär gewährten Unterstützung begnügen muß, mag darauf auch – wie bei der Sozialhilfe und der Arbeitslosenhilfe – ein Rechtsanspruch bestehen. Zum anderen entbindet § 158c IV den Haftpflichtver von seiner Haftung nicht einmal in den Fällen, in denen der Verletzte von anderer Seite ohne Rücksicht auf seine Bedürftigkeit vollen Ersatz seines Schadens erlangt. Denn die Vergünstigung der Haftungsfreiheit wird dem Haftpflichtver nur beim Eintritt eines anderen Vers zuteil ..."

Dafür, daß Sozialhilfeleistungen grundsätzlich nicht als Leistungen eines anderen Vers im Sinne des § 158c IV angesehen werden dürfen, vgl. auch OLG Braunschweig 20. V. 1966 VersR 1966 S. 969–971.

Nicht unter § 158c IV fällt auch der gemäß § 119 SGB (X) ab 1. VII. 1983 auf die Sozialvsträger übergehende Schadenersatzanspruch des Dritten auf Zahlung von Beiträgen zur Sozialv (ebenso Küppersbusch VersR 1983 S. 211). Hier handelt es sich vielmehr um einen Forderungsübergang zum Zwecke der treuhänderischen Geltendmachung zugunsten des Dritten, ohne daß diesem dafür eine Leistung von dem Sozialver erbracht wird. Das ergibt sich mit Deutlichkeit auch daraus, daß in § 119 S. 2 SGB (X) für die Bewertung der Beiträge auf den Eingang bei dem Sozialver abgestellt wird.

Einen nur ganz beschränkten Anwendungsbereich hat § 158c IV in den Fällen der nur teilweisen Leistungsfreiheit des Vers, wie sie sich jetzt – weit über die Kausalitätsregel des § 6 III für Schadenvergrößerungen durch grobfahrlässige Obliegenheitsverletzungen hinaus – durch § 7 V Ziff. 2 AKB ergeben. Die dort vorgenommene Beschränkung der Leistungsfreiheit des Vers auch für vorsätzlich nach Eintritt des Vsfalls begangene Obliegenheitsverletzungen auf DM 1.000,– oder DM 5.000,– bedeutet, daß im übrigen Vsschutz besteht. Demgemäß kann nach Berücksichtigung dieser Beträge gegen den Ver bis zur Höhe der vertraglich vereinbarten Vssummen (nicht etwa nur bis zu den Mindestvssummen im Sinne des § 158c III) sowohl von dem Dritten als auch von dem Sozialvsträger (unter Wahrung des Regulierungsvorrangs des Dritten) vorgegangen werden. Anders liegt es in denjenigen Fällen, in denen die Leistungsfreiheit des Vers für Obliegenheitsverletzungen, die vor Eintritt des Vsfalls begangen worden sind, zwar erhalten geblieben ist, aber eine Regreßbeschränkung des Vers durch geschäftsplanmäßige Erklärung (VA 1975 S. 157) auf DM 5.000,– vorgenommen worden ist. In solchen Fällen greifen § 158c III und IV voll ein (dafür, daß entgegen BGH 27. V. 1981 BGHZ Bd 80 S. 332–345 in diesen Fällen keine dogmatische Handhabe für einen Regreßverlust des Sozialvsträgers gegenüber dem Schädiger gegeben ist, vgl. Anm. B 148).

Bedeutsam ist die Regelung über das Zurücktreten der überobligationsmäßigen Haftung des an sich leistungsfreien Haftpflichtvers wegen der Ersatzverpflichtung eines anderen Schadenvers insbesondere für eine von dem Dritten abgeschlossene **Fahrzeugv**, ferner für eine **Krankheitskostenv** des Dritten und für den als Ausgangsfall in § 158c IV a. F. allein erwähnten anderweitigen **Haftpflichtvsschutz**. Der Subsidiaritätsgrundsatz nach § 158c IV erfaßt aber auch von dem Dritten abgeschlossene **Rechtsschutzven**. Soweit eine **Unfallv** in der Weise ausgestaltet ist, daß im Wege der konkreten Bedarfsdeckung Heilkosten ersetzt werden, greift § 158c IV ebenfalls ein. Denkbar ist aber auch, daß der Dritte Vsschutz in einer **Transportv** hat. Zur Frage, was zu gelten hat, wenn in diesen Schadenvsverträgen Subsidiaritätsklauseln verankert sind, speziell in der Rechtsschutz- und in der Krankenv, vgl. Anm. B 58. Maßgebend für die Bestimmung des Vsbegriffs gemäß der Vorschrift des § 158c IV ist der Rechtsbegriff der V im Sinne des VVG und des Sozialvsrechts (BGH 23. IX. 1965 Bd 44 S. 168–169). Als ein Ver ist auch ein Vsverein a. G. anzusehen, der seinen Geldbedarf aus Umlagen

II. 7. Leistungspflicht im gestörten Versicherungsverhältnis **Anm. B 53**

deckt, die von seinen Mitgliedern im Verhältnis ihrer Betriebseinnahmen aufzubringen sind (BGH 12. XII. 1963 VersR 1964 S. 159). Keine V im Rechtssinne liegt vor bei einer sog. Eigenv (vgl. dazu Möller in Bruck-Möller Anm. 4 zu § 1 m.w.N.). Zu Recht ist daher für einen solchen Fall die Anwendung des § 158c IV verneint worden (so BGH 29. I. 1971 VersR 1971 S. 334 für die österreichische Bundesbahn).

§ 158c IV findet auch dann Anwendung, wenn der Ver es entgegen § 29c StVZO unterlassen hat, das Erlöschen des Vsschutzes der Zulassungsstelle rechtzeitig anzuzeigen; die Nachhaftungsregelung in § 3 Ziff. 5 PflichtvsG ist als abschließende Regelung anzusehen, neben der kein Raum für eine zusätzliche Sicherung desselben Interesses durch deliktische Sanktionen im Sinne des § 823 II BGB ist (BGH 4. IV. 1978 MDR 1978 S. 1014 = VersR 1978 S. 609–610; ferner Anm. B 46 a.E.m.w.N., vgl. dafür, daß auch § 29d I StVZO kein Schutzgesetz im Sinne des § 823 II BGB ist, BGH 5. II. 1980 VersR 1980 S. 457–458 m.w.N.). Die Regelung in § 3 Ziff. 4,5 PflichtvsG in Verbindung mit § 158c IV ist recht kompliziert und wird von einem durchschnittlichen Vmer und seinem Rechtsberater häufig nicht durchschaut. Merkt der Ver daher, daß ein Vmer, mit dem er in Verhandlungen über eine vergleichsweise Erledigung eines Deckungsstreits steht, die Rechtslage nicht durchschaut, so ist rückhaltlose Klarstellung der Rechtsfolgen des Vergleichs geboten. Andernfalls ist damit zu rechnen, daß eine Anfechtung des Vergleichs durch den Vmer wegen eines nach § 119 I BGB beachtlichen Rechtsfolgeirrtums durchgreift (so im Fall OLG Zweibrücken 14. VII. 1976 VersR 1977 S. 806–807).

[B 53] bbb) Zur Abgrenzung zwischen Schaden- und Summenversicherungsverträgen

Zu beachten ist, daß sich § 158c IV nur auf Schadenven bezieht. Leistungsverpflichtungen aus Summenvsverträgen fallen demgemäß nicht unter § 158c IV. Das ist zur alten Fassung des § 158c IV vom BGH zunächst in einer obiter dictum-Bemerkung verkannt worden (vgl. BGH 17. X. 1957 BGHZ Bd 25 S. 327–329). Der BGH hat diese Rechtsauffassung aber mit Rücksicht auf die fundamentalen Unterschiede zwischen Schaden- und Summenvsverträgen ausdrücklich aufgegeben (vgl. dazu BGH 15. II. 1968 NJW 1968 S. 837–838 = VersR 1968 S 361–363 m.w.N.). Zur Begründung wird vom BGH a.a.O. insbesondere mit aller Deutlichkeit herausgearbeitet, daß die Nichtanwendung des § 158c IV auf Summenvsverträge die logische Konsequenz daraus sei, daß sich der geschädigte Dritte Leistungen aus Summenvsverträgen grundsätzlich nicht im Wege der Vorteilsausgleichung auf seinen Haftpflichtanspruch anrechnen lassen brauche (vgl. dazu BGH 19. XI. 1955 BGHZ Bd 19 S. 98–100, 19. IV. 1963 BGHZ Bd 39 S. 249–255, w.N. bei Bruck-Möller-Wagner Unfallv Anm. B 51). Zu beachten ist, daß sich diese Überlegungen grundsätzlich sowohl auf eine von dem geschädigten Dritten abgeschlossene Summenv als auch auf eine solche beziehen, die für den Dritten von dem Schädiger oder einem Vierten abgeschlossen worden ist. Bei einer von dem Schädiger abgeschlossenen Unfallv zugunsten des geschädigten Dritten kann allerdings unter Umständen eine Befugnis des Vmers dieser V gegeben sein, eine Anrechnung der Leistungen aus dieser Summenv auf gegen den Vmer gerichtete Schadenersatzansprüche verlangen zu dürfen (vgl. dazu BGH 7. V. 1975 BGHZ Bd 64 S. 260–268 m.w.N. und Bruck-Möller-Wagner Unfallv Anm. B 61–72 m.w.N., speziell in Anm. B 68, und Bruck-Möller-Sieg Anm. 31, 39 zu § 80). Übt der Vmer eines an sich leistungsfreien Haftpflichtvers eine solche Befugnis rechtswirksam aus, so bewirkt das die Tilgung der Haftpflichtschuld im Umfang der berechtigten Anrechnungserklärung. Es handelt sich dabei aber nicht um eine spezielle Rechtsproblematik nach § 158c IV, sondern um die gleiche Situation, die vorliegt, wenn der Vmer des an sich leistungsfreien Kfz-Haftpflichtvers die Haftpflichtschuld durch eine Zahlung tilgt. Auf beides darf und muß sich der an sich leistungsfreie Ver – ebenso wie das

Anm. B 53   B. Kraftfahrzeughaftpflichtv Stellung des geschädigten Dritten

auch der zur Leistung verpflichtete Ver tun würde – berufen. Entscheidend im Sinne der Betrachtung des § 158c IV ist, daß der Ver nicht die rechtliche Möglichkeit hat, seine Leistung mit Rücksicht auf bestehenden Unfall- oder sonstigen Summenvsschutz zu verweigern. Auch ist zu beachten, daß der Ver keinen Anspruch darauf hat, daß sein Vmer aus einer derartigen Unfallfremdv eine Anrechnung vornimmt.

Gegenüber diesen Betrachtungen ergibt sich allerdings aus § 50 S. 3 LuftVG eine Systemdurchbrechung. Nach dieser Vorschrift erlischt der Anspruch auf Schadenersatz kraft Gesetzes in Höhe der Leistung aus der vorgeschriebenen Flugastunfallv (vgl. dazu Bruck-Möller-Wagner Unfallv Anm. B 56, B 85 m.w.N. und neuerdings BGH 9. X. 1979 BGHZ Bd 75 S. 183–194). Kommt es ausnahmsweise zu einer Kollision zwischen einem Kfz und einem Luftfahrzeug, weil etwa das letztere aufgrund eines fliegerischen Versagens des Piloten auf einer Straße notlandet, so erscheint es als sachgerecht, bezüglich der zu erwartenden Leistungen aus der gesetzlich vorgeschriebenen Flugastunfallv § 158c IV anzuwenden. Ungeachtet dessen, daß auch hier die Tilgungswirkung erst mit der Leistung erfolgt, ist nämlich zu beachten, daß diese gesetzlich vorgeschriebene Fluggastunfallv ohne jede Anrechnungserklärung bestimmungsgemäß stets zum Erlöschen des Schadenersatzanspruchs im Leistungsumfang des Unfallvers führt. Das bedeutet, daß eine unlösbar mit dem Schadenersatzrecht verknüpfte Eintrittspflicht eines anderen Vers im Sinne des § 158c IV gegeben ist. Es liegt hier demgemäß der atypische Fall vor, daß eine Summenv gesetzlich so ausgestaltet ist, daß sie zur teilweisen oder gänzlichen Deckung eines konkreten Schadenbedarfs bestimmt ist. Es versteht sich, daß es vertragsrechtlich ohne weiteres möglich wäre, anders als das im lebenden Vsvertragsrecht zur Zeit üblich ist, in der Personenv schadenbezogene Summenvsverträge abzuschließen. Das könnte z. B. in der Weise geschehen, daß in einer Unfallv mit einer Invaliditätssumme von DM 50.000,– eine Klausel des Inhalts aufgenommen wird: „Der Ver ist im Rahmen der vereinbarten Vssumme nur in Höhe eines konkreten Schadens im Sinne des bürgerlichen Rechts ersatzpflichtig". Solange aber eine derart oder ähnlich lautende Klausel in Summenvsverträgen nicht enthalten ist, gilt, daß die Eintrittspflicht solcher Ver – vom Sonderfall der Fluggastunfallv abgesehen – nicht von der Subsidiaritätsklausel nach § 158c IV erfaßt wird.

Das Gesagte bedeutet, daß Leistungen aus in der Form von **Summenv**en abgeschlossenen **Lebens- und Unfallvsverträgen** nicht unter § 158c IV zu subsumieren sind. Als eine solche Summenv mit abstrakter Bedarfsdeckung ist aber auch die **Krankentagegeldv** (wie auch die Unfalltagegeldv) anzusehen (vgl. allgemein zur Abgrenzung zwischen Schaden- und Summenv Möller in Bruck-Möller Anm. 23–26 zu § 1, ferner speziell zur Tageldv Anm. 3 zu § 59 m.w.N., ferner Bruck-Möller-Wagner Unfallv Anm. B 13–14 m.w.N., Bruck-Möller-Wriede Krankenv Anm. B 6 und vor allem BGH 19. XII. 1973 VersR 1974 S. 184–185, 13. III. 1974 NJW 1974 S. 1430 = VersR 1974 S. 742; a. M. aber Sieg in Bruck-Möller-Sieg Anm. 20, 21 zu § 67 und VsRdschau 1968 S. 184–188). Die Frage war in der Krankentagegeldv deshalb umstritten, weil in den Bedingungen verankert war, daß das vte Krankengeld nicht mehr als das tägliche Durchschnittsnettoeinkommen, errechnet aus den letzten drei Monatseinkünften vor jeweils eingetretener völliger Arbeitsunfähigkeit, betragen dürfe. Ferner war bestimmt, daß bei Minderung des täglichen Nettoeinkommens das vte Krankengeld und die Prämie entsprechend der Minderung herabzusetzen seien. Vom BGH 19. XII. 1973 a.a.O. wurde das Vertragswerk, speziell unter Berücksichtigung dessen, daß eine Obliegenheit zur Anzeige einer solchen Einkommensminderung statuiert war, dahin interpretiert, daß keine automatische Anpassung der Entschädigungssätze vereinbart worden sei. Zur Begründung wurde auf S. 185 u.a. folgendes ausgeführt: Die V wäre eine Schadenv, wenn die ... Bestimmung dahin zu verstehen wäre, daß sich der Entschädigungssatz bei einem geringeren Einkommen des Vten automatisch mindern und gemäß dem Berechnungsmaßstab dieser Bestimmung festzusetzen wäre. Eine solche automatische Angleichung des Entschädigungssatzes an das Nettoeinkommen des Vten entspreche aber gerade nicht dem Wortlaut und Sinn der Vsbedingungen. Vielmehr sei vorgesehen, daß der Vmer dem Ver eine Änderung der Einkommensverhältnisse anzuzeigen habe und daß dann der Ver aufgrund dieser Anzeige oder aufgrund eigener Ermittlungen die Prämie und das Krankentagegeld herabsetze. Damit der Ver derart verfahren könne und zugleich davor geschützt sei, daß ein Vter in Erwartung eines über seinem täglichen Einkommen liegenden Krankentagegeldes ungerechtfertigt lange seiner Erwerbstätigkeit nicht nachgehe, bestehe die Anzeigeobliegenheit. Diese Vorschrift wäre wenig sinnvoll, wenn eine automatische Anpassung des Krankentagegeldes an das geminderte Einkommen einträte. Für diese Auslegung spreche auch, daß das Krankentagegeld seiner Bestimmung gemäß dem Vten im Vsfall so schnell wie möglich zur Verfügung stehen solle. — Dieser Argumentation des BGH ist mit den eingangs erwähnten Autoren beizupflichten. Von einem Ver, der eine Personenv mit festen Summen entgegen der traditionellen Übung nicht mit abstrakter sondern mit konkreter Bedarfsdeckung betreiben will, muß eine unmißverständliche Verankerung dieser Abwendung vom überkommenen Vertragstypus im Bedingungswerk erwartet werden. Wird dann allerdings eine solche Umgestaltung des Vertragswerkes vorgenommen, so stehen dessen Rechtsverbindlichkeit entgegen der Andeutung von Wagner a.a.O. Unfallv Anm. B 14 keine zwingenden gesetzlich gebotenen Unterscheidungen entgegen.

BGH 26. IX. 1979 VersR 1979 S. 1120—1122 hat nach Maßgabe des dargestellten grundlegenden Unterschiedes zwischen Schaden- und Summenvsverträgen ein bei einer Zusatzversorgungskasse bestehendes Pensionsvsverhältnis im ganzen als eine Summenv im Sinne des § 158c IV eingeordnet. Es ging um einen Fall, in dem dem Vten von der Zusatzversorgungskasse eine Versorgungsrente wegen Erwerbsunfähigkeit gezahlt wurde. Der Vte hatte seine Schadenersatzansprüche in Höhe der Leistung der Zusatzversorgungskasse an diese abgetreten. Im Tatbestand des Urteils ist nichts darüber gesagt, ob insoweit eine rechtliche Verpflichtung des Vten im Pensionsvsverhältnis festgelegt war oder nicht. Zur Begründung seiner Auffassung, daß auch hinsichtlich der Verpflichtung zur Zahlung einer Versorgungsrente wegen Erwerbsunfähigkeit keine Schadenv vorliege, führt der BGH a.a.O. S. 1121 u. a. folgendes aus: Die Zusatzversorgung des öffentlichen Dienstes gewähre im wesentlichen eine Altersrente, eine Rente im Falle vorzeitiger Berufsunfähigkeit sowie Renten für die Hinterbliebenen. Der Schwerpunkt der Leistungen liege auf dem Gebiet der Altersversorgung und der Versorgung der Hinterbliebenen von Versorgungsberechtigten, die im Zeitpunkt ihres Todes bereits die Altersgrenze erreicht hatten; insoweit sei sie zweifellos keine Schadenv. Die von der Zusatzversorgungskasse im Falle der Berufsunfähigkeit zu zahlende Rente gleiche zwar in gewisser Weise einen eingetretenen Schaden aus: Der Vte erhalte anstelle des weggefallenen Arbeitseinkommens ein Einkommen anderer Art. Dies rechtfertige jedoch nicht die Annahme, daß die Zusatzversorgungskasse teilweise auch ein Schadenver sei. Dem stehe bereits die einheitliche Konzeption der Zusatzversorgung des öffentlichen Dienstes entgegen. Ihr Zweck sei es, den Arbeitnehmern des öffentlichen Dienstes eine ähnliche Versorgung zu sichern wie den Beamten. Zu diesem Zweck solle ihnen für den Fall, daß sie — wegen Erreichens der Altersgrenze oder wegen Berufsunfähigkeit — aus dem öffentlichen Dienst ausscheiden müßten, eine Art Ruhegehalt gewährt werden, das sich aus den Leistungen der Sozialv und denen der Zusatzversorgungsanstalten zusammensetze. Schon die einheitliche Natur des Rentenanspruchs spreche dafür, die Berufsunfähigkeitsrenten rechtlich ebenso zu qualifizieren wie die Altersrenten. Im übrigen bemesse sich die von der Zusatzversorgungskasse zu zahlende Berufsunfähigkeitsrente nicht nach der Einkommenseinbuße, die der Versorgungsberechtigte durch das Ausscheiden aus dem öffentlichen Dienst erlitten habe. Die zu zahlende Zusatzrente entspreche vielmehr im wesentlichen der Differenz zwischen der nach den §§ 32 ff der Satzung errechneten Gesamtversorgung und den dem Versorgungsberechtigten zustehenden Sozialvsrenten. Für die Berechnung der Gesamtversorgung sei einmal die „gesamtversorgungsfähige Zeit", zum anderen das „gesamtversorgungsfähige Entgelt" maßgebend. „Gesamtversorgungsfähiges Entgelt" sei der monatliche Durchschnitt der Arbeitsentgelte, für die für den Versorgungsberechtigten in den letzten drei Kalenderjahren vor dem Eintritt des Vsfalls Pflichtbeiträge entrichtet worden seien. Ob der Versorgungsempfänger den Höchstsatz von 75 % des gesamtversorgungsfähigen Entgelts und damit einen seinen Erwerbsverlust zumindest teilweise ausgleichenden Ersatz erhalte, richte sich also nicht nach dem ihm tatsächlich entstandenen Schaden, sondern sei weitgehend davon abhängig, wie lange er bei seinem öffentlich-rechtlichen Dienstherrn beschäftigt war. Auf das Arbeitseinkommen, das der Versorgungsberechtigte im Zeitpunkt des Eintritts der Arbeitsunfähigkeit bezogen habe, und auf das, das er bei Fortdauer seiner Arbeitsfähigkeit bezogen hätte, also auf den tatsächlichen Einkommensausfall, komme es demnach grundsätzlich nicht an. Die in den Satzungen der verschiedenen Zusatzversorgungsanstalten enthaltenen Berechnungsvorschriften führten allerdings dazu, daß zumindest der Bruttobetrag der Gesamtversorgung in der Regel niedriger sei als das vorher bezogene Arbeitseinkommen. Dies folge jedoch aus dem Grundgedanken der Zusatzversorgung, die den Arbeitnehmern des öffentlichen Dienstes eine ähnliche Alters-, Berufsunfähigkeits- und Hinterbliebenenversorgung gewähren wolle wie den Beamten. Dies gelte jedoch in gleicher Weise auch für die Altersrenten, die unzweifelhaft keine Leistungen eines Schadenvers seien. Die von der Zusatzversorgungskasse zu gewährenden Leistungen seien demnach nicht zur Deckung eines bestimmten konkreten Erwerbsschadens bestimmt, sondern würden nach Kriterien berechnet, die von der tatsächlichen Erwerbseinbuße weitgehend unabhängig seien. – An dieser Argumentation fällt auf, daß mehrfach auf die von der Zusatzversorgungskasse zu gewährende Altersrente verwiesen wird, die gewiß nicht als Schadenv aufzufassen sei. Der BGH schließt daraus, daß ein gleiches auch für die Berufsunfähigkeitsvsrente zu gelten habe. Damit legt das Gericht seiner Argumentation die These zugrunde, daß deshalb, weil die in der Summe der Vsfälle am häufigsten zu erbringende Leistung der Versorgungskasse keine schadensvsrechtliche sei, ein gleiches auch für die vorzeitige Zahlungsverpflichtung im Falle einer Berufsunfähigkeit gelte. Für eine solche Verknüpfung fehlt es jedoch an einer tragfähigen Grundlage. Die private Personenv darf sowohl als Summen- wie auch als Schadenv betrieben werden. Es gibt keine Vorschrift, die es untersagt, in einem Vsvertrag alternative oder einander nachgeschaltete Vsleistungen zu versprechen, die teils auf dem abstrakten Summenvsprinzip beruhen, teils auf konkreter Schadenbedarfsdeckung. Der Schluß, aus der Einordnung der Altersrentenverpflichtung als Summenvsleistung folge ein gleiches für die Verpflichtung zur Zahlung einer Berufsunfähigkeitsrente, ist demgemäß nicht zutreffend. Entscheidend ist somit, ob die die Berufsunfähigkeit betreffende Leistungsverpflichtung des Vers für sich betrachtet schadenvsrechtlichen Charakter hat. Das wird vom BGH mit der Begründung verneint, daß maßgebend für die Leistung der Kasse sei, wie lange der Geschädigte im öffentlichen Dienst tätig sei. Diese Begründung ist aber ebenfalls nicht geeignet, den schadenvsrechtlichen Charakter einer Leistung zu verneinen. Denn es spricht nicht gegen eine schadenvsrechtliche Lösung, daß die Leistung des Vers auf einen effektiv angefallenen Schaden an die Dauer der Zugehörigkeit zu einem Arbeitgeber anknüpfend abgestuft wird. Verpflichtet sich ein Ver, jeweils 50, 60 oder 70 % eines Schadens zu ersetzen, so ändert das nichts an seiner Leistungsverpflichtung als der eines Schadenvers. Entkleidet man die Regelung allen Beiwerks, so handelt es sich doch darum, daß einem Vmer für den Fall des Eintritts der vorzeitigen Berufsunfähigkeit der Ersatz des entstehenden Verdienstausfallschadens versprochen wird, und zwar in abgestufter prozentualer Form unter Berücksichtigung auch der Sozialvsleistungen und unter Begrenzung der Leistungspflicht des Vers in der Weise, daß höchstens 75 % des gesamtversorgungsfähigen Entgelts geleistet wird. Bedenkt man, daß der den Vmer treffende Schaden der Einkommensverlust wegen Berufsunfähigkeit ist und daß die Leistung des Vers diesen teilweise ausgleichen soll, so wird die Auffassung des BGH, daß es sich nicht um eine schadenvsrechtliche Leistung handle, kaum noch zu halten sein. Das Gesagte gilt um so mehr, wenn man sich vergegenwärtigt, daß sich jene Zusatzversorgungskassen, was im Tatbestand allerdings nicht mit dieser Deutlichkeit herausgestellt wird, in allen Fällen, in denen die Berufsunfähigkeit des Vmers auf dem Verschulden eines Dritten beruht, die gegen ihn gerichteten Schadenersatzansprüche in Höhe ihrer Leistungen abtreten lassen. Diese Abtretungsklausel bedeutet, daß dem Vmer die Leistung der Zusatzversorgungskasse nicht zusätzlich neben dem Schadenersatzanspruch zur Verfügung stehen soll. Damit wird dem vsrechtlichen Bereicherungsverbot, wie es im Schadenvsbereich gilt, Rechnung getragen. Freilich bedarf es im Rahmen einer Schadenv einer solchen Abtretungsklausel nicht, da der Forderungsübergang kraft Gesetzes gemäß § 67 I erfolgt. Indessen gibt diese nach Lage der Dinge im Grunde genommen nur klarstellende Klausel einen entscheidenden Hinweis darauf, daß nach dem Willen der Partner des Vsverhältnisses die Vsleistung ungeachtet dessen, daß sie in pauschaliert summenmäßiger Form vereinbart ist, nicht wie bei den gewöhnlichen Summenvsverträgen dem Vmer zusätzlich zu seinem Schadenersatzanspruch gebühren soll. Das bedeutet, daß sich die Zusatzversorgungskasse in allen Fällen, in denen ihr Vmer einen begründeten Schadenersatzanspruch gegen einen Schädiger hat, vollen Umfangs bei diesem und damit in der Kfz-Haftpflichtv bei dem Ver erholen kann. Ist das aber so, dann ist nicht einzusehen, warum der leistungspflichtige Ver, der vom Arbeitgeber des Geschädigten seine Prämie erhalten hat, sich bei dem an sich leistungsfreien Pflichthaftpflichtver soll erholen können. Es ist nicht verständlich, daß nur deshalb, weil die Prämien von einem öffentlich-rechtlichen Arbeitgeber gezahlt worden sind, etwas anderes gelten soll als für einen sonstigen Privatver oder für einen Sozialver. Allerdings hat der BGH eine solche Argumentation nicht verwendet. Es ist vielmehr rein begrifflich argumentiert worden. Dabei ist aber eigenartigerweise der Umstand außer acht gelassen worden, daß es zur Summenv in ihrer herkömmlichen Prägung gehört, daß dort § 67 I keine Anwendung findet und der Summenver sich auch keine Ersatzansprüche gegen Dritte in Höhe seiner Leistung abtreten läßt, sondern daß seine Leistungen dem Geschädigten zusätzlich und ohne Vorteilsanrechnung zur Verfügung stehen. Gerade weil aber diese schadenvsrechtliche Begrenzung auf Ersatz von höchstens 75 % des gesamtversorgungsfähigen Entgelts eingeführt ist, wird die Abkehr vom reinen Summenvsprinzip klassischer Prägung um so deutlicher. Das Gesagte gilt um so mehr, als eine Parallele zu der ebenfalls abstrakt gestuften Leistungsverpflichtung in der gesetzlichen Unfallv gezogen werden kann. Die Parallele ist deshalb so einleuchtend, weil die Beiträge zur gesetzlichen Unfallv ebenfalls nicht vom Vten entrichtet werden. Demgemäß könnte die Entscheidung des BGH nur dann Bestand haben, wenn § 158c IV dahin zu interpretieren wäre, daß der dort zum Ausdruck gebrachte Subsidiaritätsgrundsatz dann nicht zum Tragen komme, wenn der Staat zur Erfüllung seiner Verpflichtungen aus den Dienstverhältnissen zu seinen Bediensteten die Prämien für eine solche privatrechtliche V gezahlt habe. Indessen wird in § 158c IV nicht darauf abgestellt, wer die Prämie entrichtet hat. Es ist vielmehr allein maßgebend, ob ein anderer Schadenver (oder Sozialver) im Risiko ist.

[B 54] ccc) Ausländische Versicherer

Daß es sich bei dem anderen Sozial- oder Schadenver im Sinne des § 158c IV um einen ausländischen Ver handelt und daß deshalb eine Rechtsverfolgung im Ausland erforderlich wird, ändert im Grundsatz nichts daran, daß der an sich leistungsfreie Ver in derartigen Fällen nicht einzutreten hat. So BGH 4. IV. 1978 VersR 1978 S. 611 für einen Fall, in dem dem geschädigten Dritten neben dem Vmer des an sich leistungsfreien Haftpflichtvers ein weiterer Schädiger haftete, für den ein CMR-Haftpflichtver einzustehen hatte. Im entschiedenen Fall handelt es sich um einen österreichischen CMR-Haftpflichtver. Der Haftungsprozeß gegen den Mitschädiger war in der Bundesrepublik Deutschland geführt worden. Vom BGH a.a.O. wurde hervorgehoben, daß für die Anerkennung und Vollstreckung gerichtlicher Entscheidungen im Verhältnis der Bundesrepublik Deutschland zu Österreich Erleichterungen geschaffen seien. Man muß sich aber trotz dieses Hinweises darüber im klaren sein, daß der vorgezeichnete Weg des Dritten dornig sein kann. Er muß nämlich bei einem vertragswidrigen Verhalten des CMR-Haftpflichtvers nach Anerkennung des deutschen Haftpflichturteils in Österreich den Vsanspruch des Mitschädigers pfänden und sich überweisen lassen. Erst dann kann er im Klagewege in Österreich gegen den CMR-Haftpflichtver vorgehen. Vom BGH a.a.O. wird für die Abgrenzung der Zumutbarkeit der Inanspruchnahme eines ausländischen Vers im Sinne des § 158c IV auf die Rechtsprechung zu § 839 I 2 BGB verwiesen. Danach schließt die Tatsache allein, daß ein Anspruch im Ausland verfolgt werden müßte, die Annahme einer anderweitigen Ersatzmöglichkeit nicht ohne weiteres aus; dies trifft vielmehr nur dann zu, wenn die Klage und eine etwaige Vollstreckung im Ausland eine Erschwerung und Verzögerung mit sich bringen, die nicht zumutbar sind (so RG 21. XII. 1926 Seuff. Arch. 81 Nr. 73, BGH 24. IV. 1961 VersR 1961 S. 655, 26. IV. 1976 NJW 1976 S. 2074 = VersR 1976 S. 1037). Nach diesen Grundsätzen ist ganz auf die Umstände des Einzelfalls und die tatsächliche Funktionsfähigkeit des Gerichtssystems des in Betracht kommenden Staates abzustellen. Im EG-Bereich ist nach heutigen Maßstäben dem Dritten im Prinzip ein Rechtsstreit zuzumuten. Eine Ausnahme ist aber für Italien zu machen. Zwar besteht an der hohen Rechtskultur dieses EG-Landes kein Zweifel, die Prozesse schleppen sich aber zur Zeit unerträglich lang hin. Den Staaten des EG-Bereichs ist nach dem heutigen Rechtszustand in bezug auf eine traditionell gute Rechtsorganisation außer Österreich auch die Rechtsprechung in der Schweiz und in den nordeuropäischen Ländern gleichzusetzen, ferner im Prinzip auch der englische und nordamerikanische Rechtskreis. Prozesse in Neuseeland entsprechen z. B. bester englischer Rechtstradition. Auch Griechenland, Spanien und Portugal sind für ihre unparteiische Rechtsprechung in Zivilsachen bekannt. Aber auch in den Ostblockstaaten ist, jedenfalls soweit dort das Kfz-Haftungsrisiko vsmäßig abgedeckt ist (vgl. Der Schadenersatz bei Straßenverkehrsunfällen – Zivil- und vsrechtliche Aspekte – Referate zur IV. Münchener Ost-West-Rechtstagung, Karlsruhe 1976), zur Zeit mit einer unabhängigen Regulierungs- und Rechtsprechungspraxis zu rechnen, soweit nicht spezielle staatliche Interessen dieser Länder auf dem Spiel stehen. Im übrigen ist zu bedenken, daß solche staatlichen Verhältnisse einem steten Wandel unterliegen. Wenn es heute heißt, daß in Singapore mit einer zügigen und unparteiischen Zivilrechtspraxis gerechnet werden könne, so kann sich das in kürzester Zeit ändern. Die vorstehenden Bemerkungen können daher insoweit nur Anhaltspunkte aus fallbezogenen Beobachtungen sein, die durch konkrete Nachforschungen ergänzt werden müssen. Es ist stets erneut von Staat zu Staat zu prüfen, welche Hemmnisse und Erschwernisse sich der Durchsetzung eines Haftpflicht- oder Vsanspruchs in ausländischen Staaten entgegenstellen (wobei es angesichts der Verknüpfung des § 158c IV mit der Möglichkeit, für den Dritten von einem Ver Ersatz zu erlangen, auf die Durchsetzbarkeit von Haftpflichtansprüchen nur ankommt, wenn insoweit Haftpflichtvsschutz besteht). So gibt es z.B. Transportver in gewissen Entwicklungsländern, bei denen kraft hoheitlicher Verfügungen dieser Staaten Vsschutz genommen werden muß, obwohl bekannt ist, daß Schäden nicht oder nur selten bezahlt werden. In anderen Staaten verhindern devisenrechtliche Vorschriften die Auszahlung anerkannter Vsentschädigungs-

II. 7. Leistungspflicht im gestörten Versicherungsverhältnis   Anm. B 55

leistungen. Der Ver muß in derartigen Fällen trotz § 158c IV leisten. Man wird ihm allerdings zur Höhe seiner Leistungen in entsprechender Anwendung von § 255 BGB eine Abtretung des Vsanspruchs des Geschädigten zubilligen müssen, damit er dann seinerseits sein Heil in der Realisierung eines solchen Anspruchs suchen kann. Gelingt ihm das in ferner Zeit, so wird dann der Zustand erreicht, der durch § 158c IV erstrebt wird, daß sich nämlich der leistungspflichtige Ver nicht auf Kosten des an sich leistungsfreien Vers erholen soll.

Nach dem Gesagten kann der Umstand allein, daß in einer fremden Sprache korrespondiert werden muß, die Annahme einer Unzumutbarkeit nicht begründen. Vielmehr ist es dem Dritten grundsätzlich zuzumuten, sich eines inländischen Anwalts zu bedienen, der über spezielle Sprachkenntnisse verfügt. Meist ist auch der Weg gangbar, daß von der zuständigen deutschen Botschaft oder dem zuständigen deutschen Konsulat die Benennung eines zuverlässigen ausländischen Anwalts erbeten werden kann, der die deutsche Sprache beherrscht. Zu beachten ist, daß zum Teil exorbitant hohe Prozeßkosten entstehen, die anders als nach deutschem Zivilprozeßrecht vom Verlierer des Prozesses nicht oder nur zu einem Bruchteil ersetzt werden. Wirtschaftlich betrachtet ist es so, daß dem Dritten in solchen Fällen der Schaden tatsächlich nur teilweise ersetzt wird. Das bedeutet, daß der an sich leistungsfreie Haftpflichtver in Höhe der Differenz eintrittspflichtig ist (dazu auch Baumann Entschädigungsfonds S. 70–71, der hervorhebt, daß unter Umständen selbst die Kosten erfolgloser Versuche, einen Vierten auf Ersatz in Anspruch zu nehmen, unter die Ersatzpflicht des Schädigers und damit im Rahmen der Akzessorietät auch unter die des Fonds fallen können, vgl. dazu Anm. B 114). Verfehlt wäre eine Argumentation des Inhalts, daß der Dritte doch hinsichtlich des eingetretenen Schadens voll befriedigt sei und daß der Ersatz von Prozeßkosten aus solchen nicht den eigenen Vmer betreffenden Prozessen nicht unter § 150 I falle. Eine solche formale Betrachtung der Rechtslage würde verkennen, daß durch § 3 Ziff. 4, 5 PflichtvsG (§ 158c I, II) der Dritte vollen Umfangs so geschützt werden soll, als wenn ein deutscher Pflichthaftpflichtver im Risiko wäre. Nur soweit dieser Grundsatz gewahrt ist, greift die Subsidiaritätsklausel des § 158c IV ein. Läßt sich nach der Rechtsordnung des betreffenden Staates der danach auf den Vmer entfallende Prozeßkostenanteil ganz oder teilweise bereits vor Prozeßbeginn errechnen, so muß der Ver diese Kosten schon vor Abschluß jenes Verfahrens zahlen.

[B 55] ddd) Besonderheiten bei einem Zusammentreffen mehrerer Haftpflichtversicherer

Hinsichtlich des Zusammentreffens der effektiv bestehenden oder nur fingierten Leistungsverpflichtungen **mehrerer Haftpflichtver** sind unterschiedliche Fallgestaltungen denkbar. Unproblematisch ist dabei der Fall, daß für das Fahrzeug des Vmers A ein Kfz-Haftpflichtver im Risiko ist und der andere nur nach § 3 Ziff. 4 oder 5 PflichtvsG einzutreten hätte. Hier braucht der überobligationsmäßig haftende Haftpflichtver überhaupt nicht zu leisten. Aus der Sicht des Verkehrsopfers genügt es gewiß, daß ein Pflichthaftpflichtver im Risiko ist. Relativ unproblematisch ist auch der Fall, daß für das Fahrzeug des Vmers A zwei Pflichthaftpflichtver nicht im Risiko sind. Ein solcher Fall ist nach den Bestimmungen über die Doppelv in entsprechender Anwendung des § 59 I dahin zu lösen, daß beide an sich leistungsfreie Haftpflichtver dem geschädigten Dritten als **Gesamtschuldner** haften (so schon Roeder ÖffrV 1941 S. 303 und v. Gierke II S. 320, weitere Nachweise bei Johannsen VersArch 1956 S. 320–324). Reichert-Facilides VersR 1955 S. 65–66 will demgegenüber eine Differenzierung zwischen den einzelnen Tatbeständen der Leistungsfreiheit der beteiligten Haftpflichtver vornehmen und insbesondere in Betracht ziehen, ob einer der Ver Prämie erhalten hat oder ihm jedenfalls ein Anspruch darauf zusteht. Eine solche Aufgliederung findet im Gesetz aber keinen Anhaltspunkt und gibt einer mehr zufällig subjektiven Einzelwürdigung zuviel Raum. An dem Grundsatz, daß die einzelnen Tatbestände der Leistungsfreiheit als gleichwertig anzusehen sind, ist demgemäß festzuhalten (ebenso Prölss-Martin[22] Anm. 10 zu § 158c, S. 842). Intern findet demgemäß eine Schadenteilung statt. Zu beachten ist bei dieser Entscheidung für die entsprechende Anwendung der Doppelvsbestimmung des § 59 I auf zwei nur aufgrund der Leistungsverpflichtungsfiktion des § 3 Ziff. 4, 5 PflichtvsG haftende Ver, daß die Mindestvssummen für das betreffende Fahrzeug gemäß § 158c III die Haftungsgrenze für diese gesamtschuldnerische Verpflichtung darstellen. Eine Addition dieser Vssummen der beiden notleidenden Verträge findet auch dann nicht statt, wenn mehrere Dritte bei einem solchen Schadenereignis geschädigt worden sind.

Zur **fingierten Leistungsverpflichtung beider Ver** kommt man nach diesen Überlegungen auch dann, wenn ein Dritter (oder mehrerer Dritte) durch zwei (oder mehrere) an einem Schadenereignis beteiligte Fahrzeuge geschädigt wird (werden). Bei diesem Beispiel wird ebenfalls davon ausgegangen, daß die Ver beider (oder mehrerer) Fahrzeuge ohne die Ausnahmebestimmungen in § 3 Ziff. 4, 5 PflichtvsG nicht im Risiko wären (die Rechtsbeziehungen dieser Ver zueinander regeln sich hier nicht nach § 59 I; das ergibt sich daraus, daß unterschiedliche Risikobereiche abgedeckt werden, so daß es an der in § 59 I vorausgesetzten Identität der Interessen fehlt; es kann aber ein Forderungsausgleich über § 67 i. V. m. § 426 BGB erfolgen; vgl. dazu Möller in Bruck-Möller-Sieg Anm. 14 zu § 58). Hier findet aber – unbeschadet dessen, daß jeder der beteiligten Haftpflichtver nur zur Höhe der für das ihn betreffende Fahrzeug geltenden Mindestvssummen haftet – eine Addition der Mindestvssummen der beiden beteiligten Fahrzeuge statt (vgl. dazu Anm. B 49). Denn die gesetzliche Konstruktion des Pflichthaftpflichtvsschutzes ist so zu verstehen, daß sichergestellt sein soll, daß für jedes Fahrzeug, das der Pflichthaftpflichtv unterliegt, im Schadenfall auch diese Mindestvssummen zur Verfügung stehen.

Ist in dem eben gebildeten Beispielfall der eine der beiden Ver für eines der zwei an dem Schadenereignis beteiligten Fahrzeuge im Risiko, während die Haftung des anderen nur nach Maßgabe der dem Schutz des Dritten dienenden Bestimmungen des § 3 Ziff. 4, 5 PflichtvsG fingiert wird, so findet § 158c IV ebenfalls Anwendung (BGH 17. V. 1956 NJW 1956 S. 1069 = VersR 1956 S. 364, 18. XII. 1970 NJW 1971 S. 513 = VersR 1971 S. 238, 11. VII. 1972 VersR 1972 S. 1072, 4. IV. 1978 VersR 1978 S. 610, LG Berlin 11. I. 1954 VersR 1954 S. 59, OLG Köln 3. VII. 1973 VersR 1973 S. 934, KG 31. X. 1974 VersR 1975 S. 1115–1116, OLG Karlsruhe 30. XI. 1977 VersR 1978 S. 611). Während aber im Grundfall des § 158c IV, wenn nämlich für ein Fahrzeug eine echte vertragliche Eintrittspflicht mit einer fingierten Haftung konkurriert, der nur nach Maßgabe der Bestimmungen des § 3 Ziff. 4, 5 PflichtvsG haftende Ver überhaupt nicht in Anspruch genommen werden kann, ist bei dem hier gebildeten Fall der Beteiligung zweier Fahrzeuge eine subsidiäre Haftung des an sich leistungsfreien Haftpflichtvers zu bejahen. Diese tritt wiederum nach Erschöpfung der Vssummen des leistungsverpflichteten Vers im Rahmen der Mindestvssummen des § 158c III ein (vgl. Anm. B 49). Das Gesagte über die Vorrangigkeit der Leistungsverpflichtung eines anderen Haftpflichtvers gilt auch dann, wenn es sich dabei nicht um einen anderen Kfz-Haftpflichtver handelt. Dabei ist es unerheblich, ob es sich bei dem anderen leistungsverpflichteten Haftpflichtver um einen anderen Pflichthaftpflichtver (wie z. B. im Falle BGH 18. XII. 1970 a.a.O. um einen KVO-Haftpflichtver) oder um einen Haftpflichtver aus einer nicht der Vspflicht unterliegenden Vssparte handelt (BGH 4. IV. 1978 VersR 1978 S. 610, Prölss-Martin[22] Anm. 10 zu § 158c, S. 841; a.M. OLG Düsseldorf 7. II. 1972 VersR 1972 S. 527–528; Prölss-Martin[21] Anm. 10 zu § 158c, S. 737; auch bei OLG Karlsruhe 30. XI. 1977 VersR 1978 S. 611 klingt diese dort allerdings nicht entscheidungserhebliche Auffassung an). Das

II. 7. Leistungspflicht im gestörten Versicherungsverhältnis Anm. B 56

OLG Düsseldorf a.a.O. hat den gegenteiligen Standpunkt mit dem nach seiner Auffassung eindeutigen Wortlaut des Gesetzes begründet; nur ein solcher anderer Schadenver könne gemeint sein, gegen den der geschädigte Dritte einen unmittelbaren Anspruch habe. Diese Argumentation fällt aber, wie vom BGH 4. IV. 1978 a.a.O. zutreffend hervorgehoben, in sich zusammen, wenn man bedenkt, daß die Bestimmung des § 158c IV a.F. schon zur Anwendung gekommen ist, als es noch gar keinen Direktanspruch gegeben hat, und zwar nach dem ursprünglichen Wortlaut, der dann später allerdings zu Recht extensiv ausgelegt worden ist, gerade beschränkt auf anderweitigen Haftpflichtvsschutz, also auf solche Fälle, in denen der Dritte zunächst gegen einen Schädiger vorgehen mußte, um erst nach Pfändung und Überweisung der Haftpflichtvsforderung (oder in Ausnahmefällen nach deren Abtretung) Ersatz von dem im Risiko befindlichen Haftpflichtver erlangen zu können. Es ist nicht einzusehen, warum sich an diesen Ausgangsüberlegungen nur wegen der Einführung des Direktanspruchs etwas geändert haben sollte. Die Eintrittspflicht eines anderen Pflichthaftpflichtvers, der nicht im Wege des Direktanspruchs belangt werden kann, ist im Verhältnis zum an sich leistungsfreien Kfz-Haftpflichtver als vorrangig anzusehen. Das gleiche gilt für die Leistungsverpflichtung eines Haftpflichtvers aus einer ganz auf individuellen Einzelentschlüssen beruhenden Sparte wie der Privathaftpflichtv. Daß der geschädigte Dritte hier nach erfolgreichem Vorgehen gegen einen solchen privathaftpflichtvten Mitschädiger dessen Anspruch gegen den Privathaftpflichtver pfänden und sich überweisen lassen müßte, stellt auch nur eine theoretische Schlechterstellung dar. Denn höchstens in einem Fall bei 100 000 Schadenereignissen kommt derartiges vor, wenn nämlich der Privathaftpflichtver überaus säumig ist oder seine Eintrittspflicht überhaupt in Abrede stellt. Solche Grenzfälle können aber nicht zum Maßstab für die generelle Abgrenzung des Anwendungsbereichs der gesetzlichen Subsidiaritätsklausel nach § 158c IV gemacht werden. Abzustellen ist vielmehr auf die Urteilskraft eines die Rechtslage in bezug auf die Leistungsverpflichtung des Mitschädigers und seines Haftpflichtvers objektiv erkennenden Betrachters. Allein wegen der Einführung des Direktanspruchs bewährte Auslegungsgrundsätze zu § 158c IV a.F. zu Lasten des an sich leistungsfreien Haftpflichtvers aufzugeben, entspricht nicht den Absichten der Gesetzesänderung per 1. X. 1965. Im übrigen verkannten Prölss-Martin a.a.O. auch, daß sich das Subsidiaritätsproblem nicht nur für freiwillig abgeschlossene Haftpflichtven ergibt, sondern für die ganze Palette der Pflichthaftpflichtven ohne Drittanspruch.

[B 56] eee) Nachträglicher Verlust des Versicherungsschutzes aus einer anderweitigen Versicherung

Unerheblich für die Interessenabwägung im Sinne des § 158c IV ist es, ob der Dritte bereit ist, seine eigene Schadenv in Anspruch zu nehmen. Im Verhältnis zu dem an sich leistungsfreien Haftpflichtver kommt es nur darauf an, ob ein solcher durchsetzbarer Anspruch besteht oder nicht. Zu Recht hat BGH 18. XII. 1970 NJW 1971 S. 513 = VersR 1971 S. 238 demgemäß § 158c IV auch dann eingreifen lassen, als der Geschädigte Ersatz aus seiner eigenen KVO-Haftpflichtv nur deshalb nicht erlangen konnte, weil er den Schaden nicht rechtzeitig angezeigt und dadurch den Vsschutz verloren hatte. Daß der Dritte das unter Umständen nur deshalb tut, weil er sich andernfalls der Gefahr einer Prämienerhöhung aussetzen würde, ist vom BGH mit der Begründung als unerheblich angesehen worden, daß es dem Dritten durch § 158c IV nicht untersagt werde, einen durch die Inanspruchnahme seines Vers etwa entstehenden Schadenersatzanspruch gegen den Schädiger und damit auch gegen den Ver geltendzumachen (vgl. dazu, daß nach der neueren Rechtsprechung des BGH ein solcher Anspruch in Mithaftungsfällen nur ausnahmsweise gegeben ist, BGH 14. VI. 1976 BGHZ Bd 66 S. 398–400 m.w.N.; anders noch BGH 18. I. 1966 BGHZ Bd 44 S. 387). In dem vom BGH 18. XII. 1970 a.a.O. entschiedenen Ausgangsfall waren zwei Fahrzeuge zusammengestoßen, von denen eines Waren im inländischen Fernverkehrsbereich transportierte. Die KVO-Haftpflichtv des einen Fahrzeugs war zum Zeitpunkt des Eintritts des Schadenereignisses noch im Risiko gewesen, die Kfz-Haftpflichtv des anderen Fahrzeugs war dagegen wegen Fahrerflucht ihres Vmers kurz nach Eintritt des Schadenereignisses leistungsfrei geworden. Der Wareneigner hatte sich gegenüber dem Vmer der KVO-Haftpflichtv durch eine Aufrechnung gegen die Fuhrlohnforderung befriedigt. Dadurch war dieser Vmer in die Position des Angreifers gegen den Mitschädiger gelangt mit der Folge, daß er den an sich leistungsfreien Haftpflichtver gemäß § 158c IV nicht in Anspruch nehmen durfte. Wäre der Wareneigner nicht den Weg der Aufrechnung gegangen, sondern hätte er den Vmer des an sich leistungsfreien Vers und anschließend nach Pfändung und Überweisung der Haftpflichtvsforderung dessen Ver in Anspruch genommen (es handelte sich um ein Schadenereignis aus der Zeit vor Schaffung des Direktanspruchs), so hätte ihn der Kfz-Haftpflichtver nicht gemäß § 158c IV auf die Leistungspflicht des KVO-Haftpflichtvers verweisen können. Denn dessen Eintrittspflicht war nicht aufgrund des Verhaltens des originär geschädigten Dritten entfallen, sondern durch die bewußte Nichtanzeige durch den Mitschädiger, nämlich den Vmer jenes KVO-Haftpflichtvsvertrages. Demgemäß stellte sich für den Dritten die Situation so, daß keiner der beiden nicht im Risiko befindlichen Ver sich ihm gegenüber auf eine Leistungsfreiheit hätte berufen dürfen (vgl. dazu Anm. B 55). Da § 59 II auf einen solchen Fall der fingierten Eintrittsverpflichtung wegen fehlender Identität der abgesicherten Gefahrenbereiche nicht anzuwenden ist (vgl. dazu Möller in Bruck-Möller-Sieg Anm. 14 zu § 58), findet der Ausgleich in diesem Fünfecksverhältnis über § 67 in Verbindung mit § 426 I, II BGB nach der materiellen Rechtslage statt. Dabei kann dann aber der in letzter Linie von dem anderen Haftpflichtver in Regreß genommene, ebenfalls leistungsfreie Ver sich nicht auf § 158c IV berufen, da sich diese Einwendungen gegenseitig neutralisieren. Befriedigt aber einer der beiden Vmer aus den gestörten Vsverhältnissen, so ist ihm der Zugriff auf den überobligationsmäßig haftenden Ver des Mitschädigers versagt, wenn es in seiner Hand gelegen hätte, daß er einen ihm gegenüber ordnungsgemäß haftenden Haftpflichtver hätte in Anspruch nehmen können. – Hat der originär geschädigte Dritte eine eigene Schadenv (sei es eine Fahrzeugv, sei es eine Krankheitskostenv), die er nicht in Anspruch nehmen will, um nicht prämienmäßig heraufgestuft zu werden oder den Anspruch auf eine Prämienrückvergütung zu verlieren, so gelten die Grundsätze der Entscheidung BGH 18. XII. 1970 a.a.O. in gleichem Maße. Allerdings wird man anders als in Haftpflichtvsfällen die Rückstufung in diesen Vssparten als vom Schutzbereich der Bestimmungen über das Recht der unerlaubten Handlung erfaßten Schaden anzusehen haben, so daß es sachgerecht ist, dem Ver in dieser Höhe den Einwand einer Haftungsbefreiung nach § 158c IV zu versagen. BGH 18. XII. 1970 a.a.O. war der Schwierigkeit, schon zu diesem Zeitpunkt entscheiden zu müssen, ob abweichend von BGH 18. I. 1966 BGHZ Bd 44 S. 387 eine Rückstufung in der Haftpflichtv grundsätzlich keinen ersatzpflichtigen Schaden im Sinne des § 823 I, II BGB (und verwandter Haftungsbestimmungen des Rechts der unerlaubten Handlung, speziell aus dem Bereich der Gefährdungshaftung) darstelle (so später BGH 14. VI. 1976 BGHZ Bd 66 S. 398–400), nur dadurch enthoben, daß nach den tatsächlichen Feststellungen des Berufungsgerichts eine Inanspruchnahme des KVO-Haftpflichtvers im entschiedenen Fall nicht zu einer künftigen Prämienerhöhung geführt hätte.

[B 57] fff) Ausgleichsansprüche eines Mitschädigers im Interessenwiderstreit des § 158c IV VVG

Vom Deckungsbereich des § 10 I AKB werden auch Ausgleichsansprüche nach § 426 I, II BGB erfaßt (vgl. Anm. B 12, 14 und Bd IV Anm. G 60 m.w.N.). Voraus-

II. 7. Leistungspflicht im gestörten Versicherungsverhältnis   Anm. B 57

setzung ist nur, daß sie sich auf Schadenersatzansprüche beziehen, die aufgrund gesetzlicher Haftpflichtbestimmungen privatrechtlichen Inhalts erhoben werden. Grenzt man, von diesem Deckungsschutz für Ausgleichsansprüche nach § 426 I, II BGB ausgehend, den Kreis der durch § 3 Ziff. 4, 5 PflichtvsG (§ 158c I, II) geschützten Dritten in gleicher Weise ab wie im ungestörten Haftpflichtvsverhältnis (vgl. dazu Anm. B 14), so können sich im Bereich des § 158c IV problematische Grenzfälle ergeben. Ein solcher Fall ist vom BGH 17. V. 1956 BGHZ Bd 20 S. 377–378 zu Lasten des Mitschädigers mit folgender Begründung entschieden worden: Daß auch die dem Haftpflichtvten aus einem Haftpflichtfall nach § 426 I BGB erwachsende Ausgleichungspflicht im Normalfall nach § 149 unter den Schutz der Haftpflichtv falle, sei allgemein anerkannt. Ob aber der Gläubiger eines solchen Ausgleichungsanspruchs auch die Möglichkeit habe, den im Grunde leistungsfreien Haftpflichtver nach § 158c haftbar zu machen, könne deshalb zweifelhaft sein, weil diese Bestimmung nicht, wie bei § 149, die Befreiung des schädigenden Haftpflichtvten von den ihm durch den Haftpflichtfall entstandenen Verbindlichkeiten, sondern lediglich die Befriedigung des durch den Haftpflichtfall Geschädigten zum Ziele habe. Dem Kl sei zwar zuzugeben, daß auch er Geschädigter sei, aber sein Schaden sei nicht schon durch den Haftpflichtfall, sondern erst dadurch eingetreten, daß er als Mitschädiger von dem Geschädigten bzw. dessen Rechtsnachfolger seinerseits haftpflichtig gemacht wurde. Wenn er hierdurch auch nach § 426 BGB einen Ausgleichsanspruch gegen den als Gesamtschuldner ebenfalls Haftpflichtvten P. erworben habe, so gehöre er doch jedenfalls nicht zu den durch den Haftpflichtfall selbst Geschädigten und insoweit, als er seinen Ausgleichungsanspruch aus § 426 I BGB verfolge, auch nicht zu deren Rechtsnachfolgern. Es sei hiernach durchaus zu erwägen, ob für seinen Ausgleichungsanspruch aus § 426 I BGB schlechthin die Möglichkeit einer Inanspruchnahme des im Grunde nicht leistungspflichtigen Haftpflichtvers aus § 158c zu versagen sei, und zwar in allen Fällen, also auch dann, wenn der Geschädigte sich nicht bei einem anderen Ver befriedigen könne. Diese Frage bedürfe indessen keiner abschließenden Prüfung; denn hier habe die Geschädigte auf einen Ver, nämlich die LVA, Rückgriff nehmen können und dies habe nach § 158c IV zur Folge, daß aus diesem Grunde nicht einmal mehr die durch den Haftpflichtfall Geschädigte selbst die Bekl nach § 158c haftbar machen konnte. Bei einer solchen Sach- und Rechtslage könne dann daber erst recht nicht der Mitschädiger § 158c wegen seines Ausgleichsanspruchs für sich in Anspruch nehmen; denn es liege auf der Hand, daß aus dieser Bestimmung, die den Schutz des durch den Haftpflichtfall Geschädigten bezwecke, für den Mitschädiger keinesfalls eine günstigere Rechtsposition hergeleitet werden könne als für jenen. – Zugrunde lag dieser Entscheidung ein Fall eines Zusammenstoßes zwischen einem Pkw und einem Lkw. Die verletzte Insassin des Pkw wurde von einer Landesvsanstalt entschädigt. Diese nahm ihrerseits bei der Halterin des anderen Wagens Regreß. Diese Halterin, von der nach dem Tatbestand nicht geklärt war, ob sie haftpflichtvert war oder nicht, erwirkte gegen den Vmer des Pkw über 3/4 ihrer Leistungen einen rechtskräftigen Titel und wollte in dieser Höhe (nach Pfändung und Überweisung des fingierten Vsanspruchs) den an sich leistungsfreien Ver in Anspruch nehmen. – Mit einem ähnlich gelagerten Fall mußte sich OLG Hamm 14. VI. 1968 VersR 1969 S. 508–509 befassen. Eine Straßenbahn war durch das verkehrswidrige Verhalten eines unbekannt gebliebenen Kraftfahrers zu einer Notbremsung gezwungen worden. Bei dieser Notbremsung verletzte sich eine privat krankenvte Insassin der Straßenbahn. Die Betreiberin jener Straßenbahn war nicht haftpflichtvert. Sie ersetzte dem Krankenver einen Betrag von DM 4.014,–. Mit der Klage verlangte sie den Ersatz dieses Betrages von dem Halter und dem Kfz-Haftpflichtver jenes am Ereignis beteiligten Fahrzeugs. Die Klage gegen den Halter wurde in erster Instanz rechtskräftig mit der Begründung abgewiesen, daß dieser die mißbräuchliche Nutzung des Fahrzeugs nicht durch Nachlässigkeit ermöglicht gehabt habe. Der Klage gegen den Ver wurde dagegen in erster Instanz stattgegeben. Das OLG Hamm 14. VI. 1968 a.a.O. wies dann auch die gegen den Ver gerichtete Klage ab. Zur Begründung führte das Gericht sinngemäß bezüglich des Anspruchs aus § 426 II BGB aus, daß die Insassin selbst nach § 158c IV den nach § 2 IIb AKB leistungsfreien Ver nicht in Höhe der Leistungsverpflichtung des Krankenvers wegen der Heilbehandlungskosten hätte in Anspruch nehmen können. Daraus folge, daß ein solcher nicht vorhandener Anspruch gegen den Ver auch nicht gemäß § 67 I auf den Krankenver oder nach § 426 II BGB auf den Mitschuldner übergehen könne. Hinsichtlich des originären Anspruchs der Klägerin aus § 426 I BGB führte das Gericht a.a.O. S. 509 unter ausdrücklicher Bezugnahme auf BGH 17. V. 1956 a.a.O. u.a. folgendes aus: Aber auch aus § 426 I BGB, der ... dem einen Gesamtschuldner einen selbständigen Ausgleichsanspruch gegen den anderen gebe, lasse sich ein Anspruch der Kl nicht herleiten. Dieser Anspruch scheitere schon daran, daß die Kl als Gläubigerin nicht Dritter i. S. von § 3 PflichtvsG sei. Der Direktanspruch des Geschädigten gegen den Ver solle nach seinem Sinn und Zweck einen besseren und vollständigeren Schutz des Verkehrsopfers erreichen, habe also wie § 158c die Befriedigung des durch den Haftpflichtfall Geschädigten zum Ziele ... Sicherlich sei die Kl auch Geschädigte; aber ihr Schaden sei nicht schon durch den Haftpflichtfall, sondern erst dadurch eingetreten, daß sie als Mitschädigerin von der Geschädigten bzw. deren Rechtsnachfolger ihrerseits haftpflichtig gemacht worden sei. Somit gehöre die Kl jedenfalls nicht zu den durch den Haftpflichtfall selbst Geschädigten und insoweit, als sie ihren Ausgleichsanspruch aus § 426 I BGB verfolge, auch nicht zu deren Rechtsnachfolgern.

Vergleicht man die beiden Entscheidungen miteinander, so fällt auf, daß das OLG Hamm a.a.O. den Schritt getan hat, der vom BGH a.a.O. lediglich als Denkalternative zur Diskussion gestellt worden ist, nämlich den Inhaber eines originären Ausgleichsanspruchs nach § 426 I BGB ganz aus dem Kreis der geschädigten Dritten herauszunehmen (zustimmend Sieg in Bruck-Möller-Sieg Anm. 152 zu § 67, ebenso Prölss-Martin[22] Anm. 1 zu § 3 Ziff. 1, 2 PflichtvsG, S. 868, ferner KG 2. III. 1978 VersR 1978 S. 435–436; a.M. Baumann Entschädigungsfonds S. 79–81, OLG Köln 6. III. 1972 VersR 1972 S. 651–652 und AG Frankfurt a.M. 21. XII. 1973 VersR 1974 S. 382–383 [die beiden letztgenannten Entscheidungen beschränken sich insoweit allerdings auf eine Aussage zum intakten Vsverhältnis]). Die dafür gegebene Begründung, daß sein Schaden nicht schon durch den Haftpflichtfall, sondern erst dadurch eingetreten sei, daß er als Mitschädiger haftpflichtig gemacht werde, ist jedoch unzutreffend. Vielmehr tritt der Schaden in der Form einer Verbindlichkeit gegenüber dem geschädigten Dritten (oder seinem Sozialver) bereits mit dem Verletzungsvorgang (Schadenereignis) ein. Die Inanspruchnahme ist lediglich ein verdeutlichender äußerer Vorgang. Eine am Vermögen des Ausgleichsschuldners orientierte Betrachtungsweise kommt an der Feststellung nicht vorbei, daß dieses sich durch die Belastung mit dem Haftpflichtanspruch schon vor der Anspruchserhebung durch den Geschädigten verringert hat. Die Abgrenzung des Schadenbegriffs darf aber nicht als Kriterium die mehr oder minder vage Hoffnung eines Mitschädigers wählen, vielleicht wegen eines rechtlich begründeten Anspruchs nicht verantwortlich gemacht zu werden. Einen Ausgleichsfall unter Mitschädigern betraf auch BGH 18. XII. 1970 NJW 1971 S. 513–514 = VersR 1971 S. 238–239. Dort war die Besonderheit die gewesen, daß der Mitschädiger den an sich leistungsfreien Kfz-Haftpflichtver in Anspruch nehmen wollte und deshalb den Schaden seinem eigenen, an sich im Risiko befindlichen KVO-Haftpflichtver nicht gemeldet hatte. Diese Nichtanzeige hatte zum Verlust des Vsschutzes auch in der KVO-Haftpflichtv geführt. Vom BGH a.a.O. ist zu Recht § 158c IV entsprechend angewendet und der Mitschädiger deshalb so behandelt worden, als wenn er seinen eigenen KVO-Haftpflichtver in Anspruch genommen hätte (vgl. dazu Anm. B 56). Bemerkenswert ist dabei aber, daß vom BGH

II. 7. Leistungspflicht im gestörten Versicherungsverhältnis   Anm. B 57

gar keine Zweifel in der Richtung geäußert werden, daß an und für sich auch der originäre Ausgleichsgläubiger zu dem Kreis der durch § 3 Ziff. 4, 5 PflichtvsG (§ 158 c I) geschützten Dritten gehört (so auch BGH 3. XII. 1962 VersR 1963 S. 135, ohne daß dabei eine Ausandersetzung mit BGH 17. X. 1956 a.a.O. erfolgt). Vielmehr geht der BGH davon aus, wenn er ausführt, daß der Geschädigte die subsidiäre Eintrittspflicht des „kranken" Vers nicht dadurch herbeiführen könne, daß er sich gewollt des eigenen Vsschutzes begebe. Die darin zum Ausdruck kommende Auffassung, daß grundsätzlich auch der originäre Ausgleichsanspruch eines Mitschädigers unter den Schutz des § 3 Ziff. 4, 5 PflichtvsG (§ 158 c I, II) falle, ist zutreffend. Die mit OLG Hamm 14. VI. 1968 a.a.O. übereinstimmende gegenteilige Meinung, wie sie in VersArch 1956 S. 324–326 vertreten worden ist, wird in Übereinstimmung mit den prägnanten Ausführungen von Baumann Entschädigungsfonds S. 79–81 entgegen Sieg in Bruck-Möller-Sieg Anm. 152 zu § 67 aufgegeben. Sie beachtete – abgesehen von der nicht zutreffenden Abgrenzung des Schadenbegriffs für die Belastung mit Verbindlichkeiten – nicht genügend, daß auch ein Mitschädiger hinsichtlich seines originären Ausgleichsanspruchs schutzbedürftig im Sinne der Bestimmungen über die überobligationsmäßige Haftung des Kfz-Haftpflichtvers ist. Der Hinweis auf die eigene Verantwortlichkeit des Mitschädigers darf den Blick dafür nicht trüben, daß diesem Umstand allein im Rahmen der Bemessung des Umfangs des Ausgleichsanspruchs nach den Grundsätzen des § 254 BGB Bedeutung zukommt. Die Richtigkeit dieser Überlegung wird verdeutlicht, wenn der Ausgleichsgläubiger bei dem Schadenereignis nicht nur mit Verbindlichkeiten belastet worden ist, sondern auch Schaden an seinem Aktivvermögen erlitten hätte. Hinsichtlich dieses um den Mithaftungsanteil gekürzten Schadens am Aktivvermögen steht die Dritteigenschaft im Sinne des § 3 PflichtvsG (§ 158 c) außer Frage. Akzeptiert man diesen Ausgangspunkt, so gibt es keinen einleuchtenden Grund dafür, warum nicht ein gleiches für den hier behandelten originären Ausgleichsanspruch gelten sollte.

Ungeachtet dieses dogmatischen Ausgangspunkts, daß nämlich die Schutzbedürftigkeit des Ausgleichsgläubigers hinsichtlich seines originären Anspruchs nach § 426 I BGB bejaht wird, ist aber der vom BGH 17. V. 1956 a.a.O. und vom OLG Hamm 14. VI. 1968 a.a.O. vertretenen Auffassung durchaus beizupflichten, daß eine eigene Sozial- oder Schadenv des in seinem Aktivvermögen geschädigten Dritten gemäß § 158 c IV auch in den Fällen der hier erörterten Art vorgehen muß. Es fragt sich aber, ob nicht zur Erzielung eines gerechten Ergebnisses diesen Sozial- und Schadenvern der Regreß gegen den Ausgleichsgläubiger in dieser besonderen Konstellation versagt werden sollte. Dabei ist zu bedenken, daß ohne die Eintrittspflicht des Sozial- oder Schadenvers der Ausgleichsgläubiger als Dritter im Sinne des § 3 PflichtvsG geschützt wäre. Die der Regelung des § 158 c IV zugrunde liegende gesetzgeberische Intention ist es, bei Eintrittspflicht eines Sozial- oder Schadenvers den an sich leistungsfreien Haftpflichtver von seiner überobligationsmäßigen Haftung zu entlasten. Nicht aber ist es das Ziel dieser Bestimmung, den an sich geschützten Ausgleichsgläubiger seiner Eigenschaft als Dritter zu entkleiden, damit er aus eigenen Mitteln den Regreß jener Ver auszugleichen habe. In diesem Widerstreit zwischen zwei aufeinandertreffenden Schutzprinzipien erscheint es als sachgerecht, wenn übergesetzlich aus dem in § 158 c IV zum Ausdruck kommenden Gedanken der Regreß gegen den Mitschuldner, der zugleich Ausgleichsgläubiger ist, versagt wird (vgl. BGH 14. VII. 1976 BGHZ Bd 67 S. 147–151, wo aus der besonderen Konstellation des § 158 i dem Sozialver gegenüber dem mitvten Fahrer der Regreß genommen wurde; ergänzend wird dazu auf die [künftigen] Bemerkungen im Abschnitt H. Beteiligung Dritter am Haftpflichtvsvertrag verwiesen). Da sich dieses übergesetzliche Regreßverbot aus der Interessenlage nur auf diejenigen Fälle bezieht, in denen dieser Ausgleichsgläubiger seinerseits nicht haftpflichtvert ist, ist der Umfang einer solchen Korrektur der gesetzlichen Regreßmöglichkeit verantwortbar (diese Überlegungen stehen nicht im Gegensatz zu den Bemerkungen in Anm. B 148 zu BGH 27. V. 1981 BGHZ Bd 80 S 332–345; im hier erörterten Fall handelt es sich um eine aus dem Zusammentreffen zweier einander widerstreitender Prinzipien resultierende Regelungslücke des Gesetzes; hingegen fehlte es im Fall BGH 27. V. 1981 a.a.O. an einem nach der Interessenlage einleuchtenden Grund, den Vmer aus der nach bürgerlichem Recht gegebenen Haftungsverantwortung zu entlassen; vgl. im einzelnen Anm. B 148 m.w.N.).

Nimmt der in seinem Aktivvermögen geschädigte Dritte in einem solchen Fall, in dem ihm zwei gesamtschuldnerisch haftende Schädiger gegenüberstehen, von denen der Pflichthaftpflichtvsvertrag des einen gestört ist, während der andere Schädiger keiner Pflichthaftpflichtv unterliegt und auch keine freiwillige Haftpflichtv abgeschlossen hat, allerdings seine eigene Schadenv nicht in Anspruch, so ergeben sich Schwierigkeiten, einen gerechten Ausgleich zu finden. Man wird in dieser außergewöhnlichen Konstellation im Bestreben nach einem Schutz des Ausgleichsgläubigers nicht soweit gehen können, dem Geschädigten im Umfang des eigenen Vsschutzes die Inanspruchnahme des nicht vten Mitschädigers zu untersagen. Denn an einem gesetzlichen Vorbild, nach dem der Geschädigte verpflichtet wäre, im Verhältnis zu einem seiner Schuldner seine eigene Schadenv in Anspruch zu nehmen, fehlt es. Ein solches Gebot läßt sich auch nicht aus Treu und Glauben herleiten; der geschädigte Dritte hat es schließlich nicht zu verantworten, daß das Vsverhältnis des einen Schädigers gestört ist und daß der andere gar keine V abgeschlossen hat. Demgemäß muß an dem Grundsatz festgehalten werden, daß es dem Geschädigten unbenommen bleibt, ob er den Schädiger, der ein gestörtes Vsverhältnis hat, in Anspruch nimmt oder den, der sich nicht vert hat, oder ob er den Schaden ganz oder teilweise durch seine eigene V ausgleichen läßt. Zu überlegen ist nur, ob dem Ausgleichsgläubiger, der bei regelmäßigem Verhalten des Geschädigten im Sinne einer Inanspruchnahme der eigenen Schadenv durch das oben dargestellte, extra legem entwickelte Regreßverbot geschützt wird, ein Ausgleichsanspruch gegen den nicht in Anspruch genommenen Schadenver des geschädigten Dritten zugebilligt werden könnte. Dafür fehlt es aber an einer gesetzlichen Grundlage, insbesondere sind die Voraussetzungen für einen Anspruch aus ungerechtfertigter Bereicherung nicht gegeben (allerdings hat das BAV in einem Beschwerdefall in VA 1963 S. 193 für einen dem Feuerregreßverzichtsabkommen unterliegenden Fall den Standpunkt vertreten, daß dem Schädiger ein Zahlungsanspruch gegen den nicht in Anspruch genommenen Feuerver zuzubilligen sei; zu bedenken ist aber, daß – abgesehen davon, daß nach den tatsächlichen Umständen jenes Falls unklar war, ob der Vmer den Ver nicht doch in Anspruch nehmen wollte – ein vertraglicher Anspruch nach Maßgabe einer ergänzenden Auslegung jenes Abkommens über § 328 BGB zugebilligt werden konnte).

[B 58] ggg) Subsidiaritätsklauseln

LG Saarbrücken 14. VIII. 1975 VersR 1976 S. 83–84 hat § 158c IV in einem Fall nicht angewendet, in dem gemäß § 2 IIId ARB vereinbart war, daß vom Rechtsschutzver solche Kosten nicht zu tragen seien, zu deren Übernahme ein Dritter verpflichtet wäre, wenn keine Rechtsschutzv bestünde. Der an sich leistungsfreie Ver hatte dem Dritten den entstandenen Schaden außergerichtlich mit Ausnahme der Anwaltskosten in Höhe von rund DM 1.000,– ersetzt. Das Gericht führte dazu u. a. folgendes aus: Hier sei einmal der Vmer der Bekl ... zur Übernahme der Anwaltskosten verpflichtet ... Außerdem stünde dem Dritten ... ein Direktanspruch auf Ersatz der Anwaltskosten gegen die Bekl zu, falls keine Rechtsschutzv bestehen würde. Insoweit lägen somit die Voraussetzungen der Risikoausschlußklausel in § 2 IIId ARB vor. Der Risikoausschluß habe zur Folge, daß das intakte Schadenvsverhältnis unbelastet bleibe und dem Dritten ... im Sinne des § 158c IV kein Deckungsanspruch zustehe, auf den ihn die an sich leistungsfreie Bekl ... verweisen könnte ... Die Kammer verkenne dabei nicht, daß infolge dieses Risikoausschlusses das „kranke" Vsverhältnis regelwidrig mit Kosten belastet werde, obwohl die Bekl lediglich „in Ansehung eines Dritten" zur Deckung des Schadens aufgrund eines Schuldbeitritts verpflichtet sei und ihre Leistung ihren Vmer, der ihr die Erstprämie vorenthalten habe, nicht von seiner Haftungsverpflichtung befreie (§ 158 f). Auch habe die Kammer den Eindruck gewonnen, daß die im Rahmen der Änderung der ARB am 1. IV. 1969 in diese aufgenommenen Risikoausschlußklausel bewußt zur Abwehr von Anwaltskosten im Verhältnis zu solchen Haftpflichtvern geschaffen worden sei, die nach den Vorschriften des VVG gegenüber ihren Vmern von einer Leistung befreit seien und lediglich gemäß § 3 Ziff. 6 PflichtvsG haften. Dennoch sehe sich die Kammer außerstande, den Risikoauschluß in § 2 III d ARB nach § 134 BGB als gegen ein Gesetz verstoßend für nichtig zu erklären. Es erscheine bereits fraglich, ob es sich bei ... § 158 c IV um ein Verbotsgesetz im Sinne dieser Vorschrift handle, zumal anerkannt sei, daß dem Risikoausschluß ähnliche Subsidiaritätsklauseln grundsätzlich wirksam seien ... Zum anderen seien die ... Bedingungen durch Verfügung des BAV ... genehmigt worden; einer Behörde, von der zu erwarten sei, daß sie die Konsequenzen einer ihr zur Genehmigung unterbreiteten Vertragsänderung erkenne. Falls das nicht ... sein sollte, dürfte es Sache des BAV sein, die erteilte Genehmigung insoweit zu widerrufen. − Ebenso: AG Wesel 4. VIII. 1972 VersR 1974 S. 1213−1214, AG Regensburg 20. VII. 1973 VersR 1974 S. 1170−1171, AG Frankfurt a.M. 24. X. 1975 VersR 1976 S. 335−336, Stiefel-Hofmann[12] Anm. 51 zu § 10 AKB, S. 444. Dagegen wird § 2 III d ARB von J. Prölss VersR 1977 S. 367−368 als unwirksam angesehen (ebenso Prölss-Martin[22] Anm. 10 zu § 158 c, S. 842). Diese Auffassung begründet J. Prölss a.a.O. wie folgt: Sehe man den Sinn des § 158 c IV allein darin, daß in den Fällen, in denen er eingreife, der Geschädigte des Schutzes durch Ansprüche gegen den im Innenverhältnis leistungsfreien Haftpflichtver ... nicht bedürfe, sei dieses Verhältnis unproblematisch; denn, wenn der Geschädigte infolge eines Ausschlusses keinen Anspruch gegen den „anderen Schadenver" habe, verbleibe es bei der Leistungspflicht des Haftpflichtvers und es bestehe daher kein Anlaß, um seinetwillen an Subsidiaritätsklauseln Anstoß zu nehmen ... Man dürfe aber § 158 c IV nicht nur unter dem Aspekt des Schutzbedürfnisses des Geschädigten betrachten ... § 158 c IV enthalte ... auch eine Bewertung der Interessen des Haftpflichtvers und des „anderen Schadenvers" in ihrem Verhältnis zueinander in dem Sinn, daß der im Innenverhältnis leistungsfreie Haftpflichtver gegenüber dem „anderen Schadenver" bevorzugt werde. Andernfalls müßten Haftpflichtver und „andere Schadenver" Gesamtschuldner sein. Es sei daher zu prüfen, ob und wann Subsidiaritätsklauseln unter diesem Aspekt nach § 134 oder § 242 BGB nichtig oder „gesetzeskonform" dahin ... auszulegen seien, daß sie nicht eingreifen, wenn andernfalls ein im Innenverhältnis leistungsfreier Haftpflichtver belastet würde ... Hier sei zwischen verschiedenen Arten von Subsidiaritätsklauseln zu unterscheiden. Eine Klausel könne entweder bestimmen, daß kein Vsschutz bestehe, wenn für den Schaden Dritte einzustehen haben, oder (wie z. B. § 2 III d ARB), daß der „andere Schadenver" nicht hafte, wenn der Geschädigte einen Anspruch gegen einen Dritten hätte, falls die andere Schadenv nicht bestünde. − Die erstgenannte Klausel hält J. Prölss a.a.O. für wirksam, während er für Fälle wie § 2 III d ARB folgendes bemerkt: Hier greife der Ausschluß ... allein deshalb ein, weil § 158 c IV durch ihn ausgeschaltet werden solle. Der Ausschluß sei daher ... nur durch das Interesse des „anderen Schadenvers" begründet, ... den Schaden auf den Haftpflichtver abzuwälzen. Die Anerkennung einer derartigen Subsidiaritätsklausel würde daher bedeuten, daß dem bloßen Interesse des „anderen Schadenvers", den Schaden auf den Haftpflichtver zu verlagern, der Vorzug vor dem Interesse des (im Innenverhältnis leistungsfreien) Haftpflichtvers, daß nicht er, sondern der „andere Schadenver" den Schaden trage, gegeben würde. Damit wäre aber die Interessenwertung des § 158 c

IV auf den Kopf gestellt. Demgegenüber könne man nicht einwenden, daß der Haftpflichtver auch eintreten müsse, wenn der Geschädigte überhaupt keine andere V geschlossen hätte, und demgemäß auch eine bestimmte Gestaltung des Vsschutzes hinnehmen müsse; denn der Prämisse dieses Arguments habe der Gesetzgeber durch die Regelung des § 158c IV gerade seine Anerkennung versagt. Hieraus ergebe sich, daß § 2 III d ARB und entsprechende Subsidiaritätsklauseln nichtig oder wenigstens einengend auszulegen seien.

Dieser Auffassung ist im Ergebnis durchaus beizupflichten. Gänzlich verfehlt ist die Argumentation des LG Saarbrücken 14. VIII. 1975 a.a.O., daß aus der Genehmigung von Vsbedingungen durch das BAA in irgendeiner Weise folge, daß diesen anhaftende zivilrechtliche Mängel geheilt werden könnten. Hier kommt eine Autoritätsgläubigkeit zum Ausdruck, die dem Bild des mündigen Rechtsbürgers nicht entspricht. Die Auslegung der Vsbedingungen ist im zivilrechtlichen Streitfall allein Sache des vom BAA gewiß gänzlich unabhängigen Richters. Wer es in der Vergangenheit immer wieder erleben mußte, daß in vom BAA genehmigten Bedingungen Verstöße gegen eindeutig zwingende Gesetzesbestimmungen zu finden waren und daß vom BGH z.B. im Obliegenheitsrecht genehmigte Bedingungsbestimmungen zum Teil als krasse Verstöße gegen Treu und Glauben aufgefaßt und demgemäß für unwirksam gehalten worden sind (vgl. dazu nur BGH 22. XII. 1976 NJW 1977 S. 533–535 = VersR 1977 S. 272–275 zu § 7 V Ziff. 1 AKB a.F.), kann über eine solche Argumentation nur verwundert sein. Zutreffend ist allerdings der Hinweis des Gerichts darauf, daß ein Fall der vorliegenden Art nicht von § 134 BGB erfaßt werde. Denn an einem ausdrücklichen gesetzlichen Verbot, Klauseln der vorliegenden Art zu vereinbaren, fehlt es. Die Bestimmungen der §§ 158c–k sind aber zwingend zugunsten des Dritten ausgestaltet. Es ist zu überlegen, ob nicht auch der in § 158c IV entschiedene Konflikt zwischen der Leistungspflicht des nur überobligationsmäßig haftenden Vers und des an sich im Risiko befindlichen anderen Schadenvers als zwingende Regelung anzusehen ist. Dabei ist zu bedenken, daß § 158c IV der Verwirklichung einer gerechten Konfliktslösung dient; denn es ist für jedermann einsichtig, daß der im Risiko befindliche Schadenvers des geschädigten Dritten der aus sozialen Gründen zugunsten dieses Dritten fingierten Leistungspflicht des an sich leistungsfreien Haftpflichtvers vorzugehen hat. Würde der andere Schadenver im Sinne des § 158c IV sich nicht einer so ausgefeilten Ausschlußklausel wie der des § 2 III d ARB bedienen, sondern schlicht schreiben, daß § 158c IV nicht gelte, so würde eine solche Klausel einer Inhaltskontrolle nach § 9 AGBG sicher nicht standhalten. Billigt man diesen Ausgangspunkt, so ist es konsequent, auch § 2 III d ARB – ungeachtet seiner verfeinerten Klauseltechnik – einer solchen Auslegung im Wege einer auf den Sinnzusammenhang abstellenden interpretativen Inhaltskontrolle zu unterwerfen. Dabei ist zu bedenken, daß entgegen der Auffassung von J. Prölss a.a.O. die Bedingungsänderung gemäß § 2 III d ARB primär auch gar nicht den Fall des § 158c IV im Auge hatte, sondern als Gegengewicht zu der als ungerecht empfundenen Rechtsprechung gedacht war, nach der einem freigesprochenen Angeklagten mit Rücksicht auf einen bestehenden Kostenrechtsschutz kein Ersatz der Verteidigungskosten aus der Staatskasse zugebilligt wurde (vgl. VA 1969 S. 66). So verständlich § 2 III d ARB zur Abwehr einer solchen obrigkeitsholden Rechtsprechung auch ist, so sicher ist es aber umgekehrt auch, daß eine Erstreckung der Bedingungsvorschriften auf die Fälle einer fingierten Haftung des Pflichthaftpflichtvers dem Gerechtigkeitsgebot widerstreitet. Die Leistungsverpflichtung eines anderen Schadenvers im Sinne des § 158c IV darf nicht von dessen mehr oder minder geschickter Formulierungskunst abhängen. Der nach dem Sinn des von ihm angebotenen Vsschutzes typischerweise im Risiko befindliche Schadenver darf durch eine Klausel wie die des § 2 III d ARB nicht an einer für ihn nicht gedachten Schutzvorschrift über die Pflichthaftpflichtv partizipieren.

II. 7. Leistungspflicht im gestörten Versicherungsverhältnis **Anm. B 58**

Wollte man das dulden, so würde eine mißbräuchliche Ausnutzung der Vertragsfreiheit die gesetzliche Subsidiaritätsregelung durch eine in die Form einer Ausschlußklausel gekleidete vertragliche Subsidiaritätsklausel außer Kraft setzen. Ein solches Streben nach materiellem Vorteil zu Lasten des an sich leistungsfreien Pflichthaftpflichtvers kann und darf die Rechtsordnung nicht akzeptieren. Die Klausel ist daher einschränkend dahin zu interpretieren, daß sie für den Fall des § 158 c IV nicht gilt. Diese Unwirksamkeit sollte nicht nur mit J. Prölss a.a.O. aus Treu und Glauben abgeleitet, sondern mit der als zwingende Regelung zugunsten des überobligationsmäßig haftenden Vers aufzufassenden Konstruktion des § 158 c IV begründet werden. Noch schärfer formuliert ließe sich eine solche Klausel auch als sittenwidrig im Sinne des § 138 I BGB auffassen, weil durch sie letzten Endes in versteckter Form eine Leistung aus der sozialen Daseinsvorsorge des Pflichthaftpflichtvssystems zugunsten des an sich im Risiko befindlichen Schadenvers erstritten werden soll. Für die Fälle des § 2 III d ARB ist demgemäß zurückzukehren zu der nach den alten Rechtsschutzvsbedingungen die Anwendung des § 158 c IV bejahenden Rechtsprechung (vgl. dazu AG Essen 30. IX. 1965 VersR 1966 S. 255–256, AG Krefeld 22. VIII. 1967 VersR 1968 S. 291). Dem Geschädigten wird durch eine solche Interpretation kein Schaden zugefügt. Denn das Gesagte bedeutet, daß der Rechtsschutzver ihm gegenüber so im Risiko ist, als enthielte § 2 III d ARB den Zusatz: „Der Ausschluß greift nicht im Fall des § 158 c IV ein."

Beachtenswert ist in diesem Zusammenhang, daß das BAA in der Befürchtung, daß die neu eingefügte Ausschlußbestimmung zu weit gefaßt sein könnte, von den Vern vor der Genehmigung der neuen ARB die Abgabe einer den Vmer dagegen schützenden geschäftsplanmäßigen Erklärung verlangt hat. Der Text dieser Erklärung lautet wie folgt: „Wir erklären hiermit, uns auf die Vorschrift des § 2 III d ARB nicht zum Nachteil des Vmers zu berufen." Diese geschäftsplanmäßige Erklärung ist in VA 1969 S. 66 veröffentlicht. Aus dem Gesichtspunkt der Erklärung an die Öffentlichkeit ist demgemäß nach der hier vertretenen Auffassung davon auszugehen, daß diese Willensäußerung nicht nur aufsichtsrechtliche Bedeutung hat, sondern für den Vmer einen vertraglichen Rechtsanspruch begründet (vgl. zu dieser auch für andere Fälle solcher geschäftsplanmäßiger Erklärungen bedeutsamen Rechtsfrage Anm. J 15 m.w.N. für und gegen den hier vertretenen Standpunkt).

Schließt ein Schadenver dagegen nicht gezielt in bezug auf § 158 c IV, sondern schlechthin seine Leistungspflicht aus, wenn und soweit dem Vmer dieser V ein Schadenersatzanspruch gegen einen Dritten zusteht, einerlei, ob dieser Anspruch realisiert werden kann oder nicht, so muß ein solcher Ausschluß im Sinne des § 158 c IV grundsätzlich als rechtswirksam akzeptiert werden (so zutreffend J. Prölss VersR 1977 S. 367). Stets ist aber zu prüfen, ob nicht im Grunde eine Umgehung des § 158 c IV bezweckt wird. Eine solche Umgehungsabsicht ist z. B. zu erkennen, wenn nur für diejenigen Fälle die Ersatzpflicht des anderen Schadenvers gemäß einem verankerten Ausschluß entfallen soll, in denen dem Vmer ein Schadenersatzanspruch gegen einen motorisierten Unfallgegner zusteht. Denn dann wird in verdeckter Form ausgesprochen, daß der Kfz-Haftpflichtver auch in den fingierten Haftungsfällen letzten Endes zugunsten des anderen Schadenvers eintreten soll, obwohl dieser doch in anderen Haftungsfällen, sofern diese nämlich mit dem Straßenverkehr nicht zu tun haben, vorleistet, um dann den normalen Regreßweg über § 67 I zu gehen. – Es versteht sich, daß eine Bestimmung wie § 2 III d ARB auch vom Standpunkt der der hier vertretenen Meinung entgegengesetzten Auffassung dann nicht eingreift, wenn es sich nicht um eine vorprozessuale Erledigung und dadurch auf seiten des Dritten z. B. entstandene Anwaltskosten handelt, sondern um eine nach den Bestimmungen des Prozeßrechts zu treffende Kostenentscheidung, z. B. gemäß §§ 91, 91 a ZPO (vgl. LG Essen 23. VI. 1971 VersR 1972 S. 431).

Mit einem speziellen Subsidiaritätsfall befaßte sich BGH 12. XII. 1975 VA 1976 S. 189–191 Nr. 679 = VersR 1976 S. 235–237. In jenem Fall hatte ein öffentlich-rechtlicher Krankenver, nämlich die Postbeamtenkrankenkasse, in § 17 III 1 ihrer Satzung zunächst bestimmt, daß ihre Ersatzpflicht für aus Unfällen herrührende Kosten eines Heilverfahrens entfalle, soweit diese von einem Träger der Unfallv, von der Bundespost oder einem ersatzpflichtigen Dritten zu tragen seien. Nach S. 2 der genannten Bestimmung greift diese Regelung auch dann ein, wenn bei einer unfallvspflichtigen Tätigkeit in der Landwirtschaft in der Satzung der zuständigen Berufsgenossenschaft nur Kann-Leistungen vorgesehen sind. Im Anschluß daran wird bestimmt, daß bei Unfällen des täglichen Lebens (Verkehrsunfälle, Straßen- und Hausunfälle, Verletzungen durch Tiere oder bei Schlägereien u. a.) von dem Ver Vorschüsse auf die dem Verletzten zustehenden Ersatzansprüche gewährt werden könnten, wenn der Verletzte seine Ansprüche gegen den ersatzpflichtigen Dritten in Höhe dieser Vorschüsse vorher schriftlich an den Ver abtrete. Vom BGH a.a.O. ist zunächst als Grundsatz hervorgehoben worden, daß ein Krankenver, der zum Ersatz von tatsächlich entstandenen Kosten einer Heilbehandlung verpflichtet sei, Schadenver im Sinne von § 158c IV sei (ebenso OLG Hamm 14. VI. 1968 VersR 1969 S. 508–509). Daß der Krankenver in der Rechtsform einer Körperschaft des öffentlichen Rechts organisiert sei und Zuschüsse von der deutschen Bundespost erhalte, ändere nichts daran, daß er mit der Krankheitskostenv eine Schadenv im Sinne des § 158c IV betreibe. Vom BGH wird dann aber die Satzungsbestimmung dahin ausgelegt, daß ein echter Risikoausschluß für alle auf Unfälle zurückzuführenden Krankheitsfälle gegeben sei, bei denen ein Ersatzanspruch gegen Dritte bestehe. Dieser Ausschluß verhindere, daß das in § 158c IV vorausgesetzte Spannungsverhältnis zwischen der Leistungspflicht eines im Risiko befindlichen Schadenvers und der überobligationsmäßigen Haftung des an sich leistungsfreien Haftpflichtvers überhaupt zu beurteilen sei. Unerheblich sei auch die (allerdings erst in der Revisionsinstanz aufgestellte) Behauptung, daß der betreffende Krankenver in allen derartigen Fällen, in denen der ersatzpflichtige Dritte nicht sogleich leiste, auf Verlangen der Vmer Vorschüsse zahle und diese im Falle der Nichtrealisierbarkeit nicht zurückfordere. Ein derartiges Verhalten des Vers ändere nichts an dem bestehenden Ausschluß. Auch eine ständige satzungswidrige Handlungsweise des Vorstandes beeinflusse den grundsätzlich bestehenden Ausschluß nicht. Angesichts des Wortlauts der Satzungsbestimmung erscheint die vom BGH vorgenommene Deduktion zunächst als bestechend (zustimmend J. Prölss VersR 1967 S. 367, Prölss-Martin[22] Anm. 10 zu § 158c, S. 842). Indessen ist bei der Interpretation der genannten Satzungsbestimmung zu beachten, daß der Vmer dieser Krankenv im Rahmen der Kann-Bestimmung des § 17 III 3 nicht rechtlos steht. Der Zweck dieser Vorschrift gestattet entgegen der Auffassung des BGH die Auslegung, daß aus der „Kann"-Leistungsverpflichtung des Krankenvers eine „Muß"-Leistung wird, wenn der an und für sich gegebene Ersatzanspruch des Vmers nicht alsbald realisiert werden kann. Dabei kann man sich allerdings sicher darüber streiten, welcher Zeitraum als Wartelast von dem betreffenden Vmer des Krankenvers hingenommen werden muß. Folgt man dieser Interpretation, so steht dem Vmer auf die in § 17 III 3 jener Satzung bezeichneten Vorschüsse ein Rechtsanspruch zu. Entgegen der Meinung des BGH ist im übrigen auch in diesem Zusammenhang mit Rücksicht auf den Gleichbehandlungsgrundsatz nach § 21 I VAG die bisherige ständige Handhabung der Satzung durch den Ver bedeutsam, wenn sie nicht offensichtlich satzungs- oder gesetzwidrig ist, was aber nur in der engen Wortinterpretation des BGH der Fall wäre. Besteht aber ein solcher durchsetzbarer Anspruch des Vmers auf Leistung solcher Vorschüsse, so fragt sich, ob diese als Vorschüsse bezeichneten Zahlungen ihrerseits Vsleistungen sind oder nicht. Bejaht man das – und eine andere Qualifikation dieser Verpflichtung des Krankenvers erscheint als konstruktiv kaum möglich –, so ist weiter zu prüfen, ob im Falle der Nichtrealisierbarkeit der berechtigten Ersatzforderung des Vmers gegenüber einem vermögenslosen Schädiger der

Ver seine in der Satzung als Vorschüsse bezeichneten Leistungen nach der Rechtslage zurückverlangen darf. Gedacht sei dabei insbesondere an einen vermögenslosen Schädiger, der – wie das im täglichen Leben immer wieder festgestellt werden kann – keine Vorsorge für gegen ihn aus im privaten Bereich entstehende Haftpflichtansprüche durch Abschluß einer Privathaftpflichtv getroffen hat. Entgegen der Auffassung des BGH ist ein solches Rückforderungsrecht des Vers – ungeachtet des für die Gegenmeinung sprechenden Wortlauts der Satzungsbestimmung – aus dem dieser Vorschrift zugrundeliegenden sozialen Schutzgedanken zu verneinen. Im Grunde genommen fehlt es an einer ausdrücklichen Regelung des Problems einer Forderung des Vmers gegen einen vermögenslosen Schuldner. Die Satzung geht vielmehr von einer heilen Welt aus, in der alle Ansprüche, die berechtigt sind, auch realisiert werden können. Wirtschaftlich betrachtet macht es aber für einen Vmer keinen Unterschied, ob er aus einem Unfall wegen der ihm entstehenden Schäden in der Form der Verpflichtung zur Zahlung von Heilkosten keinen Anspruch hat oder eine Forderung gegen einen nicht zahlungsfähigen Schuldner. Ein unbefangener Vmer kommt unter diesen Umständen gar nicht auf die Idee, daß sein Krankenvsvertrag hier eine empfindliche Lücke hat, die zu einem Rückforderungsanspruch des Vers führen könnte. Diese Lücke ist nach der Interessenlage dahin zu schließen, daß in den Fällen unrealisierbarer Forderungen der Ver gemäß der Grundvorschrift der Satzung im gleichen Maße eintrittspflichtig ist wie bei einem Unfall ohne Fremdverschulden. Weder die geringe Prämie noch der Zweck der getroffenen Regelung sprechen gegen diese einschränkende Auslegung jener Satzungsbestimmung. Nur zur Verdeutlichung sei bemerkt, daß solche Krankenvsleistungen nicht nur von den Vmern als Komplementärleistung zum Beihilfeanspruch verstanden, sondern ihnen auch von den Vermittlern mit dem Hinweis darauf angeboten werden, daß der Vmer damit hundertprozentig im Krankheitsfall abgesichert sei. Insofern gibt die leider erst in der Revisionsinstanz aufgestellte Behauptung über eine der hier vorgenommenen Auslegung entsprechende Praxis des Vorstands jenes Krankenvers, die nach revisionsrechtlichen Grundsätzen eigentlich gar nicht berücksichtigt werden durfte, entgegen der Meinung des BGH für eine Gesamtwürdigung des Krankenvsverhältnisses doch wertvollen Aufschluß. Interpretiert man das Krankenvsverhältnis in der dargestellten Weise, so wird deutlich, daß das vom BGH verneinte Spannungsverhältnis im Sinne des § 158 c IV doch gegeben ist.

[B 59] hhh) Beweislast

Darlegungs- und beweispflichtig dafür, daß der geschädigte Dritte Ersatz seines Schadens von einem anderen Sozialver oder einem anderen Schadenver erlangen kann, ist der Ver (BGH 11. VII. 1972 VersR 1972 S. 1074, 4. IV. 1978 VersR 1978 S. 611, 28. X. 1982 VersR 1983 S. 84). Läßt sich demgemäß z. B. nicht aufklären, ob ein Anspruch gegen einen den Vsschutz verneinenden Ver vor einem ausländischen Gericht mit Erfolg durchgesetzt werden kann, so geht das zu Lasten des gemäß § 3 Ziff. 4, 5 PflichtvsG (§ 158 c I, II) überobligationsmäßig haftenden Vers.

cc) Zum Anwendungsbereich des § 158 c V VVG

Gliederung:
aaa) Vorbemerkung B 60
bbb) Bedeutung der Vorschrift im Wandel der

Rechtsprechung zum Staatshaftungsrecht B 61
ccc) Realisierung der Ausgleichsansprüche B 62

[B 60] aaa) Vorbemerkung

§ 158 c V ist erst zum 1. X. 1965 in das VVG eingefügt worden. Er beruht auf der Überlegung, daß die überobligationsmäßige Haftung der Pflichthaftpflichtver nicht über die Subsidiaritätsklausel des § 839 I 2 BGB dem Staat zugute kommen soll. Im Staatshaftungsgesetz vom 26. VI. 1981 (BGBl. 1981 I S. 553–562) war in § 34 I Ziff. 4 das Außerkrafttreten des § 158c V zum 1. I. 1982 vorgesehen. Das beruhte darauf, daß in der vorgesehenen Neuregelung gemäß § 10 I, II StHG das Subsidiaritätsprinzip des § 839 I 2 BGB aufgegeben werden sollte. Nachdem nunmehr aber vom BVerfG 19. X. 1982 BGBl. 1982 I S. 1493 dieses Gesetz im ganzen für nichtig erklärt worden ist, und zwar einstimmig (vgl. die Entscheidungsgründe in NJW 1983 S. 25–32), bedeutet das die Weitergeltung des § 158c V über den 1. I. 1982 hinaus.

[B 61] bbb) Bedeutung der Vorschrift im Wandel der Rechtsprechung zum Staatshaftungsrecht

Nach § 3 Ziff. 6 S. 1 PflichtvsG findet auf die überobligationsmäßige Haftung des Vers § 158c V entsprechende Anwendung. Im Zusammenhang gelesen, lautet diese Bestimmung, daß im Falle des Zusammentreffens einer Eintrittspflicht des Vers gemäß § 3 Ziff. 4, 5 PflichtvsG mit einer Ersatzpflicht auf Grund fahrlässiger Amtspflichtverletzung die Ersatzpflicht nach § 839 I BGB nicht dadurch ausgeschlossen wird, daß die Voraussetzungen für die überobligationsmäßige Leistungspflicht des Vers vorliegen. Bei erster Durchsicht dieser Bestimmung liegt eine Interpretation des Inhalts nahe, daß hier schlicht – abgesehen von dem ausdrücklich ausgenommenen Sonderfall, daß der Beamte nach § 839 BGB persönlich haftet – § 839 I 2 aufgehoben sei (gewissermaßen als Vorläufer zu § 34 I Ziff. 4 des für nichtig erklärten Staatshaftungsgesetzes vom 26. VI. 1981). Bei dieser Interpretation würde § 158c V so verstanden werden, daß schlechthin die fingierte Leistungspflicht des Vers keine anderweitige Ersatzmöglichkeit im Sinne des § 839 I 2 BGB darstelle. Diese Auslegung wird aber von der h. A. nicht geteilt. Sie interpretiert diese Bestimmung vielmehr in Übereinstimmung mit der amtl. Begr. IV S. 31 dahin, daß sie nur das Innenverhältnis zwischen dem Staat und dem Ver betreffe, dem durch diese Vorschrift eine Regreßmöglichkeit eröffnet werden solle (so BGH 28. X. 1982 VersR 1983 S. 85 unter Bezugnahme auf Sieg VersR 1966 S. 103, Prölss-Martin[22] Anm. 11 zu § 158c, S. 843; w. N. bei Sieg in Bruck-Möller-Sieg Anm. 151, 153 zu § 67). Dem Wortlaut dieser Bestimmung läßt sich eine solche Einschränkung nicht entnehmen. Sie ist auch nicht sinnvoll; ein Schutzbedürfnis des Staates ist, wenn er ohnedies im Regreßprozeß vom Ver in Anspruch genommen werden kann, nicht ersichtlich. Es ist daher zu überlegen, ob man nicht die letzten Endes nur auf der Bemerkung in der amtl. Begr. beruhende einschränkende Interpretation des § 158c V fallen läßt und die Vorschrift so deutet, daß der Dritte den Staat in diesen Fällen selbst in Anspruch nehmen darf. Das würde bedeuten, daß bei einem Zusammentreffen der überobligationsmäßigen Leistungspflicht des Vers mit einer Ersatzpflicht aufgrund fahrlässiger Amtspflichtverletzung die Regelung nicht zum Tragen käme, daß die öffentliche Hand dann nicht haftet, wenn ein Geschädigter von einem Dritten Ersatz erlangen kann. Allerdings kommt der Bestimmung ohnedies nur noch eine sehr eingeschränkte Bedeutung zu. Denn nach Inkrafttreten des § 158c V ist vom BGH entgegen dem Gesetzeswortlaut und in Abkehr von der früheren Rechtsprechung (vgl. für diese nur BGH 27. I. 1977 BGHZ Bd 68 S. 217–225 m. w. N.) entschieden worden, daß die Subsidiaritätsklausel des § 839 I 2 BGB nicht mehr anzuwenden sei, wenn ein Amtsträger bei der dienstlichen Teilnahme am allgemeinen Straßenverkehr schuldhaft einen Verkehrsunfall verursache (BGH 27. I. 1977 BGHZ Bd 68 a.a.O., 28. IX. 1978 VersR 1979 S. 348–349, 22. V. 1980 VersR 1980 S. 939–940, 30. X. 1980 NJW 1981 S. 681–682; ausgenommen von dieser Neuerung ist allerdings der Fall, daß von dem Amtsträger Sonderrechte nach § 35 StVO in Anspruch genommen werden, vgl. dazu BGH 28. X. 1982 MDR 1983 S. 203 = VersR 1983 S. 84–85). In Konsequenz dieser Erkenntnis ist das Subsidiaritätsprinzip nach § 839 I 2 BGB auch in denjenigen Fällen aufgegeben worden, in denen ein Amtsträger durch eine Verletzung der ihm als hoheitliche Aufgabe obliegenden Straßenverkehrssicherungspflicht einen Verkehrsunfall verschuldet hat (BGH 12. VII. 1979 BGHZ Bd 75 S. 134–138,

II. 7. Leistungspflicht im gestörten Versicherungsverhältnis **Anm. B 62**

29. XI. 1979 VersR 1980 S. 282–283, 30. X. 1980 NJW 1981 S. 682 = VersR 1981 S. 335–336; vgl. dazu ergänzend Stoll, Festschrift für Hauß, Karlsruhe 1979, S. 349–371 m. w. N.). Dieser einschränkenden Auslegung des § 839 I 2 BGB ist beizupflichten. Für die haftungsrechtliche Bevorzugung des Staates fehlt es an einer sachbezogenen Rechtfertigung. – Vgl. auch BGH 10. XI. 1977 BGHZ Bd 70 S. 7–11 dafür, daß die Leistungen eines Trägers der französischen gesetzlichen Unfallv nicht mehr als anderweitiger Ersatz im Sinne des § 839 I 2 BGB angesehen worden sind; die Konsequenz dieser Entscheidung ist, daß entgegen bisheriger ständiger Rechtsprechung ein gleiches für die Leistungen inländischer Sozial- und Privatver zu gelten hat (so für den inländischen Sozialver BGH 30. X. 1980 NJW 1981 S. 682 = VersR 1981 S. 335–336, 20. XI. 1980 BGHZ Bd 79 S. 26–35, für den privaten Krankenver BGH 20. XI. 1980 BGHZ Bd 79 S. 35–37, für den Kaskover BGH 28. X. 1982 MDR 1983 S. 202–203 = VersR 1983 S. 85–86; zur Kritik an der früher entgegengesetzten Rechtsprechung vgl. Bruck-Möller-Sieg Anm. 29 zu § 67, ferner die Nachweise bei Marschall v. Bieberstein, Festschrift für Reimer Schmidt, Karlsruhe 1976, S. 771–785. – Der in § 158c V für das gestörte Vsverhältnis nach h. A. nur in gespaltener Weise, nämlich im Verhältnis zwischen dem überobligationsmäßig haftenden Ver und dem Staat, zum Ausdruck gekommene Rechtsgedanke gilt danach schon schlechthin und ohne eine solche Einschränkung auf weiten Gebieten des Verkehrshaftungsrechts. Bedenkt man das, so ergibt sich ohnedies nur noch ein sehr eingeschränkter Anwendungsbereich für § 158c V, der demnach durch die neuere Rechtsentwicklung weitgehend überholt worden ist. Es verbleiben aus der Teilnahme am Straßenverkehr im Prinzip nur die ausdrücklich (vgl. BGH 28. X. 1982 MDR 1983 S. 203 = VersR 1983 S. 84–85) ausgenommenen Fälle, in denen von den Beamten die Sondervorrechte nach § 35 StVO in Anspruch genommen worden sind (vgl. ergänzend § 3 Ziff. 6 S. 2 PflichtvsG und dazu Anm. B 63). Amtshaftungsfälle können allerdings auch bei Verletzung der behördlichen Verpflichtungen nach § 29d StVZO gegeben sein (vgl. dazu Anm. B 145 m. w. N.). Dafür, daß es für den Fall einer Verletzung der Verpflichtung des Staates, gemäß § 29d StVZO tätig zu werden, zugunsten des Vers zur Durchsetzung eines eigenen Schadenersatzanspruchs wegen Amtspflichtsverletzung nicht der Bestimmung des § 158c V bedurft hätte, vgl. BGH 9. II. 1956 BGHZ Bd 20 S. 55–57 und Anm. B 145 m. w. N. Von dem geschädigten Dritten kann der Staat allerdings nach der dargestellten h. A. trotz § 158c V nur für nach dem Ablauf der Monatsfrist des § 3 Ziff. 5 PflichtvsG entstandene Schäden in Anspruch genommen werden, es sei denn, daß der Schaden oberhalb der Mindestvssummen liegt (dafür, daß der Staat sich nicht auf die Mindestvssummen des § 158c III als Grenze für seine Haftung berufen kann, vgl. Anm. B 145 m. w. N.).

[B 62] ccc) Realisierung der Ausgleichsansprüche

Sieg in Bruck-Möller-Sieg Anm. 151 zu § 67 ordnet § 158c V wie folgt ein: Der Ver müsse im „kranken" Vsverhältnis dem Geschädigten gegenüber auch dann eintreten, wenn bei einem Schadenfall eine fahrlässige Amtspflichtverletzung eines Beamten mitgewirkt habe. Dem Geschädigten gegenüber sei die Subsidiarität der Amtshaftung stärker als die Subsidiarität der VerHaftung nach § 158c IV. Hierbei solle es jedoch nach § 158c V nicht endgültig bleiben. Unter den dortigen Voraussetzungen könne vielmehr der „kranke" Ver, der den Geschädigten befriedigt habe, Regreß bei dem Dienstherrn nehmen. Die juristische Konstruktion sei schwierig. Man werde mit Sendtner-Voelderndorff, Ausgleichsansprüche nach dem Pflichtvs-Änderungsgesetz vom 5. IV. 1965, Diss. Berlin 1967, S. 58–112, annehmen müssen, daß zugunsten des Vers ein Ausgleichsanspruch des Vmers gegen den Dienstherrn (vgl. insbesondere § 426 I 2 BGB) in voller Höhe der Ver-Leistung fingiert werde, in den der Ver auf der Grundlage seines Anspruchs aus § 158f durch Abtretung oder Vollstreckungsakt sukzedieren könne. Der Regreß gegen den Dienstherrn sei also kein Anwendungsfall von § 67. Weder habe der Geschädigte von § 158c V einen Nutzen noch der Vmer, an den sich der Dienstherr im weiteren Rückgriff halten könne.

Dieser Auffassung, die nach Sieg a.a.O. Anm. 153 zu § 67 auch für die Kfz-Haftpflichtv gilt, ist beizupflichten. Es liegt hier nicht der Normalfall der Beteiligung mehrerer Personen an einer unerlaubten Handlung vor, bei der Vmer und Ver einerseits dem Dritten als Gesamtschuldner haften und bei der daneben auch eine solche Gesamtschuldnerschaft zwischen dem Vmer und dem Mitschädiger besteht, ohne daß ein gleiches Rechtsband der Gesamtschuld auch zwischen dem dem Direktanspruch ausgesetzten Ver und dem an jenem Vsvertrag nicht beteiligten Mitschädiger begründet wird (vgl. dazu Baumann ZVersWiss 1970 S. 196–199 m.w.N., GeyerVersR 1966 S. 512–513, Prölss-Martin[22] Anm. 11 zu § 158c, S. 843, ferner Anm. B 21 a. E. und 71). Es ist hier vielmehr die Besonderheit zu beachten, daß bei einer Beschränkung des § 158c V auf das Innenverhältnis kein Gesamtschuldverhältnis zwischen Vmer und Mitschädiger gegeben ist. Eine derartige auf das Innenverhältnis begrenzte Fiktion kann entweder einen direkten Zugriff ermöglichen wollen oder einen Zugriff über den Umweg einer Pfändung eines solchen fingierten Ausgleichsanspruchs. Mit Sieg a.a.O. Anm. 153 zu § 67 ist der zuletzt genannte Weg zu wählen. Das bedeutet, daß der Ver, der einen Ausgleichsanspruch gegen den Vmer oder den Vten kraft § 3 Ziff. 9 S. 2 PflichtvsG erworben hat, nach Erstreiten eines Titels gegen den Vmer (oder den Vten) dessen fingierten Ausgleichsanspruch gegen den Mitschädiger (hier den Staat) pfänden und sich überweisen lassen muß (es sei denn, daß der Vmer zur Abtretung bereit ist). § 67 I kann entgegen der Auffassung von Deiters VW 1965 S. 1104 auf diesen Ausgleichsanspruch des Vmers gegen den Mitschädiger nur dann zur Anwendung kommen, wenn der Ver im gesunden Vsverhältnis leistet. Was BGH 23. V. 1960 BGHZ Bd 32 S. 331–338 für die Regreßnorm des § 158f ausgeführt hat, gilt auch für die Fälle des § 3 Ziff. 9 S. 2 PflichtvsG. In jener Entscheidung heißt es a.a.O. S. 335–336 u. a.: Der in § 67 normierte Forderungsübergang sei darin begründet, daß durch die Leistung des Vers weder der Dritte von seiner Verbindlichkeit befreit noch der Vmer bereichert werden solle ... Da diese Folge nicht eintrete, wenn der Vmer trotz der Leistung des Vers weiter mit dem Schaden belastet bleibe, sei in einem solchen Fall für einen Forderungsübergang nach § 67 kein Raum. Ein gesetzlicher Übergang des Freistellungs- und Ausgleichungsanspruchs des Vmers auf die Kl könne entgegen der auf Feuerstein (JRPV 1941 S. 201) gestützten Auffassung ... auch nicht aus § 158f VVG hergeleitet werden. Nach dieser Bestimmung gehe nur der Haftpflichtanspruch des Geschädigten gegen den Vmer (Vten), den der Ver nach § 158c befriedige, auf den Ver über. Von diesem Forderungsübergang würden aber nicht die Freistellungs- und Ausgleichsansprüche des Vmers gegen den Bekl erfaßt. Dies wäre nur dann nach §§ 412, 401 BGB möglich, wenn diese Ansprüche im Sinne von § 401 BGB als Nebenrechte zu der als Hauptforderung übergehenden Haftpflichtforderung des Geschädigten gegen den Vten angesehen werden könnten. Das sei aber entgegen der Auffassung von Feuerstein a.a.O. nicht möglich; vielmehr seien weder die Ansprüche des Gläubigers gegen einen anderen Gesamtschuldner noch gar die Ausgleichungs- und Freistellungsansprüche des Schuldners der übergehenden Forderung gegen einen anderen Gesamtschuldner im Sinne von § 401 BGB Nebenrechte der übergehenden Forderung, sondern vollkommen selbständige Ansprüche, auf die § 401 BGB nicht anwendbar sei (Prölss JRPV 1941 S. 211; Reichel Schuldmitübernahme S. 455).

Folgt man der h. A., daß § 158c V dem geschädigten Dritten keinen Rechtsvorteil im Sinne einer Abänderung des § 839 I 2 BGB beschert, so ist es konsequent mit Sieg und Sendtner-Voeldendorff a.a.O. anzunehmen, daß der derart zugunsten des an sich leistungsfreien Vers fingierte Ausgleichsanspruch lediglich nach Maßgabe der BGH 23. V. 1960 a.a.O. zu entnehmenden Grundsätze realisiert werden könne. Es ist aber nochmals hervorzuheben, daß ein wirtschaftlich vernünftiger Sinn an einer solchen gespaltenen Rechtssituation weder aus der Sicht des Staates, noch aus der des geschädigten Dritten

II. 7. Leistungspflicht im gestörten Versicherungsverhältnis **Anm. B 63**

oder des an sich leistungsfreien Vers gegeben ist. Das ergibt sich speziell aus der Sicht des Staates daraus, daß ihm, sofern alle Beteiligten nach der Rechtslage handeln, keinerlei Rechtsvorteile zukommen. Es wäre daher letzten Endes doch überlegenswert, auf die in Anm. B 61 geäußerten Zweifel zurückzukommen und § 839 I 2 BGB insgesamt in derartigen Fällen als abbedungen anzusehen.

[B 63] dd) Ersatzpflicht eines Quasiversicherers der öffentlichen Hand

Nach § 3 Ziff. 6 S. 2 PflichtvsG entfällt die Leistungspflicht des Vers in den Fällen der Ziff. 4 und 5 auch dann, wenn und soweit der Dritte in der Lage ist, von einem nach § 2 I Ziff. 1–5 PflichtvsG befreiten Fahrzeughalter Ersatz seines Schadens zu erlangen. Bei diesem Personenkreis handelt es sich um die Bundesrepublik Deutschland, die Länder, die Gemeinden mit mehr als einhunderttausend Einwohnern, Gemeindeverbände sowie Zweckverbände, denen ausschließlich Körperschaften des öffentlichen Rechts angehören, und die in § 1 V VAG aufgeführten Gemeinden und Gemeindeverbände. Diese erst zum 1. X. 1965 in Kraft getretene Neuerung bedeutet, daß der überobligationsmäßigen Leistungspflicht des Vers auch die Haftung der von der Vspflicht befreiten Halter der öffentlichen Hand vorgeht. Die nach § 2 I Ziff. 1–5 PflichtvsG befreiten Fahrzeughalter werden damit so behandelt, als wären sie aus einem ungestörten Vsverhältnis haftende Kfz-Haftpflichtver. Keineswegs bedeutet die Regelung in § 3 Ziff. 6 S. 2 PflichtvsG, daß allein auf die Halterhaftung der genannten Gebietskörperschaften abgestellt wird. Vielmehr sollen alle nur denkbaren schadenersatzrechtlichen Haftungsmöglichkeiten erfaßt werden, soweit damit nur sichergestellt ist, daß der geschädigte Dritte Ersatz erlangt. Demgemäß ist es – auch mit Rücksicht auf die Zusatzhaftung dieser Halter gemäß § 2 II PflichtvsG (vgl. Anm. B 92–96) – sachlich durchaus berechtigt, den in § 2 I Ziff. 1–5 PflichtvsG befreiten Personenkreis als Quasiver der öffentlichen Hand zu bezeichnen. Der Sache nach stellt § 3 Ziff. 6 S. 2 PflichtvsG eine zusätzliche Subsidiaritätsklausel nach Maßgabe des § 158c IV und des Grundlagenvorbilds nach § 839 I 2 BGB dar. Für den Anwendungsbereich der Bestimmung des § 3 Ziff. 6 S. 2. PflichtvsG wird man sich für den Regelfall die Beteiligung zweier Fahrzeuge vorzustellen haben, bei denen ein Dritter Schaden erlitten hat. Der Fall ist damit dem gleichzustellen, daß ein Schaden durch den Gebrauch zweier Fahrzeuge angerichtet wird, bei denen der Haftpflichtver des einen Fahrzeugs im Risiko ist und der des anderen nicht. Demgemäß gilt das in Anm. B 55 Ausgeführte entsprechend. Reicht daher die Leistungspflicht des Halters der öffentlichen Hand wegen Überschreitung der Haftungssummen nach § 2 II PflichtvsG nicht aus, so ist der gemäß § 3 Ziff. 6 PflichtvsG nur subsidiär haftende Ver zusätzlich bis zur Höhe der gesetzlichen Mindestvssummen im Risiko (vgl. auch Anm. B 49). Nicht besonders geregelt ist der Fall, daß der Quasiver der öffentlichen Hand ebenfalls nur überobligationsmäßig im Risiko ist, weil z. B. eine unerlaubte Schwarzfahrt vorliegt. Hier ist eine entsprechende Anwendung der für die Haftung zweier an sich leistungsfreier Ver in Anm. B 55 dargestellten Grundsätze vorzunehmen. Dabei ist aber zu betonen, daß das nur insoweit gilt, als der öffentlichrechtliche Halter nicht ohnedies, also ohne die Haftungserweiterung nach § 2 II PflichtvsG, dem Dritten zum Schadenersatz verpflichtet ist (vgl. Anm. B 95). – Mit einem Teilsubsidiaritätsfall befaßt sich auch BGH 28. X. 1982 VersR 1983 S. 84–85. Die Schmerzensgeldklage gegen den Staat wurde abgewiesen, weil für eine Polizeieinsatzfahrt gemäß § 35 I StVO das Haftungsprivileg nach § 839 I 2 BGB weiterhin bejaht wurde (vgl. auch Anm. B 61). Hinsichtlich des Sachschadens wurde dagegen die Anwendung der Subsidiaritätsklausel nach § 3 Ziff. 6 S. 2 PflichtvsG für möglich gehalten, sofern nämlich dem Staat die Führung des Unabwendbarkeitsbeweises nach § 7 II StVG nicht möglich sein sollte.

Johannsen

Anm. B 64   B. Kraftfahrzeughaftpflichtv Stellung des geschädigten Dritten

Darlegungs- und beweispflichtig dafür, daß der Dritte in der Lage ist, von einem nach § 2 I Ziff. 1–5 PflichtvsG von der Vspflicht befreiten Halter Ersatz seines Schadens zu erlangen, ist der Ver (BGH 28. X. 1982 MDR 1983 S. 203 = VersR 1983 S. 84). Es darf also keine Parallele zu § 839 I 2 BGB gezogen werden, wo das Fehlen einer anderweitigen Ersatzmöglichkeit bei fahrlässiger Amtspflichtverletzung als eine zur Klagbegründung gehörende Voraussetzung des Amtshaftungsanspruchs angesehen wird (BGH 28. X. 1982 a.a.O.).

e) Regreßansprüche des Versicherers
aa) Rückgriff nach §§ 3 Ziff. 9 S. 2 PflichtvsG, 426 I, II BGB

Gliederung:

aaa) Systematische Einordnung B 64
bbb) Besonderheiten bei der Beteiligung mehrerer Personen am Vsverhältnis B 65–66
α) Mehrheit von Vmern B 65

β) V für fremde Rechnung B 66
ccc) Umfang B 67
ddd) Beweislastfragen und aus § 12 III folgende Besonderheiten B 68
eee) Verjährung B 69

[B 64] aaa) Systematische Einordnung

Dem Ver, der im Verhältnis zum Vmer nicht im Risiko ist, steht gegen diesen hinsichtlich seiner Leistungen an den geschädigten Dritten gemäß § 3 Ziff. 9 S. 2 PflichtvsG ein Regreßanspruch zu. Früher war dieser Rückgriffsanspruch für alle Pflichthaftpflichtven in § 158 f verankert. Seit dem 1. X. 1965 gilt im Bereich der Kfz-Haftpflichtv die Sonderregelung gemäß § 3 Ziff. 9 und 10 PflichtvsG. Die grundlegende Vorschrift ist dabei § 3 Ziff. 9 S. 2 PflichtvsG. Sie besagt, daß bei Nichtbestehen einer Verpflichtung des Vers gegenüber dem Vmer im Verhältnis der beiden Gesamtschuldner zueinander der Vmer allein verpflichtet ist. Damit ist vom Gesetzgeber auf die Bestimmungen über die Gesamtschuld in § 426 I, II BGB verwiesen worden. Dem Ver steht danach schon vor der Erfüllung des Anspruchs des Dritten der Ausgleichsanspruch des 426 I 1 BGB zu, der bis zur Befriedigung der begründeten Ansprüche des Dritten allerdings nicht auf Zahlung, sondern nur auf Freihaltung gerichtet ist. Anders als der Vmer, dessen vertraglicher Anspruch auf Gewährung von Haftpflichtvsschutz gemäß § 10 I AKB über den Wortlaut des § 3 Ziff. 9 S. 1 PflichtvsG hinaus auf Befreiung von begründeten und unbegründeten Ansprüchen des Dritten gerichtet ist (vgl. dazu Bd IV Anm. B 33–36 m.w.N.), hat der Ver kein Recht darauf, durch den Vmer auch von unbegründeten Forderungen des Dritten freigehalten zu werden. In der Praxis wird im übrigen ohnedies der Vmer regelmäßig nicht mit einem gerichtlich geltend gemachten Freihaltungsanspruch überzogen. Vielmehr ergreift der Ver den Gerichtsweg zumeist erst dann, wenn er geleistet hat. Das dürfte zum einen eine Nachwirkung der früher geltenden Regelung des § 158 f sein, in der der Ver nach der gesetzlichen Konstruktion erst mit dem Forderungsübergang aktiv legitimiert war. Zum anderen liegt die Ursache in den sich aus der Abgrenzung von begründeten und unbegründeten Ansprüchen ergebenden Schwierigkeiten. Wenn nämlich der Ver solche Abgrenzungsschwierigkeiten nicht für gegeben hält, so müßte er bei der Geltendmachung eines Befreiungsanspruchs im Prozeß mit verständnislosen Bemerkungen der Beteiligten rechnen, wieso er denn nicht entsprechend seinem sozialen Haftungsauftrag die nach seiner eigenen Auffassung doch begründeten Ansprüche erfüllt habe. Das sind letztlich aber nur Praktikabilitätserwägungen, die an dem Grundsatz nichts ändern, daß mit dem Eintritt des Schadenereignisses ein derartiger Befreiungsanspruch aus § 3 Ziff. 9 S. 2 PflichtvsG i.V.m. § 426 I 1 BGB erwachsen ist. Dieser verwandelt sich mit der Erfüllung durch den Ver in einen Zahlungsanspruch. Zugleich geht mit der Erfüllungsleistung der Anspruch des Dritten gegen den Vmer auf

II. 7. Leistungspflicht im gestörten Versicherungsverhältnis   Anm. B 65

den Ver gemäß § 426 II 1 BGB über. Von diesem Zeitpunkt an stehen dem Ver demgemäß in Anspruchskonkurrenz zwei im wesentlichen inhaltsgleiche Ansprüche gegen den Vmer zu. Das ist ein im normalen Gesamtschuldverhältnis üblicher Vorgang, wenngleich dem zusätzlichen Forderungsübergang regelmäßig keine besondere Bedeutung zukommt. Ausnahmsweise kann das allerdings einmal dann anders sein, wenn z. B. der Vmer dem Dritten für dessen Haftpflichtforderung ein Pfandrecht bestellt hat oder von einem Vierten eine Bürgschaft übernommen worden ist. In den Genuß dieser Pfand- oder Bürgschaftsrechte kommt bei dieser Konstruktion gemäß § 426 II i.V.m. §§ 412, 401 I BGB der Ver. Dabei handelt es sich allerdings um seltene Ausnahmefälle, da für den Vmer mit Rücksicht auf die Eintrittsverpflichtung des Vers im Verhältnis zum Dritten gemäß § 3 Ziff. 4, 5 PflichtvsG im allgemeinen keine Veranlassung besteht, sich um die Gestellung solcher Bürgschafts- oder Sicherungsrechte zu bemühen.

In § 158 f S. 2 heißt es, daß der Übergang der Schadenersatzforderung nicht zum Nachteil des Dritten geltend gemacht werden könne. Eine solche Bestimmung fehlt in § 3 Ziff. 9 S. 2 PflichtvsG. Es gelten aber die gleichen Rechtsgrundsätze wie in § 158 f S. 2, da § 426 II BGB als eine grundsätzlich für alle Gesamtschuldverhältnisse wirkende Bestimmung eingreift. Zur Auslegung dieser Vorschrift vgl. Sieg in Bruck-Möller-Sieg Anm. 88–90 zu (der wesensverwandten Bestimmung des) § 67 I 2.

[B 65] bbb) Besonderheiten bei der Beteiligung mehrerer Personen am Versicherungsverhältnis

α) Mehrheit von Versicherungsnehmern

An einem Haftpflichtvsvertrag bezüglich des Riskos aus dem Gebrauch eines Kfz können mehrere Personen als Vmer beteiligt sein. Beispiel: A und B sind in Gesellschaft bürgerlichen Rechts Gesamthandseigentümer eines Kfz und schließen gemeinsam einen Vsvertrag ab. In solchen Fällen einer Mehrheit von Vmern ist davon auszugehen, daß der Haftpflichtvsanspruch des einzelnen Vmers – abgesehen vom Prämienzahlungsbereich – grundsätzlich gegenüber dem des anderen selbständig ist (vgl. BGH 13. VI. 1957 BGHZ Bd 24 S. 378–386, 28. I. 1958 NJW 1958 S. 549 = VersR 1958 S. 160, 15. VI. 1961 VersR 1961 S. 651–653 = VRS Bd 21 S. 104–108, 21. IX. 1967 VersR 1967 S. 990–991; vgl. weiter Bd IV Anm. B 55). Etwas anderes gilt nur dann, wenn ausnahmsweise der eine Vmer als Repräsentant des anderen anzusehen ist, so daß dem letzteren die Verstöße des ersteren zuzurechnen sind (vgl. dazu nur BGH 21. XI. 1967 a.a.O.). Aus dieser Selbständigkeit kann sich demgemäß die Konsequenz ergeben, daß der Ver gegenüber dem einen Vmer leistungspflichtig ist und gegenüber dem anderen leistungsfrei. In solchen Fällen stellt sich die Frage, ob sich der Regreß des Vers allein nach § 67 oder nach § 3 Ziff. 9 S. 2 (und Ziff. 10 S. 2) PflichtvsG oder nach beiden Vorschriften richtet. Die Beantwortung dieser Frage hängt wesentlich davon ab, ob man eine zusätzliche Haftung des Vers gemäß § 3 Ziff. 4, 5 PflichtvsG auch dann annehmen will, wenn der Ver gegenüber dem einen der beiden Vmer eintrittspflichtig ist, gegenüber dem anderen aber nicht. Hätten die beiden Miteigentümer A und B nicht einen gemeinsamen Vsvertrag bei einem Ver sondern zwei Haftpflichtvsverträge bei zwei verschiedenen Vern geschlossen, so wäre der unmittelbare Anwendungsfall des § 158 c IV gegeben gewesen. Nur der Ver des vertragsgetreuen A wäre im Risiko, nicht aber der des vertragsungetreuen Miteigners B, da ein Bedürfnis für eine überobligationsmäßige Haftung des an sich leistungsfreien Vers vom Gesetzgeber zu Recht verneint worden ist. Variiert man diesen Sachverhalt in der Weise, daß die Miteigner A und B getrennte Vsverträge bei demselben Ver abgeschlossen haben, so leuchtet ein, daß das Ergebnis genauso ausfallen muß. § 158c IV findet insoweit entsprechende Anwendung, so daß dem Dritten nicht etwa die Mindestvssummen im Sinne des § 158c III auf Grund der fingierten Haftung gemäß § 3 Ziff. 4, 5 PflichtvsG zusätzlich zur Verfügung stehen. Ist aber § 158c IV entsprechend anzuwenden, wenn die Miteigentümer A und B ihr Haftpflichtrisiko in gesonderten Verträgen abdecken, so gilt das auch, wenn der Ver A und B in einem Vertrag vert. Der Gedankengang ist in erster Linie von dogmatischem Interesse, in Einzelfällen aber auch wegen der Bestimmung des § 67 II und des Übergangs von Ausgleichsansprüchen gegen Mitschädiger bedeutsam. Die Konsequenz ist die, daß in dem hier geschilderten Ausgangsfall allein § 67 I 1 zur Anwendung kommt. Es greift nicht daneben § 3 Ziff. 9 S. 2 und Ziff. 10 S. 2 PflichtvsG ein. In diesem Sinne schon BGH 13. VI. 1957 BGHZ Bd 24 S. 385 zu § 158f, wenngleich ohne nähere Problemerörterung. Vgl. vor allem aber auch Sieg in Bruck-Möller-Sieg Anm. 149 zu § 67 m.w.N. zu dem sachlich gleichgelagerten Fall, daß der Ver nur im Rahmen der V für fremde Rechnung im Verhältnis zum Vten leistungsfrei ist, aber eintrittspflichtig bezüglich des das eigene Haftpflichtrisiko des Vmers betreffenden Vertragsteils. Sieg geht dort zwar von dem Vorliegen einer konkurrierenden „fingierten" Haftung aus. Er nimmt aber einen Vorrang des § 67 mit verdrängender Wirkung an, so daß der Sache nach eigentlich kein Unterschied mehr zu der hier vertretenen Auffassung besteht. Anders als hier aber gerade für diesen Fall der V für fremde Rechnung BGH 3. XII. 1962 VersR 1963 S. 135, 3. XII. 1964 VersR 1965 S. 131 (wenngleich sich in der letztgenannten Entscheidung schon eine Tendenz zur Aufgabe dieser Auffassung ankündigt; für die Gegenmeinung vgl. auch Johannsen VersArch 1956 S. 355–356 m.w.N.). Vorausgesetzt wird bei diesen Überlegungen, daß der Vmer A und der Vmer B dem Dritten als Gesamtschuldner haften, also eine Haftungsidentität besteht. Soweit das nicht der Fall ist, können allerdings in einem Schadenfall nebeneinander § 67 I und § 3 Ziff. 9 S. 2 PflichtvsG eingreifen. Wenn also in dem eingangs erwähnten Beispiel der Vmer A nur als Hafter haftet, der Vmer B aber auch aus § 823 BGB, weil er als Fahrer den Unfall selbst verschuldet hat, kann sich folgendes Bild ergeben: Hinsichtlich des Sachschadens in Höhe von DM 2.000.– geht ein etwaiger Ausgleichsanspruch des A gegen den B gemäß § 67 I 1 auf den Ver über; es geht dagegen der Anspruch des Dritten gegen den B nicht gemäß § 3 Ziff. 9 S. 2 PflichtvsG i.V.m. § 426 II BGB auf den Ver über. Hinsichtlich des Schmerzensgeldanspruchs in angenommener Höhe von DM 2.500.–, für den A nicht haftet, findet dagegen der Übergang nach § 3 Ziff. 9 S. 2 PflichtvsG i.V.m. § 426 II BGB statt. Hat A gegen B wegen des Sachschadens keinen Ausgleichsanspruch, weil beispielsweise in einer Gesellschaft bürgerlichen Rechts der Haftungsmaßstab des § 708 BGB ergibt, daß ein Gesellschafter den anderen im konkreten Fall nicht auf Ersatz in Anspruch nehmen kann (anders insoweit aber für Körperschäden eines mitfahrenden Gesellschafters BGH 20. XII. 1966 BGHZ Bd 46 S. 313–319 m.w.N.), so findet überhaupt kein Forderungsübergang statt. Mangels Anwendbarkeit des § 3 Ziff. 9 S. 2 PflichtvsG könnte der Ver sich daher bei B nur erholen, wenn man außerhalb der genannten Regreßvorschriften einen Anspruch aus Geschäftsführung ohne Auftrag oder einen solchen aus ungerechtfertigter Bereicherung zubilligt. Das wird indessen vom BGH in ständiger Rechtsprechung mit der Begründung verneint, daß § 67 eine Spezialvorschrift sei, die andere Normen verdränge (vgl. nur BGH 23. V. 1960 BGHZ Bd 32 S. 337–338, 11. VII. 1960 BGHZ Bd 33 S. 99 [zur Personenkautionsv], 15. X. 1963 VersR 1963 S. 1193 = LM Nr. 22 zu § 67, 5. V. 1969 VersR 1969 S. 643; w.N. bei Sieg in Bruck-Möller-Sieg Anm. 156 zu § 67). Entgegen der Kritik von Sieg a.a.O. Anm. 157–159 zu § 67 ist an dieser Auffassung festzuhalten; sie könnte nur dann aufgegeben werden, wenn man davon ausgeht, daß es eines gesetzlichen Forderungsübergangs zur Lösung der Regreßprobleme überhaupt nicht bedarf. Gegen einen solchen Denkansatz spricht aber die gesetzliche Grundentscheidung, solche speziellen Rechtsinstitute zu schaffen, die im übrigen auch nach der Auffassung von Sieg a.a.O. Anm. 158 zu § 67 hinsichtlich der spezifischen Sonderregelungen (wie § 67 II) den allgemeinen Grundfiguren des bürgerlichen Rechts vorgehen. Das Gesagte bedeutet, daß die zu § 67 entwickelten Grundsätze auch auf die Abgrenzung zwischen § 3 Ziff. 9 S. 2 PflichtvsG und den genannten allgemeinen Rechtsinstituten zu übertragen sind.

[B 66] β) Versicherung für fremde Rechnung

In § 3 Ziff. 9 S. 2 PflichtvsG ist nur von dem Vmer die Rede. Das bedeutet aber nicht, daß der Vte nicht nach dieser Vorschrift oder nach § 3 Ziff. 10 S. 2 PflichtvsG in Anspruch genommen werden könnte. Vielmehr finden beide Bestimmungen auch auf den Vten Anwendung. Soweit der Ver daher nicht nur im Verhältnis zu dem Vmer, sondern auch im Verhältnis zu dem Vten von der Verpflichtung zur Leistung frei ist, steht dem Ver daher ein Regreßanspruch gegen beide zu (vorausgesetzt, daß beide dem Dritten nach dem materiellen Recht haften). Daß in § 3 Ziff. 9 S. 2 PflichtvsG lediglich von dem Vmer die Rede ist, steht dieser Auslegung nicht entgegen. Es gilt vielmehr der Grundsatz, daß — abgesehen von der Prämienzahlungsverpflichtung — bei Vorliegen einer V für fremde Rechnung die Bestimmungen des VVG, des PflichtvsG und der AKB so auszulegen sind, daß überall dort, wo vom Vmer die Rede ist, der Vte ebenso gemeint ist (vgl. dafür nur BGH 28. XI. 1957 BGHZ Bd 26 S. 133–142 m.w.N., 23. X. 1958 BGHZ Bd 28 S. 246, 3. XII. 1962 VersR 1963 S. 135, 20. I. 1971 BGHZ Bd 55 S. 287, OLG Saarbrücken 30. I. 1976 VersR 1976 S. 553; Sieg in Bruck-Möller-Sieg Anm. 153 zu § 67, w.N. in Anm. B 31). Zur Frage, in welchen Fällen die Leistungsfreiheit des Vers im Verhältnis zum Vmer auch gegenüber dem Vten wirkt, wird auf die (künftigen) Ausführungen im Abschnitt H. verwiesen.

Auch im Rahmen der V für fremde Rechnung kann es sich aber ergeben, daß der Ver nur gegenüber dem Vten (oder nur gegenüber dem Vmer) leistungsfrei ist, während er zur Leistung gegenüber dem Vmer (oder gegenüber dem Vten) verpflichtet ist. Geht man dabei von einer gesamtschuldnerischen Haftung des Vmers und des Vten für den eingetretenen Schaden aus, so ist die Frage zu beantworten, ob der Dritte in solchen Fällen des zusätzlichen Schutzes einer Haftung des Vers gemäß § 3 Ziff. 4, 5 PflichtvsG bedarf oder ob nicht wie bei mehreren Vmern bei im übrigen gleicher Ausgangssituation eine entsprechende Anwendung des § 158c IV zum Wegfall der Haftungsfiktion führt. Eine Abwägung der Interessenlage ergibt, daß das letztere aus den in Anm. B 65 für den Fall einer Mehrheit von Vmern dargestellten Gründen zu bejahen ist. Vom BGH 3. XII. 1962 VersR 1963 S. 135 ist allerdings die gegenteilige Auffassung vertreten worden (ebenso auch noch Johannsen VersArch 1956 S. 355–356). In jener Entscheidung ist aber eine Auseinandersetzung mit dem für die gegenteilige Meinung sprechenden Urteil BGH 13. VI. 1957 BGHZ Bd 24 S. 385 nicht erfolgt und auch die Frage nach einer entsprechenden Anwendung des § 158c IV nicht gestellt worden. Es ergab sich aber im übrigen im Ergebnis auch kein Unterschied zu der hier vertretenen Auffassung; denn vom BGH 3. XII. 1962 a.a.O. wurde ein Ausgleichsanspruch des Vten gegen den Vmer verneint. Das hatte denkgesetzlich zur Konsequenz, daß ein voller Ausgleichsanspruch des Vmers gegen den Vten zu bejahen war, so daß der Ver als Rechtsnachfolger des Vmers gemäß § 67 I 1 Inhaber dieses Ausgleichsanspruchs geworden war. Im übrigen war es aber in jenem Fall so, daß tatsächlich eine gesamtschuldnerische Haftung des Vmers und des Vten gegenüber dem Dritten nur hinsichtlich desjenigen Teils des Schadens gegeben gewesen war, der sich auf den materiellen Bereich bezog, so daß bezüglich der Leistung des Vers auf das Schmerzensgeld auch nach der hier vertretenen Auffassung nur § 158f (heute § 3 Ziff. 9 S. 2 PflichtvsG i.V.m. § 426 II 1 BGB) die Inhaberschaft der Ersatzforderung vermitteln konnte. Bemerkenswert ist weiter, daß vom BGH a.a.O. durchaus konsequent ausgeführt wird, daß der Vte dem Ver allerdings einen etwaigen Ausgleichsanspruch gegen den Vmer entgegenhalten könne, weil der Ver auch für die aus einem Haftpflichtfall erwachsene Ausgleichungspflicht des Vmers einzustehen habe. Denn damit wird, wenn auch in einem anderen Gewand, doch nach den gleichen Prinzipien verfahren wie bei dem Übergang des Ausgleichsanspruchs nach § 67 I 1 gemäß der hier vertretenen Auffassung (dafür, daß auch ein Mitschädiger hinsichtlich seines Ausgleichsanspruchs als Dritter im Sinne des Haftpflichtvsrechts anzusehen ist, vgl. weiter Anm. B 12, 14 und 57).

Auch BGH 3. XII. 1964 VersR 1965 S. 131 wendet in einem solchen Fall einer gegenüber dem Vmer bestehenden Leistungspflicht bei Leistungsfreiheit gegenüber dem Vten noch § 158f (heute § 3 Ziff. 9 S. 2 PflichtvsG) an. Das Gericht sieht aber die Problematik bezüglich des Ausgleichsanspruchs. Dazu heißt es: Es komme allein darauf an, daß die Bekl zu 1) und 2) ... den von ihnen verschuldeten Schaden allein zu tragen haben. Sie haften damit dem Ver, der den Verletzten und Haftpflichtgläubiger befriedigt habe, weiter als Gesamtschuldner für die ganze Schadenssumme und nicht ... nur als Teilschuldner in Höhe ihres Ausgleichspflichtanteils ... Es mache dafür keinen Unterschied, ob der Ver die Schädiger — je nach den im Einzelfall gegebenen Voraussetzungen — auf Grund der §§ 158c und f oder der §§ 426 BGB, 67 VVG in Anspruch nehme.

Ergänzend ist darauf hinzuweisen, daß in Übereinstimmung mit den zitierten BGH-Entscheidungen auch Sieg in Bruck-Möller-Sieg Anm. 154 zu § 67 von einer zusätzlichen Haftungsfiktion des Vers im gestörten Vsverhältnis trotz Leistungspflicht des Vers für den Vmer ausgeht, daß er aber durch seine Annahme, daß § 67 im Verhältnis zu § 3 Ziff. 9 S. 2 PflichtvsG vorrangig sei, mit den hier gewonnenen Ergebnissen übereinstimmt.

Zu § 158f ist angenommen worden, daß bei einer Leistungsfreiheit des Vers sowohl gegenüber dem Vmer als auch gegenüber dem Vten, die beide dem Dritten für die Haftpflichtschuld als Gesamtschuldner haften, zu vermuten sei, daß die Leistung des Vers für beide erfolge, es sei denn, daß bei der Leistung etwas Entgegengesetztes erklärt werde oder sich aus den besonderen Umständen des Einzelfalles ergebe (so BGH 3. XII. 1962 VersR 1963 S. 135 m.w.N., Johannsen VersArch 1956 S. 355). Mit Rücksicht darauf, daß der Ver nach der Einführung des Direktanspruchs in der Kfz-Haftpflichtv in das Haftungsverhältnis als Gesamtschuldner eingebunden ist, bedarf es im Grunde genommen jetzt eines solchen Abstellens auf Erklärungsmomente nicht mehr. Maßgebend ist vielmehr in erster Linie die materielle Haftungslage. Diese materielle Haftungslage kann sich allerdings durch Vereinbarungen des Vers mit dem Dritten verändern, wenn sich etwa der Ver im eigenen Namen und sowohl in dem des Vmers als auch in dem des Vten im Vergleichswege zur Zahlung des materiellen Schadens und auch eines Schmerzensgeldes verpflichtet. Gedacht sei an einen Fall, in dem entgegen der Annahme des Vers nur der Vte, nicht aber der Vmer nach bürgerlichem Recht für den Schaden einzustehen gehabt hätte. Hier verändert sich durch das Regulierungsverhalten des Vers die materielle Rechtslage mit gemäß § 3 Ziff. 10 S. 1 PflichtvsG den Vmer grundsätzlich bindender Wirkung. Ungeachtet der Frage, ob insoweit ein Regulierungsverschulden des Vers zu bejahen ist oder nicht (vgl. dazu Anm. B 67), darf der Ver aber nach der Rechtsprechung des BGH hier aus dem Gesichtspunkt des Rechtsmißbrauchs gegen den Vmer keinen Regreß nehmen (BGH 8. XI. 1962 VersR 1963 S. 35, 15. VI. 1967 VersR 1967 S. 942—943). Andernfalls würde der Ver, der für den Vten ohnedies überobligationsmäßig im Verhältnis zum geschädigten Dritten gemäß § 3 Ziff. 4, 5 PflichtvsG haftet, aus seinem Regulierungsfehler einen sachlich nicht gerechtfertigten Vorteil ziehen. Nach der hier vertretenen Auffassung kann sich die gleiche Komplikation nicht ergeben, wenn der Ver im Verhältnis zum Vmer eintrittspflichtig ist, dem Vten aber keinen Vsschutz zu gewähren hat, da sich insoweit der Regreß des Vers nach § 67 und nicht nach § 3 Ziff. 9 S. 2 PflichtvsG richtet (vgl. Anm. B 65 und die Ausführungen am Beginn dieser Anm.). Wenn man dieser Meinung aber nicht folgt, so müßte man für diejenigen Fälle, in denen der Ver den Schaden des Dritten nur für den Vmer auszugleichen hat, weil nur dieser nach materiellem Recht haftet, bei einem dann nach § 3 Ziff. 9 S. 2 PflichtvsG gegen den Vten an sich möglichen Regreß ebenfalls mit dem Gesichtspunkt des Rechtsmißbrauchs arbeiten (vorausgesetzt also, daß auch hier ein solcher schuldloser Regulierungsfehler des Vers zu Lasten des Vten gegeben ist). Entsprechendes gilt, wenn der Ausnahmefall vorliegt, daß zwar für den Vten in der V für fremde Rechnung Vsschutz besteht, nicht aber für den Vmer hinsichtlich des das Eigenrisiko betreffenden Teils des Vertrages, wenn unterstellt wird, daß der Ver verkannt hat, daß nur der Vte dem Dritten nach bürgerlichem Recht haftete, nicht aber der Vmer. Des Zurückziehens auf den außergewöhnlichen Rechtsbehelf des Rechtsmißbrauchs bedarf es nach der hier vertretenen Konstruktion allerdings auch wiederum nicht, da der Weg über § 67 gewählt werden würde. Wenn nämlich ein Vmer im Verhältnis zum anderen Vmer im Falle einer personal beschränkten Leistungsfreiheit Dritter im Sinne des § 67 sein kann (BGH 13. VI. 1957 BGHZ Bd 24 S. 385), so gilt ein gleiches, wenn der Ver gegenüber dem Vten leistungsverpflichtet ist, aber leistungsfrei im Verhältnis zum Vmer (vgl. zum Grundsatzproblem ergänzend Sieg in Bruck-Möller-Sieg Anm. 127–132 zu § 67).

Kehrt man zum Ausgangsfall einer Leistungsverpflichtung des Vers gegenüber dem Vmer und einer Leistungsfreiheit gegenüber dem Vten zurück, so kann sich folgendes Bild ergeben: Der Vmer und der Vte haften als Gesamtschuldner für den materiellen Schaden, dagegen nur der Vte für das Schmerzensgeld. Unterstellt, der Ver erkenne diese Rechtslage und leiste für den Vmer kraft Vertragspflicht auf den materiellen Schaden und für den Vten auf das Schmerzensgeld, so findet bezüglich des materiellen Schadens § 67 I 1 Anwendung, während hinsichtlich des Schmerzensgeldes § 3 Ziff. 9 S. 2 PflichtvsG i.V.m. § 426 II 1 BGB eingreift. Unterstellt man, daß der Vte der Sohn des Vmers sei, der mit diesem in häuslicher Gemeinschaft im Sinne des § 67 II lebe, so ergibt sich, daß der Ver nur hinsichtlich des immateriellen Schadens Regreß nehmen kann, da im übrigen § 67 II den Übergang ausschließt. Vgl. wiederum Sieg in Bruck-Möller-Sieg Anm. 154 zu § 67 mit dem zutreffenden Hinweis, daß § 67 den Vorrang vor § 3 Ziff. 9 S. 2 PflichtvsG habe. Folgt man dieser Konstruktion nicht, so bleibt keine andere Wahl, als daß man hinsichtlich des materiellen Schadens auf den dann aus § 3 Ziff. 9 S. 2 PflichtvsG abgeleiteten Regreß § 67 II entsprechend anwendet. Denn es wäre nicht einzusehen, daß der Ver durch eine geschickte Erfüllungswahl den rechtspolitischen Zweck der altüberkommenen Schutzvorschrift des § 67 II vereiteln könnte. Eine solche entsprechende Anwendung des § 67 II kommt aber nicht bezüglich der Leistung des Vers auf das Schmerzensgeld in Betracht (vgl. Sieg a.a.O. Anm. 154 zu § 67). Der Umstand, daß der Ver im Verhältnis zum Vmer den Schmerzensgeldanspruch des Dritten als unbegründet abzuwehren hat, ist einer Leistung auf die Schmerzensgeldforderung des Dritten im Namen des Vmers nicht gleichzusetzen.

[B 67] ccc) Umfang

Der Umfang der dem Ver nach § 426 I, II BGB in Verbindung mit § 3 Ziff. 9 S. 2 PflichtvsG zustehenden Ansprüche richtet sich in erster Linie nach der Leistung des Vers an den Dritten. Gelingt es dem Ver — im Grunde gewiß entgegen seinem durch die Sondervorschriften über die Pflichthaftpflichtv zum Ausdruck kommenden sozialpolitischen Auftrag — die Ansprüche des Dritten im Vergleichswege unterhalb des gesetzlichen Umfangs festzulegen, so kommt dieser Vorteil dem Vmer zugute. Insoweit kann der Ver von dem Vmer nichts verlangen, wenn man von dem ersatzpflichtigen Regulierungsaufwand absieht (vgl. dazu Anm. B 70). Innerhalb der sich also durch die Leistung des Vers an den Dritten ergebenden Obergrenze der Ersatzpflicht des Vmers ist von dem Ver zu erwarten, daß er die Zusammensetzung des an den Dritten geleisteten Regreßbetrages spezifiziert, damit dem Vmer und dem Gericht im Regreßprozeß die Möglichkeit gegeben wird, den Regulierungsgang geistig nachzuvollziehen. Ist das durch den Ver geschehen und der Vmer damit aber nicht zufrieden, so ist es seine Aufgabe, dem Ver schuldhaft begangene Regulierungsfehler nachzuweisen (vgl. zur Beweislast ergänzend Anm. B 68). Das ergibt sich aus § 3 Ziff. 10 S. 1 PflichtvsG. In dieser Vorschrift heißt es nämlich, daß dann, wenn der Anspruch des Dritten gegenüber dem Ver durch rechtskräftiges Urteil, durch Anerkenntnis oder Vergleich festgestellt worden sei, der Vmer diese Feststellung gegen sich gelten lassen müsse, sofern er nicht nachweise, daß der Ver die Pflicht zur Abwehr unbegründeter Entschädigungsansprüche sowie zur Minderung oder zur sachgemäßen Feststellung des Schadens schuldhaft verletzt habe. An dieser Bestimmung fällt allerdings auf, daß der in der Praxis eine sehr große Rolle spielende Fall der Regulierung ohne Anerkennung eines Anspruchs durch schlichte Zahlung nicht mit aufgeführt wird. Vielleicht hat sich der Gesetzgeber bei dieser Formulierung von der Vorstellung leiten lassen, daß mit einer Zahlung ein Anerkenntnis verbunden sein könne. Das wird sicher häufig der Fall sein. Indessen gilt diese Überlegung dann nicht, wenn der Ver bei der Zahlung ausdrücklich erklärt hat, daß er ohne Anerkennung einer Rechtsverbindlichkeit leisten wolle. Von der Interessenlage ist aber gegenüber den in § 3 Ziff. 10 S. 1 PflichtvsG aufgeführten Fällen des rechtskräftigen Urteils, des Anerkenntnisses oder des Vergleichs kein Unterschied zu sehen. Die schlichte Zahlung ohne Anerkenntnis ist diesen Fällen daher gleichzustellen (vgl. auch OLG Hamm 13. XI. 1981 VersR 1982 S. 766). Will der Vmer somit dem Regreß des Vers entgehen, so muß er einen Regulierungsfehler dartun und nachweisen. Das Gesetz drückt sich allerdings anders aus. Es spricht von der Verletzung der Verpflichtung zur Abwehr unbegründeter Entschädigungsansprüche sowie der zur Minderung oder sachgemäßen Feststellung des Schadens. Diese umständliche gesetzliche Sprache ist indessen vom dogmatischen Ansatzpunkt aus zu beanstanden. Der Ausdruck über die Verpflichtung zur Abwehr unbegründeter Entschädigungsansprüche ist dem Haftpflichtvsrecht entlehnt. Er hat dort jedoch nur im gesunden Haftpflichtvsverhältnis eine Grundlage. Ist der Ver aber dem Vmer gegenüber von der Verpflichtung zur Leistung frei, so ist er ihm gegenüber auch nicht zur Abwehr unbegründeter Ansprüche verpflichtet. Vielmehr handelt der Ver im eigenen Interesse, wenn er die gegen ihn gerichteten unbegründeten Ansprüche nicht erfüllt. Entsprechende Kritik läßt sich auch an der in § 3 Ziff. 10 S. 1 PflichtvsG erwähnten Verpflichtung des Vers zur sachgemäßen Feststellung des Schadens anbringen. Denn eine solche läßt sich weder im Verhältnis zum geschädigten Dritten annehmen, noch ist sie im Verhältnis zum Vmer vertraglich vorgegeben, wenn der Ver dem Vmer gegenüber gerade nicht leistungsverpflichtet ist. Es kann sogar bezweifelt werden, daß es eine derartige Verpflichtung im gesunden Haftpflichtvsverhältnis gibt. Denn dort wird gemäß § 10 I AKB nur zwischen der Erfüllung begründeter Ansprüche und der Abwehr unbegründeter Ansprüche unterschieden. Im Verhältnis zum geschädigten Dritten im gestörten Vsverhältnis kommt es schließlich im Rahmen der sozialen Aufgabe des Haftpflichtvers allein darauf an, daß die begründeten Ansprüche des Dritten erfüllt werden. Daß dieser Dritte sich durch das Geltendmachen unbegründeter Ansprüche außerhalb dieses Schutzbereichs bewegt, ist allerdings doch mit Fug und Recht in § 3 Ziff. 10 S. 1 PflichtvsG in Betracht gezogen worden. Denn dieser sehr menschliche Zug, mehr zu verlangen, als einem nach der materiellen Rechtsordnung zusteht, ist nicht zu übersehen. Was also an Kritik bleibt, ist letzten Endes nur die an der Wortfassung des § 3 Ziff. 10 S. 1 PflichtvsG. Es wäre konstruktiv zu erwarten gewesen, daß zunächst festgelegt worden wäre, welche Pflichten den Ver im Rahmen des gesetzlichen Schuldverhältnisses zwischen Ver und Vmer (oder Vten) in einem gestörten oder gar nicht bestehenden Vsverhältnis treffen. An eine solche

II. 7. Leistungspflicht im gestörten Versicherungsverhältnis **Anm. B 67**

Festlegung darf dann auch gewiß die Folge geknüpft werden, daß bei einer Schlechterfüllung eine Schadenersatzpflicht gegeben sei. Ebenso durfte festgelegt werden, daß eine solche Schadenersatzpflicht nur bei einer schuldhaften Handlung des Vers gegeben sei. Letzten Endes gilt das aber beides im Prinzip für alle schuldrechtlichen Verpflichtungen, so daß allein die Normierung der aufgeführten Verpflichtungen genügt hätte. Das dem entgegengesetzte Verhalten des Gesetzgebers, der nach dem Wortlaut des § 3 Ziff. 10 S. 1 PflichtvsG das Bestehen solcher Verpflichtungen voraussetzt, findet seine Erklärung, wenn auch nicht seine systematische Rechtfertigung darin, daß damit die von der Rechtsprechung entwickelten Grundsätze zu § 158f wiedergegeben worden sind (vgl. nur BGH 27. V. 1957 BGHZ Bd 24 S. 322–324, 23. X. 1958 BGHZ Bd 28 S. 248–251, 19. XII. 1966 VersR 1967 S. 150–151, 15. VI. 1967 VersR 1967 S. 942 m.w.N.; bemerkenswert kritisch dazu Ebel Vergleich S. 176–179).

Als Regulierungsfehler ist es hauptsächlich anzusehen, wenn der Ver mehr an den geschädigten Dritten leistet, als diesem nach der materiellen Rechtslage gebührt. Diese Leistung über den Umfang der nach objektiven Grundsätzen zu ermittelnden Haftpflichtschuld hinaus kann dem Ver allerdings grundsätzlich dann nicht angelastet werden, wenn ihn ein rechtskräftiges Urteil im Haftpflichtprozeß zur Zahlung gezwungen hat. Divergiert derart die materielle Rechtslage mit dem Richterspruch, so nutzt dem Vmer der Hinweis auf die Fehlerhaftigkeit im Regelfall nichts. Denn das Fehlentscheidungsrisiko geht hier als Teil des allgemeinen Lebensrisikos zu seinen Lasten. Dem entspricht es, daß dieses Risiko im gesunden Haftpflichtvsverhältnis den Ver trifft. Hat der Ver es allerdings unterlassen, von einem Rechtsmittel gegen eine solche unrichtige Entscheidung Gebrauch zu machen, so ist der Vmer berechtigt, diese Maßnahme des Vers zu tadeln und die Zahlung des über die materielle Rechtslage hinaus zugesprochenen Betrages zu verweigern. Der Ver ist grundsätzlich verpflichtet, gegen unrichtige Urteile die nach der Prozeßordnung gegebenen Rechtsmittel einzulegen. Als fehlerhaft ist ein Urteil regelmäßig dann anzusehen, wenn es auf einem Verstoß gegen in höchstrichterlicher Rechtsprechung entwickelte Grundsätze beruht. Der materiellen Rechtsordnung widerstreitende Entscheidungen können aber auch darauf zurückzuführen sein, daß von den Parteien dem Gericht die dem speziellen Fall zugrunde liegenden Tatsachen nicht vollständig vorgetragen worden sind. So ist es eine Erfahrung der Prozeßpraxis, daß Anspruchsteller es durchweg unterlassen, solche Tatumstände dem Gericht zu unterbreiten, die geeignet sind, auf ihr Mitverschulden oder ihre Mitverantwortlichkeit nach den Grundsätzen der Gefährdungshaftung hinzuweisen. Es ist daher als sehr wichtige Last des Haftpflichtvers anzusehen, derartige Umstände vollständig und unter Beweisantritt vorzutragen. Unterläßt es der Ver, Informationen des Vmers im Regreßprozeß zu verwerten, so trägt er das Risiko einer solchen Auswahl aus dem ihm mitgeteilten Tatsachenmaterial. Wird dem Ver vom Vmer im Rückgriffsprozeß vorgehalten, daß er diese Informationen nicht vorgetragen habe, so kommt es für die Beurteilung der Erheblichkeit solchen Vorbringens auf die Auffassung des Gerichts an, das über den Prozeß zu entscheiden hat. Verfehlt wäre es also, etwa darüber Beweis zu erheben, wie die Richter des vorangegangenen Haftpflichtprozesses entschieden hätten, wenn ihnen jenes Tatsachenmaterial unterbreitet worden wäre. Es gelten vielmehr die gleichen Grundsätze, die im Schadenersatzprozeß gegen einen Rechtsanwalt zur Anwendung kommen, dem ein Versagen in der Prozeßvertretung seines Mandanten vorgeworfen wird (vgl. dazu nur BGH 4. XII. 1973 VersR 1974 S. 488–489, 14. XI. 1978 BGHZ Bd 72 S. 330 m. w. N. [ständige Rechtsprechung]).

Überhaupt wird man jene sehr strengen Grundsätze heranziehen dürfen, die für die Beurteilung des Rechtsverhältnisses zwischen Mandant und Anwalt entwickelt worden sind. Das gilt insbesondere dafür, daß tunlichst der sicherste Weg zu wählen ist. Dieser Sicherheitsweg bedeutet, daß der Tatsachenstoff lückenlos dem Gericht zu unterbreiten ist, auch wenn der Ver manche Tatsachen hinsichtlich eines Mitverschuldens für unerheblich hält. Das kann z. B. dann bedeutsam sein, wenn der Ver der nach Auffassung der letztinstanzlich entscheidenden Richter unrichtigen Meinung ist, daß es sich bei dem zu beurteilenden Geschehen um ein solches handelt, bei dem ein Haftungsausschluß nach § 637 RVO eingreife. – Als Regulierungsfehler des Vers kann es auch anzusehen sein, wenn er das Material dem Gericht zwar unterbreitet, die gesetzten Fristen aber nicht einhält, so daß dieser Vortrag als verspätet zurückgewiesen wird.

Soweit der Ver es nicht auf einen Streitentscheid durch Richterspruch ankommen läßt, muß er bei einer außergerichtlichen Erledigung, aber auch bei Abschluß eines Prozeßvergleichs die materielle Rechtslage und die Beweisbarkeit des Vorbringens des Dritten und der zugunsten des Vmers oder Vten sprechenden Tatsachen sorgsam beachten. Untersagt ist es dem Ver, aus Gründen der geschäftlichen Beziehungen zu einem Dritten großzügig eine Leistung über den gesetzlichen Umfang der Haftpflichtschuld hinaus zu erbringen. Solche Kulanz auf Kosten des Vmers könnte nicht gebilligt werden. Es sei in diesem Zusammenhang betont, daß solche Fallgestaltungen die Gerichte bisher in den veröffentlichten Entscheidungen auch nicht beschäftigt haben.

Als Beispiel für eine unrichtige Beurteilung der Beweislastlage sei an ein Schadenereignis gedacht, bei dem dem Vmer die Vorfahrt zustand, der Dritte aber behauptet, daß der Unfall auf eine überhöhte Geschwindigkeit des Vmers zurückzuführen sei, weshalb für diesen eine Teilhaftung gegeben sei. Gründet sich hier die behauptete überhöhte Geschwindigkeit allein auf ein Zeugnis eines Mitinsassen des Dritten, so stellt es regelmäßig einen Regulierungsfehler dar, wenn aufgrund solcher so gut wie unbeweisbarer Behauptungen eine Mithaftung angenommen wird. Ähnliche Fälle sind denkbar. Fehlerhaft wäre es auch, bei einander widersprechenden Aussagen, dem Dritten zu glauben, obwohl ihm im Prozeß für seine Behauptungen keinerlei Beweismittel zur Verfügung stehen. Behaupten z. B. sowohl der Vmer als auch der Dritte, bei grünem Licht in eine Kreuzung eingefahren zu sein, stehen beiden aber keinerlei Zeugenaussagen zur Verfügung, so wäre jede Leistung über 50% des Schadens des Dritten als fehlerhaft anzusehen. Dabei bezieht sich diese Bemerkung allein auf den der Gefährdungshaftung unterliegenden Teil des Schadens, so daß bei einer solchen Sachverhaltsgestaltung im Regelfall kein Schmerzensgeld gezahlt werden dürfte. Gerichtsentscheidungen sind mit Rücksicht auf den im Zivilprozeß gemäß § 286 I ZPO geltenden Grundsatz der freien Beweiswürdigung nicht immer einfach vorauszusagen. Ist zwischen dem Vmer und dem Dritten streitig, ob überhaupt eine Beteiligung des Vmers an dem behaupteten Schadenereignis vorgelegen hat und stehen dem Dritten für seine Behauptung keine Beweismittel außer dem des Augenscheins hinsichtlich des an seinem Fahrzeug entstandenen Schadens zu Verfügung, so kann der Ver nicht ohne weiteres unterstellen, daß der Richter ausnahmsweise gemäß § 448 ZPO den Dritten als Partei hören und ihm Glauben schenken werde. Es kommt dabei aber gewiß auf alle Umstände des Einzelfalls an. Als ein typischerweise zu Lasten des Vmers zu entscheidender Fall ist es z. B. anzusehen, daß durch Sachverständigengutachten ermittelt wird, daß die Lackfarbensplitter an einer neuen Schadenstelle des Fahrzeugs des Vmers von dem des geschädigten Dritten herrühren. Hatte der Vmer vor dieser Sachverhaltsermittlung durch einen Gutachter bestritten, daß es überhaupt zu einer Berührung zwischen den beiden Fahrzeugen gekommen sei, so wird der Ver der nunmehr sich wandelnden Einlassung des Vmers dahin, daß er diesen Sachverhalt jetzt zwar einräume, daß es sich für ihn aber um eine unabwendbares Ereignis gehandelt habe, nur mit größter Skepsis begegnen können. Wenn der Ver hier zu Lasten des Vmers entscheidet, so entspricht das dem Regelverlauf einer Beweiswürdigung im Gerichtsverfahren bei einer entsprechenden Entwicklung der Verteidigung des Beklagten. Zu betonen ist allerdings, daß stets alle Umstände des Einzelfalles zu bedenken sind. Nicht immer greift der

II. 7. Leistungspflicht im gestörten Versicherungsverhältnis   Anm. B 67

dem Sprichwort folgende Erfahrungssatz ein, daß einer zunächst bewußt die Unwahrheit sagenden Person überhaupt nichts mehr geglaubt werden könne.

Als grundsätzlich verfehlt ist eine Regulierungsweise zu bezeichnen, bei der der Ver einen Schaden reguliert, obwohl ihm außer den Angaben des Dritten keinerlei weitere Erkenntnismittel zur Verfügung stehen, insbesondere auch keine Schadenmeldung des Vmers vorliegt. Allerdings ist in einem solchen Fall die unterlassene Schadenanzeige durch den Vmer auch zu tadeln. Indessen weiß der Ver aus Erfahrung, daß in sehr vielen Fällen eine rechtzeitige Meldung unterbleibt. Daraus darf der Ver keineswegs ohne weiteres schließen, daß die Angaben des Dritten wohl richtig seien. Vielmehr muß der Ver bedenken, daß der Vmer auch häufig gerade deshalb keine Meldung macht, weil er den Dritten für alleinschuldig hält.

Die Bemessung der Haftungsquote ist bei Verkehrsunfällen nicht immer einfach. Häufig ist nicht mit letzter Sicherheit vorauszusagen, ob ein Gericht z. B. eine Quotierung 30:70 oder 40:60 annehmen würde. Die gesetzliche Regelung ist so zu verstehen, daß dem Ver im Prinzip ein Ermessensspielraum im gleichen Maße zuzubilligen ist, als wenn er auf Grund bestehenden Vsschutzes regulieren würde. Keineswegs darf ihm angesonnen werden, engherziger zu regulieren, als es sonst üblich ist. Für ein solches Ermessen in Quotierungsfällen vgl. z. B. BGH 19. XII. 1966 VersR 1967 S. 150, OLG Hamm 18. XII. 1970 VersR 1971 S. 914–915. – Ein besonderes Problem stellt auch die Bemessung des Schmerzensgeldes dar. Hier kann eine Gerichtsentscheidung mit letzter Sicherheit bezüglich der Höhe einer solchen gemäß § 847 BGB nach Billigkeitsgrundsätzen zu ermittelnden Entschädigung nicht vorausgesagt werden. Die Praxis trägt dem in Verkehrshaftpflichtprozessen durch die Stellung unbezifferter Anträge Rechnung, bei denen die Höhe des Schmerzensgeldes in das Ermessen des Gerichts gestellt wird. Dem Ver kann gewiß nicht zugemutet werden, hier stets einen Prozeß bezüglich der endgültigen Höhe des Schmerzensgeldes zu führen. Vielmehr darf der Ver sein Ermessen im gleichen Maße walten lassen, wie der Richter es tun würde. Daß ein unbefangener Betrachter ein etwas niedrigeres Schmerzensgeld auch für angemessen halten könnte, hat daher nicht zur Folge, daß der Vmer dem Ver einen geringeren Betrag als das gezahlte Schmerzensgeld im Regreßwege zu ersetzen braucht. Vielmehr ist einem solchen Einwand nur dann nachzugehen, wenn die Sätze, die sich in einem entsprechenden Gerichtsbezirk herausgebildet haben, ganz ungewöhnlich überschritten werden. Der Ver darf dabei durchaus die Tendenz der Gerichte zur Zubilligung höherer Schmerzensgelder bei schweren Verletzungen in Betracht ziehen. Eine entgegengesetzte Auslegung würde dem Grundgedanken des Pflichtvssystems widersprechen, den geschädigten Dritten auch in den Fällen des gestörten Vsverhältnisses so zu behandeln, als wenn rechtswirksam Haftpflichtvsschutz bestünde.

LG Stuttgart 6. IV. 1979 MDR 1979 S. 756 = VersR 1979 S. 1021–1022 vertritt den Standpunkt, daß eine Ermessensentscheidung auch hinsichtlich der Frage vorliegen könne, ob eine Forderung, als sie vom Ver erfüllt wurde, bereits verjährt war. Da es sich dabei um eine grundsätzliche objektiv zu beurteilende Rechtsfrage handelt, wird man diese Auffassung aber nur in seltenen Ausnahmefällen billigen können (kritisch dazu auch Ebel VersR 1980 S. 158–159). Das kann z. B. der Fall sein, wenn hinsichtlich eines angeblich mündlich vereinbarten befristeten „Verzichts" auf die Einrede der Verjährung einander widersprechende Erklärungen der Beteiligten vorliegen, so daß nicht vorausgesagt werden kann, welchem der Zeugen ein Gericht im Haftpflichtprozeß geglaubt hätte. Zu der Behandlung des Dritten wie im Normalfall gehört auch eine schnelle Regulierung. Ist der Ver säumig und vergrößert sich dadurch der Schaden, so braucht der Vmer den Mehrbetrag nicht zu ersetzen. Erscheinen dem Ver einzelne Forderungen des Dritten als übersetzt, so gibt ihm diese Erkenntnis nicht das Recht, überhaupt nichts zu leisten. Will der Dritte z. B. für eine Querschnittslähmung eine Schmerzensgeldzahlung von DM 200.000,– durchsetzen, der Ver aber nur DM 110.000,– zahlen, so berechtigt ihn diese ihm vielleicht unüberbrückbar erscheinende Differenz nicht dazu, vorprozessual nichts zu zahlen. Spricht das Gericht später daher DM 140.000,– zu, wobei es ausdrücklich eine Erhöhung wegen der verzögerlichen Regulierung vornimmt, so geht der Aufschlag zu Lasten des Vers. Die Höhe dieses Aufschlags wird allerdings zumeist in den Entscheidungen nicht ausdrücklich genannt sein, so daß der Richter im Regreßprozeß unter Umständen eine Schätzung nach § 287 ZPO vornehmen muß, um zu ermitteln, welcher Betrag bei zügiger Regulierung angemessen gewesen wäre.

Soweit Verzugs- oder Rechtshängigkeitszinsen wegen einer verzögerlichen Regulierung durch den Ver zuerkannt werden, gehen sie ebenfalls grundsätzlich nicht zu Lasten des Vmers. Wenn und soweit dem Dritten Prozeßkosten allein deshalb zu ersetzen sind, weil der Ver den bereits vorprozessual nach objektiven Grundsätzen als begründet erkennbaren Teil der Ansprüche des Dritten nicht erfüllt hat, so muß der Ver diesen Teil der Leistungen an den Dritten ebenfalls allein tragen. Es widerspricht überdies dem Sinn der gesetzlichen Regelung, wenn der Ver es auf einen Prozeß nur deshalb ankommen läßt, um etwa auf diese Weise den finanzschwachen Dritten zu einer vergleichsweisen endgültigen Regelung, insbesondere hinsichtlich des Zukunftsschadens, zu zwingen. Dabei ist zu bedenken, daß ein solches Verhalten als besonders beanstandenswert erscheint, weil der Ver und der Vmer auf eine Abfindung auch des Zukunftsschadens keinerlei Anspruch haben. Deshalb hat z. B. das BAA die Ver immer wieder darauf hingewiesen, daß es zu beanstanden sei, wenn in jedem Schadenfall mit formularmäßigen Abfindungserklärungen gearbeitet werde (vgl. VA 1980 S. 242 m. w. N.).

Aus dem Bestreben des Vers, das unerwünschte Zukunftsrisiko auszuschließen, folgt die häufig anzutreffende Regulierungspraxis, den Schaden des Dritten pauschal durch eine hohe Kapitalzahlung abzufinden. Das kann sich zu Lasten des Vmers auswirken. Wenn der Dritte beispielsweise einen monatlichen Verdienstausfall von DM 2.000,– behauptet und der Ver diesen mit DM 240.000,– abfindet, so kann der Ver von dem Vmer nur den nach der Rechtslage zu ersetzenden Betrag von monatlich DM 2.000,– verlangen (so im Grundatz schon BGH 27. V. 1957 BGHZ Bd 24 S. 324, vgl. ferner OLG Hamm 18. XII. 1970 VersR 1971 S. 915, 25. II. 1976 VersR 1978 S. 379–380). Ergibt sich in einem derartigen Fall, daß der Dritte drei Jahre nach Abschluß eines solchen Vergleichs gestorben ist, so braucht der Vmer von diesem Zeitpunkt an, sofern nicht Ersatzberechtigte im Sinne des § 844 II BGB zu entschädigen sind, überhaupt keine Erstattungsbeträge an den Ver zu leisten. Entsprechendes gilt, wenn der Vmer nachweist, daß der Dritte wieder erwerbstätig ist, ohne tatsächlich Verdienstausfall zu erleiden. Hat der Vmer allerdings auf Anfrage des Vers einem Kapitalabfindungsvergleich ausdrücklich zugestimmt, so kann sich daraus im Einzelfall seine Verpflichtung zum sofortigen vollen Ersatz des vom Ver geleisteten Betrages ergeben. Das setzt nicht voraus, daß der Ver den Vmer über die Konsequenzen seiner Zustimmung belehrt hat. Denn der zu erwartende Rückgriff ergibt sich aus der vorangegangenen Deckungsverweigerung. Demgemäß ist es auch nicht Aufgabe des Vers, für den Vmer die zur Debatte stehenden Entscheidungsalternativen herauszuarbeiten. Aus einem Schweigen des Vmers darf aber entgegen BGH 27. V. 1957 BGHZ Bd 24 S. 234 nicht ohne weiteres auf eine Zustimmung geschlossen werden. Das gilt selbst dann, wenn abzusehen ist, daß eine Regelung auf Rentenbasis im Ergebnis zu einer wesentlich höheren Dauerbelastung führen kann. Vielmehr ist zu bedenken, daß der Vmer nicht verpflichtet ist, sich zu derartigen Anfragen zu äußern. Das Interesse des Vers an einer unbeanstandeten Regulierung mit anschließendem problemlosen Regreß ist nicht höher zu bewerten als das stillschweigende Beharren des Vmers darauf, daß gemäß der mate-

II. 7. Leistungspflicht im gestörten Versicherungsverhältnis   Anm. B 68

riellen Rechtslage entschädigt werde. Daß es für den Vmer klüger wäre, sich zu äußern, ist eine andere Frage. Zu bedenken ist aber, daß gerade ungewandte Vmer nicht wegen ihres Schweigens einen Nachteil erleiden sollten.

Gelingt dem Vmer derart die Darlegung eines Regulierungsfehlers des Vers, so ist allerdings weiter für eine Reduzierung des Anspruchs des Vers das in § 3 Ziff. 10 S. 1 PflichtvsG erwähnte Verschulden des Vers bezüglich dieses Fehlers erforderlich. Dafür kann aber nach den Umständen des Falles der sogenannte prima-facie-Beweis streiten (dazu Anm. B 68 a. E.). Fehlt es an einem solchen Verschulden, so kann ausnahmsweise das Regreßbegehren des Vers rechtsmißbräuchlich sein (vgl. für solche Ausnahmefälle, die auf unterschiedlichen bürgerlichrechtlichen Schadenersatzverpflichtungen der einzelnen als Vmer oder Vte am Vsvertrag beteiligten Personen beruhen, BGH 8. XI. 1962 VersR 1963 S. 35, 15. VI. 1967 VersR 1967 S. 942–943 und Anm. B 66).

Als Vmer im Sinne des Regreßrechts ist auch derjenige Schädiger anzusehen, der ein Kfz zu einem Zeitpunkt erworben hat, als der Ver gegenüber dem früheren Vmer bereits leistungsfrei war, aber im Verhältnis zu Dritten gemäß § 3 Ziff. 4, 5 PflichtvsG noch einzutreten hatte. Der Erwerber tritt nach § 158h in dieses gestörte Vsverhältnis ein und ist demgemäß auch für solche Schäden Regreßschuldner, die in die Zeit nach Übergang des gestörten Vsverhältnisses fallen und für die er nach bürgerlichem Recht haftpflichtig ist (so OLG Hamm 13. XI. 1981 VersR 1982 S. 766–767). Daß der Ver es versäumt hatte, die Anzeige gemäß § 29c StVZO alsbald nach Eintritt der Leistungsfreiheit zu erstatten, führt nicht zu einer Anspruchsminderung über § 254 BGB (OLG Hamm 13. XI. 1981 a. a. O. S. 767). Das ergibt sich schon daraus, daß dem Ver die Pflicht zur Anzeigeerstattung nicht im Interesse seines Vmers oder eines künftigen Vmers auferlegt worden ist, sondern zum Schutz der Verkehrsopfer. Dem Vmer – auch einem durch Erwerb des Kfz zu einem solchen Vmer gewordenen Rechtsbürger – ist gewiß anzusinnen, selbst für ordnungsgemäßen Vsschutz zu sorgen (vgl. auch Anm. B 46 a.E.).

[B 68] ddd) Beweislastfragen und aus § 12 III VVG folgende Besonderheiten

Die erste Voraussetzung für einen Regreßanspruch nach § 3 Ziff. 9 S. 2 PflichtvsG in Verbindung mit § 426 I, II BGB ist es, daß der Ver dartut und unter Beweis stellt, daß er dem Vmer oder dem Vten, für den er geleistet hat, keinen Vsschutz zu gewähren, aber im Verhältnis zum Dritten gemäß § 3 Ziff. 4, 5 PflichtvsG einzutreten hatte. Es genügt dabei nicht die unsubstantiierte Behauptung, daß kein solcher Vsschutz gegeben sei. Vielmehr ist eine spezifizierte Darlegung erforderlich, die gedanklich nachvollziehbar ist. Erleichtert wird dem Ver diese Darlegung allerdings in denjenigen Fällen, in denen er den Ablauf der Klagausschlußfrist nach § 12 III beweisen kann. Denn nach dieser Vorschrift verliert der Vmer, der den Ver nicht verklagt hat, seinen Vsschutzanspruch auch dann, wenn die Ablehnung durch den Ver unbegründet gewesen war (vgl. nur BGH 3. VII. 1968 VersR 1968 S. 885, 20. XI. 1980 VA 1981 S. 127 Nr. 733 = VersR 1981 S. 180). In den Regreßfällen nach § 3 Ziff. 9 S. 2 PflichtvsG (und § 3 Ziff. 10 S. 2 PflichtvsG) gilt das aber nicht, sofern und soweit der Ver vor Ablauf der Klagfrist auf den Anspruch des Dritten schon geleistet hat. Vielmehr gibt es hier eine gefestigte Rechtsprechung zugunsten des Vmers (oder des Vten). Vgl. BGH 26. III. 1956 BGHZ Bd 20 S. 237, 13. II. 1958 VersR 1958 S. 173–174, 15. VI. 1961 VersR 1961 S. 651, 19. XII. 1966 VersR 1967 S. 149, 15. VI. 1967 VersR 1967 S. 944, 18. XII. 1974 VersR 1975 S. 229–230 m. w. N.; ferner OLG Frankfurt a. M. 14. II. 1969 VersR 1970 S. 74, OLG Karlsruhe 16. IV. 1971 VersR 1971 S. 706–707, OLG Köln 16. II. 1972 VersR 1973 S. 316, OLG Hamm 22. VI. 1973 VersR 1974 S. 258–259, OLG München 17. XII. 1974 VersR 1976 S. 237, LG München 26. III. 1980 VersR 1980 S. 1063–1064, LG Frankfurt a. M. 2. VI. 1981 VersR 1982 S. 233; im gleichen Sinne auch ÖOGH 7. XI. 1974 VersR 1975 S. 1166–1167 m. w. N., 16. X. 1975 VersR 1977 S. 100, 17. II. 1977 VersR 1978 S. 192, 6. XII. 1979 ZVR 1980 S. 144 (nur L. S.). Abweichend hat, soweit ersichtlich, in neuerer Zeit nur LG Köln 13. VI. 1979 VersR 1979 S. 1145 entschieden, daß auf den Zeitpunkt der Deckungsablehnung abzustellen sei. Damit wird aber diese ständige höchstrichterliche Rechtsprechung verkannt. Maßgebend ist der Zeitpunkt des Ablaufs der Klagausschlußfrist. Zur Begründung wird dazu ausgeführt, daß mit der Leistung der Anspruch auf Vsschutz bereits erfüllt sei, so daß er begrifflich nicht nachträglich zum Erlöschen gebracht werden könne; das gelte auch dann, wenn der Ver bei der Leistung der irrigen Meinung gewesen sei, nur auf Grund der Schutzvorschriften zugunsten des geschädigten Dritten zu leisten. Diese ursprünglich zu § 158f entwickelte Rechtsprechung betrifft im gleichen Maße die Regreßansprüche aus § 3 Ziff. 9 S. 2 und Ziff. 10 S. 2 PflichtvsG. Eine irgendwie geartete unterschiedliche Interessenlage ist nicht ersichtlich. Der Anwendungsbereich der den Vmer im Vertragsverhältnis ohne Äquivalent benachteiligenden Vorschrift des § 12 III wird damit in angemessen vertretbarer Weise eingeschränkt. Die dogmatische Rechtfertigung findet sich dabei in der Theorie der realen Leistungsbewirkung. Diese neuere Lehre besagt, daß neben der Bewirkung der geschuldeten Leistung ein Erfüllungswille des Schuldners nicht zu fordern sei (vgl. dazu nur Larenz, Schuldrecht, 13. Aufl., München 1982, Bd I, S. 219–225 m. w. N., Esser-Schmidt, Schuldrecht Allgemeiner Teil, Bd I Teilband 1, Karlsruhe 1975, 5. Aufl., S. 180–183 m. w. N., Heck, Schuldrecht, Tübingen 1929, S. 169–171 m. w. N.). Allerdings ist vom BGH 14. VII. 1972 NJW 1972 S. 1750 einschränkend ausgesprochen worden, daß eine Schuld dann nicht erlösche, wenn der Schuldner bei Bewirkung einer zur Erfüllung einer bestimmten Schuld geeigneten Leistung erkläre, sie solle nicht zur Erfüllung dieser Schuld dienen. Auf einen Fall der vorliegenden Art übertragen, würde das bedeuten, daß der Ver nicht nur vor der Leistung an den Dritten die Deckung gegenüber dem Vmer abgelehnt hat, sondern daß er zusätzlich zugleich mit der Leistung gegenüber dem Dritten gegenüber dem Vmer erkläre, daß er die Leistung nicht als Erfüllung einer etwa doch bestehenden Verpflichtung aus dem Haftpflichtvsvertrag gelten lassen wolle. Klar gesprochen, bedeutet ein solches Handeln, daß der Ver sich gegen die Erfüllungswirkung auch für den Eventualfall erklärt, daß seine Ablehnung unberechtigt sei. Ein solcher Erklärungswille wird bei einem verantwortungsbewußten Ver nur ausnahmsweise in seine Erklärungen aus Anlaß der Deckungsablehnung und Regulierung interpretiert werden können, da vom Regelfall eines von der Richtigkeit seiner Rechtsposition überzeugten Vers auszugehen ist. Wird aber eine solche Konstruktion ausnahmsweise doch vom Ver gewählt, so liegt es nahe, eine solche Erklärung, die den Zweck hat, eine den Vmer schützende höchstrichterliche Rechtsprechung zu umgehen, als rechtsmißbräuchlich und daher unbeachtlich anzusehen. – Einen Grenzfall stellt es dar, wenn der Ver – möglicherweise zur Vermeidung einer solchen Erfüllungswirkung – dem Dritten zinsloses Darlehen zur späteren Verrechnung mit dessen Ersatzforderungen gewährt. Hier liegt aber ebenfalls die Annahme nahe, auch bei solcher Rechtsausgestaltung von einer Erfüllungswirkung auszugehen. Andernfalls würde einer rechtsmißbräuchlichen Verwendung von Darlehensgewährungen anstelle ordnungsgemäßer Regulierungserfüllungen Vorschub geleistet. Diese Entscheidung wird im übrigen auch von der schon erwähnten rechtspolitisch angemessenen Interessenabwägung getragen, daß der Vorteil, den der Ver durch Fristablauf gemäß § 12 III bei einer unberechtigten Deckungsablehnung erlangt, tunlichst in Grenzen gehalten werden sollte. Weiter ist ergänzend zu bedenken, daß solche Darlehen regelmäßig mit der Abrede der Verrechnung mit der Haftpflichtschuld gewährt werden, wenn sich die Berechtigung der geltend gemachten Haftpflichtforderung herausstellt. Im Grunde genommen handelt es sich auch nicht um Darlehen, sondern um Leistungen auf die

II. 7. Leistungspflicht im gestörten Versicherungsverhältnis   Anm. B 68

Haftpflichtschuld unter Vorbehalt einer Rückforderung. Einen solchen Vorbehalt wird ein besonders vorsichtiger Haftpflichtver machen, vielleicht getragen von der Überlegung, daß er doch noch Beweismittel erlangen könnte, aus denen sich die teilweise oder gänzliche Unbegründetheit der erhobenen Haftpflichtforderung ergeben könnte.

Hat der Vmer die Frist nach § 12 III ungenutzt verstreichen lassen, so ist als weitere Komplikation zu bedenken, daß eine solche Fristsetzung nach der von der Rechtsprechung des BGH erarbeiteten Erkenntnis (vgl. BGH 4. XII. 1974 BGHZ Bd 65 S. 1–9, 18. XII. 1980 NJW 1981 S. 925–926 = VersR 1981 S. 323–325; ferner Anm. B 16–17 m. w. N.) nicht im Verhältnis zum geschädigten Dritten wirkt. BGH 16. XII. 1981 NJW 1982 S. 1042 = VersR 1982 S. 282–283 befaßt sich mit einem solchen Fall, in dem der Sozialver seinen Standpunkt gegenüber dem Ver durchgesetzt hatte, daß die der Fristsetzung nach § 12 III zugrunde liegende Vsschutzverweigerung materiell unberechtigt gewesen sei. Das anschließende Vorgehen des Vers gegen den Vmer, mit dem er die an den Sozialver erbrachten Leistungen gemäß § 3 Ziff. 9 S. 2 PflichtvsG verlangte, ließ der BGH ungeachtet des Fristablaufs daran scheitern, daß der Ver ein solches Regreßrecht nur dann haben könne, wenn er dem Dritten gegenüber seine Leistungsfreiheit nach § 3 Ziff. 4 PflichtvsG nicht entgegenhalten könne; das sei jedoch mit Rücksicht auf § 158c IV für Ansprüche des Sozialvers nicht denkbar. Letzten Endes steht dem Regreß des Vers aber weniger eine solche Formalargumentation entgegen (zu der noch die in Anm. B 65 aufgeführte Rechtsprechung über die Spezialität dieser Regreßnormen hinzuzudenken ist) als der Gedanke des Rechtsmißbrauchs. Jedenfalls ist insoweit aus diesem Gedankengut ein Regreß des Vers auch dann zu verneinen, als es dem Dritten gelungen ist, gegen den Ver in einem solchen Fall Ansprüche durchzusetzen, die über die im gestörten Vsverhältnis an sich nur im Rahmen der Mindestvssummen gemäß § 158c III gegebene Haftung hinausgehen. Ist im Prozeß über den Direktanspruch dergestalt mit der Begründung, daß die Vsschutzverweigerung unbegründet gewesen sei, ein Anspruch etwa zur Höhe der doppelten Mindestvssummen zugesprochen worden, so stellt sich die nach Treu und Glauben zu beantwortende Frage, ob dem Ver hier im ganzen oder nur in Höhe des die Mindestvssummen überschreitenden Teils der Regreß zu versagen ist. Ungeachtet dessen, daß einem so gespaltenen Rechtsverhältnis die konstruktive Anerkennung nicht versagt werden darf (vgl. auch Anm. B 41 m. w. N.) und daß der Vmer sich den ungenutzten Ablauf der Frist nach § 12 III letzten Endes selbst zuzuschreiben hat, kann hier in einem Regreß des Vers ein Rechtsmißbrauch liegen. In diesem Zusammenhang wäre im übrigen als gesetzgeberische Lösung zu erwägen, eine Fristsetzung nach § 12 III für die Kfz-Haftpflichtv gänzlich zu untersagen (zu § 12 III vgl. ergänzend Stebut VersR 1982 S. 106–112).

Weiter ist von dem Ver zu verlangen, daß er dartut und unter Beweis stellt, **welche Regulierungsleistungen er im einzelnen auf begründete Ansprüche des Dritten erbracht hat.** Dabei ist ein spezifizierter Vortrag hinsichtlich der verschiedenen Schadenspositionen erforderlich. Kommt eine gesamtschuldnerische Haftung des Vmers und des Vten in Betracht, so ist, soweit bei der Leistung nichts Entgegengesetztes erklärt wird, davon auszugehen, daß der Ver für beide erfüllen wollte (BGH 3. XII. 1962 VersR 1963 S. 135). Es ist allerdings zweifelhaft, ob diese Annahme auch dann berechtigt ist, wenn der Ver nur im Verhältnis zu einer der am Vertrag beteiligten Personen leistungsfrei ist (so aber BGH 3. XII. 1962 a. a. O., 3. XII. 1964 VersR 1965 S. 131; vgl. dagegen Anm. B 66 mit der Abgrenzung zu 67). Gegenüber dieser **Darlegungs- und Beweislast des Vers** steht die des Vmers (und des Vten). Er muß einen **Regulierungsfehler des Vers im Sinne des § 3 Ziff. 10 S. 1 PflichtvsG** dartun und beweisen (BGH 20. XI. 1980 VA 1981 S. 128 Nr. 733 = VersR 1981 S. 181 m. w. N., vgl. ergänzend auch Anm. B 67). Dabei ist besonders zu bedenken, daß die materielle Rechtslage sich hinsichtlich der zivilrechtlichen Verantwortlichkeit der verschiedenen am Vsvertrag beteiligten Personen durchaus unterschiedlich darstellen kann. Gelingt dem Vmer (oder Vten) der Nachweis eines solchen Regulierungsfehlers, so muß nach dem Wortlaut des § 3 Ziff. 10 S. 1 PflichtvsG zusätzlich ein Verschulden des Vers vorliegen, das der Vmer nachzuweisen hat. Ebel Vergleich S. 189–191 (und VersR 1980 S. 158–159) sieht in dieser Regelung eine Verfassungswidrigkeit (Verstoß gegen Art. 2 I GG). Dem ist nicht beizupflichten. Die rechtspolitisch durchaus diskussionswürdigen Bedenken lassen sich vielmehr durch eine restriktive (verfassungskonforme) Interpretation ausräumen, bei der von einer angemessen typisierten Beurteilung der Verschuldensfrage ausgegangen wird. Das bedeutet, daß bei einem der materiellen Rechtslage widersprechenden Verhalten des Vers im Regelfall schon nach den Grundsätzen des prima-facie-Beweises von einem Verschulden auszugehen ist. Der Vmer braucht daher zunächst nur darzulegen und zu beweisen, daß die Regulierung nicht der materiellen Rechtslage entsprochen habe. Sache des Vers ist es dann, Tatsachen dafür vorzutragen und zu beweisen, die die ernsthafte Möglichkeit eröffnen, daß ausnahmsweise ein solcher Schluß nicht geboten sei. Dabei ist als Verschuldensmaßstab das Verhalten eines Pflichthaftpflichtvers anzusehen, der bestrebt ist, jeden berechtigten Anspruch so schnell wie möglich und ohne Verzögerung zu erfüllen. Die Kenntnis der Gesetze und der höchstrichterlichen Rechtsprechung ist vorauszusetzen. Wenn jemand die schwierige Aufgabe eines Kfz-Haftpflichtvers übernimmt, darf er mit dem Argument einer Unkenntnis des geltenden Rechts nicht gehört werden. Für das Verschulden seiner Sachbearbeiter hat der Ver dabei im Rahmen des zwischen ihm und dem Vmer bezüglich der Regulierungarbeit im gestörten Vsverhältnis bestehenden gesetzlichen Schuldverhältnisses nach § 278 BGB einzustehen. Damit sind alle Einwendungen abgeschnitten, die etwa darauf abstellen, daß der Ver nicht für Fehlentscheidungen, Säumnisse oder ähnliches seiner Mitarbeiter einzustehen habe. Auch der Hinweis auf Personalknappheit oder ähnliches verfängt nicht. Ausnahmsweise könnte allerdings etwas anderes gelten, wenn nachgewiesen wird, daß z. B. durch eine unerwartete Epidemie mehr als die Hälfte der Belegschaft für einen bestimmten Zeitraum ausgefallen ist. Der normale Krankheitsausfall, wie er in jedem Betrieb zu erwarten ist, vermag den Ver nicht zu entlasten.

Ein Verschulden des Vers ist aber gewiß dann zu verneinen, wenn eine fehlerhafte Regulierung darauf zurückzuführen ist, daß der Vmer (oder Vte) den Ver über für die Beurteilung der Haftpflichtfrage wesentliche Umstände nicht unterrichtet hat. So hatte der Vmer dem Ver im Falle BGH 8. XI. 1962 VersR 1963 S. 33–35 nicht mitgeteilt, daß er, der Vmer, nicht Halter des vten Fahrzeugs gewesen sei. Damit brauchte der Ver aber ohne besonderen Hinweis nicht zu rechnen, da im Normalfall Vmer und Halter identisch sind. Vgl. ferner BGH 15. VI. 1967 VersR 1967 S. 942–943: Dort hatte der Vmer nicht hinreichend darauf hingewiesen, daß es sich bei dem Fahrer seines Wagens nicht um einen Verrichtungsgehilfen im Sine des § 831 I BGB gehandelt hatte und daß für die verletzten Insassen auch keine entgeltliche geschäftsmäßige Beförderung im Sinne des § 8a I StVG vorgenommen wurde. Hat der Ver derart schuldlos eine Haftung des Vmers angenommen und für ihn geleistet, so kann ausnahmsweise die Geltendmachung des dann an sich begründeten Regreßanspruchs rechtsmißbräuchlich sein (BGH 8. XI. 1962 a. a. O., 15. VI. 1967 a. a. O.). Einen solchen Rechtsmißbrauch hat das Gericht für soche Fälle angenommen, in denen der Ver in entschuldbarer Weise eine Haftung des an sich nicht schadenersatzpflichtigen Vmers angenommen hatte, den Schaden aber wegen einer unzweifelhaft gegebenen Ersatzpflicht eines Vten ohnedies hätte ersetzen müssen. Zutreffend wird in beiden Entscheidungen hervorgehoben, daß der Ver zwar keinen Nachteil erleiden solle, wenn er bei der Schadenregulierung ohne seine Schuld die Sach- und Rechtslage unzutreffend beurteile. Er dürfe aber andererseits aus einem solchen Irrtum auch keinen Vorteil durch zusätzlichen Erwerb eines sonst nicht gegebenen Regreßanspruchs erzielen.

II. 7. Leistungspflicht im gestörten Versicherungsverhältnis **Anm. B 69**

[B 69] eee) Verjährung

Nach § 3 Ziff. 11 PflichtvsG verjähren die sich aus § 3 Ziff. 9 und Ziff. 10 S. 2 PflichtvsG ergebenden Rückgriffsansprüche in zwei Jahren. Mit dieser Regelung ist eine eigenständige Verjährungsfrist festgelegt worden. Es ist damit abgewichen worden von dem § 158f zugrunde liegenden Prinzip, nach dem es, soweit es nicht um Regulierungsaufwendungen geht, auf die Verjährungsfrist der übergegangenen Haftpflichtforderung ankommt. Eine solche eigenständige Verjährungsregelung ist zu begrüßen. Einerseits hat der Ver mit zwei Jahren genügend Zeit für die Einleitung eines gerichtlichen Regreßverfahrens. Andererseits braucht der Vmer nicht über eine schier endlose Zeit von dreißig Jahren, wie das sonst bei einem Ausgleichsanspruch nach § 426 I BGB der Fall ist, zu befürchten, vom Ver regreßpflichtig gemacht zu werden. Die Verjährungsfrist des Haftpflicht- und die des Direktanspruchs (vgl. dazu, daß diese Fristen weitgehend akzessorisch miteinander verknüpft sind, Anm. B 31—34) sind im Regreßprozeß daher nur insofern von Bedeutung, als der Vmer etwa einen Regulierungsfehler des Inhalts dartun und beweisen kann, daß der Ver einen solchen Anspruch trotz schon eingetretener Verjährung erfüllt habe (vgl. Anm. B 67—68).

Im Interesse einer genauen Überprüfbarkeit ist in § 3 Ziff. 11 S. 2 PflichtvsG festgelegt worden, daß die Verjährung mit dem Schluß des Jahres beginnt, in dem der Anspruch des Dritten erfüllt worden ist. Sehr häufig wird in der Regulierungspraxis der Schadenersatzanspruch des Dritten nicht durch eine Zahlung erfüllt, sondern durch mehrere zeitlich aufeinander folgende Leistungen. Für diese Fälle ist, soweit diese Zahlungen in verschiedenen Kalenderjahren erfolgen, von unterschiedlich laufenden Verjährungsfristen auszugehen. Abzulehnen ist die Auffassung, daß eine Gesamtverjährungsfrist erst mit der letzten Leistung des Vers einsetze. Denn damit wird nicht nur gegen den Wortlaut des § 3 Ziff. 11 PflichtvsG entschieden, sondern auch der Schutzgedanke, der der eigenständigen Regelung zugrunde liegt, außer acht gelassen (wie hier Heintzmann VersR 1980 S. 594—595, Prölss-Martin[22] Anm. 2 zu § 3 Ziff. 10, 11 PflichtvsG, S. 887; a.M. LG Verden 17. II. 1978 VersR 1978 S. 657). Leistet der Ver im Jahre 1977 einen Betrag von DM 10.000,— und ab 1. I. 1978 eine monatliche Schadenersatzrente von DM 200,—, so ist am 1. I. 1980 der Anspruch auf Erstattung des Betrages von DM 10.000,— und am 1. I. 1981 der auf Ersatz der bis zum Ende des Jahres 1978 erbrachten Rentenleistungen verjährt. Hingegen ist der Regelung nicht zu entnehmen, daß eine Verjährung früherer Leistungen auch eine solche Einrede wegen später erfüllter Ansprüche erwachsen lasse (ebenso Heintzmann VersR 1980 S. 595). Es gibt hier keine Verjährung eines Stammrechts bezüglich der Regreßforderungen. Insofern ist die Situation anders als im Haftpflichtrecht, wo eine solche Verjährungsgefahr besteht. Die aufgeführte zweijährige Frist greift auch dann ein, wenn der Ver ausnahmsweise ein Feststellungsurteil erstritten hat, daß der Vmer verpflichtet sei, auch künftig entstehende Regreßforderungen aus dem konkreten Schadenereignis zu ersetzen. Prölss-Martin[22] Anm. 2 zu § 3 Ziff. 10, 11 PflichtvsG, S. 887 vertreten die Auffassung, daß es dem Ver in den sogenannten Rentenfällen möglich sei, Klage auf künftig fällig werdende Regreßbeträge zu erheben. Diese Bemerkung dürfte so zu verstehen sein, daß auf künftige Leistungen in der Form eines Zahlungsanspruchs gemäß § 258 ZPO geklagt werden darf. Indessen geht der Anspruch des Dritten gegen den Ver nach § 426 II 1 BGB erst mit der Leistung durch den Ver auf diesen über. Vorher ist der Ver demgemäß nicht Träger dieses Anspruchs. Der originäre Anspruch aus § 3 Ziff. 9 S. 2 PflichtvsG i.V.m. § 426 I BGB geht aber nicht auf Zahlung, sondern auf Befreiung. Dem Ver ist daher nur eine solche auf die Zukunft gerichtete Befreiungsklage zuzubilligen. Der Richter müßte andernfalls die künftige Zahlung des Vers als geschehen fingieren, was aber der Konstruktion des Regreßanspruchs widerstreitet. Etwas anderes gilt dann, wenn der Ver die künftigen Rentenleistungen bereits im voraus durch eine nach dem Gesetz an sich nicht geschuldete Kapitalleistung abgefunden hat, die der Vmer daher nur pro rata zu ersetzen hat (vgl. dazu Anm. B 67 m.w.N.).

Unter den Begriff „Erfüllung" im Sinne des § 3 Ziff. 11 S. 2 PflichtvsG fallen alle Leistungen des Vers, durch die die Haftpflichtforderung des Dritten getilgt wird. Regelmäßig wird es sich um Zahlungen handeln. Der Ver kann aber – entgegen § 3 Ziff. 1 S. 2 PflichtvsG – auch Naturalleistungen erbringen, sofern der geschädigte Dritte damit einverstanden ist. Hat der Ver eine Forderung gegen den Dritten aus anderen Rechtsverhältnissen, so kann er die Schuld auch durch die Aufrechnung tilgen. Maßgebend für die Frist nach § 3 Ziff. 11 S. 2 PflichtvsG ist dabei das Ende des Jahres, in dem die Aufrechnungserklärung abgegeben worden ist. Verfehlt wäre es, hier darauf abzustellen, daß die Wirkung der Aufrechnung die ist, daß die Forderungen zu dem Zeitpunkt als rückwirkend erloschen gelten, zu dem sie sich zuerst aufrechenbar gegenübergestanden haben (vgl. § 389 BGB). Nach dem Sinn des § 3 Ziff. 11 S. 2 PflichtvsG ist vielmehr die Erfüllungshandlung der entscheidende Anknüpfungspunkt. Die Tilgung durch Aufrechnungserklärung kann in dem eben erörterten Ausnahmefall, in dem der Ver gegen den Dritten eine Forderung auf Zahlung eines bestimmten Geldbetrages aus einem anderen Rechtsverhältnis hat, auch dadurch erfolgen, daß der Dritte eine solche Aufrechnungserklärung abgibt. Vom Wortlaut des § 3 Ziff. 11 S. 2 PflichtvsG wird dieser Fall nicht erfaßt, wohl aber vom Sinn dieser Bestimmung. Demgemäß läuft auch hier die Verjährungsfrist von dem Ende des Jahres, in dem die Aufrechnungserklärung zugegangen ist. Freilich wird es Fälle geben, in denen der Ver die Berechtigung der Aufrechnungserklärung ganz oder teilweise in Zweifel zieht. Solche Fragen werden unter Umständen erst sehr viel später abschließend durch gerichtliche Entscheidungen geklärt. Daß der Ver wegen einer fehlsamen Beurteilung der Rechtslage es deshalb im Einzelfall versäumen mag, rechtzeitig Regreß zu nehmen, ändert nichts daran, daß § 3 Ziff. 11 S. 2 PflichtvsG auf die Erfüllung als solche abstellt. Ein sorgsamer Ver wird deshalb innerhalb der Frist des § 3 Ziff. 11 S. 2 PflichtvsG gegen den Vmer vorgehen. Durch eine Streitverkündung läßt sich das zumeist nicht vermeiden; denn bezüglich des durch die Aufrechnung getilgten Teils des Haftpflichtanspruchs wird der Dritte keinen Rechtsstreit einleiten, so daß eine Hemmungswirkung nach § 209 II Ziff. 4 BGB regelmäßig nicht eintreten kann.

Zu beachten ist, daß der Lauf der Verjährungsfrist nach § 3 Ziff. 11 PflichtvsG durch einen zwischen dem Vmer und dem Ver schwebenden Deckungsprozeß nicht unterbrochen wird. Erhebt der Vmer daher nach einem von ihm erfolglos über drei Instanzen geführten Deckungsprozeß die Einrede der Verjährung, so ist das regelmäßig auch nicht als Verstoß gegen Treu und Glauben anzusehen (BGH 27. X. 1971 VersR 1972 S. 62–63 m. Anm. von Kaulbach a.a.O. S. 579). Das Gesagte gilt selbst dann, wenn der Vmer mit der Vsschutzklage eine den Regreßanspruch leugnende Feststellungsklage erhoben hatte; ungeachtet dessen also, daß mit der Abweisung dieser negativen Feststellungsklage das Bestehen der Regreßforderung endgültig feststehen würde, darf sich demgemäß der Dritte mit Erfolg gegenüber der zu spät angestrengten Rückgriffsklage auf die Einrede der Verjährung berufen (BGH 27. X. 1971 a.a.O. S. 63 m.w.N.).

[B 70] bb) Aufwendungsersatzanspruch nach § 3 Ziff. 10 S. 2 PflichtvsG

Ergänzt wird die in Anm. B 64–69 dargestellte doppelte Anspruchsgrundlage hinsichtlich der Leistungen des Vers an den Dritten durch § 3 Ziff. 10 S. 2 PflichtvsG. Nach dieser Bestimmung kann der Ver von dem Vmer Ersatz der Aufwendungen verlangen, die er den Umständen nach für erforderlich halten durfte. Nach dem Wortlaut der Bestimmung könnten unter diesem Aufwendungsbegriff auch die Entschädigungsleistungen des Vers an den Dritten verstanden werden. Dem würde es entsprechen, daß Lei-

II. 7. Leistungspflicht im gestörten Versicherungsverhältnis Anm. B 70

stungen eines Geschäftsführers (mit oder ohne Auftrag) auf eine Schuld des Geschäftsherrn als Aufwendungen im Sinne des § 670 BGB qualifiziert werden und demgemäß bei Vorliegen der sonstigen Voraussetzungen dieser Rechtsinstitute ersetzt werden müssen (vgl. dazu Baumann Entschädigungsfonds S. 83–84). Für eine solche weite Auslegung besteht aber im Rahmen des Regreßsystems des § 3 Ziff. 9, 10 PflichtvsG kein Bedürfnis angesichts dessen, daß dem Ver insoweit durch § 426 I, II BGB schon zwei darauf gerichtete gesetzliche Ansprüche zustehen. § 3 Ziff. 10 S. 2 PflichtvsG ist vielmehr als gesetzliche Normierung der Rechtsprechung zu § 158f zu verstehen. Diese Rechtsprechung geht dahin, daß der Ver gegen den Vmer nicht nur die auf ihn gemäß § 158f übergegangene Forderung geltend machen kann, sondern daß ihm daneben als im Verhältnis zum Vmer berechtigten (aber nicht verpflichteten) Geschäftsführer gemäß §§ 675, 670 BGB ein Anspruch auf Ersatz des angemessenen Regulierungskostenaufwands zusteht (vgl. nur BGH 27. V. 1957 BGHZ Bd 24 S. 324–325, 3. XII. 1964 VersR 1965 S. 131, 28. VI. 1965 VersR 1965 S. 848, 15. VI. 1967 VersR 1967 S. 944).

Soweit von dem Ver an den Dritten Kostenersatz zu leisten ist, fällt dieser schon unter § 3 Ziff. 9 S. 2 PflichtvsG i.V.m. § 426 I, II BGB, wird also nicht speziell von § 3 Ziff. 10 S. 2 PflichtvsG erfaßt. § 3 Ziff. 10 S. 2 PflichtvsG bezieht sich aber auf die Kosten des eigenen Anwalts des Vers oder die des mitverklagten Vmers, soweit der Ver diesen – wie auch im gestörten Vsverhältnis üblich – beauftragt hat. Besonderheiten können sich ergeben, wenn in dem nur gegen den Vmer gerichteten Haftpflichtprozeß der Ver lediglich als Streitverkündeter, der dem Rechtsstreit beigetreten ist, mitwirkt. Die dem Ver dadurch zusätzlich entstehenden Anwaltskosten hat BGH 24. III. 1976 VersR 1976 S. 482 in einem KVO-Haftpflichtvsfall als nicht erstattungsfähige Aufwendungen angesehen. Mit Rücksicht auf den in der Kfz-Haftpflichtv geschaffenen Direktanspruch dürften dort ähnliche Konstellationen kaum jemals noch auftreten. – Ferner werden von § 3 Ziff. 10 S. 2 PflichtvsG Gutachterkosten, Kosten für behördliche Auskünfte, z. B. einer Wetterstation, und für Aktenauszüge erfaßt. Zu den danach zu ersetzenden Aufwendungen können auch Bürgschaftsprovisionen zur Abwendung der Zwangsvollstreckung aus einem noch nicht rechtskräftigen Urteil zählen (BGH 24. III. 1976 VersR 1976 S. 481). Ersatzpflichtig sind auch die dem Ver auferlegten Gerichtskosten eines Haftpflichtprozesses. Das gleiche gilt für solche Gerichtskosten, die der Ver für den Vmer aus Anlaß eines solchen Haftpflichtprozesses geleistet hat. Nicht unter § 3 Ziff. 10 S. 2 PflichtvsG fallen dagegen allgemeine Regiekosten des Vers. Dagegen sind Reisekosten für den persönlichen Besuch des Dritten zur Durchführung einer Regulierungsverhandlung als erstattungspflichtig anzusehen. Allerdings ist hier mit Rücksicht auf die Möglichkeit einer schriftlichen Erledigung Zurückhaltung geboten. Auch kann der Ver Ersatz des Portos und der Kosten für Telefongespräche verlangen, soweit es sich um Aufwendungen für den konkreten Schadenfall handelt. Als allgemeine Regiekosten sind dagegen Personalkosten anzusehen. Dem kann der Ver auch nicht dadurch entgehen, daß er z. B. für einen Großschaden, für den keine Deckung besteht, einen Spezialisten, etwa einen pensionierten Beamten, zur ausschließlichen Behandlung dieses Falles anstellt. Entsprechendes gilt, wenn der Ver einen selbständigen Schadenregulierer oder einen anderen Ver mit der Regulierung beauftragt und ihn dafür bezahlt (anders ÖOGH 8. XI. 1972 VersR 1973 S. 977, aber auf der Basis einer sich von der deutschen Auslegung des § 158f wesentlich abhebenden Rechtsauffassung; die vom ÖOGH a.a.O. hervorgehobene Übereinstimmung mit der Auffassung von Kramer VersR 1970 S. 602–603 trifft allerdings zu, jedoch ist von diesem die Spezialregelung in § 3 Ziff. 10 S. 2 PflichtvsG überhaupt nicht erwähnt worden). Auch die Kosten für Briefpapiere und Formulare sind dem Ver als allgemeine Regiekosten nicht zu ersetzen. Ferner ist die Gesetzesbestimmung so zu verstehen, daß der Ver für seine eigene Tätigkeit keine besondere Vergütung beanspruchen kann. Das gilt um so mehr, als er in einer Vielzahl von Fällen einen pauschalierten Vergütungsanspruch nach § 4 VI 1 AKB durchsetzen kann.

Ein Anspruch auf Regulierungskostenersatz im aufgeführten Umfang kann unter Umständen auch dann gegeben sein, wenn sich die von dem Dritten geltend gemachten Ansprüche später als unbegründet erweisen (BGH 15. VI. 1967 VersR 1967 S. 944). Die Entscheidung dieser Frage hängt davon ab, ob zu dem Zeitpunkt, zu dem der Ver solche Aufwendungen machte, sein Vorgehen als angemessene Reaktion eines sorgsam die Sach- und Rechtslage prüfenden Haftpflichtvers im Rahmen der sozialen Zweckbindung des Pflichtvssystems angesehen werden kann. BGH 15. VI. 1967 a.a.O. S. 944 formuliert dahin, daß es davon abhänge, ob der Ver zu der Zeit, als er die Kosten aufwendete, nach pflichtgemäßer Prüfung annehmen konnte, daß der Aufwand auch unter Berücksichtigung der Belange des Vmers nötig sei, um etwa die Aussichten einer Auseinandersetzung mit dem Geschädigten von vornherein richtig einschätzen zu können. Wird z. B. von dem Dritten behauptet, daß ein Rückenleiden auf den Unfall zurückzuführen sei, so erscheint es als durchaus angebracht, wenn der Ver zu dieser Frage ein ärztliches Gutachten einholt. Sachgerecht ist es in aller Regel auch, einen Auszug aus der amtlichen Ermittlungsakte anzufordern, um z. B. die einander widersprechenden Angaben des Dritten und des Vmers überprüfen und die Chancen eines Prozesses abwägen zu können.

Aufgabe des Vers ist es, den Aufwendungsersatzanspruch in den Tatsacheninstanzen spezifiziert vorzutragen. Wird nur pauschal ein Aufwendungsbetrag begehrt, aber eine Spezifikation trotz Bestreitens nicht vorgenommen, so ist die Klage abzuweisen (vgl. für einen solchen Ausnahmefall ÖOGH 11. XI. 1964 VersR 1966 S. 251).

Zur Darlegungs- und Beweislast vgl. im übrigen ergänzend Anm. B 68.

Gemäß § 426 II 2 BGB kann die nach § 3 Ziff. 9 S. 2 PflichtvsG auf den Ver übergegangene Forderung des Dritten nicht zu dessen Nachteil geltend gemacht werden (vgl. Anm. B 64 a.E.). Für den Aufwendungsersatzanspruch fehlt es an einer solchen ausdrücklichen Bestimmung. Doch ist mit Rücksicht auf die Gleichheit der Interessenlage eine analoge Anwendung dieses Rechtsgedankens auf den Anspruch aus § 3 Ziff. 10 S. 2 PflichtvsG geboten, da nicht einzusehen ist, warum der Ver bezüglich der übergegangenen Hauptforderung zurücktreten soll, nicht aber bezüglich des Kostenaufwands.

Zur Verjährung vgl. Anm. B 69.

[B 71] cc) Regresse gegen außerhalb des Versicherungsverhältnisses stehende Dritte

BGH 23. V. 1960 BGHZ Bd 32 S. 336 hat entschieden, daß bei einer Leistung des Vers auf die damals nach § 158c fingierte Haftung mit dem nach § 158f erfolgenden Übergang des Ersatzanspruchs des Dritten nicht auch ein Freistellungs- und Ausgleichsanspruch des Vmers gegen eine außerhalb des Vsverhältnisses stehende Person auf den Ver übergehe (ebenso BGH 15. X. 1963 VersR 1963 S. 1193 = LM Nr. 22 zu § 67). Das Gericht führt dazu aus, daß dies nur nach §§ 412, 401 BGB möglich wäre, wenn diese Ansprüche im Sinne von § 401 BGB als Nebenrecht zu der als Hauptforderung übergehenden Haftpflichtforderung des Geschädigten gegen den Vmer angesehen werden könnten. Das sei aber entgegen der Auffassung von Feuerstein JRPV 1941 S. 201 nicht möglich; vielmehr seien weder die Ansprüche des Gläubigers gegen einen anderen Gesamtschuldner noch gar die Ausgleichs- und Freistellungsansprüche des Schuldners der übergehenden Forderung gegen einen anderen Gesamtschuldner im Sinne von § 401 BGB Nebenrechte der übergehenden Forderung, sondern vollkommen selbständige Ansprüche, auf die § 401 BGB nicht anwendbar sei. Dieser Auffassung, für die sich der BGH a.a.O. auf Prölss JRPV 1941 S. 211 und Reichel Schuldmitüber-

II. 7. Leistungspflicht im gestörten Versicherungsverhältnis **Anm. B 71**

nahme, München 1909, S. 455–456 stützt, ist beizupflichten (zustimmend auch Sieg in Bruck-Möller-Sieg Anm. 148 zu § 67). Dem Ver ist es daher nur möglich, einen derartigen Freistellungs- und Ausgleichsanspruch des Vmers geltend zu machen, wenn ihm dieser von dem Vmer abgetreten wird oder wenn er diesen Anspruch nach Erlangung eines vollstreckbaren Titels gegen den Vmer pfänden und sich überweisen läßt (BGH 23. V. 1960 a. a. O.).

Diese Grundsätze gelten im gleichen Maße für den heute durch § 3 Ziff. 9 S. 2 PflichtvsG i.V.m. § 426 II 1 BGB im gestörten Vsverhältnis geregelten Regreß (Sieg in Bruck-Möller-Sieg Anm. 153 zu § 67; vgl. auch Geyer VersR 1966 S. 513). Dabei ist zu bedenken, daß nur mit Rücksicht auf die bei Einführung des Direktanspruchs zwischen Ver und Vmer gesetzlich gebildete gesamtschuldnerische Haftung der Forderungsübergang nach § 158 f in Fortfall gekommen ist, weil jener Anspruch des Dritten bei einem solchen Gesamtschuldverhältnis ohnedies nach Maßgabe der Bestimmung des § 426 II BGB übergeht. Zu einem entgegengesetzten Ergebnis könnte man nur dann kommen, wenn man den Ver nicht nur im Verhältnis zum Vmer als Gesamtschuldner des Dritten ansieht, sondern auch im Verhältnis zu einem anderen Mitschädiger. An einer solchen Erstreckung des Gesamtschuldverhältnisses kraft Gesetzes fehlt es aber, so daß zu Recht angenommen wird, daß zwischen dem Ver und dem am Vsverhältnis nicht beteiligten Mitschädiger kein Gesamtschuldverhältnis begründet wird (vgl. Baumann ZVersWiss 1970 S. 196–199 m.w.N., Geyer VersR 1966 S. 512 und Anm. B 21 a.E. m.w.N. für und gegen dieses Auffassung, ferner B 62).

Zum besseren Verständnis dieser Überlegungen sei folgendes Beispiel gebildet, das nach diesen Grundsätzen zu beurteilen ist: Der Ver ist gegenüber dem Vmer A wegen Nichtzahlung der Prämie leistungsfrei. A verursacht und verschuldet im Zusammenwirken mit dem nicht haftpflichtvten Fußgänger B einen Körperschaden eines Dritten. Die Umstände des Falles mögen dabei so gelagert sein, daß nach bürgerlichem Recht der Fußgänger B und der Vmer A dem Dritten D nach außen als Gesamtschuldner haften und im Innenverhältnis 1:1. Wenn nunmehr der Ver des A den D vollen Umfangs befriedigt, so kann er gegen A gemäß § 3 Ziff. 9 S. 2 PflichtvsG Regreß nehmen, nicht aber gegen B hinsichtlich des auf 50% gehenden Ausgleichsanspruchs. Hier bedarf es vielmehr einer Abtretung oder Pfändung und Überweisung (dafür, daß ein Mitschädiger auch Dritter im Sinne des § 3 Ziff. 4, 5 PflichtvsG ist, so daß er, wenn er also ausnahmsweise den Schaden voll bezahlt hat, den Ver bezüglich der auf die Hälfte des Schadens gerichteten Ausgleichsforderung in Anspruch nehmen kann, vgl. Anm. B 12, 14 und 57 m.w.N.). Mit Rücksicht auf den Spezialcharakter der Regreßregelungen nach §§ 67 I, 158 f wird vom BGH eine Inanspruchnahme des Mitschädigers aus den allgemeinen Rechtsinstituten wie denen der Geschäftsführung ohne Auftrag oder aus ungerechtfertigter Bereicherung verneint (BGH 23. V. 1960 BGHZ Bd 33 S. 337–338, 15. X. 1963 VersR 1963 S. 1193 = LM Nr. 22 zu § 67, 5. V. 1969 VersR 1969 S. 643; dafür, daß dieser auch für § 3 Ziff. 9 S. 2 PflichtvsG geltenden Rechtsprechung entgegen der Auffassung von Sieg in Bruck-Möller-Sieg Anm. 156 zu § 67 zuzustimmen ist, vgl. Anm. B 65 a.E.; abweichend aber auch Prölss-Martin[22] Anm. 8 zu § 3 Ziff. 4–6 PflichtvsG, S. 879; vgl. auch Clemm, Der Rückgriff des subsidiär haftenden Kfz-Haftpflichtvers, Berliner Diss. 1968, S. 61 ff.).

Der vom BGH 23. V. 1960 a.a.O. entschiedene Fall zeichnete sich noch durch die Besonderheit aus, daß der Mitschädiger, der das vte Fahrzeug gemietet hatte, deshalb auf Schadenersatz in Anspruch genommen wurde, weil er es einem Minderjährigen zum Führen überlassen hatte, von dem er wußte, daß er keinen Führerschein hatte. Der BGH ging davon aus, daß dieser Mieter deshalb nicht zum vten Personenkreis im Sinne des § 10 II AKB gehört habe, weil er zum Zeitpunkte des Eintritts des Schadenereignisses weder Halter noch Führer des Fahrzeugs gewesen sei. Der Fall könnte aber anders zu beurteilen sein, nämlich im Sinne eines Forderungsübergangs nach § 3 Ziff. 9 S. 2 i.V.m. § 426 II 1 BGB (damals nach § 158f), wenn man wie BGH 4. XII. 1980 NJW 1981 S. 870–873 = VersR 1981 S. 173–176 für die allgemeine Haftpflichtv (im Ansatz jetzt allerdings überholt durch die VO des BAA vom 15. I. 1982 BAnZ 1982 Nr. 19 = VA 1982 S. 123) auch für die Kfz-Haftpflichtv auf das Setzen der Schadenursache abstellen würde (vgl. dazu aber Bd IV Anm. B 30–31 und die [künftigen] Ausführungen im Abschnitt G. dieses Bandes).

Einen Sonderfall betrifft OLG Köln 17. IX. 1976 VersR 1977 S. 343–344. Der dort an sich leistungsfreie Ver hatte übersehen, daß ein anderer Haftpflichtver im Risiko war, so daß § 158c IV die überobligationsmäßige Haftung entfallen ließ. Das Gericht wendete § 67 I mit der Begründung an, daß jene Vorschrift lediglich an die Ersatzleistung durch den Ver anknüpfe. Dabei wurde verkannt, daß nach der Rechtsprechung des BGH 23. V. 1960 a.a.O. § 67 im gestörten Vsverhältnis gerade keine Anwendung findet. Das Problem war vielmehr dieses, ob die zur Liberalitätsentschädigung zu § 67 entwickelten Grundsätze (vgl. dazu Sieg in Bruck-Möller-Sieg Anm. 54 zu § 67) auf § 3 Ziff. 9 S. 2 PflichtvsG übertragen werden können, wenn ein in Kenntnis seiner Leistungsfreiheit handelnder Ver deshalb erfüllt, weil er übersieht, daß ein anderer Ver im Sinne des § 158c IV im Risiko ist. Der Fall ist also von dem von Sieg a.a.O. Anm. 56 zu § 67 m.w.N. erörterten zu unterscheiden, daß der Ver in der Haftpflichtv in dem irrigen Glauben leistet, dazu im Verhältnis zum Vmer verpflichtet zu sein. Im Falle OLG Köln war die sachgerechte Lösung die, § 3 Ziff. 9 S. 2 PflichtvsG entsprechend anzuwenden mit der Folge, daß nur ein Regreß des Vers gegen den Vmer möglich war. Der Mitschädiger hätte nur über eine Pfändung und Überweisung (oder Abtretung) des Ausgleichsanspruchs des Vmers belangt werden können. Richtig ist die Entscheidung aber insoweit, als der Ver, nachdem er seinen Irrtum erkannt hatte, sich bei weiteren Leistungen die Forderungen des Dritten gegen den Mitschädiger abtreten ließ. Zum Verständnis für dieses Weiterleisten des doch gemäß § 158c IV überhaupt nicht mehr haftenden Vers sei bemerkt, daß es nach schadenersatzrechtlichen Grundsätzen zweifelhaft war, ob eine Mithaftung des Halters und Fahrers des anderen Fahrzeugs bejaht werden würde.

Eine entsprechende Anwendung des § 3 Ziff. 9 PflichtvsG dürfte ferner geboten sein, wenn der Ver den Ablauf der Nachhaftungsfrist übersehen hat (vgl. OLG Saarbrücken 27. VIII. 1976 VersR 1976 S. 554, das für diesen Fall unter Bezugnahme auf Prölss-Martin a.a.O. einen Anspruch aus ungerechtfertigter Bereicherung zubilligt, was im übrigen auch nicht gegen den recht verstandenen Sinn der Rechtsprechung des BGH zum Spezialcharakter der Regreßvorschriften gemäß § 67 und § 3 Ziff. 9 PflichtvsG verstoßen dürfte; denn diese Rechtsprechung bezieht sich immer auf Leistungen in einem intakten oder jedenfalls fingierten Vsverhältnis; vgl. ferner OLG Frankfurt a.M. 14. II. 1969 VersR 1970 S. 74, dessen Zubilligung eines Anspruchs aus Geschäftsführung ohne Auftrag wegen einer Leistung an einen Sozialvsträger allerdings gegen die in Anm. B 68 dargestellten Grundsätze der Entscheidung BGH 16. XII. 1981 NJW 1982 S. 1042 = VersR 1982 S. 282–283 verstoßen könnte; denn es war bei Vorliegen einer Leistungsfreiheit des Vers nicht recht verständlich, warum er dennoch entgegen § 158c IV an einen Sozialvsträger leistete).

8. Zur Rechtsposition des auf dem traditionellen Wege vorgehenden Dritten

Gliederung:

a) Analoge Anwendung der Schutzbestimmungen gemäß § 3 Ziff. 4, 5 PflichtvsG B 72

b) Vergrößerung des Schadens durch Vorgehen des Dritten in mehreren Prozessen B 73

II. 8. Rechtsposition des auf traditionellem Wege vorgehenden Dritten **Anm. B 71**

[B 72] a) Analoge Anwendung der Schutzbestimmungen gemäß § 3 Ziff. 4, 5 PflichtvsG

§ 3 PflichtvsG bestimmt im Einleitungssatz, daß für eine Kfz-Haftpflichtv nach § 1 PflichtvsG anstelle der §§ 158c–158f die Bestimmungen in § 3 Ziff. 1–11 gelten. Im Rahmen des Vorgehens des Dritten über den durch § 3 Ziff. 1 PflichtvsG eingeführten Direktanspruch ist dabei sichergestellt, daß eine Leistungsfreiheit des Vers grundsätzlich nicht gegenüber dem geschädigten Dritten wirkt (vgl. § 3 Ziff. 4–6 PflichtvsG und dazu Anm. B 42–63). Wählt der geschädigte Dritte dagegen den traditionellen Weg über einen Rechtsstreit mit dem Vmer mit anschließender Pfändung und Überweisung der Vsforderung, so fehlt es nach dem Wortlaut des Gesetzes an einer Schutzvorschrift zugunsten des geschädigten Dritten: Einesteils greifen die Schutzbestimmungen des § 3 Ziff. 4–6 PflichtvsG nach § 3 Ziff. 1 PflichtvsG nur ein, wenn der Dritte direkt vorgeht; andererseits kommt § 158c deshalb nicht zur unmittelbaren Anwendung, weil nach ausdrücklicher gesetzlicher Bestimmung für eine nach § 1 PflichtvsG abgeschlossene Haftpflichtv anstelle der §§ 158c–158f die Vorschriften des § 3 PflichtvsG getreten sind. In der amtlichen Begründung (Begr. IV S. 16) heißt es dazu: Dem Geschädigten stehe es auch nach der Neuregelung des Entwurfs frei, sich auf eine Inanspruchnahme des ersatzpflichtigen Fahrzeughalters und Fahrers zu beschränken und mit dem Haftpflichtver lediglich nach den Grundsätzen des allgemeinen Haftpflichtvsrechts, nämlich in dessen Eigenschaft als Vertreter dieser Personen für die Schadenregulierung, in Verbindung zu treten. Er werde dann allerdings in den in § 158c I, II behandelten Fällen des Wegfalls der vertraglichen Leistungspflicht des Vers von diesem keine Leistungen erwarten können, weil die in dieser Vorschrift vorgesehene Fiktion des Fortbestehens der Vertragsansprüche zugunsten des Geschädigten hier nicht gelte. Die Rechte des Geschädigten würden hierdurch jedoch nicht gefährdet, weil dieser bei Zweifeln über die vertragliche Eintrittspflicht des Vers seinen Anspruch nach Nummer 7 bei dem Ver anzeigen und gegen diesen unmittelbar geltend machen könne.

Im Anschluß an diese Ausführungen wird die gesetzliche Konstruktion überwiegend so verstanden, daß gegenüber dem auf dem traditionellen Weg vorgehenden Dritten (Klage gegen den Vmer mit anschließender Pfändung und Überweisung des Haftpflichtvsanspruchs) – anders als beim Drittanspruch nach § 3 Ziff. 4 und 5 PflichtvsG oder in der sonstigen Pflichthaftpflichtv gemäß § 158c I, II – eingewandt werden könne, daß der Ver im Sinne der genannten Bestimmungen von der Verpflichtung zur Leistung frei sei (so: BGH 3. V. 1977 BGHZ Bd 69 S. 157, Bronisch-Cuntz-Sasse-Starke S. 214b, Deiters VW 1965 S. 1100, Goujet VersPrax 1966 S. 190, Keilbar Rechtsstellung S. 60, Müller-Stüler Direktanspruch S. 147, E. Prölss NJW 1965 S. 1739, NJW 1967 S. 786, Prölss-Martin[22] Anm. 5 zu § 3 Ziff. 1, 2 PflichtvsG, S. 873, Sieg ZVersWiss 1965 S. 363; a.M. Pienitz, Die neuen Vorschriften über die Pflichtv deutscher und ausländischer Kraftfahrzeuge, Berlin 1965, S. 27, 31; AG München 12. VII. 1967 VersR 1967 S. 849–850). Schon Müller-Stüler a.a.O. S. 147 bemerkt aber dazu, daß das neue PflichtvsG zwar mit dieser Regelung dem Direktanspruch einen Vorrang vor dem Haftpflichtanspruch einräume; eine Begründung werde dafür aber nicht gegeben und lasse sich auch dem Sinn und Zweck des Gesetzes nicht entnehmen. Diesen kritischen Überlegungen ist beizupflichten. Sie legen den Schluß nahe, in diesen Fällen § 3 Ziff. 4 und 5 PflichtvsG (§ 158c I, II) auf ein Vorgehen des Vmers auf dem traditionellen Weg analog anzuwenden. Damit wird zwar von der amtlichen Begründung, nicht aber vom Sinnzusammenhang des Gesetzes abgewichen. Daß einer amtlichen Begründung keiner maßgebenden Bedeutung beigemessen werden muß, bedarf dabei keiner näheren Ausführung. Schließlich handelt es sich hierbei in der Regel lediglich um das Aufdecken der Motive der als Hilfskräfte des Parlaments am Gesetzgebungswerk beteiligten Ministerialbeamten. Die unbefangene Interpretation der

Anm. B 72 B. Kraftfahrzeughaftpflichtv Stellung des geschädigten Dritten

Bestimmungen des § 158 c und des § 3 PflichtvsG ergibt freilich, daß vom Gesetzeswortlaut ein Schutz des Verkehrsopfers bei einem ausschließlich auf dem traditionellen Wege gestützten Vorgehen expressis verbis nicht gegeben ist. Wenn man aber nicht aus der amtlichen Begründung wüßte, daß hier eine Lücke in Kauf genommen werden sollte, so würde man an ein Redaktionsversehen denken. Denn ein einleuchtender Grund für eine solche Schlechterstellung des auf dem traditionellen Wege vorgehenden Dritten gegenüber dem bisherigen Rechtszustand ist, wie Müller-Stüler a.a.O. zutreffend bemerkt, nicht ersichtlich. Das gilt insbesondere dann, wenn man mit der h.A. davon ausgeht, daß dem Dritten vom Gesetzgeber freie Hand gegeben werden sollte, ob er den Vmer (und die Vten) oder den Ver oder beide zusammen in Anspruch nehmen wolle (vgl. dazu Anm. B 5, B 23 und B 36–40 m.w.N.). Diese Unregelmäßigkeit der Ausgestaltung des Schutzes des Dritten ist simpel zu erklären. Sie folgt nämlich aus einem verfehlten Gesetzesaufbau. Der Fehler liegt dabei weniger darin, daß der Direktanspruch nicht als Sonderbestimmung für die Kfz-Haftpflichtv in die Vorschriften über die Pflichthaftpflichtv eingefügt worden ist, obwohl auch das zu bedauern ist. Zu beanstanden ist vielmehr, daß in § 3 Ziff. 4, 5 PflichtvsG ohne sachlich einleuchtenden Grund die den Dritten gemäß § 158c I, II schützenden Regelungen im gestörten Vsverhältnis wiederholt werden, anstatt eine Verweisung auf diese für alle Pflichthaftpflichtven geltenden Regelungen vorzunehmen. Die vermeintliche Schlechterstellung des auf dem traditionellen Wege vorgehenden Dritten, der vor dem 1. X. 1965 durch die damals uneingeschränkt für ihn geltende Bestimmung des § 158c geschützt war, beruht also lediglich auf der Formulierung im Einleitungssatz zu § 3 PflichtvsG, daß für eine Haftpflichtv nach § 1 anstelle der §§ 158c–f die folgenden besonderen Vorschriften gelten. Hat man sich nämlich einmal für eine derartige Gesetzestechnik entschieden, so fällt es sehr schwer, im Rahmen dieses Systems in logisch nicht angreifbarer Weise verständlich auszudrücken, daß die bisher geltenden Schutzvorschriften „unberührt" bleiben sollen, soweit der Dritte auf dem ihm weiterhin offenen traditionellen Weg vorgeht. Die Bemerkung in der amtlichen Begründung, daß der Dritte in diesem Falle nicht geschützt sei, gewinnt aus dieser Sicht der Dinge lediglich Bedeutung als ein Eingeständnis, daß sich in dem Gesetz eine ursprünglich unbeabsichtigte Lücke ergeben habe, die mit den Mitteln der herkömmlichen Verweisungstechnik, von der ansonsten im PflichtvsG vielfach Gebrauch gemacht worden sei, nicht mehr ohne Veränderung des Entwurfs in mehreren Punkten geschlossen werden könne. Mit dieser Erkenntnis darf sich indessen eine verobjektivierende Gesetzesauslegung nicht begnügen. Sie hat vielmehr darauf abzustellen, daß das beabsichtigte Ziel des (von den subjektiven Vorstellungen der am Gesetzgebungsgang beteiligten Einzelpersonen befreit vorzustellenden) Gesetzgebers allein eine Verbesserung, nicht aber eine Verschlechterung der Rechtsposition des Dritten war. Dieses Ziel des Gesetzgebers ist dem Gesamtzusammenhang des Gesetzgebungswerks derart deutlich zu entnehmen, daß eine auf den Zweck der Reform abstellende Interpretation die aufgezeigte Gesetzeslücke sinnvoll nur durch eine entsprechende Anwendung des § 158c I, II und des § 3 Ziff. 4 und 5 PflichtvsG auf ein Vorgehen des Vmers auf dem traditionellen Wege schließen kann (vgl. auch § 63 V des Österreichischen Bundesgesetzes über das Kraftfahrwesen vom 23. VI. 1967, auszugsweise abgedruckt bei Prölss-Martin[22] S. 1253–1254, durch den das Problem gesetzestechnisch sehr viel besser in der Weise gelöst worden ist, daß die Regelung in § 158c I, II nicht wiederholt wird, sondern ausgesprochen wird, daß für die Kfz-Haftpflichtv im übrigen § 158c I–IV unberührt bleibe). Das Gesagte muß um so mehr gelten, als bei einem Rechtsstreit im Regelfall von dem Grundsatz auszugehen ist, daß es Sache des Klägers ist, die Tatsachen vorzutragen, aus denen er sein Klagbegehren herleitet, während dem Gericht dabei freie Hand in der rechtlichen Würdigung der vorgetragenen Fakten gegeben ist, so daß es ohne weiteres auch der Klage aus einem ganz anderen als dem von dem Kläger vorgetragenen rechtlichen

II. 8. Rechtsposition des auf traditionellem Wege vorgehenden Dritten   Anm. B 73

Gesichtspunkt stattgeben darf („da mihi factum, dabo tibi ius"). Nur dann, wenn der Kläger ausdrücklich erklärt, daß er seine Klage auf einen bestimmten rechtlichen Gesichtspunkt nicht stützen wolle, wird angenommen, daß das Gericht insoweit dem an sich aus dem vorgetragenen Sachverhalt begründeten Klagbegehren nicht stattgeben dürfe (vgl. zu diesem Problemkreis Georgiades, Die Anspruchskonkurrenz im Zivilrecht und Zivilprozeßrecht, München 1968, S. 268—271 m.w.N., wo vertiefend zwischen Anspruchsnormenkonkurrenz und Anspruchskonkurrenz unterschieden wird). Nach diesen Grundsätzen ist bei einer Klage des Dritten gegen den Vmer mit anschließender Pfändung und Überweisung des Haftpflichtvsanspruchs und folgendem Prozeß gegen den Ver ohnedies davon auszugehen, daß vom Geschädigten neben dem in seiner Hand zum Zahlungsanspruch umgewandelten Befreiungsanspruch immer auch der Drittanspruch geltend gemacht wird. Die Gegenmeinung gewinnt danach — abgesehen von den durch das Vorgehen auf dem klassischen Wege entstehenden Mehrkosten (vgl. dazu Anm. B 73) — für Fälle ohne Auslandsbezug nur dann praktische Bedeutung, wenn der geschädigte Dritte — zu seinem eigenen Nachteil — die Erklärung abgeben würde, daß er dem Gericht verbiete, ihm den mit der Klage begehrten Geldbetrag aus dem Gesichtspunkt des Direktanspruchs zuzusprechen.

Zur Verdeutlichung des Analogieproblems möge als Beispielfall unterstellt werden, daß ein Schaden mit Beteiligung eines westdeutschen Vmers im europäischen Ausland in einem Staat eintrete, in dem ein Direktanspruch noch nicht eingeführt worden sei, wohl aber eine Schutzvorschrift zugunsten des Dritten im gestörten Vsverhältnis besteht. Hier ist dem Dritten wegen der deliktischen Anknüpfung des Direktanspruchs eine unmittelbare Inanspruchnahme des deutschen Vers versagt (vgl. Anm. B 76—77). Der Dritte kann demgemäß den deutschen Ver, wenn man von der unter Umständen gegebenen Möglichkeit absieht, im Rahmen des „Grüne-Karte-Systems" vorzugehen (vgl. dazu Anm. B 81—82), nur zur Zahlung im Rechtssinne nach vorangegangener Pfändung und Überweisung der Haftpflichtvsforderung zwingen. Es wäre nicht zu verantworten, in einem solchen Fall die Klage des Dritten abzuweisen, obwohl doch beide Rechtsordnungen hinsichtlich der Schutzvorschriften zugunsten des Dritten im Ergebnis übereinstimmen. Der Fall ist zwar konstruiert, zeigt aber die grundsätzliche Problematik deutlich auf (zur Frage, woran hinsichtlich des Einwendungsausschlusses im gestörten Vsverhältnis in internationalprivatrechtlicher Beziehung anzuknüpfen ist, vgl. im übrigen ergänzend Anm. B 78). Die systemgerechte Lösung aller solcher Fälle, in denen der Dritte auf dem herkömmliche Wege vorgeht — gleichgültig, ob ein Auslandsbezug vorliegt oder nicht —, ist demgemäß die, daß die Schutzvorschriften über das gestörte Vsverhältnis entgegen dem unvollkommenen Gesetzesaufbau entsprechend angewendet werden. Soweit der Ver durch ein derartiges Vorgehen des Dritten in mehreren Prozessen mit überflüssigen Mehrkosten belastet zu werden droht, ist der Ausweg nicht über einen angeblich fehlenden Schutz des Dritten im gestörten Vsverhältnis zu suchen, sondern durch sachgerechte Anwendung des § 254 BGB (vgl. dazu auch Anm. B 20 und 73 m.w.N. gegen die hier vertretene Auffassung, die insbesondere nicht mit BGH 3. V. 1977 BGHZ Bd 69 S. 153—159 übereinstimmt).

[B 73] b) Vergrößerung des Schadens durch Vorgehen des Dritten in mehreren Prozessen

Geht der Dritte auf dem traditionellen Wege zunächst klageweise gegen den Vmer (oder Vten) vor, so kann sich der Schaden des Dritten durch dadurch entstehende Kosten vergrößern. Das ist aus der Sicht des Vers mißlich, wenn er von einem solchen gegen den Vmer geführten Prozeß gar nichts gewußt hat. BGH 3. V. 1977 BGHZ Bd 69 S. 153—159 behandelt einen solchen Fall eines getrennten Vorgehens des Dritten gegen den Vmer und gegen den Ver. Allerdings fehlte es in jenem Fall an der

Zwischenschaltung einer Pfändung und Überweisung des Haftpflichtvsanspruchs. Es war vielmehr so, daß der Dritte in getrennten Prozessen gegen den Vmer und den Ver von beiden den vom Ver nicht anerkannten Teil des Schadens verlangte. Der Prozeß gegen den Vmer kam früher zum Abschluß; dieser wurde nämlich rechtskräftig verurteilt, erwies sich jedoch als unpfändbar. Der Vmer verfolgte daher seinen vom Ver abgelehnten Anspruch gegen diesen weiter und gewann auch teilweise. Er unterlag aber gänzlich bezüglich eines Betrages von DM 820,06. Dabei handelte es sich um den prozessualen Kostenerstattungsanspruch aus dem Rechtsstreit gegen den Vmer. Der BGH stellte seiner Entscheidung den Leitsatz voran, daß der Geschädigte mittels der Direktklage gegen den Ver nicht auch den Ersatz der Prozeßkosten verlangen könne, die ihm in dem von ihm zunächst gegen den Schädiger selbst angestrengten Rechtsstreit entstanden seien. Zur Begründung führte der BGH a. a. O. S. 159 aus, daß die in § 3 Ziff. 1 S. 1 PflichtvsG enthaltene und den Umfang des Direktanspruchs abgrenzende Verweisung auf die Leistungspflicht des Vers aus dem Vsverhältnis nur die sachlich-rechtlichen Ansprüche im Sinne von § 149 betreffe, die aufgrund der materiell-rechtlichen Haftungsnormen geltend gemacht werden könnten. Ein Schaden aber, der dem Geschädigten allein dadurch erwachse, daß er einen prozessualen Kostenerstattungsanspruch aus einem nur gegen den Schädiger geführten Prozeß schließlich weder gegen diesen noch wegen Nichtbestehens einer Deckungspflicht gegen den Ver auf dem herkömmlichen Umweg mittels Pfändung und Überweisung durchzusetzen vermöge, gehöre, wenngleich er sich als eine adäquate Folge des schädigenden Ereignisses darstelle, nicht zu dem, was § 3 Ziff. 1 PflichtvsG unter dem Anspruch auf „Ersatz des Schadens" verstehe.

An dieser Begründung ist zunächst abzulehnen die Annahme, daß der Dritte, der auf dem traditionellen Wege vorgehe, schutzlos sei, wenn es sich um ein „gestörtes" Vsverhältnis handele. Dazu wird auf die Ausführungen in Anm. B 72 verwiesen, in denen dieser gesetzgeberische Mißgriff durch die analoge Anwendung der Bestimmungen des § 3 Ziff. 4, 5 PflichtvsG (§ 158c I, II) korrigiert wird. Geht man von dieser Korrektur aus, so leuchtet ein, daß der rechtskräftig zugesprochene Kostenerstattungsbetrag von DM 820,06 durch eine Pfändung und Überweisung der Haftpflichtvsforderung hätte realisiert werden können. Ist das aber so, so ist nicht recht einzusehen, warum der Dritte zusätzlich auf diesen Pfändungs- und Überweisungsweg verwiesen werden soll; denn eine Interpretation des § 3 PflichtvsG ist ohne weiteres in dem Sinn möglich, daß der Ver auch diesen Teil des Schadens zu tragen hat. Es bietet sich hier eine Einordnung des gesetzlichen Schuldbeitritts des Vers nach dem Zweck dieser Regelung in der Weise an, daß – ausgehend von der Überlegung, daß derartige Kosten dem Schutzbereich der Haftungsnorm zuzurechnen sind (so OLG Düsseldorf 11. III. 1976 NJW 1976 S. 1459) – eine akzessorische Haftung des Vers im Sinne einer fortlaufenden Abhängigkeit vom Umfang des haftungsrechtlichen Ersatzanspruchs gegeben ist (Sieg ZVersWiss 1965 S. 379–380, Baumann Entschädigungsfonds S. 63). Das Gesagte gilt um so mehr, als eine Bindungswirkung des Vers an das Ergebnis des Haftpflichtprozesses weiterhin im überkommenen Sinne anzunehmen ist (vgl. Anm. B 39). Die Behandlung des Falles wäre demgemäß systematisch auch in der Weise möglich, daß gefragt wird, ob der Dritte dem Ver die Führung des gesondert vorangegangenen Prozesses gegen den Vmer angezeigt oder ob der Ver auf andere Art und Weise von diesem Prozeß Kenntnis erlangt habe. War das der Fall und war dem Ver die Prozeßführung von dem Vmer eingeräumt worden, so kam es darauf an, ob der Ver an das Ergebnis des Vorprozesses nach haftpflichtvsrechtlichen Grundsätzen gebunden war oder nicht. War das nicht der Fall und beruhte das auf einer schuldhaften Nichtanzeige durch den Dritten, so läßt sich allerdings aus dem Gesichtspunkt des § 254 BGB eine Reduzierung des Direktanspruchs hinsichtlich des auch auf dem materiellen Recht beruhenden Kostenerstattungsanspruchs vornehmen (vgl. auch Lappe NJW 1977 S. 95, der – ohne expressis

II. 9. Internationalprivatrechtliche Aspekte

verbis von der These einer akzessorisch begleitenden Haftung im Umfang des Schadenersatzanspruchs auszugehen – ebenfalls zu einer Lösung über § 254 BGB kommt). Dieser Weg, bei dem dem Dritten in entsprechender Anwendung des § 158 d I eine zusätzliche Anzeigelast auferlegt wird, erscheint als sachgerechte Lösung der Problematik (vgl. dazu auch Anm. B 20 und B 27–28).

9. Internationalprivatrechtliche Aspekte der Kraftfahrzeughaftpflichtversicherung

Gliederung:

Schrifttum B 74
a) Vorbemerkung B 75
b) Internationalprivatrechtliche Anknüpfung des Direktanspruchs B 76–79
  aa) Kriterien für die Gewährung eines Direktanspruchs B 76–77
    aaa) Anknüpfung der deutschen Rechtsprechung an das Deliktsstatut B 76
    bbb) Stellungnahme B 77
  bb) Vsrechtliche Abgrenzung des Direktanspruchs, speziell auch für Einwendungsausschlüsse B 78
  cc) Exkurs: Künftige Regelung nach Inkrafttreten des Haager Übereinkommens vom 4. V. 1971 B 79
c) Vsschutz für in die Bundesrepublik Deutschland und West-Berlin einreisende Fahrzeuge B 80–83
  aa) Geschichtliche Entwicklung B 80
  bb) Internationale Vskarte und Kennzeichensystem B 81
  cc) Einzelheiten zur Haftung des inländischen Vers B 82
  dd) Grenzv B 83
d) Schäden durch in der DDR zugelassene Fahrzeuge B 84–88
  aa) Rechtliche Grundlagen B 84
  bb) Einzelheiten B 85
  cc) Zur Frage des anzuwendenden Haftungsrechts B 86
  dd) Vsrechtliche Grundlagen B 87
  ee) Schäden durch nicht identifizierte Fahrzeuge B 88
e) Schäden auf DDR-Gebiet durch nicht in der DDR zugelassene Fahrzeuge B 89
f) Exkurs: Ansprüche von DDR-Bürgern gegen Schädiger aus der Bundesrepublik Deutschland und West-Berlin B 90
g) Exkurs: Privatfahrzeuge von Angehörigen der in der Bundesrepublik Deutschland stationierten NATO-Truppen B 91

[B 74] Schrifttum:
Ahrens NJW 1978 S. 467–468, Beitzke, Die 11. Haager Konferenz und das Kollisonsrecht der Straßenverkehrsunfälle, RabelsZ Bd 33 (1969) S. 204–234, Beitzke, Internationalprivatrechtliche Aspekte des Schadenersatzes bei Straßenverkehrsunfällen, in: Der Schadenersatz bei Straßenverkehrsunfällen – zivil- und vsrechtliche Aspekte –, Referate zur IV. Münchener Ost-West-Rechtstagung, Karlsruhe 1976, S. 161–183 (zit. Beitzke Aspekte), Bouska DAR 1963 S. 291–295, Breuer, Die internationalprivatrechtliche Behandlung des Direktanspruchs gegen eine inländische Kraftfahrzeug-Haftpflichtv bei Verkehrsunfällen im Ausland, Diss. Münster 1979 (zit. Breuer Auslandsunfälle), Brumm, Internationalprivatrechtliche Aspekte der Kraftverkehrsv, in: Der Schadenersatz bei Straßenverkehrsunfällen, a. a. O., S. 311–335 (zit. Brumm Aspekte), Dörner VersR 1980 S. 955–956, Hepting DAR 1983 S. 97–102 m.w.N., Holle VersR 1974 S. 1152–1154, Hübner VersR 1977 S. 1069–1076, Jayme, Rückverweisung durch im Ausland geltende Staatsverträge, in Festschrift für Beitzke, Berlin 1979, S. 541–549, Karcher, Kollisionsrechtliche Fragen bei der Kraftfahrzeughaftpflichtv, Karlsruhe 1973 (zit. Karcher Kollision), Kittke DAR 1976 S. 281–288, Kittke VersR 1976 S. 106–112 = Kittke, in: Esten, Das neue Zivilrecht der DDR nach dem Zivilgesetzbuch von 1975, Baden-Baden 1977, S. 209–226, Krüger VersR 1975 S. 680–690, Nanz VersR 1981 S. 216–217, Preußner VersR 1963 S. 1108–1110, E. Prölss, Internationalrechtliche Aspekte der Kraftfahrthaftpflichtv, Karlsruhe 1957 (zit. Prölss Aspekte), Schmitt VersR 1965 S. 548–550, Schmitt VersR 1966 S. 1115–1119, Schmitt, System der grünen Karte, Basel 1968 (zit. Schmitt System), Schmitt VersR 1970 S. 497–500, Schmitt VersR 1972 S. 1041–1042, Stoll, Hans, Anknüpfungsgrundsätze bei der Haftung für Straßenverkehrsunfälle und der Produkthaftung nach der neueren Entwicklung des internationalen Deliktrechts, in: Internationales Privatrecht und Rechtsvergleichung im Ausgang des 20. Jahrhunderts, Festschrift

für Kegel, Frankfurt a. M. 1977, S. 113–139 (zit. Stoll Anknüpfungsgrundsätze), Trenk-Hinterberger NJW 1973 S. 1559–1560, derselbe VersR 1973 S. 659–660, NJW 1974 S. 1048–1049, Voigt NJW 1976 S. 451–453, Wussow WI 1969 S. 197–199, Wussow DB 1973 Beilage 14 S. 10–11.

[B 75] a) Vorbemerkung

In den AKB ist ein Auslandsbezug in zwei Vorschriften enthalten. Zunächst wird in § 2 I AKB festgelegt, daß die V für Europa gelte, soweit keine Erweiterung des Vsschutzes vereinbart worden sei. Diese örtliche Abgrenzung des primären Deckungsumfangs gilt sowohl für den Haftpflichtvs- als auch für den Direktanspruch (vgl. auch Anm. B 15). Es ist daher sachgerecht, insoweit auf die künftigen Ausführungen im Abschnitt G. unter den Rechtspflichten des Vers zu verweisen. Denn eine spezielle Ausländerproblematik liegt bezüglich der Ermittlung der örtlichen Grenzen des Haftpflichtvsschutzes nicht vor. Weiter bestimmt § 10 VIII AKB, daß in denjenigen Fällen, in denen ein Ver eine am Tage des Schadenereignisses gültige **internationale Vskarte** ausgestellt hat – oder durch eine Zusatzvereinbarung zum Abkommen über die internationale Vskarte (kurz „Londoner Abkommen" genannt) darauf verzichtet wurde –, sich bei Auslandsfahrten innerhalb Europas die Leistungen des Vers mindestens nach den Vsbedingungen und Vssummen richten, die nach den Gesetzen des Besuchslandes über die Pflichtv (gemeint ist die Pflichthaftpflichtv) vereinbart werden müssen. Auch das ist eine Bestimmung, die den primären Deckungsumfang des Vers betrifft, so daß sie systematisch im Abschnitt G. unter den Rechtspflichten des Vers behandelt wird. Für die Auslegung dieser Bestimmung, die der Verwirklichung des Gleichwertigkeitsprinzips der Kfz-Haftpflichtven der vom Londoner Abkommen erfaßten Staaten dient, geben aber auch die Ausführungen in B 80–83 aus der Sicht eines im Inland durch ausländische Fahrzeuge geschädigten Dritten ergänzende Aufschlüsse. Es leuchtet im übrigen ein, daß im Rahmen dieser Arbeit, die der Darstellung des deutschen Haftpflichtvsrechts dient, nicht im einzelnen rechtsvergleichend auf die Deckungsunterschiede zwischen den Haftpflichtven der verschiedenen Abkommenspartner eingegangen werden kann.

Besonderer Erörterung aus vsrechtlicher Sicht bedürfen aber drei Fragen internationalprivatrechtlichen Charakters mit einander sich teilweise überschneidenden Problemen. Das erste Problem ist dieses, ob der **Direktanspruch** auch einem **geschädigten ausländischen Dritten** zusteht oder ob es hier Ausnahmen gibt (vgl. dazu Anm. B 76–77). Im Zusammenhang damit steht die Frage, ob die **überobligationsmäßige Haftung** des Vers gemäß § 3 Ziff. 4, 5 PflichtvsG auch einem geschädigten **ausländischen Dritten** zugute kommt (vgl. dazu Anm. B 78). Schließlich ist von besonderer Bedeutung die Sicherstellung, daß für in die Bundesrepublik Deutschland mit einem Kraftfahrzeug einreisende Ausländer Haftpflichtvsschutz gemäß dem Pflichtvsgedanken besteht, so daß die **Lückenlosigkeit des Verkehrsopferschutzes** gewährleistet ist. Der Verwirklichung dieses Gedankens dient das Gesetz über die **Haftpflichtv für ausländische Kraftfahrzeuge und Kraftfahrzeuganhänger** vom 24. VII. 1956 (BGBl. I 1956 S. 667–669) mit den dazu ergangenen Änderungen (vgl. BGBl. I 1964 S. 926, 1965 S. 219–220, 1968 S. 503, 1974 S. 43, 624, 1975 S. 708) und das damit im engen Zusammenhang stehende Abkommen über die internationale Vskarte (vgl. dazu Anm. B 80–83).

[B 76] b) Internationalprivatrechtliche Anknüpfung des Direktanspruchs
aa) Kriterien für die Gewährung eines Direktanspruchs
aaa) Anknüpfung der deutschen Rechtsprechung an das Deliktsstatut

Nach der Rechtsprechung des BGH entscheidet über die Frage, ob dem durch einen Verkehrsunfall Geschädigten ein **unmittelbarer Anspruch** gegen den Haftpflicht-

II. 9. Internationalprivatrechtliche Aspekte **Anm. B 76**

ver des Schädigers zusteht, grundsätzlich das zur Anwendung kommende Deliktsrecht, also im Regelfall das Recht des Tatorts (BGH 23. XI. 1971 BGHZ Bd 57 S. 265–277, 18. XII. 1973 VA 1974 S. 335–338 Nr. 665 = VersR 1974 S. 254–255, 5. X. 1976 NJW 1977 S. 496–497 = VersR 1977 S. 56–58; ebenso LG Hamburg 20. XI. 1970 VersR 1971 S. 145–146, OLG Stuttgart 3. X. 1972 VersR 1973 S. 530–531, OLG München 19. I. 1973 VersR 1973 S. 217–218, KG 31. I. 1974 NJW 1974 S. 1055 = VersR 1974 S. 1087, OLG Hamm 29. V. 1979 VersR 1979 S. 926; Bauer Kraftfahrtv S. 128, Karcher Kollision S. 50–54 m. w. N., Pienitz-Flöter[4] Anm. A IV. 1. zu § 2 AKB, S. 6, Prölss-Martin[22] Anm. 2 vor § 3 PflichtvsG, S. 864, Stiefel-Hofmann[12] Anm. 25 zu § 2 AKB, S. 86, Voigt NJW 1976 S. 452; anders OLG Celle 11. III. 1970 VersR 1973 S. 657–658, 17. XII. 1970 NJW 1971 S. 1526, OLG Köln 11. VII. 1972 NJW 1973 S. 426–427 = VersR 1973 S. 923–924; Trenk-Hinterberger VersR 1973 S. 659–660, derselbe NJW 1973 S. 1559–1560, NJW 1974 S. 1048–1049 und vor allem Hübner VersR 1977 S. 1069–1076, der nicht nur für die Zubilligung des Direktanspruchs, sondern auch hinsichtlich des übervertraglichen Einwendungsausschlusses, wie er im deutschen Recht nach § 3 Ziff. 4, 5 PflichtvsG gegeben ist, für die Anwendung der dem Dritten jeweils günstigsten Norm plädiert, ebenso Breuer Auslandsunfälle S. 64–103, vgl. dazu Anm. B 78). Zu dieser Auffassung gelangt der BGH auf der Basis seiner Ausgangsüberlegung, daß der unmittelbare Anspruch des Geschädigten gegen den Haftpflichtver als ein überwiegend deliktsrechtlicher zu qualifizieren sei (vgl. zu dieser Streitfrage Anm. B 6–9).

Zur Verdeutlichung der Fallproblematik seien die Rechtskonfliktssituationen, die jenen BGH-Entscheidungen zu Grunde lagen, nachstehend dargestellt. Im Falle BGH 23. XI. 1971 BGHZ Bd 57 S. 265–277 ging es um eine Direktklage gegen einen niederländischen Ver. Der niederländische Vmer hatte mit einem in den Niederlanden zugelassenen und vten Kraftfahrzeug in der Bundesrepublik Deutschland einen Verkehrsunfall verursacht. Bei diesem Verkehrsunfall erlitten 4 Insassen dieses Fahrzeugs Verletzungen. Bei diesen Insassen handelt es sich ebenso wie bei dem Vmer um niederländische Gastarbeiter, die in der Bundesrepublik tätig waren. Zu beurteilen stand der Regreßanspruch eines deutschen gesetzlichen Krankenvers, der nach § 1542 RVO geltend gemacht wurde. Als Anknüpfungspunkt kam der Umstand in Betracht, daß sich der Unfall auf deutschem Hoheitsgebiet zugetragen hatte. Das legte die Anwendung des Rechts des Begehungsorts nahe. Vom BGH wurde aber auch darauf hingewiesen, daß bei gleicher Staatsangehörigkeit von Schädiger und Verletztem für im Ausland begangene unerlaubte Handlungen das gemeinsame Heimatrecht maßgebend sein könne (BGH 2. II. 1961 BGHZ Bd 34 S. 224 m. w. N.). Den letztgenannten Gedanken hat das Gericht jedoch nicht durchgreifen lassen, vielmehr deshalb auf das Recht des Tatorts, also auf das deutsche Recht, zurückgegriffen, weil die Beteiligten für längere Zeit ihren Lebensmittelpunkt in Deutschland hatten, so daß die Rückbeziehung auf das Heimatrecht so sehr gelöst erschien, daß es bei dem Grundsatz, bei unerlaubten Handlungen das Recht des Tatorts anzuwenden, verbleiben konnte (BGH 23. XI. 1971 a. a. O. S. 268 m. w. N.). Auf dieser Basis wurde demgemäß deutsches Recht angewendet. In diesem Zusammenhang wurde zunächst die Überlegung des Berufungsgerichts als unzutreffend zurückgewiesen, daß deutsches Recht deshalb zur Anwendung kommen müsse, weil ein deutscher Sozialsträger Regreß nehme. Der BGH wies a. a. O. S. 267 darauf hin, daß maßgebend doch nur sein könne, wie das Rechtsverhältnis zwischen Schädiger und Geschädigtem einzuordnen sei. Davon ausgehend hat der BGH demgemäß den in Anspruch genommenen niederländischen Haftpflichtver im Wege der Direktklage für verantwortlich gehalten, ohne dabei zu untersuchen, ob auch nach niederländischem Recht eine derartige Direktklage gegeben wäre. Diese Untersuchung unterließ der BGH bewußt unter Hinweis darauf, daß anders nur dann entschieden werden müßte oder könnte, wenn man davon ausgehe, daß es sich insoweit um eine vsvertragliche Folge handle und nicht um eine Anwendung deutschen Rechts für Deliktsfälle (dafür, daß nach dem AusländerpflichtvsG zur Höhe der gesetzlichen Mindestvssummen auch der HUK-Verband hätte verklagt werden können, vgl. Anm. B 81–82).

Im Falle BGH 18. XII. 1973 VA 1974 S. 335–338 Nr. 665 = VersR 1974 S. 254–255 wurde ein deutscher Haftpflichtver, dessen Vmer ein türkischer Gastarbeiter war, von einem Jugoslawen auf Grund eines in Jugoslawien eingetretenen Schadensfalls in Anspruch genommen. Auch hier stellte das Gericht auf das **Deliktsstatut** ab. Es hob erneut hervor, daß der Direktanspruch kein Vertragsanspruch sei, sondern ungeachtet gewisser vsrechtlicher Züge überwiegend deliktsrechtlicher Natur, gewissermaßen, wie Wussow DB 1973 Beilage 14 S. 10 es ausgedrückt habe, ein „deliktisches Annex zum Haftpflichtanspruch". Auf dieser Basis stellte es der BGH a. a. O. entscheidungserheblich auf die im Rechtsstreit umstrittene und in den Tatsacheninstanzen nicht abschließend geklärte Frage ab, ob das jugoslawische Recht einen Direktanspruch zubillige oder nicht (vgl. dazu LG Nürnberg-Fürth 31. I. 1980 VersR 1980 S. 955 m. Anm. von Dörner VersR 1980 S. 955–956 und Anm. B 77). In Betracht gezogen worden sind dabei vom BGH auch die auf der **11. Haager Konferenz für Internationales Privatrecht erarbeiteten Grundsätze** (abgedruckt in RabelsZ Bd 33 [1969] S. 342–352, deutscher Text bei Jayme-Hausmann, Internationales Privat- und Verfahrensrecht, München 1978, S. 90–93). In diesen ist u. a. vorgesehen, daß für die kollisionsrechtliche Beurteilung des Direktanspruchs in erster Linie das Deliktstatut maßgebend ist; wenn aber dieses Deliktstatut die Direktklage nicht kennt, wird in allerdings sehr komplizierter Regelung auf das Registrierungs- oder Vsstatut abgestellt (Art. 3, 4, 5, 9 Teil A II des acte final v. 26. X. 1968 a. a. O.). Mit Rücksicht darauf, daß der vorgesehene Staatsvertrag, durch den die Teilnehmerstaaten auf diese Grundsätze festgelegt werden sollten, damals noch nicht zustande gekommen war (für die Bundesrepublik Deutschland ist er bis heute noch nicht in Kraft getreten (vgl. auch Anm. B 77 und 79), verneinte das Gericht aber das Vorliegen eines solchen ergänzenden Grundsatzes (unter Ablehnung der gegenteiligen Auffassung von Erman-Arndt[5] EGBGB Anm. 2 zu Art. 12 und Trenk-Hinterberger VersR 1973 S. 659–660). Im Falle BGH 5. X. 1976 NJW 1977 S. 496–497 = VersR 1977 S. 56–58 ging es wiederum um einen Unfall in Jugoslawien, der sich am 14. VIII. 1972 ereignet hatte. Schädiger war ein Jugoslawe, Geschädigter ein Deutscher. Der jugoslawische Vmer befand sich nur besuchsweise in Jugoslawien. Sein Fahrzeug war in der Bundesrepublik zugelassen und bei einem deutschen Ver haftpflichtvert. Der geschädigte Dritte nahm den Haftpflichtver des jugoslawischen Vmers in der Bundesrepublik im Wege der Direktklage in Anspruch. Das Berufungsgericht gab der Klage dem Grunde nach statt, indem es die Rechtsanwendungsverordnung vom 7. XII. 1942 (RGBl. 1942 I S. 706) entsprechend anwendete. Vom BGH wurde demgegenüber aber darauf hingewiesen, daß überwiegend die Auffassung vertreten werde, daß die gemeinsame Staatsangehörigkeit ohne jene durch den Wohnsitz oder zumindestens den gewöhnlichen Aufenthalt vermittelte zusätzliche Gemeinsamkeit allein nicht ausreiche, das Tatortprinzip zugunsten des Heimatrechts aufzugeben. Es wurde aber hervorgehoben, daß diese Frage nicht abschließend entschieden werden solle, daß aber jedenfalls dann das Tatortprinzip zum Tragen kommen müsse, wenn die Staatsangehörigkeit einer Partei auf dieselbe Rechtsordnung verweise wie das Tatortprinzip. Mit dieser Begründung wendete der BGH jugoslawisches Recht an. Auch hier wurde der Rechtsstreit zurückverwiesen zur Aufklärung der Frage, ob das jugoslawische Recht einen solchen Direktanspruch kenne oder nicht.

Zum österreichischen Recht vgl. ÖOGH 29. VI. 1978 VersR 1979 S. 195–196. Das Gericht führt ebenfalls aus, daß der Direktanspruch gegen den Haftpflichtver

II. 9. Internationalprivatrechtliche Aspekte　　　　　　　　　　　　　　Anm. B 77

ungeachtet gewisser vsrechtlicher Züge überwiegend deliktischer Natur sei und daher dem Deliktsstatut folge. Das habe zur Konsequenz, daß der im österreichischen Recht in § 63 I KFG normierte Direktanspruch auch gegenüber solchen Kraftfahrzeughaftpflichtvern erhoben werden könne, die ihren Sitz im Ausland haben. Im konkreten Fall ging es um einen Zusammenstoß in Österreich zwischen zwei Lastkraftwagen, von denen einer einem Österreicher gehörte und einer einem schwedischen Transportunternehmen. Verklagt wurde unter anderem der schwedische Haftpflichtver. Bemerkenswert ist an dieser Entscheidung, daß das Gericht durchaus sachlogisch zwar die Frage der direkten Klagmöglichkeit nach österreichischem Recht beurteilte, die Frage des Umfangs des Vsschutzes durch den schwedischen Haftpflichtver im übrigen aber nach schwedischem Recht behandelt (vgl. dazu Anm. B 78).

Bei allen diesen Entscheidungen ist zu beachten, daß sie die Rechtslage vor Inkrafttreten jener erwähnten Haager Grundsätze, nunmehr wörtlich in das Haager Abkommen vom 4. V. 1971 übernommen, (deutscher Text bei Jayme-Hausmann, Internationales Privat- und Verfahrensrecht, München 1978 S. 90–93) betreffen. Bislang ist dieser Staatsvertrag für die Bundesrepublik Deutschland noch nicht in Kraft getreten, wohl aber für eine Reihe anderer Staaten (vgl. die Nachweise in Anm. B 77). Dafür, daß sich die Geltung dieser Grundsätze mit Rücksicht auf die Rückverweisungsbestimmungen des genannten Abkommens auch auf die Beziehungen des Geschädigten zum deutschen Schädiger (Vmer) und Ver auswirken kann, vgl. wiederum Anm. B 77 a. E. Zur Rechtslage nach einem künftigen Inkrafttreten des Abkommens für die Bundesrepublik Deutschland vgl. Anm. B 79.

[B 77] bbb) Stellungnahme

In dem Haager Abkommen vom 4. V. 1971 über das auf Straßenverkehrsunfälle anzuwendende Recht (englischer und französischer Text in RabelsZ Bd 33 [1969] S. 342–353, deutsche Übersetzung bei Jayme-Hausmann, Internationales Privat- und Verfahrensrecht, München 1978, S. 90–93) ist hinsichtlich der deliktsrechtlichen Haftung eine für einzelne Fallgruppen unterschiedliche Regelung vorgesehen. Als Grundsatz wird in Art. 3 vom Recht des Tatorts ausgegangen. In Art. 4 und 5 werden aber im einzelnen Fälle aufgeführt, in denen das Recht des Zulassungsorts des am Schadenereignis beteiligten Fahrzeugs oder das mehrerer an einem solchen Geschehen beteiligter Fahrzeuge maßgebend ist. Darüber hinaus ist in Art. 9 vorgesehen, daß ein Direktanspruch gegen den Ver immer dann gegeben ist, wenn entweder das maßgebliche Deliktsrecht, das Registrierungsrecht des am Unfall beteiligten Fahrzeugs oder das Recht des Vsstatuts diese Direktklage kennt. In dieser Beziehung sieht das Abkommen demgemäß eine für den Dritten sehr günstige Rechtslage vor. Dabei ist eine bestimmte Reihenfolge für den Fall, daß alle in Betracht kommenden Rechtsordnungen einen solchen Direktanspruch kennen, deshalb festgelegt worden, weil der Umfang des Direktanspruchs in den einzelnen Staaten unterschiedlich ausgestaltet ist (vgl. dazu Beitzke RabelsZ Bd 33 [1969] S. 232–234). Dieses Haager Abkommen ist aber bisher für die Bundesrepublik Deutschland noch nicht in Kraft getreten (vgl. Hepting DAR 1983 S. 98, Jayme-Hausmann a. a. O. S. 90, Dörner VersR 1980 S. 956). Vom BGH ist es daher in der in Anm. B 76 dargestellten Rechtsprechung (vgl. insbesondere BGH 18. XII. 1973 VA 1974 S. 335–338 Nr. 665 = VersR 1974 S. 254–255) abgelehnt worden, die Rechtsgrundsätze eines noch nicht in Kraft getretenen Staatsvertrages der Beurteilung eines Rechtsfalls zugrunde zu legen. Dem ist beizupflichten, da jede andere Entscheidung logischen Einteilungsprinzipien widerstreitet. Mit einer Änderung dieser Rechtsprechung ist daher ohne Inkrafttreten dieses Staatsvertrages oder sonstiger gesetzgeberischer Impulse nicht zu rechnen, wenngleich sich Änderungen in der Beurteilung des Einzelfalls daraus ergeben können, daß das Recht des Deliktsorts auf Grund des dort schon in Kraft getretenen Haager Abkommens auf das Recht der Bundesrepublik Deutschland verweist (vgl. dazu LG Nürnberg-Fürth 31. I. 1980 VersR 1980 S. 955 und die Ausführungen am Schluß dieser Anm.). Die vom BGH für die Zubilligung eines Direktanspruchs vorgenommene **Anknüpfung an das Deliktsstatut** ist auch als **praktikables Ordnungsprinzip zu akzeptieren**. Davon mit Hübner VersR 1977 S. 1069—1076 zugunsten des Geschädigten in denjenigen Fällen abzuweichen, in denen zwar nicht das Deliktsstatut, wohl aber das Recht, das den Haftpflichtvsvertrag beherrscht, einen Direktanspruch bejaht, erscheint als systemwidrig (wie Hübner aber auch für ein solches „Günstigkeitsprinzip", das noch über den Umfang des Haager Abkommens hinausgeht, Breuer Auslandsunfälle S. 94—109). Ungeachtet dessen, daß vom logischen Standpunkt aus die Anknüpfung an das Statut des Vsvertrages ebenso vertretbar ist wie die Anknüpfung an das Deliktsstatut, wie die unterschiedlichen Nachweise aus der Rechtsprechung in den verschiedenen Ländern bei Beitzke RabelsZ Bd 33 [1969] S. 232—233 besonders deutlich zeigen, muß eine Einordnung entweder nach delikts- oder nach vertragsrechtlichen Grundsätzen erfolgen. Hat man eine solche Entscheidung für den insoweit überwiegend deliktsrechtlichen Anknüpfungspunkt hinsichtlich der Zubilligung des Direktanspruchs getroffen, so ist diese Lösung auch konsequent durchzuführen. Dabei geht es nicht, wie es Hübner a. a. O. S. 1072 — im Anschluß an die generellen Betrachtungen von Zweigert RabelsZ Bd 37 [1973] S. 435—452 — formuliert, um den „beklagenswerten Mangel des internationalen Privatrechts an sozialen Werten", sondern um die Durchführung eines allerdings letzten Endes grobrastigen Ordnungsprinzips. Dieses muß daher auch dann eingreifen, wenn der geschädigte Dritte mit dem Vmer ausnahmsweise durch vertragliche Beziehungen verbunden ist, weshalb in teilweiser Anspruchskonkurrenz zum deliktischen Anspruch ein vertraglicher Schadenersatzanspruch erhoben wird. Dieser Sonderfall führt deshalb keineswegs das Deliktsstatut als Anknüpfungspunkt für den Direktanspruch ad absurdum, sondern zeigt nur die Relativität des gefundenen Ordnungsprinzips. Die von Hübner a. a. O. entwickelten Gedankengänge sind aber ungeachtet dessen, daß ihnen hinsichtlich der Zubilligung des Direktanspruchs nicht gefolgt wird, von bleibender Bedeutung. Das gilt nicht, weil mit dem Inkrafttreten der Grundsätze des erwähnten Staatsvertrages diese Überlegungen eines Tages weitgehend praktiziertes Recht sein werden. Dabei handelt es sich vielmehr lediglich um die Wirkung des berühmten „Federstrichs des Gesetzgebers". Der anhaltende Wert der Arbeit ist vielmehr in der sich aus ihr ergebenden Erkenntnis zu sehen, daß die Zubilligung des Direktanspruchs nach Deliktsgrundsätzen nicht zugleich bedeutet, daß der vsrechtliche Einwendungsausschluß zugunsten des Dritten ebenfalls nach deliktsrechtlichen Grundsätzen zu behandeln ist, wie das allerdings auch schon von Wahle VersR 1962 S. 1021—1032 mit besonderer Klarheit erkannt worden ist (vgl. dazu Anm. B 78).

Eine der dargestellten Rechtsprechung des BGH gegenläufige Tendenz ist allerdings bei formal gleicher Ausgangsargumentation KG 5. V. 1980 NJW 1981 S. 1162—1163 = VersR 1981 S. 839—841 für einen Sonderfall zu entnehmen. Es ging dabei um einen Verkehrsunfall, der sich am 2. VIII. 1976 in Bulgarien ereignet hatte. Der geschädigte Dritte und der Vmer waren türkischer Staatsangehörigkeit. Beide lebten seit längerer Zeit als Gastarbeiter in der Bundesrepublik und befanden sich auf der Durchreise von Deutschland in die Türkei (oder umgekehrt). Das Gericht wendete deutsches Recht an (ebenso LG Berlin 31. I. 1979 VersR 1979 S. 750—752 m. w. N., das für einen Zusammenstoß zwischen zwei von türkischen Staatsangehörigen geführten Fahrzeugen auf dem Gebiet der DDR das Recht der Bundesrepublik Deutschland als dem des dauernden Aufenthaltsortes für maßgebend gehalten hat; vgl. aber Anm. B 89 dafür, daß dieses Ergebnis besser über Art. 17 III des Rechtsanwendungsgesetzes der DDR vom 5. XII. 1975 hätte gewonnen werden sollen). Es bezog sich dabei in einer Doppel-

II. 9. Internationalprivatrechtliche Aspekte

begründung sowohl auf eine Analogie zur Verordnung über die Rechtsanwendung bei Schädigungen deutscher Staatsangehöriger außerhalb des Reichsgebiets vom 7. XII. 1942 (RGBl. 1942 I S. 706) als auch auf das oben erwähnte nicht ratifizierte Haager Abkommen, in dessen Art. 4 auf das Recht des Zulassungsortes abgestellt wird. Genau genommen war es aber doch so, daß eigentlich bei entsprechender Anwendung dieser Rechtsverordnung (vgl. für deren Weitergeltung BGH 2. II. 1961 BGHZ Bd 34 S. 224 m. w. N.), wenn man nicht das Recht des Deliktsorts anwenden wollte, vom türkischen Recht hätte ausgegangen werden müssen (es sei denn, daß man, was aber sicher zu weit gehen würde, eine später mögliche Einbürgerung gewissermaßen vorwegnimmt). Da das türkische Recht aber auf das bulgarische verweist, hätte bulgarisches Recht angewendet werden müssen (vgl. auch Beitzke Aspekte S. 171–172, der sich in einem solchen Fall für ein unmittelbares Eingreifen des bulgarischen Rechts ausspricht). Vom KG ist jedenfalls nicht hinreichend beachtet worden, daß vom BGH 5. X. 1976 NJW 1977 S. 496–497 = VersR 1977 S. 56–58 bei einem Zusammenstoß zwischen einem Deutschen ud einem jugoslawischen Gastarbeiter in Jugoslawien jene Rechtsverordnung zu Recht nicht analog angewendet worden ist und daß die Anwendung des Art. 4 der nicht ratifizierten Grundsätze der 11. Haager Konferenz für Internationales Privatrecht im direkten Widerspruch zu BGH 18. XII. 1973 VA 1974 S. 335–338 Nr. 665 = VersR 1974 S. 254–255 steht (gegen ein Anknüpfen an den gemeinsamen gewöhnlichen Aufenthaltsort im Vorrang gegenüber dem Deliktsort auch Bäumer Zukunft S. 129, zweifelnd Ahrens NJW 1978 S. 468 m.w.N.; zustimmend dagegen Hepting DAR 1983 S. 100). Vgl. in diesem Zusammenhang auch OLG Stuttgart 3. X. 1972 VersR 1973 S. 530–531, das bei einem in Jugoslawien erfolgten Zusammenstoß zwischen zwei Griechen, die gemeinsam mit ihren Familien aus Deutschland in ihre Heimat fuhren, hinsichtlich der Frage, ob gegen den deutschen Ver ein Direktanspruch zu bejahen sei, auf das jugoslawische Recht abgestellt hat.

Vertragspartner des erwähnten Haager Abkommens vom 4. V. 1971 sind schon jetzt Belgien, Frankreich, Jugoslawien, Luxemburg, Niederlande, Österreich, Portugal und die Tschechoslowakei (Jayme-Haumann a. a. O. S. 90). Für Belgien, Frankreich und Österreich ist es sogar schon am 3. VI. 1975 in Kraft getreten (Stoll Anknüpfungspunkte S. 123), für Jugoslawien am 16. XII. 1976 (vgl. Ahrens NJW 1978 S. 468). LG Nürnberg-Fürth 31. I. 1980 VersR 1980 S. 955 m. zust. Anm. von Dörner VersR 1980 S. 955–956 hat daher für einen im Jahre 1978 in Jugoslawien eingetretenen Verkehrsunfall zwischen einem Deutschen und einem Jugoslawen, deren Fahrzeuge beide in Deutschland zugelassen waren, deutsches Deliktsrecht angewendet und dem geschädigten Deutschen eine Direktklage nach deutschem Recht zugebilligt. Zur Begründung hat das Gericht ausgeführt, daß für Jugoslawien jener Haager Abkommen 60 Tage nach dem 17. X. 1975 in Kraft getreten sei; nach Art. 4 sei das deutsche Recht mit Rücksicht darauf maßgebend, daß sämtliche am Unfall beteiligten Fahrzeuge in Deutschland registriert seien. Das gelte nach Art. 11 des Abkommens auch dann, wenn auf das Recht eines Staates verwiesen werde, der noch nicht Vertragspartner sei. Eine solche Rückverweisung sei in entsprechender Anwendung des Art. 27 EGBGB beachtlich.

Dieser Entscheidung ist im Ergebnis beizupflichten. Der der Entscheidung zugrunde liegende Gedankengang ist schon von Jayme, Festschrift für Beitzke, Berlin 1979, S. 547–548 vorgezeichnet worden. Kollisionsrechtlich setzt sie voraus, daß vom deutschen Recht, das gemäß dem Art. 12 EGBGB zugrunde liegenden Rechtsgedanken im Prinzip auf das am Tatort geltende Deliktsrecht abstellt, eine Rückverweisung des ausländischen Rechts auf das deutsche Deliktsrecht anerkannt wird. Das ist mit der modernen Lehre für im Ausland geltende Staatsverträge zu bejahen (vgl. nur Ahrens NJW 1978 S. 468, Hepting DAR 1983 S. 100–101 m.w.N., Jayme a. a. O. S. 541–549 [speziell S. 547–548 m. w. N. in Anm. 29], Kegel Internationales Privatrecht, 4. Aufl. München 1977, S. 137, Krüger VersR 1975 S. 681, Palandt-Heldrich[42] Anm. 2a zu Art. 12 EGBGB m. w. N.; dagegen aus allgemeinen Gesichtspunkten, aber nicht speziell für den hier zu betrachtenden Sonderfall u. a. Erman-Arndt[7] Anm. 6 zu Art. 27 EGBGB, vgl. ferner OLG Saarbrücken 22. X. 1957 NJW 1958 S. 752−754 = VersR 1958 S. 490 [nur L. S.]; w. N. für und gegen diese Auffassung bei Dörner VersR 1980 S. 956 Anm. 12 und Nanz VersR 1981 S. 216−217). Höchstrichterliche Entscheidungen stehen dazu zwar noch aus. Es erscheint aber als überaus sachgerecht, eine ausländische Rückverweisung auf das deutsche Recht zu beachten, wenn diese ausländische Norm auf Grundsätzen beruht, die auf internationalen Konferenzen unter deutscher Beteiligung erarbeitet worden sind. Zwar ist in Art. 27 EGBGB das Deliktsrecht bei der Aufzählung der Rechtsmaterien, innerhalb derer eine Rückverweisung anerkannt wird, nicht aufgeführt. Vom BGH 14. II. 1958 NJW 1958 S. 750−752 m. w. N. ist aber treffend − allerdings nicht für das Recht der unerlaubten Handlung − dahin erkannt worden, daß Art. 27 EGBGB einen allgemeinen Rechtsgrundsatz enthalte, der die Verweisung ausländischen Rechts auf deutsches Recht nicht nur in den fünf aufgeführten Fällen, sondern insbesondere auch im Schuldrecht gelten lasse. Für den hier zur Entscheidung stehenden Fall gibt es jedenfalls kein einleuchtendes sachliches Argument, warum eine solche Anknüpfung des ausländischen Rechts an den Registrierungsort eines Fahrzeugs nicht respektiert werden sollte. Eine andere Frage ist es allerdings, ob das Gesagte auch dann gilt, wenn sich die Rückverweisungsproblematik nicht aus solchen speziellen Staatsverträgen, sondern aus einem im Kfz-Haftpflichtrecht kaum anzutreffenden Sonderfall ergibt, daß Handlungs- und Erfolgsort auseinanderfallen, wie im Falle OLG Saarbrücken 22. X. 1957 NJW 1958 S. 752−753. Hier greifen nach deutscher Auffasung die Deliktsrechte beider Staaten ein, (vgl. dazu die Nachweise in Anm. B 86). Führt in einem solchen Fall die Rück- oder Weiterverweisung des ausländischen Rechts zu einer Verkürzung der Rechte des Geschädigten, so bedarf es sorgsamer Abwägung der Interessenlage, ob nicht doch der älteren Lehre hinsichtlich der Unbeachtlichkeit einer solchen Verweisungsvorschrift des ausländischen Rechts zu folgen ist.

Der Vollständigkeit halber ist darauf hinzuweisen, daß das Deliktstatut auch dann eingreift, wenn ein Ausländer im Inland von einem inländischen Fahrzeug geschädigt wird (der Schädigung durch Benutzung eines aus dem Ausland eingeführten Fahrzeugs wird durch die Regelung des Vsschutzes für einreisende Fahrzeuge nach Maßgabe des AuslPflVsG gedacht, vgl. dazu Anm. B 80−83). Das bedeutet, daß einem ausländischen Geschädigten bei einem im Inland eintretenden Schadenereignis grundsätzlich genauso wie einem Inländer ein Direktanspruch nach § 3 PflichtvsG zusteht. Der Umfang dieses Direktanspruchs entspricht dabei in haftungsrechtlicher Hinsicht dem eines inländischen Dritten bei einem gleichgelagerten Schadenereignis. Hinsichtlich der vsrechtlichen Komponente dieses Direktanspruchs vgl. Anm. B 78.

[B 78] bb) Versicherungsrechtliche Abgrenzung des Direktanspruchs, speziell auch für Einwendungsausschlüsse

In Anm. B 76−77 ist dargetan worden, daß es sich im Prinzip nach dem Recht des Tatorts richtet, ob ein Direktanspruch zugebilligt wird oder nicht. Etwas anderes gilt nur dann, wenn ausnahmsweise die Grundsätze der VO vom 7. XII. 1942 (RGBl. 1942 I S. 706) zur Anwendung kommen. Billigt man diesen Ausgangspunkt, so ergibt sich als logische Konsequenz, daß der Umfang des Direktanspruchs sich nach dem des Haftpflichtanspruchs richtet, für den, soweit er deliktischer (oder quasideliktischer) Natur ist, das Tatortrecht maßgebend ist. Daneben steht aber wiederum die Beurteilung der vsrechtlichen Komponente des Direktanspruchs oder − soweit nämlich nach dem Recht des Tatorts kein Direktanspruch besteht − die Frage, nach welchem Recht das Vsver-

II. 9. Internationalprivatrechtliche Aspekte Anm. B 78

hältnis zu beurteilen ist. So ist z. B. zu bedenken, daß die Mithaftung des Vers nach den Grundsätzen des deutschen Rechts und nach dem vieler anderer Staaten nicht schrankenlos ist. Vielmehr ist sie vielfach begrenzt durch die zum Vsvertrag vereinbarten Vssummen (vgl. für die summenmäßige Begrenzung des Direktanspruchs Anm. B 13). Es wird außerdem nach deutschem Recht wohl für durch grobe Fahrlässigkeit herbeigeführte Schäden gehaftet, nicht aber für vorsätzliche Schadenszufügungen (vgl. § 152 und Anm. B 15). Darüber hinaus besteht eine räumliche Risikoabgrenzung dahin, daß nach § 2 I AKB nur in Europa eintretende Schadenereignisse unter den Vsschutz fallen. Es wäre verfehlt, für diese vsrechtliche Komponente des Direktanspruchs ebenfalls auf das Deliktsstatut abzustellen. Maßgebend ist insoweit vielmehr im Grundsatz das für den jeweiligen Vsvertrag geltende Recht (so für den räumlichen Geltungsbereich Karcher Kollision S. 54; vgl. ferner ÖOGH 28. IV. 1976 VersR 1977 S. 946–947 m. w. N., 29. VI. 1978 VersR 1979 S. 196). Allerdings erleidet dieser Grundsatz insofern Ausnahmen, als das System der internationalen Vskarte (und das diese teilweise ersetzende Kennzeichensystem) auf dem Prinzip beruht, daß das Büro des besuchten Landes die Verpflichtungen eines Haftpflichtvers in Übereinstimmung mit den Gesetzen über die Haftpflichtv in diesem Land zu erfüllen hat (vgl. dazu Schmitt System S. 45, 99–116). Dieser Verpflichtung des Besuchsbüros entspricht eine inhaltlich gleiche des Heimatvers gegenüber seinem Vmer (Schmitt System S. 90, 118–120, vgl. auch ÖOGH 8. XI. 1972 VersR 1973 S. 977). Auch wenn diese nicht ausdrücklich im Vsvertrag verankert wäre, müßte sie doch nach dem Sinngehalt der Regelung aus der Ausstellung der internationalen Vskarte gefolgert werden (der heute das Kennzeichensystem gleichzusetzen ist). Das bedarf aber keiner weiteren Vertiefung, da dieser Grundsatz in § 10 VIII AKB expressis verbis festgelegt ist. Dort heißt es nämlich, daß in denjenigen Fällen, in denen für das Fahrzeug am Tage des Schadenereignisses eine gültige internationale Vskarte ausgestellt war oder in denen durch eine Zusatzvereinbarung zum Abkommen über die internationale Vskarte darauf verzichtet worden sei, sich bei Auslandsfahrten innerhalb Europas die Leistung des Vers mindestens nach den Vsbedingungen und Vssummen richte, die nach den Gesetzen des Besuchslandes über die Pflichtv vereinbart werden müssen. Hinsichtlich dieser Mindestdeckung ist somit nicht das deutsche, sondern das Recht desjenigen Staates maßgebend, in dem sich das Schadenereignis zugetragen hat. Dieses ausländische Vsrecht umfaßt über den Wortlaut des § 10 VIII AKB hinaus auch das dort maßgebende Vsvertragsrecht. Auch dessen Bestimmungen gehören zu den von § 10 VIII AKB genannten Vsbedingungen, da es das Ziel des Systems der internationalen Vskarte ist, einen präzis dem Rechtszustand des Besuchslandes entsprechenden Vsschutz verbindlich zuzusagen. § 10 VIII AKB stellt aber nur eine Teilverweisung auf das ausländische Vsrecht dar (ÖOGH 28. IV. 1976 VersR 1977 S. 947, 29. VI. 1978 VersR 1979 S. 196). Soweit daher der Vsschutz des Heimatlandes, speziell der der Bundesrepublik Deutschland, weitergeht, bleibt er durch § 10 VIII AKB unberührt und kann sich demgemäß insoweit auch durchaus zugunsten des ausländischen Geschädigten auswirken (ÖOGH 29. VI. 1978 a. a. O.). Allerdings haftet insoweit nicht das ausländische Vsbüro. Der Dritte muß sich hier vielmehr an den Heimatver halten (ÖOGH 29. VI. 1978 a. a. O.), dessen Haftung durch die Eintrittsverpflichtung des ausländischen Vsbüros aber auch innerhalb der genannten ausländischen Mindestvssummen und Vsbedingungen nicht etwa entfällt oder zu einer subsidiären geworden ist (vgl. dazu Anm. B 82 m. w. N.). – Für einen Sonderfall vgl. OLG Hamm 29. V. 1979 VersR 1979 S. 926 und die Ausführungen am Schluß dieser Anm.

Die gleiche Problematik wie hinsichtlich des Umfangs des Vsschutzes im intakten Vsverhältnis ergibt sich auch bezüglich der Schutzvorschriften zugunsten des Dritten, wie sie im deutschen Vsrecht in besonderem Maße durch § 3 Ziff. 4, 5 Pflicht-

Anm. B 78 B. Kraftfahrzeughaftpflichtv Stellung des geschädigten Dritten

vsG ausgebildet sind. Es fragt sich, ob diese für das gestörte Vsverhältnis im Verhältnis zum Geschädigten weiterbestehende Haftung auch einem ausländischen Dritten aus einem im Ausland erlittenen Schaden zugute kommt. Im vorangegangenen Abschnitt ist der Sache nach die Auffassung vertreten worden, daß hinsichtlich des Umfangs des Vsschutzes das Recht des Vsstatuts maßgebend sei, das allerdings insofern modifiziert werde, als das für den Vmer und damit auch für den Dritten etwa günstigere Vsrecht des Deliktsorts im Rahmen der dort geltenden Vsbedingungen und Mindestvssummen nach § 10 VIII AKB Vorrang habe. Es liegt nahe, diesen Vorrang des ausländischen Vsrechts auch auf die Fälle des sog. Einwendungsausschlusses auszudehnen, indem man den in § 10 VIII AKB verwendeten Ausdruck „Vsbedingungen" untechnisch als die Summe der in dem betreffenden ausländischen Staat für den Kfz-Haftpflichtvsvertrag geltenden gesetzlichen und vertraglichen Rechtsbeziehungen auffaßt. Die denkgesetzliche Alternative ist demgegenüber die, daß es auf eine solche Ausdehnung des § 10 VIII AKB gar nicht ankomme, da die Regelung der Einwendungsausschlüsse genauso wie die Frage, ob überhaupt ein Direktanspruch zuzubilligen sei, ohnedies dem Deliktsrecht zuzuordnen sei. Bejaht man das, so kommt es darauf an, ob das maßgebende Recht des Deliktsstatuts solche den Dritten begünstigenden Vorschriften kennt oder nicht. Kennt das fremde Recht solche Schutzvorschriften zugunsten des Dritten nicht, so würde der Dritte dann bei einer Anknüpfung an das Deliktsstatut leer ausgehen. Eine solche an das Deliktsstatut anknüpfende Auffassung wird überwiegend vertreten. Vgl. ÖOGH 7. II. 1962 VersR 1962 S. 820, 29. VI. 1978 VersR 1979 S. 196, OLG Saarbrücken 6. VII. 1956 VersR 1957 S. 145–146; Fleischmann-Deiters in Thees-Hagemann Anm. 4 zu § 158 b, S. 263–264, Fromm S. 259, Prölss-Martin[22] Anm. 2 vor § 3 PflichtvsG, S. 864 und Anm. 12 zu § 158 c, S. 843, Prölss Aspekte S. 11–17, Stiefel-Hofmann[12] Anm. 23 zu § 2 AKB, S. 85, w.N. bei Karcher Kollision S. 49. Wahle VersR 1962 S. 1021–1032 hat sich demgegenüber im deutschsprachigen Schrifttum hinsichtlich des Einwendungsausschlusses als erster für die Anknüpfung an das Vsstatut ausgesprochen. Er hat im übrigen auch nachgewiesen, daß vom OLG Saarbrücken 6. VII. 1956 a.a.O. im Anschluß an ein Rechtsgutachten von Prölss sowohl das französische als auch das schweizerische Recht, auf die sich das Gericht für seine Auffassung stützte, in eklatanter Weise verkannt worden sind (ebenso von Prölss Aspekte S. 11–17; vgl. auch die Kritik durch Karcher Kollision S. 47). Besonders bemerkenswert an diesen Ausführungen von Wahle a.a.O. ist, daß er, obwohl es damals doch nach deutschem und österreichischem Recht noch keinen Direktanspruch gab, sich durch rechtsvergleichende Orientierung anhand der französischen und schweizerischen, aber auch der angloamerikanischen Rechtsprechung für eine Trennung zwischen der Zubilligung des Direktanspruchs, den er dem Deliktsstatut unterwarf, und dem Einwendungsausschluß ausprach, der von ihm dem Vsvertragsstatut zugeordnet wurde. Daß diese Fragen durchaus unterschiedlicher Beurteilung zugänglich sind, ist nämlich von den in Anm. B 76 aufgeführten Entscheidungen der Instanzgerichte zur Zubilligung oder Verneinung eines Direktanspruchs durchweg nicht gesehen worden (besonders deutlich in dieser Beziehung OLG Köln 11. VII. 1972 NJW 1973 S. 426–427 = VersR 1972 S. 923–924). Auch Karcher Kollision S. 54–55 geht davon aus, daß die genannten beiden Fragen nur einheitlich entschieden werden könnten. In diesem Sinne führt er zunächst auf S. 54 aus, daß Einwendungsausschlüsse, soweit sie speziell zugunsten des Unfallopfers normiert seien, wie die action directe deliktisch angeknüpft werden müßten. In diesem Zusammenhang wird auch von einem untrennbaren Bestandteil des Direktanspruchs gesprochen, der ihm erst die notwendige Schlagkraft gebe. Weiter heißt es dann auf S. 55: Soweit die lex loci delicti keinen ausdrücklichen Einwendungsausschluß zugunsten des Unfallopfers normiere, belasse sie den unmittelbaren Anspruch bewußt im Rahmen der vertraglichen Leistungspflicht des Vers, über die allein die lex contractus entscheide. Für eine vertrags-

II. 9. Internationalprivatrechtliche Aspekte   Anm. B 78

fremde deliktische Anknüpfung sei nur im unmittelbaren Zusammenhang mit den die action directe betreffenden gesetzlichen oder gewohnheitsrechtlichen Regelungen Raum. Dieses Zurückgreifen auf den Vsvertrag stehe nicht im Widerspruch zur Autonomie der action directe, denn hierbei handele es sich nur um eine relative Selbständigkeit, deren Ausmaß von Land zu Land variiere. Soweit der Gesetzgeber sich für einen nahezu vollständigen Einwendungsausschluß entschieden habe, wie in Deutschland und der Schweiz, bleibe für Einflüsse des Vertragsrechts kein Raum mehr. Soweit der Einwendungsausschluß lückenhaft sei, wie in Frankreich, trete partiell der deliktische Charakter zugunsten vertraglicher Einflüsse zurück. Das bedeutet der Sache nach aber eine Übernahme der vom OLG Saarbrücken 6. VII. 1956 a.a.O. vertretenen Auffassung.

Demgegenüber vertritt Hübner VersR 1977 S. 1074–1076 die Auffassung, daß sowohl hinsichtlich der Existenz eines Direktanspruches als auch bezüglich des Inhalts dieses Anspruchs das Günstigkeitsprinzip anzuwenden sei (ebenso Breuer Auslandunfälle S. 64–103). Hübner a.a.O. S. 1073–1074 kommt zu dieser Überlegung auf der Basis der Erkenntnis, daß der Direktanspruch gleichermaßen und nebeneinander delikts- wie vsrechtliche Züge habe; diese Gemengelage führe zu einem qualifikatorischen nonliquet. Hinsichtlich der Frage, ob überhaupt ein Direktanspruch zuzubilligen ist, erscheint indessen die Anknüpfung an das Deliktsstatut aus den in Anm. B 76–77 dargestellten Gründen als sinnvoll. Aber auch hinsichtlich des Inhalts und Umfangs des Direktanspruchs, speziell bezüglich des Umfangs des Einwendungsausschlusses, ist vom rechtstheoretischen Ansatz die Anwendung der in Betracht kommenden Rechtsordnungen nach Maßgabe des Günstigkeitsprinzips kaum zu rechtfertigen. Es erscheint vielmehr als sinnvoller, stets in dem Vsstatut den maßgeblichen Anknüpfungspunkt zu sehen. Denn hinsichtlich des Einwendungsausschlusses überwiegen die vsvertraglichen Elemente des Direktanspruchs, so daß es gerechtfertigt ist, insoweit vom Vsstatut auszugehen. Daß die Frage der Zubilligung eines Direktanspruchs und die des Einwendungsausschlusses durchaus nach verschiedenen Rechtsordnungen beurteilt werden können, zeigt deutlich OLG Saarbrücken 6. VI. 1956 a.a.O., dem allerdings im Ergebnis nicht zu folgen ist. Das Gericht behandelte nämlich, ohne sich insoweit der Doppelproblematik bewußt zu sein, die Zubilligung eines Direktanspruchs nach dem deutschen Recht (ein solcher wurde vor Einführung des Direktanspruchs nach § 157 wegen des Konkurses des Vmers zugebilligt), während der Einwendungsausschluß nach französischem Recht beurteilt wurde. Vom hier vertretenen Standpunkt aus wäre der umgekehrte Weg zu wählen gewesen, so daß bezüglich der Zubilligung des Direktanspruchs das französische Recht hätte angewendet werden müssen, da sich der Unfall in Frankreich ereignet hatte, während für den Einwendungsausschluß das deutsche Vsrecht maßgebend gewesen wäre. Daß dieser Weg zur richtigen Lösung führt, wird verdeutlicht, wenn man die in der Diskussion auf den Kfz-Haftpflichtvssektor verengte Sicht auf die anderen Pflichthaftpflichtven erweitert. Zunächst ist dann zu konstatieren, daß es nach deutschem Recht für diese vielen anderen Pflichthaftpflichtven keinen gesetzlichen Direktanspruch gibt, was § 158c VI deutlich zeigt (eine Ausnahme bildet allerdings die eigenartige Konstruktion des § 6 III des Entwicklungshelfergesetzes, vgl. dazu Anm. B 4 a.E.). Tritt bei einer solchen Konstellation im Ausland ein Schaden mit deliktischem Charakter ein, so darf bezüglich der Zubilligung eines Direktanspruchs gewiß noch an das Recht des Unfallorts angeknüpft werden, wenngleich bei positiver Antwort des ausländischen Rechts bei deliktischer Betrachtung Art. 12 EGBGB der unmittelbaren Inanspruchnahme des Vers entgegenstehen dürfte (Breuer Auslandsunfälle S. 110–112 nimmt dieses Hindernis im Rahmen seiner alternativen Günstigkeitsanknüpfung, indem er Art. 12 EGBGB nur auf diejenigen Fälle angewendet wissen will, in denen zwar die Handlung im Inland, der Erfolgsort aber im Ausland liegt. Das entspricht indessen weder dem Wortlaut noch dem Sinn der genannten Bestimmung, mag man sie auch als eine rechtspolitisch verfehlte und fremdenfeindliche Vorschrift ansehen. Für die Gegenmeinung vgl. nur Palandt-Heldrich[42] Anm. 4 zu Art. 12 EGBGB m.w.N, Soergel-Kegel[10] Anm. 51−61 zu Art. 12 EGBGB m.w.N., speziell auch die Ausführungen in Anm. 56, ferner Kegel, Internationales Privatrecht, München 1977, 4. Aufl., S. 317, Raape, Internationales Privatrecht, Berlin und Frankfurt a.M. 1961, 5. Aufl., S. 571−578; daß allenthalben an der rechtspolitischen Tendenz der genannten Vorschrift Kritik geübt wird, ändert an ihrer Gültigkeit nichts; Hübner VersR 1977 S. 1069−1076, dessen Gedankengänge die Grundlage für die Konzeption der Dissertation von Breuer a.a.O. waren, nimmt zu diesem Problem nicht ausdrücklich Stellung, ersichtlich wohl deshalb, weil er davon ausgeht, daß die Schutzvorschriften des deutschen Vsvertragsrechts im weitesten Sinne als letztes Endes so optimal anzusehen sind, so daß sich das Problem in der Praxis nicht stellt). Billigt dann aber das ausländische Recht in Übereinstimmung mit dem deutschen Recht für Haftpflichtansprüche außerhalb des Kfz-Bereichs keinen solchen Direktanspruch zu, so ist nicht einzusehen, warum eine letzten Endes rein vsrechtliche Frage wie die des Einwendungsausschlusses zugunsten des geschädigten Dritten dem fiktiven Deliktsstatut des nicht gegebenen Direktanspruchs zugeordnet werden sollte. Vielmehr stellen die Einwendungsausschlüsse zugunsten des Dritten gemäß den hier zur Anwendung kommenden Bestimmungen des § 158c I, II genau betrachtet nur einen Teilaspekt des Inhalts des Vsvertrages dar. Daß diese Vorschriften zugunsten des Dritten zwingenden Rechts sind, ändert an ihrem grundsätzlich gegebenen Vertragscharakter nichts. Ein essentieller Unterschied zu der Bestimmung des § 156 I, die Verfügungen des Vmers zuungunsten des Dritten ausschließt, oder zu der des § 156 III, die eine anteilsmäßige Verteilung zwischen mehreren Dritten bei nicht ausreichender Vssumme vorsieht, ist nicht zu erkennen. Maßgebend kann demgemäß hier wie dort nur das Vsstatut sein. Das Gesagte wird noch verdeutlicht, wenn man diejenigen Pflichthaftpflichtven betrachtet, die sich im Kern auf reine Vermögensschäden beziehen und bei denen in aller Regel keine deliktischen, sondern nur vertragliche Schadenersatzansprüche erhoben werden, wie z.B. bei der Haftpflichtv eines Wirtschaftsprüfers. Unterstellt man eine Erstreckung des Deckungsbereichs auf im Ausland gegenüber einem Ausländer begangene Berufsverstöße, so erkennt man, daß nach deutschem Recht begrifflich eine Anknüpfung bezüglich der Einwendungsausschlüsse an das Deliktsstatut nicht möglich ist.

Abschließend ist allerdings zu betonen, daß für die Kfz-Haftpflichtv die hier vertretene Auffassung, die auf das deutsche Recht für die Anwendbarkeit der vsrechtlichen Einwendungsausschlüsse abstellt, nur ausnahmsweise zu unterschiedlichen Ergebnissen zu der von Hübner a.a.O. vertretenen Günstigkeitstheorie kommt. Das ergibt sich aus § 10 VIII AKB. Nach dieser Bestimmung richten sich die Auslandsfahrten innerhalb Europas, sofern eine internationale Vskarte ausgestellt war oder durch eine Zusatzvereinbarung zum Abkommen über die internationale Vskarte darauf verzichtet wurde, die Leistung des Vers ohnedies mindestens nach den Vsbedingungen und Vssummen, die nach den Gesetzen des Besuchslandes über die Pflichtv vereinbart werden müssen (vgl. ergänzend Anm. B 82). Bejaht man nämlich mit den am Eingang dieses Abschnitts angestellten Überlegungen eine extensive und untechnische Auslegung des dort verwendeten Ausdrucks Vsbedingungen, so gelten wie im gesunden Vsverhältnis beide Rechtsordnungen nebeneinander im Sinne gerade dieses von Hübner a.a.O. postulierten Günstigkeitsprinzips. Ist allerdings eine internationale Vskarte nicht ausgestellt und handelt es sich bei dem besuchten Staat um einen solchen, der nicht unter das Kennzeichensystem fällt, so findet nach der hier vertretenen Auffassung allein das Vsstatut bezüglich der Einwendungsausschlüsse des Vers im Verhältnis zum geschädigten Dritten Anwendung.

Einen Sonderfall betrifft OLG Hamm 29. V. 1979 VersR 1979 S. 926. In jenem Fall war es zu einem Zusammenstoß zwischen zwei iranischen Staatsangehörigen mit in der

II. 9. Internationalprivatrechtliche Aspekte **Anm. B 79**

Bundesrepublik Deutschland zugelassenen Fahrzeugen in der Türkei in der Nähe von Ankara gekommen. Dem für den Schaden verantwortlichen Vmer war eine grüne Vskarte mit Gültigkeit für den gesamten Bereich der Türkei ausgestellt worden (vgl. dazu Schmitt System S. 48). Das Gericht billigte einen Direktanspruch aus diesem Ereignis nur in Höhe der türkischen Mindestvssummen zu. Diese Entscheidung ist zutreffend, sofern die tatsächlichen Umstände des Einzelfalles nichts dafür ergeben, daß die räumliche Erweiterung des Vsschutzes in Abänderung von § 2 I a AKB sich im Rahmen der summenmäßigen Grunddeckung halten sollte. Das wird man mangels besonderer Willenserklärungen allerdings grundsätzlich nicht anzunehmen haben, wenn nur ein Antrag auf Ausstellung einer internationalen Vskarte ohne spezielle Hinweise gestellt worden ist. Zu beachten ist aber, daß sich eine spezielle Hinweispflicht des Vers auf diese Beschränkung der Deckungserweiterung ergeben kann, wenn der Vmer seinen Erstreckungswunsch im Rahmen der Grunddeckung gezielt dartut oder sich das aus den Umständen des Falles ergibt (vgl. BGH 20. VI. 1963 BGHZ Bd 40 S. 22–31 für einen Fahrzeugvsfall, in dem in einer besonderen Situation eine Schadenersatzhaftung des Vers aus culpa in contrahendo für einen Schadenfall im außereuropäischen Teil der Türkei zuerkannt worden ist). Vom hier vertretenen Standpunkt aus wäre in dem vom OLG Hamm 29. V. 1979 a. a. O. entschiedenen Fall die Möglichkeit eines Direktanspruchs bis zur Höhe der vertraglich vereinbarten Vssummen zu bejahen gewesen, wenn sich der Unfall im europäischen Teil der Türkei zugetragen hätte.

[B 79] cc) Exkurs: Künftige Regelung nach Inkrafttreten des Haager Übereinkommens vom 4. V. 1971

Sofern für die Bundesrepublik Deutschland eines Tages das Haager Übereinkommen vom 4. V. 1971 in Kraft tritt, ergibt sich eine Änderung der materiellen Rechtslage hinsichtlich des Direktanspruchs (dafür, daß sich über Rück- und Weiterverweisungen schon jetzt dadurch Auswirkungen dieses Abkommens ergeben, daß es von anderen Staaten in Kraft gesetzt worden ist, vgl. Anm. B 77 a.E.). Ausgangspunkt der Betrachtung ist dabei, daß es in Art. 9 I des genannten Abkommens heißt, daß die geschädigten Personen ein unmittelbares Klagerecht gegen den Ver des Haftpflichtigen haben, wenn ihnen ein solches Recht nach dem gemäß Art. 3, 4 oder 5 anzuwendenden Recht zustehe. Art. 3 geht dabei von dem mit dem deutschen Recht übereinstimmenden Grundsatz aus, daß das anzuwendende Recht das des innerstaatlichen Rechts des Staates sei, in dessen Hoheitsgebiet sich der Unfall ereignet habe. In Art. 4 wird dann freilich eine Reihe von Ausnahmefällen aufgeführt. Einer davon ist, daß nur ein Fahrzeug an dem Unfall beteiligt ist und dieses Fahrzeug in einem anderen als dem Staat zugelassen ist, in dessen Hoheitsgebiet sich der Unfall ereignet hat. Dann ist in manchen Fällen das Recht des Zulassungsstaates anzuwenden. Das gilt z. B. hinsichtlich eines Geschädigten, der Fahrgast war, sofern er seinen gewöhnlichen Aufenthalt in einem anderen als dem Staat hatte, in dessen Hoheitsgebiet sich der Unfall ereignet hat. Weiter kommt das Deliktsrecht des Zulassungsstaates gegenüber einem Geschädigten, der sich am Unfallort außerhalb des Fahrzeugs befand, zur Anwendung, sofern er seinen gewöhnlichen Aufenthalt im Zulassungsstaat hat.

Wenn mehrere Fahrzeuge an dem Unfall beteiligt sind, so ist das Recht des Zulassungsstaates allerdings nur dann anzuwenden, wenn alle Fahrzeuge in demselben Staat zugelassen sind. Diese Regelung entspricht zusammen mit der folgenden, nach der dann, wenn alle in Betracht kommenden Personen ihren gewöhnlichen Aufenthaltsort im Zulassungsstaat hatten, das Recht dieses Zulassungsstaates zur Anwendung komme, weitgehend derjenigen Rechtssituation, die jetzt für die Bundesrepublik Deutschland bezüglich der Auslandsschädigungen von Deutschen untereinander aufgrund der Verordnung vom 7. XII. 1942 (RGBl. 1942 I S. 706) besteht. Allerdings wird nicht auf die Staatsangehörigkeit, sondern auf den gewöhnlichen Aufenthalt abgestellt.

Es folgt dann in Art. 5 eine differenzierende Regelung hinsichtlich der Beschädigung von mit dem Fahrzeug beförderter Sachen und solcher Schäden, die an Sachen außerhalb des Fahrzeugs entstanden sind. Es würde zu weit führen, diese im ganzen doch recht verwickelte Regelung hier im einzelnen darzustellen. Für die Frage des Direktanspruchs ist jedenfalls nach Art. 9 in erster Linie maßgebend, ob das nach den genannten Bestimmungen der Art. 3—5 anwendbare Recht ein solches Klagrecht gewährt oder nicht. Bemerkenswert ist aber die gegenüber dem geltenden Recht günstigere Regelung in Art. 9 II, wo es heißt, daß dann, wenn das nach Art. 4 oder 5 anzuwendende Recht des Zulassungsstaates ein unmittelbares Klagrecht nicht vorsehe, es gleichwohl ausgeübt werden könne, wenn es vom innerstaatlichen Recht des Staates zugelassen sei, in dessen Hoheitsgebiet sich der Unfall ereignet habe. In erster Linie wird also darauf abgestellt, ob ein solches unmittelbares Klagrecht von dem für das Deliktsrecht zuständigen Recht zugebilligt wird. Wenn das an und für sich nach dem Abkommen maßgebende Deliktsrecht aber ein solches Klagrecht dem Dritten nicht zubilligt, so ist es auch dann gegeben, wenn es von dem Recht desjenigen Staates zugebilligt wird, auf dessen Gebiet sich das Schadenereignis zugetragen hat. Das ist eine vernünftige und in sich geschlossene Regelung, die noch dadurch ergänzt wird, daß es in Art. 9 III heißt, daß dann, wenn sowohl das Deliktsrecht als auch das Recht des Ortes, auf dessen Gebiet sich das Schadenereignis zu getragen hat, ein solches Klagrecht nicht vorsehe, es dennoch ausgeübt werden könne, wenn es von dem Recht zugelassen werde, das für den Vsvertrag maßgebend sei.

Damit ist aber noch keine abschließende Lösung aller Probleme gegeben, die in Anm. B 76—78 bezüglich des Umfangs des Direktanspruchs erörtert worden sind. Vielmehr bleibt ungelöst im Haager Übereinkommen, wie es sich mit der Frage des Einwendungsausschlusses verhält und mit den vsrechtlichen Grenzen des Direktanspruchs. Das Übereinkommen gibt für diese Frage keine Lösung, wie es auch den Inhalt der deliktischen Haftung selbst nicht beeinflußt. Es muß demgemäß weiterhin die Frage der vsrechtlichen Abgrenzung des Direktanspruchs gelöst werden. Hier gibt allerdings Art. 9 III einen wesentlichen Hinweis, indem nämlich — wenn auch nur für die Frage der Zubilligung des Direktanspruchs — auf das Vsstatut hingewiesen wird. Aus den in Anm. B 78 dargestellten Gründen ist auch unter einer künftigen Geltung des Haager Abkommens dahin zu entscheiden, daß der Inhalt des Direktanspruchs, soweit eine Abhängigkeit zum Vsanspruch besteht und nicht zum Haftungsrecht, im ganzen weiterhin bestimmt wird durch das Recht des Vsstatuts. Keineswegs kommt hier das Günstigkeitsprinzip in dem Sinne zum Tragen, daß dasjenige Recht anzuwenden ist, dessen Schutzvorschriften für den Dritten im konkreten Fall am besten ausgestaltet sind. Ein solches Günstigkeitsprinzip ist weder dem internationalen Privatrecht als allgemeiner Grundsatz bekannt, noch ist es im Haager Übereinkommen verankert, so daß letzten Endes auch der Gegenstandpunkt von Hübner VersR 1977 S. 1069—1076 insoweit nur als eine Anregung für eine künftige Ausgestaltung einer Anknüpfung zu verstehen ist. Zwar schreibt Beitzke RabelsZ Bd 33 S. 233, daß eine Rangfolge der für die Direktklage in Betracht kommenden Rechtsordnungen deshalb vorgenommen worden sei, weil die Direktklage in den einzelnen Rechtsordnungen unterschiedlich ausgestaltet sei. Dem Abkommen ist aber eine Lösung über den haftungsrechtlichen Umfang des Direktanspruchs hinaus nicht zu entnehmen. Es gelten demgemäß die in Anm. B 78 erarbeiteten Grundsätze über die Anwendbarkeit des Vsstatuts auch nach Inkrafttreten des Haager Übereinkommens. Da die den Dritten schützenden Vorschriften des Vsvertragsrechts und des Pflichtvsgesetzes keine deliktsrechtlichen Regelungen sind (vgl. für die Gegenmeinung die Nachweise in Anm. B 78), sind sie allein nach dem Recht des Vsstatuts zu beurteilen. Dabei ist zu beachten, daß diese Schutzbestimmungen integrierender Bestandteil des Vsver-

II. 9. Internationalprivatrechtliche Aspekte **Anm. B 80—81**

tragsrechts sind und daß es solche Drittschutzwirkungen auch in anderen Vertragsarten geben kann (zutreffend ist im übrigen der Hinweis von Beitzke a.a.O., daß dieses Problem im „Grüne-Karte-System" weitgehend gegenstandslos sei, vgl. auch Anm. B 82).

[B 80] c) Versicherungsschutz für in die Bundesrepublik Deutschland und West-Berlin einreisende Kraftfahrzeuge
  aa) Geschichtliche Entwicklung

Das PflichtvsG vom 7. XI. 1939 (RGBl. I S. 2223—2228) statuierte in Art. I § 1 eine Vspflicht lediglich für den Halter eines Kraftfahrzeugs oder Anhängers, die ihren regelmäßigen Standort im Inland haben. Das Verkehrsopfer war daher noch ungeschützt, wenn ein Schaden durch ein Kfz im Inland angerichtet wurde, das seinen regelmäßigen Standort im Ausland hatte. Diese Lücke im Vsschutzsystem wurde in der Nachkriegszeit alsbald als nicht mehr hinnehmbar erkannt und durch das Gesetz über die Haftpflichtv für ausländische Kraftfahrzeuge und Kraftfahrzeuganhänger vom 24. VII. 1956, BGBl. I S. 667—669, geschlossen. § 1 I AuslPflVsG in der heute geltenden Fassung (für die zahlreichen Änderungen des Gesetzes vgl. BGBl. 1965 I S. 213, 1968 I S. 503, 1974 I S. 469, 1975 I S. 705) bestimmt, daß Kfz (auch Fahrräder mit Hilfsmotor) und Kfz-Anhänger, die im Inland keinen regelmäßigen Standort haben, im Geltungsbereich jenes Gesetzes auf öffentlichen Straßen oder Plätzen nur gebraucht werden dürfen, wenn für den Halter, den Eigentümer und den Führer zur Deckung der durch den Gebrauch verursachten Personen- und Sachschäden eine Haftpflichtv nach den §§ 2—6 besteht. Dadurch wird sichergestellt, daß bei einem sich in der Bundesrepublik Deutschland oder West-Berlin ereignenden Verkehrsunfall dem geschädigten Dritten neben dem eigentlichen Schadenstifter ein Haftpflichtver als zur Regulierung verpflichteter Gesprächspartner zur Verfügung steht. Daß dieser Gesprächspartner auch wirklich die Sprache des deutschen Verkehrsopfers versteht, wodurch eine wesentliche Grundlage für eine außergerichtliche Regulierung überhaupt erst geschaffen wird, sichert § 2 I AuslPflVsG. Dort ist nämlich festgelegt, daß diese Haftpflichtv nur dann von einem nicht in dem Geltungsbereich jenes Gesetzes zum Geschäftsbetrieb befugten Ver genommen werden dürfe, wenn neben dem nicht im Inland zum Geschäftsbetrieb befugten ausländischen Ver ein im Inland zum Geschäftsbetrieb befugter Ver oder ein Verband solcher Ver die Pflichten eines Haftpflichtvers übernommen habe.

[B 81] bb) Internationale Versicherungskarte und Kennzeichensystem

In der Mehrzahl der Fälle erfolgt die Übernahme der Verpflichtungen des ausländischen Vers im Sinne des § 2 I AuslPflVsG durch den Verband der Haftpflichtver, Unfallver, Autover und Rechtsschutzver — HUK-Verband e.V. (Hamburg 1, Glockengießerwall 1). Dieser HUK-Verband hat nämlich als Repräsentant der deutschen HUK-Ver im Rahmen des sog. „Grüne Karte-Systems" die entsprechenden Verträge mit den Vsbüros der Partnerstaaten abgeschlossen, in denen wechselseitig die Regulierungsverpflichtungen nach Maßgabe der Rechtsordnungen des Besuchslandes übernommen werden. Zur Darstellung dieses Vertragswerks, das auf eine UNO-Empfehlung vom 25. I. 1949 zurückgeht, vgl. insbesondere Schmitt, System der Grünen Karte, Basel 1968, S. 1—173; für den Text dieser UNO-Empfehlung vgl. Schmitt a.a.O. S. 185—190. Diese verwickelten Rechtsbeziehungen zwischen den Büros der einzelnen Vertragsstaaten und den Abkommensvern bedürfen hier keiner eingehenden Darstellung, da dieses Innenverhältnis die Rechte des Vmers und des geschädigten Dritten nicht berührt. Aus der Sicht des Dritten, der bei einem im Bereich der Bundesrepublik Deutschland (und West-Berlins) eintretenden Verkehrsunfall durch ein ausländisches Kfz geschädigt wird, ist jedenfalls von entscheidender Bedeutung, daß er den HUK-Verband wie einen deutschen Ver unmittelbar in Anspruch nehmen darf, daß nach § 4 AuslPflVsG der Vsschutz den allgemeinen Vsbedingungen für die Kfz-Haftpflichtv entsprechen muß und die Bestimmungen über die Mindestvssummen sinngemäß anzuwenden sind. Ergänzend ist in diesem Zusammenhang die VO vom 8. V. 1974 zur Durchführung der Richtlinie des Rates der Europäischen Gemeinschaften vom 24. IV. 1972 betreffend die Angleichung der Rechtsvorschriften der Mitgliedstaaten bezüglich der Kfz-Haftpflichtv und der Kontrolle der entsprechenden Vspflicht (BGBl. 1974 I S. 1062 = VA 1974 S. 119–121) zu beachten. Diese VO beginnt mit dem Abschnitt „Wegfall des Vsnachweises bei Fahrzeugen aus den anderen Mitgliedstaaten". § 1 dieser VO hat folgenden Wortlaut:

§ 1

Eine Versicherungsbescheinigung nach § 1 Abs. 2 des Gesetzes über die Haftpflichtversicherung für ausländische Kraftfahrzeuge und Kraftfahrzeuganhänger ist nicht erforderlich für

1. Kraftfahrzeuge und Kraftfahrzeuganhänger, die ein vorgeschriebenes Kennzeichen folgender Staaten oder Gebiete führen:
   Belgien
   Dänemark (ohne Grönland und die Faroer-Inseln)
   Frankreich (ohne Überseegebiete)
   Irland
   Italien
   Luxemburg
   Niederlande
   Vereinigtes Königreich Großbritannien und Nord-Irland sowie die Insel Man und die Kanal-Inseln;
2. zweirädrige Kraftfahrzeuge (einschließlich Fahrräder mit Hilfsmotor), für die ein Kennzeichen nicht vorgeschrieben ist und deren Führer seinen gesetzlichen Wohnsitz in
   Dänemark (ohne Grönland und die Faroer-Inseln) oder Irland hat;
3. Fahrräder mit Hilfsmotor, für die ein Kennzeichen nicht vorgeschrieben ist, die einen Hubraum von nicht mehr als 50 ccm haben und deren Führer seinen gesetzlichen Wohnsitz in Frankreich (ohne Überseegebiete) hat.

In allen diesen Fällen bedarf es daher nicht mehr der Vorlage einer Vsbescheinigung. Vielmehr treffen den HUK-Verband allein auf Grund der Einreise eines Kfz mit einem Kennzeichen eines der aufgeführten Staaten die Pflichten eines inländischen Kfz-Haftpflichtvers im Sinne des § 2 I b AuslPflVsG. Zum besseren Verständnis sei bemerkt, daß die VO vom 8. V. 1974 Teil einer einheitlichen Rechtsentwicklung in der EG ist. Vorangegangen war dieser VO die Richtlinie des Rates der europäischen Gemeinschaft vom 24. IV. 1972 betr. die Angleichung der Rechtsvorschriften der Mitgliedstaaten bezüglich der Kfz-Haftpflichtv und der Kontrolle der entsprechenden Vspflicht (vgl. Amtsblatt EG vom 2 V. 1972 Nr. L. 103). Gemäß Art. 2 I 1 dieser Richtlinie sind die EG-Mitgliedstaaten grundsätzlich gehalten, auf die Kontrolle bezüglich des Haftpflichtvsschutzes bei solchen Fahrzeugen zu verzichten, die ihren gewöhnlichen Standort im Gebiet eines anderen Mitgliedstaates haben. Die Übernahme der Verpflichtung, wie ein Haftpflichtver des Halters, Eigentümers oder Fahrers eines einheimischen Kfz einzustehen, ist dagegen nicht öffentlich-rechtlich verankert, sondern in einem dem Privatrecht zuzuordnenden, multilateralen Vertrag aller Vsbüros der EG-Staaten festgelegt (vgl. dazu Holle VersR 1974 S. 1152). Der Abschluß dieses multilateralen Vertrages war die Grundlage für die durch die VO vom 8. V. 1974 herbeigeführte vereinfachte Grenz-

II. 9. Internationalprivatrechtliche Aspekte **Anm. B 81**

abfertigung. Für die Ver bedeutet diese Haftungsverknüpfung allein anhand des Kennzeichens eine wesentliche Arbeitsvereinfachung, da dadurch im europäischen Reiseraum in großem Umfang die zusätzliche Arbeit der Ausstellung der internationalen Vskarten im Sinne des § 1 II AuslPflVsG entfällt. Für den geschädigten Dritten liegt der Vorteil insbesondere darin, daß er sich nicht neben dem Kfz-Kennzeichen die Nummer einer internationalen Vskarte merken muß. Damit ist insbesondere der früher gegebene Mißstand beseitigt, daß der HUK-Verband seine Eintrittspflicht verneinte, wenn ihm nicht diese internationale Vskarte vorgelegt oder jedenfalls doch die Nummer der entsprechenden Karte gesichert übermittelt wurde (so z. B. im Fall LG Aachen 27. VII. 1973 VersR 1974 S. 473; für weitere Beispielsfälle, in denen aber immerhin im Laufe der Rechtsstreitigkeiten die Ausstellung einer solchen internationalen Vskarte nachgewiesen werden konnte, vgl. OLG Düsseldorf 20. VI. 1973 VersR 1974 S. 182, OLG Hamburg 14. IX. 1973 VersR 1974 S. 277–279). Zu beachten ist allerdings, daß in § 2 der genannten VO festgelegt ist, daß die Befreiung von dem Nachweis des Vsschutzes nach § 1 II AuslPflVsG für bestimmte Ausnahmefälle nicht gilt. Erwähnenswert ist, daß die Nachweispflicht nach § 1 II AuslPflVsG nicht nur für die EG-Staaten, sondern nach § 8 der VO vom 8. V. 1974 auch für Kraftfahrzeuge und Kraftfahrzeuganhänger der Staaten Finnland, Grönland, Liechtenstein, Monaco, Norwegen, Österreich, San Marino, Schweden, Schweiz und Vatikanstadt entfallen ist. Auch dort sind aber wieder Ausnahmen vorgesehen (vgl. § 8 II). Hinsichtlich der in § 8 I aufgeführten Staaten liegen ebenfalls multilaterale Gegenseitigkeitsverträge des HUK-Verbandes und der anderen Vsbüros der EG-Staaten mit den Dachverbänden (Vsbüros) der Kfz-Haftpflichtver der betreffenden anderen Staaten vor (vgl. dazu auch Brumm Aspekte S. 321). Auch hier ist die bemerkenswert enge Verzahnung zwischen der Gesetzgebung auf dem Gebiet der Kfz-Haftpflichtv und der Eigeninitiative der Ver zu konstatieren. Diese Zusammenarbeit wirkt sich letzten Endes für das öffentliche Wohl im Ergebnis günstig aus, da dadurch zu bürokratische Staatslösungen mit überflüssigen Kosten verhindert werden (vgl. als weitere Beispielsfälle die in Anm. B 84–90 abgehandelten Schäden aus Zusammenstößen mit DDR-Bürgern und die Übertragung der Aufgaben des Entschädigungsfonds auf den privatrechtlichen Verein „Verkehrsopferhilfe", dazu Anm. B 99). Das unbürokratische Kennzeichensystem setzt voraus, daß der Deckungsbereich der in allen EG-Staaten vorgeschriebenen Kfz-Haftpflichtven sich in örtlicher Beziehung auf das gesamte EG-Gebiet erstreckt. Nur dadurch, daß das einheitlich im EG-Bereich sichergestellt worden ist, konnte die dargestellte Vereinfachung vorgenommen werden. Diese freie Fahrtmöglichkeit innerhalb des EG-Bereichs war andererseits der Grund dafür, daß nach § 4 der VO vom 8. V. 1974 von Bürgern anderer Staaten die Vorlage einer grünen internationalen Vskarte oder eine Bescheinigung über eine Grenzv verlangt wird, mit der der erweiterte Vsschutz für das gesamte EG-Gebiet bestätigt wird. Es versteht sich, daß die Einbeziehung der in § 8 der genannten VO aufgeführten Staaten in das multilaterale Regulierungsabkommen auf Kennzeichenbasis voraussetzte, daß sich in jenen Staaten der örtliche Geltungsbereich des Vsschutzes ebenfalls auf das gesamte EG-Gebiet erstreckt.

In rechtstatsächlicher Beziehung ist abschließend ergänzend darauf hinzuweisen, daß zusätzlich zu den multilateralen Abkommen mit den Vsbüros der in §§ 1, 8 der VO vom 8. V. 1974 erwähnten Staaten vom HUK-Verband mit den Vsbüros folgender Staaten Regulierungsabkommen im Sinne einer gegenseitigen Haftungsübernahme nach Maßgabe des Systems der internationalen Vskarte abgeschlossen worden sind: **Griechenland, Island, Jugoslawien, Polen, Portugal, Rumänien, Spanien, Tschechoslowakei** und **Ungarn**, ferner mit den außereuropäischen Staaten **Iran, Marokko, Tunesien, Türkei** (überwiegend außereuropäisch) und **Israel** (einen Überblick über alle Abkommen gibt in tabellarischer Form Bäumer Zukunft S. 116).

[B 82] cc) Einzelheiten zur Haftung des inländischen Versicherers

In den in §§ 1, 8 der VO vom 8. V. 1974 aufgeführten Fällen und in denjenigen, in denen der HUK-Verband darüber hinaus die Verpflichtungen eines inländischen Vers im Sinne des § 2 I b AuslPflVsG übernommen hat, haftet er dem Dritten unmittelbar. Diese Haftung des HUK-Verbandes (oder eines sonstigen inländischen Vers im Sinne des § 2 I b AuslPflVsG) unterscheidet sich dabei konstruktiv nicht von der eines inländischen Haftpflichtvers im Sinne des § 3 PflichtvsG. Hier wie dort handelt es sich um eine gesetzlich angeordnete Eigenart des Haftpflichtvsvertrages, daß der Ver oder der Vsverband (hier der HUK-Verband) im Wege eines gesetzlichen Schuldbeitritts dem geschädigten Dritten unmittelbar haftet. Es stellt sich wie im Normalfall des § 3 PflichtvsG die Einordnungsfrage, ob der Dritte Inhaber eines deliktischen Ersatzanspruchs gegen den Ver (oder den HUK-Verband) ist (in Ausnahmefällen auch Inhaber eines vertraglichen Schadenersatzanspruchs) oder ob ihm ein vsvertraglicher Anspruch im Umfang eines solchen deliktischen (oder vertraglichen) Schadenersatzanspruchs zusteht. Wesentliche Unterschiede zwischen § 3 PflichtvsG und § 2 I b AuslPflVsG sind insoweit nicht zu erkennen. Zwar wird in § 2 I b AuslPflVsG verlangt, daß sich neben dem im Inland nicht zugelassenen Ver ein inländischer Ver oder ein Verband von Vern zu einer Haftungsübernahme verpflichte. Das bedeutete aber nur, daß Haftungsvoraussetzung auf Grund der „eigenartigen Gemengelage" des Direktanspruchs (Möller ZVersWiss 1963 S. 462) auch hier das Vorliegen eines Vsvertrages ist (in Ausnahmefällen auch eines „gestörten" Vsverhältnisses). Daß hier neben dem Vertrag mit dem ausländischen Haftpflichtver ein Vertrag zwischen dem ausländischen Vsbüro und dem HUK-Verband steht, der rechtssystematisch für den Vmer als Vertrag zugunsten Dritter im Sinne des § 328 BGB zu qualifizieren ist (ebenso Bäumer Zukunft S. 124, Karcher Kollision S. 83, Schmitt System S. 92), ändert an der Identität der Gesetzeskonstruktion nichts. Maßgebend ist vor allem, daß nach § 3 I AuslPflVsG den Haltern, Eigentümern und Fahrern nach den gesetzlichen Bestimmungen Vsschutz zu gewähren ist. Das bedeutet aber nichts anderes als die unmittelbare gesetzliche Geltung des § 3 PflichtvsG auch im hier erörterten Bereich (Voigt NJW 1976 S. 452, vgl. auch Schmitt VersR 1966 S. 1117–1118, der die dergestalt geschaffene Haftung als eine vsgleiche Garantiedeckung bezeichnet).

Aus der Sicht des Dritten ergibt sich aus der durch § 2 I b AuslPflVsG gewählten Konstruktion der Vorteil, daß von ihm neben dem eigentlichen Schadenstifter und dem ausländischen Haftpflichtver der HUK-Verband (oder der sonst die Haftung übernehmende inländische Ver) unmittelbar in Anspruch genommen werden kann, so daß es im Regelfall nicht des gelegentlich doch recht dornenvollen Weges bedarf, aus einem inländischen Urteil im Ausland vollstrecken zu müssen. Zu beachten ist insbesondere, daß der ausländische Ver durch die Haftungsübernahme nicht von seiner eigenen Schuld befreit wird (BGH 23. XI. 1971 BGHZ Bd 57 S. 271, Karcher Kollision S. 86, Voigt NJW 1976 S. 452–453 m.w.N.). Er kann also stets auch in Anspruch genommen werden. Diese weiterbestehende Haftung des ausländischen Vers kann für den Dritten insbesondere in denjenigen Fällen bedeutsam sein, in denen der Schaden oberhalb der in der Bundesrepublik Deutschland geltenden Mindestvssummen liegt, für die der HUK-Verband oder der sonstige inländische Ver gemäß § 4 II AuslPflVsG nur einzustehen hat (BGH 23. XI. 1971 a.a.O. S. 272). Allerdings fehlt es für eine solche Klage an einer Zustellungsvollmacht des HUK-Verbandes (Brumm Aspekte S. 319, Schmitt VersR 1970 S. 500), so daß hier von dem deutschen Gericht die Vorschriften über Zustellungen im Ausland einzuhalten sind. Hingegen ist der HUK-Verband (wie auch umgekehrt die Vsbüros der Ver der anderen Staaten bei Schadenfällen in ihrem Wirkungsbereich) nach dem Text der grünen Vskarte von dem Vmer bevollmächtigt, für diesen Zustellungen anzunehmen. Eine solche typisierte ausdrückliche Bevollmächtigung durch den

II. 9. Internationalprivatrechtliche Aspekte   Anm. B 82

Vmer fehlt jetzt in denjenigen Fällen, in denen das Kennzeichensystem zum Zuge kommt, also in der Mehrzahl der Fälle, in denen im Inland an einem Schadenereignis ein ausländisches Kfz beteiligt war. Ob eine solche Zustellungsvollmacht für eine gegen den ausländischen Vmer gerichtete Klage dennoch gegeben ist, richtet sich ergänzend nach der betreffenden ausländischen Rechtsordnung. Aus der Sicht des deutschen Rechts ist aber auch zu beachten, daß es nach (dem entsprechend geltenden) § 7 II Ziff. 5 AKB auch dem ausländischen Vmer obliegt, einem vom Ver (HUK-Verband) bestellen Anwalt Vollmacht zu erteilen.

Die Regulierungspraxis geht dahin, daß der HUK-Verband den Haftpflichtanspruch des Dritten nicht selbst erfüllt, sondern einen inländischen Ver mit der Erledigung beauftragt. Dieser inländische Ver ist kein solcher im Sinne des § 2 Ib AuslPflVsG, sondern lediglich ein Beauftragter des HUK-Verbandes. Er haftet daher dem Dritten nicht und kann demgemäß auch nicht erfolgreich im Klageweg in Anspruch genommen werden (ebenso LG Koblenz 23. I. 1981 VersR 1981 S. 543, Bäumer Zukunft S. 132, Karcher Kollision S. 87–88, Prölss-Martin[22] Anm. 2 vor § 3 PflichtvsG, S. 863 m.w.N., Schmitt VersR 1966 S. 1116, Voigt NJW 1976 S. 451; a.M. nur LG Mainz 26. X. 1978 VersR 1979 S. 1133, das aber die Zusammenhänge verkennt; vgl. auch AG München 5. VIII. 1970 VersR 1973 S. 171: dort war die Klage gegen eine von dem zwischengeschalteten Ver beauftragte Regulierungsgesellschaft gerichtet und gewiß zu Recht abgewiesen worden). Ebenso ist es, wenn der ausländische Ver – ohne Einschaltung des an sich gemäß § 2 Ib AuslPflVsG haftenden HUK-Verbandes – direkt einen inländischen Korrespondenzver mit der Regulierung beauftragt (OLG Hamm 21. IX. 1970 VersR 1972 S. 1040–1041 m. Anm. von Schmitt a.a.O. S. 1041–1042). Daß etwas anderes gilt, wenn der Korrespondenzver in der internationalen Vskarte aufgeführt wird und es sich dabei um den inländischen Ver handelt, der nach § 2 Ia AuslPflVsG die Haftung mitübernommen hat (vgl. Karcher Kollision S. 87), sei nur der Vollständigkeit halber erwähnt.

Zur Rechtsstellung des HUK-Verbandes als Quasiver gemäß § 2 Ib AuslPflichtvsG vgl. ergänzend OLG Hamburg 15. IV. 1973 VersR 1974 S. 277–279. Das Gericht erlegte hier zu Recht dem HUK-Verband die Kosten eines Rechtsstreits nach im Prozeß erfolgter Regulierung auf, weil es in der Risikosphäre des Quasivers liege, daß er erst im Laufe eines Rechtsstreits sichere Kenntnis vom Vorliegen einer gültigen „grünen Karte" erlangt habe. Dazu ist erläuternd zu bemerken, daß der geschädigte Dritte dem HUK-Verband die Nummer der internationalen Vskarte und den Namen des Heimatvers vorprozessual bekannt gegeben hatte, so daß die interne Aufklärung darüber, ob diese Angaben zutreffen oder nicht, in der Tat Sache des inländischen Vers im Sinne des § 2 Ib AuslPflichtVsG ist.

Nach § 6 I AuslPflVsG finden auf die Haftung des inländischen Vers im Sinne des § 2 I AuslPflvsG die Bestimmungen des § 3 Ziff. 1–4 und 6–11 PflichtvsG Anwendung. Das bedeutet, daß insbesondere die in den genannten Bestimmungen enthaltenen **Regelungen zum Schutze des geschädigten Dritten** eingreifen. Insoweit darf daher im Prinzip auf die Ausführungen in Anm. B 13–71 verwiesen werden. Daß nicht auch auf § 3 Ziff. 5 PflichtvsG Bezug genommen worden ist, hat seinen Grund darin, daß es im Inland an einer zuständigen Stelle für eine Anzeige des Nichtbestehens oder der Beendigung des Vsverhältnisses im Sinne dieser Bestimmung fehlt. Das war früher, d.h. vor Einführung des Direktanspruchs, ein arger Mißstand (vgl. Schmitt VersR 1965 S. 549). Jetzt ist eine differenzierende Verbesserung der Stellung des Dritten in § 6 II AuslPflVsG vorgesehen. Zunächst heißt es nämlich in S. 1 der genannten Vorschrift, daß ein Umstand, der das Nichtbestehen oder die Beendigung des Vsverhältnisses zur Folge habe, dem Anspruch des Dritten nach § 3 Ziff. 1 PflichtvsG nur entgegengehalten werden könne, wenn er aus der Vsbescheinigung ersichtlich oder wenn diese dem Ver zurückgegeben worden sei. Das kann sogar eine Besserstellung des Dritten, der von einem solchen ausländischen Fahrzeug geschädigt wird, bedeuten. Denn ein Nichtbestehen des Vsvertrages wegen Minderjährigkeit des Vmers bei Vertragsabschluß oder wegen unerkannter Geisteskrankheit — beides sind allerdings seltene Fälle, doch fallen sie unter den Tatbestand des Nichtbestehens des Vsvertrages im Sinne des § 3 Ziff. 5 (vgl. dazu Anm. B 44) und damit auch unter den des § 6 II AuslPflVsG — wird sich aus der Vsbescheinigung regelmäßig nicht ergeben. Das gleiche gilt von dem ebenfalls unter die genannte Vorschrift fallenden Dissens (vgl. Anm. B 44). Wichtig ist aber vor allem die ergänzende Regelung in § 6 II 2 AuslPflVsG. Dort ist nämlich eine Nachhaftungszeit vorgesehen. Die Bestimmung geht dabei davon aus, daß ein Fall, in dem die Beendigung oder das Nichtbestehen des Vsschutzes aus der Vsbescheinigung ersichtlich ist, nur ein solches ist, in dem eine Befristung des Vsvertrages ausdrücklich in dieser Bescheinigung eingetragen ist. Für diesen Fall wird bestimmt, daß vom Zeitpunkt des Ablaufs des Vsschutzes gemäß der Eintragung auf der Vsbescheinigung noch eine **Weiterhaftung im Verhältnis zum geschädigten Dritten für eine Zeit von fünf Monaten** bestehe. Ist das Vsverhältnis nur für eine kurze Zeit von weniger als zehn Tagen dokumentiert, so beschränkt sich die Nachhaftungszeit auf fünf Wochen. Hier wäre allerdings eine Gleichstellung beider Fälle wünschenswert, da es aus der Sicht des Dritten gleichgültig ist, wie lange der Ver vor Beginn der Unrechtshandlung des Vmers Vsschutz gewährt hatte. Das Gesagte gilt um so mehr, als in den nicht aus der Vsbescheinigung ersichtlichen Fällen der Beendigung oder des Nichtbestehens des Vsschutzes ebenfalls eine Nachhaftungszeit des Vers von fünf Monaten gegeben ist, die vom Zeitpunkt der Rückgabe jener Bescheinigung rechnet. Unklar ist überdies, welcher Zeitpunkt für den Beginn der Gesamtlaufzeit des Vsverhältnisses maßgebend ist. Schmitt VersR 1966 S. 1118—1119 will hier auf das Einreisedatum und nicht auf den in der internationalen Vskarte vermerkten Zeitpunkt abstellen. Indessen ist der dem Gesetzeswortlaut entsprechenden Gegenmeinung der Vorzug zu geben; dies um so mehr, als sich der Einreisezeitpunkt zumeist urkundlich nicht feststellen läßt.

Für die **Mehrheit** der in die Bundesrepublik Deutschland einreisenden Fahrzeuge gilt im übrigen im Rahmen des schon erwähnten **Kennzeichensystems** (vgl. Anm. B 81) eine dem geschädigten Dritten noch günstigere Bestimmung, nämlich § 8a II AuslPflVsG. Dieser Vorschrift ist zu entnehmen, daß in den Fällen der Einreise auf Grund des Kennzeichensystems im Sinne des § 8a I AuslPflVsG abweichend von § 6 II ein Umstand, der das Nichtbestehen oder die Beendigung der Pflichten des Vers zur Folge hat, dem Anspruch des Dritten nach § 3 Ziff. 1 PflichtvsG nicht entgegengehalten werden darf, wenn sich das Fahrzeug im Zeitpunkt des Schadenereignisses mit dem bei der Einreise geführten Kennzeichen im Inland befunden hat. Dadurch kann sich eine nahezu unbegrenzte Nachhaftungszeit ergeben (Schmitt VersR 1965 S. 549). Nicht ausdrücklich im Gesetz ist allerdings die Frage geregelt, was zu gelten hat, wenn der ausländische Vmer im Inland unberechtigt das Kennzeichen auswechselt, etwa um einer polizeilichen Fahndung zu entgehen. Sachgerecht dürfte hier eine analoge Anwendung des § 6 II AuslPflVsG in der Weise sein, daß eine Nachhaftung des Vers von fünf Monaten für die Zeit ab einer solchen unberechtigten Kennzeichenauswechslung angenommen wird. Der Grund für die im Verhältnis zu § 3 Ziff. 5 PflichtvsG längere Nachhaftungszeit des Vers nach § 6 II AuslPflVsG ist im übrigen der, daß ein Tätigwerden der deutschen Zulassungsbehörde im Sinne einer Entstempelung nicht in Betracht kommt und daß die Strafverfolgungsbehörden häufig auf große Schwierigkeiten bei der Ermittlung des Aufenthalts- oder Wohnorts des einreisenden Ausländers stoßen.

Die Bestimmungen der §§ 3—6 AuslPflichtVsG beanspruchen Geltung nur für den HUK-Verband oder den inländischen Ver, der im Sinne des § 2 Ib AuslPflichtVsG die Haftung übernommen hat. Der ausländische Ver haftet, soweit es nicht um den delikts-

II. 9. Internationalprivatrechtliche Aspekte **Anm. B 83**

rechtlichen Umfang seiner Haftung geht (vgl. dazu Anm. B 76—77), prinzipiell nur nach seinem eigenen Vsstatut, also nach dem ausländischen Vsrecht (vgl. Anm. B 78). Das gilt insbesondere, soweit die Frage einer überobligationsmäßigen Haftung auf Grund eines zugunsten des Dritten bestehenden Einwendungsausschlusses zu beurteilen ist. Demgemäß kann bei einer sowohl gegen den inländischen wie gegen den ausländischen Ver gerichteten Klage theoretisch durchaus ein unterschiedliches Prozeßergebnis eintreten. Es muß nämlich jeweils geprüft werden, ob und inwieweit von dem ausländischen Ver die vertraglich im Regelfall von dem Vsbüro seines Staates übernommene Verpflichtung, die Aufwendungen des inländischen Vers im Sinne des § 2 Ib AuslPflichtVsG zu ersetzen, in den einzelnen Vsvertrag transformiert worden sind, wie das in der Bundesrepublik Deutschland durch § 10 VIII AKB geschehen ist. Diese Frage ist nach dem Recht des betreffenden ausländischen Staates zu entscheiden. Nach deutschem Recht ist allerdings zu beurteilen, ob der ausländische Ver, sofern keine solche Transformation in den einzelnen Vsvertrag vorgenommen worden ist, mit seinem Berufen darauf gegen Treu und Glauben verstößt, weil er seinem heimischen Vsbüro im Umfang des über seine Deckungsgrenzen hinausgehenden Betrages zur Erstattung der Aufwendungen des inländischen Vers im Sinne des § 2 Ib AuslPflichtVsG verpflichtet ist. Fehlt es an einer solchen ausländischen Außenwirkungsverpflichtung, so ist aber die Annahme eines Rechtsmißbrauchs nur in Ausnahmefällen gerechtfertigt, zumal da der Dritte durch die Haftung des inländischen Vers im Sinne des § 2 Ib AuslPflichtVsG hinreichend geschützt ist. Das bedeutet, daß die Klage gegen den inländischen Ver im Sinne des § 2 Ib AuslPflichtVsG (im Regelfall der HUK-Verband, vgl. Anm. B 81) in solchen Ausnahmefällen erfolgreich sein kann, während sie gegen den ausländischen Ver abgewiesen wird, weil dessen Vsvertragsrecht den Dritten nicht so weit schützt wie das deutsche Recht. Tritt der denkgesetzlich ebenso mögliche Fall ein, daß ein gewisser Sachverhalt zwar nach innerdeutschem Recht zu einer Leistungsfreiheit des Vers führt (allerdings verbunden mit einer Eintrittsverpflichtung des Vers zugunsten des Dritten nach § 3 Ziff. 4 PflichtvsG oder nach § 6 II AuslPflVsG), nicht aber zu einer solchen im Sinne des Vsrechts des ausländischen Vers, so würde es allerdings verfehlt sein, in einem solchen Fall dem inländischen Ver zum Nachteil des Dritten eine Haftungsbefreiung nach § 158c IV zuzubilligen. Denn dieser ausländische Ver ist nach dem Sinn der genannten Vorschrift nicht als ein anderer Schadenver anzusehen. Anders zu entscheiden, würde bedeuten, das Haftungsschutzsystem der §§ 1—6 AuslPflVsG zu unterminieren.

[B 83] dd) Grenzversicherung

Neben der in Anm. B 81—82 dargestellten Haftungsverantwortung des HUK-Verbandes auf Grund des multilateralen Kennzeichensystems oder der Eintrittsverpflichtung des genannten Verbandes (oder eines inländischen Vers) auf Grund der Ausstellung von internationalen Vskarten kommt den sog. Grenzven nur relativ geringe Bedeutung zu. Der Abschluß einer solchen Grenzv ist aber dann erforderlich, wenn Fahrzeuge die Grenze überqueren sollen, die nicht unter das Kennzeichensystem fallen, oder solche, bei denen der Vmer es vergessen hatte, die internationale Vskarte mitzunehmen. § 2 II AuslPflVsG sieht vor, daß sich die Ver, die im Geltungsbereich jenes Gesetzes die Kfzhaftpflichtv betreiben, zur Durchführung des Gesetzeszweckes zu einer „Gemeinschaft" zusammenschließen dürfen. Das ist für den Betrieb der Grenzv in der Weise geschehen, daß alle im Inland zugelassenen KH-Ver Mitglieder eines solchen nationalen Pools für die Grenzv geworden sind (vgl. dazu Brumm Aspekte S. 323). Es handelt sich dabei im Rechtssinne um ein Kartell, das durch einen entsprechenden Vertragsakt zustandegekommen ist. Die Geschäfte dieses Pools werden von dem HUK-Verband geführt. Dieser ist für Klagen auch passiv legitimiert (Brumm Aspekte S. 323). Dem in VA 1974 S. 223 veröffentlichten Geschäftsplan des Pools ist das aus Nr. 3 zu entnehmen, wo es heißt, daß die V von dem HUK-Verband ausgegeben werde. Allerdings heißt es weiter, daß das für die „Gemeinschaft" der Grenzver geschehe. Das ändert aber nichts daran, daß der HUK-Verband nach außen wie im Fall der internationalen Vskarte und des Kennzeichensystems im eigenen Namen handelt. Im übrigen ist einheitlich in der EG die Regelung so, daß jeder Kraftfahrer, der an den Außengrenzen der EG einen Grenzvsschein löst, neben der „rosa" Police eine „grüne Karte" erhält, die für alle EG-Staaten gültig ist (vgl. dazu weiter Brumm Aspekte S. 323). Nur noch rechtsgeschichtlich von Bedeutung ist, daß an der bis 1974 gezeichneten Police nur 18 Ver beteiligt waren. Einer dieser Ver führte die Geschäfte dieses Pools auf Grund einer Führungsklausel, der nach dem Wortlaut nicht entnommen werden konnte, ob der führende Ver auch auf den Anteil der anderen Ver verklagt werden durfte oder nicht. Die Prozeßpraxis lief aber so, daß der führende Ver den Einwand der mangelnden Passsivlegitimation nicht erhob, so daß sich Schwierigkeiten nicht ergaben (Brumm Aspekte S. 323), wenngleich zu Recht aus systematischen Gründen eine ausdrückliche Verankerung dieses Prinzips verlangt wurde (vgl. dazu Wussow WI 1969 S. 197−199, Schmitt VersR 1970 S. 499−500; zu Unrecht ist dagegen Karcher Kollision S. 96 von einer gesamtschuldnerischen Haftung aller an der früheren Grenzvspolice beteiligten Ver ausgegangen; vgl. auch Preussner VersR 1963 S. 1109). Das sei nur erwähnt, weil keiner der im Inland zum Kfz-Haftpflichtvsgeschäft zugelassenen Ver im Rechtssinne verpflichtet ist, sich auf Dauer an der für alle Ver betriebenen Grenzpolice zu beteiligen, so daß die Bildung eines Gegenpools oder auch der Betrieb der Grenzpolice in eigener Regie ohne weiteres durchgesetzt werden könnte.

Aus der Sicht des geschädigten Dritten bedeutsam ist, daß der HUK-Verband in den Fällen der Grenzpolice im Prinzip im gleichen Maße haftet wie bei einem Eingreifen der Haftung auf Grund der Haftungsübernahme nach Maßgabe des multilateralen Kennzeichenabkommens oder auf Grund einer internationalen Vskarte eines Partnerbüros. Dafür, daß in allen diesen Fällen § 3 Ziff. 5 PflichtvsG durch die Regelung in § 6 II AuslPflVsG ersetzt wird, vgl. Anm. B 82 a. E.

[B 84] d) Schäden durch in der DDR zugelassene Fahrzeuge
aa) Rechtliche Grundlagen

Keine Anwendung findet das System des multilateralen Kennzeichenvertrages, der internationalen Vskarte oder der Grenzv im Verhältnis zwischen der Bundesrepublik Deutschland und der DDR. Kfz aus der DDR, die dort amtlich zugelassen waren, wurden ursprünglich als ohne weiteres ausreichend vert im Sinne der §§ 1, 5 PflichtvsG angesehen (vgl. Deiters, Festschrift für Reimer Schmidt, Karlsruhe 1976, S. 391). Der Gesetzgeber ging dabei davon aus, daß daher auch das AusländerhaftpflichtVsG nicht zur Anwendung komme. Im Gesetzestext ist das allerdings nicht in einer besonderen Bestimmung zum Ausdruck gebracht worden. Umgekehrt wurden aber auch in der DDR die in der Bundesrepublik Deutschland amtlich zugelassenen Kfz als ausreichend vert angesehen. Verständlich wird diese übereinstimmende Handhabung aus der geschichtlichen Entwicklung beider Staaten, deren Ausgangspunkt die frühere Staats- und Rechtseinheit ist. Wie durchbrochen diese Rechtseinheit allerdings ist, ergibt sich z. B. aus dem Umstand, daß zwar in der Bundesrepublik Deutschland gemäß § 2 I AKB Europadeckung gegeben ist, nicht aber in der DDR, wo die Normaldeckung sich auf Inlandsunfälle beschränkt; deshalb muß dort ein die DDR-Grenze überquerender Kfz-Halter einen Zusatzbeitrag zu seiner Haftpflichtv zwecks Ausdehnung des Vsschutzes entrichten (Kittke DAR 1976 S. 283).

Die praktische Abwicklung dieses Grundsatzes der gegenseitigen Anerkennung ausreichenden Haftpflichtvsschutzes erfolgte ursprünglich allein auf der Basis von Vertrags-

II. 9. Internationalprivatrechtliche Aspekte **Anm. B 84**

abreden zwischen dem HUK-Verband und den Rechtsvorgängerinnen der Staatlichen V der DDR. Der erste dieser Verträge stammt aus dem Jahre 1956. Vereinbart war, daß Schäden, die von einem Fahrzeug aus der DDR in der Bundesrepublik Deutschland angerichtet wurden, vom HUK-Verband zu regulieren, und daß umgekehrt Schäden, die im Gebiet der DDR durch ein in der Bundesrepublik Deutschland zugelassenes Kfz den dortigen Inlandsbürgern zugefügt wurden, von der Staatlichen V der DDR zu entschädigen seien. Die Zahlungen erfolgten aufgrund entsprechender Regulierungsvollmachten; eine vorherige Konsultation des anderen Partners war erst bei Aufwendungen über DM 30.000,— erforderlich. Der Saldo der Zahlungen wurde zum Schluß eines jeden Kalendervierteljahrs ausgeglichen. Für weitere Einzelheiten dieser im Laufe der Zeit modifizierten Regelung vgl. die Darstellung bei Brumm Aspekte S. 324—326.

Diese mit Billigung der Behörden beider Länder getroffene privatrechtliche Lösung des gegenseitigen Kfz-Verkehrs zwischen den beiden deutschen Staaten wurde 1972 durch den Verkehrsvertrag vom 26. V. 1972 (BGBl. 1972 II S. 1450) zwischen der Bundesrepublik Deutschland und der DDR in eine offizielle öffentlich-rechtliche Form gebracht. In Art. 27 dieses Vertrages ist nämlich der nach dem Gesagten an sich selbstverständliche Grundsatz verankert, daß die im Verkehr zwischen den beiden Staaten eingesetzten Kfz haftpflichtvert sein müssen (vgl. Bulletin der Bundesregierung vom 13. V. 1972 S. 982; ebenso schon der Protokollvermerk Nr. 6 zum Abkommen zwischen der Bundesrepublik Deutschland und der DDR über den Transitverkehr, vgl. Bulletin der Bundesregierung vom 11. XII. 1971 S. 1954). In Ausführung dieses Grundsatzes ist unter dem 26. IV. 1972 zwischen dem Bundesminister der Justiz der Bundesrepublik Deutschland und dem Minister der Finanzen der DDR eine Vereinbarung über den Ausgleich von Schäden aus Kfz-Unfällen getroffen worden (BAnz Nr. 124 vom 7. VII. 1973). Parallel dazu ist auf der Grundlage der genannten Ressortvereinbarung unter dem 10. V. 1973 zwischen dem HUK-Verband und der Staatlichen V der DDR eine Vereinbarung über den Ausgleich von Schäden aus Kfz-Unfällen und zur Finanzierung von Leistungen der Ersten Hilfe bei Kfz-Unfällen geschlossen worden (BAnz Nr. 124 vom 7. VII. 1973 S. 1—3 = VA 1973 S. 212—213).

Nachstehend wird angesichts der besonderen geschichtlichen Bindungen der Vertragsschließenden der wesentliche Teil sowohl des Ministerabkommens als auch des Vertrages zwischen den „Vseinrichtungen" wiedergegeben.

Vereinbarung zwischen dem Bundesminister der Justiz der Bundesrepublik Deutschland und dem Minister der Finanzen der Deutschen Demokratischen Republik über den Ausgleich von Schäden aus Kraftfahrzeugunfällen

Artikel 1

Um zu gewährleisten, daß die Haftung für die durch Kraftfahrzeuge verursachten Schäden in ausreichender Weise gedeckt ist, werden beide Seiten im Rahmen ihrer Möglichkeiten für den Abschluß und die Aufrechterhaltung von Vereinbarungen über die Schadenregulierung zwischen den für die Kraftfahrzeug-Haftpflichtversicherung zuständigen Versicherungseinrichtungen Sorge tragen.

Artikel 2

Eine ausreichende Deckung im Sinne von Artikel 1 liegt vor, wenn die Vereinbarung der beiden Versicherungseinrichtungen mindestens folgendes vorsieht:
1. Die zuständige Versicherungseinrichtung in der Bundesrepublik Deutschland beziehungsweise in der Deutschen Demokratischen Republik übernimmt die Behandlung von Kraftfahrzeug-Haftpflichtschäden, die einer Person mit Sitz, Wohnsitz oder gewöhnlichem Aufenthalt im Geschäftsbereich dieser Versicherungseinrichtung

Anm. B 84 B. Kraftfahrzeughaftpflichtv Stellung des geschädigten Dritten

von einem Kraftfahrzeug zugefügt werden, das mit einem im Geschäftsbereich der anderen Versicherungseinrichtung ausgegebenen Kennzeichen versehen ist, sowie die Bezahlung gegenüber dem Geschädigten. Das gleiche gilt, wenn die Person im Geschäftsbereich der anderen Versicherungseinrichtung durch ein nicht ermitteltes Fahrzeug körperlich verletzt oder getötet wird. Die andere Versicherungseinrichtung bleibt jedoch in begrenztem Umfang, insbesondere um den betroffenen Personen die Rückkehr an ihren Wohnort zu ermöglichen, zur direkten Zahlung an die betroffenen Personen berechtigt, solange sich diese im Anschluß an den Unfall in ihrem Geschäftsbereich aufhalten.
2. Die Entschädigungsleistung richtet sich nach den Vorschriften des Unfallortes.
3. Jede der beiden Versicherungseinrichtungen wird bei Kraftfahrzeugunfällen in ihrem Geschäftsbereich, die Personen mit Sitz, Wohnsitz oder gewöhnlichen Aufenthalt im Geschäftsbereich der anderen Versicherungseinrichtungen erleiden, die notwendige Hilfe leisten, indem sie auch ohne Nachweis eines Ersatzanspruches insbesondere die für medizinische Betreuung, Werkstatthilfe, Pannen- und Abschleppdienste erforderlichen Beträge verauslagt.

Artikel 3

Beide Seiten werden die Vereinbarung der Versicherungseinrichtungen gemäß Artikel 1 und 2 bestätigen, deren Durchführung erleichtern und die hierfür erforderlichen Genehmigungen, insbesondere für die Zahlung des Verrechnungssaldos, erteilen.

Artikel 4

Setzt einer der beiden Staaten eine Regelung in Kraft, die diese Vereinbarung oder die Vereinbarung der Versicherungseinrichtungen berührt, so wird dies der zuständigen Stelle des anderen Staates so rechtzeitig mitgeteilt, daß die erforderlichen Maßnahmen eingeleitet werden können, durch die eine Beeinträchtigung der Durchführung dieser Vereinbarungen verhindert wird.

Artikel 5

Es besteht Einverständnis darüber, daß die nach innerstaatlichen Rechtsvorschriften beider Seiten geltenden Freistellungen von der Versicherungspflicht unberührt bleiben.

Artikel 6

Diese Vereinbarung wird auf unbestimmte Zeit geschlossen. Sie kann 5 Jahre nach Inkrafttreten mit einer Frist von 3 Monaten zum Ende eines jeden Kalenderjahres gekündigt werden.
Diese Vereinbarung tritt mit ihrer Unterzeichnung in Kraft.

Protokollvermerk zu der Vereinbarung vom 26. April 1972 über den Ausgleich von Schäden aus Kraftfahrzeugunfällen

Unter Bezugnahme auf Artikel 2 Nr. 2 besteht über folgendes Einverständnis:
Führt diese Regelung im Einzelfall für den Geschädigten zu nicht vertretbaren Härten, so gewährt die zuständige Versicherungseinrichtung eine Entschädigung bis zur Höhe des Betrages, der sich nach den in ihrem Geschäftsbereich geltenden Vorschriften ergeben würde.

II. 9. Internationalprivatrechtliche Aspekte Anm. B 84

Vereinbarung zwischen dem Verband der Haftpflicht-, Unfall- und Kraftverkehrsversicherer e.V. (HUK-Verband) in der Bundesrepublik Deutschland und der Staatlichen Versicherung der Deutschen Demokratischen Republik über den Ausgleich von Schäden aus Kraftfahrzeugunfällen und zur Finanzierung von Leistungen der Ersten Hilfe bei Kraftfahrzeugunfällen

Abschnitt I
Gewährung ausreichenden Kraftfahrzeug-Haftpflichtversicherungsschutzes

Artikel 1

Der Verband der Haftpflicht-, Unfall- und Kraftverkehrsversicherer e.V. (HUK-Verband) in der Bundesrepublik Deutschland (nachstehend Versicherungseinrichtung in der Bundesrepublik Deutschland genannt) und die Staatliche Versicherung der Deutschen Demokratischen Republik (nachstehend Versicherungseinrichtung in der Deutschen Demokratischen Republik genannt) gehen davon aus, daß in dem Geschäftsbereichen beider Versicherungseinrichtungen die Haftpflichtversicherung

- für Halter von Kraftfahrzeugen, die im Geschäftsbereich der jeweiligen Versicherungseinrichtung zugelassen oder registriert sind bzw. ein Versicherungskennzeichen tragen
- für Halter von Kraftfahrzeugen, die im Geschäftsbereich einer der beiden Versicherungseinrichtungen zugelassen sind bzw. ihren regelmäßigen Standort haben und in den Geschäftsbereich der anderen Versicherungseinrichtung einreisen

auf der Grundlage der Pflichtversicherung besteht.

Artikel 2

Soweit nach innerstaatlichen Rechtsvorschriften zulassungs- und registrierpflichtige Kraftfahrzeuge sowie Kraftfahrzeuge mit Versicherungskennzeichen von der Versicherungspflicht freigestellt sind, übernimmt die zuständige Versicherungseinrichtung die Verpflichtung, Leistungen für die nach dieser Vereinbarung zu behandelnden Kraftfahrzeugunfälle zu erbringen, als bestünde Haftpflichtversicherungsschutz.

Artikel 3

Für den Verkehr mit Kraftfahrzeugen innerhalb der Geschäftsbereiche der beiden Versicherungseinrichtungen sind Bescheinigungen der Versicherer über das Bestehen einer Kraftfahrzeug-Haftpflichtversicherung nicht erforderlich, wenn die Kraftfahrzeuge im Geschäftsbereich einer der beiden Versicherungseinrichtungen zugelassen oder registriert sind oder ein in einem der Geschäftsbereiche ausgegebenes Versicherungskennzeichen tragen.

Artikel 4

Der Umfang des Versicherungsschutzes richtet sich nach den Rechtsvorschriften und Versicherungsbedingungen des Unfallortes. Ist der Versicherungsschutz nach den Rechtsvorschriften und Versicherungsbedingungen des Geschäftsbereichs der Versicherungseinrichtung, in der der Schädiger seinen Wohnsitz, Sitz oder gewöhnlichen Aufenthalt hat, weitergehend, so ist dieser maßgebend.

Abschnitt II
Behandlung von Kraftfahrzeug-Haftpflichtschäden

Artikel 5

1. Die Versicherungseinrichtung in der Deutschen Demokratischen Republik reguliert Schadenersatzansprüche von Personen, die ihren Wohnsitz, Sitz oder gewöhnlichen Aufenthalt im Geschäftsbereich der Versicherungseinrichtung in der Deutschen Demokratischen Republik haben, gegen Halter von Kraftfahrzeugen, die im Geschäftsbereich der Versicherungseinrichtung in der Bundesrepublik Deutschland zugelassen sind oder ein von einem Versicherer im Geschäftsbereich der Versicherungseinrichtung in der Bundesrepublik Deutschland ausgegebenes Versicherungskennzeichen tragen.
2. Die Versicherungseinrichtung in der Bundesrepublik Deutschland reguliert Schadenersatzansprüche von Personen, die ihren Wohnsitz, Sitz oder gewöhnlichen Aufenthalt im Geschäftsbereich der Versicherungseinrichtung in der Bundesrepublik der Versicherungseinrichtung in der Bundesrepublik Deutschland haben, gegen Halter von Kraftfahrzeugen, die im Geschäftsbereich der Versicherungseinrichtung in der Deutschen Demokratischen Republik zugelassen oder registriert sind.
3. Nr. 1 und 2 gelten bei allen Kraftfahrzeugunfällen, die sich innerhalb Europas ereignen.
4. Die regulierende Versicherungseinrichtung übernimmt die Pflichten eines Haftpflichtversicherers für die Halter von Kraftfahrzeugen, die im Geschäftsbereich der anderen Versicherungseinrichtung zugelassen oder registriert sind oder ein Versicherungskennzeichen aus dem Geschäftsbereich der anderen Versicherungseinrichtung tragen, wenn durch diese während ihres Aufenthalts im Geschäftsbereich der regulierenden Versicherungseinrichtung Schadenfälle verursacht werden.

   Die regulierende Versicherungseinrichtung handelt im Auftrag und in Vollmacht der anderen Versicherungseinrichtung, wenn sich der Unfall außerhalb ihres Geschäftsbereichs ereignet.
5. Der Geschädigte kann seinen Anspruch auf Ersatz des Schadens auch gegen die regulierende Versicherungseinrichtung geltend machen, soweit diese nach Nr. 4 die Pflichten eines Haftpflichtversicherers übernimmt.
6. Soweit die regulierende Versicherungseinrichtung nicht die Pflichten eines Haftpflichtversicherers übernimmt, erfüllt sie Ansprüche aus rechtskräftigen Urteilen und gerichtlichen Vergleichen, die der Geschädigte in Schadenfällen, die nach diesem Abkommen zu regulieren sind, gegen den Schädiger oder den zuständigen Haftpflichtversicherer erwirkt. Das gilt nicht für Versäumnisurteile.
7. Dem Fahrzeughalter sind jeweils die in der Kraftfahrzeug-Haftpflichtversicherung mitversicherten Personen gleichgestellt.

Artikel 6

Die Versicherungseinrichtungen regulieren auch Schadenersatzansprüche wegen Verletzung oder Tötung von Personen, die ihren Wohnsitz oder gewöhnlichen Aufenthalt in ihrem Geschäftsbereich haben, wegen eines im Geschäftsbereich der anderen Versicherungseinrichtung durch ein nicht zu ermittelndes Kraftfahrzeug verursachten Unfalls.

Artikel 7

1. Die Entschädigungsleistung richtet sich nach den Vorschriften des Unfallortes. Führt diese Regelung im Einzelfall für den Geschädigten zu nicht vertretbaren Härten, so gewährt die zuständige Versicherungseinrichtung eine Entschädigung bis zur Höhe

II. 9. Internationalprivatrechtliche Aspekte **Anm. B 84**

des Betrages, der sich nach den in ihrem Geschäftsbereich geltenden Vorschriften ergeben würde.
2. Nr. 1 Satz 2 gilt nicht bei Kraftfahrzeugunfällen, die sich außerhalb der Geschäftsbereiche der beiden Versicherungseinrichtungen ereignen.

Artikel 8

1. Die regulierende Versicherungseinrichtung ist ermächtigt, die dem Versicherer nach den Rechtsvorschriften und Versicherungsbedingungen zustehenden Rechte auszuüben, d. h. alle zur Befriedigung oder Abwehr der Schadenersatzansprüche zweckmäßig erscheinenden Erklärungen im Namen der versicherten Personen abzugeben.
2. Die rechtliche Vertretung der durch die Kraftfahrzeug-Haftpflichtversicherung versicherten Personen in Bußgeld- und Strafsachen sowie die Zahlung von Geldstrafen oder Geldbußen werden von der regulierenden Versicherungseinrichtung nicht übernommen.

Artikel 9

1. Die Regulierung der Schadenersatzansprüche erfolgt auf Antrag der anderen Versicherungseinrichtung, der versicherten Personen, des Geschädigten oder auf Grund einer Mitteilung der Verkehrspolizei oder anderer Personen.
2. Die regulierende Versicherungseinrichtung ist berechtigt, Versicherungsunternehmen oder Einrichtungen zur Entschädigung von Verkehrsopfern mit der Regulierung der Schadenersatzansprüche zu beauftragen. Schadenfälle mit mehreren Anspruchstellern aus dem Geschäftsbereich einer Versicherungseinrichtung sind nur einer regulierenden Stelle zu übertragen.
3. Die regulierende Versicherungseinrichtung ist verpflichtet, der anderen Versicherungseinrichtung eine Meldung mit folgenden Angaben zu übersenden:
    a) Kennzeichen der am Unfall beteiligten Kraftfahrzeuge,
    b) Name und Anschrift des oder der beteiligten Kraftfahrzeughalter und -fahrer und sonstiger am Unfall beteiligter Personen,
    c) Ansicht zur Sach- und Rechtslage,
    d) erste Einschätzung des Schadenumfangs.
4. Ist der Kraftfahrzeugunfall nicht im Geschäftsbereich der regulierenden Versicherungseinrichtung eingetreten, so ist die andere Versicherungseinrichtung verpflichtet, die Ermittlungen zur Sach- und Rechtslage zu unterstützen, z. B. durch Beschaffung von Unterlagen der staatlichen Ermittlungs- und Untersuchungsorgane, Zeugenaussagen u. ä., vorausgesetzt, daß sich der Unfall in ihrem Geschäftsbereich ereignete.
5. Ist die Regulierung innerhalb 6 Monaten nach der Schadenmeldung nicht abgeschlossen, hat die regulierende Versicherungseinrichtung auf Antrag der anderen Versicherungseinrichtung über den Stand der Regulierung zu berichten.

Artikel 10

1. Die Versicherungseinrichtungen sind zu Konsultationen verpflichtet
    a) bei Schadenersatzansprüchen aus Kraftfahrzeugunfällen, die sich im Geschäftsbereich der regulierenden Versicherungseinrichtung ereignet haben, wenn die Schadenersatzansprüche den Betrag von 50 000,– DM/M übersteigen,
    b) bei Schadenersatzansprüchen aus Kraftfahrzeugunfällen, die sich außerhalb des Geschäftsbereichs der regulierenden Versicherungseinrichtung ereignet haben, wenn die Schadenersatzansprüche den Betrag von 10 000,– DM/M übersteigen.

2. Durch Nr. 1 werden der Regulierungsauftrag, die Regulierungsvollmacht und die Stellung der regulierenden Versicherungseinrichtung (Artikel 5 Nr. 4 und 5) nicht eingeschränkt.

Artikel 11

Die Versicherungseinrichtung, in deren Geschäftsbereich der Unfall eingetreten ist, ist berechtigt, an geschädigte Personen, die im Geschäftsbereich der anderen Versicherungseinrichtung ihren Wohnsitz, Sitz oder gewöhnlichen Aufenthalt haben, eine direkte Zahlung vorzunehmen,
a) solange sich diese Personen im Anschluß an den Unfall in ihrem Geschäftsbereich aufhalten und die zur vollständigen Regulierung der Schadenersatzansprüche zu erbringenden Leistungen den Betrag von 500,– DM/M nicht übersteigen,
b) wenn Zahlungen erforderlich sind, um dem Anspruchsteller die Rückkehr an seinen Wohnort zu ermöglichen. Dazu gehören z. B. Kosten für Notreparaturen, Abschleppkosten, Kosten für die medizinische Versorgung, Kosten der Ersatzbeschaffung für beschädigte Gegenstände u. ä.,
c) wenn sich aus einer unfallbedingt verzögerten Rückkehr an den Wohnort Unterhaltskosten und vermehrte Bedürfnisse ergeben.

Artikel 12

(betrifft lediglich die Erstattung der gezahlten Beträge von einer Vseinrichtung an die andere, so daß der Abdruck vom Standpunkt des geschädigten Dritten entbehrlich ist.)

Artikel 13

Die nach Artikel 6 für die Regulierung von Unfällen, die durch ein nicht zu ermittelndes Kraftfahrzeug verursacht worden sind, zuständige Versicherungseinrichtung trägt die Entschädigung und die entstandenen Kosten selbst, eine Erstattung erfolgt also nicht. Die Kosten für Erste Hilfe werden nach Abschnitt III behandelt.

Artikel 14

Beide Versicherungseinrichtungen werden sich bei den zuständigen staatlichen Organen ihres Geschäftsbereichs dafür einsetzen, daß die Befriedigung der Schadenersatzansprüche eines Geschädigten – auch auf Grund eines Urteils – nur auf dem in Abschnitt II dieser Vereinbarung vorgeschriebenen Weg zulässig ist. Die Rechte der regulierenden Versicherungseinrichtung werden durch eine Leistung außerhalb des vorgeschriebenen Weges nicht eingeschränkt.

Abschnitt III
Hilfeleistungen bei Unfällen von Kraftfahrzeugen

Artikel 15

1. Jede der beiden Versicherungseinrichtungen leistet bei Unfällen von Kraftfahrzeugen in ihrem Geschäftsbereich, von denen Personen mit Wohnsitz, Sitz oder gewöhnlichem Aufenthalt im Geschäftsbereich der anderen Versicherungseinrichtung betroffen werden, die notwendige Hilfe, indem sie auch ohne Nachweis eines Ersatzanspruchs die Kosten insbesondere für die medizinische Betreuung, Notreparaturen an Kraftfahrzeugen und Abschleppdienste verauslagt.

II. 9. Internationalprivatrechtliche Aspekte

2. Der hilfeleistenden Versicherungseinrichtung sind von der anderen Versicherungseinrichtung der Gesamtbetrag der verauslagten Kosten und der eigenen Kosten sowie der Zahlungen an den Geschädigten zu erstatten.
Der Erstattungsanspruch entsteht, wenn die Belege über die verauslagten Kosten und die sonstigen Unterlagen über die Hilfeleistungen übersandt worden sind.
3. Mit der Erstattung der Leistungen und Kosten treten sich die Versicherungseinrichtungen alle Regreßrechte ab, die sich aus den Zahlungen ergeben.

Abschnitt IV
Gewährung von Ermittlungs- und Regulierungshilfe

Artikel 16

Beide Versicherungseinrichtungen gewähren sich gegenseitig auf Antrag Ermittlungs- und Regulierungshilfe bei Kraftfahrzeug- und anderen Unfällen sowie sonstigen Schadenereignissen, an denen Personen aus dem Geschäftsbereich einer der beiden Versicherungseinrichtungen beteiligt sind und die nicht nach Abschnitt II dieser Vereinbarung zu behandeln sind.

Von dem Abdruck der Art. 17–20 wurde abgesehen, da sie allein das Innenverhältnis zwischen den „Vseinrichtungen" betreffen. Art. 21 enthält unter der Überschrift „Schlußbestimmungen" Regelungen über Laufzeit und Kündigungsmöglichkeiten, sowie die Aufhebung der älteren Verträge.

Protokollvermerke zur Vereinbarung vom 10. Mai 1973 zwischen dem Verband der Haftpflicht-, Unfall- und Kraftverkehrsversicherer e.V. (HUK-Verband) in der Bundesrepublik Deutschland und der Staatlichen Versicherung der Deutschen Demokratischen Republik über den Ausgleich von Schäden aus Kraftfahrzeugunfällen und zur Finanzierung von Leistungen der Ersten Hilfe bei Kraftfahrzeugunfällen

Zu Artikel 1 ff.:
Kraftfahrzeuge im Sinne der Vereinbarung sind maschinell angetriebene Fahrzeuge, die zum Verkehr zu Lande bestimmt und nicht an Gleise gebunden sind sowie angekuppelte und nicht angekuppelte Anhänger.

Zu Artikel 5:
1. Nicht nach dieser Vereinbarung werden behandelt
a) Schäden durch Kraftfahrzeuge, die mit einem Zollkennzeichen versehen sind,
b) Schäden durch Kraftfahrzeuge, die ein Kennzeichen einer im Geschäftsbereich der Versicherungseinrichtungen tätigen ausländischen Zulassungsstelle führen,
c) Schäden durch Kraftfahrzeuge, die nicht zulassungs- bzw. registrierpflichtig sind und auch kein Versicherungskennzeichen tragen,
d) Schäden durch Kraftfahrzeuge, die gemäß der im Geschäftsbereich der Versicherungseinrichtung in der Bundesrepublik Deutschland geltenden Fünfzehnten Ausnahmeverordnung zur StVZO vom 28. 2. 1967 (BGBl. I S. 263) zugelassen sind,
e) Schadenersatzansprüche von den in den Geschäftsbereichen der Versicherungseinrichtungen stationierten ausländischen Truppeneinheiten und ihres zivilen Gefolges sowie von Personen, die diesen Truppeneinheiten oder deren zivilem Gefolge angehören und von Familienangehörigen dieser Personen.

Für die in Buchstaben a) bis d) bezeichneten Kraftfahrzeuge werden auch nicht die Pflichten eines Haftpflichtversicherers übernommen.
2. Bei Versäumnisurteilen wird durch Konsultation im Einzelfall festgelegt, ob und in welcher Höhe Zahlungen an den Geschädigten erfolgen.

Zu Artikel 7:

Unter Vorschriften des Unfallorts sind die gesetzlichen Bestimmungen über Schadenersatzleistungen sowie die Rechtsprechung und Rechtspraxis dazu zu verstehen.

In Schadenfällen, die nach Artikel 6 der Vereinbarung zu regulieren sind, richtet sich die Entschädigungsleistung nach den Vorschriften, die im Geschäftsbereich der regulierenden Versicherungseinrichtung gelten.

Es besteht Übereinstimmung, daß Anwendungsfälle der Härteregelung insbesondere vorliegen,
— wenn und soweit dem direkt Geschädigten bzw. dessen Hinterbliebenen der materielle Sach- und Personenschaden (z. B. Einkommensverluste, vermehrte Bedürfnisse auf Grund erlittener Körperschäden, entgangener Unterhalt und Bestattungskosten) durch eine summenmäßige Begrenzung der Schadenersatzpflicht in den Vorschriften des Unfallortes nicht in vollem Umfange ausgeglichen werden kann,
— wenn die Schmerzensgeldentschädigung nach den Vorschriften des Unfallorts bei besonders schweren Körperverletzungen (z. B. komplizierte Schädelfraktur, Amputation einer Hand oder eines Fußes, Verlust eines Auges, Verletzungen mit schmerzhaften Nachbehandlungen und mehrfachen Operationen, offene Brustkorbverletzungen, schwere Verbrennungen, schwere Entstellungen) erheblich unter dem Entschädigungsbetrag liegt, der nach den Vorschriften im Geschäftsbereich der regulierenden Versicherungseinrichtung zu zahlen wäre.

Entschädigungen für die entgangene Möglichkeit der Benutzung des eigenen Kraftfahrzeuges und Regreßansprüche jeder Art, z. B. von Sozial- oder anderen Versicherern und vom Beschäftigungsbetrieb des Geschädigten, fallen nicht unter die Härteregelung.

Von dem Abdruck der Protokollvermerke zu Art. 9, 12 und 19 ist Abstand genommen worden, da sie die Rechtsposition des geschädigten Dritten nicht berühren.

Zu Artikel 15:

Wenn die Person, die Hilfe in Anspruch nimmt, Schadenersatzansprüche an einen Versicherten der für den Unfallort zuständigen Versicherungseinrichtung hat, kommt eine Hilfeleistung nach den Bestimmungen des Artikel 15 nicht in Betracht.

Eine unmittelbare Bezahlung der von Einrichtungen des Gesundheitswesens der Deutschen Demokratischen Republik gewährten medizinischen Hilfe durch die Verletzten oder andere Personen ist nicht möglich.

[B 85] bb) Einzelheiten

Die Bewertung der in Anm. B 84 a.E. ihrem wesentlichen Inhalt nach abgedruckten Abkommenstexte ergibt ein charakteristisches Unterscheidungsmerkmal zu dem in Anm. B 80—82 in seinen Grundzügen dargestellten System der internationalen Vskarte (bzw. zu dem Kennzeichensystem). Dieser Unterschied besteht darin, daß maßgebender Faktor das Personalitätsprinzip in dem Sinne ist, daß jedem der beiden Vertragspartner des Abkommens das Regulierungsrecht für solche Schäden zugestanden wird, die seinen Staatsangehörigen durch Fahrzeuge aus dem Zulassungsbereich des anderen Staates zugefügt werden. Das Personalitätsprinzip wird dabei sogar noch erweitert, weil nämlich auch Angehörige anderer Staaten (oder Staatenlose) einbezogen werden, sofern sie ihren Wohnsitz oder dauernden Aufenthalt im Gebiet des die Regulierung beanspruchenden Vertragspartners haben. Der wesentliche Faktor ist demgemäß nicht wie bei

II. 9. Internationalprivatrechtliche Aspekte

dem System der internationalen Vskarte der Umstand, daß sich das Schadenereignis im örtlichen Wirkungsbereich des behandelnden Büros zugetragen hat und deshalb für alle dort durch ein Fahrzeug entstandenen Schäden eine Eintrittspflicht verankert ist. Vielmehr interessieren die Vertragspartner des innerdeutschen Abkommens nur solche Unfälle im jeweiligen eigenen Staatsgebiet, die ihre eigenen Staatsangehörigen betreffen oder Personen, die ihren Wohnsitz oder ständigen Aufenthalt in dem Gebiet der zur Regulierung berechtigten Vseinrichtungen haben. Insofern ist der Anwendungsbereich des hier zu behandelnden Abkommens enger als der nach dem System der internationalen Vskarte. Zugleich ist aber auch eine Erweiterung zu konstatieren. Diese liegt darin, daß die Zuständigkeit des jeweiligen Büros für Schadenersatzansprüche seiner Staatsangehörigen (oder gleichgestellter Personen) erstreckt wird auch auf Schadenereignisse dieser Personen im Lande des anderen Vertragspartners und im sonstigen europäischen Ausland. Das ist eine ganz bemerkenswerte Regelung, die letzten Endes wohl auf dem besonderen Anerkennungsbestreben der DDR bezüglich einer eigenen Staatsangehörigkeit beruht, dem der Sache nach – wenn auch ohne ausdrücklichen Gebrauch dieses Ausdrucks – in dem Abkommen entgegengekommen worden ist. Das Abkommen geht damit weit über den Schutz der inländischen Bevölkerung gegenüber Schäden, die durch einreisende Kraftfahrzeuge aus fremden Staatsgebieten angerichtet werden, hinaus. Was im System der „Grünen Karte" als Mangel anzusehen ist, daß nämlich ein Deutscher, der z. B. in Frankreich einen Unfall erlitten hat, nicht an den HUK-Verband als Regulierungspartner für den französischen Ver herantreten kann, wird damit vermieden. Allerdings ist zu betonen, daß in den Vereinbarungen wesentliche Unterschiede zwischen solchen Schadenereignissen, die sich im Gebiet des jeweiligen Vertragspartners ereignen, und solchen, die sich im Gebiet des anderen oder im sonstigen europäischen Ausland abspielen, gegeben sind. Im einzelnen gilt folgendes:

Die für Schadenereignisse ab 1. VII. 1973 geltende Vereinbarung der Vseinrichtungen vom 10. V. 1973 enthält zunächst den schon erwähnten Grundsatz der Regulierung durch die Abkommenspartner (vgl. Art. 5 Ziff. 1 und 2 dieser Vereinbarung). Eine wesentliche Neuerung aus dem Gesichtspunkt des Verkehrsopferschutzes ist aber zur früher geltenden Regelung, daß nunmehr die Partner des Regulierungsabkommens vom 10. V. 1973 von den Geschädigten in einem Teil der vom Abkommen erfaßten Fälle direkt in Anspruch genommen werden können. Das wird in Art. 5 Ziff. 5 des Abkommens mit den Worten zum Ausdruck gebracht, daß der Geschädigte seinen Anspruch auf Ersatz des Schadens auch gegen die regulierende Vseinrichtung geltend machen könne, soweit diese nach Art. 5 Ziff. 4 die Pflichten eines Haftpflichtvers übernehme. Eine Durchsicht des Art. 5 Ziff. 4 ergibt aber, daß eine solche Pflichttätigkeit als Haftpflichtver nur übernommen wird, soweit ein Rechtsbürger im Sinne des apostrophierten Personalitätsprinzips im Gebiet der eigenen Vseinrichtung einen Schaden erleidet. Tritt das Schadenereignis im Gebiet der anderen Vseinrichtung oder im sonstigen Europa ein, so handelt die regulierende Vseinrichtung nach dem letzten Absatz des Art. 5 Ziff. 4 lediglich im Auftrag und in Vollmacht der anderen Vseinrichtung. Das bedeutet, daß den in der Bundesrepublik Deutschland (und West-Berlin) geschädigten und dort ansässigen Personen, einerlei, ob es sich um Bürger der Bundesrepublik Deutschland (West-Berlins) oder um Ausländer handelt, demnach für durch DDR-Fahrzeuge angerichtete Schäden ein Direktanspruch gegen den HUK-Verband als „Quasiver" zusteht (Brumm Aspekte S. 329; vgl. auch LG Bielefeld 19. VI. 1981 VersR 1982 S. 608). Umgekehrt bestimmt das Abkommen auch, daß die Staatliche V der DDR von DDR-Bürgern (oder Ausländern mit Wohnsitz in der DDR) unmittelbar in Anspruch genommen werden kann, soweit es sich um Schäden handelt, die von einem Kfz aus der Bundesrepublik Deutschland (oder West-Berlin) in der DDR angerichtet worden sind (Kittke DAR 1976 S. 284). Das ist deshalb bemerkenswert, weil in der DDR das Rechtsinstitut der Direktklage bisher gesetzlich nicht eingeführt worden ist (vgl. Kittke a. a. O. und VersR 1976 S. 111).

Was den Direktanspruch des geschädigten Dritten gegen den HUK-Verband anbetrifft, so ist konstruktiv die Frage zu beantworten, ob es sich hier um einen gesetzlichen oder vertraglichen Anspruch handelt. Zu einem gesetzlichen Anspruchsgrund kommt man nur dann, wenn man § 3 I AuslPflVsG entsprechend anwendet. Dieser Weg erscheint als eine sachgerechte Lösung. Eine direkte Anwendung ist deshalb problematisch, weil der Gesetzgeber bei Erlaß jenes Gesetzes noch davon ausgegangen war, daß der innerdeutsche Reiseverkehr kein ausländerrechtliches Problem sei. Sieht man von dieser einem geschichtsbewußten Menschen durchaus verständlichen und zu respektierenden Grundhaltung ab, so ist doch das Regelungsproblem hinsichtlich des ausländischen Reiseverkehrs mit dem hier erörterten Verkehr zwischen den beiden deutschen Staaten identisch. Vor allem wird durch eine entsprechende Anwendung des § 3 I AuslPflVsG sichergestellt, daß damit die Rechtsstellung des Dritten auch in diesen Fällen voll den Schutzvorschriften des genannten Gesetzes unterworfen wird. Wollte man nicht den Weg über eine entsprechende Anwendung des § 3 I AuslPflVsG wählen, so müßte konstruktiv von einem Vertrag zugunsten eines Dritten im Sinne des § 328 BGB ausgegangen werden. Dieser Weg wäre aber für den geschädigten Dritten mit dem Risiko behaftet, daß nicht sichergestellt wäre, daß alle speziellen Schutzbestimmungen aus dem Bereich der Kfz-Haftpflichtv zur Anwendung kommen. Weitergehende Einwendungen aus dem Grundverhältnis zwischen dem HUK-Verband und der Staatlichen V im Sinne des § 334 BGB zuzulassen (z. B. die, daß der Vertrag aus bestimmten Gründen unwirksam sei), würde aber nicht akzeptabel sein. Im übrigen sei zur Vermeidung von Mißverständnissen klargestellt, daß solche Einwendungen, soweit ersichtlich, auch bisher niemals vom HUK-Verband erhoben worden sind. Es dürfte damit auch nicht zu rechnen sein. Im Interesse des geschädigten Dritten ist es aber sachgerecht, eine generelle konstruktive Abgrenzung vorzunehmen, die dem gesetzlich verankerten Schutzgedanken entspricht. Dadurch wird verhindert, daß überhaupt erst die Möglichkeit solcher Einwendungen bei einer Schadenregulierung in Betracht gezogen wird.

Eine bedeutsame Erweiterung gegenüber den früheren Abkommen ist ferner die, daß der Geltungsbereich nach Art. 5 Ziff. 3 auf ganz Europa erstreckt worden ist (Brumm Aspekte S. 328). Diese Erweiterung ist allerdings – genau so wie im Fall des Schadeneintritts im Geschäftsbereich der anderen Vseinrichtung – mit dem Nachteil verbunden, daß insoweit nach Art. 5 Ziff. 6 kein Direktanspruch gegen den HUK-Verband geschaffen worden ist (Brumm Aspekte S. 329). Der in der Bundesrepublik Deutschland (oder West-Berlin) ansässige Dritte hat demgemäß lediglich für außergerichtliche Erledigungen und Verhandlungen einen inländischen Gesprächspartner. Scheitert der Versuch einer solchen außergerichtlichen Erledigung, so kann der HUK-Verband nicht unmittelbar in Anspruch genommen werden (so zutreffend OLG Frankfurt a.M. 27. IV. 1978 VersR 1982 S. 706 in einem Fall, in dem von dem Geschädigten auch noch der Fehler gemacht worden ist, den seinerseits wiederum lediglich mit der Regulierungsarbeit vom HUK-Verband beauftragten inländischen Ver zu verklagen). Vielmehr hat er es in Art. 5 Ziff. 1 des Abkommens vom 10. V. 1973 lediglich übernommen, für eine außergerichtliche Regulierung der Haftpflichtansprüche zu sorgen. Scheitern diese Bemühungen, so muß der Dritte wie bisher den Halter und (oder) Fahrer des in der DDR amtlich zugelassenen oder registrierten Kfz verklagen. Festzuhalten ist aber, daß der HUK-Verband (wie auch die Staatliche V der DDR) in diesen „Vollmachtsfällen", in denen er im Namen und im Auftrag der anderen Vseinrichtung tätig wird, nicht nur die außergerichtliche Regulierungstätigkeit übernommen hat. Vielmehr ist in Art. 5 Ziff. 6 auch eine Zahlungspflicht bezüglich gerichtlicher Urteile und Vergleich vorgesehen. Wörtlich heißt es in Art. 5 Ziff. 6:

II. 9. Internationalprivatrechtliche Aspekte

Anm. B 85

„Soweit die regulierende Vseinrichtung nicht die Pflichten eines Haftpflichtvers übernimmt, erfüllt sie Ansprüche aus rechtskräftigen Urteilen und gerichtlichen Vergleichen, die der Geschädigte in Schadenfällen, die nach diesem Abkommen zu regulieren sind, gegen den Schädiger oder den zuständigen Haftpflichtver erwirkt. Das gilt nicht für Versäumnisurteile."

Diese Bestimmung soll sicherstellen, daß eine Zwangsvollstreckung nicht notwendig wird (Brumm Aspekte S. 329). Allerdings ist der geschädigte Dritte in diesen Fällen insofern ungeschützt, als es ihm mangels eines Rechts zur Direktklage nicht möglich ist, im Wege des unmittelbaren Zugriffs gegen den HUK-Verband diese in Art. 5 Ziff. 6 vorgesehene Zahlungspflicht zu realisieren. Zu überlegen ist aber, ob Art. 5 Ziff. 6 nicht in der Weise ausgelegt werden kann, daß dem schädigenden Vmer aus der DDR gegen den HUK-Verband ein Freihaltungsanspruch im Wege eines Vertrages zugunsten Dritter im Sinne des § 328 BGB eingeräumt worden ist (so Kittke DAR 1976 S. 284–285, der aber, wie sein Hinweis auf Karcher Kollision S. 83 zeigt, dabei nicht hinreichend die unterschiedlichen örtlichen Wirkungsbereiche des Abkommens bedenkt). Dagegen spricht aber, daß eine solche Rechtsposition des Vmers weder ausdrücklich noch sinngemäß im Vertragswerk verankert ist, so daß es näher liegt, allein einen solchen Rechtsanspruch des Vertragspartners (also der Staatlichen V der DDR) anzunehmen. Zwar bedeutet die Erfüllung der Forderung des Dritten auch eine Rechtswohltat für den Vmer (oder Vten). Zu bedenken ist aber, daß in Art. 5 Ziff. 4 Abs. 2 ausdrücklich gesagt wird, daß die regulierende Vseinrichtung im Auftrag und in Vollmacht der anderen Vseinrichtung handele, wenn sich der Schadenfall außerhalb ihres Geschäftsbereichs ereigne. Das zeigt deutlich, daß eine Verpflichtung nur im Verhältnis zur Staatlichen V der DDR übernommen werden sollte. Dem Dritten steht also nicht die Möglichkeit offen, einen Anspruch des Schädigers gegen den HUK-Verband auf Erfüllung der Zahlungspflicht gemäß Art. 5 Ziff. 6 zu pfänden und sich überweisen zu lassen. Wohl aber kann er einen solchen Anspruch der Staatlichen V der DDR gegen den HUK-Verband einem solchen Pfändungszugriff unterwerfen. Voraussetzung ist dafür allerdings, daß ein in der Bundesrepublik Deutschland vollstreckbarer Titel gegen die Staatliche V der DDR vorliegt. Ungeachtet dessen, daß es nach dem Recht der DDR einen solchen Direktanspruch gegen die Staatliche V der DDR in der Kfz-Haftpflichtv nicht gibt (§ 264 des ZGB vom 19. VI. 1975 – auszugsweise abgedruckt in ZVersWiss 1975 S. 666–673 – ist insoweit nicht eindeutig, so daß es auf die tatsächliche Praxis ankommt; vgl. ergänzend Kittke in: Westen, Das neue Zivilrecht der DDR nach dem Zivilgesetzbuch von 1975, Baden-Baden 1977, S. 224–225, ferner Kittke VersR 1976 S. 111, derselbe DAR 1976 S. 284), könnte er doch von einem ausländischen Gericht z. B. mit der Begründung zugebilligt werden, daß insoweit das Recht des Unfallorts, das einen solchen Anspruch bejahe, maßgebend sei (vgl. dazu Anm. B 76–77).

Daß ohnedies zu erwarten ist, daß der HUK-Verband stets seinen Verpflichtungen aus Art. 5 Ziff. 6 des Abkommens nachkommt, darf den Blick auf die grundsätzliche Einordnungsfrage nicht verstellen. Im übrigen können sich auch Streitfragen über die Erfüllung der Zahlungsverpflichtung ergeben, wenn nämlich der im letzten Satz der Abkommensbestimmung erwähnte Fall eines Versäumnisurteils vorliegt. Hat es nämlich gerade der HUK-Verband als Vertreter des Schädigers oder seines Haftpflichtvers (also der Staatlichen V der DDR) zu verantworten, daß es zu einem Versäumnisurteil gekommen ist, so kann es einen Rechtsmißbrauch darstellen, daß die Verpflichtung für solche Säumnisfälle nicht gilt. Denn der Zweck dieser Ausnahmebestimmung soll doch allein der sein, beide „Vseinrichtungen" vor Zahlungsverpflichtungen aus ihnen unbekannten Prozessen zu schützen. Daß sich hier Abgrenzungsprobleme ergeben können, haben im übrigen auch die Abkommenspartner gesehen. Das ergibt sich daraus, daß des Versäumnisurteilsfalls in einem Protokollvermerk zu Art. 5 in Ziff. 2 ergänzend gedacht worden ist. Dort heißt es, daß bei Versäumnisurteilen durch Konsultationen im Einzelfall festgelegt werde, ob und in welcher Höhe Zahlung an den Geschädigten erfolge. Wenn aber solche Konsultationen zu einem nicht der Rechtslage entsprechenden Ergebnis kommen, kann der oben aufgezeigte Weg des Pfändungszugriffs von Bedeutung sein.

[B 86] cc) Zur Frage des anzuwendenden Haftungsrechts

In Art. 7 des Abkommens zwischen dem HUK-Verband und der Staatlichen V der DDR findet sich auch die Bestimmung aus Art. 2 Ziff. 2 der Ministervereinbarung wieder, daß sich die Entschädigungsforderung nach den Vorschriften des Unfallorts richte. Wie im Protokollvermerk zu dem Ministerabkommen ist eine Ergänzungsklausel folgenden Inhalts in Art. 7 Ziff. 1 S. 2 vorgesehen:

> „Führt diese Regelung im Einzelfall für den Geschädigten zu nicht vertretbaren Härten, so gewährt die zuständige Vseinrichtung eine Entschädigung bis zur Höhe des Betrages, der sich nach den in ihrem Geschäftsbereich geltenden Vorschriften ergeben würde."

Dazu gibt es wiederum einen erläuternden Protokollvermerk zu dem Abkommen der Vseinrichtungen mit folgendem Wortlaut:

> „Es besteht Übereinstimmung, daß Anwendungsfälle der Härteregelung insbesondere vorliegen,
> – wenn und soweit dem direkt Geschädigten bzw. dessen Hinterbliebenen der materielle Sach- und Personenschaden (z. B. Einkommensverluste, vermehrte Bedürfnisse aufgrund erlittener Körperschäden, entgangener Unterhalt und Bestattungskosten) durch eine summenmäßige Begrenzung der Schadenersatzpflicht in den Vorschriften des Unfallorts nicht in vollem Umfang ausgeglichen werden kann,
> – wenn die Schmerzensgeldentschädigung nach den Vorschriften des Unfallorts bei besonders schweren Körperverletzungen (z. B. komplizierte Schädelfraktur, Amputation einer Hand oder eines Fußes, Verlust eines Auges, Verletzungen mit schmerzhaften Nachbehandlungen und mehrfachen Operationen, offene Brustkorbverletzungen, schwere Verbrennungen, schwere Entstellungen) erheblich unter dem Entschädigungsbetrag liegt, der nach den Vorschriften im Geschäftsbereich der regulierenden Vseinrichtung zu zahlen wäre.
> Entschädigungen für die entgangene Möglichkeit der Benutzung des eigenen Kfz und Regreßansprüche jeder Art, z. B. von Sozial- oder anderen Vern und vom Beschäftigungsbetrieb des Geschädigten fallen nicht unter die Härteregelung."

Weiter heißt es in Art. 7 Ziff. 2 des Abkommens, daß die Härteklausel nach Art. 7 Ziff. 1 S. 2 nicht bei Kfz-Unfällen gelte, die sich außerhalb der Geschäftsbereiche der beiden Vseinrichtungen ereignen. Außerdem ist im Protokollvermerk zu Art. 7 festgelegt, daß sich in Schadenfällen, die nach Art. 6 der Vereinbarung zu regulieren seien (Schäden durch nicht identifizierte Fahrzeuge), die Entschädigungsleistung nach den Vorschriften richte, die im Geschäftsbereich der regulierenden Vseinrichtung gelten.

Angesichts dieser verwirrenden Fülle von Regelungen über das anzuwendende Recht muß mit allem Nachdruck der Grundsatz hervorgehoben werden, daß weder durch ein Ministerabkommen noch durch eine Vereinbarung zwischen „Vseinrichtungen" der Umfang der dem Geschädigten zustehenden Schadenersatzansprüche berührt wird. Es

II. 9. Internationalprivatrechtliche Aspekte
Anm. B 86

könnten die aufgeführten Regelungen aber für den Umfang der vertraglich übernommenen Verpflichtungen der „Vseinrichtungen" von Bedeutung sein. Es ist daher zu untersuchen, welche Konsequenzen sich aus einer solchen etwaigen Divergenz zwischen dem allein gesetzlich zu bestimmenden materiellrechtlichen Schadenersatzanspruch und der aufgeführten vertraglichen Regelung ergeben könnten. Ausgangspunkt der Überlegungen ist dabei, wie das Rechtsanwendungsproblem vom Standpunkt des in der Bundesrepublik Deutschland geltenden Rechts zu beurteilen ist. Dabei sollen sich die Bemerkungen wiederum beschränken auf diejenigen Fälle, in denen nach den beiden Abkommen eine „Vseinrichtung" der Bundesrepublik Deutschland eintritts- oder regulierungspflichtig ist (nicht untersucht wird also die Frage, ob die in den beiden Abkommen vorgeschriebene Rechtswahl den in dem Gebiet der DDR geltenden Grundsätzen zur Ermittlung des im Einzelfall anwendbaren Rechts entspricht). Wie eine Durchsicht des Abkommens zeigt, sind in räumlicher Beziehung drei Fälle zu unterscheiden, nämlich Verkehrsunfälle im Bereich der Bundesrepublik Deutschland (einschließlich West-Berlin), im Bereich der DDR und im sonstigen Europa. Im ersten dieser drei Fälle, in dem sich also ein Verkehrsunfall im Bereich der Bundesrepublik Deutschland ereignet, stimmt die in den Abkommen vorgesehene Regelung hinsichtlich deliktischer Schadenersatzansprüche mit den bei uns geltenden Kollisionsnormgrundsätzen überein. Denn nach h.A. gilt der ungeschriebene Rechtsgrundsatz, daß für deliktische Schadenersatzansprüche, zu denen auch solche aus Gefährdungshaftung zählen, das Recht des Unfallorts zur Anwendung kommt. Dabei wird in diesem Sinne als Deliktsort sowohl der Handlungsort als auch der Erfolgsort verstanden (vgl. nur BGH 21. XII. 1956 BGHZ Bd 23 S. 67–68 m.w.N., 23. VI. 1964 NJW 1964 S. 2012 m.w.N.; Beitzke Aspekte S. 167 m.w.N. in Anm. 14, ferner Palandt-Heldrich[42] Anm. 2a zu Art. 12 EGBGB; für Ausnahmen von diesem Prinzip aufgrund gemeinsamen Personalstatuts von Schädiger und Geschädigtem vgl. Stoll Anknüpfungsgrundsätze S. 116–122 m.w.N.; kritisch zu diesem Ubiquitätsprinzip für Verkehrsunfälle Hepting DAR 1983 S. 98 m.w.N.). Diese im Verhältnis zu fremden Staaten entwickelten Grundsätze des internationalen Privatrechts sind – je nach staatsrechtlicher Grundbeurteilung – entweder entsprechend (dann interlokales Privatrecht genannt) oder direkt auf derartige deliktische Ersatzansprüche zwischen den Staatsbürgern der Bundesrepublik und denen der DDR anzuwenden (vgl. dazu BGH 14. VI. 1960 FamRZ 1960 S. 261–262 m.w.N., Palandt-Heldrich[42] Anm. 5 zu Art. 12 EGBGB, Anm. 3b zu Anh. I zu Art. 12 EGBGB, Bem. 7a vor Art. 7 EGBGB). Das bedeutet, daß bei unterschiedlicher deliktsrechtlicher Beurteilung eines Schadenereignisses nach Maßgabe der Rechtsordnungen der Bundesrepublik Deutschland und der DDR das Deliktsrecht der Bundesrepublik Deutschland maßgebend ist, wenn sich der Handlungs- oder Erfolgsort auf deren Staatsgebiet befindet (BGH 14. VI. 1960 a.a.O.). Die VO über die Rechtsanwendung bei Schädigungen deutscher Staatsangehöriger außerhalb des Reichsgebiets vom 7. XII. 1942 (RGBl. S. I 706), die nach h.A. weiterhin gültig ist (vgl. dazu nur BGH 2. II. 1961 BGHZ Bd 34 S. 224 m.w.N., Beitzke Aspekte S. 164 Anm. 6 und 7, Palandt-Heldrich[42] Anm. 3b zu Anh. I zu Art. 12 EGBGB m.w.N., Stoll Anknüpfungsgrundsätze S. 116–117 m.w.N.), führt hier sicherlich zu keinem anderen Ergebnis. Denn sie setzt zum einen die Rechtseinheit voraus und betrifft zum anderen lediglich Unfälle außerhalb des Staatsgebietes. Im übrigen gilt der erwähnte Grundsatz der Maßgeblichkeit des Deliktsrechts der Bundesrepublik Deutschland auch dann, wenn die Schadenursache von einer Person mit Wohnsitz in der DDR gesetzt worden ist, die eine Staatsangehörigkeit eines dritten Landes hat. Das sei nur deshalb erwähnt, weil von dem Ministerabkommen (und der Vereinbarung der Vseinrichtungen) nicht auf die Staatsangehörigkeit, sondern auf den Wohnsitz abgestellt wird. Soweit allerdings zwischen dem Schädiger und dem Geschädigten vor dem Unfall vertragliche (oder vertragsähnliche) Beziehungen bestanden haben, kann sich eine Divergenz zwischen dem materiellen Schadenersatzrecht und der Bestimmung in dem Abkommen ergeben, daß sich die Entschädigungsleistung nach den Vorschriften des Unfallortes richte. Hier wäre nach den ebenfalls (entsprechend) anzuwendenden Grundsätzen des internationalen Privatrechts zu entscheiden, ob nicht, was durchaus denkbar ist, für eine Vertragsverletzung das Recht der DDR zur Anwendung kommt. Solche Fälle einer vor dem Unfall gegebenen Vertragsbeziehung treten in der Rechtswirklichkeit sicher nur sehr selten auf. Desweiteren ist zu bedenken, daß in der Regel zu einem vertraglichen Schadenersatzanspruch dann auch ein deliktischer Schadenersatzanspruch in Anspruchskonkurrenz steht, der sich nach dem Gesagten ohnedies nach dem Deliktsrecht der Bundesrepublik Deutschland richtet. Es kann aber immerhin die theoretische Möglichkeit nicht ausgeschlossen werden, daß zum Vorteil oder zum Nachteil des geschädigten Dritten Rechtsdifferenzen zwischen dem vertraglichen Schadenersatzrecht der DDR und dem der Bundesrepublik Deutschland in den eben erörterten Ausnahmefällen auftreten. Ist eine solche (kaum vorstellbare) Besserstellung nach dem Recht der DDR gegeben (vorausgesetzt also, daß dieses Recht nach den entsprechend anwendbaren Grundsätzen des internationalen Privatrechts maßgebend ist), so fragt sich, ob der direkt in Anspruch genommene HUK-Verband sich demgegenüber auf das nach dem Ministerabkommen und der Vereinbarung zwischen den Vseinrichtungen in erster Linie maßgebende Recht des Unfallorts berufen kann. Das ist zu verneinen. Denn die Stellung des HUK-Verbandes ist, wie oben ausgeführt (vgl. Anm. B 85), als die eines inländischen Vers zu qualifizieren, der nach § 2 I b AuslPflVsG neben einem ausländischen Ver die Pflichten eines inländischen Haftpflichtvers übernimmt. Der Deckungsumfang muß dabei nach § 4 I AuslPflVsG den genehmigten allgemeinen Vsbedingungen entsprechen, also den AKB. In § 10 I AKB ist aber Vsschutz auch für vertragliche Schadenersatzansprüche zugesagt, da der Begriff „Schadenersatzansprüche, die aufgrund gesetzlicher Haftpflichtansprüche privatrechtlichen Inhalts erhoben werden" weit auszulegen ist und gleichermaßen gesetzliche wie vertragliche Schadenersatzansprüche umfaßt, soweit nicht spezielle Ausschlußbestimmungen entgegenstehen (vgl. in diesem Zusammenhang Anm. B 14 und Bd IV Anm. G 58 m.w.N.). Insoweit bedarf es daher keiner Erörterung, welche rechtliche Bedeutung der in Art. 7 Ziff. 1 S. 2 des Abkommens vom 26. IV. 1972 niedergelegten Härteklausel überhaupt zukommt. Liegt dagegen nach dem hier theoretisch gebildeten Denkmodell eine Schlechterstellung des Dritten durch die Anwendung des DDR-Rechts über die Entschädigung in Vertragsverletzungsfällen vor, so fragt sich, ob Art. 7 Ziff. 1 S. 2 diese Fälle überhaupt erfassen will und ob diese Bestimmung in dem Sinne auszulegen ist, daß dem Dritten insoweit ein zusätzlicher Rechtsanspruch eingeräumt werden sollte. Liest man den Vertragstext kritisch durch, so stellt man fest, daß an keiner Stelle der Sonderrechtsproblematik gedacht wird, daß zwischen Vmer und Drittem vor Eintritt des Schadenfalles bereits ein vertragsrechtliches Band bestand und daß dieses Einfluß auf den Umfang der Schadenersatzansprüche des Dritten haben könnte. Es drängt sich daher der Schluß auf, daß die Härteklausel einen solchen Ausnahmefall auch gar nicht erfassen wollte. Diese Annahme gilt um so mehr, als der auf der XI. Haager Konferenz für Internationales Privatrecht 1968 ausgearbeitete Entwurf eines Abkommens über das Kollisionsrecht der Straßenverkehrsunfälle (vgl. den Text in RabelsZ Bd 33 S. 343—353) sich auch nur auf die außervertragliche Haftung bezieht (Beitzke Aspekte S. 165).

Der nächste in Betracht zu ziehende Kollisionsfall ist der, daß einer Person mit Sitz, Wohnsitz oder gewöhnlichem Aufenthalt im Geschäftsbereich des HUK-Verbandes (also in der Bundesrepublik Deutschland oder in West-Berlin) von einem Fahrzeug mit DDR-Kennzeichen ein Schaden auf dem Gebiet der DDR zugefügt wird. Auch hier ist die Regulierungsverpflichtung des HUK-Verbandes gegeben, aber ein Direktanspruch gegen diesen Verband nicht begründet worden (vgl. Anm.

II. 9. Internationalprivatrechtliche Aspekte Anm. B 86

B 85). Geht man davon aus, daß sich die beiden deutschen Staaten gleichberechtigt gegenüberstehen, so ist es konsequent, bei deliktischen Haftungsdifferenzen zwischen den beiden Rechtsordnungen nach den Grundsätzen des interlokalen Privatrechts (wie auch sonst im internationalen Privatrecht) auf das Recht des Unfallorts abzustellen (vgl. die Nachweise am Anfang dieses Abschnitts). Insoweit trifft Art. 7 Ziff. 1 S. 1 des Abkommens der Vseinrichtungen daher durchaus die Rechtslage. Art. 7 Ziff. 1 S. 2 bedeutet von diesem Standpunkt aus eine systemwidrige, wenn auch im Einzelfall für den Betroffenen erfreuliche Besserstellung gegenüber der gesetzlichen Regelung. Problematisch ist vom Standpunkt der Fallgerechtigkeit die Härteklausel aus Art. 7 Ziff. 1 S. 2 aber deshalb, weil der Dritte keine Möglichkeit hat, die Anwendung dieser Bestimmung gerichtlich überprüfen zu lassen. Denn der Schadenersatzanspruch richtet sich in diesen Fällen nicht gegen den HUK-Verband, sondern gegen die Schädiger, nämlich gegen den Fahrer und den Halter des DDR-Fahrzeugs (Brumm Aspekte S. 329). Der Dritte ist daher nach dem Abkommensinhalt auf das wohlwollende Regulierungsverhalten des HUK-Verbandes angewiesen. Insbesondere kann nicht etwa Art. 7 Ziff. 1 S. 2 als isolierte Regelung im Sinne eines Vertrages zugunsten Dritter angesehen werden. Da aber nach der hier vertretenen Auffassung Art. 7 Ziff. 1 S. 1 ohnedies der Rechtslage entspricht, kann es hingenommen werden, daß zur Überprüfung der Anwendung der Härteklausel kein Gericht angerufen werden kann. In diesem Zusammenhang ist allerdings des Ausnahmefalls zu gedenken, daß es sich um einen Schaden handelt, der durch den Betrieb eines nicht identifizierten Fahrzeugs verursacht worden ist. In dem Protokollvermerk zu dem Abkommen der Vseinrichtungen heißt es, daß insoweit nicht Art. 7 maßgebend sei, sondern das Recht der regulierenden Vseinrichtung. Bei der Bewertung dieser „Rechtsquelle" muß man sich darüber im klaren sein, daß es sich nicht um einen verbindlichen innerstaatlichen Rechtsakt im Sinne einer Norm handelt und daß die Figur des Vertrages zugunsten Dritter deshalb nicht eingesetzt werden kann, weil der als Verpflichteter in Betracht kommende Verkehrsopferfonds nicht Beteiligter der hier zu erörternden Abkommen ist. Dennoch ist der Protokollvermerk für die Rechtslage in der Bundesrepublik Deutschland nicht ohne Bedeutung. Er öffnet nämlich den Blick dafür, daß es möglich ist, in derartigen Fällen den Bürgern der Bundesrepublik Deutschland einen Rechtsanspruch gegen den Verkehrsopferfonds zu gewähren. Als Lösungsweg bietet sich § 10 der Verordnung über den Entschädigungsfonds vom 14. XII. 1965 (BGBl. III S. 925–926) an. Dieser darf dahin ausgelegt werden, daß für die zusätzliche Eintrittspflicht des Fonds eine Gleichstellung mit den inländischen Fahrerfluchtfällen vorgenommen wird (vgl. ergänzend Anm. B 88 und B 105).

Der dritte von dem Abkommen erfaßte Fall ist der, daß Bürger der Bundesrepublik Deutschland (oder dort ansässige Personen) einen Schaden im sonstigen Europa durch den Betrieb eines in der DDR zugelassenen Fahrzeugs erleiden. Auch hier soll also das Deliktsrecht des Unfallorts maßgebend sein, wobei eine Anwendung der Härteklausel durch Art. 7 Ziff. 2 des Abkommens der Vseinrichtungen ausdrücklich ausgeschlossen wird. Sieht man von dem Ausnahmefall ab, daß hier der Schädiger weder Bürger der DDR ist noch die Staatsangehörigkeit der Bundesrepublik Deutschland besitzt, so gibt diese Regelung deshalb zu Bedenken Anlaß, weil sie den Blick auf die materielle Rechtslage versperrt. In diesem Zusammenhang gewinnt nämlich die schon erwähnte VO über die Rechtsanwendung bei Schädigungen deutscher Staatsangehöriger außerhalb des Reichsgebietes vom 7. XII. 1942 (RGBl. I S. 706) Bedeutung. Mit Rücksicht auf diese VO wäre es verfehlt, hier vom Tatortprinzip auszugehen, wenn und soweit die materielle Rechtslage in der Bundesrepublik Deutschland und in der DDR noch übereinstimmen. Das insofern noch gemeinsame Recht ist vielmehr die vorrangige Rechtsquelle (a.M. Kittke DAR 1976 S. 285). Differieren das Recht der Bundesrepublik Deutschland und das der DDR (vgl. für abweichende DDR-Haftungsgrundsätze Kittke DAR 1976

S. 285 m.w.N.) in dem Sinne, daß beide den Dritten aber immer noch besser stellen als das Recht des Unfallorts, so erscheint es ebenfalls als sachgerecht, nicht vom Deliktsstatut auszugehen, sondern die genannte VO entsprechend anzuwenden. Das muß dann allerdings in der Weise geschehen, daß dabei das Recht des Schädigers maßgebend ist. Zur Anwendung des Rechts des Unfallorts wird man allerdings ungeachtet jener zitierten VO z. B. dann kommen, wenn das Recht des Unfallorts in dem Umfang seiner Entschädigungsleistungen zwischen dem Recht der Bundesrepublik Deutschland und dem der DDR steht. Der hier nur angedeuteten Vielfalt der Rechtsanwendungsproblematik im Sinne des interlokalen (internationalen) Privatrechts wird Art. 7 der Vereinbarung daher gewiß nicht gerecht. Im übrigen ist zu bedenken, daß ein Bürger der Bundesrepublik Deutschland bei einem im Ausland erlittenen Unfall die Wahl zwischen mehreren Gerichtsständen hat, nämlich dem Gerichtsstand des Unfallorts und dem des Wohnsitzes des Schädigers und des Sitzes der Staatlichen V der DDR. Zu erinnern ist in diesem Zusammenhang daran, daß in dem Abkommen nur für im Bundesgebiet und in West-Berlin eintretende Schadenfälle vertraglich ein Direktanspruch gegen den HUK-Verband vereinbart worden ist (vgl. Art. 5 Ziff. 4), während hinsichtlich der Ausdehnung auf den sonstigen Europabereich der Schädiger (Fahrer und Halter des DDR-Fahrzeugs) selbst zu verklagen ist (Brumm Aspekte S. 329). Daneben kann allerdings nach den in Anm. B 76–77 dargestellten Grundsätzen auch ein Direktanspruch gegen die Staatliche V gegeben sein, wenn das Recht des Deliktsorts dieses Rechtsinstitut entgegen dem DDR-Recht (vgl. Anm. B 85 m.w.N.) kennt. Folgt man weiter der in Anm. B 85 vertretenen Auffassung, daß der Staatlichen V der DDR ein Rechtsanspruch auf Regulierung und Bezahlung derartiger Schäden gegen den HUK-Verband zusteht, so bedeutet das zugleich, daß in diesem Ausnahmefall ein solcher Direktanspruch gegen die Staatliche V der DDR auch im inländischen Gerichtsstand in entsprechender Anwendung des § 23 ZPO (Gerichtsstand des Vermögens) geltend gemacht werden könnte.

[B 87] dd) Versicherungsrechtliche Grundlagen

In dem Abkommen wird aber nicht nur die allerdings im Vordergrund stehende Frage der Anwendung des Haftpflichtrechts angesprochen, sondern es befindet sich dort auch eine Aussage über die Frage des anzuwendenden Vsrechts. Es bestimmt nämlich Art. 4, daß sich der Umfang des Vsschutzes grundsätzlich nach den Vorschriften und Vsbedingungen des Unfallortes bestimme. Das entspricht der für die Bundesrepublik Deutschland ohnedies geltenden Bestimmung des § 10 VIII AKB in dem dort allerdings nur erwähnten System der internationalen Vskarte, bzw. in dem gleichgestellten Kennzeichensystem (vgl. Anm. B 81–82). Ergänzend wird in Art. 4 bestimmt, daß dann, wenn der Vsschutz nach den Rechtsvorschriften und Vsbedingungen des Geschäftsbereichs der Vseinrichtung, in der der Schädiger seinen Wohnsitz, Sitz oder gewöhnlichen Aufenthalt hat, weitergehe, dieser maßgebend sei. Wenn man unterstellt, daß es sich um einen Fall handelt, in dem einem Bürger der Bundesrepublik Deutschland von einem in der DDR ansässigen Dritten auf dem Gebiet der Bundesrepublik Deutschland ein Schaden zugefügt wird, so bedeutet diese Bestimmung, daß ergänzend das Vsrecht der DDR eingreift, soweit dort weitergehender Vsschutz nach dem Vsvertrag oder den gesetzlichen Bestimmungen zu gewähren ist. Auch insoweit besteht Übereinstimmung mit § 10 VIII AKB, daß nämlich der Inhalt des Vsschutzes durch die Vereinbarungen im dort vorausgesetzten „Grüne-Karte-System" nicht zum Nachteil des Vmers (oder Vten) verändert wird. Allerdings läßt sich aus den bisher über das Recht der DDR veröffentlichten Rechtsquellen für die Gegenwart eine solche Besserstellung nicht feststellen. Der Sache nach gilt der Inhalt jener Vorschrift umgekehrt auch für Fahrten in die DDR, wenn dort z. B. ein DDR-Bürger durch einen Angehörigen der Bundesrepublik Deutschland geschädigt wird.

II. 9. Internationalprivatrechtliche Aspekte Anm. B 88

[B 88] ee) **Schäden durch nicht identifizierte Fahrzeuge**
Als Besonderheit des Ministerabkommens und der Vereinbarung zwischen dem HUK-Verband und der Staatlichen V der DDR ist ferner festzuhalten, daß eine Regelung für die sog. **Fahrerfluchtfälle** vorgesehen ist (vgl. Art. 2 des Ministerabkommens und Art. 6 der Vereinbarung zwischen dem HUK-Verband und der Staatlichen V der DDR). In diesen Bestimmungen wird der Anwendungsbereich der Regulierungstätigkeit auf diejenigen Fälle erstreckt, in denen eine Person im Geschäftsbereich der anderen Vseinrichtung durch ein nicht ermitteltes Kfz körperlich verletzt oder getötet wird. Damit ist nicht gemeint, daß ein Bürger der DDR, dem in der Bundesrepublik Deutschland von einem Kfz, das nicht identifiziert worden ist, ein Körperschaden zugefügt worden ist, von der zuständigen Vseinrichtung der Bundesrepublik Deutschland zu entschädigen ist. Vielmehr wird gerade umgekehrt vereinbart, daß die Entschädigungslast die Staatliche V der DDR trifft. Für den Bürger der Bundesrepublik Deutschland ist ebenso für solche Schäden, die er durch nicht identifizierte Kfz in der DDR erleidet, nicht die Staatliche V der DDR eintrittspflichtig, sondern die zuständige Vseinrichtung der Bundesrepublik Deutschland. Anders als für im Bereich der Bundesrepublik Deutschland und West-Berlin durch identifizierte Fahrzeuge aus der DDR angerichtete Schäden besteht für diese Fälle aber kein Direktanspruch gegen den HUK-Verband. Anspruchsgegner ist vielmehr der Entschädigungsfonds nach § 12 PflichtvsG, also der Verein „Verkehrsopferhilfe" (ebenso Kittke DAR 1976 S. 284; für die hier geltenden Regulierungsgrundsätze vgl. Anm. B 97–131). Die Grundlage für eine solche Eintrittsverpflichtung des Entschädigungsfonds bietet (eine entsprechende Anwendung des) § 10 der VO über den Entschädigungsfonds vom 14. XII. 1965 (BGBl. III S. 925–926). Nach dieser Bestimmung hat nämlich der Verein „Verkehrsopferhilfe" im Rahmen des § 12 PflichtvsG auch für Schäden einzutreten, die unter den Voraussetzungen des § 12 I Ziff. 1 einem Deutschen außerhalb des Geltungsbereichs des PflichtvsG entstehen, wenn in dem Staat, in dem sich der Unfall zugetragen hat, eine Stelle besteht, die Angehörigen dieses Staates in Fällen dieser Art Ersatz leistet und wenn und soweit deutsche Erstzberechtigte von der Ersatzleistung durch diese Stelle ausgeschlossen sind. Daß einleitend von einer entsprechenden Anwendung des genannten § 10 gesprochen worden ist, ergibt sich aus der geschichtlich schwer zu bewältigenden Tatsache, daß sich auf dem Boden des früheren Deutschen Reiches zwei neue Staaten gebildet haben, was zur Folge hat, daß unter einem Deutschen im Sinne einer Gesetzesbestimmung unter Umständen nur ein Bürger der Bundesrepublik Deutschland zu verstehen ist. Ist derart auch gegen eine Ausdehnung des Anwendungsbereichs des § 12 PflichtvsG auf Schadenfälle, die einem Bundesbürger im Gebiet der DDR zustoßen, vom Zweck unserer Gesetze her gewiß nichts einzuwenden, so wäre es doch verfehlt, anzunehmen, daß durch die zitierten Abkommen ein DDR-Bürger nach bundesdeutschem Recht gehindert wäre, für einen derart in der Bundesrepublik erlittenen Schaden den Verkehrsopferhilfefonds in Anspruch zu nehmen. Zu diesem Ergebnis kommt man vielmehr nur dann, wenn man Bürger der DDR als ausländische Staatsangehörige im Sinne des § 11 der VO über den Entschädigungsfonds für Schäden aus Kraftfahrzeugunfällen vom 14. XII. 1965 ansieht. Eine solche Auslegung erscheint als bedenklich. Sie greift aber jedenfalls dann nicht ein, wenn jener Geschädigte nicht in die DDR zurückkehrt, sondern in der Bundesrepublik Deutschland auf Dauer verbleibt (für diejenigen Fälle, in denen DDR-Bürger im dortigen Hoheitsbereich verbleiben, ergeben sich im übrigen hinsichtlich der Durchsetzung der Forderung devisenrechtliche Schwierigkeiten, vgl. dazu Anm. B 90 a.E.).
Im gewissen Umfang wird dieser Problematik im übrigen dadurch Rechnung getragen, daß es in Art. 2 Ziff. 1 S. 3 des Ministerabkommens heißt, daß die andere Vseinrichtung in begrenztem Umfang zur direkten Zahlung an die betroffenen Personen be-

rechtigt bleibe, solange sich diese nämlich im Anschluß an den Unfall in ihrem Geschäftsbereich aufhalte. Daß dabei aber weiter insbesondere des Falles gedacht wird, daß damit die Rückkehr an den Wohnort ermöglicht werde, betrifft allerdings das grundsätzliche Einordnungsproblem nicht.

[B 89] e) Schäden auf DDR-Gebiet durch nicht in der DDR zugelassene Fahrzeuge

Nicht geregelt werden durch das in Anm. B 84—88 abgehandelte Abkommen solche Fälle, in denen ein Bürger der Bundesrepublik Deutschland auf dem Gebiet der DDR durch den Betrieb oder die Benutzung eines nicht in der DDR zugelassenen Kfz einen Schaden erleidet. Einen solchen Fall behandelt OLG Düsseldorf 5. XII. 1974 VersR 1975 S. 1124—1125. In jenem Fall war es zu einem Zusammenstoß zwischen einem Fahrzeug aus der Bundesrepublik Deutschland und einem solchen aus den Niederlanden gekommen. Das Gericht wendete nach den in Anm. B 76—77 dargestellten Grundsätzen auf die Klage gegen den niederländischen Schädiger das Recht des Tatorts an, also das der DDR. Von Interesse ist in diesem Zusammenhang ein Rundschreiben des HUK-Verbandes vom 17. III. 1981 (AnwBl. 1981 S. 224). In diesem Rundschreiben wird über ein kompliziertes Verfahren berichtet, das sich daraus ergibt, daß die Staatliche V der DDR trotz Ausstellung einer Grenzpolice ihre Eintrittspflicht für derartige Fälle verneint. Es kann nach jenem Rundschreiben bei dem HUK-Verband beantragt werden, daß einem Bürger der Bundesrepublik Deutschland eine Regulierung nach bundesdeutschen Schadenersatzgrundsätzen gewährt wird. Stimmt der ausländische Ver zu, so wird demgemäß durch eine Vereinbarung zwischen dem für den HUK-Verband handelnden inländischen Ver und dem geschädigten Dritten nachträglich das Deliktsstatut geändert. Dabei ist der Vorgang in dem Sinne zu verstehen, daß damit auch das Recht zur Direktklage nach bundesdeutschem Recht eingeräumt wird. Der Wert einer solchen Möglichkeit dürfte allerdings als gering anzusehen sein, da es keine Rechtspflicht des ausländischen Vers gibt, eine solche Zustimmungserklärung abzugeben. — In dem Rundschreiben wird weiter erwähnt, daß entsprechend verfahren werden könne, wenn ein Angehöriger eines westlichen Staates geschädigt worden sei und Schädiger ein Bürger der Bundesrepublik Deutschland (oder ein West-Berliner) sei. Indessen wird man auch hier nicht ohne weiteres annehmen können, daß ein westdeutscher Ver einer solchen nachträglichen Verbesserung des Deliktsstatuts zugunsten des Dritten zustimmt. Dabei ist zu bedenken, daß z. B. in der DDR die Schmerzensgeldbeträge wesentlich unter denen liegen, die von westdeutschen Gerichten bei gleichartigen Verletzungen zugesprochen werden (vgl. dazu OLG Düsseldorf 5. XII. 1974 a. a. O. m. w. N.); auch kennt das Recht der DDR keinen Anspruch auf Ersatz eines merkantilen Minderwerts und keinen Nutzungsausfallschaden für Fahrzeuge im Sinne der speziellen westdeutschen Rechtsprechung (Kittke DAR 1976 S. 286). Relativ unproblematisch sind dagegen diejenigen Fälle, in denen ein Zusammenstoß auf DDR-Gebiet zwischen Bürgern der Bundesrepublik Deutschland erfolgt. Hier greift in entsprechender Anwendung der VO vom 7. XII. 1942 das in der Bundesrepublik Deutschland geltende Recht ein (vgl. die Nachweise für die Weitergeltung dieser RechtsanwendungsVO in Anm. B 86).

Erwähnenswert ist in diesem Zusammenhang, daß es zur Anwendung des Haftungsrechts der Bundesrepublik Deutschland und damit auch zur Zubilligung eines Direktanspruchs auch über Art. 17 III des Rechtsanwendungsgesetzes der DDR vom 5. XII. 1975 (abgedruckt bei Roggemann, Zivilgesetzbuch und Zivilprozeßordnung der DDR mit Nebengesetzen, Berlin 1976, S. 435—442) kommen kann. Nach dieser Vorschrift ist nicht nur dann, wenn Schädiger und Geschädigter Bürger des gleichen Staates sind, deren Recht anzuwenden, sondern auch dann, wenn Schädiger und Geschädigter ihre Wohnsitze in dem gleichen Staat haben. Verursacht demgemäß ein marokkanischer

II. 9. Internationalprivatrechtliche Aspekte **Anm. B 90**

Staatsangehöriger mit Wohnsitz in Hamburg auf dem Gebiet der DDR eine Körperverletzung seiner deutschen Begleiterin, die ebenfalls ihren Wohnsitz in der Bundesrepublik Deutschland hat, so findet danach das Recht der Bundesrepublik Deutschland Anwendung. Eine solche Rückverweisung auf das Recht der gemeinsamen Staatsangehörigkeit oder des gemeinsamen Wohnsitzes ist aus den in Anm. B 77 dargestellten Gründen als sachbezogen zu akzeptieren (vgl. auch LG Berlin 31. I. 1979 VersR 1979 S. 750–752, dem im Ergebnis, nicht aber in der Begründung gefolgt werden kann).

Nicht vom Abkommen erfaßt ist auch der Sonderfall, daß ein Zusammenstoß auf dem Gebiet der DDR mit einem Kraftfahrzeug der dort stationierten sowjetischen Streitkräfte erfolgt. Soweit die Verantwortung im Bereich der Streitkräfte zu suchen ist, ist hier für DDR-Bürger aufgrund eines Regulierungsabkommens die Staatliche V Regulierungspartner (vgl. Bader-Heinrich, Die Staatliche V in der DDR – Sach-, Haftpflicht- und Personenv, 2. Aufl., Berlin (Ost) 1974, S. 257 Anm. 10). Darüber, daß dadurch ein Direktanspruch gegenüber der Staatlichen V begründet worden ist, sind Erkenntnisse nicht bekannt geworden. Zu beachten ist, daß an sich die Zuständigkeit des Ministeriums der Finanzen der DDR aufgrund des Art. 25 des Abkommens vom 2. XII. 1957 zwischen der Regierung der DDR und der Regierung der UdSSR über gegenseitige Rechtshilfe in Angelegenheiten, die mit der zeitweiligen Stationierung sowjetischer Streitkräfte auf dem Territorium der DDR zusammenhängen, gegeben ist (vgl. DDR-GBl. 1957 I S. 615). Kittke DAR 1976 S. 283 vertritt die Auffassung, daß auch ein in der Bundesrepublik Deutschland lebender Geschädigter sich mit einem solchen Schadenersatzanspruch an den Minister der Finanzen der DDR, bzw. an die Staatliche V der DDR wenden könne. Auch insoweit ist aber über die Begründung eines Direktanspruchs nichts bekannt.

[B 90] f) Exkurs: Ansprüche von DDR-Bürgern gegen Schädiger aus der Bundesrepublik Deutschland

In Anm. B 84–89 ist das Abkommen zwischen dem HUK-Verband und der Staatlichen V der DDR überwiegend aus dem Gesichtspunkt des Geschädigten betrachtet worden, der seinen Wohnsitz oder ständigen Aufenthalt im Gebiet der Bundesrepublik Deutschland oder in West-Berlin hat. Diese Überlegungen gelten spiegelbildlich für DDR-Bürger. Das bedeutet, daß nach dem dem Abkommen zu Grunde liegenden Personalitätsprinzip der Staatlichen V der DDR gegenüber DDR-Bürgern, denen Schäden durch ein in der Bundesrepublik Deutschland (oder West-Berlin) zugelassenes Kfz zugefügt worden sind, eine dem HUK-Verband gegenüber den Bürgern der Bundesrepublik Deutschland entsprechende Rechtsstellung eingeräumt worden ist. Zu beachten ist aber, daß es dem DDR-Bürger unbenommen bleibt, sich in allen drei Fallgruppen nicht an die Staatliche V der DDR zu wenden, sondern den westdeutschen Schädiger und seinen Ver zu verklagen (wobei es für eine Direktklage gegen den westdeutschen Ver wesentlich auf das Tatortsrecht ankommt, ob dieses nämlich eine Direktklage kennt oder nicht, vgl. dazu Anm. B 76–77). Ein gutes Beispiel aus der Zeit vor Einführung des Direktanspruchs in der Bundesrepublik Deutschland bildet für ein solches Vorgehen BGH 14. VI. 1960 FamRZ 1960 S. 261–262. In jenem Fall war eine DDR-Bürgerin in der Bundesrepublik Deutschland durch Benutzung eines dort zugelassenen Fahrzeugs geschädigt worden. Der BGH wendete das Recht der Bundesrepublik Deutschland an, allerdings mit der aus der Sicht des interlokalen (internationalen) Privatrechts verständlichen Ergänzung, daß für die Frage, inwieweit die Leistung von Diensten durch einen Ehegatten dem anderen geschuldet werde, das Recht der geschädigten DDR-Bürgerin maßgebend sei.

Zu beachten sind im Verhältnis zur DDR allerdings die devisenrechtlichen Vorschriften. Hier gelten noch Vorschriften des Besatzungsrechts, insbesondere MRG 52

Art. I 1f, 53 und die 3. DVO zum MRG 53 (vgl. dazu von grundlegender Bedeutung BVerfG 3. XI. 1982 DB 1983 S. 172–173 m.w.N.; ferner Palandt-Heldrich[42] Anm. 7b vor § 12 EGBGB m. w. N. und Baumbach-Lauterbach ZPO[41] Schlußanh. IV). Das bedeutet, daß Verfügungen über Forderungen zugunsten von in der DDR wohnenden Personen der Genehmigung der deutschen Bundesbank bedürfen; jedoch ist eine Verurteilung zur Zahlung auf ein Sperrkonto zulässig (Palandt-Heldrich a. a. O.). Es ist aber vor allem zu beachten, daß nach den vom BVerfG 3. XI. 1982 a.a.O. entwickelten Grundsätzen aus dem Gesichtspunkt des Eigentumsschutzes im Regelfall ein Rechtsanspruch auf Erteilung einer solchen Genehmigung besteht (anders noch das vom BVerfG aufgehobene Urteil des BVerwG 27. X. 1978 NJW 1979 S. 1840–1843). Demgemäß dürften künftig Klagen von DDR-Bürgern, die an einer wegen des Währungsgefälles sie benachteiligenden Regulierung über die Staatliche V der DDR nicht interessiert sind, kaum noch an devisenrechtlichen Vorschriften scheitern. Vgl. z. B. LG Münster 13. VII. 1976 VersR 1977 S. 143–144. Dort verlangte die Klägerin, Bürgerin der DDR, Zahlung eines Schmerzensgeldes an ihre Bevollmächtigte, nämlich ihre in der Bundesrepublik Deutschland lebende Tochter. Die Klage wurde abgewiesen, da eine devisenrechtliche Einzelgenehmigung mit Rücksicht auf das hier abgehandelte Abkommen vom 10. V. 1973 von der Landeszentralbank Nordrhein-Westfalen nicht erteilt worden war. Eigenartigerweise ist aber weder in dem Gerichtsurteil noch in der als Anm. mit abgedruckten Stellungnahme der genannten Landeszentralbank auf die Möglichkeit hingewiesen worden, die Zahlung auf ein Sperrkonto zu verlangen. Es mag aber sein, daß die Klägerin sich zu einem solchen Antrag nicht entschließen konnte. – Einen weiteren bedauerlichen Sonderfall behandelt OLG Stuttgart 3. VII. 1980 VersR 1981 S. 763–764. Dort hatte eine geschädigte DDR-Bürgerin ihre Ersatzansprüche aus einem in der Bundesrepublik Deutschland durch ein dort zugelassenes Fahrzeug erlittenen Schaden an ihre Tochter abgetreten, die Bürgerin der Bundesrepublik Deutschland war. Die Klage wurde wegen einer nur teilweise gewährten devisenrechtlichen Genehmigung wegen Verstoßes der Abtretung gegen Art I Nr. 1c und d i. V. m. Art. VII MRG 53 überwiegend abgewiesen. Dem hätte man allerdings nach entsprechendem Hinweis durch das Gericht durch einen gewiß sachdienlichen Parteiwechsel zwischen Tochter und Mutter entgehen können. Allerdings hätte auch dann nur eine Zahlung auf ein Sperrkonto erzwungen werden können. – Wird heute Klage erhoben, bevor eine devisenrechtliche erforderliche Genehmigung erteilt worden ist, so ist es mit Rücksicht auf die vom BVerfG 3. XI. 1982 a.a.O. entwickelten Grundsätze im Regelfall geboten, den Rechtsstreit gemäß § 148 ZPO bis zur Erteilung (oder ausnahmsweise Versagung) der Genehmigung auszusetzen.

[B 91] g) Exkurs: Privatfahrzeuge von Angehörigen der in der Bundesrepublik Deutschland stationierten NATO-Truppen

Eine im Grunde genommen überholte gesetzliche Sonderregelung besteht bezüglich der Privatfahrzeuge von Angehörigen der in der Bundesrepublik Deutschland stationierten NATO-Truppen. Nach Art. 10 I des Zusatzabkommens zu dem Abkommen zwischen den Parteien des Nordatlantik-Vertrages über die Rechtsstellung ihrer Trupen hinsichtlich der in der Bundesrepublik Deutschland stationierten ausländischen Truppen vom 3. VIII. 1959 (BGBl. 1961 II S. 1218) steht den Behörden dieser NATO-Truppen das Recht zu, die Fahrzeuge und Fahrzeuganhänger der Truppen, des zivilen Gefolges, ihrer Mitglieder und deren Angehörigen selbst zu registrieren und zuzulassen. Während für die Dienstfahrzeuge entsprechend der Regelung für die Fahrzeuge der Behörden der Bundesrepublik Deutschland kein Haftpflichtvsschutz vorgeschrieben ist, bestimmt Art. 10 II 1 des genannten Zusatzabkommens (ZA), daß die Behörden private Kraftfahrzeuge und Kraftfahrzeuganhänger

II. 9. Internationalprivatrechtliche Aspekte   Anm. B 91

nur registrieren und zulassen, wenn für diese Kraftfahrzeuge und Kraftfahrzeuganhänger eine Haftpflichtv nach Art. 11 ZA besteht. Kommt die Behörde dieser Verpflichtung nicht nach, läßt sie also Fahrzeuge ohne einen solchen Vsschutz zu, so wird in der Regel ein Ersatzanspruch wegen Amtspflichtverletzung wie bei einem Versagen einer deutschen Zulassungsbehörde gegeben sein; der Ersatzanspruch stützt sich dann auf Art. VIII des Nato-Truppenstatuts (BGBl. 1961 II S. 1190) i. V. m. Art. 41 ZA (vgl. Bouska DAR 1963 S. 294). In Art. 10 II 2 ZA heißt es weiter, daß die Behörden eine Registrierung oder Zulassung zurückziehen oder für ungültig erklären, wenn die Haftpflichtv nicht mehr besteht. Diese Formulierung entspricht nicht ganz der Ausdrucksweise der deutschen Gesetzgebungstechnik, was auf den internationalen Charakter des Abkommens und die unterschiedliche Rechtssprache der beteiligten Vertragsparteien zurückzuführen ist. Der Sinn ist aber der, daß die Behörden der Truppen-Staaten verpflichtet sind, für eine Aufhebung der Registrierung oder Zulassung zu sorgen, wie das die deutschen Rechtsvorschriften für den Fall des Außerkrafttretens des Haftpflichtvsschutzes vorsehen. Bleibt die Truppe insoweit untätig, so können ebenfalls Ersatzansprüche wegen Amtspflichtverletzung nach Art. VIII des NATO-Truppenstatuts i. V. m. Art. 41 ZA gegeben sein (Bouska DAR 1963 S. 294).

In Art. 11 I ZA wird bestimmt, daß Mitglieder einer Truppe, eines zivilen Gefolges und Angehörige private Kraftfahrzeuge, Kraftfahrzeuganhänger (und Luftfahrzeuge) im Bundesgebiet nur gebrauchen oder deren Gebrauch gestatten dürfen, wenn die Risiken aus dem Gebrauch durch eine Haftpflichtv nach Maßgabe des deutschen Rechts gedeckt sind. Diese Bestimmung ist in dem Sinne zu verstehen, daß der so verlangte Haftpflichtvsschutz dem gesetzlichen Mindestinhalt deutscher Pflichtvsverträge zu entsprechen hat. Dazu gehört insbesondere die Haftung im Rahmen der in der Bundesrepublik Deutschland vorgeschriebenen Mindestvssummen und die Geltung der AKB (Bouska a. a. O.), aber auch die Verbindlichkeit der den Dritten schützenden Bestimmungen des Pflichtvsgesetzes und des VVG. In Art. 11 II ZA heißt es weiter, daß die nach Art. I erforderliche V bei einem Vsunternehmen abgeschlossen werden könne, dem in einem Entsendestaat die Erlaubnis zum Geschäftsbetrieb der Haftpflichtv erteilt sei, wenn neben diesem ein im Bundesgebiet zum Geschäftsbetrieb befugter Ver oder ein Verband solcher Ver die Pflichten eines Haftpflichtvers für Schadenfälle im Bundesgebiet übernehme. Unter einem Entsendestaat ist nach der Legaldefinition in Art. I Ziff. 1d des NATO-Truppenstatuts derjenige Staat zu verstehen, dem die Truppe angehört. Man wird aber den Abschluß in einem anderen Staat, der ebenfalls zu den Vertragsparteien gehört, auch als vertragsgemäß anzusehen haben.

Für die Geschädigten von entscheidender Bedeutung ist die Ermittlung des ausländischen Haftpflichtvers und des inländischen Garanten, sei es der HUK-Verband oder ein deutscher Ver. Hier ist in den Bestimmungen des genannten Zusatzabkommens zum NATO-Truppenstatut insofern eine Lücke enthalten, als es in Art. 10 III a. E. ZA zwar heißt, daß die Behörden der Truppen im Einzelfall den deutschen Behörden, wenn diese unter Darlegung der Gründe darum ersuchen, die Namen und Anschriften der Personen mitteilen, auf deren Namen private Kraftfahrzeuge, Kraftfahrzeuganhänger (und Luftfahrzeuge) zugelassen sind, daß aber dort nicht ausdrücklich verankert ist, daß auch der Name des betreffenden Haftpflichtvers mitzuteilen ist. Nach dem Sinn der Regelung wird man aber nach deutschem Rechtsverständnis von einer ergänzenden Verpflichtung zur Mitteilung auch des Namens des Vers und der Vsscheinnummer auszugehen haben.

Nach einem an alle Rechtsanwälte versandten Rundschreiben des HUK-Verbandes vom 1. I. 1980 kann der Name des Haftpflichtvers unter Angabe des Kennzeichens bei folgenden Militärbehördenstellen erfragt werden:

Anm. B 91 B. Kraftfahrzeughaftpflichtv Stellung des geschädigten Dritten

Für amerikanische Kraftfahrzeuge:
   DEPARTMENT OF THE ARMY
   Headquarters, United States Army, Europe & Seventh Army
   Registry of Motor Vehicles
   APO 09 403
   6900 Heidelberg

Für belgische Kraftfahrzeuge:
   1 (BE) CORPS ETAT-MAJOR
   Section MP
   Service D'Enregistrement
   Quartier Haelen BPS 7
   Forces Belges en Allemagne
   5023 Weiden

Für britische Fahrzeuge:
   BFG Licensing Office
   Command Pay BOAR
   4050 Mönchengladbach

Für französische Kraftfahrzeuge:
   Gendarmerie Française
   Kraftfahrzeugzulassungsstelle
   7570 Baden-Baden

Für kanadische Kraftfahrzeuge:
   Canadian Forces Europe
   Licence Office
   Canadian Forces Base Lahr
   Canadian Forces Post Office 5000
   7630 Lahr/Schwarzwald

Für niederländische Kraftfahrzeuge:
   Kommandant der Königl. Niederländischen Militärpolizei
   4402 Greven/Westfalen

Danach sieht es so aus, als wenn sich in der Praxis für den Geschädigten kein Nachteil daraus ergibt, daß er nach der zitierten Bestimmung keinen eigenen Auskunftsanspruch hat, sondern theoretisch auf den Umweg über eine deutsche Behördenanfrage angewiesen ist. Würde sich die deutsche Behörde weigern, eine solche Anfrage vorzunehmen, so wäre das eine Amtspflichtverletzung. Allerdings wird die Behörde im Regelfall den Dritten auf die Möglichkeit verweisen dürfen, zunächst selbst bei den Militärbehörden anzufragen. Gibt die zuständige Truppenbehörde die erbetene Auskunft weder dem Dritten noch der deutschen Behörde, so müßte zugunsten des Geschädigten davon ausgegangen werden, daß tatsächlich eine solche V pflichtwidrig nicht genommen worden sei, so daß wiederum eine Schadenersatzpflicht nach Art. VIII des NATO-Truppenstatuts in Verbindung mit Art. 41 ZA in Betracht kommt.

Daß die doch recht komplizierte Regelung von den Dritten nicht immer richtig beurteilt wird, ergibt mit Deutlichkeit LG Konstanz 31. X. 1980 VersR 1981 S. 370–371. In jenem Fall waren allerdings sowohl der ausländische Ver als auch der für diesen im Inland nach Art. 11 ZA haftende deutsche Ver bekannt, so daß nicht recht klar war, warum dann eine Klage gegen den HUK-Verband, der keinerlei Haftungsübernahme erklärt hatte, erhoben wurde. Aus dem erwähnten Rundschreiben des HUK-Verbandes ergibt sich im übrigen, daß dessen Inanspruchnahme als Garant nur vorgesehen ist für englische, französische und belgische Kraftfahrzeuge (des zivilen Gefolges), sofern eine zum Unfallzeitpunkt gültige „Grüne Vskarte" vorgelegt werden kann.

II. 10. Zusätzliche Haftung von der Vspflicht befreiter Halter **Anm. B 92**

Die Regelung in Art. 11 II ZA ist im übrigen so zu verstehen, daß der deutsche Ver (oder auch der HUK-Verband) genauso wie ein inländischer Ver haftet, der nach § 2 Ib AuslPflVsG eintrittspflichtig ist. Insbesondere ist auch ein Direktanspruch gegen den deutschen Ver zu bejahen. Zwar gab es in der Bundesrepublik Deutschland bei Abschluß des Zusatzabkommens im Jahre 1961 noch keinen solchen Direktanspruch. Die Bestimmung in Art. 11 I, wonach die Haftpflichtv nach Maßgabe des deutschen Rechts gedeckt ist, und die in Art. 11 II 2 ZA, daß die in Ansehung des geschädigten Dritten bestehenden Erfordernisse des deutschen Rechts durch die Bedingungen dieser Ven nicht berührt werden, sind aber als eine Gesamtverweisung auf das jeweils geltende Recht zum Schutze des Dritten in der Kraftfahrzeughaftpflichtv im Bereich der Bundesrepublik Deutschland zu verstehen (vgl. auch Bouska DAR 1963 S. 294, der sich zu der Frage des Direktanspruchs natürlich noch nicht äußert, und Karcher Kollision S. 95). Daß es in § 1 V AuslPflVsG heißt, daß jenes Gesetz nicht für die Fahrzeuge der ausländischen Streitkräfte gelte, die zum Aufenthalt im Geltungsbereich dieses Gesetzes befugt seien, ändert an diesem Ergebnis nichts. Denn damit wird nur der Vorrang des NATO-Statuts und des Zusatzabkommens betont. Das Eingreifen des Direktanspruchs nach § 3 I PflichtvsG und der sonstigen Schutzbestimmungen des genannten Gesetzes sowie der Bestimmungen des VVG und der AKB folgt aber direkt aus den zitierten Bestimmungen des Zusatzabkommens. Der Unterschied zur Gesetzgebungstechnik im AusländerpflichtVsG ist nur darin zu sehen, daß in dem zuletzt genannten Gesetz die Bestimmungen des deutschen PflichtvsG im einzelnen aufgeführt worden sind, während hier eine generelle Verweisung gegeben ist. Eine andere Frage ist die, ob das Rechtsverhältnis zwischen den Truppenangehörigen und dem ausländischen Ver und dem für den ausländischen Ver eintretenden deutschen Ver ebenfalls dem deutschen Recht untersteht. Das ist zum Schutz des geschädigten Dritten nicht erforderlich, so daß gegen das von Bouska DAR 1963 S. 294 gewonnene Ergebnis, daß das ausländische Vsvertragsrecht insoweit maßgebend sei, keine grundsätzlichen Bedenken bestehen (ebenso Karcher Kollision S. 95; vgl. aber auch Anm. B 82 a. E.).

10. Zusätzliche Haftung der von der Versicherungspflicht nach § 2 I Ziff. 1—5 PflichtvsG befreiten Halter

Gliederung:

a) Entwicklung B 92
b) Eintrittspflicht nach § 2 II S. 1—3 PflichtvsG B 93—95
   aa) Qualifikation der Zusatzhaftung B 93

bb) Beschränkung auf Mindestvssummen B 94
cc) Zur Anwendung des für Pflichthaftpflichtven für Kraftfahrzeughalter geltenden Rechts B 95
c) Haftungsersetzung durch Vsschutz B 96

[B 92] a) Entwicklung

§ 2 I Ziff. 1—5 PflichtvsG befreit eine Reihe von juristischen Personen des öffentlichen Rechts von der Vspflicht nach § 1 PflichtvsG. Der Grund dafür ist der, daß von diesem Personenkreis die Erfüllung berechtigter Forderungen auch ohne zusätzlichen Haftpflichtvsschutz erwartet werden kann. Mit dieser Erwartung war aber eine Gleichstellung der Rechtslage der Geschädigten mit denjenigen Fällen, in denen Pflichthaftpflichtvsschutz besteht, nicht gegeben. Es fehlte insbesondere der Ausspruch einer Verpflichtung, daß jene juristischen Personen auch solche Schäden, die durch die Fahrer ihrer Fahrzeuge angerichtet werden, auszugleichen haben, für die sie nach materiellem Recht wegen der Führung des Entlastungsbeweises gemäß § 831 BGB an und für sich nicht einzustehen haben. Das Problem ist ersichtlich dieses, daß dem Geschädigten ein Anspruch gegen den Fahrer nichts nützt, wenn dieser vermögenslos ist. Die Überlegung, Ausnahmen von der Pflichthaftpflichtv deshalb zuzulassen, weil der **Halter vermögend** sei, ließ außer acht, daß im Rahmen dieser **Pflichthaftpflichtv für den geschädigten Dritten** dadurch ein **zusätzlicher Schutz** besteht, daß auch **nur gegen den Fahrer** begründete Ansprüche abgedeckt sind.

Auch fehlte für den Fahrer eines solchen aus der Vspflicht herausgenommenen Fahrzeugs der zusätzliche Schutz der V für fremde Rechnung. Demgemäß kam es auf eine Auslegung des Grundverhältnisses an, ob dem Fahrer, z. B. aus dem Gesichtspunkt der **gefahrengeneigten Arbeit**, ein Befreiungsanspruch zuzubilligen war oder nicht (vgl. die generellen Nachweise zu dieser höchstrichterlichen Rechtsprechung in Anm. B 94 a. E., wo auf die heute aktuelle Problematik eingegangen wird, ob aus dem Gesichtspunkt der gefahrengeneigten Arbeit ein Freihaltungsanspruch in denjenigen Fällen zu bejahen ist, in denen der Schaden die Mindestvssummen überschreitet). Diese Systemlücken wurden alsbald nach Inkrafttreten des Pflichtvsgesetzes erkannt und man versuchte, ihrer zunächst außerhalb gesetzlicher Grundlagen auf dem Erlaßwege zu begegnen (vgl. die Nachweise bei Fleischmann-Deiters in Thees-Hagemann Anm. 4a zu § 2 PflichtvsG, S. 120–121). Da damit aber nicht alle Lücken und Mißbräuche abgestellt werden konnten (vgl. die Nachweise bei Fleischmann-Deiters a. a. O. und bei Johannsen VersArch 1956 S. 363), ist durch Art. 8 des Gesetzes vom 16. VII. 1957 (BGBl. 1957 I S. 710–713) in § 2 II PflichtvsG eine solche Eintrittspflicht der befreiten Fahrzeughalter für ihre Fahrer eingefügt worden. Seit dem 1. X. 1965 erstreckt sich diese zusätzliche Eintrittspflicht über den Fahrer hinaus auch auf die anderen gemäß § 10 II AKB mitvten Personen.

[B 93] b) Eintrittspflicht nach § 2 II S. 1–3 PflichtvsG

aa) Qualifikation der Zusatzhaftung

In § 2 II S. 1 PflichtvsG ist festgelegt, daß die nach § 2 I Ziff. 1–5 PflichtvsG von der Vspflicht befreiten Fahrzeughalter – also nicht auch die Halter der in § 2 I Ziff. 6 aufgeführten langsamen Fahrzeuge und nicht zulassungspflichtigen Anhänger – bei Schäden der in § 1 PflichtvsG bezeichneten Art **für den Fahrer und die übrigen Personen, die durch eine aufgrund des PflichtvsG abgeschlossene Haftpflichtv Deckung erhalten würden, in gleicher Weise und in gleichem Umfang einzutreten haben wie ein Ver bei Bestehen einer solchen Pflichthaftpflichtv**. In diesem Quasivsverhältnis ist jener befreite Halter als Ver einzuordnen und die in § 10 II AKB bezeichneten Personen haben wie im normalen Vsverhältnis die Stellung der Vten, nicht etwa ist der Fahrer als Quasivmer anzusehen (so zutreffend Fleischmann VersR 1958 S. 137–139 m. w. N., Fleischmann-Deiters in Thees-Hagemann Anm. 4b zu § 2 PflichtvsG, S. 121, Prölss-Martin[22] Anm. 5 vor § 3 Ziff. 1, 2 PflichtvsG, S. 866 m. w. N., anders Chomse VW 1957 S. 515, Ossewski VersR 1958 S. 5). Es liegt hier der Fall einer V für fremde Rechnung in isolierter Form vor mit der Besonderheit, daß in diesem Quasivsverhältnis der Quasivmer mit dem Quasiver identisch ist. Im übrigen würden sich abweichende Konsequenzen auch nicht ergeben, wenn man in diesem Quasivsverhältnis die nach § 10 II AKB Vten als Quasivmer ansehen würde. Entscheidend ist die mit der gesetzlichen Regelung angestrebte Gleichstellung mit der Haftung des Vers für vte Personen aus dem Gebrauch eines der Vspflicht unterliegenden Fahrzeugs. § 2 PflichtvsG a.F. wurde dahin interpretiert, daß es sich lediglich um eine Befreiungsverpflichtung des Quasivers gegenüber dem berechtigten Fahrer handele, durch die kein eigener Anspruch des Dritten gegen den in § 2 I Ziff. 1–5 aufgeführten Personenkreis be-

II. 10. Zusätzliche Haftung von der Vspflicht befreiter Halter

gründet wurde (vgl. BGH 20. X. 1971 VersR 1971 S. 1161–1162; Fleischmann-Deiters in Thees-Hagemann Anm. 4 c zu § 2 PflichtvsG, S. 122). Diese Auslegung kann unter der Geltung des zum 1. X. 1965 eingeführten Direktanspruchs nicht mehr aufrechterhalten werden. Die generelle Verweisung auf die Haftung des Kfz-Haftpflichtvers unter besonderer Hervorhebung des § 3 PflichtvsG in § 2 II S. 3 PflichtvsG bedeutet vielmehr heute, daß der Halter, der sich an sich nach § 831 BGB entlasten kann, wie ein Ver im Umfang der Haftung des Fahrers oder der sonstigen mitvten Personen direkt in Anspruch genommen werden kann. Es ist daher bei der Inanspruchnahme eines solchen an und für sich befreiten Halters stets die mögliche Doppelspurigkeit der Anspruchsgrundlage zu bedenken. Es könnte der Halter ohnedies direkt nach § 831 BGB haften, weil er sich im Sinne der genannten Vorschrift nicht entlasten kann. Daneben steht seit dem 1. X. 1965 die Haftung des Halters für die mitvten Personen gemäß § 2 II PflichtvsG (daß daneben noch andere Anspruchsgrundlagen, z. B. aus Vertragsverletzung, aus § 7 StVG oder aus sonstigen Vorschriften des Deliktsrechts im weitesten Sinne, gegeben sein können, ist zusätzlich zu beachten, so BGH 4. VII. 1972 VersR 1972 S. 1070). Es bedarf daher, soweit ein Verschulden des Fahrers feststeht, keiner Durchführung eines Beweises darüber, ob der betreffende Halter den Anforderungen bezüglich eines Entlastungsbeweises gemäß § 831 BGB nachgekommen ist oder nicht. Denn unabhängig davon, ob das der Fall ist oder nicht, haftet der betreffende Halter nach § 2 II PflichtvsG im Rahmen eines **gesetzlichen Schuldbeitritts** akzessorisch für die gegen sonstige „mitvte" Personen begründeten Schadenersatzforderungen des Dritten. Der Unterschied in rechtlicher Beziehung zu der Haftung des Vers ist nur der, daß der Halter in sehr vielen Fällen auch aus eigener Verantwortung gemäß § 7 StVG oder gemäß § 831 BGB oder auch aufgrund vertraglicher Ersatzpflicht ohnedies für den Schaden einzustehen hat. Dabei ist zu beachten, daß die Bestimmung in § 2 II PflichtvsG nicht etwa in dem Sinne auszulegen ist, daß diese zusätzliche Eintrittspflicht des von der Vspflicht gemäß § 2 I Ziff. 1–5 PflichtvsG befreiten Halters nur dann eingreift, wenn er sich hinsichtlich einer Verantwortung für das Tun seines Fahrers oder der sonstigen mitvten Personen entlasten könnte. Vielmehr ist diese Haftung zusätzlich zu einer etwaigen eigenen jenes befreiten Halters im Sinne einer doppelten Anspruchsbegründung gegeben, so daß es nicht richtig ist, die zusätzliche Haftung nach § 2 II PflichtvsG als eine subsidiäre zu bezeichnen (so aber Sperner VersR 1976 S. 516).

Prölss-Martin[22] Anm. 5 vor § 3 PflichtvsG, S. 866 bemerken, daß es bei der Haftung nach § 2 II PflichtvsG nicht darauf ankomme, ob es sich bei der Fahrt, die zu einem Unfall geführt habe, um eine solche in Ausübung öffentlicher Gewalt gehandelt habe (ebenso OLG München 14. X. 1976 VersR 1978 S. 651, LG Mannheim 27. I. 1977 VersR 1979 S. 458–459, Begr. IV S. 14). Das ist aber mißverständlich. Es setzt § 2 II PflichtvsG eine eigene Haftung des Fahrers voraus, die durch diese Bestimmung auf den öffentlichen Halter als Quasiver übertragen wird. Hat der Fahrer in Ausübung öffentlicher Gewalt gehandelt, so haftet er nach Art. 34 GG nicht persönlich. Dann ist die aus § 839 BGB folgende Haftung des Fahrers ohnedies schon auf den Staat übergegangen. Nur im Rahmen dieser Bestimmung und der daneben bestehenden Halterhaftung nach § 7 StVG ist dann die Anspruchsgrundlage zu suchen. Nicht etwa wird eine fiktive Zusatzhaftung des Fahrers gemäß § 823 I, II BGB über § 2 II PflichtvsG auf den von der Vspflicht befreiten Halter übergeleitet. Entfällt daher für den Staat die Haftung aus § 839 I 2 BGB, weil es sich um eine hoheitliche Fahrt im Sinne des § 35 StVO handelt, so ist nur noch zu prüfen, ob eine Halterhaftung aus § 7 StVG gegeben ist, nicht etwa besteht daneben eine Zusatzhaftung aus § 2 II PflichtvsG (vgl. dazu BGH 28. X. 1982 MDR 1983 S. 203 = VersR 1983 S. 84–85; zum ansonsten nach der neueren Rechtsprechung gegebenen Wegfall der Subsidiaritätsklausel des § 839 I 2 BGB bei der Teilnahme am öffentlichen Straßenverkehr vgl. Anm. B 61 m.w.N.).

[B 94] bb) Beschränkung auf Mindestversicherungssummen

Gemäß § 2 II 2 PflichtvsG beschränkt sich die dem Quasiver auferlegte zusätzliche Haftung auf den Betrag der festgesetzten Mindestvssummen (vgl. dazu die Anlage zu § 4 II PflichtvsG i.d.F. durch die VO vom 22. IV. 1981, BGBl. I S. 394). Diese Regelung darf nicht in dem Sinne mißverstanden werden, daß die Mindestvssummen zusätzlich zu einer ansonsten summenmäßig nur beschränkten Haftung des Halters zur Verfügung stehen. Zwar heißt es, daß der Halter im Rahmen der zusätzlichen Verpflichtung wie ein Ver bei Bestehen einer solchen Haftpflichtv einzutreten habe, und daß sich diese Verpflichtung auf den Betrag der festgesetzten Mindestvssummen beschränke. Es ist aber nicht einzusehen, warum ein geschädigter Dritter hier bessergestellt werden soll als im Normalfall gegenüber einem vspflichtigen Halter. Denn auch dort stehen ihm die Mindestvssummen für die Schadenersatzansprüche gegen Vmer und mitvte Personen pro Schadenfall nur einmal zu Verfügung (vgl. Anm. B 13). Es ist daher die zusätzliche Haftung in dem Sinne zu verstehen, daß eine tatsächlich gegebene Haftung des Halters auf die Mindestvssummen anzurechnen ist. Der insoweit nicht eindeutige Wortlaut ist nach dem Sinn der Regelung restriktiv im Hinblick auf eine einheitliche Haftungslinie auszulegen. Zur Vermeidung von Mißverständnissen sei betont, daß die hier erörterte summenmäßige Begrenzung der Haftung auf die Mindestvssummen für den gemäß § 2 I Ziff. 1–5 PflichtvsG befreiten Halter dann bedeutungslos ist, wenn er ohnedies nach § 831 BGB summenmäßig unbeschränkt haftet.

Prölss-Martin[22] Anm. 5 vor § 3 PflichtvsG, S. 866 bemerken, daß sich die Höhe des gemäß § 2 II PflichtvsG geschaffenen Anspruchs wie bei den Ansprüchen gegen den Ver nach den Schadenersatznormen (z. B. § 12 StVG) und nicht nach den Mindestvssummen richte; das sei vom OLG Frankfurt a.M. 2. XI. 1972 VersR 1973 S. 1124–1126 verkannt worden. Das trifft indessen nicht zu. Der Sachverhalt war vielmehr durch die Besonderheit gekennzeichnet, daß erst in zweiter Instanz erkannt worden ist, daß den Quasiver neben der gemäß § 12 StVG begrenzten Halterhaftung eine Eintrittspflicht als Quasiver für das Verschulden des Fahrers nach § 2 II PflichtvsG traf. Demgemäß war es zutreffend, für den zuerkannten Schadenersatzanspruch wegen entgangenen Unterhalts die von der ersten Instanz zugebilligte Summenbegrenzung nach § 12 StVG entfallen zu lassen, aber den nach bürgerlichem Recht summenmäßig nicht begrenzten Anspruch nicht über die gesetzlichen Mindestvssummen hinaus zuzusprechen.

Bemerkenswert ist die von Sperner VersR 1976 S. 517 vertretene Auffassung, daß sich über § 2 II 2 PflichtvsG hinaus aus dem Innenverhältnis zwischen dem von der Vspflicht befreiten Staat (oder dem sonstigen befreiten Halter) und dem von ihm angestellten Fahrer ein über die Mindestvssummen hinausgehender Freistellungsanspruch ergeben könne, der bis zur höchsten in der Privatwirtschaft angebotenen Deckung erstreckt werden müsse. Unterstellt, daß diese Auffassung richtig sei, so ist klarzustellen, daß der Dritte eine derartige Verpflichtung für sich nur im Rahmen einer Pfändung und Überweisung eines solchen Befreiungsanspruchs realisieren könnte (oder durch Abtretung). Wäre die Auffassung richtig, so würde sie auch bedeuten, daß damit aus dem Anstellungsverhältnis ein Freistellungsanspruch in erheblicher Höhe gewährt werden würde. Denn am Vsmarkt dürfen heute über die Mindestvssumme pro Personenschaden von DM 1.000.000.− (vgl. Ziff. 1 der Anlage zu § 4 II PflichtvsG in der Fassung der VO vom 22. IV. 1981, BGBl. I S. 394) hinaus immerhin erheblich höhere Vssummen angeboten werden. Verwiesen sei in diesem Zusammenhang auf § 8 II TarifVO (in der Fassung der 14. VO zur Änderung der TarifVO vom 5. V. 1981 VA 1981 S. 207, vgl. auch die vollständige redaktionelle Neufassung unter Einbeziehung der 15. VO vom 11. XI. 1981 VA 1982 S. 15 in VA 1982 S. 200–210). Dort heißt es zunächst in § 8 II 1 TarifVO, daß Beiträge für die Vssumme von DM 2.000.000.− pauschal und für darüber hinausgehende Vssummen genehmigt werden können. Weiter wird aber in § 8 II 2 Tarif

VO die Genehmigung von Beiträgen für die Gewährung eines der Höhe nach nicht begrenzten Vsschutzes in Aussicht gestellt, allerdings mit der Einschränkung, daß die Deckungssumme DM 7.500.000.- je geschädigte Person nicht übersteigen dürfe (vgl. zum Streit darüber, ob sogar eine früher vom BAA genehmigte unbegrenzte Vssumme aufrechterhalten bleiben darf, die Beschlußkammerentscheidung vom 1. VII. 1981 VA 1982 S. 62-64 und dazu Kaulbach VersR 1982 S. 526-527). Das Problem kann aber nicht unter Hinweis auf eine solche Vssumme oder auf die Handhabung durch den einen oder anderen Arbeitgeber gelöst werden. Vielmehr ist die gleiche Problemlage im Verhältnis zwischen allen Arbeitgebern und angestellten Fahrern gegeben, soweit nur die gesetzlichen Mindestvssummen gewählt worden sind (BAG 9. VIII. 1966 AP Nr. 39 zu § 611 „Haftung des Arbeitnehmers" = NJW 1966 S. 2233-2234 hat hier eine solche Verpflichtung des Arbeitgebers zum Abschluß einer über die gesetzlichen Mindestvssummen hinausgehenden Haftpflichtv noch verneint). Der systematisch richtige Weg ist der, daß eine solche Freistellungsverpflichtung lediglich nach Maßgabe der Grundsätze zur schadengeneigten Arbeit zu gewähren ist, also differenzierend nach dem Grad des Verschuldens des Fahrers, so daß für die Fälle „schwerer Schuld" des Arbeitnehmers dieser Auffassung nicht beigepflichtet werden kann (vgl. zu dieser Rechtsprechung nur Kissel DAR 1982 S. 348-349 m.w.N., Schaub, Handbuch des Arbeitsrechts, 4. Aufl., München 1980, S. 221-225 m.w.N., ferner Bd IV Anm. B 69 und B 75 m.w.N.). Es bleibt abzuwarten, ob das BAG diesen Weg beschreitet oder bei der in BAG 9. VIII. 1966 a.a.O. vertretenen Auffassung verbleibt oder gemäß der Überlegung von Sperner a.a.O. den auch von anderen Autoren vorgezeichneten Weg beschreitet, generell dem Arbeitgeber den Abschluß einer Kfz-Haftpflichtv mit einer höheren als der Mindestvssumme aufzuerlegen (dafür z. B. Denck, Der Schutz des Arbeitnehmers vor der Außenhaftung, Heidelberg 1980, S. 190 m.w.N.; zurückhaltend Kissel DAR 1982 S. 349).

[B 95] cc) Zur Anwendung des für Pflichthaftpflichtversicherungen für Kraftfahrzeughalter geltenden Rechts

In § 2 II 3 PflichtvsG heißt es, daß die Vorschriften des 6. Titels des 2. Abschnitts des Gesetzes über den Vsvertrag und des § 3 PflichtvsG sowie die von der Aufsichtsbehörde genehmigten allgemeinen Bedingungen für die Kraftverkehrsv sinngemäß anzuwenden seien. Eine erschöpfende Interpretation ist hier nicht vonnöten, da eine Auslegungskongruenz zu diesen Bestimmungen im Rahmen eines regulären Vsverhältnisses besteht, so daß generell auf die Erläuterungen zu jenen Bestimmungen zu verweisen ist. Es sei jedoch bemerkt, daß der Kreis der in der Verweisung genannten Vorschriften nicht vollständig ist, wenn lediglich die besonderen Vorschriften für die Pflichtv gemäß §§ 158b-158k i.V.m. § 3 PflichtvsG genannt werden (für einen Beispielfall einer Eintrittspflicht des Quasivers aus überobligationsmäßiger Haftung [Schwarzfahrt] vgl. z. B. BGH 20. X. 1971 VersR 1971 S. 1161-1162). Die Verweisung hat insoweit keinen abschließenden Charakter, wie sich aus § 2 II 1 PflichtvsG ergibt, wo nämlich davon gesprochen wird, daß der Quasiver in gleicher Weise wie ein Pflichthaftpflichtver hafte.

In erster Linie gelten neben den genannten Bestimmungen auch die Vorschriften der §§ 149-158, soweit diese Schutzcharakter zugunsten des Dritten oder des Vten tragen (wenn man von dem Ausnahmefall absieht, daß solche schützenden Bestimmungen durch die genannten Spezialvorschriften des 2. Abschnitts abgeändert worden sind). Anwendung findet daher z. B. die Vorschrift des § 156 III, die dem Ver die Verteilung der unzureichenden Vssumme auf mehrere Anspruchsberechtigte auferlegt. Dieser Aufgabe muß sich demgemäß auch der von der Vspflicht gemäß § 2 I Ziff. 1-5 PflichtvsG befreite Halter stellen. Dieser muß daher in gleicher Weise wie ein Ver für eine anteilige

Befriedigung der Geschädigten in diesem Sonderfall sorgen. Es findet aber zugunsten des Dritten (und damit des Quasimitvten) auch die Bestimmung des § 155 über die Berechnung der Vssumme in Rentenfällen Anwendung. Zu diesem Ergebnis würde man allerdings auch ohne Übernahme der genannten Gesetzesbestimmung kommen, da in § 10 VII AKB eine § 155 entsprechende Regelung enthalten ist, die durch die Grundbestimmung des § 155 I sinngemäß zu ergänzen ist (vgl. dazu Anm. B 13).

Zum Nachteil des Dritten gelten auch die Ausschlußklauseln. Verwiesen sei auf § 11 Ziff. 1–5 AKB, ferner auf die Bestimmung des § 152, nach der der Ver nicht für einen vorsätzlich rechtswidrig herbeigeführten Vsfall einzustehen hat (dafür, daß in einem solchen Sonderfall der Verkehrsopferfonds eintrittspflichtig ist, vgl. § 12 I Ziff. 3 PflichtvsG und dazu Anm. B 108).

Die gesetzliche Regelung bedeutet zugleich, daß der Quasihaftpflichtver wie ein Haftpflichtver gemäß § 10 V AKB zur Vertretung der Quasivten befugt ist, so daß Handlungen und Erklärungen des Quasivers mangels abweichender ausdrücklicher Erklärungen sich immer sowohl auf gegen den Quasiver als auch gegen die Quasivten gerichteten Ansprüche beziehen (so BGH 1. XII. 1964 NJW 1965 S. 295–296 = VersR 1965 S. 142–144, 11. XI. 1969 VersR 1970 S. 178).

Bei der Anwendung der AKB ist im übrigen eine behutsame Interpretation am Platze. So wäre es nicht sinnvoll, dem Quasihaftpflichver zu gestatten, dem Quasimitvten eine Frist zur Klagerhebung nach § 8 I AKB mit der Folge eines Anspruchsverlustes zu setzen (a.M. Fleischmann-Deiters in Thees-Hagemann Anm. 4c zu § 2 PflichtvsG, S. 123). Das paßt nicht in ein solches Quasivsverhältnis, wie auch eine Kündigungsmöglichkeit des Quasivers nach Obliegenheitsverletzungen, die vor Eintritt des Vsfalles begangen worden sind, nicht anzunehmen ist. Insofern ist es doch sinnvoll, daß nicht mehr generell auf die Vorschriften des VVG verwiesen worden ist, sondern in erster Linie auf die Bestimmungen des 6. Titels und dort des 2. Abschnitts. Das hat nämlich zur Folge, daß bei jeder anderen Norm zu prüfen ist, ob Sinn und Zweck dieser Bestimmung eine analoge Anwendung auf ein solches Quasivsverhältnis zulassen. Für den geschädigten Dritten ist diese Frage bezüglich der Klagausschlußfrist nach § 8 I AKB (§ 12 III) bedeutungslos, da ihn eine solche Fristsetzung nach der neueren Rechtsprechung des BGH mit Rücksicht auf den ihm zugebilligten Direktanspruch nicht mehr berührt (vgl. dazu Anm. B 16 m.w.N.). Die Frage, ob bei einer Obliegenheitsverletzung von dem Quasiver zu kündigen ist oder nicht, kann aber von Bedeutung sein, wenn es um die Anwendung des § 158c IV geht (vgl. dazu Anm. B 52–59). Bei der entsprechenden Anwendung der Bestimmung des § 158c IV i.V.m. § 3 Ziff. 6 PflichtvsG (die voraussetzt, daß der zusätzlich haftende Halter gegenüber seinem Fahrer oder der sonstigen mitvten Person nach vsrechtlichen Grundlagen leistungsfrei wäre) ist im übrigen zu beachten, daß die dort verankerte Subsidiaritätsregelung nur gegenüber der durch § 2 II PflichtvsG zusätzlich verankerten Haftung des Quasivers eingreift. Eine entsprechende Anwendung auf andere Anspruchsgrundlagen, z. B. gemäß § 7 StVG oder nach § 831 BGB, würde den Sinn der Bestimmung des § 2 II PflichtvsG, durch die ein zusätzlicher Schutz geschaffen werden sollte, in das Gegenteil verkehren (so zutreffend BGH 4. VII. 1972 VersR 1972 S. 1070 für einen Fall, in dem eine Schwarzfahrt vorlag, dem Regreß des Sozialvers aber dennoch Erfolg beschieden war, weil der Halter ohnedies nach § 7 StVG zum Schadensersatz verpflichtet war; unklar insoweit Sperner VersR 1976 S. 517, der bei der Bemerkung, daß der Selbstver sich nicht auf die vorgehende Eintrittspflicht des Sozialvers berufen dürfe, für den Fall des Vorliegens des Tatbestandes des § 3 Ziff. 4 PflichtvsG nicht hinsichtlich der verschiedenen Anspruchsgrundlagen differenziert). Treffen die Haftung eines überobligationsmäßig gemäß § 3 Ziff. 4, 5 PflichtvsG im Risiko befindlichen Vers und die eines auch nur nach solchen Grundsätzen haftenden Quasivers zusammen, so daß sie sich – isoliert betrachtet – jeder auf § 158c IV berufen

II. 10. Zusätzliche Haftung von der Vspflicht befreiter Halter **Anm. B 96**

könnten, wenn der andere Ver oder Quasiver im Risiko wäre, so ist § 59 analog anzuwenden (ebenso Prölss-Martin[22] Anm. 5 vor § 3 PflichtvsG, S. 867; vgl. auch Anm. B 55 und 63).

Auch der Hinweis auf die AKB darf nicht als abschließende Regelung angesehen werden. Die Rechtswirklichkeit hat sich weiter dahin entwickelt, daß tragende Bestimmungen, die den Vmer oder den Vten schützen sollen, in der Form von veröffentlichten geschäftsplanmäßigen Erklärungen für das einzelne Vertragsverhältnis maßgebend geworden sind. Das ist auch für das gesetzliche Schuldverhältnis nach § 2 II PflichtvsG anzunehmen, wobei der verbindliche Charakter dieser geschäftsplanmäßigen Erklärungen nach Treu und Glauben den Erklärungen der Ver „an die Öffentlichkeit" zu entnehmen ist (vgl. dazu Anm. J 15 m.w.N.). Das gilt z. B. für die um 25% erhöhte Berechnung der Vssumme in Rentenschadenfällen (vgl. dazu den Text der geschäftsplanmäßigen Erklärungen in VA 1969 S. 78–79, VA 1976 S. 350).

Die Parallelstellung des Quasivers zu der des Pflichtvers für Kfz-Halter wird besonders verdeutlicht durch die in § 2 II 4 PflichtvsG enthaltene Regreßregelung. Danach kann der Halter in sinngemäßer Anwendung des § 3 Ziff. 9–11 Ersatz der aufgewendeten Beträge von dem Mitvten verlangen, wenn bei Bestehen einer V der Ver gegenüber dem Fahrer oder den sonstigen mitvten Personen leistungsfrei gewesen wäre. Insoweit wird auf die entsprechend geltenden Ausführungen in Anm. B 67–69 verwiesen. Daß es am Schluß des § 2 II S. 4 PflichtvsG heißt, daß im übrigen, wenn also ein solcher Fall der Leistungsfreiheit nicht gegeben sei, ein Rückgriff ausgeschlossen sei, nimmt dem Halter die Möglichkeit, nach beamten- oder soldatenrechtlichen Vorschriften im Regreßwege vorzugehen (VG Kassel 2. III. 1967 VersR 1968 S. 759–760, Prölss-Martin[22] Anm. 5 zu § 3 PflichtvsG, S. 866 m.w.N). Diese unter der Geltung des § 2 II PflichtvsG a.F. streitige Frage ist in der heute geltenden Fassung dadurch klargestellt, daß nicht mehr von der Rückgriffsbeschränkung gegenüber dem berechtigten Fahrer die Rede ist, sondern schlechthin der Rückgriff nach anderen Vorschriften ausgeschlossen wird. Diese Lösung ergibt sich ergänzend aus dem Sinn der Regelung, die auch die sonst mitvten Personen schützen soll. Bedeutsam ist aber, daß in diesen Fällen bei den Regressen stets zusätzlich zu prüfen ist, inwieweit sich aus dem Grundverhältnis zwischen Quasiver und Quasivtem zusätzliche Einwendungen gegen eine Inanspruchnahme des Quasivten ergeben können (ebenso Fleischmann-Deiters in Thees-Hagemann Anm. 4d zu § 2 PflichtvsG, S. 124).

[B 96] c) Haftungsersetzung durch Versicherungsschutz

Jene zusätzliche Haftung des nach § 2 I Ziff. 1–5 PflichtvsG befreiten Halters entfällt gem. § 2 II 1 PflichtvsG, wenn von diesem Halter eine den Vorschriften des PflichtvsG entsprechende V abgeschlossen ist, durch die Haftpflichtvsschutz wie bei einer Pflichtv für Kraftfahrzeughalter gewährt wird. Genau gesagt, genügt es, daß diese Haftpflichtv die Ansprüche gegen die mitvten Personen, insbesondere den Fahrer, deckt. In der Praxis spielt sich das allerdings so ab, daß bei Abschluß einer solchen freiwilligen Haftpflichtv keine Beschränkung nur auf den Vsschutz für den Fahrer und sonstige Vte vorgenommen wird, sondern daß dann auch die Haftung des an sich nach § 2 I Ziff. 5 PflichtvsG befreiten Halters mit abgedeckt wird. Voraussetzung für ein solches Entfallen dieser zusätzlichen Haftung kraft eines gesetzlichen Schuldbeitritts ist, daß alle für eine gesetzliche Pflichthaftpflichtv für Kraftfahrzeughalter geltenden Bestimmungen wirksam vereinbart worden sind. Das kann ausdrücklich, aber auch stillschweigend erfolgen. Eine Bezugnahme auf die AKB ist dabei als ausreichend anzusehen. Denn daraus kann gefolgert werden, daß die Parteien eines solchen Vsverhältnisses das Vertragswerk samt und sonders wie bei einer Pflichtv für Kfz-Halter ausgestalten wollen. Wichtig ist dabei insbesondere auch, daß gegen den Ver ein **Direktanspruch** durch eine solche freiwillige Haftpflichtv begründet wird. Schließt aber ein an und für sich von der Vspflicht befreiter Halter eine Kfz-Haftpflichtv nach Maßgabe der AKB und unter Beachtung der Mindestvssummen ab, so ist der Vorgang nach der Interessenlage dahin zu interpretieren, daß dann auch die Schaffung eines Direktanspruchs nach Maßgabe der gesetzlichen Bestimmungen beabsichtigt worden ist. Wir haben dann den Sonderfall eines Direktanspruchs auf vertraglicher Basis mit der ganzen Palette der Schutzbestimmungen wie bei den der Vspflicht nach § 1 PflichtvsG unterliegenden Vsverhältnissen. Wird auch das eigene Haftpflichtrisiko des Halters — wie üblich — in eine solche Kfz-Haftpflichtv mit einbezogen, so ist nach dem Sinn eines solchen Vertrages anzunehmen, daß sich der Direktanspruch gegen den Ver auch auf die eigene Haftung des Halters bezieht, die schon ohne die Erstreckung der Haftung nach § 2 II PflichtvsG gegeben ist. Andernfalls würde widersinnigerweise in einem Vsvertrag ein Direktanspruch einesteils vertraglich gewährt werden, soweit die gesetzliche Haftpflicht der mitvten Personen in Frage steht, aber andererseits ein solcher Direktanspruch gegen den Ver verneint, soweit es um die Eigenhaftung des Vmers geht, nämlich des an und für sich nach § 2 I Ziff 1—5 PflichtvsG von der Vspflicht befreiten Halters. Die ohnedies komplizierte Haftpflichtvsregelung würde noch unübersichtlicher, als sie jetzt schon ausgestaltet ist. Das hätte zur Folge, daß der Dritte dann zur Realisierung des für den Halter bestehenden Vsschutzes den „klassischen" Weg über eine Pfändung und Überweisung der Haftpflichtvsforderung wählen müßte. Eine solche Aufspaltung eines einheitlichen Vorganges ergibt keinen nachvollziehbaren Sinn. Wenn sich daher keine ausdrückliche abweichende Bestimmung in einem solchen einheitlichen Vsvertrag befindet, ist er dahin zu interpretieren, daß vertraglich die Schaffung eines nicht nur für die Haftung des Vten, sondern auch für die Haftung des Vmers eingreifenden Direktanspruchs gewollt ist (a.M. aber LG Mannheim 27. I. 1977 VersR 1979 S. 458—459, OLG Karlsruhe 22. I. 1980 VersR 1980 S. 937—938; Bäumer Zukunft S. 61). Es ist sogar zu überlegen, ob eine ausdrücklich abweichende Vertragsbestimmung nicht mit Rücksicht auf die gesetzliche Einführung des Direktanspruchs in der Kfz-Haftpflichtv als rechtsmißbräuchlich und unbeachtlich angesehen werden müßte. Soweit der an und für sich von der Vspflicht befreite Halter sogar eine Kfz-Haftpflichtv abgeschlossen hat, die über die gesetzlichen Mindestvssummen hinausgeht, wird man ebenfalls nach dem Sinn einer solchen Kfz-Haftpflichtv anzunehmen haben, daß ein Direktanspruch gegeben ist.

Soweit die Befreiungshaftpflichtv isoliert nur für die nach den AKB mitvten Personen abgeschlossen wird, handelt es sich um eine V für fremde Rechnung. Es liegt im Grunde genommen sogar der gesetzliche Normalfall einer V für fremde Rechnung vor, wenn lediglich der Vte Vsschutz hat. Diese Grundstruktur der V für fremde Rechnung wird nur im Bereich der Kfz-Haftpflichtv verdeckt, weil dort gemäß § 10 II AKB stets eine V für das eigene Risiko des Vmers verknüpft ist mit mehreren Ven für fremde Rechnung. Für den geschädigten Dritten, der sich auf eine Erweiterung der Haftung des Halters nach § 2 II PflichtvsG berufen will, ist im übrigen insofern eine relativ schwierige Rechtsposition gegeben, als er sich vor einer Inanspruchnahme jenes Halters vergewissern muß, ob eine solche befreiende Haftpflichtv abgeschlossen ist. Verweigert der Halter vorprozessual allerdings eine Auskunft dazu oder verneint er gar ausdrücklich das Vorliegen einer solchen Haftpflichtv, so kann sich ein Verstoß gegen Treu und Glauben ergeben, wenn von ihm dann im Prozeß das Vorliegen einer solchen befreienden Haftpflichtv behauptet und unter Beweis gestellt wird. Will man nicht so weit gehen, einen solchen Einwand als verwirkt abzuschneiden, so müssen jedenfalls dem Halter die Kosten der von ihm verschuldeten unbegründeten Inanspruchnahme aus dem Gesichtspunkt einer unrichtigen Auskunftserteilung auferlegt werden. Allerdings handelt es sich dabei um einen materiell-rechtlichen Schadenersatzanspruch, der nicht ausschließt, daß

II. 11. Eintrittspflicht des Entschädigungsfonds

bei einer etwaigen Klagrücknahme aufgrund eines solchen Einwands des Halters prozessual zunächst eine andere Entscheidung gemäß § 269 III ZPO ergeht.

11. Eintrittspflicht des Entschädigungsfonds

Gliederung:

Schrifttum B 97
a) Entstehungsgeschichte B 98
b) Rechtspersönlichkeit des Fonds B 99
c) Rechtsnatur der Eintrittsverpflichtung des Fonds B 100
d) Haftungsvoraussetzungen B 101–108
   aa) Schadenersatzanspruch aus dem Gebrauch eines Fahrzeugs B 101
   bb) Personen- oder Sachschaden B 102
   cc) Ersatzpflichtige, für die der Fonds einzutreten hat B 103
   dd) Anspruchsberechtigte B 104
   ee) Räumlicher Geltungsbereich B 105
   ff) Haftungsfälle gemäß § 12 I Ziff. 1–3 PflichtvsG B 106–108
      aaa) Nicht ermitteltes Fahrzeug B 106
      bbb) Nicht bestehende Haftpflichtv B 107
      ccc) Vorsätzliche Schadenzufügung B 108
e) Subsidiaritätsgrundsatz B 109–113
   aa) Grundsätzliches B 109
   bb) Einzelfälle B 110–113
      aaa) Ersatz durch Halter, Eigentümer oder Fahrer B 110
      bbb) Eintrittspflicht eines Schadenvers oder eines Sozialvsträgers sowie der Quasiver der öffentlichen Hand B 111
      ccc) Amtshaftung B 112
      ddd) Dienst- oder Amtsbezüge, Vergütung oder Lohn und Versorgungsbezüge B 113
f) Umfang der Haftung B 114–122
   aa) Akzessorietät gegenüber dem haftpflichtrechtlichen Schadenersatzanspruch B 114
   bb) Ausnahmen B 115–121
      aaa) Sachschadenausschluß nach § 12 I 5 PflichtvsG B 115–116
         α) Rechtliche Einordnung B 115
         β) Anwendungsbereich B 116
      bbb) Einschränkungen nach § 12 II PflichtvsG B 117–121
         α) Verfassungsrechtliche Bedenken B 117
         β) Konsequenzen bis zur Neuregelung B 118
         γ) Schmerzensgeld B 119–120
            αα) Abgrenzungen der bei einer Gültigkeit des § 12 II PflichtvsG entschädigungsfrei verbleibenden Fälle B 119
            ββ) Zur Höhe des vom Fonds geschuldeten Schmerzensgeldes B 120
         δ) Schäden am Fahrzeug des Dritten und sonstige Sachschäden B 121
   cc) Haftungssummen B 122
g) Verjährung B 123
h) Verfahrensrechtliche Besonderheiten B 124–126
   aa) Rechtliche Einordnung des Schiedsstellenverfahrens B 124
   bb) Örtliche und sachliche Zuständigkeit B 125
   cc) Bindungswirkung B 126
i) Regreß des Fonds B 127–131
   aa) Aufwendungsersatz B 127
   bb) Forderungsübergang B 128–131
      aaa) Fallgruppen B 128–130
         α) Ersatzanspruch des Dritten gegen diejenigen Personen, für die der Fonds einzutreten hat B 128
         β) Ersatzansprüche des Dritten gegen sonstige Ersatzpflichtige B 129
         γ) Ersatzansprüche derjenigen Personen, für die der Fonds eintrittspflichtig ist, gegen sonstige Ersatzpflichtige B 130
      bbb) Anspruchsminderung bei Auf eines Ersatzanspruchs durch den Dritten B 131

[B 97] Schrifttum:
Baumann, Leistungspflicht und Regreß des Entschädigungsfonds für Schäden aus Kraftfahrzeugunfällen, Karlsruhe 1969, (zit. Baumann Entschädigungsfonds), Baumann Vierteljahresschrift für Sozialrecht 1975 Bd III S. 1–45, Eckardt VersR 1970 S. 1090–1093, Gallwas VersR 1978 S. 492–495, E. v. Hippel ZRP 1971 S. 5–7, Kötz ZRP 1972 S. 139–145, Möller DAR 1955 S. 12–14, Sieg BB 1965 S. 1431–1433, VersR 1967 S. 324–329, ZVersWiss 1969 S. 495–516, VersR 1970 S. 681–690, Leempoels VersR 1979 S. 407–408, Würdinger DR 1937 S. 63–64.

[B 98] a) Entstehungsgeschichte

Die in Anm. B 43–63 abgehandelte überobligationsmäßige Haftung zugunsten des Dritten gemäß § 3 Ziff. 4, 5 PflichtvsG erfaßt nicht den Fall, daß ein unbekannter Schädiger ohne Identifikation des von ihm geführten Kfz Fahrerflucht begeht. Dann steht zwar mit an Gewißheit grenzender Wahrscheinlichkeit fest, daß ein Haftpflichtver – jedenfalls überobligationsmäßig zugunsten des geschädigten Dritten – im Risiko ist, das Verkehrsopfer weiß aber nicht, welcher Ver das ist. Für solche Fälle ist schon 1937, also vor Einführung der Pflichthaftpflichtv für Kfz-Halter, bei der Diskussion der künftigen gesetzlichen Regelung vorgeschlagen worden, eine Eintrittspflicht der Gemeinschaft der Ver zu statuieren (Würdinger DR 1937 S. 63–64). Dieser Vorschlag wurde aber bei der Schaffung der Pflichthaftpflichtv im Jahre 1939 noch nicht berücksichtigt. Er wurde vielmehr erst 1955 ohne gesetzliche Grundlage auf freiwilliger Basis von den in dem Gebiet der Bundesrepublik Deutschland zum Betrieb der Kfz-Haftpflichv zugelassen Vern verwirklicht (vgl. die Verlautbarungen in ZfV 1955 S. 804, VW 1955 S. 628, ZfV 1956 S. 442). Die Entschädigungsregelung war aber lückenhaft. Es wurde nur für Personenschäden nach Billigkeitsgrundsätzen Ersatz geleistet, außerdem mit der Einschränkung, daß kein Rechtsanspruch auf eine solche Leistung bestehe. 1963 wurde diese Selbsthilfeeinrichtung der Ver verbessert. Es entfiel der unverständliche Vorbehalt, daß kein Rechtsanspruch bestehe. Außerdem wurde die Leistungspflicht des Vereins „Verkehrsopferhilfe" auch auf diejenigen Fälle erstreckt, in denen keine nach dem PflichtvsG erforderliche Haftpflichtv abgeschlossen worden ist und auch nicht der äußere Anschein eines Vsverhältnisses im Sinne des § 3 Ziff. 4 PflichtvsG vorliegt. Darüber hinaus wurde in eingeschränkter Form auch der Ersatz von Sachschäden in die Entschädigungsregelung einbezogen. Der Grund für diese Verbesserungen ist im „Straßburger Abkommen" (Europäisches Abkommen über die obligatorische Haftpflichtv vom 20. IV. 1959, BGBl. II 1965 S. 281–296) zu suchen. Dort heißt es in Art. 9 I u. a., daß jede Vertragspartei entweder die Gründung eines Entschädigungsfonds veranlassen oder sonstige gleichwertige Maßnahmen treffen werde, damit in Schadenfällen, in denen die Haftung eines anderen gegeben sei, die geschädigten Personen auch dann Schadenersatz erhalten, wenn die Vspflicht nicht erfüllt oder die zivilrechtlich haftpflichtige Person nicht ermittelt worden sei. Eine Entschädigungsregelung auf gesetzlicher Basis erfolgte dann zum 1. X. 1965 durch § 12 PflichtvsG.

Immer noch bestand aber der rechtspolitisch unbefriedigende Zustand, daß ein durch eine vorsätzliche Tat geschädigtes Verkehrsopfer ohne Entschädigungsleistung blieb (kritisch dazu schon Möller DAR 1955 S. 14). Das wurde im Zusammenhang mit der generelllen Lösung der Entschädigungsregelung für die Opfer von Gewaltverbrechen in der Weise geändert, daß durch das Gesetz über die Entschädigung für die Opfer von Gewaltverbrechen vom 11. V. 1976 (BGBl. I S. 1181) in § 12 I PflichtvsG eine diesen Tatbestand erfassende Ziff. 3 eingefügt worden ist. Durch diese Bestimmung ist die Eintrittspflicht des Entschädigungsfonds auch für die Fälle vorsätzlicher Schädigungen eines Dritten durch den Gebrauch eines Kfz festgelegt worden. Wesentlich gefördert worden ist die generelle gesetzliche Regelung des Problems der staatlichen Entschädigung für Verbrechensopfer durch E. v. Hippel ZRP 1971 S. 5–7 m.w.N. und Kötz ZRP 1972

II. 11. Eintrittspflicht des Entschädigungsfonds **Anm. B 99**

S. 139–145. Kritisch zu der Erweiterung der Funktionen des Entschädigungsfonds auf die Vorsatzfälle Baumann Vierteljahresschrift für Sozialrecht 1975 Bd III S. 27–29, der eine Erstreckung der überobligationsmäßigen Haftung der Ver gemäß § 3 Ziff 4, 5 PflichtvsG auf diese Tatbestände empfohlen hat. Vom Standpunkt der Schutzbedürftigkeit des Verkehrsopfers aus ist allerdings nicht recht einzusehen, daß derjenige, der vorsätzlich geschädigt wird, schlechter gestellt wird als derjenige, dem fahrlässig oder gar ohne Drittverschulden Schaden zugefügt wird. Es ist Baumann auch einzuräumen, daß die Überwindung der von ihm so bezeichneten Supersubsidiaritätsklausel des § 12 I 2–5 PflichtvsG nicht einfach ist (vgl. Anm. B 109–113). Jedoch ist die von Baumann a. a. O. vertretene Auffassung, daß die für andere Verbrechensopfer in dem genannten Gesetz vom 11. V. 1976 getroffene Regelung günstiger ausgefallen sei, als eine etwas zu euphemistische Wertung der in § 1 I OEG vorgesehenen entsprechenden Anwendung der Vorschriften des Bundesversorgungsgesetzes anzusehen. Eine kritische Analyse ergibt im übrigen auch, daß die in der Subsidiaritätsklausel des § 12 I 2–5 PflichtvsG gemachten Ausnahmen einer Würdigung unter Billigkeitsgesichtspunkten standhalten. Beklagenswert bleibt lediglich der komplizierte Weg zur Durchsetzung der Ansprüche des Verkehrsopfers in diesen Fällen. Hier sind sicher noch Vereinfachungsmöglichkeiten denkbar.

[B 99] b) Rechtspersönlichkeit des Fonds

Der Gesetzgeber hat in § 13 I 1 PflichtvsG bestimmt, daß zur Wahrnehmung der Aufgaben des Entschädigungsfonds eine rechtsfähige Anstalt des öffentlichen Rechts errichtet werde, die mit dem Inkrafttreten des Gesetzes als entstanden gelte. Ergänzend ist in § 13 I 2, 3 PflichtvsG vorgesehen, daß Organe der Anstalt der Vorstand und ein Verwaltungsrat sein sollen und daß diese Anstalt der Aufsicht des Bundesministers der Justiz unterstehe. Als Alternative zu dieser öffentlich-rechtlichen Lösung ist aber im Gesetz auch ein privatwirtschaftlicher Weg besonderer Art vorgesehen. Es heißt nämlich in § 13 II PflichtvsG, daß der Bundesminister der Justiz ermächtigt werde (im Einvernehmen mit den Bundesministern für Verkehr, Wirtschaft und Finanzen) durch Rechtsverordnung ohne Zustimmung des Bundesrats die Stellung des Entschädigungsfonds einer anderen bestehenden juristischen Person zuzuweisen, wenn diese bereit sei, die Aufgaben des Entschädigungsfonds zu übernehmen, und wenn sie hinreichende Gewähr für die Erfüllung der Ansprüche der Ersatzberechtigten biete. Von dieser Ermächtigungsbefugnis hat der Bundesminister der Justiz im Einvernehmen mit den Bundesministern für Verkehr und Wirtschaft Gebrauch gemacht. Es ist durch § 1 der VO über den Entschädigungsfonds für Schäden aus Kraftfahrzeugunfällen vom 14. XII. 1965 (BGBl. I S. 2093–2094 = VA 1966 S. 14) die Stellung des Entschädigungsfonds dem rechtsfähigen Verein „Verkehrsopferhilfe eingetragener Verein" in Hamburg mit seiner Zustimmung zugewiesen worden (daß nicht auch das Einvernehmen des Bundesministers für Finanzen eingeholt worden ist, beruht darauf, daß in §§ 13 II, 14 PflichtvsG dieses Erfordernis erst durch Art. 14 des Zuständigkeitsanpassungsgesetzes vom 18. III. 1975 – BGBl. I S. 708 – eingefügt worden ist). Der Verordnungsgeber hat sich damit für den von den Kfz-Haftpflichtvern angebotenen privatwirtschaftlichen Weg entschieden. Da das mit keinerlei Nachteilen für die geschädigten Dritten verbunden ist, bestehen dagegen keine rechtspolitischen Bedenken. Es ist im Gegenteil anzunehmen, daß ein derart privatwirtschaftlich organisierter Verein schneller und entscheidungsfreudiger reguliert, als von einer öffentlich-rechtlichen Anstalt zu erwarten wäre. Wir haben also den eigenartigen Zustand, daß eine öffentlich-rechtliche Anstalt zur Erfüllung der Aufgaben des Entschädigungsfonds zwar kraft Gesetzes besteht, wenn auch ohne Organe und Satzung, daß deren Aufgaben und Rechtsstellung aber gesetzlich auf einen Verein des bürgerlichen Rechts, dessen Mitglieder die in der Bundesrepublik

Deutschland zum Betrieb der Kfz-Haftpflichtv zugelassenen Ver sind, übertragen worden sind.

Für die Satzung des Vereins „Verkehrsopferhilfe" vgl. VA 1966 S. 26.

[B 100] c) Rechtsnatur der Eintrittsverpflichtung des Fonds

Das unmißverständliche Ziel des Gesetzgebers ist es, sicherzustellen, daß die begründeten Haftpflichtansprüche der Verkehrsopfer in den drei in § 12 I Ziff. 1–3 PflichtvsG aufgeführten Fällen ausgeglichen werden. Die Systemlücken im Pflichtvsschutzbereich werden durch die exzeptionelle Einrichtung eines für den Schaden haftenden Fonds geschlossen. Das ist in der Weise geschehen, daß dem Dritten nach der Art des Drittanspruchs in der Fahrzeughaftpflichtv ein Anspruch gegen den Entschädigungsfonds gewährt wird. Der Umfang dieses Anspruchs ist dabei grundsätzlich gemäß § 12 IV PflichtvsG so ausgestaltet wie der gegen den Ver im gestörten Vsverhältnis. Allerdings liegt insofern eine erhebliche Abweichung von diesem Grundsatz vor, als die Subsidiaritätsbestimmungen nach § 12 I 2–4 PflichtvsG wesentlich weiter als die nach § 3 Ziff. 6 PflichtvsG i. V. m. § 158c IV gehen (vgl. Anm. B 109–113). Rechtsdogmatisch ist zu klären, wie dieser Sonderfall eines gesetzlich geschaffenen Anspruchs gegen einen Drittbeteiligten in das System der Schuldrechtsfiguren in ihrer traditionellen Ausprägung einzuordnen ist. Auch hier ist wie bei dem Direktanspruch in der Kfz-Haftpflichtv eine Qualifikation als V (eigener Art) abzulehnen (dazu Anm. B 6–9 m. w. N.). Vgl. auch Sieg ZVersWiss 1969 S. 504, der eine Qualifikation des Fonds als V speziell unter Hinweis darauf ablehnt, daß es an der Entgeltlichkeit fehle. Sieg a. a. O. trifft den sozialen Zweck der Institution exakt, wenn er ihn dahin charakterisiert, daß er eher als ein Instrument der Versorgung als ein solches der V einzuordnen sei (so auch in Bruck-Möller-Sieg Anm. 184 zu § 67). Baumann Entschädigungsfonds S. 89–112 hat die Frage nach der Rechtsnatur der Ersatzleistungsverpflichtung des Fonds eingehend untersucht. Er ist zu dem Ergebnis gekommen, daß die Leistungsverpflichtung des Fonds als die eines gesetzlichen Ausfallbürgen zu qualifizieren sei (so auch Sieg VersR 1970 S. 681–682, allerdings mit der bemerkenswerten Einschränkung, daß die Ersatzpflicht des Fonds auch vsartige Züge aufweise; ebenso in ZVersWiss 1969 S. 504–505). Dem ist jedoch nicht beizupflichten. Die Parallelen zur Ausgestaltung des Drittanspruchs gegen den Kfz-Haftpflichtver im gesunden und gestörten Vsverhältnis sind vielmehr so stark ausgeprägt, so daß es sachlogischen Grundsätzen entspricht, auch den Anspruch gegen den Fonds als einen Sonderfall eines gesetzlich angeordneten Schuldbeitritts zu qualifizieren (vgl. zur rechtlichen Einordnung des Direktanspruchs Anm. B 6–9). Zwar hat Baumann a. a. O. in eingehender Darstellung nachgewiesen, daß gegen die Denkfigur des gesetzlichen Schuldbeitritts die in § 12 I 2 PflichtvsG verstärkt angeordnete Subsidiarität des Haftungsfonds spreche. Von einer gleichwertigen Mithaftung des Fonds in der Form eines gesetzlichen Schuldbeitritts kann in der Tat nicht gesprochen werden, wenn die Haftung der Schadenstifter der des Fonds vorrangig ist. Dem gesetzlichen Typus der Bürgschaft entspricht die Eintrittsverpflichtung des Fonds aber auch nicht in allen Einzelheiten, da der Fonds gegenüber dem Normalfall der Bürgschaft weitergehende Einwendungen hat als die, die dem Bürgen sonst nach §§ 770, 771 BGB zustehen. Dazu gehört, daß der Fonds den Dritten gemäß § 12 I 3 PflichtvsG auf die Ersatzpflicht eigener Schadenver des Dritten und sogar auf Erfüllungsansprüche verweisen darf, die auf solchen Vertragsverhältnissen beruhen, daß sie unter normalen Umständen auf die Leistungspflicht eines Schadenstifters nicht angerechnet werden. Denn nach dem in § 767 I 1 BGB zum Ausdruck kommenden Grundsatz der Akzessorietät kann sich der Bürge im Normalfall des bürgerlichen Rechts ebensowenig wie der Hauptschuldner auf solche Leistungsverpflichtungen Dritter berufen. Atypisch ist auch die in § 12 I 3, 4 PflichtvsG angeordnete Subsidiari-

II. 11. Eintrittspflicht des Entschädigungsfonds
Anm. B 100

tät der Haftung des Fonds im Verhältnis zu den Staatshaftungsvorschriften (vgl. dazu Anm. B 112). Es liegt demgemäß eine vom Regelfall des Bürgschaftsrechts abweichende Einstandsverpflichtung für eine fremde Verbindlichkeit vor. Allerdings ist eine Rechtsähnlichkeit mit der im Gesetz selbst nicht geregelten Vertragsform der sog. Ausfallbürgschaft nicht zu leugnen. Auch lassen sich zu dieser vertraglichen Sonderform des Bürgschaftsrechts, wie von Baumann a. a. O. nachgewiesen, durchdachte konstruktive Parallelen ziehen. Es darf aber nicht verkannt werden, daß der Direktanspruch im gestörten Vsverhältnis ebenfalls nach § 158c IV in Verbindung mit § 3 Ziff. 6 PflichtvsG einer starken Subsidiarität unterworfen ist. Es ist nicht einzusehen, warum der Anspruch gegen den Fonds nur wegen der Verstärkung der Subsidiaritätsklausel durch § 12 I 2–4 PflichtvsG einem ganz anders strukturierten Rechtsinstitut unterworfen wird. Zwar ist nicht zu leugnen, daß der von Baumann a. a. O. in den Vordergrund gestellte Grundsatz der Akzessorietät in Verbindung mit dem rechtspolitischen Ziel, eine im Einzelfall gerechte Entschädigung der Verkehrsopfer herbeizuführen, gut geeignet ist, in schwierigen Fragen eine sachgerechte Abgrenzung vorzunehmen. Zu bedenken ist aber, daß in der gesamten gesetzlichen Ausgestaltung des Entschädigungsfonds der Ausdruck „Bürgschaft" oder „Ausfallbürgschaft" nicht verwendet worden ist. Dieses allein auf die Sprache des Gesetzgebers abstellende Argument würde allerdings nichts bedeuten, wenn die Regelung in § 12 PflichtvsG unverkennbar der Hauptsache nach Züge des Bürgschaftsrechts trüge. Das ist aber nicht der Fall. Im Gegenteil gibt es mit § 12 VI 3 PflichtvsG eine Bestimmung, die dem Wesen der Bürgschaft widerspricht. Es entfällt nach dieser Vorschrift u. a. die Leistungspflicht des Fonds, wenn der Dritte seinen Ersatzanspruch gegen den Schädiger aufgibt, nur insoweit, als er aus dem Anspruch hätte Ersatz erlangen können. Das ist mit Akzessorietätsgrundsätzen, wie sie nach § 767 I 1 BGB für die Bürgschaft gelten, nicht zu erklären. Baumann Entschädigungsfonds S. 63 betrachtet auch § 12 VI 3 PflichtvsG speziell unter dem Gesichtspunkt der von ihm aus der Einordnung der Leistungspflicht des Fonds als Ausfallbürgschaft angenommenen fortlaufenden Akzessorietät. Dazu führt er aus: Es sei eine fortlaufende Abhängigkeit der Leistungspflicht des Fonds von dem haftungsrechtlichen Ersatzanspruch anzunehmen. Sie sei aus der Verweisung des § 12 IV 1 PflichtvsG auf das Gefüge der Haftpflichtv zu folgern. Danach hafte der Fonds im Rahmen der Leistungspflicht eines Vers aus dem Vsverhältnis. Der Haftpflichtver sei aber aus dem Vsverhältnis jeweils insoweit leistungspflichtig, als haftpflichtrechtliche Ersatzansprüche noch bestehen. Diese Verknüpfung sei es, die eine fortlaufende Akzessorietät der Leistungspflicht des Fonds von dem haftpflichtrechtlichen Ersatzanspruch bewirke. Das werde für einen Teilaspekt durch § 12 VI 3 PflichtvsG bestärkt. Gebe der Ersatzberechtigte seinen Ersatzanspruch auf, so erlange der Fonds Leistungsfreiheit. Enthielte die Vorschrift nur diese Regelung, so wäre sie überflüssig. Sie erhalte ihre Bedeutung aber durch eine besondere Modifizierung. Die Leistungsfreiheit trete nur insoweit ein, als der Fonds aus dem Ersatzanspruch hätte Ersatz erlangen können. Außerdem beziehe sie sich auch auf sonstige Ersatzansprüche und Sicherungsrechte.

Es erscheint als zweifelhaft, ob diese Einordnung systemgerecht ist. Im normalen Gesamtschuldverhältnis ist es möglich, daß der Gläubiger seine Forderung gegenüber einem der Schuldner erläßt, ohne daß sein Anspruch gegen den anderen berührt wird. Nach § 423 BGB wirkt ein zwischen dem Gläubiger und einem Gesamtschuldner vereinbarter Erlaß nur dann auch für die übrigen Schuldner, wenn die Vertragsschließenden das ganze Schuldverhältnis aufheben wollten. Dagegen ist die Bürgschaft – auch die Ausfallbürgschaft – streng akzessorisch. Die Bürgschaft erlischt mit dem Erlöschen der Hauptschuld. Demgemäß bedarf es für den Bürgen nicht einer der Bestimmung des § 12 VI 3 PflichtvsG entsprechenden Schutzbestimmung, daß seine Leistungspflicht entfalle, wenn der Gläubiger den Hauptschuldner aus der Haftung entläßt. Nur der zweite Fall des § 12 VI 3 PflichtvsG, nämlich der der Aufgabe eines Sicherungsrechtes, hat eine Parallele im Bürgschaftsrecht, und zwar in § 776 BGB. Demgemäß stellt es aus bürgschaftsrechtlicher Sicht eine Anomalie dar, daß der Dritte die Ersatzforderung gegenüber einem vermögenslosen Schädiger erlassen darf, ohne daß seine Forderung gegen den Fonds berührt wird. Diese Systemanomalie ist so stark, daß es sachgerecht erscheint, die Haftung des Entschädigungsfonds nicht als die eines Bürgen zu qualifizieren. Es ist vielmehr der Schluß geboten, die Haftung des Fonds wie die des Kfz-Haftpflichtvers als eine gesetzliche Schuldmitübernahme zu erklären, bei der neben den deliktsrechtlichen Zügen, die auf die Entstehung des Anspruchs durch den Schadenstifter zurückzuführen sind, zur speziellen Ausformung des Rechtsverhältnisses eine Reihe spezifisch vsrechtlicher Vorschriften zur Anwendung kommen. Der Unterschied zum Direktanspruch ist nur darin zu sehen, daß dem Fonds aus sozialpolitischen Gründen eine stärkere Subsidiarität zugebilligt wird als dem Ver im gestörten Vsverhältnis. – Am Rande sei erwähnt, daß die Annahme, daß der Fonds im Gerichtsstand der unerlaubten Handlung verklagt werden könne (so Sieg VersR 1967 S. 324), mit bürgschaftsrechtlichen Grundsätzen nicht zu vereinbaren ist (vgl. RG 14. IV. 1932 RGZ Bd 137 S. 11 und Anm. B 125). Auch das weist auf den Weg einer Einordnung als gesetzliche Schuldmitübernahme. – Bei diesem Versuch einer rechtlichen Einordnung ist zu bedenken, daß ein neu geschaffenes Rechtsinstitut nie in allen Aspekten den Rechtsfiguren der klassischen Schuldrechtsdogmatik entsprechen wird. Der ständige Wandel der Rechtsformen und die entstehenden Mischformen sind zu beachten. Aus der einmal gewonnenen Erkenntnis, daß die Elemente einer bestimmten Schuldrechtsfigur überwiegen, darf nicht der Schluß gezogen werden, daß nunmehr alle Rechtsfragen aus den für dieses Rechtsinstitut geltenden Regeln zu beantworten sind. Vielmehr ist es durchaus möglich, einzelne Rechtsfragen nach den für andere Rechtsfiguren geltenden Bestimmungen zu lösen. Maßgebend ist die konkrete Interessenanalyse. In diesem Rahmen muß vor allem auch dem Umstand Rechnung getragen werden, daß die Entschädigungspflicht des Fonds – wie auch die des Kfz-Haftpflichtvers – in Teilbereichen vsrechtlich geprägt ist (vgl. auch Sieg VersR 1970 S. 681–682, dem allerdings in Anm. B 131 a. E. für den speziell abgehandelten Fall der Konstruktion einer ungeschriebenen Obliegenheit des Dritten nicht gefolgt worden ist). Das kommt im übrigen mit Deutlichkeit in § 12 IV PflichtvsG zum Ausdruck, der ergänzend auf die Rechtsbestimmungen zwischen dem Dritten und dem Ver im gestörten Kfz-Haftpflichtvsverhältnis verweist. Zutreffend ist in diesem Zusammenhang ferner von Baumann Entschädigungsfonds S. 113 auf die durch die „Supersubsidiaritätsklauseln" des § 12 I 2–5 PflichtvsG vermittelte Ähnlichkeit mit den Bestimmungen über die Amtshaftung gemäß § 839 I 2 BGB verwiesen worden. Nicht zu verkennen ist im übrigen, daß in erster Linie die Bestimmungen der §§ 12, 13 PflichtvsG aus sich selbst heraus interpretiert werden müssen, und zwar unter besonderer Berücksichtigung des mit diesen Vorschriften verfolgten Zwecks, die Systemlücken im Pflichtvsbereich als Ausdruck staatlicher Daseinsvorsorge tunlichst zu schließen.

[B 101] d) Haftungsvoraussetzungen
aa) Schadenersatzanspruch aus dem Gebrauch eines Fahrzeugs

Voraussetzung für die Eintrittspflicht des Entschädigungsfonds ist in **allen** Fällen, daß durch den **Gebrauch** eines Kfz oder eines Anhängers ein Schaden entstanden ist. Der Begriff des Gebrauchs im Sinne des § 12 I 1 PflichtvsG ist dabei identisch mit dem gleichen Ausdruck in §§ 10 I, 10a I AKB. Für Einzelheiten wird demgemäß auf die Ausführungen im Abschnitt G. unter den Rechtspflichten des Vers verwiesen. Die Verursachung der erwähnten Personen- oder Sachschäden genügt aber nicht, sondern nach dem System der Entschädigungsleistung geht es gemäß § 12 I 1 PflichtvsG darum, ob und inwieweit dem Dritten nach geltendem Haftpflichtrecht Schadenersatzansprüche gegen den Halter, den Eigentümer oder Fahrer eines Kfz (oder Anhängers) zustehen. Nur soweit nach materiellem Recht begründete Ansprüche gegen diese Personen (oder andere, für die der Fonds ebenfalls einzustehen hat, vgl. Anm. B 103) vorliegen, ist die Eintrittspflicht des Entschädigungsfonds gegeben. Die Leistungspflicht des Fonds im Verhältnis zu der des Haftpflichtvers im gesunden Vsverhältnis unterscheidet sich demgemäß wesentlich dadurch, daß es für den Fonds die vsrechtliche Komponente der Abwehr unbegründeter Ansprüche als Hauptleistung eigener Art (Befreiung von unbegründeten Ansprüchen, vgl. Bd IV Anm. B 35—36 m. w. N.) nicht gibt. Der Fonds hat vielmehr nur die Aufgabe, begründete Ansprüche zu erfüllen. Soweit er unbegründete Ansprüche abwehrt, handelt es sich um einen Akt des Selbstschutzes, wie ihn jeder am Rechtsgang beteiligte Staatsbürger vornimmt, der mit einem ganz oder teilweise unbegründeten Anspruch überzogen wird. Es versteht sich im übrigen, daß der die Eintrittspflicht des Fonds auslösende Schadensersatzanspruch ein solcher im Sinne des § 10 I AKB sein muß, also einer, der auf Grund gesetzlicher Haftpflichtbestimmungen privatrechtlichen Inhalts erhoben wird (vgl. dazu Anm. B 14 und Bd IV Anm. G 58—69 m. w. N.).

[B 102] bb) Personen- oder Sachschaden

Weitere Voraussetzung ist, daß einem Dritten aus dem Gebrauch eines solchen Kfz oder Anhängers Personen- oder Sachschäden entstanden sind. Unter die Ersatzpflicht des Fonds fallen demgemäß nicht die nach § 10 Ic AKB auch vom Vsschutz erfaßten sog. „reinen" Vermögensschäden, die weder mit einem Personen- noch mit einem Sachschaden mittelbar oder unmittelbar zusammenhängen. Angesichts der relativen Bedeutungslosigkeit des Einschlusses dieser „reinen" Vermögensschäden in die Kfz-Haftpflichtv ist das rechtspolitisch nicht zu beanstanden. Beachtenswert ist, daß der Fall des Abhandenkommens von Sachen, der in § 10 Ib AKB speziell erwähnt wird, nicht besonders aufgeführt ist. Das braucht aber nicht in dem Sinne verstanden zu werden, daß Schadenersatzansprüche wegen des Abhandenkommens von Sachen aus dem Gebrauch eines Kfz (oder Anhängers) von der Ersatzpflicht des Fonds ausgeschlossen sein sollen. Vielmehr liegt es näher, § 12 I 1 PflichtvsG so zu verstehen, daß der Begriff des Sachschadens hier das Abhandenkommen mitumfaßt. Wirtschaftlich betrachtet stellt es für den Geschädigten gewiß keinen Unterschied dar, ob seine Sache deshalb von ihm nicht mehr benutzt oder verwertet werden kann, weil sie zerstört oder weil sie verschwunden ist (ebenso Baumann Entschädigungsfonds S. 13).

[B 103] cc) Ersatzpflichtige, für die der Fonds einzutreten hat

Vergleicht man § 12 I PflichtvsG mit § 10 I, II AKB, so fällt auf, daß sich nach § 10 I, II AKB der Vsschutz auf weitere als auf die in § 12 I 1 PflichtvsG aufgeführten Personen erstreckt, nämlich auf den Vmer und auf den Beifahrer im Sinne des § 10 IId AKB sowie auf den Omnibusschaffner gemäß § 10 IIe AKB. Dieses Problem ist schon von Baumann Entschädigungsfonds S. 13—14 erkannt und dahin gelöst worden, daß sich die Ersatzpflicht des Fonds auch auf die gegen den aufgeführten Beifahrer oder den Omnibusschaffner begründeten Schadenersatzansprüche beziehe. Zur Begründung dieser Auffassung hat Bauman a. a. O. treffend auf § 12 IV PflichtvsG in Verbindung mit § 158k verwiesen. Es bleibe den Vern unbenommen, einen weitergehende Deckung (als nach § 1 PflichtvsG) zu gewähren; der neu eingefügte § 158k wolle eine Konformität des „kranken" mit dem „gesunden" Vsverhältnis gewährleisten. Denselben Zweck verfolge die Verweisung des § 12 IV 1 PflichtvsG. Eine Spezialregelung könnte daher in § 12 I 1, 2, IV 2, VI 1 PflichtvsG nur bei näheren Anhaltspunkten gesehen werden. Solche fehlten; auch die amtliche Begründung lasse keine restriktive Tendenz erkennen. Dieser Auffassung ist mit der Maßgabe beizupflichten, daß ein gleiches zu gelten habe, wenn der Ausnahmefall gegeben ist, daß ein Schadenersatzanspruch aus dem Gebrauch eines Kfz gegen einen Vmer begründet ist, der weder Halter noch Eigentümer noch Fahrer dieses Kfz ist. Eine Erstreckung der Eintrittspflicht des Fonds ist auch auf die erst zum 1. I. 1977 in § 10 IIf AKB aufgenommenen Fälle des Arbeitgebers oder öffentlichen Dienstherrn des Vmers zu erwägen, soweit dort nicht ausnahmsweise eine Subsidiaritätsentlastung des Fonds gemäß § 12 I 2, 3 PflichtvsG gegeben ist.

[B 104] dd) Anspruchsberechtigte

Anders als in §§ 149–157, 158c–158i und in § 3 PflichtvsG spricht § 12 PflichtvsG nicht vom Dritten, sondern bezeichnet ihn entweder als den Ersatzberechtigten (so in § 12 I 2–3, III, IV, VI) oder als denjenigen, dem wegen eines Personen- oder Sachschadens Ersatzansprüche zustehen (so in § 12 I 1 PflichtvsG). Diese Abweichung von der Terminologie des Haftpflichtvsrechts ist zu bedauern. Ein kritischer Betrachter wird dadurch zu der Überlegung gedrängt, ob die abweichende Ausdrucksweise zugleich bedeute, daß der Begriff des Ersatzberechtigten ein grundsätzlich anderer als der des Dritten im Sinne der eingangs zitierten Bestimmungen des Haftpflichtvsrechts sei. Die Überprüfung ergibt jedoch, daß das PflichtvsG den Begriff des Dritten im Grundsatz weder erweitert noch – was allerdings näher liegen würde – einschränkt (vgl. daher ergänzend Anm. B 12 m. w. N.). Das bedeutet, daß auch ein (nicht haftpflichtvter) Mitschädiger Dritter im Sinne der Ersatzberechtigung gemäß § 12 PflichtvsG sein kann (vgl. dazu Anm. B 110 und B 129 m. w. N.). Soweit allerdings Ansprüche bestimmter Personengruppen für bestimmte Sachschäden von der Ersatzpflicht des Fonds ausgeschlossen werden (so nach § 12 I 5 PflichtvsG die Ansprüche des Bundes, der Länder, der Gemeindeverbände in ihrer Eigenschaft als Straßenbaulastträger und der Deutschen Bundesbahn als Baulastträgerin für verkehrssichernde oder verkehrsregelnde Einrichtungen an Bahnübergängen, vgl. dazu Anm. B 115–116), ließe sich darüber diskutieren, ob damit eine Begriffsänderung verbunden ist, die den Ausdruckswechsel rechtfertigt. Eine genauere Überlegung zeigt indessen, daß das nicht der Fall ist. Zum einen werden die Ansprüche der genannten Personengruppen nicht schlechthin ausgeschlossen, sondern nur in genau bezeichnetem Umfang. Zum anderen ist es aber auch so, daß es in dem lebenden Haftpflichtvsrecht stets die Ausschlüsse bestimmter Personengruppen gegeben hat und auch noch gibt (vgl. z. B. § 4 II Ziff. 2 AHB und die im Vergleich dazu für den Vmer wesentlich günstigere Bestimmung in § 11 Ziff. 2 AKB), ohne daß deswegen von der einheitlichen Terminologie abgewichen worden wäre. Demgemäß wäre die Herstellung einer einheitlichen Rechtssprache wünschenswert; das gibt um so mehr, als auch die Subsidiaritätsfälle des § 12 I 2–4 PflichtvsG in § 158c IV schon weitgehend vorgezeichnet sind.

Eine Einschränkung des Kreises der Anspruchsberechtigten findet sich allerdings in § 11 EntschädigungsfondsVO. Danach ist die Verkehrsopferhilfe zu Leistungen an ausländische Staatsangehörige nur bei Vorliegen der Gegenseitigkeit verpflichtet. Es ist demgemäß u. a. zu prüfen, ob derartige Gegenseitigkeitsverträge der Bundesrepublik Deutschland mit anderen Staaten bestehen. Vgl. in diesem Zusammenhang auch Art. 9 II Straßburger Abkommen (BGBl. II 1965 S. 281–296), in dem sich die Vertragsparteien jenes Abkommens verpflichtet haben, für eine solche Gegenseitigkeit zu sorgen.

Eine solche Gegenseitigkeit ist zur Zeit im Verhältnis zu folgenden Staaten gegeben: Belgien, Dänemark, Finnland, Frankreich, Griechenland, Großbritannien, Iran, Irland, Island, Israel, Italien, Jugoslawien, Liechtenstein, Luxemburg, Niederlande, Norwegen, Österreich, Schweden, Schweiz, Spanien, Tschechoslowakei und Ungarn (vgl. Bäumer Zukunft S. 94 m.w.N.). Zu Ansprüchen von Deutschen aus der DDR vgl. Anm. B 88 a. E.

II. 11. Eintrittspflicht des Entschädigungsfonds   Anm. B 105—106

[B 105] ee) Räumlicher Geltungsbereich

Abweichend von § 2 I AKB, nach dem die Kfz-Haftpflichtv für ganz Europa gilt, ist nach § 12 I PflichtvsG die Eintrittspflicht des Fonds nur gegeben, wenn sich einer der drei aufgeführten Haftungsfälle im Geltungsbereich des PflichtvsG zuträgt. Die Ersatzpflicht des Fonds ist demgemäß grundsätzlich beschränkt auf solche Schäden, die sich in der Bundesrepublik Deutschland und in West-Berlin ereignen. Das ist aus der Sicht des „Straßburger Abkommens" (BGBl. II 1965 S. 281—296) verständlich, da sich dessen Mitglieder in Art. 9 I sämtlich dazu verpflichtet haben, einen Entschädigungsfonds zu gründen, der in den in § 12 I Ziff. 1 und 2 PflichtvsG aufgeführten Fällen eingreift.

Eine Erweiterung des örtlichen Anwendungsbereichs über den durch § 12 I PflichtvsG gegebenen Rahmen sieht allerdings § 10 EntschädigungsfondsVO vor. Nach dieser Bestimmung hat der Fonds in den Fällen des § 12 I Ziff. 1 PflichtvsG, also nur bei Schäden durch nicht identifizierte Fahrzeuge, gegenüber einem Deutschen auch für außerhalb des Geltungsbereichs des PflichtvsG eintretende Schäden einzustehen. Diese Sonderregelung, die einer erweiternden Auslegung nicht zugänglich ist, setzt voraus, daß für derartige Fälle in dem betreffenden Staat eine Stelle besteht, die Angehörigen dieses Staates Ersatz leistet, während deutsche Ersatzberechtigte von der Ersatzleistung durch diese Stelle ausgeschlossen sind. Zur Erfüllung der Eintrittspflicht des Fonds genügt dabei auch eine teilweise Benachteiligung deutscher Ersatzberechtigter. Das ergibt sich aus der in § 10 b EntschädigungsfondsVO gewählten Ausdrucksweise („soweit"). Dafür, daß eine solche Erstreckung des räumlichen Geltungsbereichs für Schadenfälle vorgenommen worden ist, die ein Bürger der Bundesrepublik Deutschland im Gebiet der DDR durch nicht identifizierte Fahrzeuge erleidet, vgl. Anm. B 88.

[B 106] ff) Haftungsfälle gemäß § 12 I Ziff. 1—3 PflichtvsG
   aaa) Nicht ermitteltes Fahrzeug

Der erste von der Haftung des Entschädigungsfonds erfaßte Fall ist nach § 12 I Ziff. 1 PflichtvsG der, daß das Fahrzeug, durch dessen Gebrauch der Schaden verursacht worden ist, nicht ermittelt werden kann. Das betrifft nicht nur die Fälle einer geglückten Fahrerflucht, sondern auch solche, in denen von dem das unbekannt gebliebene Fahrzeug führenden Unfallverursacher seine Unfallbeteiligung gar nicht bemerkt worden ist. Beispiel: Ein Pkw schert auf einer Bundesautobahn auf die Überholfahrbahn aus, ohne vorher zu blinken; der Fahrer eines auf der Überholfahrbahn nachfolgenden Kfz weicht blitzschnell nach rechts aus, verliert die Gewalt über sein Kfz und schießt über die Straße hinaus in das freie Feld. Der Fahrer des ersten Kfz bemerkt davon nichts und wird auch nicht ermittelt. Weiteres Beispiel: Ein Lkw verliert Öl auf einer Hauptverkehrsstraße, ohne daß der Fahrer es bemerkt. Auf der frisch gelegten Ölspur kommt es kurz darauf zu einer schweren Kollision, da ein Kfz auf dieser Spur unaufhaltsam in die Gegenfahrbahn gleitet. Auch hier ist die Eintrittspflicht des Entschädigungsfonds gegeben. Dabei sei ergänzend daran erinnert, daß zum Gebrauch durch ein Kfz im Sinne des § 10 I AKB nach der hier vertretenen Auffassung auch ein Schaden zählt, der durch die Ladung verursacht wird (vgl. dazu im einzelnen die Ausführungen im Abschnitt „Rechtspflichten des Vers" unter G.). Die Haftung des Entschädigungsfonds ist daher auch gegeben, wenn eine Kiste mit Werkzeug von einem unbekannt bleibenden Lkw fällt und dadurch eine Kollision mit nachfolgenden Verkehrsteilnehmern verursacht wird.

In der Auseinandersetzung mit dem Fonds darf dem Dritten entgegen der Auffassung von Sieg VersR 1970 S. 681—682, 684 grundsätzlich nicht entgegengehalten werden, daß er es selbst zu verantworten habe, daß das schadenstiftende Fahrzeug nicht ermittelt worden sei. Nur soweit in dieser Hinsicht ein darauf gerichtetes vorsätzliches Verhalten des Dritten festgestellt werden kann, ist eine Analogie zu dem in § 12 VI 3 PflichtvsG geregelten Fall der Aufgabe eines Ersatzanspruchs geboten (vgl. dazu Anm. B 131).

Die Beweislast dafür, daß der Tatbestand des § 12 I Ziff. 1 PflichtvsG erfüllt ist, obliegt dem Dritten. Er muß nicht nur die Beteiligung eines nicht ermittelten Fahrzeugs beweisen, sondern auch, daß und inwieweit der Fahrer oder der Halter (oder die sonst mitvten Personen im Sinne des § 10 I AKB) für den entstandenen Schaden nach bürgerlichem Recht haftet. Die Beweisnot des Dritten kann dabei auf Grund des regelwidrigen Verhaltens des Schadenstifters sehr groß sein. Dennoch sieht das Gesetz keine Beweiserleichterung vor. War der Dritte bei dem Schadenereignis zugegen, so kommt unter Umständen auch seine Vernehmung als Partei in Betracht. Vgl. zur Problematik einer solchen Parteivernehmung sehr eingehend Sieg VersR 1970 S. 683–687. Ihm ist allerdings insoweit nicht zu folgen, als er auf S. 683–684 das Beweismittel der Parteivernehmung mit der Begründung weiter als im Normalfall einschränken will, daß auch eine Beweisnot des Fonds gegeben sei. Denn diese institutionelle Beweisnot des Fonds wiegt nichts gegenüber der individuellen Beeinträchtigung des Dritten, die zu lindern gerade der Zweck der gesetzlichen Regelung ist.

Würde man derart überharte Beweisanforderungen stellen, so würde der Sinn der gesetzlichen Regelung durch ein solches Prozedieren wieder in Frage gestellt werden. Es sind daher im Prinzip die normalen Beweisanforderungen eines Haftpflichtprozesses zu stellen, in der dem Fonds die Parteifunktion für den unbekannt gebliebenen Schädiger zugewiesen worden ist. Im Rahmen dieser Grundsätze kommt wie auch sonst der ersten Bekundung des Dritten über das Unfallgeschehen unter Umständen eine prozeßentscheidende Bedeutung zu. Wer erst zu einem sehr viel späteren Zeitpunkt die Beteiligung einer unbekannt gebliebenen Person an einem Unfallgeschehen behauptet, für die der Fonds gemäß § 12 I Ziff. 1 PflichtvsG einzustehen habe, wird daher für ein solches Vorbringen regelmäßig keinen Glauben mehr finden (im Ergebnis richtig daher LG Darmstadt 2. V. 1979 VersR 1980 S. 365, dessen Hauptbegründung allerdings die Bedeutung des § 12 II PflichtvsG verkennt, vgl. Anm. B 119). Die Erfahrungen des täglichen Lebens sind dabei zu beachten. Theoretisch mögliche andere Ursachen als die Schadenzufügung durch ein unbekanntes Fahrzeug haben außer Betracht zu bleiben, wenn es sich um ganz entfernte Denkvarianten handelt, für deren Vorliegen es nach den Umständen des Falles keinen realen Bezug gibt. Befindet sich z. B. auf einer Straße eine Ölspur, auf der der Dritte zu Schaden gekommen ist, und kann ausgeschlossen werden, daß es sich um Öl aus einem in der Umgebung befindlichen Tank handelt, so darf mit der Lebenserfahrung im Rahmen des Grundsatzes der freien Beweiswürdigung die naheliegende Tatsache einem Urteil zugrunde gelegt werden, daß dieses Öl entweder aus dem Motor eines Kfz stammt oder aus einem Öltransport durch ein Kfz herrührt (dabei ist zu beachten, daß – wie eingangs in dieser Anm. schon bemerkt – durch die Ladung eines Kfz verursachte Schäden ebenfalls dem Gebrauch im Sinne des § 10 I AKB zuzurechnen sind). Verfehlt wäre es, in einem solchen Fall nicht von der Verursachung durch ein Fahrzeug mit der Begründung auszugehen, daß doch theoretisch auch die Möglichkeit bestehe, daß das Öl aus einem Ölfaß herrühren könne, das von einem Pferdewagen transportiert worden sei.

Vgl. auch LG Hamburg 11. VIII. 1976 VersR 1977 S. 582, das es in einem solchen Ölspurenfall, in dem lediglich ein Schmerzensgeldanspruch geltend gemacht worden war, hatte dahingestellt sein lassen, ob die Spur von einem Kfz gelegt worden war oder nicht. Das Gericht wies die Klage unter anderem mit folgender Begründung ab: Entgegen der Meinung des Klägers seien hier nicht die Grundsätze des Anscheinsbewei-

II. 11. Eintrittspflicht des Entschädigungsfonds **Anm. B 107**

ses anzuwenden; denn es seien mehrere Fallgestaltungen denkbar, bei denen weder den Fahrer noch den Kfz-Halter ein Verschulden an der Hinterlassung einer solchen Spur treffe. Dafür, daß ein Verschulden vorliege, sei der Kläger beweispflichtig. Allein die Tatsache, daß es sich bei dem Beklagten um einen Entschädigungsfonds nach § 12 PflichtvsG handle, führe weder zu einer Beweiserleichterung für den Kläger, noch zu einer Umkehr der Beweislast. Dies sei nach Auffassung des Gerichts nicht unbillig. Auch wenn der Schädiger bekannt sei, könne der Geschädigte häufig den Verschuldensnachweis nicht führen. Weiter sei zu berücksichtigen, daß § 12 PflichtvsG bereits eine Billigkeitsregelung darstelle. An dieser Entscheidung ist richtig, daß das Gesetz keine Beweiserleichterung vorsieht. Das Gericht verneint aber zu Unrecht die Anwendung der Grundsätze des Anscheinsbeweises. Wenn man nämlich davon ausgeht, daß das Öl von einem Kfz herrührt, so ist das ein regelwidriger Zustand und prima facie darf daher vermutet werden, daß das auf ein Verschulden des Kfz-Halters oder des Fahrers zurückzuführen sei. In normalen Haftpflichtprozessen spielt sich dann das Prozeßgeschehen in der Weise ab, daß die verklagten Halter oder Fahrer (oder deren Kfz-Haftpflichtver) dartun und unter Beweis stellen, daß diese tatsächliche Vermutung im konkreten Falle nicht zutreffe. In den sogenannten Fondsfällen ist das nach der Natur der Dinge meist nicht möglich, da es gerade darum geht, daß ein unidentifiziertes Fahrzeug die Spur gelegt hat. Wenn aber der Beklagte hier keine entlastenden Umstände vortragen kann, so ist das zu seinen Ungunsten zu werten. Denn nach der hervorgehobenen Konstruktion des Fonds tritt dieser an die Stelle des Schadenstifters. Daß der Fonds institutionell sich nicht so verteidigen kann, wie der Schadenstifter es könnte, wenn er sich nicht regelwidrig vom Unfallort entfernt hätte, darf die Situation nicht ändern. Das Landgericht übernimmt hier unbewußt die Argumentation von Sieg a. a. O., daß die institutionelle Beweisnot des Fonds zu berücksichtigen sei. Dadurch wird aber die Stellung des Verkehrsopfers im Verhältnis zum normalen Haftpflichtprozeß verschlechtert, in dem er auf die Einwendungen der Gegenseite warten kann, die ein prima facie anzunehmendes Verschulden widerlegen. Genauso muß es in den Fällen des § 12 I Ziff. 1 PflichtvsG gehandhabt werden, wenn man eine gerechte Einzelfallentscheidung treffen will. Es mag dabei sein, daß dadurch unter Umständen mögliche Einwendungen abgeschnitten werden, die ein nicht flüchtiger Schadenstifter hätte. Das ist aber eher hinzunehmen, als wenn in hunderten und tausenden derartiger Fälle die Institution als solche entwertet wird. Dafür, daß der Hinweis darauf, daß es sich um eine Billigkeitsregelung handle, nicht verfängt, vgl. Anm. B 119—120 (im übrigen ist das Urteil des LG Hamburg 11. VIII. 1976 a. a. O. im Ergebnis richtig, da die Haftung eines dritten Beteiligten gegeben war).

[B 107] bbb) Nicht bestehende Haftpflichtversicherung
Die Eintrittsverpflichtung des Entschädigungsfonds erstreckt sich nach § 12 I Ziff. 2 PflichtvsG auch auf diejenigen Fälle, in denen die auf Grund eines Gesetzes erforderliche Haftpflichtv zugunsten des Halters, des Eigentümers und des Fahrers des Kfz nicht besteht. Durch die Formulierung „auf Grund eines Gesetzes" ist sichergestellt worden, daß nicht nur die Fälle erfaßt werden, in denen die nach dem PflichtvsG vorgeschriebene Haftpflichtv fehlt, sondern auch diejenigen, in denen die nach dem Ausländerpflichtvsg (vgl. zu dessen Anwendungsbereich Anm. B 80—83) verlangte Haftpflichtv fehlt (vgl. Baumann Entschädigungsfonds S. 15).

§ 12 I Ziff. 2 PflichtvsG ist als Ergänzung zu der gemäß § 3 Ziff. 4, 5 PflichtvsG fingierten Weiterhaftung des Vers zu verstehen. In allen Fällen, in denen eine überobligationsmäßige Haftung des Vers nach Maßgabe dieser Bestimmungen zu bejahen ist, greift Ziff. 2 nicht ein. Die Eintrittspflicht des Fonds setzt vielmehr gerade dort ein, wo die überobligationsmäßige Haftung des Vers nach Maßgabe der zitierten Bestimmungen nicht mehr gegeben ist. Zutreffend weist deshalb Baumann Entschädigungsfonds S. 15 darauf hin, daß in § 12 I Ziff. 2 unter dem Nichtbestehen einer Haftpflichtv etwas anderes zu verstehen ist als in § 3 Ziff. 5 PflichtvsG. § 12 I Ziff. 2 PflichtvsG ist demgemäß als Sicherungsnetz zugunsten der geschädigten Dritten für diejenigen Fälle zu verstehen, in denen weder ein intaktes Haftpflichtverhältnis vorliegt, noch eine überobligationsmäßige Haftung des Vers gegeben ist. Denkbar sind hier insbesondere zwei Fallgruppen. Die erste Gruppe ist die, daß ein Verkehrsteilnehmer gesetzeswidrig ein nicht zugelassenes und nicht vtes Kfz benutzt. Zumeist wird es sich dabei um abgemeldete Fahrzeuge handeln, die ohne behördliche Erlaubnis wieder in Betrieb genommen werden. Denkbar ist es aber auch, daß ein derartiges unvtes Kfz über die Grenze geschmuggelt wird. Der zweite Fall ist der, daß ein Kfz nach Ablauf der Nachhaftungsfrist gemäß § 3 Ziff. 5 PflichtvsG (vgl. dazu Anm. B 46) weiterhin benutzt wird. Liegt hier kein Amtshaftungsfall vor, weil die Behörde alles Zumutbare getan hat, um des Fahrzeugs habhaft zu werden, so daß das Subsidiaritätsprinzip gemäß § 12 I 3, 4 PflichtvsG nicht zum Zuge kommt, so handelt es sich um ein von Ziff. 2 erfaßtes Risiko. Das gleiche gilt z. B. dann, wenn ohne ein Amtsverschulden eine behördliche Zulassung eines Kfz auf Grund einer gefälschten Vsbestätigung gemäß § 29a StVZO erfolgt.

Ist nicht zu ermitteln, welches Fahrzeug zu der Unglücksfahrt benutzt worden ist, auf der der Dritte geschädigt wurde, so läßt sich regelmäßig auch nicht feststellen, daß dieses im Sinne des § 12 I Ziff. 2 PflichtvsG nicht vert gewesen sei. Sieg VersR 1970 S. 682 folgert daraus, daß der Tatbestand der Ziff. 1 die Anwendbarkeit der Ziff. 2 ausschließe. Dem ist als Regelaussage hinsichtlich der Ausgestaltung der tatsächlichen Verhältnisse sicher zuzustimmen. Doch darf diese Bemerkung nicht im Sinne eines höherwertigen Anwendungsbereichs der Ziff. 1 im Verhältnis zu Ziff. 2 verstanden werden. Ausnahmen sind durchaus denkbar. Als Beispiel mehr theoretischer Art möge der Fall gebildet werden, daß sich ein Täter nach einer Fahrerflucht stellt und dabei glaubhaft bekundet, daß er mit einem nicht vten und nicht zugelassenen Fahrzeug gefahren sei, das er aus besonderen tatsächlichen Gründen aber nicht mehr identifizieren könne. Der Sachverhalt möge dabei so gelagert sein, daß der Täter jenes Fahrzeug nach der Fahrerflucht auf einen Schrottplatz zurückgebracht hat, wo er es später von anderen fahrbereiten Fahrzeugen gleicher Art, die lediglich auf diesem Platz benutzt werden, nicht mehr unterscheiden kann. Als weiterer denkbarer Fall möge der angenommen werden, daß sich mehrere Zeugen exakt des Kennzeichens eines an einem Unfall beteiligten Fahrzeugs vergewissert haben, das sich aber später als gefälscht erweist. Ist sicher auszuschließen, daß für jenen Wagen unter einem anderen Kennzeichen nicht doch eine Haftpflichtv abgeschlossen worden ist, so sind auch hier sowohl die Voraussetzungen für eine Anwendung des § 12 I Ziff. 1 als auch für eine solche des § 12 I Ziff. 2 PflichtvsG gegeben. Es bedeutet diese Feststellung aber nicht, daß sich die Leistungspflicht des Entschädigungsfonds verdoppelt. Vielmehr haftet der Fonds − und das gilt auch, wenn sämtliche Tatbestände des § 12 I Ziff. 1−3 PflichtvsG in einem Schadenfall erfüllt wären − pro Schadenfall nur einmal mit den gesetzlichen Mindestvssummen (vgl. Anm. B 122 a.E.). Bedeutsam kann eine solche Feststellung aber wegen der in § 12 II vorgesehenen Einschränkung der Haftung des Fonds in den Fällen des § 12 I Ziff. 1 PflichtvsG sein. Das gilt allerdings − jedenfalls für die Zukunft − dann nicht mehr, wenn man der Auffassung folgt, daß die Einschränkungen in § 12 II PflichtvsG gegen den Gleichheitssatz nach Art. 3 I GG verstoßen (vgl. dazu Anm. B 117).

Beweispflichtig für das Vorliegen des Tatbestandes des § 12 I Ziff. 2 PflichtvsG ist der Dritte. Anders als in den Fällen des § 12 I Ziff. 1 PflichtvsG (vgl. dazu Anm. B 106 a.E.) ist mit als bedauerlich erscheinenden Beweislastentscheidungen zu Lasten des Dritten kaum zu rechnen. Sobald die Identität des Fahrzeugs feststeht, kann innerhalb des Zulassungssystems regelmäßig ermittelt werden, ob ein Haftpflichtver für dieses Fahr-

II. 11. Eintrittspflicht des Entschädigungsfonds **Anm. B 108**

zeug registriert ist oder nicht. Läßt sich aber ein solcher Ver trotz festgestellter Identität nicht ermitteln, so muß davon ausgegangen werden, daß einer der Ausnahmefälle gegeben ist, in denen ein Fahrzeughalter seiner Verpflichtung nicht nachgekommen ist, für den Abschluß einer Kfz-Haftpflichtv zu sorgen. Den Ausnahmefall, daß ein Ver Deckung zugesagt haben könnte, ohne daß eine entsprechende Registrierung bei den Zulassungsbehörden nach Vorlage einer Vsbestätigung gemäß § 29 a StVZO erfolgt ist, darf ein Gericht grundsätzlich nicht zu Lasten des Dritten in Betracht ziehen. Das gilt aber nur dann, wenn es sich lediglich um eine theoretische Denkalternative handelt. Einem in tatsächlicher Beziehung spezifizierten Beweisantritt des Fonds wäre demgemäß nachzugehen.

[B 108] ccc) Vorsätzliche Schadenzufügung

In § 12 I Ziff. 3 PflichtvsG wird eine Eintrittspflicht des Entschädigungsfonds auch für diejenigen Fälle festgelegt, in denen eine Haftpflichtv deswegen keine Deckung gewährt oder gewähren würde, weil der Ersatzpflichtige den Eintritt der Tatsache, für die er dem Dritten verantwortlich ist, vorsätzlich und widerrechtlich herbeigeführt hat. Mit dieser seit dem 12. V. 1976 geltenden Regelung, die nach § 10 OEG (BGBl. I S. 1183) nur für Ansprüche aus Taten gilt, die von dem genannten Zeitpunkt an begangen worden sind, ist der Schutz der Pflichthaftpflichtv auf die Opfer vorsätzlicher Schädigungen durch den Gebrauch eines Kfz erstreckt worden (vgl. dazu auch Anm. B 98 a.E.). Allerdings ist die Haftung nicht dem einzelnen Ver im Rahmen einer überobligationsmäßigen Eintrittsverpflichtung gemäß § 3 Ziff. 4, 5 PflichtvsG auferlegt worden, wie das von Baumann Vierteljahresschrift für Sozialrecht 1975 Bd III S. 27–29 angeregt worden war, sondern der Gemeinschaft der Ver, verkörpert durch den Entschädigungsfonds (genauer gesagt nach der gesetzlichen Konstruktion: der Gemeinschaft der Ver und der gemäß § 2 I Ziff. 1–5 PflichtvsG von der Vspflicht befreiten Halter). Gedanklich setzt § 12 I Ziff. 3 PflichtvsG als Konstruktionskette das Wissen darum voraus, daß ein Haftpflichtver grundsätzlich für vorsätzlich widerrechtliche Schädigungen gemäß § 152 nicht einzustehen hat und daß sich dieser Ausschluß gemäß § 158c III i.V.m. § 3 Ziff. 6 PflichtvsG auch auf die überobligationsmäßige Haftung des Vers nach § 3 Ziff. 4, 5 PflichtvsG erstreckt (vgl. BGH 15. XII. 1970 NJW 1971 S. 459–461 = VersR 1971 S. 239–241 und Anm. B 51).

In sehr vielen Fällen wird streitig sein, ob ein solches vorsätzliches Handeln des Vmers oder Vten im Sinne des § 152 vorliegt oder nicht. Beweispflichtig dafür ist der Dritte. Zur Vermeidung von einander widersprechenden Urteilen zu diesem Fragenkreis ist es daher erforderlich, dem Entschädigungsfonds im Prozeß gegen den Ver, der seine Eintrittspflicht wegen vorsätzlichen Handelns leugnet, den Streit zu verkünden. Eine solche Streitverkündung ist umgekehrt auch bei einem Prozeß gegen den Entschädigungsfonds, der behauptet, daß keine vorsätzliche Schädigung vorliege, gegenüber dem betreffenden Ver vorzunehmen.

Der Begriff des Vorsatzes im Sinne des § 12 I Ziff. 3 PflichtvsG ist mit dem des § 152 identisch. Vgl. dazu Bd IV Anm. G 221–225 und Möller in Bruck-Möller-Sieg Anm. 43, 44 zu § 61. Dafür, daß die Vsansprüche eines jeden Vmers oder Vten grundsätzlich voneinander selbständige Risikobereiche betreffen, vgl. Anm. B 15 m.w.N. Ist der Ver danach wohl für den Vmer, nicht aber für den Vten im Risiko, so ist im Rahmen einer gesamtschuldnerischen Haftung der beiden kein Raum für eine Eintrittspflicht des Fonds. Durch den Einleitungsteil zu § 12 I Ziff. 3 PflichtvsG wird klargestellt, daß unter Ziff. 3 auch diejenigen Fälle zu subsumieren sind, in denen bei einer vorsätzlichen Schädigung das gebrauchte Kfz nicht ermittelt werden konnte. Diese Erkenntnis verliert allerdings ihre Bedeutung, wenn man der Auffassung folgt, daß § 12 II gegen den Gleichheitssatz verstoße (vgl. dazu Anm. B 117–118).

[B 109] e) Subsidiaritätsgrundsatz
aa) Grundsätzliches

Die Eintrittspflicht des Entschädigungsfonds ist dazu gedacht, die sich aus dem gesetzlichen System zum Schutze des Verkehrsopfers ergebenden Lücken in den in Anm. B 106–108 dargestellten Fällen aus sozialen Gründen zu schließen. Eine soziale Notwendigkeit in diesem Sinne wird von dem Gesetzgeber in den in § 12 I 2–4 PflichtvsG relativ kompliziert aufgebauten Subsidiaritätsfällen verneint. Als gemeinsame Quintessenz aller dieser Fälle kristallisiert sich das Prinzip heraus, daß keine Eintrittspflicht des Fonds gegeben ist, wenn das Verkehrsopfer von einer anderen juristischen oder natürlichen Person Ersatz des Schadens erhalten kann. Die enumerativ aufgeführten Subsidiaritätsfälle gemäß § 12 I 2–4 PflichtvsG stellen damit eine Parallele zu § 839 I 2 BGB dar. Es gibt aber zwei wesentliche Unterschiede. Der erste bezieht sich auf die innere Berechtigung beider Subsidiaritätsklauseln. Während die Bevorzugung des Staates durch das Enthaftungsprivileg gemäß § 839 I 2 BGB erheblichen rechtspolitischen Bedenken begegnet (vgl. dazu Anm. B 112), denen der Gesetzgeber auch in § 36 IV des inzwischen durch BVerfG 19. X. 1982 BGBl. I S. 1493 für nichtig erklärten Staatshaftungsgesetzes Rechnung tragen wollte, leuchtet die Vorrangigkeit der im Subsidiaritätskatalog des § 12 I 2–4 PflichtvsG aufgeführten Fälle sogleich ein. Denn wenn z. B. der verantwortliche Schädiger im Sinne des § 12 I PflichtvsG so begütert ist, daß er den Schaden dem Dritten ohne weiteres zu ersetzen vermag, so ist nicht einzusehen, warum der Entschädigungsfonds haften soll. Aus dieser unterschiedlichen Bewertung beider Subsidiaritätsklauseln folgt sachlogisch, daß bei ihrem Zusammentreffen die Bestimmung des § 839 I 2 BGB als nachrangig einzustufen ist. Diese Konsequenz wird in § 12 I 3, 4 PflichtvsG – anders als in § 158c V (vgl. dazu Anm. B 61–62) – vollen Umfangs gezogen (dazu Anm. B 112). Der zweite Unterschied liegt darin, daß nach § 839 I 2 BGB schlechthin fast jede anderweitige Ersatzmöglichkeit als vorgehend angesehen worden ist (bemerkenswert allerdings die einschränkenden Tendenzen im Schrifttum und in der neueren Rechtsprechung, vgl. Anm. B 61 und 112 m.w.N.). Hingegen ist der Gesetzgeber in § 12 I 2–4 PflichtvsG den Weg gegangen, die Subsidiaritätsfälle enumerativ aufzuzählen. Daraus folgt, daß nicht jede anderweitige Ersatzmöglichkeit gemäß § 839 I 2 BGB auch als eine solche im Sinne des § 12 I 2–4 PflichtvsG anzusehen ist. Es darf insbesondere § 12 I 2–4 PflichtvsG kein allgemeines Prinzip entnommen werden, daß jede anderweitige Ersatzmöglichkeit vorgehe. Es gilt im Gegenteil, daß nicht in § 12 I 2–4 PflichtvsG aufgeführte Fallgruppen dem Subsidiaritätsgrundsatz des Fondssystems grundsätzlich nicht zuzuordnen sind. So im Prinzip auch Baumann Entschädigungsfonds S. 51 mit dem Bemerken, daß eine ausdehnende Anwendung der Subsidiaritätsklausel angesichts der minuziösen Regelung ein sehr behutsames Vorgehen erheische. Anschließend bemerkt Baumann a.a.O., daß gleichwohl eine Extension nicht völlig unzulässig sei. In diesem Zusammenhang ist auf die Quasiver der öffentlichen Hand hinzuweisen, deren Eintrittspflicht ungeachtet ihrer Nichterwähnung in § 12 I 2–4 PflichtvsG der des Fonds vorgeht (vgl. Baumann Entschädigungsfonds S. 53–54 und Anm. B 111 a.E.). Abgesehen von der Korrektur dieses Redaktionsversehens sind aber akzeptable Beispiele für eine erweiternde Auslegung kaum zu finden. Vgl. aber auch BGH 4. X. 1977 NJW 1978 S. 164–166 = VersR 1978 S. 43–45, von dem in einem Fall der Beschädigung von Baustellensicherungseinrichtungen, der sich vor Einfügung des § 12 I 5 ereignete, eine analoge Anwendung der Ausschlußbestimmung des § 12 II PflichtvsG für überlegenswert gehalten worden ist. Unterstellt man, daß die in § 12 II PflichtvsG getroffene Regelung rechtswirksam sei (vgl. dagegen aber Anm. B 117), so wäre eine solche Ausdehnung durchaus vertretbar (dazu auch Anm. B 115). Zu beachten ist aber, daß – streng genommen – von den Überlegungen zur Subsidiarität § 12 I 5 PflichtvsG nicht erfaßt wird. Dort handelt es sich vielmehr um den Ausschluß

II. 11. Eintrittspflicht des Entschädigungsfonds **Anm. B 110**

bestimmter Schadenersatzansprüche der öffentlichen Hand, der unabhängig davon gilt, ob Dritte ersatzpflichtig sind oder nicht. Demgemäß wird diese Vorschrift auch im Zusammenhang mit den ähnlich gelagerten Ausschlußbestimmungen nach § 12 II PflichtvsG behandelt (vgl. Anm. B 115–121).

[B 110] bb) Einzelfälle
aaa) Ersatz durch Halter, Eigentümer oder Fahrer

Der erste Subsidiaritätsfall ist gemäß § 12 I 2 PflichtvsG der, daß der Ersatzberechtigte entweder von dem Halter, dem Eigentümer oder dem Fahrer des Fahrzeugs, durch das sein Schaden verursacht worden ist, Ersatz erlangen kann. Das Leitbild dieser Bestimmung ist die Überlegung, daß kein zwingender Grund für die Eintrittspflicht des Fonds gegeben ist, wenn dem Dritten ein vermögender Schädiger gegenübersteht. In Anm. B 103 ist die Eintrittspflicht des Fonds über den Wortlaut des § 12 I 1 PflichtvsG hinaus auf Ansprüche gegen weitere Personen, z. B. den Beifahrer und den Omnibusschaffner, erstreckt worden. Die Konsequenz dieser erweiternden Auslegung ist eine entsprechende Ausdehnung der Subsidiaritätsklausel gemäß § 12 I 2 PflichtvsG auch auf diesen Personenkreis (so Baumann Entschädigungsfonds S. 44 für die von ihm abgehandelten Fälle des Beifahrers und des Omnibusschaffners). Hingegen darf § 12 I 2 PflichtvsG nicht etwa erweiternd auf den Fall ausgedehnt werden, daß dem geschädigten Dritten ein weiterer ersatzpflichtiger Dritter gegenübersteht, z. B. als Mitschädiger im Sinne der §§ 830, 840 BGB (ebenso Baumann Entschädigungsfonds S. 52, Sieg VersR 1967 S. 327; beide mit dem zutreffenden Hinweis darauf, daß etwas anderes gelte, wenn jener Mitschädiger haftpflichtvert sei; dann ist der Zugriff auf einen anderen Schadenver möglich, sei es auch auf dem Umweg über eine Pfändung und Überweisung des Deckungsanspruchs; vgl. ergänzend Anm. B 57). Vielmehr ist die Ersatzpflicht weiterer Dritter nur im Rahmen des präzisen Wortlauts des § 12 I 2 PflichtvsG und der Bestimmungen in S. 3–4 von Bedeutung. Genauso wie die Ersatzpflicht eines unvten Mitschädigers die überobligationsmäßige Haftung des Vers gemäß § 3 Ziff. 4, 5 PflichtvsG nicht ausschließt (vgl. Anm. B 57), ist keine stillschweigende Erstreckung der Subsidiarität gemäß § 12 I 2 PflichtvsG anzunehmen. Beispiel: Der Dritte wird durch das gleichermaßen eine volle Verschuldenshaftung auslösende Zusammenwirken eines unaufmerksamen (nicht haftpflichtvten) Fußgängers und eines unaufmerksamen Fahrers eines im Sinne des § 12 I Ziff. 2 PflichtvsG unvten Kfz geschädigt. Hier muß der Entschädigungsfonds eintreten, ohne den Dritten gemäß § 12 I 2 PflichtvsG auf die Ansprüche gegen den Fußgänger verweisen zu können. Der Anspruch gegenüber einem solchen Mitschädiger geht im übrigen nach § 13 VI 1 PflichtvsG ebenfalls auf den Entschädigungsfonds über (vgl. dazu Anm. B 129). Darlegungs- und beweispflichtig dafür, daß er weder von dem Halter noch dem Eigner oder dem Fahrer des Kfz, durch dessen Gebrauch der Schaden herbeigeführt worden ist, etwas erlangen kann, ist der geschädigte Dritte (ebenso Baumann Entschädigungsfonds S. 43 und Sieg VersR 1967 S. 327; dafür, daß diese Beweislastregelung aber entgegen der Meinung der genannten Autoren nicht in den Fällen des § 12 I 3 PflichtvsG gilt, vgl. Anm. B 112). Diesen Beweis kann er mit allen im Zivilprozeß zulässigen Beweismitteln führen. Seine Situation ähnelt dabei, wie von Baumann Entschädigungsfonds S. 89–124 treffend hervorgehoben (vgl. dazu aber auch Anm. B 100), der des Gläubigers gegenüber dem nicht selbstschuldnerisch haftenden Bürgen. Der Geschädigte muß sich daher in vielen Fällen auf den dornenvollen Weg begeben, zunächst Halter und Fahrer (der Eigentümer des Kfz wird ihm regelmäßig als solcher ohnedies nicht haften) zu verklagen, um festzustellen, ob realisierbare Vermögenswerte vorhanden sind oder nicht. In der Praxis vereinfachen sich die Schwierigkeiten häufig dadurch, daß bei dem für den Schuldner zuständigen Vollstreckungsgericht angefragt wird, ob der Schuldner bereits die in § 807 ZPO erwähnte eidesstattliche Versicherung (früher Offenbarungseid) abgegeben hat oder ob zur Erzwingung einer solchen eidesstattlichen Versicherung gemäß § 901 ZPO die Haft angeordnet worden ist. Von Bedeutung ist dabei, daß nach § 915 III ZPO eine solche Auskunft ohne Vorlage eines Vollstreckungstitels erteilt wird.

[B 111] bbb) Eintrittspflicht eines Schadenversicherers oder eines Sozialversicherungsträgers sowie der Quasiversicherer der öffentlichen Hand

Weiter ist nach § 12 I 2 PflichtvsG insoweit keine Haftung des Entschädigungsfonds gegeben, als der Ersatzberechtigte von einem Schadenver Ersatz seines Schadens zu erlangen vermag. Gesetzgeberisches Vorbild dieser Bestimmung ist § 158c IV. Die Bestimmung des § 12 I 2 PflichtvsG ist in allen wesentlichen Punkten nach den gleichen Grundsätzen wie § 158c IV auszulegen. Auf die Ausführungen in Anm. B 52—59 wird daher verwiesen. Überall dort, wo von der überobligationsmäßigen Leistungspflicht des Vers die Rede ist, muß bei Verwertung jener Überlegungen von der Leistungspflicht des Entschädigungsfonds ausgegangen werden. Nicht ausdrücklich abgehandelt worden ist aber in jenen Ausführungen der Fall, daß die Leistungspflicht gemäß § 3 Ziff. 4, 5 PflichtvsG mit der Ersatzpflicht des Fonds zusammentrifft. Nach dem Sinn des § 12 I 2 PflichtvsG geht die überobligationsmäßige Haftung gemäß § 3 Ziff. 4, 5 PflichtvsG der des Fonds grundsätzlich vor. Ein Beispiel möge das verdeutlichen: Zwei Fahrzeuge stoßen zusammen. Die Schuld trifft die Fahrer beider Fahrzeuge gleichermaßen. Ein Fußgänger wurde bei diesem Schaden schwer verletzt. Für das Kfz des A liegt ein gestörtes Vsverhältnis im Sinne des § 3 Ziff. 4, 5 PflichtvsG vor, für das des B fehlt es überhaupt an einer V, so daß der Tatbestand des § 12 I Ziff. 2 PflichtvsG gegeben ist. Der Fall ist so zu lösen, daß die Haftung gemäß § 3 Ziff. 4, 5 PflichtvsG der Eintrittspflicht des Fonds vorgeht (Baumann Entschädigungsfonds S. 45). Der geschädigte Fußgänger F kann sich demgemäß nicht an den Entschädigungsfonds halten, sondern nur an den Ver des A (daneben natürlich auch an A und B persönlich). Übersteigt der Anspruch des F aber die gesetzlichen Mindestvssummen, so greift ergänzend die nach § 12 I 2 PflichtvsG subsidiäre Haftung des Fonds ein. Eintrittspflichtig ist der Fonds ferner für den dem A entstandenen Schaden im Umfang der ihm gegenüber bestehenden Ersatzpflicht des B, da dem A kein Ver aus einem intakten oder gestörten Vsverhältnis haftet, so daß insoweit die Subsidiaritätsklausel nach § 12 I 2 PflichtvsG nicht eingreift (vgl. zum Anspruch des Mitschädigers auch Anm. B 110).

Besonders erwähnt wird in § 12 I 2 PflichtvsG der Fall, daß der Dritte den Ersatz seines Schadens von einem Verband von im Geltungsbereich des PflichtvsG zum Geschäftsbetrieb befugten Haftpflichtvern zu erlangen vermag. Es handelt sich dabei um diejenigen Fälle, in denen der Geschädigte sich gemäß §§ 2 I b, 8a AuslPflichtVsG an den HUK-Verband in Hamburg halten kann (vgl. dazu Anm. B 80—82). Das hätte allerdings im Grunde genommen keiner besonderen Erwähnung bedurft. In diesem Zusammenhang sei daran erinnert, daß es sich bei der vorgehenden Leistungspflicht eines anderen Vers auch um solche Fälle handelt, in denen gegen den anderen Schadenver kein Direktanspruch des Geschädigten gegeben ist (vgl. Anm. B 55 a.E.). Außerdem darf der Dritte wie im Fall des § 158c IV grundsätzlich auch auf die Durchsetzung eines Anspruchs gegen einen ausländischen Ver im Ausland verwiesen werden (vgl. Anm. B 54). Nur zur Klarstellung sei mit Nachdruck darauf hingewiesen, daß Leistungen aus den üblicherweise nicht auf konkrete Schadendeckungen ausgerichteten Summenvsverträgen ebenso wie bei § 158c IV die Ersatzpflicht des Entschädigungsfonds nicht entfallen lassen (vgl. dazu Anm. B 53 m.w.N.). Entsprechend der Regelung in § 158c IV sind auch im Verhältnis zum Entschädigungsfonds die Leistungen der Sozialvsträger vorrangig (§ 12 I 3 PflichtvsG). Auf Anm. B 52 wird ergänzend verwiesen.

II. 11. Eintrittspflicht des Entschädigungsfonds   Anm. B 112

Während nach § 158c IV der an sich leistungsfreie Ver den Ausnahmetatbestand beweisen muß, daß und inwieweit der Dritte von einem anderen Schadenver oder einem Sozialvsträger Ersatz seines Schadens erlangen kann (vgl. Anm. B 59), deutet Sieg VersR 1967 S. 327 die Regelung in § 12 I 2–3 PflichtvsG dahin, daß der Dritte gegenüber dem Fonds in allen dort aufgeführten Fällen beweisen müsse, daß er von jenen dort aufgeführten natürlichen oder juristischen Personen nichts erlangen könne (ebenso Baumann Entschädigungsfonds S. 43). Diese Auffassung ist in Anm. B 110 für die von § 12 I 2 PflichtvsG erfaßten Fälle der Haftung des Halters, des Eigentümers oder des Fahrers des in Betracht kommenden Fahrzeugs, dessen Gebrauch einen der drei Haftungsfälle des Fonds auslöst, gebilligt worden. Der Grund dafür ist der, daß nach den Regeln der Gesetzestechnik § 12 I 2 PflichtvsG mit seinen Einleitungsworten „das gilt nur, soweit" als zu den Anspruchsvoraussetzungen zählend gewertet werden muß. Zu beachten ist aber, daß § 12 I 3 PflichtvsG einen von dieser Ausdrucksweise ganz abweichenden Wortlaut wählt. Es heißt nämlich, daß die Leistungspflicht des Fonds in den dort aufgeführten Fällen entfalle, sofern von einem der Mitglieder des dort aufgezählten Personenkreises etwas zu erlangen sei. Damit bedient sich der Gesetzgeber der üblichen Ausdrucksweise, die zwischen Regel und Ausnahme unterscheidet. Für Ausnahmen ist aber grundsätzlich derjenige beweispflichtig, der sich auf sie beruft. Das bedeutet, daß in den in § 12 I 3 PflichtvsG aufgeführten Ausnahmefällen die Folgen einer Beweislosigkeit nicht den Dritten, sondern den Entschädigungsfonds treffen. Aus dem Gesichtspunkt des Verkehrsopferschutzes ist das zu begrüßen. Der Dritte ist hier genauso schutzwürdig wie in den Fällen des § 158c IV, so daß schon die durch § 12 I 2 PflichtvsG gegebene Abweichung von dem für § 158c IV geltenden Beweislastgrundsatz als bedauerlich erscheint. Mit Rücksicht darauf, daß die anderweitigen Schadenver ausdrücklich in § 12 I 2 PflichtvsG aufgeführt worden sind, läßt sich für diese die von § 158c IV abweichende Beweislastregelung nicht leugnen, wiewohl es vom Standpunkt der Gesetzestechnik unverständlich ist, warum die Ersatzleistung durch diese Schadenver nicht wie in § 158c IV neben die der Sozialvsträger gestellt worden ist. Jedenfalls darf aus dieser Schlechterstellung des Dritten gegenüber dem normalen Verkehrsopferschutz im Rahmen der Pflichthaftpflichtv nicht geschlossen werden, daß diese Beweislastregelung jetzt auch für die unter einem ganz anderen Wortlaut stehenden Fälle des § 12 I 3 PflichtvsG gelte. Das hat zur Folge, daß für den Ersatz durch einen Sozialver der Fonds beweispflichtig ist. Das kann z. B. von Bedeutung sein, wenn im Rechtsstreit gegen den Fonds ungeklärt bleibt, ob von einem ausländischen Sozialvsträger für einen bestimmten Schadenfall etwas zu erlangen ist oder nicht.

Nicht ausdrücklich aufgeführt in dem Subsidiaritätskatalog des § 12 I 2–4 PflichtvsG sind die Quasiver der öffentlichen Hand, deren Leistungspflicht gemäß § 3 Ziff. 6 PflichtvsG der eines Vers im gestörten Vsverhältnis vorgeht (vgl. dazu Anm. B 63). Baumann Entschädigungsfonds S. 53–54 ist aber darin beizupflichten, daß sich aus dem Gesamtsystem ergibt, daß die Haftung dieser Halter der öffentlichen Hand erst recht der des Fonds vorrangig ist.

[B 112] ccc) Amtshaftung

Nach § 12 I 3 PflichtvsG geht die Haftung des Staates für Amtspflichtverletzungen der Leistungspflicht des Entschädigungsfonds vor. Während die Regelung im gestörten Vsverhältnis gemäß § 3 Ziff. 6 PflichtvsG i.V.m. § 158c V so ausgestaltet ist, daß § 839 I 2 BGB weitgehend abbedungen ist, ohne daß damit aber auch die überobligationsmäßige Haftung des Vers gegenüber dem Dritten zurücktritt (vgl. Anm. B 61–62), heißt es in § 12 I 3 PflichtvsG, daß die Haftung des Entschädigungsfonds entfalle, soweit der Ersatzberechtigte in der Lage sei, Ersatz seines Schadens nach den Vorschriften über die Amtspflichtverletzung zu erlangen. Damit anhand dieser Bestimmung nicht die Auslegungsproblematik auftritt, was bei einem Zusammentreffen zweier gesetzlicher Subsidiaritätsregeln zu gelten habe, ist das für den vorliegenden Spezialkonkurrenzfall ausdrücklich in § 12 I 4 PflichtvsG geregelt worden. Dort heißt es, daß bei einer fahrlässigen Amtspflichtverletzung abweichend von § 839 I 2 BGB die Ersatzpflicht aufgrund der Vorschriften über die Amtspflichtverletzung der Leistungspflicht des Entschädigungsfonds vorgehe. Das ist angesichts des exzeptionellen Charakters der Konstruktion des Entschädigungsfonds verständlich und entspricht auch der Auslegung, die die Rechtsprechung vertraglichen Subsidiaritätsklauseln im Rahmen des § 839 I 2 BGB hat zukommen lassen (vgl. RG 15. XI. 1932 RGZ Bd 138 S. 209–212 für eine nach Meinung des Klägers zu einem Kreditvertrag vereinbarte Subsidiaritätsklausel [deren Vorliegen in concreto aber verneint wurde] und RG 31. V. 1943 RGZ Bd 171 S. 198–200 für einen Krankenvsvertrag mit Subsidiaritätsklausel; ferner Baumann Entschädigungsfonds S. 46).

So sachlogisch diese Vorrangigkeit der Möglichkeit, einen Amtshaftungsanspruch durchzusetzen, auch ist, bleibt doch als Bedenken gegen diese Lösung die Prozeßfreudigkeit des Staates. Die schier unausrottbare Schwäche der Staatsbeamten, eine Frage nicht selbst zu entscheiden, sondern es auf einen Rechtsstreit ankommen zu lassen, bedeutet, den Geschädigten in sehr vielen Fällen, in denen an sich nach § 12 I Ziff. 1–3 PflichtvsG eine Haftung des Fonds gegeben ist, aber eine anderweitige Ersatzmöglichkeit in der Form eines Amtshaftungsanspruchs sehr naheliegend ist, auf einen Rechtsstreit durch alle Instanzen zu verweisen. Es wäre daher eine Gesetzesänderung in der Weise erwägenswert, daß hier eine Vorfinanzierungspflicht des Fonds mit Regreßmöglichkeit gegen den Staat geschaffen wird, wie das nach h.M. im Falle des § 158c V gilt (Sieg in Bruck-Möller-Sieg Anm. 151 zu § 67; vgl. ergänzend Anm. B 61 m.w.N.). Am besten wäre es allerdings, wenn man dabei die nach h.M. für § 158c V gegebene Innenwirkungsfiktion in der Weise abändern würde, daß der Dritte den Staat und den Fonds als Gesamtschuldner in Anspruch nehmen kann. Die Regelung in § 13 I 4 PflichtvsG hat im übrigen dadurch wesentlich an Bedeutung verloren, daß nach der neueren Rechtsprechung des BGH die Subsidiaritätsklausel des § 839 I 2 BGB nicht mehr anzuwenden ist, wenn ein Amtsträger bei einer dienstlichen Teilnahme am allgemeinen Straßenverkehr schuldhaft einen Verkehrsunfall verursacht (vgl. BGH 27. I. 1977 BGHZ Bd 68 S. 217–225, 28. IX. 1978 VersR 1979 S. 348–349, w.N. in Anm. B 61). Ausgenommen sind hier allerdings die Fälle, in denen der Amtsträger bei der Teilnahme am Straßenverkehr Sonderrechte nach § 35 I StVO in Anspruch nimmt (BGH 28. X. 1982 MDR 1983 S. 203 = VersR 1983 S. 84–85). Von diesem seltenen Ausnahmefall abgesehen, ist aber insbesondere von Bedeutung, daß das Enthaftungsprivileg auch in denjenigen Fällen nicht mehr zugebilligt wird, in denen ein Amtsträger durch eine Verletzung der ihm als hoheitliche Aufgabe obliegenden Straßenverkehrssicherungspflicht einen Verkehrsunfall verschuldet hat (vgl. BGH 12. VII. 1979 BGHZ Bd 75 S. 134–138, 29. XI. 1979 VersR 1980 S. 282–283).

Baumann Entschädigungsfonds S. 46–47 vertritt die Auffassung, daß die Subsidiaritätsklausel des § 12 I 3, 4 PflichtvsG auch dann eingreife, wenn der Staat nicht gemäß Art. 34 GG eintrittspflichtig sei, sondern wegen des Versagens eines Beamten im fiskalischen Bereich nach § 831 BGB oder §§ 89, 31 i.V.m. § 839 BGB einzutreten habe. Eine streng am Wortlaut orientierte Auslegung spricht zwar eher für das dieser Auffassung entgegengesetzte Ergebnis, es gibt aber keinen von der Sache her einleuchtenden Grund für eine derartige unterschiedliche Behandlung von Schadenersatzansprüchen gegen den Staat im Rahmen des für die Haftung des Fonds verankerten Subsidiaritätssystems. Demgemäß ist der Meinung von Baumann durchaus beizupflichten. Zu Recht hat Baumann Entschädigungsfonds S. 47–48 auf die Systemwidrigkeit hingewiesen, die sich daraus ergab, daß Summenvsleistungen einer privaten Unfallv zwar nicht

II. 11. Eintrittspflicht des Entschädigungsfonds **Anm. B 113–114**

die Haftung des Fonds, wohl aber nach älterer höchstricherlicher Rechtsprechung die des Staates als anderweitige Ersatzleistung im Sinne des § 839 I 2 BGB entfallen ließ (so RG 14. VII. 1936 RGZ Bd 152 S. 22–23, BGH 9. XI. 1959 BGHZ Bd 31 S. 150). Da im Anschluß an BGH 10. XI. 1977 BGHZ Bd 70 S. 7–11 (vgl. auch BGH 30. X. 1980 NJW 1981 S. 682 = VersR 1981 S. 335–336, 20. XI. 1980 NJW 1981 S. 623–626 = VersR 1981 S. 252–255) eine Änderung dieser viel kritisierten Rechtsprechung (vgl. dazu z. B. Sieg in Bruck-Möller-Sieg Anm. 29 zu § 67 und Marschall v. Bieberstein, Festschrift für Reimer Schmidt, Karlsruhe 1976, S. 771–785 m.w.N.) in der Weise eingetreten ist, daß Leistungen aus Vsverträgen grundsätzlich nicht mehr als eine anderweitige Ersatzmöglichkeit angesehen werden (vgl. BGH 20. XI. 1980 BGHZ Bd 79 S. 26–35; ferner Anm. B 61 m.w.N. aus dieser neueren Rechtsprechung des BGH), bedarf es keiner näheren Auseinandersetzung mit dieser Frage.

Für die speziellen Amtspflichtverletzungen, wie sie sich aus dem Versagen der Behörden im System zur Sicherung und Durchführung des Pflichtvsgedankens in der Kfz-Haftpflichtv ergeben, vgl. Anm. B 145 m.w.N. Darlegungs- und beweispflichtig dafür, daß dem Dritten eine anderweitige Ersatzmöglichkeit in der Form eines Anspruchs gegen den Staat zusteht, ist der Fonds (bestr., vgl. aber Anm. B 111 a.E. m.w.N.).

[B 113] ddd) Dienst- oder Amtsbezüge, Vergütung oder Lohn und Versorgungsbezüge

Kein gesetzgeberisches Vorbild aus dem Bereich des „gestörten" Vsverhältnisses hat dagegen die Regelung in § 12 I 3 PflichtvsG, daß der Entschädigungsfonds auch insoweit nicht einzutreten habe, als der Schaden des Dritten durch Fortzahlung von **Dienst- oder Amtsbezügen, Vergütung oder Lohn** oder durch **Gewährung von Versorgungsbezügen** ausgeglichen werde. Wenn man es aber genau überlegt, so wird klar, daß in diesem Umfang eine so außergewöhnliche Einrichtung wie die eines Entschädigungsfonds nicht vonnöten ist. Insoweit bedarf es keines Nothilfeschutzes für die unmittelbar Geschädigten, denen aus den in § 12 I 3 PflichtvsG genannten Gründen ohnedies in schadenkongruenter Höhe Erfüllungsansprüche im Rahmen des für die Arbeits- oder Dienstrechtsverhältnisse geschaffenen Sozialschutzes zustehen. Durch § 12 I 3 PflichtvsG wird vor allem erreicht, daß Arbeitgeber oder Dienstherren nach einer Leistung der aufgeführten Art gegen den Fonds keinen Regreß nehmen können.

Gleichzustellen sind den Dienst- und Versorgungsbezügen die Beihilfeleistungen des Dienstherrn für seine Beamten, auch wenn in den Beihilfevorschriften ebenfalls eine Subsidiaritätsklausel enthalten ist (Baumann Entschädigungsfonds S. 55).

Auch bezüglich einer anderweitigen Ersatzmöglichkeit durch Ansprüche auf Zahlung von Dienst- oder Amtsbezügen, Vergütung, Lohn und Versorgungsbezüge ist nach den in Anm. B 111 a.E. dargelegten Überlegungen der Fonds darlegungs- und beweispflichtig. Es dürfte hier allerdings kaum zu Beweislastentscheidungen kommen. Steht nämlich fest, daß ein solches Rechtsverhältnis zu einem Vierten gegeben ist, so genügt regelmäßig der Hinweis darauf und auf die gesetzlichen Zahlungsverpflichtungen. Sache des Dritten ist es dann, Umstände darzutun und zu beweisen, aus denen sich ergibt, daß ausnahmsweise trotz Vorliegens eines solchen Rechtsverhältnisses keine Zahlung zu erlangen sei.

[B 114] f) Umfang der Haftung

aa) Akzessorietät gegenüber dem haftpflichtrechtlichen Schadenersatzanspruch

Sieht man von der Hürde der Subsidiarität ab (vgl. Anm. B 109–113), so gestaltet sich die Rechtsbeziehung zwischen dem Dritten und dem Fonds in der Weise, daß letzterer im gleichen Maße Mitschuldner des Haftpflichtanspruchs ist wie ein Kfz-Haftpflichtver im gestörten Vsverhältnis (so § 12 IV 1 PflichtvsG). Es liegt somit im Grundsatz eine identische Haftung im jeweiligen Umfang des Haftpflichtanspruchs vor. Zu Recht wird diese Haftung wie im gesunden Vsverhältnis auch als eine akzessorische im Sinne einer fortlaufenden Abhängigkeit der Leistungspflicht des Fonds von dem haftungsrechtlichen Ersatzanspruch qualifiziert (Baumann Entschädigungsfonds S. 63; vgl. zum Direktanspruch auch Sieg ZVersWiss 1965 S. 379—380 und Anm. B 20). Sinnfälligen Ausdruck findet diese Akzessorietät in der auch für den Fonds geltenden Bindungswirkung gemäß § 3 Ziff. 8 PflichtvsG (vgl. dazu Anm. B 126). Eine Einschränkung ist allerdings insofern anzunehmen, als diese Akzessorietät nicht mit der gleichen Strenge wie im Bürgschaftsrecht durchgeführt worden ist. Das zeigt mit besonderer Deutlichkeit § 12 VI 3 PflichtvsG (vgl. dazu Anm. B 131). Abgesehen von diesem Sonderfall, daß der Dritte seinen Anspruch wohl gegen eine derjenigen Personen aufgibt, für die der Fonds eintrittspflichtig ist, nicht aber auf den Anspruch gegen den Fonds verzichtet (vgl. § 423 BGB), darf aber im Prinzip von der erwähnten Haftung im jeweiligen Umfang des Haftpflichtanspruchs ausgegangen werden. Wie bei dem Direktanspruch ist aber auch bezüglich eines gegen den Fonds gerichteten Ersatzanspruchs insofern eine Einschränkung vorzunehmen, als eine Naturalleistung nicht erzwungen werden kann. Der Dritte kann vielmehr den Fonds nur auf Geldzahlungen in Anspruch nehmen. Hinsichtlich des Vers ist das in § 3 Ziff. 1 S. 2 PflichtvsG ausdrücklich festgelegt. Gemäß der generellen Verweisung in § 12 IV 1 PflichtvsG gilt das im gleichen Maße auch für den gegen den Fonds gerichteten Ersatzanspruch (Baumann Entschädigungsfonds S. 63).

Speziell auf Grund der Subsidiaritätsbestimmungen des § 12 I 2—3 PflichtvsG können sich Erhöhungen des Haftpflichtanspruchs gegen den Schädiger aus Rechtsstreitigkeiten gegen diejenigen Personen ergeben, für die der Fonds gemäß dem Wortlaut des § 12 I 1 PflichtvsG und seiner erweiterten Auslegung (vgl. dazu Anm. B 103) einzutreten hat. War dieser Rechtsstreit erfolgreich, so sind diese Kosten Bestandteil des Haftpflichtanspruchs und demgemäß von dem Fonds zu ersetzen (so Baumann Entschädigungsfonds S. 64—69). Das ist vom Standpunkt der in Anm. B 20 zum Umfang des Direktanspruchs vertretenen Auffassung einleuchtend und konsequent, müßte aber auch aus der Sicht der a. a. O. dargestellten Gegenmeinung angesichts der Besonderheiten des Rechtsverhältnisses zwischen dem Dritten und dem Fonds akzeptiert werden. Denn das Vorgehen des Dritten dient dem wohlverstandenen Subsidiaritätsinteresse des Fonds, so daß es nach der Interessenlage unverständlich wäre, wenn der Fonds nicht für verpflichtet gehalten werden würde, diese Kosten auch zu ersetzen. Das Gesagte gilt auch für die Kosten einer erfolglosen Zwangsvollstreckung gegen die genannten Personen. Anders ist nur dann zu entscheiden, wenn der Fonds seine Eintrittspflicht von Anfang an bejaht und erklärt hat, daß er sich mit Rücksicht auf die nach seiner Auffassung gegebene Vermögenslosigkeit nicht auf die Subsidiaritätsklausel nach § 12 I 2 hinsichtlich des in § 12 I 1 PflichtvsG umschriebenen Personenkreises berufen wolle. Verfolgt der Dritte dessen ungeachtet zunächst seinen Anspruch gegen die haftende, aber vermögenslose Person, so muß er nach § 254 II BGB die insoweit entstehenden Mehrkosten im Verhältnis zum Fonds allein tragen (vgl. auch Baumann Entschädigungsfonds S. 70).

Erweist sich der Anspruch gegen eine der in § 12 I 1 PflichtvsG aufgeführten Personen im Prozeß als unbegründet, so wirkt das nach § 3 Ziff. 8 i. V. m. § 12 IV 1 PflichtvsG auch zugunsten des Fonds (vgl. dazu Anm. B 126). Es liegt nahe, mit dieser Überlegung die Frage, ob der Fonds unter Umständen auch für den Versuch einer ungerechtfertigten Inanspruchnahme haftbar gemacht werden könnte, als geklärt und problemlos anzusehen. Denn wenn eine der in § 12 I 1 PflichtvsG aufgeführten Personen nicht haftet, so ist insoweit auf Grund des hervorgehobenen Akzessorietätsgrundsatzes, der gerade durch § 3 Ziff. 8 PflichtvsG verdeutlicht wird (vgl. Sieg ZVersWiss 1965 S. 63), der Fonds eben auch nicht eintrittspflichtig. Das ist als Regel-

II. 11. Eintrittspflicht des Entschädigungsfonds **Anm. B 114**

aussage auch zutreffend (vgl. Baumann Entschädigungsfonds S. 65-66). Indessen ist zu bedenken, daß nach den Grundsätzen des bürgerlichen Rechts die Rechtslage so gestaltet sein kann, daß wohl ein Ersatzanspruch gegen den Halter eines Fahrzeugs gegeben ist, nicht aber gegen den Fahrer. Gedacht sei an den Fall, daß den Fahrer kein Verschulden trifft, der Halter aber auf Grund der Betriebsgefahr haftet. Das kann auch umgekehrt gelten, z. B. für einen Schmerzensgeldanspruch, wenn nämlich den Fahrer ein Verschulden trifft, der Halter sich aber im Sinne des § 831 BGB exkulpieren kann. Liegt einer dieser Fälle vor, so kann in Ausnahmesituationen diejenige der beiden genannten Personen, die für den Schaden haftet, nach Zumutbarkeitsgrundsätzen im Schutzbereich der materiellen Haftungsnorm verpflichtet sein, die Kosten des erfolglos gegen den vermeintlichen Mitschädigers geführten Prozesses zu übernehmen. Das gilt jedenfalls dann, wenn von dem Ersatzpflichtigen eine unwahre Darstellung gegeben worden ist, die von seiner Verantwortung ablenkt und den Dritten geradezu zu einem Prozeß gegen denjenigen als Schädiger animiert, der nach der Rechtslage gerade nicht verantwortlich ist. Gedacht sei z. B. an den Fall, in dem auf Grund der falschen Angaben des wirklichen Fahrers ein anderer, etwa der Vmer, auf Zahlung eines Schmerzensgeldes in Anspruch genommen wird, weil dem Dritten von dem Fahrer gegen den Protest des Vmers (und Halters) vorgetäuscht wird, daß jener Vmer jenes an der Kollision beteiligt gewesene Fahrzeug geführt habe. In einem solchen Sonderfall findet im übrigen auch nach Verzugsgrundsätzen eine Erstreckung der Haftung des Schädigers auf den durch diese unrichtigen Angaben entstehenden Teil des Schadens statt. In solchen Ausnahmefällen ist auch der Fonds als eintrittspflichtig anzusehen. Als Grundsatz bleibt allerdings festzuhalten, daß der Dritte die Kosten erfolgloser Prozesse gegen den Personenkreis des § 12 I 1 PflichtvsG nicht ersetzt verlangen kann und daß sich das nach dem Akzessorietätsprinzip auch zugunsten des Fonds auswirkt.

Zu unterscheiden von einem erfolglosen Vorgehen gegen diejenigen Personen, für die der Fonds nach § 12 I 1 PflichtvsG einzustehen hat, ist der Fall eines erfolglosen Vorgehens gegen einen anderen Schadenver im Sinne des § 12 I 2 PflichtvsG oder gegen die öffentliche Hand oder sonst eine der in § 12 I 3 PflichtvsG aufgeführten Personen. Baumann Entschädigungsfonds S. 71 schreibt dazu, daß es in erster Linie darauf ankomme, ob der Schädiger dem Geschädigten diese Kosten zu ersetzen habe. Das bemesse sich nach den Regeln der adäquaten Schadenverursachung und der modernen Theorie des Schutzbereichs der Normen über die unerlaubte Handlung. Sei eine Haftung des Schädigers zu bejahen, so sei wegen der fortlaufenden Akzessorietät der Leistungspflicht des Fonds dessen Eintrittsverpflichtung zu bejahen. Dem ist im Prinzip beizupflichten. Der Schutzbereich wird im Einzelfall aber nicht nur nach objektiven Kriterien abzugrenzen sein, sondern auch nach der Verhaltensweise des Fonds. Gedacht sei an den Fall, daß objektiv betrachtet kein Amtshaftungsfall gegeben ist, der Fonds aber nicht zahlt unter Hinweis darauf, daß nach seiner Meinung eine Staatshaftung zu bejahen sei. Dann darf es als adäquate und zurechenbare Folge des eigenen Verhaltens des Fonds gewertet werden, daß der Dritte versucht, einen Schadenersatzanspruch gegen den Staat durchzusetzen. Dieses Verhalten des Fonds führt daher dazu, daß sich der gegen ihn gerichtete Anspruch des Dritten um diese Kosten erhöht. Der Zusammenhang im Sinne einer Akzessorietät des gegen den Fonds gerichteten Direktanspruchs mit dem Haftpflichtanspruch bleibt erhalten. Damit ist gemeint, daß sich auch der gegen den Personenkreis des § 12 I 1 PflichtvsG gerichtete Haftpflichtanspruch um diesen Kostenanteil erhöht. Das ergibt sich daraus, daß sich der Ersatzpflichtige ein solches Verhalten des Fonds wie das eines einzelvertraglich bestellten Erfüllungsgehilfen anrechnen lassen muß. Diese Zurechnung des Drittverhaltens gründet sich auf dem gesetzlichen Regulierungsauftrag des Fonds und der dafür gemäß § 12 IV 1 PflichtvsG i. V. m. § 10 V AKB bestehenden gesetzlichen Vertretungsmacht (ablehnend insoweit Baumann Entschädigungsfonds S. 117–121, der aber über eine Weiterentwicklung der Grundsätze über die Rechtsscheinhaftung zu diesem Ergebnis kommt).

Wenn die Haftpflichtigen allerdings von dem Fonds gemäß § 12 V, VI PflichtvsG in Regreß genommen werden, so können sie insoweit unter Umständen wegen fehlerhaften Regulierungsverhaltens des Fonds die Begleichung solcher zusätzlicher Kosten verweigern (vgl. Anm. B 67–68 zum Regreß des Vers im gestörten Vsverhältnis und zur Auswirkung von Regulierungsfehlern, ferner Anm. B 127–130). Es erscheint aber als billig, daß diese Zusatzkosten im Verhältnis zum Dritten von dem Fonds getragen werden. Zu dem gleichen Ergebnis könnte man auch nach Verzugsgrundsätzen kommen. Dabei wäre allerdings zu bedenken, daß nach § 285 BGB der Verzug grundsätzlich Verschulden voraussetzt. Das dürfte aber kein zu großes Hindernis sein, da die unrichtige Beurteilung der Rechtslage in aller Regel als schuldhaft zu werten ist (vgl. nur Palandt-Heinrichs[42] Anm. 2 zu § 285 BGB m. w. N.).

Eine ähnliche Konstellation kann auch in den sonstigen Fällen des § 12 I 2–3 PflichtvsG gegeben sein, wenn der Fonds den Dritten bei eigener Zahlungsverweigerung zur Durchführung eines objektiv überflüssigen Prozesses gegen angeblich vorrangig haftende Personen auffordert. Ein Mitverschulden des Dritten ist regelmäßig in solchen Fällen zu verneinen. Mit der Erhebung dieses Einwands, der also darauf gestützt wird, daß der Dritte dem objektiv unrichtigen Standpunkt des Fonds gefolgt ist, verstößt der Fonds gegen Treu und Glauben. Dabei ist auch insbesondere die aus öffentlich-rechtlichen Gesichtspunkten erfolgte gesetzliche Konstituierung des Fonds als Teilbereich staatlicher Daseinsvorsorge in privatrechtlicher Form zu bedenken. Aufgabe des Fonds ist es, in diesem Rahmen für die Erfüllung begründeter Ansprüche zu sorgen. Das wird verkannt, wenn der Dritte auf mehr als zweifelhafte Ansprüche gegen angeblich haftende Dritte verwiesen wird. Dem Gedanken des Verkehrsopferschutzes würde der Fonds ungeachtet aller Subsidiaritätsbestimmungen ohnedies mehr entsprechen, wenn er in zweifelhaften Amtshaftungsfällen vorleisten würde, um dann gemäß § 13 VI PflichtvsG gegen die öffentliche Hand Regreß zu nehmen (vgl. dazu Anm. B 112).

Kein Problem der Akzessorietät der Haftung des Fonds für die bestehende Haftpflichtschuld stellt es dar, daß der Fonds bei einem eigenen Unterliegen im Prozeß die insoweit entstehenden Kosten nach dem Prozeßrecht zu tragen hat. Hier kommen vielmehr die allgemeinen Grundsätze zum Tragen (Baumann Entschädigungsfonds S. 65). Diese Kosten werden auch nicht auf die Mindestvssummenhaftung angerechnet. Es handelt sich vielmehr um einen Anwendungsfall des § 150 II, dessen Bestimmung durch § 10 VI 2 AKB ergänzt wird.

[B 115] bb) Ausnahmen

    aaa) Sachschadenausschluß nach § 12 I 5 PflichtvsG

        α) Rechtliche Einordnung

Nach § 12 I 5 PflichtvsG sind Ansprüche des Bundes, der Länder, der Gemeindeverbände als Straßenbaulastträger sowie Ansprüche der Deutschen Bundesbahn als Baulastträgerin für verkehrssichernde oder verkehrsregelnde Einrichtungen an Bahnübergängen von der Leistungspflicht des Entschädigungsfonds ausgeschlossen. Diese Bestimmung ist erst durch das OEG-Gesetz vom 11. V. 1976 (BGBl. I S. 1181–1183) in § 12 I PflichtvsG eingefügt worden. Im Gegensatz zu allen anderen in § 12 I 2–4 PflichtvsG aufgeführten Fällen geht es hier nicht darum, daß der Geschädigte an einen anderen Leistungsträger verwiesen wird. Vielmehr ist es in § 12 I 5 PflichtvsG so, daß aus der Ersatzpflicht des Fonds gewisse Schäden herausgenommen werden mit der Maßgabe, daß der Eigner jene Schäden selbst zu tragen hat. Es handelt sich demgemäß nicht um ein Subsidiaritätsproblem, sondern um einen zusätzlichen

II. 11. Eintrittspflicht des Entschädigungsfonds
Anm. B 115

Haftungsausschluß für bestimmte Sachschäden eines genau umrissenen Personenkreises. § 12 I 5 PflichtvsG bedeutet nicht etwa, daß schlechthin die Ansprüche des Bundes, der Länder, der Gemeindeverbände oder der Deutschen Bundesbahn von der Eintrittspflicht des Fonds ausgeschlossen sind, was bezüglich der beiden erstgenannten Gebietskörperschaften durchaus diskutabel wäre. Vielmehr ist der Ausschluß der Ansprüche der erstgenannten drei juristischen Körperschaftsgruppen begrenzt auf Schäden, die im Zusammenhang mit der Straßenbaulast stehen, während die Deutsche Bundesbahn nur hinsichtlich verkehrssichernder oder verkehrsregelnder Einrichtungen an Bahnübergängen schlechter gestellt wird als sonstige Dritte. Wird durch ein nicht vtes Kfz im Sinne des § 12 I Ziff. 2 PflichtvsG die Leitplanke einer Bundesautobahn beschädigt, so ist nach § 12 I 5 PflichtvsG dieser Anspruch von der Ersatzpflicht des Entschädigungsfonds ausgeschlossen. Die Bundesrepublik Deutschland kann aber den Entschädigungsfonds mit Erfolg in Anspruch nehmen, wenn z. B. ein ordnungsgemäß geparktes Kfz des Bundes von einem nicht vten Fahrzeug (geführt von einem mittellosen Halter und Fahrer) beschädigt wird. BGH 4. X. 1977 NJW 1978 S. 164–166 = VersR 1978 S. 43–45 hat § 12 I 5 PflichtvsG analog in einem Fall angewendet, in dem ein Unternehmer, der für den Baulastträger einer öffentlichen Straße die Sicherung einer Baustelle übernommen hatte, sich wegen der von unbekannt im Sinne des § 12 I Ziff. 1 PflichtvsG gebliebenen Fahrzeugen an der Absperrung herbeigeführten Schäden an den Entschädigungsfonds halten wollte. Der Entscheidung ist für Schäden, die nach dem Inkrafttreten des OEG-Gesetzes vom 11. V. 1976 entstanden sind, durchaus beizupflichten. Denn es darf die Bestimmung des § 12 I 5 PflichtvsG nicht dadurch entwertet werden, daß sich der Staat privater Baufirmen zur Erfüllung seiner Straßenbaupflicht bedient. Bedenken ergeben sich aber dagegen, daß der BGH § 12 I 5 PflichtvsG auf einen Schadensfall angewendet hat, der sich im Jahre 1972 ereignet hat. Vom BGH ist dazu a. a. O. ausgeführt worden, daß der neu eingefügte S. 5 die Rechtslage nicht erst seit dem Inkrafttreten verändere. Die Vorschrift enthalte vielmehr eine seit langem gewünschte und notwendige Klarstellung durch den Gesetzgeber, also eine authentische Interpretation dessen, was bei richtiger Auslegung des Gesetzes schon immer Rechtens gewesen sei. Diese Auffassung gewinnt der BGH aus einer Bemerkung in der amtlichen Begründung zum OEG-Gesetz (BT-Drucksache 7/2506 S. 18). Tatsächlich bedeutet aber doch eine solche Bemerkung in einer amtlichen Begründung letzten Endes wenig gegenüber dem nach objektiven Kriterien auszulegenden Gesetz. Da durch die Regelungen der §§ 12, 13 PflichtvsG der Begriff des Dritten im Kfz-Haftpflichtvsrecht keine Veränderung erfahren hat (vgl. Anm. B 104) und eine Einengung der Leistungspflicht – abgesehen vom Fall des § 12 II PflichtvsG (dazu Anm. B 117–121) – nur auf dem Wege des gegenüber § 158c IV verstärkten Subsidiaritätsprinzip in genau umrissenen Fällen vorgenommen ist, kann der Auffassung nicht beigepflichtet werden, daß nur verdeutlicht worden sei, was ohnehin gegolten habe. Es ist in keiner Weise einzusehen, warum der Staat wohl für die Beschädigung eines an der Straße stehenden Hauses, nicht aber für die eines Brückenpfeilers den Entschädigungsfonds sollte in Anspruch nehmen können. Der wirtschaftlich einleuchtende Grund, daß der Geschädigte solvent sei, ist vom Gesetzgeber gerade nicht als Ausschlußmaxime niedergelegt worden. Ist das aber so, so stellt § 12 I S. 5 PflichtvsG entgegen der Auffassung des BGH im Entschädigungssystem des Fonds Neuland dar (dem BGH zustimmend aber Prölss-Martin[22] Anm. 6 vor § 3 PflichtvsG, S. 867). Das wird nur deshalb so ausführlich dargestellt, um der Möglichkeit entgegenzuwirken, daß auf der Basis der Urteilsgründe jener Entscheidung weitere Fälle als stillschweigend ausgeschlossen angesehen werden könnten. Systematisch wäre daher sogar die vom BGH a. a. O. auch erwogene Lösung in der Weise vorzuziehen gewesen, daß der Ausschluß der Schäden an Fahrzeugen gemäß § 12 II 2 PflichtvsG auf Straßensperrungen und Straßenbestandteile analog anzuwenden sei. Dagegen sprach allerdings, abgesehen von den Zweifeln an der Verfassungsmäßigkeit der gesamten Bestimmung des § 12 II PflichtvsG (vgl. dazu Anm. B 117–118), daß der Begriff des Fahrzeugs nur mit Mühe auf ihre Bestimmung nach nicht zur Fortbewegung bestimmte Sachen ausgedehnt werden kann, insbesondere unter Beachtung dessen, daß solcher Sachen gerade durch eine Sonderregelung in § 12 II 3 PflichtvsG mit dem dort festgelegten Selbstbehalt von DM 1.000,– pro Schadenfall gedacht worden ist.

An der Verfassungsmäßigkeit des Ausschlusses durch § 12 I 5 PflichtvsG bestehen keine durchgreifende Bedenken. Die Gesamtregelung über die Leistungspflicht des Entschädigungsfonds ist als Ausdruck staatlicher Daseinsvorsorge für den am Straßenverkehr beteiligten Bürger anzusehen. Im Rahmen eines solchen Netzes ergänzender Schutzvorschriften bleibt es dem Gesetzgeber offen, juristische Personen des öffentlichen Rechts schlechter als natürliche und juristische Personen des Privatrechts zu behandeln, wenn dafür einleuchtende Gründe vorhanden sind, die diese Regelung im Rahmen des gesetzgeberischen Ermessens als sachbezogen qualifizieren. Gerade für die hier in Frage stehenden Schäden an Straßen, Straßenbauanlagen aller Art und Bundesbahneinrichtungen läßt sich aber mit einer gewissen Berechtigung die Auffassung vertreten, daß es dem Staat zuzumuten sei, im Rahmen des ihn ohnedies treffenden Erhaltungsaufwands die an sich unter die Entschädigungspflicht des Fonds fallenden Schäden selbst zu tragen. Die Ungleichbehandlung im Verhältnis zu Inhabern von Privatstraßen und Privatbahnen läßt sich damit rechtfertigen, daß jene Privatpersonen die von ihnen unterhaltenen Straßen und Bahnen nicht im Rahmen der staatlichen Daseinsvorsorge betreiben, so daß ihnen anders als dem Staat auch nicht die Möglichkeit gegeben ist, über die Erhebung von Steuern oder – wie im Fall der Deutschen Bundesbahn – durch Bundeszuschüsse letzten Endes die Allgemeinheit aller Staatsbürger diese zusätzliche Last tragen zu lassen.

Bei diesen Betrachtungen darf im übrigen in rechtstatsächlicher Beziehung nicht außer acht gelassen werden, daß die nach § 2 I Ziff. 1–4 PflichtvsG von der Vspflicht befreiten Halter, bei denen es sich weitgehend um den gleichen Personenkreis handelt, der von § 12 I 5 PflichtvsG betroffen wird, bisher entgegen § 13 I 4 PflichtvsG nichts zu den Kosten des Entschädigungsfonds beitragen. Das beruht darauf, daß die Ver sich bereit erklärt haben, den Aufwand für den Fonds allein zu tragen, wodurch der Verordnungsgeber von dem nach § 13 I 5 PflichtvsG zu lösenden Rätsel zunächst befreit worden ist, wie der Anteil jener Halter rechnerisch ermittelt werden sollte (Baumann Entschädigungsfonds S. 5). Wenn der Gesetzgeber in Kenntnis dieser von dem Gesetz in seiner ursprünglichen Konzeption abweichenden Finanzierung der Entschädigungsleistungen des Fonds einen partiellen Ausschluß für einen Teil dieser Halter in das Gesetz einfügt, so ist diese Maßnahme verständlich. Es hätte allerdings nahe gelegen, dann auch § 13 I 4 PflichtvsG abzuändern. So besteht immer noch die Möglichkeit, auch jene Halter wieder zur Finanzierung heranzuziehen. Geschieht das eines Tages entgegen der bisherigen Praxis, so müßte die innere Berechtigung des Ausschlußtatbestandes nach § 12 I 5 PflichtvsG erneut durchdacht werden.

[B 116] β) Anwendungsbereich

Was den Umfang des Ausschlusses durch § 12 I 5 PflichtvsG anbetrifft, so fällt auf, daß nicht präzise gesagt ist, daß Straßenschäden oder Schäden an Straßen ausgeschlossen seien. Es ist vielmehr Bezug genommen worden auf die Funktion als Straßenbaulastträger. Dadurch wird ein weitergehender Ausschluß erreicht, als wenn lediglich von Schäden an der Straße selbst gesprochen wird. So können jetzt auch unschwer Schäden an Absperrungseinrichtungen für Bauarbeiten als ausgeschlossen gehalten werden. Insbesondere fallen unter § 12 I 5 PflichtvsG auch Schäden an Leitplanken, ferner die Beschädigung von Lichtmasten. Aber auch die Beschädigung eines Bürger-

II. 11. Eintrittspflicht des Entschädigungsfonds

Anm. B 116

steigs ist dazu noch zu rechnen, ebenso die eines Kilometersteines am Straßenrand und die eines Telefonständers am Autobahnrand. Ausgeschlossen ist auch ein Ersatzanspruch für die an Verkehrsschildern aller Art angerichteten Schäden. Kreuzen sich zwei Straßen in der Weise, daß die eine mittels einer Brücke die andere überquert, so fällt auch ein an dieser Brücke durch das Rammen eines Pfeilers entstehende Schaden unter den Ausschluß. Gerät ein Kfz auf einer Brücke auf den Fußweg und beschädigt es dabei das Brückengeländer, so ist auch ein solcher Schaden ausgeschlossen. Die Beschädigung von Grundstückszäunen am Rande von Straßen fällt dagegen nicht in den Ausschlußbereich. Eine Anwendung der Bestimmung ist auch für die Beschädigung von am Rande der Straße stehenden Bäumen zu verneinen. Ursprünglich waren solche am Rande einer Straße gepflanzten Bäume wohl als Schutz für die Benutzer und die Straße gedacht gewesen. In der heutigen Zeit wird aber eine solche Verzierung des Straßenrandes mehr als eine umweltfreundliche Maßnahme angesehen, die ungeachtet ihrer generellen Gefährlichkeit für den fließenden Verkehr zum Schutz der Landschaft hinzunehmen ist. Aus dem Gesagten folgt, daß auch die Beschädigung von Zäunen, die zur Vermeidung eines zu nahen Parkens vor solche Bäume gesetzt worden sind, dem Ausschlußgrund nicht unterliegt, während Betonklötze, die aus verkehrspolitischen Gründen am Straßenrand angebracht worden sind, um auf dem Fußgänger- oder Radfahrerweg das Parken zu verhindern, wiederum von § 12 I 5 PflichtvsG erfaßt werden. Verschönerungen des Straßenbildes durch Blumenbeete wird man aber dem Ausschlußgrund auch dann nicht zu unterwerfen haben, wenn der erwünschte Nebenzweck solcher Ausschmückungen der ist, daß dadurch an jenen Orten das Parken unterbunden wird. Dagegen läßt der Wortlaut eine Auslegung dahin zu, daß nicht nur gemäß BGH 4. X. 1977 a. a. O. für die Zeit nach Einfügung des § 12 I 5 PflichtvsG Absperrungssicherungen an Baustellen unter den Ausschluß fallen, sondern auch die gesicherten Einrichtungen zum Bau, also z. B. die Baumaschinen. — Eine Ausdehnung des Ausschlußtatbestandes auf Privatstraßen, für die weder der Bund, noch die Länder oder die Gemeindeverbände Straßenbauträger sind, ist abzulehnen.

§ 12 I 5 PflichtvsG wird sich in der Masse der Fälle auf die vielen, vielen Bagatellschäden beziehen, die im Grunde genommen als mit der Benutzung typisch verbundene Gefahrfolgen anzusehen sind. Es erscheint als sachgerecht, diese Bagatellschäden nicht der Haftung des dem Schuldrecht in dieser sozialen Fassung bis dahin nicht bekannten Rechtsfigur des Entschädigungsfonds zuzuordnen, sondern es bei der Eigenbelastung des Trägers der Straßenbaulast zu belassen. Zu beachten ist aber, daß der Ausschluß auch dann eingreift, wenn ein Schaden von hohem Ausmaß eintritt. Gedacht sei z. B. an den Brand eines Kfz in einem Straßentunnel mit der Folge, daß ein Millionenschaden an diesem Tunnel entsteht.

Ausgeschlossen von der Ersatzpflicht des Fonds sind auch Ansprüche der Deutschen Bundesbahn als Baulastträgerin für verkehrssichernde oder verkehrsregelnde Einrichtungen an Bahnübergängen. Zu denken ist dabei in erster Linie an die Beschädigung von Absperrmasten und Ampelanlagen an Kreuzungen zwischen Schiene und Straße. Stürzt dagegen ein nicht vter Lkw im Sinne des § 12 I Ziff. 2 PflichtvsG von einer Brücke, so ist der Schaden an einer darunter befindlichen Signalanlage ebensowenig ausgeschlossen wie die Beschädigung des Schienenkörpers. Befindet sich aber neben einer Kreuzung zwischen Schiene und Straße ein das Bundesbahngelände schützender Drahtzaun, so ist auch dieser den verkehrssichernden Einrichtungen zuzurechnen. Wird dagegen auf einer solchen Kreuzung durch die Gewalt des Zusammenstoßes ein Gleis zerstört, so findet § 12 I 5 PflichtvsG keine Anwendung. Ebenso ist der Fall zu behandeln, daß ein Lkw gegen einen Pfeiler einer Eisenbahnbrücke fährt. Der an dieser Brücke entstehende Schaden ist demgemäß der Ersatzpflicht des Fonds zuzuordnen (ebenso Leempoels VersR 1979 S. 407−408, a. M. Gallwas VersR

1978 S. 492–495, Prölss-Martin[22] Anm. 6 vor § 3 PflichtvsG, S. 867). Der Ausdruck „verkehrsregelnd" darf nicht in dem Sinn ausgelegt werden, daß damit verkehrsvermittelnd gemeint sei. Wenn dem Gesetzgeber ein solcher nahezu genereller Ausschluß der Ansprüche der Deutschen Bundesbahn vorgeschwebt hätte, so wäre ein entsprechend präziser Ausdruck verwendet worden. Auch hier verbieten im übrigen Sinn und Zweck der insoweit im Wortlaut klaren Bestimmung eine entsprechende Anwendung auf Ersatzansprüche des Betreibers einer Privatbahn.

[B 117] bbb) Einschränkungen nach § 12 II PflichtvsG
   α) Verfassungsrechtliche Bedenken

Nach § 12 II PflichtvsG ist die Stellung des Verkehrsopfers in den Fällen, in denen das Kfz, das den Schaden verursacht hat, unbekannt geblieben ist, in drei Punkten wesentlich schlechter als in denjenigen, in denen es sich um ein nicht vtes Kfz handelt oder in denen einen Vorsatztat gemäß § 152 die Haftung des Vers ausschließt. Die erste Einschränkung ist die, daß nach § 12 II 1 PflichtvsG gegen den Entschädigungsfonds Ansprüche nach § 847 BGB nur geltend gemacht werden können, wenn und soweit die Leistung einer Entschädigung wegen der besonderen Schwere der Verletzungen zur Vermeidung einer groben Unbilligkeit erforderlich ist. Das bedeutet, daß nach dieser gesetzlichen Regelung dem Dritten ein Schmerzensgeldanspruch nur im eingeschränkten Rahmen zugebilligt wird (vgl. dazu Anm. B 120). Die zweite Einschränkung ist die, daß nach § 12 II 2 PflichtvsG in den Fällen des § 12 I Ziff. 1 PflichtvsG kein Ersatz für Schäden am Fahrzeug des Ersatzberechtigten geleistet wird (vgl. Anm. B 121). Als dritte Einschränkung der Haftung des Fonds ist schließlich die zu nennen, daß in den Fällen des unbekannt gebliebenen Fahrzeugs die Leistungspflicht des Entschädigungsfonds nach § 12 II 3 PflichtvsG für sonstige Sachschäden erst nach Abzug eines Selbstbehalts des Dritten in Höhe von DM 1.000,– beginnt (dazu Anm. B 121).

Es fragt sich, ob diese Schlechterstellung des Dritten in den Fällen des § 12 I Ziff. 1 PflichtvsG innerlich gerechtfertigt ist im Verhältnis zu den von § 12 I Ziff. 2 und 3 PflichtvsG erfaßten Sachverhalten, in denen es an derartigen Ausschlüssen fehlt. Ausgangspunkt der Betrachtung müssen dabei zwei Überlegungen sein. Die erste Überlegung ist die, daß eine Fahrerflucht grundsätzlich eine Verletzung der Aufklärungslast gemäß § 7 I Ziff. 2 S. 3 AKB darstellt, die aber nach der Änderung des Bedingungsrechts durch § 7 V Ziff. 2 AKB nur zur Leistungsfreiheit des Vers zur Höhe von DM 1.000,– oder in besonders schwerwiegenden Fällen zur Höhe eines Betrages von DM 5.000,– führt. Auch in Höhe dieser eingeschränkten Leistungspflicht des Vers besteht aber die überobligationsmäßige Haftung gemäß § 3 Ziff. 4 PflichtvsG. Das bedeutet, daß in allen denjenigen Fällen, in denen der die Fahrerflucht begehende Vmer oder Vte nachträglich bekannt wird oder von Anfang an identifiziert ist, zugunsten des Verkehrsopfers ein lückenloses Vorsorgenetz gespannt ist.

Die zweite Überlegung ist die, daß auf Grund der gesetzlichen Verpflichtung zum Abschluß von Haftpflichtven für den Gebrauch eines Kfz mit an Sicherheit grenzender Wahrscheinlichkeit davon ausgegangen werden kann, daß jenes unbekannt gebliebene Kfz, durch das ein Schaden verursacht worden ist, vert war. Etwas anderes würde nur für den Ausnahmefall gelten, daß jenes Kfz ein solches gewesen ist, für das nach § 2 I Ziff. 1–5 PflichtvsG keine Vspflicht besteht. Hier ist aber zu bedenken, daß nach § 2 II PflichtvsG die gemäß § 2 I Ziff. 1–5 PflichtvsG befreiten Halter in gleicher Weise und im gleichen Umfang einzutreten haben wie ein Kfz-Haftpflichtver im Normalbereich des Pflichtvssystems (vgl. dazu Anm. B 93–95). Daß auch solche Fälle mit in die gesetzgeberischen Überlegungen einbezogen sind, ergibt im übrigen der Umstand, daß in § 13

II. 11. Eintrittspflicht des Entschädigungsfonds **Anm. B 117**

I PflichtvsG ausdrücklich vorgesehen ist, daß jene Halter zur anteiligen Beitragsleistung an den Entschädigungsfonds heranzuziehen sind. Demgemäß läßt sich feststellen, daß der Anspruch des Dritten nur daran scheitert, daß sich nicht ermitteln läßt, welcher der in der Bundesrepublik Deutschland zum Betrieb der Kfz-Haftpflichtv zugelassenen Ver oder welcher der nach § 2 II PflichtvsG eintrittspflichtigen Halter im Risiko ist. Da nach statistischen Grundsätzen – von Zufallsschwankungen abgesehen – davon auszugehen ist, daß per saldo alle Ver (und gemäß § 2 II PflichtvsG eintrittspflichtigen Halter) prozentual nach dem Umfang ihres Kfz-Haftpflichtvsgeschäfts (bzw. nach dem Anteil am Gesamtverkehrsvolumen) an diesen ungeklärten Fällen beteiligt sind, war es nicht nur wünschenswert, sondern geradezu ein Gebot zwingender Logik, daß hier eine Gemeinschaftsinstitution geschaffen wurde. Dabei ist es als unerheblich anzusehen, daß die nach § 2 I Ziff. 1–5 PflichtvsG befreiten Halter tatsächlich bisher nicht zur Beitragsleistung an den Entschädigungsfonds herangezogen worden sind, weil die Ver sich freiwillig zur Übernahme des gesamten Aufwands bereitgefunden haben und der Verordnungsgeber dem Rechnung getragen hat (vgl. Baumann Entschädigungsfonds S. 5). Zu einer solchen Verordnungspraxis mag man stehen, wie man will; man kann sie insbesondere aus rechtspolitischen Motiven mißbilligen. Keinesfalls darf eine solche neben dem Gesetz entwickelte Regelung aber den Blick für den gesetzlichen Denkansatz trüben, daß hier in einer Gemeinschaftseinrichtung alle Ver und Quasiver im Sinne des § 2 II PflichtvsG vereinigt sind. Im Rahmen dieser Gemeinschaftseinrichtung wird nach mathematischen Grundsätzen der Wahrscheinlichkeitsrechnung auf der Basis einer prozentualen Beteiligung aller Mitglieder gerecht dem Umstand Rechnung getragen, daß ein Mitglied dieser Gemeinschaft im Risiko ist, daß sich aber nicht feststellen läßt, um welches Mitglied es sich handelt.

Geht man von dieser Grundidee aus, so fragt man sich, warum die Leistungspflicht des Entschädigungsfonds nicht überhaupt in den Fahrerfluchtfällen genauso ausgestaltet ist wie die eines Vers, dessen Vmer bei seiner Fahrerflucht identifiziert worden ist. Eine solche Ermessensentscheidung des Gesetzgebers, wie sie in der Supersubsidiaritätsklausel des § 12 I 2–4 PflichtvsG zum Ausdruck kommt, muß man aber akzeptieren, da in jenen Fällen im Prinzip die Entschädigung des Dritten sichergestellt ist. Es gibt aber keinen einleuchtenden Grund dafür, warum Verkehrsopfer unbekannter Schädiger schlechter gestellt werden als solche, bei denen feststeht, daß der Schädiger überhaupt keine V abgeschlossen hat, oder bei denen eine vorsätzliche Schädigung gegeben ist. Denn für diese von § 12 I Ziff. 2, 3 PflichtvsG erfaßten Risiken haben die an der Gemeinschaft beteiligten Ver letzten Endes keine Prämie erhalten, während in den Fahrerfluchtfällen – abgesehen von den Leistungsfreiheitsbeträgen gemäß § 7 V Ziff. 2 AKB in Höhe von DM 1.000,– oder 5.000,– – einer aus der Gemeinschaft der Ver Prämie erhalten hat und auch leistungsverpflichtet ist. Das gilt freilich nicht für die Quasiver gemäß § 2 II PflichtvsG; diese müssen sich aber im System des Pflichtvsrechts genauso wie ein Ver behandeln lassen, so daß aus dem Umstand, daß tatsächlich von ihnen keine Prämien eingenommen werden, kein Gegenargument gezogen werden darf. Bedenkt man diese unterschiedliche Ausgangslage, so spricht nichts für eine Besserstellung der in § 12 I Ziff. 2 und 3 PflichtvsG abgehandelten Fälle. Eher ließe sich aus der mangelnden Eintrittspflicht eines der im Entschädigungsfonds zusammengeschlossenen Ver in den Fällen des § 12 I Ziff. 2 und 3 PflichtvsG, in denen es an einer Gegenleistung des Schädigers an ein Mitglied der im Entschädigungsfonds zusammengefaßten Vergemeinschaft fehlt, eine Schlechterstellung derjenigen Dritten rechtfertigen, die unter Ziff. 2 und 3 subsumiert werden können.

Sieht man die Entschädigungsproblematik allein aus der Perspektive der Verkehrsopfer, so ergibt sich ebenfalls kein rechtfertigender Grund für eine unterschiedliche Behandlung der drei Fallgruppen des § 12 I 1 PflichtvsG. Denn aus der Ausgleichsfunktion der Ersatzleistung bleibt es sich für den Dritten gleich, ob sein neues Fahrzeug, das ordnungsgemäß geparkt war, von einem fahrerflüchtigen, unvten oder vorsätzlich handelnden Schädiger angefahren worden ist. Das gleiche gilt für den Sachschaden an einem privaten Gartenzaun. Was das Schmerzensgeld anbetrifft, so dürften die Schmerzen ebenfalls bei einem Armbruch in allen drei Ursachenreihen gleich intensiv sein. Freilich wird für vorsätzlich herbeigeführte Körperschäden unter Umständen eine höhere Entschädigung zugesprochen als für solche, die mit leichter oder grober Fahrlässigkeit verursacht worden sind. Das bildet aber kein tragendes Argument dafür, in den Fahrerfluchtfällen den Opfern für einen Teilbereich Schmerzensgeldansprüche abzuschneiden. Dabei ist auch zu bedenken, daß eine solche Einschränkung der Haftung des Fonds in den Fällen einer gänzlich fehlenden V (§ 12 I Ziff. 2 PflichtvsG) nicht vorgesehen ist. Ein Unterschied in der Anspruchssituation zwischen Verkehrsopfern, deren Kontrahenten unbekannt geblieben sind, und solchen, die mit einem Fahrzeug ohne Vsschutz angefahren worden sind, ist aber schlechterdings nicht zu erkennen.

In der amtlichen Begründung (IV S. 25) sind diese Einschränkungen mit dem schlichten Kommentar bedacht worden, daß es um finanzielle und verwaltungsmäßige Belastungen gehe, die andernfalls für den Fonds entstünden. Kritisch hat sich dazu schon Baumann Entschädigungsfonds S. 59 zu einem Zeitpunkt geäußert, als die Vorsatzschäden mit ihrer ebenfalls für die Dritten günstigeren Regelung noch nicht in das Haftungssystem des § 12 I PflichtvsG eingefügt waren. Baumann bemerkt dazu a. a. O., daß eine finanzielle Belastung kein stichhaltiges Argument für die Differenzierung zwischen nicht ermitteltem und unvtem Fahrzeug gebe. Der zweite Grund ziele auf den Schuldnachweis: Die Geschädigten versuchten erfahrungsgemäß, bei fast jedem Unfall mit nennenswertem Personenschaden ein Verschulden des Schädigers darzutun, um ein Schmerzensgeld zu erlangen. Bei Fahrerflucht sei die Aufklärung in dieser Hinsicht naturgemäß besonders schwierig. Diese Erwägungen seien neu zu überdenken, falls die in der Haftpflichtnovelle vorgesehene Reform, Schmerzensgeld auch im Rahmen der Gefährdungshaftung zu gewähren, Gesetz werden sollte.

Der Überlegung von Baumann, daß eine zusätzliche finanzielle Belastung des Fonds kein tragfähiges Argument für eine unterschiedliche Behandlung der verschiedenen Gruppen von Anspruchstellern im Sinne des § 12 I PflichtvsG sei, ist beizupflichten. Allein mit dem Hinweis auf eine finanzielle Mehrbelastung läßt sich die Ungleichbehandlung der Dritten nicht rechtfertigen. Wenn es sich um ein finanziell in der Gesamtheit nicht tragbares zusätzliches Risiko handeln würde, was aber guten Gewissens nicht behauptet werden dürfte, so wäre eine einheitliche Kürzung der Ansprüche aller drei Personengruppen zu erwägen. Die Überlegung, daß eine solche Kürzung bei nicht vten Fahrzeugen oder in den Fällen vorsätzlicher Schädigung nicht vorgenommen zu werden brauche, weil es sich um eine statistisch kaum in die Waage fallende Anzahl solcher Ereignisse handle, kann aus rechtsstaatlicher Sicht nicht überzeugen. Treffend ist der Hinweis von Baumann a. a. O. auch darauf, daß sich in den Fahrerfluchtfällen große Beweisschwierigkeiten ergeben. Diese beziehen sich aber nicht nur auf den Schuldnachweis, sondern sehr häufig auch darauf, daß darzutun und zu beweisen ist, daß ein bestimmter Schaden aus dem Gebrauch eines nicht identifizierten Kfz herrührt. Entgegen der Meinung von Baumann a. a. O. ist aber mit einer Änderung der Ungleichbehandlung der Verkehrsopfer nicht zu warten, bis nach einer Reform des Haftungsrechts Schmerzensgeld eines Tages unter Umständen auch im Rahmen der Gefährdungstatbestände zugebilligt werden wird, ohne daß es auf ein Verschulden ankommt. Das Problem stellt sich vielmehr auch im gegenwärtigen Rechtszustand, ob nämlich eine solche sachlich nicht gerechtfertigte Differenzierung der Verkehrsopfer auf die Dauer hingenommen werden kann und darf. Wäre die Haftungsregelung in den Bestimmungen

II. 11. Eintrittspflicht des Entschädigungsfonds **Anm. B 117**

über den Entschädigungsfonds freilich so ausgestaltet, daß hier den Verkehrsopfern gesetzlich Beweiserleichterungen zugebilligt werden würden, die ihnen die Durchsetzung ihrer Ansprüche außerhalb der relativ strengen Beweisanforderungen unseres Zivilprozeßrechts ermöglicht, so ließe sich aus diesem Gesichtspunkt sachlich motiviert eine Anspruchsreduzierung rechtfertigen. Da der Dritte aber mit dem vollen Beweislastrisiko in die Auseinandersetzung mit dem Fonds geht (vgl. dazu Anm. B 106a. E.), scheidet auch dieser Gesichtspunkt aus.

Bezüglich der Sachschäden am eigenen Fahrzeug des Dritten ist die Einschränkung in § 12 II PflichtvsG damit gerechtfertigt worden, daß sich hier der Dritte durch den Abschluß einer Fahrzeugv hätte schützen können (so Begr. IV S. 25). Daß ein solcher Schutz aus eigener Initiative von dem Dritten vor Eintritt des Schadenereignisses hätte geschaffen werden können, steht außer Frage. Solche eigenen Vorsorgemaßnahmen „umsichtiger Fahrzeughalter" (Begr. IV S. 25) sind auch gewiß zu loben. Indessen hätten freilich mit dem gleichen Argument Fahrzeugschäden Dritter schlechterdings aus der Vsdeckung in der Pflichthaftpflichtv für Kfz-Halter herausgenommen werden können oder jedenfalls aus der Ersatzpflicht des Vers im gestörten Vsverhältnis. Ganz logisch im strengen Sinne wäre daher dieser Begründungshinweis des Gesetzgebers nur, wenn an den Abschluß einer Fahrzeugvollv gedacht worden wäre, die sich auf die Fälle beschränkt, in denen das Fahrzeug des Dritten von einem unidentifizierten Fahrzeug im Sinne des § 12 I Ziff. 1 PflichtvsG angefahren wird. Eine solche spezielle Vsart gibt es freilich am deutschen Vsmarkt nicht. Der Hinweis auf diesen tatsächlichen Umstand wird hier allerdings im Grunde genommen auch nur zur Verdeutlichung dessen gegeben, daß es sich bei jener Bemerkung in der amtlichen Begründung letzten Endes – bezogen auf die spezifische Situation der von § 12 I Ziff. 1 PflichtvsG erfaßten Fallgruppen – um ein Scheinargument handelt. Mit der gleichen Überzeugungskraft könnte im übrigen auch für den Ausschluß von Körperschäden mit der Begründung plädiert werden, daß sich der Dritte schließlich durch den Abschluß einer preiswerten Unfallv hätte schützen können. Es ist allerdings nicht zu leugnen, daß es im gesetzgeberischen Ermessen steht, ob und in welchem Umfang Sachschäden durch den Entschädigungsfonds zu ersetzen sind. Ein gesetzlicher Ausschluß der Sachschäden in dem in § 12 II PflichtvsG aufgeführten Umfang wäre daher nicht zu beanstanden, wenn er sich auch auf die von § 12 I Ziff. 2, 3 PflichtvsG erfaßten Fälle beziehen würde. Denn auch für diese Fälle gibt es die erwähnte Möglichkeit, daß sich die Dritten durch den Abschluß einer Fahrzeugv hätten schützen können. Demgemäß ist als kritische Überlegung zu konstatieren, daß jener zusätzliche Hinweis in der amtlichen Begründung wohl einen generellen Ausschluß für alle Fahrzeugschäden in den Fällen des § 12 I Ziff. 1–3 PflichtvsG hätte rechtfertigen können, daß es aber an einer einleuchtenden Begründung dafür fehlt, warum hinsichtlich dieser Fahrzeugschäden wie auch bezüglich der sonstigen Sachschäden die unter § 12 I Ziff. 1 PflichtvsG fallenden Sachverhalte anders behandelt werden als die von Ziff. 2, 3 erfaßten.

Was bleibt, ist dann allein als mögliches Argument für eine unterschiedliche Fallgestaltung der nicht zu leugnende Umstand, daß dem Fonds in den Fällen eines nicht identifizierten Fahrzeugs in aller Regel nicht der Vorauseinwand nach § 12 I 2 PflichtvsG bezüglich einer Inanspruchnahme des Halters, Eigentümers oder Fahrers gegeben sei. Dieser Hinweis vermag aber ebenfalls nicht als ein durchschlagendes Argument anerkannt zu werden. Denn dabei handelt es sich im Kern wiederum lediglich um den schon als nicht tragfähig erkannten Hinweis auf eine höhere finanzielle Leistungsverpflichtung des Fonds. Eine solche wird freilich bei der Übernahme der hier vertretenen Auffassung ausgelöst. Das ist aber nicht unbillig mit Rücksicht auf den bereits hervorgehobenen Umstand, daß einer der Ver, für den der Fonds einzustehen hat, entweder im Verhältnis zum Vmer (oder Vten) oder jedenfalls gemäß § 3 Ziff. 4 PflichtvsG im Haftungsrisiko ist.

Folgt man weiter der Überlegung, daß die Beiträge der einzelnen Ver (und Quasiver) für die Finanzierung der von dem Fonds an die Dritten zu erbringenden Leistungen über einen längeren Zeitraum nach den Gesetzen der Wahrscheinlichkeitsrechnung der Höhe der von diesen Vern den Dritten ohnedies geschuldeten Leistungen entsprechen, so fällt der Hinweis auf die finanzielle Mehrbelastung vollends in sich zusammen. Dabei ist schließlich auch zu bedenken, daß der durch die zusätzliche Verwaltungsarbeit des Fonds entstehende Kostenmehrbedarf relativ gering ist. Denn letzten Endes erspart der einzelne Ver, der nach der materiellen Rechtslage diese Regulierung vornehmen müßte, diese Arbeit, so daß auch hier weitgehend ein Ausgleich gegeben ist. Als Ergebnis bleibt festzuhalten, daß die Schlechterbehandlung der Verkehrsopfer in den Fällen des § 12 I Ziff. 1 PflichtvsG sachlich nicht gerechtfertigt ist.

Eine solche Feststellung einer sachlich nicht gerechtfertigten Differenzierung der Ansprüche der geschädigten Dritten ist nicht nur rechtspolitisch bedeutsam, sondern ist im Rahmen des freiheitlich sozialen Rechtsstaates auch unter dem Gesichtspunkt des Gleichbehandlungsgebots nach Art. 3 I GG zu beachten. Die Rechtsprechung des BVerfG geht dahin, daß **Gleiches gleich, Ungleiches seiner Eigenart entsprechend verschieden zu behandeln ist** (BVerfG 17. XII. 1953 BVerfGE Bd 3 S. 135–136; weitere umfasende Nachweise bei Leibholz-Rinck, GG, 6. Aufl. Köln ab 1979, Anm. 2 zu Art. 3 GG, v. Münch, Grundgesetz-Komm., München 1975, Anm. 10 zu Art. 3 GG). Dieser Definition widerspricht es, wenn sich **für eine Maßnahme keine vernünftigen Erwägungen finden lassen, die sich aus der Natur der Sache ergeben oder sonstwie einleuchtend sind** (BVerfG 15. XII. 1959 BVerfGE Bd 10 S. 246, 27. V. 1964 BVerfGE Bd 18 S. 46). Das Grundrecht des Art. 3 I GG ist vor allem dann verletzt, wenn eine Gruppe von Normenadressaten im Vergleich zu anderen Normenadressaten anders behandelt wird, obwohl zwischen beiden Gruppen keine Unterschiede von solcher Art und solchem Gewicht bestehen, daß sie die ungleiche Behandlung rechtfertigen können (BVerfG 22. X. 1981 NJW 1982 S. 695 m. w. N.). Eine solche Ungleichbehandlung wird als „willkürlich" angesehen. Dabei geht es **um objektive Kriterien**. Der Gleichheitssatz wird so in ständiger Rechtsprechung als **Willkürverbot** gedeutet (BVerfG 12. X. 1951 BVerfGE Bd 1 S. 52, 15. XII. 1959 a. a. O. S. 246, 11. XII. 1962 BVerfGE Bd 15 S. 201). Es wird jeweils geprüft, ob die zu beurteilende Maßnahme „willkürlich, ohne zureichende sachliche Gründe ergangen" ist (vgl. Leibholz-Rinck a. a. O. m. w. N. aus dieser ständigen Rechtsprechung; zuletzt BVerfG 20. III. 1979 BVerfGE Bd 51 S. 26–28, 27. III. 1979 BVerfGE Bd 51 S. 76, 13. VI. 1979 BVerfGE Bd 51 S. 300–301). Gemessen an diesen Grundsätzen trägt § 12 II PflichtvsG den Makel der Willkür. Das Gleichbehandlungsgebot ist ohne sachlichen Grund im Verhältnis zwischen den Fällen des § 12 I Ziff. 1 und denen des § 12 I Ziff. 2 und 3 PflichtvsG verletzt. Die Besserstellung der Geschädigten in den letztgenannten Fällen ist schier unverständlich. Die Benachteiligung in den Fällen des § 12 I Ziff. 1 PflichtvsG ist letzten Endes nur historisch als Relikt aus der vorgesetzlichen Regelung zu verstehen, in denen die Ver auf freiwilliger Basis und ohne Rechtsanspruch in eingeschränktem Umfang nur für „Fahrerfluchtfälle" Entschädigungen gewährten (vgl. dazu Baumann Entschädigungsfonds S. 2–3). Nachdem aber das Ausfüllen der Systemlücken in den hier erörterten drei Sonderfällen als Aufgabe der staatlichen Daseinsvorsorge erkannt worden ist, muß die gesetzliche Lösung einheitlich ausfallen, dürfen jedenfalls die geschädigten Dritten in den Fällen des § 12 I Ziff. 1 PflichtvsG nicht schlechter gestellt werden als in denen des § 12 I Ziff. 2 und 3 PflichtvsG. Das bedeutet, daß § 12 II PflichtvsG gegen Art. 3 I GG verstößt.

II. 11. Eintrittspflicht des Entschädigungsfonds   Anm. B 118

[B 118] β) Konsequenzen bis zur Neuregelung
In Anm. B 117 ist dargetan worden, daß § 12 II PflichtvsG gegen Art. 3 I GG verstoße. Die im ersten Augenblick als naheliegend erscheinende Konsequenz aus einer solchen Feststellung ist die, daß jene Vorschrift als gänzlich unwirksam zu behandeln sei, weshalb sich eine Kommentierung erübrige. Zu bedenken ist aber, daß das Entscheidungsmonopol über die Feststellung der Grundgesetzwidrigkeit eines nachkonstitutionellen Gesetzes gemäß Art. 100 GG bei dem BVerfG liegt. Folgt dieses Gericht auf Grund einer richterlichen Vorlage oder auf Grund einer Verfassungsbeschwerde der hier vertretenen Auffassung, so ist damit noch nicht gesagt, daß es die Bestimmung ex tunc für unwirksam erklärt. Das würde freilich aus der Überlegung einleuchten, daß die Fälle des § 12 I Ziff. 1 PflichtvsG gerade solche sind, in denen ein Mitglied der im Verkehrsopferhilfeverein zusammengeschlossenen Ver entweder regulär oder überobligationsmäßig im Risiko ist (vgl. Anm. B 117), so daß im Kern keine unzumutbare zusätzliche Belastung eintritt. Zu beachten ist aber, daß das BVerfG in denjenigen Fällen, in denen eine gesetzliche Regelung durch Nichtberücksichtigung einer bestimmten Gruppe den Gleichheitssatz verletzt (sog. teilweises Unterlassen des Gesetzgebers), die erforderliche Ergänzung des Gesetzes grundsätzlich nicht selbst vornimmt und auch nicht durch Beschluß anordnet. Vgl. dazu die Nachweise bei Leibholz-Rinck, GG, 6. Aufl., Köln ab 1979, Anm. 16 zu Art. 3 GG. Das ist vom BVerfG 6. XI. 1962 BVerfGE Bd 15 S. 75–77 selbst in einem Fall ausgesprochen worden, in dem die Nichtberücksichtigung der Bediensteten einer Stiftung öffentlichen Rechts in dem Gesetz zu Art. 131 GG als schlechthin mit dem Gleichheitsgrundsatz unvereinbar qualifiziert worden ist. In jenem Fall hat das BVerfG allerdings im Grunde genommen nur einem formalen Prinzip Rechnung getragen, da es gleichzeitig ausgeführt hat, daß die Feststellung, daß das Grundrecht des Beschwerdeführers auf Gleichheit vor dem Gesetz durch eine Unterlassung der Rechtsetzungsorgane des Bundes verletzt sei, zur Folge habe, daß nunmehr der Gesetzgeber jene Stiftung rückwirkend in die Anlage A zu § 2 I G 131 einzubeziehen habe. Das erklärt sich aber aus der Besonderheit, daß unter Berücksichtigung des Regelungsauftrages nach Art. 131 GG keine abweichende Ermessensentscheidung des Gesetzgebers denkbar war. Von solchen unabweisbaren Lösungen abgesehen, ist das BVerfG aber bestrebt, die Ermessensfreiheit des Gesetzgebers zu wahren. Erkennt es daher, daß eine Norm unter Verletzung des Gleichheitssatzes gewisse Gruppen begünstigt, so spricht es entweder aus, daß die begünstigende Vorschrift nichtig oder daß die Nichtberücksichtigung der der Interessenlage gleichartigen Gruppen verfassungswidrig sei (Nachweise dazu bei Leibholz-Rinck a. a. O. Anm. 16 zu Art. 3 GG). Es wird dann dem Gesetzgeber überlassen, wie er durch eine Neuregelung dem Gleichheitssatz Rechnung tragen will. Stehen dem Gesetzgeber mehrere Wege offen, die von der Verfassung geforderte Gleichheit herzustellen, so begnügt sich das BVerfG mit der Feststellung der Verfassungswidrigkeit der betreffenden Norm (BVerfG 28. XI. 1967 BVerfGE Bd 22 S. 361–363, 13. XII. 1967 BVerfGE Bd 23 S. 10–11 m. w. N., 15. I. 1969 BVerfGE Bd 25 S. 110–111, 25. II. 1969 BVerfGE Bd 25 S. 252–253; w. N. bei Leibholz-Rinck a. a. O.). So könnte das Gericht sich auch in bezug auf § 12 II PflichtvsG verhalten. Dabei ist zu bedenken, daß die Entscheidung des Gesetzgebers auch in die Richtung gehen könnte, daß die in § 12 II PflichtvsG enthaltene Regelung auf die Fälle des § 12 I Ziff. 2 und 3 PflichtvsG erstreckt wird. Zwar wäre das im Interesse der Verkehrsopfer nicht zu wünschen. Ungeachtet aller in Anm. B 117 zusammengetragenen Argumente läßt sich aber nicht leugnen, daß eine solche Ausgestaltung der außergewöhnlichen Subsidiärhaftung des Fonds für alle von ihm erfaßten Fälle (oder auch möglicherweise umgekehrt nur für die Tatbestände des § 12 I Ziff. 2, 3 PflichtvsG) verfassungsrechtlichen Prinzipien nicht widerstreiten würde. Denkbar wäre auch eine unterschiedliche Behandlung der Körper- und Sachschäden, sofern

nur die von § 12 I Ziff. 1 PflichtvsG erfaßten Personengruppen nicht schlechter als die der Ziff. 2 und 3 behandelt werden. Aus dem Gesagten folgt, daß eine Erläuterung des § 12 II PflichtvsG ungeachtet der dargestellten verfassungsrechtlichen Bedenken durchaus am Platze ist.

[B 119] γ) Schmerzensgeld
αα) Abgrenzung der bei einer Gültigkeit des § 12 II PflichtvsG entschädigungsfrei verbleibenden Fälle

Nach § 12 II PflichtvsG ist von dem Entschädigungsfonds in den Fällen des § 12 I Ziff. 1 PflichtvsG ein Schmerzensgeld nur zu zahlen, wenn und soweit eine Entschädigung wegen der besonderen Schwere der Verletzung zur Vermeidung einer groben Unbilligkeit erforderlich ist. Gegen die Kumulierung zweier solcher Generalklauseln hat sich kritisch Sieg schon 1965 gewandt (BB 1965 S. 1432). Es hätte gewiß genügt, einen dieser Begriffe zur Verdeutlichung der Absicht, nicht in allen Fällen Schmerzensgeld gewähren zu wollen, zu verwenden. Verfehlt wäre jedenfalls eine Auslegung des Inhalts, daß angesichts der Häufung der einschränkenden Begriffe nur für die allerschwersten Fälle von Körperschäden ein Schmerzensgeld zu erbringen sei. Der Ausdruck „grobe Unbilligkeit" muß dabei auch in bezug zu der in § 847 BGB gebrauchten Bezeichnung „billige" Entschädigung gesetzt werden. Eine dem Leid der Verkehrsopfer angemessen Rechnung tragende Auslegung muß dahin gehen, daß durch die Bestimmung des § 12 II PflichtvsG nur die leichten Fälle von Körperverletzungen aus dem Kreis der Entschädigungspflicht für Nichtvermögensschäden ausgeklammert sind. Damit knüpft die Interpretation insofern direkt an den Wortlaut der Bestimmung an, als dort von der besonderen Schwere der Verletzung die Rede ist. Denn daraus läßt sich gewiß der Schluß ziehen, daß die Fälle leichter Verletzungen von der Leistungspflicht des Fonds nicht erfaßt werden. Der Wortlaut der Bestimmung gebietet aber nicht zwingend die Interpretation, daß von dem Entschädigungsfonds in den Fällen einer Körperverletzung mittleren Ausmaßes kein Schmerzensgeld gezahlt werde. Das Bestreben, die in Anm. B 117 dargelegte Verletzung des Gleichheitssatzes in einem möglichst engen Rahmen zu halten, gebietet es, § 12 II PflichtvsG tunlichst einschränkend auszulegen. Zwar ist die Grenze einer solchen verfassungskonformen Einengung des als ungerecht erkannten Ausschlusses dort gegeben, wo die gesetzliche Regelung in ihr Gegenteil verkehrt werden würde. Es bestehen aber keine Bedenken dagegen, – unter Berücksichtigung der Zielsetzung der Pflichtvsgesetzgebung, für eine angemessene Entschädigung der Verkehrsopfer zu sorgen – in den Fällen mittlerer Körperverletzungen die ohne weiteres mögliche Auslegung zu wählen, daß der Fonds ein Schmerzensgeld zu zahlen habe. Selbst wenn man der in Anm. B 117 vertretenen These der Verfassungswidrigkeit des § 12 II PflichtvsG nicht folgt, ist kein einleuchtender Grund dafür ersichtlich, warum die Opfergrenze so gesetzt worden sein sollte, daß die Mehrzahl der körperlich Verletzten in den Fällen des § 12 I Ziff. 1 PflichtvsG keine Schmerzensgeldentschädigungen erhalten. Wird das körperliche Wohlbefinden eines Dritten daher wesentlich beeinträchtigt, wenn auch glücklicherweise nicht mit lebenslangen Folgen, so hat der Fonds ein Schmerzensgeld zu zahlen (a. M. Eckardt VersR 1970 S. 1092). Daraus folgt, daß erst recht in allen Fällen, in denen ein körperlicher Dauerschaden verblieben ist, § 12 II PflichtvsG nicht eingreift (ebenso Eckardt a. a. O. S. 1092). Als wesentliche Beeinträchtigung des Wohlbefindens sind dabei auch alle diejenigen Sachverhalte zu werten, in denen zwar kein Dauerschaden verblieben ist, in denen aber der Geschädigte über längere Zeit Schmerzen erlitten hat, längere Zeit stationär im Krankenhaus war oder gar schwierige Operationen erdulden mußte. Auch muß es als grob unbillig angesehen werden, in den Fällen kein Schmerzensgeld zuzubilligen, in denen

II. 11. Eintrittspflicht des Entschädigungsfonds **Anm. B 120**

eine Körperverletzung mit großem Schrecken oder gar Todesangst verbunden war. Arm- und Beinbrüche sind, um ein weiteres Beispiel zu nennen, auch wenn der Heilungsprozeß komplikationslos verläuft, angesichts der wesentlichen Beeinträchtigung des Wohlbefindens der Geschädigten stets als entschädigungswürdig anzusehen. Das gleiche gilt für Gehirnerschütterungen mittleren Grades, auch wenn sie folgenlos abgeklungen sind, und z. B. auch für die äußerst unangenehme Beeinträchtigung durch ein Schleudersyndrom, soweit es sich nicht um einen Bagatellfall handelt. Unzutreffend LG Darmstadt 2. V. 1979 VersR 1980 S. 365, das bei einem Lendenwirbelbruch, der zu einer dauernden Erwerbsminderung von 30% geführt hatte, das Vorliegen einer schweren Verletzung im Sinne des § 12 II PflichtvsG verneinte. Zu Unrecht beruft sich das Gericht dabei im übrigen auf Eckardt a. a. O., der zwar eine dem Verkehrsopfer nicht so günstige Auffassung wie die hier niedergelegte vertritt, jedoch für Dauerschäden grundsätzlich einen Schmerzensgeldanspruch zubilligt (die Entscheidung ist allerdings im Ergebnis richtig, weil der Geschädigte das Vorliegen der Voraussetzungen des § 12 I Ziff. 1 PflichtvsG nicht bewiesen hatte).

[B 120] ββ) Zur Höhe des vom Entschädigungsfonds geschuldeten Schmerzensgeldes

Der überladene Wortlaut des § 12 II PflichtvsG wird von Eckardt VersR 1970 S. 1092 dahin interpretiert, daß durch die gesetzliche Regelung der Schmerzensgeldanspruch des Dritten gegen den Fonds niedriger sei als gegen den Täter der konkret zu beurteilenden Handlung im Sinne des § 847 BGB. Zur Begründung dieser These führt Eckardt folgendes aus: Die Höhe des Anspruchs hänge nicht nur vom Ausmaß des Schadens, sondern auch davon ab, welcher Mindestbetrag unter Berücksichtigung aller Umstände erforderlich sei, um die dem Schmerzensgeld innewohnenden Genugtuungs- und Ausgleichsfunktionen zu erfassen. Das sei weniger als im normalen Haftpflichtfall, wo es nicht um das notwendige Minimum der Wiedergutmachung, sondern mit steigender Tendenz um angemessene Schmerzensgeldleistungen gehe. Die Verkehrsopferhilfe würde z. B. ein an sich angemessenes Schmerzensgeld von DM 20.000,– nur mit etwa DM 10.000,– zahlen, weil mit dieser Summe wenigstens die gröbsten Auswirkungen der Notlage gemildert werden könnten und erst bei Unterschreitung dieses Betrages die Annahme einer groben Unbilligkeit gerechtfertigt sei. Natürlich spielten die persönlichen Verhältnisse des Antragstellers ebenfalls eine bestimmende Rolle, wie überhaupt die Bemessung des Schmerzensgeldes im Entschädigungsverfahren nach § 12 PflichtvsG nicht so sehr danach gehe, was für diese oder jene Verletzung üblicherweise gezahlt werde. Hier würden – mehr als sonst – individuelle Maßstäbe angelegt.

Einer solchen zusätzlichen Einschränkung der Leistungspflicht des Entschädigungsfonds ist entgegenzutreten. Sie bedeutet u. a., daß nicht nur durch § 12 II PflichtvsG die leichten Verletzungen aus der Ersatzpflicht für immaterielle Schäden herausgenommen werden, sondern daß darüber hinaus die Leistungspflicht für schwere Fälle wesentlich (im Beispielsfall gar auf die Hälfte) reduziert wird. Das widerstreitet aber einer gerechten Abgrenzung. Auch wenn man § 12 II PflichtvsG nicht für verfassungswidrig hält, sollte man sich doch an der Überlegung orientieren, daß die Einbeziehung der sog. Fahrerfluchtfälle in die Ersatzpflicht des Fonds kein Akt der Barmherzigkeit ist, sondern eine logische Konsequenz des Pflichtvsgedankens darstellt. Es handelt sich aus dieser Sicht nicht um eine besondere zusätzliche Leistung der Ver, die ohne Rechtsanspruch gewährt wird, sondern um den Ausgleich eines Schadens, der nach dem Sinn des Pflichtvsgedankens voll zu erfolgen hat. Vor Einführung der Fondshaftung wurde letzten Endes das Verkehrsopfer, bei dem die Tatsache der Schädigung durch ein Kfz feststand, welches aber nicht identifiziert werden konnte, ein Opfer der Aufsplitterung der Träger der Entschädigungsleistungen aus der Pflichthaftpflichtv für Kfz-Halter auf eine Vielzahl von Kfz-Vern. Wenn der Gesetzgeber sich für ein solches privatwirtschaftliches System zur Absicherung der Verkehrsopfer entschied, was wegen der größeren Arbeitsleistungsintensität von nach dem Wettbewerbsprinzip arbeitenden Wirtschaftseinheiten nach den bisherigen Erfahrungen trotz aller Reformvorschläge als sinnvoll erscheint, so ist es nur konsequent, den damit für das Verkehrsopfer verbundenen Identifikationsnachteil auszugleichen. Würde keine Ausnahmen von der Vspflicht geben und würde die Kfz-Haftpflichtv so ausgestaltet sein, daß nur ein Ver diese Aufgabe, z. B. in der Form einer öffentlich-rechtlichen Einheitsvsanstalt, zu erfüllen hätte, so wäre das Verkehrsopfer abgesichert. Es darf aber die Entscheidung für ein gefächertes Sicherungssystem durch viele Kfz-Haftpflichtver nicht zur Benachteiligung der Verkehrsopfer führen. Die durch die Arbeit des Fonds zusätzlich entstehenden Kosten sind angesichts der größeren Effizienz des privatwirtschaftlichen Systems unter diesen Umständen gewiß kein Argument dafür, § 12 II PflichtvsG ohne Not und eindeutige Verankerung im Wortlaut gegen die geschädigten Dritten so auszulegen, daß ihnen jeweils etwa nur die Hälfte eines ansonsten angemessenen Schmerzensgeldes zugebilligt werde. Demgemäß ist entgegen der von Eckardt a. a. O. vertretenen Auffassung daran festzuhalten, daß auch für den Schmerzensgeldanspruch von der in Anm. B 114 hervorgehobenen grundsätzlich akzessorischen Mithaftung des Fonds auszugehen ist.

Aus dem Gesagten folgt, daß auch ansonsten keine anderen Maßstäbe als die nach § 847 BGB gesetzt werden dürfen. Insbesondere sind entgegen der von Eckardt a.a.O. vertretenen Auffassung keine von den allgemeinen Bemessungsgrundlagen des Haftungsrechts abweichende individuelle Maßstäbe anzulegen. Abgesehen davon, daß im Rahmen des § 847 BGB ohnedies schon individuelle Belange zur Wiedergutmachung des erlittenen Leids zu berücksichtigen sind, ist daran festzuhalten, daß die Regulierung durch den Fonds genauso zu erfolgen hat wie durch einen Ver im gesunden oder kranken Vsverhältnis (mit Ausnahme dessen, daß bei Gültigkeit des § 12 II PflichtvsG die Fälle leichterer Verletzungen nicht unter die Ersatzpflicht des Fonds fallen, vgl. Anm. B 119).

[B 121] δ) Schäden am Fahrzeug des Dritten und sonstige Sachschäden

Nach § 12 II PflichtvsG besteht in den Fällen des § 12 I Ziff. 1 PflichtvsG keine Leistungspflicht des Entschädigungsfonds für Sachschäden am Fahrzeug des Dritten; sonstige Sachschäden werden nur nach Abzug einer Selbstbeteiligung von DM 1.000,– ersetzt. Es sei daran erinnert, daß diese Regelung ebenso wie die hinsichtlich der Einschränkung des Schmerzensgeldanspruchs des Dritten in Anm. B 117 als Verstoß gegen den in Art. 3 I GG verankerten Gleichheitssatz qualifiziert worden ist und daß die Kommentierung nur wegen der Ungewißheit, welche Konsequenzen vom BVerfG und vom Gesetzgeber aus dieser Ungleichbehandlung in Zukunft gezogen werden, erfolgt (vgl. dazu Anm. B 118).

Dies vorausgeschickt, fällt bei der Betrachtung des § 12 II 2 PflichtvsG auf, daß von Sachschäden am Fahrzeug des Ersatzberechtigten die Rede ist. Diese Ausdrucksweise verwundert; denn ein Schaden am Fahrzeug stellt begrifflich doch immer einen Sachschaden dar. Es drängt sich daher die Überlegung auf, ob hier lediglich eine sprachliche Unschönheit vorliegt oder ob zum Ausdruck gebracht werden sollte, daß nur der Sachschaden im engeren Sinne, nämlich an der Fahrzeugsubstanz, ausgeschlossen werden sollte, nicht aber ein Ausschluß statuiert wurde für die Ansprüche der Dritten wegen der Sachfolgeschäden aus der Beschädigung eines Fahrzeugs. Für eine solche Auslegung spricht insbesondere der Umstand, daß in der amtlichen Begründung davon die Rede ist, daß ein umsichtiger Fahrzeughalter sich gegen Fahrzeugschäden durch den Abschluß einer Fahrzeugv hätte absichern können (Begr. IV S. 25). Wenngleich in Anm. B 117 nachgewiesen worden ist, daß dieses Argument deshalb fehlsam ist, weil es letzten Endes überhaupt gegen die Einbeziehung der Fahrzeugschäden in den Schutzbereich

II. 11. Eintrittspflicht des Entschädigungsfonds   Anm. B 121

der Pflichthaftpflichtv verwendet werden könnte, ist dieser Hinweis auf die gesetzgeberische Intention durchaus beachtlich. Denn es darf damit ohne weiteres von der Kenntnis des Gesetzgebers ausgegangen werden, daß in der Fahrzeugv überkommener Art gemäß § 13 VI AKB kein Vsschutz für Nutzungsausfall oder Kosten eines Ersatzwagens gewährt wird. Gerade im Bereich gewerblicher Fahrzeuge können sich aber erhebliche Ansprüche eines Dritten ergeben, die oft noch über dem eigentlichen unmittelbaren Sachschaden liegen. Angesichts dieser vsrechtlichen Verknüpfung und des Umstandes, daß Ausschlußbestimmungen auf den nach der gesetzgeberischen Absicht erkennbaren Sinn auch gegenüber einem möglicherweise weitergehenden Wortlaut reduziert werden dürfen, erscheint es als angebracht, für solche Sachfolgeschäden § 12 II 2 PflichtvsG nicht anzuwenden. Dieser Auffassung dürfte auch Eckardt VersR 1970 S. 1092 sein. Denn dort führt er u. a. folgendes aus: Sonstiger Sachschaden (der nicht am Kfz entstanden sei) werde von der Verkehrsopferhilfe erstattet, soweit er DM 1000,– übersteige. So könne eine der Höhe nach berechtigte Mietwagenforderung von DM 1.200,– mit DM 200,– geltend gemacht werden. Bei mehreren Schadenposten sei der Grenzbetrag von der Gesamtsumme abzusetzen. Der Verdienstausfall sei ein „sonstiger Sachschaden" und somit auch der Franchise unterworfen. Wenn er aber aus einer Körperverletzung herrühre, folglich nicht Sach- sondern Personenfolgeschaden sei, werde er von der Verkehrsopferhilfe voll übernommen werden müssen, ebenso wie Krankenbehandlungskosten, die nicht von einem Vsträger zu tragen seien. Diese Ausführungen ergeben, daß letzten Endes die zitierte Bestimmung des § 12 II 2 PflichtvsG im gleichen Sinne wie hier ausgelegt wird, daß sie nämlich kongruent dem Deckungsbereich der Fahrzeugv sein soll. Der Sachschaden am Fahrzeug wird also im engeren Sinne von der Eintrittspflicht des Fonds ausgenommen. Beizupflichten ist auch der von Eckardt a. a. O. vertretenen Auffassung, daß sich der Ausschluß auch auf den Kaufpreis für ein anderweitiges Fahrzeug oder auf die Wertminderung beziehe.

Es fragt sich, ob nach der so gewonnenen Erkenntnis, daß § 12 II 2 PflichtvsG sich nur auf den Sachschaden im engeren Sinn am Fahrzeug beziehe, nicht aber auf den Sachfolgeschaden in Form von Nutzungs- oder Verdienstausfall, der von Eckardt a. a. O. weiter vertretenen These zu folgen ist, daß sich § 12 II 3 PflichtvsG mit dem dort vorgesehenen Selbstbehalt des Dritten in Höhe von DM 1.000.– nicht nur auf Schäden an allen anderen Sachen beziehe, sondern auch auf die aus einem Fahrzeugschaden resultierenden Sachfolgeschäden. § 12 II 3 PflichtvsG wird damit so interpretiert, als wenn dort stünde, daß für Schäden aller Art an sonstigen Sachen und für aus Fahrzeugbeschädigungen herrührende Fahrzeugfolgeschäden eine Leistungspflicht des Fonds nur hinsichtlich des DM 1.000.– übersteigenden Teils des Schadens gegeben sei. Würde ein Ver seine Bedingungen, z. B. in einem Sachvszweig, so fassen, wie es hier in § 12 II 2, 3 PflichtvsG geschehen ist, so läge es nahe, die Unklarheitenregel nach § 5 AGBGesetz anzuwenden. Das würde dann bedeuten, daß Sachfolgeschäden an Fahrzeugen ohne Selbstbehalt von DM 1.000.– zu ersetzen wären. Für eine Gesetzesinterpretation muß aber in besonderem Maße nach dem Sinn der Gesamtregelung gesucht werden. Bedenkt man, daß nur durch eine restriktive Auslegung des § 12 II 2 PflichtvsG überhaupt die Erkenntnis gewonnen werden konnte, daß aus der Beschädigung eines Fahrzeugs herrührende Folgeschäden in der Gestalt von Nutzungsausfall, Mietwagenkosten und Verdienstausfall nicht unter diese Bestimmung fallen, so leuchtet aus dieser Sicht ein, daß dann der innere Zusammenhang zwischen den beiden Ausschlußbestimmungen zu wahren ist. Das führt aber zu der Konsequenz, daß sonstige Sachschäden im Sinne des S. 3 auch die Sachfolgeschäden am Fahrzeug sind. Andernfalls würde entgegen dem Sinn der Franchisenregelung in den Fällen des S. 2 jeder Nutzungsausfall, Verdienstausfall und jede Mietwagenforderung, sei sie auch noch so gering, zu ersetzen sein. Damit würde aber auch der zusätzlich gesetzlich gewollten Einschränkung des gegen den Fonds gerichteten Schaden-

Anm. B 122 B. Kraftfahrzeughaftpflichtv Stellung des geschädigten Dritten

ersatzanspruchs hinsichtlich der Fahrzeugschäden nicht genügend Rechnung getragen. Demgemäß ist der Auffassung von Eckardt a.a.O. im Ergebnis beizupflichten (wobei nur zur Verdeutlichung wiederholend darauf hingewiesen wird, daß die Bestimmung in § 12 II PflichtvsG allerdings im ganzen einen Verstoß gegen Art. 3 I GG darstellt, vgl. Anm. B 117–118).

Was unter einem Fahrzeug im Sinne des § 12 II 2 PflichtvsG zu verstehen ist, sagt das Gesetz nicht näher. Mit Rücksicht darauf, daß im PflichtvsG aber durchweg der Begriff des Fahrzeugs dann verwendet wird, wenn ein Kfz gemeint ist, erscheint auch hier eine Gleichsetzung der genannten Begriffe als geboten. Dabei ist eine Erstreckung auf Kfz-Anhänger anzunehmen. Andere Fahrzeuge aller Art fallen demgemäß nicht unter § 12 II 2 PflichtvsG. Das gilt z. B. für Eisenbahnen. Die Ausschlußbestimmung differenziert aber nicht danach, ob ein Fahrzeuge zugelassen ist oder nicht. Demgemäß fallen auch nicht zugelassene Kraftfahrzeuge oder deren Anhänger unter § 12 II 2 PflichtvsG.

Diese Abzugsfranchise nach § 12 II 3 PflichtvsG ist auf den einzelnen Vsfall abzustellen. Der Begriff ist identisch mit dem, der in § 7 I Ziff. 1 AKB verwendet worden ist. Es kommt auf die nach der Verkehrsanschauung zu bestimmende Abgrenzung des Schadenereignisses im Einzelfall an. Auf die Ausführungen im Abschnitt G. unter den Rechtspflichten des Vers ist insoweit zu verweisen.

[B 122] cc) Haftungssummen

Gemäß § 12 IV 1 PflichtvsG i.V.m. § 158c III (§ 3 Ziff. 6 S. 1 PflichtvsG) haftet der Fonds wie ein Ver im gestörten Vsverhältnis nur in Höhe der amtlich festgesetzten Mindestvssummen (vgl. zu deren Höhe die Anlage zu § 4 II PflichtvsG i.d.F. durch die VO vom 22. IV. 1981 BGBl. I S. 394). Es finden demgemäß im Prinzip die in Anm. B 47–50 zur summenmäßigen Haftung des Vers im gestörten Vsverhältnis dargestellten Grundsätze Anwendung. Eine Besonderheit kann sich insofern ergeben, als in den von § 12 I Ziff. 1 PflichtvsG erfaßten Fällen ausnahmsweise zwar zur Überzeugung des Gerichts feststehen kann, daß der Schaden durch ein Kfz verursacht worden ist, daß aber offen bleibt, ob es sich um einen Pkw oder einen Lkw gehandelt hat. Ergibt sich eine derartige Ausnahmesituation, so darf das Gericht nur von einer Verpflichtung des Fonds in Höhe der gesetzlichen Mindestvssummen für Personenkraftwagen ausgehen.

Baumann Entschädigungsfonds S. 72 führt zur Frage der Anrechnung der Leistungen Dritter aus, daß die Ersatzberechtigten die Höchsthaftungssummen des Fonds im Rahmen des ihnen entstandenen Schadens voll ausschöpfen könnten. Sei etwa in einem Fall des § 12 I Ziff. 2 PflichtvsG ein Sachschaden von DM 80.000.– entstanden und habe der Ersatzberechtigte von den primär Verpflichteten nur DM 20.000.– erhalten, so könne er vom Fonds volle DM 50.000.– verlangen; die DM 20.000.– seien nicht abzusetzen (das Beispiel rührt aus einer Zeit her, als die Sachschadendeckungssumme nur DM 50.000.– betrug). Das folge aus der Erwägung, daß sich die Haftung des Fonds – wenn auch beschränkt durch Subsidiarität und Höchsthaftungssummen – auf die volle Verbindlichkeit des Schädigers beziehe, nicht nur auf einen Teil. Das Verkehrsopfer solle, abgesehen von den genannten Einschränkungen so gestellt werden, als sei der Ersatzpflichtige ordnungsgemäß vert. Zahlungen Vorleistungspflichtiger kämen dem Fonds daher erst zugute, wenn der verbleibende Schaden unter die Grenze seiner Leistungspflicht sinke. Die Richtigkeit dieses Ergebnisses zeige sich deutlich, sobald man die Problematik in die Regreßsphäre verlagere. Vermöge der Ersatzberechtigte von dem primär Verpflichteten zunächst nichts zu erlangen, so müsse der Fonds DM 50.000.– zahlen und sukzediere insoweit in den haftpflichtrechtlichen Schadenersatzanspruch. Komme der Ersatzpflichtige später zu einem pfändbaren Vermögen in Höhe von DM 20.000.–, so sei der Ersatzberechtigte befugt, sich insoweit voll zu befriedigen; gegenüber dem Fonds genieße er den Vorrang (§ 12 VI 2 PflichtvsG). Erhalte er mithin bei dieser Version

II. 11. Eintrittspflicht des Entschädigungsfonds **Anm. B 123**

DM 70.000.—, könne bei ursprünglicher Solvenz des Ersatzpflichtigen nichts anderes gelten.

Dieser von Baumann vorgenommenen Auslegung ist beizupflichten, soweit es sich um Ersatzleistungen des in § 12 I Ziff. 1 PflichtvsG aufgeführten Personenkreises handelt (vgl. auch Anm. B 103 für die erweiternde Auslegung dieser Bestimmung). Die Ausführungen von Baumann a. a. O. sind aber dahin zu ergänzen, daß sie nicht uneingeschränkt für die Leistungen der ansonsten in § 12 I 2—4 PflichtvsG aufgeführten Personen gelten. Zunächst ist der Gleichklang der Interessenlage mit der Leistungsverpflichtung des Vers im gestörten Vsverhältnis zu wahren. Insoweit wird auf die Darstellung in Anm. B 48—49 zur Auswirkung der Leistungspflicht anderer Ver im Sinne des § 158c IV auf die Haftungsbegrenzung nach § 158c III verwiesen, die an die zu diesem Fragenkreis ergangene Entscheidung des BGH 30. IV. 1975 NJW 1975 S. 1277—1278 = VA 1975 S. 312—313 Nr. 664 anknüpft. Damit sind die Fälle der Leistungspflicht eines Sozialvers oder eines „anderen" Schadenvers einer differenzierenden Lösung zugeführt. Die Gleichstellung mit der Haftung des Vers im gestörten Vsverhältnis ist deshalb geboten, weil die Funktion des Fonds gerade diese ist, den Dritten so zu stellen, als wäre ein Haftpflichtver überobligationsmäßig im Risiko.

Die Leistungen vertraglicher Erfüllungsschuldner des Dritten auf Fortzahlung von Dienst- oder Amtsbezügen, Vergütung oder Lohn oder Versorgungsbezüge sind nach der Interessenlage den Leistungen anderer Schadenver oder eines Sozialsträgers gleichzustellen. Die zu § 158 c IV dargestellten Grundsätze kommen demgemäß auch hier zur Anwendung. Was die Leistungspflicht des Staates nach Amtshaftungsgrundsätzen anbetrifft, ist zu bedenken, daß diese in der Regel summenmäßig unbegrenzt ist. Nur in Ausnahmefällen wird sich hier ein Sachverhalt nachweisen lassen, daß bei ordnungsgemäßem Handeln der Behörde der Schaden nicht durch ein unvtes, sondern durch ein vtes Fahrzeug angerichtet worden wäre. Der Normalfall ist vielmehr der, daß jener Schaden bei ordnungsgemäßem Verhalten der staatlichen Stellen gar nicht eingetreten wäre (vgl. ergänzend Anm. B 145). Liegt aber ein kaum vorstellbarer Ausnahmefall vor, in dem sich die Haftung des Staates auf die Mindestvssummen beschränkt, so entfällt dennoch in aller Regel die Haftung des Fonds gänzlich. Der Staat übernimmt damit die Funktion des überobligationsmäßig im Risiko befindlichen Vers, für dessen Fehlen der Fonds systemgemäß gerade einzutreten hätte. Ein exzeptioneller Sonderfall wäre der, daß eine solche summenmäßig beschränkte Amtshaftung des Staates in einem Fall gegeben ist, in dem der Dritte durch den Zusammenstoß zweier Fahrzeuge geschädigt worden ist. Unterstellt man, daß hier eine gesamtschuldnerische Haftung gegeben ist und daß beide Fahrzeuge von § 12 I Ziff. 1—3 PflichtvsG erfaßt werden, so würde hier Raum für eine Zusatzhaftung des Fonds gegeben sein.

Liegt eine Überschreitung der Haftungssummen des Fonds vor und sind die Ansprüche mehrerer Dritter zu berücksichtigen, so obliegt es dem Fonds, das Verteilungsverfahren gemäß § 156 III durchzuführen (Baumann Entschädigungsfonds S. 72—73). Vgl. Anm. B 13.

Werden ausnahmsweise mehrere Tatbestände des § 12 I Ziff. 1—3 PflichtvsG bei einem Schadenereignis verwirklicht (z. B. vorsätzliche Schädigung mittels eines nicht vten Fahrzeugs), so erhöhen sich die Mindestvssummen dadurch nicht. Der Fall ist vielmehr analog dem zu behandeln, daß aus einem Schadenereignis Ansprüche sowohl gegen den Vmer als auch gegen den Vten erhoben werden können. Auch dort stehen die Mindestvssummen nur einmal pro Schadenfall zur Verfügung (vgl. Anm. B 13).

[B 123] g) Verjährung

Der Anspruch des Ersatzberechtigten gegen den Entschädigungsfonds verjährt nach § 12 III 1 PflichtvsG in drei Jahren. Es liegt hier demgemäß eine Abweichung von der für den Direktanspruch gemäß § 3 Ziff. 3 PflichtvsG getroffenen Regelung vor, nach der der Anspruch des Dritten gegen den Kfz-Haftpflichtver grundsätzlich der gleichen Verjährung unterliegt wie der Schadenersatzanspruch gegen den ersatzpflichtigen Vmer oder Vten (vgl. dazu Anm. B 30–34). Die Abweichung von diesem Grundsatz ist deshalb zweckmäßig, weil weitgehend nur eine subsidiäre Haftung des Fonds gemäß § 12 II PflichtvsG statuiert ist. Das gilt insbesondere mit Rücksicht auf die gemäß § 12 II 1 PflichtvsG vorrangige Haftung des Halters, des Eigentümers oder des Fahrers des Fahrzeugs oder eines anderen Schadenvers, sofern der Dritte von diesen natürlichen oder juristischen Personen Ersatz zu erlangen vermag. Ob eine solche anderweitige Ersatzmöglichkeit gegeben ist, entscheidet sich insbesondere bei dem nicht vten Halter, Eigentümer oder Fahrer des am Unfall beteiligten Kraftfahrzeugs unter Umständen erst in der Zwangsvollstreckung. Es hätte aus dieser Überlegung heraus keinen Sinn gehabt, den gegen den Fonds gerichteten Anspruch mit den gegen die haftenden Personen bestehenden Schadenersatzansprüchen in der Frage der Verjährung gleichzuschalten. Vielmehr liegt eine sachgerechte Lösung darin, daß erst mit der Kenntnis des Umstandes, daß von anderen Personen im Sinne des § 12 II PflichtvsG nichts zu erlangen ist, die Verjährung beginnt. Das bringt § 12 III 2 PflichtvsG zum Ausdruck, wenn es dort heißt, daß die Verjährung mit dem Zeitpunkt beginne, in dem der Ersatzberechtigte von dem Schaden und von den Umständen Kenntnis erlange, aus denen sich ergebe, daß er seinen Anspruch gegen den Fonds geltend machen könne. Damit stellt der Gesetzgeber klar, daß während des Versuchs des Geschädigten, seinen Anspruch gegen vorrangig haftende Personen durchzusetzen, die Verjährungsfrist grundsätzlich noch nicht zu laufen beginnt. Die Sachlage entspricht damit der, wie sie von der Rechtsprechung zur fahrlässigen Amtspflichtverletzung entwickelt worden ist. Dort wird angenommen, daß die Verjährungsfrist für den Ersatzanspruch gegen den Beamten (und den an seine Stelle gemäß Art. 34 GG tretenden Staat) mit Rücksicht auf § 839 I 2 BGB erst von dem Zeitpunkt an zu laufen beginne, in dem der Dritte Kenntnis davon erlange, daß er auf andere Weise keinen Ersatz zu erlangen vermöge (vgl. nur RG 3. VI. 1932 RGZ Bd 137 S. 23, 19. X. 1939 RGZ Bd 161 S. 376, BGH 9. VII. 1963 VersR 1963 S. 1170 = DNotZ 1964 S. 62 m.w.N., 21. XI. 1976 NJW 1977 S. 198–199 m.w.N.). Dabei muß auch die Höhe des Ausfalls bekannt sein. Die von der neueren Rechtsprechung entgegen der Judikatur des RG (vgl. z.B. RG 3. VI. 1932 a.a.O.) eröffnete Möglichkeit zur Erhebung einer Feststellungsklage in den Fällen, in denen die Höhe des Anspruchs mit Rücksicht auf von dritter Seite zu erbringende Leistungen noch ungewiß ist (vgl. zu dieser Rechtsprechung die Nachweise in BGH 21. IX. 1976 a.a.O.), setzt die Verjährungsfrist noch nicht in Lauf (BGH 21. IX. 1976 a.a.O.). In diesem Sinne ist auch § 12 III 2 PflichtvsG auszulegen. Bei dieser Vorschrift handelt es sich letzten Endes um eine die Rechtsprechung zur Verjährung im Falle des § 839 I 2 BGB verdeutlichende Norm für den Sonderfall der Haftung des Entschädigungsfonds. Die Vorschrift ist aber nicht überflüssig, da nicht sicher damit gerechnet werden durfte, daß von der Rechtsprechung diese Parallele ohne ausdrückliche gesetzliche Verankerung im gleichen Maße gezogen worden wäre.

Genauso wie nach § 3 Ziff. 3 S. 3 PflichtvsG die Anmeldung des Anspruchs des Dritten bei dem Ver die Verjährung bis zum Eingang der schriftlichen Entscheidung des Vers hemmt, ist eine solche Hemmungswirkung in § 12 III 3 PflichtvsG bis zur Entscheidung des Entschädigungsfonds vorgesehen. Auf die Ausführungen in Anm. B 33 kann daher verwiesen werden. Eine Besonderheit ist in § 12 III 3 PflichtvsG insofern zu sehen, als eine Hemmung auch bis zur Entscheidung durch die Schiedsstelle vorgesehen ist. Die Vorschrift könnte in dem Sinne interpretiert werden, daß eine erste Hemmung bis zur Entscheidung des Fonds eintritt und eine zweite bis zu der durch die Schiedsstelle. Möglich wäre auch eine einheitliche Betrachtungsweise, die naheliegen

II. 11. Eintrittspflicht des Entschädigungsfonds **Anm. B 124**

würde, wenn die Schiedsstelle sofort angerufen werden würde. Bedenkt man aber, daß der Dritte auch erst nach Jahr und Tag die Schiedsstelle anrufen kann, so liegt es näher, von einer zweifachen Hemmungswirkung auszugehen. Dabei ist zu beachten, daß nach § 205 BGB der Zeitraum, während dessen die Verjährung gehemmt ist, in die Verjährungsfrist nicht eingerechnet wird. Beide Zeiträume lassen sich in derartigen Fällen unschwer ermitteln. Wenn ein Geschädigter seinen Anspruch erst am letzten Tag der Verjährungsfrist bei dem Entschädigungsfonds geltend macht, so muß er demgemäß nach einem Zugang der ablehnenden Entscheidung dafür Sorge tragen, daß schon am nächsten Tag die Schiedsstelle angerufen wird. Will der Ersatzberechtigte in einem solchen Fall verreisen, so muß er zur Wahrung der Frist Vorsorge treffen. Hat ihm der Entschädigungsfonds allerdings zugesagt, ihm während seiner angezeigtn Ortsabwesenheit keinen Bescheid zuzusenden, so ist das erheblich. Würde vom Fonds daher bei Nichteinhaltung dieser Zusage später die Einrede der Verjährung erhoben, so würde das einen Verstoß gegen Treu und Glauben bedeuten, einerlei, worauf die Nichteinhaltung der Zusage zurückzuführen ist. In Ausnahmefällen kann auch ohne eine solche ausdrückliche Zusage die Einrede der Verjährung gegen Treu und Glauben verstoßen, wenn nämlich der Fonds wußte, daß der Dritte zum Zeitpunkt des Zugangs der ablehnenden Entscheidung ortsabwesend sein würde.

[B 124] h) Verfahrensrechtliche Besonderheiten
  Schrifttum: Sieg VersR 1967 S. 324–329
  aa) Rechtliche Einordnung des Schiedsstellenverfahrens

Bei der Durchsetzung eines gegen den Fonds gerichteten Anspruchs sind §§ 5–9 der Verordnung über den Entschädigungsfonds für Schäden aus Kraftfahrzeugunfällen vom 14. XII. 1965 (BGBl. I S. 2093–2094 = VA 1966 S. 14) besonders zu beachten. Die Ermächtigungsgrundlage für diesen Teil der Verordnung findet sich in § 14 Ziff. 3 PflichtvsG. Die grundlegende Vorschrift bildet § 5 EntschädigungsfondsVO, in dem in Übereinstimmung mit § 14 Ziff. 3 a PflichtvsG vorgesehen ist, daß eine bei der Verkehrsopferhilfe bestehende Schiedsstelle in Streitfällen zwischen dem Geschädigten und dem Verkehrsopferhilfeverein auf eine gütliche Einigung hinzuwirken und den Beteiligten erforderlichenfalls einen Einigungsvorschlag zu machen habe. Diese Definition des Aufgabenbereichs der Schiedsstelle bedeutet, daß ihr keine streitentscheidende Funktion zugewiesen worden ist. Es handelt sich vielmehr um einen Schlichtungsausschuß, der gerade dazu gedacht ist, einen Rechtsspruch zu vermeiden. Sowohl für den Verein „Verkehrsopferhilfe" als auch für den Geschädigten ist der Einigungsvorschlag der Schiedsstelle unverbindlich. Als Schönheitsfehler muß es dennoch angesehen werden, daß lediglich der Vorsitzende (und dessen Stellvertreter) bei ihrer Tätigkeit nach § 6 EntschädigungsfondsVO nicht an Weisungen gebunden sind. Diese Weisungsfreiheit sollte auch für die beiden Beisitzer bestehen. Es entspricht freilich § 6 EntschädigungsfondsVO genau der Ermächtigungsgrundlage in § 14 Ziff. 3b PflichtvsG, wo nämlich auch nur davon die Rede ist, daß der Vorsitzende unabhängig sein müsse. Das bedeutet aber in der materiellen Wertung nur, daß der Regelungsweg auch der Ausgangsbestimmung schon zu beanstanden ist. Denn das Ansehen einer Schiedsstelle in der Wertung durch unbeteiligte Dritte ist ein sehr viel höheres, wenn alle ihre Mitglieder keinerlei Weisungen unterworfen sind.

Angerufen werden darf die Schiedsstelle gemäß § 7 EntschädigungsfondsVO erst dann, wenn dem Geschädigten ein abschließender schriftlicher Bescheid der „Verkehrsopferhilfe" über die Regelung des Schadenfalls zugegangen oder der angemeldete Schadenfall nicht in angemessener Frist bearbeitet worden ist. Da das Verfahren vor der Schiedsstelle kostenfrei ist, bleibt als Nachteil für den Geschädigten im Verhältnis zu anderen Verkehrsopfern zu konstatieren, daß er gemäß § 9 Entschädigungsfonds VO die Ansprüche aus § 12 PflichtvsG (und nach § 10 EntschädigungsfondsVO, vgl. dazu Anm. B 105 i.V.m. B 88) im Klageweg gegen den Verein „Verkehrsopferhilfe" erst geltend machen kann, nachdem ein Verfahren vor der Schiedsstelle vorausgegangen ist oder wenn seit der Anrufung der Schiedsstelle mehr als drei Monate verstrichen sind. Die Verspätung, die das Verkehrsopfer also maximal gegenüber den Normalfällen hinnehmen muß, beträgt danach drei Monate. Anders wäre es nur dann, wenn man § 9 EntschädigungsfondsVO so auslegen wollte, daß durch eine objektiv verfrühte Anrufung der Schiedsstelle die Dreimonatsfrist noch nicht in Lauf gesetzt werde. Gemeint ist der Fall, daß ein ungeduldiger Geschädigter nach Spezifizierung seiner Ansprüche gegenüber dem Verein Verkehrsopferhilfe schon nach recht kurzer Frist wegen Nichtbehandlung seines Falles die Schiedsstelle anruft. Lehnt es die Schiedsstelle in einem solchen Fall ab, schon tätig zu werden, ergeht aber auch kein Bescheid der Verkehrsopferhilfe, so ist dem Geschädigten ein erneutes Herantreten an beide Institutionen nicht zuzumuten, sondern ihm der Klageweg zu eröffnen. Erweist sich dabei sein Vorgehen als zu stürmisch, weil tatsächlich zwar seine Ansprüche begründet waren, von dem Verkehrsopferhilfeverein aber keine schnellere Tätigkeit erwartet werden konnte, so trägt bei sofortigem Anerkenntnis im Sinne des § 93 ZPO der Geschädigte ohnedies die Verfahrenskosten. Diese Rechtsfolge dürfte ausreichen, um einer zu frühen Anrufung der Gerichte in solchen Grenzfällen vorzubeugen.

Es fragt sich aber, ob überhaupt eine Sonderregelung durch ein Schiedsstellenverfahren erforderlich und erwünscht ist. Der Rechtsweg wird dadurch zusätzlich kompliziert. Sachgerechter wäre es, neben der Faustformel des dem Entschädigungsfonds zugrunde liegenden Prinzips, daß nämlich der Fonds für die speziellen Haftungsfälle die Funktion eines Kfz-Vers besonderer Art übernehme (zur dogmatischen Einordnung vgl. ergänzend Anm. B 100), tunlichst keine Sonderregeln zu bilden, die unerfahrene Verkehrsopfer abschrecken, weil sie ihre Verständnis überfordern. Aus diesem Gesichtspunkt heraus erscheint es bei einer Reform des PflichtvsG als angebracht, die Bestimmungen über ein einer Klage vorausgehendes obligatorisches Schiedsstellenverfahren gänzlich zu streichen.

Sieht man von diesen rechtspolitischen Überlegungen ab, so ist allerdings § 9 EntschädigungsfondsVO eine rechtsdogmatisch interessante Vorschrift. Materiellrechtlich ließe sich eine Parallele zu der Rechtslage ziehen, wie sie früher im gesetzlichen Güterstand der Verwaltung und Nutznießung gemäß § 1394 BGB a.F. gegeben war, als die Frau Ansprüche, die ihr auf Grund der Verwaltung und Nutznießung gegen den Mann zustanden, grundsätzlich erst nach Beendigung der Verwaltung und Nutznießung geltend machen konnte. Näher liegt es aber, mit Sieg VersR 1967 S. 325 die Regelung dem Prozeßrecht zuzuordnen. Sieg geht bei einer verfrühten Klage von einer zeitlichen Unzulässigkeit des Rechtsweges im Sinne des § 274 II Ziff. 2 ZPO a.F. aus. Eine Übergehung der Schiedsstelle bedeute ein Prozeßhindernis, das in jedem Stadium des Verfahrens von Amts wegen zu beachten sei und zur Abweisung der Klage als unzulässig führe. Dieses Ergebnis gewinnt Sieg a.a.O. dabei wesentlich aus der Rechtsähnlichkeit mit der in § 111 II 1 ArbGG obligatorisch vorgesehenen Anrufung der Innungsausschüsse für Lehrlingsstreitigkeiten. Ein wesentlicher Unterschied ist allerdings insofern gegeben, als nach § 111 II 5 ArbGG der Klage vor dem Arbeitsgericht in allen Fällen die Verhandlung vor dem Ausschuß vorangegangen sein muß. Diese arbeitsrechtliche Regelung ist in dem Sinne zu verstehen, daß eine Vorschrift zwingenden Rechts die vorangegangene Tätigkeit des Innungsausschusses für beide Parteien bindend vorschreibt. Die Regelung in § 9 EntschädigungsfondsVO zeichnet sich dagegen durch die Besonderheit aus, daß der Dritte den ordentlichen Rechtsweg schon dann beschreiten darf, wenn die Schiedsstelle drei Monate hat verstreichen lassen, ohne eine Entscheidung zu fällen.

II. 11. Eintrittspflicht des Entschädigungsfonds   **Anm. B 125**

Die Bindung an die vorangegangene Tätigkeit der Schiedsstelle ist also bei weitem nicht so starr ausgebildet wie in § 111 II ArbGG. Daraus darf geschlossen werden, daß es sich entgegen der Auffassung von Sieg a. a. O. bei der vorherigen Anrufung der Schiedsstelle nicht um eine unverzichtbare Prozeßvoraussetzung handelt, sondern daß eine Vereinbarung des Dritten und des Vereins Verkehrsopferhilfe rechtswirksam ist, daß auf die Anrufung der Schiedsstelle verzichtet werde. Insofern liegt es daher näher, eine Parallele zum Schiedsgerichtsverfahren zu ziehen. Die Konsequenz ist, daß sich die Verkehrsopferhilfe in entsprechender Anwendung des § 1027 a ZPO auf die Nichterfüllung der Voraussetzung des § 9 EntschädigungsfondsVO berufen müßte. Diese Auslegung liegt um so näher, als die Anrufung des ordentlichen Gerichts gegenüber der Verkehrsopferhilfe in allen denjenigen Fällen, in denen die Schiedsstelle noch nicht angerufen war, zugleich als Appell an diese Schiedsstelle anzusehen ist, auf den Verein Verkehrsopferhilfe zwecks baldiger Regulierung einzuwirken. Um diesen Gedanken tragfähig zu machen, wird man allerdings eine Verpflichtung des die Aufgaben des Fonds wahrnehmenden Vereins in ergänzender Auslegung der Regelungsbestimmungen anzunehmen haben, derartige Klagen dem Ausschuß vorzulegen. Folgt man einer solchen auf den Sinnzusammenhang abstellenden Überlegung, so würde im Regelfall angesichts der üblichen Prozeßdauer spätestens während des Laufs der Berufungsfrist das prozessuale Hindernis der dreimonatigen Klagsperre überwunden sein. Die Sperrwirkung des § 9 EntschädigungsfondsVO kommt demgemäß prozessual ohnedies kaum jemals zum Tragen. Ist das aber so, dann ist die Einordnung als verzichtbare prozeßhindernde Einrede die der Interessenlage gemäße Lösung.

§ 9 EntschädigungsfondsVO ist im übrigen in dem Sinn zu verstehen, daß die zeitweise Klagsperre nicht nur für die Zahlungsansprüche des Dritten gilt, sondern auch für eine auf Feststellung der Schadenersatzverpflichtung der Verkehrsopferhilfe gerichtete Klage. Die Sperrwirkung des § 9 EntschädigungsfondsVO ist auch im Prozeßkostenhilfeverfahren zu beachten (Sieg VersR 1967 S. 325). Sieg weist a. a. O. weiter darauf hin, daß § 9 EntschädigungsfondsVO auch im Mahnverfahren gelte. Dagegen ist nach der hier vertretenen Auffassung ein Mahnbescheid ohne Prüfung der Frage, ob die Voraussetzungen des § 9 EntschädigungsfondsVO erfüllt sind oder nicht, zu erlassen. Es darf demgemäß abgewartet werden, ob der Verein „Verkehrsopferhilfe" Widerspruch einlegt und sich im anschließenden Streitverfahren auf die ihm nach der genannten Vorschrift zustehende Einrede beruft oder nicht. Da heute nach der Änderung des Mahnverfahrens zum 1. VII. 1977 selbst eine Schlüssigkeitsprüfung nicht mehr erfolgt (vgl. § 692 I Ziff. 2 ZPO), wäre es ohnedies verfehlt, die Anwendung der letztlich doch im Grenzbereich zwischen dem materiellem Recht und dem Prozeßrecht angesiedelten Bestimmung in einem derart summarischen Verfahren zu bedenken.

Es versteht sich, daß die Einrede nach § 9 EntschädigungsfondsVO in den Eilverfahren nicht erhoben werden kann. Das gilt insbesondere für ein etwaiges Verfahren auf Erlaß einer einstweiligen Verfügung zur Überwindung eines dringenden durch den Unfall entstandenen Geldbedarfs und für das Beweissicherungsverfahren (ebenso Sieg a. a. O.).

[B 125] bb) Örtliche und sachliche Zuständigkeit

Der Verkehrsopferhilfeverein, dem die Rechtsstellung des Entschädigungsfonds durch Rechtsverordnung zugewiesen worden ist (vgl. Anm. B 99), hat seinen Sitz in Hamburg (vgl. die in VA 1966 S. 26 veröffentlichte Satzung). Gemäß § 17 ZPO können daher die Dritten ihre Ansprüche vor dem Amts- oder Landgericht Hamburg geltend machen. In der amtlichen Begründung zu § 12 PflichtvsG (Begr. IV S. 25) wird darüber hinaus die Auffassung vertreten, daß wahlweise auch der Deliktsort (§ 32 ZPO) in Betracht komme, da der Anspruch gegen den Fonds keinen eigenständigen

Schadenersatzanspruch darstelle, sondern der aus dem Gebrauch eines Kfz herrührende zivilrechtliche Schadenersatzanspruch sei. Diese Auffassung bezüglich der Wahlmöglichkeit des Dritten zwischen dem Gerichtsstand des Sitzes und dem des Deliktsortes ist zutreffend. Sie wird auch von Sieg VersR 1967 S. 324 geteilt, obwohl er die von Baumann Entschädigungsfonds S. 101–120 vertretene Auffassung, daß die Haftung des Fonds als die eines gesetzlichen Ausfallbürgen zu qualifizieren sei, billigt (vgl. Sieg VersR 1970 S. 681–682 und Anm. B 100). Das ist deshalb bemerkenswert, weil es als Grundsatz des Bürgschaftsrechts anzusehen ist, daß für die Bürgschaft ein selbständiger Erfüllungsort (§ 269 BGB) und demgemäß Gerichtsstand gegeben ist, losgelöst von den im Verhältnis zum Hauptschuldner begründeten Gerichtsständen (vgl. nur RG 14. IV. 1932 RGZ Bd 137 S. 11; Palandt-Thomas[42] Anm. 1 zu § 765 BGB). Der Zweck der mit § 12 PflichtvsG verfolgten Regelung, den Dritten – abgesehen von den Subsidiaritätsfällen – so zu stellen, als wenn ein Kfz-Haftpflichtver gemäß § 3 Ziff. 4, 5 PflichtvsG zugunsten des Verkehrsopfers eintrittspflichtig wäre, gebietet es in der Tat, dem Dritten auch gegenüber dem Fonds den Gerichtsstand der unerlaubten Handlung zuzubilligen (vgl. zur Gerichtsstandwahl hinsichtlich des Direktanspruchs ergänzend Anm. B 35). Auch das ist im übrigen als Argument gegen die von Baumann a.a.O. vorgenommene Deutung der Entschädigungsverpflichtung des Fonds als gesetzliche Ausfallbürgschaft zu werten (vgl. dazu Anm. B 100).

Sachlich zuständig ist je nach der Höhe des Streitwertes das Amts- oder Landgericht; in Ausnahmefällen kann es auch das Arbeitsgericht sein (vgl. Sieg VersR 1967 S. 324).

[B 126] cc) Bindungswirkung

Nach § 3 Ziff. 8 PflichtvsG wirkt ein Urteil aus einem Rechtsstreit zwischen dem Dritten und dem Ver, durch das festgestellt wird, daß dem Dritten ein Schadenersatzanspruch nicht zusteht, auch zugunsten des Vmers. Ein gleiches gilt zugunsten des Vers, wenn ein Rechtsstreit zwischem dem Dritten und dem Vmer oder einem Vten stattgefunden hat. An einer ausdrücklich gleichlautenden Regelung fehlt es in § 12 PflichtvsG. In § 12 IV 1 PflichtvsG findet sich aber eine generelle Verweisung bezüglich der Voraussetzungen und des Umfangs der Leistungspflicht des Entschädigungsfonds auf die Vorschriften, die bei Bestehen einer aufgrund des PflichtvsG abgeschlossenen Haftpflichtv für das Verhältnis zwischen dem Ver und dem Dritten in dem Falle gelten, daß der Ver dem Vmer gegenüber von der Verpflichtung zur Leistung frei ist. Da die Bindungswirkung nach § 3 Ziff. 8 PflichtvsG auch im gestörten Vsverhältnis zum Tragen kommt (vgl. Anm. B 37 a.E.), ist es sachgerecht, diese Bestimmung auch auf den Entschädigungsfonds zu übertragen (ebenso Baumann Entschädigungsfonds S. 121 m.w.N., Sieg VersR 1967 S. 326). Das bedeutet, daß der Fonds sich nach einem erfolglosen Rechtsstreit des Dritten gegen den Halter, Eigentümer oder Fahrer auf dieses klagabweisende Urteil in einem gegen ihn gerichteten Haftpflichtprozeß erfolgreich berufen kann. Sieg a.a.O. weist darauf hin, daß das nicht bei einem vorangegangenen Prozeß gegen andere Personen als den Halter, Eigentümer oder Fahrer gelte. Dem ist mit der Maßgabe zuzustimmen, daß die inzwischen erfolgte Erweiterung des § 10 II d–f AKB zu beachten ist, da der Fonds auch für gegen diese Personen gerichteten Schadenersatzansprüche eintrittspflichtig ist (vgl. Anm. B 103). Es versteht sich, daß umgekehrt bei einem zunächst erfolglos gegen den Fonds gerichteten Rechtsstreit die genannten Personen sich nach § 3 Ziff. 8 PflichtvsG ebenfalls auf die Rechtskrafterstreckung berufen können. Demgemäß darf im Prinzip ergänzend auf die in Anm. B 37–38 niedergelegten Grundsätze über die Bindungswirkung verwiesen werden. Dabei ist gedanklich vorauszusetzen, daß ein Haftpflichtanspruch gegen die betreffende als vert geltende Per-

II. 11. Eintrittspflicht des Entschädigungsfonds

son in diesem Rechtsstreit verneint worden ist. Nicht etwa löst eine Klagabweisung auf Grund der Subsidiaritätsbestimmungen nach § 12 I 2–4 PflichtvsG eine solche Wirkung aus.

Sieg VersR 1967 S. 326 nimmt darüber hinaus an, daß der Fonds sich nicht nur auf den negativen Ausgang eines gegen die Quasivten (gemeint ist der Personenkreis des § 10 II AKB) geführten Prozesses berufen könne, sondern daß auch eine positive Bindungswirkung zu Lasten des Fonds gegeben sei. Habe der Dritte nämlich gegen einen oder mehrere Quasivte ein Urteil erstritten, in welchem deren Haftung rechtskräftig festgestellt worden sei, so werde man annehmen müssen, daß der Fonds die Haftpflicht im zweiten Prozeß nicht bestreiten könne, sofern er Gelegenheit gehabt habe, in den Erstprozeß einzugreifen. Es handle sich hierbei um einen Anwendungsfall der für die Haftpflichtv typischen Bindung des Haftpflichtvers (hier: des Fonds) an die Ergebnisse des Haftpflichtstreits. Diese Ansicht habe allerdings zur Voraussetzung, daß der Fonds auch rechtlich in der Lage sei, sich in den Prozeß des Dritten gegen den Quasivten einzuschalten. Das dürfte zu bejahen sein. Die in § 12 IV PflichtvsG ausgesprochene Verweisung solle sich nach der amtlichen Begründung nicht nur auf die gesetzlichen Vorschriften beziehen, die sich mit dem Verhältnis des Dritten zum „kranken" Ver befassen, sondern auch auf die einschlägigen AKB (hier § 7 II). Das bedeute, daß der Fonds – wie sonst der Haftpflichtver – eine Prozeßmuntschaft besitze, die hier auf Gesetz beruhe und die jene besondere Bindung an das dem Dritten günstige Urteil im Vorprozeß rechtfertige. Um diese Wirkung zu erzielen, sei es also nicht nötig, daß der Dritte dem Fonds den Streit verkünde.

Diese Auffassung setzt voraus, daß trotz Schaffung des Direktanspruchs gegen den Haftpflichtver die Grundsätze über die Bindungswirkung des Haftpflichturteils bei traditionellem Vorgehen des Dritten zunächst gegen den Schädiger im nachfolgenden Rechtsstreit gegen den Ver weiterhin gelten. Dem ist im Prinzip auch beizupflichten (vgl. Anm. B 39 m.w.N.). Weiter setzt eine solche Interpretation aber auch voraus, daß ein gleiches im gestörten Vsverhältnis gelte und daß ein solcher Grundsatz auch für die Rechtsposition des Entschädigungsfonds Gültigkeit beanspruchen könne. Beides wird von Baumann Entschädigungsfonds S. 117–121 verneint. Er vertritt sinngemäß die Auffassung, daß seit Wegfall der fiktiven Weiterhaftung des Vers gemäß den für die Kfz-Haftpflichtv nicht mehr geltenden Bestimmungen des § 158c I, II die Grundlage für die vom BGH gewählte Konstruktion einer auch im gestörten Vsverhältnis weiter geltenden Vertretungsmacht entfallen sei (zu dieser Rechtsprechung aus der Zeit vor Einführung des Direktanspruchs vgl. nur BGH 27. V. 1957 BGHZ Bd 24 S. 317–323, weitere Nachweise in Anm. B 67). Daran ist richtig, daß die weiterwirkende Vertretungsbefugnis etwas Ungewöhnliches ist (für die von Sieg a. a. O. für den Fonds angenommene Geltung einer solchen Regulierungsvollmacht aber auch Schirmer Vertretungsmacht S. 61). Die Vorschrift über die Vertretungsregelung darf aber doch mit Sieg a. a. O. jedenfalls dahin interpretiert werden, daß in denjenigen Fällen, in denen der Schadenstifter dem Fonds die Prozeßführung tatsächlich überlassen hat, genauso wie in den Fällen einer anschließenden Inanspruchnahme des Vers eine Bindungswirkung im überkommenen Sinne zu bejahen ist (vgl. zu dieser auch für den Direktanspruch streitigen Frage Anm. B 39 m.w.N.). Allerdings ist ergänzend darauf hinzuweisen, daß der Fonds nicht verpflichtet ist, die Last der Prozeßführung auch schon im Falle des Versuchs einer Realisierung eines Haftpflichtanspruchs gegenüber den vorrangig haftenden Personen des in § 10 II AKB umschriebenen Kreises zu tragen. Da der Dritte das Innenverhältnis zwischen Schädiger und Fonds meist nicht durchschaut, wird er daher gut tun, dem Fonds in solchen Fällen den Streit zu verkünden, damit er dadurch in den Genuß der Rechtswohltat des § 68 ZPO kommt.

[B 127] i) Regreß des Fonds
aa) Aufwendungsersatz

In § 12 V PflichtvsG ist bestimmt, daß der Fonds von den Personen, für deren Schadenersatzverpflichtungen er nach Abs. I einzutreten hat, wie ein Beauftragter Ersatz seiner Aufwendungen verlangen kann. Der Begriff der Aufwendungen kann dabei in einem weiteren oder in einem engeren Sinne verstanden werden. Wählt man wie bei § 670 BGB eine weite Auslegung, so fallen darunter auch die an den Dritten gezahlten Entschädigungsbeträge (dafür Baumann Entschädigungsfonds S. 83–84). Sieht man dagegen § 12 V PflichtvsG als Gegenstück zu § 3 Ziff. 10 S. 2 PflichtvsG, so sind darunter lediglich die zusätzlich zur Befriedigung oder Abwehr der Haftpflichtforderung aufgewendeten Kosten und Aufwendungen im engeren Sinne zu verstehen. Für diese engere Auslegung spricht, daß § 3 Ziff. 10 S. 2 PflichtvsG als eine Legalisierung der Rechtsprechung zu dem gesetzlichen Forderungsübergang nach § 158f angesehen worden ist, nach der der Ver neben der übergegangenen Ersatzforderung des Dritten auch derartige Aufwendungen verlangen kann (so Sieg in Bruck-Möller-Sieg Anm. 158, 183 zu § 67). Auch ist zu bedenken, daß durch die vielfältigen Übergangsregelungen in § 12 VI 1 PflichtvsG bereits eine umfassende Sicherung des Rückgriffsrechts des Fonds gegeben ist, so daß es der Konstruktion eines zusätzlichen Anspruchs nicht bedarf.

Zu den Aufwendungen zählen danach insbesondere die eigenen Prozeßkosten des Fonds, die etwa erforderlichen außergerichtlichen Gutachterkosten und die Kosten für Auszüge aus amtlichen Ermittlungsakten, ferner die Kosten für behördliche Auskünfte, z. B. für die Auskunft über die Wetterverhältnisse an einem bestimmten Tag. Zum Aufwendungsbegriff vgl. im übrigen ergänzend Baumann Entschädigungsfonds S. 83–84, Sieg VersR 1966 S. 102, VersR 1967 S. 328.

In § 3 Ziff. 10 S. 1 PflichtvsG heißt es, daß der Vmer die Feststellung der Haftpflichtforderung durch rechtskräftiges Urteil, durch Anerkenntnis oder Vergleich gegen sich gelten lassen müsse. Nur wenn und soweit vom Vmer nachgewiesen wird, daß der Ver die Pflicht zur Abwehr unbegründeter Entschädigungsansprüche sowie zur Minderung oder zur sachgemäßen Feststellung des Schadens schuldhaft verletzt habe, entfällt diese Erstattungspflicht (vgl. dazu Anm. B 68). Diese Bestimmung ist in § 12 V PflichtvsG nicht ausdrücklich wiederholt. Ihre Geltung ist aber über die grundsätzliche Verweisungsnorm des § 12 IV 1 PflichtvsG gegeben (Sieg VersR 1967 S. 329). Die Interessenlage ist die gleiche wie im gestörten Vsverhältnis. Hier wie dort ist anzunehmen, daß der Ver – hier der Fonds – mit größter Sparsamkeit und Sorgfalt regulieren wird, zumal da er im Regelfall auch gar nicht damit rechnen kann, daß er später Ersatz seiner Aufwendungen erhält. Das gilt für den Fonds insbesondere, da der Dritte zunächst dartun muß, daß die Subsidiaritätsklausel gemäß § 12 I 2 PflichtvsG nicht eingreift. Der Fonds hat in diesen Fällen also nur die vage Hoffnung, daß sich die Vermögensverhältnisse später bessern werden. Eine korrekte Regulierung ist demgemäß im eigenen Interesse für den Fonds das Gebot der Stunde. Nach dem Gesagten wäre eine Besserstellung des Personenkreises, für den der Fonds nach § 12 I PflichtvsG einzutreten hat, im Verhältnis zum Vmer im gestörten Vsverhältnis unverständlich. Hervorzuheben ist, daß die Eintrittspflicht des Fonds gemäß § 12 I PflichtvsG über den Wortlaut der genannten Bestimmung hinaus ausdehnend ausgelegt wird (vgl. Anm. B 103). Das hat zur Konsequenz, daß in diesem Umfang auch eine Regreßmöglichkeit des Vers gegeben ist (vgl. Baumann Entschädigungsfonds S. 84). Entsprechende Anwendung auf den Regreßanspruch des Fonds nach § 12 V PflichtvsG findet aber auch § 3 Ziff. 11 PflichtvsG. Der Regreßanspruch des Fonds verjährt danach in zwei Jahren, beginnend mit dem Schluß des Jahres, in dem der Anspruch des Dritten erfüllt wird (vgl. für Einzelheiten Anm. B 69).

II. 11. Eintrittspflicht des Entschädigungsfonds **Anm. B 128**

Neben dem originären Aufwendungsersatzanspruch nach § 12 V PflichtvsG steht in Anspruchskonkurrenz der nach § 12 VI 1 PflichtvsG auf den Fonds übergehende Ersatzanspruch des Dritten gegen diejenigen Personen, für die der Fonds eintrittspflichtig ist. In § 12 VI 2 PflichtvsG ist dazu bestimmt, daß der Übergang nicht zum Nachteil des Ersatzberechtigten geltend gemacht werden könne. An einer entsprechenden Bestimmung fehlt es in § 12 V PflichtvsG. Nach dem Sinn der getroffenen Regelung ist aber anzunehmen, daß diese Bestimmung auf den Anspruch aus § 12 V PflichtvsG entsprechend anzuwenden ist. Was für die übergegangene Hauptforderung gilt, muß erst recht für den Aufwendungsersatzanspruch im engeren Sinne gelten. Das Befriedigungsinteresse des Dritten ist gegenüber dem Fonds vorrangig. Das gilt verstärkt, wenn man mit Baumann Entschädigungsfonds S. 83–84 entgegen der hier vertretenen Auffassung § 12 V PflichtvsG auch auf die eigentliche Entschädigungszahlung ausdehnt, also von einem Aufwendungsersatzanspruch im weiteren Sinne ausgeht. Denn dann würde eine entgegengesetzte Auslegung dem Dritten mit der einen Hand eine Rechtswohltat einräumen, die ihm mit der anderen Hand wieder entzogen werden würde (vgl. auch Anm. B 70 a.E. für die gleiche Lösung bei dem Aufwendungersatzanspruch des Vers gemäß § 3 Ziff. 10 S. 2 PflichtvsG).

[B 128] bb) Forderungsübergang
  aaa) Fallgruppen

In § 12 VI 1 PflichtvsG ist ein **vielfältiger Forderungsübergang** auf den Fonds vorgesehen, der ergänzend zu dem originären Aufwendungsersatzanspruch nach § 12 V PflichtvsG tritt. Es lassen sich dabei drei Fallgruppen unterscheiden. Die erste Gruppe betrifft den Übergang der Ersatzansprüche, die dem Dritten gegen den Halter, den Eigentümer und den Fahrer des Fahrzeugs, für die der Fonds einzutreten hat, zustehen. Die zweite Gruppe bezieht sich auf die Ersatzansprüche des Dritten gegen sonstige Ersatzpflichtige (Anm. B 129) und die dritte Gruppe erfaßt die Ersatzansprüche, die dem Halter, dem Eigentümer oder dem Fahrer gegen einen sonstigen Ersatzberechtigten zustehen (vgl. Anm. B 130).

α) **Ersatzanspruch des Dritten gegen diejenigen Personen, für die der Fonds einzutreten hat**

In § 12 VI 1 PflichtvsG ist als erstes festgelegt, daß der Ersatzanspruch des Dritten gegen den Halter, Eigentümer und Fahrer des Fahrzeugs, für die der Fonds einzutreten hat, auf den Fonds übergeht. Der Übergang erfolgt im Umfang der Leistung der Entschädigung durch den Fonds zum Zeitpunkt der Leistung. Diese Bestimmung entspricht der Regelung im gestörten Vsverhältnis. Dort ist ebenfalls neben dem originären Ausgleichsanspruch nach § 426 I BGB i.V.m. § 3 Ziff. 9 PflichtvsG ein Forderungsübergang nach der grundsätzlich für alle Gesamtschuldverhältnisse geltenden Bestimmung des § 426 II BGB vorgesehen (vgl. Anm. B 64). Jene Regelung aus dem gestörten Vsverhältnis konnte aber nach der vom Gesetzgeber gewählten Konstruktion der Fondshaftung nicht unmittelbar auf den Fonds angewandt werden, da es mit Rücksicht auf die nur subsidiäre Haftung des Fonds an einem echten Gesamtschuldverhältnis fehlt. Zur Gleichstellung mit der Regreßposition des Vers im gestörten Vsverhältnis ist daher eine Zusatzregelung geschaffen worden. Vertritt man allerdings mit Baumann Entschädigungsfonds S. 83–84 die Auffassung, daß unter § 12 V PflichtvsG auch die geleisteten Entschädigungen fallen (dagegen Anm. B 127), so bleibt zweifelhaft, ob dann noch ein Bedürfnis für eine solche Zusatzregelung gegeben ist. Ein solches könnte allenfalls damit begründet werden, daß andernfalls bei einer Leistung durch den Fonds etwaige Nebenrechte nicht erlöschen, sondern gemäß §§ 412, 401 BGB auf den Fonds übergehen.

Anm. B 128   B. Kraftfahrzeughaftpflichtv Stellung des geschädigten Dritten

Allerdings ist einschränkend zu bemerken, daß es im Bereich einer solchen durchweg nur deliktischen Haftung des Fahrers, Halters oder Eigentümers (sowie des Omnibusschaffners und der anderen in Anm. B 103 aufgeführten Personen) regelmäßig an solchen Sicherungsrechten fehlen wird. Immerhin läßt sich doch die theoretische Möglichkeit nicht ausschließen, daß einer der verantwortlichen Schädiger nach einem Schadenereignis für die gegen ihn gerichtete Forderung ein Pfandrecht bestellt oder daß ein Bürge auftritt.

Nach § 12 IV 1 PflichtvsG bestimmen sich ergänzend die Voraussetzungen und der Umfang der Leistungspflicht des Fonds nach den Vorschriften, die bei Bestehen einer Kfz-Haftpflichtv im Fall des gestörten Vsverhältnisses gelten. In diesem Rahmen spielt zum Schutz des Vten in der V für fremde Rechnung die Bestimmung des § 158i eine besondere Rolle. Nach dieser Vorschrift kann der Ver im Falle einer Leistungsfreiheit auf Grund einer Obliegenheitsverletzung gegen einen Vten nur dann Rückgriff nehmen, wenn die der Leistungsfreiheit zugrunde liegenden Umstände in der Person des Vten gegeben sind. Im Kernbereich des § 158i, nämlich im Obliegenheitsrecht, ist eine Anwendung dieser Bestimmung in den drei vom Fonds erfaßten Fällen nicht denkbar. Denn in den Fällen des § 12 I Ziff. 1 PflichtvsG, nämlich in den Fahrerfluchtfällen, ist eine Eintrittspflicht des Fonds letztendlich nur deshalb gegeben, weil jenes Kfz, das den Schaden verursacht hat, nicht ermittelt werden konnte.

In den Vorsatzfällen aber, die von § 12 I Ziff. 3 PflichtvsG erfaßt werden, ist eine der materiellen Gerechtigkeit entsprechende Regelung schon im System des normalen Pflichthaftpflichtvsschutzes dadurch gegeben, daß der Vsschutzanspruch des Vten als selbständig angesehen wird, so daß nur eigene vorsätzliche Handlungen des Vten zur Herbeiführung des Vsfalles den Vsschutz in der V für fremde Rechnung beeinträchtigen (vgl. Anm. B 15 a.E. und B 108). Insoweit besteht daher für eine erweiternde Ausdehnung des § 158i über den Obliegenheitsbereich hinaus kein Bedürfnis, abgesehen davon, daß der Vte regelmäßig für durch vorsätzliche Handlungen des Vmers herbeigeführte Schäden nach bürgerlichem Recht nicht haftet (Ausnahmen sind allerdings denkbar). Es ist aber für die von § 12 I Ziff. 2 PflichtvsG erfaßten Fälle des Nichtbestehens einer V eine frappierende Ähnlichkeit in der Interessenlage mit denjenigen Fällen zu sehen, in denen der Ver deshalb nicht zu leisten braucht, weil der Vmer die Erst- oder die Folgeprämie nicht entrichtet hatte. Einem Regreß wegen einer solchen Leistungsfreiheit gemäß §§ 38, 39 steht allerdings nach h.M. die Bestimmung des § 158i nicht entgegen (vgl. in diesem Sinne BGH 20. I. 1971 BGHZ Bd 55 S. 281–287 m.w.N., OLG Nürnberg 7. VI. 1973 VersR 1973 S. 1135–1136, OLG Köln 3. III. 1975 NJW 1975 S. 1746–1747 = VersR 1975 S. 725–727, Bauer NJW 1972 S. 932–933, J. Prölss VersR 1969 S. 533–534, Roth-Stielow NJW 1972 S. 1357–1358; a.M. LG Frankenthal 15. III. 1972 NJW 1973 S. 711–712, E. Lorenz NJW 1969 S. 471–472, derselbe NJW 1971 S. 2145–2150, derselbe NJW 1972 S. 2281–2285, ferner in neuerer Zeit Schirmer ZVersWiss 1981 S. 130–146 m.w.N.). Das im Verhältnis zu dem auf das Bestehen einer Pflichthaftpflichtv vertrauenden Vten bestehende Unbilligkeitsmoment ist aber im gestörten Vsverhältnis dadurch teilweise beseitigt worden, daß die Ver sich in einer **geschäftsplanmäßigen Erklärung** verpflichtet haben, in diesen Fällen gegen den Vten nur dann Regreß zu nehmen, wenn dieser von der Nichtzahlung der Prämie wußte oder ihm diese infolge grober Fahrlässigkeit nicht bekannt war (VA 1973 S. 103). Diese geschäftsplanmäßige Erklärung ist dahin einzuordnen, daß es sich nicht nur um eine Äußerung gegenüber dem BAA handelt, sondern um eine **verbindliche Erklärung gegenüber der Öffentlichkeit**, aus der für die Vten vertragliche Rechtsansprüche herzuleiten sind (vgl. dazu Anm. J 15 m.w.N. dafür, daß der älteren Lehre, daß geschäftsplanmäßige Erklärungen die Rechtsstellung des Vmers nicht berühren, nicht mehr gefolgt werden kann; ergänzend ist auf BGH 27. V. 1981 BGHZ Bd 80

II. 11. Eintrittspflicht des Entschädigungsfonds   Anm. B 129

S. 332—345 zu verweisen, wo ohne weiteres von der Vertragsqualität der dort behandelten geschäftsplanmäßigen Erklärung eines Regreßverzichts bei Verletzung von Obliegenheiten, die vor Eintritt des Vsfalls zu erfüllen sind, ausgegangen wird; dafür, daß dogmatische Bedenken gegen die Annahme des BGH a. a. O. bestehen, daß ein solcher Verzicht der Ver auch die Regreßnahme eines Sozialvers einschränke, vgl. Anm. B 148 m.w.N.). Folgt man dieser Auslegung, so läßt es sich verantworten, diese Rechtsposition des Vten dem typischen Inhalt des Vertragsrechts der Kfz-Haftpflichtv zuzuordnen. Dann erscheint es aber auch als konsequent, diese Regelung gegenüber dem Fonds eingreifen zu lassen, genauso wie sonstige Vertragsbestimmungen aus den AKB kraft der Verweisungsnorm des § 12 IV PflichtvsG gelten. Diese entsprechende Anwendung bedeutet, daß in den Fällen des § 12 I Ziff. 2 PflichtvsG gegen eine Person, die nach der konkreten Fallinterpretation einem Vten aus einem bestehenden Vsverhältnis gleichzusetzen wäre, Regreß nur dann genommen werden darf, wenn diese von dem Nichtbestehen der V wußte oder ihre Unkenntnis von dem Nichtbestehen einer V auf grober Fahrlässigkeit beruhte.

Zu beachten ist, daß die eigene Verjährungsregelung des übergegangenen Anspruchs hinter der entsprechend anwendbaren Bestimmung des § 3 Ziff. 11 PflichtvsG zurücktritt (dazu Anm. B 69). Entsprechende Anwendung bedeutet hier, daß bei einer etwa noch länger laufenden Verjährungsfrist des Haftpflichtanspruchs diese auf die Frist des § 3 Ziff. 11 PflichtvsG verkürzt wird. Es fragt sich, ob etwas anderes in denjenigen Fällen gilt, in denen auf den Fonds eine titulierte Forderung übergegangen ist, die im Wege der Rechtsnachfolge auf ihn gemäß § 727 ZPO umgeschrieben werden kann. In einem solchen Fall ließe sich durchaus die Auffassung vertreten, daß die Vorschrift des § 218 BGB Vorrang habe. Andererseits wäre ein Gleichklang mit dem Normalfall erzielt, wenn der Ver innerhalb der Zweijahresfrist die Zwangsvollstreckung einleitet und dadurch gemäß § 209 II Ziff. 5 ZPO eine Unterbrechung herbeiführt.

[B 129] β) **Ersatzansprüche des Dritten gegen sonstige Ersatzpflichtige**

Nach § 12 VI 1 PflichtvsG geht ferner auf den Fonds der Ersatzanspruch des Dritten über, der diesem gegen einen sonstigen Ersatzpflichtigen zusteht. Baumann Entschädigungsfonds S. 86 bemerkt dazu, daß es sich um eine Vorschrift handelt, die auf dem Gebiet der Haftpflichtv ohne Vorbild sei. Zahle der Fonds an den Ersatzberechtigten, so erfülle er seine eigene diesem gegenüber bestehende Schuld, nicht die des Ersatzpflichtigen. Bezüglich der Forderung der Ersatzberechtigten gegen einen Mitschädiger trete daher die Wirkung des § 422 I BGB mit der Verlagerung in das Innenverhältnis nicht ein, so daß die Legalzession der Forderung auf den Fonds zwanglos ermöglicht werde. Rechtssystematisch ist in diesem Zusammenhang zu überlegen, ob es einer solchen Sondervorschrift bezüglich eines Forderungsüberganges überhaupt bedurft hätte. Geht man davon aus, daß der Ersatzverpflichtete, für den der Fonds bei dessen Vermögenslosigkeit einzustehen hat, und der Fonds dem Dritten als Gesamtschuldner haften, so fragt sich weiter, ob nicht nur der Ersatzverpflichtete und der Mitschädiger dem Dritten als Gesamtschuldner haften, sondern auch der Mitschädiger und der Fonds. Der Gesetzgeber ist mit der Regelung in § 12 VI 1 PflichtvsG ersichtlich davon ausgegangen, daß das nicht der Fall sei. Das stimmt überein mit der in Anm. B 21 a.E. und B 71 vertretenen Auffassung zum gleichgelagerten Problem mehrerer als Gesamtschuldner haftender Schädiger, sei es, daß diese bei mehreren Vern haftpflichtvert sind, sei es, daß nur einer von diesen Mitschädigern überhaupt Haftpflichtvsschutz hat. Zur Vermeidung von Mißverständnissen ist im Falle des Fonds allerdings zu betonen, daß es sich mit Rücksicht auf die Subsidiaritätsklausel nach § 12 I 2 PflichtvsG um einen Sachverhalt handeln muß, bei dem dieser Mitschädiger nicht haftpflichtvert ist. Für diesen Fall ergibt eine wertende Betrachtung, daß die Eintrittspflicht des

Mitschädigers im Verhältnis zum Dritten der des Fonds nicht vorgeht (ebenso Baumann Entschädigungsfonds S. 52, Sieg VersR 1967 S. 327; vgl. auch Anm. B 110). Zu bedenken ist jedenfalls, daß § 12 VI 1 PflichtvsG im Grunde genommen nur sicherstellen soll, daß die gleiche Regelung für den Fonds zum Tragen kommt wie die des § 426 II BGB. Wenn daher in § 12 VI 1 PflichtvsG der Hinweise darauf fehlt, daß der Übergang wie nach § 426 II 1 BGB nur in dem Umfang erfolgt, in dem Ausgleichung verlangt werden kann, so darf das nicht als eine Privilegierung des Fonds im Verhältnis zum nicht haftpflichtvten Mitschädiger angesehen werden. Vielmehr ist § 426 II 1 BGB insoweit entsprechend anzuwenden. Das ergibt sich aus der Überlegung, daß der Mitschädiger hinsichtlich seines eigenen Schadens am Aktivvermögen und hinsichtlich seines Ausgleichsanspruchs gegen diejenigen Personen, für die der Fonds eintrittspflichtig ist, ebenfalls Gläubiger des Fonds als Dritter im Sinne des § 12 I PflichtvsG ist (vgl. Baumann Entschädigungsfonds S. 80–81 und Anm. B 104, B 110 sowie B 12 und B 57 m.w.N.). Es ist demgemäß eine einengende Auslegung gegen den Wortlaut des § 12 VI 1 PflichtvsG geboten. Der Übergang auf den Fonds findet also nur in dem Umfang statt, in dem diejenigen Personen, für die der Fonds eintrittspflichtig ist, von dem Mitschädiger nach bürgerlichem Recht Ausgleich verlangen können (ebenso Sieg in Bruck-Möller-Sieg Anm. 185 zu § 67; anders Baumann Entschädigungsfonds S. 122–123, der aber dem Mitschädiger eine sachlich auf das gleiche hinaus laufende exceptio doli zubilligt; vgl. auch D. Reinicke NJW 1966 S. 2141–2146 [2143] zum ähnlich gelagerten Problem der nur für einen von mehreren Gesamtschuldnern übernommenen Bürgschaft und dazu BGH 14. VII. 1966 BGHZ Bd 46 S. 14–17).

Ersatzansprüche des Dritten im Sinne des § 12 VI 1 PflichtvsG sind im Prinzip nur Schadenersatzansprüche und darauf bezogene Ausgleichsansprüche nach § 426 I BGB. Die Abgrenzung ist entsprechend den zu § 67 entwickelten Grundsätzen vorzunehmen (vgl. dazu Sieg in Bruck-Möller-Sieg Anm. 26–35 zu § 67). Zu diesen Schadenersatzansprüchen gehört insbesondere auch ein Anspruch des Dritten gegen den Haftpflichtver des geflohenen Benutzers des zunächst unbekannt gebliebenen Fahrzeugs, für das der Fonds einzustehen hat (Baumann Entschädigungsfonds S. 87). Nicht zu den gemäß § 12 VI 1 PflichtvsG übergehenden Ansprüchen des Dritten gehören dessen eigene Erfüllungsansprüche. Gedacht sei an Ansprüche des Dritten aus Schadenven oder Sozialsverhältnissen, aber auch an die arbeits- oder beamtenrechtlichen Bezüge im Sinne des § 12 I 3 PflichtvsG. Leistet der Fonds in Unkenntnis einer vorrangigen Haftung des aufgeführten Personenkreises, so findet demgemäß der Ausgleich nicht über § 12 VI 1 PflichtvsG statt; vielmehr müßte der Fonds gemäß § 812 BGB gegen den Dritten vorgehen.

Den Fall, daß streitig ist, ob dem Dritten ein Amtshaftungsanspruch zusteht oder nicht, wird man aber in bezug auf den Forderungsübergang bei einer Leistung durch den Fonds unter § 12 VI 1 PflichtvsG zu subsumieren haben. Zwar ist der Fonds mit Rücksicht auf die vorrangige Eintrittspflicht des Staates gemäß § 12 I 3, 4 PflichtvsG an sich nicht im Risiko (vgl. dazu Anm. B 112). Mit Rücksicht auf die häufig gegebene übermäßige Prozeßlust der öffentlichen Hand stellt es aber eine sozialpolitisch wertvolle Handlungsweise des Fonds dar, wenn dieser im Interesse des Verkehrsopfers vorleistet, damit dieses nicht einem jahrelangen Prozeßkampf mit allen nervlichen Belastungen ausgesetzt wird (vgl. dazu BGH 29. IV. 1976 VersR 1976 S. 885–886; in jenem Fall hatte sich der Fonds dazu entschlossen, in Vorlage zu treten, als der Klage des Dritten gegen den Staat in 2. Instanz dem Grunde nach stattgegeben worden war). Es ist daher sachgerecht, in solchen Grenzfällen einen Forderungsübergang bei einer Leistung durch den Fonds kraft Gesetzes anzunehmen. Der Sachverhalt wird damit in der Behandlungsweise dem gleichgestellt, der sich als Regelfall nach § 12 I Ziff. 1 PflichtvsG ergibt. So lange diese Auffassung aber noch nicht höchstrichterlich bestätigt worden ist, dürfte es aller-

II. 11. Eintrittspflicht des Entschädigungsfonds **Anm. B 130**

dings zweckmäßig sein, wenn sich der Fonds in solchen Fällen freiwilliger Vorleistung zusätzlich die Ansprüche des Dritten abtreten läßt.

[B 130] γ) Ersatzansprüche der Personen, für die der Fonds eintrittspflichtig ist, gegen sonstige Ersatzpflichtige

In § 12 VI 1 PflichtvsG ist ferner ein Übergang der Schadenersatzansprüche auch derjenigen Personen vorgesehen, für deren Verbindlichkeiten gegenüber dem Dritten der Fonds eintrittspflichtig ist. Der Sache nach handelt es sich dabei um Ausgleichsforderungen gegen mithaftende Personen. Die Situation entspricht nicht der in § 67 I (vgl. Sieg in Bruck-Möller-Sieg Anm. 184 zu § 67). Das ergibt sich aus dem wesentlichen Unterschied, daß dort der Ver für den Vmer leistet, ihn also in der Haftpflichtv von seinen Verbindlichkeiten befreit, während der Fonds allein im Interesse des Dritten leistet (daß in dem in Anm. B 129 erörterten Ausnahmefall ein Regreßrecht des Fonds verneint wird, ändert an diesem Grundsatz nichts).

Baumann Entschädigungsfonds S. 85−86 deutet diese Legalzession − nachdem er zuvor den Unterschied zu § 67 hervorgehoben hat − wie folgt: Während der Haftpflichtver bei einem „kranken" Vsverhältnis darauf angewiesen sei, auf Grund eines gegen den Vmer erwirkten Vollstreckungstitels dessen etwaige Ansprüche gegen Mitschädiger pfänden und sich überweisen zu lassen, werde die Stellung des Fonds mittels einer Legalzession verbessert, deren Struktur den §§ 412, 401 BGB verwandt erscheine. Weiter bemerkt Baumann a.a.O. S. 87, daß zu klären sei, in welchem Verhältnis die Legalzession der Parallelforderung (gemeint ist die Ersatzforderung des Entschädigungsberechtigten gegen Vierte) zu der eines Ausgleichsanspruchs stehe. Ein gleichzeitiger kumulativer Übergang sei nicht möglich. Erlange nämlich der Fonds die Parallelforderung, so entstehe für den Ersatzpflichtigen keine Ausgleichsforderung, in die der Fonds sukzedieren könne. Diese These vertieft Baumann a.a.O. S. 123 mit der Bemerkung, den Mitschädiger treffe überhaupt keine derartige Ausgleichspflicht, da wegen der Legalzession von Haupt- und Parallelforderungen keine Gesamtwirkung nach § 422 I BGB eintrete; diese sei aber Voraussetzung für eine Ersatzpflicht im Innenverhältnis. Setze der Fonds die Rückgriffsforderung gegen den Schädiger durch, so bleibe es diesem überlassen, den Mitschädiger anteilig zu belangen.

Es fragt sich, ob tatsächlich eine zusätzliche Sicherheit im Sinne einer vollständigen Konzentration aller Regreßmöglichkeiten gegen sonstige Beteiligte verankert worden ist. Wenn man bedenkt, daß nach § 12 VI 1 PflichtvsG auch die Forderungen des Ersatzberechtigten gegen Vierte übergehen, so wird deutlich, daß hier ein im Grunde genommen überflüssiger weiterer Forderungsübergang angeordnet wird. Allerdings ist Baumann insoweit nicht zu folgen, als er den doppelten Forderungsübergang für schon begrifflich ausgeschlossen hält. Dabei ist zu bedenken, daß der Ausgleichsanspruch nach § 426 I BGB nach h.A. überhaupt nicht an eine schon erbrachte Leistung anknüpft; die gesetzliche Konstruktion ist vielmehr die, daß die gesamtschuldnerisch haftenden Personen von der Entstehung der Gesamtschuld an verpflichtet sind, einander in Höhe der nach dem Innenverhältnis bestehenden Beteiligungsquoten von der Forderung des Gläubigers freizuhalten (vgl. nur RG 1. IV. 1939 RGZ Bd 160 S. 151, BGH 27. VI. 1961 BGHZ Bd 35 S. 325 m.w.N., ferner Palandt-Heinrichs[42] Anm. 2a zu § 426 BGB m.w.N.). In diese Rechtsposition kann der Fonds temporär durchaus zusätzlich einrücken. Nur besteht kein Bedürfnis nach einem solchen Übergang, da die Legalzession der Forderung des Dritten durchaus ausreicht und eine effektive zusätzliche Sicherheit kaum jemals gegeben ist, es sei denn (kaum vorstellbar), daß ein Vierter sich nur für diese Ausgleichsforderung verbürgt. Beizupflichten ist Baumann darin, daß ein Wiedereinrücken der Person, für deren Schuld der Fonds im Verhältnis zum Dritten eintrittspflichtig ist, in die Ausgleichsposition erfolgt, sobald diese ihrerseits die Regreßforderung des Fonds befriedigt hat.

[B 131] bbb) Anspruchsminderung bei Aufgabe eines Ersatzanspruchs durch den Dritten

Nach § 12 VI 3 PflichtvsG entfällt die Leistungspflicht des Fonds, wenn der Dritte seinen Ersatzanspruch oder ein zur Sicherung des Anspruchs dienendes Recht aufgibt, insoweit, als er aus dem Anspruch oder dem Recht hätte Ersatz erlangen können. Die Bestimmung entspricht wörtlich der in § 67 I 3 mit der Einschränkung, daß dort vom Vmer die Rede ist, während § 12 VI 3 PflichtvsG von dem Ersatzberechtigten spricht. Außerdem ist in § 67 I 3 von einem Anspruch gegen einen Dritten die Rede, während in § 12 VI 3 PflichtvsG nicht ausdrücklich der Anspruchsgegner hervorgehoben wird. Es ist aber deutlich, daß die Ansprüche des Dritten gegen den in § 12 VI 1 PflichtvsG aufgeführten Personenkreis gemeint sind.

Unter der Aufgabe eines Ersatzanspruchs wird zu § 67 ein vorsätzliches Tun verstanden (streitig, so aber Sieg in Bruck-Möller-Sieg Anm. 78 zu § 67 m.w.N.). Diese Gedankengänge sind auf § 12 VI 3 PflichtvsG zu übertragen. Das bedeutet, daß dem Dritten leichte oder grobe Fahrlässigkeit nicht schadet. Prölss-Martin[22] Anm. 6 zu § 67, S. 405 vertreten zwar auch die Auffassung, daß Vorsatz erforderlich sei; sie schränken diese Aussage aber dahin ein, daß es sich dabei nicht um ein Verschuldensmoment handle und daher weder die Kenntnis des Bestehens einer V noch der Bestimmung des § 67 I 3 erforderlich sei. Das ist indessen unzutreffend und mag seine Erklärung darin finden, daß von den genannten Autoren jene Bestimmung entgegen der Auffassung von Bruck S. 678 und Sieg in Bruck-Möller-Sieg Anm. 71 zu § 67 m.w.N. nicht als Obliegenheit gewertet wird. Folgt man aber der systemgerechten Einordnung als Obliegenheit, so gelten die überkommenen Grundsätze, daß eine vorsätzliche Obliegenheitsverletzung die Kenntnis der Verhaltensnorm und damit auch die vom Bestehen der V begrifflich voraussetzt. Vgl. Möller in Bruck-Möller Anm. 28 zu § 6 m.w.N. dafür, daß Vorsatz das Wollen der Obliegenheitsverletzung im Bewußtsein des Vorhandenseins der Verhaltensnorm erfordert (ferner Bd IV Anm. F 83, H 19).

Sieg VersR 1970 S. 681–682, 684 vertritt die Auffassung, daß dem Dritten in den in § 12 I Ziff. 1 PflichtvsG erfaßten Fällen entgegengehalten werden dürfe, daß er es selbst zu verantworten habe, daß das schadenstiftende Fahrzeug nicht festgestellt worden sei. Zur Begründung dieser Auffassung führt Sieg u. a. folgendes aus: Bei der Ausfallbürgschaft sei in der höchstrichterlichen Judikatur anerkannt, daß den Gläubiger die Obliegenheit treffe, bei der Inanspruchnahme des Hauptschuldners die gebotene Sorgfalt zu beobachten; tue er das nicht, so verwirke er seinen Anspruch gegen den Bürgen, dies jedenfalls dann, wenn die Sorgfaltspflicht grob verletzt sei. Das lasse sich auf den Fall des § 12 I Ziff. 1 PflichtvsG übertragen. Allerdings dürfe nach dem Sinn des § 12 PflichtvsG (weitergehender Schutz des Verkehrsopfers) und in Anlehnung an § 6 III dem Geschädigten nicht jede Nachlässigkeit bei der Ermittlung zur Last gelegt werden, sondern nur die grob fahrlässige und selbstverständlich auch die vorsätzliche Handlungsweise. Der Anspruch gegen den Fonds sei demnach verwirkt, wenn der Geschädigte nach dem Unfall mit dem Fahrer gesprochen habe, diesen aber weiterfahren lasse, ohne sich seine Anschrift oder auch nur die Polizeinummer seines Fahrzeugs zu notieren. Dasselbe werde zu gelten haben, wenn der Geschädigte nicht so rechtzeitig Anzeige bei der Polizei erstatte, daß Nachforschungen nach dem schadenstiftenden Fahrzeug noch einigermaßen sicheren Erfolg versprächen. Allerdings sei der Geschädigte nicht gehalten, seinerseits Ermittlungen anzustellen, wenn die Polizei bzw. die Staatsanwaltschaft mit der Aufklärung befaßt sei; er brauche nicht rühriger zu sein als diese. Erst recht sei ihm nicht anzusinnen, das Beweissicherungsverfahren nach §§ 485 ff. ZPO in Gang zu bringen; denn

II. 11. Eintrittspflicht des Entschädigungsfonds

er würde dadurch mit Kostenvorschüssen belastet werden. Auch sei der Geschädigte entlastet, wenn seine Untätigkeit wegen der Unfallfolgen verständlich erscheine; denn in diesem Fall fehle es an der groben Fahrlässigkeit. Der Entschädigungsfonds brauche lediglich einzuwenden, daß die Nichtermittlung auf das Verhalten des Geschädigten zurückzuführen sei. Diesem stehe dann die Replik zur Verfügung, daß ihn nicht der Vorwurf grober Fahrlässigkeit treffe. Damit seien die insoweit in Betracht kommenden Beweisthemen umrissen. Daß nicht der Fonds die subjektiven Merkmale der Unterlassung darzutun und im Bestreitungsfalle nachzuweisen brauche, sondern der Geschädigte sich insoweit entlasten müsse, folge aus den zu § 6 III entwickelten Grundsätzen, die mit §§ 282, 285 BGB harmonieren. Die Heranziehung dieser Bestimmungen rechtfertige sich deshalb, weil ab Unfall ein Legalschuldverhältnis (Ausfallbürgschaft) zwischen den Parteien bestehe, das vom Geschädigten fordere, die Interesse des anderen Teils nicht zu vernachlässigen... Dasselbe Ergebnis lasse sich auch auf anderem Wege erzielen: Der Geschädigte, der sich nicht um die Ermittlung des schadenstiftenden Fahrzeugs gekümmert habe, handle wider Treu und Glauben, wenn er gleichwohl den Entschädigungsfonds in Anspruch nehme (venire contra factum proprium)... es sprächen aber bessere Gründe für die Herleitung aus den spezielleren Regeln über die Ausfallbürgschaft und das Vsverhältnis als für die Besinnung auf den allgemeinen Gesichtspunkt des § 242 BGB. Der Weg über § 242 würde allerdings die Beweislast des Fonds für grobe Fahrlässigkeit zur Folge haben.

Dieser Auffassung ist indessen nicht uneingeschränkt beizupflichten. Zunächst ist festzuhalten, daß die Leistungspflicht des Fonds nicht als die eines Ausfallbürgen zu qualifizieren und daß der Anspruch des Dritten auch nicht ein solcher vsrechtlicher Art ist (vgl. dazu Anm. B 100). Abgesehen davon, wird von Sieg a.a.O. außer acht gelassen, daß in § 12 VI 3 PflichtvsG ein Tatbestand geregelt ist, der einen ähnlich gelagerten Fall betrifft. Leistungsfreiheit tritt aber bei dieser in § 12 VI 3 PflichtvsG festgelegten Obliegenheit, wie oben erörtert, in Übereinstimmung mit der Parallelbestimmung in § 67 I 3 nur bei vorsätzlichem Handeln ein (vgl. Sieg in Bruck-Möller-Sieg Anm. 78 zu § 67 m.w.N.). Es ist sachgerecht, § 12 VI 3 PflichtvsG auf einen Fall der vorliegenden Art entsprechend anzuwenden. Der Fall ähnelt dem von Sieg a.a.O. in Anm. 74 zu § 67 abgehandelten Beispiel der Nichteinhaltung von Verjährungs- und Ausschlußfristen. Eine solche Analogie bedeutet, daß nur ein vorsätzliches Handeln des Dritten, das wie auf eine Aufgabe des Anspruchs gerichtet ist, dem Dritten schadet. Gegen die von Sieg VersR 1970 S. 681, 682 und 684 vorgenommene Konstruktion einer stillschweigenden Obliegenheit spricht im übrigen auch (wenn man einmal davon ausgeht, daß bezüglich der hier erörterten Spezialfrage die vsrechtlichen Elemente des gegen den Fonds gerichteten Direktanspruchs dominieren), daß vsrechtliche Obliegenheiten grundsätzlich einer ausdrücklichen vertraglichen Festlegung oder gesetzlichen Normierung bedürfen. Zwar bejaht Möller in Bruck-Möller Anm. 16 zu § 6 m.w.N. entgegen Prölss-Martin[22] Anm. 2 zu § 6, S. 68 die Möglichkeit, daß eine Obliegenheit ausnahmsweise auch stillschweigend vereinbart werden könne. Er schränkt diese Aussage aber zugleich mit dem Hinweis darauf ein, daß bei der Annahme stillschweigender Vereinbarungen große Vorsicht geboten sei, da im Zweifel der Vmer eine Risikobeschränkung nicht gewollt habe (vgl. auch Möller a.a.O. m.w.N. und Reimer Schmidt Obliegenheiten S. 276–277 dafür, daß sich Vertragsergänzungen in Richtung einer stillschweigend vereinbarten Obliegenheit angesichts des ausgeklügelten Systems des Gesetzes und der AVB kaum jemals ergeben werden). Diese Frage bedarf aber letzten Endes auch keiner abschließenden Klärung, da nicht eine vertragliche sondern eine gesetzliche Obliegenheit zu ermitteln wäre. Bejaht man nämlich mit Sieg a.a.O. eine solche ungeschriebene gesetzliche Obliegenheit, so wäre als weiteres Hindernis des Vsrechts die Hürde zu nehmen, daß nach der „richtig verstandenen Obliegenheitstheorie" eine gesetzliche Obliegenheit ohne ausdrücklich verankerte Sanktion ein Nullum ist, im Verletzungsfall also keine Rechtsnachteile mit sich bringt (vgl. zu dieser Streitfrage Möller in Bruck-Möller Anm. 17 zu § 6 m.w.N.).

Die Auffassung von Sieg wäre aber auch nach den Rechtsgedanken der Ausfallbürgschaft nicht gerechtfertigt. Parallelen zu einem Fall der vorliegenden Art, daß nämlich mangels Identifikation des Hauptschuldners der Bürge einzutreten habe, fehlen doch auf vertraglicher Basis gänzlich. Demgemäß darf die Lösung des von Sieg a.a.O. dargestellten Interessenkonflikts im Prinzip allein anhand der insoweit eine abschließende Regelung darstellenden Bestimmungen der §§ 12, 13 PflichtvsG getroffen werden. Dort ist aber — abgesehen von § 12 VI 3 PflichtvsG — keine Regelung zu finden, die den Anspruch des Dritten ganz oder teilweise entfallen läßt, weil ihn ein Mitverschulden an der mangelnden Identifikation des Fahrzeugs oder des Schadenstifters treffe. Es ist davon auszugehen, daß der gesetzlichen Regelung die zutreffende Wertung zugrundeliegt, daß der Dritte durch den Rechtsbruch des Schadenstifters, der sich vom Unfallort widerrechtlich und in aller Regel auch entgegen § 142 StGB entfernt hat, in eine bedauernswerte Lage versetzt worden ist. Dem Schutz gegen solche Unrechtshandlungen des Schadenstifters dient § 12 I Ziff. 1 PflichtvsG. Er würde entwertet werden, wenn man den Anspruch des Dritten gegen den Fonds abgestuft nach § 254 BGB nach Maßgabe des Mitverschuldens des Dritten an der Nichtidentifikation des Schadenstifters (bzw. des beteiligten Fahrzeugs) ganz oder teilweise entfallen lassen wollte, es sei denn, daß der erwähnte Ausnahmefall eines vorsätzlichen Verhaltens des Dritten vorliegt. Demgemäß ist von einer abgeschlossenen Sonderregelung auszugehen, in der typischerweise das von dem Schadenstifter gesetzte Unrecht als so hoch zu bewerten ist, daß es dem Gesetzgeber als nicht angemessen erschien, hier eine Kürzungssanktion gesetzlich niederzulegen. Das gilt um so mehr, als der Dritte es angesichts der vielfältigen Subsidiaritätsbestimmungen des § 12 I 2—4 PflichtvsG ohnedies schon schwer genug hat, seinen Anspruch gegen den Fonds durchzusetzen. Eine Reduzierung berechtigter Ansprüche ist aus diesen Gesichtspunkten daher nicht zu verantworten. Dabei ist im übrigen auch zu bedenken, daß die Haftung des Fonds innerlich auch deshalb gerechtfertigt ist, weil im Regelfall eines der Mitglieder des Fonds kraft wirksamen Vsvertrages (oder überobligationsmäßig gemäß § 3 Ziff. 4, 5 PflichtvsG) im Risiko ist, so daß die Vorschrift eine Systemlücke des Pflichtvsschutzes schließt (vgl. auch Anm. B 117).

§ 12 VI 3 PflichtvsG dient der Sicherung des Anspruchsübergangs auf den Fonds gemäß § 12 VI 1. Denkbar ist es aber auch, daß der Dritte Erfüllungsansprüche, die nicht unter § 12 VI 1 PflichtvsG fallen, aufgibt. Gedacht sei an die in § 12 I 3 PflichtvsG genannten Fälle, in denen von der Fortzahlung von Dienst- oder Amtsbezügen, Vergütung oder Lohn die Rede ist. Es besteht keine Veranlassunger in diesen Fällen und z.B. in denjenigen, in denen ein anderer Schadenver belangt werden könnte, § 12 VI 3 PflichtvsG in der Weise entsprechend anzuwenden, daß auch insoweit nur Vorsatz schadet. Vielmehr ist es durchaus sachgerecht, den Fonds auch dann nicht haften zu lassen, wenn der Dritte z.B. einen solchen Erfüllungsanspruch fahrlässig verjähren läßt.

Im übrigen ist § 12 VI 3 PflichtvsG übereinstimmend mit den zu § 67 I 3 entwickelten Grundsätzen auszulegen. Vgl. dazu Sieg in Bruck-Möller-Sieg Anm. 70—81 zu § 67. Bemerkenswert ist, daß § 12 VI 3 PflichtvsG sich gegen das Akzessorietätsprinzip entscheidet. Wenn beispielsweise der Dritte auf seinen Ersatzanspruch gegen den vermögenslosen Fahrer und Halter verzichtet, bleibt der Fonds im Risiko. In diesem Zusammenhang sei daran erinnert, daß diese Aufgabe des Akzessorietätsprinzips gegen die von Baumann Entschädigungsfonds dieser Schrift zugrunde gelegten These spricht, daß die subsidiäre Mithaftung des Fonds schlechthin dem Bürgschaftsrecht in seiner speziellen Ausprägung als Ausfallbürgschaft zuzuordnen sei (vgl. Anm. B 100).

12. Eintrittspflicht des Solidarhilfevereins wegen Zahlungsunfähigkeit des Versicherers

Gliederung:

Schrifttum B 132

a) Regelungslücke im gesetzlichen Schutzsystem B 133
b) Text des Solidarhilfevertrages B 134
c) Rechtliche Einordnung des Solidarhilfevertrages B 135
d) Umfang der Eintrittspflicht des Solidarhilfevereins B 136–144
   aa) Rechtsverhältnis zum Vmer und zu den Vten B 136–140
      aaa) Haftungsvoraussetzungen und erfaßte Verbindlichkeiten B 136
      bbb) Anzeige- und Aufklärungsobliegenheit B 137
      ccc) Abtretungslast B 138
      ddd) Summenmäßige Haftungsbegrenzung B 139–140
         α) Grundsatz B 139
         β) Selbstbeteiligung von DM 2.000,– B 140
   bb) Rechtsverhältnis zum geschädigten Dritten B 141–144
      aaa) Fälligkeit B 141
      bbb) Anmeldefrist B 142
      ccc) Rechtsposition der vom vertraglichen Drittanspruch ausgeschlossenen Personengruppen B 143
      ddd) Bindungswirkung B 144

[B 132] Schrifttum:

Angerer VA 1970 S. 79–81, Gärtner BB 1971 S. 503–504, Sieg, Festschrift für Möller, Karlsruhe 1972, S. 477–479; vgl. ferner Sieg BB 1971 S. 1536–1539 mit generellen Vorschlägen zur Verbesserung des Insolvenzrechts für Ver.

[B 133] a) Regelungslücke im gesetzlichen Schutzsystem

Das Schutzsystem der Kfz-Haftpflichtv beruht wesentlich auf der Überlegung, daß dem geschädigten Dritten die erforderliche soziale Sicherheit dadurch gewährt werde, daß ein stets solventer Ver für die gegen den Vmer (oder die mitvten Personen) gerichteten begründeten Haftpflichtansprüche einzutreten habe. Ungeschützt ist der geschädigte Dritte nach dieser gesetzlichen Konzeption für den Fall der Zahlungsunfähigkeit des eintrittspflichtigen Vers. Der Konkurs oder die Zahlungsunfähigkeit eines Kfz-Haftpflichtvers kann demgemäß für den geschädigten Dritten existenzgefährdende Folgen haben. Ein Schwachwerden des Vers bedroht aber gleichermaßen auch den Vmer und die Mitvten. Glücklicherweise sind solche Insolvenzfälle seit der Einführung der Pflichtv für Kfz-Halter bei deutschen Vern nicht eingetreten. Es kann allerdings nicht geleugnet werden, daß in einigen Fällen Anlehnungen kleinerer oder auch größerer Ver an andere Vsgruppen zur Erhaltung der Zahlungsfähigkeit der betroffenen Ver erfolgen mußten. Diese Fälle sind aber gewissermaßen geräuschlos erledigt worden, ohne daß das rechtsuchende Publikum davon Kenntnis erhalten hätte. In das Bewußtsein der interessierten Öffentlichkeit sind aber immerhin zwei Insolvenzfälle ausländischer Ver gedrungen, die für das Gebiet der Bundesrepublik Deutschland zum Betrieb der Kfz-Haftpflichtv zugelassen waren (vgl. dazu die Veröffentlichung der vom BAA in diesen beiden Fällen ausgesprochenen vorläufigen Zahlungsverbote in VA 1961 S. 233 und VA 1964 S. 2). Wenngleich der eine dieser Ver nur im begrenzten Umfang zum Betrieb des Vsgeschäftes zugelassen war, nämlich für die V der Angehörigen der alliierten Streitkräfte, so zeigte doch z. B. der vom BGH 24. I. 1972 BGHZ Bd 58 S. 96–103 zum Nachteil des geschädigten Dritten entschiedene Amtshaftungsfall mit Deutlichkeit diese Lücke im Schutzsystem der Pflichtv für Kfz-Halter (dem BAA war Verletzung der Aufsichtspflicht über den betreffenden Ver vorgeworfen worden, vom BGH wurde aber eine dem Amt gegenüber dem Vmer oder dem geschädigten Dritten obliegende Amtspflicht verneint; dagegen Scholz NJW 1972 S. 1217–1219 und vor allem die neuere Rechtsprechung zum gleichliegenden Problem der Haftung des

Anm. B 134   B. Kraftfahrzeughaftpflichtv Stellung des geschädigten Dritten

Staates für Fehler der Bankenaufsicht, vgl. BGH 15. II. 1979 BGHZ Bd 74 S. 144–162, 12. VII. 1979 NJW 1979 S. 1879–1882; w. N. bei Prölss–Schmidt–Sasse VAG[8] Anm. 5–6 vor § 10a BAG). Es ist das Verdienst der Kfz-Haftpflichtver, daß sie diese Lücke zum Zeitpunkt der Publikation jener BGH-Entscheidung vom 24. I. 1972 bereits aus eigener Kraft, wenn auch unterstützt durch ein drängendes Anregen des durch jenen Prozeß problembewußt gewordenen BAA, weitgehend geschlossen hatten. Von den Vern ist nämlich mit Wirkung vom 1. I. 1969 ein **Solidarhilfeabkommen** getroffen worden, das die Regulierung solcher Insolvenzfälle zugunsten des Vmers (und der mitvten Personen) und der geschädigten Dritten durch einen gleichzeitig gegründeten Verein mit dem Namen „Solidarhilfe" regelt. Durch diese Eigenhilfe der Ver wurde erreicht, daß der Gesetzgeber nicht einzugreifen brauchte. Einem solchen Eigenschutz einer Branche gegen das Versagen einzelner Mitglieder muß ein hoher Stellenwert im Rahmen eines Staates eingeräumt werden, der ein Höchstmaß an sozialer Daseinsvorsorge im Sinne des Gerechtigkeitsprinzips anstrebt, zugleich aber an einem privatwirtschaftlichen System interessiert ist, um möglichst der Bürokratisierung des Wirtschaftslebens durch zu sehr reglementierende staatliche Planungen zu entgehen. Zu Recht wird daher von Gärtner BB 1971 S. 503–504 eine Erweiterung des freiwilligen Prinzips der Solidarhaftung auf weitere Vssparten und Wirtschaftszweige befürwortet (daß Gärtner, Privatvsrecht[1], Darmstadt 1976, S. 371 später diese Solidarhaftung wie auch die Entschädigungsfondsregelung und die Bestimmungen über den Drittanspruch mehr negativ als gewisse Randerscheinungen des modernen Vswesens charakterisiert hat, liegt an der seiner Arbeit zugrunde liegenden negativen Einstellung gegenüber dem Wettbewerbsprinzip und der Privatwirtschaft).

Eine theoretische Lücke ist allerdings dadurch gegeben, daß der Solidarhilfevertrag von den Beteiligten aufgekündigt werden kann. Das ist in § 4 II der in VA 1969 S. 80–82 abgedruckten Satzung (geändert gemäß VA 1976 S. 351) ausdrücklich festgelegt. Zwar sind zur Zeit alle in Deutschland zum Betrieb der Kraftfahrzeughaftpflichtv zugelassenen Ver Mitglieder dieses Solidarhilfevereins. Damit ist aber keine Rechtsverbindlichkeit für ihre weitere Mitgliedschaft in der Zukunft gegeben. Allerdings ist zu erwarten, daß das BAA auf Einhaltung dieser Mitgliedschaft im Sinne einer geordneten Geschäftstätigkeit bestehen und das zum Gegenstand des Geschäftsplanes machen würde. Eine andere Frage ist es dabei allerdings, ob sich ein solcher Standpunkt des BAA als aufsichtsrechtliche Maxime auch in einem Verwaltungsrechtsstreit durchsetzen würde.

[B 134] b) Text des Solidarhilfevertrages

Der Text des in VA 1969 S. 82–83 abgedruckten Solidarhilfevertrages lautet in der Fassung per 1. I. 1976 (VA 1976 S. 351) wie folgt:

Solidarhilfe-Vertrag
Vom 1. Januar 1969

Auf der Grundlage der bestehenden Vorschriften des Versicherungsaufsichtsgesetzes, des Pflichtversicherungsgesetzes und der Verordnung über die Tarife in der Kraftfahrtversicherung,

zur Vermeidung von Ausfällen bei Forderungen von Versicherungsnehmern und Geschädigten aus der Kraftfahrzeug-Haftpflichtversicherung im Falle des Konkurses eines Versicherungsunternehmens, das in der Bundesrepublik Deutschland einschließlich Berlin zum Betrieb der Kraftfahrzeug-Haftpflichtversicherung zugelassen ist, und

in der Absicht, für diesen Fall als Gemeinschaftsaufgabe Vorkehrungen für den Schutz der versicherten Personen und die Entschädigung der Verkehrsopfer zu treffen,

II. 12. Eintrittspflicht des Solidarhilfevereins
Anm. B 134

schließen die in der Anlage genannten Versicherungsunternehmen (vertragschließende Versicherungsunternehmen) und der Verein „Solidarhilfe e.V." (Verein) folgenden Vertrag:

§ 1
Pflichten der Versicherungsunternehmen

(1) Die vertragschließenden Versicherungsunternehmen verpflichten sich, dem Verein im Falle des Konkurses eines oder mehrerer von ihnen die für die Erreichung des Vereinszwecks erforderlichen Mittel, für ein Kalenderjahr jedoch nicht mehr als 30 Mio DM, zur Verfügung zu stellen. Der Betrag ist von den übrigen vertragschließenden Versicherungsunternehmen jeweils entsprechend ihrem Anteil an der direkten Beitragseinnahme in der Kraftfahrzeug-Haftpflichtversicherung im vorletzten Kalenderjahr aufzubringen. Mitglieder, die in dem der Berechnung zugrunde zu legenden vorletzten Kalenderjahr keine Beitragseinnahmen gehabt haben, zahlen stattdessen eine pauschale Umlage von 0,1‰ der Schadenaufwendungen, für ein Kalenderjahr jedoch nicht mehr als 1000,- DM. Jedes vertragschließende Versicherungsunternehmen haftet nur für den eigenen Anteil.

(2) Der Verein teilt den vertragschließenden Versicherungsunternehmen die Höhe der auf sie entfallenden Umlage unverzüglich mit. Die angeforderten Beträge sind einen Monat nach der Mitteilung fällig. Die vertragschließenden Versicherungsunternehmen verpflichten sich, auf Anforderung durch den Verein Vorschüsse auf die endgültige Umlage zu leisten.

§ 2
Pflichten des Vereins

(1) Die Verpflichtungen des Vereins beschränken sich auf die Erledigung von Kraftfahrzeug-Haftpflichtschäden.

(2) Der Verein verpflichtet sich, den Versicherungsnehmern eines in Konkurs geratenen vertragschließenden Versicherungsunternehmens einschließlich der mitversicherten Personen nach Maßgabe der §§ 3 bis 5 die gleichen Leistungen zu erbringen, die das in Konkurs geratene vertragschließende Versicherungsunternehmen ihnen gegenüber zu erbringen hätte.

(3) Der Verein verpflichtet sich, den von Versicherungsnehmern des in Konkurs geratenen Versicherungsunternehmens sowie von mitversicherten Personen Geschädigten Entschädigungsleistungen nach Maßgabe der §§ 3 bis 5 zu gewähren. Der Geschädigte kann Ansprüche gegen den Verein jedoch erst nach Ablauf von sechs Monaten seit der Anmeldung beim Verein gerichtlich geltend machen. Satz 2 gilt nicht, wenn in der gleichen Sache bereits ein rechtskräftiges Urteil gegen den Versicherungsnehmer, eine mitversicherte Person, das in Konkurs geratene vertragschließende Versicherungsunternehmen oder dessen Konkursverwalter vorliegt oder wenn eine Klageerhebung gegen diese aus tatsächlichen oder rechtlichen Gründen unmöglich oder unzumutbar ist. Liegt ein rechtskräftiges Urteil im Sinne von Satz 3 vor, so ist insoweit der Anspruch des Geschädigten gegen den Verein auf den Betrag beschränkt, der ihm in diesem Urteil zugesprochen ist.

Bund, Ländern und sonstigen Körperschaften, Stiftungen und Anstalten des öffentlichen Rechts einschließlich der Sozialversicherungsträger sowie Versicherungsunternehmen, kommunalen Schadenausgleichen und deren Mitgliedern wird kein Anspruch gegen den Verein eingeräumt. Das gleiche gilt für Geschädigte ausländischer Staatsangehörigkeit, solange die Gegenseitigkeit nicht verbürgt ist.

(4) Der Konkursverwalter des in Konkurs geratenen Versicherungsunternehmens und dieses Unternehmen haben keine Ansprüche aus diesem Vertrag.

§ 3
Voraussetzungen der Leistungen des Vereins

(1) In den Fällen des § 2 Abs. 2 ist Voraussetzung für die Leistungen des Vereins, daß der Versicherungsnehmer oder mitversicherte Personen dem Verein den Schaden in der gleichen Weise anzeigen und zur Aufklärung des Tatbestandes beitragen, wie sie dies ihrem Versicherer gegenüber zu tun verpflichtet sind.

(2) In den Fällen des § 2 Abs. 3 ist Voraussetzung für die Leistungen des Vereins, daß der Geschädigte seine Ansprüche unter Angabe von Grund und voraussichtlicher Höhe innerhalb einer Frist von sechs Monaten nach der im Bundesanzeiger veröffentlichten Aufforderung anmeldet und auf Verlangen des Vereins alle Auskünfte gibt, die zur Feststellung des Schadenereignisses und der Höhe des Schadens erforderlich sind, sowie eine gerichtliche Geltendmachung seiner Ansprüche dem Verein unverzüglich schriftlich anzeigt. Erfüllt der Geschädigte die Voraussetzungen nach Satz 1 nicht, so beschränkt sich die Leistung des Vereins auf den Betrag, den er auch bei gehöriger Erfüllung dieser Voraussetzungen zu leisten gehabt hätte. Der Verein kann sich auf das Fehlen der Voraussetzungen nach Satz 1 nicht berufen, wenn er auf andere Weise Kenntnis erlangt hat.

(3) Voraussetzung für die Leistung des Vereins ist ferner, daß der Versicherungsnehmer, die mitversicherten Personen oder der Geschädigte Ersatzansprüche, die ihnen gegen die Konkursmasse oder gegen Dritte zustehen, in Höhe der Leistung an den Verein abtreten.

(4) Für die Leistungen des Vereins gelten im übrigen die Bestimmungen des Versicherungsvertragsgesetzes, des Pflichtversicherungsgesetzes und der Allgemeinen Bedingungen für die Kraftverkehrsversicherung entsprechend.

§ 4
Umfang der Leistungen des Vereins

(1) Der Verein gewährt Entschädigungsleistungen bis zur Höhe der im Einzelfall vereinbarten Deckungssumme, wenn und soweit der festgestellte Schaden den Betrag von 2000,– DM übersteigt.

(2) Der Verein gewährt dem Versicherungsnehmer und mitversicherten Personen die erforderlichen Leistungen zur Abwehr unbegründeter Ansprüche, wenn der geltend gemachte Anspruch den Betrag von 2000,– DM übersteigt.

(3) Der Verein ist berechtigt, auch auf den Betrag bis 2000,– DM eine Entschädigung in Höhe der voraussichtlichen Konkursquote zu zahlen, wenn und soweit der Geschädigte den Betrag von dem Versicherungsnehmer oder den mitversicherten Personen nicht erhalten kann und die Zahlung erforderlich ist, um eine soziale Härte für den Geschädigten zu vermeiden.

§ 5
Fälligkeit der Entschädigungsleistungen

Ist zu besorgen, daß die angemeldeten Ansprüche die nach § 1 in einem Kalenderjahr zur Verfügung stehenden Mittel übersteigen, so gelten für die Fälligkeit der Entschädigungsleistungen im Sinne von § 4 Abs. 1 – abweichend von § 2 – folgende Bestimmungen:

1. Leistungen des Vereins werden erstmalig nach Ablauf von sechs Monaten seit Konkurseröffnung und nur zu dem Teilbetrag fällig, der dem Verhältnis der zur Verfügung stehenden Mittel zu den noch offenen Ansprüchen entspricht, die dem Verein innerhalb dieser Frist bekannt geworden sind.

II. 12. Eintrittspflicht des Solidarhilfevereins   Anm. B 134

2. In den auf die Konkurseröffnung folgenden Kalenderjahren werden jeweils zum 30. September des Jahres Teilbeträge im Verhältnis der für dieses Kalenderjahr insgesamt zur Verfügung stehenden Mittel zu den noch offenen Ansprüchen fällig, die bei dem Verein bis zu diesem Zeitpunkt angemeldet worden oder ihm sonst bekannt geworden sind.

Der Verein ist jedoch berechtigt, an Versicherungsnehmer, mitversicherte Personen und Geschädigte Vorschußzahlungen bis zur Höhe des geltend gemachten Anspruchs zu leisten, wenn dies aus Gründen der sozialen Dringlichkeit, im Interesse einer vereinfachten Schadenabwicklung oder aus sonstigen zwingenden Gründen geboten erscheint.

§ 6
Verjährung

Für die Verjährung der Ansprüche des Versicherungsnehmers und der mitversicherten Personen gegen den Verein gelten die Bestimmungen des Versicherungsvertragsgesetzes, für die Verjährung der Ansprüche der Geschädigten gegen den Verein gelten die Bestimmungen des Pflichtversicherungsgesetzes entsprechend. Die Verjährung beginnt mit dem Ende des Kalenderjahres, in dem der Anspruch gegenüber dem Verein fällig geworden ist und gerichtlich geltend gemacht werden kann.

§ 7
Beitritt zum Vertrag

Der Beitritt zu diesem Vertrag steht jedem in der Bundesrepublik Deutschland einschließlich Berlin zum Betrieb der Kraftfahrzeug-Haftpflichtversicherung zugelassenen Versicherungsunternehmen offen, das Mitglied des Vereins „Solidarhilfe e. V." ist. Der Beitritt erfolgt durch eingeschriebenen Brief an den Verein und an alle vertragschließenden Versicherungsunternehmen.

§ 8
Kündigung

(1) Der Vertrag ist auf unbestimmte Zeit geschlossen. Er gilt für alle Konkursfälle, die sich nach dem 1. Januar 1969 ereignen.

(2) Der Verein kann den Vertrag nur mit Wirkung gegenüber allen Beteiligten mit einer Frist von sechs Monaten kündigen. Die Kündigung erfolgt durch eingeschriebenen Brief an alle vertragschließenden Versicherungsunternehmen. Die Kündigungsfrist beginnt mit der Absendung des Kündigungsschreibens.

(3) Hat ein Versicherungsunternehmen seine Vereinsmitgliedschaft nach § 4 Abs. 2 der Vereinssatzung gekündigt, so erlöschen seine Rechte und Pflichten aus diesem Vertrag mit dem Ausscheiden aus dem Verein. Die Verpflichtungen entfallen jedoch nur hinsichtlich der Konkurse, die nach dem Ausscheiden aus dem Verein eröffnet werden.

(4) Absatz 3 gilt entsprechend, wenn ein Versicherungsunternehmen nach § 4 Abs. 3 der Vereinssatzung ausgeschlossen worden ist. Der Verein bleibt jedoch nach § 2 verpflichtet, für das ausgeschlossene Vereinsmitglied bis zum Ende des zweiten auf den Ausschluß folgenden Kalenderjahres einzutreten, wenn es in dieser Zeit in Konkurs gerät.

Ergänzt wird diese Regelung durch die in VA 1969 S. 80–82 abgedruckte Satzung des als Regulierungsträger vorgesehenen Vereins „Solidarhilfe e. V." (mit Änderung gemäß VA 1976 S. 351).

[B 135] c) **Rechtliche Einordnung des Solidarhilfevertrages**
Der Solidarhilfevertrag begründet eigene Rechtsansprüche des Vmers (und der Vten) für den Fall des Konkurses des Vers. Dazu bedient er sich der Konstruktion des Vertrages zugunsten Dritter im Sinne des § 328 BGB (vgl. § 2 II des Solidarhilfevertrages; im folgenden SHV genannt). Die Konstruktion des Vertrages zugunsten Dritter wird aber nicht nur hinsichtlich des Vmers und des Vten verwendet; vielmehr wird auch dem geschädigten Dritten ein eigener Rechtsanspruch eingeräumt (vgl. § 2 III SHV). Es wird damit auf vertraglicher Ebene die Konstruktion des Drittanspruchs nachvollzogen. Der Solidarhilfeverein übernimmt aber im Wege des vertraglichen Schuldbeitritts nicht nur die Haftpflichtschuld des Vmers (oder des Vten), sondern auch die Vertragspflichten des in Konkurs gefallenen Kraftfahrzeughaftpflichtvers. Nach der rechtlichen Konstruktion tritt der Solidarhilfeverein neben den in Konkurs gefallenen Ver. In der Rechtswirklichkeit bedeutet das aber, daß der Solidarhilfeverein die Funktionen des in Konkurs gefallenen Vers in bezug auf die konkreten Regulierungsfälle — wenn man von der Selbstbeteiligung absieht (vgl. dazu Anm. B 140) — im Grunde genommen ganz übernimmt.

Zu unterscheiden von dieser Schuldmitübernahme ist die Rechtsfrage, ob der Abschluß des Solidarhilfevertrages selbst nicht eine eigene V darstellt. Zum Wesen und zum Begriff der V gehört es allerdings, daß dem Vmer ein Rechtsanspruch auf die Leistung eingeräumt wird (vgl. Möller in Bruck-Möller Anm. 3 und 9 zu § 1). Dem in Konkurs geratenen Unternehmen und dem Konkursverwalter dieses Vers wird aber gerade kein solcher Rechtsanspruch gewährt. Es ist vielmehr ausdrücklich festgelegt worden, daß dem in Konkurs gegangenen Unternehmen und dessen Konkursverwalter keine Ansprüche zustehen (vgl. § 2 IV SHV). Der Zweck des Solidarhilfevertrages ist demgemäß auch nicht der einer Hilfe für den in wirtschaftliche Schwierigkeiten geratenen Ver, sondern der Schutz des Vmers und des Vten dieses Unternehmens und darüber hinaus der des geschädigten Dritten. Dennoch kann man darüber streiten, ob es sich nicht bei der im Wege des Vertrages zugunsten Dritter bewirkten kumulativen Schuldübernahme ihrem Entstehungsgrund nach um einen Vsvertrag handelt. Denn dieser Begriff ist schließlich auch erfüllt, wenn zwar nicht dem Vmer, wohl aber dem Vten ein Rechtsanspruch eingeräumt wird. Als dieser Vte könnte aber der Vmer des Ursprungsvertrages angesehen werden und daneben auch der geschädigte Dritte, soweit ihm ein Direktanspruch gewährt wird. Die Problematik der Einordnung des Direktanspruchs stellt sich in noch schärferer Form als bei der gesetzlichen Konstruktion. Da eine Vielzahl von Risiken durch die Gemeinschaft aller Kraftfahrzeughaftpflichtver aufgefangen wird, läßt sich letzten Endes kaum eine andere Wertung des Grundvertrages als die vornehmen, daß eine V nach Art der Kreditv vorliegt mit der Besonderheit, daß dem Vmer selbst ein Rechtsanspruch nicht zugebilligt wird, wohl aber dem Vten, nämlich dem Vmer (und dem Vten) des Ursprungsvertrages, letztlich aber auch dem geschädigten Dritten. Sieg, Festschrift für Möller, S. 428 weist ebenfalls auf die Rechtsähnlichkeit zur Kreditv hin, speziell zur Kautionsv. Er verneint aber den Rechtscharakter als V deshalb, weil es im Hinblick auf die versorgungsartige Zielsetzung des Vereins Solidarhilfe e. V. an der Entgeltlichkeit des gebotenen Schutzes fehle. Indessen ist die Entgeltlichkeit in der von allen Vern übernommenen Zahlungsverpflichtung zu sehen. Dabei ist es eine andere Frage, ob der Solidarhilfeverein im Sinne des Aufsichtsrechts das Vsgeschäft betreibt. Diese Frage ließe sich mit Sieg a. a. O. aus sachbezogenen Gründen durchaus verneinen, ohne daß deshalb der Charakter der getroffenen Vereinbarung als Vsvertrag geleugnet werden müßte (zum Rechtsbegriff der V vgl. ergänzend Möller in Bruck-Möller Anm. 2–16 zu § 1 m. w. N., ferner Sieg ZVersWiss 1969 S. 496–516 m. w. N. und Möller Vsvertragsrecht[3] S. 16–18 m. w. N.).

II. 12. Eintrittspflicht des Solidarhilfevereins   **Anm. B 136**

Was speziell die sich aus dieser Konstruktion der Rechtsstellung des geschädigten Dritten ergebenden Konsequenzen anbetrifft, so wäre es allerdings verfehlt, aus dem dargestellten vsrechtlichen Ursprung dieses Direktanspruchs schließen zu wollen, daß alle auftretenden Probleme nach vsrechtlichen Grundsätzen zu lösen seien. Vielmehr ist zu bedenken, daß es das Ziel der vertraglichen Schaffung eines solchen Direktanspruchs ist, dem Dritten im Verhältnis zum Solidarhilfeverein diejenige Stellung einzuräumen, die dem Dritten durch die kraft Gesetzes erfolgend Schuldmitübernahme des Haftpflichtanspruchs im Normalfall gegen den Ver zusteht. Das bedeutet, daß in Zweifelsfällen, in denen der Solidarhilfevertrag keine Lösung bietet, auf die zum Direktanspruch entwickelten Grundsätze zurückgegriffen werden muß und vsrechtliche Überlegungen nur insoweit eingreifen, als sie auch für den Direktanspruch im Normalfall gelten. Zur Vermeidung von Mißverständnissen sei im übrigen bemerkt, daß der Solidarhilfeverein im Verhältnis zum geschädigten Dritten auch in den Fällen einzutreten hat, in denen ein gestörtes Vsverhältnis vorliegt, aber eine Eintrittsverpflichtung des in Konkurs gefallenen Vers gemäß § 3 Ziff. 4, 5 PflichtvsG gegeben ist.

[B 136] d) Umfang der Eintrittspflicht des Solidarhilfevereins
   aa) Rechtsverhältnis zum Versicherungsnehmer und zu den Versicherten
   aaa) Haftungsvoraussetzungen und erfaßte Verbindlichkeiten

Bei der in Anm. B 135 eingegrenzten kumulativen Schuldübernahme durch den Solidarhilfeverein handelt es sich im übrigen um eine solche aufschiebend bedingter Art. Nach dem Vertrage tritt die Bedingung ein mit dem Konkurs des Haftpflichtvers. Vmer, Vter und geschädigter Dritter des Ursprungsvertrages werden anspruchsberechtigt mit der Eröffnung eines solchen Konkursverfahrens (zur verzögerten Fälligkeit der derart begründeten Ansprüche vgl. Anm. B 141). Nur scheinbar tut sich eine Lücke in dem Vertragswerk auf, weil die Zahlungspflicht des Solidarhilfevereins nur ausgelöst wird im Konkursfall, andere Insolvenzfälle aber nicht ausdrücklich berücksichtigt werden. Zunächst ist als relativ problemloser Fall der zu bedenken, daß der Konkurs eines Vers mangels Masse abgelehnt wird. Es müßte dabei allerdings eine arge Mißwirtschaft vorliegen. Nach dem Sinn des Solidarhilfevertrages ist dieser gewiß dahin auszulegen, daß auch und gerade ein solcher ungewöhnlicher Vermögensverfall miterfaßt wird. Das gleiche gilt für den im Solidarhilfevertrag nicht bedachten Fall, daß der betreffende Mitgliedsver nicht den Weg über das Konkursverfahren wählt, sondern über das Vergleichsverfahren zur Abwendung des Konkurses. Auch ein solcher Sachverhalt wird nach dem Sinn des Vertrages erfaßt, wenngleich der Wortlaut nicht dafür spricht. Denn der Sinn des Vertrages ist die Erhaltung des Vertrauens in das System des Pflichtvsschutzes durch eine Vielzahl von im Wettbewerb stehenden Vern. Dieses Vertrauen würde aber bei einem Nichteintreten des Solidarhilfevereins im Vergleichsverfahren genauso erschüttert werden wie im Konkursfall.

Maßgebender Zeitpunkt ist nach dem Gesagten entweder der Tag der Eröffnung des Konkursverfahrens, der der Ablehnung des Konkursverfahrens mangels Masse oder aber der der Eröffnung des Vergleichsverfahrens.

Ziel der geschaffenen Solidarhilfeeinrichtung ist es, den Vmer, die Vten und den geschädigten Dritten im Rahmen der sozialen Zweckbindung der Pflichthaftpflichtv für Kraftfahrzeughalter gegen die Insolvenz eines Kfz-Haftpflichtvers zu schützen. Die fiktive gesetzliche Ausgangsposition, daß ein Kfz-Haftpflichtver zum Schutze des geschädigten Dritten und des Vmers immer solvent sei, wird der realen Wirklichkeit durch eine Gemeinschaftshilfe angepaßt. Diesem Ziel entspricht es, daß nach § 2 I SHV sich die Verpflichtungen des Vereins auf die Erledigung von Kraftfahrzeug-Haftpflichtschäden beschränken. Andere Verbindlichkeiten, gleich welcher Art, mögen sie unter Umständen auch aus dem Vsverhältnis herrühren, werden von dem Aufgabenbereich des Vereins nicht erfaßt. Das gilt insbesondere für den Anspruch des Vmers auf Rückzahlung von Prämien. § 2 II SHV verdeutlicht diesen Aufgabenbereich des Vereins, indem er den Grundsatz zum Ausdruck bringt, daß sich der Verein verpflichtet, den Vmern und den Vten eines in Konkurs gegangenen Vers die **gleichen Leistungen** zu erbringen, die der in Konkurs geratene **vertragschließende Ver** ihnen gegenüber zu erbringen hätte. Die Haftung des Vereins ist demgemäß abhängig davon, daß der in Konkurs gegangene Ver hätte leisten müssen. War der in Konkurs gegangene Ver aus vsrechtlichen Gründen gegenüber dem Vmer oder dem Vten von der Verpflichtung zur Leistung frei, so ist das auch der Verein. War der in Konkurs gegangene Ver mit seinen Regulierungsverpflichtungen säumig und ist dem Vmer oder dem Vten dadurch ein Schaden entstanden, so haftet der Verein auch für diese Schadenersatzverbindlichkeit. Der Verein hat auch dafür einzutreten, daß der Vmer oder der Vte den geschädigten Dritten bereits befriedigen mußte und nunmehr Ersatz dieses Betrages verlangt.

[B 137] bbb) Anzeige- und Aufklärungsobliegenheit

Die **vsrechtliche Komponente** der kumulativen Schuldübernahme verdeutlicht insbesondere § 3 I SHV, wenn dort als Voraussetzung für die Eintrittspflicht des Vereins die **Anzeige** gegenüber dem Verein und die Erfüllung der **Aufklärungslast** genannt werden. Der Verein braucht grundsätzlich nicht von sich aus aktiv zu werden, kann vielmehr die Schadenanzeige des Vmers (oder der Vten) abwarten. Der Vmer und der Vte können sich also nicht auf die bereits gegenüber dem in Konkurs gegangenen Ver abgegebene Anzeige berufen. Die Anzeige ist vielmehr zu wiederholen. Gelangt die ursprünglich gegenüber dem in Konkurs geratenen Ver erstattete Anzeige allerdings zur Kenntnis des Vereins, so findet § 33 II Anwendung. Auch sind dem Verein die notwendigen Aufklärungen auf Verlangen zu geben. Für die Anzeige- und die Aufklärungslast gelten die bezüglich dieser Rechtsinstitute gegebenen vsrechtlichen Besonderheiten mit ihrem speziellen Schutzcharakter zugunsten des Vmers und der Vten. Auf die (künftigen) Ausführungen im Abschnitt F. darf somit verwiesen werden.

[B 138] ccc) Abtretungslast

Als weitere Voraussetzung für die Leistung des Vereins wird ferner in § 3 III SHV genannt, daß der Vmer (oder der Vte) die ihnen gegen die Konkursmasse oder gegen Dritte zustehenden Ersatzansprüche in Höhe der Leistung an den Verein abtreten. Diese **Abtretungslast** ist, soweit sie sich auf Ansprüche gegenüber einem weiteren Schädiger bezieht, eine vertragliche Nachbildung des § 67. Die Abtretungslast nach § 3 III SHV des Vmers (oder des Vten) besteht daher auch nur im Umfang des § 67. Das bedeutet, daß die Schutzbestimmung nach § 67 II zugunsten von Familienangehörigen zur Anwendung kommt (vgl. dazu Sieg in Bruck—Möller—Sieg Anm. 104—114 zu § 67), ferner auch das Quotenvorrecht des Vmes (vgl. dazu Sieg a. a. O. Anm. 65 zu § 67) und der Befriedigungsvorrang des Vmers nach § 67 I 2 (vgl. dazu Sieg a. a. O. Anm. 88—91 zu § 67). Es fragt sich, ob nicht auch ohne eine solche im Vertrag festgelegte Abtretungslast als Voraussetzung für die Leistung des Vers ein gleiches Ergebnis durch entsprechende Anwendung des § 67 hätte gewonnen werden müssen. Nach der Interessenlage wäre das — auch wenn man entgegen der in Anm. B 135 vertretenen Auffassung den Solidarhilfeverein nicht als Ver qualifiziert — zu bejahen gewesen. Mit Sicherheit lassen sich aber solche Gerichtsentscheidungen nicht voraussagen, so daß die vertragliche Verankerung einer Abtretungslast verständlich wird, wenngleich eine entsprechende Anwendung des § 255 BGB gewiß auch zu diesem Ergebnis geführt hätte. Kann der Vmer eine Abtretung nicht vornehmen, weil er den betreffenden Anspruch im Sinne des § 67 I 3 aufgegeben hat, so richtet sich die Leistungsverpflichtung des Solidar-

II. 12. Eintrittspflicht des Solidarhilfevereins Anm. B 139

hilfevereins ebenfalls nach den zu dieser Vorschrift entwickelten Grundsätzen (vgl. Sieg a. a. O. Anm. 70–86 zu § 67).

Hinsichtlich der Ansprüche gegen den in Konkurs gegangenen Ver folgt die Abtretungslast logisch aus der Überlegung heraus, daß der Solidarhilfevertrag nicht der Erhaltung des in Konkurs gegangenen Vers dienen soll (vgl. § 2 IV SHV), sondern den Vmer und auch den geschädigten Dritten schützen will. Soweit also noch Vermögensmasse vorhanden ist, erscheint es als konsequent, daß der Verein sich um den teilweisen oder auch ganzen Ersatz seiner Leistungen bemüht. § 3 III SHV darf dabei als Voraussetzung für die Eintrittsverpflichtung des Vereins allerdings nicht so verstanden werden, daß der Vmer oder der Vte für die Eintrittspflicht gegenüber diesen Personen auch die Abtretungserklärung des Geschädigten beibringen muß. Hier handelt es sich vielmehr um zwei gesonderte Begehren, die in einem Passus des Vertrages untergebracht sind, aber sich speziell auf die Ansprüche des Vmers und die des geschädigten Dritten beziehen. Jede dieser beiden durch den Vertrag zugunsten Dritter begünstigten Personen braucht also nur ihre eigene Abtretungserklärung beizubringen. Andernfalls würde man für den Vmer oder den geschädigten Dritten die Durchsetzung ihrer Ansprüche zu sehr erschweren.

[B 139] ddd) Summenmäßige Haftungsbegrenzung
α) **Grundsatz**

Nach § 4 I SHV gewährt der Verein grundsätzlich Entschädigungsleistungen bis zur Höhe der im Einzelfall vereinbarten Deckungssumme. Eine Einschränkung gilt nur insofern, als eine Eintrittspflicht des Vereins insoweit nicht besteht, als der festgestellte Schaden den Betrag von DM 2.000,– nicht übersteigt. Sieht man von der negativen Wirkung dieser sowohl gegenüber dem Vmer als auch dem Dritten wirkenden Selbstbeteiligung ab (vgl. dazu Anm. B 140), so ist ansonsten sehr zu loben, daß nach § 4 I SHV der Verein zur Höhe der im Einzelfall vereinbarten Deckungssumme einzustehen hat. Es liegt keine Begrenzung auf die Mindestvssummen vor. Vielmehr muß der Solidarhilfeverein auch dann eintreten, wenn der in Konkurs gefallene Ver mit seinem Vmer weitaus höhere Vssummen vereinbart hatte (vgl. zur Höhe der Vssummen Anm. B 13). Das stellt einen sehr wesentlichen Unterschied zu der Regelung im „gestörten" Vsverhältnis und der in den Fällen der Eintrittspflicht des Verkehrsopferfonds dar, die eine Begrenzung auf die Mindestvssummen vorsehen (vgl. § 158c III und § 12 IV 1 PflichtvsG sowie dazu Anm. B 47–50 und B 122). Der Grund für diese Abweichung von dem Mindestvssummenprinzip (das z. B. auch in § 2 II 2 PflichtvsG bezüglich der zusätzlichen Haftung der gemäß § 2 I Ziff. 1–5 PflichtvsG von der Vspflicht befreiten Halter beachtet worden ist, vgl. dazu Anm. B 94) ist der, daß für den Konkursfall nicht nur die Belange des geschädigten Dritten berücksichtigt werden mußten, sondern auch der besonderen Schutzbedürftigkeit des vertragsgetreuen Vmers Rechnung zu tragen war. Das bedeutet allerdings auch, daß die summenmäßig nur unter Bezugnahme auf eine wirksame Vereinbarung im Vsvertrag (zwischen dem in Konkurs gefallenen Ver und dessen Vmer) eingegrenzte Haftung des Solidarhilfevereins in denjenigen Fällen wieder auf die Mindestvssummen beschränkt ist, in denen ein gestörtes Vsverhältnis im Sinne des § 3 Ziff. 4, 5 PflichtvsG vorliegt. Sieht man von diesem Sonderfall ab, so kann sich im übrigen – ungeachtet dessen, daß keine Beschränkung auf die Mindestvssummen vorgesehen ist – eine zeitliche Verzögerung in der Leistungsverpflichtung des Vers ergeben. Das ist dann der Fall, wenn die Mittel des Vereins für eine sofortige Befriedigung aller Anspruchsteller nicht ausreichen. Dabei ist zu beachten, daß nach § 1 I SHV in der Fassung der Änderung zum 1. I. 1976 von den Mitgliedern des Solidarhilfevereins jährlich 30 Millionen DM für die Abwicklung von

Insolvenzfällen zur Verfügung gestellt werden. Ursprünglich war in der Fassung aus dem Jahre 1969 sogar lediglich ein Betrag von 10 Millionen DM zur jährlichen Deckung vorgesehen. Wesentlich ist jedenfalls, daß der Verein – wenn man von der Selbstbeteiligung von DM 2.000,– pro Schaden absieht – für die Gesamtverbindlichkeiten des in Konkurs gegangenen Kfz-Haftpflichtvers gegenüber den Vmern und geschädigten Dritten haftet, soweit sie sich auf die Regulierung von Kfz-Haftpflichtschäden beziehen. Die Gemeinschaft der Kfz-Haftpflichtver hat sich demgemäß auch in § 1 I SHV zur Zahlung der Gesamthöhe der zur Erreichung des Vereinszwecks erforderlichen Mittel verpflichtet. Die Begrenzung auf 30 Millionen DM pro Jahr hat nur aufschiebende Wirkung hinsichtlich der Fälligkeit der Gesamtzahlungen (vgl. Angerer VA 1970 S. 80).

[B 140] β) Selbstbeteiligung von DM 2.000,–

Der Höhe nach befindet sich in § 4 I SHV eine Einschränkung insofern, als nur Schäden über DM 2.000,– ersetzt werden. Bis zur Höhe von DM 2.000,– muß der Vmer oder der Vte also für den Haftpflichtschaden im Konkursfall selbst eintreten. Nach § 4 III ist allerdings eine teilweise Leistungspflicht des Vereins in der Weise vorgesehen, daß ein Teilbetrag auf die genannte Summe von DM 2.000,– erbracht wird, nämlich zur Höhe der voraussichtlichen Konkursquote. Die Formulierung lautet dabei so, daß von einem Recht des Vereins zur Leistung in dieser Höhe ausgegangen wird, nicht aber von einer Verpflichtung. Dabei handelt es sich auch nur um eine Vorfinanzierung. Diese Vorfinanzierung soll vorgenommen werden, um eine soziale Härte für den Geschädigten zu vermeiden, wie es wörtlich in § 4 III SHV heißt. Die soziale Härte dürfte aber eher darin liegen, daß von einer Forderung von DM 2.000,– nur 10% im Rahmen einer Konkursquote ersetzt werden. Die fehlende Vorfinanzierung eines Betrages von DM 200,– kann ein Geschädigter leichter verkraften und ebenso der Vmer. Ärgerlich ist der verbleibende Ausfall zur Höhe eines Betrages von DM 1.800,–. Es fragt sich, warum diese Einschränkung vorgenommen worden ist. Sie wird im Konkursfall sicherlich böses Blut auslösen und letzten Endes damit die positive Wirkung des Solidarhilfevertrages in Frage stellen. Im Zweifel ist auch der durchschnittliche Vmer in der Lage, einen Betrag von DM 2.000,– zu ersetzen. Die geschädigten Dritten werden also durchweg zum Ersatz ihrer Forderung kommen, wenn man von einem unterdurchschnittlichen Prozentsatz absieht, der sich auf solche Vmer bezieht, die unpfändbar sind. Der böse Nachgeschmack für den Konkursfall bleibt aber bei dem Vmer oder dem Vten hängen. Es wäre daher sehr gut, wenn diese Abzugsfranchise von DM 2.000,– in Wegfall kommen würde.

Nicht ausdrücklich geklärt ist in § 4 I SHV, ob bei einer Mehrheit von Anspruchstellern aus einem Schadenereignis jeder der Dritten sich einen Abzug von DM 2.000,– gefallen lassen muß oder ob der Betrag nur anteilig von allen Anspruchstellern abgezogen wird. Als Beispiel sei folgender Fall gedacht: Der Vmer A des später in Konkurs geratenen Vers B fährt gegen einen Omnibus. Es werden dadurch dreizehn Personen schwer verletzt. Würde der Anspruch von jeder dieser dreizehn Personen um DM 2.000,– gekürzt, so würde das zugleich bedeuten, daß der Vmer mit einer „Selbstbeteiligung" von insgesamt DM 26.000,– belastet wird. Damit würde der Schutz des Solidarhilfevertrages weitgehend entwertet werden. Da § 4 I SHV aber beide Auslegungsmöglichkeiten zuläßt, erscheint es als angebracht, eine Interpretation zu wählen, die am besten auf die soziale Zielbildung dieser außergewöhnlichen Institution abstellt. Das bedeutet, daß die für die Dritten und Vmer günstige Lösung zum Tragen kommt, daß nämlich die Selbstbeteiligung nur einmal pro Schadenereignis abgezogen wird. Zu diesem Ergebnis kommt man insbesondere auch aus der Überlegung heraus, daß es den Vern doch ohne weiteres möglich gewesen wäre, diese sich aufdrängende Frage

II. 12. Eintrittspflicht des Solidarhilfevereins   Anm. B 141

zweifelsfrei zu lösen. Es darf daher bei der Interpretation auch das § 5 AGBGesetz zugrunde liegende Gedankengut verwertet werden. Allerdings ergibt diese Auslegung insofern eine systematische Ungerechtigkeit, als nicht recht einzusehen ist, warum bei gleichen Verletzungen und gleichen Schäden die Dritten besser stehen, wenn gleichzeitig mehrere Personen geschädigt werden. Auch das ist aber letzten Endes nur ein zusätzliches Argument dafür, diese „Selbstbeteiligung" ganz entfallen zu lassen.

Die Einführung eines Selbstbeteiligungsbetrages des Vmers und der Vten in Höhe von insgesamt DM 2.000,– pro Schadenfall strahlt nach § 4 II SHV auch aus auf die Verpflichtung des Vereins zur Abwehr unbegründeter Ansprüche. Dort heißt es, daß der Verein dem Vmer und den mitvten Personen die erforderlichen Leistungen zur Abwehr unbegründeter Ansprüche gewähre, wenn der geltend gemachte Anspruch den Betrag von DM 2.000,– übersteige. Da in § 4 I SHV von dem festgestellten Anspruch die Rede ist, in § 4 II aber von unbegründeten Ansprüchen gesprochen wird, darf diese Klausel entsprechend dem unterschiedlichen Wortgebrauch von dem Vmer so verstanden werden, daß Kosten unbegründeter Ansprüche immer ersetzt werden, wenn der geltend gemachte Anspruch über DM 2.000,– liegt. Recht zu erklären bei dieser Formulierung des Vertrages ist allerdings nicht, warum bei Erhebung eines unbegründeten Anspruchs in Höhe von DM 2.000,– keine Kosten übernommen werden, dagegen bei der Geltendmachung eines unbegründeten Anspruchs von DM 2.500,– die Kosten gänzlich. Auch diese gewisse Ungereimtheit sollte als Anregung dafür genommen werden, den Selbstbehalt von DM 2.000,– ganz entfallen zu lassen.

[B 141] bb) Rechtsverhältnis zum geschädigten Dritten

Wie bereits in Anm. B 135 dargetan, bedient sich der Solidarhilfevertrag einer Doppelkonstruktion zweier Verträge zugunsten Dritter. Diese Doppelkonstruktion entspricht der doppelten Einbindung des Vers durch seine Vertragspflichten gegenüber dem Vmer (und dem Vten) und dem zusätzlich durch das Gestz gegebenen Drittanspruch, der konstruktiv als Schuldmitübernahme zu verstehen ist. Die Verpflichtung gegenüber dem Dritten ist in § 2 III SHV verankert. Genau wie in § 2 II SHV wird dort für den Umfang der Leistungspflicht des Solidarhilfevereins auf die §§ 3–5 SHV Bezug genommen. Insoweit wird auf Anm. B 136, 138–140 verwiesen. Es bestehen aber einige Sonderregelungen, die nur für das Rechtsverhältnis des Geschädigten gegenüber dem Solidarhilfeverein gelten.

aaa) Fälligkeit

Die erste Sonderregelung findet sich in § 2 III 2 SHV. Danach kann der Geschädigte Ansprüche gegen den Verein erst nach Ablauf von 6 Monaten seit der Anmeldung bei dem Verein geltend machen. Der Solidarhilfeverein soll damit eine genügende Überlegungszeit haben. Da – abgesehen von der Selbstbeteiligung von DM 2.000,– (vgl. dazu Anm. B 140) – die gesamte Regulierungsarbeit des in Konkurs gefallenen Vers zu übernehmen ist (ohne daß dabei im Rechtssinne sichergestellt werden konnte, daß der Verein von dem Konkursverwalter auch das Aktenmaterial erhält), erscheint diese lang bemessene Frist als verständlich. Es fällt allerdings auf, daß sich hier eine Diskrepanz auftut zu den Vertragspflichten des Vereins gegenüber dem Vmer und dem Vten nach § 2 II SHV. Denn dort ist eine solche Einschränkung nicht verankert. Das hat seinen verständlichen Grund darin, daß die Vmer und die Vten ein berechtigtes Schutzbedürfnis nach einem sogleich fälligen Befreiungsanspruch gegenüber dem Schadenersatzverlangen des Dritten haben. Wir haben es somit zu tun mit unterschiedlich ausgestalteten Verpflichtungen des Vereins gegenüber dem Vmer (und dem Vten) und gegenüber dem geschädigten Dritten. Die einschränkende 6-Monats-Frist gilt nur für den vertraglich geschaffenen Direktanspruch, nicht für den durch kumulative Schuldübernahme bestehenden Anspruch auf Befreiung des Vmers und der Vten von den begründeten und nicht begründeten Haftpflichtansprüchen des Geschädigten. Die Bedeutung dieser Erkenntnis, daß hier die Leistungsverpflichtungen aus den beiden Verträgen zugunsten Dritter auseinanderklaffen, wird dadurch verringert, daß nach § 2 III 3 SHV die 6-Monats-Frist nicht gilt, wenn in der gleichen Sache bereits ein rechtskräftiges Urteil gegen den Vmer, eine mitvte Person, das in Konkurs geratene vertragsschließende Vsunternehmen oder dessen Konkursverwalter vorliegt oder wenn eine Klagerhebung gegen die genannten Personen aus tatsächlichen oder rechtlichen Gründen unmöglich oder unzumutbar ist. Was die Sonderregelung bezüglich des Vorliegens eines rechtskräftigen Urteils anbetrifft, so ist zu bedenken, daß es in diesem Fall der Dritte ohnedies in der Hand hätte, den Befreiungsanspruch des Vmers gegen den Verein pfänden und sich überweisen zu lassen. Allerdings ist eine solche Pfändungsmöglichkeit auch bei einem nur vorläufig vollstreckbaren Urteil gegeben. Der Solidarhilfeverein hat aber unter Umständen die Möglichkeit, eine solche Zwangsvollstreckung gegen den Vmer aus einem vorläufig vollstreckbaren Titel durch eine Sicherheitsleistung zu verhindern.

[B 142] bbb) Anmeldefrist

Bemerkenswert hinsichtlich des eingeräumten Drittanspruchs ist, daß der Geschädigte nach § 3 II SHV verpflichtet ist, seine Ansprüche unter Angabe von Grund und voraussichtlicher Höhe innerhalb einer Frist von 6 Monaten bei dem Verein anzumelden. Die Frist beginnt mit der im Bundesanzeiger entsprechend veröffentlichten Aufforderung. Auch dem Dritten wird auferlegt, dem Verein alle Auskünfte zu geben, die zur Feststellung des Schadenereignisses und der Höhe des Schadens erforderlich sind. Ferner hat der geschädigte Dritte dem Verein unverzüglich die Geltendmachung seiner Ansprüche anzuzeigen. Das sind Bestimmungen, die im VVG ihr gesetzgeberisches Vorbild haben (vgl. § 158 d). Die Sanktion besteht nach § 3 II 2 SHV lediglich darin, daß sich die Leistung des Vereins auf den Betrag beschränkt, den er auch bei gehöriger Erfüllung dieser Voraussetzungen zu leisten gehabt hätte. Da es sich um Obliegenheiten des Geschädigten handelt, gilt diese Einschränkung im übrigen nicht, wenn der Dritte jene aufgeführten Lasten ohne Verschulden im Sinne des § 6 III nicht erfüllt hat. Zu begrüßen ist auch, daß in § 3 II 3 SHV festgelegt worden ist, daß der Verein sich nicht auf eine fehlende Anzeige berufen kann, wenn er auf andere Weise Kenntnis erlangt hat. Dieser allgemeine Grundsatz des Vsrechts, wie er in § 33 II zum Ausdruck kommt, würde allerdings auch ohne ausdrückliche entsprechende Festlegung gelten. Es ist aber doch besser, wenn auch in einem solchen Vertragswerk ein deutliches Bemühen um Verwirklichung der Einzelfallgerechtigkeit zu erkennen ist.

[B 143] ccc) Rechtsposition der vom vertraglichen Direktanspruch ausgeschlossenen Personengruppe

In § 2 III SHV heißt es in einem Unterabsatz, daß Bund, Ländern und sonstigen Körperschaften, Stiftungen und Anstalten des öffentlichen Rechts einschließlich der Sozialvsträger sowie Vsunternehmen, kommunalen Schadenausgleichen und deren Mitgliedern kein Anspruch gegen den Verein eingeräumt werde. Das gleiche gelte für Geschädigte ausländischer Staatsangehörigkeit, solange die Gegenseitigkeit nicht verbürgt sei. Für die Auslegung dieses Unterabschnittes des § 2 III SHV ist von wesentlicher Bedeutung, daß es sich lediglich um eine Bestimmung handelt, die dem Teil des Vertragswerkes zugeordnet ist, der sich mit dem hier vertraglich geschaffenen Direktanspruch befaßt. Die Klausel bedeutet, daß die dort aufgeführten juristischen und natürlichen Personen keinen solchen vertraglichen Direktanspruch gegenüber dem Solidarhilfeverein haben. Es steht aber — von dem Unterabsatz zu § 2 III SHV nicht eingeschränkt — daneben die Verpflichtung des Vereins, den Vmern des in Konkurs geratenen Vers nach Maßgabe der §§ 3–5 SHV Vsschutz zu gewähren. § 2 III SHV mit dem hier behandelten Unterabschnitt grenzt diese Verpflichtung des Vers nicht ein. Der Vmer ist also auch gegenüber den Schadenersatzansprüchen des Bundes, der Länder, sonstiger Körperschaften, Stiftungen und Anstalten des öffentlichen Rechts einschließlich der des Sozialvsträgers sowie von Vsunternehmen, kommunalen Schadenausgleichen und deren Mitgliedern und gegenüber den Ansprüchen ausländischer Geschädigter geschützt. Diesem Personenkreis wird durch die zitierte Bestimmung lediglich der vertragliche Direktanspruch versagt. Die im Unterabschnitt zu § 2 III SHV aufgeführten juristischen Personen sind demgemäß zur Realisierung ihrer Forderung darauf angewiesen, den traditionellen Weg des Dritten zu beschreiten, nämlich nach Erwirkung eines Titels gegen den Vmer oder den Vten dessen Befreiungsanspruch, der sich hier aus § 2 II SHV ergibt, gegen den Verein zu pfänden und sich überweisen zu lassen. Alsdann können sie den Verein trotz des im Unterabschnitt zu § 2 III SHV festgelegten Ausschlusses zur Leistung zwingen. Das Ergebnis dieser Überlegungen verwundert zunächst. Systematisch ist diese Auslegung aber unabweisbar mit Rücksicht darauf, daß keinerlei Einschränkung in bezug auf die Leistungsverpflichtung des Vers gegenüber dem Vmer oder den Vten im Vertrage verankert ist. Eine entsprechende Anwendung des zitierten Unterabschnitts zu § 2 III SHV auf den im Wege des Vertrages zugunsten Dritter geschaffenen Befreiungsanspruch des Vmers nach § 2 II SHV würde den Vmer und die Vten schutzlos stellen. Denn sie sind schließlich den Haftpflichtansprüchen der aufgeführten juristischen Personen ausgesetzt. Aus der Sicht des Vmers (und der Vten) ist nicht einzusehen, warum ein Vmer oder Vter, der zufällig eine Person schädigt, die nicht zu diesem aufgeführten Personenkreis gehört, durch den Verein geschützt werden soll, er selbst aber nicht, obwohl er doch gerade von solchen übermächtig starken Anspruchstellern auf Schadenersatz in Anspruch genommen wird. Ein solcher Vmer ist sicher mindestens ebenso schutzwürdig wie einer, der Personen geschädigt hat, die nicht zu dem aufgezählten Kreis gehören. Diese Problematik liegt offen zutage. Demgemäß darf mit Sicherheit davon ausgegangen werden, daß die Vertragsverfasser diesen Zwiespalt durchaus erkannt haben; schließlich handelt es sich um hochspezialisierte Vsfachleute, die jenes Vertragswerk entworfen haben.

Eine andere Frage ist es allerdings, ob die Ver – gestützt auf die vom BGH 27. V. 1981 BGHZ Bd 80 S. 332–345 zur Leistungsfreiheit des Vers bei vor Eintritt des Vsfalles begangenen Obliegenheitsverletzungen entwickelten Gedankengänge – eine Änderung des Vertragswerkes in der Weise vornehmen, daß sie den Vmern und Vten des in Konkurs gefallenen Vers in Anlehnung an die Regelung in der der erwähnten BGH-Entscheidung zugrunde liegenden geschäftsplanmäßigen Erklärung gegenüber dem aufgeführten „vermögenden" Personenkreis keinen Befreiungsanspruch gewähren. Von einem solchen Weg ist allerdings dringend abzuraten. Denn er verläßt die Bahnen der Kalkulierbarkeit und setzt voraus, daß der BGH erneut ohne gesicherte Basis in der zivilrechtlichen Dogmatik nach Billigkeitsüberlegungen das Erlöschen von nach der materiellen Rechtslage begründeten Schadenersatzansprüchen annimmt (vgl. ergänzend Anm. B 148 m.w.N. für und gegen diese Rechtsprechung). Zu bedenken ist dabei, daß letzten Endes eine solche Argumentation auf jeden unverschuldet eine Vermögenseinbuße erleidenden oder gar in Geldnot geratenen Schuldner zutrifft (sei es, daß ein eigener Schuldner ausfällt, wie hier der Kfz-Haftpflichtver, sei es, daß andere widrige Umstände, wie z. B. unvorhergesehene Marktschwankungen, dazu führen).

Im übrigen stellt der zitierte Unterabschnitt zu § 2 III SHV auch keineswegs nur den Ausdruck eines ohnmächtigen Protestes dagegen dar, daß die im Verein verkörperte Solidargemeinschaft aller Ver aus konstruktiven und Gleichbehandlungsgründen die Schadenersatzansprüche solcher als solvent zu qualifizierender Personen, die einer „Daseinsvorsorge" des Solidarhilfevereins eigentlich nicht bedürfen, im Falle des Konkurses eines der Ver befriedigen muß. Vielmehr ist diese Konstruktion daraus zu erklären, daß sich der vertragliche Direktanspruch gegen den Solidarhilfeverein, wie die Verweisungsregelung in § 3 IV SHV ergibt, grundsätzlich nach Maßgabe des § 3 Ziff. 4, 5 PflichtvsG auch auf die Fälle der Leistungsfreiheit des Vers im Verhältnis zum Vmer (oder zum Vten) erstreckt. Diese vertraglich nachvollzogene und durch den Solidarhilfeverein übernommene überobligationsmäßige Haftung wird durch den Unterabschnitt zu § 2 III SHV im Verhältnis zu den dort aufgeführten solventen Anspruchstellern ausgeschlossen. Das ließ sich konstruktiv kaum anders durchführen. Es versteht sich, daß daneben die Subsidiaritätsklauseln nach § 3 Ziff. 6 PflichtvsG und § 158c IV gelten. Festzuhalten ist im übrigen, daß die Ansprüche der im Unterabschnitt zu § 2 III SHV aufgeführten Personengruppen auch und gerade dann ausgeschlossen sind, wenn sie selbst von Anfang an die geschädigten Dritten sind und weitere geschädigte Personen nicht existieren. Der Unterabschnitt zu § 2 III SHV beschränkt sich also insbesondere nicht auf den Ausschluß des Regreßrechts aus originärem oder übergegangenem Recht.

Soweit ein von der Vspflicht gemäß § 2 I Ziff. 1-5 PflichtvsG befreiter Halter freiwillig Kfz-Haftpflichtvsschutz genommen hat und dieser Ver in Vermögensverfall geraten ist, besteht im übrigen auch eine Eintrittspflicht des Solidarhilfevereins hinsichtlich des Befreiungsanspruchs eines solchen Vmers. Nicht etwa darf der Unterabschnitt zu § 2 III SHV entsprechend angewendet werden.

Daß nach § 2 III 6 SHV auch die Ansprüche von ausländischen Geschädigten des in Vermögensverfall geratenen Vers ausgeschlossen sind, soweit die Gegenseitigkeit nicht verbürgt ist, ist zu bedauern. Auch hier ist aber zu bedenken, daß eine Realisierung der Ansprüche dieser Geschädigter über den Befreiungsanspruch des Vmers (oder Vten) möglich ist, so daß der Ausschluß nur in denjenigen Fällen zum Tragen kommt, in denen der leistungsschwache Ver im Verhältnis zum Vmer und Vten nicht im Risiko war. Ungeachtet dessen, daß sich eine Gegenseitigkeitsregelung auch bei der Haftung des Verkehrsopferfonds findet (vgl. dazu Anm. B 104), wäre hier eine Änderung zugunsten der ausländischen Verkehrsopfer wünschenswert.

[B 144] ddd) Bindungswirkung

In § 2 III 4 SHV heißt es, daß bei Vorliegen eines rechtskräftigen Urteils gegen den Vmer, eine mitvte Person, den in Konkurs gegangenen Ver oder dessen Konkursverwalter sich der Anspruch des Geschädigten auf den Betrag beschränke, der ihm in diesem Urteil zugesprochen worden sei. Geht man davon aus, daß nach § 3 IV SHV ohnedies ergänzend § 3 Ziff. 8 PflichtvsG gilt, nach dem ein verneinendes Urteil zugunsten des Vers (und umgekehrt zugunsten des Vmers wirkt, vgl. dazu Anm. B 37-38), so fragt sich, welcher selbständiger Anwendungsbereich § 2 III 4 SHV noch zukommt. Ausgangspunkt der Überlegung muß dabei sein, daß der Verein im Prinzip gemäß der Bestimmung des § 3 III 1 SHV dem Geschädigten in gleicher Weise Entschädigung zu gewähren hat, wie das der in Konkurs gefallene Ver hätte tun müssen. Zu dem Zeitpunkt, in dem die Schuldübernahme erfolgt (vgl. dafür, daß es sich dabei entweder um die Eröffnung des Konkurs- oder des Vergleichsverfahrens oder um die Ablehnung des Konkursverfahrens mangels Masse handelt, Anm. B 136), besteht gemäß dem Wesen der Schuldmitübernahme eine volle Identität des Umfangs der Forderung des Dritten gegen den in Konkurs gegangenen Ver und der gegen den Verein (wenn man von der Selbstbeteiligung von DM 2.000,- absieht, vgl. dazu Anm. B 140). Danach ist, wenn auch eingeschränkt durch die zitierte Bestimmung des § 3 Ziff. 8 PflichtvsG und die sich aus dem Sinn des gesetzlichen Direktanspruchs abweichend von § 425 BGB grundsätzlich ergebende Akzessorietät (vgl. dazu Anm. B 20), eine unterschiedliche Entwicklung hinsichtlich des Bestehens und des Umfangs der Forderung möglich. So be-

II. 13. Staatshaftung für Zulassungsstelle und Grenzbehörde **Anm. B 145**

trachtet hat § 2 III 4 SHV im Grunde genommen weitgehend nur deklaratorische Bedeutung. Zusätzlich wird aber der Fall bedacht, daß sich in der Schwebezeit bis zum Anlaufen der Regulierungstätigkeit des Vereins die Fortsetzung eines Verfahrens gegen den Konkursverwalter ergeben könnte. Wenngleich bei wohlausgewogener Auslegung eine Gleichsetzung zwischen Ver und Konkursverwalter auch ohne ausdrückliche Vertragsnorm hätte vorgenommen werden müssen, so ist die Klarstellung, daß ein gegen den Konkursverwalter ergangenes Sachurteil, soweit es die Klageforderung verneint, auch zugunsten des Vereins wirke, im Interesse einer einheitlichen Rechtsfindung zu begrüßen. Im übrigen ist ersichtlich, daß § 2 III 4 SHV eine Bestimmung ist, die sich der Sache nach an § 3 Ziff. 8 PflichtvsG orientiert. Der Unterschied liegt darin, daß in § 3 Ziff. 8 PflichtvsG die Erstreckung der Rechtskraftsbindung negativ formuliert wird, daß nämlich dort ausgesprochen wird, daß für den Fall, daß ein solches Urteil ergeht, durch das festgestellt wird, daß dem Dritten ein Anspruch nicht zusteht, dieses Urteil auch zugunsten des Vmers oder des Vers wirkt. Ersichtlich ist aber mit der in § 2 III 4 SHV benutzten positiven Formulierung das gleiche gemeint. Gewiß sollte von § 2 III 4 SHV nicht der Fall erfaßt werden, daß nur ein Teilbetrag eingeklagt worden ist, der vollen Umfangs zugesprochen worden ist. Es geht vielmehr nur um eine Erstreckung der Rechtskraft im Sinne der negativen Bindungswirkung, wie sie durch § 3 Ziff. 8 PflichtvsG geschaffen worden ist. Dagegen erfaßt § 2 III 4 SHV nicht die positive Bindungswirkung eines zusprechenden Urteils. Eine solche Bindungswirkung ist vielmehr nur im Rahmen der Akzessorietät zum Zeitpunkt der Schuldmitübernahme anzunehmen. Diese Bindung besteht uneingeschränkt hinsichtlich rechtskräftiger Entscheidungen gegen den Ver, da der Verein hier ganz in die Rechtsposition des in Konkurs gefallenen Vers eintritt. Bezüglich der Bindungswirkung von zusprechenden Urteilen gegen den Vmer oder den Vten, die zum Zeitpunkt der Schuldmitübernahme rechtskräftig vorlagen, kommt es darauf an, ob jener insolvent gewordene Ver nach den in Anm. B 39 dargestellten Grundsätzen das Ergebnis des Haftpflichtprozesses oder auch einer gerichtlichen oder außergerichtlichen Einigung nach Treu und Glauben hinzunehmen hatte oder nicht. In gleicher Weise kann das für Gerichtsentscheidungen gelten, die nach dem Zeitpunkt der Schuldmitübernahme ergangen sind. Hier kommt es darauf an, ob jene zur Bindungswirkung führenden Grundsätze im Verhältnis zu dem (nach der juristischen Konstruktion neben den Ursprungsver, der Sache nach aber im Grunde genommen an dessen Stelle getretenen) Verein gewahrt worden sind oder nicht.

[B 145] 13. Exkurs: Staatshaftung für Versehen der Zulassungsstelle und der Grenzbehörden

Eine Darstellung des Systems des Schutzes des geschädigten Dritten wäre unvollständig, wenn neben der vsrechtlichen Lösung nicht auch der Fälle gedacht werden würde, in denen eine Amtspflichtverletzung mitursächlich für den eingetretenen Schaden gewesen ist. Dabei ist zu bedenken, daß die Behörde nach § 29d II StVZO verpflichtet ist, bei Fehlen von Kfz-Haftpflichtvsschutz unverzüglich den Fahrzeugschein einzuziehen und das Kennzeichen zu entstempeln. Eine Verletzung dieser Amtspflicht begründet eine Schadenersatzpflicht des Staates gemäß Art. 34 GG i. V. m. § 839 BGB. Der Hauptanwendungsfall der Praxis ist der, daß die Zulassungsstelle entgegen der Bestimmung des § 29d II StVZO nicht unverzüglich auf die Anzeige des Vers nach § 29c StVZO reagiert (vgl. BGH 28. IX. 1959 VersR 1960 S. 75–79, 2. VII. 1981 VersR 1981 S. 1154–1156). Allerdings reicht es als erste Maßnahme grundsätzlich aus, wenn der Halter unter Androhung des Verwaltungszwanges aufgefordert wird, binnen einer knapp zu bemessenden Frist eine neue gültige Vsbestätigung einzureichen oder den Fahrzeugschein abzuliefern und das Kennzeichen entstempeln zu lassen (BGH 2. VII.

1981 a. a. O. S. 1155). Nur in Ausnahmefällen kommt davon abweichend eine sofortige zwangsweise Außerbetriebsetzung eines unvten Fahrzeugs in Betracht (BGH 2. VII. 1981 a. a. O.). Wahrt der Halter aber jene knapp zu bemessende Frist nicht, so sind weitere Maßnahmen der Behörde erforderlich. Eine erneute schriftliche Aufforderung genügt nicht. Vielmehr ist der Einsatz von Außendienstbeamten und die Einleitung von Maßnahmen des unmittelbaren Zwanges geboten (BGH 28. IX. 1959 a. a. O., 2. VII. 1981 a. a. O. S. 1155). Für einen Fall, in dem zwei Zulassungsstellen mit der Erledigung befaßt waren, weil der Halter verzogen war, vgl. BGH 2. VII. 1981 a. a. O. (ferner LG Lüneburg 5. I. 1955 DAR 1955 S. 252). Das Gericht verlangte hier zu Recht eine dringende Nachfrage – möglichst bei der Behördenleitung –, wenn die ersuchende Behörde von der ersuchten keine Vollzugsmeldung innerhalb angemessen kurzer Frist erhält. Vgl. ferner BGH 29. IV. 1976 VersR 1976 S. 885–886, wo verlangt wird, daß die Polizei in dringenden Fällen den Halter außerhalb der Dienststunden aufsucht und in der Nähe seiner Wohnung nach dem stillzulegenden Fahrzeug sucht. Theoretisch denkbar ist gewiß, daß der Halter sein Fahrzeug auch nach einer Entstempelung des Kennzeichens und Einzug des Fahrzeugscheins weiter benutzt hätte und daß es dann auch zu dem den Dritten treffenden Schaden gekommen wäre. Für eine solche atypische Verhaltensweise und die dadurch fehlende (überholende) Kausalität ist aber die säumige Behörde darlegungs- und beweispflichtig; im Normalfall ist ohne weiteres von der Kausalität in bezug auf den Schaden auszugehen (BGH 29. IV. 1976 a. a. O. S. 886).

Für weitere Einzelfälle säumigen Handelns der Behörde vgl. KG 4. XI. 1977 VersR 1978 S. 523–524, 7. III. 1978 VersR 1979 S. 626, wo die Behörde auch für verpflichtet angesehen wird, sich z. B. bei der AOK nach dem Arbeitsplatz oder dem Aufenthaltsort des säumigen Halters des nicht vten Fahrzeugs zu erkundigen. Dafür, daß bei einem im Ausland befindlichen Fahrzeughalter durch Einschaltung der deutschen diplomatischen Vertretung die ausländische Polizei um Amtshilfe zu ersuchen ist, wird auf OLG Stuttgart 30. XII. 1966 DAR 1967 S. 274–275 verwiesen. Vgl. ferner LG Lüneburg 5. I. 1955 DAR 1955 S. 252, LG Mainz 12. III. 1970 VersR 1972 S. 283, LG Karlsruhe 20. IX. 1977 VersR 1978 S. 474, OLG Koblenz 27. II. 1978 VersR 1978 S. 575–576, OLG Karlsruhe 7. III. 1979 MDR 1979 S. 845, LG Essen 17. IV. 1980 VersR 1982 S. 177. Zu Recht wird allenthalben ein strenger Maßstab angelegt, wenn der säumige Halter auf die erste Aufforderung innerhalb kurzer Frist nicht reagiert. – Zu den unterschiedlichen Grundsätzen des österreichischen Rechts vgl. ÖOGH 14. IX. 1967 VersR 1968 S. 610–612, 18. XII. 1974 VersR 1976 S. 399–400 m. w. N.

Zu unterscheiden sind aus der Sicht des Dritten die Fälle, in denen die Zulassungsstelle vor Ablauf der Frist des § 3 Ziff. 5 PflichtvsG untätig blieb (oder nur unzureichend reagierte), und diejenigen, in denen sich die Untätigkeit oder Saumseligkeit der Behörde über jene Monatsfrist hinaus erstreckt. Unternimmt die Behörde z. B. 27 Tage lang nach Eingang einer Anzeige gar nichts und kommt es dann am 28. Tage nach Eingang jener Anzeige zu einem Verkehrsunfall mit dem weitergenutzten Fahrzeug, so ist der Dritte zwar durch § 3 Ziff. 5 PflichtvsG geschützt. Der Staat ist aber dennoch mit einem Amtshaftungsprozeß bedroht. Dabei handelt es sich in erster Linie um den Regreßanspruch des überobligationsmäßig weiterhaftenden Vers; denn es ist zu Recht angenommen worden, daß die Vorschrift des § 29d StVZO auch den Ver schützen soll (BGH 9. II. 1956 BGHZ Bd 20 S. 55–57, 2. VII. 1981 VersR 1981 S. 1154 m. w. N.). Im übrigen ist aber vor allen Dingen festzuhalten, daß durch jene Vorschrift sichergestellt werden soll, daß kein unvtes Fahrzeug am Verkehr teilnimmt (BGH 9. II. 1956 BGHZ Bd 20 S. 55, 28. IX. 1959 VersR 1960 S. 75, 2. VII. 1981 a. a. O.). Die Vorschrift dient damit dem Schutz der potentiellen Opfer des Straßenverkehrs (BGH 28. IX. 1959

II. 13. Staatshaftung für Zulassungsstelle und Grenzbehörde **Anm. B 145**

a. a. O., 2. VII. 1981 a. a. O.). Dazu zählen auch die Mitfahrer in dem nicht (mehr) vten Fahrzeug (BGH 2. VII. 1981 a. a. O.). Von Bedeutung ist hier besonders § 158c V (wieder aufgelebt in Konsequenz der Nichtigkeitserklärung des Staatshaftungsgesetzes vom 26. VI. 1981 durch das BVerfGer 19. X. 1982 BGBl. I S. 1493), durch den die Subsidiaritätsklausel des § 839 I 2 BGB seit dem 1. X. 1965 außer Kraft gesetzt worden ist, allerdings nach h. M. nur im Verhältnis zwischen Ver und Staat, also nicht zugunsten des Dritten (vgl. BGH 28. X. 1982 VersR 1983 S. 85, Sieg VersR 1966 S. 103 und Anm. B 61–62 m. w. N.). Durch diese nur „relative" Ausschaltung des § 839 I 2 BGB wird bewirkt, daß der Dritte für ein saumseliges Verhalten des Staates diesen grundsätzlich nicht in Anspruch nehmen kann, soweit eine Leistungspflicht des Vers gemäß § 3 Ziff. 4, 5 PflichtvsG überobligationsmäßig gegeben ist. Vgl. auch BGH 24. IV. 1961 NJW 1961 S. 1572–1573 = VersR 1961 S. 631–632; dort ist zu Recht ein eigener Anspruch des öffentlichen Dienstherrn des Verkehrsopfers, der letzterem Unfallfürsorge gewährt hatte, verneint worden. Ein solcher eigener Anspruch des nicht unmittelbar Geschädigten ist gewiß auch heute noch zu verneinen. Die Staatshaftung ist aber im Verhältnis zum geschädigten Dritten für die Zeit nach Ablauf der Frist des § 3 Ziff. 5 PflichtvsG von wesentlicher Bedeutung und für diejenigen Fälle, in denen der Schaden des Dritten oberhalb der gesetzlichen Mindestvssummen im Sinne des § 158c III liegt. Im Falle BGH 28. IX. 1959 VersR 1960 S. 75–79 hatte das Berufungsgericht allerdings bei einem nach Ablauf der Frist des § 158c II (heute für die Kfz-Haftpflichtv § 3 Ziff. 5 PflichtvsG) eingetretenen Verkehrsunfall eine Beschränkung der Haftung des Staates auf die Mindestvssummen angenommen. Insoweit war aber keine Anfechtung des Urteils erfolgt, so daß keine Überprüfung durch den BGH möglich war. Daß eine summenmäßig unbegrenzte Haftung gegeben ist, wird dann aber mit aller Deutlichkeit von späteren BGH-Entscheidungen ausgesprochen; vgl. BGH 22. III. 1965 NJW 1965 S. 1524–1526 = VersR 1965 S. 591–592, 5. II. 1980 VersR 1980 S. 458. Die Überlegung, daß das Verkehrsopfer durch eine Haftung nach Maßgabe der Mindestvssummen ausreichend geschützt sei, ist demgegenüber zurückzuweisen. Daß der Ver darüber hinaus nicht haftet, ändert nichts daran, daß der Bürger nach dem wohlverstandenen Gesamtsystem der Pflichtvsregelung einen Anspruch darauf hat, daß von der Behörde unvte Fahrzeuge aus dem Verkehr gezogen werden. Diese Amtspflicht obliegt der Behörde in erster Linie gegenüber den potentiellen Verkehrsopfern, und zwar in unbeschränktem Umfang. Die Tätigkeit der Behörde hat in diesem Zusammenhang den Zweck, den Eintritt von Schäden durch nicht vte Fahrzeuge überhaupt zu verhindern. Demgemäß ist es sachgerecht, in diesem Bereich der gesteigerten sozialen Daseinsvorsorge eine volle Haftung für verschuldete Fälle des „Nicht-aus-dem-Verkehr-Ziehens" von Kraftfahrzeugen anzunehmen. Das Gesagte gilt (immer eingeschränkt durch § 839 I 2 BGB) für diejenigen Fälle, in denen die Behörde innerhalb der Frist nach § 3 Ziff. 5 PflichtvsG untätig war, aber auch für solche, in denen sich die Amtspflichtverletzung nach Ablauf jener Frist noch fortsetzt. Hier wie dort besteht eine summenmäßig unbegrenzte Staatshaftung, wie das auch sonst im Haftungsrecht der deliktischen Verschuldenstatbestände der Fall ist (dafür, daß dagegen ein Ver, der eine Anzeige gemäß § 29c StVZO verspätet erstattet, nicht über die gesetzlichen Mindestvssummen hinaus auf Schadenersatz gemäß § 823 II BGB haftet, vgl. BGH 4. IV. 1978 VersR 1978 S. 609–611 und Anm. B 46). Zu beachten ist bei einer solchen Schadenersatzverpflichtung aus Amtspflichtverletzung, daß nach Zurechenbarkeitsgrundsätzen eine Haftung des Staates nur in dem Umfang zu bejahen ist, in dem auch der eigentliche Schädiger (Fahrer oder Halter des Fahrzeugs, für das entweder kein oder nur ein gestörtes Vsverhältnis im Sinne des § 3 Ziff. 4, 5 PflichtvsG besteht) nach bürgerlichem Recht auf Schadenersatz in Anspruch genommen werden kann (vgl. als Beispielfall BGH 21. X. 1965 VersR 1966 S. 237–238).

Mißlich ist es, daß für die Fälle eines Schadeneintritts nach Ablauf der Monatsfrist des § 3 Ziff. 5 PflichtvsG nach § 12 I 3 PflichtvsG wegen des aus der Amtspflichtsverletzung folgenden Staatshaftungsanspruchs keine Eintrittspflicht des Verkehrsopferfonds gegeben ist, obwohl diese Einrichtung doch gerade für Fälle der Schädigung durch unvte Fahrzeuge gedacht ist. Im Interesse des Verkehrsopfers wäre es vielmehr angesichts der Prozeßfreudigkeit des Staates besser, wenn der Fonds vorleistungspflichtig wäre mit einem ausdrücklich verankerten Regreßrecht gegen den Staat. Dann könnte nämlich die Staatshaftungsproblematik in Ruhe im Regreßwege zwischen Fonds und Staat ausgetragen werden. Es würde vermieden werden, daß der Dritte, der für diese Systemlücken und Amtsfehler in keiner Weise verantwortlich ist, schwierige Prozesse gegen ihm in aller Regel sachkundig überlegene Gegner zu führen hätte (vgl. auch Anm. B 112). Für einen Ausnahmefall, in dem der Verkehrsopferfonds in Vorlage getreten ist, nachdem der Klage des Dritten gegen den Staat in 2. Instanz dem Grunde nach stattgegeben worden war, vgl. BGH 29. IV. 1976 VersR 1976 S. 885–886.

Daß eine Staatshaftung wegen Amtspflichtsverletzung auch dann gegeben ist, wenn ein Kfz zugelassen wird, ohne daß eine Vsbestätigung vorgelegt wird, sei nur der Vollständigkeit halber erwähnt (vgl. für einen solchen Ausnahmefall BGH 28. V. 1953 BB 1953 S. 694 = VersR 1953 S. 284). Amtshaftungsfälle können sich ferner bei einem **Versagen der Grenzbehörden** ergeben. Nach § 1 IV 1 AuslPflichtVsG müssen die Grenzbehörden ein Fahrzeug zurückweisen, wenn bei der Einreise die erforderliche Vsbescheinigung fehlt. Diese Verpflichtung ist der Behörde im Interesse der inländischen Verkehrsteilnehmer auferlegt (BGH 8. VII. 1971 NJW 1971 S. 2222–2223 = VersR 1971 S. 1038–1040, OLG Hamm 20. IX. 1972 VersR 1973 S. 576–577, OLG Hamburg 25. IX. 1973 NJW 1974 S. 413–414 = VersR 1974 S. 149–150). Die Bedeutung dieser Bestimmung ist sehr dadurch zurückgegangen, daß nach dem in Anm. B 81 dargestellten **Kennzeichensystem** die Vorlage einer Vsbescheinigung für Fahrzeuge der in §§ 1, 8 der VO vom 8. V. 1974 zur Durchführung der Richtlinie des Rates der europäischen Gemeinschaft vom 28. IV. 1972 betreffend die Angleichung der Rechtsvorschriften der Mitgliederstaaten bezüglich der Haftpflichtv und der Kontrolle der entsprechenden Vspflicht (BGBl. I S. 1062 = VA 1974 S. 119–121) aufgeführten Staaten entfällt. So haben die oben erwähnten Entscheidungen, die Fahrzeuge aus den Niederlanden, Belgien und Groß-Britannien betreffen, hinsichtlich dieser Länder nur noch rechtsgeschichtliches Interesse. Gerade deshalb aber, weil die Mehrzahl der einreisenden Fahrzeuge unter das den Grenzübergang erleichternde Kennzeichensystem fällt, ist es um so wichtiger, daß die Fahrzeuge aus anderen Staaten, mit denen kein derartiges Abkommen abgeschlossen worden ist, lückenlos kontrolliert werden. Eine stichprobenartige Überprüfung genügt nicht (BGH 8. VII. 1971 NJW 1971 S. 2223 = VersR 1971 S. 1040, OLG Hamm a.a.O. S. 577, OLG Köln 7. III. 1977 VersR 1978 S. 650). Das gilt auch dann, wenn im Heimatland jenes dem Kennzeichensystem nicht unterliegenden Staates schon die Haftpflichtvspflicht eingeführt worden ist. Denn damit ist keine Sicherheit gegeben, daß der betreffende Fahrzeugführer oder -halter diesem Gebot nachgekommen ist. Voraussetzung für einen Schadenersatzanspruch wegen Amtspflichtsverletzung in derartigen Fällen ist aber die Feststellung, daß der betreffende ohne Vsschutz einreisende Ausländer mit seinem Fahrzeug über einen offiziellen Grenzübergang in die Bundesrepublik Deutschland gekommen ist. Im Falle OLG Hamburg 25. IX. 1973 a.a.O. ist die Klage im Ergebnis zu Recht abgewiesen worden, weil die naheliegende Möglichkeit der Benutzung eines nicht zugelassenen Grenzüberganges nicht ausgeschlossen werden konnte (wovon sich das Gericht an Ort und Stelle durch Augenschein überzeugt hatte).

In § 1 IV 2 AuslPflichtVsG heißt es weiter, daß dann, wenn sich das Fehlen eines Vsnachweises nachträglich herausstelle, das Fahrzeug sichergestellt werden könne. Diese

III. Exkurs: Reflexwirkungen der Haftpflichtversicherung **Anm. B 146**

milde Formulierung ist im Interesse der potentiellen Verkehrsopfer dahin zu interpretieren, daß ein solches Vorgehen erfolgen muß, wenn nicht sofort der Vsschutz nachgeholt wird (vgl. auch OLG Braunschweig 2. II. 1967 OLGEZ Bd 67 S. 275—278; in jenem Fall wurde aber ein Anspruch verneint, da der Schaden bereits vor der unterlassenen Sicherstellung eingetreten war; nicht erörtert wurde, wie es dem italienischen Schädiger gelungen war, mit einem unvten Kfz die Grenze zu überschreiten; vgl. auch Anm. B 81 dafür, daß für Italien heute das Kennzeichensystem eingreift).

III. Exkurs: Reflexwirkungen der Haftpflichtversicherung
[B 146] 1. Schmerzensgeldbemessung

In Bd IV ist in einem Exkurs in Anm. B 69—75 auch der Reflexwirkungen der Haftpflichtv gedacht worden. Es wäre verfehlt, hier die Einzelheiten zu wiederholen. Zur Abgrenzung der wissenschaftlichen Diskussion sei aber auf die instruktive Abhandlung „Das ‚Trennungsprinzip' und die Geschichte der Haftpflichtv" von v. Bar AcP Bd 181 [1981] S. 289—327 mit umfangreichen, auch rechtsvergleichenden Nachweisen verwiesen (ferner auf Sieg VersR 1980 S. 1089—1091). Festzuhalten ist jedenfalls zu der alten Streitfrage, ob die Haftpflichtv des Schädigers bei der Bemessung des Schmerzensgeldes mitzuberücksichtigen sei, daß kein Meinungswandel zu der dies bejahenden Rechtsprechung (vgl. dazu Bd IV Anm. B 70) zu verzeichnen ist. Vielmehr handelt es sich hier um eine ganz gefestigte höchstrichterliche Rechtsprechung (Sieg VersR 1980 S. 1090). BGH 8. VI. 1976 VersR 1976 S. 968 m. w. N. bedeutet keine Abkehr von diesem Grundsatz. Denn die dort gebrauchte Wendung, daß bei der Bemessung des Schmerzensgeldes verständige Grenzen zu wahren seien, da letztlich die Gemeinschaft aller Vten mit einer Ausweitung belastet werde, stellt nur eine der Sache nach nicht erforderliche Umschreibung des Umstandes dar, daß dem BGH der vom Tatrichter zugebilligte Betrag als zu hoch erschien. Die prinzipielle Entscheidung, daß das Bestehen einer Haftpflichtv des Schädigers zu berücksichtigen sei, ist im Interesse einer angemessenen Entschädigung der Verkehrsopfer zu begrüßen. Zwar ist diese Rechtsprechung von Rodopoulos, Kritische Studie der Reflexwirkungen der Haftpflichtv auf die Haftung, Hamburger Diss., Frankfurt a. M. 1981, S. 67—70 angegriffen worden (vgl. auch Drewitz, Die V folgt der Haftung, Mannheimer Diss., 1977). Rodopoulos geht aber von einer rein begriffsjuristischen Konstruktion aus, ohne auch nur den Versuch zu unternehmen, den Interessenkonflikt in wertender Betrachtung einer gerechten Lösung zuzuführen. Wollte man der Auffassung von Rodopoulos folgen, so müßte man allerdings in der Tat Zweifel bekommen, ob das Instrument der Haftpflichtv das geeignete Mittel ist, um einem Verkehrsopfer zu einer gerechten und angemessenen Entschädigung zu verhelfen (vgl. auch die kritische Rezension durch Bernstein JZ 1982 S. 100—102). Indessen ist die Rechtsprechung hinsichtlich der Berücksichtigung einer Haftpflichtv bei der Bemessung des Schmerzensgeldes glücklicherweise so verfestigt, daß eine Schlechterstellung der Verkehrsopfer nicht zu befürchten ist. Zutreffend ist allerdings der Hinweis von Rodopoulos a. a. O. S. 65—66, daß es in der Rechtsprechung stets bei der Bemessung des Schmerzensgeldes abgelehnt worden sei, zugunsten des Geschädigten zu berücksichtigen, daß der haftende Staat überaus vermögend sei. Dieser Gedankengang führt aber letzten Endes zu einer Bemessung des Schmerzensgeldes im Sinne des § 847 BGB in der Weise, daß die Vermögenssituation weder auf der Seite des Schädigers noch auf der des Geschädigten zu berücksichtigen ist; vielmehr wird lediglich auf das Ausmaß der erlittenen körperlichen Pein abgestellt. So wird in der Gerichtspraxis auch verfahren, seitdem die in Bd IV Anm. B 70 dargestellte Rechtsprechung das begriffsjuristische Argument nicht mehr zuläßt, daß der Schädiger zur Befriedigung eines an sich angemessen hohen Schmerzensgeldes nicht in der Lage sei. Vom Gerechtigkeitsstandpunkt aus ist jedenfalls nicht einzusehen, warum der Verlust eines Auges bei gleicher körperlicher Verfassung des Geschädigten und gleicher Schuld des Schädigers nicht hinsichtlich des Schmerzensgeldes mit gleich hohen Beträgen entschädigt werden sollte. Eine solche Lösung wäre schon deshalb vorzuziehen, weil umgekehrt die Zubilligung eines höheren Schmerzensgeldes mit der Begründung, daß der Geschädigte in besonders guten Vermögensverhältnissen gelebt habe, ein nach heutigem Rechtsempfinden nicht tolerierbares Abgrenzungsmerkmal darstellen würde.

Vollzieht sich somit in der Rechtspraxis die Zubilligung eines Schmerzensgeldes tatsächlich so, daß die Vermögensverhältnisse der Beteiligten letzten Endes außer acht gelassen werden, so kann sich das Bestehen einer Haftpflichtv allerdings ausnahmsweise dann erhöhend auswirken, wenn der Haftpflichtver rechtsmißbräuchlich begründete Forderungen nicht erfüllt. Dabei handelt es sich aber nicht um ein dogmatisches Grundproblem, sondern um die Berücksichtigung eines in Ausnahmefällen gegebenen unbilligen Verhaltens eines Vers. Vom OLG Karlsruhe 2. XI. 1972 NJW 1973 S. 851–854 ist zu Recht eine schleppende und verzögerliche Regulierung durch den Ver in der Form einer Erhöhung des Schmerzensgeldes berücksichtigt worden; das genannte Gericht weist treffend darauf hin, daß sich die hohe Verantwortung des akzessorisch haftenden Vers nicht mit einem ablehnenden Verhalten vereinbaren lasse, das auf einen urteilsfähigen Dritten wie ein Einschüchterungsversuch wirke.

[B 147] 2. Billigkeitshaftung nach § 829 BGB

Dagegen zeichnet sich hinsichtlich der Frage, ob im Rahmen der Billigkeitshaftung eines an sich Schuldunfähigen gemäß § 829 BGB die Eintrittspflicht eines Haftpflichtvers zu berücksichtigen sei, die Möglichkeit eines Meinungswandels ab. In Bd IV Anm. B 69 ist hierzu unter Bezugnahme auf BGH 13. VI. 1958 NJW 1958 S. 1630 = VersR 1958 S. 485–487 (m. krit. Anm. von Pohle MDR 1958 S. 838–840) und 26. VI. 1962 NJW 1962 S. 2201–2202 = VersR 1962 S. 811–813 (m. krit. Anm. von Böhmer MDR 1963 S. 21–22) die Auffassung vertreten worden, daß eine Billigkeitshaftung nach § 829 BGB dann nicht eingreife, wenn sie allein darauf gestützt werde, daß der nicht verantwortliche Täter deshalb vermögend sei, weil er Haftpflichtvsschutz genieße. Die vom BGH a. a. O. offen gelassene Frage, ob das auch für den Bereich der Pflichthaftpflichtven gelte, wurde in Bd IV Anm. B 69 aus rechtssystematischen Gründen bejaht. Es wurde als Quintessenz dieser Rechtsprechung herausgestellt, daß die Billigkeitshaftung nach § 829 BGB in beiden Bereichen niemals allein auf das Bestehen einer Haftpflichtv als haftungsbegründenden Umstand gestützt werden dürfe. Diese Rechtsprechung, die vom BGH zunächst immer wieder bekräftigt worden ist (vgl. BGH 24. VI. 1969 VersR 1969 S. 861, 26. VI. 1973 VersR 1973 S. 925, 21. IX. 1976 NJW 1977 S. 108–109, 24. IV. 1979 NJW 1979 S. 2096–2097 = VersR 1979 S. 645 [dazu im Ergebnis zustimmend Lorenz VersR 1980 S. 697–703 m. w. N.]; in diesem Sinne z. B. auch OLG Köln 22. X. 1980 VersR 1981 S. 267), ist nunmehr verbal, wenn auch noch nicht im Ergebnis durch BGH 18. XII. 1979 BGHZ Bd 76 S. 279–288 in Frage gestellt worden. Wörtlich heißt es a. a. O. S. 284, daß die Unterscheidung zwischen Grund und Höhe des Billigkeitsanspruchs keine brauchbare Eingrenzung für die Berücksichtigung des Haftpflichtvsschutzes biete. Eine Eingrenzung sei aber unentbehrlich, wenn man nicht bei diesem Anspruch, für dessen Begründung die wirtschaftlichen Verhältnisse des Schuldners ausschlaggebend seien, jeweils das Vorhandensein eines Vermögens in Höhe der Deckungssumme fingieren wolle, was zu einem mit dem Sinn der Haftungsvorschrift schwerlich zu vereinbarenden Ergebnis führen müßte. Vom BGH wird alsdann a. a. O. S. 285 auf den von Hanau VersR 1969 S. 292 gebildeten Groteskfall Bezug genommen, daß dem Schädiger nach seinen eigenen Vermögensverhältnissen nur ein ganz geringer Betrag zuzubilligen sei (für weitere Kritik an der dargestellten Rechtsprechung vgl.

III. Exkurs: Reflexwirkungen der Haftpflichtversicherung   Anm. B 147

Lehnertz VersR 1974 S. 940–942 m. w. N., ferner die Nachweise in BGH 24. IV. 1979 VersR 1979 S. 645 und bei Rodopoulos a. a. O. S. 71–99, der auch hier eine allein begriffsjuristische Abgrenzung mit negativem Ergebnis für den Geschädigten vornimmt). Im konkreten Fall kommt der BGH zur Bejahung einer Billigkeitshaftung zur Höhe des gesamten Vermögens des unzurechnungsfähigen Schädigers, für den im Ergebnis die dort abgeschlossene Privathaftpflichtv einzustehen habe. Darüber hinaus wird kein Anspruch zuerkannt. Der vielfach geforderte Schritt zur alleinigen Berücksichtigung des Bestehens einer Haftpflichtv als maßgebenden Umstand im Sinne des § 829 BGB (vgl. z. B. Kötz, Deliktsrecht, 1976, S. 145–147; ferner Knütel JR 1980 S. 20–21 m. w. N.; bemerkenswert ferner Marschall von Bieberstein BB 1983 S. 468–469 m. w. N., der im Anschluß an Lorenz VersR 1980 S. 697–703 für die Schaffung einer besonderen Vsform zur Lösung des Billigkeitskonflikts eintritt) wird nicht getan, wenngleich auch hier wieder angedeutet wird, daß im Rahmen der Pflichthaftpflichtv etwas anderes gelten könne. Im entschiedenen Fall wurde demgemäß das Vermögen des an sich nicht verantwortlichen Schädigers weiterhin als Haftungsgrenze angesehen. Allerdings war der Fall durch die Besonderheit gekennzeichnet, daß die Lebensverhältnisse des Schädigers so waren, daß ihm nach Meinung des BGH die Aufgabe seines Vermögens zugunsten des Geschädigten zu Lebzeiten nicht zuzumuten gewesen wäre, da das Erbbaurecht an dem Grundstück, auf dem er lebte, mit zu seiner Existenzgrundlage gehörte. Der Schädiger war Kriegsrentner, der nur eine Ausgleichsrente erhielt und zusätzlich Ergänzungs- und Ernährungshilfe vom Sozialamt. Die Grundrente war für die Bebauung des Erbbaugrundstücks kapitalisiert worden. Der Wert des Erbbaurechts lag bei Eintritt des Schadens bei DM 50.000,–. Schulden standen dem in Höhe von DM 16.000,– gegenüber. Der Fall wurde vom BGH in der Weise gelöst, daß der Betrag von DM 34.000,– als Vermögen des Schädigers zur Befriedigung der Ansprüche der Geschädigten voll zur Verfügung zu stellen sei, weil der Schädiger es zur Befriedigung seiner notwendigen Bedürfnisse mit Rücksicht auf seinen einen Tag nach Schadeneintritt eingetretenen Tod nicht mehr bedürfe. Den Erben sei der Einsatz des gesamten Vermögens zuzumuten, das ihnen im übrigen durch die in dieser Höhe bestehende Befreiungsverpflichtung des Vers erhalten bleibe. Der Gedanke, daß die Erben die Schuld nicht in einem anderen Umfang übernehmen könnten, als sie bei dem Erblasser bestanden habe, wurde vom BGH a. a. O. S. 288 mit dem Hinweis auf die auch ansonsten im Rechtsleben angewendete „logische Sekunde" zurückgewiesen. Mit Rücksicht auf die unter Umständen richtungsweisenden Überlegungen aus dieser Entscheidung seien nachstehend zusätzlich die entscheidenden Passagen des Urteilsausspruchs wiedergegeben: Freilich hielten diese Erwägungen die im Schrifttum deutlich überwiegende Ansicht ... nicht davon ab, der grundsätzlichen Berücksichtigung des Vsschutzes bei der Frage nach der Haftung aus § 829 BGB zuzustimmen. Soweit diese Stellungnahmen eine sachliche Begründung geben, verweisen sie insbesondere auf einen Funktionswandel, durch den der Haftpflichtv vermöge ihrer stark gewachsenen Bedeutung im sozialwirtschaftlichen Gefüge ganz allgemein Rückwirkungen auf das Haftungsrecht zukommen sollen. Insoweit sei nicht zu verkennen, daß dieser Funktionswandel wenigstens im Bereich der Pflichtv schon Ausdruck gefunden habe; allein die Tatsache der Vspflicht weise darauf hin, daß auch die Schadloshaltung des Geschädigten und nicht nur die Freistellung des Vten in den Vszweck einbezogen sei ... Bei gewissen Berufshaftpflichtven, deren Abschluß zwar nicht einer gesetzlichen, wohl aber einer anerkannten Standespflicht des Vmers entspreche, liege es nicht ferne, ebenfalls schon heute eine solche Zielsetzung anzunehmen. Doch müsse dies hier nicht vertieft werden. Jedenfalls im Bereich der freiwilligen Privathaftpflichtv vermöge sich der Senat nicht davon zu überzeugen, daß sich der Gedanke des Schutzes des ... Geschädigten schon so weit durchgesetzt habe, daß ihm für die Zielsetzung und die kalkulatorischen Grundlagen der Vsverträge eine Bedeutung eingeräumt werden könnte ... Es möge zwar zutreffen, daß es allgemein dem Wunsch und daher auch dem Interesse eines redlich eingestellten schuldlosen Schädigers entspreche, den Geschädigten möglichst weitgehend entschädigt zu wissen ... So berechtigt indessen dieses Interesse, dem wohl am strukturgerechtesten eine Fremdv Rechnung tragen könne, sein möge, so lasse sich doch derzeit nicht feststellen, daß es bereits in den vertraglichen Deckungsbereich der privaten Haftpflichtv einbezogen sei. Dies gelte jedenfalls, soweit etwa für die hier ausnahmsweise haftungserhebliche Höhe des Schädigervermögens die Deckungssumme substituiert werden sollte. Damit wäre, da ein vorsichtiger Privatmann in mittleren wirtschaftlichen Verhältnissen mit einer den Wert seines Vermögens übersteigende Deckungssumme vert zu sein pflege, eine vom Gesetz kaum vorgesehene Ausweitung der Billigkeitshaftung erreicht, auf deren Rückwirkung auf die Prämienkalkulation nicht weiter eingegangen werden solle.

Daher sei dem Gerechtigkeitsanliegen des § 829 BGB dadurch genügt, daß der Vsschutz zwar als Vermögensbestandteil, aber nicht als ein solcher in Höhe der gegebenenfalls verfügbaren Deckungshöchstsumme, sondern im Sinne einer Korrektur hinsichtlich der Höhe des zu zahlenden Betrags ... Berücksichtigung finde, die aber nicht jeden Zusammenhang mit den wirtschaftlichen Möglichkeiten des Schädigers verliere. Das spreche dafür, trotz der erwähnten vsrechtlichen Bedenken dem Bestehen von Vsschutz im Sinne früherer Senatsentscheidungen immerhin insoweit auf die Höhe des Anspruchs Einfluß einzuräumen, als die Grenzen des dem Schädiger mit Rücksicht auf seinen notwendigen Lebensbedarf noch Zumutbaren weiter ausgedehnt werden, weil dieser Lebensbedarf wegen des Vsschutzes ja tatsächlich nicht beeinträchtigt werde. In diesem begrenzten und überschaubaren Umfange könne davon ausgegangen werden, daß sich die Vswirtschaft inzwischen seit der Senatsentscheidung vom 15. I. 1957 BGHZ Bd 23 S. 90 auf eine über den Wortlaut der Vsverträge hinausgehende Risikoerhöhung eingestellt habe. Dagegen möge eine volle Deckung nicht zurechenbarer rechtswidriger Schädigungen zwar im Zuge der geänderten Bedeutung, die dem Vsschutz im heutigen Wirtschaftsleben zukomme, wünschenswert sein; er wäre aber ... nur durch eine besondere Vsform oder eine Ergänzung der Privathaftpflichtv über ihren eigentlichen Inhalt hinaus zu verwirklichen.

Kristallisationspunkt der um eine gerechte Einzelfallentscheidung kreisenden Überlegungen war, daß den Erben jenes kleine Vermögen erhalten blieb mit Rücksicht auf die Eintrittspflicht des Haftpflichtvers. Indessen ist die über eine „logische Sekunde" gewählte Lösung zu beanstanden, da sie das Grundsatzproblem verdeckt. Zunächst ist darauf hinzuweisen, daß es ein Mißverständnis darstellen dürfte, BGH 15. I. 1957 BGHZ Bd 23 S. 99 dahin zu verstehen, daß dort einer weitergehenden Berücksichtigung einer Haftpflichtv im Falle des § 829 BGB das Wort geredet worden sei, als sie nunmehr vom BGH im konkreten Fall vorgenommen wird. In jeder Entscheidung vom 15. I. 1957 heißt es a. a. O.: Die Ausführungen des BerGer ließen der Möglichkeit Raum, daß es eine Schadenersatzpflicht ... im wesentlichen nur deshalb bejaht habe, weil die Haftpflichtv dafür eintreten müsse. Eine solche Auffassung widerspreche dem Grundgedanken des § 829 BGB. Nach dieser Vorschrift seien bei der Beurteilung der Frage, ob und in welchem Umfang die Billigkeit eine Schadloshaltung des Verletzten erfordere, die gesamten Umstände des Falles zu berücksichtigen ... Darin, daß eine bestehende Haftpflichtv bei der Prüfung der Vermögensverhältnisse des Schädigers berücksichtigt werden dürfe, sei dem BerGer an sich beizutreten. Mit Recht habe es insoweit die Grundsätze für anwendbar erklärt, die der BGH in dem Beschluß des GZS vom 6. VII. 1955 BGHZ Bd 18 S. 165–167 für die Bemessung des Schmerzensgeldes aufgestellt habe. Der Tatrichter müsse sich jedoch bewußt bleiben, daß die der Bekl. durch die V zukommende Haftungsbefreiung nur einer der für die billige Interessenabwägung

III. Exkurs: Reflexwirkungen der Haftpflichtversicherung

in Betracht kommenden Umstände war und daß diesem Umstand für § 829 BGB zudem in erster Linie unter dem Gesichtspunkt Bedeutung zukomme, ob der Bekl. durch die Schadloshaltung der Kl. die zum standesmäßigen Unterhalt oder zur Erfüllung gesetzlicher Unterhaltspflichten erforderlichen Mittel entzogen würden.

Diesen Ausführungen ist trotz der Bezugnahme auf BGH 6. VII. 1955 BGHZ Bd 18 S. 165–167 zu entnehmen, daß sachlich mit den zur Berücksichtigung von Privathaftpflichtvn ergangenen Entscheidungen vom 13. VI. 1958 NJW 1958 S. 1630 = VersR 1958 S. 485–487 und 26. VI. 1962 NJW 1962 S. 2201–2202 = VersR 1962 S. 811–813 Übereinstimmung besteht. In diesem Zusammenhang sei gestattet, auf die Ausführungen von Sieg Ausstrahlungen S. 115–116 zur Berücksichtigung des Bestehens einer Haftpflichtv als Lebenstatsache im Rahmen des Billigkeitsanspruchs nach § 829 BGB zu verweisen. Wörtlich heißt es auf S. 116: „Aber auch wenn der Notbedarf sichergestellt ist, kann der verbleibende H-Anspruch nach Ermessen des Gerichts wegen schlechter Vermögenslage des Schuldners eine Herabsetzung erfahren. Hinsichtlich des starren Rahmens bestehen an der Zulässigkeit von Reflexwirkungen aus dem Deckungsverhältnis keine Zweifel. Ist der Unzurechnungsfähige haftpflichtvert, so kann ihn die Schadloshaltung des Geschädigten nicht der Mittel berauben, deren er zu seinem Unterhalt oder zur Erfüllung seiner Unterhaltspflichten bedarf. Die Haftpflichtv wirkt hier im H-Verhältnis als Tatsache."

Das Gesagte bedeutet, daß einem haftpflichtvten Schädiger, der an sich wegen Unzurechnungsfähigkeit für einen Schaden nicht einzustehen hat, zuzumuten ist, sein gesamtes pfändbares Vermögen dem Opfer zur Verfügung zu stellen, soweit dieses durch Haftpflichtvsschutz ausgelöst wird. Diese Lösung, die die in Bd IV Anm. B 69 vertretene Auffassung verdeutlicht, entspricht einer sinnvollen Gesamtinterpretation der typischen Konfliktsituation, ohne daß dabei der Rechtsgedanke der Befreiung durch eine Haftpflichtv von einer bestehenden Schuld aufgegeben wird. Des Abwartens auf den Tod des Schädigers und der Operation mit einer „logischen Sekunde" bedarf es nicht. Vielmehr darf dem Bestehen einer Haftpflichtv schon früher Rechnung getragen werden. Dieser Gedankengang des BGH würde sogar den Dritten schlechter stellen, als nach sachlogischen Grundsätzen erforderlich ist. Es würde sich andernfalls ein unwürdiges Abwarten auf das Ableben des Schädigers ergeben. Es könnte ein Feilschen um vorzeitige Abfindungen unter Berücksichtigung der mutmaßlichen Lebensdauer des Schädigers stattfinden. Auch brauchen bei dem hier aufgezeigten Lösungsweg die Fälle der Veräußerung vor Eintritt eines Erbfalls nicht mit in Betracht gezogen werden. Folgt man nämlich der Abgrenzung des BGH, so ergibt sich die Frage, wie vermögensmindernde Maßnahmen zwischen Schadeneintritt und Todesfall zu berücksichtigen sind. Denkbar wäre hier auch noch eine Unterscheidung nach „gerechter" oder „ungerechter" Veräußerungsintention. Eine solche sich unter Umständen über Jahrzehnte hinziehende Untersuchung ist unbedingt zu vermeiden. Es ist daher nicht auf den Tod des Schädigers abzustellen, sondern auf die Vermögenssituation zum Zeitpunkt schon des Eintritts des Schadenfalles, soweit sich nicht später gar noch eine Verbesserung ergibt. – Die Überlegungen des BGH zur „logischen Sekunde" können demgemäß nur in denjenigen Fällen Bedeutung gewinnen, in denen kein Haftpflichtvsschutz besteht, so daß ein echter Interessenkonflikt zwischen dem Dritten und dem Erben gegeben ist. – Als unerquickliche Härtefälle bleiben diejenigen zurück, in denen der Schädiger über keinerlei Vermögen außer seiner Haftpflichtv verfügt. Nicht viel besser stehen aber auch diejenigen Geschädigten, deren Schädiger nur über ein geringes Vermögen verfügt. Hier läßt sich aber die dogmatisch bestehende Sperre nicht überwinden, daß die Haftpflichtv der Befreiung von einer bestehenden Schuld dienen soll. Anders zu entscheiden, bedeutet allein das Bestehen einer Haftpflichtv zum Haftungsgrund umzufunktionieren. Das gilt auch für die Kfz-Haftpflichtv. Deren Zweck läßt sich nicht dahin definieren, daß sie dem Ausnahmefall einer Haftung aus § 829 BGB zur Anspruchsbegründung gegenüber einem ansonsten vermögenslosen Schädiger dienen will. Durch eine weite Interpretation der Betriebsgefahr, wie sie vom BGH 10. I. 1957 a. a. O. in der Weise vorgenommen worden ist, daß auch Schädigungen durch einen bewußtlosen Autofahrer nicht als unabwendbar gelten, ist der materielle Schaden in solchen oder ähnlich gelagerten Fällen ohnedies abgedeckt. Es besteht keine Veranlassung, entgegen sachlogischen Grundsätzen jetzt auch noch eine summenmäßig unbeschränkte Haftung mit dem dazu gehörigen Schmerzensgeld zuzubilligen. Es ist vielmehr Aufgabe des Gesetzgebers, hier Abhilfe zu schaffen, indem er z. B. gemäß den bekannten Reformvorschlägen ein Schmerzensgeld auch in den Gefährdungshaftungsfällen zubilligt. Dabei muß man sich darüber im klaren sein, daß die Zahl derjenigen Geschädigten, denen mangels Verschuldens eines zurechnungsfähigen Autofahrers in der gegenwärtigen Situation auch nur Entschädigung nach Maßgabe des StVG geleistet wird, sehr viel höher liegt als der doch recht geringe Anwendungsbereich des § 829 BGB. Wenn ein Dritter von einem zurechnungsfähigen Vmer ohne Verschulden geschädigt wird, muß er es auch hinnehmen, daß er kein Schmerzensgeld erhält. Ist eine solche Entscheidung aber systemimmanent, so ist nicht einzusehen, warum anerkannte vsrechtliche Prinzipien in den hier erörterten Fällen nur deshalb durchbrochen werden, weil ein Verschulden nicht aus der Verkehrssituation heraus verneint wird, sondern wegen fehlender Schuldfähigkeit des Schädigers.

[B 148] 3. Anspruchsverlust wegen fehlenden Haftpflichtversicherungsschutzes

Eine Reflexwirkung der Haftpflichtv sehr eigener Art behandelt BGH 27. V. 1981 BGHZ Bd 80 S. 332–345. Die Entscheidung betrifft einen Regreß eines Sozialvers gemäß § 1542 RVO. Der Haftpflichtver war wegen Verletzung der Führerscheinklausel nach § 2 IIc AKB leistungsfrei. Jedoch war die geschäftsplanmäßige Erklärung der Kfz-Haftpflichtver (VA 1975 S. 157) zu beachten, nach der die Ver in derartigen Fällen ihren eigenen Regreß gemäß § 3 Ziff. 9, 10 PflichtvsG auf einen Betrag von DM 5.000,– beschränken, ohne aber hinsichtlich des überschießenden Betrages nach dem Sinn dieser die AKB ergänzenden Regelung Vsschutz zu gewähren. Der BGH entschloß sich zu dem von Denck NJW 1982 S. 2048 als „geradezu verwegen" bezeichneten Schritt, in derartigen Fällen auch den Rückgriffsanspruch der Sozialvsträger auf DM 5.000,– zu beschränken (zustimmend Marschall v. Bieberstein BB 1983 S. 470–471, Sieg VersR 1982 S. 913–914, wohl auch Denck a. a. O. S. 2055, ablehnend Gitter BG 1982 S. 190–192, Krause NJW 1982 S. 2293–2298, Ritze NJW 1983 S. 18–19 m. w. N. in Anm. 1, H. u. D. Schwampe BG 1982 S. 193–195; bemerkenswert der Hinweis von Ritze a. a. O. auf die amtliche Begründung zu § 116 SGB[X], in der eine gesetzliche Regreßbeschränkung dieser Art ausdrücklich abgelehnt und auf die Regelung in § 76 II SGB[II] verwiesen worden ist). Der Sache nach handelt es sich darum, daß aus der vertraglichen Ausgestaltung des Vsschutzes des Schädigers der Untergang des Haftpflichtanspruchs in der Hand des an dem genannten Vertragsverhältnis nicht beteiligten Sozialvers gefolgert wird. Während in den in Anm. B 146–147 behandelten Fällen um den Grundsatz gerungen wird, daß allein das Bestehen einer Haftpflichtv nicht als Entstehungsgrund für eine Haftpflichtschuld gewählt werden dürfe, geht der BGH hier den umgekehrten Weg, daß allein aus dem Nichtbestehen des Haftpflichtvsschutzes der Untergang der Haftpflichtforderung folge. Zur Begründung führt das Gericht u. a. folgendes aus: Die Kl. könne dem nicht entgegenhalten, daß es privaten Unternehmen (den Kfz-Haftpflichtvern) nicht gestattet sein könne, durch die Aufstellung von Allgemeinen Geschäftsbedingungen (AGB) die gesetzlichen Ansprüche der SVT zu beschneiden. Richtig sei, daß die AKB formell nur AGB seien; auch die zur Ergänzung der AKB dienenden geschäftsplanmäßigen Erklärungen seien Erklärungen von privater Seite und hätten keinen höheren Rang als die AKB selbst. Tatsächlich gehe aber die Bedeutung der AKB weit über die von gewöhn-

III. Exkurs: Reflexwirkungen der Haftpflichtversicherung   Anm. B 148

lichen AGB hinaus. Nach § 4 I 1 PflichtvsG müßten die Vsverträge für Fahrzeuge mit regelmäßigem Standort in der Bundesrepublik den AKB entsprechen. Die Kfz-Halter seien also verpflichtet, den Abschluß eines Vsvertrages nach Maßgabe der AKB zu beantragen; die Ver seien, soweit nicht die in § 5 IV ... genannten Ablehnungsgründe vorlägen, gehalten, diese Anträge anzunehmen. Die Vsparteien hätten also nicht die Möglichkeit, ihre Rechtsbeziehungen abweichend von den AKB zu regeln. Aus diesem Grund sehe auch das Gesetz eine Mitwirkung staatlicher Stellen bei der Aufstellung der Allgemeinen Vsbedingungen für die Kfz-Haftpflichtv vor. Die AKB unterschieden sich demnach wesentlich von anderen Vsbedingungen und näherten sich dem Charakter von Rechtsvorschriften.

Es ist nicht zu leugnen, daß die Lage des Vmers in dieser Konfliktsituation schwierig ist. Wenn aber die Freizeichnung des Vers in der Führerscheinklausel nicht gegen Treu und Glauben verstößt, dann fehlt es erst recht an einem Ansatzpunkt, den Regreß des Sozialvers für anstößig im Sinne eines Rechtsmißbrauchs zu halten. Dogmatisch gibt es für eine solche Entscheidung keine Grundlage (so zutreffend Schirmer ZVersWiss 1981 S. 146–154 [speziell S. 150 Anm. 96]; vgl. aber auch Hüffer VersR 1980 S. 785–795, der den vom BGH gewählten Weg vorgezeichnet hat, ohne aber eine überzeugende dogmatische Rechtfertigung anbieten zu können; der Lösungsweg des BGH ist ferner von Ebel NJW 1975 S. 1765 und Prölss-Martin[22] Anm. 6 A a zu § 7 AKB, S. 990 empfohlen worden; w. N. bei Sieg VersR 1982 S. 913–914; vgl. auch den Beschluß des Verkehrsgerichtstags 1981 VersR 1981 S. 218). Der BGH versucht, dieses Ergebnis durch einen Hinweis auf den besonderen Rechtscharakter der AKB zu begründen. Obwohl der BGH expressis verbis von dem Vertragscharakter der AKB ausgeht, überhöht er dabei deren Rechtsqualität durch den Hinweis auf § 4 PflichtvsG und die Mitwirkung staatlicher Stellen bei der Aufstellung dieser Bedingungen. Damit wird der Interessenkonflikt aber verkannt. Entgegen der Vermutung des BGH beruht die Fassung des § 2 II c AKB nicht auf einem Behördendictum, sondern stellt eine von den Vern geschaffene Obliegenheitsklausel überkommener Art dar, deren Übernahme in die AKB sie gegenüber den Behörden bei Einführung der Pflichtv im Jahre 1940 unschwer durchsetzen konnten, da solche Verwirkungsgründe damals – wie auch noch lange Zeit nach 1945 – in keiner Weise als anstößig angesehen worden sind. Was die Abmilderung durch die geschäftsplanmäßige Erklärung VA 1975 S. 157 anbetrifft, so sieht die Rechtswirklichkeit so aus, daß die Ver gegenüber den Behörden zu einem größeren Entgegenkommen in dieser Frage nicht bereit waren. Tatsächlich hätte aber keine staatliche Stelle etwas gegen eine Verbesserung des Vsschutzes für Fälle der vorliegenden Art einzuwenden gehabt. Die Ver haben aber eine solche Gleichstellung mit der Regelung in § 7 V AKB für die Verletzung von Obliegenheiten, die nach Eintritt des Vsfalls zu erfüllen sind, abgelehnt, um die Regreßansprüche der Sozialver nicht zu erfüllen. Ein solcher Weg, der mit dem unverhüllten Hintersinn gewählt worden ist, daß vielleicht die Rechtsprechung zugunsten des Schädigers entscheiden möge, hat im konkreten Fall zum Erfolg geführt. Die „überhöhte" Betrachtungsweise der AKB gibt dafür aber keine tragfähige Begründung. Es handelt sich in Wirklichkeit nicht um zwei miteinander ringende Rechtsprinzipien höherer Art, in denen aus Gerechtigkeitsgründen zugunsten der einen oder anderen Seite entschieden werden mußte. Vielmehr geht es um einen institutionellen Abgrenzungskampf zwischen zwei um Vermögensvorteile ringenden Vsgruppen, nämlich den Kfz-Haftpflichtvern und den Sozialvern. Die traditionellen Auslegungsgrundsätze des bürgerlichen Rechts stehen dabei auf der Seite der Sozialver. Der im konkreten Fall auf den Sozialver übergegangene Haftpflichtanspruch wurzelt allein im bürgerlichen Recht. Er darf auch nur nach bürgerlichrechtlichen Prinzipien zum Erlöschen kommen und nicht wegen vermeintlicher Billigkeitsüberlegungen auf Grund einer ohne Not erfolgenden richterlichen Rechtsfortbildung, die

Johannsen

ohne Anknüpfung an gesicherte Parallelüberlegungen aus Wissenschaft und Rechtsprechung vorgenommen worden ist. Zu widersprechen ist in diesem Zusammenhang auch der Auffassung des BGH, daß eine Verbesserung der Rechtsposition eines Vmers in Abweichung von den AKB zivilrechtlich nicht rechtswirksam wäre; denn der Sinn des § 4 I 4 PflichtvsG geht nur dahin, Verschlechterungen zu verhindern (vgl. in diesem Zusammenhang auch Anm. J 4, S. F 8−9 m. w. N.). Das wird mit aller Deutlichkeit dadurch klar, daß der BGH selbst ohne weiteres in seinen Überlegungen davon ausgeht, daß die AKB sogar durch geschäftsplanmäßige Erklärungen der Ver zugunsten der Vmer abgeändert werden können (zivilrechtliche Wirksamkeit erlangen diese Erklärungen entgegen älterer Lehre aus dem Gesichtspunkt der Äußerung an die Öffentlichkeit, vgl. dazu Anm. J 15 m. w. N.). Fehlt es aber an einem zivilrechtlich relevanten Erlöschenstatbestand für die auf den Sozialver übergegangene Haftpflichtforderung, so war nur zu überlegen, ob die Ausgestaltung des Kfz-Haftpflichtvsvertrages rechtsmißbräuchlich ist oder nicht. Ist sie es, so ist der Bestimmung des § 2 IIc AKB (i. V. m. der erwähnten geschäftsplanmäßigen Erklärung) die Gefolgschaft zu versagen (wie das noch ohne jede überhöhte Betrachtungsweise der AKB durch BGH 22. XII. 1976 NJW 1977 S. 533−535 = VersR 1977 S. 272−275 bezüglich § 7 V Ziff. 1 AKB a. F. geschehen ist). Der ungeschriebenen Prämisse des BGH-Entscheidung, daß die Regreßforderung des Sozialvers untergehe, weil der Schädiger keinen Haftpflichtvsschutz habe, ist als eine im Sinne der Reflexwirkungen nicht hinnehmbare Verquickung von Haftung und Haftpflichtvsschutz mit nachteiligen Folgen für den Rechtsnachfolger des Geschädigten zu widersprechen. Das Gesagte gilt um so mehr, als im Rahmen der Rechtswertung gänzlich außer acht gelassen worden ist, daß der Vmer den Verlust des Vsschutzes verschuldet hatte und daß dem Zivilrecht eine summenmäßige Begrenzung der Haftung in dieser Form ansonsten gänzlich unbekannt ist. Bemerkenswert ist in diesem Zusammenhang, daß vom Verkehrsgerichtstag 1981 der Lösungsweg über eine gesetzliche Regreßbeschränkung der Sozialvsträger (gegen deren Votum) gesehen worden ist (VersR 1981 S. 218). Daß über solche Gesetzesänderung diskutiert werden kann, ist verständlich. Es darf aber nicht außerhalb des Gesetzes ein solches Ergebnis durch geschickte Gestaltung der AKB und der geschäftsplanmäßigen Erklärungen durch die Ver gefunden und damit begründet werden, daß diese Bedingungen von den Behörden genehmigt worden seien.

C. Abschluß und Verbriefung des Kraftfahrzeughaftpflichtversicherungsvertrages

Gliederung:

I. Abschluß des Kraftfahrzeughaftpflichtvsvertrages C 1–36
 1. Zur Vspflicht und deren Ausnahmen C 2–5 (weitere Untergliederung vor C 2)
 2. Annahmezwang C 6–11 (weitere Untergliederung vor C 6)
 3. Zum Zustandekommen des Kraftfahrzeughaftpflichtvsvertrages C 12–26 (weitere Untergliederung vor C 12)
 4. Vorläufige Deckungszusagen C 27–30 (weitere Untergliederung vor C 27)
 5. Abänderungen des Kraftfahrzeughaftpflichtvsvertrages C 31–36 (weitere Untergliederung vor C 31)

II. Verbriefung des Kraftfahrzeughaftpflichtvsvertrages C 37

I. Abschluß des Kraftfahrzeughaftpflichtversicherungsvertrages

[C 1] Schrifttum:

Zur allgemeinen zivilrechtlichen Problematik des Kontrahierungszwangs vgl. Bydlinski AcP Bd 180 S. 1–46, Kilian AcP Bd 180 S. 47–83, beide mit umfangreichen Nachweisen, und als Ausgangspunkt der modernen zivilrechtlichen Erfassung derartiger Fallkonstellationen Nipperdey, Kontrahierungszwang und diktierter Vertrag, Jena 1920. Speziell zum Annahmezwang in der Kraftfahrzeughaftpflichtv Papier ZVersWiss 1982 S. 461–500, Taube VersR 1959 S. 677–683 m. w. N. sowie die Schrifttumsnachweise in Anm. B 1.

1. Zur Versicherungspflicht und deren Ausnahmen

Gliederung:

a) Grundsatz C 2
b) Ausnahmen C 3–4
 aa) Personelle Ausnahmen C 3
 bb) Sachliche Ausnahmen C 4
c) Exkurs: Strafrechtliche Ahndung des Verstoßes gegen die Vspflicht C 5

[C 2] a) Grundsatz

Nach § 1 PflichtvsG ist der Halter eines Kraftfahrzeugs oder Anhängers mit regelmäßigem Standort im Inland verpflichtet, für sich, den Eigentümer und den Fahrer eine Haftpflichtv zur Deckung der durch den Gebrauch des Fahrzeugs verursachten Personenschäden, Sachschäden und sonstigen Vermögensschäden abzuschließen und aufrechtzuerhalten, wenn das Fahrzeug auf öffentlichen Wegen oder Plätzen (§ 1 StVG) verwendet wird. Dieses gesetzgeberische Gebot ist im Interesse der geschädigten Dritten (Verkehrsopfer) und in dem der aufgeführten mitvten Personen (Eigentümer und Fahrer) aufgestellt worden. Letzten Endes dient es damit aber auch dem Selbstschutz der Halter solcher Fahrzeuge vor der Belastung mit unter Umständen die wirtschaftliche Existenz vernichtenden Schadensersatzforderungen. Der Gesetzgeber konnte und durfte nicht darauf vertrauen, daß die Halter solcher Fahrzeuge ohne gesetzgeberischen Zwang einen solchen Haftpflichtvsschutz herbeiführen würden. Deshalb hat er in einem Akt der Daseinsvorsorge 1939 diese Pflichthaftpflichtv für Kraftfahrzeughalter geschaffen (vgl. zur Geschichte der Haftpflichtv Bd IV Anm. A 9 m. w. N. sowie zu den seit dieser Zeit speziell für die Kraftfahrzeughaftpflichtv zu konstatierenden Veränderungen Anm. A 22).

Zum Begriff des Halters vgl. Anm. G 70 und H 5 m. w. N.

[C 3] b) Ausnahmen von der Versicherungspflicht

aa) Personelle Ausnahmen

Des Schutzes der Verkehrsopfer durch eine besondere Pflichthaftpflichtv bedarf es in denjenigen Fällen nicht, in denen der Schädiger als genauso zahlungsfähig anzusehen ist wie ein Ver (oder gar als zahlungsfähiger). Aus diesem Grunde sind nach § 2 I Ziff. 1–4 PflichtvsG die Bundesrepublik Deutschland, die Länder, die Gemeinden mit mehr als einhunderttausend Einwohnern und die Gemeindeverbände sowie Zweckverbände, denen ausschließlich Körperschaften des öffentlichen Rechts angehören, von der Vspflicht befreit. Ein gleiches Vertrauen hat der Gesetzgeber den juristischen Personen geschenkt, die von einem der nach § 1 III Ziff. 3 VAG von der Vsaufsicht freigestellten Haftpflichtschadenausgleiche Deckung erhalten. Dabei handelt es sich um nicht rechtsfähige Zusammenschlüsse von Gemeinden und Gemeindeverbänden, die bezwecken, durch Umlegung Schäden aus Risiken ihrer Mitglieder und solcher zur Erfüllung öffentlicher Aufgaben betriebener Unternehmungen auszugleichen, an denen ein oder mehrere kommunale Mitglieder oder sonstige Gebietskörperschaften mit mindestens 50 vom Hundert beteiligt sind. Diese Schadensausgleiche beziehen sich nach lit. b des § 1 III Ziff. 3 VAG insbesondere auf Schäden aus der Haltung von Kraftfahrzeugen. Für die Gemeinden und Gemeindeverbände ist das namentlich bedeutsam für die Abwicklung des Risikos aus dem Betrieb des öffentlichen Nahverkehrs.

Des Schutzes der geschädigten Dritten wird in diesen Fällen in § 2 I 1 PflichtvsG gedacht. Dort ist festgehalten, daß die nach § 2 I Ziff. 1–5 PflichtvsG von der Vspflicht befreiten Fahrzeughalter für den Fahrer und die übrigen Personen, die durch eine aufgrund dieses Gesetzes abgeschlossene V Deckung erhalten würden, in gleicher Weise und im gleichen Umfang einzutreten haben wie ein Ver bei Bestehen einer solchen Haftpflichtv. Das gilt allerdings dann nicht, wenn die in Anspruch genommene juristische Person auf freiwilliger Basis eine den Vorschriften dieses Gesetzes entsprechende V abgeschlossen hat. Zu beachten ist, daß diese die Durchsetzung von Schadensersatzansprüchen für den Dritten erleichternde Bestimmung nach § 2 II 2 PflichtvsG nur im Rahmen der festgesetzten Mindestvssummen gilt. Diese Regelung wird in § 2 II 3 noch dahin ergänzt, daß die Vorschriften des Sechsten Titels des Zweiten Abschnitts des VVG, § 3 PflichtvsG und die AKB sinngemäß anzuwenden sind. Der Gesetzgeber hat damit erreicht, daß der Geschädigte sich im Haftpflichtprozeß nicht mit der häufig problematischen Frage der Zurechnung des Verschuldens von Drittpersonen auseinandersetzen muß. Vielmehr liegt hier wie bei dem Kfz-Haftpflichtver ein gesetzlicher Schuldbeitritt der von der Vspflicht befreiten Haltergruppe des § 2 I Ziff. 1–5 PflichtvsG zu der Haftpflichtschuld der mitvten Personen im Sinne des § 10 II AKB vor (dafür, daß die erwähnte Konstruktion der Direkthaftung des Vers als gesetzlicher Schuldbeitritt umstritten ist, vgl. im übrigen Anm. B 6–9 m. w. N.). Die Besonderheit im Verhältnis zur Haftung des Vers liegt nur darin, daß der gemäß § 2 I Ziff. 1–5 PflichtvsG befreite Halter häufig ohnedies ganz oder teilweise schon für den eingetretenen Schaden aufgrund des materiellen Rechts haftet, so daß dann für den Dritten zwei Anspruchsgrundlagen

I. 1. Zur Vspflicht und deren Ausnahmen   Anm. C 5

für die Durchsetzung seiner Schadensersatzforderungen zur Verfügung stehen. Nur im ersten Augenblick einleuchtend ist, daß diese Zusatzhaftung des in § 2 I Ziff. 1—5 PflichtvsG aufgeführten Personenkreises nach § 2 II 1 entfällt, wenn dieser eine Kfz-Haftpflichtv abgeschlossen hat. Das hat nämlich für den Dritten den Nachteil, daß er stets vor Erhebung einer Klage nachfragen muß, ob eine solche Haftpflichtv besteht. Diese Einschränkung der Zusatzhaftung ist ohne weiteres entbehrlich, weil dem betreffenden Haftpflichtver dadurch keine zusätzliche Eintrittspflicht in materieller Hinsicht auferlegt wird. Denn für die über die Haftung des Halters hinausgehende Schadensersatzverpflichtung der mitvten Personen hat der Ver ohnedies aufgrund des gesetzlichen Schuldbeitritts einzustehen. Zu der Anwendung des § 2 II 1 PflichtvsG ist zu bedenken, daß die Deckung über einen Schadenausgleich im Sinne des § 2 I Ziff. 5 PflichtvsG dem Abschluß einer den Vorschriften des PflichtvsG entsprechenden Haftpflichtv nicht gleichsteht, auch wenn der Umfang des dergestalt gewährten Vsschutzes dem einer üblichen Kfz-Haftpflichtv entspricht. — Für Einzelheiten zur Eintrittspflicht nach § 2 II 1—3 PflichtvsG vgl. Anm. B 92—96 m. w. N.

[C 4] bb) Sachliche Ausnahmen

Der Gesetzgeber hat ferner eine Reihe von als nicht so schadenträchtig angesehenen Fahrzeugen in § 2 I Ziff. 6 PflichtvsG von der Vspflicht ausgenommen. Im Zusammenhang gelesen lautet diese Bestimmung wie folgt:

§ 1 gilt nicht für
6. Halter von
   a) Kraftfahrzeugen, deren durch die Bauart bestimmte Höchstgeschwindigkeit sechs Kilometer je Stunde nicht übersteigt,
   b) selbstfahrende Arbeitsmaschinen (§ 18 II Nr. 1 StVZO), deren Höchstgeschwindigkeit zwanzig Kilometer je Stunde nicht übersteigt, wenn sie den Vorschriften über das Zulassungsverfahren nicht unterliegen,
   c) Anhängern, die den Vorschriften über das Zulassungsverfahren nicht unterliegen.

Hier wäre de lege ferenda eine Abänderung bei den ersten beiden Kfz-Gruppen erwägenswert. Das gilt insbesondere von den in § 2 I Ziff. 6 b) PflichtvsG aufgeführten Arbeitsmaschinen. Trotz der relativ geringen Geschwindigkeit von 20 km/h ist die Beteiligung solcher Arbeitsmaschinen an Verkehrsunfällen nicht selten. Im Interesse der Verkehrsopfer wäre daher eine Absicherung begründeter Schadenersatzansprüche durch eine Vspflicht begrüßenswert.
Hingegen ist der Ausschluß der Vspflicht für die Haftpflicht aus dem Gebrauch der nicht den Zulassungsvorschriften unterliegenden Anhänger nicht zu tadeln. Das ergibt sich daraus, daß nach § 10 a I AKB die Kfz-Haftpflichtv des mit dem Anhänger verbundenen Fahrzeugs weitgehend auch die durch den Anhänger verursachten Schäden mitumfaßt (vgl. zum Anwendungsbereich der Anhängerhaftpflichtv gemäß § 10 a II, III AKB Anm. G 57).

[C 5] c) Exkurs: Strafrechtliche Ahndung des Verstoßes gegen die Versicherungspflicht

Um dem gesetzgeberischen Gebot der Vsnahme hinreichenden Nachdruck zu verschaffen, ist eine strafrechtliche Sanktion für den Fall der Zuwiderhandlung in § 6 PflichtvsG verankert worden. Es wird nämlich nach § 6 I PflichtvsG mit Freiheitsstrafe bis zu einem Jahr oder mit Geldstrafe bestraft, wer ein Fahrzeug auf öffentlichen Wegen oder Plätzen gebraucht oder den Gebrauch gestattet, obwohl für das Fahrzeug der nach § 1 PflichtvsG erforderliche Haftpflichtvsschutz nicht oder nicht mehr besteht. Bestraft wird nach § 6 II PflichtvsG auch ein fahrlässiges Tun. Im Vorsatzfall kann sogar nach § 6 III PflichtvsG das Fahrzeug eingezogen werden, wenn es dem Täter oder Teilnehmer zur Zeit der Entscheidung gehört. Dieses System strafrechtlicher Sanktionen ist im Interesse der lückenlosen Erfassung der Haftpflichtvsrisiken im Kfz-Bereich zu begrüßen. Zwar gibt es eine Reihe spezieller Bestimmungen, durch die gesichert ist, daß der geschädigte Dritte auch bei Gebrauch eines nicht unter Vsschutz stehenden Fahrzeugs entschädigt wird (vgl. § 3 Ziff. 4 und 5 sowie § 12 I Ziff. 2 PflichtvsG und die Erläuterungen dazu in Anm. B 43–46 sowie B 107). Das ändert aber nichts daran, daß ein derartiges Zuwiderhandeln sanktionswürdig ist. In diesem Zusammenhang können sich eigenartige Überschneidungen zwischen zivil- und strafrechtlichen Grundsätzen ergeben. So tritt nach dem Wortlaut des § 1 II 4 AKB bei nicht rechtzeitiger Zahlung der Erstprämie eine vorläufige Deckungszusage in gewissen Fällen rückwirkend außer Kraft. Diese Bestimmung ist in der Rechtsprechung des BGH bisher stets als wirksam angesehen, wenn auch tunlichst restriktiv ausgelegt worden (vgl. dazu die Nachweise in Anm. D 9–13). In strafrechtlicher Beziehung ist aber zu Recht angenommen worden, daß ein bei der Ausübung erlaubtes Tun nicht nachträglich dadurch zu einem strafbaren Handeln im Sinne des § 6 I PflichtvsG werden könne, daß der Vmer es nach Eintritt des Versicherungsfalles unterlasse, die Erstprämie zu entrichten mit des Konsequenz des rückwirkenden Entfallens des Vsschutzes (BGH 16.IV.1985 NJW 1986 S. 439–440). Umgekehrt führt aber auch die rückwirkende Wiederherstellung eines aufgelösten Vsverhältnisses nach § 39 III 3 durch Zahlung der Prämie nicht dazu, daß das verbotene Gebrauchen eines nicht vten Fahrzeugs nachträglich straffrei wird (BGH 3.XI.1983 BGHSt Bd 32 S. 152–158).

In den strafrechtlichen Erkenntnissen werden im übrigen die speziellen vsrechtlichen Besonderheiten der Kraftfahrzeughaftpflichtv gelegentlich verkannt. So stellt OLG Zweibrücken 17.II.1989 DAR 1989 S. 274–275 darauf ab, ob bei nicht nachgewiesenem Zugang einer Rücktrittserklärung das Vsverhältnis durch die Rücktrittsfiktion des § 38 I 2 beendet worden sei, ohne dabei zu bedenken, daß damit der Vsschutz durch die vorläufige Deckung nicht entfällt (dazu Anm. D 9–13). Für weitere strafrechtliche Erkenntnisse vgl. die Zusammenstellung in DAR 1989 S. 274.

2. Annahmezwang

Gliederung:

a) Grundsatz C 6
b) Ausnahmen gemäß § 5 IV PflichtvsG C 7–10
   aa) Vorbemerkung C 7
   bb) Einzelheiten C 8–10

   aaa) Sachliche und örtliche Beschränkungen C 8
   bbb) Zahlungsverweigerung bezüglich eines Beitragszuschlags C 9
   ccc) Unzuträglichkeiten aus früheren Vsverträgen C 10
c) Weitere inhaltliche Begrenzungen des Annahmezwanges C 11

[C 6] a) Grundsatz

Nach § 5 II PflichtvsG sind die im Geltungsbereich dieses Gesetzes zum Betriebe der Kfz-Haftpflichtv befugten Vsunternehmen verpflichtet, den in § 1 PflichtvsG genannten Personen nach den gesetzlichen Vorschriften V gegen Haftpflicht zu gewähren. Diese Bestimmung stellt sicher, daß die zum Abschluß eines Haftpflichtvsvertrages verpflichteten Kfz-Halter auch stets auf einen Pflichthaftpflichtver tref-

I. 2. Annahmezwang

fen, der einen Vsantrag im gesetzlich vorgeschriebenen Umfang akzeptiert. Es handelt sich um einen gesetzlich verankerten **Annahmezwang**, der in erster Linie im Interesse des Verkehrsopfers, darüber hinaus aber auch in dem des Vmers und — mindestens ebenso wichtig — auch in dem der mitvten Personen vom Gesetzgeber angeordnet worden ist. Dieser **gesetzliche Kontrahierungszwang** in der Kfz-Haftpflichtv ist keine isolierte Erscheinung des Vsrechts. Vielmehr finden sich entsprechende Sonderregelungen, in denen auf den unterschiedlichsten Rechtsgebieten ein Kontrahierungszwang verankert ist, in einer ganzen Reihe von Spezialgesetzen in über rund 40 Fällen in unserem Rechtssystem (vgl. dazu die Aufzählung bei Kilian AcP Bd 180 S. 53). Zur speziellen gesetzlichen Durchsetzung des Annahmezwangs durch die in § 5 III PflichtvsG verankerte Annahmefiktion vgl. Anm. C 16—19 sowie für die rechtliche Behandlung derjenigen Fälle, in denen der Ver unberechtigt die Annahme verweigert, Anm. C 20—25.

Zwischen der **Verpflichtung der Halter**, gemäß § 1 PflichtvsG für Vsschutz zu sorgen, und der der Ver, **Vsanträge im gesetzlichen Rahmen zu akzeptieren**, besteht ein sinnvoller Zusammenhang. Der Staat bedient sich der Kfz-Haftpflichtver zur Durchführung einer Aufgabe der Daseinsvorsorge. Diese besteht aus gesetzgeberischer Sicht vor allem darin, daß die begründeten Schadensersatzansprüche, die auf den Gebrauch eines Kfz zurückzuführen sind, erfüllt werden. Der Ver wird darüber hinaus aber auch mit der **Regulierungsarbeit** belastet. Dazu gehört als wesentlicher Faktor die **Abwehr unbegründeter Schadensersatzansprüche**, die häufig aus übersteigerter Begehrlichkeit erhoben werden.

Der **Annahmezwang** ist bisher für die Pflichthaftpflichtv für Kraftfahrzeughalter als **unerläßlich** angesehen worden, um **Systemlücken** zu vermeiden. Das ist im geltenden Recht bei der Interpretation der Ausnahmen vom Annahmezwang zu beachten. Sie führt zu einer Auslegungstendenz des Inhalts, daß die Ausnahmen vom Annahmezwang tunlichst eng auszulegen sind. Dabei spielt ergänzend nicht nur das gesetzgeberische Ziel eines möglichst lückenlosen Vsschutznetzes eine Rolle, sondern auch die Überlegung, daß dem Halter keine dem Pflichtvsgedanken konträren Abschlußschwierigkeiten bereitet werden dürfen.

Es bleibt abzuwarten, ob im Zuge der europäischen Entwicklung zu einem einheitlichen Wirtschaftsraum zum 1.VII.1994 in Deutschland der **Annahmezwang entfällt** (vgl. dazu Anm. A 22) und ob sich das bewährt.

Zu beachten ist, daß sich der in § 5 II festgelegte Annahmezwang auf alle in § 1 PflichtvsG genannten Personen bezieht. Es fehlt an einer gesetzlichen Bestimmung des Inhalts, daß der Annahmezwang dann nicht gelte, wenn ein **Halter** einen **Vsantrag stellt, der nach § 2 I PflichtvsG nicht unter die Vspflicht fällt**. Nach Sinn und Zweck der Gesamtregelung ist dahin zu entscheiden, daß die Ver auch die Anträge derartiger Halter annehmen müssen. Die Ausnahmeregelung in § 2 I PflichtvsG ist dabei als ein Privileg der dort aufgeführten Gruppen zu verstehen. Machen sie davon keinen Gebrauch, sondern streben sie den Schutz der gesetzlichen Haftpflichtv an, so sind sie wie alle anderen Halter zu behandeln. Daß derartige Halter auf diese Art unter Umständen nur sog. „schwere Risiken" unter den Vsschutz stellen, ist kein ausreichender Grund dafür, eine entgegengesetzte Auslegung vorzunehmen.

Für die **Fahrzeug- und die Kraftfahrtunfallv** gibt es einen derartigen gesetzlichen **Annahmezwang nicht**. Dem Ver steht es daher frei, Anträge aus diesen Sparten der Kraftfahrtv abzulehnen. Das gilt auch dann, wenn sie mit einem Antrag auf Abschluß einer Kraftfahrzeughaftpflichtv verbunden sind. Eine entsprechende Anwendung des § 5 PflichtvsG scheidet insoweit aus. Es setzt sich vielmehr der Grundsatz durch, daß es im Ermessen des einzelnen Rechtsbürgers steht, ob er kontrahieren will oder nicht. Das Verhalten eines Vers, daß er nur bereit ist, gemäß seiner gesetzlichen Verpflichtung zu kontrahieren, nicht aber auch hinsichtlich der aufgeführten Nebensparten der Kraftfahrtv, darf demgemäß auch **nicht als rechtsmißbräuchlich** bewertet werden. Vielmehr macht ein derartiger Ver nur von den ihm gesetzlich eingeräumten Rechten Gebrauch. Das gilt selbst dann, wenn der Ver sich bei seiner Teilablehnung von der Hoffnung leiten läßt, daß der Vmer in einem derartigen Fall den Antrag auf Abschluß der Kraftfahrzeughaftpflichtv zurückziehen werde, weil es weitgehend üblich ist, bei der Kombination mehrerer Vsarten im Bereich der Kraftfahrtv diese Verträge bei ein- und demselben Ver unterzubringen (vgl. ergänzend BGH 23.II.1973 NJW 1973 S. 751–752 = VersR 1973 S. 409–411, ferner Anm. C 13 und 17 m. w. N.).

[C 7] b) Ausnahmen gemäß § 5 IV PflichtvsG
aa) Vorbemerkung

In § 5 IV PflichtvsG ist im einzelnen aufgeführt, in welchen Fällen ein Ver den Antrag des Vmers auf Abschluß eines Kraftfahrzeuhaftpflichtvertrages rechtmäßig ablehnen darf. Nicht geregelt ist im Gesetz, was zu gelten hat, wenn alle in der Bundesrepublik Deutschland zum Betrieb der Kraftfahrzeughaftpflichtv zugelassenen Ver nach Maßgabe der in § 5 IV aufgeführten Gründe zur Ablehnung des Antrages eines bestimmten Vmers berechtigt wären. Eine Lösung dieser Frage war früher in § 5 I der DVO vom 6.IV.1940 (RGBl. I S. 617) angedeutet. Es war dort der Zusammenschluß der die Kraftfahrzeughaftpflichtv betreibenden Ver zu einer Vergemeinschaft vorgesehen, um den Vsschutz in jedem Fall sicherzustellen. Angesichts der Vielzahl der in der Bundesrepublik Deutschland die Kraftfahrzeughaftpflichtv betreibenden Ver ist ein praktisches Bedürfnis nach einem solchen Zusammenschluß der Ver nicht aufgetreten. Die in § 5 DVO vom 6.IV.1940 vorgesehene Institution ist daher nicht ins Leben gerufen worden. Es ist aus dieser Überlegung heraus konsequent, daß ein Hinweis auf einen derartigen Zusammenschluß der die Kraftfahrzeughaftpflichtv betreibenden Ver im PflichtvsG n. F. aus dem Jahr 1965 nicht mehr auftaucht.

Bei der Interpretation der nachstehend aufgeführten Ablehnungsgründe gemäß § 5 IV PflichtvsG ist die gesetzgeberische Tendenz nach einem tunlichst lückenlosen Annahmezwang mit in die Überlegung einzubeziehen. Nach diesem Grundgedanken ist eine weitherzige Auslegung des § 5 IV PflichtvsG oder gar eine Erweiterung der Ablehnungsgründe auf im Gesetz nicht aufgeführte Fälle nicht akzeptabel. Zu Recht nehmen daher Fleischmann–Deiters in Thees–Hagemann[2] Anm. 3 zu § 3 DVO, S. 136 an, daß in folgenden Fällen, die in § 5 IV PflichtvsG nicht erwähnt sind, kein Ablehnungsrecht gegeben sei: Anfechtung gemäß § 119 BGB, Kündigung wegen Verletzung vertraglicher Obliegenheiten, wegen Gefahrerhöhung oder aus Anlaß der Veräußerung eines vten Fahrzeugs (zur Einschränkung des Kündigungsrechts des Vers aus Anlaß einer Veräußerung des vten Fahrzeugs vgl. Anm. D 50).

Zu überlegen wäre allerdings, ob dem Ver zusätzlich zu den in § 5 IV PflichtvsG normierten Gründen ein Ablehnungsrecht in denjenigen Fällen zuzubilligen ist, in denen bereits bei einem anderen Ver eine Haftpflichtv für das betreffende Kraftfahrzeugrisiko besteht. Es ließe sich für eine solche Auffassung anführen, daß kein Bedürfnis für den Annahmezwang gegeben sei, wenn bereits Vsschutz bestehe, auch könnten andernfalls unerwünschte Doppelven entstehen. Indessen ist zu bedenken, daß ein sorgsamer Vmer bei einem beabsichtigten Wechsel des Vers sich rechtzeitig Gedanken darüber machen wird, ob er ohne Schwierigkeiten neuen Vsschutz erhält. Deshalb ist es verständlich, wenn ein solcher Antrag schon dann gestellt wird,

I. 2. Annahmezwang   Anm. C 9

wenn der Vorvertrag noch läuft. Ob der Vmer die Fristen für einen derartigen Deckungsanschluß zutreffend berechnet hat oder ob sich Überschneidungen ergeben, sollte nicht außerhalb des Gesetzes zum Maßstab für die Kontrahierungspflicht des Vers gemacht werden. Vielmehr gilt der Grundsatz, daß Ablehnungsgründe anderer Art als die in § 5 IV PflichtvsG aufgeführten gegenüber Vsanträgen, die sich an die gesetzlichen und vertraglichen Rahmenbedingungen der Kraftfahrzeughaftpflichtv halten, nicht berücksichtigt werden dürfen (vgl. aber zu den inhaltlichen Begrenzungen des Annahmezwangs Anm. C 11).

[C 8] bb) Einzelheiten

Die Ausnahmen zu dem in § 5 II verankerten Annahmezwang sind in § 5 IV PflichtvsG präzise niedergelegt. Ist streitig, ob einer dieser Ausnahmefälle gegeben ist, so trifft den Ver nach allgemeinen Grundsätzen dafür die Darlegungs- und Beweislast. Im einzelnen ist zu den Ablehnungsgründen folgendes zu bemerken:

aaa) Sachliche und örtliche Beschränkungen

Nach § 5 IV Ziff. 1 PflichtvsG stellt es einen zu respektierenden Ablehnungsgrund dar, wenn sachliche oder örtliche Beschränkungen im Geschäftsplan des Vers dem Abschluß des Vertrages entgegenstehen. Gedacht ist bei den sachlichen Beschränkungen z. B. an Spezialver für den öffentlichen Dienst oder für Taxifahrer oder Fahrlehrer. Zumeist wird eine derartige Beschränkung auf bestimmte Gruppen schon im Namen des Vers zum Ausdruck kommen, so daß es deshalb kaum zu Anträgen anderer Interessenten kommt (für einen davon abweichenden Ausnahmefall vgl. BGH 30.IX.1981 VersR 1982 S. 259-260 = ZfS 1982 S. 51 [gek.]; vgl. dazu auch OLG Koblenz 28.III.1980 VersR 1981 S. 247-248 [Vorinstanz], ferner OLG Hamm 24.VI.1981 VersR 1982 S. 85-86 für einen Fall, in dem es gar zu einer arglistigen Täuschung darüber gekommen war, ob der Vmer Angehöriger des öffentlichen Dienstes war [dazu Anm. D 21]). Jedenfalls ist eine derartige Ausnahme aus der inneren Ordnung des betreffenden Vers verständlich.

Hingegen ist es mißlich, daß ein Antragsteller nicht ohne weiteres wissen kann, daß eine örtliche Beschränkung der Tätigkeit eines Vers gegeben ist. Es wäre daher wünschenswert, solche Einschränkungen, nach denen es einem Ver z. B. nur gestattet ist, Vmer mit Wohnort oder Sitz in einem bestimmten Land der Bundesrepublik Deutschland zu vern, zu beseitigen.

[C 9] bbb) Zahlungsverweigerung bezüglich eines Beitragszuschlags

Nach § 5 IV Ziff. 2 PflichtvsG ist der Ver zur Ablehnung berechtigt, wenn nach dem für den Ver geltenden Beitragstarif für die V ein Beitragszuschlag verlangt werden kann und der Antragsteller sich nicht zur Zahlung dieses Beitragszuschlags bereit erklärt. Hinsichtlich dieser Ausnahme ist zu überlegen, ob es sich nicht um eine entbehrliche Regelung handelt. Zu bedenken ist, daß die Tarife nach der TarifVO so ausgestaltet sein müssen, daß sie präzise und damit für jeden Vmer nachprüfbar die Höhe des Beitrages ausweisen. Das bedeutet, daß der Tarif nicht so beschaffen sein darf, daß es im Ermessen des Vers steht, ob er im Einzelfall Beitragszuschläge erhebt oder nicht. Demgemäß ist die Anforderung des im Tarif vorgesehenen Beitragszuschlages nicht anders zu betrachten als die der Grundprämie. Erklärt ein Vmer bei der Abgabe eines Antrages auf Abschluß einer Kfz-Haftpflichtv zugleich, daß er nicht bereit sei, die Tarifprämie zu entrichten, so ist der Ver nach dem recht verstandenen Sinn des Annahmezwanges nicht verpflichtet, einen derartigen Antrag zu akzeptieren. Enthält der Antrag des Vmers keinen solchen Zusatz, so kommt mit der erklärten Annahme des Antrages durch den Ver oder (bei verspäteter Reaktion des Vers) nach Ablauf der Frist von 2 Wochen gemäß § 5 III PflichtvsG (vgl. dazu Anm. C 16–19) der Vsvertrag mit dem im Tarif vorgesehenen Beitrag, zu dem auch die sich ordnungsgemäß aus dem Tarif ergebenden Beitragszuschläge gehören, zustande.

[C 10] ccc) Unzuträglichkeiten aus früheren Versicherungsverträgen

Die in § 5 IV Ziff. 3 PflichtvsG aufgeführten Ablehnungsgründe sind unter lit. a) und b) sowie in der ersten Alternative des lit. c) dadurch gekennzeichnet, daß sich der Vmer als **vertragsuntreu** erwiesen hat. Als erstes wird in § 5 IV Ziff. 3 a PflichtvsG der Fall aufgeführt, daß der Ver einen früheren Vsvertrag wegen **Drohung oder arglistiger Täuschung** angefochten hat. Solche Fälle sind zwar in der Kfz-Haftpflichtv sehr selten (vgl. dazu auch Anm. D 17); es leuchtet aber ein, daß dem Ver ein Neuabschluß mit einem derartigen Vmer nicht zuzumuten ist. Es fragt sich, ob das auch dann gilt, wenn ein derartiges Verhalten des Vmers sich nicht auf einen Kfz-Haftpflichtvsvertrag bezogen hat, sondern auf einen eine andere Risikoart betreffenden Vsvertrag. Nach dem Wortlaut der Bestimmung würde auch ein Vsvertrag außerhalb des Kfz-Haftpflichtvsbereichs genügen. Diese gedanklich mögliche Auslegung ist indessen nach dem Sinn des Pflichtvsgedankens zu verwerfen. Es ist § 5 IV Ziff. 3 PflichtvsG vielmehr dahin zu interpretieren, daß es für die unter lit. a) aufgeführte Anfechtung wegen Drohung oder arglistiger Täuschung und für alle anderen aufgeführten Fälle nur auf ein entsprechendes vertragsuntreues Verhalten des Vmers in einem Kraftfahrzeughaftpflichtvsverhältnis oder in den Nebensparten der Kraftfahrtv (Fahrzeug- oder Kraftfahrtunfallv) ankommt (im Ergebnis ebenso Fromm[2] S. 218, allerdings ohne andere als die genannten Vsarten überhaupt in Betracht zu ziehen).

Weiter fällt auf, daß in Ziff. 3 nichts über eine zeitliche Begrenzung des Ablehnungsrechts gesagt wird. Bei einer buchstabengetreuen Auslegung der genannten Bestimmung könnten demgemäß auch Vorfälle herangezogen werden, die länger als 20 Jahre zurückliegen. Damit würde man aber einem Vmer Unrecht angedeihen lassen, der sich in der Zwischenzeit untadelig benommen hat. Es ist daher eine Korrektur des Gesetzeswortlauts geboten, die dem Zeitablauf Rechnung trägt und die der Grundtendenz des PflichtvsG entspricht, dem Vmer in Verfolg seiner gesetzlichen Pflicht zur Vsnahme keine unangemessenen Hindernisse in den Weg zu legen. Diese Korrektur ist dahin vorzunehmen, daß das Berufen des Vers auf Verstöße, die zehn Jahre oder länger zurückliegen, im Regelfall als unangemessener Gebrauch einer Ablehnungsbefugnis im Sinne des § 5 IV Ziff. 3 PflichtvsG anzusehen ist und demgemäß als unbeachtlich bewertet werden muß. – Ein unangemessener Gebrauch der Ablehnungsgründe kann auch dann vorliegen, wenn der Ver durch vorangegangenes Tun zu erkennen gegeben hat, daß er die Vergangenheit auf sich beruhen lassen wolle und auf die alten Vorgänge deshalb nicht mehr zurückkomme. Das gilt etwa für den Fall, daß der Ver in Kenntnis eines Ablehnungsgrundes einen zeitlich vorangegangenen Antrag des Vmers akzeptiert hat. Dann wird man anzunehmen haben, daß damit das Ablehnungsrecht für spätere Anträge verwirkt sei. Das Gesagte gilt aber gewiß dann nicht, wenn neue Ablehnungsgründe entstanden sind oder der Ver nachweist, daß seine vorangegangene Annahme eines Antrags auf einem Versehen beruhte.

Es leuchtet ein, daß das im vorangegangenen Abschnitt Gesagte im gleichen Maße für die in § 5 IV Ziff. 3 b PflichtvsG aufgeführte Verletzung der **vorvertraglichen Anzeigelast** gilt, die in dieser Massenvssparte ohnedies nur sehr selten vorkommt

I. 2. Annahmezwang Anm. C 10

(vgl. dazu Anm. F 3). Zu beachten ist bei der Anwendung dieser Bestimmung im übrigen, daß die Verletzung der vorvertraglichen Anzeigelast allein nicht zur Ablehnung eines Antrages genügt, daß vielmehr der Ver auch wegen dieser Obliegenheitsverletzung von dem betreffenden Kfz-Haftpflichtvsvertrag **zurückgetreten** sein muß. Das gleiche gilt von dem in Ziff. 3 b) ebenfalls aufgeführten **Verzug mit der Erstprämie**. Dementsprechend genügt nach § 5 IV Ziff. 3 c PflichtvsG auch nicht allein der Verzug mit einer **Folgeprämie**. Vielmehr ist weiter Voraussetzung, daß der Ver wegen dieses Verzuges den Vsvertrag **gekündigt** hat. Werden im übrigen später einvernehmlich die Wirkungen eines an sich berechtigten Rücktritts oder einer Kündigung aufgehoben und der Vertrag fortgesetzt, so ist ein Ablehnungsrecht des Vers für weitere Vsanträge desselben Vmers zu verneinen. Das gilt erst recht, wenn die Wirkung einer ordnungsgemäßen Verzugskündigung aufgrund einer Zahlung des Vmers nach § 39 III 3 entfällt.

Aus der Systematik des § 5 IV Ziff. 3 PflichtvsG fällt die Regelung in lit. c heraus, daß der Ver einen Vsantrag auch dann ablehnen darf, wenn er einen **Vsvertrag nach Eintritt eines Vsfalls gekündigt** hat. Darunter ist nicht etwa jedwede Kündigung nach Eintritt eines Vsfalls zu verstehen, wie z. B. die gemäß § 24 wegen einer Gefahrerhöhung oder eine solche nach § 6 I wegen Verletzung einer vor Eintritt des Vsfalls zu erfüllenden Obliegenheit. Vielmehr ist § 5 IV Ziff. 3 c PflichtvsG rechtstechnisch eng allein auf die in der Praxis sogenannte **Schadenkündigung** bezogen zu verstehen (ebenso Fleischmann-Deiters in Thees-Hagemann[2] S. 136, vgl. auch Anm. C 7).

Der Unterschied zu den anderen in § 5 IV Ziff. 3 PflichtvsG aufgeführten Fällen liegt darin, daß diese alle an ein vertragswidriges Verhalten des Vmers anknüpfen, während der Eintritt eines Vsfalls keine Vertragsverletzung darstellt. Es handelt sich vielmehr um den Eintritt des befürchteten Ereignisses, dessen vertragsrechtlich korrekte Erledigung die eigentliche Hauptleistung des Vers darstellt (ungeachtet dessen, daß die vorhergehende Gefahrtragungsleistung für den risikobewußten Vmer im Sinne einer Beruhigung bezüglich des Eintritts künftiger Gefahren nicht ohne Bedeutung ist; vgl. im übrigen zum Streit zwischen den Anhängern der Gefahrtragungs- und denen der Geldleistungstheorie Möller in Bruck-Möller Bd I Anm. 40–45 zu § 1 m. w. N.) Es ist daher nicht recht verständlich, warum in der Kfz-Haftpflichtv als einer Pflichthaftpflichtv überhaupt gesetzlich das Schadenkündigungsrecht des Vers nach § 158 beibehalten worden ist (vgl. dazu auch Anm. D 28–35). Solange das aber der Fall ist, muß eine darauf gestützte Antragsablehnung durch den Ver als dem Gesetz entsprechend akzeptiert werden.

In diesem Zusammenhang stellt sich die Frage, ob dann, wenn der Ver zu einer Schadenkündigung berechtigt gewesen wäre, er aber eine solche deshalb nicht ausgesprochen hat, weil das Vertragsverhältnis bereits beendet war, z. B. wegen einer Kündigung mit sofortiger Wirkung aus dem Gesichtspunkt der Gefahrerhöhung, von ihm verlangt werden kann, so gestellt zu werden, als wenn er auch eine Schadenkündigung ausgesprochen hätte. Nach dem Wortlaut und Sinn der Bestimmung ist diese indessen strikt zu interpretieren. Eine erweiternde Auslegung kommt nicht in Betracht. Daraus folgt, daß tatsächlich eine Schadenkündigung ausgesprochen worden sein muß. Die Möglichkeit allein, daß eine solche ausgesprochen hätte werden können, genügt nicht für die Zubilligung eines Ablehnungsgrundes.

Das Gesagte gilt auch dann, wenn eine Kündigung aus einem anderen Grunde mit einer Schadenkündigung verbunden wird, die Kündigung aus anderem Grunde aber früher eingreift, so daß die Schadenkündigung ins Leere geht. In einem solchen Fall läßt sich auch nicht mit den Überlegungen zur „Doppelwirkung im Recht" operieren. Vielmehr muß entsprechend dem Zweck des Annahmezwanges streng an dem Vorliegen einer wirksamen Kündigung im Sinne des § 5 IV Ziff. 3 c PflichtvsG festgehalten werden. Anders ist die Situation freilich dann zu beurteilen, wenn eine solche gestaffelte Kündigung mit sofortiger Wirkung und eine Schadenkündigung in Monatsfrist ausgesprochen wird und die Kündigung mit sofortiger Wirkung unwirksam ist, nicht aber die Schadenkündigung.

[C 11] c) Weitere inhaltliche Begrenzung des Annahmezwanges

In § 5 II PflichtvsG ist davon die Rede, daß die im Geltungsbereich dieses Gesetzes zum Betrieb der Kfz-Haftpflichtv befugten Vsunternehmen verpflichtet sind, den in § 1 genannten Personen nach den gesetzlichen Vorschriften V gegen Haftpflicht zu gewähren. Zu diesen gesetzlichen Vorschriften gehören die in § 4 PflichtvsG enthaltenen Regelungen. § 4 I PflichtvsG betrifft die für die Kfz-Haftpflichtv vorgesehenen Vsbedingungen (AKB), die vom BAV genehmigt worden sind. Für diese AKB fehlt es zwar bisher an der in § 4 I 5 PflichtvsG vorgesehenen Rechtsverordnung, nach der sie gegenüber allen zum Betrieb der Kfz-Haftpflichtv zugelassenen Ver für verbindlich erklärt werden können. Das bedeutet, daß aus zivilrechtlicher Sicht durchaus von den AKB abweichende Vereinbarungen getroffen werden können, allerdings nur im Sinne einer Verbesserung des Vsschutzes (streitig, vgl. dazu Anm. A 13 – 14 m. w. N.). Das ändert aber nichts daran, daß ein Ver nach dem in § 5 II PflichtvsG verankerten Annahmezwang nicht gehalten ist, ein Angebot anzunehmen, das im Inhalt von den AKB abweicht. Kommt es zu einem solchen in der Praxis kaum denkbaren Vorgang, so handelt der Ver mit einer Ablehnung daher rechtmäßig.

Wesentlich wichtiger als der im vorangegangenen Abschnitt erwähnte Fall, daß der Vmer bei seinem Antrag auf Abschluß eines Vsvertrages eine von den AKB abweichende bedingungsgemäße Grundlage des Vsvertrages verlangt, ist der, daß der Vmer höhere Vssummen begehrt als die in der Anlage zu § 4 II PflichtvsG festgesetzten Mindestvssummen. Ein solcher Wunsch des Vmers beruht nicht selten auf der werbenden Geschäftspolitik der Ver, die sich bei sogenannten „guten Risiken" regelmäßig um den Abschluß von Vsverträgen mit höheren als den gesetzlich vorgeschriebenen Vssummen bemühen. Das ändert aber nichts daran, daß § 5 II PflichtvsG zu Recht in dem Sinne ausgelegt wird, daß sich der dort statuierte Annahmezwang nur auf die Verpflichtung des Halters zum Abschluß einer Kfz-Haftpflichtv im gesetzlichen Rahmen bezieht, also auf die in der Anlage zu § 4 II PflichtvsG vorgesehenen Mindestvssummen (so BGH 23.II.1973 NJW 1973 S. 751 – 752 = VersR 1973 S. 409–411 m. w. N., 30.IX.1981 VersR 1982 S. 260, 9.VII.1986 VersR 1986 S. 987 = VRS Bd 71 S. 414 Nr. 167, Fromm[2] S. 219–220; a. M. Fleischmann-Deiters in Thees-Hagemann[2] S. 132). Das bedeutet, daß der Ver berechtigt ist, einen derartigen Antrag auf Abschluß eines Vsvertrages abzulehnen. Das gleiche gilt von einem Antrag, der mit anderen Vssparten kombiniert ist, bezüglich derer ein Annahmezwang nicht besteht, also z. B. hinsichtlich einer Fahrzeugv, einer Insassenunfallv oder (früher) einer Gepäckv (BGH 23.II.1973 a. a. O.). Nicht etwa erstreckt sich stillschweigend der Kontrahierungszwang auf die Nebensparten der Kraftfahrtv (vgl. zu diesem Problem ergänzend Anm. C 13 m. w. N.).

Als weiterer wichtiger Fall ist der zu nennen, daß der Vmer den Abschluß des Haftpflichtvsvertrages zu einer Prämie verlangt, die unterhalb der in dem Tarif des Vers für das betreffende Risiko vorgesehenen Prämie liegt. In diesem Zusammenhang sei darauf hingewiesen, daß der Ver nach § 8 I PflichtvsG Vsverträge nur auf der Grundlage von Tarifen (Beiträgen und Tarifbestimmungen) abschließen darf, die nach Maßgabe des § 8 II PflichtvsG behördlich genehmigt sind. Es ist freilich umstritten, welche zivilrechtlichen Folgen ein Abweichen von dieser Tarifregelung hat (vgl. dazu Anm. E 4—8). Das ändert aber nichts daran, daß der Ver gewiß berechtigt ist, einen solchen vom Tarif abweichenden Antrag abzulehnen (vgl. auch Anm. C 17 dazu, welche Wirkungen es hat, wenn der Ver auf einen solchen Antrag innerhalb der Frist des § 5 III PflichtvsG nicht reagiert).

Das korrekte Verhalten des Vers in den aufgeführten vier Fällen, die gedanklich in allen Kombinationsvarianten auftreten können, müßte dieses sein, daß er den Vmer unverzüglich darauf hinweist, daß er nicht bereit sei, von den AKB abweichende Bedingungen zu vereinbaren, daß er nur zu den Mindestvssummen und der Tarifprämie kontrahieren wolle und daß er den Abschluß in anderen Vssparten als der Kfz-Haftpflichtv ablehne. Dieser Hinweis müßte zugleich mit der Mitteilung verbunden sein, daß der Ver selbstverständlich aber seiner gesetzlichen Annahmepflicht hinsichtlich der Haftpflichtv genügen werde; der Vmer möge sofort mitteilen, ob er seinen Antrag nach dieser Maßgabe aufrechterhalte (wiederhole). Verhält sich der Ver dergestalt, so hat es der Vmer in der Hand, ob er mit dem betreffenden Ver unter den genannten Einschränkungen kontrahieren will oder nicht. Der Vmer kann durch eine schlichte bejahende Mitteilung zum Ausdruck bringen, daß er das Gegenangebot des Vers akzeptiere. Verhalten sich die Vertragsaspiranten derart, so treten keine Schwierigkeiten in bezug auf die Bestimmung des § 5 III PflichtvsG auf, nach der ein Antrag auf Abschluß eines Haftpflichtvertrages als angenommen gilt, wenn das Vsunternehmen ihn nicht innerhalb von zwei Wochen vom Eingang des Antrags an gegenüber dem Antragsteller ablehnt. Zu dieser Problematik vgl. Anm. C 13—18.

3. Zum Zustandekommen des Kraftfahrzeughaftpflichtversicherungsvertrages

Gliederung:

a) Vorbemerkung C 12
b) Anträge auf Abschluß kombinierter Vsverträge und/oder solcher mit höheren als den Mindestvssummen C 13
c) Annahmefiktion nach § 5 III PflichtvsG C 14—19
   aa) Zur Fristberechnung C 14
   bb) Inhalt und Form des Antrages und der Annahme oder Ablehnung C 15
   cc) Fiktion der Antragsannahme C 16
   dd) Sonderfälle mit Teilfiktionswirkung C 17
   ee) Abgrenzung der Teilfiktionswirkung zur Billigungsklausel nach § 5 VVG C 18
   ff) Beweislast C 19
d) Rechtsfolgen einer unberechtigten Ablehnung eines Vsantrages C 20—26

   aa) Unanwendbarkeit der Abschlußfiktionsregelung nach § 5 III PflichtvsG C 20
   bb) Durchsetzung des Anspruchs auf Abschluß des Haftpflichtvertrages
      aaa) Klageweg C 21
      bbb) Einstweilige Verfügung C 22
   cc) Schadensersatzverpflichtung des Vers aus culpa in contrahendo C 23—26
      aaa) aus unbegründeter Ablehnung C 23
      bbb) Aus Versuchen des Vers, den Kontrahierungszwang zu unterlaufen C 24—25
         α) Rundschreiben des BAV vom 12.VII.1983 bezüglich beanstandeter Annahmerichtlinien C 24
         β) Stellungnahme C 25
      ccc) Sonstige Fälle C 26

[C 12] a) Vorbemerkung

Die allgemeinen Grundsätze des bürgerlichen Rechts über den Abschluß eines Vsvertrages gelten auch für den Kfz-Haftpflichtvertrag. Da diese Prinzipien im Rahmen des Gesamtkommentars schon mehrfach eingehend dargestellt worden sind, wird davon abgesehen, diesen Fragenkreis erneut systematisch abzuhandeln. Insoweit wird vielmehr auf die grundlegende Darstellung bei Möller Bd I Anm. 52–130 zu § 1 verwiesen und auf die Ergänzungen durch Wriede Krankenv Anm. C 1–24 (1973), Wagner Unfallv Anm. C 1–46 (1978) sowie Sieg Feuerv Anm. D 1–45 und Winter Lebensv Anm. C 1–263 (beide aus dem Jahre 1985). Das Ziel der nachfolgenden Erörterungen ist es vielmehr, in erster Linie nur die sich aus dem Pflichtvscharakter und aus dem Annahmezwang ergebenden Besonderheiten der Kfz-Haftpflichtv darzustellen und zu erläutern.

[C 13] b) Anträge auf Abschluß kombinierter Versicherungsverträge und/oder solche für höhere als die Mindestversicherungssummen

Besonderheiten im Verhältnis zu den überkommenen Grundsätzen des bürgerlichen Rechts ergeben sich bei einem Antrag eines Vmers, der sich nicht allein auf die gesetzlich vorgeschriebene Haftpflichtv bezieht. Das kann in der Weise erfolgen, daß neben der derart gebotenen Haftpflichtv auch der Abschluß eines Fahrzeugvertrages und/oder einer Kraftfahrtunfallv begehrt wird, für die es gesetzlich weder einen Abschluß- noch einen Annahmezwang gibt. Werden Anträge auf Abschluß solcher Verträge in Verbindung mit einem Haftpflichtvsantrag gestellt, so dürfen sie nach den Prinzipien der Vertragsabschlußfreiheit vom Ver abgelehnt werden. Dabei kommt es auf die Beweggründe für eine solche Ablehnung durch den Ver nicht an. Es fragt sich, ob dieser Grundsatz auch dann zum Tragen kommt, wenn diese Anträge zusammen mit einem solchen auf Abschluß einer gesetzlich vorgeschriebenen Haftpflichtv gestellt werden. Das ist zu bejahen. Der Ver ist berechtigt, von einem solchen kombinierten Antrag denjenigen Teil abzulehnen, der sich nicht auf die gesetzlich vorgeschriebene Haftpflichtv bezieht. Das gleiche gilt, sofern ein Antrag auf Abschluß einer Haftpflichtv gestellt wird, deren Deckungssummen über die gesetzlich vorgeschriebenen Mindestvsummen hinausgehen sollen (vgl. dazu BGH 23.II.1973 NJW 1973 S. 751–752 = VersR 1973 S. 409–411 m. w. N., 30.IX.1981 VersR 1982 S. 260, 9.VII.1986 VersR 1986 S. 987 = VRS Bd 71 S. 414 Nr. 167 sowie Anm. C 11 und 17 m. w. N.). Dieses Ergebnis folgt aus der Überlegung, daß die Vertragsabschlußfreiheit als Bestandteil der Vertragsfreiheit grundsätzlich nur auf der Basis einer ausdrücklichen gesetzlichen Ausnahmeregelung angetastet werden darf. Wenn der Gesetzgeber in Kenntnis dessen, daß es gang und gäbe ist, daß derart kombinierte Anträge (und solche, die auf höhere als die gesetzlichen Mindestvsummen abzielen) gestellt werden, den Abschlußzwang darauf nicht erstreckt hat, dann darf diese gesetzliche Ausgangslage nicht durch Billigkeitserwägungen subjektiver Art im Wege richterlicher Einzelfallentscheidungen korrigiert werden.

Vgl. dazu aber auch AG Köln 13.XI.1981 VersR 1982 S. 869–870 = ZfS 1982 S. 340–341 m. Anm. von Brentrup VersR 1983 S. 77–78. Das Gericht hat ausgeführt, daß ein Ver, der mit einem überdurchschnittlichen Ausländerrisiko belastet sei, nicht gegen Treu und Glauben verstoße, wenn er es ablehne, außer dem Haftpflichtvsantrag auch den auf Abschluß einer Fahrzeug- oder Kraftfahrtunfallv zu akzeptieren. Die Entscheidung ist im Ergebnis zutreffend. Zu beachten ist aber, daß der Ver nach der hier vertretenen Auffassung gleichermaßen die Anträge von Inländern und Ausländern außerhalb der gesetzlich vorgeschriebenen Haftpflichtv ablehnen darf, ohne daß es dazu einer Begründung bedarf und ohne Rücksicht darauf, wie sich sein Vsbestand zusammensetzt. Der Sachverhalt liegt demgemäß anders als in den Fällen, in denen ein Ver Abschrecktarife mit höheren Beiträgen für Ausländer aufstellt und sich diese vom BAV genehmigen lassen will, wie das in

I. 3. Zum Zustandekommen des Kraftfahrzeughaftpflichtvsvertrages **Anm. C 14**

der Kraftfahrzeughaftpflichtv beabsichtigt war (vgl. dazu BVerwG 17.V.1988 NJW 1988 S. 2191–2194 = VersR 1988 S. 817–820, das den ablehnenden Verwaltungsakt des BAV vollen Umfangs bestätigt hat, ohne dabei nach den gesetzlichen Bestimmungen über die Tarifbildung in der Kraftfahrzeughaftpflichtv die Frage eines Verstoßes gegen das aus Art. 7 I EWGV folgende Diskriminierungsverbot prüfen zu müssen; es muß bezweifelt werden, daß die von Papier ZVersWiss 1982 S. 461–500 vertretene Auffassung, daß der Diskriminierungstatbestand nicht erfüllt werde, in einem Verfahren vor dem EuGH bestätigt worden wäre).

Nach den dargestellten Grundsätzen ergibt sich die Möglichkeit, daß ein Ver nur den Antrag des Vmers auf Abschluß der Haftpflichtv im gesetzlichen Umfang akzeptiert, die daneben bestehenden Deckungswünsche aber ablehnt. Für diejenigen Fälle, in denen der Ver sich innerhalb der Frist des § 5 III PflichtvsG in Schweigen hüllt, ist vom BGH entschieden worden, daß es nach Ablauf der gesetzlichen Frist aufgrund der Annahmefiktion zum Abschluß eines Vsvertrages hinsichtlich des auf die Haftpflichtv im gesetzlichen Umfang bezogenen Teils des Vsantrages kommt (BGH 23.II.1973 a. a. O., 30.IX.1981 a. a. O., 9.VII.1986 a. a. O., vgl. dazu ergänzend Anm. C 17 m. w. N.). Würde man diese Überlegung auf ein im Einklang mit dem Gesetz stehendes aktives Tun des Vers innerhalb der 14-Tagefrist des § 5 III PflichtvsG übertragen, so würde man den Antrag des Vmers nach dem Ermessen des Vers als teilbar ansehen. Dem widerspricht, daß der Vmer seinen Antrag in Übereinstimmung mit der Verkehrsauffassung im Regelfall als Einheit ansieht. Das spricht dafür, eine solche Teilannahmeerklärung gemäß § 150 II BGB zu bewerten. Das bedeutet, daß der Ver hier ein Gegenangebot unterbreitet, das der Annahmeerklärung des Vmers bedarf. Diese braucht nicht ausdrücklich abgegeben zu werden. Konkludentes Handeln genügt. Dieses kann z. B. in der Einlösung der mit dem Schreiben des Vers übersandten Prämienrechnung liegen.

[C 14] c) Annahmefiktion nach § 5 III PflichtvsG

aa) Zur Fristberechnung

Nach § 5 III 1 PflichtvsG gilt der Antrag auf Abschluß eines Haftpflichtvsvertrages als angenommen, wenn der Ver ihn nicht innerhalb einer Frist von zwei Wochen vom Eingang des Antrags an dem Antragsteller gegenüber schriftlich ablehnt. Diese Frist wird gemäß § 5 III 2 PflichtvsG durch die Absendung der Ablehnungserklärung gewahrt. An dieser Regelung fällt auf, daß dem Ver eine relativ lange Überlegungsfrist gelassen wird. Das ist erst seit dem Inkrafttreten des neuen PflichtvsG vom 5.IV.1965 zum 1.X.1965 der Fall. Vorher betrug die Frist fünf Tage. Gegen diese gesetzliche Verlängerung der Frist bestehen im Regelfall keine Bedenken. Das ergibt sich daraus, daß der Vsalltag so ausgestaltet ist, daß in der großen Mehrzahl der Fälle der materielle Vsschutz schon vorher unter einer vorläufigen Deckungszusage beginnt. Für den Vmer eilt die Entscheidung des Vers daher in solchen Fällen, in denen bereits eine Vsbestätigung ausgehändigt worden ist, nicht besonders. Dabei ist zu bedenken, daß der Ver den Vsschutz aus der vorläufigen Deckungszusage nach § 1 II 5 AKB nur mit einer Frist von einer Woche schriftlich kündigen kann (vgl. dazu Anm. D 14).

Die Frist von zwei Wochen beginnt mit dem Zugang des Antrags bei dem Ver. Gleichzustellen ist dabei der Direktion des Vers jede Filial- oder Bezirksdirektion. Darüber hinaus ist § 43 Ziff. 1 zu beachten. Nach dieser Vorschrift gilt jeder Vsagent, auch wenn er nur mit der Vermittlung von Vsgeschäften betraut ist, als bevollmächtigt, in dem Vszweig, für den er bestellt ist, u. a. Anträge auf Schließung eines Vsvertrages entgegenzunehmen. Eine solche Bestellung wird vom Standpunkt des redlichen Verkehrs regelmäßig dadurch nach außen dokumentiert, daß dieser Vsagent im Besitz formalisierter Deckungszusagen in der Form von Vsbestätigungen ist, deren Vorlage nach § 29 b StVZO eine Voraussetzung für die Zulassung eines Kraftfahrzeugs darstellt (dafür, daß der Besitz solcher Vsbestätigungen regelmäßig auch zu einem Vermutungstatbestand des Inhalts führt, daß eine Berechtigung zur Abgabe der für eine vorläufige Deckungszusage erforderlichen Willenserklärungen gegeben sei, vgl. Anm. C 36—37). Demgegenüber findet § 9 AKB, nach dem andere als die im Vsschein bezeichneten Vermittler zur Entgegennahme von Anzeigen und Erklärungen nicht befugt sind, schon deshalb keine Anwendung, weil es im Rahmen eines Anbahnungsverhältnisses an einem solchen Vsschein gerade noch fehlt.

In der Vspraxis ist in den formalisierten Anträgen auf Abschluß eines Vsvertrages durchweg eine Bindungsfrist des Vmers an seinen Antrag von einem Monat vorgesehen. Dazu heißt es in Ziff. I 3 der geschäftsplanmäßigen Erklärungen für die Kraftfahrtv, daß der Ver keine längere Bindungsfrist angeben werde (vgl. Anm. A 5). Diese Erklärung ist in dem Sinne zu verstehen, daß die Ver sich verpflichten, aus davon abweichenden Antragsformulargestaltungen keine Rechte gegenüber den Vmern herzuleiten. Das bedeutet, daß unmittelbare vertragliche Wirkungen zugunsten des Vmers in dem Sinne ausgelöst werden, daß er an eine davon abweichende längere Frist nicht gebunden ist (dafür, daß es eine ganze Reihe von geschäftsplanmäßigen Erklärungen gibt, die derartige zivilrechtliche Wirkungen auslösen, vgl. Anm. A 17 und J 15 m. w. N. zu dieser Streitfrage). Angesichts dessen, daß der Gesetzgeber, wie § 5 III PflichtvsG zeigt, ein Tätigwerden des Vers in der Haftpflichtv binnen 14 Tagen erwartet, wäre zu überlegen, ob nicht die Bindungsfrist dem angepaßt werden sollte. Das ist aber nur eine Bemerkung zur Vereinheitlichung der Fristenwelt in der Kfz-Haftpflichtv. Zivilrechtlich bestehen — insbesondere auch aus dem Gesichtspunkt der Inhaltskontrolle gemäß dem AGBG keine Bedenken gegen eine Antragsbindung des Vmers für eine Zeit von einem Monat (vgl. dazu Bruck—Möller—Winter Lebensv Anm. C 64 m. w. N. für die Annahmefrist von 6 Wochen in der Lebensv).

Zu beachten ist, daß für die Wahrung der Ablehnungsfrist nach § 5 III 2 PflichtvsG die Absendung des Ablehnungsschreibens des Vers genügt. Dadurch bleibt für den Antragsteller unter Umständen ungewiß, zu welchem Zeitpunkt die Frist von 2 Wochen abgelaufen ist. Denn er vermag nicht ohne weiteres zu erkennen, wann diese Absendung erfolgt ist. Die Bestimmung des § 5 III 2 PflichtvsG ist § 153 III nachgebildet, nach dem zur Wahrung der Anzeigen in der Haftpflichtv ebenfalls die Absendung der Anzeige genügt. Eine entsprechende Regelung findet sich im Recht des Handelskaufs in § 377 IV HGB bezüglich der Rügelast des Käufers. Es ist allerdings zweifelhaft, ob es sachgerecht ist, derartige dem Obliegenheitsrecht zuzuordnende Bestimmungen, bei denen es um die Erhaltung vertragsgemäßer Rechte geht, auf die Frage zu übertragen, ob die Ablehnung eines Vertragsangebots fristgemäß erfolgt ist. In die ansonsten für Willenserklärungen geltenden Regelungen im Rahmen der Annahme oder Ablehnung von Angeboten paßt eine solche Bestimmung nicht. Maßgebend ist nach § 130 BGB auf den Zugang der Willenserklärung abzustellen. Es wäre daher wünschenswert, die ohne einleuchtenden Grund in § 5 III 2 PflichtvsG verankerte Systemanomalie entfallen zu lassen, sofern der Annahmezwang künftig überhaupt beibehalten wird.

Zweifelhaft ist im übrigen unter der Fassung des § 5 III 2 PflichtvsG, was zu gelten hat, wenn die Ablehnungserklärung des Vers verloren geht. Eine schlichte Wortinterpretation könnte das Ergebnis nahelegen, daß ungeachtet des Nichtzugangs dieser Ablehnungserklärung des Vers bei Nachweis ihrer Absendung die Frist des § 5 III 1 PflichtvsG gewahrt ist. Dagegen spricht, daß zu der textverwandten Bestim-

I. 3. Zum Zustandekommen des Kraftfahrzeughaftpflichtvsvertrages   Anm. C 15

mung des § 377 IV HGB für den Fall des Verlustes der Mängelrügeanzeige angenommen wird, daß das Verlustrisiko vom Käufer zu tragen sei, so daß eine nach späterer Kenntnis vom Verlust nachgeholte Anzeige in aller Regel nicht mehr als unverzüglich bewertet werden könne (vgl. dazu BGH 13.V.1987 BGHZ Bd 101 S. 49–56; zustimmend Heymann Handelsgesetzbuch, Berlin 1990, Bd 4, Anm. 58 zu § 377 HGB, a. M. Baumbach – Duden – Hopt[28], München 1989, Anm. 4 C zu § 377 HGB m. w. N.). Es leuchtet ein, daß das erst recht für die Beurteilung der Wirksamkeit von Annahme- oder Ablehnungserklärungen gegenüber Vertragsangeboten gelten muß. Das bedeutet, daß die Bestimmung des § 5 III 2 PflichtvsG dahin einschränkend auszulegen ist, daß sie nur zur Anwendung kommen kann, wenn die Erklärung auch tatsächlich zugeht.

Stiefel – Hofmann[15] Anm. 25 zu § 1 AKB, S. 45 vertreten im Anschluß an LG Braunschweig 22.IV.1954 NJW 1954 S. 1573–1575 = VersR 1954 S. 362–363 die Auffassung, daß die gesetzliche Ablehnungsfrist nicht durch Vertrag verlängert werden könne (das war in dem vom Gericht zu beurteilenden Fall im übrigen auch gar nicht versucht worden; vielmehr ging es um die für den Vmer geltende Bindungsfrist, die damals 14 Tage betrug. Dem ist nach dem Gesetzeszweck im Grundsatz beizupflichten (ebenso Fromm[2] S. 220). Insbesondere kann der Ver die Annahmefiktion des § 5 III PflichtvsG weder durch AVB-Formulierungen im Antragsformular noch durch Individualvereinbarungen bei der Antragsentgegennahme ausschließen. Nur ausnahmsweise können Individualvereinbarungen, die nach einer Vorprüfung des Antrages durch den Ver zwischen diesem und dem Vmer im Sinne einer Verlängerung der Frist des § 5 III PflichtvsG getroffen worden sind, dahin umgedeutet werden, daß der Vmer dadurch den Antrag zurücknehme und anschließend erneuere. Das setzt aber voraus, daß achtenswerte Gründe vorliegen, die eine solche Auslegung als nicht mit dem Gesetzeszweck in Widerspruch stehend ausweisen. Das mag z. B. dann der Fall sein, wenn der Ver bei objektiver Würdigung des Sachverhalts nach dem ihm vorliegenden Beweismaterial davon ausgehen durfte, daß ein Ablehnungsgrund gegeben ist, der Vmer aber die Übermittlung von Gegenmaterial ankündigt, das er allerdings nicht in der Frist von zwei Wochen zur Verfügung stellen könne. In einem solchen Fall könnten sich die Kontrahenten damit helfen, daß der Vmer einvernehmlich den Antrag zurücknimmt, um ihn später mit der Vorlage des Entlastungsmaterials zu erneuern. Dann bestehen aber auch keine Bedenken, in dieser Ausnahmesituation einer vereinbarten Verlängerung der Frist Rechtswirksamkeit beizumessen.

[C 15] bb) Inhalt und Form des Antrages und der Annahme oder Ablehnung

Unter einem solchen Antrag im Sinne des § 5 III PflichtvsG ist ein solcher nach § 145 BGB zu verstehen. Der Vmer ist nicht gehalten, ein Antragsvordruck der üblichen Art zu benutzen. Es genügen vielmehr die für die Klassifizierung und Prämienberechnung erforderlichen Angaben in freier Form. Das Gesetz sieht für den Antrag des Vmers auch keine Schriftform vor. In § 9 AKB ist allerdings verankert, daß Anzeigen und Erklärungen des Vmers schriftlich zu erfolgen haben. Diese Vorschrift findet aber nach Vertragsgrundsätzen erst Anwendung, wenn die AKB kraft Vereinbarung Bestandteil des Vsvertrages geworden sind. Das bedeutet, daß der Antrag des Vmers auch mündlich erklärt werden könnte. Das ist indessen eine im Grunde genommen nur theoretische Aussage. Denn sie beachtet nicht das Dokumentationsinteresse des Vers und läßt außer acht, daß dieser im Rahmen eines geordneten Geschäftsbetriebes nicht verpflichtet ist, für den Vmer die Schreibarbeiten zu verrichten. Der Ver kann daher darauf bestehen, daß ein mündlicher Antrag zu

Beweiszwecken schriftlich niedergelegt werde (ungeachtet dessen, daß der Vmer nicht verpflichtet ist, sich dabei der Standardantragsformulare zu bedienen). Läßt der Ver sich allerdings darauf ein, daß ein Vertragsantrag mündlich (oder fernmündlich) gestellt wird, so läuft mit der Entgegennahme des mündlichen Antrags die Frist gemäß § 5 III 1 PflichtvsG.

Entsprechend den dargestellten Grundsätzen für die Form der Angebotserklärung durch den Vmer sieht das Gesetz auch für die Annahmeerklärung durch den Ver keine besondere Form vor. Das bedeutet, daß ein Kraftfahrzeug-Haftpflichtvsantrag von einem Ver auch mündlich akzeptiert werden kann. Das ist allerdings dahin zu ergänzen, daß der Vmer hinsichtlich einer etwa mündlich vereinbarten vorläufigen Deckungszusage nach § 5 V PflichtvsG einen **Anspruch auf Aushändigung einer Vsbestätigung** hat (vgl. zur Durchsetzung eines derartigen Anspruchs im Wege der einstweiligen Verfügung Anm. C 22) und hinsichtlich des endgültigen Vertragsabschlusses gemäß § 3 I einen solchen auf Überlassung eines von dem Ver unterzeichneten Vsscheins. Dagegen enthält § 5 III 1 PflichtvsG eine ausdrückliche Formvorschrift für die Ablehnung eines Vsantrages in der Kfz-Haftpflichtv. Dort wird eine **schriftliche Ablehnung** durch den Ver verlangt. Das bedeutet, daß eine mündliche Ablehnung nicht genügt. Nach § 125 BGB muß die Ablehnungserklärung des Vers aber auch rechtswirksam unterzeichnet sein. Daraus folgt, daß eine hektographierte Unterschrift nicht genügt. Solche Fälle sind aus der Praxis auch nicht bekanntgeworden. Da es sich bei der Ablehnung eines Vsantrages um seltene Ausnahmefälle handelt, die einer Typisierung im Sinne einer vereinfachenden Rationalisierung kaum zugänglich sind, ist ein Bedürfnis nach einer Änderung des § 5 III 1 PflichtvsG im Sinne einer Anpassung an §§ 3 I 2 und 39 I 1 nicht ersichtlich. Erst recht ist unter diesen Umständen eine entsprechende Anwendung dieser Regelungen auf die Ablehnungserklärung nach § 5 III 1 PflichtvsG abzulehnen.

[C 16] cc) Fiktion der Antragsannahme

Lehnt der Ver nicht innerhalb der Frist des § 5 III 1 PflichtvsG (unter Berücksichtigung des Verlängerungseffektes nach § 5 III 2) schriftlich ab, so kommt es (sofern der Ver den Antrag nicht ohnedies schon angenommen hat) aufgrund der **gesetzlichen Annahmefiktion zum Abschluß des Vsvertrages**. Verfehlt wäre es dabei, die Regelung in dem Sinne zu interpretieren, daß sie lediglich im Interesse des geschädigten Dritten und nur im Verhältnis zu diesem das Bestehen eines Vsverhältnisses fingiere. Dafür, daß § 5 III 1 PflichtvsG derart zu verstehen wäre, gibt es vielmehr weder in dieser Vorschrift noch im gesetzgeberischen Gesamtzusammenhang sinnentsprechende Hinweise. Zu Recht ist daher vom OLG Hamm 10.XI.1982 VersR 1983 S. 1123–1124 eine derartige Rechtsverteidigung in einer obiter-dictum-Bemerkung zurückgewiesen worden (vgl. im übrigen auch die in Anm. C 13 zitierten BGH-Entscheidungen, die sämtlich von der sich nach der Gesetzeslage aufdrängenden Betrachtung ausgehen, daß sich die Fiktionswirkung unmittelbar auf den Vertragsabschluß zwischen Ver und Vmer beziehe). Es ist allerdings nicht zu verkennen, daß ein Zusammenhang zwischen der Annahmefiktion nach § 5 III 1 PflichtvsG und dem Schutz des geschädigten Dritten gemäß § 3 Ziff. 4, 5 PflichtvsG gegeben ist. Dieser Schutz des Dritten wird insbesondere deutlich in denjenigen Fällen, in denen zwar der Vsvertrag nach Ablauf der Ablehnungsfrist gemäß § 5 III 1 PflichtvsG zustandegekommen ist, der Ver aber im Verhältnis zum Vmer noch nicht materiell im Risiko ist. Dann greift zugunsten des geschädigten Dritten die Schutzregelung des § 3 Ziff. 4 PflichtvsG ein; denn der Fall der Leistungsfreiheit des Vers wegen Nichtzahlung der Erstprämie gehört zum Schutzbereich dieser Vorschrift (vgl. Anm.

I. 3. Zum Zustandekommen des Kraftfahrzeughaftpflichtvsvertrages   Anm. C 17

B 43). Dabei ist zu bedenken, daß die Annahmefiktion des § 5 III 1 PflichtvsG nicht bedeutet, daß damit der materielle Vsschutz beginnt. Vielmehr hängt der Beginn dieses Vsschutzes ungeachtet dieser Annahmefiktion davon ab, daß der Ver entweder eine vorläufige Deckungszusage erteilt (was in der Kfz-Haftpflichtv in der Alltagspraxis die Regel darstellt, vgl. dazu Anm. C 34) oder aber daß der Vmer auf entsprechende Anforderung des Vers die Erstprämie zahlt. Daß durch das PflichtvsG insoweit keine Systemveränderung im vsvertragsrechtlichen Gepräge geschaffen worden ist, zeigt mit besonderer Deutlichkeit § 5 V PflichtvsG. Dort heißt es, daß der Ver die Aushändigung einer Vsbestätigung von der Zahlung der Erstprämie abhängig machen könne. Eine andere Frage ist es allerdings, ob es nicht zweckmäßig wäre, § 5 III PflichtvsG um die Fiktion auch der Erteilung einer vorläufigen Deckungszusage zu ergänzen, um dem Vmer gegenüber einem abschlußunwilligen Ver die Durchsetzung seines Anspruchs auf Gewährung materiellen Vsschutzes zu erleichtern (vgl. zu den nach der gegenwärtigen Rechtslage bestehenden Schwierigkeiten Anm. C 21–22).

Mit dem durch die Annahmefiktion des § 5 III PflichtvsG zustande gekommenen Vsvertrag hat der Ver das Recht verloren, die Ablehnungsgründe nach § 5 IV PflichtvsG für diesen Antragsvorgang geltendzumachen. Darüber hinaus läßt sich die Auffassung vertreten, daß der Ver durch sein Schweigen auf den ihm zugegangenen Antrag auch eine gewisse Gleichgültigkeit bezüglich der in § 5 IV Ziff. 3 PflichtvsG aufgeführten Ablehnungsgründe aufgezeigt hat, die aus der Person des Vmers folgen. Daraus ergibt sich der Schluß, daß der Ver in einem derartigen Fall bei einem neuen Antrag genauso behandelt werden kann wie ein Ver, der in Kenntnis der sich aus § 5 IV Ziff. 3 PflichtvsG ergebenden Ablehnungsgründe einen neuen Antrag eines solchen Vmers akzeptiert. Das bedeutet, daß es im Regelfall auch bei einem gemäß der Annahmefiktion nach § 5 III PflichtvsG zustandegekommenen Vsvertrag dem Ver untersagt ist, sich bei einem derartigen Antrag desselben Vmers auf Tatbestände zu berufen, die vor dem Abschluß des erwähnten Vertrages liegen. Davon wird nur in besonders gelagerten Fällen abzuweichen sein (vgl. auch Anm. C 10). Zu beachten ist aber, daß der Ver sich bei weiteren Anträgen desselben Vmers ungeachtet des Gesagten auf den Ablehnungsgrund nach § 5 IV Ziff. 1 PflichtvsG berufen kann (und auch auf den nach Ziff. 2, sofern dieser Vorschrift doch entgegen der in Anm. C 9 vertretenen Auffassung ein nachvollziehbarer Anwendungsbereich verblieben ist).

Eine Anfechtung der fingierten Annahmeerklärung des Vers kommt nach dem Sinn und Zweck der Regelung nicht in Betracht. Die Fiktion ist geschaffen worden, um in besonderem Maße der Rechtsklarheit zu dienen. Diesem gesetzgeberischen Ziel würde es widersprechen, wenn man die Fiktionswirkung dadurch aus der Welt schaffen könnte, daß irrige Vorstellungen des Vers – gleich welcher Art – als Grund für eine Anfechtung des nur fingierten Verhaltens zugelassen werden würden. – Dessenungeachtet können sich aber gewiß Ausnahmefälle ergeben, in denen sich das Berufen des Vmers auf die Abschlußfiktion des § 5 III PflichtvsG als ein Rechtsmißbrauch im Sinne eines Verstoßes gegen Treu und Glauben darstellt. Gedacht sei z. B. an den Fall, daß der Vmer es durch ein arglistiges Verhalten erreicht hat, daß der Ver innerhalb der zweiwöchigen Frist des § 5 III keine Ablehnungserklärung abgegeben hat.

[C 17] dd) Sonderfälle mit Teilfiktionswirkung

In Anm. C 11 und 13 ist dem Ver in vier Fällen außerhalb des Katalogs des § 5 IV PflichtvsG ein Ablehnungsrecht aus dem Gesichtspunkt der inhaltlichen

Begrenzung der Vspflicht zugebilligt worden. Es ging dabei zunächst um die Beurteilung eines Antrags auf Abschluß einer Haftpflichtv zu **höheren Vssummen als den in der Anlage zu § 4 II PflichtvsG vorgesehenen Mindestvssummen**. Außerdem wurde als Beispiel der Antrag eines Vmers aufgeführt, der einen von den **AKB abweichenden Vsschutz** verlangte. Ferner wurde auf die für die Praxis bedeutsame Möglichkeit hingewiesen, daß mit einem Antrag auf Abschluß einer Haftpflichtv **auch Vsschutz in der Fahrzeugv oder der Unfallv** begehrt wird. Denkbar ist ferner der Fall, daß der Vmer von dem Ver verlangt, **unterhalb der Tarifprämie** zu kontrahieren. Dem Ver ist in diesen Fällen allerdings nach dem Sinn und Zweck der Vspflicht anzusinnen, den Vmer dabei darauf hinzuweisen, daß er im erstgenannten Fall zum Abschluß nach den gesetzlichen Mindestvssummen bereit sei, im zweiten Fall gemäß den AKB, im dritten bezüglich der Haftpflichtv und im letztgenannten zur Tarifprämie. Verhält sich der Ver dergestalt, so liegt eine zivilrechtlich beachtliche Ablehnung des Vers verbunden mit einem Gegenangebot vor. Die Annahmefiktion des § 5 III PflichtvsG kommt nicht zum Tragen. Zu lösen ist aber die Frage, ob und inwieweit in den vier aufgeführten Fällen die Annahmefiktion des § 5 III PflichtvsG eingreift, wenn der Ver innerhalb der Frist von 2 Wochen nicht derart tätig wird. Vom BGH 23.II.1973 NJW 1973 S. 751 – 752 = VersR 1973 S. 409 – 411 war das zunächst für einen Fall zu beurteilen, in dem nach dem (vom Ver bestrittenen) Vortrag des Vmers ein Antrag auf Abschluß eines Vsvertrages mit höheren als den als gesetzliches Mindesterfordernis vorgeschriebenen Vssummen gestellt worden war. Das Gericht bejahte das Eingreifen der Fiktionswirkung gemäß § 5 III PflichtvsG im Umfang der gesetzlichen Mindestvssummen. Dem ist beizupflichten (ebenso BGH 9.VII.1986 VersR 1986 S. 987 = VRS Bd 71 S. 414 Nr. 167, Asmus Kraftfahrtv[5] S. 62, Bauer Kraftfahrtv[2] S. 116 Anm. 476, Pienitz–Flöter[4] Anm. B zu § 1 AKB, S. 5, Prölss–Martin[25] Anm. 4 zu § 3, S. 69, Stiefel–Hofmann[15] Anm. 26 zu § 1 AKB, S. 46, a. M. Fromm[2] S. 222, der zwar mit der h. A. entgegen Fleischmann–Deiters in Thees–Hagemann[2] S. 134 eine Verpflichtung des Vers zur Annahme eines über die Mindestvssummen hinausgehenden Teils verneint [vgl. auch Anm. C 11], die Fiktionswirkung aber auf höhere Vssummen erstreckt wissen will). Es ging dabei im Falle BGH 23.II.1973 a. a. O. zwar noch um einen Sachverhalt, der nach § 3 I der DurchführungsVO vom 6.IV.1940 zum PflichtvsG vom 7.XI.1939 zu beurteilen war. Die rechtliche Ausgangssituation ist aber damals wie heute die gleiche. Deshalb ist diese Rechtsauffassung auch durch BGH 9.VII.1986 a. a. O. zutreffend für § 5 PflichtvsG beibehalten worden (im gleichen Sinne schon die sinngemäße Bezugnahme in BGH 30.IV.1981 VersR 1982 S. 260). Insbesondere ergibt sich aus § 158 k keine abweichende Lösung, da diese Bestimmung erst nach rechtswirksamer Vereinbarung einer über die Mindestvssummen hinausgehenden Deckung zum Zuge kommt (vgl. in diesem Zusammenhang ferner Anm. B 47 m. w. N. dafür, daß im gestörten Vsverhältnis dem Dritten auch nur die Mindestvssummen zum Zugriff zur Verfügung stehen; dort bedurfte es allerdings eines gesetzgeberischen Hinweises, der in der Bezugnahme in § 3 Ziff. 6 PflichtvsG auf § 158 c III zu sehen ist).

Es kommt entscheidend darauf an, den Schutz durch die Annahmefiktion umfassend auszugestalten. Die Teilwirkung in denjenigen Fällen durchzusetzen, in denen sich das Bestreben des Vmers auf einen weitergehenden Vsschutz richtet, entspricht dem Sinn und Zweck der gesetzlichen Regelung. Im gleichen Sinne ist der Fall zu entscheiden, daß sich der Antrag auf weiteren Vsschutz durch eine Fahrzeug- oder Unfallv richtet. Dann kommt nur der Haftpflichtvsvertrag zustande, nicht der gewünschte Gesamtvertrag (BGH 23.II.1973 a. a. O., Prölss–Martin a. a. O., Stiefel–Hofmann a. a. O.). Ebenso ist ein Antrag zu behandeln, der sich auf eine

I. 3. Zum Zustandekommen des Kraftfahrzeughaftpflichtvsvertrages Anm. C 18

Abänderung der AKB oder der Tarifprämie bezieht. Hier greift die Fiktion nur nach Maßgabe der dem Ver genehmigten AKB oder der Tarifprämie ein. Gegen diese Auslegung läßt sich nicht die in Anm. C 13 vertretene Auffassung ins Feld führen, daß eine Erklärung des Vers, daß er den Antrag nur im Umfang des gesetzlichen Annahmezwangs akzeptiere, nur die Wirkung eines Gegenangebots habe. Denn damit hat der Ver innerhalb der Frist des § 5 III PflichtvsG seinen Standpunkt im Sinne einer Teilablehnung unmißverständlich zum Ausdruck gebracht, so daß es am Vmer liegt, ob er ein solches Gegenangebot akzeptiert oder nicht. Bei einem solchen aktiven Verhalten des Vers ergibt sich zudem nicht die Frage, die sich für die vorstehend behandelten Fälle stellt, in welcher Weise sich der Vmer von dem durch die Fiktion gewährten, ihm nicht behagenden Teilvsschutz vorzeitig lösen kann, nämlich durch ein außerordentliches Kündigungs- oder Rücktrittsrecht (vgl. dazu Anm. D 23).

[C 18] ee) Abgrenzung der Teilfiktionswirkung zur Billigungsklausel nach § 5 VVG

Zu beachten bei dem Zustandekommen eines Kfz-Haftpflichtvsvertrages im gesetzlichen Umfang aufgrund der Annahmefiktion ist, daß üblicherweise im formalisierten Antrag eine Bindungsfrist für den Vmer von vier Wochen ab Zugang vorgesehen ist (vgl. Nr. I, 3 der geschäftsplanmäßigen Erklärungen; Anm. A 5). Diese Frist ist als eine solche im Sinne des § 148 BGB zu qualifizieren (BGH 23.II.1973 a. a. O.). Sie ist zivilrechtlich wirksam. Insbesondere ist sie weder als überraschend im Sinne des § 3 AGBG anzusehen noch verstößt sie als unangemessen lang gegen § 10 Nr. 1 AGBG (vgl. dazu Anm. C 14 m. w. N., ferner auch BGH 13.XII.1989 NJW 1990 S. 1784–1785 [nicht vsrechtliche Entscheidung]). Durch die nach zwei Wochen eingreifende Annahmefiktion endet diese Bindung des Vmers nicht, soweit der Antrag des Vmers über den gesetzlichen Umfang der Haftpflichtv hinausgeht (BGH 23.II.1973 a. a. O.). Das bedeutet, daß der Ver den Antrag des Vmers über den schon durch die gesetzliche Annahmefiktion zustandegekommenen Haftpflichtvsvertrag hinaus noch vollen Umfangs bis zum Ende der Bindungsfrist annehmen kann. Will der Ver dagegen teilweise ablehnen, so muß er bei der Ausfertigung eines vom Vsantrag abweichenden Vsscheins die Bestimmung des § 5 beachten. Der Ver muß nach § 5 II 2 durch eine besondere schriftliche Mitteilung oder durch einen auffälligen Vermerk in dem Vsschein, der aus dem übrigen Inhalt des Vsscheins hervorgehoben ist, auf Abweichungen vom Vsantrag und darauf hinweisen, daß diese Abweichungen nach § 5 I als genehmigt gelten, wenn der Vmer nicht innerhalb eines Monats nach Empfang des Vsscheins schriftlich widerspricht. Unterläßt der Ver diese Hinweise, so ist gemäß § 5 III die Abweichung für den Vmer unverbindlich und der Inhalt des Vsantrags maßgebend. Auf diese Art kann es daher nach vorangegangener Teilannahme durch die Fiktion des § 5 III PflichtvsG über § 5 III VVG, der zum Teil ebenfalls als Fiktion (so Bruck–Möller Bd I Anm. 17 zu § 5, Bruck–Möller–Winter Lebensv Anm. C 314), zum Teil als unwiderlegbarer Vermutstatbestand qualifiziert wird (Prölss–Martin[25] Anm. 7b zu § 5, S. 85), in den in Anm. C 16 erörterten Fällen zum Abschluß eines vollinhaltlich dem Antrag des Vmers entsprechenden Vertrags kommen. Das gilt auch, wenn der Vmer in seinem Antrag von den AKB in dem Sinne abgewichen ist, daß er diese durch entsprechende Zusätze für sich oder den Dritten besser ausgestaltet hat (a. M. Stiefel–Hofmann[15] Anm. 32 zu § 1 AKB, S. 49; diese Stellungnahme ist insofern nicht ganz aus der Grundkonzeption dieser Autoren erklärlich, als sie nämlich in Anm. 2 zu § 1 AKB, S. 38–39 eine Abweichung von den AKB für zivilrechtlich verbindlich halten; dort geht es allerdings um eine Abänderung der

AKB zu Lasten des Vmers, dem Stiefel−Hofmann dann über einen zivilrechtlichen Schadenersatzanspruch gegen den Ver helfen; vgl. zu diesem Fragenkreis ergänzend Anm. A 14). Zu beachten ist aber, daß nach allerdings nicht unumstrittener Meinung die Billigungsklausel des § 5 nur eingreift, wenn die Annahmeerklärung des Vers dem Vmer innerhalb der Bindungsfrist des § 148 BGB zugeht. Ist das nicht der Fall, so ist der Ver nicht gehalten, derartige Hinweise zu geben (BGH 23.II.1973 a. a. O., 9.VII.1986 VersR 1986 S. 987 = VRS Bd 71 S. 414 Nr. 167, Bruck−Möller Bd I Anm. 6 und 7 zu § 5 m. w. N.; a. M. Prölss−Martin[25] Anm. 2 zu § 5, S. 81 m. w. N.). Die Übersendung des Vsscheines durch den Ver nach Ablauf der Bindungsfrist stellt im Rechtssinne ein neues Vertragsangebot dar (BGH 8.VII.1986 a. a. O.). Es ist dann nach den Gesamtumständen des Falles zu entscheiden, ob ein solches Angebot vom Vmer akzeptiert worden ist oder nicht. Im Falle LG Köln 5.III.1986 ZfS 1986 S. 341−342 wäre es entscheidend auf die nicht erörterte Billigungsklausel gemäß § 5 angekommen, wenn der Zugang des Antrags hätte festgestellt werden können.

Entsprechend der in Anm. C 12 niedergelegten Konzeption dieses Abschnitts wird im übrigen für den verwickelten Meinungsstreit zur Auslegung der komplizierten Billigungsregelung in § 5 auf die Ausführungen von Möller in Bruck−Möller Anm. 1−26 zu § 5 VVG verwiesen, ferner auf die ergänzenden Ausführungen in diesem Kommentar von Wriede Krankenv Anm. C 30−32, Wagner Unfallv Anm. C 42−46 und Winter Lebensv Anm. C 307−314. Dafür, daß es eines **deutlichen Hinweises** bei Abweichungen von dem Antrag des Vmers bedarf, vgl. LG Aachen 31.III.1989 r + s 1989 S. 206−207 (mit der unzutreffenden Annahme, daß es nicht dem freien Ermessen der Vertragspartner unterliege, längere als einjährige Verträge zu vereinbaren, vgl. dazu Anm. A 14 m. w. N. und D 15).

[C 19] ff) Beweislast

Beweispflichtig für das Bestehen eines Vsvertrages ist grundsätzlich derjenige, der sich auf ein derartiges schuldrechtliches Band beruft. Das bedeutet, daß im üblichen System des Vertragsabschlusses von dem den vertraglichen Anspruch Erhebenden die Abgabe der auf den Abschluß gerichteten Willenserklärung und deren Annahme durch den Partner bewiesen werden muß. Diese allgemeine Beweislastregel ist für die Annahmefiktion des § 5 III PflichtvsG nach Sinn und Zweck dieser Vorschrift zu modifizieren. **Dem Vmer obliegt es hier nur, die Abgabe und damit auch den Zugang seiner Vertragsabschlußofferte zu beweisen.** Für die Annahme spricht dann die gesetzliche **Annahmefiktion**. Aus dieser Systematik heraus ist der **Ver damit belastet zu beweisen, daß er eine Ablehnungserklärung in schriftlicher Form abgegeben habe und daß diese auch innerhalb der Frist des § 5 III 1 PflichtvsG abgesandt worden sei**. Behauptet der Vmer dann, eine solche Erklärung nicht erhalten zu haben, so muß der Ver auch deren Zugang beweisen (ebenso Stiefel−Hofmann[15] Anm. 25 zu § 1 AKB, S. 45; dafür, daß der Nachweis der Absendung einer Erklärung durch den Ver auch per eingeschriebenen Brief den Nachweis des Zugangs nicht ersetzt, vgl. nur BGH 27.V.1957 BGHZ Bd 24 S. 308−315, 17.II.1964 NJW 1964 S. 1176−1177 = VersR 1964 S. 375−376).

[C 20] d) Rechtsfolgen einer unberechtigten Ablehnung eines Versicherungsantrages
aa) Unanwendbarkeit der Abschlußfiktionsregelung nach § 5 III PflichtvsG

Nach § 5 IV PflichtvsG darf der Ver nur in den dort aufgeführten Fällen einen Antrag auf Abschluß eines Haftpflichtvsvertrages ablehnen (vgl. dazu Anm. C 7−10). Ungeachtet der gesetzgeberischen Präzision dieses Ausnahmekatalogs ist es denkbar, daß ein Ver zu Unrecht annimmt, daß ihm ein Ablehnungsgrund im Sinne dieser Regelung zustehe. Das kann insbesondere dann der Fall sein, wenn zwischen dem Antragsteller und dem Ver streitig ist, ob einer der in § 5 IV Ziff. 3 a) und b) PflichtvsG aufgeführten Fälle in der Vergangenheit vorgelegen hat oder nicht. Es fragt sich, welche Rechtsfolgen eine solche ungerechtfertigte Ablehnung auslöst. Vertretbar ist die Auffassung, daß entgegen den Prinzipien unseres Vertragsrechts trotz der Ablehnung durch den Ver mit Rücksicht auf die gesetzliche Annahmepflicht der Vertrag mit dem Zugang einer ungerechtfertigten Ablehnung zustande gekommen ist (so Fleischmann–Deiters in Thees–Hagemann[2] S. 136, Fromm S. 219, Schmidt–Tüngler Kraftfahrv S. 68, Taube VersR 1959 S. 681). In diesem Sinne werden im zivilrechtlichen Schrifttum vielfach die über unterschiedliche Rechtsgebiete verstreuten Fälle des Kontrahierungszwangs behandelt (vgl. dazu die Nachweise bei Bydlinski AcP Bd 180 S. 4 Anm. 6 und 7). Die Denkalternative dazu ist es, dem Vmer einen Rechtsanspruch auf Abschluß eines Vertrages einzuräumen. Dieser müßte dann prozessual im Klageweg mit einem Antrag auf Abgabe einer Willenserklärung im Sinne des § 894 ZPO durchgesetzt werden (vgl. dazu Bydlinski a. a. O. S. 3 Anm. 4 m. w. N.). – In diesem Sinne insbesondere Nipperdey, Kontrahierungszwang und diktierter Vertrag, Jena 1920, S. 7 mit der Definition: „Kontrahierungszwang ist die aufgrund der Rechtsordnung einem Rechtssubjekt ohne seine Willensbildung im Interesse des Begünstigten auferlegte Verpflichtung, mit diesem einen Vertrag bestimmten oder von unparteiischer Seite zu bestimmenden Inhalts abzuschließen". Vgl. dagegen die die Vertragstheorie verneinende Definition von Kilian AcP Bd 180 S. 52: „Kontrahierungszwang ist aufzufassen als ein Korrektiv für das marktbedingte Fehlen einer zumutbaren Handlungsalternative für den Begünstigten beim Vertragsabschluß über wichtige Güter oder Leistungen".

Zur Begründung der zuerst genannten Auffassung ließe sich im Kern auch für die Kfz-Haftpflichtv anführen, daß sie am besten der gesetzgeberischen Grundkonzeption Rechnung trägt, der eine unberechtigte Ablehnung gröblich widerspricht. Der rechtliche Weg zum Zustandekommen eines Vertrages trotz der Ablehnungserklärung des Vers könnte dabei der sein, die Bestimmung des § 5 III PflichtvsG entsprechend anzuwenden, nach der bei einem Untätigwerden des Vers innerhalb der dort aufgeführten Frist von 14 Tagen ein Vertragsabschluß fingiert wird. Gegen eine solche Auslegung spricht nicht das ohnedies nur vordergründiger Beachtung werte Argument, daß eine solche auf eine Ausnahmesituation abgestellte Vorschrift einer analogen Anwendung nicht zugänglich sei. Denn dagegen läßt sich einleuchtend einwenden, daß eine für Ausnahmefälle gedachte Vorschrift dann analog angewendet werden darf, wenn es sich um der Interessenlage nach gleichgelagerte Sachverhalte mit entsprechend exzeptionellem Charakter handelt, die damit einer dem Sinn und Zweck des Gesetzes entsprechenden Lösung zugeführt werden. Speziell aus der Sicht des Pflichtvsgedankens muß man sich dabei vergegenwärtigen, daß eine unberechtigte Ablehnung eines Antrages durch einen Ver eine weitaus größere Ausnahme darstellt als dessen Schweigen innerhalb der in § 5 III PflichtvsG festgelegten Frist von zwei Wochen. Denn das letztere kann in einem größeren Betrieb bei einem Stoßgeschäft und einem gleichzeitig auftretenden personellen Engpaß sehr leicht eintreten. Mißbräuche, wie sie in Anm. C 22–26 näher behandelt werden, müssen dabei außer Betracht bleiben. Vielmehr ist von dem gesetzgeberischen Leitbild auszugehen, das einen Ver voraussetzt, der eine strikte Erfüllung der ihm nach dem PflichtvsG auferlegten Aufgaben anstrebt. Ungeachtet dieser Überlegungen ist aber eine solche Analogie zu § 5 III PflichtvsG abzulehnen. Entscheidend ist dabei, daß der Vmer nach der Grundkonzeption des Pflichtvssystems im Prinzip die freie

Auswahl zwischen allen zum Betrieb der Kfz-Haftpflichtv zugelassenen Ver hat (auf die Besonderheit des starken Wettbewerbs am Vsmarkt weist insbesondere auch Bydlinski a. a. O. S. 30 hin). Verhält sich einer dieser Ver systemwidrig durch den Ausspruch einer unbegründeten Vertragsablehnung, so kann es getrost in die Entscheidung des Vspflichtigen gestellt werden, ob er überhaupt noch mit einem derartigen Ver kontrahieren will. Dabei ist zu bedenken, daß es eine durchaus menschlich verständliche Reaktion ist, daß ein derart zu Unrecht abgelehnter Vmer mit einem solchen Ver nicht mehr kontrahieren möchte. Diesen achtenswerten Überlegungen des Vmers ist in der Weise Rechnung zu tragen, daß es ihm überlassen bleibt, ob er seinen Rechtsstandpunkt, daß der Ver abschlußverpflichtet sei, im Klagewege durchsetzt – und sich dabei ergänzend des Eilverfahrens der einstweiligen Verfügung bezüglich der Aushändigung einer Vsbestätigung im Sinne des § 29 a StVZO bedient (vgl. dazu Anm. C 22) –, ob er den Ver auf Schadenersatz in Anspruch nimmt (vgl. dazu Anm. C 23 – 32) oder sich schlicht einem anderen Ver zuwendet, von dem ihm derartige Schwierigkeiten nicht gemacht werden. Das Gesagte bedeutet, daß für den speziellen Kontrahierungszwang in der Pflichthaftpflichtv von der von Nipperdey vertretenen Vertragstheorie auszugehen ist.

[C 21] bb) Durchsetzung des Anspruchs auf Abschluß des Haftpflichtversicherungsvertrages

aaa) Klageweg

Die gesetzliche Regelung ist so zu verstehen, daß dem Vmer, der sich für eine Vsnahme bei einem bestimmten Ver entschlossen hat, gegen diesen ein Anspruch auf Abschluß eines solchen Vertrages zusteht. Zu den Grundprinzipien unserer Rechtsordnung gehört es, daß ein solcher Anspruch im Klagewege geltend gemacht werden kann. In dieser Weise muß der Vmer vorgehen, wenn er eine unbegründete Ablehnung des Vers nicht hinnehmen will. Da der Abschluß des Vertrages bei einer solchen unbegründeten Ablehnung nicht fingiert wird (vgl. Anm. C 20), kommt keine auf Feststellung eines bereits bestehenden Vsverhältnisses gerichtete Klage in Betracht, sondern nur eine solche auf Abgabe einer Willenserklärung im Sinne des § 894 ZPO. Nach § 894 I 1 ZPO gilt die Erklärung erst als abgegeben, wenn das Urteil Rechtskraft erlangt hat. Der Nachteil eines solchen Verfahrens ist eine unter Umständen relativ lange Dauer. Das steht regelmäßig im Gegensatz zu dem für den Vmer gegebenen Eilbedürfnis. Denn dieser bedarf schließlich des Vsschutzes, um rechtmäßig mit seinem Fahrzeug am öffentlichen Verkehr teilnehmen zu können. Um diesem Eilbedürfnis gerecht zu werden, ist es geboten, zusätzlich zur Klage ein Eilverfahren betreffend den Erlaß einer einstweiligen Verfügung zu betreiben (vgl. dazu nachfolgend Anm. C 22).

[C 22] bbb) Einstweilige Verfügung

Um dem Vmer, der mit der Durchsetzung seines Fahrwillens nicht auf das Ende eines langwierigen Rechtsstreits verwiesen werden darf, zu helfen, bietet es sich an, auf einen entsprechend begründeten (und glaubhaft gemachten) Antrag eine einstweilige Verfügung auf Herausgabe einer Vsbestätigung nach § 29 a StVZO zu erlassen. Grundlage dafür ist § 940 ZPO. Nach dieser Vorschrift sind einstweilige Verfügungen auch zum Zwecke der Regelung eines einstweiligen Zustandes in bezug auf ein streitiges Rechtsverhältnis zulässig. Voraussetzung ist grundsätzlich, daß eine solche Regelung als nötig erscheint, um entweder wesentliche Nachteile abzuwenden oder drohende Gewalt zu verhindern. Der Erlaß einer einstweiligen Verfügung kann aber auch aus anderen Gründen als nötig angesehen werden. Die beiden ersten Fälle scheiden im Regelfall aus. Entsprechend dem hohen Rang des **Pflichtvsgedankens** und des damit in der **gegenwärtigen Gesetzeslage** korrespondierenden **Annahmezwangs**, der die Durchführung eines lückenlosen Vsschutzes mitgarantieren soll, ist ein solches **Regelungsbedürfnis** aber als **notwendiger anderer Grund zu bejahen**. Dabei muß aus der rechtsprinzipiellen Sicht des Kontrahierungszwangs der Einwand des Vers zurückgewiesen werden, daß der Vmer sich doch an einen anderen Ver wegen des Abschlusses eines Vsvertrages wenden könne. Denn damit würde der Vmer entgegen den gesetzlichen Intentionen zu einem ihm nicht zuzumutenden Bittgang von Ver zu Ver gezwungen werden. Zuzulassen sind aus der speziellen Sicht des Kontrahierungszwangs grundsätzlich nur solche **Einwendungen** des Vers, nach denen entgegen dem Vortrag des Vmers einer der **Ausnahmefälle** vorliegt, in denen eine **Ablehnung nach § 5 IV PflichtvsG gestattet** ist. Sache des insoweit beweispflichtigen Vers ist es, diese Behauptung glaubhaft zu machen (vgl. ergänzend zu den Ausnahmetatbeständen des § 5 IV PflichtvsG Anm. C 7–10). Der Antrag auf Erlaß einer einstweiligen Verfügung, die gegebenenfalls auf entsprechenden Antrag auch ohne mündliche Verhandlung ergehen könnte, müßte gemäß § 940 ZPO dahin gehen, daß der Ver verpflichtet wird, dem Vmer die gemäß § 29 a StVZO vorgesehene Vsbestätigung auszuhändigen (vgl. für einen ähnlich gelagerten Fall einer einstweiligen Verfügung, in dem der Ver der Zulassungsstelle zu Unrecht die Beendigung des Vsschutzes angezeigt hatte, OLG Hamm 11.VI.1975 VersR 1976 S. 724–725). Zu beachten ist dabei allerdings, daß der Ver nach § 5 V 2 PflichtvsG die **Aushändigung der Vsbestätigung von der Zahlung der ersten Prämie abhängig** machen darf. Es läßt sich nicht ohne weiteres sagen, daß ein Ver, der einen Antrag zu Unrecht ablehnt, sich damit zugleich im Annahmeverzug hinsichtlich der Erstprämie befindet. Etwas anderes würde nur dann gelten, wenn der Vmer seinem Antrag auf Abschluß des Vsvertrages schon einen Scheck über die Erstprämie beigefügt hatte, der mit der Ablehnung zurückgegeben wird, oder wenn der Ver gar den schon auf seinem Konto gebuchten Betrag zurücküberweist. Theoretisch denkbar ist es auch, daß der Ver die nur verbal angebotene Zahlung auch für den Fall ablehnt, daß sich sein Standpunkt bezüglich seiner nach seiner Auffassung nicht gegebenen Annahmeverpflichtung im Rechtsstreit als unzutreffend erweisen sollte. Ist jedenfalls ein solcher Annahmeverzug nicht gegeben oder beruft sich der Ver jetzt entgegen seiner früheren Ablehnung der Entgegennahme jedweder Zahlung im Rechtsstreit hilfsweise darauf, daß ihm doch die Erstprämie nicht zugeflossen sei, so kann das nicht in jedem Fall als rechtsmißbräuchlich eingeordnet werden. Die Lösung wäre im Eilverfahren dahin zu treffen, daß die Anordnung der einstweiligen Verfügung gemäß § 921 ZPO von der Gestellung einer Sicherheitsleistung durch den Vmer in Höhe der Erstprämie abhängig gemacht wird.

[C 23] cc) Schadenersatzverpflichtung des Versicherers aus culpa in contrahendo

aaa) Aus unbegründeter Ablehnung

Ist der Vmer nicht bereit, sich mit dem Ver gerichtlich wegen der unberechtigten Ablehnung in dem in Anm. C 22 skizzierten Eilverfahren mit einem sich möglicherweise anschließenden Hauptprozeß auseinanderzusetzen, so ist zu beachten, daß ihm wegen **schuldhafter Verweigerung des Vertragsabschlusses ein Schadensersatzanspruch zustehen kann** (ebenso, wenn der Ver der Zulassungsstelle unzutreffend meldet, daß kein Vsschutz mehr bestehe, so OLG Hamm 20.X.1989 VersR 1990 S. 846 [nur L. S.], vgl. für einen derartigen Fall auch OLG Hamm 11.VI.1975 VersR 1976 S. 724–725 und Anm. C 22). Angesichts der durch den Kontrahierungszwang gegebenen besonderen gesetzlichen Konstruktion kommt es hier nicht wie sonst in derartigen Fällen darauf an, ob der in Aussicht genommene Vertragspartner den Eindruck erweckt hatte, daß er zum Abschluß des Vertrages bereit sei und daß sein Kontrahent darauf vertraute. Vielmehr ist die Rechtsposition des Vmers dadurch gekennzeichnet, daß er einen Rechtsanspruch auf Abschluß eines Vsvertrages hat, den zu erfüllen der Ver sich weigert. Der Vmer ist daher schadenersatzrechtlich so zu stellen, als wenn der Vertrag bereits abgeschlossen wäre und der Vertragspartner nachhaltig die Erfüllung verweigert. Das bedeutet, daß dem Vmer ein **Schadenersatzanspruch wegen Nichterfüllung** in entsprechender Anwendung des § 326 BGB zusteht. Der Vmer ist somit **nicht auf den Ersatz des negativen Interesses beschränkt**, wie das häufig bei Ansprüchen aus culpa in contrahendo der Fall ist. Vielmehr ist der Vmer so zu stellen, wie er stehen würde, wenn der Ver seiner Kontrahierungspflicht nachgekommen wäre. Das bedeutet z. B., daß der Ver dem Vmer die Mehrprämie zu ersetzen hat, die dieser bei einem anderen Ver, der seiner Kontrahierungspflicht entsprochen hat, zu entrichten hat. Eine derartige Schadenersatzpflicht ist nicht auf das erste Vsjahr beschränkt, sondern besteht im Regelfall für die Dauer der Haltereigenschaft des Vmers für das betreffende Fahrzeug.

Daneben kommt aus dem Gesichtspunkt des Verzuges auch der Ersatz von Taxi- oder Mietwagenkosten sowie ein Nutzungsausfall in Betracht sowie unter Umständen der Ersatz eines Verdienstausfalles. Dieser Anspruch bezieht sich auf die Zeit, in der der Vmer sein Fahrzeug wegen fehlenden Vsschutzes nicht gebrauchen durfte. Nimmt der Vmer eine solche Ablehnung tatenlos hin, also ohne den Rechtsweg zu beschreiten oder sich an einen anderen Ver zu wenden, so ergibt sich hier bezüglich solcher Schadenpositionen unter Umständen eine Begrenzung aus dem Gesichtspunkt eines **mitwirkenden Verschuldens** (§ 254 BGB). — Ein derartiger Anspruch kann im übrigen auch einem Vmer zustehen, der den Weg über das Eilverfahren gemäß Anm. C 22 wählt, und zwar für die Zeit ab Zugang der unberechtigten Ablehnung bis zur Zulassung des Fahrzeugs nach der gerichtlich erzwungenen Herausgabe einer Vsbestätigung.

[C 24] bbb) Aus Versuchen des Versicherers, den Kontrahierungszwang zu unterlaufen

α) Rundschreiben des BAV vom 12. Juli 1983 bezüglich beanstandeter Annahmerichtlinien

In Anm. C 23 ist der Fall in den Vordergrund der Betrachtung gestellt worden, daß der Ver offen entgegen dem Gesetz einen Vsantrag ablehnt. Derartige Fälle kommen nicht häufig vor. Vielmehr wird meist vor einem augenscheinlichen Gesetzesverstoß zurückgeschreckt. Es hat sich aber eine **Grauzone** eines Verhaltens herausgebildet, das sich im Ergebnis wie eine Ablehnung auswirkt. Organisatorisch wird das in der Weise gehandhabt, daß den für den betreffenden Ver handelnden Vermittlern aller Art „Annahmerichtlinien" bezüglich sog. „unerwünschter Risiken" zugeteilt werden. Über diese Verhaltensweisen gibt das nachstehend wiedergegebene Rundschreiben des BAV vom 12.VII.1983 an alle Kraftfahrzeug-Haftpflichtver (VA 1983 S. 276–277) einen instruktiven Überblick:

„Betr.: Verstöße gegen den Annahmezwang in der Kraftfahrzeug-Haftpflichtversicherung, insbesondere Diskriminierung von Ausländern

Das BAV hat sich in jüngster Zeit aufgrund von Beschwerden erneut mit den Annahmerichtlinien verschiedener Kraftfahrtversicherer befaßt und dabei festgestellt, daß eine Reihe von Unternehmen der Versicherung unerwünschter Risiken — insbesondere der Versicherung von Ausländern — mit gesetzeswidrigen oder diskriminierenden Maßnahmen entgegenwirken. Es kann zwar nicht beanstandet werden, wenn die Versicherungsunternehmen ihrem Außendienst untersagen, für Risiken mit überdurchschnittlich schlechtem Schadenverlauf Werbung zu betreiben. Die Maßnahmen und Anweisungen der Versicherungsunternehmen dürfen jedoch nicht gegen gesetzliche Vorschriften verstoßen und sollten jeden Anschein einer willkürlichen Ungleichbehandlung vermeiden. In teilweiser Abänderung und Ergänzung der mit dem Rundschreiben R 6/71 verlautbarten Grundsätze weise ich auf folgendes hin:

Jeder Verstoß gegen den in § 5 Absatz 2 PflVG für die Kraftfahrzeug-Haftpflichtversicherung vorgeschriebenen Annahmezwang muß als Mißstand im Sinne des § 81 VAG angesehen werden. Nur wenn einer der in § 5 Absatz 4 PflVG vorgesehenen Ablehnungsgründe vorliegt, darf ein Antrag auf Abschluß einer Kraftfahrzeug-Haftpflichtversicherung abgelehnt werden. Insbesondere hält das BAV folgende — unerwünschte Risiken betreffende — Anweisungen und Forderungen von Versicherungsunternehmen an ihren Außendienst für nicht zulässig:

1. Anweisung, Versicherungsanträge, die derartige Risiken betreffen, nicht entgegenzunehmen. Es ist auch nicht zulässig, daß der Außendienst angewiesen wird, den Kunden an die zuständige Direktion oder eine übergeordnete Geschäftsstelle zu verweisen.
2. Anweisung, einen Antrag nur entgegenzunehmen, wenn der Antragsteller sich ausdrücklich auf den bestehenden Annahmezwang beruft.
3. Verbot, vorläufige Deckung zu gewähren, es sei denn, daß die zur Feststellung etwaiger Ablehnungsgründe (§ 5 Absatz 4 PflVG) zur Verfügung stehende Frist von 14 Tagen zu einer diesbezüglichen Prüfung auch tatsächlich genutzt wird.
4. Anweisung, die Antragsteller darauf hinzuweisen, daß die Prüfung der Annahmeverpflichtung und ggf. der Versand der Versicherungsbestätigungskarte durch die Hauptverwaltung des Versicherungsunternehmens erfolge und daß dadurch zwangsläufig eine Verzögerung eintrete. Diese Anweisung kommt praktisch einer Ablehnung des Antrags gleich, weil die Antragsteller — durch derartige Hinweise abgeschreckt — versuchen werden, das Risiko bei einem anderen Versicherer unterzubringen. Diese Hinweise sind insbesondere deshalb zu beanstanden, weil sie den Antragsteller über die Rechtslage täuschen. Nach § 5 Absatz 3 PflVG gilt der Antrag auf Abschluß einer Kraftfahrzeug-Haftpflichtversicherung als angenommen, wenn das Versicherungsunternehmen ihn nicht innerhalb einer Frist von zwei Wochen vom Eingang des Antrags an dem Antragsteller gegenüber schriftlich ablehnt. Nach § 29a Absatz 1 Satz 3 StVZO ist der Versicherer verpflichtet, dem Versicherungsnehmer bei Beginn des Versicherungsschutzes die Versicherungsbestätigung kostenlos zu erteilen. Nach Ablauf der Zwei-Wochenfrist des § 5 Absatz 3 PflVG kann also der Antragsteller verlangen, daß ihm die Versicherungsbestätigung oder der Versicherungsschein ausgehändigt wird, wobei allerdings die Aushändigung gemäß § 5 Absatz 5 PflVG von der Zahlung der ersten Prämie abhängig gemacht werden kann.
5. Forderung, daß der Anteil derartiger Risiken am Gesamtbestand bzw. am Neugeschäft der einzelnen Agentur einen bestimmten Prozentsatz nicht übersteigen darf; eine solche Forderung der Direktion würde praktisch einem Annahmeverbot gleichkommen.

6. Anweisung, die Annahme des Antrags davon abhängig zu machen, daß der Kunde mit Jahreszahlung oder Halbjahreszahlung einverstanden ist.
7. Anweisung, bei Entgegennahme des Antrags darauf hinzuweisen, daß der Vertrag beim ersten Schaden oder zum Ablauf des ersten Versicherungsjahres gekündigt wird.

In diesem Zusammenhang wird auf das Urteil des Bundesgerichtshofs vom 30. September 1981, Versicherungsrecht 1982, Seite 259) hingewiesen, in dem die Kündigung einer Kraftfahrzeug-Haftpflichtversicherung zum Vertragsablauf für unzulässig erklärt wird, wenn das Versicherungsunternehmen infolge des Annahmezwangs eine Verpflichtung zum Neuabschluß zu gleichen Bedingungen (Mindestdeckungssummen) trifft.

Das BAV hält es darüber hinaus für erforderlich, bei der Kündigung im Schadenfall bei allen Versicherungsverträgen die gleichen Maßstäbe anzulegen. Ohne individuelle Risikoprüfung soll von der Kündigung kein Gebrauch gemacht werden. Beispielsweise darf nicht aufgrund einer generellen Anweisung jeder Ausländer nach dem ersten Schadenfall gekündigt werden; dagegen wäre z. B. eine Regelung, wonach jedem — ob Inländer oder Ausländer — nach dem zweiten Schaden im Kalenderjahr zu kündigen ist, nicht zu beanstanden.

8. Anweisung, bei Entgegennahme des Antrags die Ausfüllung zusätzlicher Fragebogen zu verlangen.

Das Rundschreiben R 6/71 wird hiermit aufgehoben."

[C 25] b) Stellungnahme

Eine rechtliche Würdigung der vom BAV aufgelisteten Verhaltensweisen ergibt, daß in der Tat mit diesen überwiegend gegen das gesetzliche Prinzip des Annahmezwangs und dem damit verbundenen Rechtsanspruch des Vmers auf Abschluß eines Kraftfahrzeughaftpflichtvsvertrages gearbeitet wird. Zu bezweifeln ist allerdings, ob das auch für das Ansinnen gilt, die volle Jahresprämie im voraus zu verlangen (Nr. 6 des Rundschreibens). Denn dieses Recht des Vers ergibt sich aus § 5 V 2 PflichtvsG. Auch verstößt der Ver nicht gegen das Gesetz, wenn er auf die spätere Möglichkeit einer Schadenkündigung hinweist (Nr. 7 des Rundschreibens). Das kann zwar abschreckende Wirkung haben, entspricht aber § 5 IV Ziff. 3 c PflichtvsG (vgl. dazu Anm. C 10 und D 28—35). Im übrigen gibt es, soweit ersichtlich, auf Schadenersatz gerichtete Rechtsstreitigkeiten wegen der in dem Rundschreiben beanstandeten Verhaltensweisen nicht. Das hängt damit zusammen, daß ein solcher Anspruch im Regelfall nur dann begründet sein kann, wenn es im Zusammenhang mit dem getadelten Vorgehen zu einer Antragsablehnung kommt.

[C 26] ccc) Sonstige Fälle

Neben den in Anm. C 23—25 behandelten Fällen einer culpa in contrahendo durch gesetzwidrige Versuche, den Annahmezwang zu unterlaufen, treten die ansonsten im Vsrecht zu beobachtenden typischen Abschlußstörungen in der Kraftfahrzeughaftpflichtv an Bedeutung zurück. Das hängt mit dem typisierten Umfang des Vsschutzes zusammen. Zwar ist zivilrechtlich ein Abweichen von den AKB und sonstigen genehmigten Bedingungen im Bereich der Kraftfahrzeughaftpflichtv zugunsten des Vmers wirksam (streitig, vgl. Anm. A 12 m. w. N.). Das gleiche gilt von einem Abweichen vom Tarif (streitig, vgl. Anm. E 4—8). Doch ist ein in Deutschland zur Kraftfahrzeughaftpflichtv zugelassener Ver im Regelfall nicht bereit,

I. 4. Vorläufige Deckungszusagen   Anm. C 27

solche zusätzlichen Abreden zu treffen. Das bedeutet, daß kaum Fälle in der Richtung vorkommen, daß dem Ver erfolgreich ein Beratungsverschulden bezüglich einer nicht den Umständen des Einzelfalls angepaßten Ausgestaltung des Vsschutzes vorgeworfen werden kann. Es sei allerdings ein davon abweichendes Beispiel aus der BGH-Rechtsprechung erwähnt, das sich auf den örtlichen Umfang des Vsschutzes in der Fahrzeugv bezieht (BGH 20.VI.1963 BGHZ Bd 40 S. 22–28). Es ging dabei um einen Fall, in dem der Vmer eine Kaskov für eine Fahrt in die Türkei abschließen wollte. Er wurde von dem Vsvertreter (eine für den Ver handelnde Bank) nicht darauf hingewiesen, daß diese Kaskov sich nicht auf den asiatischen Teil der Türkei beziehe. Der BGH verneinte die gewohnheitsrechtliche Haftung auf das Erfüllungsinteresse, weil ein besonderes erhebliches Verschulden des Vmers vorgelegen habe. Der Vmer hatte den Angaben des Angestellten der Bank geglaubt, obwohl die Vsbedingungen den Vsschutz für den in Frage stehenden Fall ausdrücklich verneinten. Der Schadenersatzanspruch des Vmers wurde aus dem Gesichtspunkt der culpa in contrahendo zugesprochen, aber um 50% wegen des mitwirkenden erheblichen eigenen Verschuldens des Vmers gekürzt. Bei der Beurteilung derartiger Fälle ist ganz auf die Umstände des Einzelfalls abzustellen. Vollen Schadenersatz aufgrund der erwähnten gewohnheitsrechtlichen Haftung des Vers auf das Erfüllungsinteresse im Falle eines Versagens des Vsagenten hat z. B. OLG Karlsruhe 18.III.1987 VersR 1988 S. 486 einem der deutschen Sprache nur im geringen Umfang mächtigen Türken zugesprochen. Dagegen ist vom LG Frankenthal 1.IV.1987 VersR 1988 S. 261–262 in einem Fall, in dem auf der internationalen Vskarte auch in türkischer Sprache auf die örtliche Beschränkung auf Europa hingewiesen worden ist, jede Schadenersatzpflicht des Vers verneint worden (vgl. ergänzend Anm. G 42 m. w. N., auch dafür, daß bei einer Ausdehnung des Haftpflichtvsschutzes auf den asiatischen Teil der Türkei vom Vmer regelmäßig die gleichen Vssummen wie in Europa erwartet werden dürfen, streitig).

Dafür, daß die gewohnheitsrechtliche Vertrauenshaftung unter Umständen auch dann zur Anwendung kommt, wenn es darum geht, ob der Vsvertreter dazu bevollmächtigt war, eine **vorläufige Deckungszusage** zu erteilen, vgl. OLG Hamm 12.XI.1982 VersR 1983 S. 1047 m. w. N. (zur Fahrzeugv). Zur Kraftfahrthaftpflichtv kommen derartige Überlegungen mit Rücksicht auf die übliche formularmäßige Vsbestätigung gemäß § 29 a StVZO regelmäßig nicht zum Tragen. Denn hier erweist der Besitz dieser Originalurkunden in der Hand des Vsvertreters im Regelfall die Vollmacht, jedenfalls aber einen im Ergebnis gleichstehenden Rechtsschein (dazu Anm. C 29 und 30).

4. Vorläufige Deckungszusagen

Gliederung:

a) Grundsatz C 27
b) Vertragliche Konstruktion C 28

c) Einzelheiten aus der Rechtsprechung C 29
d) Einordnung der zur Aushändigung von Vsbestätigungen abgegebenen geschäftsplanmäßigen Erklärungen C 30

[C 27] a) Grundsatz

Die Kraftfahrzeughaftpflichtv zeichnet sich dadurch aus, daß in ihr **fast ausnahmslos** von dem von der Vspraxis entwickelten Institut der „**vorläufigen Deckungszusage**" Gebrauch gemacht wird. Es gibt kaum Fälle, in denen nach der Maxime des § 38 II der Beginn des materiellen Vsschutzes von der Einlösung der Erstprämie abhängig ist. Es ist im Gegenteil so, daß im Regelfall die vertraglichen

Anm. C 28 C. Abschluß des Kraftfahrzeughaftpflichtvsvertrages

Beziehungen der Parteien des Vsvertrags damit anfangen, daß der Ver dem Vmer eine Vsbestätigung im Sinne des § 29 a StZVO aushändigt. Diese Vsbestätigung ist in mehrfacher Beziehung von rechtlicher Bedeutung. Zum einen ist sie als Erklärung gegenüber der Zulassungsstelle bestimmt. Diese gewinnt dadurch die Sicherheit, daß Pflichthaftpflichtvsschutz besteht, so daß demgemäß das Fahrzeug eines solchen Halters zur Teilnahme am öffentlichen Verkehr zugelassen werden darf. Zugleich ist diese Erklärung zur Unterrichtung derjenigen Verkehrsteilnehmer gedacht, die später durch den Gebrauch des betreffenden Fahrzeugs einen Schaden erleiden (vgl. für Grenzfälle einer aus der Vsbestätigung folgenden überobligationsmäßigen Haftung des Vers im Sinne des § 3 Ziff. 5 PflichtvsG Anm. B 44 m. w. N.). Darüber hinaus stellt die Aushändigung einer Vsbestätigung (im Sinne der §§ 29 a und b StVZO) an den Vmer im Regelfall die Erteilung einer formalisierten vorläufigen Deckungszusage dar (vgl. nur BGH 25.VI.1956 BGHZ Bd 21 S. 122−128, 29.XI.1956 VersR 1957 S. 23, 8.VI.1964 VersR 1964 S. 841, 8.X.1969 VersR 1969 S. 1088−1089, 17.I.1973 VersR 1973 S. 265−266, 19.III.1986 VA 1986 S. 389 Nr. 822 = VersR 1986 S. 541−542). Diese von der Rechtsprechung mit gutem Judiz erkannte vertragsrechtliche Bedeutung hat mit Wirkung vom 1.I.1971 (VA 1971 S. 4) auch Eingang in die AKB gefunden. Es findet sich nämlich seit dieser Zeit in § 1 II 2 AKB der Satz, daß die Aushändigung der zur behördlichen Zulassung notwendigen Vsbestätigung nur für die Kfz-Haftpflichtv als Zusage einer vorläufigen Deckung gelte. Das ist eine aus der Sicht der Haftpflichtv positiv zu bewertende Bestimmung. Denn sie bestätigt dem Vmer, daß die ihm vom Ver zur Weiterleitung an die Zulassungsstelle überlassene Erklärung auch an ihn als Partner des Vertrages über die Vereinbarung einer vorläufigen Deckungszusage gerichtet ist.

Aus der Sicht der **anderen Sparten der Kraftfahrtv**, speziell der **Fahrzeugv**, ist die Bestimmung negativ zu bewerten. Das ergibt sich daraus, daß sie den Vmer, der nach Eintritt eines Schadenfalles das Bedingungswerk studiert, zu der Auslegung führen könnte, daß entgegen BGH 8.X.1969 a. a. O. in der Aushändigung einer solchen Vsbestätigung keine vorläufige Deckungszusage auch für die Fahrzeugv gesehen werden könne. Diese Entscheidung bezog sich zwar auf den Sonderfall, daß eine V gegen Haftpflicht- und Fahrzeugschäden erneuert wird. Sie hatte aber eine darüber hinausgehende Bedeutung für die Fälle, in denen derart kombinierte Ven beantragt und bei der Aushändigung der Vsbestätigung nicht darauf hingewiesen wurde, daß diese lediglich für die Haftpflichtv gelte. Es war daher zu erwarten, daß die diese Fakten negierende Bedingungsbestimmung einer den Interessenkonflikt kritisch würdigenden Rechtsprechung keinen Halt bieten konnte. In diesem Sinne ist vom BGH 19.III.1986 a. a. O. die aus der Zeit vor der Bedingungsänderung herrührende Rechtsprechung beibehalten worden. Das Gericht hat dabei entscheidend darauf abgestellt, daß derjenige, dem die Klausel unbekannt oder nicht mehr gegenwärtig sei, unverändert schutz- und aufklärungsbedürftig sei; er verstehe weiterhin die Aushändigung der Vsbestätigung **auch in der Kaskov** als **vorläufige Deckungszusage**; die damit zustande gekommene Individualvereinbarung gehe Allgemeinen Geschäftsbedingungen vor. Dem ist beizupflichten (vgl. ergänzend Anm. J 10−11 m. w. N.). Es wäre daher gut, wenn die Bestimmung des § 1 II 2 AKB in der Weise verändert werden würde, daß sie der abwägenden Betrachtungsweise des BGH gerecht wird.

[C 28] b) Vertragliche Konstruktion

In Anm. C 27 ist die Aushändigung einer Vsbestätigung im Sinne des § 29 a StVZO im Regelfall als Erteilung einer vorläufigen Deckungszusage bezeichnet

I. 4. Vorläufige Deckungszusagen   Anm. C 28

worden. BGH 8.VI.1964 VersR 1964 S. 841 bemerkt dazu, daß eine vorläufige Deckungszusage keinen vertraglichen Zustand voraussetze. Das bezieht sich auf den Abschluß des endgültigen Vsvertrages und darf nicht in dem Sinne mißverstanden werden, daß es sich hier um einen Vorgang handelt, der sich außerhalb des Vertragsrechts abspielt. Vielmehr ist Voraussetzung für die zivilrechtliche Gültigkeit der vorläufigen Deckungszusage, daß ein entsprechender Vertrag zustandegekommen ist. Es müssen demgemäß übereinstimmende Willenserklärungen im Sinne des § 145 BGB vorliegen. Dabei ist zu bedenken, daß im Regelfall die Erklärung des Vmers über sein Begehren nach Erteilung einer vorläufigen Deckungszusage nicht ausdrücklich erfolgt. Vielmehr verlangt der nicht speziell vsrechtlich geschulte Vmer die Aushändigung einer Vsbestätigung. Der Vmer weiß, daß er einer solchen Bestätigung zur Zulassung seines Fahrzeugs bedarf. Mit Rücksicht auf diese Zusammenhänge und den **vorbehaltlosen Wortlaut** der gesetzlich genau vorgeschriebenen Vsbestätigung ist ein solcher Lebenssachverhalt dahin zu bewerten, daß vom Vmer damit auch ein Antrag auf Abschluß eines Vertrages über eine vorläufige Deckungszusage gestellt wird.

In der Praxis wird bei dem Kauf eines Fahrzeugs von einem **Händler** durch diesen an den Vmer regelmäßig die Frage gerichtet, ob er selbst eine Vsbestätigung besorge oder ob er das dem Händler überlasse. Setzt sich darauf der Vmer selbst mit dem Ver (oder dessen Agenten) in Verbindung, um in den Besitz einer solchen Bestätigung zu kommen, so fällt es gewiß nicht schwer, bei diesem „Geschäft des täglichen Lebens" die Erklärung des Vmers dann zugleich als einen auf den Abschluß eines Vertrages über eine vorläufige Deckungszusage gerichteten Antrag zu bewerten. Die **Zusendung der Vsbestätigung** an den Vmer oder an den von ihm zum Empfang bezeichneten **Händler** stellt dann die Annahmeerklärung des Vers dar.

Schwieriger ist die Konstruktion, wenn der Vmer den Händler bittet, **für ihn eine Vsbestätigung zu besorgen und auch die erforderlichen Formalitäten für die Zulassung eines Fahrzeugs in die Hand zu nehmen**. Ist der Händler allerdings nicht Agent eines Vers (oder mehrerer Ver), sondern geht er in gleicher Weise vor wie der Vmer in dem im vorangegangenen Absatz aufgeführten Beispielsfall, so ergeben sich keine vertragsrechtlichen Besonderheiten. Die Abweichung liegt nur darin, daß dann der Händler als Vertreter des Vmers den Antrag auf Abschluß eines Vertrages über eine vorläufige Deckungszusage stellt und daß der Ver durch die Zusendung einer Vsbestätigungskarte an diesen Vertreter den Antrag annimmt. Es kann der Fall aber auch so ausgestaltet sein, daß der Händler Agent des Vers ist und stets eine ganze Reihe solcher Blankovsbestätigungen besitzt, von denen er im Einverständnis mit dem Ver Gebrauch machen darf, um diesem neues Geschäft zuzuführen. In diesem Fall ist der Antrag des Vmers auf Abschluß eines Vertrages über eine vorläufige Deckungszusage dem Ver mit der Erklärung gegenüber dem für den Ver tätigen Händler zugegangen. Gibt der Händler dann seine Vertreterrolle offen zu erkennen, indem er sagt, daß er bereits im Besitz solcher Bestätigungskarten sei und vorläufige Deckungsbestätigungen erteilen dürfe, was er nunmehr auch tun wolle, so erfolgt der Abschluß des Vertrages zu diesem Zeitpunkt. In der Praxis wird man aber zumeist nicht mit solchen klaren Erklärungen rechnen können. Es wird vielmehr nicht selten von dem Händler nur die Erklärung abgegeben werden, daß er für die Vorlage einer solchen Vsbestätigung bei der Zulassungsstelle sorgen werde. Eine solche Erklärung wird man nicht schon ohne weiteres als bindende Vertragsannahme zu dem genannten Zeitpunkt der Kenntnisnahme durch den Vmer bewerten können. Folgt man dieser Prämisse, so wäre der nächste Kontakt zwischen dem Händler und dem Vmer erst dann gegeben, wenn der Vmer das Fahrzeug nach der Zulassung durch den Händler ausgehändigt erhält. Daß erst in diesem Zeitpunkt der Vertrag über die vorläufige Deckungszusage zustande kommt, entspricht aber nicht den Interessen der Beteiligten und dem Eintrittswillen des Vers. Vertragsrechtlich bietet sich eine Lösung über § 151¹ BGB an. Danach kommt ein Vertrag auch ohne Annahmeerklärung gegenüber dem Antragsteller zustande, wenn eine solche Erklärung nach der Verkehrssitte nicht zu erwarten ist oder der Antragende auf sie verzichtet hat. In einem Fall der vorliegenden Art sind beide Alternativen zu bejahen. Er zeigt darüber hinaus mit besonderer Deutlichkeit, daß im Sinne der in Anm. C 27 zitierten Rechtsprechung die Aushändigung der Vsbestätigung nicht an den Vmer zu erfolgen braucht. Es genügt vielmehr in solchen Fällen, in denen der die Zulassung betreibende Händler Agent des Vers ist, daß die formalisierte Vsbestätigung an die Zulassungsstelle ausgehändigt wird. In diesem Zeitpunkt tritt dann der Vertrag über den vorläufigen Deckungsschutz durch die nach außen durch die Aushändigung der Vsbestätigung dokumentierte Annahmeerklärung des Vers gemäß § 151¹ BGB in Kraft (dafür, daß der Vsschutz auch schon vor der Zulassung des Fahrzeugs beginnen kann, vgl. Anm. D 3).

Der rechtlichen Konstruktion über einen Vertragsabschluß im Einzelfall bedürfte es in vielen Fällen bezüglich der Annahmeerklärung durch den Ver nicht, wenn § 5 III PflichtvsG mit der dort statuierten Annahmefiktion auch für das Begehren des Vmers auf Abschluß eines Vertrages über eine vorläufige Deckungszusage gelten würde. Das ist indessen nicht der Fall. Jene Bestimmung zielt vielmehr nach Sinn und Zweck auf den Abschluß des endgültigen Vsvertrages ab. Das ergibt sich in Sonderheit aus § 5 V PflichtvsG. Dort heißt es, daß der Ver dem Vmer bei dem Beginn des Vsschutzes eine Vsbestätigung auszuhändigen habe; es könne die Aushändigung jedoch von der Zahlung der ersten Prämie abhängig gemacht werden. Wenn der Ver dergestalt in Übereinstimmung mit dem sich aus § 38 II ergebenden Einlösungsprinzip materiellen Vsschutz erst zu bieten braucht, wenn er die Erstprämie erhalten hat, läßt sich aber eine entsprechende Anwendung des § 5 III PflichtvsG auf den Antrag auf Abschluß eines Vertrages über einen vorläufigen Deckungsschutz nicht rechtfertigen (im Ergebnis ebenso Stiefel — Hofmann[15] Anm. 29 zu § 1 AKB, S. 47; zu beachten ist aber, daß der Vmer nach Zustandekommen des Vsvertrages gemäß der Annahmefiktion nach § 5 III PflichtvsG gegen Zahlung der Erstprämie einen sofortigen Anspruch auf Aushändigung einer formalisierten Vsbestätigung hat; zur Durchsetzung dieses Anspruchs im Eilverfahren vgl. Anm. C 22 m. w. N.).

[C 29] c) Einzelheiten aus der Rechtsprechung

BGH 25.VI.1956 BGHZ Bd 21 S. 122—128 stellt die erste höchstrichterliche Entscheidung dar, die sich mit der Bedeutung der Aushändigung von Vsbestätigungen im Sinne des § 29 a StVZO (damals § 29 b) befaßt. Das Gericht führte dazu aus, daß die vorläufige Deckung ebenso wie jeder andere Vertrag, für dessen Abschluß keine bestimmte Form vorgeschrieben sei, formlos vereinbart werden könne, d. h. auch mündlich oder durch schlüssiges Verhalten. Alsdann verwarf das Gericht die Auslegungsmöglichkeit, daß die Vsbestätigung lediglich zur Vorlage bei der Zulassungsstelle bestimmt sei und außerhalb dieser öffentlich-rechtlichen Zweckbindung eine zivilrechtliche Bedeutung nur im Hinblick auf den Schutz des Drittgeschädigten nach § 158 c, nicht aber im Verhältnis zwischen Vmer und Ver habe (vgl. zum Nachweis für diese damals vielfach im Schrifttum vertretene Auffassung die Fundstellen in BGH 25.VI.1956 a. a. O. S. 125—127). Ausgehend davon, daß gewiß auch diese beiden Rechtswirkungen mit der Aushändigung der Vsbestätigung verbunden sind, führte der BGH dann (u. a. im Anschluß an Möller in Bruck—Möller Bd I Anm. 93 zu § 1) aus, daß in der Aushändigung einer Bestätigungskarte bei

I. 4. Vorläufige Deckungszusagen   Anm. C 29

Vorliegen eines ausdrücklich oder konkludent gestellten Antrages des Vmers zugleich eine privatrechtliche Willenserklärung des Vers liegen könne, die den Vsschutz auch materiell sofort eintreten lasse. Das werde sogar regelmäßig anzunehmen sein. – Wesentlich wurde vom BGH a. a. O. auf den Wortlaut der Überschrift der Erklärung des Vers abgestellt, die da lautet: „Bestätigung über das Bestehen einer Haftpflichtv". Das Gericht hielt es ferner für bedeutsam, daß auf der Bestätigungskarte die Nummer des Vsscheins, die Höhe der Vssumme und der Beginn des Vsschutzes vermerkt seien. Es bemerkte dazu, daß dann, wenn dem Vmer auf sein Verlangen eine von zwei Bevollmächtigten des Vers unterzeichnete Bestätigungserklärung ausgehändigt worden sei, er dieses Verhalten nach Treu und Glauben und mit Rücksicht auf die Verkehrssitte so habe auffassen dürfen, daß ihm die Beklagte damit von dem auf der Karte angegebenen Zeitpunkt den Deckungsschutz zusage. Er habe sich vernünftigerweise darauf verlassen dürfen, daß der Inhalt der Bestätigung mit der wirklichen Rechtslage übereinstimme und habe im Zweifel nicht annehmen können, daß die Beklagte ihm eine inhaltlich unwahre und den gesetzlichen Vorschriften widersprechende Bescheinigung habe ausstellen wollen.

Diese bemerkenswerten Ausführungen weisen schon deutlich auf die spätere Verfestigung der Rechtsprechung in dem Sinne hin, daß eine Aushändigung einer Vsbestätigung durch den Ver nicht nur regelmäßig, sondern eigentlich immer eine vorläufige Deckungszusage darstellt. Demgemäß war es durchaus konsequent, diesen Grundsatz in § 1 II 2 AKB zu verankern (vgl. dazu auch Anm. C 27). Die Entscheidung ist letztlich auch nur deshalb so relativ ausführlich zitiert worden, um die Entwicklung zu verdeutlichen und den Blick dafür zu schärfen, daß sich durch eine Streichung des § 1 II 2 AKB an der rechtstatsächlichen Ausgangssituation nichts ändern würde. Demgemäß ist der Prüfstein solcher Fälle eigentlich immer nur der, ob tatsächlich in allen in Betracht kommenden Fällen eine Aushändigung der Vsbestätigung durch den Ver oder durch solche Personen vorliegt, deren Verhalten der Ver sich zurechnen lassen muß.

Eine Aushändigung in diesem Sinne ist zu verneinen, wenn sich der Vmer **nach** Eintritt eines Schadenfalles im dolosen Zusammenspiel mit dem Agenten des Vers eine Vsbestätigung besorgt, die den Vsbeginn für die Zeit **vor** dem Schadeneintritt bestätigt (so im Falle BayOLG 24.I.1957 VersR 1957 S. 215–217, vgl. auch OLG Braunschweig 22.XI.1955 VersR 1956 S. 188 = ZfV 1956 S. 176–177; zu der Streitfrage, ob in solchen Fällen eine überobligatorische Haftung des Vers im Verhältnis zum geschädigten Dritten gegeben ist, vgl. Anm. B 43–44 m. w. N.). Zur Beweislast für derartige Fälle vgl. BGH 13.XI.1985 VersR 1986 S. 131 (zur Fahrzeugv) und die Bemerkungen am Schluß dieser Anm.

BGH 8.VI.1964 VersR 1964 S. 840–841 betrifft die Erweiterung der Rechtsprechung dahin, daß bei der Erneuerung einer V gegen Haftpflicht- und Fahrzeugschäden sich der vorläufige Deckungsschutz auch auf die Fahrzeugv bezieht (vgl. dazu vor allem auch BGH 19.III.1986 VA 1986 S. 389 Nr. 822 = VersR 1986 S. 541–542, ferner Anm. C 27 und J 10–11). Darüber hinaus ist die Entscheidung aber auch bezüglich der Berechtigung zur Aushändigung von Vsbestätigungen von Bedeutung. In diesem Zusammenhang bemerkt das Gericht u. a. zu dem vom Berufungsgericht angenommenen Rechtsschein, daß sich die Frage der Anscheinsvollmacht nicht stelle, da die Firma S aufgrund rechtswirksamer Vollmacht gehandelt habe. Die Firma N sei abschlußbevollmächtigter Generalagent der Beklagten gewesen; sie habe von ihr unterstempelte Bestätigungskarten nach § 29 b StVZO der Firma S ausgehändigt. Hierzu sei sie aufgrund ihrer Abschlußvollmacht befugt gewesen. Die Übergabe der unterstempelten Vsbestätigungen könne nur den Sinn gehabt haben, die Firma S zur Verwendung bei Bedarf zu ermächtigen. In der Aushändigung einer

Vsbestätigung an den Vmer liege, wie jeder Ver wisse, eine vorläufige Deckungszusage ... Sei aber die Firma S berechtigt gewesen, durch Aushändigung einer Bestätigung nach § 29 b StVZO vorläufigen Deckungsschutz zuzusagen, so sei sie auch befugt gewesen, die Deckungszusage fernmündlich zu erteilen (es folgen Ausführungen über die Erstreckung dieser Befugnis zur Abgabe einer vorläufigen Deckungszusage auch für die Fahrzeugv).

BGH 17.I.1973 VA 1973 S. 163—164 Nr. 640 = VersR 1973 S. 265—266 knüpft an diese Überlegungen für einen Sonderfall an, in dem der Agent einen bestimmten Namen als Erwerber eines Fahrzeugs in die Deckungskarte und in den formalisierten Vsantrag eingetragen hatte. Diese Unterlagen hatte er dem früheren Vmer zur Weiterleitung an die in Aussicht genommene Erwerberin seines Fahrzeugs übergeben. Es erwarb dieses Fahrzeug dann aber nicht die in der Karte und im Antrag eingetragene Frau H sondern deren Schwiegermutter. Das war der Grund dafür, daß auf der Bestätigungskarte, die der Zulassungsstelle zur Ummeldung des Fahrzeugs vorgelegt wurde, die Worte „Ingrid H" gestrichen und durch „Frau B" ersetzt wurden. Das Berufungsgericht hatte das Vorliegen einer wirksamen vorläufigen Deckungszusage mit dem Bemerken bejaht, daß es dem Agenten allein darauf angekommen sei, für den Ver eine Kfz-Haftpflichtv abzuschließen, und zwar mit dem Erwerber des Fahrzeugs, ohne Rücksicht darauf, wer das auch immer sei. Der BGH bemerkt dazu, daß der Ver, wenn der Abschluß des Vsvertrages noch ausstehe, die Zusage vorläufiger Deckung mit der Aushändigung einer Vsbestätigung erkläre. Das sei zunächst für den Regelfall, bald aber allgemein angenommen worden ... An dieser Rechtslage habe sich nichts dadurch geändert, daß in der Vsbestätigung der Name und die Anschrift des Vten geändert worden seien. Die Beklagte habe darin eine „Verfälschung" sehen wollen und daraus die Unwirksamkeit der Vsbestätigung hergeleitet. Das sei von dem Berufungsgericht zu Recht abgelehnt worden. Dem Ver sei es nicht verwehrt, eine vorläufige Deckung nur einer bestimmten, von ihm namentlich angegebenen Person zuzusagen. Für eine derartig beschränkte Deckungszusage fehle aber im vorliegenden Fall jeder Anhalt; denn der Agent der Beklagten habe mit dem Erwerber des Fahrzeugs eine V abschließen wollen und deshalb den Eheleuten H eine Vsbestätigung ausgehändigt. Unter diesen Umständen habe es dem Willen und dem Interesse der Beklagten entsprochen, daß in der Vsbestätigung Name und Anschrift von Frau B eingetragen worden seien, nachdem Frau B. das Fahrzeug erworben und damit die auf H. laufende Vsbestätigung unrichtig geworden sei. Es liege rechtlich nicht anders, als wenn der Agent der Beklagten den Namen und die Anschrift des Vten offengelassen und insoweit eine Blanko-Vsbestätigung ausgehändigt gehabt hätte. Das Berufungsgericht habe daher zu Recht entscheidenden Wert darauf gelegt, daß die ausgehändigte Vsbestätigung — von der Person des Vten abgesehen — nur zutreffende, unverändert gebliebene Angaben enthalte, insbesondere keinen Zweifel über das „vte" Fahrzeug gelassen habe. — Ergänzend zur Legitimation von für den Ver handelnden Personen bei der Aushändigung von Vsbestätigungen vgl. Anm. C 30.

Durch die Aushändigung einer Vsbestätigung für ein vom Vmer neu erworbenes Fahrzeug wird auch dann eine Zusage über einen vorläufigen Deckungsschutz erteilt, wenn der Vsschutz für das alte Fahrzeug wegen Nichtzahlung der Erstprämie bei demselben Ver entfallen war (OLG Schleswig 30.VI.1982 VersR 1983 S. 650—651). Der Ver unterlag hier freilich nicht dem Annahmezwang, sofern er wegen des Verzuges mit der Erstprämie vom Vertrage zurückgetreten war (§ 5 IV Ziff. 3 b PflichtvsG). Wenn der Ver aber dessenungeachtet dem Vmer eine Vsbestätigung übergibt, so greift die typische Bewertung eines solchen Vorgangs ein. Ein insoweit bestehender Irrtum des Vers ist regelmäßig als unerheblich einzuordnen. Das Gesagte

I. 4. Vorläufige Deckungszusagen

gilt um so mehr, als der Ver ohnedies stets die Aushändigung einer Vsbestätigung von der Zahlung der Erstprämie abhängig machen darf (vgl. § 5 V 2 PflichtvsG und Anm. C 22 a. E. und 25).

Die Aushändigung einer Vsbestätigung wirkt für die Kraftfahrzeughaftpflichtv auch dann als die Zusage einer vorläufigen Deckung, wenn im Vsantrag darüber nichts vermerkt ist (OLG Köln 17.III.1970 VersR 1970 S. 734). Liegt der Sachverhalt allerdings so, daß der Vsvertreter zur Erteilung vorläufiger Deckungszusagen bei sog. „schweren Risiken" nicht bevollmächtigt ist und unterrichtet er den Vmer darüber mit dem Bemerken, daß deshalb von der Vsbestätigung zunächst kein Gebrauch gemacht werden dürfe (vom OLG Köln 17.III.1970 a. a. O. gebildeter Beispielsfall), so wäre das im Verhältnis zum Vmer von Erheblichkeit. Zu bedenken ist aber, daß eine derartige Fallgestaltung eine sehr seltene Ausnahme darstellt. Im Normalfall ist von der durch den Besitz von Originalvsbestätigungen dokumentierten rechtsgeschäftlichen Vertretungsbefugnis des für den Ver handelnden Agenten zur Erteilung vorläufiger Deckungszusagen auszugehen.

Übergibt der Vmer auf Verlangen des Vers bei der Aushändigung der Vsbestätigung einen Scheck über die Erstprämie (oder über eine Anzahlung darauf), so ist die Wirksamkeit der vorläufigen Deckungszusage nicht von der Einlösung des Schecks abhängig. Eine solche Vereinbarung kann auch nicht wirksam getroffen werden, da sie mit dem Regelungsinhalt des § 1 II AKB und dem aus § 39 zu entnehmenden Schutzgedanken zugunsten des Vmers nicht übereinstimmt (vgl. dazu OLG Hamm 16.I.1987 r + s 1987 S. 182–186 = ZfS 1988 S. 252 [gek.], a. M. Prölss–Martin–Knappmann[25] Anm. 2 a zu § 1 AKB, S. 1400). Der Ver darf sich aber gewiß durch eine Kündigung nach § 1 II 5 AKB von seiner Haftung für die Zukunft befreien (vgl. dazu Anm. D 14).

Im üblichen Antragsformular zum Abschluß eines Vsvertrages in der Kraftfahrtv ist auch eine Spalte enthalten, auf der eine Erklärung des Inhalts vorgedruckt ist „vorläufige Deckung erteilen wir für die beantragte Kraftfahrtv ...". Daraus ist vom BGH 13.XI.1985 VersR 1986 S. 131 geschlossen worden, daß der Vermittler auch in den anderen Sparten der Kraftfahrtv zur Abgabe vorläufiger Deckungszusagen bevollmächtigt sei (im konkreten Fall zur Fahrzeugv); unerheblich sei es dabei, ob es sich um einen Vermittlungs- oder Abschlußagenten handle; sofern der Vertreter im Innenverhältnis an ein vorheriges Einverständnis des Vers gebunden sei, habe er für die Erklärungen des Vertreters nach den zur Anscheinsvollmacht geltenden Grundsätzen einzustehen.

Darlegungs- und beweispflichtig für die Erteilung einer vorläufigen Deckungszusage ist der Vmer. Dieser Last genügt er in der Kraftfahrzeughaftpflichtv regelmäßig durch den Hinweis auf die vom Ver an ihn oder an die Zulassungsstelle übergebene Vsbestätigung. Bestreitet der Ver substantiiert, daß eine solche Vsbestätigungskarte durch ihn oder einen Vertreter ausgehändigt worden sei, so muß der Vmer die tatsächlichen Umstände des Geschehens, d. h. der Übergabe der Vsbescheinigungskarte, näher darlegen und unter Beweis stellen. Der Besitz der Vsbescheinigung ist zwar ein gewichtiges Indiz für eine solche Aushändigung; doch sind alle Umstände des Einzelfalls zu prüfen. Die Anwendung der Grundsätze über den prima-facie-Beweis kommt nicht in Betracht, da es um die Feststellung individueller Willenserklärungen geht.

Behauptet der Ver, daß eine in schriftlicher Form vorliegende Urkunde über eine vorläufige Deckungsbestätigung im kollusivem Einvernehmen zwischen Vmer und Vsvertreter zurückdatiert worden sei mit der Folge einer sich aus § 138 BGB ergebenden Nichtigkeit, so ist der Ver dafür beweispflichtig (so BGH 13.XI.1985 VersR

1986 S. 131 für eine angebliche Rückdatierung einer Bestätigung im Vsantrag über die Zusage einer vorläufigen Deckung in der Fahrzeugv).

Stellt der Vmer die Behauptung auf, daß eine vorläufige Deckungskarte sich vereinbarungsgemäß auf zwei nacheinander von ihm gefahrene Fahrzeuge habe beziehen sollen (Fahrt zum Händler mit einem nicht zugelassenen Fahrzeug, um es bei dem Erwerb eines anderen Fahrzeugs in Zahlung zu geben, anschließend Heimfahrt mit dem dort gekauften Fahrzeug), so ist der Vmer für eine solche außergewöhnliche Behauptung darlegungs- und beweispflichtig (BGH 15.III.1978 VersR 1978 S. 457–458, vgl. weiter Anm. G 45).

[C 30] d) Einordnung der zur Aushändigung von Versicherungsbestätigungen abgegebenen geschäftsplanmäßigen Erklärungen

In den geschäftsplanmäßigen Erklärungen für die Kraftfahrtv heißt es in Nr. II, 2 Abs. I (vgl. Anm. A 5), daß sich die Ver verpflichten, dafür zu sorgen, daß Vsbestätigungen nach § 29a StVZO erst herausgegeben werden, wenn bereits Vsschutz gegenüber den vten Personen auch in Form vorläufiger Deckung bestehe. Entgegen älterer Lehre ist bei zur Unterrichtung des Vmers veröffentlichten Erklärungen dieser Art häufig eine unmittelbare vertragliche Geltung für das einzelne Vsverhältnis anzunehmen (vgl. dazu BGH 13.VII.1988 BGHZ Bd 105 S. 140–153 [150–153] sowie Anm. A 17 und J 15 m. w. N.). Voraussetzung ist dabei, daß es sich um eine den Vertragsinhalt betreffende Erklärung handelt und daß dadurch die Rechtsposition des Vmers gegenüber dem Bedingungswerk verbessert wird. Eine kritische Analyse ergibt indessen, daß das hier nicht der Fall ist. Bedenkt man, daß die Herausgabe von Vsbestätigungen an den Vmer oder an die für diesen handelnden Personen eigentlich unangefochten als Bestätigung einer vorläufigen Deckung angesehen wird (vgl. Anm. C 27–30), so erscheint dieser Teil der Erklärung sogar als im Gegensatz zu dieser Erkenntnis stehend. Auch kann man wohl kaum annehmen, daß das BAV sich gegen die Erteilung vorläufiger Deckungszusagen vor endgültigem Vertragsabschluß wenden wolle (denn der gegenteilige Standpunkt wird in Nr. 3 eines in VA 1983 S. 276–277 veröffentlichten Rundschreibens eingenommen, vgl. dazu Anm. C 24). Der Sinn der zitierten Erklärung erschließt sich vielmehr aus dem folgenden 2. Halbsatz, in dem es heißt, daß die Ver sich verpflichten, dafür zu sorgen, daß das Ausfüllen und Ergänzen der Vordrucke nach § 29a StVZO nicht durch Personen vorgenommen werde, die hierzu nicht ständig bevollmächtigt seien. Das BAV will damit sicher nicht zum Ausdruck bringen, daß es gegen eine spezielle Bevollmächtigung für den Einzelfall etwas einzuwenden habe. Dafür würde es auch keine gesetzliche Grundlage geben. Vielmehr wird das Gewollte klar, wenn man sich vorstellt, daß ein Ver im Prozeß einwendet, daß die betreffende Vsbestätigung von einem Vertreter ohne Vertretungsmacht ausgehändigt worden sei. Dabei ist einleuchtend, daß ein derartiges Verhalten dem Ansehen des einzelnen Vers (und damit auch der Gesamtheit der Ver) abträglich ist, abgesehen davon, daß es auch mit der dem Pflichtvsgedanken zugrunde liegenden Idee eines tunlichst lückenlosen Vsschutzes unvereinbar ist. Wer die Formulare über Vsbestätigungen an Vsvertreter aller Art und ihnen gleichzustellende Autohändler verteilt, ist so zu behandeln, als habe er damit alle diese Personen auch zur Abgabe von Willenserklärungen ermächtigt, die die Gewährung vorläufigen Deckungsschutzes betreffen. Demgemäß ist es dem Ver im Regelfall nach der materiellen Rechtslage untersagt, später bei der Feststellung, daß die Vsbestätigung für ein eigentlich unerwünschtes Risiko benutzt worden sei, sich auf eine angeblich fehlende Legitimation des für ihn handelnden Vertreters zu berufen. Mit der Aushändigung solcher Urkunden an einen Vertreter hat der Ver vielmehr einen unwiderlegbaren Rechtsschein für eine entsprechende Bevollmächtigung gesetzt. Im Interesse einer einheitlichen Abgrenzung des Deckungsbereichs der Pflichthaftpflichtv ist dabei dieser Vorgang dahin extensiv zu interpretieren, daß sich diese formalisierte Vollmachtswirkung auch auf solche Personen erstreckt, denen der Vsvertreter derartige Vsbestätigungskarten zur Verwendung gegenüber Vsinteressenten aushändigt. Das gilt auch dann, wenn dem Vsvertreter ein solches Tun, das letztlich auf die Beschäftigung von Untervertretern hinausläuft, vom Ver untersagt worden ist.

Aus dieser Sicht der Dinge wäre zu überlegen, Nr. II, 2 Abs. I der geschäftsplanmäßigen Erklärungen ganz entfallen zu lassen. Denn das eigentlich Gemeinte ist doch dieses, daß die Ver nicht einwenden sollen, daß diejenigen Personen, denen sie solche formalisierten Vsbestätigungen anvertraut haben, nicht zur Abgabe vorläufiger Deckungszusagen befugt seien. Das aber kommt expressis verbis nicht zum Ausdruck. Es könnte freilich die Bestimmung im Sinne dieser Überlegung abgefaßt werden. Man müßte dabei aber wohl einen Passus des Inhalts einfügen, daß das dann nicht gelte, wenn der Vmer sich rechtsmißbräuchlich in den Besitz solcher Vsbestätigungen gesetzt hatte oder wußte, daß der Vertreter z. B. zur Weitergabe solcher Erklärungen nach Aufkündigung des Vertreterverhältnisses nicht mehr befugt war. Letzten Endes sind das aber Konstellationen, die im Einzelfall ausgeleuchtet werden müssen und einer generellen Lösung kaum zugänglich sind (vgl. dazu auch Anm. C 29).

In VA 1977 S. 456 ist davon die Rede, daß es von dem BAV beanstandet worden sei, daß von einem Ver einem größeren Vmer im voraus Deckungskarten mit bereits eingedrucktem Namen des Vmers und Vsnummer ausgehändigt worden seien. Indessen handelt es sich um eine sachgerechte Rationalisierungsmaßnahme, die durchaus nicht im Widerspruch zum Pflichtvsgedanken steht.

5. Abänderungen des Kraftfahrzeughaftpflichtversicherungsvertrages

Gliederung:

Schrifttum C 31
a) Individuelle Abänderungen C 32
b) Kollektive Abänderungen gemäß § 9a AKB C 33–35

aa) Tarifänderungen C 33
bb) Änderungen der AKB C 34
cc) Erhöhungen der Mindestvssummen C 35
c) Abänderung der Berechnungsgrundlagen in Rentenfällen (§ 155) C 36

[C 31] Schrifttum:

Bruck–Möller Bd I Anm. 108–130 zu § 1, Hübner, Allgemeine Vsbedingungen und AGB-Gesetz[3], Köln 1989 (zit. Hübner AVB), van de Loo, Die Angemessenheit Allgemeiner Vsbedingungen nach dem AGB-Gesetz, Diss. Köln, Karlsruhe 1987 (zit. van de Loo Angemessenheitskontrolle), Schirmer ZVersWiss 1986 S. 509–571, Wilms VersPrax 1971 S. 215.

[C 32] a) Individuelle Abänderungen

Änderungen des Haftpflichtvsvertrages kraft individueller Abreden zwischen den Vertragsparteien sind jederzeit möglich. Die Annahmefiktionsregelung nach § 5 III PflichtvsG greift bezüglich eines Abänderungs- oder Aufhebungsbegehrens des Vmers weder direkt noch im Wege der entsprechenden Anwendung ein (BGH 12.VI.1968 VersR 1968 S. 1035–1036). Der hinter der Annahmefiktionsregelung stehende gesetzgeberische Gedanke, für lückenlosen Vsschutz zu sorgen, würde vielmehr in das Gegenteil verkehrt werden, wenn man diese Bestimmung auf Fälle anwenden würde, bei denen es um die Bewertung eines Aufhebungsvertrages geht. Es gelten demgemäß die allgemeinen Grundsätze des Vertragsrechts über das Zustandekommen von Verträgen. Insoweit kann auf die Darstellung von Möller in Bruck – Möller Bd I Anm. 108 – 130 zu § 1 verwiesen werden, da sich im Rechtssinne erhebliche Strukturveränderungen hinsichtlich dieser Grundsätze in der Zwischenzeit nicht ergeben haben. Zu beachten ist, daß sich aus dem dem Annahmezwang gemäß § 5 PflichtvsG zugrundeliegenden Schutzgedanken eine Grenze für die Handlungsfreiheit des Vers ergibt. Diese Grenze ist zunächst dort gegeben, wo der Ver bei solchen Änderungsvereinbarungen von dem Vmer eine höhere Prämie als die nach dem Tarif vorgesehene verlangt. Auch wenn der Vmer diesem Verlangen zustimmt, ist einer solchen Vereinbarung die rechtliche Anerkennung zu versagen. Anstelle der zu hoch vereinbarten Prämie tritt dann die Tarifprämie (vgl. Anm. E 8). Nach h. M. gilt das auch dann, wenn zwischen den Parteien des Kraftfahrzeughaftpflichtvsvertrages eine zu niedrige Prämie vereinbart wird (vgl. dazu Anm. E 4 m. w. N.). Mit Rücksicht darauf, daß es in der Kraftfahrzeughaftpflichtv einen preisrechtlich verbindlichen Einheitstarif, der für alle Ver gilt, nicht gibt, die Ver vielmehr im starken Wettbewerb stehen, in dem den Vmern eine Vielzahl von unterschiedlichen Angeboten gemacht werden kann, wird demgegenüber in Anm. E 5 die Auffassung vertreten, daß sich ein Verstoß zugunsten des Vmers gegen die nur vom Ver und nicht vom Vmer einzuhaltenden Tarifierungsgrundsätze nicht als erheblich im Sinne des § 134 BGB darstellt. Das hat zur Konsequenz, daß § 134 BGB weder in der Form der Nichtigkeit einer solchen Abrede noch in der einer Umdeutung in eine nach dem Tarif zulässige Vereinbarung zur Anwendung kommt. Vielmehr ist eine Vereinbarung, die einen niedrigeren Beitrag als im Tarif vorgesehen ausweist, als rechtsbeständig anzusehen.

Das gleiche Problem stellt sich für diejenigen Fälle, in denen von dem Text der AKB abgewichen wird. Bei den AKB handelt es sich nicht um für den Ver und den Vmer für allgemeinverbindlich erklärte Vertragsbedingungen. Das bedeutet, daß von diesen Bedingungen im Sinne einer Verbesserung zugunsten des Vmers (des Vten oder des Dritten) abgewichen werden kann (vgl. dazu Anm. A 14). Auch hier gilt aber das oben Gesagte, daß der Gedanke des Annahmezwanges dagegensteht, solche Vereinbarungen zu tolerieren, bei denen der Ver die Bedingungen gegenüber dem ihm genehmigten Bedingungswerk verschlechtert hat. Derartige Vereinbarungen sind vielmehr in dem Sinne auszulegen, daß an die Stelle der nach dem Sinn des Annahmezwanges unzulässigen Hürde, die vom Ver aufgerichtet worden ist, das normale Bedingungswerk tritt (vgl. dazu Anm. A 14).

Derartige Abweichungen von dem genehmigten Unternehmenstarif oder dem zum Geschäftsplan gehörenden Bedingungswerk, wie sie im vorangegangenen Absatz erörtert worden sind, stellen in der Praxis sicherlich eine Ausnahmesituation dar. Das Gesagte gilt um so mehr, als das BAV die Möglichkeit hat, gegen ein derartiges in Wiederholungsabsicht begangenes Verhalten des Vers nach aufsichtsrechtlichen Grundsätzen vorzugehen und auch ein Ordnungswidrigkeitsverfahren einzuleiten. Die Mehrzahl der nachträglichen Abänderungen, die vereinbart werden, bezieht sich vielmehr auf eine Erhöhung oder Herabsetzung der Vssummen. Bezüglich dieser Vssummen stellen die gesetzlich vorgesehenen Mindestvssummen die Untergrenze dar (vgl. dazu Anm. B 13 und G 28). Bei diesen Vssummen kann sich aber wiederum eine Diskrepanz zum genehmigten Geschäftsplan ergeben. Es ist nämlich theoretisch möglich, daß ein Ver über die im Geschäftsplan vorgesehene Vssummenregelung eine höhere Deckung verspricht (also z. B. die für einen Schadenfall pro geschädigter Person vorgesehene Summenbegrenzung auf 7,5 Millionen DM nicht einhält). Auch eine solche Überschreitung ist zivilrechtlich wirksam. Der Ver kann sich von dieser

Verpflichtung nur durch eine fristgemäße ordentliche Kündigung lösen (vgl. dafür, daß in diesem Ausnahmefall der Ver zu einer solchen fristgemäßen Kündigung auch unter Berücksichtigung des für ihn bestehenden Annahmezwanges gemäß § 5 II PflichtvsG zur Kündigung berechtigt ist, Anm. D 17 a. E.; nach dem richtig verstandenen Sinn des Annahmezwanges muß der Ver dann in diesem Ausnahmefall allerdings darauf hinweisen, daß er bereit ist, einen erneuten Antrag entgegenzunehmen, in dem der Vmer sich mit den Mindestvssummen bzw. — worauf der Vmer keinen Anspruch hat — mit den höheren genehmigten Vssummen begnügt).

Weitere nachträgliche Änderungen betreffen die Zahlungsweise und auch die Laufzeit des Vertrages. Theoretisch könnte ein Kraftfahrzeughaftpflichtvsvertrag auch mit rückwirkender Kraft aufgehoben werden. Zu beachten ist aber, daß eine solche Vereinbarung gemäß § 156 I keine Wirkung gegenüber dem geschädigten Dritten hat (vgl. BGH 21.I.1976 VersR 1976 S. 477–480 [479] und Bd IV Anm. B 88 m. w. N.).

[C 33] b) Kollektive Abänderungen gemäß § 9 a I AKB

aa) Tarifänderungen

Nach § 9 a I 1 AKB finden Änderungen der Tarife für die Kraftfahrzeughaftpflichtv auf die zu diesem Zeitpunkt bestehenden Vsverhältnisse vom Beginn der nächsten Vsperiode an Anwendung, es sei denn, daß in dem Tarif oder bei der Genehmigung etwas anderes bestimmt wird. Während es für die auch in § 9 a I 1 AKB aufgeführten Bedingungsänderungen (vgl. dazu Anm. C 34) an einem Vorbild im Gesetzgebungsbereich der Pflichtv fehlt, entspricht § 9 a I 1 AKB hinsichtlich der Tarifänderungen dem Wortlaut des § 10 PflichtvsG. In dieser Bestimmung heißt es, daß bei der Genehmigung einer Tarifänderung der geänderte Tarif auch auf die in diesem Zeitpunkt bestehenden Vsverhältnisse vom Beginn der nächsten Vsperiode ab Anwendung finde, es sei denn, daß in dem Tarif oder bei der Erteilung der Genehmigung etwas anderes bestimmt werde. Liest man diese Bestimmung unvoreingenommen, so fragt man sich, warum eine Vorschrift gleichen Inhalts in das doch ohnehin überfrachtete Bedingungswerk eingefügt worden ist. Es könnte die Bestimmung demgemäß aus dieser Sicht der Dinge als eine überflüssige Wiederholung einer sowieso im Pflichthaftpflichtvsrecht für Kraftfahrzeughalter geltenden Regelung bewertet werden. Indessen ist zu beachten, daß § 10 PflichtvsG — ebenso wie §§ 8, 9 PflichtvsG — allein das öffentlich-rechtliche Rechtsverhältnis zwischen dem Ver und dem BAV regelt. § 10 PflichtvsG ist nicht als eine Norm des Vertragsrechts zu verstehen. Vielmehr handelt es sich um eine Ergänzungsvorschrift zu der in §§ 8, 9 PflichtvsG geregelten öffentlich-rechtlichen Verpflichtung des Vers, seinen Tarif behördlicher Genehmigung zu unterwerfen und sich nicht nur in der Kalkulation an die gesetzlich vorgegebenen Kriterien zu halten, sondern in der Vertragspraxis diesen genehmigten Tarif auch zu verwenden. Ungeachtet dieser öffentlich-rechtlichen Zwänge folgt aus der in § 10 PflichtvsG vorgegebenen aufsichtsrechtlichen Genehmigung der Anwendung geänderter Tarife für bereits bestehende Vsverhältnisse aber nicht eine automatische Ausstrahlung auf die einzelnen Vertragsbeziehungen. Vielmehr bedarf es einer vertraglichen Umsetzungsnorm, kraft derer sich die Tarifänderung auch für schon bestehende Vsverhältnisse auswirkt (vgl. dazu BGH 1.III.1974 VA 1974 S. 101–104 Nr. 653 = VersR 1974 S. 459–462 und besonders deutlich BVerwG 25.XI.1986 VA 1987 S. 158–162 Nr. 830 = VersR 1987 S. 320–322; anders aber Stiefel–Hofmann[15] Anm. 2 zu § 9 a AKB, S. 436, die § 10 PflichtvsG schon eine vertragsändernde Wirkung beimessen). Diese Funktion nimmt § 9 a I AKB wahr. Der Sache nach handelt es sich dabei aus bürgerlich-rechtlicher

Sicht um eine Abänderungsbefugnis des Vers, die als Leistungsbestimmungsrecht im Sinne des § 315 BGB zu bewerten ist (vgl. Bruck – Möller Bd I Anm. 23 zu § 41). Mit Rücksicht auf die Mitwirkung des BAV, daß die Genehmigung zu der beantragten Tarifänderung erteilen muß, war auch in Betracht zu ziehen, daß es sich um ein Leistungsbestimmungsrecht durch einen Dritten im Sinne des § 317 I BGB handeln könne. Indessen spielt das BAV zwar in dem Genehmigungsverfahren eine wesentliche Rolle. Aus vertragsrechtlicher Sicht ist es aber der Ver, der durch sein – vom BAV genehmigtes – Leistungsbegehren die vertragliche Änderungsbefugnis ausübt. Anders verhielt es sich bei § 8 III AHB a. F., nach der dem BAV in der allgemeinen Haftpflichtv früher das Recht zur jährlichen Bestimmung eines Erhöhungssatzes in einem nicht der Tarifgenehmigung unterliegenden Vszweig eingeräumt worden war (vgl. dazu Möller a. a. O. und Bd IV Anm. E 5 – 7).

§ 9 a I AKB entspricht nach dem im vorangegangenen Abschnitt Gesagten bezüglich der Auswirkungen von Tarifänderungen für vor dieser Tarifänderung abgeschlossene Vsverträge einem vom Gesetzgeber vorgegebenen Lösungsweg. Zwar ist diese Lösung nur in einer das Rechtsverhältnis zwischen dem Ver und der Aufsichtsbehörde betreffenden Norm enthalten. Es wird aber dennoch deutlich, daß der Gesetzgeber eine damit übereinstimmende Vertragsbestimmung als eine angemessene Konfliktslösung in einem früher in Gänze preisrechtlich regulierten Vszweig angesehen hat. Damit haben Bedenken zurückzutreten, die sich aus der Prüfung dieser Klausel nach den Maßstäben des AGBG ergeben könnten. Nach § 11 Nr. 1 AGBG sind ohnehin nur Klauseln unwirksam, nach denen kurzfristige Preiserhöhungen innerhalb von vier Monaten nach Vertragsschluß ermöglicht werden. Davon sind überdies kraft ausdrücklicher gesetzlicher Einschränkung Dauerschuldverhältnisse ausgenommen, zu denen insbesondere auch Vsverträge zählen (vgl. dazu nur Ulmer – Brandner – Hensen AGBG[6], Köln 1990, Anm. 8 zu § 11 Nr. 1 AGBG). Zu beachten ist aber, daß Preiserhöhungsklauseln der Inhaltskontrolle nach Maßgabe des § 9 AGBG unterliegen. Was aber speziell die Kraftfahrzeughaftpflichtv anbetrifft, so ist angesichts der gesetzgeberischen Vorgabe in § 10 PflichtvsG von einer zumutbaren Konfliktslösung im Sinne der Ausnahmealternative der genannten AGBG-Bestimmung auszugehen. Das Gesagte gilt um so mehr, als in der Vspraxis Kraftfahrzeughaftpflichtvsverträge im Regelfall auf unbestimmte Zeit mit jährlicher Kündigungsmöglichkeit für den Vmer geschlossen werden (vgl. § 4 I a AKB und dazu Anm. D 15). Darüber hinaus ist dem Vmer seit dem 1.I.1991 durch § 31 ein (gemäß § 34 a zum Nachteil des Vmers nicht abdingbares) **außerordentliches Kündigungsrecht** u. a. schon dann eingeräumt, wenn die Prämienerhöhung **mehr als 5%** ausmacht (vgl. ergänzend Anm. D 25). Damit sind dem Vmer hinreichende Möglichkeiten gegeben, sich unter Umständen für die Zukunft ganz oder teilweise einer solchen Beitragserhöhung zu entziehen. Das könnte z. B. durch die Wahl eines anderen Vers erfolgen, der einen preisgünstigeren Vsschutz anbieten kann.

Nach § 315 II BGB erfolgt die Bestimmung der Leistung durch Erklärung gegenüber dem anderen Teile. Diese dispositive gesetzliche Vorschrift wird in § 9 a I 1 AKB nicht wiederholt. Vielmehr heißt es in § 9 a I 1 AKB – wörtlich übereinstimmend mit § 10 PflichtvsG –, daß der erhöhte Beitrag vom Beginn der nächsten Vsperiode zu entrichten ist. Es wird aber darüber hinaus – ebenfalls gemäß der Vorgabe in § 10 PflichtvsG – ausgeführt, daß auch ein anderer Zeitpunkt maßgebend sein könne, nämlich der in der Tarifänderungsgenehmigung genannte. Im Rahmen der Angemessenheitskontrolle des § 9 a I 1 AKB gemäß § 9 AGBG ist davon auszugehen, daß einer Erhöhungsklausel die Rechtswirksamkeit zu versagen wäre, in der die dispositive Regelung über das Zugangserfordernis einer Änderungserklärung des Vers abbedungen wird, gleichgültig, ob dieses Zugangserfordernis gänzlich entfallen oder durch eine öffentliche Verlautbarmachung ersetzt werden soll (so van de Loo Angemessenheitskontrolle S. 19—21, anders OLG München 22.IX.1983 DB 1984 S. 919 für den aber letzten Endes nicht vergleichbaren Fall der Neufestsetzung eines Zinssatzes für ein Bankdarlehen gemäß den Marktkonditionen). Nur durch eine solche Abgrenzung wird erreicht, daß der Vmer nicht im Rahmen eines Dauerschuldverhältnisses, als das das Vsverhältnis sich in aller Regel darstellt, mit Prämienanhebungsforderungen für in vergangenen Zeitläufen bereits abgeschlossene Teileinheiten des Schuldverhältnisses belastet wird. Denn eine solche rückwirkende Erhöhung müßte als unangemessene Benachteiligung des Vmers angesehen werden, mit der er billigerweise nicht zu rechnen brauchte. Aus dem Gesagten folgt, daß eine Prämienangleichungsklausel in AVB, die zwar strikt auf den Wortlaut des § 315 II BGB abstellt, also ausdrücklich das Zugangserfordernis aufstellt, aber gleichzeitig verankert, daß eine rückwirkende Erhöhung begehrt werden könne, ebenfalls unangemessen im Sinne des § 9 AGBG wäre.

Ungeachtet dessen, daß sich § 9 a I 1 AKB nicht ausdrücklich zum Zugangserfordernis und zum Verbot rückwirkender Prämienerhöhung bekennt, ist die Bestimmung im ganzen als rechtswirksam anzusehen (ebenso vor Inkrafttreten des AGBG BGH 1.III.1974 a. a. O., durch den sogar — aber nur bei formaler Betrachtungsweise — eine rückwirkende Prämienanhebung zugebilligt worden ist; vgl. dazu die Bemerkungen am Schluß dieser Anm.). Es ist allerdings vom Standpunkt einer auf Präzision bedachten Bedingungsgestaltung zu beanstanden, daß nicht ausdrücklich klargestellt worden ist, daß es maßgebend auf den Zugang der Erhöhungserklärung ankommt und daß eine vor diesem Zeitpunkt wirkende Erhöhung (im Sinne einer wirtschaftlichen Betrachtungsweise, also nicht auf die Prämienfälligkeit abgestellt) nicht begehrt werden darf. Angesichts der wörtlichen Übereinstimmung mit § 10 PflichtvsG ist § 9 a I 1 AKB aber die rechtliche Anerkennung nicht zu versagen. Als ungeschriebene Grenze für den Zeitpunkt des Beginns einer Prämienerhöhung ist dabei nicht etwa die Genehmigung des geänderten Tarifs oder die Veröffentlichung dieser Abänderung anzusehen, sondern der des Zugangs des Prämienerhöhungsverlangens bei dem einzelnen Vmer (ebenso Stiefel—Hofmann[15] Anm. 7 zu § 9 a AKB, S. 438, der das Ergebnis aus dem sonst dem Vmer nach § 9 a II AKB entgehenden Kündigungsrecht folgert; vgl. zum Grundsatzproblem vor allem van de Loo a. a. O. S. 21). Daß mangels exakter Abgrenzung dieses Zeitpunktes im Bedingungswerk eine gewisse gedankliche Unklarheit bei dem einen oder anderen Beurteiler des Bedingungswerks entstehen könnte, inwieweit er entgegen der soeben wiedergegebenen Festlegung des frühestmöglichen Erhöhungszeitpunktes rückwirkend mit Prämienerhöhungen belastet werden dürfte, führt nicht zu einer Unwirksamkeit des § 9 a I 1 AKB. Das ergibt sich daraus, daß ein rückwirkender Eingriff in das Vertragsverhältnis durch eine behördlich gebilligte Handlung des Vers so sehr im Widerspruch zu unserem Rechtssystem und dem Rechtsempfinden der Mehrzahl der Staatsbürger steht, daß eine solche Interpretationsmöglichkeit von dem durchschnittlichen Vmer schon nach kurzem Überlegen verworfen wird. Die Möglichkeit einer Fehlinterpretation ist demgemäß so fernliegend, daß es nicht angemessen wäre, der Bestimmung wegen eines solchen eigentlich nur theoretisch denkbaren Mißverständnisses die Wirksamkeit zu versagen. Dabei ist auch zu beachten, daß dem Gesetzgeber diese Überlegungen zur Eingrenzung der Erhöhungsmöglichkeit als so selbstverständlich erschienen ist, daß er eine nähere Konkretisierung nicht für erforderlich hielt. Wenn aber der Gesetzgeber die Formulierung für unbedenklich hielt, darf den Bedingungsverfassern aus der Übernahme der gesetzlichen Ausdrucksweise kein Vorwurf im Sinne einer mißbräuchlichen Bedingungsgestaltung gemacht werden, nur weil einer entfernt liegenden verfehlten Auslegungsmöglichkeit nicht gedacht worden ist.

Maßgebend ist somit unter Berücksichtigung der im vorangegangenen Abschnitt vorgenommenen Eingrenzung grundsätzlich der Zeitpunkt, der in der Genehmigungsurkunde genannt worden ist. Wird keiner genannt, so ist der Beginn der nächsten Vsperiode maßgebend. Als weitere Grenze für eine verbotene Rückwirkung ist aber der Zeitpunkt des Zugangs der Mitteilung des Vers an den Vmer über das Gebrauchmachen vom Änderungsvorbehalt nach Maßgabe des § 315 II BGB anzusehen.

Soweit ordnungsgemäß auf den Zeitpunkt des Zugangs einer Tariferhöhungsgenehmigung oder auf einen anderen Zeitpunkt zwischen diesem Zugang und dem nächsten Beginn einer Vsperiode abgestellt wird, ist zu bedenken, daß der Vmer zu diesem Zeitpunkt regelmäßig die Prämie bis zum Beginn der nächsten Vsperiode schon entrichtet hat. Dennoch spricht gegen eine solche Teilerhöhung nicht die Überlegung, daß damit eine schon erfüllte Forderung berührt und damit letzten Endes ein verkappt rückwirkender Eingriff in ein bereits abgeschlossenes Zahlungsschuldverhältnis gegeben ist. Vielmehr ist eine solche Überlegung vom BGH 1.III.1974 a. a. O. zu Recht als formalistisch zurückgewiesen worden. Das Gericht hat dabei entscheidend darauf abgesetellt, daß der materiellen Gerechtigkeit im Sinne einer Gleichbehandlung aller Vmer besser Rechnung getragen werde, wenn ein für alle Vmer gleiches Erhöhungsdatum gewählt und nicht auf den zufälligen Beginn der einzelnen Vsperiode abgestellt werde. Die früher entgegengesetzte höchstrichterliche Rechtsprechung (DOG 21.VI.1950 VersR 1950 S. 129 – 132, BGH 11.XI.1953 BGHZ Bd 10 S. 391 – 399; zustimmend dazu Bruck – Möller Bd I Anm. 34 zu § 41 m. w. N.) ist dabei ausdrücklich aufgegeben worden. Sie wäre im übrigen sicher auch damals schon anders ausgefallen, wenn es eine § 10 PflichtvsG entsprechende Norm gegeben hätte. Zu Recht ist vom BGH 1.III.1974 a. a. O. in diesem Zusammenhang auch die Interpretation des § 10 PflichtvsG durch Wilms VersPrax 1971 S. 215 zurückgewiesen worden, die dahin ging, daß mit dem vom Beginn der nächsten Vsperiode abweichenden Zeitpunkt nicht ein davor, sondern immer nur ein danach liegender gemeint sein könne. Zwar ist eine solche Wortinterpretation möglich. Für eine zu einem späteren Zeitpunkt beabsichtigte Beitragserhöhung hätte es aber keiner zusätzlichen Erwähnung eines anderen Zeitpunktes bedurft. Vor allem spricht aber auch die Entstehungsgeschichte des § 10 PflichtvsG auf dem Hintergrund der zitierten höchstrichterlichen Entscheidungen eindeutig für die Gegenmeinung, wenngleich diese abweichende Rechtsprechung in der amtlichen Begründung (Begr. IV S. 23 – 24) eigenartigerweise nicht erwähnt wird.

Keine unzulässige Rückwirkung einer Tarifänderung liegt vor, wenn zum Beginn eines neuen Vsjahres die Berechnung einer Schadenfreiheitsklasse in der Weise erfolgt, daß nicht auf den Eintritt des Schadenereignisses sondern auf die Leistung des Vers an den geschädigten Dritten abgestellt wird (AG Hadamar 29.VII.1982 ZfS 1983 S. 19).

Zu der bei der heutigen Gesetzeslage als nur theoretischer Möglichkeit anzusehenden Überprüfung von anfänglichen Tariffestsetzungen und nachträglichen Tariferhöhungen darauf, ob sie unbillig im Sinne des § 315 BGB sein könnten, vgl. Anm. E 3 m. w. N.

[C 34] bb) Abänderungen der AKB

Nach § 9a I 1 AKB finden auch Änderungen der Allgemeinen Bedingungen für die Kraftfahrzeughaftpflichtv auf die zu diesem Zeitpunkt bestehenden

I. 5. Abänderungen des Kraftfahrzeughaftpflichtvsvertrages Anm. C 34

Vsverhältnisse vom Beginn der nächsten Vsperiode an Anwendung, es sei denn, daß bei der Erteilung der Genehmigung etwas anderes bestimmt wird. Durch diese Regelung wird das Bestreben des BAV verdeutlicht, tunlichst in Übereinstimmung mit dem in § 4 I 4 PflichtvsG zum Ausdruck gekommenen Rechtsgedanken die Einheitlichkeit des Bedingungswerks im Geltungsbereich des PflichtvsG zu erhalten. Demgemäß hat bei dieser Bedingungsfassung die Überlegung keine Berücksichtigung gefunden, daß nach jener Gesetzesbestimmung im Prinzip auch von der Normalfassung abweichende Bedingungswerke gestattet werden müßten, solange die sich aus dem gesetzlichen Gesamtzusammenhang ergebenden Schutzbestimmungen zugunsten des Vmers, des Vten und des geschädigten Dritten beachtet werden. Das BAV hat demgegenüber durch seine Genehmigungspraxis und durch eine Bestimmung wie § 9 a I 1 AKB einen Zustand des Vertragsrechts auf dem Gebiet der Kraftfahrzeughaftpflichtv erreicht, als wenn eine Verbindlichkeitsverordnung im Sinne des § 4 I 5 PflichtvsG durch den Bundesminister der Finanzen erlassen worden wäre und diese auch Verbindlichkeit im Verhältnis zum Vmer beanspruchen könnte (dagegen Anm. A 12–14). Angesichts des Fehlens einer solchen RechtsVO ist zu prüfen, ob § 9 a I AKB bezüglich der künftigen Bedingungsänderungen den ansonsten nach dem AGBG zu beachtenden Prinzipien entspricht. Hier ist speziell auf § 10 Nr. 4 AGBG zu verweisen. Nach dieser Vorschrift ist eine Klausel unwirksam, nach der der Verwender das Recht hat, die versprochene Leistung zu ändern oder von ihr abzuweichen, wenn nicht die Vereinbarung der Änderung oder Abweichung unter Berücksichtigung der Interessen des Verwenders für den anderen Vertragsteil zumutbar ist. Diese Bestimmung geht weiter als die Rechtsprechung des BGH aus der Zeit vor dem Inkrafttreten des AGBG. Nach dieser Rechtsprechung setzte die Annahme einer wirksam vorweggenommenen Einwilligung in eine spätere Änderung der Vertragsbestimmungen durch den Ver voraus, daß der Vmer wisse, bei welchen Vertragsbestimmungen er mit einer möglichen Änderung zu rechnen habe; ein genereller Vorbehalt, durch den der Vmer jeder einseitigen Umgestaltung des gesamten Vertragsverhältnisses durch den Ver unterworfen werde, wurde mangels Bestimmtheit nicht als Gegenstand eines vorweg erklärten Einverständnisses aufgefaßt (BGH 22.IX.1971 VersR 1971 S. 1116–1118, 23.II.1977 VersR 1977 S. 446–447; vgl. dazu auch van de Loo Angemessenheitskontrolle S. 20–21). Nach diesen Grundsätzen und erst recht nach § 10 Nr. 4 AGBG bestehen erhebliche Bedenken gegen Änderungsvorbehalte derart allgemeiner Art, wie sie in § 9 a I 1 AKB zum Ausdruck gebracht werden. Sofern ein Ver sich auf diese Art und Weise eine Abänderung seiner Leistungspflicht in einer anderen Vssparte als der Kraftfahrzeughaftpflichtv ohne jede nähere Spezifikation des in der Zukunft beabsichtigten Änderungsinhalts vorbehalten würde, würde dieser Änderungsvorbehalt dem Unwirksamkeitsverdikt des § 10 Nr. 4 AGBG unterfallen und müßte über § 9 AGBG auch im kaufmännischen Verkehr als unwirksam behandelt werden. Denn der Grundsatz, daß geschlossene Verträge zu halten sind, darf nicht in unspezifizierter Weise einseitig zugunsten eines Vertragspartners im Rahmen der von ihm verwendeten AGB durchbrochen werden (vgl. van de Loo Angemessenheitskontrolle S. 20–21 m. w. N., ferner Schirmer ZVersWiss 1986 S. 540 m. w. N., dem aber in der Annahme, daß für einen Änderungsvorbehalt außerhalb eines Pflichtvszweiges der schlichte Hinweis auf eine aufsichtsrechtliche Genehmigung der Änderung als Spezifikation genüge, nicht gefolgt werden kann). Speziell für die hier zu beurteilende Kraftfahrzeughaftpflichtv ist aber zu bedenken, daß es auf diesem Teil des Vsmarktes nach dem immerhin doch recht deutlich darauf angelegten gesetzlichen Zuschnitt bisher nur übereinstimmende allgemeine Vsbedingungen aller Ver gibt. Unter Berücksichtigung dieser besonderen Umstände des lebenden Bedingungsrechts ist im Rahmen dieser Pflichthaftpflichtv gegen eine inhaltliche Einwirkung auf laufende Vsverträge nichts einzuwenden. Es darf demgemäß von der grundsätzlichen Rechtsbeständigkeit des Änderungsvorbehalts in bezug auf die Kraftfahrthaftpflichtv ausgegangen werden (ebenso Schirmer ZVersWiss 1986 S. 540, ohne Bedenken auch Prölss – Martin – Knappmann[25] Anm. 2 zu § 9a AKB, S. 1451, Stiefel – Hofmann[15] Anm. 3 zu § 9a AKB, S. 436). Diese Aussage geht vom gegenwärtig noch bestehenden einheitlichen Bedingungsmarkt auf dem Gebiet der Kraftfahrthaftpflichtv aus. Sie bedarf der Einschränkung dahin, daß sie nur solange gilt, als es noch nicht zu konkurrierenden Bedingungswerken unterschiedlicher Vsgruppen auch im Bereich der Kraftfahrthaftpflichtv gekommen ist. Setzt sich eine solche Entwicklung per 1.VII.1994 durch, so muß die Frage der Wirksamkeit des § 9a I AKB neu durchdacht werden. Dann hätte der Vmer die ihm heute noch fehlende Möglichkeit, zu einem anderen Ver mit möglicherweise günstigeren Bedingungen zu wechseln.

Das Gesagte über die Rechtswirksamkeit des § 9a I AKB in bezug auf Bedingungsänderungen in der Kraftfahrzeughaftpflichtv für laufende Vsverträge ist darüber hinaus mit der Einschränkung zu versehen, daß es rechtsstaatlichen Prinzipien gravierend widersprechen würde, wenn die Leistungspflicht des Vers in bezug auf laufende Vsverträge rückwirkend zu Lasten des Vmers abgeändert werden würde. Diesen Überlegungen entspricht es, daß in § 9a I AKB als Regelfall für den Änderungszeitpunkt auf den Beginn der nächsten Vsperiode abgestellt wird. Es heißt allerdings im letzten Halbsatz der genannten Bestimmung sinngemäß, daß auch ein anderer Zeitpunkt maßgebend sein könnte, nämlich der bei der Erteilung der Genehmigung der Bedingungsänderung bestimmte (diesen Zusatz lassen Stiefel – Hofmann[15] Anm. 6 zu § 9a, S. 437 außer acht, wenn sie dort nur auf den Beginn der nächsten Vsperiode abstellen). Würde man diesen Teil der Klausel so auslegen, daß ein in der Vergangenheit liegender Zeitpunkt gemeint sein könnte, so wäre das unangemessen und die Folge würde naheliegen, daß § 9a I AKB damit insgesamt als unwirksam zu behandeln ist. Indessen ergibt eine auf Sinn und Zweck der Klausel abstellende Interpretation, daß es außerhalb der Vorstellungskraft der Bedingungsverfasser gelegen haben dürfte, in in der Vergangenheit bereits eingetretene Vsfälle zu Lasten des Vmers eingreifen zu wollen. Diese Auslegungsmöglichkeit des § 9a I 1 AKB darf daher trotz der Unschärfe der gewählten Wortfassung, die ihr gesetzgeberisches Vorbild für Tarifänderungen in § 10 PflichtvsG hat, schon deshalb im Ergebnis ganz außer Betracht bleiben, weil gewiß auch kein Vmer auf die Idee kommen wird, daß damit beabsichtigt sein könnte, mit rückwirkender Kraft zu seinen Lasten in in der Vergangenheit bereits verwirklichte Lebenstatbestände einzugreifen. Mißlich bleibt an der Fassung des § 9a I 1 AKB, daß für alle dort aufgeführten Änderungszeitpunkte nicht ausdrücklich auf eine entsprechende Benachrichtigung des Vmers durch den Ver abgestellt wird. Das widerspricht überkommener Interpretation einer solchen Vertragsgestaltung. Dabei ist zu bedenken, daß es sich bei einem solchen Änderungsvorbehalt materiell-rechtlich um einen Vorgang handelt, der eine Sonderform eines Leistungsbestimmungsrechts durch den Ver darstellt. Ein derartiges Änderungsbegehren, das § 315 II BGB zuzuordnen ist, wird aber als einseitige empfangsbedürftige Erklärung gemäß § 130 II 1 BGB erst mit dem Zugang bei dem Vmer wirksam (so zutreffend Hübner AVB S. 16 – 17, van de Loo Angemessenheitskontrolle S. 21). Von diesem sich aus dem dispositiven Recht ergebenden Grundsatz, der als wesensprägend anzusehen ist, darf in einer AVB-Regelung nicht abgewichen werden (van de Loo a. a. O.). Das Fehlen des Hinweises darauf, daß die Änderungswirkung frühestens mit dem Zugang der Änderungsmitteilung bei dem Vmer eintreten kann, ist aber nicht als so schwerwiegend anzusehen, daß deshalb von der Unwirksamkeit der Regelung in § 9a I 1 AKB ausgegangen werden müßte. Es ist vielmehr — genauso wie bei Prämienänderungen zu Lasten des Vmers (vgl. dazu Anm. C 33) — eine ergänzende Interpretation vorzunehmen, daß nach dem erkennbaren Sinn der Bedingungsregelung eine den Vmer im Sinne einer Bedingungsverschlechterung belastende Änderungswirkung frühestens mit dem Zugang der Erklärung des Vers eintreten kann.

Prölss—Martin—Knappmann[25] Anm. 3 zu § 9a AKB, S. 1451 vertreten die Auffassung, daß über § 9a I AKB nicht nur Änderungen der AKB in bezug auf die Haftpflichtv durchgesetzt werden können, sondern daß über diese Vorschrift auch Änderungen der Sonderbedingungen für Kraftfahrzeughandel und -handwerk und der Bedingungen für die Regreßhaftpflichtv für laufende Verträge erreicht werden könnten. Indessen werden diese Bedingungen in dem Änderungsvorbehalt nicht mitaufgeführt. Angesichts dessen, daß es grundsätzlich als eine systemwidrige Anomalie anzusehen ist, daß die Bedingungen für laufende Verträge einseitig geändert werden, kann eine erweiternde Auslegung auf nicht mitaufgeführte Bedingungswerke nicht akzeptiert werden. Das gleiche gilt für eine Verschlechterung solcher Bedingungen, die sich als „versteckte" Vertragsbestandteile aus dem für den Vmer bestimmten Teil der geschäftsplanmäßigen Erklärungen der Ver ergeben (vgl. dazu BGH 13.VII.1988 BGHZ Bd 105 S. 140—153 [150—153] sowie Anm. A 17—18 und J 15 m. w. N.).

— Das Gesagte über die Wirksamkeit des Änderungsvorbehalts gemäß § 9a I AKB darf auf andere Vssparten nicht übertragen werden. Es bestehen z. B. rechtliche Bedenken gegen den in § 9a III AKB für die Fahrzeug- und Kraftfahrtunfallv verankerten unspezifizierten Änderungsvorbehalt (streitig, a. M. Pienitz—Flöter[4] Anm. B zu § 9a AKB, S. 2, Prölss—Martin—Knappmann[25] Anm. 1 zu § 9a AKB, S. 1451, Stiefel—Hofmann[15] Anm. 3 zu § 9a AKB, S. 436).

[C 35] cc) Erhöhungen der Mindestversicherungssummen

In § 9a I 3 AKB ist als dritter Änderungsfall für die Kraftfahrzeughaftpflichtv bestimmt, daß dann, wenn bei laufenden Verträgen die Vssummen infolge einer Änderung der gesetzlichen Vorschriften nicht mehr den Mindestvssummen entsprechen, die für das Fahrzeug vorgeschrieben sind, mit dem Inkrafttreten der geänderten Vorschriften die Vssummen in Höhe der neuen Mindestvssummen als vereinbart gelten. Diese Regelung unterliegt keinen rechtlichen Bedenken, wenngleich der Vertragsbestimmung nur eine deklaratorische Bedeutung beizumessen ist. Denn wenn kraft RechtsVO zu § 4 II PflichtvsG verbindlich für die Halter von Kraftfahrzeugen von einem bestimmten Zeitpunkt an die neuen Mindestvssummen vorgeschrieben werden (vgl. z. B. VO vom 23.VII.1971 BGBl. I S. 1109 mit Geltung ab 1.VIII.1971 und VO vom 22.IV.1981 BGBl. I 1981 S. 394 mit einer solchen ab 1.VII.1981), dann ergibt sich daraus eine vom Gesetzgeber gewollte Anpassung der laufenden Pflichthaftpflichtvsverträge zu den genannten Zeitpunkten. Nur eine solche Interpretation des gesetzlichen Systems ist mit dem Schutzzweck der Erhöhung der Mindestvssummen zu vereinbaren (vgl. BGH 20.V.1969 VersR 1969 S. 699—700). Für einen solchen Fall der Anpassung des Vertrages an die gesetzlichen Mindestvssummen bestehen auch nicht die in Anm. C 34 dargestellten Bedenken bezüglich des Zugangs der Mitteilung des Vers an den Vmer über die Änderung des Bedingungsinhalts. Denn insoweit handelt es sich bei der Benachrichtigung des Vmers nur um eine Unterrichtung über den — nach den Intentionen des Gesetzgebers in diesem Sinne geänderten — Inhalt des Vsvertrages. Aus dem Gesagten folgt auch, daß der Vmer die nach dem Tarif vorgesehene Mehrzahlung für eine solche Summenerhöhung für die Zeit ab Wirksamkeit der Gesetzesänderung zu entrichten hat, auch wenn er erst später von dieser Änderung durch den Ver unterrichtet wird. Denn diese Änderung wird als Akt der Gesetzgebung mit verbindlicher Wirkung im Bundesgesetzblatt zur Kenntnis aller Bundesbürger verkündet. Die Berechtigung für eine solche Prämiennachforderungsbefugnis des Vers leuchtet um so mehr ein, als der Ver für diesen verbesserten Vsschutz auch von dem genannten Zeitpunkt an im Risiko ist (vgl. dafür, daß ein auf diese Art und Weise entstehender Mehrbeitrag nicht § 38 sondern § 39 unterliegt, da es sich um eine Folgeprämie handelt, ÖOGH 7.III.1973 VersR 1973 S. 977, Prölss–Martin–Knappmann[25] Anm. 2a zu § 39, S. 299, Stiefel–Hofmann[15] Anm. 5 zu § 9a AKB, S. 437).

[C 36] c) Abänderung der Berechnungsgrundlagen in Rentenfällen (§ 155 VVG)

In § 10 VII 2 AKB ist festgelegt, daß sich für den Fall, daß der Vmer dem geschädigten Dritten Rentenleistungen zu erbringen hat, die **Verhältnisrechnung** im Sinne des § 155 und die Höhe der Deckung nach der hierzu gegenüber der zuständigen Aufsichtsbehörde abgegebenen **geschäftsplanmäßigen Erklärung** richtet. Es handelt sich um eine Form der geschäftsplanmäßigen Erklärung, die nicht nur veröffentlicht ist (vgl. Nr. II, 13 der geschäftsplanmäßigen Erklärungen [VA 1987 S. 169–173], Anm. A 5), sondern darüber hinaus auch durch ihre Erwähnung in § 10 VII 2 AKB in überkommener Weise in das Vertragswerk einbezogen ist. Dieser Regelung kommt demgemäß nicht nur nach BGH 13.VII.1988 BGHZ Bd 105 S. 140–153 [150–153], sondern auch nach der älteren Lehre über die Einordnung geschäftsplanmäßiger Erklärungen **unmittelbare vertragliche Wirkung zugunsten des Vmers** zu (vgl. allgemein zur Einordnung geschäftsplanmäßiger Erklärungen Anm. A 17 und J 15 m. w. N.; speziell zur Interpretation der § 10 VII 2 AKB betreffenden geschäftsplanmäßigen Erklärung Anm. G 35–37).

Ergänzt wird diese Regelung in § 10 VII 3 AKB dahin, daß diese geschäftsplanmäßige Erklärung nach Genehmigung der Aufsichtsbehörde auch mit Wirkung für bestehende Vsverhältnisse geändert werden kann. Es handelt sich vertragsrechtlich um einen Unterfall einer Bedingungsänderung, so daß diese Bestimmung rechtstechnisch eine Parallelvorschrift zu der Regelung in § 9a I AKB darstellt.

Das bedeutet, daß die Regelung in § 10 VII 3 wie in § 9a I AKB mit Rücksicht auf den Pflichtvsgedanken und das dazu in der Praxis gehörende einheitliche Bedingungswerk als rechtswirksam anzusehen ist. In diesem Rahmen durchgeführte Änderungsmaßnahmen sind in gleicher Weise wie Bedingungsänderungen abzugrenzen (vgl. dazu Anm. C 35). Das Gesagte bedeutet, daß eine Änderung im Verhältnis zum Vmer erst wirksam wird, wenn die diesbezügliche Willenserklärung des Vers dem Vmer im Sinne des § 130 BGB zugegangen ist. Es genügt dabei nicht die Veröffentlichung der entsprechenden Erklärung des Vers. Vielmehr bedarf es wie bei § 9a I AKB der individuellen Erklärung des Vers gegenüber dem Vmer, mit der diese Vertragsänderung mitgeteilt wird. Eine öffentliche Bekanntgabe ersetzt den Zugang der Willenserklärung des Vers nicht.

Die zweite Einschränkung ist diese, daß eine die Rechtsposition des Vmers verschlechternde Ausgestaltung der in der geschäftsplanmäßigen Erklärung enthaltenen Vertragsklausel keine Rechtswirkungen bezüglich bereits eingetretener Schadenfälle entfaltet. Das steht zwar nicht ausdrücklich in § 10 VII AKB, entspricht aber gesicherter Auslegungstradition. Würde in der Bedingung ausdrücklich etwas Gegenteiliges verankert sein, so würde das als unangemessene Regelung nach § 9 AGBG unwirksam sein, was zur Folge hätte, daß die Bestimmung insgesamt unwirksam wäre. Im vorliegenden Fall greifen aber solche Überlegungen nicht ein; vielmehr geht es darum, daß einer im Wege der Auslegung entgegen unseren Rechtstraditionen

II. Verbriefung des Kraftfahrzeughaftpflichtvsvertrages   Anm. C 37

gewonnenen rückwirkenden Änderung die Gefolgschaft versagt werden würde. Daraus, daß eine verfehlte Auslegung einer Bedingungsbestimmung denkgesetzlich möglich ist, darf nicht auf die Unwirksamkeit einer durchaus nach ihrem Regelungsgehalt zu respektierenden Vorschrift geschlossen werden (vgl. auch Anm. C 34). Unangemessen im Sinne des § 315 BGB wäre eine Abänderung der Berechnungsregelung, die von der Grundkonzeption des § 155 zu Lasten des Vmers abweicht (vgl. Anm. G 37).

[C 37] II. Verbriefung des Kraftfahrzeughaftpflichtversicherungsvertrages

Für diesen Fragenkreis ergeben sich für die Kraftfahrzeughaftpflichtv — ebenso wie für die allgemeine Haftpflichtv — keine Entwicklungsbesonderheiten. Es erscheint daher weiterhin als sachgerecht, auf die eingehende Darstellung von Möller in Bd I Anm. 1–43 zu § 3, Anm. 1–19 zu § 4 und Anm. 1–26 zu § 5 zu verweisen. Für neueres Material wird ergänzend auf die Paralleldarstellungen aus dem Jahre 1978 durch Wagner Unfallv Bd VI, 1 Anm. C 38–46 und durch Winter Lebensv Bd V, 2 Anm. C 302–315 aus dem Jahre 1985 Bezug genommen.

D. Dauer des Kraftfahrzeughaftpflichtversicherungsvertrages

Gliederung:

I. Beginn der Kraftfahrzeughaftpflichtv D 1–6
Schrifttum D 1
  1. Vorbemerkung D 2
  2. Materieller Vsbeginn bei vorläufiger Deckungszusage D 3
  3. Materieller Vsbeginn aus dem endgültigen Kraftfahrzeughaftpflichtvsvertrag D 4

  4. Sonderregelung für Anschlußven D 5–6 (weitere Untergliederung vor D 5)

II. Beendigung des Vsvertrages D 7–51
  1. Vorläufige Deckungszusagen D 7–14 (weitere Untergliederung vor D 7)
  2. Endgültiger Vsvertrag D 15–52 (weitere Untergliederung vor D 15)

I. Beginn der Kraftfahrzeughaftpflichtversicherung

[D 1] Schrifttum:

Vgl. in erster Linie Bruck–Möller Bd I Anm. 3–12 zu § 1, Anm. 1–9 zu § 7, ferner Bruck–Möller–Wriede Krankenv Anm. D 1–49, Bruck–Möller–Wagner Unfallv Anm. D 1–48, Bruck–Möller–Winter Lebensv Anm. D 1–67, ferner Fenyves VersR 1985 S. 797–806, Gärtner, Der Prämienverzug, 2. Aufl., Neuwied 1977, Möller, Festschrift für Klingmüller, Karlsruhe 1974, S. 301–316, Nickel ZVersWiss 1986 S. 79–108, Sieg VersR 1986 S. 929–932, Werber ZVersWiss 1984 S. 321–335 m. w. N., weitere Hinweise in Anm. D 27.

[D 2] 1. Vorbemerkung

Gedanklich kann unterschieden werden zwischen dem **formellen**, dem **materiellen** und dem **technischen** Vsbeginn (so Bruck–Möller Bd I Anm. 3 zu § 2 m. w. N.). Als **formeller Vsbeginn** wird dabei der Zeitpunkt bezeichnet, zu dem der Vsvertrag durch übereinstimmende Willenserklärungen zustandegekommen ist (zu den für die Kraftfahrzeughaftpflichtv hier durch die Annahmefiktion gemäß § 5 III PflichtvsG gegebenen Besonderheiten vgl. Anm. C 12–18). Der **materielle Vsbeginn** ist derjenige Zeitpunkt, von dem an der Ver die Gefahr trägt (vgl. dazu Anm. D 3–6). Für den **technischen Vsbeginn** wird abgestellt auf den Zeitpunkt, von dem an der Vmer Prämie zu zahlen hat. Eine wesentliche gedankliche Verbindung zwischen dem materiellen und dem technischen Vsbeginn ergibt sich daraus, daß ein Vmer in der Regel kein Interesse daran hat, für einen verstrichenen Zeitraum Vsprämien zu entrichten, sofern ihm nicht für diese Zeit materieller Vsschutz gewährt wird (BGH 16.VI.1982 BGHZ Bd 84 S. 268–280). Stellt der Ver daher bei der Übersendung des Vsscheins für einen in der Vergangenheit liegenden Zeitraum Prämie in Rechnung, so bedeutet das nach BGH 16.VI.1982 a. a. O. [zur Einbruchdiebstahlv], daß der Ver nach Zahlung der Erstprämie abweichend von § 38 II rückwirkend für in dieser Zeit eingetretene Vsfälle das Risiko übernehmen will. Das erscheint vom Standpunkt eines die Interessen beider Vertragspartner gerecht abwägenden Betrachters als einleuchtend. Es sei jedoch daran erinnert, daß vor

I. 2. Materieller Vsbeginn bei vorläufiger Deckungszusage **Anm. D 3**

BGH 16.VI.1982 a. a. O. abweichend judiziert worden ist (vgl. dazu Bruck – Möller Bd I Anm. 17 zu § 38 m. w. N.). Die Entscheidung steht insbesondere nicht im Gegensatz zu § 38 II. Denn diese Bestimmung regelt nicht den Fall, daß der Ver die Vsperiode nicht mit dem Beginn der Zahlung der Erstprämie laufen läßt, sondern den Vmer dazu auffordert, für einen davor liegenden Zeitpunkt zu zahlen. Vorbereitet worden ist diese den Sinn des § 38 II für derartige Fälle zurechtrückende Rechtsprechung dadurch, daß die Ver in sehr vielen Vsbedingungen auf Drängen des BAV ohnedies der Sache nach weitgehend mit dem Ergebnis des BGH übereinstimmende sog. verlängerte Einlösungsklauseln verankert haben (vgl. z. B. §§ 15 III VHB 84, 3 I Abs. 3 S. 2 AHB, 7 I 2 AUB). Für die Kfz-Haftpflichtv spielen diese systematischen Abgrenzungsüberlegungen allerdings in der Praxis trotz § 1 I AKB, der schlicht an das Einlösungsprinzip gemäß § 38 II knüpft, durchweg keine Rolle. Das ergibt sich daraus, daß der Ver in dieser Vssparte durchweg vorleistet, indem er dem Vmer durch Aushändigung einer Vsbestätigungskarte gemäß § 29 a StVZO **vorläufigen Deckungsschutz** zusagt (vgl. dazu Anm. C 27 – 30), und zwar zumeist ohne daß die Aushändigung einer solchen Vsbestätigung von der vorherigen Zahlung eines Vsbeitrages abhängig gemacht wird (dafür, daß der Ver zu einem solchen Verhalten nicht verpflichtet ist, vgl. § 5 V 2 PflichtvsG und Anm. C 22 und 25). Die vom BGH 16.VI.1982 a. a. O. herausgestellten Grundsätze über den materiellen Vsbeginn können aber für diejenigen Fälle von Bedeutung sein, in denen nicht nur der Abschluß einer Kraftfahrzeughaftpflichtv beantragt worden ist, sondern daneben auch der einer Fahrzeug- oder einer Kraftfahrtunfallv (vgl. für eine solche Rückwärtsv in der Fahrzeugv BGH 21.III.1990 BGHZ Bd 111 S. 29 – 35). Häufig wird sich freilich erweisen, daß (entgegen § 1 II 2 AKB) durch die Aushändigung einer Vsbestätigung gemäß § 29 a StVZO auch für die genannten Nebensparten vorläufige Deckung zugesagt wird (so BGH 19.III.1986 VA 1986 S. 389 Nr. 822 = VersR 1986 S. 541 – 542, vgl. dazu Anm. C 27 a. E. und J 10 – 11 m. w. N.). Soweit das aber nicht der Fall ist, muß jenes vom BGH 16.VI.1982 a. a. O. hervorgehobene Prinzip beachtet werden, daß das Begehren des Vers, für einen vor der Antragsannahme liegenden Zeitraum Prämie zu erhalten, nur dann eine innere Berechtigung hat, wenn dafür auch der Beginn des materiellen Vsschutzes entsprechend zurückverlegt wird (anders LG Mainz 4.III.1986 VersR 1986 S. 648 – 649, LG Krefeld 27.V.1986 ZfS 1986 S. 273 = r + s 1987 S. 217). Für einen Fahrzeugvsfall ist vom BGH 13.XI.1985 VersR 1986 S. 131 trotz eines im Vsschein vorverlegten Vsbeginns keine Rückwärtsv angenommen worden. Damit sollten aber die in der Entscheidung vom 16.VI.1982 a. a. O. herausgearbeiteten Grundsätze nicht aufgegeben werden. Vielmehr war der Sachverhalt durch die Besonderheit gekennzeichnet, daß eine vorläufige Deckungszusage erteilt worden war, über deren Wirksamkeit gestritten wurde. In einem solchen Fall kann der Vmer gewiß nicht mit dem zusätzlichen Abschluß einer Rückwärtsv rechnen.

[D 3] 2. Materieller Versicherungsbeginn bei vorläufigen Deckungszusagen

Das Pflichtvssystem basiert auf der Überlegung, daß systematisch die **Lückenlosigkeit** dadurch herbeigeführt wird, daß für alle vspflichtigen Fahrzeuge vor der Zulassung eine Bestätigung über das Bestehen von Haftpflichtvsschutz gemäß § 29 a StVZO vorgelegt wird. Das bedeutet, daß der Vsschutz aus einer solchen Vsbestätigung (die im Regelfall eine vorläufige Deckungszusage dokumentiert, vgl. Anm. C 27 – 30, aber auch im Rahmen eines bereits endgültig abgeschlossenen Vsvertrages ausgehändigt werden kann) **spätestens mit der Zulassung beginnt**. In der Praxis wird dazu häufig die knappe Formulierung „ab Zulassung" verwendet. Ist allerdings auf der Vsbestätigung ein früherer Zeitpunkt aufgeführt, so ist dieser maßgebend. Ist kein Datum genannt, so beginnt der Vsschutz mit der Aushändigung der Vsbestätigungskarte, nicht erforderlich für die Wirksamkeit ist die Vorlage der Bestätigungskarte bei der Straßenverkehrsbehörde. Vgl. dazu BGH 27.VI.1951 BGHZ Bd 2 S. 360–366, 20.VI.1960 BGHZ Bd 32 S. 390–399 (397–398); in beiden Entscheidungen wird betont, daß nach den Bestimmungen der Pflichtv und den AKB der Haftpflichtvsschutz nicht davon abhänge, ob das vte Fahrzeug zugelassen sei oder nicht (dazu auch OLG Hamm 10.XI.1982 VersR 1983 S. 1123–1124 = ZfS 1984 S. 52 [gek.], AG Köln 18.IV.1985 ZfS 1985 S. 277, ferner Anm. F 63 und G 45 m. w. N.). Auch bei zugelassenen Fahrzeugen gilt der Grundsatz, daß, sofern keine ausdrücklichen Vorbehalte gemacht werden, der Vsschutz sofort beginnt. Das besondere Interesse des Vmers an einem solchen sofortigen Beginn folgt nicht selten daraus, daß der Vsschutz für das zugelassene Fahrzeug durch rechtswirksame Erklärungen des Vorvers oder des Vmers verloren gegangen ist (OLG Köln 17.III.1970 VersR 1970 S. 733–736, OLG Schleswig 30.VI.1982 VersR 1983 S. 650–651), anders aber, wenn der Vsschutz erst ab Umschreibung zugesagt worden ist (so im Fall KG 2.XI.1970 VersR 1971 S. 613).

Die Annahme, daß ein stillschweigender Vorbehalt des Inhalts zugrundezulegen ist, daß sämtliche Vsschutzbestätigungen sich nur auf zugelassene Fahrzeuge beziehen (oder daß bei schon zugelassenen Fahrzeugen der Vsschutz erst mit der Vorlage der Vsbestätigung bei der Zulassungsstelle beginne), steht im übrigen vor allem auch im Widerspruch zu dem Ziel der Pflichtvsgesetzgebung, einen möglichst lückenlosen Vsschutz zu erreichen (BGH 27.VI.1951 a. a. O., 20.VI.1960 a. a. O.). Daß durchaus ein Bedürfnis dafür bestehen kann, für Fahrten von nicht zugelassenen Fahrzeugen Vsschutz zu gewähren, zeigt im übrigen die Regelung in § 5 IV 1 AKB mit aller Deutlichkeit. Dort heißt es, daß bei der Wiederanmeldung eines Fahrzeuges der Vsschutz wieder auflebe. Das gilt nach § 5 IV 2 AKB bereits für Fahrten im Zusammenhang mit der Abstempelung (zur Abgrenzung der danach unter Vsschutz stehenden Fahrten, vgl. Anm. F 79). Diese Bestimmung gilt nach ihrem Wortlaut zwar nur für unter eingeschränktem Vsschutz stillgelegte Fahrzeuge. Es leuchtet aber ein, daß eine analoge Anwendung Platz zu greifen hat, wenn von einem anderen als dem bisherigen Ver für eine erneute Zulassung eine Vsbestätigung abgegeben wird. Auch dann ist demgemäß eine Vorerstreckung des Beginns des materiellen Vsschutz für die Zeit vor der Fahrzeugzulassung im Umfang des § 5 IV 2 AKB geboten. Daß umgekehrt der Vsschutz nicht mit dem Wegfall der Zulassung erlischt, wird durch § 5 I 1, 2 AKB erhärtet. Denn dort wird treffend hervorgehoben, daß durch eine Stillegung des Fahrzeugs im Sinne des Straßenverkehrsrechts der Vsvertrag nicht berührt wird und daß es bei einer längeren Stillegung als einer solchen von 14 Tagen für eine „Unterbrechung" des Vsschutzes im Sinne des § 5 II–VII AKB eines Antrags bedarf.

Was den Regelfall des Beginns des Vsschutzes „ab Zulassung" anbetrifft, so ist einleuchtend, daß es mit dem Pflichtvsgedanken nicht vereinbar wäre, wenn der Vsschutz nach § 7 erst ab Mittag des betreffenden Tages einsetzen würde. Demgemäß hat das BAV im Rahmen der Kraftfahrthaftpflichtv stets darauf gedrungen, daß Antrags- und Policenvordrucke so ausgestaltet sind, daß der Vsschutz mit dem Anfang des Tages einsetzt und um 24 Uhr endet (vgl. I, 1 der geschäftsplanmäßigen Erklärungen, Anm. A 5). Es wäre im übrigen überlegenswert, bei einer Überarbeitung des VVG die als antiquiert erscheinende Regelung des § 7 in dem genannten Sinne zu ändern.

Wird auf der Vsbestätigung ein späterer Zeitpunkt als der ab Zulassung als Beginn des Vsschutzes genannt und das bei der Zulassung nicht bemerkt, so würde nach allgemeinen Vertragsgrundsätzen, wenn nicht gegenüber dem Vmer etwas Abweichendes zusätzlich erklärt worden ist, dieser Termin maßgebend sein. Allerdings ist zu bedenken, daß nach dem Sinn und Zweck der Vsbestätigung diese regelmäßig zur sofortigen Zulassung eines Fahrzeugs gedacht ist. Daraus kann aber nicht geschlossen werden, daß der Einwand des Vers, daß ernsthaft ein späterer Zeitpunkt als der nach der Zulassung als maßgebend vereinbart werden sollte, in denjenigen Fällen, in denen eine solche Vsbestätigung zur Zulassung benutzt worden ist, als rechtsmißbräuchlich zurückgewiesen werden müßte (ebenso Baumann Entschädigungsfonds S. 38, vgl. auch Anm. B 44, S. 80). Maßgebend ist hier vielmehr, was tatsächlich vereinbart worden ist. Dem Pflichtvsgedanken wird in diesen Fällen dadurch Rechnung zu tragen sein, daß bei Abweichungen zwischen der dokumentierten Vsbestätigung und dem Vermerk auf dem Antrag über die Zusage bezüglich bestehenden Vsschutzes von dem zeitlich frühesten Datum ausgegangen wird.

Nicht selten wird es vorkommen, daß eine Vsbestätigungskarte für ein Fahrzeug ausgestellt wird, das bereits zugelassen ist. So im Fall OLG Köln 17.III.1970 VersR 1970 S. 733−736, wo die Besonderheit bestand, daß der Vorver wegen Nichtzahlung einer Folgeprämie gekündigt hatte. Auch in einem solchen Fall ist das in der Vsbestätigung vom Ver angegebene Datum über den Beginn des Vsschutzes maßgebend; darauf, daß zum Zeitpunkt des Eintritts des Vsfalls die Vsbestätigung der Zulassungsstelle noch nicht vorgelegt worden war, kommt es nicht entscheidend an (OLG Köln 17.III.1970 a. a. O. S. 735). Wirksam ist eine vorläufige Deckungszusage aber auch dann, wenn sie neben einen zu diesem Zeitpunkt noch voll wirksamen Vsvertrag tritt, sofern keine betrügerische Doppelv beabsichtigt ist (LG Amberg 20.XI.1990 ZfS 1991 S. 274−275). Eine **Rückwärtsv** ist − ungeachtet dessen, daß eine solche Möglichkeit in den AKB nicht vorgesehen ist − theoretisch auch in der Kfz-Haftpflichtv möglich. Dabei handelt es sich aber um seltene Ausnahmefälle; vgl. dazu BGH 29.XI.1956 VersR 1957 S. 23, 21.III.1990 BGHZ Bd 111 S. 29−35 [zur Fahrzeugv] und Anm. B 43, S. 77 m. w. N. sowie Anm. D 2.

[D 4] 3. Materieller Versicherungsbeginn aus dem endgültigen Kraftfahrzeughaftpflichtversicherungsvertrag

Nach § 1 I AKB beginnt der Vsschutz mit der Einlösung des Vsscheins durch Zahlung des Beitrags und der Vssteuer, jedoch nicht vor dem vereinbarten Zeitpunkt. Bemerkenswert ist, daß zusätzlich zum Beitrag die Vssteuer erwähnt wird. Das ist nicht überflüssig. Denn ohne solche ausdrückliche Einbeziehung könnte darüber gestritten werden, ob bei Zahlung der Erstprämie ohne die darauf entfallende Vssteuer die Rechtsfolgen des § 38 eingreifen (vgl. dazu Bruck−Möller Bd I Anm. 6 zu § 38). Für die Kraftfahrzeughaftpflichtv ist im übrigen speziell zu bedenken, daß ein lückenloser Anschluß an die zumeist vorangegangene Zeit des vorläufigen Deckungsschutzes gegeben sein muß. Das wird zunächst in § 1 II 3 AKB verdeutlicht, wenn es dort heißt, daß die vorläufige Deckung mit der Einlösung des Vsscheins endet. Durch einen Schreibfehler oder ein sonstiges Versehen könnte es sich ergeben, daß in dem Antrag und in der Police ein späterer Zeitpunkt als der der Zulassung des Fahrzeugs genannt wird und daß dieser Termin auch noch nach Einlösung des Vsscheins liegt. In diesem Fall ist von einem Vorrang der durch die Vsbestätigung dokumentierten Zeit des materiellen Vsschutzes im Sinne eines lückenlosen Deckungsanschlusses auszugehen. § 1 II 3 AKB steht dem nicht entgegen. Es entspricht vielmehr dem dieser Vorschrift zugrundeliegenden Kontinuitätsprinzip, wenn derartige Schreib- oder Gedankenfehler gegenüber den konkludent erklärten Willensäußerungen beider Vertragspartner zurücktreten. Es versteht sich, daß dem Ver dann auch für die Gesamtzeit Prämie zusteht.

Anm. D 4 D. Dauer des Kraftfahrzeughaftpflichtvsvertrages

Im übrigen gilt das in Anm. D 3 über den Beginn des materiellen Vsschutzes Gesagte entsprechend. Der kritische Punkt, der darin liegt, daß nach einer vorläufigen Deckungszusage der Vsschutz aus dem endgültigen Vsvertrag nicht beginnt, weil der Vsschein nicht eingelöst worden ist, wird in der Rechtswirklichkeit vorrangig unter dem Gesichtspunkt des Außerkrafttretens der vorläufigen Deckungszusage gemäß § 1 II 4 AKB behandelt, wobei immer wieder zu betonen ist, daß entgegen der BGH-Rechtsprechung erhebliche Bedenken gegenüber dem in dieser Bestimmung vorgesehenen **rückwirkenden** Außerkrafttreten des Vsschutzes bestehen (vgl. dazu Anm. D 9). Zu den Zweifelsfragen, die aus einer nur **teilweisen** Einlösung des Vsscheins entstehen können, vgl. Anm. D 12. Zu beachten ist bei dieser Abgrenzung zwischen vorläufiger und endgültiger Vsschutzgewährung ferner, daß gemäß § 1 II 4 AKB ungeachtet der Nichteinlösung des Vsscheins die vorläufige Deckung dann nicht außer Kraft tritt, wenn der Ver den Vsantrag nicht unverändert angenommen hat (vgl. dazu Anm. D 11). Hier hat der Ver zwar die Möglichkeit, sich gemäß § 1 II AKB mit Wochenfrist von der vorläufigen Deckung zu lösen (vgl. dazu Anm. D 14). Es wird von dieser Möglichkeit aber eigenartigerweise nur sehr selten Gebrauch gemacht.

In Nr. II,1 der geschäftsplanmäßigen Erklärungen (vgl. Anm. A 5) heißt es, daß die Ver für den Fall, daß ein Erstbeitrag nicht unverzüglich eingelöst wird, den Vsschutz erst versagen, wenn sie den Vmer **schriftlich auf die Folgen einer nicht unverzüglichen Zahlung hingewiesen** haben (Beginn des Vsschutzes erst mit der Zahlung des Beitrages bzw. rückwirkender Verlust des Vsschutzes bei vorläufiger Deckung). Für den Bereich der vorläufigen Deckungszusage läßt sich diese Regelung unschwer als eine zusätzliche Nebenpflicht des Vers qualifizieren, die die Rechtsprechung des BGH zur Belehrung über diese ungewöhnliche Rechtsfolge nachzeichnet (vgl. dazu Anm. D 13 m. w. N.). Bemerkenswert ist aber, daß diese Belehrungspflicht auch bezüglich der Zahlung der Erstprämie für den Fall vorgesehen ist, daß keine Zeit vorläufigen Deckungsschutzes vorangegangen ist. Denn der Ver ist nach der gesetzlichen Konstruktion (§ 38 II) schließlich nicht im Risiko, wenn die Erstprämie bei Eintritt des Vsfalls nicht gezahlt worden ist. Von der genauen Kenntnis dieser Zusammenhänge ist bei den Verfassern dieser geschäftsplanmäßigen Erklärungen gewiß auszugehen. Überlegt man das, so ergibt sich als Sinn der für diese Fälle dennoch übernommenen Belehrungslast, daß das BAV anhand vieler Beschwerdefälle die Erkenntnis gewonnen hatte, daß die gesetzliche Regelung weitgehend unbekannt ist und ungewöhnlich von den ansonsten im Schuldrecht geltenden Leistungsprinzipien abweicht. Das dürfte der Grund dafür gewesen sein, weswegen es das BAV für erforderlich hielt, dem Ver als zusätzliche Vertragspflicht aufzuerlegen, den Vmer ausdrücklich auf diese vsrechtliche Besonderheit hinzuweisen, daß der Vmer nämlich in dem Sinne vorleistungspflichtig ist, daß der Vsschutz als Leistung des Vers erst mit der Zahlung des Erstbeitrags einsetzt (Möller, Festschrift für Klingmüller, Karlsruhe 1976, S. 316 hält das für inhaltlich überzogen). Unterläßt der Ver eine solche Belehrung, so darf er sich auf eine Leistungsfreiheit nach § 38 II grundsätzlich nicht berufen. Vielmehr wird dem Vmer derart geholfen, daß als Regelfall unterstellt wird, daß er bei ordnungsgemäßer Belehrung die Vsprämie sofort gezahlt hätte (zur vertragsrechtlichen Einordnung geschäftsplanmäßiger Erklärungen vgl. BGH 13.VII.1988 BGHZ Bd 105 S. 140–153 [150–153] und Anm. A 17–20 sowie J 15 m. w. N.). Man könnte meinen, daß diese Überlegungen mit Rücksicht auf die regelmäßig in der Kraftfahrzeughaftpflichtv erteilte vorläufige Deckungszusage eigentlich nur für die Fahrzeug- und die Kraftfahrtunfallv bedeutsam werden könnten (soweit für diese Sparten nicht auch eine solche vorläufige Deckung gewährt worden ist, vgl. dazu BGH 19.III.1986 VA 1986 S. 389 Nr. 822 = VersR 1986 S. 541–542

I. 4. Sonderregelung für Anschlußven Anm. D 5

sowie Anm. G 33 und J 10 – 11 m. w. N.). Indessen wird vom BGH 4.VII.1973 NJW 1973 S. 1746 – 1747 = VersR 1973 S. 811 – 813 aus dieser geschäftsplanmäßigen Erklärung gefolgert, daß die Belehrungspflicht des Vers nicht nur den nach dem Wortlaut des § 1 II 4 AKB gegebenen rückwirkenden Wegfall des Vsschutzes betrifft (für die Bedenken gegen diese Regelung vgl. Anm. D 9), sondern auch die trotz der vorläufigen Deckungszusage bestehende Abhängigkeit des Vsschutzes für künftige Vsfälle von der Zahlung der angeforderten Prämie (vgl. dazu Anm. D 13).

[D 5] 4. Sonderregelung für Anschlußversicherungen

Gliederung:

a) Grundsätzliches D 5   b) Einzelheiten D 6

a) Grundsätzliches

In § 6 V AKB findet sich — abweichend von den Darlegungen in Anm. D 2 – 4 — eine eigenartige Sonderregelung (eingefügt zum 1.I.1977, VA 1977 S. 48). Sie gilt für Anschlußven im Falle vorangegangener Veräußerung eines Fahrzeugs. Es heißt in § 6 V AKB, daß dann, wenn nach der Veräußerung des Fahrzeugs bei demselben Ver, bei dem das veräußerte Fahrzeug vert war, innerhalb von 6 Monaten ein Fahrzeug der gleichen Art und des gleichen Verwendungszwecks (Ersatzfahrzeug im Sinne der Tarifbestimmungen) vert wird und die hierfür geschuldete erste oder einmalige Prämie nicht gezahlt wird, § 39 gelte. In S. 2 wird ergänzend bestimmt, daß § 1 II 4 AKB sowie § 38 keine Anwendung finde.

Das Gesagte bedeutet, daß in diesen Anschlußvsfällen der materielle Vsbeginn nicht von der Zahlung der Erstprämie abhängig ist, sondern mit dem formellen Zustandekommen des Vsvertrages beginnt. Das in § 38 II zum Ausdruck kommende Prinzip, daß der Ver gesetzlich nur nach Zahlung der Erstprämie im Risiko ist, wird damit für die Fälle des § 6 V AKB aufgegeben. Der Vsschutz beginnt danach stets, ohne daß die Prämie schon entrichtet worden ist. In den Fällen, in denen eine vorläufige Deckungszusage vor der Annahme des Vertragsantrages durch den Ver erfolgt, besteht allerdings schon zuvor materieller Vsschutz. Insoweit ändert sich nichts gegenüber dem Normalfall. Es ist aber als Besonderheit zu konstatieren, daß die in diesen Fällen von dem Vmer geschuldete Prämie vertraglich als eine Folgeprämie bezeichnet wird. Für die Fälle des vorangegangenen Deckungsschutzes stellt diese vertragliche Regelung im Grunde genommen nur eine Bestätigung der von Möller in Bd I Anm. 46, 51 zu § 35, Anm. 4 zu § 38, Anm. 52 zu § 39 vertretenen Auffassung dar, daß die gestundete „erste" Prämie eine Folgeprämie im Sinne des § 39 sei (ablehnend aber die ständige BGH-Rechtsprechung, vgl. dazu die Nachweise in Anm. D 9). Vom Standpunkt der Gegenmeinung hat sich der Ver hier freiwillig dem Regelungsinhalt des § 39 unterworfen. Rechtspolitisch ist von außerordentlicher Bedeutung, daß bei diesen Anschlußvsverträgen eine Regelung des Inhalts, daß der Vsschutz rückwirkend verloren gehe (§ 1 II 4 AKB), von den Bedingungsverfassern nicht für sachgerecht gehalten wird. Es liegt nahe, diese Erkenntnis über die Unbilligkeit der Regelung auch auf das erstmalige Kontrahieren mit einem Vmer zu übertragen (vgl. dazu Anm. D 9).

Vom OLG Hamm 22.III.1979 VersR 1979 S. 614 – 615 wird in einem obiter dictum die Regelung in § 6 V AKB dahin verstanden, daß es sich nicht um einen neuen Vsvertrag, sondern um die Fortsetzung des vorangegangenen handele (ähnlich ÖOGH 13.XII.1984 VersR 1986 S. 1248 ohne Bezugnahme auf eine § 6 V AKB entsprechende Bedingungsbestimmung für einen Fall, in dem der Erstvertrag von

Anfang an zwei Fahrzeuge umfaßte, von denen eines ausgewechselt wurde [anders aber ÖOGH 11.X.1984 VersR 1986 S. 50–51 für den Fall, daß ein bestehender Kraftfahrzeughaftpflichtvsvertrag auf ein weiteres Kraftfahrzeug ausgedehnt wird]; vgl. auch Fenyves VersR 1985 S. 805–806, der — ausgehend von dem Normalfall, daß § 38 zur Anwendung kommt — dem Vmer durch eine den Ver treffende Belehrungspflicht helfen will). Damit wird freilich die Anwendung des § 39 unschwer erklärt. Indessen ist dieser Einordnung nicht zu folgen. Denn dafür fehlt es an entsprechenden übereinstimmenden Erklärungen der Parteien. Daraus, daß der Ver dem Vmer in diesen Fällen eine bessere Stellung durch Übertragung der für Folgeprämien geltenden Grundsätze auf Prämienzahlungen für einen neu abgeschlossenen Vertrag vertraglich zusagt, darf nicht auf entsprechende tatsächliche Lebensverhältnisse geschlossen werden. Es verbleibt vielmehr bei dieser lebensstatsächlichen Einordnung, daß der Vertrag bezüglich des veräußerten und der hinsichtlich des neu erworbenen Fahrzeugs getrennte Schuldverhältnisse darstellen, bei denen für den nachfolgenden Vertrag eine Besserstellung des Vmers gegenüber der gesetzlichen (und der nach dem Wortlaut der AKB geltenden) Regelung zugesagt worden ist (ebenso OLG Koblenz 8.II.1980 VersR 1980 S. 617–618 [allerdings mit der unzutreffenden Schlußfolgerung, daß demgemäß § 38 zur Anwendung komme], Prölss–Martin–Knappmann[25] Anm. 3 zu § 6 AKB, S. 1430, Stiefel–Hofmann[15] Anm. 81 zu § 6 AKB, S. 274–275).

Stiefel–Hofmann[15] Anm. 82–83 zu § 6 AKB, S. 275 bemerken, daß durch § 6 V AKB die Einlösungsklausel des § 1 I AKB nicht tangiert werde. Daraus ziehen sie die Folgerung, daß die Regelung in § 6 V AKB als eine vorläufige Deckungszusage zu erklären sei. Dem ist nicht zu folgen. Es liegt vielmehr eine Besonderheit dergestalt vor, daß mit dem Vertragsabschluß sofortige Deckung aus dem endgültigen Vsvertrag besteht, so daß der dadurch herbeigeführte Vsschutz nicht über § 1 II 4, 5 AKB entzogen werden kann. Ist — wie üblich — zusätzlich eine Vsbestätigungskarte ausgehändigt worden, so ist das nur in den Fällen von Bedeutung, in denen es systemwidrig nicht zum Abschluß eines endgültigen Vsvertrages kommt.

Soweit in dem Vsantrag als Vsbeginn ein früherer Zeitpunkt als der des Zustandekommens des Vsvertrages im formellen Sinne genannt wird, ist § 6 V AKB in dem Sinne zu verstehen, daß der Ver auch von diesem Zeitpunkt an im Sinne einer Rückwärtsv materiellen Vsschutz gewährt (Prölss–Martin–Knappmann[25] Anm. 3 zu § 6 AKB, S. 1430; vgl. auch Anm. D 2).

[D 6] b) Einzelheiten

Unerläßlicher Anknüpfungspunkt für die Geltung der Sonderregelung gemäß § 6 V AKB ist, daß innerhalb von 6 Monaten ein anderes Fahrzeug vert wird. Nach dem Wortlaut der Bestimmung wird zur Wahrung der Frist auf das Zustandekommen des Vsvertrages innerhalb der Frist von 6 Monaten abgestellt. Das ist jedoch nach dem Sinn der getroffenen Regelung zugunsten des Vmers dahin zu ergänzen, daß die Rechtsvorteile aus § 6 V AKB nicht von dem mehr oder weniger schnellen Arbeiten des Vers abhängig gemacht werden. Demgemäß ist eine Auslegung dahin geboten, daß es darauf ankommt, ob der Vmer innerhalb der 6-Monatsfrist einen Antrag auf Abschluß eines solchen Vsvertrages stellt und dieser von dem Ver innerhalb dieser Frist oder danach akzeptiert wird.

— Soweit der Ver einen Antrag entgegen dem für die Haftpflichtv gemäß § 5 II PflichtvsG gegebenen Annahmezwang ablehnt, ist die Rechtsposition des Erfüllung oder Schadenersatz begehrenden Vmers danach zu beurteilen, wie er stehen würde, wenn der Ver rechtmäßig gehandelt hätte (vgl. dazu Anm. C 22, 23); das bezieht sich aber nicht auf den Abschluß eines Fahrzeug- oder Kraftfahrtunfallvsvertrages. —

I. 4. Sonderregelung für Anschlußven Anm. D 6

Weitere Voraussetzung für die Anwendung ist, daß es sich um ein Fahrzeug der gleichen Art und des gleichen Verwendungszwecks handelt. Zur Erläuterung wird dabei im Bedingungstext auf den Begriff „Ersatzfahrzeug im Sinne der Tarifbestimmungen" Bezug genommen. Der Begriff des Ersatzfahrzeugs ist in Nr. 26 I TB – KH im Zusammenhang mit der Anrechnung des Schadenfreiheitsrabatts bei einem Fahrzeugwechsel definiert. Geht man von dieser Abgrenzung aus, so ist maßgebend, ob das ausgeschiedene Fahrzeug derselben oder einer höheren Fahrzeuggruppe angehört wie das Ersatzfahrzeug. Es sind in jener Bestimmung drei Fahrzeuggruppen gebildet. Die untere Fahrzeuggruppe umfaßt Krafträder, Kraftroller, PKW, Lieferkraftwagen, Krankenwagen sowie Campingfahrzeuge (bzw. Wohnmobile). Die mittlere Fahrzeuggruppe umfaßt Personenmietwagen, Kraftdroschken sowie Güterkraftfahrzeuge im Werkverkehr. In der oberen Fahrzeuggruppe sind die Kraftomnibusse, alle Kraftfahrzeuge des gewerblichen Güterverkehrs (außer Lieferwagen) sowie die Sonderfahrzeuge (außer Krankenwagen) eingeordnet. Maßgebend ist danach letzten Endes, ob es sich um ein Fahrzeug handelt, für das vom Tarif eine Verringerung der Prämie durch Übertragung eines sogenannten Schadenfreiheitsrabatts eingeräumt wird. Der Vmer kann gewiß die Einzelheiten dieser Regelung bei dem Studium der AKB nicht durchschauen. Es besteht aber nach der Regelung die Möglichkeit der Kenntnisnahme. Das wird man angesichts dessen, daß es sich um eine außerhalb des gesetzlichen Systems zugesagte Leistung des Vers handelt, als hinreichend für die Abgrenzungen anzusehen haben. Es erscheint unter diesen Gesichtspunkten als nicht sachgerecht, von einem irgendwie gearteten Erwartungshorizont des Vmers, was als Ersatzfahrzeug zu gelten habe, auszugehen in dem Sinne, daß auch andere als dort aufgeführte Fahrzeuge in den Genuß dieser Vergünstigung kommen (z. B. Mopeds oder andere in Nr. 15 VIII TB – KH aufgeführte Fahrzeuge). Denn einem Vmer, der § 6 V AKB liest, wird klar, daß aus dieser Bestimmung der Begriff des Ersatzfahrzeugs nicht zu entnehmen ist. Er muß demgemäß das Tarifwerk studieren, um den Sinn der Regelung zu erkennen. Keineswegs kann er aber den Schluß gewinnen, daß jedes Ersatzfahrzeug unter die Vergünstigungsregelung falle. Denn wenn unter einem Ersatzfahrzeug jedes andere neu angeschafften Fahrzeug verstanden werden sollte, so bedurfte es sicher einer solchen Bezugnahme auf weitere Bestimmungen nicht. Demgemäß kann sich hier ein Vertrauenstatbestand zugunsten des Vmers bezüglich des in § 6 V AKB gewählten Ausdrucks eigentlich nicht aufbauen. Wenn ein Erwartungshorizont des Vmers besteht, dann doch allenfalls der, daß dieselben Maßstäbe gelten wie bei der Bewilligung von Schadenfreiheitsrabatten und deren Übertragbarkeit. Wenn der Vmer das aber annimmt, so liegt er richtig und findet seine Auffassung in Nr. 26 I TB – KH bestätigt.

Einen Sonderfall betrifft LG Saarbrücken 22.II.1991 VersR 1992 S. 440. In diesem Fall hatte das veräußerte Fahrzeug nicht dem neuen Vmer, sondern seiner Mutter gehört. Es war beantragt worden, daß der Schadenfreiheitsrabatt der Mutter auf den Sohn gemäß Nr. 28 TB – KH für das von diesem erworbene Fahrzeug übertragen werde. Dem entsprach der Ver und fertigte eine Police mit der Überschrift „V eines Ersatzfahrzeugs" aus, nachdem zuvor von ihm der Antrag auf einem Formular mit der Überschrift „Veränderungsantrag" aufgenommen worden war. Das Gericht folgerte daraus, daß der Vorgang damit auch vom Ver § 6 V AKB unterstellt werden solle, so daß sich der Ver nicht auf § 1 II 4 AKB (rückwirkender Wegfall des Vsschutzes) berufen könne. Dabei spielte sicher auch eine Rolle, daß der Ver satzungsgemäß nur Angehörige des öffentlichen Dienstes vern durfte und daß für die Vsnahme durch die Mutter, die eine solche Angehörige des öffentlichen Dienstes war, der Anlaß entfallen war, nachdem der Sohn zum Zeitpunkt der neuen Antragsaufnahme ebenfalls diese satzungsmäßigen Voraussetzungen erfüllte.

Nach § 6a IV AKB findet § 6 V AKB entsprechende Anwendung auf die Fälle des **Wegfalls des vten Interesses** (z. B. durch völlige Vernichtung, vgl. dazu Anm. D 38 und F 24). Eine unterschiedliche Behandlung beider Fallgruppen könnte sich auch nicht auf einen einleuchtenden Grund stützen (vgl. auch die Definitionsregelung für Ersatzfahrzeuge in Nr. 26 I TB – KH, nach der die Fälle der Veräußerung und des Interessewegfalls im Sinne der Übertragbarkeit des Schadenfreiheitsrabatts ohnedies gleichgestellt sind).

Umstritten ist, ob die Regelung in § 6 V AKB auch dann gilt, wenn für das neue Fahrzeug eine Deckungserweiterung gegenüber dem bisherigen Umfang beantragt und akzeptiert wird. Überwiegend wird angenommen, daß es genüge, daß ein Vertrag aus dem Bereich der Kraftfahrtv bereits vorhanden gewesen sei. So OLG Hamm 23.III.1979 VersR 1979 S. 614 – 615, OLG Karlsruhe 10.VI.1981 VersR 1982 S. 591 – 592, Prölss – Martin – Knappmann[25] Anm. 3 zu § 6 AKB, S. 1430, a. M. Stiefel – Hofmann[15] Anm. 84 zu § 6 AKB, S. 275 (anders aber im Nachtrag zur 10. Auflage). Soweit es darum geht, daß in der Haftpflichtv eine höhere Deckungssumme gewährt wird, wird man nach dem Sinn der Regelung die Anwendung der Bestimmung uneingeschränkt zu befürworten haben. Das gleiche gilt, wenn der Deckungsumfang in der Fahrzeugv oder in der Insassenunfallv verändert wird. Es sei daran gedacht, daß wie im Fall OLG Hamm 23.III.1979 a. a. O. anstelle einer Vollkaskov eine Teilkaskov gewählt wird (oder umgekehrt) oder daß die Vssummen in der Insassenunfallv eine andere Regelung finden. Bedenken bestehen jedoch angesichts der Selbständigkeit der einzelnen Vsverträge dagegen, daß die Regelung auch dann eingreifen soll, wenn zu einer bisher bestehenden Haftpflichtv eine früher nicht vorhanden gewesene Kaskov oder eine Insassenunfallv gewählt wird (anders aber OLG Karlsruhe 10.VI.1981 a. a. O.). Noch stärker sind die Bedenken, wenn entgegen der üblichen Praxisausgestaltung zuvor nur eine Kaskov (und keine Haftpflichtv) bestanden hat. Es ist sicherlich im Einzelfall darauf abzustellen, welcher Erwartungshorizont sich bei dem Vmer aufgrund des Verhaltens des Vers herausgebildet hat. Häufig wird z. B. die Aushändigung der Vsbestätigung für die Zulassungsstelle so zu verstehen sein, daß entgegen dem Wortlaut des § 1 II 2 AKB der damit bekundete materielle Vsschutz sich nicht nur auf die Haftpflichtv erstreckt sondern auch auf die anderen Vszweige, für die der Abschluß eines Vsvertrages beantragt worden ist (vgl. dazu BGH 19.III.1986 VA 1986 S. 389 Nr. 822 = VersR 1986 S. 541 – 542 und Anm. C 27 sowie J 10 – 11 m. w. N.). Ist das den Umständen des Falles zu entnehmen, so erscheint es im Sinne einer einheitlichen Betrachtung geboten, dann auch § 6 V AKB auf den neuen Vsvertrag insgesamt anzuwenden. Soweit aber eine solche zusätzliche Verknüpfung nicht gegeben ist, kann nicht ohne weiteres von einem umfassenden Anwendungsbereich des § 6 V AKB ausgegangen werden. Ein Vmer, der § 6 V AKB liest, wird im Regelfall nicht zu dem Schluß kommen, daß die dort aufgeführten Rechtsvorteile auch für solche Vsarten gelten, in denen vorher nicht kontrahiert war. Vielmehr wird er sich — gerade weil an den Schadenfreiheitsrabatt angeknüpft wird — regelmäßig an dem Kontinuitätsgedanken orientieren und demgemäß eine getrennte Behandlung der selbständigen Vsverträge erwarten.

Zu den sich aus § 6 V 3 AKB ergebenden Konsequenzen für die Prämienzahlungsverpflichtung des Vmers vgl. Anm. E 22 a. E.

Erwirbt der Vmer einen Zweitwagen und ist vereinbart worden, daß der Schadenfreiheitsrabatt auf dieses Fahrzeug übertragen wird, so kann eine entsprechende Anwendung des § 6 V AKB in Betracht kommen, wenn ein derartiger Wille der Parteien festgestellt wird. Das ändert aber nichts daran, daß die nächste fällige

II. 1. Beendigung des Vsvertrages, vorläufige Deckungszusage **Anm. D 7**

Prämie für den das erste Fahrzeug betreffenden Vertrag eine Folgeprämie im Sinne des § 39 und nicht eine Erstprämie gemäß § 38 darstellt (so zutreffend KG 23.X.1981 VersR 1982 S. 864–865 = ZfS 1982 S. 340 [gek.]).

II. Beendigung des Versicherungsvertrages
1. Vorläufige Deckungszusage

Gliederung:

a) Vorbemerkung D 7
b) Einlösung des Vsscheins D 8
c) Nichteinlösung des Vsscheins D 9–13
   aa) Bedenken gegen den rückwirkenden Verlust des Vsschutzes D 9
   bb) Zwischenbemerkung D 10
   cc) Einzelheiten D 11–13
      aaa) Unveränderte Antragsannahme D 11
      bbb) Nichteinlösung binnen 14 Tagen D 12
      ccc) Belehrungspflicht des Vers D 13
d) Kündigung gemäß § 1 II 5 AKB D 14

[D 7] a) Vorbemerkung

Das Institut der **vorläufigen Deckungszusage** ist im VVG nicht geregelt. Daraus können sich vielfältige Streitigkeiten ergeben. Es ist daher sehr zu begrüßen, wenn in AVB-Regelungen klare Rechtsbeziehungen geschaffen werden. Eine solche Regelung stellt § 1 II AKB dar. Für die Kraftfahrzeughaftpflichtv ist das Rechtsinstitut deshalb von so großer Bedeutung, weil mit Rücksicht auf den gegenüber der Zulassungsstelle gesetzlich zu erbringenden Vsnachweis (§ 29 a StVZO) in der Mehrzahl der Fälle der Vsschutz mit einer solchen formalisierten Deckung beginnt. Für die Ausstrahlung dieser Vspraxis auf die weiteren Sparten der Kraftfahrtv vgl. BGH 1.III.1986 VA 1986 S. 389 Nr. 822 = VersR 1986 S. 541–542 sowie Anm. C 33 a. E., D 2 und J 11 m. w. N.

In § 1 II AKB werden drei verschiedene Arten der Beendigung des Vsschutzes aus einer vorläufigen Deckungszusage geregelt. Der erste Fall ist dabei der in § 1 II 3 AKB behandelte, daß der Vmer den ihm vorgelegten Vsschein einlöst (vgl. dazu Anm. D 8). Der zweite Fall betrifft die Nichteinlösung eines solchen Vsscheins. Dieser Sachverhalt ist in § 1 II 4 AKB einer relativ komplizierten Regelung unterworfen worden, die Anlaß zu mancherlei Zweifeln bietet (vgl. dazu Anm. D 9–13). Der dritte Fall betrifft das in § 1 II 5 AKB vorgesehene Kündigungsrecht des Vers (Anm. D 14).

In denjenigen Fällen, in denen es an ausdrücklichen Bestimmungen über das Ende des Vsschutzes aus einer vorläufigen Deckungsbestimmung fehlt, wird angenommen, daß aus dem Wesen der vorläufigen Deckungszusage folge, daß deren Wirksamkeit (für die Zukunft) mit dem endgültigen Scheitern der Verhandlungen über den Abschluß des Vsvertrages sofort ende (vgl. in diesem Sinne nur BGH 9.V.1955 VersR 1955 S. 339–340, 13.II.1958 VersR 1958 S. 173–174, OLG Hamm 1.VII.1983 VersR 1984 S. 173–174 und Möller in Bruck–Möller Bd I Anm. 104 zu § 1 m. w. N.). Diese allgemeinen Grundsätze über die Beendigung des Vsschutzes aus vorläufigen Deckungszusagen dürfen nach Sinn und Zweck der vertraglichen Regelung nicht neben § 1 II 3–5 AKB angewendet werden; vielmehr stellen die dort genannten Beendigungsgründe eine **abschließende Spezialregelung** dar (ebenso Prölss–Martin–Knappmann[25] Anm. 2 b zu § 1 AKB, S. 1401). Neben den in § 1 II 3–5 AKB genannten Beendigungsgründen kann sich allerdings in Ausnahmefällen ein Ende des Vsschutzes durch eine wirksame Anfechtung des Vers gemäß § 119 oder § 123 BGB ergeben (vgl. dazu auch Anm. D 21).

[D 8] bb) Einlösung des Versicherungsscheins

§ 1 II 3 AKB bestimmt, daß die vorläufige Deckung mit der Einlösung des Vsscheins endet. An der Wirksamkeit dieser Regelung besteht kein Anlaß zum Zweifeln. Sie betrifft den Normalfall des reibungslosen Nacheinander von vorläufigem und endgültigem Vsschutz. In der Praxis wird dabei so verfahren, daß der Ver einen einheitlichen Vsschein für die Gesamtzeit ausstellt, in dem als Vsbeginn der Zeitpunkt des Inkrafttretens der vorläufigen Deckungszusage aufgeführt wird. Ungeachtet dessen, daß — rechtstechnisch gesehen — zwei nacheinander abgeschlossene Vsverträge vorliegen, bei denen der erste auf vorläufigen und der zweite auf endgültigen Vsschutz gerichtet sind, wird durch diese Zusammenfassung dokumentiert, daß es sich um ein einheitliches Vertragswerk handelt. Der Lebensvorgang ist nur durch die Besonderheit gekennzeichnet, daß der Ver vorleistet, indem er Vsschutz zusagt, obwohl er zumeist noch keinerlei Entgelt erhalten hat. Nach dem Sinn und Zweck der Regelung ist dabei für die Parteien des Vsvertragsverhältnisses klar, daß die beiden gesondert geschlossenen Verträge über eine vorläufige und eine endgültige Deckung sich zeitlich nicht überschneiden, sondern ergänzen sollen. Auch wenn im Vsantrag und -schein als Beginn des materiellen Vsschutzes derselbe Zeitpunkt vermerkt wird wie der des Beginns des Vsschutzes aus der vorläufigen Deckungszusage, darf daraus nicht etwa geschlossen werden, daß hier für die Zeit der vorläufigen Deckungszusage zwei Verpflichtungen des Vers begründet werden, die auf dasselbe Risiko gerichtet sind. Zwar nimmt die neuere Rechtsprechung des BGH an, daß regelmäßig aus der Rückdatierung des Vsscheins zu folgern sei, daß dieser Zeitpunkt für den Beginn des materiellen Vsschutzes maßgebend sei, da ein Interesse des Vmers — von Sonderfällen abgesehen — an einer Prämienentrichtung für die Zeit vor Beginn des materiellen Vsschutzes nicht ersichtlich sei (BGH 16.VI.1982 BGHZ Bd 84 S. 268–284; vgl. dazu Anm. D 2). Diese Überlegungen greifen aber nicht für den Fall einer ausdrücklich vorgegebenen vorläufigen Deckungszusage ein. Die Parteien verstehen vielmehr die Verpflichtung des Vers aus der vorläufigen Deckungszusage und aus dem endgültigen Vertragsabschluß als ein einheitliches Leistungsversprechen. Es wäre daher ein von der Interessenlage nicht getragenes Ergebnis, den Ver für die Zeit seiner Eintrittspflicht aus der vorläufigen Deckungszusage zusätzlich aus dem endgültigen Vsvertrag haften zu lassen mit der Folge, daß die Vssummen des Vertrages in doppelter Höhe zur Verfügung gestellt werden müßten.

[D 9] c) Nichteinlösung des Versicherungsscheins

aa) Bedenken gegen das rückwirkende Außerkrafttreten des Versicherungsschutzes

Nach § 1 II 4 AKB tritt die vorläufige Deckung rückwirkend außer Kraft, wenn der Antrag unverändert angenommen (vgl. dazu Anm. D 11), der Vsschein aber nicht spätestens innerhalb von 14 Tagen eingelöst wird und der Vmer die Verspätung zu vertreten hat (vgl. Anm. D 12). Ergänzend heißt es in Nr. II, 1 der geschäftsplanmäßigen Erklärungen für die Kraftfahrtv (Anm. A 5), daß der Ver für den Fall, daß ein Erstbeitrag nicht unverzüglich eingelöst werde, den Vsschutz erst versage, wenn er den Vmer schriftlich auf die Folgen einer nicht unverzüglichen Zahlung hingewiesen habe (Beginn des Vsschutzes erst mit Zahlung des Beitrages bzw. rückwirkender Verlust des Vsschutzes bei vorläufiger Deckung). Vgl. zur Bedeutung dieser geschäftsplanmäßigen Erklärung für den Bereich der vorläufigen Deckungszusage Anm. D 13.

Bevor die Einzelheiten dieser Regelung in den nachfolgenden Anmerkungen erläutert werden, ist die Grundfrage zu klären, ob im Bereich Allgemeiner Vsbedin-

II. 1. Beendigung des Vsvertrages, vorläufige Deckungszusage   Anm. D 9

gungen wirksam ein rückwirkendes Außerkrafttreten des Vsschutzes aus einer vorläufigen Deckungszusage vereinbart werden kann. Möller in Bruck–Möller Bd I Anm. 97 zu § 1 hat hiergegen 1953, also 24 Jahre vor Inkrafttreten des AGBG, Bedenken erhoben. Er ging im Streit um die rechtliche Abgrenzung zwischen vorläufiger Deckung und anschließendem endgültigen Vsvertrag zwischen den Anhängern der Einheits- und denen der Trennungstheorie (vgl. dazu insgesamt Möller a. a. O. Anm. 94–96 zu § 1 m. w. N., ferner Nickel ZVersWiss 1986 S. 82–90) von der Einheitstheorie aus, erkannte aber die Möglichkeit abweichender Vereinbarungen an. Eine solche sah er in § 1 II 4 AKB (damals § 1 II 3), in dem einerseits eine Vereinbarung über das Ende der Deckungszusage liege und andererseits eine solche über den materiellen Beginn der endgültigen V. Bedenklich sei dabei nur, daß die vorläufige Deckung „rückwirkend" außer Kraft treten solle, dies widerstreite den §§ 39 II, III, 42. Dabei ging Möller davon aus, daß jede Prämie, die erst nach dem Beginn des materiellen Vsschutzes fällig werde, also die gestundete „erste" Prämie, Folgeprämie im Sinne des § 39 sei (Möller a. a. O. Anm. 46, 51 zu § 35, Anm. 4 zu § 38, Anm. 52 zu § 39). Vom BGH 25.VI.1956 BGHZ Bd 21 S. 121–137 wurde dagegen die gestundete Prämie als Erstprämie im Sinne des § 38 qualifiziert. Demgemäß sah er in dem rückwirkenden Wegfall des Vsschutzes keinen Verstoß gegen die gemäß § 42 zwingende Regelung des § 39 II, III. Das Gericht führte in diesem Zusammenhang a. a. O. S. 133 u. a. aus, daß der Einwand von Möller als nicht stichhaltig erscheine, daß es ein Widerspruch sei, daß die gestundete erste Prämie unter § 38 falle, der Ver aber vor der Zahlung dieser Prämie keine Gefahr tragen solle, obwohl der normale Zweck der Stundung gerade darin bestehe, die Gefahrtragung schon vor der Zahlung beginnen zu lassen. Es hänge von dem Inhalt der vertraglichen Vereinbarungen ab, ob die Stundung der ersten Prämie zugleich die Wirkung habe, daß der Ver abweichend von der (zugunsten des Vmers abdingbaren) Vorschrift des § 38 II bereits vor der Prämienzahlung zur Leistung verpflichtet sei. Für den Fall der vorläufigen Deckungszusage sei in § 1 II AKB ein solcher vorzeitiger Beginn des Vsschutzes ausdrücklich bestimmt, allerdings unter der auflösenden Bedingung, daß bei nicht unverzüglicher Einlösung des Vsscheins die vorläufige Deckung rückwirkend außer Kraft trete. Sei dagegen eine Stundungsabrede nicht in diesem Sinne auszulegen, so verbleibe es bei der gesetzlichen Regelung des § 38 II. Der tragende Grundgedanke bei der unterschiedlichen Behandlung von Erst- und Folgeprämie in §§ 38, 39 sei der, daß, sobald einmal die Gefahrtragung des Vers als Dauerleistung begonnen habe, das Unterbleiben einer Prämienzahlung nicht mehr ohne weiteres, d. h. ohne die strengen Voraussetzungen des § 39, zu einer Befreiung des Vers führen könne. Das Gesetz gehe vielmehr davon aus, daß der Vmer an der Aufrechterhaltung der V kein berechtigtes Interesse habe, wenn er schon die erste Prämie nicht pünktlich zahle, und daß er nur dann eines stärkeren Schutzes bedürfe, wenn ihm durch die säumige Zahlung späterer Prämien Nachteile drohten; § 39 stehe mithin der Wirksamkeit des § 1 II 3 AKB nicht entgegen.

An dieser Auffassung zu § 1 II 4 AKB (damals § 1 II 3) hat der BGH in ständiger Rechtsprechung festgehalten (vgl. dazu die in Anm. D 11 und 13 zitierten Entscheidungen, denen sämtlich ausdrücklich oder stillschweigend die Zulässigkeit einer solchen Vereinbarung zugrunde liegt). Das Ergebnis ist aber dadurch abgemildert worden, daß vom BGH dem Ver eine ausdrückliche Belehrung des Vmers über die Gefahr des rückwirkenden Verlustes des Vsschutzes auferlegt worden ist (vgl. dazu nur die ersten diese Rechtsneuerung einführenden Entscheidungen BGH 17.IV.1967 BGHZ Bd 47 S. 352–364, 22.II.1968 VersR 1968 S. 439–440, 13.XII.1968 VersR 1969 S. 54; w. N. in Anm. D 13).

Die Auffassung des BGH hat im Schrifttum überwiegend Beifall gefunden (vgl. nur Asmus Kraftfahrtv[5] S. 113, Bauer Kraftfahrtv[2] Anm. 115–117, S. 26, Pienitz–Floeter[4] Anm. B III 2, S. 23–24, Prölss–Martin–Knappmann[25] Anm. 2c zu § 1 AKB, S. 1402–1404, Stiefel–Hofmann[15] Anm. 81–82 zu § 1 AKB, S. 73–75). Auch die Instanzgerichte sind dem BGH gefolgt (vgl. dazu die Nachweise in Anm. D 11, 13). Dagegen hat Möller an seiner abweichenden rechtlichen Einordnung festgehalten (vgl. Möller, Festschrift für Klingmüller, Karlsruhe 1974, S. 315–316; gegen das rückwirkende Außerkrafttreten des Vsschutzes ferner Gärtner, Der Prämienzahlungsverzug, 2. Aufl., Neuwied 1977, S. 100–108 und Werber ZVersWiss 1984 S. 327). Bemerkenswert ist in diesem Zusammenhang, daß bei im Prinzip gleicher Gesetzeslage vom ÖOGH 12.III.1959 VersR 1960 S. 261–262 diese Bestimmung der AKB als gesetzeswidrig und unwirksam angesehen worden ist (weitere Nachweise aus der ÖOGH-Rechtsprechung bei Fenyves VersR 1985 S. 800 Anm. 29).

Es ist aus heutiger Sicht die Frage nicht mehr entscheidend, ob es sich um eine Erst- oder um eine Folgeprämie handelt. Hier können Gründe der Logik sowohl für den Standpunkt des BGH als auch für den von Möller angeführt werden. Im Sinne der formalen Betrachtungsweise ist dabei der Interpretation durch den BGH deshalb ein größeres Gewicht beizumessen, weil es natürlichem Empfinden entspricht, daß die erste Prämie eines Vertrages, die überhaupt zu entrichten ist, eine Erstprämie und keine Folgeprämie ist. Möller hat sich letzten Endes für seine Argumentation entschieden, um dem Vmer gegenüber dem ihm als unbillig erscheinenden Ergebnis zu helfen, daß er den Vsschutz rückwirkend verliere. Die heutige Interpretation darf demgegenüber durchaus davon ausgehen, daß es sich in Übereinstimmung mit dem Rechtsempfinden eines durchschnittlichen Vmers um eine Erstprämie handelt. Es fragt sich nur, ob das rückwirkende Außerkrafttreten des Vsschutzes nach AGB-Grundsätzen gebilligt werden kann oder nicht. Dabei ist zu bedenken, daß das Institut der vorläufigen Deckungszusage weit verbreitet ist und sich in fast allen Vszweigen findet. In diesem Zusammenhang ist bedeutsam, ob der redliche Vmer damit rechnen muß, daß ihm rückwirkend der Vsschutz versagt wird, wenn er die Erstprämie nicht rechtzeitig entrichtet. Es geht darum, ob eine derartige Regelung unangemessen im Sinne des § 9 AGBG ist. Freilich sieht das Gesetz vor, daß der Ver nur zu leisten braucht, wenn er die Erstprämie erhalten hat (§ 38 II). Das besagt aber nicht, daß der Vsschutz rückwirkend entfallen dürfe, wenn der Ver entgegen dieser gesetzlichen Regelung die Institution einer vorläufigen Deckungszusage schafft und am Markt verbreitet. Dann kommt es darauf an, ob es bei einem Zahlungsverzug als angemessene Regelung anzusehen ist, daß der Vsschutz rückwirkend entfällt. Zwar gibt es keine spezielle vsrechtliche Bestimmung, die sich mit diesem Problemkreis beschäftigt. Zu beachten ist aber, daß dem VVG der rückwirkende Wegfall des Vsschutzes fremd ist. Das ergibt mit Deutlichkeit § 39 als der einzigen Vorschrift, die sich mit dem Zeitpunkt des Wegfalls des Vsschutzes befaßt, wenn Verzug mit einer Vsprämie gegeben ist. Diese Bestimmung kennt aber gerade keinen rückwirkenden Wegfall des Vsschutzes. Vielmehr tritt dort nach § 39 II der Wegfall des Vsschutzes nur für die Zukunft ab Ablauf der Zahlungsfrist von zwei Wochen ein. Das bedeutet, daß für eine solche rückwirkende generelle Lösung zu Lasten des Vmers dem Ver keine gesetzliche Vorschrift innerhalb des VVG zur Verfügung steht. Die Übereinstimmung in der Interessenlage zwischen dem Verlust des Vsschutzes aus einer vorläufigen Deckungszusage wegen Nichtzahlung der Erstprämie und dem aus einem bestehenden Vsverhältnis wegen Nichtzahlung der Folgeprämie ist aber so frappierend, daß eine Übertragung der dort niedergelegten Grundsätze auf diesen im Gesetz nicht geregelten Fall als sachgerecht erscheint. Das Gesagte gilt um so mehr, als der Ver auch im Falle des Verzuges mit einer Folgeprä-

II. 1. Beendigung des Vsvertrages, vorläufige Deckungszusage **Anm. D 11**

mie noch für einen Zeitraum Vsschutz gewähren muß, für den er keine Prämie erhält, nämlich für die Zeit ab Ablauf der ersten Vsperiode bis zum Ende der Nachfrist nach § 39 II. In diesem Sinne liegt in der Regelung in § 1 II 4 AKB eine Abweichung von wesentlichen Pflichten, die aus der gesetzlichen Parallelregelung in § 39 folgen. In diesem Zusammenhang darf auch darauf hingewiesen werden, daß es für eine solche Vereinbarung auch an einer entsprechenden Regelung im allgemeinen Schuldrecht fehlt. Als grundlegende Bestimmung über die Regelung der Verzugsfolgen bei gegenseitigen Verträgen ist hier auf § 326 BGB zu verweisen. Nach dieser Vorschrift kann freilich im Falle des Zahlungsverzuges mit der Folge einer rückwirkenden Abwicklung des Vertragsverhältnisses zurückgetreten werden. Das setzt aber voraus, daß die dort verankerten strengen Vorschriften über die Fristsetzung und die formalisierte Ankündigung der Ablehnung der Leistung nach Ablauf der gesetzten Frist eingehalten werden und daß der Rücktritt zusätzlich erklärt wird. Davon weicht § 1 II 4 AKB ebenfalls ab. Es handelt sich im ganzen um eine Schlechterstellung des Vmers sowohl gegen vs- wie auch schuldrechtliche Prinzipien, die so nicht hingenommen werden kann und für die auch keine Notwendigkeit besteht, wie die Regelung in anderen Vszweigen zeigt. Insbesondere überzeugt ein Hinweis auf die für den Vmer doch auch ungünstige Regelung des § 38 II nicht. Denn es kann und darf nach der Interessenlage der Fall, in dem sofortiger Vsschutz zugesagt wird, nicht mit dem gleichgestellt werden, in dem eine solche spezielle Vereinbarung gerade nicht getroffen worden ist.

Das Gesagte bedeutet, daß der rückwirkende Verlust des Vsschutzes gemäß § 1 II 4 AKB entgegen der h. A. und der ständigen Rechtsprechung des BGH aus der heutigen Sicht des Rechts der Allgemeinen Geschäftsbedingungen keinen Bestand haben darf.

[D 10] bb) Zwischenbemerkung

In Anm. D 9 wird die Auffassung vertreten, daß das in § 1 II 4 AKB vorgesehene rückwirkende Außerkrafttreten des Vsschutzes bei einer Nichtzahlung der in Rechnung gestellten Prämie eine unangemessene Regelung im Sinne des § 9 AGBG darstelle. Folgt man dieser Auffassung, so bedarf jene Bestimmung keiner näheren Interpretation. Indessen geht die Rechtsprechung und die überwiegende Meinung heute noch in die Gegenrichtung. Angesichts dessen, daß es gerade auf Spezialgebieten häufig längere Zeit braucht, ehe sich aus dem AGBG ergebende Rechtsprinzipien durchsetzen, werden in den folgenden Anm. D 11–13 die sich aus der herrschenden Meinung ergebenden Konsequenzen aufgezeigt. Dabei kann ein unbefangener Betrachter durchaus gelegentlich zu der Auffassung kommen, daß die Interpretation dieser Bestimmungen durch die Rechtsprechung zum Teil sehr streng zu Lasten des Vers ausgefallen ist. Der Grund dafür dürfte letzten Endes darin zu suchen sein, daß damit das sich aus der Grundentscheidung gegen den Vmer ergebende Unbehagen kompensiert wird, überhaupt einen rückwirkenden Wegfall des Vsschutzes als angemessene Regelung akzeptiert zu haben.

[D 11] cc) Einzelheiten

aaa) Unveränderte Antragsannahme

Die erste Voraussetzung für die von der h. M. bejahten Wirksamkeit des in § 1 II 4 AKB vorgesehenen rückwirkenden Außerkrafttretens des Vsschutzes aus der vorläufigen Deckungszusage (für die Bedenken dagegen vgl. Anm. D 9) ist die, daß der Antrag durch den Ver unverändert angenommen worden ist. Prölss–Martin–Knappmann[25] Anm. 2c zu § 1 AKB, S. 1402 vertreten die Auffas-

Anm. D 11   D. Dauer des Kraftfahrzeughaftpflichtvsvertrages

sung, daß keine Abweichung vom Antrag vorliege, wenn eine unrichtige Tarif- oder Prämieneinstufung aus dem Antrag im Vsschein berichtigt wurde. Zur Begründung für diese Auffassung wird u. a. verwiesen auf LG Hamburg 14.IV.1967 VersR 1968 S. 461 – 462, OLG Koblenz 19.II.1976 VersR 1976 S. 977 – 978, OLG Hamm 26.X.1984 VersR 1985 S. 751 = ZfS 1985 S. 305 [gek.], OLG Hamm 16.I.1987 r + s 1987 S. 182 – 186 = ZfS 1988 S. 252 [gek.]. Die genannten Entscheidungen bestätigen aber nicht alle die Auffassung von Prölss – Martin – Knappmann[25] a. a. O., daß eine Annahme nach Maßgabe der Tarifprämie in derartigen Fällen keine Abweichung vom Antrag des Vmers im Sinne des § 1 II 4 AKB darstelle. LG Hamburg 14.IV.1967 VersR 1968 S. 461 – 462 vertritt allerdings die in Anm. E 5 abgelehnte Auffassung, daß in solchen Abweichungsfällen der Vertrag zur Tarifprämie zustande komme. Es schreibt aber a. a. O. auch ausdrücklich, daß die vorläufige Deckung nicht rückwirkend außer Kraft getreten sei. Zur Begründung weist das Gericht darauf hin, daß der Ver den Antrag nicht unverändert angenommen habe; denn der Vsvertrag sei nicht zu der Prämie zustande gekommen, die der Kläger beantragt habe. Zwar schwächt das Gericht seinen Standpunkt dadurch ab, daß es das Urteil auch damit begründet, daß den Vmer kein Verschulden treffe. Das ändert aber nichts an der zutreffenden Grunderkenntnis, daß bei Nichtübereinstimmung von Angebot und Annahmeerklärung keine unveränderte Annahme im Sinne des § 1 II 4 AKB gegeben ist.

OLG Koblenz 19.II.1976 VersR 1976 S. 977 – 979 geht zwar ebenfalls davon aus, daß eine Abweichung vom Tarif zivilrechtlich unbeachtlich mit der Folge sei, daß der Vertrag nach Maßgabe der Tarifprämie zustande gekommen sei, behandelt aber keinen Fall des Außerkrafttretens einer vorläufigen Deckungszusage im Sinne des § 1 II 4 AKB. Auch OLG Hamm 28.X.1984 VersR 1985 S. 751 belegt die von Prölss – Martin – Knappmann[25] a. a. O. vorgenommene Interpretation des § 1 II 4 AKB nur bedingt. Es mag zwar sein, daß der Vmer sich in diesem Fall zur Prämienhöhe unter Bezugnahme auf die Tarifgruppe B in dem Antrag geäußert hat, was dem veröffentlichten Teil des Urteils allerdings nicht zu entnehmen ist. Der Ver hatte aber diesen Antrag nach Maßgabe der Tarifgruppe B auch angenommen, allerdings im Vsschein vermerkt, daß die Einstufung in die Tarifgruppe B unter der Voraussetzung erfolge, daß der erforderliche Nachweis erbracht werde. Einen derartigen Vorbehalt durfte der Vmer daher nicht zum Anlaß nehmen, die gemäß seinem Antrag berechnete Prämie nicht zu zahlen. Demgemäß wurde zutreffend angenommen, daß mit dem Zugang der Prämienrechnung die 2-Wochenfrist des § 1 II 4 AKB ausgelöst worden war. 5 Wochen später sandte der Ver dann jene vorbehaltene Nachtragsrechnung. Hätte der Vmer die erste Rechnung bezahlt gehabt, so hätte der Ver sich für diese Nachforderung allerdings nicht auf das in § 1 II 4 AKB vorgesehene rückwirkende Außerkrafttreten des Vsschutzes berufen können. Denn die Vorschrift sieht einen derart gestuft möglichen rückwirkenden Wegfall des Vsschutzes nicht vor. Hingegen vertritt OLG Hamm 16.I.1987 a. a. O., 10.II.1988 r + s 1988 S. 95 – 96 die Auffassung, daß eine Annahme mit einem anderen als dem im Antrag genannten Prämienbetrag als unverändert zu qualifizieren sei. Dem kann nach den überkommenen Grundsätzen des Vertragsrechts eigentlich nicht gefolgt werden. Denn eine abweichende Annahmeerklärung des Vers stellt einen neuen Antrag unter Ablehnung des ersten Angebots des Vmers dar. Einzuschränken ist das allerdings für diejenigen Fälle, in denen vom Vmer objektiv unrichtige Angaben zur Einordnung in die betreffenden Tarifgruppen, insbesondere Schadenklassen, gemacht worden sind. Ein solcher Vmer könnte nach geltendem Tarifsystem nicht damit rechnen, daß ihn ein anderer Ver entgegen der tatsächlich gegebenen Sachlage in eine günstigere Schadenklasse einstufen würde. Es ist daher sachgemäß, den

II. 1. Beendigung des Vsvertrages, vorläufige Deckungszusage **Anm. D 11**

Antrag so zu interpretieren, als wäre er mit dem Zusatz versehen, daß der Vmer zur angegebenen Tarifklasse vert werden wolle, wenn eine derartige Einordnung den tatsächlichen Gegebenheiten entspricht, andernfalls zur objektiv richtigen Einordnungsklasse. Nur wenn sich ausnahmsweise eine solche ergänzende Auslegung nicht vertreten läßt, weil eindeutig abweichende Erklärungen vorliegen, muß in solchen Fällen davon ausgegangen werden, daß der Ver entsprechend überkommener Auslegung mit seiner Annahme in Wirklichkeit ein Gegenangebot unterbreitet. In solchen Fällen hat der Ver nur die Möglichkeit, sich vom Vsschutz aus der vorläufigen Deckungszusage zu lösen, indem er von dem Kündigungsrecht nach § 1 II 5 AKB Gebrauch macht (vgl. dazu Anm. D 14).

Besonderheiten können sich im Bereich der **Annahmefiktion** des § 5 III PflichtvsG dann ergeben, wenn der Ver einen dem Inhalt des PflichtvsG nicht entsprechenden Vertragsantrag nicht innerhalb der 2-Wochenfrist ablehnt. Dann wird **fingiert, daß der Vertrag nach Maßgabe der Mindestvssummen, der AKB und der Tarifprämie des Vers zustande gekommen sei** (vgl. Anm. C 13). Dem Vmer, der damit nicht einverstanden ist, steht dann allerdings ein außerordentliches Kündigungsrecht zu (dazu Anm. D 23). Das ändert aber nichts daran, daß der Antrag des Vmers nicht unverändert angenommen worden ist. Demgemäß setzt auch die Übersendung des Vsscheins für einen solchermaßen zustande gekommenen Vsvertrag die Frist aus § 1 II 4 AKB nicht in Lauf (BGH 9.VII.1986 VersR 1986 S. 986–988 = VRS Bd 71 S. 413–416 Nr. 167, OLG Hamm 16.I.1987 a. a. O.). Will der Ver sich gegen die Weitergeltung der vorläufigen Deckungszusage schützen, so muß er von dem Kündigungsrecht gemäß § 1 II 5 AKB Gebrauch machen.

Theoretisch ist es auch denkbar, daß der Vmer dem Ver eine Prämie angetragen hat, die nicht unter sondern über dem Tarif des Vers liegt. Auch dann liegt zwar keine unveränderte Annahme des Antrages des Vmers durch den Ver vor. Das bedeutet aber nicht, daß dann bei nicht fristgemäßer Zahlung die vorläufige Deckung nicht gemäß § 1 II 4 AKB außer Kraft tritt. Eine dem entgegengesetzte Auslegung würde zwar dem Wortlaut des § 1 II 4 AKB entsprechen, aber nicht vom Sinn der Regelung getragen werden.

Eine gegenüber dem Antrag geänderte Annahme im Sinne des § 1 II 4 AKB liegt dagegen vor, wenn der Vmer von dem Ver Zusatzklauseln zur Abänderung der AKB verlangt hat, der Ver diese aber nicht akzeptiert, sondern die „Annahme" gemäß den zu seinem Geschäftsplan gehörenden AKB erklärt. Ebenso ist ein Abweichen vom Antrag des Vmers gegeben, wenn der Ver eine andere Laufzeit als die beantragte dokumentiert (LG Aachen 31.III.1989 r + s 1989 S. 206–207; unzutreffend in der Annahme, daß eine längere Vertragsdauer als eine solche von einem Jahr aus Rechtsgründen nicht vereinbart werden könne, vgl. dazu Anm. A 14 und D 15).

Keine unveränderte Annahme im Sinne des § 1 II 4 AKB ist dann gegeben, wenn der Ver sich bei einem Antrag, der sich neben der Kfz-Haftpflichtv auch auf die Fahrzeugv (oder Kraftfahrtunfallv) erstreckt, **nur bereit erklärt, die Haftpflichtv gemäß seiner gesetzlichen Verpflichtung zu übernehmen** (OLG Frankfurt a. M. 27.I.1972 VersR 1972 S. 387–389). Ebenso liegt keine unveränderte Annahme vor, wenn in derartigen Fällen ein Antrag eines Vmers nur im Rahmen der Annahmefiktion des § 5 III PflichtvsG zustande kommt (BGH 9.VII.1986 a. a. O., OLG Hamm 16.I.1987 a. a. O.). Dabei ist zu bedenken, daß der Vmer die gleichzeitigen Anträge auf Abschluß einer Haftpflichtv und einer Fahrzeugv für dasselbe Fahrzeug als Einheit ansieht (vgl. auch Anm. C 13 und D 23).

BGH 23.III.1983 VA 1983 S. 372–373 Nr. 770 = VersR 1983 S. 574–575 hat das Vorliegen einer unveränderten Annahme im Sinne des § 1 II 4 AKB in einem Fall verneint, in dem der Ver nach einem **Kurztarif** abgerechnet hatte, weil das

Fahrzeug vor der Annahme des Vsantrages Totalschaden erlitten hatte und deshalb aus dem Verkehr gezogen worden war. Die Entscheidung wurde dabei nicht etwa darauf gestützt, daß die Berechnung des Vsentgelts nach einem solchen Kurztarif fehlerhaft sei (vgl.dazu Anm. E 25). Vielmehr stellte das Gericht in erster Linie darauf ab, daß § 1 II 4 AKB wegen der schwerwiegenden Folgen für den Vmer eng auszulegen sei. Unterstellt man, daß das Verhalten des Vers bei einem solchen Totalschaden sachgerecht und die Abrechnung korrekt war, so entspricht die Begründung nicht ganz der Gepflogenheit, auf den dem objektiven Betrachter erkennbaren Sinn und Zweck einer Vorschrift abzustellen. Im Ergebnis ist der Entscheidung aus den in Anm. D 9 dargestellten Überlegungen beizupflichten.

[D 12] bbb) Nichteinlösung binnen 14 Tagen

Weitere Voraussetzung für das in § 1 II 4 AKB als rechtlich wirksam vorausgesetzte rückwirkende Außerkrafttreten des Vsschutzes (zu den Bedenken dagegen vgl. Anm. D 9) ist, daß der Vsschein nicht spätestens innerhalb von 14 Tagen eingelöst und der Vmer die Verspätung zu vertreten hat. Die Frist beginnt mit der Vorlage des Vsscheins (unzutreffend LG Köln 27.IV.1983 ZfS 1983 S. 210—211 in der Annahme, daß die Verurteilung durch rechtskräftiges Urteil im Prämienprozeß die nach § 1 II 4 AKB erforderliche Vorlage des Vsscheins ersetze). Wie eine Nichtvorlage des Vsscheins behandelt LG Nürnberg-Fürth 14.XII.1967 VersR 1968 S. 542—543 den Fall, daß die Police im Hause des Vmers eintrifft, als dieser bereits verstorben war. Hier wird man vom Ver in der Tat eine neue Erklärung gegenüber den Erben zu erwarten haben, nachdem er deren Namen und Anschriften erfahren hat.

Nicht geregelt im Bedingungswerk ist dabei der Fall, daß der Ver dem Vmer zwar einen solchen Vsschein nebst Rechnung übermittelt, daß aber die Berechnung insofern einen Fehler enthält, als sie eine zu hohe Prämie ausweist. Damit ist nicht eine Abweichung von dem im Antrag des Vmers etwa enthaltenen Prämienvorschlag gemeint (dafür, daß ungeachtet der Tarifbindung des Vers dessen Erklärung, er nehme zur Tarifprämie an, keine unveränderte Annahme im Sinne des § 1 II 4 AKB darstellen kann, vgl. Anm. D 11). Gedacht ist vielmehr an den Normalfall, daß im Antrag des Vmers eine Prämie gar nicht enthalten ist. Das liegt schon deshalb nahe, weil in den genormten Anträgen ohnedies der im hervorgehobenen Druck abgesetzte Hinweis enthalten ist, daß in der Kfz-Haftpflichtv (vom Ver) keine von dem Tarif abweichende Bedingungsvereinbarung getroffen werden dürfe. Es fragt sich daher, ob man dem Vmer in einem solchen Fall einer unrichtigen Prämienberechnung ansinnen soll, die richtige Prämie selbst auszurechnen und alsdann zu bezahlen oder jedenfalls denjenigen Betrag, den der Vmer nach seinem Wissensstand schuldet (so im Ergebnis Prölss—Martin—Knappmann[25] Anm. 2c, dd) zu § 1 AKB, S. 1403), oder ob der in § 1 II 4 AKB vorgesehene rückwirkende Wegfall des Vsschutzes nur eingreift, wenn der Ver die Prämie zutreffend berechnet hat. Die erstgenannte Auffassung würde — unter Berücksichtigung von sich nach Treu und Glauben ergebenden Einschränkungen — den ansonsten im Schuldrecht geltenden Prinzipien entsprechen, wie sie z. B. bei überhöhten Handwerkerforderungen praktiziert werden. Bevor aber solche allgemeinen Rechtsgedanken auf das Vsrecht übertragen werden, ist zu untersuchen, ob es nicht spezielle vsrechtliche Vorschriften gibt, die eine in eine bestimmte Richtung weisende Lösung anbieten. Das VVG enthält zwar keine eigenständigen Regelungen für das Recht der vorläufigen Deckungszusage. Es gibt aber in §§ 38, 39 wesentliche Hinweise für die Behandlung des Prämienzahlungsverzugs. Für eine entsprechende Anwendung ist dabei zu beachten, daß die Prämie,

II. 1. Beendigung des Vsvertrages, vorläufige Deckungszusage   **Anm. D 12**

die nach § 1 II 4 AKB angefordert wird, zwar die erste ist, die in diesem Vertragsverhältnis zu zahlen ist (zum rechtstheoretischen Streit darüber, ob es sich dabei um eine Erst- oder Folgeprämie im Sinne der §§ 38, 39 handelt, vgl. Anm. D 9 m. w. N.), daß aber § 38 nur den nach der Konzeption des VVG vorausgesetzten Regelfall betrifft, daß der Vsschutz erst nach Zahlung der Erstprämie beginnt. Die für einen solchen Fall getroffene Regelung ist einer analogen Anwendung auf einen Sachverhalt, in dem bereits Vsschutz besteht, nicht zugänglich. Hingegen besteht Übereinstimmung in der Interessenlage mit dem, was in § 39 für den Fall eines Verzuges mit einer Folgeprämie geregelt ist. Denn auch dort gewährt der Ver bereits materiellen Vsschutz. Das Ziel des Vorgehens des Vers ist es, dieser Verpflichtung ledig zu werden, wenn der Vmer nicht innerhalb der gesetzten Frist zahlt. Voraussetzung für das Eintreten einer solchen Wirkung ist es aber nach gefestigter Rechtsprechung zu § 39, daß die **Prämienforderung** des Vers **fehlerfrei** errechnet worden ist. Ist das nicht der Fall, so treten die für den Vmer nachteiligen Folgen der qualifizierten Mahnung nicht ein. Selbst geringe Prämiendifferenzen führen dazu, daß die Fristsetzung als nicht ordnungsgemäß behandelt wird mit der Konsequenz, daß eine Leistungsfreiheit des Vers nicht eintritt (vgl. nur BGH 6.III.1985 VersR 1985 S. 533 – 534 und Anm. E 31).

Es ist sachgerecht, diese Grundsätze auf die Zahlungsaufforderung gemäß § 1 II 4 AKB zu übertragen. Das bedeutet, daß die Übersendung von der Höhe nach unzutreffenden Prämienrechnungen die Rechtswirkungen des § 1 II 4 AKB nicht auslöst (BGH 30.I.1985 VersR 1985 S. 447 – 449 [zur Unfallv für einen Fall, in dem § 38 II durch § 7 I AUB teilweise abbedungen war], 9.VII.1986 VersR 1986 S. 986 – 987 = VRS Bd 71 S. 413 – 416 Nr. 167). Der Ver bleibt weiterhin im Risiko. Unrichtig ist eine Berechnung zum Beispiel auch dann, wenn das vte Risiko durch Diebstahl weggefallen ist (vgl. dazu Anm. D 39), der Ver aber nicht nur für die Fahrzeugv, sondern entgegen § 6 III 2, 3 AKB auch für die Haftpflichtv die Prämie unverändert einfordert (BGH 23.V.1984 VersR 1984 S. 754 – 755 = r + s 1984 S. 158 – 159; ebenso OLG Hamm 15.III.1985 VersR 1986 S. 566 – 567 = r + s 1985 S. 131 [für einen Fall, in dem in der Prämienberechnung nicht berücksichtigt worden ist, daß das Fahrzeug etwa einen Monat nach Vsbeginn wegen Totalschadens vom Verkehr abgemeldet worden war], OLG Hamm 12.III.1986 VersR 1987 S. 926 – 927).

OLG Hamm 27.II.1987 VersR 1988 S. 621 – 622 = ZfS 1987 S. 180 – 181 wendet diese Grundsätze auch dann an, wenn der Ver eine zutreffende Rechnung ausgestellt hat, aber innerhalb der Zahlungsfrist von 14 Tagen das Fahrzeug verschrottet und abgemeldet worden ist, ohne daß der Ver vom Vmer davon sogleich – geschweige denn innerhalb der Zahlungsfrist – unterrichtet worden wäre. Eine solche Interpretation entspricht nicht den überkommenen Auslegungsgrundsätzen, so daß diese Entscheidung nur aufgrund der in Anm. D 9 dargelegten Bedenken gegen den rückwirkenden Wegfall des Vsschutzes gebilligt werden könnte.

Als nicht ausreichend für den rückwirkenden Verlust des Vsschutzes ist auch eine Zahlungsaufforderung zu bewerten, bei der vom Ver **gleichzeitig mit der Erstprämie weitere inzwischen fällig gewordene Beitragsraten** zur Zahlung angefordert werden, ohne daß mit aller Deutlichkeit das rückwirkende Außerkrafttreten des Vsschutzes und der künftige Verlust des Vsschutzes nach § 39 gedanklich und für den Vmer verständlich getrennt werden (OLG Oldenburg 2.IV.1980 VersR 1980 S. 1113 – 1114, OLG Hamm 23.X.1981 VersR 1982 S. 867 = ZfS 1982 S. 339 [gek.], OLG Köln 30.XII.1986 r + s 1988 S. 253, LG Hagen 30.IV.1987 ZfS 1987 S. 276). Dabei ist zu beachten, daß dann, wenn vereinbart ist, daß die Erstprämie quartalsweise entrichtet wird, nur die erste Rate die Erstprämie im Sinne des § 38 ist (OLG Hamm 23.X.1981 a. a. O., OLG Köln 30.XII.1986 a. a. O., Bruck – Möller

Anm. D 12   D. Dauer des Kraftfahrzeughaftpflichtvsvertrages

Bd I Anm. 4 zu § 39 m. w. N., Asmus Kraftfahrtv[5] S. 113—114). Für eine mißlungene gleichzeitige Abbuchung einer Erst- und Folgeprämie vgl. OLG Hamm 26.X.1983 ZfS 1984 S. 19; der Vsschutz wurde bejaht, da für die Erstprämie auf dem Konto Deckung vorhanden gewesen wäre. Zum **Lastschriftenverfahren** vgl. auch Anm. D 12 und E 28 m. w. N.

Besonderheiten sind in denjenigen Fällen zu beachten, in denen der Vmer einen **kombinierten Antrag** stellt, d. h. einen solchen, der sich neben dem auf Haftpflichtvsschutz auch auf eine Fahrzeug- und/oder eine Kraftfahrtunfallv erstreckt. Zwar ist ein solcher Antrag aus der Sicht des Vmers regelmäßig als ein einheitlicher gedacht, so daß eine Teilannahme durch den Ver gemäß § 150 II BGB als neuer Antrag zu bewerten ist (vgl. Anm. C 13). Für die Zeit nach der unveränderten Annahme ist aber die in dem üblichen Policenformular und als Grundsatz auch in § 4 V AKB zum Ausdruck kommende Regelung zu beachten, daß **kein einheitlicher Vsvertrag** gegeben ist, sondern eine **Kombination mehrerer rechtlich selbständiger Vsverträge** vorliegt (vgl. für diesen grundsätzlichen Ansatzpunkt BGH 27.II.1978 NJW 1978 S. 1524—1525 = VersR 1978 S. 436—437 [zu § 39], 9.X.1985 NJW 1986 S. 1103—1104 = VersR 1986 S. 54—55 [zu § 39], 7.II.1989 VersR 1989 S. 1041—1042 [zu § 39]).

In Konsequenz dieser Überlegungen ist in tatsächlicher Beziehung zu unterscheiden, ob der Ver vorläufigen Vsschutz lediglich in der Kraftfahrzeughaftpflichtv zugesagt hat oder auch in der Fahrzeug- und/oder Kraftfahrtunfallv. Ist lediglich für die Haftpflichtv vorläufige Deckung gewährt worden, so kommt es im Sinne des § 1 II 4 AKB in erster Linie darauf an, daß für diese V die zutreffende Prämie genannt worden ist. Ein Fehler in bezug auf die anderen beiden Vsarten der Kraftfahrtv berührt nach dem für alle drei Verträge geltenden Selbständigkeitsprinzip grundsätzlich die Wirksamkeit der Zahlungsaufforderung bezüglich der Haftpflichtv nicht. Indessen ist in den Fällen solcher kombinierter, aber rechtlich selbständiger Verträge zur Vermeidung von Mißverständnissen das Erfordernis aufzustellen, daß der Ver den Vmer bei der Zahlungsaufforderung unmißverständlich darüber belehrt, daß der Vsschutz für die Kraftfahrzeughaftpflichtv nicht etwa von der Zahlung der Prämien für die anderen Vsverträge abhängt (vgl. zu der vom BGH entwickelten Belehrungspflicht bezüglich der Gefahr des rückwirkenden Verlustes des Vsschutzes Anm. D 13 m. w. N.). Soweit sich die vorläufige Deckung auch auf die Fahrzeug- und/oder Kraftfahrtunfallv erstreckt, hat eine unrichtige Berechnung der Prämie für diese Verträge die Wirkung, daß ebenso wie bei einer unrichtigen Berechnung der Prämie für die Haftpflichtv die Zahlungsfrist gemäß § 1 II 4 AKB nicht in Lauf gesetzt wird.

Diese Überlegungen greifen aber dann nicht ein, wenn die unrichtige Prämienberechnung zu dem Ergebnis führt, daß der Ver dem Vmer eine zu niedrige Prämie in Rechnung stellt. Dem Vmer ist vielmehr die Zahlung einer zu niedrigen Prämie durchaus zuzumuten. Wenn er den Fehler daher erkennt, aber nichts unternimmt, also weder zahlt noch den Ver auf den Fehler aufmerksam macht, so läuft die Frist des § 1 II 4 AKB zum Nachteil des Vmers. Ein korrektes Verhalten des Vmers wäre es, daß er den ihm aufgegebenen Betrag zahlt und den Ver über die unrichtige Prämienberechnung unterrichtet. Schickt der Ver ihm dann eine Zusatzrechnung über den irrigerweise nicht angesetzten Betrag, so kann dem Vmer damit nicht erneut eine Frist nach § 1 II 4 AKB gesetzt werden. Denn mittlerweile ist durch Einlösung des Vsscheins schon die endgültige Deckung in Kraft getreten. Zahlt der Vmer hingegen auf die erste Aufforderung nicht, sondern bittet er unter Hinweis auf den dem Ver unterlaufenen Fehler sogleich um Zusendung einer berichtigten Rechnung, so wird man dafür ein gewisses Verständnis haben, weil nicht nur der Vmer andern-

II. 1. Beendigung des Vsvertrages, vorläufige Deckungszusage   Anm. D 12

falls zwei Überweisungsformulare ausfüllen müßte, sondern der Ver auch mit zwei Buchungsvorgängen befaßt wird. Schickt der Ver dann eine berichtigte Rechnung, so ist das in dem Sinne zu verstehen, daß damit die erste Fristsetzung aufgehoben und eine neue Frist in Lauf gesetzt wird. Beharrt der Ver dagegen darauf, daß seine objektiv zu seinen Lasten gehende Berechnung zutreffend sei, so muß sich der Vmer mit einer sofortigen Zahlung sputen. Leistet er dann aber sofort nach Mitteilung des Vers, so würde der Ver gegen Treu und Glauben verstoßen, wenn er sich hier auf eine kurzfristige Überschreitung der 14-Tagefrist berufen würde. Reagiert der Ver innerhalb der Zwei-Wochenfrist überhaupt nicht, so ist es zweifelhaft, ob der Vmer dann die Nichtzahlung des aufgegebenen Betrages zu vertreten hat oder nicht. Man wird von dem Vmer erwarten können, daß er den Vorgang nicht auf sich beruhen läßt, sondern vorsichtshalber nach Ablauf einer Antwortfrist von ebenfalls 14 Tagen dann den nach seiner Auffassung zu niedrigen Betrag zahlt. Denn er hat mit der Nachfrage alles getan, was nach Lage der Dinge von einem sorgsamen Vertragspartner zu erwarten war. Er kann aber nicht damit rechnen, daß der Ver überhaupt keine Prämie haben will. Es kommt hinzu, daß man letzten Endes auch niemals weiß, ob ein derartiger Brief zugeht oder bei der Post verloren geht. Jedenfalls begibt sich der Vmer auf ein gefährliches Gleis, wenn er in dieser Situation nichts unternimmt. Die Annahme, daß hier ein leicht fahrlässiges Verhalten vorliegt, ist sehr naheliegend.

Hat der Vmer fristgemäß gezahlt, aber versehentlich keine Vsnummer angegeben, so kann der Ver eine solche Zahlung im allgemeinen nicht unterbringen. Schickt er sie umgehend zurück, so hat der Vmer die Verspätung zu vertreten. Erkundigt sich der Ver danach, für welchen Vertrag die Zahlung bestimmt ist und antwortet der Vmer in angemessener Zeit, so wirkt die Auskunft auf den Zahlungseingang zurück. Erkundigt sich der Ver nicht nach dem Zweck der Zahlung und überweist er den Betrag auch nicht zurück, so muß er sich nach Treu und Glauben so behandeln lassen, als wenn bei der Zahlung die richtige Bezeichnung angegeben worden wäre (OLG Hamm 16.I.1987 r + s 1987 S. 182–186 = ZfS 1988 S. 252 [gek.]). Zu Lasten des Vmers ist dagegen der Fall zu entscheiden, daß eine Anfrage des Vers nach dem Zweck der Überweisung nicht beantwortet wird und der Ver daraufhin den erhaltenen Betrag mangels Verbuchungsmöglichkeit zurücküberweist.

Im übrigen hat der Hinweis darauf, daß die Nichtzahlung durch den Vmer zu vertreten sein müsse, eigentlich mehr deklaratorische Bedeutung. Es soll damit von den Bedingungsverfassern darauf aufmerksam gemacht werden, daß es sich hier um die Rechtswirkungen des Verzuges handelt. Die Hervorhebung dieses in § 285 BGB verankerten Grundsatzes dient der Klarstellung, daß dieser gewiß genauso wie für alle Schuldverhältnisse, die im BGB geregelt sind, auch für das in einem speziellen Gesetz geregelte Vsverhältnis maßgebend ist. Die Bedeutung dieser Einschränkung ist freilich gering. Insbesondere ist zu beachten, daß ein unverschuldeter Vermögensverfall des Vmers nicht unter diese Bestimmung zu subsumieren ist. Die Bestimmung findet daher nur auf ganz seltene Ausnahmetatbestände Anwendung, z. B. wenn der Vmer unvorhergesehenerweise so krank wird, daß er seine Sachen nicht selbst erledigen kann und niemand an seine Stelle tritt. Ein gutes Beispiel gibt aber BGH 12.VI.1985 NJW 1985 S. 2478–2479 = VersR 1985 S. 877–878 m. Anm. von Hofmann a. a. O. S. 878; der BGH hat dort entschieden, daß § 1 II 4 AKB in der Fahrzeugv dann nicht anwendbar sei, wenn das Interesse des Vers an der Erlangung der Erstprämie dadurch sichergestellt sei, daß er wegen eines eingetretenen und ihm innerhalb der Frist von 14 Tagen gemeldeten Kaskoschadens, der den Betrag der Erstprämie übersteigt, die Aufrechnung erklären oder eine Verrechnung vornehmen kann. Dem ist beizupflichten (ebenso Prölss–Martin–Knappmann[25] Anm. 2c, bb zu § 1 AKB, S. 1402; a. M. Hofmann a. a. O., Kalischko VersR 1988 S. 1004, Stiefel–Hofmann[15] Anm. 79a zu § 1 AKB, S. 73). Der BGH begründet seine Auffassung mit dem Sinn und Zweck der Vorschrift. Genauso gut läßt sich aber argumentieren, daß der Vmer es nicht zu vertreten hat, wenn der Ver von einer solchen Aufrechnungs- und Verrechnungsmöglichkeit keinen Gebrauch macht. Das gilt auch, wenn die Forderung aus dem Fahrzeugvsschaden noch nicht fällig ist. Diese Überlegungen sind im übrigen ebenso von Bedeutung, wenn den Vmer eine Rechnung sowohl über die Haftpflichtvsprämie und eine solche über die Fahrzeugvsprämie erreicht, ihm aber eine Kaskovsentschädigung vom Ver auszuzahlen ist, die beide Prämienforderungen übersteigt (anders AG Charlottenburg 12.XI.1986 r + s 1987 S. 61–62). Ist dagegen nur ein Haftpflichtvsvertrag abgeschlossen, so kann sich eine derartige Aufrechnung oder Verrechnungsposition gegenüber dem Vmer nicht ergeben, da dann der Ver an den geschädigten Dritten leisten muß.

Zur Verrechnung von Teilzahlungen, wenn gleichzeitig die Prämie für zwei nacheinander abgeschlossene Haftpflichtvsverträge angefordert wird, vgl. OLG Koblenz 8.II.1980 VersR 1980 S. 617–618 (Tilgung der lästigeren Schuld aus dem Vertrag, bei dem bereits ein Schadenfall eingetreten war) und Anm. E 31 m. w. N.

Hat der Ver mit einem Minderjährigen kontrahiert, so muß er den allgemeinen Grundsatz beachten, daß nur Erklärungen gegenüber den gesetzlichen Vertretern wirksam sind; Zahlungsaufforderungen gegenüber dem minderjährigen Vmer entfalten keinerlei Wirkung (BGH 17.IV.1967 BGHZ Bd 47 S. 352–364, OLG Zweibrücken 5.III.1968 VersR 1969 S. 245–247), auch wenn sie von dem Vmer an den gesetzlichen Vertreter weitergegeben werden (OLG Hamm 17.IX.1971 VersR 1973 S. 147–148).

Angesichts dessen, daß in der Gegenwart mehrwöchige Ferienreisen in allen Volksschichten üblich sind, kommt es nicht selten vor, daß derartige Zahlungsaufforderungen des Vers während einer Urlaubsreise des Vmers zugehen, so daß er deshalb die Zwei-Wochenfrist nicht wahren kann (vgl. dafür, daß ein solcher Zugang im Rechtssinne gemäß § 130 BGB auch in einer Urlaubsabwesenheit erfolgt, Bruck–Möller Bd I Anm. 4 zu § 10 m. w. N.). Demgemäß kann in einem solchen Urlaub, der mit vorläufigem Deckungsschutz begonnen wird, durchaus die Zahlungsfrist nach § 1 II 4 AKB ablaufen. Dagegen kann sich der Vmer nur durch einen Nachsendeantrag schützen; denn dann ist der Zugang im Sinne des § 130 BGB erst erfolgt, wenn das Schreiben des Vers am Urlaubsort eingetroffen ist (LG Köln 20.VII.1984 r + s 1985 S. 29; anders LG Frankfurt a. M. 6.VI.1990 VersR 1991 S. 665 [nur L. S.] = ZfS 1991 S. 275 [nur L. S.], das Vsschutz bejaht, wenn unverzüglich nach der Rückkehr vom Urlaub bezahlt wird, zahle der Vmer erst 14 Tage später, habe er die Verspätung zu vertreten). Trifft der Vmer keine solche Vorsorge, so ist zu beachten, daß der Ver die Beweislast dafür hat, wann eine derartige Zahlungsaufforderung während des Urlaubs zugegangen ist. Erklärt der Vmer, daß er die Zahlungsaufforderung am Tage seiner Rückkehr vom Urlaub vorgefunden habe, daß er aber nicht wisse, wann sie in seinen Briefkasten gekommen sei, so ist als Zugangsdatum von der letzten Postzustellung vor seiner Rückkehr vom Urlaub auszugehen. Zwar spricht mehr dafür, daß ein solcher Zugang vorher erfolgt ist. Solche Mutmaßungen ersetzen aber nicht den dem Ver obliegenden Zugangsbeweis (dafür, daß indiziell anders entschieden werden kann, wenn ein Schreiben während der Anwesenheit des Vmers zugegangen ist, er aber keine oder nur unglaubhafte Angaben über das Datum des Zugangs macht, vgl. die Bemerkungen am Schluß dieser Anm.).

II. 1. Beendigung des Vsvertrages, vorläufige Deckungszusage **Anm. D 12**

Als vsrechtliche Besonderheit ist hinsichtlich des Zugangs zu beachten, daß gemäß § 10 der Ver bei einem nicht angezeigten Wohnungs- oder Sitzwechsel berechtigt ist, eine dem Vmer gegenüber abzugebende Willenserklärung per Einschreiben an die letzte dem Ver bekannte Wohnung abzusenden. Die Erklärung wird in dem Zeitpunkt wirksam, in welchem sie ohne die Wohnungsänderung bei regelmäßiger Beförderung dem Vmer zugegangen sein würde. Zur Auslegung dieser Bestimmung vgl. Bruck–Möller Bd I Anm. 9–21 zu § 10. In dieser Weise könnte ein Ver auch in der Kraftfahrtv verfahren. Dadurch können dem Vmer gerade im Bereich der Haftpflichtv empfindliche Nachteile entstehen. Ungeachtet dessen, daß dem Vmer gewiß zugemutet werden kann, entweder einen Postnachsendungsantrag zu stellen oder dem Ver die neue Anschrift ordnungsgemäß mitzuteilen, fragt sich, ob diese nur für das Vsrecht geltende gesetzliche Regelung nicht entbehrlich ist. Solange sie aber als dispositives Gesetzesrecht gilt, kann einem dergestalt leistungsfrei gewordenen Ver nur ausnahmsweise ein Vorgehen nach Maßgabe einer solchen gesetzlichen Vorschrift als eine mißbräuchliche Verfahrensweise angelastet werden. Von etwaigen Mißbräuchen ist auch nichts bekannt geworden. Vielmehr ist es sogar der Regelfall, daß der Ver sich um die Kenntnis der neuen Anschrift seines Vmers bemüht (für einen Anwendungsfall aus dem Bereich der Kraftfahrzeughaftpflichtv vgl. LG Aurich 4.VII.1990 ZfS 1991 S. 241–242; [der Fall war durch die Besonderheit gekennzeichnet, daß der Vater des Vmers, der als Vermittlungsagent tätig war, private Kenntnis von dem Wohnungswechsel hatte; diese private Kenntnis ist dem Ver nicht zugerechnet worden]). LG Bonn 28.VII.1989 r + s 1990 S. 42–43 läßt Zweifel anklingen, ob § 10 auch auf die Annahmeerklärung des Vers Anwendung finden könne; indessen ist zu bedenken, daß die Parteien bereits durch die vorläufige Deckung in vertraglichen Beziehungen stehen, die die Anwendung der Regelung in § 10 ermöglichen.

Eine Zahlungsfrist von 14 Tagen ist als sachgerecht anzusehen. Eine solche Frist schafft für alle Beteiligten klare Verhältnisse. Die Regelung stellt gegenüber der früheren Bestimmung in § 1 II 3 AKB a. F., nach der der Vmer unverzüglich zu zahlen hatte, eine der Klarheit und Bestimmtheit dienende Lösung dar. Denn darüber, was noch eine Zahlung ohne schuldhaftes Zögern darstellt, konnte man bei Zahlungen innerhalb einer Frist von 8 bis 14 Tagen trefflich streiten. Zu beachten ist für die Fristwahrung, daß die rechtzeitige Leistungshandlung des Vmers genügt. Überweist der Vmer, so ist spätestens mit der Belastung seines Kontos die Prämie gezahlt (so BGH 5.XII.1963 NJW 1964 S. 499–500 = VersR 1964 S. 129–130, LG Nürnberg-Fürth 12.VI.1974 VersR 1975 S. 821–822, LG Hamburg 14.IX.1984 r + s 1985 S. 131–132); daß die Gutschrift auf dem Konto des Vers erst nach dem Ablauf der Frist erfolgt, ist unerheblich (BGH 5.XII.1963 a. a. O.). Ebenso ist die Zahlung schon mit der Einzahlung auf der Post als erbracht anzusehen (OLG Düsseldorf 29.X.1975 VersR 1976 S. 429). Ist vereinbart, daß die Prämie im Lastschriftenverfahren eingezogen wird, so kann die Erstprämienanforderung wirksam nur durch Einreichung eines Lastschriftbelegs mit entsprechender Kennzeichnung bei der vom Vmer als Zahlstelle benannten Bank erfolgen (vgl. BGH 30.I.1985 VersR 1985 S. 447–449 [zur Unfallv], OLG Köln 30.XII.1986 r + s 1988 S. 253 und Anm. E 28). Daneben muß aber noch gesondert eine Belehrung erfolgen. Zur Leistungshandlung vgl. ferner Bruck–Möller Bd I Anm. 53–58 zu § 35 m. w. N. und aus neuerer Zeit, insbesondere auch zum Lastschriftenverfahren, Bruck–Möller–Winter Lebensv Anm. E 143–164 m. w. N..

Dem Ver obliegt es, die Voraussetzungen für den rückwirkenden Wegfall der vorläufigen Deckungszusage darzutun und zu beweisen. Dabei ist das genaue Datum des vom Ver zu beweisenden Zugangs der Prämienrechnung nicht selten von entscheidender Bedeutung. Der Beweis für den Zugang eines Schreibens kann nicht im Wege des prima-facie-Beweises durch den Nachweis der Absendung dieses Schreibens geführt werden, auch dann nicht, wenn das betreffende Schreiben per Einschreiben abgesandt worden ist (BGH 27.V.1957 BGHZ Bd 24 S. 309–325, OLG Hamm 19.IX.1975 VersR 1976 S. 722–723, OLG Nürnberg 10.VII.1986 r + s 1987 S. 92, AG Augsburg 8.X.1986 ZfS 1987 S. 53, LG Duisburg 21.XII.1989 r + s 1990 S. 328–329, LG Köln 10.X.1990 VersR 1991 S. 78). Das gilt erst recht, wenn der Ver die Prämienrechnung aus organisatorischen Gründen nicht per Einschreiben verschickt hat (OLG Köln 16.VI.1988 r + s 1989 S. 138–139, LG Bonn 28.VIII.1989 r + s 1990 S. 42–43). Hat der Vmer allerdings unstreitig eine Einschreibesendung des Vers erhalten und behauptet er, daß sich der Vsschein nicht im Umschlag befunden habe, so wird man vom Vmer entgegen OLG Köln 9.XI.1989 r + s 1989 S. 391–392 in aller Regel eine genaue Angabe darüber erwarten können, was sich im Umschlag befunden haben soll. Ist die Rechnung dem Vmer unstreitig zugegangen, so gibt es bezüglich des Zeitpunkts des Zugangs ebenfalls keinen allgemeinen Erfahrungssatz, so daß die Anwendung des Beweises des ersten Anscheins auch insoweit ausscheidet (BGH 14.II.1964 NJW 1964 S. 676–677). Es kann aber mangels eines substantiierten Gegenvortrages des Vmers unter Umständen indiziell davon ausgegangen werden, daß der Zugang in einem dem normalen Postlauf entsprechenden Zeitraum erfolgt ist (LG Köln 5.III.1985 ZfS 1985 S. 304, LG Stuttgart 28.I.1986 r + s 1986 S. 199, LG München 15.V.1986 r + s 1986 S. 275–276 = ZfS 1986 S. 340). Hat der Vmer behauptet, daß er ein am 6.II. abgesandtes Schreiben erst am 28.II.1980 erhalten habe, so kann das durchaus wahr sein, da bei der Postzustellung immer wieder Verzögerungen eintreten (OLG Köln 25.IV.1985 r + s 1985 S. 235–236; bemerkenswert ist allerdings, daß das Gericht dem Vmer auch glaubte, daß ein gegen diese stets durchgehaltene Verteidigungslinie in einem Schriftsatz verstoßender Vortrag des Inhalts, daß der Zugang vor dem 11.II.1980 erfolgt sei, auf einem offensichtlichen Versehen beruht habe). Benutzt der Vmer ein der Mahnung angehängtes Überweisungsformular, so kann daraus indiziell auf den Zugang des Mahnschreibens geschlossen werden (OLG Frankfurt a. M. 16.IX.1986 r + s 1987 S. 92). Vgl. auch AG Köln 27.VIII.1985 r + s 1985 S. 114 = ZfS 1986 S. 51 [gek.], das aus der Überweisung des geschuldeten Erstprämienbetrages auf den Zugang der Rechnung geschlossen hat, da der Vmer nicht erklären konnte, woher er so genau Kenntnis von dem geschuldeten Betrag erhalten hat. Ähnlich lag es im Fall LG Nürnberg-Fürth 12.VI.1974 VersR 1975 S. 821–822, wo der Vmer bestritt, eine Mahnung erhalten zu haben, aber exakt den angemahnten Betrag zuzüglich Mahngebühren gezahlt hatte. Ebenso liegt es, wenn der Vmer bei der Überweisung eine ihm bisher nicht bekannte Vsnummer angibt (LG Limburg 18.VI.1986 ZfS 1986 S. 242–243). Hat der Briefträger den Vmer nicht angetroffen und holt dieser das Einschreiben auf der Post ab, so ist die Erklärung erst mit dem Abholen des Briefes zugegangen (LG Köln 12.I.1983 ZfS 1985 S. 277–278).

Zu den Nachweispflichten des Vers gehört auch, daß der Vmer die verspätete Zahlung zu vertreten hat (Stiefel–Hofmann[15] Anm. 80 zu § 1 AKB, S. 73). Steht aber die Verspätung fest, so indiziert sie in der Regel auch ein Verschulden. Der Vmer muß daher substantiiert dartun, warum die Verspätung von ihm nicht zu vertreten ist (OLG Frankfurt a. M. 21.I.1988 VersR 1988 S. 1039–1040). Als Verschulden ist es dem Vmer zuzurechnen, wenn er nicht dafür sorgt, daß ihn während seines Urlaubs Mitteilungen seines Vers erreichen; denn ein Nachsendeantrag ist ihm ohne weiteres zuzumuten (LG Köln 20.VII.1984 r + s 1985 S. 29). Unterbleibt die Zahlung aufgrund eines falschen Rates seines Vsmaklers, weil dem Vmer die Prämienberechnung unklar war, so entlastet dies den Vmer nicht (LG Wuppertal 22.VI.1990 VersR 1991 S. 94–95 = ZfS 1991 S. 96 [gek.]); anders wäre zu entscheiden, wenn ein Agent des Vers den Vmer derart falsch beraten hätte.

[D 13] ccc) Belehrungspflicht des Versicherers

Als zusätzliches Erfordernis für die Leistungsfreiheit des Vers nach § 1 II 4 AKB ist vom BGH eine Belehrungspflicht des Vers als in diesem Zusammenhang neues Rechtsinstitut geschaffen worden (vgl. als Ausgangsentscheidungen BGH 17.VI.1967 BGHZ Bd 47 S. 352–364, 22.II.1968 VersR 1968 S. 439–440, 13.XI.1968 VersR 1969 S. 51, ferner die bedeutsame Ergänzung durch BGH 4.VII.1973 VA 1973 S. 302–304 Nr. 647 = VersR 1973 S. 811–813).

Der Inhalt dieser Belehrungspflicht des Vers geht dahin, daß er den Vmer mit aller Deutlichkeit auf die Gefahr des rückwirkenden Verlustes des Vsschutzes hinzuweisen hat, wenn die Zahlung nicht innerhalb der Frist von 14 Tagen erfolgt. Darüber hinaus verlangt BGH 4.VII.1973 a. a. O. auch eine Belehrung über den Verlust des Vsschutzes für die Zukunft. Die Ver tragen dieser Rechtsprechung im allgemeinen in der Weise Rechnung, daß sie einen solchen Hinweis auf Vordrucken der Prämienrechnungen in hervorgehobener Schrift geben. Das verlangt auch das BAV. In diesem Zusammenhang ist II, 1 der geschäftsplanmäßigen Erklärungen für die Kraftfahrtv zu beachten (vgl. Anm. A 5). Dort heißt es:

> „Wir werden für den Fall, daß ein Erstbeitrag nicht unverzüglich eingelöst wird, den Vsschutz erst versagen, wenn wir den Vmer schriftlich auf die Folgen einer nicht unverzüglichen Zahlung hingewiesen haben (Beginn des Vsschutzes erst mit Zahlung des Beitrages bzw. rückwirkender Verlust des Vsschutzes bei vorläufiger Deckung)."

Bemerkenswert ist, daß diese Belehrungspflicht auch bezüglich der Erstprämie ohne Vereinbarung eines vorangegangenen vorläufigen Deckungsschutzes vorgesehen ist. Das erscheint angesichts der gesetzlichen Konstruktion in § 38 II als ungewöhnlich (vgl. dazu auch Anm. D 4 a. E.). Es ist diese Belehrungspflicht des Vers, als vertragsergänzende Regelung einzuordnen (vgl. dafür, daß entgegen älterer Lehre zwischen solchen Bestimmungen des Geschäftsplans, die nur Ordnungsfunktion haben, und solchen, die vertragliche Rechte gewähren, zu unterscheiden ist, BGH 13.VII.1988 BGHZ Bd 105 S. 140–153 [150–153] sowie Anm. A 17–20 und Anm. J 15 m. w. N.). Das Gesagte gilt um so mehr, als es sich um eine Konkretisierung der Rechtsprechung des BGH handelt. Vom Standpunkt der Vertragsklarheit ist indessen zu beanstanden, daß diese dem Vmer im Ergebnis günstige Klausel in einer geschäftsplanmäßigen Erklärung versteckt ist. Dem Gebot der Klarheit, das für allgemeine Geschäftsbedingungen gelten sollte, wird damit widersprochen. Der Vmer, der sich der Mühe unterzieht, das Bedingungswerk zu studieren und der sich nicht rechtskundiger Hilfe bedient, muß in einem Schadenfall anhand des Bedingungstextes zu dem Ergebnis kommen, daß die schlichte Nichtzahlung der Prämie innerhalb der 14 Tagefrist dazu geführt hat, daß er den Vsschutz verloren hat. Diejenigen Fälle, in denen der Vmer sich also nicht anwaltlicher Hilfe bedient, werden von der Belehrungspflicht, wie sie vom BGH entwickelt und durch Maßnahmen des BAV auch „vertraglich" verankert worden sind, nicht berührt. Ihnen kommt diese vertragliche Gestaltung nur dann zugute, wenn der Ver sich daran hält. Es ist vom Standpunkt einer Angemessenheitskontrolle aber zu beanstanden, daß ergänzende Regeln aufgestellt werden über die Wirksamkeit einer Bestimmung, die in dem Vertragswerk im engeren Sinne nicht in einer für den Duchschnittsvmer erkennbaren Fassung enthalten sind.

Geht man mit der h. A. davon aus, daß der rückwirkende Wegfall des Vsschutzes in § 1 II 4 AKB vereinbart werden kann, so fragt es sich, ob die bisherige Belehrungspraxis der Ver der Regelung in Nr. II, 1 der geschäftsplanmäßigen Erklärungen genügt. Diese Praxis geht dahin, daß der Hinweis durch einen Aufdruck auf der Prämienrechnung gegeben wird oder in einem gesonderten Schreiben, das der Rechnung beigefügt ist. Der Hinweis erfolgt also gleichzeitig mit der Übermittlung des Vsscheins und der Rechnung. Hingegen könnte Nr. II, 1 in dem Sinne verstanden werden, daß das BAV eine Belehrung auch dann erwartet, wenn feststeht, daß die Zahlung nicht fristgemäß erfolgt ist. Es wird nämlich zunächst davon gesprochen, daß ein Erstbeitrag nicht unverzüglich gezahlt wird und dann davon, daß der Vsschutz in diesem Fall erst versagt wird, wenn der Vmer schriftlich auf die Folgen einer nicht unverzüglichen Zahlung hingewiesen worden ist. Das könnte in dem Sinne verstanden werden, daß erst nach Feststellung der Nichtzahlung eine Belehrung die aufschreckende Wirkung entfalten soll. Indessen spricht gegen eine solche Auslegung, daß damit letzten Endes entgegen der BGH-Rechtsprechung eine zweimalige Belehrung verlangt wird. Das würde schon in die Nähe unnützer Förmelei geraten. Eine solche erneute Belehrung nach der Übersendung der Prämienrechnung wird auch in der Rechtsprechung durchweg nicht für erforderlich gehalten, sofern mit dem Zugang einer ordnungsgemäßen Prämienrechnung eine Belehrung erfolgt ist. Vgl. z. B. OLG Frankfurt a. M. 27.I.1972 VersR S. 387–389, das gemäß der Vorgabe durch die am Anfang dieser Anm. zitierten BGH-Entscheidungen eine Belehrung bei der Übersendung der Prämienrechnung verlangt (ebenso obiter dictum OLG Schleswig 30.VI.1982 VersR 1983 S. 650–651). Vom OLG Frankfurt a. M. 27.I.1972 a. a. O. wird im übrigen zutreffend ausgeführt, daß eine früher erfolgte Belehrung, die aus Anlaß der Übermittlung einer nicht korrekten Prämienabrechnung vorgenommen worden war, nicht ausreiche, um einen rückwirkenden Verlust des Vsschutzes herbeizuführen. In einem solchen Fall muß der Ver vielmehr bei der Übersendung einer korrekten Rechnung erneut belehren (ebenso OLG Hamm 30.III.1983 VersR 1983 S. 1172–1173 = ZfS 1984 S. 52 [gek.], es ging um einen Fall, in dem erst eine wegen Wegfalls des Risikos unrichtige Prämie und danach eine zutreffende in Rechnung gestellt worden war; nach BGH 23.III.1983 VA 1983 S. 372–373 Nr. 770 = VersR 1983 S. 574–575, liegt hier schon keine unveränderte Annahme vor, bedenklich, vgl. Anm. D 11).

Die Wirkung einer zutreffenden Belehrung bei einwandfreier Prämienrechnung entfällt ferner, wenn der Ver vor Ablauf der Zahlungsfrist dem Vmer aus Versehen mitteilt, daß der vorläufige Deckungsschutz schon rückwirkend entfallen sei und für die Vergangenheit auch durch sofortige Zahlung nicht wieder aufleben werde (so OLG Hamm 19.IX.1975 VersR 1976 S. 722–723). Als ungenügend wird eine Belehrung angesehen, die nicht auf die präzise Einhaltung der 14-Tagesfrist hinweist, sondern entgegen dem Wortlaut des § 1 II 4 AKB (aber anknüpfend an die dazu abgegebene geschäftsplanmäßige Erklärung) dahin geht, daß der Vsschutz rückwirkend außer Kraft trete, wenn nicht unverzüglich gezahlt werde (so OLG Hamm 6.XII.1978 VersR 1980 S. 178–179). Werden die Folgen der nicht rechtzeitigen Zahlung damit beschrieben, daß dann der Vsschutz „in Frage gestellt sei", so reicht das für eine ordnungsgemäße Belehrung auch nicht aus (OLG Köln 17.III.1970 VersR 1970 S. 733–736).

Nach OLG Hamm 24.I.1990 r + s 1990 S. 401–402 = NJW-RR 1990, S. 993, 20.XII.1990 r + s 1991 S. 183–185 reicht eine Belehrung nicht aus, in der der Hinweis fehlt, daß bei unverschuldeter Versäumung der Zahlungsfrist eine nachträgliche Zahlung zur Erhaltung des Vsschutzes genügt. Das stellt eine Weiterentwicklung der Belehrungspflicht dar und entspricht nicht mehr dem Wortlaut der geschäftsplanmäßigen Erklärung, die auf solche Ausnahmefälle nicht abgestellt ist. Das Bestreben, dem Vmer gegenüber der als unbillig erscheinenden Konsequenz zu helfen, daß er rückwirkend den Vsschutz verliere, wird deutlich, wenn vom OLG

II. 1. Beendigung des Vsvertrages, vorläufige Deckungszusage **Anm. D 14**

Hamm 24.I.1990 a. a. O. bei gleichzeitiger Anforderung zutreffender Prämienbeträge für die Haftpflicht- und die Teilkaskov verlangt wird, daß auch darüber belehrt wird, daß für die Erhaltung des Vsschutzes in der Haftpflichtv die Zahlung des für die Teilkaskov ausgewiesenen Betrages nicht erforderlich sei. Hat der Vsvertreter mit dem Vmer Ratenzahlungen vereinbart, so muß er den Vmer besonders belehren, wenn diese Vergünstigung mit dem Zugang der endgültigen Rechnung entfallen soll (so OLG Koblenz 31.I.1989 VersR 1989 S. 733–734 [da die geleisteten Raten von DM 250,– von der Prämie nicht abgesetzt worden waren, lag aber ohnedies keine ordnungsgemäße Zahlungsaufforderung vor, vgl. Anm. D 12]).

Die Belehrung muß in deutlicher Form erfolgen. Diesem Erfordernis wird bei schlechter Lesbarkeit des Formulars nicht entsprochen (OLG Koblenz 31.I.1989 a. a. O.). Auch genügt eine Belehrung in kleingedruckter Form nicht (LG Paderborn 9.XI.1984 ZfS 1985 S. 85–86). Hingegen reicht es aus, wenn die Belehrung auf der Rückseite des Vsscheins in hervorgehobenem Druck erfolgt, wenn darauf auf der Vorderseite in Fett- und Großdruck aufmerksam gemacht wird (OLG Stuttgart 16.X.1986 NJW-RR 1987 S. 216 = ZfS 1987 S. 148 [nur L. S.]).

Bei Erklärungen des Vers gegenüber Ausländern genügt im Regelfall, wenn die Verträge in Deutschland abgeschlossen sind, eine solche Erklärung in deutscher Sprache, auch wenn der Ver weiß, daß er mit einem Vmer kontrahiert hat, der der deutschen Sprache nicht mächtig ist (streitig, so LG Stuttgart 19.IV.1974 VersR 1976 S. 826–827 [zu § 12 III], abweichend von OLG Hamm 10.XII.1969 VersR 1970 S. 315–317 [zu § 12 III], OLG Koblenz 19.XII.1974 VersR 1975 S. 893–895 [zu § 12 III], AG Köln 5.X.1984 ZfS 1985 S. 22; w. N. bei Bruck–Möller–Winter Lebensv Anm. C 184).

Beweispflichtig dafür, daß die Belehrungspflicht erfüllt ist, ist nach allgemeinen Beweislastprinzipien der Ver. Vgl. dazu den Fall BGH 4.VII.1973 a. a. O. a. E., in dem die Erkenntnis, daß eine Belehrung nicht festgestellt werden könne, sich deshalb besonders anbot, weil der frühere Vsagent der Beklagten ausdrücklich bekundet hatte, daß er das Belehrungsformular bei der Anforderung der Prämie nicht beigefügt gehabt habe.

[D 14] d) Kündigung gemäß § 1 II 5 AKB

Nach § 1 II 5 AKB ist der Ver berechtigt, die vorläufige Deckung mit einer Frist von einer Woche aufzukündigen (für diesen Fall gebührt ihm die auf die Zeit des Vsschutzes entfallende Prämie anteilig gemäß § 1 II 6 AKB). An dieser Regelung fällt zunächst die Kürze der Kündigungsfrist auf. Zwar stellt eine solche Fristregelung von einer Woche keine unangemessene Benachteiligung des Vmers im Sinne des § 9 AGBG dar. Da der Vmer sich aber bei einer solchen Aufkündigung des Vertrages über den vorläufigen Vsschutz bei einem anderen Ver um eine neue vorläufige oder endgültige Deckung bemühen muß, erscheint es als sachgerecht, diese Frist entsprechend der in § 1 II 4 AKB verankerten auf 14 Tage zu verlängern. Damit würde dem Vmer dann ein hinreichend angemessener Handlungszeitraum zur Verfügung gestellt werden. Außerdem würde dadurch auch ein Gleichklang mit der Frist des § 5 III PflichtvsG hergestellt. Wenn es dem Ver nicht zuzumuten ist, einen dem Gesetz entsprechenden Antrag eines Vsinteressenten binnen fünf Tagen zu bescheiden (weshalb die Annahmefiktionsfrist des § 5 III PflichtvsG auf zwei Wochen verlängert wurde, vgl. auch Anm. C 14), so sollten die Vertragsbedingungen einen solchen Vmer nicht schlechter als den Ver stellen.

Weiter fällt auf, daß § 1 II 5 AKB nur dem Ver die Möglichkeit einer Lösung des Vertragsverhältnisses über die vorläufige Deckung durch eine Kündigung einräumt, nicht aber dem Vmer. Das ist ungewöhnlich, wenn man § 1 II 5 AKB als Regelung eines dem Ver zustehenden ordentlichen Kündigungsrechts versteht. Denn solche ordentlichen Kündigungsmöglichkeitn werden dem Vmer in der üblichen Ausgestaltung eines Vsverhältnisses nicht im geringeren Umfang als dem Ver eingeräumt. Wenn man derartige Kündigungsrechte auch für vorläufige Deckungszusagen schaffen wollte, hätte deshalb erwartet werden dürfen, daß auch dem Vmer eine solche Möglichkeit eingeräumt wird. Darüber mag man allerdings deshalb streiten können, weil durchweg die Vorleistung des Vers, die regelmäßig in der Gewährung vorläufiger Deckung zu sehen ist, als für den Vmer günstig bewertet wird, weshalb zumeist auch kein Bedürfnis des Vmers nach einer Lösungsmöglichkeit besteht. Läßt man demgemäß die Bedenken beiseite, die sich aus der formalen Ungleichbehandlung der Vertragsparteien ergeben, so bleibt als Beanstandung, daß § 1 II 5 AKB keine Gründe nennt, die den Ver zu einer derartigen Kündigung berechtigen. Der Leser der Bedingungsbestimmung gewinnt daraus den Eindruck, als wenn es im Belieben des Vers stehe, ob er eine Kündigung nach § 1 II 5 AKB aussprechen dürfe oder nicht (so Prölss – Martin – Knappmann[25] Anm. 2 b zu § 1 AKB, S. 1402; vgl. dagegen Sieg VersR 1986 S. 930, der diese uneingeschränkte Kündigungsmöglichkeit aus systematischer Sicht mit zurückhaltender Kritik als „Fremdkörper" einordnet). Dagegen entsteht bei dem Vmer angesichts der Aushändigung der Vsbestätigung regelmäßig die Erwartungshaltung, daß der Ver die Zusage über die vorläufige Deckung nicht ohne wichtigen Grund aufkündigen werde. Diese Erwartungshaltung erscheint angesichts des nach § 5 II PflichtvsG bestehenden Annahmezwanges als berechtigt, und zwar ungeachtet dessen, ob der Ver von der ihm nach § 5 V 2 PflichtvsG gegebenen Möglichkeit Gebrauch gemacht hat oder nicht, die Aushändigung der Vsbestätigung von der Zahlung der ersten Prämie abhängig zu machen (vgl. dafür, daß sich die Annahmefiktion des § 5 III PflichtvsG nicht auf den Abschluß des Vertrages über die vorläufige Deckungszusage bezieht, Anm. C 16). Der Vmer darf eine solche Erwartung um so mehr hegen, als sie mit der üblichen Vspraxis bei einer regulären Entwicklung der Dinge übereinstimmt. Ein solcher wichtiger Grund kann z. B. gegeben sein, wenn der Ver dem Vmer eine Vsbestätigung ausgehändigt hat, ohne daß ihm schon ein (formalisierter oder nicht formalisierter) Antrag auf Abschluß eines Kraftfahrzeughaftpflichtvsvertrages vorliegt. Stellt der Ver das Zustandekommen einer solchen vorläufigen Deckung über eine „vagabundierende" Vsbestätigungskarte fest, so ist er freilich gehalten, den Vmer zur Antragstellung aufzufordern. Ist das trotz angemessener Fristsetzung ohne Erfolg geblieben, so leuchtet es ein, daß der Ver sich von einem derart übernommenen Risiko durch eine außerordentliche Kündigung trennen will (so in den Fällen OLG Frankfurt a. M. 14.VII.1978 VersR 1978 S. 1155–1156, OLG Karlsruhe 15.XII.1983 ZfS 1984 S. 50–51). Ein anderer wichtiger Kündigungsgrund wäre der, daß die Vertragsverhandlungen scheitern, ohne daß den Ver dabei der Vorwurf trifft, gegen das Prinzip des Annahmezwanges verstoßen zu haben. Macht der Ver die Zusage einer vorläufigen Deckung von einer Anzahlung abhängig und wird der von dem Vmer dem Ver übergebene Scheck nicht eingelöst, so ist das ebenfalls ein wichtiger Grund zur Kündigung (dafür, daß für diesen Fall nicht im Wege einer ausdrücklichen oder stillschweigenden Bedingung das automatische Außerkrafttreten der vorläufigen Deckung vereinbart werden kann, vgl. OLG Hamm 16.I.1987 r + s 1987 S. 182–186 = ZfS 1988 S. 252 [gek.] und Anm. C 29, a. M. Prölss – Martin – Knappmann[25] Anm. 2 zu § 1 AKB, S. 1400). Das Gesagte bedeutet, daß § 1 II 5 AKB einschränkend dahin zu interpretieren ist, daß nur in den beispielhaft aufgeführten Fällen eine Kündigung aus wichtigem Grund zulässig ist.

II. 2. Beendigung des endgültigen Vsvertrages **Anm. D 14**

Es wäre wünschenswert, wenn § 1 II 5 AKB in der Weise umgestaltet würde, daß expressis verbis zum Ausdruck gebracht wird, daß jenes Kündigungsrecht nur bei dem Vorliegen eines wichtigen Grundes im Sinne obiger Ausführungen ausgeübt werden darf. Dabei könnten die erwähnten Fälle beispielhaft im Bedingungstext mit aufgeführt werden. Denn die jetzige Fassung könnte den ursprünglich von der Erwartungshaltung ausgehenden Vmer, daß die vorläufige Deckungszusage im Regelfall ohne Kündigungsmöglichkeit durch den Ver gewährt werde, bei einem nachträglichen Studium des Bedingungstextes zu der irrigen Auffassung führen, daß der Ver zur Aufkündigung des Vertrages über die vorläufige Deckung auch ohne Vorliegen eines wichtigen Grundes berechtigt sei (vgl. zum entsprechenden Problem bei § 4 I a AKB, in dem ebenfalls nicht die Einschränkung des ordentlichen Kündigungsrechts des Vers zum Ausdruck kommt, Anm. D 17). Bedeutsam ist das allerdings nur, wenn sich ein Ver regelwidrig verhält. Dazu sind nur wenige Mißstände bekannt geworden. So hatte LG Berlin 31.V.1989 NJW-RR 1989 S. 1112 = ZAP 1989 Fach 1, S. 111 – 112 (nur L. S.) einen Fall zu beurteilen, in dem der Ver wenige Tage nach Aushändigung der Vsbestätigung allein deshalb vom Vertrage „zurückgetreten" war, weil der Vmer türkischer Staatsangehöriger war. Das wurde als rechtsmißbräuchlich qualifiziert (zustimmend Prölss – Martin – Knappmann[25] a. a. O.). Nach der hier vertretenen Auffassung bedurfte es des Rückgriffs auf einen Rechtsmißbrauch nicht, da von einer generellen Einschränkung des Kündigungsrechts im dargestellten Sinne auszugehen ist.

Liegt allerdings ein wichtiger Grund vor, so ist die Regelung in § 1 II 5 AKB den Interessen des Vmers günstig. Insbesondere ist kein rückwirkender Wegfall des Vsschutzes vorgesehen (so zutreffend OLG Frankfurt a. M. 14.VII.1978 a. a. O., OLG Karlsruhe 15.XII.1983 a. a. O.). Die Kündigungswirkung tritt auch nicht sogleich ein. Dem Vmer bleibt immerhin ein Zeitraum von einer Woche, um anderweitigen Vsschutz zu finden. Außerdem ist dem Ver für die Kündigung Schriftform vorgeschrieben. Das bedeutet, daß kraft dieser Selbstbindung des Vers eine mündliche Kündigung keine Rechtswirkungen entfaltet.

Der Ver ist beweispflichtig für den Zugang der schriftlichen Kündigung und nach der hier vertretenen Interpretation der Kündigungsregelung auch für das Vorliegen eines wichtigen Grundes im Sinne obiger Überlegungen.

2. Endgültiger Versicherungsvertrag

Gliederung:

a) Regellaufzeit und Verlängerung D 15
b) Beendigung durch Zeitablauf bei unterjähriger Vsdauer D 16
c) Ordentliche Kündigung D 17 – 19
   aa) Anwendungsbereich D 17
   bb) Spezielle Kündigungsregelungen D 18 – 19
      aaa) Zugang und Form D 18
      bbb) Teilkündigungsproblematik D 19
d) Sonstige Beendigungsgründe D 20 – 43
   aa) Verhältnis zum Annahmezwang D 20
   bb) Anfechtung gemäß § 123 BGB D 21
   cc) Rücktritt wegen Verletzung der vorvertraglichen Anzeigelast D 22
   dd) Außerordentliche Kündigung D 23 – 26
      aaa) Kündigung eines aufgrund der Annahmefiktion zustandegekommenen Vsvertrages, der nur einen Teil des gestellten Antrages betrifft D 23
      bbb) Kündigung wegen Gefahrerhöhung D 24
      ccc) Kündigung wegen Prämienerhöhung D 25
      ddd) Kündigung wegen Verletzung einer vor Eintritt des Vsfalls zu erfüllenden Obliegenheit D 26
      eee) Schadenkündigungsrecht D 27 – 35

α) Schrifttum D 27
β) Grundsätzliches D 28
γ) Kündigungsgründe D 29—32
αα) Vorbemerkung D 29
ββ) Anerkennung D 30
γγ) Verweigerung der Leistung der fälligen Entschädigung D 31
δδ) Führung eines Haftpflichtprozesses D 32
δ) Kündigungszeitpunkt D 33
ε) Kündigungsfrist D 34
ζ) Wirkung der Kündigung D 35
fff) Sonstige Kündigungen aus wichtigem Grund D 36
ee) Einverständliche Vertragsaufhebung D 37
ff) Wegfall des versicherten Risikos D 38—39
aaa) Schrifttum D 38
bbb) Grenzfälle D 39
gg) Vorübergehende Stillegung D 40—43
aaa) Grundsatz: Verlängerung des Vsvertrages mit abgewandeltem Inhalt D 40

bbb) Vertragsbeendigung nach Stillegung D 41—42
α) Nichtwiederanmeldung binnen Jahresfrist D 41
β) Nichtanzeige der Wiederzulassung binnen Jahresfrist D 42
ccc) Sonderregelung gemäß § 5 VII AKB D 43
e) Übergang des Haftpflichtvsverhältnisses D 44—52
aa) Schrifttum D 44
bb) Grundsätzliches D 45
cc) Anknüpfung an den Veräußerungsvorgang D 46
dd) Einzelheiten zur Veräußerung D 47
ee) Wirkungen des Übergangs D 48
ff) Anzeigeobliegenheit D 49
gg) Kündigungsrechte aus Anlaß einer Veräußerung D 50—51
aaa) Kündigungsrecht des Vers D 50
bbb) Kündigungsrecht des Erwerbers D 51
hh) Prämienzahlungspflicht D 52

[D 15] a) Regellaufzeit und Verlängerung

In § 4 I a 1 AKB heißt es, daß der Vsvertrag in der Kraftfahrtv (also für alle Vssparten) für die Dauer eines Jahres oder für einen kürzeren Zeitraum abgeschlossen werden kann. Es wird durch diese Formulierung bei dem Leser der Eindruck erweckt, als wenn der Abschluß eines Vertrages mit einer mehrjährigen Dauer auf rechtliche Bedenken in dem Sinne stoßen könnte, daß eine solche Vereinbarung der zivilrechtlichen Wirksamkeit entbehre. Das ist indessen unzutreffend. Es fehlt an einer Rechtsverordnung gemäß § 4 I 5 PflichtvsG, durch die die Verbindlichkeit des die Haftpflichtv betreffenden Teils der AKB angeordnet werden könnte. Demgemäß sind von den AKB abweichende Vereinbarungen prinzipiell möglich (anders LG Aachen 31.III.1989 r + s 1989 S. 206—207 = ZfS 1989 S. 312—313 [gek.]; vgl. zu diesem Streitkomplex Anm. A 14 m. w. N.). Ein Bedürfnis für eine längere Vsdauer als ein Jahr ist allerdings, wie die über Jahrzehnte währende Vspraxis aufzeigt, kaum zu erkennen. Vielmehr wird den Interessen beider Vertragspartner nach einer tunlichst störungs- und belastungsfreien Beziehung durch die Verlängerungsklausel gemäß § 4 I a 2 AKB hinreichend Rechnung getragen. Nach dieser Bestimmung verlängert sich der Vsvertrag jeweils um ein Jahr, wenn er nicht spätestens drei Monate vor Ablauf gekündigt wird. Voraussetzung dafür ist allerdings, daß die vereinbarte feste Vertragsdauer ein Jahr beträgt. Eine solche Verlängerung findet aber nach § 4 I a 3 AKB auch dann statt, wenn die Vertragsdauer nur deshalb weniger als ein Jahr beträgt, weil als Beginn der nächsten Vsperiode ein vom Vertragsbeginn abweichender Termin vereinbart worden ist. Eine solche Verlängerungsklausel ist zum Schutze beider Vertragsparteien sinnvoll. Es wird dadurch ein unnützer Verwaltungsaufwand vermieden, der bei einem Neuabschluß bei demselben Ver entstehen würde. Vor allem aber gerät der Vmer dadurch nicht in die Gefahr, bei einem Vertragsablauf plötzlich keinen Vsschutz zu haben. Insofern darf der

II. 2. Beendigung des endgültigen Vsvertrages Anm. D 16

Verlängerungsklausel nach § 4 I a 2 AKB in einem Pflichtvszweig wie der Kraftfahrthaftpflichtv durchaus eine verbraucherfreundliche Funktion beigemessen werden.

[D 16] b) Beendigung durch Zeitablauf bei unterjähriger Versicherungsdauer

In § 4 I a 4 AKB heißt es, daß bei Verträgen mit einer Vertragsdauer von weniger als einem Jahr der Vertrag endet, ohne daß es einer Kündigung bedarf. Eine solche Regelung beschwört die Gefahr herbei, daß der Vmer plötzlich und ungewarnt den Vsschutz verliert. Für den Regelfall der V des Haftpflichtrisikos handelt es sich demgemäß bei derartigen Verträgen um solche, die dem Pflichtvsgedanken widersprechen. Denn der Sinn der gesetzlichen Regelung ist darauf gerichtet, tunlichst für lückenlosen Vsschutz zu sorgen. Damit ist aber eine Regelung nicht zu vereinbaren, die systemimmanent ständig die Gefahr heraufbeschwört, daß der Vmer den Verlust des Vsschutzes nicht bemerkt. Zwar gibt es keine ausdrückliche gesetzliche Bestimmung, die derartige Vertragsgestaltungen untersagt. Eine Annahmepraxis eines Vers bei ihm als unerwünscht erscheinenden Risiken in der Art, daß er die Anträge solcher Vmer nur zeitlich limitiert annimmt, würde aber dem Rechtsgedanken des Annahmezwanges widersprechen. Daraus können sich dann Schadenersatzverpflichtungen des Vers ergeben, nach denen er den betreffenden Vmer so zu stellen hat, als wenn kein befristeter unterjähriger Vertrag im Sinne des § 4 I a 4 AKB abgeschlossen wäre, sondern ein solcher mit einer Verlängerungsklausel (zu den Schadenersatzansprüchen des Vmers, wenn der Ver gegen seine Verpflichtung zur Annahme des Antrages auf Abschluß eines Kraftfahrthaftpflichtvsvertrages verstößt, vgl. ergänzend Anm. C 23–25). Der Blick für diese Prinzipien des Pflichtvsrechts wird geschärft, wenn man in Betracht zieht, daß dem Ver auch eine ordentliche Kündigung des Vsverhältnisses gegenüber einem Vmer versagt ist, dessen auf diese Kündigung folgenden Antrag er mangels Vorliegens eines der Ablehnungsgründe nach § 5 IV PflichtvsG zu akzeptieren hat, vgl. dazu Anm. D 17. Nach diesen Überlegungen kann der Abschluß von Vsverträgen ohne Verlängerungsklausel nur ausnahmsweise als mit dem Pflichtvsgedanken im Einklang angesehen werden. Als ein solcher Ausnahmefall ist der Abschluß von Grenzven anzusehen; dafür kann ein Bedürfnis in denjenigen Fällen bestehen, in denen Vmer mit Fahrzeugen in die Bundesrepublik Deutschland einreisen wollen, die nicht unter das multilaterale Kennzeichensystem fallen (vgl. dazu Anm. B 81–83). Wünscht hier der Vmer wegen eines nur für kurze Zeit geplanten Aufenthalts im Inland den Abschluß einer unterjährigen V, so ist das Vorgehen des Vers zu billigen, einen solchen Vertrag ohne Verlängerungsklausel abzuschließen. Dabei ist zu bedenken, daß dem Ver die inländische Anschrift des Vmers zumeist nicht bekannt ist und daß eine Kündigung an die Auslandsadresse zu unnützen Abwicklungsschwierigkeiten führt. Überdies wird bei dem dergestalt kontrahierenden Vmer keinerlei Vertrauenstatbestand des Inhalts aufgebaut, daß sich entgegen dem Wortlaut einer solchen Grenzpolicebescheinigung der Vsschutz über den aufgeführten Ablauftermin hinaus fortsetze (zum Schutz des Dritten vgl. § 6 II 2 AuslPflVsG und Anm. B 82). Im normalen Inlandsgeschäft ist aber nach dem Gesagten der Abschluß von unterjährigen Ven ohne Verlängerungsklausel zu tadeln, da der Vmer von einer gegenteiligen Praxis der Ver als Regelfall ausgehen darf. Es können sich hier – je nach den Umständen des Einzelfalls – die schon erwähnten Schadenersatzansprüche aus Verschulden bei Vertragsabschluß ergeben. Etwas anderes gilt dann, wenn der Vmer eine solche V ohne Verlängerungsklausel ausdrücklich beantragt hat (vgl. AG Lichtenfels 28.III.1984 r + s 1984 S. 93).

Institutionalisiert ist eine solche Gefahr gemäß § 4 I b AKB bei Fahrzeugen, die ein Vskennzeichen führen müssen. Das sind nach § 29 c I StVZO Kleinkrafträder, Fahrräder mit Hilfsmotor und maschinell angetriebene Krankenfahrstühle. § 4 I b 1 AKB stellt hier bei Jahresverträgen darauf ab, ob zwischen den Parteien des Vsvertrages die Verlängerungsklausel abbedungen worden ist oder nicht. Gegen ausgehandelte Individualabreden bestehen gewiß keine Bedenken. Indessen ist von der Rechtswirklichkeit im Sinne des § 4 I b 1 AKB in der Weise auszugehen, daß es hier vom BAV den einzelnen Vern freigestellt werden sollte, wie sie es in ihrer Vspraxis durch ergänzende Vsbedingungen bezüglich derartiger Verlängerungsklauseln halten wollen oder nicht (ebenso § 4 I b 2 AKB für unterjährige Verträge bezüglich der in § 29 c I StVZO aufgeführten Fahrzeuge). In diesen Fällen läßt sich allerdings eine derartige Handhabung der Vertragspraxis nicht als mit den Grundsätzen des Pflichtvsrechts unvereinbar charakterisieren. Das liegt daran, daß in § 29 c II 4 StVZO ausdrücklich bestimmt ist, daß das Vskennzeichen und die nach § 29 c II 3 StVZO von dem Fahrer mitzuführende Vsbescheinigung mit dem Ablauf des Verkehrsjahres ihre Geltung verlieren. Mit Rücksicht auf diese gesetzliche Regelung, die dem Vmer durch den jährlichen Wechsel des Vskennzeichens verdeutlicht wird, darf im Regelfall ohnedies davon ausgegangen werden, daß er auch in der Erwartung lebt, immer nur ein Jahr lang Vsschutz zu haben.

[D 17] c) Ordentliche Kündigung

aa) Anwendungsbereich

Nach § 4 I a 2 AKB kann der Vsvertrag spätestens **drei Monate vor Ablauf gekündigt** werden. In diesem Zusammenhang ist daran zu erinnern, daß nach § 4 I a 1 AKB die Regeldauer des Kraftfahrtvsvertrages ein Jahr beträgt. Das bedeutet, daß der Vmer sich zunächst für eine Zeit von zwölf Monaten in eine feste Bindung begibt und danach in eine weitere von jeweils zwölf Monaten. Es wäre zu überlegen, diese Anschlußbindung auf ein halbes Jahr zu verringern. Das würde dem Vmer zugutekommen, der sich von einem Ver hat trennen wollen, aber die Frist von drei Monaten vor dem jeweiligen Ablauf verpaßt hat. Die jetzige Regelung kann indessen — unabhängig von solchen Verbesserungsüberlegungen — nicht als eine unangemessene Regelung im Sinne des § 9 AGBG angesehen werden. Das gilt um so mehr, als dem unter dem Annahmezwang des § 5 II PflichtvsG stehenden Ver seinerseits entgegen dem Wortlaut des § 4 I a 2 AKB kein **ordentliches Kündigungsrecht** zusteht, soweit nicht einer der Ausnahmefälle des § 5 IV PflichtvsG gegeben ist (BGH 20.IX.1981 VersR 1982 S. 259–260, anders [als Vorinstanz] OLG Koblenz 28.III.1980 VersR 1981 S. 247–248, ferner Fleischmann – Deiters in Thees – Hagemann[2] S. 136; vgl. auch LG Rottweil 30.XII.1988 ZfS 1989 S. 313 = NJW-RR 1989 S. 536, das eine Kündigung aus dem Beweggrund, daß der Vmer Türke sei, als unwirksam nach Art. 3 III GG bewertet; dieser Begründung hätte es nach BGH 20.XII.1981 a. a. O. nicht bedurft). Der Ausschluß dieses Kündigungsrechts wird zutreffend daraus hergeleitet, daß der Ver gemäß § 5 II PflichtvsG verpflichtet ist, einen erneuten Antrag desselben Vmers anzunehmen, so daß eine ordentliche Kündigung des Vers aus diesem Grund rechtsmißbräuchlich wäre. An § 4 I a 2 AKB könnte deshalb bemängelt werden, daß der Ausschluß dieses ordentlichen Kündigungsrechts des Vers im Umfang des Annahmezwanges in der genannten Bestimmung nicht zum Ausdruck kommt. Daraus kann für den durchschnittlichen Vmer, der die Rechtslage insoweit nicht durchschaut, der Eindruck entstehen, daß eine auf § 4 I a 2 AKB gestützte ordentliche Kündigung des Vers auch wirksam ist, wenn keiner der in § 5 IV PflichtvsG aufgeführten Gründe vorliegt, die den Ver zur

II. 2. Beendigung des endgültigen Vsvertrages **Anm. D 18**

Ablehnung eines Angebots des Vmers berechtigen würden. Eine korrekte Fassung des § 4 I a 2 AKB müßte demgemäß zum Ausdruck bringen, daß dem Ver ein ordentliches Kündigungsrecht in der Kraftfahrthaftpflichtv nur zusteht, wenn die Voraussetzungen des § 5 IV PflichtvsG vorliegen (vgl. dazu Anm. C 7–10). Wollte man § 4 I a 2 AKB dergestalt ergänzen, so wäre aber weiter zu bedenken, daß dem Ver darüber hinaus auch in denjenigen Fällen ein ordentliches Kündigungsrecht eingeräumt werden müßte, in denen er mit dem Vmer einen von den AKB oder sonst vom Geschäftsplan abweichenden Vertrag abgeschlossen hat. Zwar sind solche Abweichungen wirksam, soweit keine Verschlechterungen gegenüber dem Standard des Kraftfahrthaftpflichtvsvertrages gegeben sind (streitig, vgl. Anm. A 14 m. w. N., sowie B 148 und J 15 m. w. N.). Dem Ver darf aber aus dem Gedanken des Annahmezwanges gewiß nicht verwehrt werden, durch eine ordentliche Kündigung den Umfang des Vsschutzes auf die Standardfassung der AKB zurückzuführen.

Ein solches **Kündigungsrecht** wird dem **Ver** auch **zuzubilligen** sein, wenn er mit dem Vmer eine Haftpflichtv abgeschlossen hat, die oberhalb der **gesetzlichen Mindestvssummen** liegt. In der Zubilligung eines solchen Kündigungsrechts ist kein Verstoß gegen § 158 k zu sehen. Nach dieser Bestimmung finden allerdings die Vorschriften über die Pflichtv auch insoweit Anwendung, als eine über die gesetzlichen Mindestanforderungen hinausgehende Deckung gewährt wird. Zu bedenken ist aber, daß es an einer ausdrücklichen Vorschrift darüber fehlt, daß das ordentliche Kündigungsrecht des Vers ausgeschlossen ist. Vielmehr wird das vom BGH 20.IX.1981 a. a. O. zutreffend aus dem Rechtsgedanken abgeleitet, daß eine solche Kündigung deshalb rechtsmißbräuchlich sei, weil der Ver verpflichtet sei, einen erneut gestellten Antrag des Vmers sogleich wieder anzunehmen. Gerade diese Überlegung trifft aber nicht bezüglich eines Antrages zu, der über die gesetzlichen Mindestvssummen hinausgeht. Denn diesen Antrag darf der Ver ablehnen (BGH 23.II.1973 NJW 1973 S. 751–752 = VersR 1973 S. 409–411, 30.IX.1981 VersR 1982 S. 260, 9.VII.1986 VersR 1986 S. 987; vgl. Anm. C 11). Deshalb wäre es verfehlt, auch in solchen Fällen ein ordentliches Kündigungsrecht des Vers zu verneinen.

[D 18] bb) Spezielle Kündigungsregelungen

aaa) Zugang und Form

In § 4 VII AKB heißt es, daß alle Kündigungen innerhalb der Kündigungsfrist zugehen müssen. Das ist eine entbehrliche Bedingungsbestimmung, da dieser Grundsatz für Kündigungserklärungen auf allen Rechtsgebieten gilt. Bedeutsam für die Zugangsproblematik im Sinne des § 130 BGB ist dagegen die vsrechtliche Sonderregelung in § 10, die durch § 4 VII AKB nicht berührt werden sollte. Ein Vmer, der den Ver nicht über einen Anschriftenwechsel unterrichtet, läuft somit Gefahr, über die nach dem Gesetz gestattete fiktive Zugangsbestimmung des § 10 für ihn nachteilige Willenserklärungen des Vers im Rechtssinne zu erhalten. Das kann aber gewiß nicht als unangemessen angesehen werden. Denn die gleiche Situation würde entstehen, wenn der Ver eine öffentliche Zustellung gemäß § 132 II BGB veranlassen würde. Zur Erläuterung des § 10 und der Zugangsproblematik vgl. ergänzend Bruck–Möller Bd I Anm. 3–21 zu § 10. Ferner ist in § 4 VII AKB bestimmt, daß **alle Kündigungen per Einschreiben** ausgesprochen werden sollen. Dagegen bestehen nach § 11 Nr. 16 AGBG Bedenken (Prölss–Martin[25] Anm. 5 D zu § 8, S. 139). Im übrigen ist die Bestimmung ohnedies immer dahin ausgelegt worden, daß es sich um eine Sollvorschrift handelt. Kündigungen durch einfachen Brief sind stets als wirksam angesehen worden (vgl. Prölss–Martin–Knappmann[25] Anm. 5 zu § 4 AKB, S. 1426, Stiefel–Hofmann[15] Anm. 67 zu § 4 AKB, S. 242–243 m. w. N., ferner Bruck–Möller Bd I Anm. 34 zu § 8).

[D 19] bbb) Teilkündigungsproblematik

Die **Kraftfahrtv** ist nach den die Praxis beherrschenden Formularverträgen nicht als **Einheitsv** ausgestaltet. Vielmehr liegen bei einer Kombination der heute noch angebotenen drei Vsarten (Haftpflicht-, Fahrzeug- und Kraftfahrtunfallrisiken) im Regelfall rechtlich selbständige Vsverträge vor (vgl. dazu nur BGH 27.II.1978 NJW 1978 S. 1524—1525 = VersR 1978 S. 436—437, 5.VI.1985 VA 1985 S. 411—413 Nr. 810 = VersR 1985 S. 981—983 m. w. N., ferner Anm. E 32). Ungeachtet der rechtlich einwandfrei zu erkennenden Selbständigkeit dieser äußerlich verbundenen Verträge hat der Vmer nicht zu Unrecht das Gefühl der Zusammengehörigkeit dieser sein Fahrzeug schließlich insgesamt betreffenden Risiken (dafür, daß dieser Gedanke im Vertragsabschlußbereich verstärkt rechtlich zu beachten ist, vgl. Anm. C 17 und D 23). Dem trägt § 4 V AKB in differenzierter Weise Rechnung. Zunächst heißt es in Übereinstimmung mit dem erwähnten Grundsatz der rechtlichen Selbständigkeit der kombinierten Vsarten in § 4 V 1, daß sich eine Kündigung sowohl auf den gesamten Vertrag als auch auf einzelne Vsarten beziehen kann. Was derartige Kündigungen durch den Vmer anbetrifft, so ist anzuerkennen, daß durch diese Regelung berücksichtigt wird, daß ein unterschiedliches Vsbedürfnis hinsichtlich der einzelnen Arten der Kraftfahrtv bestehen kann. So mag ein Vmer z. B. daran interessiert sein, zwar die obligatorische Haftpflichtv beizubehalten, die die Fahrzeug- oder Kraftfahrtunfallv betreffenden Vertragsteile aber aus finanziellen Gründen aufzukündigen. Hingegen wird die Aufkündigung des Haftpflichtvsvertragsteils unter Beibehaltung der Nebensparten durch einen Vmer in der Praxis kaum vorkommen. Das ändert aber nichts daran, daß die Bedingungsbestimmung dem Vmer auch ein derartiges atypisches Verhalten ermöglicht.

Für den Fall, daß der Vsvertrag mehrere Fahrzeuge umfaßt, bestimmt § 4 V 1 AKB weiter, daß die Kündigung sich sowohl auf alle wie auch auf einzelne Fahrzeuge beziehen kann. Derartige Verträge sind im privaten Bereich nicht üblich. Sie sind aber gelegentlich bei der V der „Fahrzeugflotten" größerer Unternehmen anzutreffen. Dabei kann sich z. B. für die Vertragsparteien eine Verwaltungsvereinfachung dadurch ergeben, daß in einem Rahmenvertrag der materielle Vsschutz für alle Fahrzeuge des betreffenden Unternehmens ab Zulassung oder schon vorher ohne Vorauszahlung des Vmers einheitlich festgelegt wird. Damit entfällt die Notwendigkeit, Einzelanträge und Einzelvsscheine auszustellen. Häufig wird vom Ver einem solchen Vmer darüber hinaus Vertrauen dergestalt geschenkt, daß ihm **Blankovsbestätigungskarten** überlassen werden, von denen er nach Maßgabe des Rahmenvertrages ohne vorherige Benachrichtigung des Vers Gebrauch machen darf. Zum Teil wird dabei auf eine spezielle Anzeige mit Rücksicht darauf verzichtet, daß der Ver von der Zulassungsstelle durch Zusendung des für ihn bestimmten Teils der Vsbestätigungskarte Kenntnis erhält.

Zu beanstanden an der Fassung des § 4 V 1 AKB ist, daß — ebenso wie in § 4 I a AKB — nicht zum Ausdruck gebracht wird, daß dem Ver in der Kraftfahrzeughaftpflichtv in denjenigen Fällen ein **ordentliches Kündigungsrecht** nicht zusteht, in denen er gemäß § 5 II PflichtvsG verpflichtet wäre, einen erneuten Antrag dieses Vmers anzunehmen (BGH 20.IX.1981 VersR 1982 S. 259—260). Im übrigen wird der Vmer aber theoretisch gut geschützt durch die Regelung in § 4 V 2 AKB, daß er bei fehlendem Einverständnis mit einer Teilkündigung des Vers durch eine Erklärung des Nichteinverständnisses gegenüber dem Ver die Erstreckung der Kündigung auf den Gesamtvertrag erreichen kann. Diese Erklärung muß dem Ver binnen zwei Wochen nach Zugang der Teilkündigung übermittelt werden. Der Nachteil an dieser Regelung ist nur der, daß sie dem Vmer zumeist nicht bekannt sein wird. Es

II. 2. Beendigung des endgültigen Vsvertrages   Anm. D 21

wäre daher gut, wenn dem Ver in der Bedingungsbestimmung eine entsprechende Belehrungspflicht bei Ausspruch einer solchen Teilkündigung auferlegt werden würde. Die dem Vmer durch Nichtwahrung der Frist von 14 Tagen zur Gegenerklärung gegenüber der Teilkündigung des Vers entstehenden Rechtsnachteile sind aber nicht so schwerwiegend, daß es verantwortet werden könnte, eine solche Belehrungspflicht des Vers schon nach dem jetzigen Vertragszustand im Wege der ergänzenden Rechtsfortbildung zu schaffen. Etwas anderes kann sich nur in Einzelfällen ergeben, in denen der Ver durch eine Nachricht des Vmers Kenntnis davon erlangt, daß dieser mit einer solchen Teilkündigung nicht einverstanden ist, aber irrig annimmt, dagegen nichts machen zu können. Gedacht sei z. B. an den Fall, daß der Vmer auf die Teilkündigung postwendend schreibt, daß er deren Ausspruch bedauere, es lieber gesehen hätte, wenn der Kraftfahrtvsvertrag im ganzen gekündigt worden wäre, es ihm aber klar sei, daß er es nicht in der Hand habe, eine derartige Erstreckung zu erzwingen.

§ 4 V AKB bezieht sich auf die ordentliche Kündigung sowie auf die in § 4 II – IV AKB abgehandelte Schadenkündigung, ferner nach § 6 II 4 AKB auch auf Kündigungen aus Anlaß der Veräußerung eines Fahrzeugs. Hingegen kann der Vmer die Erstreckung der Kündigung auf den Gesamtvertrag nach § 4 V 2 AKB in den in § 4 AKB nicht geregelten Fällen einer außerordentlichen Kündigung nicht verlangen (ebenso Pienitz – Flöter[4] Anm. VII zu § 4 AKB, S. 12, Prölss – Martin – Knappmann[25] Anm. 4 zu § 4 AKB, S. 1426, Stiefel – Hofmann[15] Anm. 59 zu § 4 AKB, S. 240, KG 7.VII.1928 VA 1929 S. 51 – 53 Nr. 1961 = JRPV 1928 S. 276 [bei etwas abweichender Bedingungsfassung]).

[D 20] d) Sonstige Beendigungsgründe

   aa) Verhältnis zum Annahmezwang

Der in § 5 II PflichtvsG verankerte Annahmezwang schließt nur das Recht des Vers aus, sich im Wege einer ordentlichen Kündigung von einem Kraftfahrzeughaftpflichtvsrisiko zu lösen (vgl. dazu BGH 20.IX.1981 VersR 1982 S. 259 – 260 und Anm. D 17). Die ansonsten im BGB und im VVG vorgesehenen Möglichkeiten zur außerordentlichen Lösung von rechtswirksam abgeschlossenen Verträgen bleiben dagegen unberührt. Hier gelten die überkommenen Grundsätze des bürgerlichen Rechts und die speziellen Regelungen des Vsvertragsrechts. Insoweit ist eine ins einzelne gehende eigenständige Darstellung der betreffenden Rechtsinstitute nicht vonnöten. Vielmehr erscheint es als sachgerecht, auf die Standardliteratur zum bürgerlichen Recht und in bezug auf die vsrechtlichen Eigenarten auf die grundlegende Darstellung durch Möller in Bd I zu verweisen. Das gilt insbesondere auch für das außerordentliche Kündigungsrecht des Vers gemäß § 39 III wegen Verzuges des Vmers mit der Zahlung der Folgeprämie (vgl. dazu auch Bruck – Möller – Winter Lebensv Anm. E 186 – 192 m. w. N.). Nachstehend wird daher im Prinzip nur auf spezifische Eigenarten der Kraftfahrzeughaftpflichtv eingegangen.

[D 21] bb) Anfechtung gemäß § 123 BGB

Zu den außerordentlichen anfänglichen Lösungsmöglichkeiten gehört insbesondere das Recht zur Anfechtung des Vsvertrags wegen einer Drohung oder einer arglistigen Täuschung im Sinne des § 123 BGB. Eine solche Anfechtung wird in anderem Zusammenhang in § 5 IV Ziff. 3 PflichtvsG ausdrücklich erwähnt. Der Ver darf nämlich nach dieser Bestimmung – abweichend von § 5 II PflichtvsG – einen Vertrag ablehnen, wenn der Antragsteller bereits bei dem Ver vert gewesen war und letzterer den Vsvertrag wegen Drohung oder arglistiger Täuschung angefochten hatte (vgl. dazu Anm. C 10). Der Annahmezwang und die zu seiner Sicherstellung zu beachtenden Grundsätze wirken sich aber auch auf die Bewertung des Verhaltens des Vmers während der vorvertraglichen Verhandlungen aus. Macht der Vmer bewußt falsche Angaben in bezug auf risikoerhebliche Umstände, so kann darin nicht selten ein arglistiges Handeln gesehen werden. Im Bereich der Kraftfahrzeughaftpflichtv ist dagegen zusätzlich zu prüfen, ob der Ver die Fragen, die vom Vmer falsch beantwortet sind, mit Rücksicht auf den Annahmezwang überhaupt stellen durfte. Stehen die vom Ver gestellten Fragen nämlich nicht im Einklang mit seiner gesetzlichen Annahmepflicht in bezug auf Haftpflichtrisiken aus dem Kraftfahrtbereich, so liegt die Annahme nahe, daß eine falsche Beantwortung unzulässig gestellter Fragen dem Ver kein Recht zur Anfechtung eines dergestalt zustandegekommenen Vsvertrages gibt (vgl. auch Anm. F 3). Als Beispiel sei der Fall gedacht, daß nach der Staatsangehörigkeit des Antragstellers gefragt wird, um für den Fall, daß es sich um einen Ausländer aus einer dem Ver unerwünscht erscheinenden Risikogruppe handelt, durch verzögertes Handeln den Konsequenzen des Annahmezwangs zu entgehen. Ein solches Handeln des Vers ist gesetzwidrig (dafür, daß der Ver auch keinen Anspruch darauf hat, seinen Tarif derart nach dem Merkmal z. B. der türkischen, jugoslawischen oder griechischen Staatsangehörigkeit aufzugliedern, siehe BVerwG 17.V.1988 NJW 1988 S. 2191–2994 = VersR 1988 S. 817–820; vgl. ergänzend zur richterlichen Bewertung der Versuche eines Vers, den Annahmezwang in den sog. „schweren Risiken" zu unterlaufen, Anm. C 20–25). Gibt der Vmer daher in dieser Situation eine unrichtige Antwort nach seiner Staatsangehörigkeit, so ist eine solche bewußt falsch gegebene Auskunft im Rechtssinne ohne Folgen. Dem Ver steht insbesondere nicht das Recht zu, den Vertrag wegen arglistiger Täuschung anzufechten. Der entgegengesetzte Standpunkt wäre mit dem Sinn des Annahmezwangs nicht zu vereinbaren. Der „Notlüge" des Vmers darf daher keine andere Bedeutung beigemessen werden als seine Weigerung, eine unzulässige Frage überhaupt zu beantworten. Eine gewisse Parallele gibt die Rechtsprechung zu der Frage, ob der Arbeitgeber berechtigt ist, eine Frau bei Einstellungsgesprächen danach zu befragen, ob sie schwanger sei. Mit Rücksicht auf das Verbot der Geschlechtsdiskriminierung wird eine solche Frage grundsätzlich als unzulässig angesehen (vgl. dazu BAG 15.XI.1992 NJW 1993 S. 1154–1156 m. w. N.).

Dagegen gelten die gewöhnlichen Grundsätze für die Ermittlung eines arglistigen Verhaltens des Vmers, wenn der Ver nach dem Sinn und Zweck der Kraftfahrzeughaftpflichtv zulässige Fragen gestellt hat, die vom Vmer vorsätzlich unrichtig beantwortet worden sind. Als Beispielsfall sei auf OLG Köln 17.III.1970 VersR 1970 S. 733–736 verwiesen. In jenem Fall war die Frage nach dem Bestehen einer Vorv falsch beantwortet worden. Das Gericht stellte aber fest, daß der Vmer den Vsvertreter zutreffend unterrichtet hatte und es lediglich nicht bemerkt hatte, daß dieser den Antrag falsch ausgefüllt hatte; demgemäß wurde das Vorliegen einer arglistigen Täuschung verneint (zur Zurechnung der Kenntnis eines Vermittlungsagenten vgl. im übrigen aus der neueren Rechtsprechung vor allem BGH 11.XI.1987 BGHZ Bd 102 S. 194–199, 25.I.1989 VA 1989 S. 168–169 Nr. 862 = VersR 1989 S. 398–399, 23.V.1989 VersR 1989 S. 833–834, 18.XII.1991 VersR 1992 S. 217–218; vgl. dazu Büsken VersR 1992 S. 272–278, Glauber VersR 1992 S. 937–940 m. w. N.; ferner Bruck–Möller–Wriede Krankenv Anm. F 24 m. w. N.). Wenn heute ein derartiger Fall zu entscheiden wäre, müßte das Gericht im übrigen bedenken, daß von den Vern in Nr. 20 II 2 TB–KH für falsche Auskünfte über das Bestehen einer Vorv auf die Rechte aus §§ 16–22 verzichtet worden ist, also nicht nur auf den wegen der Verletzung der vorvertraglichen Anzeigelast möglichen Rücktritt (vgl. dazu Anm. D 22 und F 3), sondern auch auf die Anfechtung wegen arglistiger Täuschung. Das gleiche gilt nach Nr. 20 II 3 TB–KH für

II. 2. Beendigung des endgültigen Vsvertrages **Anm. D 22**

unrichtige Angaben in bezug auf Schadenfreiheit für Zweitwagen (Nr. 16 VII TB−KH), bei einem Fahrzeugwechsel (Nr. 26 TB−KH) und bezüglich der Anrechnung der Schadenfreiheit aus Verträgen Dritter (Nr. 28 TB−KH).

Bejaht wurde dagegen das Vorliegen einer arglistigen Täuschung im Fall OLG Hamm 24.VI.1981 VersR 1982 S. 85−86. Dort ging es um einen Vsantrag, der gegenüber einem Ver abgegeben worden ist, der nach § 5 IV Ziff. 1 PflichtvsG diesen Antrag ablehnen durfte, da er nach seinem Geschäftsplan nur Angehörige des öffentlichen Dienstes vern durfte. Der aus der Bundeswehr ausgeschiedene Vmer hatte in Kenntnis dieser Zusammenhänge der Wahrheit zuwider angegeben, daß er als Stabsunteroffizier tätig sei. Die erbetene Bestätigung der Bundeswehrdienststelle legte der Vmer nicht vor. Eine Mahnung durch den Ver erfolgte nicht. Die unrichtigen Angaben wurden erst aus Anlaß eines Schadenfalls entdeckt. Das Gericht entschied dahin, daß das fahrlässige Verhalten des Vers, daß er nämlich nicht auf Vorlage der Dienststellenbescheinigung bestanden habe, das Recht zur Anfechtung wegen arglistiger Täuschung nicht berühre.

Das Vorliegen einer arglistigen Täuschung ist ferner im Fall BGH 25.II.1970 VersR 1970 S. 412−413 untersucht und verneint worden. Dort war ein Moped vert worden, das aufgrund von technischen Veränderungen mit 78 km/h anstelle der nach der Bauart zulässigen Höchstgeschwindigkeit von 40 km/h gefahren werden konnte. Nach dieser Höchstgeschwindigkeit war vom Ver bei Vertragsabschluß nicht gefragt worden. Den Ausführungen des BGH ist aber zu entnehmen, daß eine arglistige Täuschung dann bejaht worden wäre, wenn der Ver z. B. hätte beweisen können, daß der Vmer vor Abschluß einen derartigen Umbau des Kraftfahrzeugs selbst vorgenommen gehabt hätte, ohne den Ver davon bei Antragstellung zu unterrichten (dafür, daß das Führen eines solchen frisierten Fahrzeugs unter dem Gesichtspunkt der Gefahrerhöhung zum Verlust des Vsschutzes führen kann, vgl. BGH 25.II.1970 a. a. O. und Anm. F 61).

In den gängigen Antragsformularen ist die Frage danach, ob der Vmer eine Fahrerlaubnis hat oder nicht, nicht mehr vorgesehen. Durch die bei Eingreifen der Führerscheinklausel gemäß § 2 IIc AKB sich ergebende Leistungsfreiheit ist der Ver im Regelfall hinreichend geschützt (vgl. dazu Anm. F 31 − 51). LG Freiburg 2.XII.1980 VersR 1981 S. 1047−1049 hat das Verhalten eines Vmers als betrügerisch angesehen, der bei Abschluß eines Vsvertrages verschwiegen hatte, daß der Vsschutz für einen Freund gedacht war, der keinen Führerschein hatte und das Kraftfahrzeug dennoch im öffentlichen Verkehr gebrauchen wollte. In einem solchen Sonderfall wäre auch eine Anfechtung wegen arglistiger Täuschung erfolgreich gewesen. Der Konstruktion eines deliktischen Schadenersatzanspruchs (§ 823 II BGB i. V. m. § 263 StGB) bedurfte es deshalb, weil der Vmer nicht Halter war, so daß ein Forderungsübergang gemäß § 3 Ziff. 9 S. 2 PflichtvsG mangels Ersatzanspruchs des Dritten gegen den Vmer nicht erfolgen konnte (gegen einen solchen deliktischen Ersatzanspruch des Vers in einem Ausnahmefall wie dem vorliegenden spricht nicht, daß in Anm. B 65 das Eingreifen der Rechtsinstitute der ungerechtfertigten Bereicherung und der Geschäftsführung ohne Auftrag neben der Regreßregelung nach § 3 Ziff. 9 S. 2 PflichtvsG verneint worden ist).

Ein Fall, in dem die Drohungsalternative des § 123 BGB zur Entscheidung angestanden hätte, ist für den Bereich der Kraftfahrzeughaftpflichtv nicht bekannt geworden. Ebenso verhält es sich bezüglich einer Irrtumsanfechtung im Sinne des § 119 BGB.

[D 22] cc) Rücktritt wegen Verletzung der vorvertraglichen Anzeigelast

Dem Rücktritt wegen Verletzung der vorvertraglichen Anzeigelast kommt in der Kraftfahrzeughaftpflichtv angesichts des sich aus dem Annahmezwang ergebenden eingeschränkten Fragerechts des Vers (vgl. dazu Anm. C 10, D 21 und F 3) nur geringe Bedeutung zu. Das gilt um so mehr, als darüber hinaus in Nr. 20 II TB—KH teilweise die Nichtanwendung der Rechte des Vers aus §§ 16—22 zugesagt worden ist. Diese vertraglich eingegangene Selbstbindung des Vers bezieht sich auf das Verschweigen eines schadenbelasteten früheren Vsvertrages (dafür, daß die in diesem Zusammenhang vorgesehene Verdoppelung des Beitrags auf rechtliche Bedenken stößt, der Verzicht des Vers auf die Rechte aus §§ 16—22 aber gleichwohl rechtswirksam ist, vgl. Anm. E 7 und F 3). Entsprechendes gilt nach Nr. 20 II 3 TB—KH für unrichtige Angaben in den Fällen von Nr. 16 VII (Schadenfreiheit für Zweitwagen), Nr. 26 (Fahrzeugwechsel) und Nr. 28 TB—KH (Anrechnung der Schadenfreiheit in Verträgen Dritter). Eine gesonderte Darstellung der für die verbleibenden Rücktrittsmöglichkeiten gemäß § 20 allgemein zu beachtenden Grundsätze erscheint demgemäß als entbehrlich (vgl. zu diesen Grundsätzen Bruck—Möller Bd I Anm. 9—20 zu § 20).

[D 23] dd) Außerordentliche Kündigung

  aaa) Kündigung eines aufgrund der Annahmefiktion zustandegekommenen Vertrages, der nur einen Teil des gestellten Antrags betrifft

Schrifttum:

  Taube VersR 1959 S. 677—683

Die Eigenart des Annahmzwanges in der Kraftfarthaftpflichtv kann es mit sich bringen, daß gemäß der **Fiktionswirkung** des § 5 III PflichtvsG eine nur **teilweise Annahme** eines Vsantrags des Vmers erfolgt. Lehnt nämlich der Ver einen Antrag des Vmers, der über die gesetzlichen Mindestvssummen hinausgeht, nicht innerhalb der Zweiwochenfrist des § 5 III PflichtvsG ab, so kommt es zu einem derart fingierten Vertragsabschluß auf der Basis der gesetzlichen Mindesterfordernisse (vgl. dazu nur BGH 23.II.1973 NJW 1973 S. 751—752 = VersR 1973 S. 409—411, 30.IV.1981 VersR 1982 S. 260, 9.VII.1986 VersR 1986 S. 987 = VRS Bd 71 S. 413—416 Nr. 167 und Anm. C 17 m. w. N.). Entsprechendes gilt, wenn der Vmer sich zwar in seinem Abschlußantrag bezüglich der Haftpflichtv an den gesetzlichen Mindestvsrahmen gehalten hat, aber zugleich den Abschluß einer Fahrzeug- oder Kraftfahrtunfallv begehrt hat; denn die Fiktion des § 5 III PflichtvsG erstreckt sich nicht auf diese Vsarten (BGH 23.II.1973 a. a. O.). Die Frage, ob dem Vmer in diesen Fällen der Teilfiktionswirkung ein Lösungsrecht bezüglich dieser von ihm nicht begehrten Teilannahme zusteht, ist im PflichtvsG nicht geregelt. Sie ist daher nach allgemeinen bürgerlichrechtlichen Grundsätzen zu beurteilen. Dabei ist zu bedenken, daß der Ver den Vmer nach bürgerlichrechtlichen Prinzipien nicht an einen Teil eines Vertragsangebots binden kann. Würde der Ver nicht untätig geblieben sein, sondern in der Weise gehandelt haben, daß er das Gesamtangebot des Vmers teilweise ablehnt und teilweise annimmt, so stellt das nach § 150 II BGB einen neuen Antrag dar. Gegenüber diesem Ausgangspunkt der allgemeinen Vertragsabschlußlehre bezweckt § 5 III PflichtvsG den Schutz des Vmers. Hingegen ist nicht beabsichtigt, den Ver zu bevorteilen. Daraus folgt, daß dem Vmer ein Lösungsrecht außerordentlicher Art zuzubilligen ist, wenn der Ver nicht innerhalb der Antragsbindungsfrist von regelmäßig vier Wochen (vgl. dazu Anm. C 18) den Gesamtantrag des Vmers annimmt. Denn es ist von dem Regelfall auszugehen, daß dem Vmer eine Teilannahme nicht behagt, solange er die Möglichkeit hat, das Risiko insgesamt bei einem Ver decken zu lassen. Aber auch dann, wenn eine solche Möglichkeit ausnahmsweise nach den Marktverhältnissen nicht gegeben ist, muß ein solches Lösungsrecht dem Vmer aus rechtsdogmatischen Gründen zugebilligt werden. Taube VersR 1959

II. 2. Beendigung des endgültigen Vsvertrages   Anm. D 24

S. 682—683 will dem Vmer in diesen Fällen ein Rücktrittsrecht zubilligen, während BGH 23.II.1973 a. a. O. offenläßt, ob dieser Weg oder der über eine außerordentliche Kündigung geboten ist. Da es sich bei der außerordentlichen Kündigung um die für Dauerschuldverhältnisse typische Lösungsmöglichkeit handelt, liegt es nahe, die zu diesem Rechtsinstitut entwickelten Grundsätze anzuwenden. Vor allem hat dieser Weg den Vorteil, daß sich konstruktiv keine Schwierigkeiten bezüglich eines etwa in der Zeit des materiellen Vsschutzes eingetretenen Vsfalls ergeben. Eine Lösungsmöglichkeit ließe sich konstruktiv sicher auch in der Weise denken, daß dem Vmer für die hier erörterten Fälle ein außerordentliches Rücktrittsrecht zugebilligt wird. Dem Sinn des Annahmezwangs würde es aber widersprechen, wenn dem Vmer durch die Ausübung eines solchen Rücktrittsrechts der materielle Vsschutz für die Zeit bis zum Zugang der Rücktrittserklärung verlorengeht. Das würde insbesondere nicht in Einklang stehen mit der Tendenz der Pflichtvsgesetzgebung nach einem möglichst lückenlosen Vsschutz. Der konstruktive Weg über ein außerordentliches Rücktrittsrecht wäre daher nur mit der Maßgabe vertretbar, daß abweichend von § 346 BGB — in entsprechender Anwendung des in § 21 für den Fall des Rücktritts des Vers bei einer Verletzung der vorvertraglichen Anzeigelast zum Ausdruck kommenden Rechtsgedankens — die Eintrittspflicht des Vers für bereits eingetretene Vsfälle bestehen bleibt. Ist die Interessenlage aber derart gestaltet, so empfiehlt es sich, die dogmatisch klare Lösung über ein außerordentliches Kündigungsrecht zu wählen. Bei dem Gesagten ist im übrigen zu bedenken, daß regelmäßig ein materieller Vsschutz nur gegeben sein wird, wenn eine vorläufige Deckungszusage (z. B. durch Aushändigung einer Vsbestätigung gemäß § 29 a StVZO) gegeben worden ist. Immerhin sind Ausnahmen denkbar, wenn nämlich der Vmer z. B. nach formellem Vertragsabschluß (aufgrund der Fiktionswirkung des § 5 III PflichtvsG) trotz Nichtvorliegens einer Vsbestätigungskarte unaufgefordert die Tarifprämie bezahlt. Denn dann beginnt nach der Regelung des § 38 regelmäßig der Vsschutz. Der Vmer muß dann notfalls im Wege der einstweiligen Verfügung die Aushändigung einer Vsbestätigung erzwingen (dazu Anm. C 22).

Unklarheiten können sich zu der Frage ergeben, innerhalb welcher Frist der Vmer dieses außerordentliche Kündigungsrecht ausüben kann. An einer gesetzlichen Regelung fehlt es. Es wäre aber erwägenswert, § 5 II entsprechend anzuwenden. Eine solche Lösung hätte den Vorteil, daß mit einer klar abgegrenzten Frist gearbeitet werden könnte. Danach ist das außerordentliche Kündigungsrecht dann als verwirkt anzusehen, wenn der Ver dem Vmer im Anschluß an die fiktive Annahme des auf die Haftpflichtv bezogenen Teils des Antrages einen darauf bezogenen Vsschein unter Hinweis auf die Abweichung vom Antragsinhalt übermittelt hat und der Vmer, ohne dem Abänderungsbegehren innerhalb einer Frist von einem Monat zu widersprechen, die Vsprämie zahlt. Mit einer solchen Monatsfrist hätte der Vmer regelmäßig genügend Zeit zum Überlegen, ob er es bei dem nur einen Teil seines Antrages erfassenden Vsvertrag belassen will oder nicht. Im übrigen ist dieser Hinweis auf die im Ansatzpunkt ähnliche Interessenlage in der Situation des § 5 II nur als ein Anhaltspunkt für einen Verwirkungstatbestand bezüglich des außerordentlichen Kündigungsrechts anzusehen. Letztlich ist auf die Gesamtumstände des Einzelfalls abzustellen.

Übt der Vmer sein außerordentliches Kündigungsrecht bei einem derart fiktiv zustandegekommenen Vsvertrag aus, so gebührt dem Ver die Vsprämie anteilig nur für die Zeit, in der er dem Vmer gegenüber materiellen Vsschutz gewährt hat.

[D 24] bbb) Kündigung wegen Gefahrerhöhung

Nach § 24 kann der Ver im Fall einer Gefahrerhöhung mit sofortiger Wirkung binnen Monatsfrist ab Kenntnis kündigen (unter Umständen auch nach § 27, was indessen in der Praxis des Kraftfahrhaftpflichtvsrechts kaum einmal vorkommt, vgl. dazu Anm. F 75). Erfährt der Ver, wie das in der Kfz-Haftpflichtv der Regelfall sein dürfte, erst **nach Eintritt des Vsfalls**, daß eine solche Gefahrerhöhung gegeben ist, so ist seine **Leistungsfreiheit** — anders als bei der Verletzung von Obliegenheiten im Sinne des § 6 I (dazu Anm. F 24 m. w. N.) — nicht von dem Ausspruch einer solchen **Kündigung abhängig** (vgl. Anm. F 66 m. w. N.). Das mag der Grund dafür sein, daß die Kündigung wegen einer solchen Gefahrerhöhung in der Praxis der Kraftfahrzeughaftpflichtv keine große Rolle spielt. Bemerkenswert ist im übrigen, daß zwar eine Schadenkündigung den Ver zur Ablehnung eines Antrages des Vmers auf Abschluß eines neuen Vsvertrages über eine Kraftfahrzeughaftpflichtv nach § 5 IV Ziff. 3 c PflichtvsG berechtigt, daß das aber im Gesetz für eine Kündigung gemäß § 24 nicht vorgesehen ist (vgl. dazu Anm. C 7).

Zu den Rechtsfolgen einer Kündigung mit sofortiger Wirkung vgl. Möller in Bruck – Möller Bd I Anm. 1 – 15 zu § 24 m. w. N.

[D 25] ccc) Kündigung wegen Prämienerhöhung

In dem zum 1.I.1991 in kraft getretenen § 31 (Gesetz zur Änderung vsrechtlicher Vorschriften v. 17.XII.1990, BGBl. 1990 I S. 2864 – 2866) ist für Prämienerhöhungen aufgrund einer Prämienanpassungsklausel ein Kündigungsrecht des Vmers verankert. Dieses kommt zum Tragen, wenn sich der Umfang der V mit der Prämienerhöhung nicht ändert und das Entgelt pro Jahr um mehr als 5% des zuletzt gezahlten Beitrages oder um mehr als 25% des Erstbeitrags steigt. Unter einer Änderung des Umfangs der V ist dabei eine Verbesserung des Vsschutzes zu verstehen. Die Kündigung kann der Vmer bis und zum Zeitpunkt des Inkrafttretens der Beitragserhöhung aussprechen. Es handelt sich der Sache nach um ein **außerordentliches Kündigungsrecht**.

Diese gemäß § 34 a zugunsten des Vmers zwingende Regelung ist gemäß VA 1992 S. 9 – 10 in § 9 a II AKB eingearbeitet worden. Dort ist verankert, daß der Vmer **binnen zwei Wochen** nach Zugang der Erhöhungsmitteilung mit sofortiger Wirkung, frühestens jedoch zum Zeitpunkt des Wirksamwerdens der Beitragserhöhung kündigen könne. Eine solche **Frist von zwei Wochen ist in § 31 nicht vorgesehen**. Demgemäß bestehen gegen die Wirksamkeit dieses Teils der Bedingungsbestimmung rechtliche Bedenken. Es ist nicht einzusehen, warum der Vmer nicht nach reiflicher Überlegung in Monatsfrist sollte kündigen dürfen. Daß in § 9 a II 1 AKB die Kündigung des Vmers in **eingeschriebener Form** verlangt wird, wie der Hinweis auf § 4 III AKB ergibt, ist dagegen im **Ergebnis unschädlich**. Zwar sieht das § 31 nicht vor. Es ist § 4 VII AKB aber ohnedies nur als Versuch einer Beweiserleichterungsregelung aufzufassen, so daß entgegen dieser Bestimmung nicht per Einschreiben ausgesprochene Kündigungen rechtswirksam sind (dazu Anm. D 18 m. w. N.).

In § 9 a II 3 AKB heißt es, daß bei der Berechnung des Vomhundertsatzes der Beitragserhöhung **Änderungen der Einstufung in Schaden- bzw. Schadenfreiheitsklassen** berücksichtigt werden. Das verstößt nicht gegen § 31. Denn es wird darauf abgestellt, welche effektive Mehrbelastung für den Vmer im Verhältnis zur vorangegangenen Vsperiode eintritt. Das Gesagte gilt um so mehr, als nach dem Bedingungswortlaut dem Vmer umgekehrt ein Kündigungsrecht zusteht, wenn eine Erhöhung deshalb über 5% liegt, weil er gleichzeitig in eine ungünstigere Tarifklasse eingeordnet wird. Entsprechendes gilt für die Berechnung der Erhöhung um mehr als 25% des Erstbeitrages.

§ 31 regelt nicht den Fall, daß eine Prämienerhöhungserklärung dem Vmer unmittelbar vor dem Neubeginn der Vsperiode zugeht, so daß es ihm nicht möglich

II. 2. Beendigung des endgültigen Vsvertrages   Anm. D 28

ist, den Kündigungstermin bis zum Zeitpunkt des Inkrafttretens der Erhöhung einzuhalten. In diesen Fällen ist die gesetzliche Vorschrift dahin zu ergänzen, daß der Ver nach Treu und Glauben eine außerordentliche Kündigung nach dem Wirksamwerden der Erhöhung akzeptieren muß. Er darf dann gemäß § 9 II a 4 AKB für die Zeit bis zum Wirksamwerden dieser Kündigung mit sofortiger Wirkung eine anteilige höhere Erstprämie (pro rata temporis) berechnen. Des weiteren ist gegen eine klarstellende Ergänzung des § 31 durch § 9 II a 3 AKB, daß sich die Kündigung des Vmers auf den Kraftfahrtvsvertrag oder nur auf die Kraftfahrzeughaftpflichtv beziehen könne, gewiß nichts einzuwenden.

[D 26] ddd) Kündigung wegen Verletzung einer vor Eintritt des Versicherungsfalls zu erfüllenden Obliegenheit

Nach § 6 I 2 kann der Ver den Vsvertrag innerhalb eines Monats, nachdem er von der Verletzung einer vor Eintritt des Vsfalles zu erfüllenden Obliegenheit Kenntnis erlangt hat, ohne Einhaltung einer Kündigungsfrist kündigen, es sei denn, daß die Verletzung als eine unverschuldete anzusehen ist. Kündigt der Ver nicht innerhalb eines Monats, so kann er sich nach § 6 I 3 nicht auf die vereinbarte Leistungsfreiheit berufen. Das gilt nach der ständigen Rechtsprechung des BGH auch dann, wenn der Ver von der Obliegenheitsverletzung erst nach Eintritt des Vsfalls erfahren hat. Vgl. dazu die umfangreichen Nachweise in Anm. F 24 (auch zu den Ausnahmen von dieser Kündigungslast).

Betrifft eine solche Obliegenheitsverletzung einen kombinierten Kraftfahrtvsvertrag, so kann der Ver den Gesamtvertrag fristlos kündigen (vorausgesetzt, daß die Obliegenheitsverletzung sämtliche rechtlich selbständigen Vsarten betrifft, was regelmäßig der Fall sein dürfte). Er kann nach seinem Ermessen aber auch in Übereinstimmung mit der formalrechtlich selbständigen Ausgestaltung der Einzelvsverträge nur einen Teil der kombinierten Vsverträge aufkündigen (z. B. nur die das Haftpflicht- oder das Fahrzeugrisiko betreffenden Verträge). Mit Rücksicht darauf, daß diese Verträge rechtlich selbständig ausgestaltet sind, ist ein derartiges Verhalten des Vers nicht als ein Verstoß gegen das für die Leistungsfreiheit vorgeschriebene Kündigungserfordernis anzusehen (dafür, daß der Vmer in solchen Fällen nicht gemäß § 4 V 2 AKB die Kündigungswirkung auf die nicht von der Kündigung des Vers erfaßten Verträge erstrecken kann, vgl. Anm. D 19). Hat der Ver aber in atypischer Weise eine Vielzahl von Kraftfahrzeugrisiken in einem Vsvertrag zusammengefaßt und dabei die rechtliche Selbständigkeit der Einzelrisiken nicht gewahrt, so gilt das Gesagte nicht. Vielmehr müßte der Ver bei einer solchen ungewöhnlichen Vertragsgestaltung zur Erzielung der Leistungsfreiheit gemäß § 6 I 2 dann den Gesamtvertrag aufkündigen.

[D 27] eee) Schadenkündigungsrecht

α) **Schrifttum:**

Vgl. die Nachweise in Bd IV Anm. D 14

[D 28] β) Grundsätzliches

Nach § 158 steht beiden Parteien eines Haftpflichtvsvertrages nach dem Eintritt eines Vsfalles ein außerordentliches Kündigungsrecht zu. Diese gesetzliche Regelung wird in § 4 II – IV AKB wiederholt und auf die Fahrzeug- und Kraftfahrtunfallv erstreckt. Gesetzlich ist eine solche Regelung auch für die Feuer- und die Hagelv vorgesehen (vgl. §§ 96 und 113). Der Grund für dieses außerordentliche

Kündigungsrecht ist der, daß sich erst im Ernstfall der Wert einer V erweist. Hier können sich aus der Sicht beider Partner des Vsvertrages Enttäuschungen über das Verhalten des anderen Kontrahenten ergeben. Der Vmer erfährt im Schadenfall, ob er den Vsschutz in der erhofften guten Qualität erhalten hat oder nicht. Bei einer so stark vereinheitlichten Vsart wie der Kraftfahrzeughaftpflichtv kommt es dabei allerdings zumeist nicht auf den vertraglichen Umfang des materiellen Vsschutzes an. Vielmehr geht es in der Masse der Fälle, in denen auf der Seite des Vmers ein Unbehagen über das Tun des Vers entsteht, um die Art und Weise, in der der Ver seinen vertraglichen Verpflichtungen nachkommt. Den meisten Vmern ist an einer schnellen Regulierung der gegnerischen Haftpflichtansprüche gelegen, wenn sie sich für einen Schaden verantwortlich fühlen. In solchen Fällen erhofft sich der Vmer oft auch ein großzügiges Verhalten des Vers. Das gilt insbesondere dann, wenn der Vmer den Tod oder eine Körperverletzung eines Dritten verschuldet hat. Entspricht das Regulierungsverhalten des Vers nicht diesen Vorstellungen, so kann das den Wunsch des Vmers nach einer Beendigung der Vertragsbeziehungen auslösen. Dieser Wunsch kann aber auch daraus entstehen, daß der Ver nach Auffassung des Vmers die Ansprüche des Dritten zu günstig beurteilt und z. B. entgegen den Vorstellungen des Vmers dessen Allein- oder Mitschuld an einem Schadenfall unumwunden einräumt. Man kann in diesem Zusammenhang immer wieder feststellen, daß einer erklecklichen Anzahl von Mitbürgern die Fähigkeit abgeht, eigenes Unrecht zuzugeben.

In gleichem Maße kann sich ein Ver eine Trennung von einem Vmer wünschen, dessen leichtfertige Fahrweise er aus Anlaß eines schweren Schadenfalles kennengelernt hat. Das ist verständlich, wenngleich zu bedenken ist, daß der Ver kein Ablehnungsrecht wegen eines ihm aus anderem Anlaß bekanntgewordenen leichtfertigen Lebenswandels des Vmers im Rahmen des Annahmezwanges in der Kraftfahrzeughaftpflichtv hat. Es ist deshalb zu überlegen, dem Ver in der Kraftfahrzeughaftpflichtv gesetzlich ein solches Schadenkündigungsrecht zu nehmen und aus diesem Anlaß § 5 IV Ziff. 3c PflichtvsG entsprechend abzuändern (vgl. dazu auch Anm. C 10). Ein dringendes Reformbedürfnis ist allerdings nicht ersichtlich. Das hängt damit zusammen, daß in der Vspraxis nach den bisherigen Erfahrungen von den Vern nur in recht geringem Umfang vom Schadenkündigungsrecht Gebrauch gemacht wird. Zu bedenken gibt allerdings, daß vom BAV in VA 1983 S. 276—277 eine Annahmepraxis bestimmter Ver gegenüber sog. „unerwünschten" Risiken beanstandet worden ist, nach der schon bei Vertragsbeginn darauf hingewiesen wird, daß der erste eintretende Schaden zum Anlaß für eine Kündigung gemäß § 158 genommen werde (vgl. dazu Anm. C 24—25).

Dem Schadenkündigungsrecht in der Kraftfahrzeughaftpflichtv kommt im übrigen deshalb nur eine relativ geringe Bedeutung zu, weil die Ver in dieser Vssparte regelmäßig nur einjährige Verträge mit Verlängerungsklauseln abschließen (vgl. dazu § 4 Ia 1, 2 AKB und Anm. D 15). Dadurch hat der Vmer in sehr vielen Fällen eine Möglichkeit zur ordentlichen Kündigung, ehe überhaupt das außerordentliche Schadenkündigungsrecht entsteht. In Konsequenz dieser Vertragsgestaltung ist festzustellen, daß es kaum Entscheidungen für den Bereich der Kraftfahrzeughaftpflichtv gibt, die sich mit Streitfragen aus diesem Bereich befassen. Es darf unter diesen Umständen nachstehend weitgehend auf die Paralleldarstellung zur allgemeinen Haftpflichtv in Bd IV Anm. D 14—24 verwiesen werden.

[D 29] γ) Kündigungsgründe

αα) Vorbemerkung

§ 4 II AKB nennt drei Gründe für eine Kündigung im Schadenfall. Es wird zunächst in § 4 II 1 AKB in Übereinstimmung mit § 158 I 1 für das Kündigungsrecht

II. 2. Beendigung des endgültigen Vsvertrages **Anm. D 29**

beider Parteien darauf abgestellt, daß nach dem Eintritt eines Vsfalls der Ver die Verpflichtung zur Leistung der Entschädigung anerkennt oder die Leistung der fälligen Entschädigung verweigert. Ferner wird in § 4 II 2 AKB die Regelung des § 158 I 2 wiederholt, daß nämlich der Ver dem Vmer die Weisung erteilt, es über den Anspruch des Dritten zu einem Rechtsstreit kommen zu lassen. Während § 4 II 2 AKB mit dieser Bezugnahme auf den Haftpflichtprozeß an ein typisches Geschehen im Regulierungsverlauf in der Haftpflichtv anknüpft, verwundert die Terminologie, die in § 4 II 1 AKB verwendet wird. Denn der unbefangene Leser könnte annehmen, daß es sich um eine Anerkennung einer Zahlungsverpflichtung des Vers gegenüber dem Vmer handelt (oder um die Verweigerung eines solchen Anerkenntnisses). Tatsächlich geht es aber im Regelfall darum, daß der Ver den Vmer in der Haftpflichtv in der traditionell geprägten Form von den begründeten oder unbegründeten Schadenersatzansprüchen des geschädigten Dritten befreien muß. § 10 I AKB bringt das in der Weise zum Ausdruck, daß der Ver in der Haftpflichtv die Befriedigung begründeter und die Abwehr unbegründeter Schadenersatzansprüche des Dritten schuldet (vgl. zur näheren Charakterisierung der Verpflichtung des Vers als Befreiungsschuld Anm. G 2–3 sowie Bd IV Anm. B 33–36 m. w. N.). Es hätte demgemäß erwartet werden können, daß ein heute geltendes Bedingungswerk auch an die moderne Form der Haftpflichtv anknüpft (was z. B. in einer das Gesetz teilweise korrigierenden Weise in § 9 II Ziff. 2 AHB geschehen ist). Zu bedenken ist aber, daß § 4 II 1 AKB nicht nur für die Haftpflichtv, sondern auch für die Fahrzeug- und Kraftfahrtunfallv gilt. Für jene Vsarten stimmt die gewählte Bedingungsfassung durchaus überein mit dem Verständnis des durchschnittlichen Vmers. Spezifische Eigenarten der betreffenden Vsarten kommen dagegen in § 4 II 2 AKB zum Ausdruck, wenn dort als Kündigungsgrund neben der Weisung des Vers, es über den Anspruch des Dritten zum Rechtsstreit kommen zu lassen, für die Fahrzeugv auf das Anrufen des Ausschusses gemäß § 14 AKB abgestellt wird.

§ 4 II 1 AKB knüpft für die ersten beiden Kündigungsgründe ausdrücklich an den Eintritt eines Vsfalls an. § 4 II 2 AKB erwähnt dagegen den Eintritt eines solchen Vsfalls nicht, setzt ihn aber sinngemäß voraus. Zur Erläuterung dessen, was im Sinne des § 158 (und damit auch des § 4 II AKB) als Vsfall zu verstehen ist, wird auf die Ausführungen in Bd IV Anm. D 16 m. w. N. verwiesen. Dort wird maßgebend auf die Anspruchserhebung abgestellt, da alle gesetzlichen Kündigungsalternativen logisch ein solches Vorgehen des geschädigten Dritten voraussetzen (streitig, ebenso Ehrenzweig S. 365, vgl. ergänzend Bd IV Anm. D 16 m. w. N.). Im Rahmen des „gedehnten" Vsfalls sind aber auch Verstoß und Schadenfolgenereignis von Bedeutung (wobei der Unterschied zwischen diesen beiden Zeitpunkten für die Kraftfahrzeughaftpflichtv – anders als für die allgemeine Haftpflichtv – kaum einmal eine Rolle spielen dürfte, vgl. dazu Anm. G 41). Das ist insbesondere dann der Fall, wenn der Vmer aufgrund eines nicht vom Vsschutz erfaßten Verstoßes (und eines darauf beruhenden Schadenfolgeereignisses) auf Schadenersatz in Anspruch genommen worden ist. Denn für einen solchen Fall ist ein Kündigungsrecht des Vmers zu verneinen (streitig, vgl. dazu Bd IV Anm. D 16 m. w. N.).

Das Verhältnis der einzelnen Kündigungsgründe zueinander ist nach der gesetzlichen Regelung so ausgestaltet, daß alle drei Kündigungsgründe neben- und nacheinander entstehen können. Das gilt allerdings für die beiden Kündigungsalternativen des § 158 I 1 nur dann, wenn teilweise die Forderung des Dritten erfüllt und teilweise die Leistung der Entschädigung verweigert wird. Zum Verhältnis der einzelnen Kündigungsgründe zueinander vgl. im übrigen ergänzend Bd IV Anm. D 20.

[D 30] ββ) **Anerkennung**

Die in § 4 II 1 AKB als erster Kündigungsgrund genannte Anerkennung der Leistung der Entschädigung durch den Ver bezieht sich nach dem Gesagten regelmäßig auf die Leistung des Vers an den Dritten. Wenn diese Zahlung in Erfüllung der Verpflichtung des Vers aus dem Vsverhältnis erfolgt, so stellt das durchweg eine stillschweigende Anerkennung einer solchen Eintrittsverpflichtung des Vers dar. In der Mehrzahl der Fälle wird gewiß keine ausdrückliche Erklärung des Vers über seine Leistungspflicht gegenüber dem Vmer erfolgen. Vielmehr wird im gesunden Vsverhältnis bei normaler Deckungslage über dieses Problem zwischen den Parteien des Vsvertrages regelmäßig kein Wort verloren. Um eine der Rechtswirklichkeit entsprechende Auslegung dieser Alternative der Schadenkündigungsregelung zu erreichen, ist somit in allen denjenigen Fällen, in denen der Ver an den geschädigten Dritten zahlt, ohne Deckungseinwendungen gegenüber dem Vmer zu erheben, davon auszugehen, daß damit die Anerkennungsalternative im Sinne des § 4 II 1 AKB erfüllt ist. Für weitere Einzelheiten wird auf Bd IV Anm. D 17 verwiesen.

[D 31] γγ) **Verweigerung der Leistung der fälligen Entschädigung**

Teilt der Ver dem Vmer dagegen bei der Leistung an den Dritten mit, daß er nur aufgrund der überobligationsmäßigen Haftung gemäß § 3 Ziff. 4 und 5 PflichtvsG zahle und gegen den Vmer Regreß nach § 3 Ziff. 9 S. 2 PflichtvsG nehmen wolle, so stellt das die Verweigerung der Entschädigungsleistung gemäß der 2. Alternative des § 4 II 1 AKB dar. Eine derartige Verweigerung des Vsschutzes kann schon lange vor einer Leistung an den geschädigten Dritten erfolgen, wenn der Ver nämlich von Anfang an seine Leistungspflicht aus dem Vsverhältnis verneint hat. Ein solcher Fall löst nach dem Wortlaut des § 4 II 1 AKB kein Schadenkündigungsrecht aus. Einer entsprechenden Anwendung des § 4 II 1 AKB bedarf es nicht. Vielmehr ist dem Vmer in den Fällen unbegründeter Vsschutzverweigerung ein außerordentliches Kündigungsrecht nach allgemeinen schuldrechtlichen Grundsätzen wegen einer schwerwiegenden Erschütterung des Vertrauensverhältnisses zuzubilligen (streitig, vgl. dazu Bd IV Anm. D 17 m. w. N.). Für weitere Einzelheiten zu diesem Schadenkündigungsrecht vgl. Bd IV Anm. D 18.

[D 32] δδ) **Führung eines Haftpflichtprozesses**

Dem Kündigungsgrund des § 158 I 2 (§ 4 II 2 AKB) kommt wenig Bedeutung zu. Der über die Führung eines Haftpflichtprozesses verärgerte Vmer darf nämlich nicht dann, wenn es auf Weisung des Vers zum Rechtsstreit kommt, kündigen, sondern gemäß §§ 158 II 1, 4 III 1 AKB erst dann, wenn das Urteil des Haftpflichtprozesses rechtskräftig geworden ist. Zum gleichen Zeitpunkt trifft der Ver aber in aller Regel auch die Entscheidung, ob er an den Dritten aufgrund dieses Urteils zahlen will (was regelmäßig die Anerkennung der Leistungspflicht gegenüber dem Vmer darstellt, vgl. Anm. D 30) oder ob er gegenüber dem Vmer die Leistung der fälligen Entschädigung verweigert, d. h. den Vsschutz versagt. Das bedeutet, daß dem Vmer fast immer nahezu zeitgleich einer der beiden in § 158 I 1 aufgeführten Schadenkündigungsgründe ohnedies zur Verfügung steht. Das gilt nur dann nicht, wenn die Klage des Dritten abgewiesen worden ist. Ob es aber besonders sinnvoll ist, ein vollen Umfangs obsiegendes Urteil, das damit den Standpunkt des Vers uneingeschränkt bekräftigt, als Anlaß für eine Schadenkündigung auszugestalten, ist zu bezweifeln. Bei einer etwaigen Reform des Haftpflichtvsrechts wäre daher zu überlegen, das Schadenkündigungsrecht aus Anlaß eines Rechtsstreits auf den Beginn dieses Prozesses zu legen oder es ganz zu streichen.

II. 2. Beendigung des endgültigen Vsvertrages   Anm. D 33

Nach den Haftpflichtvsbedingungen in der traditionellen Ausgestaltung ist der Ver der Herr des Regulierungs- und Prozeßgeschehens (vgl. dazu §§ 7 II Nr. 5 und 10 V AKB und Anm. F 107 sowie Anm. G 14). Das bringt es mit sich, daß der Ver vielfach keine ausdrücklichen Weisungen bezüglich der Führung eines Haftpflichtprozesses an den Vmer erteilt. Er fordert den Vmer vielfach nur auf, doch auf Verlangen des vom Ver beauftragten Anwalts diesem eine Prozeßvollmacht zu erteilen. Das reicht für das Schadenkündigungsrecht als Weisung des Vers aus Anlaß eines Haftpflichtprozesses aus, sofern es dann auch zur Durchführung des Rechtsstreits kommt. Das Schadenkündigungsrecht greift aber auch dann ein, wenn der Ver den Haftpflichtprozeß durch von ihm beauftragte Anwälte für den Vmer führt, ohne diesen überhaupt davon zu unterrichten. Darüber hinaus ist das Kündigungsrecht auch dann zu bejahen, wenn der geschädigte Dritte gar nicht den Vmer, sondern allein den Ver gemäß § 3 Ziff. 1 PflichtvsG verklagt. Denn nach der Interessenlage bedeutet auch ein solcher auf dem gesetzlichen Schuldbeitritt basierender Rechtsstreit einen Härtetest für das Verhalten beider Partner des Vsvertrages nach Eintritt des Vsfalls, ohne daß es bei einem solchen typisierten außerordentlichen Kündigungsgrund darauf ankommt, ob irgendwelche Beanstandungsgründe im Einzelfall tatsächlich gegeben sind oder nicht.

Das Schadenkündigungsrecht aus Anlaß eines Prozesses entsteht dann nicht, wenn ein Haftpflichtrechtsstreit ohne Weisung des Vers geführt wurde. Das kann eigentlich nur dann gegeben sein, wenn der Vmer den Ver über den Prozeß vor seinem rechtskräftigen Abschluß nicht unterrichtet hatte. Denn andernfalls hätte der Ver es regelmäßig in der Hand, die Durchführung des Verfahrens zu verhindern (dafür, daß eine solche Nichtunterrichtung des Vers über einen laufenden Haftpflichtprozeß regelmäßig eine Obliegenheitsverletzung darstellt, vgl. Anm. F 89). — Ergänzend wird auf Bd IV Anm. D 19 verwiesen.

[D 33] δ) Kündigungszeitpunkt

Nach §§ 158 II 1, 4 III 1 AKB ist die Kündigung im Vsfall nur innerhalb eines Monats seit der Anerkennung der Entschädigungspflicht oder der Verweigerung der Entschädigung oder seit der Rechtskraft des im Rechtsstreit mit dem Dritten ergangenen Urteils zulässig (für die Fahrzeugv wird zusätzlich in § 4 III 1 AKB auf die Zustellung des Spruchs des Ausschusses abgestellt). Diese Kündigungsfrist von einem Monat beginnt nach § 4 III 2 AKB für den Vmer von dem Zeitpunkt an zu laufen, in dem er von dem Kündigungsgrund Kenntnis erhalten hat. Die Aufnahme dieser Bestimmung ist erfolgt, weil der Vmer regelmäßig erst durch den Ver als dem Beherrscher des Regulierungsgeschehens über die Erledigung des Schadenfalles oder den Ausgang eines Haftpflichtprozesses unterrichtet wird. Die Frist vor einer solchen Kenntnis des Vmers laufen zu lassen, wäre daher nicht zu verantworten gewesen. Demgemäß müßte eine sinnvolle Interpretation des § 158 II 1 eigentlich ebenfalls zu diesem Ergebnis kommen (vgl. dazu Bd IV Anm. D 21 m. w. N.). Es ist aber gut, daß § 4 III 2 AKB hier dem Vmer eine Verständnishilfe gibt. Bezüglich des Haftpflichtprozesses wird im übrigen der Vmer sehr häufig direkt durch den vom Vmer eingeschalteten Anwalt über den Ausgang des Rechtsstreits unterrichtet werden.

Für den Ver bedurfte es keiner besonderen Erwähnung dessen, daß es auf seine Kenntnis ankomme. Denn hinsichtlich der ersten beiden gesetzlichen Kündigungsgründe ist ein solches Wissen des Vers begrifflich immer gegeben und hinsichtlich des Haftpflichtprozesses kann er sich stets durch eine kurze Rückfrage bei dem von ihm beauftragten Anwalt erkundigen, ob ein Urteil rechtskräftig geworden ist oder nicht. Es ist daher durchaus sachgerecht, wenn für den Ver lediglich auf den objektiven Zeitpunkt des Eintritts der im Gesetz genannten Kündigungsgründe abgestellt wird.

Umstritten ist, ob das Schadenkündigungsrecht auch durch die Rechtskraft eines Teilurteils ausgelöst wird (bejahend Prölss—Martin—Voit[25] Anm. 4 zu § 158, S. 760, ebenso Bd IV Anm. D 21 m. w. N.; a. M. Wagner Unfallv Anm. D 40). Letzten Endes ist entscheidend die Überlegung, daß eine erkennbare Zäsur im Prozeßgeschehen vorliegt und daß ein solches Kündigungsrecht nach Sinn und Wortlaut der Bestimmung ohnedies zu bejahen wäre, wenn der Dritte von Anfang an nur einen Teilbetrag eingeklagt gehabt hätte. — Kann der Dritte seinen Schaden noch nicht abschließend beziffern und erhebt er deshalb nur eine Feststellungsklage, so genügt auch der rechtskräftige Abschluß dieses Prozesses durch ein Feststellungsurteil, gleichgültig, ob der Klage durch ein Feststellungsurteil entsprochen wird oder ob eine Abweisung erfolgt. Hingegen genügt es nicht, daß im Haftpflichtprozeß ein Grundurteil ergeht, das unanfechtbar geworden ist (ebenso Wagner Unfallv Anm. D 40, vgl. auch Bd IV Anm. D 21 m. w. N.).

Wird eine Kündigung vor dem nach § 158 II 1 maßgebenden Zeitpunkt ausgesprochen, so ist sie unwirksam. Bei dieser Unwirksamkeit verbleibt es regelmäßig auch dann, wenn nach dem Ausspruch der **verfrühten Kündigung** der Zeitpunkt eintritt, zu dem eine Kündigung hätte wirksam erklärt werden können (streitig, wie hier Wagner Unfallv Anm. D 45, vgl. ergänzend Bd IV Anm. D 23 m. w. N.). An dieser aus Gründen der Rechtssicherheit für die Schadenkündigung vertretenen Auffassung ist entgegen Prölss—Martin—Voit[25] Anm. 4 zu § 158, S. 760 festzuhalten. Man stelle sich z. B. vor, daß eine Kündigung des Vmers in Verkennung der Rechtslage bei Beginn eines Haftpflichtprozesses ausgesprochen wird und dieser Streit erst vier Jahre später vom BGH rechtskräftig entschieden wird. Dann denkt gewiß keine Partei mehr daran, daß nunmehr die vom Ver damals zurückgewiesene Kündigung ihre Wirkung entfalten könnte. — Es kann der Vmer allerdings auch bewußt zu früh kündigen, indem er erklärt, daß er zwar wisse, daß der Kündigungsgrund noch nicht vorliege, daß er aber schon jetzt kündige, und zwar zu dem nächsten zulässigen Termin nach Eintritt einer der drei Gründe für die Berechtigung zur Schadenkündigung. Das bedeutet, daß die Wirksamkeit der Kündigung an den Eintritt einer in der Zukunft liegenden **Bedingung** geknüpft wird. Auch einer solcherart abgegebenen Erklärung ist die Rechtswirksamkeit zu versagen. Ein einleuchtendes Bedürfnis dafür, von dem der Rechtsklarheit dienenden Prinzip der Bedingungsfeindlichkeit der Kündigung abzuweichen, ist auch in dieser Fallgestaltung nicht gegeben (vgl. auch Bruck—Möller Bd I Anm. 33 zu § 8 und Wagner Unfallv Anm. D 45).

Dafür, daß der Ver gehalten sein kann, den Vmer auf die **Unwirksamkeit einer nicht ordnungsgemäßen Kündigung hinzuweisen**, vgl. Prölss—Martin[25] Anm. 5 G zu § 8, S. 140—141 m. w. N. und die differenzierende Eingrenzung durch Bruck—Möller—Wriede Krankenv Anm. D 36 m. w. N.; ferner Bd IV Anm. D 23 m. w. N.

[D 34] ε) Kündigungsfrist

Die Wirkung einer Schadenkündigung durch den Ver tritt **frühestens einen Monat** nach dem Zugang des Kündigungsschreibens bei dem Vmer ein (§§ 158 II 2, 4 III 3 AKB). Der Ver muß demgemäß **auf zwei Monatsfristen achten**. Die erste ist die gemäß § 158 II 1, nach der nur innerhalb eines Monats nach Entstehung des Schadenkündigungsgrundes eine solche außerordentliche Kündigung ausgesprochen werden darf (vgl. dazu Anm. D 33). Die zweite Monatsfrist ist die

II. 2. Beendigung des endgültigen Vsvertrages

gemäß § 158 II 2. Eine solche Frist ist für eine Kündigung außerordentlicher Art ungewöhnlich. Regeltypisch wäre es, hier eine Kündigung mit sofortiger Wirkung vorzusehen, wie das in § 6 I 2 verankert ist. Dem Gesetzgeber war es aber ersichtlich wichtig, dem Vmer genügend Zeit zu lassen, um sich anderweitigen Vsschutz zu besorgen. Der Systemunterschied im Verhältnis zur Regelung bei der Verletzung von Obliegenheiten, die vor Eintritt des Vsfalles zu erfüllen sind, mag aber auch zusätzlich darin seine Rechtfertigung finden, daß bei der Schadenkündigung anders als bei § 6 I 2 für die außerordentliche Auflösung des Vertragsverhältnisses ein Verschulden des Vertragspartners nicht vorzuliegen braucht. Kündigt der Ver mit einer kürzeren Frist als in § 158 II 2 vorgesehen, so ist ein solcher Kündigungsausspruch unwirksam. Ist aber aus den Umständen des Falles für den Vmer ersichtlich, daß der Ver sich auf jeden Fall von dem Risiko trennen will, so ist, sofern keine besonderen Fallgestaltungen gegeben sind, eine Umdeutung auf eine Kündigung unter Einhaltung der Monatsfrist gemäß § 158 II 2 sachgerecht. Dem Vmer ist aber auch die Möglichkeit gegeben, eine solche „unzeitige" Kündigung als ein Angebot auf eine vorzeitige Beendigung des Vsvertrages aufzufassen. Akzeptiert er eine derartige „Offerte", so ist der Ver an sein in der Form einer unzulässigen Kündigung vorab erklärtes Einverständnis nach Treu und Glauben gebunden. Die Monatsfrist gemäß § 158 II 2 ist im übrigen als die mindestens von dem Ver einzuhaltende Zeitspanne zu bewerten. Kündigt der Ver mit einer längeren Frist, so bestehen dagegen, wie in Bd IV Anm. D 22 zur allgemeinen Haftpflichtv ausgeführt, keine Bedenken. Das gilt auch für die Kraftfahrzeughaftpflichtv, ungeachtet dessen, daß aus dem Gedanken des Annahmezwanges dem Ver im Regelfall nach Treu und Glauben kein ordentliches Kündigungsrecht zusteht (vgl. BGH 20.IX.1981 VersR 1982 S. 259–260 und Anm. D 17).

Für den Vmer ist eine solche starre Monatsfrist in § 158 II nicht vorgesehen. Er muß vielmehr nach § 158 II 3 (§ 4 III 4 AKB) nur beachten, daß er nicht für einen späteren Zeitpunkt als zum Schluß der laufenden Vsperiode kündigen kann. § 4 III 4 AKB ergänzt das dahin, daß auch zum Schluß einer vereinbarten kürzeren Vertragsdauer gekündigt werden dürfe. Indessen stellt das materiell keine Änderung des § 158 II 3 dar, so daß dieser zusätzliche Hinweis als entbehrlich erscheint.

Wird die Kündigung durch den Vmer zu einem nicht mit § 158 II 3 übereinstimmenden Zeitpunkt ausgesprochen, so ist diese ebenso unwirksam wie eine zeitlich verfehlte des Vers. Bezüglich einer verfehlten Kündigung des Vmers ist aber auch hier zu bedenken, daß der Ver Rechtsnachteile erleiden kann, wenn er eine derart unwirksame Kündigung nicht umgehend zurückweist (vgl. dazu Anm. D 33 a. E.).

[D 35] ζ) Wirkung der Kündigung

Kündigt der Vmer im Vsfall, so gebührt dem Ver nach § 4 IV 1 AKB gleichwohl der Beitrag für das laufende Vsjahr (bzw. die vereinbarte kürzere Vertragsdauer). Hingegen hat eine Kündigung des Vers zur Folge, daß ihm nach § 4 IV 2 AKB nur ein Anspruch auf denjenigen Teil des Beitrages zusteht, der der abgelaufenen Vszeit entspricht. Bei dieser Regelung fällt auf, daß der Vmer bei einer eigenen Kündigung schlechter steht, als wenn der Ver eine solche Kündigung ausspricht. Das bedeutet einen Nachteil für die Dispositionen des Vmers, der dadurch dazu angehalten wird, im Schadenfall nur zum Ende einer Vsperiode zu kündigen. Eine solche Regelung kann aber nicht als unbillig im Sinne des § 9 AGBG qualifiziert werden. Sie stimmt vielmehr mit § 158 III als gesetzlichem Leitbild überein. Diese Regelung als Verstoß gegen Art. 3 GG zu bewerten, überschreitet eine vertretbare Interpretation dieses Grundrechts und nimmt subjektive Einzelwertungen als Maßstab für eine doch generell zu treffende Lösung, zumal da dem Vmer ein tragbarer Weg zur Vermeidung eines Vermögensnachteils verbleibt. Dafür, daß keine **Verfassungswidrigkeit** gegeben ist, vgl. BGH 2.X.1991 BGHZ Bd 105 S. 347–351 (zu § 40 II 1).

Hinsichtlich der Kündigungswirkungen wird im übrigen ergänzend auf Bd IV Anm. D 24 m. w. N. verwiesen.

[D 36] fff) Sonstige Kündigungen aus wichtigem Grund

Für jedes Dauerschuldverhältnis ist in Analogie zu §§ 626, 723 I 2 BGB beiden Vertragspartnern die Befugnis zuzubilligen, sich durch eine **fristlose Kündigung** vom Vertrage lösen zu können, sofern ein **wichtiger Grund** gegeben ist; das gilt auch für den Vsvertrag (vgl. dazu Möller in Bruck–Möller Bd I Anm. 25 zu § 8 m. w. N.). Angesichts der vielfältigen Kündigungsrechte, die im Gesetz und in den Bedingungen normiert sind, hat diese allgemeine Erkenntnis für die Kraftfahrzeughaftpflichtv bisher keine praktisch bedeutsame Rolle gespielt. Ein solches außerordentliches Kündigungsrecht wird zu Recht gewährt bei einem „**Unsicherwerden**" des Vers (vgl. Möller a. a. O. Anm. 26 zu § 8 m. w. N.). Auseinandersetzungen über das Vorliegen dieses außerordentlichen Kündigungsrechts aus diesem Grunde haben – nach dem veröffentlichten Entscheidungsmaterial – die Gerichte in der Nachkriegszeit im Bereich der Kraftfahrzeughaftpflichtv glücklicherweise nicht beschäftigt.

Berechtigt wäre eine solche außerordentliche Kündigung aus wichtigem Grund durch den Vmer z. B. dann, wenn der Ver trotz Vorliegens eines intakten Vsverhältnisses versehentlich der Zulassungsstelle mitteilt, daß für das Fahrzeug kein Vsschutz mehr bestehe mit der Folge, daß behördliche Maßnahmen gegen den Vmer eingeleitet werden.

Hinsichtlich eines **außerordentlichen Kündigungsrechts** des Vers aus **wichtigem Grund** ist mit Rücksicht auf den für den Ver bestehenden **Annahmezwang Zurückhaltung am Platze**. Denn dem Ver nützt ein solches außerordentliches Lösungsrecht wenig, wenn man ihn als verpflichtet ansieht, auch mit einem Vmer, der sich z. B. zu grundlosen Beleidigungen hat hinreißen lassen, zu kontrahieren, da keiner der Ablehnungsgründe des § 5 IV Ziff. 3 PflichtvsG gegeben ist (vgl. dazu Anm. C 7 und 10). Das ändert aber nichts daran, daß bei derartigen grundlosen und schweren Beleidigungen dem Ver genauso wie dem Vmer ein außerordentliches Kündigungsrecht aus wichtigem Grund zusteht.

[D 37] ee) Einverständliche Vertragsaufhebung

Für die **einverständliche Aufhebung** eines Kraftfahrzeughaftpflichtvsvertrages gelten die überkommenen Regeln des Zivilrechts. Spezielle Grundsätze des Pflichtvsrechts sind, anders als bei dem Vertragsabschluß, nicht zu beachten. Insbesondere ist die in § 5 III 1 PflichtvsG vorgesehene Annahmefiktion nicht entsprechend auf einen Aufhebungsantrag des Vmers zu übertragen (BGH 12.VII.1968 VersR 1968 S. 1035–1036). Denn diese Regelung ist nur zur Erleichterung des Vertragsabschlusses gedacht und nicht dafür, einen vsschutzlosen Zustand herbeizuführen. Den Vertragsparteien bleibt es allerdings unbenommen, eine § 5 III 1 PflichtvsG entsprechende vertragliche Regelung zu vereinbaren (BGH 12.VII.1968 a. a. O.).

[D 38] ff) Wegfall des versicherten Risikos
aaa) Schrifttum:

Zu den grundsätzlichen Problemen des Interessenwegfalls vgl. Bruck–Möller–Sieg Bd II Anm. 1–121 zu § 68 m. w. N. in Anm. 2, speziell zur Kraftfahrzeughaftpflichtv Anm. 35 zu § 68, ferner Bd IV Anm. D 28

[D 39] bbb) Grenzfälle

Für die Kraftfahrzeughaftpflichtv ist zu bedenken, daß diese nach der gesetzlichen Konzeption so angelegt ist, daß sie sich im Normalfall nur auf ein bestimmtes Kraftfahrzeug bezieht, für das der Ver gegenüber der Zulassungsstelle gemäß § 29a StVZO das Vorliegen des gesetzlich geforderten Vsschutzes bestätigt. Diese auf das einzelne Fahrzeug ausgerichtete Vertragsgestaltung hat zur Konsequenz, daß das vte Risiko im Sinne des § 68 wegfällt, wenn das betreffende Fahrzeug des Vmers total zerstört wird. Der Begriff der Totalzerstörung darf dabei aber nicht dem des Totalschadens gleichgesetzt werden (BGH 14.XI.1960 VersR 1960 S. 1107–1108). Vielmehr gibt es durchaus Fälle, in denen Fahrzeuge, deren Zustand von den technischen Sachverständigen als wertlos im Sinne eines Totalschadens qualifiziert wird, noch fahrfähig sind und auch noch weiter gebraucht werden. Aber selbst bei Fahrzeugen, die einen Totalschaden dergestalt erlitten haben, daß sie nicht mehr fahrfähig sind, ist nicht ohne weiteres von einem Wegfall des vten Risikos auszugehen. Dabei ist zu bedenken, daß auch von einem Fahrzeugwrack noch Haftpflichtgefahren ausgehen können (so zutreffend BGH 14.XI.1960 a. a. O.). Es sei z. B. des Falles gedacht, daß das Fahrzeug im Halteverbot abgestellt worden ist, wodurch sich eine Mitverantwortlichkeit für einen Zusammenstoß zweier Fahrzeuge oder einen sonstigen Verkehrsunfall ergeben kann. Vom BGH 14.XI.1960 a. a. O. wird ferner auf die Möglichkeit hingewiesen, daß das Fahrzeug ungesichert auf abschüssiger Strecke abgestellt wird und sich alsdann in Bewegung setzt. Ferner ist der Fall zu bedenken, daß spielende Kinder an einem ungesichert abgestellten Fahrzeug Schaden erleiden. Es kann demgemäß nur dann ein Risikowegfall angenommen werden, wenn eine Totalzerstörung in dem Sinne vorliegt, daß durch das Fahrzeugwrack begrifflich kein dem früheren Halter zurechenbarer Schaden entstehen kann (BGH 14.XI.1960 a. a. O.). Das ist dann der Fall, wenn das Fahrzeug verschrottet worden ist (ebenso Bruck–Möller–Sieg Bd II Anm. 35 zu § 68, wo für den Risikowegfall ein „völliger Untergang" des Fahrzeugs verlangt wird). Regelmäßig gilt das aber ebenso, wenn ein totalzerstörtes Fahrzeug zum Zwecke des Verschrottens in den Gewahrsam eines Aufkäufers derartiger Autowracks gegeben worden ist (vgl. ergänzend Anm. F 24 m. w. N.).

Vom BGH 24.IV.1985 VersR 1985 S. 775–776 ist für die Fahrzeugv angenommen worden, daß nicht schon nach jedem Gewahrsamsverlust durch Diebstahl das vte Risiko entfalle; das sei vielmehr nur dann der Fall, wenn nach den gegebenen Umständen keine Aussicht (mehr) bestehe, das entwendete Fahrzeug wiederzuerlangen (ebenso BGH 23.V.1984 VersR 1984 S. 754–755 = r + s 1984 S. 158–159 m. w. N.; vgl. insbesondere auch Sieg a. a. O. Anm. 35 zu § 68). Die Schwierigkeit liegt dabei in der Bestimmung des genauen Zeitpunktes. Zur Schmuckv ist vom BGH 18.XII.1980 VersR 1981 S. 186–187 eine Abgrenzung des Inhalts vorgenommen worden, daß ein Wegfall des vten Risikos in einem Diebstahlsfall im allgemeinen vor Einstellung des strafprozessualen Ermittlungsverfahrens gegen den unbekannten Täter nicht anzunehmen sei. Diese Anknüpfung erscheint für den Regelfall sowohl für die Kraftfahrzeughaftpflichtv wie auch für die Fahrzeugv als sachgerecht, es sei denn, daß die Aktenbehandlung durch die Staatsanwaltschaft unvertretbar langsam erfolgt, z. B. weil die Bearbeitung der Sache schlicht vergessen wird. Zur Fahrzeugv hat sich der BGH 24.IV.1985 a. a. O. für diese Auffassung insbesondere mit der Begründung entschieden, daß der Vmer daran interessiert sei, daß sein Fahrzeug während des Schwebezustandes noch kaskovert sei, insbesondere deshalb, weil Fälle denkbar seien, bei denen zwar nicht die Entwendung unter die Eintrittspflicht des Vers falle, wohl aber ein später eintretender Zerstörungsschaden

(z. B. Brand). Ähnliche Überlegungen sind auch für die Haftpflichtv anzustellen. Dabei ist zu bedenken, daß der Halter eines Fahrzeugs nach § 7 III 1 (2. Halbsatz) StVG auch für den durch einen unberechtigten Fahrer angerichteten Schaden haftet, wenn er die Benutzung des Fahrzeugs durch sein Verschulden ermöglicht hat. Versteht man allerdings mit BGH 4.XII.1980 BGHZ Bd 79 S. 76–89 (zur allgemeinen Haftpflichtv) § 7 I Nr. 1 AKB ebenfalls in dem Sinne, daß das Ereignis, das Ansprüche gegen den Vmer zur Folge haben könnte, nicht der Eintritt des „realen Verletzungszustandes" sei, sondern vielmehr der vom Vmer gesetzte oder zu vertretende Haftungsgrund, der die Schädigung eines Dritten zur Folge habe (vgl. zu dieser Streitfrage Anm. G 41 m. w. N.), so ist für die Haftpflichtv eine solche zeitliche Erstreckung des Vsschutzes über den Zeitpunkt der Entwendung hinaus freilich nicht vonnöten. Denn dann werden die Folgen der schuldhaften Ermöglichung der unerlaubten Fahrzeugbenutzung ohnedies vom Vsschutz erfaßt. Es ist aber unabhängig von dieser Überlegung zu bedenken, daß die Mehrzahl der gestohlenen Fahrzeuge wenige Tage oder Wochen nach dem Diebstahl wieder aufgefunden wird. Jeder verständige Vmer erwartet, daß er dann bei einer Wiederbenutzung des Fahrzeugs weiterhin Vsschutz hat. Mit dieser Überlegung stimmt die vom BGH 18.XII.1980 a. a. O. zur Schmuckv vorgenommene Abgrenzung überein, so daß auch für die Kraftfahrzeughaftpflichtv regelmäßig der Zeitpunkt der Einstellung des Verfahrens gegen den unbekannt gebliebenen Täter als maßgebend angesehen werden darf (wenn BGH 23.V.1984 VersR 1984 S. 754–755 zur Kaskov bei einem Zeitraum von 17 Tagen zwischen Fahrzeugdiebstahl und Rechnungserstellung schlicht bemerkt, daß das Risiko weggefallen sei, so darf das nicht als Abweichung von diesen Überlegungen verstanden werden; vielmehr ging es um die Sonderfrage, ob sich der Ver hier auf den rückwirkenden Wegfall des Vsschutzes aus der vorläufigen Deckungszusage gemäß § 1 II 4 AKB berufen könne; vgl. dazu Anm. D 11–12).

Der Tod des Vmers stellt in der Kraftfahrtv nicht den Wegfall des vten Risikos im Sinne des § 68 dar. Vielmehr geht das Vsverhältnis gemäß § 1922 I BGB auf den Erben über. Die Situation ist also anders als früher generell in der Privathaftpflichtv (vgl. dazu Bruck–Möller–Sieg Bd II Anm. 20 zu § 68 und Bd IV Anm. D 28 sowie für die heute angebotene Möglichkeit, Fortsetzungsklauseln zu vereinbaren, VA 1971 S. 212). Die für die Kraftfahrzeughaftpflichtv unerläßlich gebotene Fortsetzung des Vsschutzes beruht auf der Überlegung, daß regelmäßig das Fahrzeug durch die Erben oder Familienangehörigen weiter gebraucht wird, die des Schutzes durch die gesetzlich vorgeschriebene Haftpflichtv ebenso bedürfen wie die Dritten. Deshalb ist eine Interpretation des Haftpflichtvsvertragsverhältnisses anhand des gesetzlichen Systems der Pflichthaftpflichtv für den Kraftfahrzeughalter unabweisbar, daß das Vsverhältnis mit den Erben fortgesetzt wird (so schon vor Einführung der Pflichthaftpflichtv RG 3.II.1939 RGZ Bd 159 S. 337–352; vgl. auch Stiefel–Hofmann[15] Anm. 7 zu § 6a AKB, S. 279–280). – Es leuchtet im übrigen ein, daß eine solche Fortsetzung des Vsverhältnisses mit den Erben des Vmers auch bezüglich der grundsätzlich selbständigen Nebensparten der Kraftfahrtv erfolgt, denn auch dort steht nicht die Person des Vmers im Zentrum der Vsdeckung, vielmehr liegt auch insoweit eine Anknüpfung an den Gebrauch des Fahrzeugs vor (vgl. dazu auch Bruck–Möller–Sieg Bd II Anm. 20 zu § 68 und Stiefel–Hofmann a. a. O. S. 280).

Die Abmeldung des vten Fahrzeugs bei der Zulassungsstelle ist begrifflich einem Risikowegfall nicht gleichzusetzen (BGH 27.V.1981 VersR 1981 S. 921–922 = DAR 1981 S. 262–263, OLG München 13.XII.1985 r + s 1986 S. 57–58, Bruck–Möller Bd I Anm. 8 zu § 41a m. w. N., Bruck–Möller–Sieg Bd II Anm. 35 zu § 68 m. w. N., Prölss–Martin–Knappmann[25] Anm. 2 zu § 6a

II. 2. Beendigung des endgültigen Vsvertrages **Anm. D 40**

AKB, S. 1431). Es liegt allerdings eine Gefahrminderung vor, wenn das Fahrzeug als Konsequenz dieser „Stillegung" nicht mehr im öffentlichen Verkehr gebraucht wird, so daß zu erwägen wäre, § 41 a entsprechend anzuwenden. Diese Überlegung kommt allerdings deshalb nicht zum Tragen, weil in § 5 AKB eine subtile Sonderregelung getroffen worden ist (vgl. dazu Anm. D 40).

Die Veräußerung des Fahrzeugs wäre angesichts der im Regelfall gegebenen Einzelrisikobindung zwischen Halter und Fahrzeug und der entsprechenden Ausgestaltung des Vsvertrages eigentlich der Bestimmung des § 68 im Sinne des Wegfalls des Risikos zuzuordnen. Angesichts der Sonderregelung in § 158 h für die Kraftfahrzeughaftpflichtv finden hier aber die Regeln über den Interessenwegfall keine Anwendung (vgl. BGH 14.III.1984 VersR 1984 S. 550–551 und Anm. D 44–52). Diese Überlegung greift gemäß § 69 auch für die Fahrzeugv ein. Hingegen erlischt eine Kraftfahrtunfallv wegen Interessenwegfalls mit der Veräußerung des Fahrzeugs.

Bedeutsam ist die Frage, ob ein Risikowegfall vorliegt oder nicht, in der Praxis insbesondere für die Frage der Prämienzahlungsverpflichtung des Vmers (vgl. Anm. E 24) und dafür, ob der Ver bei Vorliegen einer Obliegenheitsverletzung noch zur Kündigung im Sinne des § 6 I 3 verpflichtet ist oder nicht (vgl. dazu Anm. F 24 m. w. N.).

[D 40] gg) Vorübergehende Stillegung

    aaa) Grundsatz: Verlängerung des Versicherungsvertrages mit abgewandeltem Inhalt

Wird ein Fahrzeug stillgelegt, so fällt damit das vte Risiko nicht fort (BGH 27.V.1981 VersR 1981 S. 921–922 = DAR 1981 S. 262–263, OLG München 13.XII.1985 r + s 1986 S. 57–58; Bruck–Möller–Sieg Bd II Anm. 35 zu § 68 m. w. N., Prölss–Martin–Knappmann[25] Anm. 2 a zu § 6 a AKB, S. 1431; anders OLG Hamm 15.III.1985 VersR 1986 S. 566–567). Handelt es sich aber nicht nur um eine vorübergehende Stillegung, sondern um eine auf Dauer angelegte Maßnahme, so kommt eine Anwendung des § 41 a in Betracht. Nach dieser Vorschrift kann bei einem Wegfall von die Gefahr erhöhenden Umständen durch den Vmer verlangt werden, daß die Prämie für künftige Vsperioden angemessen herabgesetzt wird (vgl. dazu auch Bruck–Möller Bd I Anm. 8 zu § 41 a, die dort erwähnte Entscheidung des OLG Jena 3.III.1942 JRPV 1942 S. 75–76 betraf allerdings keinen Prämienanspruch des Vers, sondern die Frage, ob der Vmer nach einer aus Anlaß des Krieges angeordneten Stillegung des Kraftfahrzeugs für eine behördlich gestattete, aber auf bestimmte Fahrten beschränkte Ingebrauchnahme Vsschutz genieße, obwohl er diese Veränderung der Verhältnisse nicht angezeigt hatte).

Dieser gesetzlichen Ausgangslage trägt § 5 AKB in verwickelter Weise Rechnung. Zunächst wird in § 5 I 1 AKB der zutreffende Grundsatz angesprochen, daß dadurch, daß ein Fahrzeug vorübergehend aus dem Verkehr gezogen werde (Stillegung im Sinne des Straßenverkehrsrechts) der Vsvertrag nicht berührt werde. Alsdann wird eine recht komplizierte Regelung für die Zeit der vorläufigen Stillegung niedergelegt. Diese Bestimmungen gelten für alle Fahrzeuge mit Ausnahme derjenigen mit einer kürzeren Vsdauer als ein Jahr und der Fahrzeuge, die ein Vskennzeichen führen müssen, sowie der Wohnwagenanhänger (vgl. § 5 VII AKB und Anm. D 43). Für alle anderen Fahrzeuge wird es als Recht des Vmers in § 5 I 2 AKB verankert, daß dieser eine Unterbrechung des Vsschutzes verlangen kann, wenn er eine Abmeldebescheinigung der Zulassungsstelle vorlegt und die Stillegung mindestens zwei Wochen beträgt.

Der Ausdruck „Unterbrechung" des Vsschutzes ist dabei allerdings für die Mehrzahl der Fälle nicht richtig. Denn unterbrochen wird dieser Vsschutz nur für die Kraftfahrtunfallv, die sich auf ein bestimmtes Fahrzeug bezieht (§ 5 III AKB). Hingegen wird der Vsschutz in der Haftpflichtv — und auch in der Fahrzeugv — in sachgerechter Form den veränderten Risikoverhältnissen angepaßt. Für die Haftpflichtv erfolgt die Vsschutzgewährung in eingeschränktem Umfang dergestalt, daß das Fahrzeug nach § 5 II 2 AKB außerhalb des Einstellraums oder des umfriedeten Abstellplatzes nicht gebraucht oder nicht nur vorübergehend abgestellt werden darf. Für die Fahrzeugv besteht unter der gleichen Einschränkung nur Vsschutz für die von einer Teilkaskov erfaßten Risiken. Zur Interpretation dieser örtlichen Einschränkung des Vsschutzes durch § 5 II 2 AKB, die zum Vorteil des Vmers gemäß § 5 II 3 AKB in die Form einer Obliegenheit gekleidet worden ist, und zum Begriff der im Zusammenhang mit der Abstempelung des Kennzeichens stehenden Fahrten, für die wieder uneingeschränkter Vsschutz besteht, vgl. Anm. F 77—81.

Nach § 5 V AKB verlängert sich der Vsvertrag um die Zeit der Stillegung. Das bedeutet, daß hier von dem in § 4 I a AKB verankerten Prinzip der einjährigen Dauer abgewichen wird (vgl. dazu Anm. D 15). Dagegen bestehen insbesondere deshalb keine Bedenken, weil für die Zeit des eingeschränkten Vsschutzes (in der Kraftfahrtunfallv unterbrochenen Vsschutzes) von dem Vmer keine zusätzliche Prämie geschuldet wird. Das ist allerdings nicht ausdrücklich im Bedingungstext ausgesprochen, ergibt sich aber aus dem Sinn der Regelung und im Rückschluß aus § 5 VI 3 AKB, wo für diejenigen Fälle, in denen das Vsverhältnis nicht fortgesetzt wird, § 6 III AKB mit der Maßgabe für anwendbar erklärt wird, daß der Tag der Abmeldung des Fahrzeugs als Wagniswegfall angesehen werde (ebenso AG Waldshut-Tiengen 6.IV.1979 VersR 1979 S. 927 [wenn auch mit einer unzutreffend auf § 9 AGBG gestützten Begründung]; zur Prämienberechnung in derartigen Fällen vgl. Anm. E 23).

[D 41] bbb) Vertragsbeendigung nach Stillegung

α) Nichtwiederanmeldung binnen Jahresfrist

Nach § 5 VI 2 AKB endet der Vsvertrag, ohne daß es einer Kündigung bedarf, wenn das Fahrzeug nicht innerhalb eines Jahres seit der Stillegung wieder zum Verkehr angemeldet wird. Das bedeutet, daß die Parteien des Vsvertrages nach Ablauf dieser Frist die Stillegung als eine endgültige ansehen. Diese Regelung erscheint als angemessen. Rechtsgedanken aus der spezifischen Sicht des Pflichtvsrechts sprechen nicht gegen eine solche Bedingungsgestaltung. Zwar ist dem Ver mit Rücksicht auf den Annahmezwang nach dem recht verstandenen Schutzsystem der Pflichtvsgesetzgebung im Regelfall eine ordentliche Kündigung des Vsvertragsverhältnisses im Kraftfahrzeughaftpflichtbereich untersagt (vgl. BGH 20.IX.1981 VersR 1982 S. 259—260 und Anm. D 17). In bezug auf den Teil des Kraftfahrzeughaftpflichtrisikos, der ausschließlich einen Gebrauch des Fahrzeugs außerhalb des öffentlichen Verkehrsbereichs betrifft und damit nicht der Vspflicht unterliegt, greifen solche Überlegungen indessen nicht ein. Darum handelt es sich aber, wenn ein Fahrzeug über ein Jahr lang vom öffentlichen Verkehr abgemeldet worden ist. Dem Vmer obliegt dann freilich ein neuer Antrag auf Abschluß einer V. Das ist ihm aber genauso zuzumuten wie einem Vmer, der ein Neufahrzeug erwirbt und dessen Erstzulassung betreibt.

[D 42] β) Nichtanzeige der Wiederzulassung binnen Jahresfrist

Gegenüber der eindeutigen Regelung in § 5 VI 2 bereitet die Auslegung des § 5 VI 1 AKB einige Verständnisschwierigkeiten. Dort heißt es, daß dann, wenn

II. 2. Beendigung des endgültigen Vsvertrages

nach der Unterbrechung des Vsschutzes das Ende der Stillegung dem Ver nicht innerhalb eines Jahres seit der behördlichen Abmeldung angezeigt wird und sich der Ver nicht innerhalb dieser Frist dem Vmer oder einem anderen Ver gegenüber auf das Fortbestehen des Vertrages beruft, der Vertrag mit dem Ablauf dieser Frist endet, ohne daß es einer Kündigung bedarf. Der Sachverhalt, der dieser Regelung zugrundeliegt, ist der, daß das zunächst stillgelegte Fahrzeug wieder zugelassen wird, daß der Vmer der Zulassungsstelle dafür aber keine Vsbestätigung seines alten Vers gemäß § 29 b StVZO vorlegt, sondern sich von einem anderen Ver eine Vsbestätigungsbescheinigung nach § 29 a StVZO geben läßt, die er der Zulassungsstelle aushändigt. Aus vertragsrechtlicher Sicht ist ein solcher Sachverhalt im Regelfall dahin zu bewerten, daß vom Vmer ein Vsvertrag mit einem anderen Ver abgeschlossen worden ist, sei es in Gestalt einer vorläufigen Deckungszusage oder schon eines endgültigen Vsvertrages. Das hat zur Konsequenz, daß eine Doppelv im Sinne des § 59 entstanden ist. Beide Ver haften dabei vollen Umfangs als Gesamtschuldner. Nicht etwa ist es so, daß der erste Ver nur eingeschränkt im Rahmen des § 5 II AKB einzustehen hat. Vielmehr lebt der Vsschutz nach § 5 IV 1 AKB mit der Wiederanmeldung des Fahrzeugs zum Verkehr uneingeschränkt wieder auf. Das Ende der Stillegung hätte der Vmer dem Ver allerdings nach § 5 IV 3 AKB anzeigen müssen. An die Verletzung dieser Anzeigelast ist jedoch in den AKB keine andere Rechtsfolge als die geknüpft, daß das Vsverhältnis mit Ablauf der in § 5 VI 1 AKB aufgeführten Jahresfrist erlischt. Verfehlt wäre es daher, die für die Obliegenheit nach § 5 II 2, 3 AKB geltende Regelung (vgl. dazu Anm. F 77–81) auf die Verletzung der Anzeigelast nach § 5 IV 3 AKB entsprechend anzuwenden. Insbesondere ist das Problem der unterlassenen Anzeige nicht übersehen worden. Vielmehr war dieses Problem den Bedingungsverfassern aus der täglichen Praxis durchaus gegenwärtig.

Vor dem Hintergrund dieser Überlegungen gewinnt man Verständnis für die sprachlich nicht optimal gelungene Fassung des § 5 VI 1 AKB. Diese betrifft gerade den Fall, daß der Vmer seiner Anzeigelast nicht nachgekommen ist. Das kann zur Folge haben, daß der Ver von der Wiederzulassung nichts erfährt. Genauso ist es möglich, daß der Ver von der Wiederzulassung des Fahrzeugs Kenntnis erlangt. Diese Kenntnis kann ihm z. B. durch eine Anfrage des neuen Vers vermittelt werden. Er kann dieses Wissen aber auch durch Erkundigungen bei der Zulassungsstelle erlangen. Ohne Rücksicht darauf, ob der Ver diese Kenntnis hat oder nicht, endet der Vsvertrag mit Ablauf der Jahresfrist, wenn der Ver sich nicht gegenüber dem Vmer oder dem anderen Ver auf das Fortbestehen des Vsvertrages berufen hat. Auch gegen diesen Erlöschenstatbestand ist aus der Sicht des Pflichtvsgedankens nichts einzuwenden, wenn man bedenkt, daß damit im Regelfall lediglich die unerfreuliche Situation des Bestehens einer Doppelv beseitigt wird. Bemerkenswert ist, daß hier das Schweigen (genauer gesagt: das Nichtstun) des Vers zur Beendigung des Vsverhältnisses führt. Will der Ver das verhindern, so muß er sich innerhalb der Jahresfrist entweder gegenüber dem Vmer oder gegenüber dem neuen Ver auf die Weitergeltung des Vsvertrages berufen. Bedenken bestehen dabei dagegen, daß eine Willenserklärung des ersten Vers gegenüber dem neuen Ver Rechtswirkungen im Verhältnis zum Vmer auslösen soll. Denn es entspricht nicht den üblichen Grundsätzen über den Zugang von Willenserklärungen, daß diese Rechtswirkungen auch dann entfalten, wenn sie nicht einer am Vertrag selbst beteiligten Person oder einem Dritten zugehen, der für den Empfang bevollmächtigt worden ist. Es könnte eine solche Bevollmächtigung allerdings gerade in § 5 VI 1 AKB erblickt werden. Das ließe sich konstruktiv ohne weiteres bei Einzelabreden begründen. Es fragt sich nur, ob eine solche Regelung in einer AVB-Regelung erwartet wird. Dies läßt sich mit guten Gründen bezweifeln. Demgemäß kommt eine Unwirksamkeit dieses

Klauselteils wegen des Verbots überraschender Klauseln durch § 3 AGBG in Betracht. Es ist daher überlegenswert, diesen Teil der Bedingungsbestimmung bei der nächsten Änderung des Klauselwerks entfallen zu lassen. In der Praxis kommt dieser Regelung ohnedies kaum Bedeutung zu. Die übliche Vertragsabwicklung in solchen Fällen erfolgt vielmehr in der Weise, daß der erste Ver zugleich an den Vmer und den neuen Ver schreibt.

[D 43] ccc) Sonderregelung gemäß § 5 VII AKB

Die in Anm. D 35–37 dargestellte relativ komplizierte Regelung gilt nach § 5 VII AKB nicht für folgende Fallgruppen:
1. Fahrzeuge, für die ein Vskennzeichen geführt werden muß,
2. Wohnwagenanhänger und
3. Verträge mit unterjähriger Vsdauer (ausgenommen solche Verträge, bei denen die Vertragsdauer nur deshalb weniger als ein Jahr beträgt, weil als Beginn der nächsten Vsperiode ein vom Vertragsbeginn abweichender Termin vereinbart worden ist).

Für diese Fahrzeuge gilt demgemäß die gesetzliche Regelung. Das bedeutet speziell für die Haftpflichtv, daß der Vsschutz vollen Umfangs erhalten bleibt. Eine Differenzierung zwischen dem Einstellrisiko und dem uneingeschränkten Gebrauch des Fahrzeugs erfolgt nicht. Es gibt demgemäß auch nicht eine Sonderregelung für die Wiederingebrauchnahme des Fahrzeugs im Sinne des § 5 IV AKB. Das ist für den Vmer solcher Fahrzeuge als vorteilhaft anzusehen. Als Nachteil schlägt dagegen zu Buch, daß die Prämie ungekürzt bis zum Ende der laufenden Vsperiode zu entrichten ist. Das ergibt sich aus der gesetzlichen Regelung in § 41 a, nach der eine Herabsetzung der Prämie erst vom Beginn der nächsten Vsperiode verlangt werden kann.

[D 44] e) Übergang des Haftpflichtvsverhältnisses

Schrifttum:

Capeller BB 1952 S. 878, Dahlgrün BB 1951 S. 878, Eder NJW 1953 S. 370–371, Ehrenzweig VersR 1954 S. 335–338, Evers VW 1958 S. 199–200, Gerlach VW 1953 S. 327, Haasen ZHR Bd 116 S. 22–28, Horstmann VersR 1952 S. 219, Kramer VersR 1952 S. 338–339, derselbe VersR 1954 S. 158–159, Ossewski VersR 1953 S. 312, Prölss JZ 1953 S. 658–659, Schäfer, Die Übernahme der Haftpflichtv nach § 158 h, Diss. Köln 1973, Schmitt VersR 1954 S. 49–50, Taube VersR 1957 S. 630–634, Vassel VersR 1952 S. 338, Wilms VersPrax 1952 S. 219, H. Wussow VersR 1959 S. 587–589; w. N. bei Bruck–Möller–Sieg Bd II Anm. 2 vor §§ 69–73, Anm. 1 zu § 70 und in Bd IV Anm. D 29.

[D 45] aa) Grundsätzliches

§ 158 h ordnet für alle Pflichthaftpflichtven die sinngemäße Geltung der Vorschriften über die Veräußerung der vten Sache an. Die Vorschrift ist durch das Gesetz vom 7.XI.1939 (RGBl. I S. 2223) in das VVG eingefügt worden. Der Gesetzgeber hielt bei der Einführung der Pflichthaftpflichtv für Kraftfahrzeughalter die Schaffung einer derartigen Norm für erforderlich, damit durch einen solchen Übergang des Haftpflichtvsverhältnisses bei einer Veräußerung des Fahrzeugs eine ansonsten leicht mögliche Lücke im Vsschutzsystem vermieden werde. Der Weg einer solchen ergänzenden gesetzlichen Regelung mußte deshalb beschritten werden, weil zuvor in der Rechtsprechung eine entsprechende Anwendung des § 69 auf eine Kraftfahrzeughaftpflichtv für den Fall einer Fahrzeugveräußerung abgelehnt

II. 2. e) Übergang des Haftpflichtvsverhältnisses **Anm. D 45**

worden war (RG 5.XI.1937 RGZ Bd 156 S. 146–150, vgl. auch Bd IV Anm. D 31 m. w. N.).

Aus Anlaß der Einbeziehung des Eigentümers in den Kreis der mitvten Personen im Jahre 1965 gemäß § 1 PflichtvsG und § 10 II b AKB (vgl. dazu Anm. H 6) ist von Prölss–Martin[23] Anm. 1 zu § 158 h, S. 916 die Auffassung vertreten worden, daß nunmehr § 158 h auf die Kraftfahrzeughaftpflichtv gar keine Anwendung mehr finden könne. Das wurde damit begründet, daß nach der Änderung ohnedies der jeweilige Eigentümer und Halter mitvert seien, so daß es an dem in § 158 h begrifflich doch vorausgesetzten Wegfall des Interesses des ursprünglichen Vmers fehle. Vom BGH 7.III.1984 NJW 1984 S. 1967–1968 = VersR 1984 S. 455–456 ist indessen zutreffend diese Konstruktion unter Hinweis darauf zurückgewiesen worden, daß in denjenigen Fällen, in denen der Eigentümer gleichzeitig Vmer sei, auf ihn die Bestimmungen über die mitvten Personen begrifflich gar keine Anwendung finden könnten (so jetzt auch Prölss–Martin–Knappmann[25] Anm. 1 zu § 158 h, S. 781).

§ 158 h wird von Bruck–Möller Bd I Einl. Anm. 47 (ebenso wie alle anderen Bestimmungen der Pflichthaftpflichtv) als **relativ zwingend zugunsten des Dritten** charakterisiert. Das ist insofern richtig, als die Vertragsparteien nicht im Vsvertrag von vornherein bestimmen können, daß § 158 h abbedungen wird. Hingegen steht es im Ermessen der Vertragspartner, ob sie aus Anlaß einer bevorstehenden Veräußerung den Vsvertrag einvernehmlich aufheben (so im Fall BGH 12.VII.1968 VersR 1968 S. 1035–1036). Zu beachten ist aber, daß grundsätzlich eine solche Vereinbarung zwischen Ver und Vmer nicht mehr getroffen werden kann, wenn die Veräußerung bereits vollzogen worden ist. Denn mit der Veräußerung geht der Vertrag auf den Erwerber über, so daß der frühere Vmer aus eigenem Recht keine Aufhebungsvereinbarung mehr treffen darf. Ausgenommen von diesen Überlegungen ist der Fall, daß dem Ver die Veräußerung des Fahrzeugs weder vom Vmer noch vom Erwerber angezeigt worden ist und er darüber auch nicht durch eine Information von dritter Seite Kenntnis erhalten hat. Das ergibt sich aus § 69 III, durch den auch § 407 I BGB entsprechende Anwendung auf das Vsverhältnis nach einem Veräußerungsfall findet. Nach dieser Bestimmung muß der neue Gläubiger eine Leistung, die der Schuldner nach der Abtretung an den bisherigen Gläubiger bewirkt, sowie jedes Rechtsgeschäft, das nach der Abtretung zwischen dem Schuldner und dem bisherigen Gläubiger in Ansehung der Forderung vorgenommen wird, gegen sich gelten lassen, es sei denn, daß der Schuldner die Abtretung bei der Leistung oder der Vornahme des Rechtsgeschäfts kennt. Das bedeutet, daß auch ein Aufhebungsvertrag rechtswirksam zwischen dem Ver und dem früheren Vmer abgeschlossen werden kann (BGH 12.VII.1968 a. a. O.). Vgl. zur entsprechenden Anwendung der §§ 406–408 BGB im übrigen ergänzend Bruck–Möller–Sieg Bd II Anm. 72–74 zu § 69. Aus dem Gesagten ergibt sich, daß die baldige Anzeige des Erwerbsvorgangs als Schutz vor Nachteilen unter Umständen für den Erwerber dringend geboten ist (vgl. dafür, daß der Verstoß gegen die Anzeigeobliegenheit nach § 71 I 1 in der Kraftfahrzeughaftpflichtv entgegen dem Gesetzeswortlaut regelmäßig nicht zum Verlust des Vsschutzes führt, Anm. F 76 m. w. N., streitig).

Keinen Verstoß gegen § 158 h stellt es dar, daß Vsverträge für eine Vielzahl von Risiken („Händlerven") von vornherein so ausgestaltet werden, daß bei einer Veräußerung der das veräußerte Fahrzeug betreffende Vertragsteil nicht auf den Erwerber übergeht (BGH 8.V.1961 BGHZ Bd 35 S. 153–165 m. w. N., OLG Stuttgart NJW-RR 1986 S. 111, ebenso Bruck–Möller–Sieg Bd II Anm. 32 zu § 54, Fromm[2] S. 301 m. w. N., Prölss–Martin–Knappmann[25] Anm. 1 zu § 158 h, S. 782 und Anm. 1 d zu „Kfz-Handel", S. 1520, Stiefel–Hofmann[15] Anm. 13 zu § 6 AKB, S. 259, Anm. 24 zu „Kfz-Handel", S. 818, Taube VersR 1957 S. 630–634, Wussow

VersR 1959 S. 588; a. M., soweit ersichtlich, nur Ossewski VersR 1953 S. 312 [ohne ausdrücklichen Bezug auf die Händlerhaftpflichtv]). Zur Begründung ist vom BGH 8.V.1961 a. a. O. S. 155–156 u. a. ausgeführt worden, daß §§ 69, 158 h nur eingreifen, wenn bestimmte einzelne Fahrzeuge Gegenstand des für den Veräußerer laufenden Vsvertrages waren. Das sei bei der V für Kraftfahrzeug-Handel und -Handwerk nicht der Fall. Sie sei eine Sammelv, die auf den ständigen Durchlauf von Kraftfahrzeugen beim Vmer zugeschnitten sei. Demgemäß sei nicht jedes Fahrzeug einzeln für sich vert, sondern die Gesamtheit der im Vszeitraum beim Vmer hereinkommenden und gegebenenfalls auch wieder hinausgehenden Fahrzeuge. Der Ver erhalte von den einzelnen durchlaufenden Fahrzeugen keine Kenntnis, ihm werde vielmehr nur der Fahrzeugbestand an bestimmten Stichtagen aufgegeben. Demgemäß werde auch bei der Zulassungsstelle nur eine Sammelbestätigung gemäß § 29 b I StVZO, nicht hingegen eine Vsbestätigung für jedes einzelne Fahrzeug hinterlegt. Bei dem Abgang eines Fahrzeugs gebe es keine nicht verbrauchte Prämie (Schultze VW 1956, 79). Da ein solcher Sammelvertrag hiernach von Grund auf anders gestaltet sei als die Kfz-Haftpflichtvsverträge für bestimmte einzelne Fahrzeuge, könne er auch nicht bei der Veräußerung von Fahrzeugen aus dem Bestand in einzelne Verträge zerlegt und laufend in eine Vielzahl von Einzelverträgen, für die zudem auch andere Prämien gelten, zersplittert werden. Mit dem Ausscheiden eines Fahrzeugs aus dem vten Bestand ende vielmehr entsprechend § 54 der Vsschutz für das ausscheidende Fahrzeug automatisch.

Der Entscheidung ist im Ergebnis beizupflichten. Dieses Ergebnis sollte allerdings allein aus der Interessenlage und nicht auch aus einem begriffsjuristischen Argument (Hinweis auf § 54) abgeleitet werden. Abzustellen ist dabei entscheidend auf die Frage, ob die Gefahr einer Systemlücke im Schutz durch die Pflichthaftpflichtv besteht oder nicht. Das ist zu verneinen. Besonders wichtig ist dabei, daß der durchschnittliche Verkehrsteilnehmer bei dem Kauf eines Fahrzeugs vom Händler den Übergang eines Vsverhältnisses aus einer Händlerpolice nicht erwartet. Deshalb besorgt er sich selbst eine Deckung, insbesondere die formalisierte Vsbestätigungskarte (gemäß dem Muster 6 zu § 29 a StVZO), oder läßt den Händler insoweit als Vsvermittler für sich tätig werden. Demgemäß besteht in diesem Bereich kein Bedürfnis für eine entsprechende Anwendung des § 158 h durch eine Auf- und Abspaltung des betreffenden Händlervsvertrages. Das Gesagte gilt um so mehr, als durch eine sachgerechte Interpretation des Deckungsumfangs der Sonderbedingungen zur Haftpflicht- und Fahrzeugv für Kraftfahrzeughandel und -Handwerk (VA 1981 S. 235) dafür gesorgt werden kann, daß nicht etwa unbeabsichtigte Deckungslücken auftreten. BGH 8.V.1961 a. a. O. hat in eindrucksvoller Klarheit aufgezeigt, daß trotz der Veräußerung durch den Händler an den Erwerber die systemgerechte Weiternutzung des Fahrzeugs unter rotem Kennzeichen durch den Erwerber zur Fahrt zur Zulassungsstelle zum Zwecke der Umschreibung noch vom Vsschutz der Händlerpolice umfaßt wird (vgl. auch Anm. G 45 a. E.) und daß eine etwaige mißbräuchliche Verwendung des Fahrzeugs durch den Erwerber nicht dem Bereich einer objektiven Risikobeschränkung unterfällt, sondern lediglich als Obliegenheitsverletzung gemäß § 2 II a AKB zu bewerten ist, so daß keine Lücke zu Lasten des Dritten auftreten kann (vgl. zur Verwendungsklausel ergänzend Anm. F 19).

Zu beachten ist aber, daß das Gesagte nicht gilt, wenn eine atypische Vertragsgestaltung außerhalb des Rahmens der V für Kraftfahrzeug-Handel und -Handwerk gegeben ist, bei der eine Vielzahl von Kraftfahrzeugen durch einen Vertrag erfaßt wird. Gedacht sei daran, daß ein Ver für ein Industrieunternehmen eine derartige Police ausfertigt, aber gegenüber der Zulassungsstelle die üblichen Einzelvsbestäti-

II. 2. e) Übergang des Haftpflichtvsverhältnisses **Anm. D 46**

gungen gemäß Muster 6 zu § 29 a StVZO ausstellt. In solchen Fällen gebietet es der Sinn der Pflichtvsgesetzgebung, daß der betreffende Vertragsteil auf den Erwerber übergeht. Eine generell entgegengesetzte Regelung im Grundvertrag könnte daher angesichts des Schutzzwecks der Bestimmung nicht akzeptiert werden (Ossewski VersR 1953 S. 312). Auch in diesem Fall kann allerdings — wie oben bemerkt — aus Anlaß der Veräußerung (aber nicht danach) zwischen dem Ver und dem ursprünglichen Vmer eine Aufhebung des auf das betreffende Fahrzeug bezüglichen Vertragsteils vereinbart werden.

Unter einem Vsverhältnis, das nach § 158 h auf den Erwerber übergeht, ist auch ein solches zu verstehen, das lediglich auf der Abgabe einer vorläufigen Deckungszusage beruht (BGH 7.III.1984 VersR 1984 S. 455–456 [in NJW 1984 S. 1967–1968 nicht mitabgedruckt]). Dafür, daß sich der Übergang auch auf ein gestörtes Vsverhältnis bezieht, vgl. ebenfalls BGH 7.III.1984 a. a. O. und Anm. D 48 m. w. N.).

Besteht neben der Haftpflichtv auch eine Fahrzeugv, so geht der diesbezügliche Vertragsteil kraft unmittelbarer Geltung der §§ 69–73 zusammen mit dem Haftpflichtvsverhältnis auf den Erwerber über (dafür, daß für den Haftpflichtvsteil maßgebend ebenfalls auf die Veräußerung und nicht auf den Halterwechsel abgestellt wird, vgl. Anm. D 46 m. w. N.). Dagegen kann ein solcher Übergang für die Kraftfahrtunfallv nicht zu Lasten des Erwerbers zwischen dem Ver und dem Veräußerer des Fahrzeugs vereinbart werden. Das ist entgegen früherer Bedingungsgestaltung nunmehr in § 6 I 2 AKB ausdrücklich verankert. Hinsichtlich dieses Teils des kombinierten Kraftfahrtvsvertrages kommt vielmehr durch eine Veräußerung das Risiko im Sinne des § 68 in Wegfall (vgl. auch Anm. D 38).

[D 46] bb) Anknüpfung an den Veräußerungsvorgang

Die Vspflicht knüpft nach § 1 PflichtvsG an die Haltereigenschaft und nicht die Eigentümerstellung an. Aus dieser Eigenart ist die Streitfrage entstanden, ob für den Übergang des Haftpflichtvsverhältnisses auf den Eigentumsübergang oder auf den Halterwechsel abzustellen ist. Die ganz überwiegende Auffassung in Rechtsprechung und Schrifttum hat sich dabei für die Maßgeblichkeit des Eigentumsübergangs ausgesprochen (BGH 22.IX.1958 BGHZ Bd 28 S. 137–143, 20.IV.1967 VersR 1967 S. 572–573, 16.X.1974 VersR 1974 S. 1193, 7.III.1984 NJW 1984 S. 1967–1968 = VersR 1984 S. 455–456, LG Trier 15.VI.1954 VersR 1954 S. 352–353, OLG Düsseldorf 22.VII.1958 VersR 1958 S. 757–758, Bayr. ObLG 18.VI.1958 VRS Bd 16 S. 77–80 [strafrechtliche Erkenntnis]; Asmus Kraftfahrtv[5] S. 75, Bauer Kraftfahrtv[2] Nr. 223, S. 52, Dahlgrün BB 1951 S. 878, Ehrenzweig VersR 1954 S. 337, Fleischmann – Deiters in Thees – Hagemann[2] S. 288, Fromm[2] S. 298–299, Gülde – Schmidt = Rost S. 116–117, Kramer VersR 1952 S. 338, ders. VersR 1954 S. 158, Pienitz – Flöter[4] Anm. I zu § 6, S. 5, Prölss JZ 1953 S. 658, Prölss – Martin – Knappmann[25] Anm. 1 zu § 158 h, S. 781, Schäfer, Die Übernahme der Haftpflichtv nach § 158 h, Diss. Köln 1973, S. 92–124, Stiefel – Hofmann[15] Anm. 14 zu § 6 AKB, S. 259, a. M. Capeller BB 1952 S. 878, Eder NJW 1953 S. 370; Evers VW 1958 S. 199, Gerlach VW 1953 S. 327, Haasen ZHR Bd 116 S. 23–28, Horstmann VersR 1952 S. 219, Schmidt – Tüngler S. 45, Schmitt VersR 1954 S. 49–50, Vassel VersR 1952 S. 338, Wilms VersPrax 1952 S. 219).

Im Interesse der Rechtsklarheit ist der h. M. zu folgen, daß in § 158 h ebenso wie in § 69 auf den Eigentumsübergang abgestellt wird. Schutzwürdige Belange eines neuen Halters oder eines neuen Mithalters stehen nach der Bedingungsfassung ohnedies nicht dagegen, da der Deckungsbereich der Kraftfahrzeughaftpflichtv seit deren Etablierung als Pflichthaftpflichtv stets die gegen den Halter gerichteten Haftpflichtansprüche erfaßt hat, der nämlich, soweit er nicht schon als Vmer Vsschutz genießt, in § 10 II a AKB in Übereinstimmung mit § 1 PflichtvsG als mitvte Person aufgeführt wird (vgl. dazu Anm. H 5).

Die Weichenstellung in dem Sinne, daß § 158 h entscheidend auf den sachenrechtlichen Veräußerungsvorgang und nicht auf den Halterwechsel abstellt, ist durch BGH 22.IX.1958 a. a. O. in einem Fall vorgenommen, in dem der Halter, der den Haftpflichtvsvertrag abgeschlossen hatte, nicht der Eigentümer des betreffenden Fahrzeugs gewesen war. Es handelte sich vielmehr um eine Vsnahme für ein Moped, das der Käufer A unter Eigentumsvorbehalt gekauft hatte. Für diesen Fall hat der BGH entschieden, daß bei einem Halterwechsel die V nicht erlösche, daß vielmehr dann der mitvte jeweilige Halter und Fahrer weiterhin Vsschutz genieße. Die Theorie, daß mit dem Halterwechsel, der sich im Anschluß an die Nichteinhaltung der Kaufpreisraten ergab, die V auf den neuen Halter übergehen könne, erwähnt der BGH dabei nicht ausdrücklich. Vielmehr setzt er sich lediglich mit der Argumentation des Vers auseinander, daß durch das Erlöschen der Haltereigenschaft in der Person des Vorbehaltskäufers das vte Risiko in Wegfall gekommen sei. Zur Begründung führt der BGH 22.IX.1958 a. a. O. S. 141—143 u. a. aus, daß dann, wenn man davon ausgehe, daß schon vor dem Unfall die Haltereigenschaft des A und damit auch sein eigenes mit dem Abschluß des Vsvertrages vtes Interesse für dauernd weggefallen seien, daraus entgegen der Auffassung des Berufungsgerichts noch nicht folge, daß dadurch das ganze Vsverhältnis und damit auch die Mitv des jeweiligen Halters und Fahrers erloschen seien. Das BerGer habe hierbei nicht beachtet, daß die Kfz-Haftpflichtv — unabhängig von dem individuellen Willen des Vmers — immer sowohl eine Eigen- als auch eine Fremdv enthalte, indem bei ihr nie lediglich das Interesse des Vmers selbst, sondern nach § 10 AKB immer zugleich auch das Interesse des jeweiligen Halters und Fahrers mitvert sei. Dies sei auch dann der Fall, wenn die V nicht ... von dem Eigentümer des Fahrzeugs, sondern ... von dem von ihm verschiedenen Halter genommen werde. Auch dann sei die V nicht etwa auf das Interesse dieses bestimmten, namentlich bezeichneten Halters (und Fahrers) begrenzt, sondern erstrecke sich in diesem Fall zugleich auch auf das Interesse des jeweiligen Halters (und Fahrers). Das bedeute rechtlich, daß die Kfz-Haftpflichtv auch dann von vornherein zugleich eine Fremdv für den jeweiligen Halter und Fahrer sei, wenn dieser ein anderer sei als der Vmer. Liege aber zugleich eine Fremdv vor, so sei insoweit das Interesse und damit auch die Frage des Wegfalls des Interesses aus der Person des Mitvten zu beurteilen. Das bedeute, daß die V erst dann wegen Wegfalls des vten Interesses erlösche, wenn auch das Interesse des Mitvten dauernd wegfalle (Kisch III S. 580). Bestünden bei einer V, bei der neben dem eigenen Interesse des Vmers selbst zugleich auch Interessen Dritter vt seien, auch nach dem Wegfall des eigenen Interesses des Vmers die mitvten Interessen des Dritten weiter fort, so bleibe der Ver weiter mit diesen Wagnissen belastet. Dieser Fall liege bei der Kfz-Haftpflichtv dann vor, wenn zwar der Halter, der die V genommen habe, seine Haltereigenschaft aufgebe, das Fahrzeug aber weiter in Gebrauch bleibe und deshalb der mitvte jeweilige Halter und Fahrer weiter den Haftpflichtgefahren ausgesetzt seien. Die gegenteilige Auffassung von Prölss (JZ 1953 S. 658—659) sei nicht haltbar, weil hierbei nicht berücksichtigt werde, daß bei der Kfz-Haftpflichtv zugleich auch Fremdinteressen ... mitvert seien. ... Diese Auffassung sei insbesondere auch nicht mit dem Sinn und Zweck des PflichtvsG vereinbar, das sich nicht nur auf die in § 158 c getroffene Regelung zum Schutze des Verkehrsopfers beschränke, sondern auch einen kontinuierlichen Fortbestand der

II. 2. e) Übergang des Haftpflichtvsverhältnisses

gesetzlich vorgeschriebenen V unabhängig von dem Wechsel in der Person des Vspflichtigen erstrebe; wie sich ... insbesondere auch aus § 158 h ergebe (Horstmann VersR 1952 S. 219). Die Pflichtv würde mit einer untragbaren Unsicherheit belastet und ihr Zweck in weitem Umfang ausgehöhlt werden, wenn ihr Bestand in den zahlreichen Fällen, in denen der Halter nicht zugleich als Eigentümer des Fahrzeugs die V genommen habe, durch den (zudem nur schwer erfaßbaren) Vorgang eines Halterwechsels in Frage gestellt werde.

Diesen Gedankengängen ist vollen Umfangs beizupflichten. Die vom BGH als Ausgangspunkt gewählte Auffassung, daß § 158 h ebenso wie § 69 auf den Eigentumswechsel abstelle, trifft zu. Erst recht ist die Interpretation zu bejahen, daß in denjenigen Fällen, in denen ein Nichteigentümer die Haftpflichtv nimmt, durch eine Änderung in der Halterschaft das Vsverhältnis nicht im Sinne eines Risikowegfalls erlischt. Das gebietet in der Tat der Zweck des PflichtvsG. Zu Recht weist das Gericht auch auf die Schwierigkeiten hin, die sich aus der rechtstatsächlichen Ermittlung eines Halterwechsels ergeben können. Zwar müssen sich die Gerichte mit diesem Begriff u. a. bei der Beurteilung der Haftung (§ 7 StVG) und bei der des Vsschutzes (§ 10 II a AKB) auseinandersetzen. Im Rahmen des auf klare Vertragsverhältnisse abstellenden § 158 h erscheint die Anknüpfung an den Halterwechsel aber als untunlich. Die Vertragsklarheit würde darunter leiden. Das Gesagte gilt um so mehr, als die gegenteilige Auslegung dazu führen würde, daß sich gemäß dem zutreffenden Hinweis von Kramer VersR 1952 S. 338 bei einer parallel bestehenden Fahrzeugv die mißliche Konsequenz einer Aufspaltung der gekoppelten Vsverträge ergeben würde.

Wird in dem vom BGH 22.IX.1958 a. a. O. behandelten Sonderfall der Vsnahme durch den Halter, der nicht zugleich Eigentümer ist, das Fahrzeug veräußert, so geht das Vsvertragsverhältnis nicht auf den Erwerber über, da Handlungen eines außenstehenden Dritten das Vsverhältnis nicht berühren können (BGH 7.III.1984 NJW 1984 S. 1967 = VersR 1984 S. 456). Dem ist beizupflichten. Zwar wird im Rahmen des § 69 für Sachvsverträge eine eingeschränkte Anwendung der Vorschriften dieses Rechtsinstituts auf die V für fremde Rechnung befürwortet (vgl. zu dieser Streitfrage Bruck–Möller–Sieg Bd II Anm. 53 zu § 69 m. w. N.). Für die Kraftfahrzeughaftpflichtv ist aber eine solche entsprechende Anwendung, die lediglich auf die Auswechslung des Vten, nicht aber des Vmers abzielt, nicht vonnöten. Denn die gesetzlichen und vertraglichen Bestimmungen (§ 1 PflichtvsG, § 10 II AKB) sehen ohnedies institutionell die Einbeziehung jedweden Eigentümers, Halters und Fahrers (soweit diese nicht schon als Vmer Vsschutz genießen) als Vte in den stets um die V für fremde Rechnung erweiterten Teil des Pflichthaftpflichtvsvertrages vor (für weitere mitvte Personen vgl. § 10 II d – f AKB und Anm. H 8–10). Das Gesagte gilt erst recht, wenn ein Vmer kontrahiert, der weder Halter noch Eigentümer ist.

Von dem erörterten Fall ist der zu unterscheiden, daß der Vmer zwar bei der Vsnahme noch nicht Eigentümer war, dieses Eigentum aber während des bestehenden Vsverhältnisses erwirbt, z. B. bei einem Kauf unter Eigentumsvorbehalt mit der Erfüllung der Kaufpreisforderung. Hier wird der Vertrag dem Regelfall durch die nachfolgende Identität von Halter und Eigentümer angeglichen, ohne daß aber bezüglich dieses Vorgangs eine Anzeigelast des Vmers bestünde, da eine personelle Risikoveränderung nicht gegeben ist. Für darauf folgende Veräußerungen findet dann wie im Normalfall § 158 h Anwendung.

[D 47] cc) Einzelheiten zur Veräußerung

Für Einzelheiten zum Veräußerungsbegriff, der nach Maßgabe der bürgerlich-rechtlichen Kategorien zu bestimmen ist, wird auf Bruck–Möller–Sieg Bd II

Anm. [D 48]   D. Dauer des Kraftfahrzeughaftpflichtvsvertrages

Anm. 1—60 zu § 69 m. w. N. verwiesen. Einen Sonderfall behandelt BGH 16.X.1974 VersR 1974 S. 1191—1194. Dort waren mehrere Testamentsvollstrecker im Handelsregister als Inhaber eingetragen worden. Es war das aber nur eine aus Sachzwängen geborene kurzfristige Zwischenlösung treuhänderischer Art, so daß das Gericht zu der Überzeugung kam, daß nicht etwa stillschweigend die Aktiva des Unternehmens und mit ihnen das betreffende Fahrzeug übertragen worden seien. Zu Recht geht das Gericht im übrigen a. a. O. S. 1193 auch davon aus, daß § 151 II nur im Bereich der Betriebshaftpflichtv eingreife und für die Kfz-Haftpflichtv ohne Bedeutung sei (vgl. auch Bd IV Anm. D 32).

[D 48] dd) Wirkungen des Übergangs

Der Übergang des Vsverhältnisses erfolgt auf den Erwerber mit Wirkung vom Eigentumsübergang. Von diesem Zeitpunkt an müssen alle rechtsverbindlichen Erklärungen gegenüber dem neuen Vmer abgegeben werden, soweit diese sich auf die künftige Ausgestaltung des Vsvertragsverhältnisses beziehen (für Ausnahmen aufgrund des Schuldnerschutzes gemäß § 69 III i. V. m. §§ 406—408 BGB vgl. BGH 12.VII.1968 VersR 1968 S. 1035—1036 und Bruck—Möller—Sieg Bd II Anm. 72—74 zu § 69; ferner oben Anm. D 45).

In § 158 k heißt es, daß die Vorschriften über die Pflichtv auch insoweit Anwendung finden, als der Vsvertrag eine über die gesetzlichen Mindestanforderungen hinausgehende Deckung gewährt. Das bedeutet für den Fall der Veräußerung des vten Kraftfahrzeugs, daß das Vsverhältnis auch bezüglich höherer Vssummen als der gesetzlich vorgeschriebenen gemäß § 158 h auf den Erwerber übergeht.

Soweit zwischen dem Veräußerer und dem Ver günstigere Bedingungen oder Prämien als die Standardregelungen vereinbart waren (zur Rechtswirksamkeit solcher Abreden vgl. Anm. A 14, E 5 m. w. N. zu dieser Streitfrage), kommen diese Absprachen auch dem Erwerber zugute. Da vom Standardbedingungstext zum Nachteil des Vmers oder des Dritten abweichende Vereinbarungen nach dem Sinngehalt des Pflichtvssystems keine rechtliche Wirkung entfalten (vgl. Anm. A 14), kann sich der Ver darauf auch gegenüber dem neuen Vmer nicht berufen.

Hingegen wirken die Nachteile, die aus einem vertragswidrigen Verhalten des Vmers entstanden sind, insbesondere durch die Nichtzahlung der Erst- oder Folgebeiträge gemäß §§ 38, 39, vollen Umfangs auch gegenüber dem Erwerber. Ist der Ver daher nach Maßgabe dieser Bestimmungen leistungsfrei, so bleibt dieser Zustand auch gegenüber dem Erwerber erhalten. Der Erwerber übernimmt somit das Vsverhältnis in dem Zustand, in dem es sich zum Zeitpunkt des Wirksamwerdens der Veräußerung befindet. Ein gestörtes Vsverhältnis geht mit allen seinen Schwächen ebenso wie ein gesundes auf den Erwerber über (BGH 7.III.1984 NJW 1984 S. 1967—1968 = VersR 1984 S. 455—456 m. w. N.; vgl. zu diesem § 69 generell zugrunde liegenden Prinzip ergänzend Bruck—Möller—Sieg Bd II Anm. 64 zu § 69).

Sicherheit erlangt der neue Vmer nur, wenn er sich mit dem Ver in Verbindung setzt und von diesem eine Bestätigung über die Eintrittspflicht bezüglich des übergegangenen Vsverhältnisses erhält. Zu bedenken ist aber, daß ein Vsverhältnis zum Zeitpunkt des Übergangs des Vertrages durchaus noch intakt sein kann, daß aber die Möglichkeit einer künftigen Leistungsfreiheit des Vers aufgrund einer vor dem Eigentumsübergang ausgesprochenen Kündigung für einen Zeitpunkt nach dem Erwerb gegeben ist. Zwar steht dem Ver das ordentliche Kündigungsrecht gemäß § 4 I a AKB mit Rücksicht auf den in § 5 II PflichtvsG verankerten Annahmezwang nur in Ausnahmefällen zu (vgl. BGH 20.IX.1981 VersR 1982 S. 260 und Anm. D 17). Eine solche Wirkung nach dem Erwerb könnte aber eine gemäß § 158 (§ 4 III 3

II. 2. e) Übergang des Haftpflichtvsverhältnisses **Anm. D 50**

AKB) mit Monatsfrist durch den Ver ausgesprochene Kündigung entfalten (vgl. zum Schadenkündigungsrecht Anm. D 27–35). Im übrigen ist zu bedenken, daß eine solche nachträgliche Auflösung des bei der Veräußerung wirksamen Vsverhältnisses auch durch eine vom Vmer zuvor ausgesprochene ordentliche Kündigung eintreten kann. In diesem Zusammenhang wäre zu überlegen, dem Ver, dem vom Erwerber ordnungsgemäß der Erwerb angezeigt worden ist, in solchen Nachwirkungsfällen vertraglich eine Hinweispflicht aufzuerlegen, damit der neue Vmer nicht unvermutet schutzlos dasteht.

Die Rechte aus einem Vsfall, der vor dem Übergang des Vsvertrages eingetreten war, verbleiben bei dem früheren Vmer (Bruck – Möller – Sieg Bd II Anm. 93 zu § 69 m. w. N.). Die für andere Vssparten möglichen abweichenden Parteivereinbarungen (Sieg a. a. O.) spielen im Haftpflichtvsbereich deshalb keine Rolle, weil der dort bestehende Befreiungsanspruch ohnedies (von den Ausnahmefällen einer Umwandlung in einen Zahlungsanspruch abgesehen) nach der Natur der Sache nicht sinnvoll an einen anderen als den geschädigten Dritten abgetreten werden kann (vgl. dazu Anm. G 4 und zur systematischen Abgrenzung Bd IV Anm. B 52–53 m. w. N.; dafür, daß eine Abtretung der Zustimmung des Vers bedarf, vgl. § 3 IV AKB und dazu Anm. B 22).

[D 49] ff) Anzeigeobliegenheit

Nach § 71 I 1 ist die Veräußerung dem Ver unverzüglich anzuzeigen. Die Anzeige obliegt sowohl dem alten wie dem neuen Vmer. Für Einzelheiten, insbesondere auch dazu, daß die Verletzung dieser Obliegenheit regelmäßig entgegen dem Wortlaut des § 71 I 2 in der Kraftfahrzeughaftpflichtv keine Leistungsfreiheit des Vers auslöst, vgl. Anm. F 76.

[D 50] gg) Kündigungsrechte aus Anlaß einer Veräußerung

aaa) Kündigungsrecht des Versicherers

Nach § 70 I 1 ist der Ver berechtigt, dem Erwerber das Vsverhältnis unter Einhaltung einer Frist von einem Monat zu kündigen. Diese gesetzliche Regelung wird in § 6 II AKB wiederholt. Bemerkenswert ist, daß es dazu unter II, 6 der geschäftsplanmäßigen Erklärungen (Anm. A 5) heißt, daß von diesem Kündigungsrecht nur Gebrauch gemacht werde, wenn hinsichtlich des Erwerbers begründete erhebliche Bedenken bestehen, wenn die Fortsetzung des Vertrages einem sachlich oder örtlich beschränkten Geschäftsplan entgegensteht oder wenn der Erwerber die Zahlung eines im Tarif vorgesehenen Beitragszuschlags ablehnt. Diese Regelung in den geschäftsplanmäßigen Erklärungen ist zum Schutz des Erwerbers gedacht, so daß sie in den Kreis derjenigen Bestimmungen einzuordnen ist, die unmittelbar zugunsten des Vmers vertragliche Rechte im Sinne von BGH 13.VII.1988 BGHZ Bd 105 S. 140–153 [150–153] auslösen (vgl. dazu Anm. A 17 m. w. N.). Indessen ergibt eine wertende Betrachtung, daß es sich bei dieser Bestimmung der geschäftsplanmäßigen Erklärungen nur teilweise um eine vertragliche Abänderung des Gesetzes zugunsten des Vmers handelt, nämlich nur für die Fahrzeugv. Für die Kraftfahrzeughaftpflichtv ist zu bedenken, daß aus dem Gesichtspunkt des Rechtsmißbrauchs das ordentliche Kündigungsrecht des Vers in denjenigen Fällen ausgeschlossen ist, in denen er einem sogleich gestellten Antrag des Vmers auf Neuabschluß wegen des Annahmezwanges entsprechen müßte (vgl. BGH 20.IX.1981 VersR 1982 S. 259–260 und Anm. D 17). Diese Überlegungen gelten auch für das Kündigungsrecht des Vers im Veräußerungsfall. Zwar handelt es sich dabei um ein außerordentliches Kündigungsrecht. Dieses ist aber nicht von einem vertragswidrigen Verhalten des Vmers oder wie im Schadenfall von einer Leistung des Vers abhängig, sondern beruht in seiner gesetzlichen Ausgestaltung auf dem Gedanken, daß dem Ver auf Dauer die Wahl seines Vertragspartners erhalten bleiben soll. Gerade dieses Prinzip gilt aber für die Kraftfahrzeughaftpflichtv nicht. Demgemäß kommt der Regelung in II, 6 der geschäftsplanmäßigen Erklärungen für die Kraftfahrzeughaftpflichtv nur deklaratorische Bedeutung zu, während sie für die Fahrzeugv ergänzendes Vertragsrecht darstellt. Wünschenswert wäre es allerdings, wenn zum Verständnis des Vmers diese Bestimmung in die AKB eingearbeitet werden würde (vgl. zum entsprechenden Problem bei § 4 I a AKB Anm. D 17). Die Formulierung „wenn hinsichtlich des Erwerbers begründete erhebliche Bedenken bestehen" ist im übrigen als Kurzfassung des 5 IV Ziff. 4 PflichtvsG zu verstehen und demgemäß in voller Übereinstimmung mit dieser Bestimmung zu interpretieren.

[D 51] bbb) Kündigungsrecht des Erwerbers

Hier ergeben sich aus den Bestimmungen über die Pflichthaftpflichtv keine Besonderheiten, so daß vollen Umfangs auf die Ausführungen bei Bruck—Möller—Sieg Bd II Anm. 26—40 zu § 70 verwiesen werden kann.

[D 52] hh) Prämienzahlungspflicht

Zur Prämienzahlungspflicht im Falle der Veräußerung und einer Kündigung durch den Ver oder den Erwerber vgl. Anm. E 24.

E. Rechtspflichten des Versicherungsnehmers

Gliederung:

Schrifttum E 1

I. Vorbemerkung E 2

II. Tarifbindung in der Kfz-Haftpflichtv E 3 – 8
　1. Tarifgrundlagen und Überprüfbarkeit E 3
　2. Rechtliche Einordnung der Abweichungen vom Tarif E 4 – 8
　　(weitere Untergliederung vor E 4)

III. Berechnungsgrundsätze für die Tarifprämie E 9 – 19
　1. Grundlegung E 9
　2. Einzelheiten E 10 – 19
　　(weitere Untergliederung vor E 10)

IV. Fälligkeit E 20

V. Dauer der Prämienzahlungsverpflichtung E 21 – 27
　1. Vorbemerkung E 21
　2. Sonderregelungen E 22 – 27
　　(weitere Untergliederung vor E 22)

VI. Verlust des Vsschutzes wegen Zahlungsverzuges E 28 – 32
　1. Erstprämienverzug E 28
　2. Nichtzahlung einer Folgeprämie E 29 – 32
　　(weitere Untergliederung vor E 29)

[E 1] Schrifttum:

Grundlegend Bruck-Möller Bd 1 Anm. 1 – 65 zu § 35 m. w. N. sowie Anm. 1 – 28 zu § 38 und 1 – 52 zu § 39. Zur weiteren Entwicklung vgl. Bruck-Möller-Winter Lebensv Anm. E 123 – 164. Zu Spezialproblemen: Bischoff VW 1952 S. 527 – 528, ders. VW 1954 S. 147 – 148, Conradt-Golz-Hoenen, Tarifbestimmungen in der Kraftfahrzeug-Haftpflichtv, Karlsruhe 1991 (zit. Conradt-Golz-Hoenen), Fenyves VersR 1985 S. 797 – 806, Frick ZfV 1952 S. 304 – 305, Hackspiel NJW 1989 S. 2166 – 2171, Heiss VersR 1989 S. 1125 – 1128, Helberg VW 1952 S. 282 – 283, Hoegen VersR 1987 S. 221 – 226, Johannsen VersArch 1956 S. 280 – 364 m. w. N., ders. VersArch 1958 S. 67 – 71, Kalischko VersR 1988 S. 1002 – 1005, Kaulbach VersR 1985 S. 655 – 656, ders. VersR 1988 S. 15 – 17, ders. VersR 1988 S. 566 – 567, Kramer VersR 1970 S. 599 – 603, Möller Festschrift für Klingmüller, Karlsruhe 1974, S. 301 – 316, Papier ZVersWiss 1982 S. 461 – 500, E. Prölss NJW 1954 S. 1573 – 1574, ders. VersR 1963 S. 428 – 429, ders. VersR 1963 S. 469 – 470, J. Prölss, Festschrift für Klingmüller a. a. O., S. 355 – 374, ders. VersR 1988 S. 347 – 349, Reichert-Facilides VersR 1955 S. 65 – 66, Schuster, Symposium „80 Jahre VVG", Karlsruhe 1988, S. 72 – 92, Sieg BB 1987 S. 2249 – 2250, ders. VersR 1988 S. 309 – 312, Würffel VW 1953 S. 206 – 207, ders. VersArch 1958 S. 64 – 67.

[E 2] I. Vorbemerkung

Die Verpflichtung des Vmers zur Zahlung des Vsbeitrags (in der Praxis zumeist Vsprämie genannt) ist in der Kfz-Haftpflichtv wie in allen anderen Sparten auch die **Hauptpflicht** des Vmers. Angesichts der umfassenden Erörterung der in diesem Zusammenhang bestehenden Problematik durch Möller in Bruck-Möller Bd I in den Bemerkungen zu §§ 35 – 42 wird davon abgesehen, diese Grundsätze im Bereich der Kfz-Haftpflichtv extensiv zu wiederholen. Vielmehr sollen im folgenden tunlichst nur die Besonderheiten angesprochen werden, die aus den **Struktureigenarten** der Kfz-Haftpflichtv und dem **Vertragsverbund** mit anderen Sparten der Kraftfahrtv folgen. Dabei ist zu bedenken, daß zum 1.VII.1994 eine **Aufhebung der Tarifgenehmigungspflicht** mit Rücksicht auf die vorgesehene Liberalisierung der

Vsmärkte im EG-Bereich zu erwarten ist (vgl. Anm. A 22). Mit Rücksicht darauf erfolgt die Darstellung der sich aus der heute noch ergebenden Problematik einer solchen Tarifbindung in gestraffter Form. Das läßt sich um so mehr verantworten, als in dem 1991 erschienenen Loseblatt-Kommentar von Conradt-Golz-Hoenen zu den Tarifbestimmungen in der Kraftfahrzeug-Haftpflichtv eine erschöpfende Darstellung gegeben wird.

[E 3] II. Tarifbindung in der Kfz-Haftpflichtversicherung
1. Tarifgrundlagen und Überprüfbarkeit

In § 8 I PflichtvsG heißt es, daß die im Geltungsbereich dieses Gesetzes zum Betrieb der Kfz-Haftpflichtv befugten Ver seit dem 1.I.1968 Vsverträge nach § 1 PflichtvsG nur auf der Grundlage von Tarifen (Beiträgen und Tarifbestimmungen) abschließen dürfen, die nach Maßgabe des § 8 II PflichtvsG behördlich genehmigt sind. Ergänzend bestimmt § 8 II 1 PflichtvsG, daß für die Erteilung der Genehmigung der Tarife die Aufsichtsbehörde zuständig ist. Nach § 8 II 2 PflichtvsG gelten die Tarife nicht als Bestandteil des Geschäftsplans im Sinne der §§ 5 und 13 VAG. Wesentliche Einzelheiten über die Bildung dieser Tarife sind in der Verordnung über die Tarife in der Kfz-Haftpflichtv vom 5.XII.1984 enthalten (letzte Gesamtfassung vom 16.VII.1990 in VA 1991 S. 101 – 134, ergänzt durch die 4. VO zur Änderung der VO der Tarife in der Kfz-Haftpflichtv vom 16.VII.1991 BGBl. I S. 1535, 1574 = VA 1991 S. 388). In der Kfz-Haftpflichtv gibt es demgemäß eine Preisbindung im engeren Sinne nach Maßgabe eines sogenannten Einheitstarifs nicht mehr. Vielmehr ist auf diesem Vssektor seit dem 1.I.1968 ein Wettbewerb durch unterschiedliche Prämienangebote zu konstatieren. Zu beachten ist aber, daß diese unterschiedlichen Prämiensätze auf von dem BAV genehmigten Tarifen beruhen und daß die Ver in der Ausgestaltung dieser Tarife nicht frei sind. Vielmehr schreibt ihnen die erwähnte TarifVO eine ins einzelne gehende Berechnung und Kalkulation dieser Tarife vor.

Darauf beruht es z. B., daß es den Vern nicht gestattet worden ist, auf die Staatsangehörigkeit eines Vmers als für den Tarifbeitrag erhebliches Gefahrenmerkmal abzustellen (vgl. dazu BVerwG 17.V.1988 VA 1988 S. 367 – 372 Nr. 855 = VersR 1988 S. 817 – 820). Ein derartiger Versuch war von verschiedenen Vern zum Nachteil türkischer, jugoslawischer und griechischer Staatsangehöriger unternommen worden. Zur Begründung für die Ablehnung hat das Gericht sich dabei darauf bezogen, daß das Merkmal der Staatsangehörigkeit in der TarifVO nicht vorgesehen sei und insbesondere auch nicht aus § 6 TarifVO hergeleitet werden könne (vgl. dazu ergänzend die Beschlußkammerentscheidung 3.IV.1984 VA 1984 S. 331 – 337 = VersR 1985 S. 653 – 655, die entgegen der Auffassung von Kaulbach a. a. O. S. 656 auch durchaus zutreffend auf die rechtspolitische Brisanz eines solchen fremdenfeindlichen Vorgehens hingewiesen hat; dafür, daß eine solche Tarifausgestaltung entgegen der von Papier ZVersWiss 1982 S. 488 – 491 vertretenen Auffassung auch gegen Art. 7 EWG-Vertrag verstößt und damit gegenüber EG-Staatsangehörigen unwirksam sein dürfte, vgl. EuGH 2.II.1989 NJW 1989 S. 2183 – 2184 [nicht vsrechtliche Entscheidung, durch die die Gegenseitigkeitserfordernisse in Opferschutzgesetzen im Verhältnis zu EG-Bürgern als Verstoß gegen das aus Art. 7 EWG-Vertrag folgende Diskriminierungsverbot beurteilt worden sind; dazu Hackspiel NJW 1989 S. 2166 – 2171]).

Andererseits dürfen in der TarifVO aufgrund der gesetzlichen Ermächtigungsgrundlage in § 9 I 1 PflichtvsG nur Kalkulationsgrundsätze und -methoden geregelt sein, nicht aber der Umfang des materiellen Vsschutzes selbst, insbe-

II. 1. Tarifgrundlagen und Überprüfbarkeit   Anm. E 3

sondere nicht die Vorgabe bestimmter Höchstvssummen (so BVerwG 27.III.1984 VA 1984 S. 305–309 Nr. 783, vgl. dazu Anm. G 27). Die Darstellung der Einzelheiten dieser sehr komplizierten Regelung ist gewiß nicht ohne Reiz. Es liegt ein eigenartiges Mischgebilde vor, das dominierend von betriebswirtschaftlichen Fakten bestimmt wird. Der Kalkulation sind im Regelfall die Schadenergebnisse der ganzen Kraftfahrzeughaftpflichtvsbranche (§ 10 II TarifVO) und die Kostenstruktur des einzelnen Vers zugrundezulegen (§ 12 TarifVO). Es kann aber auch der eigene Schadenverlauf eines Vers berücksichtigt werden, wenn dieser in den letzten drei Jahren niedriger war als der vergleichbare Schadenbedarf (§ 10 IV TarifVO). War der Schadenverlauf des einzelnen Vers im letzten gemäß § 9 TarifVO erfaßten Kalenderjahr höher als der allgemeine Schadenbedarf, so ist der Ver unter Umständen nach § 10 V TarifVO aufsichtsrechtlich verpflichtet, bei seiner Kalkulation von diesem eigenen höheren Schadenbedarf auszugehen (dieses auf den Schadenverlauf im Bestand der jeweiligen Vers abstellende Kalkulationsprinzip dürfte sich bei einer weiteren Liberalisierung des EG-Vsverkehrs auch für den Bereich der Kraftfahrzeughaftpflichtvsbranche in Zukunft durchsetzen; denn vom EuGH 27.I.1987 VersR 1987 S. 169–173 ist eine am Schadenbedarf der gesamten Branche orientierte Prämienerhöhungsempfehlung im Bereich der Feuerv als gegen Art. 85 EWG-Vertrag verstoßend eingeordnet worden).

Dem Vmer ist es verwehrt, auf die Entstehung des behördlich genehmigten Tarifs des Vers Einfluß zu nehmen. Insbesondere kann sich der Vmer nicht an Verwaltungsgerichtsverfahren zur Genehmigung der Tarife oder von Tarifänderungen erfolgreich beteiligen, da er dabei nicht in seinen Rechten im Sinne des Verwaltungsgerichtsverfahrens berührt wird; ihm steht keine Klagbefugnis gegen eine Tarifgenehmigung zu, so daß sein diesbezügliches Begehren unzulässig ist (vgl. nur BVerwG 25.XI.1986 VA 1987 S. 158–162 Nr. 830 = VersR 1987 S. 320–322 und die dazugehörige Beschlußkammerentscheidung 7.XII.1981 VA 1982 S. 303–305, ebenso schon Beschlußkammerentscheidung 13.VII.1979 VA 1979 S. 307–311; vgl. ferner VwG Köln 9.V.1967 VersR 1968 S. 462–463 und [zur privaten Krankenv] BVerwG 16.VII.1968 BVerwGE Bd 30 S. 135–137 = VersR 1969 S. 25–26; dafür, daß die vom BVerwG 25.XI.1986 a. a. O. vertretene Auffassung, daß dem Vmer in der Kraftfahrzeughaftpflichtv mangels entsprechender subjektiver Rechte keine Klagebefugnis gegen eine Tarifgenehmigung zustehe, verfassungsrechtlich nicht zu beanstanden ist, vgl. BVerfG 6.VII.1989 NJW 1990 S. 2249–2250 = VA 1990 S. 208–209 Nr. 872).

Vom BVerwG 25.XI.1986 a. a. O. ist allerdings ausgeführt worden, daß dem Vmer eine Überprüfung des Tarifs im Zivilverfahren auf seine Angemessenheit unbenommen bleibe. Vom LG Freiburg 16.XI.1978 VersR 1979 S. 537–539 wird in diesem Zusammenhang die Auffassung vertreten, daß das Zivilgericht grundsätzlich an den genehmigten Tarif gebunden sei, so daß eine Überprüfung nur in der Richtung möglich sei, daß die Genehmigung so eklatant gegen das geltende Recht verstoße, daß sie wegen eines besonders schweren Fehlers als nichtig anzusehen sei (verneint für die Genehmigung eines Regionalklassensystems). Gegen eine solche Angemessenheitsprüfung ließe sich auch die zum Lebensvsrecht ergangene Entscheidung BGH 8.VI.1983 BGHZ Bd 87 S. 346–358 anführen, nach der dem Vmer kein Auskunftsrecht gegenüber dem Ver bezüglich der Ermittlung des Rückkaufswertes zustehe, da die Kontrolle hier vielmehr grundsätzlich allein vom BAV im Rahmen des genehmigten Geschäftsplanes und der genehmigten Tarife ausgeübt werde. Andererseits ist zu bedenken, daß es eine feste höchstrichterliche Rechtsprechung gibt, daß die Tarife von Unternehmen, die — im Rahmen eines privatrechtlich ausgestalteten Benutzungsverhältnisses — Leistungen der Daseinsvorsorge anbieten, auf deren Inanspruchnahme der andere Vertragsteil im Bedarfsfall angewiesen ist, grundsätzlich der Billigkeitskontrolle nach § 315 III BGB unterworfen sind (vgl. nur BGH 27.X.1972 DVBl. 1974 S. 558−562 [betr. Landegebühren auf deutschen Flughäfen] und 10.X.1991 NJW 1992 S. 171−174 [betr. tarifliche Abwasserentgelte], beide mit umfangreichen w. N.).

Dieses Prinzip gilt auch für die Kraftfahrzeughaftpflichtv. Dagegen läßt sich nicht einwenden, daß der Ver schließlich zur Anwendung der genehmigten Tarife öffentlich-rechtlich gemäß § 8 PflichtvsG verpflichtet sei und durch eine Abweichung davon eine Ordnungswidrigkeit gemäß § 11 PflichtvsG begehen würde. Denn es fehlt an dem objektiven Tatbestand einer solchen Ordnungswidrigkeit, wenn ein Zivilgericht eine Regelung als unbillig im Sinne des § 315 III BGB einstuft. Es ist allerdings zu betonen, daß es sich bei diesen Überlegungen nur um eine theoretische Grundlagenbestimmung handelt. Denn in dem noch geltenden wohldifferenzierten Tarifsystem der Kraftfahrzeughaftpflichtv sind Unbilligkeiten im Sinne des § 315 III BGB nicht zu Tage getreten. Das Gesagte bedeutet, daß der Vmer den Tarif des Vers in der genehmigten Fassung bei den heutigen Lebensverhältnissen im Regelfall als vertragliche Grundlage hinnehmen muß. Für den Fall nachträglicher Prämienerhöhungen ist der Vmer überdies optimal durch das ihm gemäß § 31 eingeräumte Kündigungsrecht geschützt (dazu Anm. D 25).

[E 4] 2. Rechtliche Einordnung der Abweichungen vom Tarif

Gliederung:

a) Verneinung einer Nichtigkeit gemäß § 134 BGB E 4
b) Tarifunterschreitungen E 5−7
   aa) Im Einvernehmen zwischen Ver und Vmer E 5
   bb) Aufgrund unrichtiger Angaben des Vmers E 6−7
      aaa) Ergänzender Zahlungsanspruch des Vers E 6
      bbb) Unwirksamkeit der Verdoppelungsregelung aus Nr. 20 II 1, 3 TB-KH E 7
c) Überschreitungen der Tarifprämie E 8

Es fragt sich, welche rechtlichen Konsequenzen ein Verstoß gegen die in § 8 I PflichtvsG verankerte Regelung auslöst, daß die Ver Vsverträge nach § 1 nur auf der Grundlage von Tarifen (Beiträgen und Tarifbestimmungen) abschließen dürfen, die nach Maßgabe des Absatzes 2 behördlich genehmigt sind. Theoretisch denkbar wäre eine Interpretation dieses Vorganges in der Weise, daß der unter Verstoß gegen den Tarif abgeschlossene Vertrag zivilrechtlich nichtig ist. Entscheidet man sich mit den nachfolgenden Ausführungen dafür, eine solche Nichtigkeit zu verneinen, so ist zu untersuchen, ob die getroffenen Vereinbarungen gelten oder ob der Vertrag nur nach Maßgabe der Tarifbestimmungen als gültig behandelt werden kann (vgl. dazu Anm. E 5).

a) Verneinung einer Nichtigkeit gemäß § 134 BGB

Von der h. M. im Schrifttum und in der Rechtsprechung wird ein unter Verstoß gegen § 8 PflichtvsG geschlossener Vsvertrag grundsätzlich **nicht als nichtig** angesehen; vielmehr wird ein solcher Vertrag als wirksam mit der Maßgabe bewertet, daß gemäß § 139 BGB abweichend von dem geäußerten Parteiwillen die im Tarif vorgesehene Prämie geschuldet werde (vgl. nur Asmus Kraftfahrtv[5] S. 141, Bauer Kraftfahrtv[2] Anm. 68, S. 15, Conradt-Golz-Hoenen Einf. Anm. 8, TB Nr. 1 Anm. 15−17 [allerdings mit der Einschränkung in Anm. 16, daß in Einzelfällen eine Prämiennachforderung durch den Ver gegen Treu und Glauben verstoßen könne],

II. 2. Rechtliche Einordnung der Abweichungen vom Tarif — Anm. E 4

Pienitz-Flöter[4] Anm. A VI zu § 1 AKB, S. 14, Prölss-Martin-Knappmann[25] Anm. 2 zu § 35, S. 279, OLG Koblenz 19.II.1976 VersR 1976 S. 977–978, LG Freiburg 16.XI.1978 VersR 1979 S. 537–539, OLG Hamm 13.VII.1979 VersR 1980 S. 861, AG Köln 26.II.1981 r + s 1986 S. 55, AG Sinzig 16.IV.1985 VersR 1987 S. 1082–1083 = ZfS 1988 S. 17–18, AG Offenburg 23.IV.1985 ZfS 1985 S. 339–340, OLG Hamm 16.I.1987 r + s 1987 S. 182–186 [184] = ZfS 1988 S. 252 [gek.], OLG Hamm 10.II.1988 r + s 1988 S. 95–96, OLG München 23.II.1988 NJW-RR 1989 S. 96 = VersR 1988 S. 1290 [nur L. S.], LG Wuppertal 22.VI.1990 VersR 1991 S. 94–95 = ZfS 1991 S. 96 [gek.], LG Aachen 7.XI.1990 VersR 1991 S. 1047; anders AG Lübeck 28.VII.1980 VersR 1981 S. 627–628 [ohne Problemerörterung], LG München 5.XI.1980 VersR 1983 S. 361 = ZfS 1983 S. 181). Von diesem Ergebnis nimmt Asmus a. a. O. den Fall aus, daß sowohl der Ver als der Vmer bewußt von dem im Tarif genehmigten Beitrag abweichen. Das hat nach Asmus eine Nichtigkeit des Vertrages zur Folge, da die Unterstellung eines anderen mutmaßlichen Parteiwillens gemäß § 139 BGB nicht zutreffe.

Der h. M. ist nur insoweit beizupflichten, als keine Nichtigkeit des Vsvertrages gegeben ist. Das gilt auch für den von Asmus a. a. O erwähnten Ausnahmefall, daß nicht nur der Ver weiß, daß er von dem Tarif abweicht, sondern daß eine solche Kenntnis auch bei dem Vmer gegeben ist. Im PflichtvsG findet sich keine spezielle Vorschrift, die die Frage regelt, ob ein gegen § 8 PflichtvsG verstoßender Vertrag nichtig ist. Mangels einer solchen Bestimmung muß darüber demgemäß nach allgemeinen zivilrechtlichen Grundsätzen unter besonderer Berücksichtigung des Sinns und Zwecks der tariflichen Bindungsregelung entschieden werden. Maßgebend sind dabei die zu § 134 BGB entwickelten Kriterien. Nach dieser Vorschrift ist ein Rechtsgeschäft, das gegen ein gesetzliches Verbot verstößt, nichtig, wenn sich nicht aus dem Gesetz etwas anderes ergibt. Das bedeutet, daß insbesondere zu berücksichtigen ist, welchen Stellenwert der Gesetzgeber dieser Tarifbindungsregelung beigemessen hat. Ein Anhaltspunkt für die rechtliche Einordnung kann dabei auch eine eventuelle straf- oder ordnungsrechtliche Sanktion eines gegen eine solche Norm gerichteten Verhaltens darstellen. Die Rechtsprechung des BGH zu § 134 BGB (nicht vsrechtliche Fälle) geht dahin, daß eine für alle Beteiligten geltende Straf- oder Bußgeldandrohung einen gewichtigen Anhaltspunkt dafür gibt, daß die Rechtsordnung verbotswidrigen Verträgen die Wirksamkeit versagen will; richtet sich ein gesetzliches Verbot hingegen nur gegen einen der Geschäftspartner, so tritt Nichtigkeit nur ausnahmsweise ein (BGH 26.XI.1980 NJW 1981 S. 1204–1206, 22.IX.1983 NJW 1984 S. 230–232, 19.I.1984 NJW 1984 S. 1175–1176, 17.I.1985 BGHZ Bd 93 S. 264–271, 5.V.1992 NJW 1992 S. 2557–2560, sämtlich m. w. N.). Bedeutsam ist in diesem Zusammenhang § 11 I Ziff. 1 PflichtvsG. Nach § 11 I Ziff. 1a PflichtvsG handelt ordnungswidrig, wer vorsätzlich oder fahrlässig als Inhaber oder Angehöriger eines Unternehmens Vsverträge abschließt oder vermittelt oder sonst als Vermittler Beiträge oder Leistungen für die Kraftfahrtv fordert, verspricht, vereinbart, annimmt oder gewährt, die einem Tarif entsprechen, für den die nach diesem Gesetz erforderliche Genehmigung nicht vorliegt. Ebenso begeht eine Ordnungswidrigkeit nach § 11 I Ziff. 1b PflichtvsG, wer als Angehöriger der genannten Personengruppe dem Vmer neben den Leistungen aufgrund des Vsvertrages Zuwendungen oder sonstige Vergünstigungen verspricht oder gewährt oder mit diesem vereinbart. Das Gesagte bedeutet, daß ein Verstoß gegen § 8 I PflichtvsG nur für den Ver aus öffentlich-rechtlicher Sicht Konsequenzen im Sinne einer Ahndung als Ordnungswidrigkeit auslöst, nicht aber für den Vmer. Dieser Gedankengang ist bedeutsam für die Bewertung eines solchen Verhaltens des Vmers. In seinem Interesse liegt es, den Vertrag als wirksam zu behandeln. Entscheidend ist in diesem Zusammenhang auch, daß der Gesetzgeber die Vspflicht eingeführt hat, um ein möglichst lückenloses Schutzsystem für begründete Schadenersatzansprüche aus dem Gebrauch von Kraftfahrzeugen zu schaffen. Dem würde es widersprechen, einen Kraftfahrzeughaftpflichtvsvertrag wegen eines Abweichens von dem genehmigten Tarif als nichtig zu behandeln.

[E 5] b) Tarifunterschreitungen

aa) Im Einvernehmen zwischen Versicherer und Versicherungsnehmer

Nach den Ausführungen in Anm. E 4 ist zwar davon auszugehen, daß eine vom Tarif abweichende Prämienabsprache der Parteien nicht zur Unwirksamkeit des Vsvertrages im Bereich der Kfz-Haftpflichtv gemäß § 134 BGB führt. Zu klären bleibt aber, ob das zur Konsequenz hat, daß die individuelle Abrede über die Preisgestaltung gilt (so als Ausnahmeentscheidung LG München 5.XI.1980 VersR 1983 S. 361 mit der Annahme, daß die abweichende Vereinbarung einer niedrigeren Prämie zwar den Parteien nicht möglich sei, die Nachforderung durch den Ver aber gegen Treu und Glauben verstoße) oder ob sich gemäß der herrschenden Meinung der dem Ver nach § 8 I PflichtvsG vorgeschriebene Tarif gegenüber den Parteiabsprachen durchsetzt (so die in Anm. E 4 zitierten Nachweise). Für die Annahme eines wirksamen Vertragsabschlusses nach Maßgabe nicht der in Aussicht genommenen Prämie, sondern des im Tarif für das betreffende Fahrzeug ausgewiesenen Beitrags spricht die Überlegung, daß im echten Preisbindungsbereich durchweg von der Rechtsprechung die dagegen verstoßenden Verträge zu den zulässigen Preisen aufrechterhalten worden sind (vgl. dazu die Nachweise bei Palandt-Heinrichs[51] Anm. 26 zu § 134 BGB und speziell zu dem Einheitstarif in der Kraftfahrzeughaftpflichtv Bruck-Möller Bd I Anm. 44 zu § 22 m. w. N.; vgl. für die Zeit der strengen Preisbindung in der Kraftfahrtv auch LG Braunschweig 22.IV.1954 NJW 1954 S. 1573–1575 = VersR 1954 S. 362–363). Indessen ist zu beachten, daß sich § 8 I PflichtvsG ausdrücklich nur an den Ver und nicht an den Vmer wendet. Der Vmer handelt demgemäß nicht ordnungswidrig, wenn er mit dem Ver eine niedrigere Prämie als die in dem Tarif vorgesehene vereinbart. Bei der diese Konsequenz aus der Grundnorm des § 8 I ziehenden Bestimmung des § 11 I PflichtvsG handelt es sich nicht etwa um ein Versehen, sondern um eine bewußte Entscheidung des Gesetzgebers. Das ergibt deutlich Begr. IV S. 24, wo es heißt, daß die Bußgeldvorschrift sich nur gegen den Ver und den Vsvermittler richte, nicht aber gegen den Vmer; sie solle die Einhaltung der genehmigten Tarife und der bestimmten Höchstsätze der Vergütungen der Vsvermittler sicherstellen.

Diese Abkehr von den Restbeständen des früher fast alle Lebensbereiche umfassenden strengen Preisrechts zu der moderaten Form genehmigter Unternehmenstarife wird z. B. vom OLG Koblenz 19.II.1976 VersR 1976 S. 977–978 übersehen, wenn es in Übereinstimmung allerdings mit fast allen in Anm. E 4 zitierten Entscheidungen ohne Beleg im Gesetzestext von einer sich auch an den Vmer wendenden Norm ausgeht. Es gibt vielmehr keine gesetzliche Vorschrift, die es dem Vmer verbietet, mit dem Ver unterhalb der Tarifprämie zu kontrahieren. Erkennt man demgemäß, daß der Vmer kein Unrecht tut, wenn er dergestalt handelt, und daß der Ver nur eine verwaltungsrechtliche Ordnungswidrigkeit begeht, so ist es gewiß konsequent, mit der h. M. eine Nichtigkeit nach § 134 BGB zu verneinen (vgl. Anm. E 4). Aus dieser Erkenntnis folgt aber zugleich die Unanwendbarkeit des § 134 BGB für Fälle der vorliegenden Art überhaupt, so daß auch die von der Rechtsprechung in den Zeiten strenger Preisbindung entwickelte Modifikation in der Form einer Anpassung an das preisrechtlich zulässige Entgelt nicht zum Tragen kommt. Demge-

II. 2. Rechtliche Einordnung der Abweichungen vom Tarif   Anm. E 6

mäß sind derartige Vsverträge als wirksam nach Maßgabe der vereinbarten Prämie zu behandeln. — Den öffentlich-rechtlichen Verstoß, den der Ver durch den Abschluß eines Vertrages zu einer zu niedrigen Prämie begangen hat, muß er zivilrechtlich in der Weise in Ordnung bringen, daß er den Vertrag fristgemäß aufkündigt. Das kann das BAV von ihm im Rahmen der Aufsichtsprinzipien verlangen. In einem solchen Fall kann sich der Vmer nicht darauf berufen, daß dem Ver doch ansonsten nach dem Sinn und Zweck des Annahmezwangs das Recht zum Ausspruch einer ordentlichen Kündigung nicht zusteht (vgl. dazu auch Anm. D 17). — Es erscheint als angebracht, den zivilrechtlichen Grundsatz auch hier zur Anwendung zu bringen, daß ein Abweichen vom Tarif oder vom Geschäftsplan regelmäßig nicht die zivilrechtliche Wirksamkeit des Vsvertrages berührt (vgl. für das Abweichen vom Tarif in solchen Vszweigen, in denen dieser Tarif zum Geschäftsplan gehört, Möller in Bruck-Möller Bd I Anm. 20 zu § 35). Das Gesagte muß auch dann gelten, wenn der Vmer wußte, daß der Ver durch eine solche Abweichung — verwaltungsrechtlich betrachtet — eine Ordnungswidrigkeit begeht. Der Ordnungsgedanke, der hinter der Tarifbindungsvorschrift steht, ist nicht als so hoch zu bewerten, daß die zivilrechtliche Vertragsautonomie dadurch beeinträchtigt wird. Von den in Anm. E 4 zitierten Autoren und Entscheidungen wird nicht hinreichend beachtet, daß sich nach Aufhebung der strengen Preisbindung frühere Präjudizien nicht mehr als Begründung für die entgegengesetzte Auffassung verwenden lassen und daß es sich um eine Ordnungsvorschrift handelt, die allein an den Ver gerichtet ist. Gegen diese Auffassung könnte eingewendet werden, daß doch schließlich § 10 PflichtvsG vorsehe, daß bei einer Genehmigung einer Tarifänderung dieser geänderte Tarif auch auf die in diesem Zeitpunkt bestehenden Vsverhältnisse ab Beginn der nächsten Vsperiode Anwendung finde (es sei denn, daß in dem Tarif oder bei der Erteilung der Genehmigung etwas anderes bestimmt wird, vgl. dazu Anm. C 33). Indessen ist diese Vorschrift dahin zu interpretieren, daß sie lediglich die öffentlich-rechtliche Seite in dem Sinne betrifft, daß es den Vern dadurch ermöglicht wird, vertragliche Regelungen zu schaffen, nach denen eine derartige Änderung des Tarifs entgegen ansonsten geltenden Grundsätzen auch für laufende Vsverträge durchgesetzt werden kann. Die dazugehörige vertragliche Transformationsklausel ist § 9 a I AKB, der aus dieser Sicht der Dinge eine unentbehrliche vertragliche Ergänzung des § 10 PflichtvsG darstellt (vgl. dazu BGH 1.III.1974 VA 1974 S. 101–104 Nr. 653 = VersR 1974 S. 459–462 und besonders deutlich BVerwG 25.XI.1986 VA 1987 S. 158–162 Nr. 830 = VersR 1987 S. 320–322). Angesichts dieser begrenzten Zielsetzung ist eine entsprechende Anwendung auf solche Fälle, in denen anfänglich vom Tarif zugunsten des Vmers abgewichen worden ist, mit „rückwirkender Kraft" gewiß nicht möglich.

[E 6] bb) Aufgrund unrichtiger Angaben des Versicherungsnehmers
      aaa) Ergänzender Zahlungsanspruch des Versicherers

Denkbar ist auch, daß eine unzutreffende Einordnung des Fahrzeuges dadurch erfolgt, daß der Vmer schuldhaft oder (kaum vorstellbar) schuldlos unrichtige Angaben über die nach den Einordnungsprinzipien des Tarifs maßgebenden Fakten gemacht hat (vgl. dazu Anm. E 9–19). Hier liegt eine vom Ver ungewollte Abweichung vom Tarif vor. Es fragt sich, ob diese in der Weise zu korrigieren ist, daß es in solchen Fällen auf die objektive Einordnung ankommt. Das würde bedeuten, dem Ver nach den Besonderheiten des Pflichtvssystems einen ergänzenden Zahlungsanspruch so zuzusprechen, als wenn der Vmer zutreffende Angaben gemacht hätte. In diesem Zusammenhang ist auf BGH 28.II.1963 BGHZ Bd 39

Anm. E 7 E. Rechtspflichten des Versicherungsnehmers

S. 151−155 zu verweisen. In diesem Urteil ist unter ausdrücklicher Aufgabe der früher entgegengesetzten Auffassung (vgl. BGH 2.IV.1952 VersR 1952 S. 175) für einen Fall einer nicht angezeigten Verwendungsänderung im Sinne des § 2 II a AKB dem den Vsschutz versagenden Ver ein Anspruch auf eine Anpassung der Prämie an das tarifmäßig zu leistende Entgelt versagt worden. Diese Entscheidung wird aber wesentlich von der Überlegung getragen, daß das Äquivalenzverhältnis zwischen den Leistungen des Vers und denen des Vmers gestört werde, wenn der Ver einerseits wegen der Verwendungsänderung den Vsschutz versage und den Vsvertrag demgemäß fristlos kündige, andererseits aber dennoch die volle Prämie begehre.

Billigt man diese Entscheidung (entgegen der ablehnenden Anm. von Prölss VersR 1963 S. 428−429), so ist wesentlich, ob der Ver bei anfänglich unrichtigen Angaben bei dem Vertrag stehenbleibt oder nicht. Löst sich der Ver nicht von dem Vertrag durch einen Rücktritt wegen Verletzung der vorvertraglichen Anzeigelast (oder gar durch Erklärung einer Anfechtung wegen arglistiger Täuschung), so ist das Äquivalenzverhältnis im Sinne der BGH-Entscheidung nicht gestört (dafür, daß dem Ver, der teilweise auf das Recht zur Auflösung des Vsvertrages wegen Verletzung der vorvertraglichen Anzeigelast in § 20 II TB-KH verzichtet hat, die im Tarif vorgesehene Verdoppelung der Prämie nicht zusteht, vgl. Anm. E 7). Das bedeutet, daß dem Ver unter entsprechender Anwendung des § 41 ein ergänzender Zahlungsanspruch zuzubilligen ist. Zwar findet diese Vorschrift nach ihrem Wortlaut nur in denjenigen Fällen Anwendung, in denen der Ver nicht vom Vertrag zurücktreten kann, weil dem anderen Teil ein Verschulden nicht zur Last fällt. Die Interessenlage ist aber mit der vorliegenden identisch, und zwar auch für diejenigen Fälle, in denen der Vmer schuldhaft falsche Angaben gemacht hat. Denn es entspricht dem wohlverstandenen Pflichtvsgedanken, daß der Ver, der die Bürde auf sich nimmt, den Vsvertrag mit dem vertragsuntreuen Vmer zum normalen Tarifbeitrag fortzusetzen, eine derartige Anpassung zuzubilligen. Die Analogie sollte aber nicht dahin ausgedehnt werden, daß vom Ver ein derartiges Zahlungsverlangen binnen Monatsfrist zu erheben ist. Ebenso ist dem Ver die volle Tarifprämie für den Ausnahmefall zuzubilligen, daß für ein Taxifahrzeug bei zutreffendem Antrag versehentlich ohne besonderen Hinweis gemäß § 5 III eine Police für ein Privatfahrzeug ohne Vermietung ausgestellt wird, das Fahrzeug aber dessen ungeachtet als Taxi gebraucht wird (vgl. LG Braunschweig 14.XII.1977 VersR 1978 S. 413−414).

[E 7] bbb) Unwirksamkeit der Verdoppelungsregelung in Nr. 20 II 1, 3 TB-KH

In Nr. 20 II 1 TB-KH (vgl. Anm. A 10) ist darüber hinaus vorgesehen, daß der Vmer in denjenigen Fällen, in denen er eine Vorv verschwiegen hat, einen Beitrag in doppelter Höhe der ersten Jahresprämie zu entrichten hat, wenn der Vertrag nach Auskunft des Vorvers in eine Schadenklasse im Sinne der Nr. 18, 20 TB-KH hätte eingestuft werden müssen. Dazu heißt es weiter in S. 2, daß insoweit die Rechte des Vers nach §§ 16−22 ausgeschlossen seien. Das bedeutet, daß der Ver sich nicht wegen Verletzung der vorvertraglichen Anzeigelast vom Vertrag lösen kann und auch auf das Recht zur Anfechtung des Vertrages wegen arglistiger Täuschung verzichtet. Als Gegenleistung erhält der Ver die erste Jahresprämie in doppelter Höhe. Diese Vertragsstrafenregelung wird vom LG München 15.VII.1987 VersR 1988 S. 347 = ZfS 1988 S. 182 für rechtswirksam gehalten (ebenso Conradt-Golz-Hoenen Anm. 17−22 zu TB Nr. 20). Dagegen wird die Bestimmung von J. Prölss VersR 1988 S. 347−349 wegen Verstoßes gegen die nach § 34a zwingenden Regelungen gemäß §§ 16−22 nur in denjenigen Fällen als wirksam eingeordnet, in denen der Vmer arglistig gehandelt hat (ebenso Asmus Kraftfahrtv[5] S. 162, für

III. Berechnungsgrundsätze für die Tarifprämie   Anm. E 9

Unwirksamkeit ferner Prölss-Martin-Knappmann[25] Anm. 5 zu § 1 AKB, S. 1399).
Für einen solchen Fall nachgewiesener Arglist läßt sich allerdings als Äquivalent die
Vereinbarung einer derartigen Vertragsstrafe rechtfertigen. Es kommt in Nr. 20 II 1
TB-KH aber nicht zum Ausdruck, daß die Vertragsstrafenregelung nur für den Fall
arglistigen Verschweigens zum Zuge kommt. Nach der Wortfassung der Bestimmung
umfaßt sie vielmehr auch **fahrlässiges und schuldloses Handeln**. Angesichts
dieses teilweisen Verstoßes gegen zwingendes Recht könnte die Regelung nur dadurch
aufrechterhalten werden, daß der rechtlich mögliche Sachverhalt des arglistigen
Verhaltens im Wege der **geltungserhaltenden Reduktion** herausgefiltert wird.
Dem ist nach § 6 I AGBG entgegenzutreten. Dem Ver ist die klare Ausformulierung
von AVB zuzumuten, in denen die nicht zum Nachteil des Vmers abänderbaren
Bestimmungen beachtet werden. Das gilt um so mehr, als nach den Hinweisen auf
den Verstoß gegen §§ 16–22 durch J. Prölss a. a. O. von den Vern keine Änderung
vorgenommen worden ist.

In gleicher Weise ist die Erstreckung dieser Vertragsstrafenregelung gemäß Nr. 20
II 3 TB-KH auf unrichtige Angaben in den Fällen von Nr. 16 TB-KH (Schadenfreiheit für Zweitwagen), Nr. 26 (Fahrzeugwechsel) und Nr. 28 (Anrechnung der Schadenfreiheit aus Verträgen Dritter) zu bewerten. – Dafür, daß der Verzicht des Vers
auf die Rechte aus §§ 16–22 ungeachtet dessen, daß ihm das Recht auf eine
Verdoppelung der Prämie nicht zusteht, wirksam ist, vgl. Anm. F 3.

[E 8] c) Überschreitungen der Tarifprämie

Es fragt sich, ob ein gleiches auch dann gilt, wenn der Ver anfänglich eine zu
hohe Prämie begehrt und im Vsvertrag durchgesetzt hat. Es erscheint auf den
ersten Blick als einleuchtend, daß dieser Fall doch genauso behandelt werden muß
wie der der Vereinbarung einer anfänglich zu niedrigen Prämie. Indessen bestehen
hier Bedenken nach dem Sinn des Pflichtgedankens. Denn der Ver ist zur Annahme
eines Vsantrages nach § 5 II–IV PflichtvsG grundsätzlich verpflichtet. Diese Annahmeverpflichtung besteht auf der Basis der gesetzlichen Vorschriften und umfaßt
damit auch die Tarifprämie. Andernfalls hätte es der Ver in der Hand, durch
überhöhte Prämienforderungen die sich aus § 5 II PflichtvsG ergebende Abschlußverpflichtung zu unterlaufen. Es widerspricht aber dem Sinn der gesetzlichen Regelung,
daß der Ver in denjenigen Fällen, in denen er anfänglich eine zu hohe Prämie
vereinbart und dokumentiert hat, diese entgegen dem Sinn des Annahmezwanges
erreichte Prämie rechtswirksam durchsetzen kann. Der Ver darf für seinen Verstoß
gegen das Annahmeprinzip nicht durch Zubilligung einer in dem Tarif nicht vorgesehenen Prämie belohnt werden. Demgemäß ist eine ergänzende Interpretation des
Vertrages nach den Prinzipien des Pflichthaftpflichtvsgedankens dahin vorzunehmen,
daß dem Ver in diesen Fällen nur die in seinem Tarif vorgesehene Prämie zugesprochen werden darf.

[E 9] III. Berechnungsgrundsätze für die Tarifprämie

1. Grundlegung

Die **Tarifbestimmungen** des Vers bedürfen zur Verbindlichkeit für den Vmer
in zivilrechtlicher Hinsicht der **Einbeziehung in den Vsvertrag** nach den Grundsätzen über den Abschluß von Vsverträgen. Durch die Hinweise in den durchweg
von den Vern benutzten standardisierten Vsantragsformularen und in den Vsscheinen
des Inhalts, daß nach Maßgabe der AKB, der Sonderbedingungen und des behördlich genehmigten Tarifs kontrahiert werde (vgl. als Beispielsfall für ein solches
Standardformular den vom BGH 9.VII.1986 VersR 1986 S. 986–988 = VRS Bd 71

Anm. E 10   E. Rechtspflichten des Versicherungsnehmers

S. 413—416 Nr. 167 wiedergegebenen Inhalt), wird diesem vertraglichen Einbeziehungserfordernis nach den überkommenen zivilrechtlichen Grundsätzen in der Regel Genüge getan. Soweit sich in den TB-KH über die reine Preisbestimmung hinaus auch Regelungen finden, die als AVB-Bestimmungen zu qualifizieren sind (vgl. dazu Anm. A 21), steht dem Ver die Sondervorschrift des § 23 III AGBG zur Seite. Danach unterliegt ein Vsvertrag auch dann den von der zuständigen Behörde genehmigten Bedingungen, wenn die in § 2 I Nr. 1 und 2 AGBG bezeichneten Einbeziehungserfordernisse nicht eingehalten worden sind. Nach diesen Grundsätzen wird in der Vspraxis in aller Regel verfahren, so daß den in Anm. E 5—8 niedergelegten Überlegungen über eine von der Üblichkeit abweichende Verhaltensweise des Vers (und/oder des Vmers), die auf von der Tarifprämie abweichende Entgelte abzielen, im Grunde genommen nur eine rechtstheoretische Bedeutung zukommt. Derartige atypische Verhaltensweisen werden daher bei der nachstehenden schematischen Skizzierung der Einordnungsgrundsätze der TB-KH außer Betracht gelassen. Lediglich skizzierend erfolgt die Darstellung deshalb, weil ein genaues Studium des Tarifwerks ergibt, daß es sich durchweg um klare Begriffsabgrenzungen handelt, die Einordnungsstreitpunkte zwischen Ver und Vmer eigentlich nicht aufkommen lassen dürften.

2. Einzelheiten

Gliederung:

a) Einordnung nach Fahrzeugarten und deren Verwendungen E 10
b) Einteilung nach Regionalklassen und Tarifgruppen E 11—13
  aa) Örtliche Gegebenheiten E 11
  bb) Bevorzugte Berufsgruppen E 12
  cc) Zurechnungsgrundsätze E 13

c) Beitragsnachlaß für Behinderte E 14
d) Beitragsnachlaß für Vmer mit mindestens 30 Fahrzeugen E 15
e) Schadenfreiheit E 16—19
  aa) Bedeutung E 16
  bb) Regulierungsermessen des Vers E 17
  cc) Belastung durch Rückstellungen E 18
  dd) Übertragbarkeit E 19

[E 10] a) Einordnung nach Fahrzeugarten und deren Verwendungen

In Nr. 7 TB-KH sind in 16 Absätzen die zu vernden Fahrzeuge nach ihrer Bauart und bestimmungsgemäßen Verwendung definiert. Ihre Abgrenzung nach der Bauart stimmt dabei mit den Definitionen der StVZO und die nach der Verwendungsart mit denen des PersBefG überein. Für die Abgrenzung nach Art, Aufbau, Verwendung, Leistung in Ps oder kW, Hubraum, Anzahl der Plätze oder Nutzlast ist dabei ergänzend auf Nr. 6 I TB-KH zu verweisen. Dort wird als maßgeblich für die Zuordnung in diesen Fällen auf die Eintragung im Kraftfahrzeugschein, hilfsweise im Kraftfahrzeugbrief oder auf andere amtliche Urkunden verwiesen (soweit im Tarif nichts anderes bestimmt ist). Im Rahmen der „Grundsätze für die Zuordnung der Wagnisse nach objektiven Gefahrenmerkmalen" wird eines speziellen Problems in Nr. 6 a II TB-KH gedacht, das sich aus der doppelten Verwendungsmöglichkeit oder der Verwendung eines Güterfahrzeugs in mehreren Verkehrsarten (Nr. 7 VIII, IX TB-KH) ergeben kann. Hier wird bestimmt, daß sich dann der Beitrag nach dem **höher einzuordnenden Wagnis** richtet (soweit der Tarif nichts Abweichendes bestimmt oder die „Besondere Bedingung zu § 2 II a AKB" vereinbart worden ist, vgl. dazu Anm. F 8). Ein ähnliches Abgrenzungsproblem behandelt Nr. 6 a III TB-KH. Danach gelten bei einer Zuordnung nach der Verwendung des Fahrzeugs **Antriebsfahrzeug** und **Anhänger** als Einheit mit der Folge, daß der Beitrag für beide sich nach dem höher einzuordnenden Wagnis richtet.

III. Berechnungsgrundsätze für die Tarifprämie   Anm. E 13

[E 11] **b) Einteilung nach Regionalklassen und Tarifgruppen**
       aa) Örtliche Gegebenheiten

Nr. 8 TB-KH sieht für Personenkraftwagen eine Aufgliederung der Tarife nach dem **Wohnsitz** des Vmers vor (bei Firmen nach dem Firmensitz, vgl. Nr. 11 II TB-KH). Es sind dabei in zwei Tarifgruppen (genannt RS und RL) acht verschiedene Zonen gebildet worden. Der städtische Verkehr wird dabei aufgrund statistischer Erkenntnisse als prinzipiell schadenträchtiger als der ländliche und kleinstädtische eingeordnet. Im Tarif ist aber nicht nur zwischen Stadt und Land unterschieden. Es sind vielmehr jeweils vier Untergruppen gebildet worden, aus denen z. B. ersichtlich ist, daß in gewissen ländlichen und kleinstädtischen Bereichen schadenträchtiger gefahren wird als in anderen. So ist Nieder- und Oberbayern in der höchsten Regionalklasse RL eingeordnet worden, während eigenartigerweise Schleswig-Holstein in der Gruppe mit den niedrigsten Prämien liegt. Eines näheren Eingehens auf diese sehr differenzierende Regelung bedarf es nicht, da der Vmer den genannten Tarif des Vers, wenn dieser in den Vertrag durch übereinstimmende Willenserklärungen einbezogen worden ist, als gegeben hinnehmen muß (vgl. auch Anm. E 3 dafür, daß der Vmer kein Recht hat, in dem Verfahren betr. Tarifänderungen als Beteiligter im Verwaltungsverfahren oder im Verwaltungsgerichtsverfahren mitzuwirken). Deshalb sind auch eingehende Überlegungen dazu zurückzustellen, warum ein Vmer aus einer Großstadt, der seit 15 Jahren schadenfrei fährt, nach einer derartigen Tarifgestaltung immer noch schlechter steht als ein solcher aus der ersten Gruppe der Tarifklasse RL. Bemerkenswert ist, daß eine solche örtliche Differenzierung für den LKW-Verkehr nicht gegeben ist. Das dürfte damit zusammenhängen, daß im gewerblichen Fern- und Nahverkehr solche regionalen Schadenunterschiede wohl kaum nachgewiesen werden können.

[E 12] **bb) Bevorzugte Berufsgruppen**

Die TB-KH zeichnen sich weiterhin durch günstige **Sonderprämien** für **Landwirte** (Tarifgruppe A gemäß Nr. 9 a) und für **Beamte und Angestellte des Staates** und einer Vielzahl gleichgestellter öffentlich-rechtlicher Einrichtungen aus (Tarifgruppe B, BS, BL gemäß Nr. 9 b). Diese Abgrenzungen beruhen ebenfalls auf entsprechenden statistischen Erkenntnissen, daß nämlich diese Landwirte und Beamte und Angestellte des öffentlichen Dienstes (und ihnen gleichgestellte Personenkreise) ein besonders gutes subjektives Risiko darstellen, so daß es (auch zur Abwehr des überproportionalen Wachstums entsprechender Spezialver) geboten erschien, hier besondere Zugeständnisse zu machen. Eine Wiederholung oder gar Erläuterung der bis ins einzelne gehenden Aufzählung dieser Tarifgruppen ist nicht vonnöten, da sie durchweg aus sich selbst heraus verständlich und insbesondere den betroffenen Personengruppen, die dem Status der Beamten und Angestellten des öffentlichen Dienstes gleichgestellt sind, wohlvertraut sind. Bemerkenswert ist, daß anhand der Tarifgruppen BS und BL für Personenkraftwagen eine von Nr. 8 abweichende Aufgliederung der örtlichen Gegebenheiten gewählt worden ist.

Erfüllt einer von zwei Vmern desselben Vsvertrages die Eigenschaft als Mitglied einer bevorzugten Berufsgruppe, so genügt das für die Eingruppierung in die günstigere Beitragsregelung nicht (AG Braunschweig 11.V.1982 ZfS 1982 S. 305). Zu weiteren Problemen bei der Tarifierung von Haltergemeinschaften vgl. Kaulbach VersR 1988 S. 566–567.

[E 13] **cc) Zuordnungsgrundsätze**

In Nr. 11 I TB-KH ist als einleuchtendes Prinzip festgelegt, daß die Zuordnung zu den Tarifgruppen und Regionalklassen erfolgt, sobald und solange die Voraussetzungen erfüllt sind. In Nr. 11 III wird dazu mitgeteilt, daß die Zuordnung zu den Tarifgruppen A (Landwirte und gleichgestellte Personen) und B (Beamte, Angestellte des öffentlichen Dienstes und gleichgestellte Bedienstete gleichgestellter öffentlichrechtlicher Einrichtungen) erfolge, sobald die Voraussetzungen nach Nr. 9 a oder b **schriftlich** nachgewiesen sind. Das kann in der Weise ausgelegt werden, daß erst von diesem Zeitpunkt die günstige Tarifgruppe zugestanden wird oder aber auch rückwirkend. In der Praxis wird durchweg im letztgenannten Sinne verfahren, es sei denn, daß der Nachweis erfolgt, nachdem die Vsperiode zur Normalprämie bereits abgelaufen ist. Diese Abgrenzung erscheint als praktikabel, wenngleich es besser wäre, daß ein derartiger Grundsatz ausdrücklich in den Tarifregelungen verankert werden würde.

Nr. 11 II 1 TB-KH macht zum Maßstab der Tarif- und Regionalklasseneinordnung die Eintragung im Kraftfahrzeugbrief, hilfsweise den in der Mitteilung der Zulassungsstelle nach § 29 a II StVZO eingetragenen Wohnsitz oder Firmensitz. Bei einem vom Firmensitz abweichenden Standort ist nach Nr. 11 II 2 dieser maßgebend. Bei einer Verlegung von Wohnsitz oder Firmensitz ist nach Nr. 11 II 3 das Datum der polizeilichen Anmeldebestätigung oder der Eintragung im Handelsregister maßgebend. Der Vmer hat nach S. 4 der genannten Vorschrift die entsprechenden Nachweise vorzulegen. Es fragt sich, ob es sich dabei um eine Nebenpflicht des Vmers oder um eine Obliegenheit handelt. Das erstere ist zu bejahen. Gleichwohl wird es kaum Klagen auf Erfüllung dieses Anspruchs geben, da der Ver in der Weise reagieren kann, daß er den Vmer schlicht bis zum Nachweis der besseren Tarifberechtigung zum Normaltarif einstuft.

Das gleiche Problem stellt sich bezüglich des Fortbestandes der Berechtigung zur Inanspruchnahme bevorzugter Tarifordnungen. Hier heißt es in Nr. 11 III 2 TB-KH, daß der Vmer verpflichtet ist, dem Ver den Fortbestand der Voraussetzungen auf Verlangen nachzuweisen. Darüber hinaus schreibt S. 3 der genannten Vorschrift vor, daß der Vmer verpflichtet ist, den Wegfall der Voraussetzungen unverzüglich anzuzeigen. In S. 4 ist dazu festgelegt, daß dann, wenn der Vmer schuldhaft gegen diese Verpflichtung verstößt, sich der Beitrag für das Vsjahr, in welchem der Ver vom Wegfall der Voraussetzungen Kenntnis erlangt, auf das **Doppelte des Beitrages**, der nach richtiger Zuordnung erhoben wird, stellt. Diese Regelung ist so zu verstehen, daß für die vorangegangenen Vsjahre ab Änderung der richtige Einordnungsbeitrag daneben gefordert werden kann. Bei der Vereinbarung der Verdoppelung der Prämie für das Vsjahr, in dem der Ver vom Wegfall der Voraussetzungen Kenntnis erlangt hat, handelt es sich der Sache nach um eine **Vertragsstrafe**. Gegen diese gibt es anders als zu der in Nr. 20 II TB-KH behandelten Vertragsstrafenregelung keine spezifisch vsrechtlichen Bedenken aus der Sicht zwingender oder dispositiver Normen des Vsvertragsrechts (dafür, daß Nr. 20 II 1 TB-KH aus vsvertraglichen Gründen unwirksam ist, vgl. Anm. E 7). Wäre die Regelung in Nr. 11 III 4 TB-KH allein nach §§ 339−345 BGB zu überprüfen, so käme es darauf an, ob die Strafe im Einzelfall **unangemessen hoch** ist und deshalb nach § 343 BGB herabgesetzt werden müßte. Heute ist darüber hinaus eine Überprüfung nach den Maßstäben des AGBG vorzunehmen (zur Einbeziehung von im Tarif enthaltenen allgemeinen Vsbedingungen gemäß § 23 III AGBG, vgl. Anm. A 21). Eine speziell einschlägige Vorschrift über Vertragsstrafen der vorliegenden Art gibt es in den Klauseln der §§ 10 und 11 nicht. § 11 Nr. 6 AGBG regelt zwar das Verbot bestimmter Vertragsstrafenklauseln. Diese beziehen sich aber nur auf Vertragsstrafen für den Fall der Abnahme oder Nichtabnahme oder des Zahlungsverzuges oder für den Fall, daß der andere Vertragsteil sich vom Vertrag löst. Alle drei Alternativen greifen bei Nr. 11 III 4 TB-KH nicht ein. Das bedeutet, daß für derartige Vertragsstrafenre-

III. Berechnungsgrundsätze für die Tarifprämie   Anm. E 14

gelungen als Korrektiv lediglich § 9 AGBG bleibt (vgl. Ulmer-Brandner-Hensen[6], Köln 1990, Anm. 14 zu § 11 Nr. 6 AGBG). Speziell für die hier vorliegende Regelung ist aber überdies die Anwendung der Überraschungsklausel gemäß § 3 AGBG zu erwägen. Dabei ist zu berücksichtigen, daß durch den Hinweis auf dem Vsschein und im vorangegangenen Vsantrag der Vmer wohl weiß, daß sich der Beitrag nach dem Tarif des Vers richtet. Er kann aber nicht damit rechnen, daß in diesem Tarif auch Vertragsstrafenregelungen enthalten sind. Eine so wichtige Regelung wie die Verdoppelung der eigenen Leistungsverpflichtung für ein Vsjahr wird ein durchschnittlicher Vmer nicht im Tarif erwarten, sondern in den AKB, wohin eine derartige Regelung nach unserer Vertragssystematik gehört. Es ist für den Vmer ohnedies schwer, das Vertragswerk der AKB zu verstehen. Er braucht aber nicht damit zu rechnen, daß ergänzende Vertragsbestandteile zu seinen Lasten im Tarif für den Fall der Nichterfüllung von Nebenpflichten eingearbeitet sind. Das Gesagte bedeutet, daß in diesem Ausnahmefall § 3 AGBG zur Anwendung kommt mit der Maßgabe, daß eine derartige Vertragsstrafenregelung als überraschend und damit als unwirksam zu qualifizieren ist (anders Conradt-Golz-Hoenen Anm. 24 zu Nr. 11 TB-KH; sie gehen ohne besondere Begründung von der Wirksamkeit einer solchen „versteckten" Regelung aus).

[E 14] c) Beitragsnachlaß für Behinderte

Schrifttum:

Kaulbach VersR 1988 S. 15—17

Aus begrüßenswerten sozialen Gründen gewähren die Ver nach Nr. 14 TB-KH einen Beitragsnachlaß für Behinderte. Kaulbach VersR 1988 S. 15—17 ist der Auffassung, daß es dafür an einer gesetzlichen Grundlage fehle und der Behindertenrabatt auch gegen das Begünstigungsverbot verstoße. Dieser Argumentation kann nicht gefolgt werden. Das soziale Anliegen, das die Ver mit diesem Behindertenrabatt verwirklichen, ist schützenswert. Der Hinweis auf das Begünstigungsverbot ist formal und geht an den besonderen sozialen Gegebenheiten vorbei. Eine ganz andere Frage ist es, ob das BAV eine solche Tarifausgestaltung gegenüber einem widerstrebenden Ver erzwingen könnte. Das dürfte zu verneinen sein, da in der TarifVO keine entsprechende Vorgabe gegeben ist, wenn man von einem Hinweis in einer Anlage absieht, die aber keine die Ver verbindende Kraft im Sinne des Aufsichtsrechts ausstrahlen kann (a. M. Conradt-Golz-Hoenen Anm. 4 zu Nr. 14 TB-KH [ohne nähere Begründung]). Insoweit ist Kaulbach a. a. O. durchaus zuzustimmen. Das ändert aber nichts an der Rechtswirksamkeit der einzelnen Tarife, wie sie den Vern mit solchen Behindertenrabatten auf Antrag vom BAV genehmigt worden sind. Daß alle Ver diese soziale Vergünstigung gewähren, kann nur als begrüßenswert eingeordnet werden.

Voraussetzung für die Gewährung des Beitragsnachlasses ist, daß es sich um Vmer handelt, die gemäß § 3 a I des Kraftfahrzeugsteuergesetzes in der Fassung der Bekanntmachung vom 1.II.1979 (zuletzt geändert durch Art. 6 des 1. Gesetzes zur Änderung des Schwerbehindertengesetzes vom 24.VII.1986, BGBl. I S. 1118) als Behinderte von der Kraftfahrzeugsteuer befreit sind. Diese Behinderten erhalten einen Beitragsnachlaß von 25 vom Hundert. Für Vmer, denen die Kraftfahrzeugsteuer wegen ihrer Behinderung gemäß § 3 a II 1 um 50% ermäßigt worden ist, beträgt der Beitragsnachlaß 12,5%. Diesen Nachlaß gibt es auch für Leasingfahrzeuge, wenn der Lessingnehmer nach den genannten Vorschriften von der Kraftfahrzeugsteuer befreit ist. Der Beitragsnachlaß wird für das im Kraftfahrzeugsteuerbescheid angegebene Fahrzeug gewährt.

Die Steuerbefreiung muß nach Nr. 14 II durch Einreichen einer Fotokopie oder einer beglaubigten Abschrift des Kraftfahrzeugsteuerbescheides nachgewiesen werden. Bemerkenswert ist dabei, daß eine Fotokopie einer amtlich beglaubigten Abschrift gleichgestellt wird. Denn die Herstellung einer „zusammengestückelten" Fotokopie, die den Anschein erweckt, als ob sie von einer echten Urkunde stammt, bedarf nur geringer technischer Fähigkeiten. Die Tarifverfasser haben sich dabei aber wohl zu Recht von der Überlegung leiten lassen, daß derartige kriminelle Aktivitäten sehr selten sein dürften und daß es in der Masse der Fälle gegenüber Behinderten kleinlich wirken würde, wenn man von ihnen einen zusätzlichen Gang zu einer Behörde oder zu einem Notar erwartet. Vorsichtshalber ist im übrigen in Nr. 14 II 2 TB-KH vorgesehen, daß ein derartiger Nachweis bei jedem Fahrzeugwechsel neu zu führen ist.

Ausdrücklich geregelt ist in Nr. 14 III 1 TB-KH, daß der Beitragsnachlaß in Höhe von 25% ab Eintritt der Steuerbefreiung gewährt wird. Auf die Vorlage der Bescheinigung kommt es also für die Tarifvergünstigung nicht an, so daß hier die Zweifel, wie sie bei Nr. 11 III gegeben sein könnten (vgl. dazu Anm. E 13) nicht auftreten können. Eine entsprechende Regelung gilt auch für den Beitragsnachlaß um 12,5%. Für diese neue eingefügte Regelung ist in Nr. 14 III 1 eine Übergangsregelung vorgesehen, nach der dieser Beitragsnachlaß nicht rückwirkend, sondern erstmalig auf alle im Jahr 1987 zu erbringenden Beiträge, jedoch frühestens ab Hauptfälligkeit gewährt wird. Was dabei unter Hauptfälligkeit zu verstehen ist, ist nicht ganz klar. Gemeint ist aber wohl der Beginn der neuen Vsperiode.

Entfallen die Steuerbefreiung oder die Steuerermäßigung, so gerät auch der Behindertenrabatt in Fortfall, und zwar nach Nr. 14 III 2 TB-KH mit dem Ende des laufenden Vsjahres (abweichend von Nr. 6c II TB-KH für die Änderung von Gefahrenmerkmalen).

In Nr. 14 IV 1 TB-KH ist vorgesehen, daß der Vmer dem Ver den Fortbestand der Steuerbefreiung oder Steuerermäßigung bzw. der Voraussetzungen nach Abs. II a auf Verlangen nachzuweisen hat. Der Wegfall ist unverzüglich anzuzeigen. Gemäß Nr. 14 IV 3 ist bei schuldhaftem Verstoß des Vmers ein zusätzlicher Betrag in Höhe des vollen Beitrages für das Vsjahr, in welchem der Ver vom Wegfall der Steuerbefreiung bzw. Steuerermäßigung Kenntnis erlangt hat, zu entrichten. Gegen diese als Vertragsstrafe zu qualifizierende Regelung bestehen aus den in Anm. E 13 a. E. dargelegten Gründen Bedenken (Verstoß gegen § 3 AGBG).

Für Fahrräder mit Hilfsmotor oder Kleinkrafträder ist in Nr. 14 VI eine spezielle Regelung vorgesehen. Danach wird ein Beitragsnachlaß von 12,5% gewährt, wenn der Vmer in seiner Bewegungsfähigkeit im Straßenverkehr erheblich beeinträchtigt ist, bei außerordentlicher Beeinträchtigung beträgt der Beitragsnachlaß 25 vom Hundert. Auch hier wird auf entsprechende Kategorien des Schwerbeschädigtenrechts und der Vorlage der entsprechenden Ausweispapiere abgestellt.

Verständlich ist, daß ein solcher sozialer Nachlaß dem Vmer oder dem Leasingnehmer nur auf ein Fahrzeug gewährt wird. Wenn die ganze Familie davon profitiert, würde der soziale Gedanke überzogen werden.

[E 15] d) Beitragsnachlaß für Versicherungsnehmer mit mindestens 30 Fahrzeugen

In Nr. 15 TB-KH ist ein Beitragsnachlaß für Vmer mit mindestens 30 Fahrzeugen vorgesehen. Voraussetzung ist dabei, daß die Fahrzeuge auf den Namen des Vmers zugelassen und bei demselben Ver vert sind. Über die Höhe der Beitragsermäßigung für derartige „Großrisiken" wird nichts gesagt. Das bedeutet, daß von Ver zu Ver unterschiedliche Regelungen möglich sind. In diesem Zusammenhang ist auf

III. Berechnungsgrundsätze für die Tarifprämie

§ 12 II 2 TarifVO zu verweisen. Nach dieser Bestimmung können Ersparnisse bei Provisionen für derartige Verträge auf Antrag des Vers als Beitragsnachlaß bis zur Höhe der nachgewiesenen Ersparnis berücksichtigt werden, die sich gegenüber dem durchschnittlichen Provisionssatz der übrigen Beiträge ergeben. Der danach ermittelte Tarifbeitrag für „Großrisiken" beruht demgemäß in der Theorie auf einem geringer anfallenden Kostensatz. Angesichts dessen, daß die Marktstellung des hauptberuflichen Vermittlers für derartige Risiken eher in die Richtung einer maximalen Ausschöpfung der Provisionssätze geht, muß das verwundern. Vom theoretischen Ansatz her ist aber gegen einen solchen zusätzlichen Nachlaß auf der Basis einer Kostenersparnis für den Ver gewiß nichts einzuwenden (vgl. zu den Ermittlungsschwierigkeiten Conradt-Golz-Hoenen Anm. 2, 3 zu Nr. 15 TB-KH).

In Nr. 15 I 2 TB-KH heißt es, daß Nr. 6c II entsprechende Anwendung findet. Das bedeutet, daß bei einem Absinken der Fahrzeugzahl unter 30 der neue Beitrag von dem Tag gilt, der auf den Eintritt der Änderung folgt. Nimmt man diese Verweisung wörtlich, so müßte der Vmer von diesem Tag an bis zum Beginn der nächsten Vsperiode den Differenzbetrag anteilig nachbezahlen. Von dieser Regelung wird in der Praxis kein Gebrauch gemacht. Vielmehr wird in solchen Fällen für die geänderte Zahlungsverpflichtung auf den Beginn der neuen Vsperiode abgestellt. Gegen die Regelung in Nr. 15 I 2 TB-KH bestehen auch nach der Interessenlage Bedenken (anders Conradt-Golz-Hoenen Anm. 8 zu Nr. 15 TB-KH). Wird nämlich der Nachlaß aufgrund der kalkulierten geringeren Kosten bei der Vermittlung gewährt, so ist der Tatbestand, der zur Zumessung der Prämie führt, bereits in der Vergangenheit abgeschlossen. Es ist deshalb nicht einzusehen, warum eine bereits erfüllte Prämienforderung mit Rücksicht auf künftig eventuell höher anfallende Kosten aus der Gesamtverbindung nachträglich aufgestockt werden darf. Es fehlt für diese Regelung an einer gesetzlichen Vorgabe im VVG und in der TarifVO. Da kein höheres Eintrittsrisiko für den Ver im Sinne einer Veränderung der gefahrerheblichen Umstände gegeben ist, kann ein Vmer auch nicht damit rechnen, daß sich eine derartige Regelung in den Tarifvertragsbestimmungen befindet. Demgemäß liegt es nahe, eine derartige Vertragsklausel als überraschend nach § 3 AGBG für unwirksam zu halten. Daß von der nächsten Fälligkeit an der ungeschmälerte Beitrag zu entrichten ist, entspricht dagegen dem Verständnis des durchschnittlichen Vmers und wird von diesem nicht anders erwartet.

Eine Anzeigelast des Vmers über das Absinken seines Fuhrparks unter 30 Fahrzeuge ist in Nr. 15 nicht verankert. Das dürfte darauf zurückzuführen sein, daß der Ver darüber aus der Verwaltung der Verträge ohnedies Bescheid weiß.

Für den Fall der Veräußerung des vten Kraftfahrzeugs an einen nicht nachlaßberechtigten Vmer bestimmt Nr. 15 II TB-KH, daß diesem der Beitragsnachlaß nicht zugute kommt, so daß der Unterschiedsbetrag anteilig bis zum Ende der Vsperiode nachzuzahlen ist. Das ist eine Vertragsabrede, die der Erwerber eines solchen Fahrzeugs erwarten muß. Sie ist weder überraschend noch unbillig.

Ausgeschlossen von dem Vorteil des Beitragsnachlasses gemäß Nr. 15 III TB-KH sind Fahrzeuge, die ein Vskennzeichen führen müssen, Krafträder, Anhänger, Auflieger und Wechselaufbauten. Diese Fahrzeuge werden auch für das Erfordernis eines Vsbestandes von 30 Fahrzeugen im Sinne der Beitragsnachlaßregelung nicht mitgezählt.

[E 16] e) Schadenfreiheit

aa) Bedeutung

Die TB-KH sehen in Nr. 16 in acht Absätzen ein kompliziertes System zur differenzierten Beitragsbemessung je nach der Dauer der schadenfreien Jahre vor, die der Vmer zurückgelegt hat. In § 20 I TarifVO ist dagegen als Grundlage für diese Regelung nur gesagt, daß für den Fall, daß in dem Unternehmenstarif das Merkmal der Schadenfreiheit berücksichtigt werde, in den Tarifbestimmungen zu regeln ist, für welche Wagnisse, ab wann und unter welchen Voraussetzungen ein Vsvertrag als schadenfrei behandelt werde. Das bedeutet, daß ein Ver in seiner Tarifausgestaltung und Kalkulation ganz auf das verwaltungskostenträchtige System der Einordnung aller Verträge in Schadenfreiheitsklassen verzichten könnte. Er würde aber mit einem solchen Vorgehen wahrscheinlich auf wenig Gegenliebe bei den deutschen Vmern treffen, denen die Schadenfreiheit nicht nur als ein erstrebenswertes Ziel wegen der Prämienermäßigung erscheint, sondern vor allen Dingen auch als ein Beweis guten Fahrverhaltens. Dabei wird freilich außer acht gelassen, daß der Halter eines Kraftfahrzeuges gemäß § 7 StVG im Rahmen der Betriebsgefahr ohne Verschulden haftet. Daß aber derjenige, der ohne eigenes Verschulden auf Schadenersatz haftet, in seinem Schadenfreiheitsstatus beeinträchtigt wird, leuchtet vielen Vmern nicht ein. Es ergeben sich daher bei der Berechnung der Prämie nach diesen Schadenfreiheitskategorien häufig unerfreuliche Schriftwechsel, in denen die Regulierungskunst des Vers vom Vmer in Zweifel gezogen wird. Gelegentlich werden deshalb auch Prozesse geführt, in denen der Vmer seinen Standpunkt, daß er nur eine niedrigere Prämie schulde, durchsetzen will (vgl. Anm. G 96—97).

Andererseits ist als Lebenstatsache festzuhalten, daß in den meisten Verkehrsunfällen einer der Beteiligten schuldhaft gehandelt hat und daß das auch für einen objektiven Beurteiler klar auf der Hand liegt. Demgemäß darf davon ausgegangen werden, daß im Regelfall ein Vmer durchaus beurteilen kann, ob er schuldhaft einen Unfall verursacht hat und deshalb auch zum Schadenersatz verpflichtet ist. Jedenfalls kann als gute Seite des Schadenfreiheitsrabattsystems hervorgehoben werden, daß es die Vmer unter Umständen zu einer vorsichtigen Fahrweise anhalten könnte. Positiv ist aus der Sicht des Vers ferner, daß ein solches Rabattsystem den Vmer zur Selbstregulierung von kleinen Schäden führen kann (vgl. dazu die Sonderbedingung für die Anzeige von Sachschäden bis zu einer Höhe von DM 500,00 und Anm. F 87). Dadurch wird der Ver von der Regulierungsarbeit für diese Bagatellschäden befreit. Negativ kann sich ein solcher Schadenfreiheitsstatus insofern auswirken, als ein Vmer dadurch zu einem unentschuldigten Verlassen des Unfallortes angereizt werden könnte. Die in Fahrerfluchtfällen häufig als Ursache für ein derartiges gesetzeswidriges Handeln zu konstatierende Charakterschwäche wird hier durch einen materiellen Anreiz verstärkt.

Eine bedeutsame Rolle für die Vertragspraxis spielt Nr. 16 V TB-KH. Dort ist bestimmt, daß ein Vmer, der dem Ver die Entschädigungsleistungen für einen Schaden freiwillig ersetzt, damit erreicht, daß der Vertrag insoweit als schadenfrei zu behandeln ist. Keine Anwendung findet diese Bestimmung nach ihrem ausdrücklichen Wortlaut, wenn der Ver gegenüber dem Vmer leistungsfrei ist, so daß er einen Rechtsanspruch auf Erstattung seiner Aufwendungen hat. In solchen Fällen bleibt der Vertrag trotz der Regreßzahlung schadenbelastet (vgl. für solche Streitigkeiten AG Bonn 16.X.1980 ZfS 1982 S. 148, LG Mannheim 23.IX.1982 VersR 1983 S. 825 = ZfS 1982 S. 372, AG-Darmstadt 11.I.1985 ZfS 1985 S. 151).

Bemerkenswert ist die in Nr. 16 V 2 TB-KH festgelegte Verpflichtung des Vers, den Vmer über den Abschluß einer Regulierung zu unterrichten, wenn der geleistete Betrag nicht über DM 1000,— liegt, und dabei darauf hinzuweisen, daß der Vmer zur Erstattung dieser Aufwendungen zur Erhaltung der Schadenfreiheit berechtigt ist. Der Vertrag bleibt dabei auch dann schadenfrei, wenn sich später Nachforderungen des Dritten ergeben, die der Vmer dem Ver dann nach der ausdrücklichen Regelung in Nr. 16 V 3 TB-KH nicht zu ersetzen braucht. Die Regelung ist im

III. Berechnungsgrundsätze für die Tarifprämie Anm. E 18

übrigen so zu verstehen, daß der Vmer zur Erhaltung seiner Schadenfreiheitsstufe auch höhere Leistungen des Vers erstatten darf (Conradt-Golz-Hoenen Anm. 82 zu Nr. 16 TB-KH). Der Betrag von DM 1000,— als Anknüpfungspunkt für die Benachrichtigungspflicht des Vers ist lediglich deshalb gewählt worden, weil in der Masse der Verträge, insbesondere im Pkw-Bereich, eine Leistung über den genannten Betrag hinaus für den Vmer kaum noch Vorteile bringt.

[E 17] bb) Regulierungsermessen des Versicherers

Gibt es Streit in bezug auf die Prämienhöhe wegen des vom Ver nicht zur Zufriedenheit des Vmers berechneten Schadenfreiheitsrabatts, so liegt die Ursache häufig in der unterschiedlichen Beurteilung von Haftpflichtansprüchen eines geschädigten Dritten. Als Ausgangspunkt für die Beurteilung derartiger Streitigkeiten ist zugrundezulegen, daß dem Ver nach dem Sinn der Pflichtvsgesetzgebung die Entscheidung darüber übertragen ist, ob er einen Anspruch abwehrt oder erfüllt. Gut kommt dieser Grundsatz in § 3 Ziff. 10 PflichtvsG zum Ausdruck, wo es in Konkretisierung einer ohne gesetzliche Vorgabe schon zum Regreß nach § 158 f vom BGH entwickelten Rechtsprechung heißt, daß der Vmer nachweisen müsse, daß der Ver die Pflicht zur Abwehr unbegründeter Entschädigungsansprüche sowie zur Minderung oder sachgemäßen Feststellung des Schadens schuldhaft verletzt habe (vgl. dazu Anm. B 67 m. w. N.). Diese zum Regreß des Vers im Falle eines gestörten Vsverhältnisses entwickelten Grundsätze gelten gleichermaßen für ein intaktes Vsverhältnis, in dem dem Vmer keine Regreßnahme droht, sondern nur die Benachteiligung durch eine Rückstufung. Das Gesagte bedeutet, daß den Vmer die Darlegungs- und Beweislast dafür trifft, daß der Ver zu Unrecht eine Leistung an einen geschädigten Dritten erbracht hat, obwohl für eine des Haftpflichtrechts kundige Person offenkundig war, daß der erhobene Anspruch des geschädigten Dritten unbegründet war und deshalb nicht hätte befriedigt werden müssen. Für Einzelheiten wird auf die zum Regreß des Vers im gestörten Vsverhältnis in Anm. B 67 dargestellten Grundsätze verwiesen. Zu beachten ist, daß der Massencharakter des Haftpflichtschadengeschäfts schnelle Entscheidungen erfordert. Auch können von dem Ver nur diejenigen Informationen zugrunde gelegt werden, die ihm zum Zeitpunkt seiner Entscheidung über die Regulierungsleistung zur Verfügung standen oder in zumutbarer Weise erlangt werden konnten (dazu wird durchweg eine Einsicht in die amtliche Ermittlungsakte gehören).

Ein Vmer, der seiner Verpflichtung zur vollständigen Auskunftserteilung nicht nachgekommen ist, kann nicht nachträglich diesen Fehler zu Lasten des Vers korrigieren. Das gilt insbesondere in denjenigen Fällen, in denen der Vmer trotz Anmahnung durch den Ver nur unvollständige oder gar keine Ausführungen zu dem behaupteten Schadenereignis gemacht hat. Fehlt es an unbeteiligten Zeugen, so darf der Ver, wenn keinerlei Anhaltspunkte für den Nachweis eines alleinigen Verschuldens auf der Gegenseite gegeben sind, nach bewährten Haftpflichtgrundsätzen auf der Basis von 50 : 50 regulieren, auch wenn der Vmer damit nicht einverstanden ist. Dabei ist dem Ver nicht zuzumuten, daß er diese Erkenntnis erst durch Richterspruch gewinnt. Eine Regulierungssperre im Rechtssinne kann der Vmer nicht verhängen (vgl. ergänzend Anm. G 14 und 96 — 97 m. w. N.).

[E 18] cc) Belastung durch Rückstellungen

In vielen Fällen wird es bei begründeten Zweifeln daran, ob der Standpunkt des Vmers oder der des Dritten richtig ist, zum Prozeß kommen. Hier muß der Ver Rückstellungen bilden. Solche Rückstellungen belasten nach Nr. 16 II TB-KH den Vertrag des Vmers. Wenn der Ver den Prozeß aber gewinnt, so daß die Rückstellungen aufgelöst werden können, so wird nachträglich der Schadenfreiheitsrabatt dem Vmer wieder so zuerkannt, als wäre die Rückstellung nicht gebildet worden. Das ist in Nr. 16 III TB-KH geregelt. Allerdings wird ein solcher Rückgriff in die Vergangenheit nur dann vorgenommen, wenn die Auflösung in den drei auf die Schadenmeldung folgenden Kalenderjahren erfolgt. Bemerkenswert ist, daß nach Nr. 16 III 1 Entschädigungsleistungen oder Rückstellungen nur Aufwendungen zum Ausgleich von Personen-, Sach- oder Vermögensschäden sind. Ausgenommen sind Kosten für Gutachten, Rechtsberatung und Prozesse. Das bedeutet, daß dann, wenn der Ver den Prozeß gewonnen hat, so daß er keine Aufwendungen auf die Haftpflichtansprüche des geschädigten Dritten zu erbringen hat, er den Vmer nicht deswegen als schadenbelastet im Sinne der Rückstufungsregelungen einordnen darf, weil die Prozeßkosten von dem Dritten nicht beigetrieben werden können.

[E 19] dd) Übertragbarkeit des Schadenfreiheitsrabatts

Das System des Schadenfreiheitsrabatts entspricht so sehr der Mentalität des durchschnittlichen deutschen Vmers, daß er in den Tarifbestimmungen nicht nur einen Anspruch auf eine derartige Vorzugsprämie bei einem Fahrzeugwechsel bei demselben Ver durchsetzen kann (vgl. Nr. 26 TB-KH); vielmehr hat er auch einen Anspruch auf eine Berücksichtigung bei einem Vertragsabschluß bei einem anderen Ver (Nr. 27 TB-KH). Der alte Ver ist verpflichtet, eine entsprechende Bescheinigung über die Dauer der schadenfrei verflossenen Zeit auszustellen.

Darüber hinaus bedenken die Tarifregelungen auch den Fall, daß ein Vmer jahrelang mit einem fremden Fahrzeug schadenfrei gefahren ist. Hier sieht Nr. 28 I TB-KH eine Anrechnung vor, sofern der Vmer des Ausgangsvertrages seinen eigenen Anspruch auf den Schadenfreiheitsrabatt aufgibt und der Vmer glaubhaft macht, daß die Anrechnung dieses Schadenverlaufs auf seinen Vsvertrag gerechtfertigt ist. Es folgen dann in sechs weiteren Absätzen Einzelheiten darüber, wann und in welchen Fällen etwas Derartiges gerechtfertigt ist. Es kann durchaus bezweifelt werden, ob eine derartige Tarifausgestaltung einem recht verstandenen Rationalisierungsstreben entspricht. Es dürfte einfacher und auch einleuchtender sein, wenn mit einer gewissen Härte, die aber für klare Verhältnisse sorgt, eine solche Anrechnung aus den Verträgen Dritter nicht gewährt werden würde. Wem diese Regelung nicht gefällt, der kann schließlich von Anfang an einen Vertrag im eigenen Namen abschließen.

Dafür, daß die Regelung nach Nr. 28 TB-KH auch dann zur Anwendung kommt, wenn ein Vmer nacheinander bei zwei Arbeitgebern als Berufskraftfahrer tätig war, vgl. AG Mönchengladbach 3.VI.1981 VersR 1982 S. 262 = ZfS 1982 S. 151 (gek.). Hat der Vmer bereits ein eigenes Fahrzeug unter Vsschutz, so entfällt eine Anrechnung aus dem Vertrag eines Dritten, wenn der Vertrag des Vmers für sein eigenes Fahrzeug durch mehrere Schadenfälle belastet ist (LG Kassel 30.VII.1987 VersR 1988 S. 457–458 = ZfS 1988 S. 215). Ebenso kann begrifflich keine Anrechnung für eine Zeit erfolgen, in der die Anrechnung begehrende Vmer nicht im Besitz einer amtlichen Fahrerlaubnis gewesen ist (LG Bochum 21.XI.1989 r + s 1990 S. 110–111 = ZfS 1990 S. 203 [gek.]). Bedeutsam kann die Regelung auch für getrennt lebende oder geschiedene Eheleute werden, wenn z. B. der gemeinsame Wagen von dem einen Ehepartner ausschließlich gefahren worden ist, der Vertrag aber auf den Namen des anderen lautet (so im Falle LG Köln 2.II.1977 NJW 1977 S. 1969–1970 = VersR 1977 S. 629, in der der Klage auf Abgabe einer Übertragungserklärung stattgegeben wurde). Verweigert der Ehepartner aus persön-

V. Dauer der Prämienzahlungsverpflichtung   **Anm. E 21**

lichen Motiven ohne eigenes materielles Interesse die Abgabe einer solchen Erklärung, so darf der Ver nach der Auffassung des BAV (Geschäftsbericht 1983 S. 78) auch ohne eine solche Erklärung des Ehepartners den Schadenfreiheitsrabatt berücksichtigen. Hingegen findet die Regelung keine Anwendung, wenn die früheren Eheleute gemeinsam Vmer des Ausgangsvertrages gewesen sind und sich über die Anrechnung nicht einigen (so Conradt-Golz-Hoenen Anm. 70 zu Nr. 28 TB-KH). Zu weiteren Abgrenzungs- und Zweifelsfragen vgl. Conradt-Golz-Hoenen Anm. 1–77 zu Nr. 28 TB-KH und BAV-Rundschreiben vom 26.IV.1979 VA 1979 S. 193–196.

[E 20] IV. Fälligkeit

Für die **Fälligkeit** der Erstprämie in der Kraftfahrzeughaftpflichtv gilt § 35. Danach ist die Erstprämie zwar sofort nach dem Abschluß des Vertrages zu zahlen. Doch ist der Vmer dazu nur gegen **Aushändigung des Vsscheines** verpflichtet, es sei denn, daß die Ausstellung eines Vsscheines ausgeschlossen ist. Diese Regelung ergänzt § 5 V 2 PflichtvsG für die Kraftfahrzeughaftpflichtv dahin, daß der Ver **die Aushändigung der Vsbestätigung von der Zahlung der ersten Prämie abhängig machen darf.** Hier tritt für diesen in der Praxis in bezug auf eine Prämienforderung zu diesem Zeitpunkt allerdings nur selten vorkommenden Fall kraft gesetzlicher Spezialregelung die Vsbestätigung an die Stelle des in § 35² vorgesehenen Vsscheines (zur Streitfrage, ob ein solches Zahlungsverlangen vor Aushändigung der Vsbestätigung dann zu beanstanden ist, wenn der Ver dergestalt nur bei ihm unerwünscht erscheinenden Risikogruppen vorgeht, vgl. Anm C 24, 25).

Die Regelung in § 5 V 2 PflichtvsG gilt im übrigen nur für den Zeitpunkt der Aushändigung der Vsbestätigung. Hat der Ver von seinem sich aus dieser Vorschrift ergebenden Recht bei der Aushändigung der Vsbestätigung keinen Gebrauch gemacht, so kann er das nur mit der Präsentation des Vsscheins nachholen. Etwas anderes gilt dann, wenn es nicht zum rechtswirksamen Abschluß des endgültigen Vsvertrages gekommen ist, wohl aber zu einer Einigung über die Gewährung vorläufigen Deckungsschutzes. In diesen Fällen kann der Ver gewiß für die Zeit der vorläufigen Deckung Prämienzahlung ohne Vorlage des Vsscheins verlangen. Das gleiche gilt in bezug auf den endgültigen Vertrag, sofern durch Individualabrede vereinbart worden ist, daß auf die Ausstellung von Vsscheinen verzichtet wird.

Ansonsten sind aus der spezifischen Sicht der Kraftfahrthaftpflichtv Besonderheiten in bezug auf die Fälligkeit der Vsprämie nicht zu konstatieren, wenn man von dem Problembereich der Anhebung der Folgeprämien gemäß § 9a I AKB absieht (dazu Anm. C 33). Es wird daher für diesen Fragenkreis auf Bruck-Möller Bd I Anm. 1–65 zu § 35 und für die weitere Entwicklung auf Bruck-Möller-Winter Lebensv Anm. E 123–164 verwiesen.

[E 21] V. Dauer der Prämienzahlungsverpflichtung

1. Vorbemerkung

Im Normalfall eines ungestört ablaufenden Vsverhältnisses decken sich die Zeiträume, für die der Vmer Prämien zu entrichten hat, mit denen, für die der Ver im Risiko ist (dafür, daß dabei für die Kraftfahrzeughaftpflichtv das Kausalereignis maßgebend ist, vgl. Anm. G 41 m. w. N., streitig). Die für die Fälle einer vorzeitigen Beendigung des Vsverhältnisses geltenden gesetzlichen Sonderregelungen gemäß §§ 40, 68 und 70 sind in diesem Kommentar bereits eingehend erörtert worden (vgl. Bruck-Möller Bd I Anm. 1–21 zu § 40, Bruck-Möller-Sieg Bd II Anm. 1–21 zu § 68, Anm. 46–55 zu § 70 und die ergänzenden Bemerkungen aus jüngster Zeit durch

Bruck-Möller-Winter Lebensv Anm. E 48–72). Diese für alle Vsarten geltenden Grundsätze sollen hier nicht wiederholt werden. Vielmehr werden nachstehend nur bedingungsrechtliche Besonderheiten gegenüber diesen gesetzlichen Regelungen abgehandelt.

Erwähnenswert ist, daß in neuerer Zeit die **Verfassungsmäßigkeit** des § 40 II 1 insoweit in Zweifel gezogen worden ist, als der Ver bei einer vorzeitigen Beendigung des Vsvertrages (aufgrund eines Zahlungsverzuges mit einer Folgeprämie) die Prämie bis zum Ende der laufenden Vsperiode verlangen kann (so AG Kaiserslautern 18.V.1978 r + s 1980 S. 23, AG Haßfurt VersR 1986 S. 860–861 = DAR 1986 S. 295–297). Dem ist BGH 2.X.1991 BGHZ Bd 115 S. 347–353 m. w. N. (zur Lebensv) mit überzeugender Begründung entgegengetreten (dafür, daß in derartigen Fällen der Prämienanspruch sich auch dann nicht verringert, wenn der Vmer das Fahrzeug anderwärts vert, vgl. OLG Hamm 13.XI.1981 VersR 1982 S. 869 = ZfS 1982 S. 340 [gek.]). Das ändert allerdings nichts daran, daß sich gewiß trefflich darüber streiten läßt, welche **rechtspolitischen Argumente** für oder gegen die Regelung in § 40 II sprechen (vgl. dazu nur Sieg BB 1987 S. 2249–2250, Heiss VersR 1989 S. 1125–1128 m. w. N. und Schuster Symposium „80 Jahre VVG", Karlsruhe 1988, S. 80).

2. Sonderregelungen

Gliederung:

a) Geschäftsgebühr gemäß § 40 II 2 E 22
b) Vorübergehende Stillegung E 23
c) Veräußerung E 24
d) Interessenwegfall E 25
e) Zum Anwendungsbereich des § 4 VI AKB E 26–27
    aa) Grundsätzliches E 26
    bb) Einzelheiten E 27

[E 22] a) Geschäftsgebühr gemäß § 40 II 2 VVG

Nach § 40 II 2 steht dem wegen **Nichtzahlung der Erstprämie zurücktretenden Ver** eine **angemessene Geschäftsgebühr** zu. Ist mit Genehmigung der Aufsichtsbehörde in den Vsbedingungen ein bestimmter Betrag für die Geschäftsgebühr festgesetzt, so gilt dieser gemäß § 40 II 3 als angemessen. Eine derartige Regelung ist in § 4 VI 2 AKB enthalten. Sie stellt ab auf die Dauer des Vsverhältnisses. Für diese Zeit wird die Prämie nach dem **Kurztarif** berechnet. Angesichts des Zusammenhanges mit § 4 VI AKB, nach dessen Wortlaut dem Ver generell eine Prämie für die Zeit der überobligationsmäßigen Haftung gemäß § 3 Ziff. 4, 5 PflichtvsG zugebilligt wird (vgl. zum gegenüber diesem umfassenden Wortlaut eingeschränkten Anwendungsbereich des § 4 VI 2 AKB Anm. E 26–27), ist eine Interpretation des § 4 VI 2 AKB dahin geboten, daß unter die Dauer des Vsverhältnisses auch die Nachhaftungszeit gemäß § 3 Ziff. 5 S. 1 PflichtvsG fällt. Die Verweisung auf die Regelung in Nr. 3 TB-KH bedeutet, daß für eine Haftungszeit von einem Monat 15%, für eine solche von zwei Monaten 25% und bei drei oder vier Monaten 30 oder 40% der Jahresprämie zu entrichten ist. Bedenkt man weiter, daß nach § 4 VI 2 AKB höchstens 40% der Jahresprämie als Geschäftsgebühr geschuldet werden, so kommt dieser Regelung gewiß das Prädikat „angemessen" zu. Zur generellen Frage der Überprüfung einer vom BAV festgesetzten Geschäftsgebühr auf ihre Angemessenheit vgl. im übrigen Sieg VersR 1988 S. 309–310 m. w. N.

Für sog. **Anschlußven** sieht § 6 V 1 AKB die Geltung des § 39 anstelle der des § 38 vor (vgl. dazu Anm. D 5–6 und Anm. E 32 a. E.). Diese den Vmer begünstigende Regelung ergänzt § 6 V 2 AKB dahin, daß dem Vmer im Fall einer Kündigung gemäß § 39 III eine Geschäftsgebühr zusteht, deren Höhe nach § 4

V. Dauer der Prämienzahlungsverpflichtung

VI 2 AKB zu bemessen ist. Das bedeutet, daß hinsichtlich der Prämienzahlung die gemäß § 42 zugunsten des Vmers zwingende Regelung des § 40 II 2 beachtet wird. Aus diesem Zusammenhang ergibt sich im übrigen, daß sich § 6 V 2 AKB nur auf die erste Prämie nach dem Neuabschluß eines Vertrages bezieht. Demgemäß kann der Ver bei einer Kündigung nach § 39 III wegen eines Zahlungsrückstandes aus einer späteren Vsperiode nach § 40 II 1 eine Jahresprämie verlangen.

[E 23] b) Vorübergehende Stillegung

In § 5 V AKB ist vorgesehen, daß sich der Vsvertrag um die Dauer einer vorläufigen Stillegung verlängert, ohne daß dabei von dem Vmer für den in der Stillegezeit gemäß § 5 II AKB eingeschränkten Vsschutz eine Prämie zu entrichten ist (vgl. Anm. D 40–43). Diese Regelung stellt den Vmer besser als die in § 41 a; denn danach könnte der Vmer bei Wegfall eines für die Prämienberechnung erheblichen Umstandes nur für die Zeit ab Beginn der nächsten Vsperiode eine angemessene Prämienherabsetzung verlangen. Überschreitet die Stillegung allerdings im Sinne des § 5 II AKB die dort vorgesehene Jahresfrist, ohne daß dem Ver das Ende der Stillegung angezeigt wird oder der Ver sich auf das Fortbestehen des Vertrages beruft, so endet der Vertrag mit dem Ablauf dieser Jahresfrist; das gleiche gilt nach § 5 VI 2 AKB, wenn das Fahrzeug nicht innerhalb eines Jahres seit der Stillegung wieder zum Verkehr angemeldet wird (vgl. Anm. D 41–42). Prämie braucht der Vmer aber nach §§ 5 VI 3, 6 III AKB nur bis zum Tag der Abmeldung des Fahrzeugs zu entrichten. Ebenso AG Waldshut-Tiengen 6.IV.1979 VersR 1979 S. 927, das dieses Ergebnis aber zu Unrecht aus § 9 AGBG ableitet (vgl. auch Anm. D 40 a. E.). Entgegen AG Waldshut-Tiengen 6.IV.1979 a. a. O. wird in der Vspraxis derart auch in den Fällen eines Prämienverzuges abgerechnet, wenn der Vmer das Fahrzeug nach Eintritt des Verzuges abmeldet und der Ver davon unterrichtet wird (anders allerdings auch im Fall AG Baden-Baden 5.XI.1982 r + s 1983 S. 6). Diese Praxis ist angesichts des Fehlens einer Einschränkung der Regelung in §§ 5, 6 AKB für derartige Verzugsfälle zu billigen.

Die dergestalt geschuldete Prämie wird nach § 5 VI 3 AKB allerdings, sofern nicht innerhalb eines Jahres eine neue Kraftfahrtv bei demselben Ver abgeschlossen wird, nach dem Kurztarif berechnet. Angesichts der Ausgestaltung dieses Kurztarifes (vgl. Nr. 3 TB/KH) steht der Vmer damit aber immer noch weitaus besser als bei der entsprechenden Anwendung des § 41 a. Darüber hinaus wird nach § 6 III 2 AKB pro rata temporis abgerechnet, wenn der Vmer einen Nachfolgevertrag abschließt. Es wird demgemäß vertraglich die Position des Vmers wesentlich gegenüber der gesetzlichen Regelung verbessert.

Zur Sonderregelung gemäß § 5 VII AKB vgl. Anm. D 43.

[E 24] c) Veräußerung

Schrifttum:

Bruck-Möller-Sieg Bd II Anm. 1–60 zu § 70 m. w. N.

In § 6 I 3 AKB ist in Übereinstimmung mit § 69 II festgelegt, daß der Veräußerer und der Erwerber für die Prämie, die auf das zur Zeit der Veräußerung laufende Vsjahr entfällt, als Gesamtschuldner haften (für Einzelheiten zum Übergang des Vsverhältnisses durch die Veräußerung des vten Fahrzeugs vgl. Anm. D 44). Kommt es zur Kündigung aus Anlaß der Veräußerung durch den Erwerber oder den Ver (vgl. dafür, daß ein solches Kündigungsrecht des Vers für die Kraftfahrzeughaftpflichtv entgegen dem Wortlaut des § 6 II AKB nach dem Sinn des Annahmezwangs regelmäßig nicht gegeben ist, II.6. der geschäftsplanmäßigen Erklärungen und Anm. D 50), so haftet der Erwerber gemäß § 70 III für die Vsprämie überhaupt nicht. In § 6 I, III AKB wird diese nach § 72 zwingende Regelung nicht erwähnt, so daß die Gefahr naheliegt, daß ein nicht rechtskundiger Erwerber irrig annehmen könnte, daß er auch für den Fall der Kündigung in dem in § 6 III AKB genannten Umfang Prämie schuldet (vgl. zu der Streitfrage, ob der Erwerber nicht ausnahmsweise trotz § 70 III Prämie schuldet, wenn zwischen Veräußerung und Vertragsende ein Vsfall eingetreten ist, Bruck-Möller-Sieg Bd II Anm. 46 zu § 70 m. w. N.). Stiefel-Hofmann[15] Anm. 61 zu § 4 AKB, S. 241 verstehen den Hinweis in § 6 II auf § 4 VI AKB so, daß der Veräußerer danach in Abweichung von § 70 III über die zum Zeitpunkt der Beendigung des Vsverhältnisses laufende Vsperiode haften solle; diese Regelung wird als rechtswirksam angesehen (ebenso Fleischmann-Deiters in Thees-Hagemann[2] Anm. 3 zu § 4 AKB, S. 310, Prölss-Martin-Knappmann[25] Anm. 3 zu § 4 AKB, S. 1425). Dagegen bestehen Bedenken. Zwar verstößt eine solche Regelung nicht gegen die halbzwingende Bestimmung des § 72, da diese nur den Erwerber schützt. Sie ist aber als Abweichung von einem wesentlichen Grundgedanken der gesetzlichen Regelung im Sinne des § 9 II Nr. 1 AGBG als unwirksam zu qualifizieren (vgl. ergänzend Bruck-Möller-Sieg Bd II Anm. 8 zu § 72 m. w. N. für das Bemühen, den Veräußerer auch schon vor Inkrafttreten des AGBG vor ihn im Rahmen der Vertragsfreiheit benachteiligenden Vertragsabreden zu schützen).

Der gegen den Veräußerer gerichtete Prämienanspruch ist gemäß § 6 III 1 AKB auf den für die Zeit des Vsschutzes anteilig zu errechnenden Betrag beschränkt (pro rata temporis). Nur wenn das Vsverhältnis weniger als ein Jahr bestanden hat, wird nach § 6 III 2 AKB nach dem Kurztarif abgerechnet (dazu Nr. 3 TB-KH). Damit steht der Vmer aber immer noch besser als bei der gesetzlichen Regelung gemäß § 70 III, nach der er die Prämie bis zum Ende der Vsperiode zahlen müßte (dafür, daß die Lösung rechtspolitisch in Zweifel zu ziehen ist, vgl. Bruck-Möller-Sieg Bd II Anm. 45 zu § 70). Bemerkenswert ist, daß nach § 6 III 2 AKB die Berechnung nach Kurztarif in Wegfall kommt und pro rata temporis abgerechnet wird, wenn der Vmer binnen Jahresfrist bei demselben Ver eine neue Kaftfahrtv abschließt. Hatte der Vmer dabei zuvor eine Haftpflicht- und eine Kaskov abgeschlossen, umfaßt der neue Vertrag dagegen nur eine Haftpflichtv (oder umgekehrt), so greift die Vergünstigungsregelung nur hinsichtlich des in derselben Vsart „fortgesetzten" Anschlußvertrages ein. Das ergibt sich aus der rechtlichen Selbständigkeit der dergestalt kombinierten Vsverträge (vgl. zu dem entsprechenden Problem für die an eine Frist von 6 Monaten geknüpfte Deckungsvergünstigung nach § 6 V AKB Anm. D 6 m. w. N.; zum Prinzip der rechtlichen Selbständigkeit und den Durchbrechungen vgl. im übrigen Anm. D 19 und E 31, 33 m. w. N.).

Eine entsprechende Anwendung der Regelung des § 6 III AKB auf den Fall, daß der Vmer, dem wegen Verzuges mit einer Folgeprämie gekündigt worden ist, sich anderwärtig vert, ist abzulehnen (OLG Hamm 13.XII.1981 VersR 1982 S. 869 = ZfS 1982 S. 340 [gek.]).

Für Fahrzeuge mit Vskennzeichen wird dagegen grundsätzlich nach § 6 IV 1 AKB die Prämie für das laufende Vsjahr verlangt. Doch wird gemäß § 6 IV 2 AKB nach Kurztarif für die Zeit bis zum Ende des Vsschutzes abgerechnet, wenn Vsschein und Vskennzeichen dem Ver ausgehändigt werden und dem Ver auch die Kündigung des Erwerbers vorliegt. In § 6 IV 3 AKB ist ferner seit dem 1.1.1992 festgelegt, daß dann, wenn der Vmer gleichzeitig bei demselben Ver für ein Fahrzeug mit Vskennzeichen abschließt, der nicht verbrauchte Beitrag als Beitrag für die neue Kraftfahrtv gilt. Das bedeutet, daß dann nicht nach dem Kurztarif abgerechnet wird, sondern pro rata temporis.

V. Dauer der Prämienzahlungsverpflichtung   Anm. E 26

[E 25] d) Interessewegfall

Zum Begriff des **Interessewegfalls** in der Kraftfahrzeughaftpflichtv (und auch in der Fahrzeugv) vgl. Anm. D 39 und F 24. Zu beachten ist, daß der **Veräußerungsfall** angesichts der Sonderregelung gemäß §§ 69, 158 h dem Interessewegfall nicht zuzuordnen ist (BGH 14.III.1984 VersR 1984 S. 550–551). Das gilt nicht für die an ein bestimmtes Fahrzeug gebundene Kraftfahrtunfallv (vgl. § 17 I, II a AKB), für die demgemäß § 6 I 2 AKB zu Recht das Erlöschen des Vsvertrages vorsieht.

Die Prämienzahlungsdauer wird in § 6 a II AKB für die **Haftpflicht- und Kraftfahrtunfallv** unter Hinweis auf § 6 III AKB geregelt. Das bedeutet, daß **pro rata temporis** abgerechnet wird. Ausgenommen sind diejenigen Fälle, bei denen die V **noch nicht ein Jahr lang** bestanden hat. Dann wird nach dem in der Ausgestaltung gemäß Nr. 3 TB-KH (VA 1991 S. 3–4) gewiß **keine Unbilligkeit** enthaltenden **Kurztarif** abgerechnet. Das entspricht § 68 II. Zur Sonderregelung für Fahrzeuge mit Vskennzeichen vgl. § 6 a III.

Für die **Fahrzeugv** ist abweichend von dieser Regelung in § 6 a I AKB vorgesehen, daß dem Ver die Prämie dann für das laufende Vsjahr (oder für die vereinbarte kürzere Vertragszeit) gebührt, wenn das Interesse infolge eines zu ersetzenden Schadens entfällt. Das stimmt überein mit § 68 IV, so daß eine solche Abrechnung nicht zu beanstanden ist (vgl. BGH 23.V.1984 VersR 1984 S. 754–755). Dort ist allerdings von dem Eintritt des Vsfalles die Rede. Das bedeutet aber auch nichts anderes, als daß der Ver für den eingetretenen Schaden zu leisten hat (dazu Bruck-Möller-Sieg Bd II Anm. 75 zu § 68 m. w. N.). Hat der Vmer daher infolge grober Fahrlässigkeit den Interessewegfall (Totalzerstörung) herbeigeführt, so ist die Prämie für die Fahrzeugv nur pro rata temporis zu entrichten. Das gilt auch dann, wenn der Ver vor Eintritt des Totalschadens einen anderen Vsschaden reguliert hat, der keinen Interessewegfall auslöste.

[E 26] e) Anwendungsbereich des § 4 VI AKB

a) Grundsätzliches

§ 4 VI 1 AKB bestimmt für die Kraftfahrthaftpflichtv, daß dann, wenn die Verpflichtung des Vers gegenüber dem Dritten bestehen bleibt, obwohl der Vsvertrag beendet ist, dem Ver die Prämie für die Zeit dieser Verpflichtung gebührt. Der Ver ist in diesen Fällen gegenüber dem Vmer nicht im Risiko, haftet aber überobligationsmäßig im Verhältnis zum geschädigten Dritten. Die Leistungen an den geschädigten Dritten kann der Ver von dem Vmer gemäß § 3 Ziff. 9 PflichtvsG ersetzt verlangen (vgl. dazu Anm. B 64–70). Der Ver erhält aber kraft Gesetzes kein Entgelt dafür, daß er – wirtschaftlich betrachtet – im Verhältnis zum geschädigten Dritten während der Nachhaftungszeit die Gefahr getragen hat und daß er bei Verwirklichung seiner überobligationsmäßigen Haftung die Regulierungsarbeit vornehmen muß. Auf der Grundlage dieser Überlegungen haben die Ver § 4 VI 1 AKB als ergänzende Vertragsregelung geschaffen. Er sieht eine anteilige Prämienhaftung nach Maßgabe des Tarifs für intakte Vsverhältnisse für die Nachhaftungszeit vor. Bei dieser Vertragsabrede handelt es sich nicht um eine Vertragsstrafe (so aber Helberg VW 1952 S. 283, AG Kiel 1.X.1968 VersR 1969 S. 216–217). Das ergibt sich schon daraus, daß nicht auf ein Verhalten oder Verschulden des Vmers abgestellt wird (vgl. Reichert-Facilides VersR 1955 S. 65). Vielmehr handelt es sich um eine Haftungsabrede sui generis gemäß § 305 BGB, die sich daran orientiert, daß typischerweise die Nachhaftung des Vers auf Tatsachen beruht, die in der Sphäre des Vmers liegen. Mit Rücksicht darauf, daß sich die Dauer der Prämienzahlungsverpflichtung strikt an die Zeit der Nachhaftung orientiert, ist die Regelung auch nach AGB-Maßstäben angemessen. Sieg VersR 1988 S. 310 ist allerdings der Meinung, daß die Regelung an der Höchstgrenze der Angemessenheit liege. Zu beachten ist aber, daß sich nach den gesetzlichen Vorgaben für vergleichbare Fälle einer Prämienhaftung des Vmers für Zeiten, in denen er keinen Vsschutz hat, häufig eine längere Dauer als die in § 4 VI 1 AKB vorgesehene ergibt (vgl. § 40 I, II und Anm. E 21).

Die Rechtswirksamkeit einer solchen Regelung ist demgemäß zu bejahen (vgl. dazu BGH 27.IX.1956 VersR 1956 S. 706—707 [in NJW 1956 S. 1715 insoweit nicht mitabgedruckt]). Das Gesagte gilt um so mehr, als es der Vmer in der Hand hat, für eine Abmeldung des Fahrzeugs zu sorgen oder für eine Beendigung der Nachhaftungszeit durch Abschluß eines neuen Vsvertrages. Auch ist zu beachten, daß eine Prämie nach § 4 VI AKB in der Praxis nur dann erhoben wird, wenn es zum Eintritt eines Schadenfalls gekommen ist. Denn ansonsten erfährt der Ver gar nichts davon, daß er noch überobligationsmäßig im Risiko gewesen ist.

[E 27] bb) Einzelheiten

Der Regelung in § 4 VI 1 AKB liegt seit VA 1971 S. 4—13 allein die 2. Alternative des § 3 Ziff. 5 PflichtvsG zugrunde. In einer früheren Fassung des § 4 VI AKB war eine solche Verpflichtung auch für den Fall des Nichtbestehens eines Vsverhältnisses (§ 3 Ziff. 5, 1. Alt. PflichtvsG) enthalten (vgl. für diese bis zum 31.XII.1970 verwendete Fassung VA 1966 S. 205—213). Das stieß indessen mit Rücksicht auf die Einordnung der AKB als vertragsrechtliche Bestimmungen auf Bedenken. Wenn das Nichtbestehen eines Vsvertrages darauf beruht, daß es gar nicht zu dessen rechtswirksamen Abschluß gekommen ist, kann der Ver den Vmer im Regelfall nicht wirksam in den dann nicht vereinbarten Vertragsbedingungen zu Zahlung eines Entgelts verpflichten (ebenso Fleischmann-Deiters in Thees-Hagemann[2] Anm. 3 zu § 4 AKB, S. 309, Prölss-Martin-Knappmann[25] Anm. 3 zu § 4 AKB, S. 1425, Johannsen VersArch 1956 S. 357—362, ders. VersArch 1958 S. 70—71 m. w. N.; a. M. Würffel VW 1953 S. 206—207, ders. VersArch 1958 S. 64—67 m. w. N.; für gänzlich unwirksam halten § 4 VI 1 AKB Kramer VersR 1970 S. 602 und Fromm[2] S. 349—350; sie gehen dabei von der systematisch verfehlten Überlegung aus, daß aus einem beendeten Vertrag keine Rechtspflichten mehr folgen könnten). Davon zu unterscheiden sind diejenigen Fälle, in denen ein Vsvertrag bestanden hat, der aber nachträglich beendet worden ist, sei es auch mit rückwirkender Kraft. Wenn daher Stiefel-Hofmann[15] Anm. 60 zu § 4 AKB, S. 241 (ebenso Pienitz-Flöter[4] Anm. B VIII zu § 4 AKB, S. 12—13) bemerken, daß dem Ver für alle Fälle des Nichtbestehens und der Beendigung eines Vsverhältnisses mit entsprechender Nachhaftung des Vers eine Prämie zuzubilligen sei, so findet diese Auslegung heute im Wortlaut des § 4 VI 1 AKB keine Stütze mehr. Im übrigen wird diese Auffassung dem Vertragscharakter der AKB und den unterschiedlichen in § 3 Ziff. 5 PflichtvsG geregelten Lebenssachverhalten nicht gerecht (vgl. dazu Anm. B 44—45). Demgemäß ist in denjenigen Fällen, in denen es zu einer Unwirksamkeit eines Vsvertrages wegen Geschäftsunfähigkeit (§§ 104—105 BGB), Minderjährigkeit (§§ 108—113 BGB) oder eines versteckten Einigungsmangels (§ 155 BGB) gekommen ist, kein Prämienanspruch durch § 4 VI 1 AKB begründet. Hingegen ließe sich über § 139 BGB für die Fälle der Anfechtung des Vsvertrages durch den Ver unter Umständen eine Teilwirksamkeit rechtfertigen (Prölss-Martin-Knappmann[25] Anm. 3 zu § 4 AKB, S. 1425; a. M. Fleischmann-Deiters in Thees-Hagemann[2] Anm. 3 zu § 4 AKB, S. 309). Doch besteht dafür angesichts der gesetzlichen Sonderregelung in § 40 I kein Bedürfnis.

Eine große Bedeutung kommt § 4 VI 1 AKB ohnedies nicht zu, weil für die Hauptfälle einer Beendigung des Vsvertrages die Prämienzahlungsverpflichtung des

V. Dauer der Prämienzahlungsverpflichtung   Anm. E 27

Vmers in § 40 I, II geregelt ist. Von dieser Regelung kann nach § 43 nicht zum Nachteil des Vmers abgewichen werden. Deshalb kann ein Ver z. B. nicht über die ihm im Fall eines Rücktritts nach § 38 I gemäß § 40 II 2 zustehende Geschäftsgebühr hinaus vom Vmer gemäß § 4 VI 1 AKB eine Prämienzahlung fordern (LG Braunschweig 22.IV.1954 NJW 1954 S. 1573–1575 = VersR 1954 S. 363–364 mit insoweit zust. Anm. von E. Prölss NJW 1954 S. 1574, AG Hamburg 6.VII.1954 ZfV 1954 S. 418, LG Hannover 5.XI.1980 ZfS 1982 S. 18–19; Bruck-Möller Bd I Anm. 21 zu § 40). Um Nachteile für einen nicht rechtskundigen Vmer zu vermeiden, erscheint es heute angesichts des durch die AGB-Diskussion geschärften Problembewußtseins als wünschenswert, eine Neufassung des § 4 VI AKB zu erarbeiten, die solchen Bedenken nicht ausgesetzt ist.

Die Berechnung der Prämie im Fall des § 4 VI 1 AKB erfolgt im Regelfall pro rata temporis. Der Kurztarif gemäß Nr. 3 TB-KH findet nur Anwendung, wenn der beendete Vertrag für einen unterjährigen Zeitraum abgeschlossen worden war.

Vielfach wird angenommen, daß der Ver seinen Prämienanspruch aus § 4 VI 1 AKB ganz oder teilweise verliere, wenn er die Anzeige nach § 29 c StVZO zu spät erstatte, so daß sich daraus eine Verlängerung der Nachhaftungszeit im Sinne des § 3 Ziff. 5 PflichtvsG ergebe. Das wird damit begründet, daß der Ver damit nicht nur eine öffentlich-rechtliche Pflicht verletze, sondern zugleich eine ihm vertraglich gegenüber dem Vmer obliegende Nebenpflicht, so daß dieser mit einem aus positiver Forderungsverletzung resultierendem Schadenersatzanspruch aufrechnen könne (so Fleischmann VersR 1953 S. 273, Fleischmann-Deiters in Thees-Hagemenn[2] Anm. 3 zu § 4 AKB, S. 309, Frick ZfV 1952 S. 305, Pienitz-Flöter[4] Anm. B VIII zu § 4 AKB, S. 13, E. Prölss NJW 1954 S. 1574, Prölss-Martin-Knappmann[25] Anm. 3 zu § 4 AKB, S. 1425–1426, Stiefel-Hofmann[15] Anm. 62 zu § 4 AKB, S. 241, LG Braunschweig 22.IV.1954 NJW 1954 S. 1573 = VersR 1954 S. 362–363 [obiter dictum], AG Kiel 1.X.1968 VersR 1969 S. 216–217; vgl. auch Johannsen VersArch 1956 S. 360–362 mit dem Vorschlag, einen derartigen Schadenersatzanspruch mit Rücksicht darauf, daß auch der Vmer zur Anzeige verpflichtet ist, im Regelfall gemäß § 254 BGB um die Hälfte zu kürzen).

Vom BGH 27.IX.1956 NJW 1956 S. 1715 = VersR 1956 S. 706–707 ist dagegen eine solche vertragliche Nebenpflicht (in Übereinstimmung mit OLG Hamm 23.VI.1955 VersR 1955 S. 498–499 [Vorinstanz]) verneint worden. Er hat dazu ausgeführt, daß die für den Ver durch den Vsvertrag begründeten Pflichten nicht so weit gingen, daß er nach Beendigung des Vsvertrages gehalten wäre, den Vmer an die Notwendigkeit des Abschlusses einer neuen Kfz-Haftpflichtv zu erinnern. Eine solche Vertragspflicht des Vers werde auch nicht durch § 29 c StVZO begründet, und zwar auch nicht in der Form, daß der Ver dem Vmer vertraglich verpflichtet sei, der Zulassungsstelle die Anzeige nach § 29 c StVZO zu erstatten, damit dann der Vmer durch die Zulassungsstelle zum Abschluß einer neuen V veranlaßt werde. Jeder Kfz-Halter, der sein Fahrzeug nach Ablauf des bisherigen Haftpflichtvsvertrages weiter im Verkehr belassen wolle, müsse von sich aus für den Abschluß einer neuen V sorgen, und er habe weder gegen die Zulassungsstelle noch gegen den Ver einen Anspruch, hieran in irgendeiner Form erinnert zu werden. Auch die Vorschrift des § 29 c StVZO sei keineswegs in seinem Interesse erlassen, sondern diene einem ganz anderen Zweck. Sie sei lediglich eine Verwaltungsvorschrift im Rahmen der Bestimmungen über die Pflichtv und diene, wie alle diese Bestimmungen, ausschließlich der Sicherung der Schadenersatzansprüche des Verkehrsopfers gegen den als Schädiger in Betracht kommenden Kfz-Halter und Fahrer. Deswegen könne der Vmer für sich aus § 29 c StVZO weder einen vertraglichen noch auch einen gesetzlichen Anspruch auf Erfüllung der dort normierten Pflicht des Vers zur Anzeige an

Anm. E 28 E. Rechtspflichten des Versicherungsnehmers

die Zulassungsstelle herleiten. — Dieser Auffassung des BGH ist unter Aufgabe des im VersArch 1956 S. 360—362 vertretenen gegenteiligen Standpunktes beizupflichten. In der Tat ist die Anzeigelast dem Ver allein im Interesse des Verkehrsopfers auferlegt. Das wird verkannt, wenn daraus eine Vertragsverpflichtung gegenüber dem Vmer konstruiert wird, für die es an einem Vorbild im System des Vsvertrages fehlt. Das gilt um so mehr, als es der Vmer im Regelfall in der Hand hat, die Benutzung eines nicht vten Fahrzeugs zu unterbinden und seinerseits die erforderliche Meldung bei der Zulassungsstelle vorzunehmen (vgl. dazu auch LG Aurich 13.V.1953 VA 1954 S. 26 Nr. 60, das [unausgesprochen von einer Vertragsverletzung ausgehend] wegen der überwiegenden Verantwortung des Vmers einen aufrechenbaren Schadenersatzanspruch ebenfalls verneint).

Aus der Anforderung einer Prämie gemäß § 4 VI 1 AKB kann der Vmer regelmäßig nicht schließen, daß der Ver auf die Geltendmachung der sich aus dem konkreten Lebenssachverhalt ergebenden Leistungsfreiheit verzichten wolle (BGH 27.IX.1956 a. a. O.). Dafür fehlt es insbesondere dann an dem Aufbau jedweden Vertrauenstatbestandes, wenn der Ver unter Bezugnahme auf § 4 VI 1 AKB ausdrücklich darauf hinweist, daß diese Prämie mit Rücksicht auf die durch das Verhalten des Vmers herbeigeführte überobligationsmäßige Haftung verlangt wird.

[E 28] VI. Verlust des Versicherungsschutzes wegen Zahlungsverzuges

1. Erstprämienverzug

Zu den Besonderheiten des Außerkrafttretens der vorläufigen Deckungszusagen vgl. Anm. D 7—14 m. w. N. Angesichts der in Anm. C 34—37 geschilderten Praxis der Ver, vor Einlösung der Erstprämie bereits vorläufige Deckung zu gewähren, spielt eine isolierte Anwendung der Regelung des § 38 II im Bereich der Kraftfahrzeughaftpflichtv kaum eine Rolle. Es ist daher angebracht, für die hier ausnahmsweise doch auftretenden Problemfälle, in denen eine solche vorläufige Deckung nicht gewährt worden ist, auf die grundlegenden Ausführungen in Bruck-Möller Bd I Anm. 1—29 zu § 38 zu verweisen sowie für die Entwicklung in neuerer Zeit auf Bruck-Möller-Winter Lebensv Anm. E 165—177.

Das Gesagte greift dann nicht ein, wenn gekoppelte Verträge aus der Kraftfahrtv vorliegen, bei denen zwar für die Kraftfahrthaftpflichtv vorläufige Deckung gewährt worden ist, nicht aber für die Nebensparten (vgl. dafür, daß es entgegen dem Wortlaut des § 1 II 2 AKB durchaus so sein kann, daß die Aushändigung der Vsbestätigung auch für die Nebensparten eine vorläufige Deckungszusage darstellt, BGH 19.III.1986 VA 1986 S. 389 Nr. 822 = VersR 1986 S. 541—542 sowie Anm. C 34 und J 10—13). Es ergibt sich dann eine Kombination von Aufforderungen, nämlich bezüglich der Kraftfahrthaftpflichtv eine Aufforderung nach § 1 II AKB und bezüglich der Fahrzeugv oder/und der Insassenunfallv eine solche nach § 38 in Verbindung mit der vertraglichen Ergänzung durch Nr. II, 1 der geschäftsplanmäßigen Erklärungen (vgl. dazu Anm. D 4). Angesichts dessen, daß hier rechtlich selbständige Vsverträge angenommen werden (BGH 27.II.1978 NJW 1978 S. 1524—1525 = VersR 1978 S. 436—437, 9.X.1985 NJW 1986 S. 1103—1104 = VersR 1986 S. 54—55, KG 7.II.1989 VersR 1989 S. 1041—1042 = ZfS 1989 S. 416—417; w. N. in Anm. D 10), müssen die Voraussetzungen beider Bestimmungen und der ergänzenden Rechtsprechung eingehalten werden. Es ist danach jede Belehrung fehlerhaft, die den Eindruck erwecken kann, daß die Zahlung der Prämie für die eine Vsart auch von Bedeutung ist für die damit gekoppelte andere V aus dem Kraftfahrtbereich. Der Ver muß demgemäß so auffordern und so belehren, daß die Trennung für den Vmer unmißverständlich ist, so daß er nicht auf die Idee

VI. Verlust des Vsschutzes wegen Zahlungsverzuges **Anm. E 29**

kommen kann, daß eine Zahlung auf nur eine der Ven keinen Zweck habe, weil eine Gesamtleistung angebracht sei. Darauf, ob der Vmer kraft ausnahmsweise gegebener Rechtskenntnisse tatsächlich in einen solchen Irrtum nicht verfallen ist, kommt es nicht an.

Einen sicheren Weg schlägt ein Ver in dieser Situation nur ein, wenn er für die einzelnen Arten der Kraftfahrtv gesonderte Prämienrechnungen ausstellt und gesonderte Belehrungen erteilt. Voraussetzung für eine wirksame Prämienaufforderung ist dabei ferner, daß der dem Ver zustehende Betrag mit zutreffender Bezifferung und richtiger Kennzeichnung angegeben worden ist (BGH 9.VII.1986 VersR 1986 S. 986–988 = VRS Bd 71 S. 413–416 Nr. 167; vgl. auch ÖOGH 1.IX.1983 VersR 1984 S. 1199–1200 [unterlassene Anrechnung eines Prämienguthabens aus einer Vorv]).

Im Lastschriftverfahren ist eine wirksame Prämienanforderung nur gegeben, wenn für jeden selbständigen Vsvertrag im Rahmen der nur faktischen Koppelung eine gesonderte Abbuchung mit entsprechend klarem Inhalt vorgenommen wird (vgl. BGH 9.X.1985 a. a. O. [zu § 39 I]).

Zur Verrechnung von Teilleistungen vgl. Anm. E 31; zu den den Ver im Rahmen des § 38 treffenden Darlegungs- und Beweisanforderungen BGH 9.III.1986 a. a. O.

2. Nichtzahlung einer Folgeprämie

Gliederung:

a) Belehrungspflicht E 29–30
   aa) Allgemeine Grundsätze E 29
   bb) Kopplungsfälle E 30
b) Verrechnung von Teilleistungen E 31
c) Anschlußv gemäß § 6 V AKB E 32

[E 29] a) Belehrungspflicht

aa) Allgemeine Grundsätze

Zahlt der Vmer eine Folgeprämie nicht, so kann der Ver durch ein in § 39 verankertes Vorgehen seine Leistungsfreiheit erreichen. Der Gesetzgeber hat versucht, in jener Bestimmung durch ein formalisiertes Verfahren den Vmer tunlichst vor der schwerwiegenden Folge dieses Vsschutzverlustes zu bewahren. Daran anknüpfend hat die höchstrichterliche Rechtsprechung die relativ komplizierte Regelung in § 39 streng interpretiert. Es wird Präzision bezüglich der Anmahnung des geschuldeten Betrages im Sinne des § 39 I verlangt und eine gleiche Genauigkeit hinsichtlich der in § 39 I 2 vorgesehenen Belehrungen über die gemäß § 39 II, III vorgesehenen Rechtsfolgen. Mahnschreiben des Vers, die diese Erwartungen nicht erfüllen, führen nicht zur Leistungsfreiheit des Vers. Für Einzelheiten vgl. die grundlegende Darstellung in Bruck-Möller Bd I Anm. 1–52 zu § 39 m. w. N. und die Ergänzungen aus neuerer Zeit durch Bruck-Möller-Winter Lebensv Anm. E 178–192 m. w. N. Dafür, daß die Behlehrungspflicht des Vers aus § 39 I sämtliche in § 39 II, III vorgesehenen Rechtsfolgen betrifft und daß eine verkürzte Darstellung unter Hinweis auf den auf der Rückseite des Mahnschreibens abgedruckten Text des § 39 nicht genügt, vgl. BGH 9.III.1988 VA 1989 S. 256–258 Nr. 864 = VersR 1988 S. 484–485 m. w. N., OLG Hamm 23.II.1977 VersR 1977 S. 715–716; für die strenge Handhabung dieser Bestimmungen auch nach der österreichischen Rechtsprechung ÖOGH 6.XII.1979 VersR 1980 S. 882.

Außerhalb dieser gesetzlich vorgeschriebenen Belehrung ergibt sich unter Umständen eine zusätzliche ergänzende Belehrungspflicht des Vers, wenn er es durch unübersichtliche und widerspruchsvolle Prämienanforderungen bewirkt hat, daß der Vmer keine Klarheit über die Höhe des geschuldeten Betrages erlangt hat. Hier wird man eine unmißverständliche Richtigstellung durch den Ver erwarten können, auch wenn im Mahnschreiben gemäß § 39 der zutreffende Betrag genannt worden ist; bevor der Ver daher − z. B. durch Übersendung eines übersichtlichen Kontoauszuges − die von ihm verursachte Unklarheit nicht beseitigt hat, gerät der Vmer nicht in Verzug (vgl. für derartige Fälle BGH 21.XII.1977 VA 1978 S. 70−71 Nr. 706 = VersR 1978 S. 241−242, OLG Düsseldorf 11.VII.1978 VersR 1978 S. 912−913, OLG Hamm 13.VII.1979 VersR 1980 S. 861−862).

Einleuchtend ist auch, daß dann, wenn der Ver zwei Mahnschreiben mit entsprechenden Fristsetzungen versendet, die Zahlungsfrist sich nach dem zweiten Schreiben richtet, so daß dieses damit die Fristsetzung und die sonstigen Erklärungen aus dem ersten Mahnschreiben aufhebt (so LG Dortmund 15.VI.1988 r + s 1989 S. 275 für einen Fall, in dem der Ver nacheinander eine Folgeprämie und danach diese Folgeprämie und eine weitere fällig gewordene angemahnt hatte). Dafür, daß eine andere Beurteilung am Platze ist, wenn der Vmer die Erstprämie nicht gezahlt hat und auf Mahnung nur eine Folgeprämie, nicht aber die Erstprämie entrichtet, vgl. OLG Koblenz 2.V.1980 VersR 1980 S. 961−962.

BGH 7.XI.1973 VersR 1974 S. 121−123 (zur Einbruchdiebstahlv) hält den Ver darüber hinaus nach Treu und Glauben für verpflichtet, den Vmer, der eine von mehreren rückständigen Prämien zahlt, darauf hinzuweisen, daß der Vsschutz dadurch noch nicht wiederauflebe. Das gilt allerdings nur dann, wenn der Ver erkennen muß, daß der Vmer glaubt, durch jene Zahlung Vsschutz zu erlangen. Im konkreten Fall ging es darum, daß der Vmer die am 8.V. und 8.VIII.1966 fälligen Folgeprämien in Höhe von je DM 53,80 nicht gezahlt hatte und deshalb qualifiziert nach § 39 gemahnt wurde. Der Vmer zahlte darauf die Rate per 8.VIII.1966 und beantragte eine Erhöhung der Vssumme von DM 30 000,− auf DM 300 000,−. Der Ver entsprach diesem Antrag und übersandte dem Vmer eine Prämienrechnung für die Zeit vom 7.XI.1966−8.II.1967 in Höhe von DM 362,75; diese wurde vom Vmer bezahlt. Unter diesen Umständen hielt der BGH das Berufen des Vers darauf, daß er für den am 7.II.1967 eingetretenen Vsfall wegen der rückständigen Prämienrate per 8.V.1966 in Höhe von DM 53,80 nicht im Risiko sei, für treuwidrig. Der Vmer habe ohne eine Belehrung nicht ohne weiteres erkennen könne, daß kein Vsschutz bestehe. Dem ist beizupflichten. Denn durch die Annahme eines derartigen Erhöhungsbeitrags entsteht aus der Sicht des Vmers eine gänzlich geänderte Situation (zustimmend Fenyves VersR 1985 S. 800−806, Kalischko VersR 1988 S. 1003, Möller, Festschrift für Klingmüller, Karlsruhe 1974, S. 316, J. Prölss, Festschrift für Klingmüller, a. a. O., S. 374; kritisch zu der vorangegangenen Entscheidung BGH 24.I.1963 VersR 1963 S. 376−378 = NJW 1963 S. 1054−1057, in der eine entsprechende Belehrung für den Fall verlangt wurde, daß der Ver eine qualifiziert angemahnte Folgeprämie erhielt, die Erstprämie aber nicht bezahlt worden war, E. Prölss VersR 1963 S. 469−470; dafür, daß diese Überlegungen nicht dahin erweitert werden dürfen, daß für vor der Zahlung eingetretene Vsfälle rückwirkend der Vsschutz zu bejahen wäre, vgl. OLG Köln 3.III.1975 NJW 1975 S. 1746−1747 = VersR 1975 S. 725−727).

[E 30] bb) Kopplungsfälle

Speziell aus der Sicht der **Kraftfahrtv** ist zu beachten, daß dort typischerweise mehrere Risiken miteinander verbunden werden können, nämlich die Absicherung gegen die Gefahr, einem Dritten Schadenersatz leisten zu müssen, die des Schadens am eigenen Fahrzeug und die des Unfall-Körperschadens. Eine derartige **Koppe**-

VI. Verlust des Vsschutzes wegen Zahlungsverzuges   Anm. E 31

lung mehrerer Risiken wird in der Kraftfahrtv nach der Wertung durch die Rechtsprechung nicht im Sinne eines einheitlichen Vsvertrages aufgefaßt; vielmehr wird eine **Kombination mehrerer rechtlich selbständiger Vsverträge** angenommen (BGH 27.II.1978 NJW 1978 S. 1524–1525 = VersR 1978 S. 436–437, 9.X.1985 NJW 1986 S. 1103–1104 = VersR 1986 S. 54–55, KG 7.II.1989 VersR 1989 S. 1041–1042; w. N. in Anm. D 10). Aus der Selbständigkeit der einzelnen Verträge folgt, daß diese in bezug auf den Vsschutz und hinsichtlich der Beendigung des Vsvertrages durchaus ein unterschiedliches rechtliches Schicksal haben können (vgl. zur Kündigung § 4 V AKB und Anm D 19). Daraus ergibt sich als Last für den Ver, daß er im Rahmen eines Vorgehens nach § 39 streng zwischen diesen einzelnen Vsverträgen unterscheiden muß. Beachtet der Ver das nicht, so lösen seine Erklärungen gegenüber dem Vmer nicht die in § 39 II vorgesehene Leistungsfreiheit aus.

So ist vom BGH 9.X.1985 a. a. O. trotz zutreffender Angabe der insgesamt rückständigen Prämie eine Mahnung nach § 39 I deshalb für unwirksam gehalten worden, weil dabei die **Rückstände nicht getrennt** für die Haftpflicht- und die Fahrzeugv ausgewiesen worden waren. Geht man von dieser Erkenntnis aus, so leuchtet ein, daß das Gesagte erst recht gilt, wenn zusammen mit einer Folgeprämie ein Rückstand aus einem schon aufgehobenen vorangegangenen Vsvertrag aus dem Kraftfahrtbereich angemahnt wird. Anknüpfungspunkt für BGH 9.X.1985 a. a. O. war dabei im übrigen eine Entscheidung zu § 38 durch BGH 30.I.1985 VersR 1985 S. 447–448 (zur allgemeinen Unfallv). In diesem Fall hatte der Ver gemäß § 7 I 2 AUB entgegen § 38 II von dem in der Police genannten Zeitpunkt an Vsschutz für den Fall der unverzüglichen Zahlung der Erstprämie zugesagt. Sein **Abbuchungsversuch** scheiterte. Er durfte daraus aber keine Rechte herleiten, weil er versucht hatte, zusammen mit der Erstprämie zur allgemeinen Unfallv auch den Rückstand aus einem anderen Vsvertrag (allgemeine Haftpflichtv) abzubuchen. Der BGH spricht in diesem Zusammenhang die grundsätzliche Erkenntnis aus, daß im **Lastschriftverfahren** eine wirksame Zahlungsaufforderung im Sinne des § 38 nur dann gegeben sei, wenn für jeden gesonderten Vertrag auch gesonderte Lastschriften ausgestellt werden.

KG 7.II.1989 VersR 1989 S. 1040–1042 = ZfS 1989 S. 416–417 hat den vom BGH 9.X.1985 a. a. O. entwickelten Grundsatz für einen kombinierten Kraftfahrtvsvertrag dahin ergänzt, daß dann, wenn vom Ver die rückständigen Prämien für diese selbständigen Vsverträge (Haftpflicht-, Fahrzeug- und Insassenunfallrisiko) gemäß § 39 I angemahnt werden, die Aufgliederung auf diese Verträge nicht genüge. Es müsse vielmehr der Ver im qualifizierten Mahnschreiben darauf hinweisen, daß der Vmer die Möglichkeit habe, durch Zahlung hinsichtlich eines von mehreren Teilbereichen den Vsschutz zu erhalten. Geschehe das nicht, so werde der Ver nicht leistungsfrei, weil bei dem Vmer der Eindruck entstehen könne, daß der Vsschutz aus jedem Einzelvertrag nur dadurch erhalten werde, daß auch die auf die anderen Vsverträge entfallenden Prämien bezahlt würden (zur Verrechnung der Prämie, wenn der Vmer bei Teilleistungen keine Aufteilungsangaben macht, vgl. Anm. E 31 m. w. N.).

[E 31] b) Verrechnung von Teilleistungen

Der Grund für die Nichtzahlung einer Prämie ist häufig in Zahlungsschwierigkeiten des Vmers zu suchen. Wird ein derart zahlungsschwacher Vmer mit einer Mahnung nach § 39 konfrontiert, so kommt es nicht selten vor, daß er eine **Teilleistung** erbringt. Geht es dabei um einen ungekoppelten Vertrag aus dem Kraftfahrtvsbereich, also z. B. allein um das Haftpflichtvsrisiko, so ist der Ver nicht verpflichtet, eine Teilleistung anzunehmen (§ 266 BGB). Daß Teilleistungen nicht angenommen werden, ist allerdings bei wirtschaftlich versierten Gläubigern selten, da diese zumeist wissen, daß sie durch die Annahme eines Teilbetrages nicht eines darüber hinausgehenden Anspruchs verlustig gehen. Gleichwohl dürfte ein Ver eine derartige Teilleistung gemäß dem Gesetz zurückweisen, ohne dadurch gegen Treu und Glauben zu verstoßen. Etwas anderes würde nur dann gelten, wenn die Differenz zur geschuldeten Prämie so gering ist, daß bei der Annahme einer derartigen Leistung der Ver sich nicht auf den Wegfall des Vsschutzes im Sinne des § 39 hätte berufen dürfen. Dabei kann es sich aber im Regelfall bei Kraftfahrthaftpflichtvsverträgen nur um Differenzbeträge unter DM 10,— handeln. Jedenfalls ist zu vermerken, daß vom BGH, soweit ersichtlich, bisher in der Nachkriegszeit eine Geringfügigkeit bezüglich einer Zahlungsdifferenz im Sinne eines Verstoßes gegen Treu und Glauben bisher noch nicht angenommen worden ist. Die Rechtsprechung zeigt vielmehr eine deutlich restriktive Tendenz. So ist vom BGH 9.X.1985 NJW 1986 S. 1103—1104 = VersR 1986 S. 54—55 ein Fehlbetrag von DM 32,10 bei einer Vsprämie von ca. DM 400,— als nicht unerheblich angesehen worden. BGH 6.III.1985 VersR 1985 S. 533—534 hat eine Prämienanforderung des Vers im Rahmen einer Geschäftsv, die sich auf eine Restfolgeprämie in Höhe von DM 105,90 bezog, für unwirksam angesehen, weil ein um DM 3,— zu hoher Betrag gefordert worden war (Einbeziehung einer nicht gesondert ausgewiesenen Mahngebühr). Es liegt nahe, daß demgemäß auch umgekehrt zu geringe Zahlungen eines Vmers grundsätzlich als für die Erlangung oder Erhaltung des Vsschutzes nicht ausreichend bewertet werden, wenngleich eine Differenz von DM 3,—, wie sie in der BGH-Entscheidung vom 6.III.1985 a.a.O. zugrunde lag, eigentlich nicht anders als geringfügig eingeordnet werden darf (zustimmend aber Kalischko VersR 1988 S. 1003). Als eine solche geringfügige Differenz hat OLG Düsseldorf 28.X.1975 VersR 1976 S. 429 eine Minderleistung von DM 2,70 bei einer Prämie von DM 159,30 angesehen.

Hoegen VersR 1987 S. 224—225 m. w. N. weist darauf hin, daß es der Gerechtigkeit entspreche, mit gleichen Maßstäben bei dem Ver wie bei dem Vmer zu arbeiten. Das Gesagte bedeutet, daß nur minimale Differenzen im Sinne der Eingangsbemerkung dazu führen können, den Vsschutz ungeachtet der nicht vollständigen Zahlung nach Treu und Glauben zu gewähren. In diesem Sinne auch BGH 9.III.1988 VA 1989 S. 257 Nr. 864 = VersR 1988 S. 484 (die Formulierung, daß der Vmer bewußt und gewollt eine Prämienanforderung nicht vollständig erfüllt habe, weshalb für Billigkeitserwägungen kein Raum bleibe, dürfte aber wohl nicht so zu verstehen sein, daß eine aus einem Versehen folgende Teilzahlung anders zu behandeln wäre). Anders in einem Fall, in dem der Vmer einen Prämienerhöhungsbetrag nicht gezahlt hat, ÖOGH 19.X.1989 VersR 1990 S. 1375; daß der Vmer jahrelang zuvor die Prämie ordnungsgemäß gezahlt hatte, ist aber eigentlich kein durchschlagendes Argument.

Liegt eine Kombination mehrerer Risiken aus dem Kraftfahrtvsbereich vor, so ist bei einer Teilleistung wiederum die rechtliche Selbständigkeit dieser gekoppelten Verträge zu beachten (vgl. BGH 27.II.1978 NJW 1978 S. 1524—1525 = VersR 1978 S. 436—437, 5.VI.1985 VA 1985 S. 411—413 Nr. 810 = VersR 1985 S. 981—983, OLG Köln 24.II.1959 ZfV 1959 S. 668—669, OLG Celle 22.VI.1966 VersR 1966 S. 1025—1027 [berichtigt in VersR 1967 S. 273], OLG Köln 5.VI.1974 VersR 1974 S. 898—901, OLG Koblenz 29.I.1982 VersR 1983 S. 383—385 = ZfS 1983 S. 180 [gek.]; vgl. ferner Bischoff VW 1952 S. 527, ders. VW 1954 S. 147 sowie Anm. D 10 m. w. N. und E 30). Aus dieser rechtlichen Selbständigkeit folgt, daß der Ver eine Teilleistung auf die Gesamtprämie derart gekoppelter Verträge nicht zurückweisen darf, die so hoch ist, daß sie die geschuldete Prämie für einen

VI. Verlust des Vsschutzes wegen Zahlungsverzuges
Anm. E 31

dieser Verträge abdeckt. Bestimmt der Vmer bei der Leistung, für welches der gekoppelten Risiken die Zahlung bestimmt ist, so sind die Vertragsparteien daran gemäß § 366 I BGB gebunden. Fehlt es an einer solchen Bestimmung, so sieht § 366 II BGB eine recht komplizierte Regelung vor, die abgestuft auf **Fälligkeit, Sicherheit** und **Lästigkeit** abstellt. Diese Regelung entspricht im allgemeinen dem **vermuteten, vernünftigen Parteiwillen**; widerspricht sie diesem Willen jedoch offensichtlich, so geht dieser der gesetzlichen Regelung vor (so BGH 27.II.1978 a. a. O. m. w. N.). Eine anteilige Verrechnung der Leistung auf die Prämienforderungen aus den gekoppelten Verträgen scheidet dabei als sinnwidrig aus, da dem Vmer dadurch für keines der Risiken Vsschutz erhalten bleiben würde (BGH 27.II.1978 a. a. O.). Vielmehr ist die Prämie auf denjenigen Teil des gekoppelten Vertrages zu verrechnen, für den die Zahlung zur Erhaltung des Vsschutzes ausreicht. Das war im Fall BGH 27.II.1978 a. a. O. die Fahrzeugv (ebenso in den Fällen OLG Celle 22.VI.1966 a. a. O. und OLG Köln 5.VI.1974 a. .a O.), während im Fall BGH 5.VI.1985 a. a. O. die Zahlung weder für die Haftpflicht- noch für die Vollkaskov ausreichte. Reicht die Prämie einzeln betrachtet für jedes der beiden Risiken aus, so ist eine generelle Wertung aus der Sicht eines verständigen Vmers **vor Eintritt eines Vsfalles** vorzunehmen. Diese führt zu dem Ergebnis, daß grundsätzlich vom **Vorrang des Haftpflichtrisikos** auszugehen ist, da zum Abschluß und zur Aufrechterhaltung eines solchen Vsvertrages eine strafbewehrte Vspflicht besteht und darüber hinaus der Eintritt eines solchen Risikos zu einer Belastung mit unter Umständen die wirtschaftliche Existenz des Vmers vernichtenden Verbindlichkeiten führen kann. Vgl. dazu BGH 27.II.1978 a. a. O. (wo die Prämie für die Haftpflichtv als die „lästigere" bezeichnet wird, nähere Ausführungen dazu aber mit Rücksicht darauf, daß die Zahlung nur für den Vsschutz in der Kaskov ausreichte, nicht gemacht werden), ferner OLG Köln 24.II.1959 a. a. O., OLG Celle 22.VI.1966 a. a. O, OLG Köln 5.VI.1974 a. a. O., OLG Koblenz 29.I.1982 a. a. O. Im Verhältnis zwischen Fahrzeug- und Insassenunfallv fällt die Entscheidung nicht so leicht wie die vorerwähnte zugunsten des Haftpflichtvsrisikos. Gegen eine Bevorzugung der Kaskov spricht, daß der Vmer sich überhaupt dazu entschlossen hat, eine zusätzliche Unfalldeckung abzuschließen; denn deren Mitv ist sehr viel seltener als der Abschluß einer Fahrzeugv. Gegen eine vorrangige Verrechnung auf die den Unfallvsteil des gekoppelten Vsvertrages betreffende Prämie steht die Überlegung, daß bei üblicher Ausgestaltung des Kraftfahrtunfallvsvertrages nicht nur die Körperschäden des Vmers sondern schlechthin die aller Insassen des Fahrzeugs erfaßt werden (vgl. § 16 I a und b AKB). Soweit aus solchen Körperschäden Dritter gegen den Vmer berechtigte Ansprüche hergeleitet werden können, ist der Vmer nämlich durch den Haftpflichtvsschutz zumeist bereits abgedeckt. Letzten Endes ist auf das übliche Verhalten eines Durchschnittsvmers abzustellen, der den bevorstehenden Geldmangel schon bei Abschluß des Vsvertrages erkennt und deshalb zumeist auf den Einschluß dieses Zusatzrisikos verzichtet. Das bedeutet, daß in einem solchen Fall zuerst auf die Fahrzeugvsprämie zu verrechnen ist. Anders wäre nach den Umständen des Einzelfalls zu entscheiden, wenn der Vmer im Rahmen der Vertragsverhandlungen erklärt hat, daß er für den Fall, daß sich sein schon vorhandener Geldmangel verstärke, größeren Wert auf die Erhaltung des Vsschutzes aus der Insassenunfallv lege. Das ist aber gewiß ein theoretischer Ausnahmefall. Denn ein solcher Vmer würde wohl auch bei einer Teilzahlung eine ausdrückliche Leistungsbestimmung vornehmen.

Verfehlt wäre es, nach Eintritt des Schadenfalles zu prüfen, in welcher Sparte der größte Schaden eingetreten ist, und danach die Anrechnung auszurichten. Damit würde man den Boden einer objektiv die Interessen beider Vertragsparteien abwägenden Bewertung verlassen. Hingegen darf — vor Eintritt eines Schadenfalles — zum

Beispiel durchaus eine Prämie zuerst auf eine Vsart angerechnet werden, wenn dafür in deren Bereich Deckung besteht, bei einer weiteren Teilzahlung aber eine Umwertung vorgenommen werden, wenn dadurch der Vsschutz für die Haftpflichtv gegeben ist (so OLG Köln 5.VI.1974 a. a. O.). Das Gesagte gilt aber gewiß dann nicht, wenn zwischenzeitlich bereits ein Schaden eingetreten war, der gemäß der damals zutreffenden Verrechnung zu einer Entschädigungsleistung aus der Fahrzeug- oder Insassenunfallv geführt hat.

[E 32] c) Anschlußversicherung gemäß § 6 V AKB

Eine eigenartige Sonderregelung findet sich in § 6 V AKB. Für sogenannte Anschlußvern, die binnen 6 Monaten nach der Veräußerung eines Fahrzeugs (oder nach einem Interessewegfall, vgl. § 6 a IV AKB) bei demselben Ver genommen werden, gilt danach § 39. § 1 II 4 AKB und § 38 finden keine Anwendung. Das stellt eine im Interesse des Vmers vorgenommene Verbesserung des Vsschutzes dar. Dem Ver obliegt danach die Belehrung gemäß § 39, obwohl es sich materiellrechtlich um eine Erstprämie handelt (vgl. für strittige Einzelheiten Anm. D 5–6 und E 22 a. E.).